中国矿业年鉴

2013

《中国矿业年鉴》编辑部　编

地 震 出 版 社

图书在版编目(CIP)数据

中国矿业年鉴. 2013 / 中国矿业年鉴编委会编. --
北京 : 地震出版社, 2014.9
ISBN 978-7-5028-4455-4

Ⅰ. ①中… Ⅱ. ①中… Ⅲ. ①矿业经济-中国-2013-年鉴 Ⅳ. ①F426.1-54

中国版本图书馆 CIP 数据核字 (2014) 第 189697 号

地震版 XM3196

中国矿业年鉴 (2013)
《中国矿业年鉴》编辑部 编
责任编辑: 刘素剑
责任校对: 庞娅萍

出版发行: 地震出版社

北京民族学院南路 9 号 邮编: 100081
发行部: 68423031 68467993 传真: 88421706
门市部: 68467991 传真: 68467991
总编室: 68462709 68423029 传真: 68455221
专业图书部: 68467982 68721991
http://www.dzpress.com.cn

经销: 全国各地新华书店
印刷: 河北省欣航测绘院印刷厂

版(印)次: 2014 年 9 月第一版 2014 年 9 月第一次印刷
开本: 787×1092 1/16
字数: 1408 千字
印张: 39
印数: 0001~2000
书号: ISBN 978-7-5028-4455-4/F (5145)
定价: 300.00 元

编 辑 说 明

一、2013年版《中国矿业年鉴》（以下简称《年鉴》）全面、系统反映2012年中国矿业基本情况以及当年我国矿业经济发展和运行情况。主要内容涉及我国矿产资源勘查、开发利用、矿产资源管理、矿产品市场、矿山环保及行业生产、地方矿业等等，同时也反映了当年我国矿业事业的新发展、新经验、新成果以及遇到的新问题。本期《中国矿业年鉴》为第12卷，收录资料时限原则上以2012年为主。

二、本期《年鉴》，根据实际情况设大事记、概况、矿业管理、矿业行业、地方矿业、政策法规、统计资料、附录等8个栏目。按内容分类编排，设栏目、类目、条目三个层次，有的栏目根据实际情况设四个层次。表述方式以条目为主，设有方便查阅的目录，另有图、表等多种形式，图文并茂。

三、本期《年鉴》，刊登了2012年国家有关部委颁布与矿业相关的政策法规和国土资源部有关部门提供的矿业统计资料。全书内容比较丰富、资料翔实，具有权威性。

四、在附录中，收录了2011/2012年世界矿产资源勘查开发和矿产品供需形势；收录了2012年国内外油气比较、2012年中国矿山安全记事等。可读性强，有较高的参考价值。

五、稿件来源，除部分基层企事业单位外，多由国土资源部有关部门和省市、自治区国土资源厅（局）及行业协会等单位提供。

六、本期《年鉴》的全国性统计数据均未包括香港特别行政区、澳门特别行政区和台湾省；一些数据的合计数或相对数，因受进位的影响，不一定等于分项的累加。

七、为读者查阅方便，本期年鉴中的图、表序号，以类目或分目为单位，单独列序。

八、本期《中国矿业年鉴》16开本，精装，140.8万字左右，由中国矿业年鉴编辑部编辑，地震出版社出版，国内外公开发行。编辑部联系电话：010－88374940。E－mail：yearbook@chinamining.org。

《年鉴》在组稿过程中由于客观原因，矿业信息资料收集得还不够全面，在内容编辑整理上，难免有些疏漏和错误，欢迎各级领导和读者批评指正。在此对所有关心和支持本书编辑工作的单位、领导、朋友们表示衷心的感谢！

《中国矿业年鉴》编辑部

2014年7月

目　录

大事记

概　况

矿业管理

矿业行业

地方矿业

政策法规

统计资料

附 录

大　事　记

2012 年中国矿业大事记

1月

3 日　中国石化集团宣布，在其所属全资子公司——中石化国际石油勘探开发有限公司与美国 Devon 能源公司签署协议，将以 22 亿美元价格收购 Devon 公司 5 个页岩油气资产权益的 1/3。这是继中海石油（中国）有限公司在 2011 年收购切萨皮克公司部分资产权益后，中国石油公司又一次收购美国页岩油气资产。

11 日　辽宁省地质矿产勘查开发局局长于文礼在辽宁省政协会上透露，辽宁省瓦房店地区发现一处大型金刚石矿，矿藏量保守估计约 100 万克拉约合200 千克，可开采 30 年以上。据悉，辽宁省地勘局地质工作者在瓦房店地区地下 860 米处发现的金伯利岩层厚度达 130 米，该岩层金刚石矿内杂质量少，品位较高。据估算，这处矿藏的价值在数十亿元以上。

同日　全国地质调查工作会议在北京召开。国土资源部党组书记、部长、国家土地总督察徐绍史出席会议并作重要讲话。国土资源部党组成员、副部长，中国地质调查局党组书记、局长汪民在会上作了题为《夯实基础强化服务全面保障和促进找矿突破战略行动》的工作报告。

16 日　由中国钢铁工业协会、中国五矿化工进出口商会和北京国际矿业权交易所共同发起的中国铁矿石现货交易平台在北京启动。该平台作为一个独立公开的第三方运营平台，承诺坚持四条原则：一是遵守国家相关法律法规，自觉接受国家有关部门的监管；二是建立规范的公司治理结构，实现董事会领导下的经理负责制，坚持独立、规范、按市场规则运作；三是坚持现货交易原则，平台只开展铁矿石现货贸易的相关业务，不发展期货、掉期业务和其他金融衍生品业务；四是作为一个开放的平台，欢迎国内外钢铁生产商、铁矿石生产商和贸易商加入与合作。

同日　大陆构造与动力学国家重点实验室在中国地质科学院举行揭牌仪式。以此为标志，国土资源部首个国家级重点实验室正式投入运行。

31 日　《有色金属工业“十二五”发展规划》正式发布。《规划》共分有色金属工业发展现状、发展环境、指导思想及主要目标、主要任务、重大专项及保障措施等六个章节，是加快有色产业转型升级的具体部署，是推动未来 5 年我国有色金属工业健康发展的指导性文件。《规划》的发布，对有色金属工业贯彻落实科学发展观，加快转变增长方式，推进产业结构调整，促进产业转型升级，全面提升行业核心竞争力和可持续发展能力，实现我国有色金属工业由大到强的转变具有重要意义。

2月

1 日　国土资源部接收中国石油天然气股份有限公司、中国石油化工股份有限公司、中海石油（中国）有限公司、延长油矿管理局 4 家受邀请企业的申请文件，聘请来自石油地质、石油工程、经济和石油资源管理方面的专家进行公开评议。专家在评议中，重点对申请企业提交的勘查实施方案进行评优，确定两个区块的探矿权受让候选人。

评议的内容包括对所申请区块及周围地区油气地质条件的认识程度、区块勘查部署的合理性、资金预算的科学性和保障措施可行性，旨在使勘查部署更加科学合理，加快油气勘查进度。经过专家评议，南黄海盆地南部盐城东油气勘查区块探矿权第一候选人为中石油；南黄海盆地南部海安东油气勘查区块探矿权第一候选人为中石化。本次竞争性出让的南黄海盆地南部盐城东和海安东两个油气勘查区块，经国土资源部油气资源战略选区项目研究和资源潜力评价，均具备一定的油气资源前景。国务院批准同意从事石油天然气勘探开发的 4 家企业，中国石油天然气股份有限公司、中国石油化工股份有限公司、中海石油（中国)有限公司和延长油矿管理局,应邀参加了这次竞争性出让。此次竞争性出让为常规油气探矿权的首次竞争性出让,是国土资源部继成功完成首次页岩气探矿权招标出让试点后,油气资源管理的又一次制度创新尝试。

9日 经国务院批准,国土资源部、国家发展改革委、科技部、财政部在北京联合召开找矿突破战略行动动员部署电视电话会议,传达学习贯彻中央领导同志关于加强地质找矿工作的重要指示精神,动员和部署实施找矿突破战略行动。会上宣读了《国务院办公厅关于转发国土资源部等部门找矿突破战略行动纲要2011~2020年的通知》。该通知明确了今后一段时间找矿突破的目标任务:要用3年时间实现地质找矿重大进展,5年实现地质找矿重大突破,8~10年重塑矿产勘查开发格局。

14日 中共中央、国务院在北京隆重举行国家科学技术奖励大会,"青藏高原地质理论创新与找矿重大突破"集成成果获国家科技进步特等奖。在该项目实施过程中,地质工作者发现了3条巨型成矿带和7个超大型、25个大型矿床,确立了青藏高原为我国重要的战略资源储备基地。这一项目创新点是在构造理论上颠覆了"西方模式",确定了我国科学家在青藏高原研究中的主导地位;突破了国际传统成矿理论局限,引领全球大陆成矿理论研究方向。

同日 101家首届国土资源节约集约模范县(市)受表彰。李克强副总理在会见国土资源节约集约模范集体代表时强调,要"实施好节约优先战略,为可持续发展提供资源支撑"。

16日 中国五矿集团所属五矿资源公司成功收购刚果(金)Anvil矿业有限公司,收购总价为13亿美元。收购协议签署后,五矿资源获得了Anvil矿业公司90%的股份,掌握了该公司的控制权。

Anvil公司由澳大利亚和加拿大两国企业共同出资在刚果(金)注册成立,2002年投产。该公司主要业务为开采和勘探铜钴矿,在刚果(金)南部的加丹省拥有两个铜矿的控制权,其中,在Kinsever矿种占股95%,在Mutoshi矿种占股70%。2012年,该公司年产电解铜6万吨。

25日 2012年全国煤炭工作会议在北京召开,会议指出,煤炭工作要保障市场平稳运行,合理控制煤炭消费总量,形成"倒逼机制",促进产业结构调整和经济发展方式转变。

27日 工业和信息化部节能与综合利用司公布了对资源节约型、环境友好型企业创建试点实施方案的批复。包括江铜在内的80家企业的试点方案得到批复,被批准组织实施。

3月

1日 我国公布页岩气地质资源潜力为134万亿立方米,可采资源潜力为25万亿立方米。作为新的独立矿种,页岩气的开发利用将改变我国油气资源开发格局。在我国能源资源,尤其是油气资源对外储存度日益增大的格局下,页岩气的开发利用,将极大缓解经济建设的资源"瓶颈",成为我国能源的重要支柱。

2日 国土资源部发布《开采总量控制矿种指标管理暂行办法》,目的是为加强国家实行开采总量控制矿种的管理,防止优势矿产资源过度开采,保护和合理利用矿产资源。

9日 中国铝业股份有限公司发布海外监管公告显示,公司审议通过《关于公司非公开发行A股股票方案的议案》,本次发行拟募集资金不超过80亿元,募集资金扣除发行费中后将用于中国铝业兴县氧化铝项目、中国铝业中州分公司选矿拜耳法系统扩充项目,以及补充流动资金。两项目完工后,中国铝业氧化铝年产能将增加150万吨

12日 国家安全生产监督管理总局、国家发展改革委、工业和信息化部、国土资源部、环境保护部五部委联合发布《关于进一步加强尾矿库监督管理工作的指导意见》。要求进一步加强尾矿库监管,严格控制新建尾矿库、独立选矿厂建设项目,尤其是库容小于100万立方米、服务年限少于5年的尾矿库建设项目。意见要求,把尾矿库作为一个独立、特殊的生产系统进行运行管理;加强停用库的值班值守和检查巡查。

13日 为加快我国页岩气发展步伐,规范和引导"十二五"期间页岩气开发利用,国家发展改革委、财政部、国土资源部、国家能源局以发改能源〔2012〕612号印发《页岩气发展规划(2011~2015年)》。《页岩气发展规划(2011~2015年)》分前言、规划基础和背景、指导方针和目标、重点任务、规划实施、社会效益与环保评估6部分。《规划》提出的总体目标是:到2015年,基本完成全国页岩气资源潜力调查与评价,掌握页岩气资源潜力与分布,优选一批页岩气远景区和有利目标区,建成一批页岩气勘探开发区,初步实现规模化生产。

22日 国家能源局发布《煤炭工业发展"十二五"规划》。该规划提出的重点任务包括:推进煤矿企业兼并重组,发展大型企业集团;建设大型煤炭基地,保障煤炭稳定供应;发展洁净煤技术,促进煤层气产业化发展等。

28日 国土资源部、全国工商联在京联合召开找矿突破战略行动民营企业座谈会,邀请我国知名民营企业家参加,重点围绕民营企业在找矿突破战略行动

中如何发挥作用,听取民营企业家的意见建议。

28 日 云南磷化集团有限公司在晋宁县工业园区举行年产 450 万吨浮选装置正式投产仪式。该项目投资 13 亿元,是中国目前最大的胶磷矿浮选装置,意义重大,影响深远。该项目顺利投产,标志着云南磷化集团有限公司自主研发的中低品位胶磷矿浮选技术进一步成熟和推广应用,实现了公司牵头研发的大型浮选柱第一次在胶磷矿选矿中应用,第一次在胶磷矿选矿中使用最大的 130 立方米浮选机,第一次在胶磷矿中使用柱机联合工艺。

29 日 找矿突破战略行动领导小组第一次会议在京召开。以此为标志,由国土资源部、国家发展和改革委员会、科技部和财政部共同组建的找矿突破战略行动领导小组正式成立,国土资源部为找矿突破战略行动领导小组牵头单位。国土资源部部长、党组书记、国家土地总督察徐绍史任领导小组组长。

30 日 国土资源部油气地质资料委托保管单位挂牌暨委托管理信息系统开通仪式在北京举行,大庆油田公司等 13 个单位被授予国土资源部首批油气地质资料委托保管资格牌匾。

同日 国土资源部办公厅发出《关于做好中外合作开采石油资源补偿费征收工作的通知》,要求对中外合作石油企业征收矿产资源补偿费。该通知明确,中外企业在中华人民共和国领域及管辖海域合作开采陆上、海上石油资源应依法缴纳矿产资源补偿费。

同日 中国矿业联合会主办的 2012 年全国探矿者年会(第六届全国百家地质队长座谈会)在福建厦门召开,会议主题:全面推进找矿突破战略行动——技术与资本对接。

4 月

7 日 国土资源部矿产资源储量司在京召开评审会,评选矿产资源节约与综合利用优秀矿山企业、先进技术。

8 日 中国稀土行业协会在北京成立,该协会是中国有色金属工业协会、中国铝业公司、中国五矿集团公司、中国有色金属工业总公司等 13 家单位发起,联合全国 155 家企业设立的国家一级行业协会,会员企业覆盖我国稀土行业矿山、冶炼、分离、应用等产业链各环节。中国稀土行业协会将为稀土企业提供生产指导、市场调研、行业管理、中介服务、贸易摩擦预警等;以组织的形式对稀土行业的重点问题施加影响,如出口价格、出口配额等;发挥联系企业与政府以及国内外市场之间的"桥梁"作用。冶金专家、中国工程院副院长干勇出任首任会长,他同时还担任中国稀土学会理事长。

14 日 国土资源部、内蒙古自治区人民政府在鄂尔多斯市联合举行和谐矿区建设试点启动仪式暨部署动员电视电话会议,决定在锡林郭勒盟和鄂尔多斯市开展和谐矿区建设试点工作。双方希望通过这项工作的推动,来实现内蒙古矿业的科学发展,推动一方的和谐、繁荣、稳定,推动全国和谐矿区建设,将我国资源利用推向一个新的发展阶段。

16 日 国务院办公厅下发《关于集中开展安全生产领域"打非治违"专项行动的通知》。为深入贯彻落实《通知》精神,国家发改委、国家能源局、国家安全监管总局、国家煤矿安监局等四部委组织在煤炭行业全面开展"打非治违"专项行动,严厉打击无证或证照不全从事非法违法生产经营建设行为。2012 年,共关闭小煤矿 643 处,淘汰落后生产能力 9400 多万吨,全国煤矿安全生产创出了历史新水平,煤矿百万吨死亡率降到 0. 4 以下。

17 日 全国整装勘查推进会在北京召开,评估第一批 47 片整装勘查区项目实施情况,跟踪汇总勘查进展与成果,分享交流各地的好经验、好做法,研究解决推进工作中的困难和问题。

同日 武警黄金部队千余名官兵开赴新疆、西藏、青海、大兴安岭,执行区域地质矿产调查任务。武警黄金部队承担区域地质调查和矿产远景调查基础性地质工作任务,将用 3 ~ 5 年时间查清西部高原 1 万平方千米内矿产资源的储量和分布情况,力争形成国家重要矿产资源战略接续区。

18 日 资源一号 02C 卫星在轨交付仪式在北京举行。国土资源部科技与国际合作司、中国空间技术研究院、中国资源卫星应用中心、中国西安卫星测控中心、中国科学院对地观测与数字地球科学中心签署了《资源一号 02C 卫星在轨交付证书》。国土资源部主持实施的资源一号 02C 卫星于 2011 年 12 月 22 日在太原卫星发射中心成功发射。按照资源一号 02C 卫星工程在轨测试大纲要求,国土资源部迅速组织协调中国航天科技集团第五研究院、中国资源卫星应用中心及农业部、水利部、环境保护部、交通部、测绘地理信息局、海洋局、地震局、统计局等部门共 17 家行业应用单位完成了在轨测试应用评价任务。

同日 国土资源部组织验收组,对历时 7 年的广西平果铝土矿采矿用地方式改革试点工作进行总结验收。验收组认为,平果铝土矿采矿用地方式改革兼顾农民、企业、政府等多方利益,实现了资源可持续利用、矿业用地与当地经济社会和谐发展,完成了试点目的,达到了试点方案的要求,一致同意平果铝土矿采矿用地方式改革试点通过验收。

19 日 国土资源部发布《全国地质灾害防治"十

二五”规划》。《规划》称，中国地质灾害点多面广，已发现约23万处地质灾害隐患，其中需要治理的滑坡泥石流有2.8万处，其中特大型地质灾害隐患点有1800多个。《规划》全面分析了中国地质灾害防治现状与需求，提出了“十二五”时期地质灾害防治工作的指导思想、规划原则、规划目标和工作任务。

22日 国土资源部在京举办以“推广先进技术，加快矿业发展方式转变”为主题的矿产资源节约与综合利用经验交流会。

同日 全国首支页岩气专业地质调查队伍——江西省页岩气调查开发研究院在江西省地质矿产勘查开发局挂牌成立。

23日 中华宝钢环境奖第七届颁奖典礼在人民大会堂举行。全国人大常委会副委员长陈至立、全国政协副主席白立忱出席典礼并为获奖单位和个人颁奖。国土资源部党组成员、副部长、中国地质调查局局长汪民为生态保护类优秀奖获奖单位和个人颁奖。国土资源部地质环境司司长关凤峻荣获环境管理类优秀奖。

中华宝钢环境奖市中国环境保护领域最高的社会性奖项。第七届中华宝钢环境奖分为环境管理类、城镇环境类、企业环保类、生态保护类、环保宣教类5个奖项。

27日 鄂湘川黔滇五省磷矿资源开发联创齐争第二次联席会议在湖北省襄阳市召开。为进一步加强我国重要优势矿产磷矿资源的合理开发利用，依据矿产资源法律法规，国土资源部开发司与湖北省、湖南省、四川省、贵州省、云南省五省国土资源厅以及磷矿联创齐争联席会议会员成员单位讨论通过了五项磷矿资源管理新制度。

5月

4日 中国地质学会青年工作委员会在京重建。国土资源部党组成员、副部长、中国地质调查局局长汪民出席成立大会并讲话。他指出，中国地质学会青年工作委员会在找矿突破战略行动全面展开的大背景下，在纪念五四运动93周年的特殊日子里重建，恰逢其时，意义重大。

8日 武警黄金指挥部举行宣布命令大会。武警部队政委许耀元宣布国务院、中央军委对徐绍史兼武装警察部队黄金指挥部第一政治委员的命令，同时宣布了武警党委关于徐绍史兼黄金指挥部党委委员、常委、第一书记党内任职的通知。

8日 中国铁矿石现货交易平台在北京国际矿业权交易大厅举行开市仪式。该交易平台于3月29日开始试运行以来，得到国内外矿山、钢铁企业和贸易商的广泛关注，已有138家企业加盟。开市当日成交3笔，成交金额分别为581.4万美元、2392.5万美元和2160万元人民币。此平台将对国际大宗矿产品价格形成机制产生重大影响。

9日 我国首座自主设计、建造的第六代深水半潜式钻井平台“海洋石油981”在我国南海海域首钻成功。这是我国石油公司首次独立开展深水油气勘探开发，标志着我国海洋石油工业深水战略迈出了实质性的一步。此次开钻水域在我国南海水域距离香港东南320千米处，开钻井深1500米。

10日 2012年期货市场首个新品种——白银期货正式登陆上海期货交易所挂牌交易。兼具金融属性和商品属性的白银期货上市首日交易表现活跃，首批挂牌8个上市合约累计成交近35万手，成交额321.22亿元。随着上期所白银期货的推出，中国在未来白银市场的话语权有望得到增强。

11日 2012年中国－东盟矿业合作论坛在广西南宁举办，会议主题“加强地质找矿，促进矿业发展”，共签约项目24个，签约金额136亿元。中国和东盟成员国矿业主管部门高级官员，就落实《中国－东盟矿业合作论坛南宁宣言》精神，进一步加强在地质矿业领域的合作进行深入交流并达成共识。。

12日 全国铝行业唯一一家铝土矿资源综合利用示范基地揭牌暨100万吨/年低品位矿山项目奠基仪式在中国铝业广西分公司举行。该项目是全国首批40家国家级“矿产资源综合利用示范基地”之一，也是中铝公司“十二五”期间战略转型和结构调整的重要支撑项目，是中铝公司贯彻落实国家“十二五”资源节约战略，促进矿业发展方式和资源利用方式转变的重要举措。

同日 找矿哲学学术研讨会暨纪念《找矿哲学概论》发表20周年学术活动在中国地质大学（北京）举行。国土资源部部长、党组书记、国家土地总督察徐绍史发来贺信。徐绍史在贺信中表示，朱训将马克思主义哲学运用到找矿领域，大量吸收当代自然科学、社会科学成果，通过理论与实践的结合和长期悉心的研究，形成专著《找矿哲学概论》，并系统地创立“找矿哲学”这门学科。他提出，矿产作为勘查实践活动的客体，具有隐蔽性、区域性、差异性等特征；找矿者作为勘查实践活动的主体，具有科学性、探索性、多样性、风险性、生产性、先导性、长周期性等特点。这些论断及他对地质矿产工作客观规律所作的系统论述，对于指导我们遵循市场经济规律和地质工作规律，全面实施好找矿突破战略行动，具有重要现实意义。

15日 国土资源部出台《关于严格控制和规范矿业权协议出让管理有关问题的通知》，要求各级国土资源主管部门从严控制矿业权协议出让范围,严格执行相关审批权限、程序,逐步减少协议出让数量,以遏制矿业领域腐败现象易发多发势头,推进矿业权市场建设。

16日 “国土资源部、武警黄金指挥部、高校加强人才培养促进找矿突破联创齐争活动”在北京启动。国土资源部副部长、党组副书记、国家土地副总督察、国家测绘地理信息局局长许德明出席启动仪式并讲话。

17日 国土资源部发布《页岩气探矿权投标意向公告》称,2012年页岩气探矿权招标出让工作即将启动。根据公告开出的资格条件,注册资金超过3亿元人民币的内资企业方可参与招投标。

18日 中国自然科学博物馆协会国土资源博物馆专业委员会成立大会在山东省烟台市召开,标志着我国国土资源博物馆事业发展构建起了一个新的交流与合作平台。大会讨论通过了委员会工作规则,并选举产生委员会第一届组织机构,中国地质博物馆馆长贾跃明当选主任委员。国土资源博物馆专业委员会是中国自然科学博物馆协会的分支机构,由国土资源类博物馆以及与国土资源相关单位或者其他法人单位自愿组成,将致力与国土资源科学知识的普及,科学思想、科学方法的传播,规范国土资源类博物馆的职业标准,并通过组织开展馆际交流、学术交流、培训研讨等活动。

19日 中国地质大学珠峰登山队4名队员从北坡成功登上海拔8844.43米的珠穆朗玛峰顶峰,成为我国第一支登上世界最高峰的大学登山队。

26日 东北地区找矿突破战略行动科技研讨会在辽宁沈阳召开。研讨会对东北地区重要成矿带及整装勘查区地质找矿进展情况进行了总结,对重要成矿带及整装勘查区科技问题进行了梳理;提出了重要成矿带重大基础问题及解决思路,与会专家领导就整装勘查区找矿突破重大科技问题及科技支撑工作提出了建议,具体研讨了成矿新理论、勘查新技术方法在东北地区的应用,制约地质找矿科技成果推广、应用和转化的重大问题,研究了与地质找矿相关的科研基础条件平台体系建设等问题。

6月

1日 国家发展改革委对外正式发布的《中华人民共和国可持续发展国家报告》数据显示,目前国内黄金产量中的22%以上来自于选矿、冶炼、加工过程中的综合利用。

11日 国土资源部办公厅在其门户网站发布关于征求《煤炭资源合理开发利用“三率”标准(试行)》(下称“试行标准”)意见的函,初步拟定了煤矿企业的“三率”(煤矿采区回采率、原煤入选率、与煤共伴生矿产资源综合利用率)标准,根据规定,新建或改扩建的煤炭矿山企业在生产过程中达不到本标准的,国土资源主管部门不予办理有关手续。国土资源部启动煤炭、石油、天然气、铁、锰、铜、铅、锌、铝、镍、钨、锡、锑、钼、稀土、金等22种重要矿产“三率”调查评价工作,这是新中国成立以来开展的首次全国性矿产资源合理开发利用水平调查评价。

18日 国土资源部、全国工商联联合发布的《关于进一步鼓励和引导民间资本投资国土资源领域的意见》提出,鼓励和支持民间资本投资矿产资源勘查;除国家政策有特殊规定的矿种外,鼓励民间资本、地方财政资金参与地质勘查基金项目的投资合作,民间资本与地质勘查基金合作投资形成的勘查成果按照投资比例和合同约定转让,民间资本方有优先购买权,并支持民间资本参加境外矿产资源勘查开发活动。

21日 国家海洋局在其门户网站公布《蓬莱19－3油田溢油事故联合调查组关于事故调查处理报告》。该报告指出,2011年6月4日和17日,蓬莱19－3油田先后发生两起溢油事故,是造成重大海洋溢油污染的责任事故。按照签订的对外合作合同,康菲公司作为该油田的作业者承担溢油事故的全部责任。该报告披露了溢油事故损害索赔情况:海洋生态损害索赔方面,康菲公司和中海油总计支付16.83亿元人民币。其中,康菲公司出资10.9亿元人民币,赔偿本次溢油事故对海洋生态造成的损失。

27日 “蛟龙号”载人潜水器在西太平洋的马里亚纳海沟海试,成功到达7062米深处海底,创造了作业类载人潜水器新的世界纪录。

7月

4日 稀土战略收储工作启动,国家财政资金将通过企业进行收储。这是我国首次启动国家稀土战略收储工作。此次收储原则为选择未来有重要应用但现在比较稀缺的产品,以及在市场价格低的时候进行一些战略性产品储备。

6日 由中国有色金属工业协会主办的全国有色金属矿业大会暨2012第十届有色金属矿业高层论坛在北京国际会议中心召开。

16日 国土资源部公开消息,全国稀土采矿权将减少到65个。同时,企业准入条件也提高为年主营业务收入达10亿元以上其中深加工年主营业务收入达5亿元以上的大型企业。对于已取得稀土采矿权的企业,应通过资源开发整合、企业兼并重组等方式达到标准,未达到要求的,应停止开采活动。

23日 中国海油宣布准备以151亿美元现金收

购尼克森100%流通的普通股和优先股，此外中国海油还将承担尼克森的43亿美元债务。加拿大工业部8月29日启动对中国海油收购案的审批，并两次延长审批期限，审批最后截止日期12月10日。这次收购是加拿大自2008年全球经济危机以来最大金额的外资收购案。

24日 中国新闻网发布消息称，世界贸易组织在其官方网站上发布报告称，已成立专家组，将针对中国限制有关稀土、钨、钼的出口管理措施进行调查、审议和裁决。针对此案成立专家组是世贸组织贸易争端解决机构(DSB)在当地时间7月23日召开的机构会议上最终决定的。会上，美国宣称由于中国设置了出口配额、关税以及其他限制，市场上的相关产品价格不断升高。美方调查数据称，2011年中国政府批准的稀土出口配额为30200吨，但实际出口18600吨。

8月

2日 国土资源部在江苏省镇江市召开全国“矿山复绿”行动部署现场会，总结交流矿山地质环境保护与治理恢复工作经验，对全国“矿山复绿”行动进行动员部署。该行动计划用3年时间，集中开展矿山地质环境恢复治理工作，到2015年，使“三区两线”即重要自然保护区、景观区、居民居住区的周边，重要交通沿线、河流湖泊直观可视范围，周边范围内的矿山地质环境问题基本得到解决，全国矿山生态环境得到明显改善。

3日 紫金矿业通过场外要约的方式成功收购诺顿金田超过50%以上的股份，成为诺顿金田的绝对控股股东，这是中国企业成功收购在产大型黄金矿山的第一例。诺顿金田主要资产位于澳大利亚国际著名的黄金成矿区，拥有693平方千米的矿权，黄金总储量为185吨，2011年产金4.7吨，具有增加资源储量的勘查潜力，而且其周边有较多商业机会；同时该区内的低品位黄金资源由于成本问题没有得到开发利用。收购诺顿金田公司，将给紫金矿业提供了一个较好的实践平台，这对于紫金矿业熟悉国际矿业市场，了解国际矿业领域先进的管理理念和体系，借鉴国际同业先进经验，提升紫金矿业的技术与管理水平，发现国际矿业人才，将起到十分重要作用。

8日 包头稀土产品交易所有限公司在内蒙古包头揭牌，该公司成立后将主持我国首个稀土产品电子盘的运营。至此，由我国稀土企业自行发起组织的稀土产品现货交易平台组建完成。

17日 石墨产业科技发展战略研究报告会在黑龙江哈尔滨召开，会议发布了《黑龙江省石墨产业科技发展实施方案》，提出在8年时间内，黑龙江省依靠科技的力量突破石墨产业发展的技术瓶颈，把黑龙江打造成“国际石墨谷”，石墨新材料及相关产业工业总产值到2020年达500亿元以上。

20日 环境保护部公布了对广西华银铝业有限公司的行政处罚决定书，责令华银铝业年产160万吨氧化铝项目一期工程停止生产，并罚款10万元。华银氧化铝一期工程是截至2012年我国一次性投资最大、一次性建设生产规模最大的氧化铝项目。华银铝业年产160万吨氧化铝一期工程于2008年5月投入试生产至今，配套建设的环境保护设施未经环保部门验收。

25日 “促进铝应用高层论坛”在北京召开。该论坛由国务院参事室和中国有色金属工业协会联合举办，旨在推广扩大铝在交通运输行业应用，实现交通运输领域的轻量化发展。会议对新材料领域的变革、推进铝工业绿色发展、加快体制机制创新等问题作了深入探讨，对提升我国铝材应用能力，扩大铝材消费，促进我国铝工业健康发展，推进节能减排和扩大内需有长远影响。

9月

2日 在延边朝鲜族自治州迎来建州60周年之际，国土资源部、吉林省人民政府签署合作协议，共同促进延边州加快发展和珲春国际合作示范区建设。

按照协议，国土资源部和吉林省人民政府将在统筹保障用地需求、改革用地管理方式、实行耕地占补平衡统筹、拓宽建设用地保障渠道、加大矿产资源勘查开发力度、加强地质环境治理等6个方面加强政策支持和业务指导，深化改革创新、着力政策储备、加快制度供给，为促进吉林省及延边州与全国同步实现小康社会目标，提供了资源保障。

10日 国土资源部在官方网站发布公告，面向社会各类投资主体公开招标出让页岩气探矿权。本次招标共推出20个区块，总面积为20002平方千米，分布在重庆、贵州、湖北、湖南、江西、浙江、安徽、河南8个省(市)。

17～27日 全国人大环资委副主任委员张文台率队，赴河南、江西2个省，重点围绕矿产资源开发利用与保护进行采访报道，本次“中华环保世纪行”的主题是“科技支撑、依法治理、节约资源、高效利用”，积极宣传《矿产资源法》等法律法规，调研并宣传矿产资源开发利用与保护先进典型和成功经验，进一步提高矿产资源开发利用与保护水平，增强矿产资源对经济社会可持续发展的保障能力。

19日 重庆市政府网宣布，由中石化主导的全国首个页岩油气产能建设项目——梁平页岩油气勘探开发及产能建设示范区8个钻井平台已在该市梁平县全面开钻。此前,重庆地质矿产研究院与斯伦贝谢油田(新加坡)公司合资组建的页岩气技术服务公司也在当地签约。

20 日 国土资源部发布《煤炭资源合理开发利用“三率”指标要求(试行)》,强化对煤炭资源合理开发利用的监督管理,督促矿山企业节约与综合利用煤炭资源。《指标要求》明确,煤炭资源合理开发利用“三率”是指煤矿采区回采率、原煤入选率、煤矸石与共伴生矿产资源综合利用率三项指标,是评价煤炭企业开发利用煤炭资源效果的主要指标。按照规定,“三率”标准分别为:在煤矿采区回采率方面,井工煤矿的采区回采率,薄煤层不低于 85%,中厚煤层不低于 80%,厚煤层不低于 75%;露天煤矿的采区回采率,薄煤层不低于 85%,中厚煤层不低于 90%,厚煤层不低于 95%。煤炭矿山企业的原煤入选率原则上应达到 75% 以上。煤矸石和矿井水综合利用率均应达到 75% 以上。

21 日 在葡萄牙阿洛卡举行的第十一届世界地质公园大会上,江西省三清山被联合国教科文组织正式列入世界地质公园名录,成为我国第 27 处世界地质公园。

三清山记录了地球 10 亿年演化发展历史,遗存有沉积学、地层学、古生物学、岩石学、大地构造学、地球动力学、地貌学等多学科价值的珍贵地质遗迹;保存了具有 2 亿多年演化更替历史的珍稀生物群落,具有丰富的生物多样性;拥有类型齐全、特征典型、分布集中的花岗岩微地貌,花岗岩地貌与生态、气象的巧妙融合并以奇特的景观形式,展示了杰出的自然美,是世界花岗岩山岳峰林景观的典型代表。

同日 国土资源部信息中心与矿产资源委员会共同举办“矿产资源勘查开发形势研讨会”,这是新一届矿产资源委员会成立之后的第一次活动。

24 日 中国地质调查局发展研究中心主持建设的“全球矿产资源信息系统”正式上线发布,面向社会公众提供全球、大洲、国家及成矿带层次的地理、地质、矿产、物探、化探、遥感、投资环境、法律法规和矿业开发等信息。

25 日 全国矿产资源开发管理工作会议在安徽召开。此次会议强调,加强矿产资源开发管理的总体思路是坚持在开发中保护、在保护中开发,实现资源的“数量、质量、生态有机统一”管理,以资源可持续利用促进经济社会可持续发展,以及调查评价,科学规划;市场配置,宏观调控;规范准入,严格监管;完善机制,顺畅管理;保护权益,优质服务。

10 月

14 日 北京市国土资源局和内蒙古自治区国土资源厅咋呼和浩特市签订《京蒙国土资源管理工作战略合作框架协议》,以更好地发挥各自优势,在技术、政策等多方面互惠互助,共同提高,实现共赢。《协议》确定,双方联席会议制度和联络员机制,就共同关心的问题和面临的国土资源管理形式进行交流、探讨,定期研究落实需要解决的事项。

16 日 蒙西华中铁路煤运通道荆州至岳阳段公安长江大桥、岳阳洞庭湖大桥建设动员大会在湖南省岳阳市举行,标志着这一纵贯我们南北,途经 7 省区、连接多条路网干线、衔接多条煤炭集疏运线路的大能力煤炭运输通道进入全面建设实施阶段。蒙西华中铁路煤运通道,是国家“十二五”规划纲要重大交通重大基础设施项目,也是“十二五”铁路规划的重点项目。该项目投资预估算 1700 亿元,吸引了包括神华、中煤、国投、陕煤、淮南矿业、伊泰、蒙泰、华能、中电投、山东能源、榆林统万等 11 家企业参与投资,铁路企业出资为 20%,地方政府及其他企业出资比例近 80%,其中民间资本出资比例占 15.7%。由各出资人组成的蒙西华中铁路股份公司已在北京注册成立。

18 日 国土资源部办公厅在部门户网站上公开征求社会各界对《矿产资源节约与综合利用指标评价体系(试行)》的意见。据了解,这是我国针对矿产资源合理利用而提出的第一个全面的矿产资源节约与综合利用指标评价体系。

20 日 中国地质大学(北京)建校 60 周年庆典大会在京举行。全国政协副主席白立忱、第十届全国人大常委会副委员长顾秀莲出席大会。国土资源部部长、党组书记、国家土地总督察徐绍史,教育部副部长杜玉波,北京市副市长洪峰出席大会并致辞。中国地质大学(北京)的前身是 1952 年由北京大学、清华大学、天津大学和唐山铁道学院等院校的地质系(科)合并组建的北京地质学院。经过 60 年的建设,学校现已成为以地质、资源、环境、地学工程技术为主要特色,理、工、文、管、经、法等多科协调发展的全国重点大学,是国家“211 工程”和“优势学科创新平台”建设高校。

24 日 国务院常务会议讨论通过《能源发展“十二五”规划》。

《规划》概述了我国能源发展基础,分析了面临的国内外形势,提出了“十二五”时期,要进一步加快能源生产和利用方式变革,强化节能有限战略,全面提高能源开发转化和利用效率,合理控制能源消费总量,构建安全、稳定、经济、清洁的现代能源产业体系。《规划》明确了“十二五”时期的重点任务:一是加强国内资源勘探开发。安全高效开发煤炭和常规油气资源,加强页岩气和煤层气勘探开发,积极有序发展水电和风能、太阳能等可再生能源。二是推动能源的高效清洁转化。高效清洁发展煤电，推进煤炭洗选和深加工，集约化发展炼油加工产业，有序发展天然气发电。三是推动能源供应方式变革。大力发展分布式能源，推进智能电网建设，加强新能源汽车供能设施建设。四是加快能源储运设施建设，提升储备应急保障能力。五是实施能源民生工程，推进城乡能源基本公共服务均等化。六是合理控制能源消费总量。全面推进节能提效，加强用能管理。七是推进电力、煤炭、石油天然气等重点领域改革，理顺能源价格形成机制，鼓励民间资本进入能源领域。推动技术进步，提高科技装备水平。深化国际合作，维护能源安全。

同日　国务院新闻办公室发布《中国的能源政策(2012)》白皮书阐述了中国坚持“节约优先、立足国内、多元发展、保护环境、科技创新、深化改革、国际合作、改善民生”的能源发展方针，明确了未来中国努力以能源的可持续发展支撑经济社会的可持续发展的指导方向，以及构建安全、稳定、经济、清洁的现代能源产业体系的决心。

25日　国土资源部举行2012年页岩气探矿权招标开标仪式。83家企业竞争20个页岩气区块的探矿权，一个区块因投标人不足3家而流标。

同日　国家地质公园网络中心正式在京成立，根据国土资源部工作部署，世界地质公园网络办公室也将挂靠该中心。中国地质科学院作为依托单位，将协助国土资源部管理全国的国家地质公园和世界地质公园。

26日　世界温泉及气候养生联合会第65届年会暨国际科学大会在重庆举行。大会传出喜讯，被国土资源部授予“中国温泉之都”的重庆市，又被世界温泉及气候养生联合会授予“世界温泉之都”称号。

同日　国土资源部发布实施《关于加强页岩气资源勘查开采和监督管理有关工作的通知》，对页岩气资源调查评价、科技研究和产业发展都提出要求。

29日　何梁何利基金2012年度颁奖大会在北京钓鱼台国宾馆隆重举行。中科院院士、中国地大(北京)教授翟裕生荣获何梁何利基金科学与技术进步奖。目前，中国地大(北京)已有王鸿祯、杨遵仪、郝诒纯、杨起、翟裕生5位院士获得何梁何利基金奖励。翟裕生长期从事矿床学教学和研究工作，在金属矿床地质、矿田构造和矿床成因等方面均有系统研究成果，培养了大批地质人才。

30日　为进一步提高我国地质与矿产资源领域对外开放与合作水平，加强对矿产资源领域“引进来”及“走出去”工作的宏观指导和有效服务，国土资源部下发《关于进一步做好地质与矿产资源领域对外开放与合作工作的通知》。

11月

1日　国土资源部根据东北地区油气资源动态评价结果发布数据称，中国石油年产量2011年达2.03亿吨，由世界第5位上升到第4位；中国天然气年产量已由2002年的229亿立方米增加到2011年的1013亿立方米，由世界第17位上升到第6位。2012石油产量仍将保持世界第4位或略有上升。油气理论创新、勘查开发技术进步以及投入的大幅增加是油气产量大幅增加的主因。

2日　国土资源部正式颁布《矿产资源规划编制实施办法》，于12月1日起实施。《办法》主要是确立了矿产资源规划的地位和作用，明确了“四级两类”规划体系、各级规划的编制和审批权限及规划编制的内容与要求，制定了5项规划实施管理制度，明确了违反规定的法律责任等。

3日　由国土资源部、天津市人民政府、中国矿业联合会共同主办，国土部科技合作司和天津市国土房管局共同承办的2012中国国际矿业大会在天津梅江会展中心召开。大会以“携手应对、共促发展”为主题，宣传中国矿业的改革开放政策，围绕全球矿业可持续发展、全球矿产勘查形势与分析、矿业与资本市场、矿山环境与矿山公园、矿产资源综合利用等专题进行研讨。

4日　国土资源部宣布，通过“煤铀兼探”，我国在内蒙古大营地区发现国内目前最大规模的可地浸砂岩型铀矿床，连同此前的勘查成果，该地区累计控制铀资源量已跻身世界级大矿行列，对我国铀资源战略的意义重大，对立足国内提高核电发展的资源保障能力具有非常重要的意义。

同日　国土资源部、国家安全生产监督管理总局、国家发展改革委、工业和信息化部、公安部、财政部、环境保护部、工商总局、电监会联合发布《关于依法做好金属非金属矿山整顿工作的意见》，决定于2012～2015年组织开展矿山整顿攻坚战。“到2015年年底，无证开采等非法违法行为得到有效制止，不符合产业政策、安全保障能力低下的小型矿山要得到依法整顿关闭。”

5日　全面反映我国年度矿产资源储量、勘查、开发、市场及管理政策等综合信息的《2012中国矿产资源报告》在天津举行的中国国际矿业大会上发布。该报告称，我国煤炭、粗钢、水泥等矿产品产量稳居世界首位，国内矿产品供应能力不断增强。2011年，全国一次能源产量为31.8亿吨标准煤，同比增长7%，能源自给率为91.4%。但该报告同时显示，我国石油、铁、铜等大宗短缺矿产进口量持续增长，对外依存度居高不下,例如石油达到 56.7%,铁矿石达到 56.4%,铜则高达 71.4%。

同日 国土资源部与天津市人民政府共建的天津国际矿业金融改革示范基地拉开帷幕。示范基地将建立我国首个矿产风险勘查资本市场。

6 日 中国煤炭地质总局水文地质局历时 1 年时间编制完成的《煤矿床水文地质勘查工程质量标准》由国家安全生产监督管理局发布,并在全国正式实施。

11 日 中国能源研究会编写的《中国能源政策评论 2012》正式发布。专家指出,应该更充分发挥市场机制在我国能源价格体系中的作用。这份约 38 万字的报告对近期能源管理部门出台的资源管理、能源价格、能源投资、能源节约等 8 个方面的能源政策进行了分类梳理总结,并对政策效果作了评估和建议。

21 日 工业和信息化部发布了《石墨行业准入条件》。《条件》称,"十二五"期间石墨行业发展要立足国内需求,严格控制增量,重在优化存量,大力调整结构,推进兼并重组,提高产业集中度。新建和改扩建选矿项目尾矿综合利用项目除外,要坚持等量或减量置换原则,与淘汰落后产能挂钩。鼓励在资源富集地区和产业优势地区建设石墨产业集聚区,加快发展石墨加工产品。

24 日 位于贵州六盘水市盘县境内的贵州盘南煤炭开发有限责任公司响水煤矿河西采区 1135 掘进工作面发生一起煤与瓦斯突出事故,最终造成 23 人死亡、5 人受伤。经事故救援指挥部调查分析,这是一起责任事故,煤矿存在综合防突措施不到位等问题,4 名责任人被问责、处理。

26 日 工业和信息化部发布《关于促进黄金行业持续健康发展的指导意见》。该文件明确要求,我国在"十二五"期间要实现黄金资源勘查突破:新增黄金资源储量 4000 吨至 5000 吨,扣除黄金开采消耗 3000 吨左右,到 2015 年全国保有黄金资源储量达到 8000 吨至 9000 吨,比"十一五"期间增长 20% 以上。

30 日 招远市矿产金首次突破 100 万两,达到 103.7 万两,成为全国第一个年矿产金突破百万两的县(市),已连续 38 年居矿产金产量全国县(市)之首。

同日 中央机构编制委员会办公室下发《关于中国地质调查局发展研究中心机构编制调整的批复》(中央编办复字〔2012〕262 号),同意中国地质调查局发展研究中心(全国地质资料馆)加挂"国土资源部矿产勘查技术指导中心"牌子,承担为找矿突破战略行动提供技术指导,开展相关研究等职责。

12 月

6 日 伦敦金属交易所(LME)与香港交易及结算所有限公司(简称香港交易所)联合发布公告称,香港交易所已完成对伦敦金属交易所的收购交易,收购总作价为 13.88 亿英镑约 166.7 亿港元。通过此次交易,亚洲首要的交易及结算所营运机构与世界首屈一指的基本金属交易中心合二为一。它不仅将对香港交易所的发展提供巨大空间,同时对香港与内地经济发展将起到积极的推动作用,对中国期货市场来说也有着非凡的意义。

同日 国土资源部公布了第二轮页岩气探矿权招投标的结果。结果显示,19 家中标企业中有 17 家为国资委直属企业或地方国企。但值得注意的是,有 2 家民营企业中标,而 4 大石油企业无一中标。

同日 国土资源部第 28 次部长办公会审议通过了 2013 年找矿突破战略行动工作部署。明确提出,找矿突破要突出能源、大宗重要矿产、紧缺资源和"三稀"矿产;突出重点地区和重点区片,除 78 片整装勘查区外,还要加强重要成矿区带的矿产调查评价。

7 日 加拿大政府宣布,决定批准中国海洋石油有限公司以 151 亿美元收购加拿大尼克森公司的申请。这标志着中国海油乃至中国企业完成迄今在海外最大宗收购案。

10 日 黄金产业技术创新战略联盟成立大会在北京举行。该联盟旨在建成一个联合开发、优势互补、利益共享、风险共担的技术创新合作组织,形成领域内不同资源的共享平台、成果转化平台、技术服务平台和研发平台。

11 日 国际地质科学联合会秘书处迁址中国的揭牌仪式在北京举行。中国国土资源部部长、中国地质学会理事长徐绍史会见了国际地质科学联合会主席罗兰德·奥博汉斯利一行,并与罗兰德一起为秘书处揭牌。

19 日 随着鲁地投资控股公司借壳 ST 泰复(000409)重大资产重组获得证监会正式批文,山东省地质矿产勘查开发局期待已久的上市终获成功。在全国地矿系统改革发展大潮中,山东省地质矿产勘查开发局成功打造出全国地矿系统第一家上市公司。

同日 中国国土资源经济研究院在北京组织召开构建矿产资源节约与综合利用长效机制研讨会,提出以"调查评价、示范引领、标准规范、监测监管、激励约束、税费调节"为核心的矿产资源节约与综合利用长效机制的总体思路。

24 日 为强化钒钛磁铁矿资源合理开发利用的监督管理,促进矿山企业节约与综合利用钒钛磁铁矿资源,国土资源部在部门户网站公告了《四川攀西钒钛磁铁矿资源合理开发利用"三率"指标要求(试行)》。

27日 我国唯一一支公益性油气地质调查专业队伍——中国地质调查局油气资源调查中心,在北京挂牌成立。

同日 我国黄金行业首份社会责任报告——《中国黄金行业社会责任报告2012版》在京正式发布。《报告》强调了以"筑牢国家经济与金融的安全屏障"为本质责任,获得了中国企业社会责任报告专家评级委员会四星半的评价。

28日 国土资源部首次公布了金矿资源合理开发利用"三率"(即开采回采率、选矿回收率、综合利用率)指标,强化了黄金矿产资源合理开发利用的监督管理。

29日 "济宁特大磁异常找矿关键技术及找矿重大突破"成果在北京顺利通过专家鉴定,以中国工程院院士裴荣富为首的鉴定委员会认为,该项目综合勘查技术处于国际领先水平,实现了攻深探盲的重大突破。

31日 中国黄金集团公司销售收入突破1000亿元大关,达到了1006亿元,成为我国首个销售收入突破千亿元大关的黄金企业。

同日 山东黄金集团有限公司设计并施工的"中国岩金勘查第一深钻"已达到地下3615米的岩层,创中国金属矿深钻勘查最深记录。

(《中国矿业年鉴》编辑部 宋 菲 编辑)

概　况

矿产资源概况

【概述】 随着中国新型工业化、信息化、城镇化和农业现代化的加快推进，矿产资源消费进一步增长，石油、铁、铜、铝、钾盐等大宗矿产的需求保持旺盛态势。2012年，中国矿产勘查投入保持增长，新发现一批资源；基础地质调查程度不断提高，地质资料服务进一步拓展；深入开展矿产资源调查评价，进一步摸清资源家底；矿产资源综合利用水平不断提高，矿山地质环境恢复治理取得明显进展；主要矿产品产量和进口量持续增加，供应能力不断增强；地质矿产科技水平进一步提高，矿产资源领域对外合作进一步扩大。

1. 矿产勘查投入保持增长，新发现一批资源。2012年矿产勘查投入1200.2亿元，同比增长7.3%。其中，油气矿产勘查投入786.1亿元，同比增长16.5%；非油气矿产勘查投入414.1亿元，同比下降6.6%。石油勘查新增探明地质储量15亿吨，天然气9610亿立方米。煤炭勘查新增查明资源储量616亿吨，铁矿40亿吨，铜矿431万吨，金矿917吨，钾盐1461万吨。截至2012年底，石油剩余技术可采储量33.3亿吨，天然气4.4万亿立方米；煤炭查明资源储量1.4万亿吨，铁矿775亿吨，铜矿9037万吨，铝土矿38亿吨，金矿8196吨。

2. 主要矿产品产量持续增加，国内供应能力不断增强。煤炭、粗钢、水泥等矿产品产量稳居世界首位。2012年，全国一次能源产量33.3亿吨标准煤，同比增长4.8%，能源自给率92%。原煤产量36.5亿吨，同比增长3.8%；原油2.07亿吨，增长2.3%；天然气1072亿立方米，增长4.4%；粗钢7.2亿吨，增长4.7%；十种有色金属3672万吨，增长6.9%；黄金403吨，增长11.7%。

3. 矿产资源综合利用水平不断提高，矿山地质环境保护取得明显进展。通过示范基地建设，盘活了一批石油、煤炭、铁矿、铜矿、磷矿等重要矿产资源，提高了开发利用效率和效益，取得了良好的环境和社会效益。评选和向社会推介了涉及油气、煤炭、金属和非金属采选和综合利用的两批99项先进技术。推进绿色矿业发展，先后遴选出三批459个试点单位。和谐矿区建设试点工作全面启动，选择16个矿山开展试点，强化企业社会责任，促进了矿区和谐稳定发展。

4. 矿产品对外贸易平稳，大宗矿产进口持续增长。2012年，矿产品贸易额为9919亿美元，同比增长3.4%。进口煤炭2.89亿吨，同比增长29.8%；石油3.11亿吨，同比增长5.6%，对外依存度为57.8%；铁矿石7.44亿吨，同比增长8.4%，对外依存度为58.7%*。

5. 基础地质调查程度不断提高，地质资料服务进一步拓展。在重点成矿带、重大地质问题区、重要经济区和重大工程建设区，开展区域地质调查和修测。全国累计完成1:5万区域地质调查262万平方千米，占陆域国土面积的27.3%；累计完成1:25万区域地质调查修测589万平方千米(实测161万平方千米，修测428万平方千米)，占陆域国土面积的61.4%。扎实推进地质资料信息服务集群化产业化，服务能力不断增强。全国地质资料馆在网上发布了78个整装勘查区地质资料。

6. 深入开展矿产资源调查评价，进一步摸清资源家底。松辽盆地外围、银根－额济纳旗盆地、羌塘盆地、柴达木盆地、中上扬子海相含油气盆地、黔中隆起等地区，发现了新的储油层和目标区。突出重点地区、重点领域，开展矿产资源潜力评价、重点成矿区带矿产调查评价、整装勘查区攻关示范。全面完成省级煤炭、铁、铝等25个矿种的资源潜力评价工作，新增武当－桐柏－大别成矿带，重点成矿区带增至20个。2012年新增第二批整装勘查区31片，整装勘查区总数为78片。

7. 地质矿产科技水平进一步提高，矿产资源领域对外合作进一步扩大。发布《陆海观测卫星业务发展规划(2011～2020年)》。大陆构造与动力学实验室作为国土资源部第一家国家级重点实验室正式挂牌运行，审查认定第三批46家部级重点实验室、第一批84

---

*国内外铁矿石按2.5:1折算。

家野外科学观测研究基地。出台《关于进一步做好地质与矿产资源领域对外开放合作的通知》，召开2012中国国际矿业大会与中国－东盟矿业合作论坛，搭建国际矿业重要合作平台。

（国土资源部矿产开发管理司　国土资源部信息中心）

矿产资源勘查

【概况】 2012年，中国矿产勘查投入持续增长，矿产资源勘查进展明显。尤其是能源矿产资源，勘查新增查明资源储量超过百亿吨的煤田1个，勘查新增探明地质储量超过亿吨的油田4个，超过千亿立方米的气田3个。非常规油气资源、地热资源和地下水资源勘查也取得新进展。

2012年，中国矿产勘查投入1200.21亿元，完成钻探工作量3657.14万米。中央财政45.85亿元，地方财政96.92亿元，社会资金1057.44亿元（图1）。油气矿产勘查投资786.11亿元，非油气矿产勘查投资414.10亿元，分别占65.5%和34.5%。

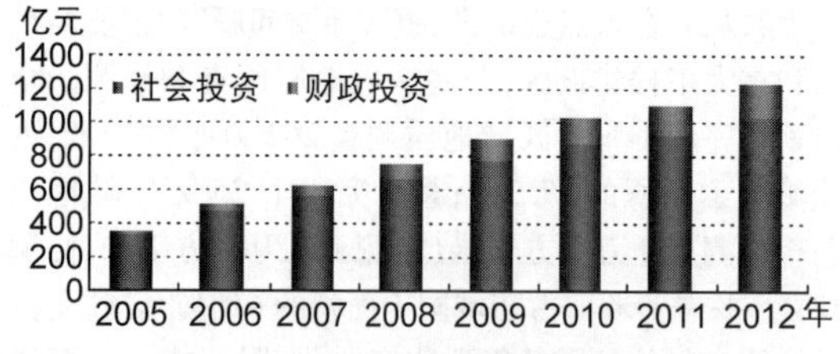

图1　2005～2012年中国矿产勘查投入

【能源矿产勘查】 1. 煤炭。煤炭钻探工作量966万米，勘查新增大中型矿产地53处。其中，新疆巴里坤哈萨克自治县三塘湖矿区汉水泉勘查区勘查新增查明资源储量超过百亿吨。

2. 石油天然气。石油天然气钻探井4329口，同比增长11.1%；探井总进尺1019.14万米，同比增长9.2%。

新增探明石油储量超过亿吨的油田有4个，为渤海湾盆地蓬莱9－1油田、鄂尔多斯盆地姬塬油田、靖安油田、红河油田。新增天然气储量超过千亿立方米的气田有3个，为鄂尔多斯盆地靖边气田、塔里木盆地克拉苏气田、四川盆地成都气田。

截至2012年底，全国已探明油气田920个，其中油田673个，天然气田247个；石油累计探明地质储量341亿吨，天然气10.8万亿立方米。

3. 非常规油气。全国煤层气累计钻井超过1.2万口（其中2012年新增超过3500口），沁水、鄂东煤层气新增探明储量超过千亿立方米。

截至2012年，全国页岩气累计勘探投入70亿元，完钻页岩气井80余口（其中水平井20余口），四川盆地页岩气勘查开发取得成效。

【金属与非金属矿产勘查】 根据铁矿、铜矿、铅矿、锌矿、铝土矿、钨矿、锡矿、钼矿、锑矿、金矿、银矿、稀土矿、硫铁矿、磷矿和钾盐15种矿产查明资源储量勘查情况统计，2012年度勘查新增大中型矿产地共119处，其中，大型矿产地23处，中型矿产地96处，主要分布在新疆、云南、山西、内蒙古、河南、山东、贵州和吉林等省区（表1）。

表1　2012年部分金属与非金属矿产勘查新增重大进展

矿种	矿产地	查明资源储量
铁矿	辽宁鞍山市千山区陈台沟铁矿	10.8亿吨
铜矿	云南迪庆普朗铜矿首采区	143.7万吨
	江西武宁县大湖塘北区钨矿（伴生铜矿）	34.1万吨
钨矿	江西武宁县大湖塘北区钨矿	62.6万吨
	江西武宁县大湖塘南区钨矿	30.6万吨
钼矿	内蒙古东乌珠穆沁旗迪彦钦阿木铅锌银钼矿	77.8万吨
	吉林省舒兰市福安堡钼矿	44.6万吨
	江西安远县园岭矿业有限公司园岭寨钼矿	19.7万吨
	西藏拉萨墨竹工卡县甲玛矿区	19.4万吨
锑矿	广西高峰矿业有限责任公司锡矿（伴生锑矿）	11.0万吨
金矿	西藏拉萨墨竹工卡县甲玛矿区	83.1吨
	内蒙古乌拉特中旗浩尧尔忽洞金矿	75.9吨
	甘肃万方黄金开采有限公司宕昌县竹园北金矿	72.0吨
	山东玲珑金矿田水旺庄矿区	60.3吨
	新疆金川矿业有限公司新疆伊宁县金山金矿	50.3吨
磷矿	四川雷波县小沟磷矿区	3.8亿吨
	贵州织金县新华矿区	2.9亿吨
	湖北宜昌市夷陵区杨家扁磷矿区	0.7亿吨
	云南寻甸没租哨磷矿	0.7亿吨
	云南禄劝落乌磷矿	0.5亿吨

备注：已经评审备案。

【地下水资源勘查】 2012年，支援云南、广西的抗旱找水打井工作。确定400余个探采井井位和10处暗河天窗提水工程点，指导完成396口探采深井的施工，缓解了60余万人的饮水困难。宁夏固原地区，在水文地质调查工作基础上，完成了58口“惠民井”的施工任务，解决了12万多名群众的吃水难题。完成黑龙江七台河市城市应急供水勘查，施工探采结合井112口，为七台河市正常供水提供了保障。青藏高原、西南岩溶等地区的水文地质环境地质调查解决了近10万人的饮水困难。

经过4年努力，完成鄂尔多斯盆地内蒙古能源基地地下水勘查。项目累计开展1:10万水文地质调查和10个富水地段的1:5万水文地质调查，施工水文地质勘探孔136眼，钻探进尺2.8万米，提交地下水可采资源量83.4万立方米/天。

在乌蒙山水文地质条件复杂区成功施工1眼出水量1000立方米/天的探采结合孔，解决了当地群众长期饮水困难。在青海海拔3800多米冻土层厚达50多米的祁连大型煤炭基地江仓矿区，成功打出1眼优质探采结合井，自流量1500立方米/天，推测最大涌水量3000立方米/天。

【查明资源储量】 1. 查明资源储量变化。2012年，中国45种主要矿产查明资源储量有33种增长，8种减少，4种没有变化。其中，能源矿产普遍增长，天然气剩余技术可采储量增长为8.9%；黑色金属矿产中铬铁矿和钛矿下降，锰矿增长明显；有色金属矿产多数增长，其中，铅矿、钨矿和钼矿增长超过10.0%；贵金属矿产均有增长，增长幅度均超过10.0%；多数非金属矿产有所增长（表2）。

表2　　中国45种主要矿产查明资源储量与变化

矿产名称	单位	2011年	2012年	增减变化%
煤炭	亿吨	13778.9	14208.0	3.1
石油	亿吨	32.4	33.3	2.8
天然气	亿立方米	40206.4	43790.0	8.9
铁矿	矿石亿吨	743.9	775.3	4.2
锰矿	矿石亿吨	7.70	9.47	23.0
铬铁矿	矿石万吨	1161.1	1149.9	-1.0
钒矿	V_2O_5万吨	4934.0	5029.5	1.9
钛矿	TiO_2亿吨	7.5	6.6	-12.0
铜矿	金属万吨	8612.1	9036.9	4.9
铝土矿	矿石亿吨	38.7	38.2	-1.3
铅矿	金属万吨	5602.8	6173.5	10.2
锌矿	金属万吨	11568	12355.8	6.8
镍矿	金属万吨	938.2	914.6	-2.5
钴矿	金属万吨	64.6	66.7	3.3
钨矿	WO_3万吨	620.4	696.9	12.3
锡矿	金属万吨	441.1	411.7	-6.7
钼矿	金属万吨	1935.9	2131.9	10.1
锑矿	金属万吨	229.7	238.3	3.7
金矿	金属吨	7419.4	8196.2	10.5
银矿	金属万吨	18.7	21.3	13.9
铂族金属	金属吨	336.5	374.1	11.2
锶矿	天青石万吨	4549.3	4870.2	7.1
菱镁矿	矿石亿吨	35.1	32.2	-8.3
萤石	矿物亿吨	1.98	2.1	6.1
耐火黏土	矿石亿吨	25.1	25.1	0.0
硫铁矿	矿石亿吨	56.8	56.9	0.2
磷矿	矿石亿吨	193.6	200.7	3.7
钾盐	KCl亿吨	10.7	10.3	-3.7
硼矿	B_2O_3万吨	7206.6	7293.2	1.2
钠盐	NaCl亿吨	13360.5	13555.9	1.5
芒硝	Na_2SO_4亿吨	1101.9	1108.7	0.6
重晶石	矿石亿吨	2.9	3.1	6.9
水泥用灰岩	矿石亿吨	1098.3	1147.3	4.5
玻璃硅质原料	矿石亿吨	68.1	72.0	5.7
石膏	矿石亿吨	810.1	846.0	4.4
高岭土	矿石亿吨	22.7	23.0	1.3
膨润土	矿石亿吨	27.3	27.7	1.5
硅藻土	矿石亿吨	4.5	4.6	2.2
饰面花岗岩	亿立方米	24.2	25.6	5.8
饰面大理岩	亿立方米	14.0	15.0	7.1
金刚石	矿物千克	3622.9	3396.5	-6.2
晶质石墨	矿物亿吨	1.9	1.9	0.0
石棉	矿物万吨	9064.4	9067.2	0.0
滑石	矿石亿吨	2.8	2.8	0.0
硅灰石	矿石亿吨	1.5	1.6	6.7

注：石油、天然气为剩余技术可采储量。

2. 勘查新增查明资源储量。2012年中国多数主要矿产勘查新增查明资源储量均有不同程度的增长（表3）。

表3　　中国主要矿产勘查新增查明资源储量

矿种	单位	查明资源储量	
		2011年	2012年
煤炭	亿吨	749.2	616.1
石油	亿吨	13.42	15.22
天然气	亿立方米	7224.82	9610.23
铁矿	矿石亿吨	11.4	39.8
锰矿	矿石万吨	5303.9	15535.0
铜矿	铜万吨	761.8	431.0
铅矿	铅万吨	403.6	447.4
锌矿	锌万吨	404.0	808.6
铝土矿	矿石万吨	-	4856.0
镍矿	镍万吨	19.7	18.5
金矿	金吨	717.7	916.8
银矿	银吨	9440	26394.0
钨矿	WO_3 万吨	55.1	101.6
锡矿	锡万吨	28.5	31.9
钼矿	钼万吨	580.4	217.8
锑矿	锑万吨	26.4	16.8
硫铁矿	矿石万吨	8660.0	2427.0
磷矿	矿石亿吨	13.4	12.6
钾盐	KCl万吨	771.0	1461.0

注:石油、天然气为勘查新增探明地质储量。

在能源矿产中,煤炭勘查新增查明资源储量616.1亿吨,石油勘查新增探明地质储量15.2亿吨,天然气9610亿立方米。

在金属和非金属矿产中,锰矿、钨矿、金矿和银矿勘查新增查明资源储量较多,分别为1.55亿吨、101.6万吨、916.8吨和2.63万吨。磷矿勘查新增查明资源储量12.6亿吨。

【中央地勘基金专项进展】 2012年,中央地质勘查基金项目优先安排47片首批国家级整装勘查区重要矿种的勘查,重点支持煤、铀、铁、铜、铝等国家能源和急需紧缺矿产勘查,有序开展钨、锡、锑、稀土等优势矿产资源勘查,新发现一批大型-超大型矿床,煤、铀、铁、镍、铝等矿种资源量有较大幅度提高。2012年开展121个矿产勘查项目,投入资金6.17亿元,完成槽探23.82万立方米,钻探41.86万米,新发现矿产地25处。内蒙古大营铀矿结束普查工作,提交一处国内最大的超大型铀矿床,内蒙古准格尔煤田11个煤炭连片勘查项目初步探获煤炭资源量380亿吨,四川省攀西铁矿整装勘查区3个普查项目探获333级别铁资源量7.92亿吨、钛铁矿3750万吨,钒矿167.6万吨,新疆坡北镍矿项目新增镍资源量40万吨,贵州务正道铝土矿整装勘查区东山、马鬃岭2个项目已探获铝土矿资源量5000万吨,福建新罗区万安探获稀土资源量34万吨。

(国土资源部地质勘查司)

矿产资源开发

【概况】 2012年,采矿业固定资产投资持续增长,矿产品生产持续增长,国内供应能力不断增强,有力支撑了中国工业化、城镇化的发展。矿产资源综合利用水平不断提高,增加和盘活了一批资源储量。同时评选和向社会推介了两批99项先进适用技术。

【采矿业固定资产投资】 2012年,中国采矿业固定资产投资1.31万亿元,同比增长11.8%。其中,煤炭开采和洗选业5286亿元,增长7.7%;石油与天然气开采业2854亿元,增长6.1%;黑色金属矿采选业1529亿元,增长23.7%;有色金属矿采选业1477亿元,增长19.0%;非金属矿采选业1631亿元,增长26.3%(图1)。

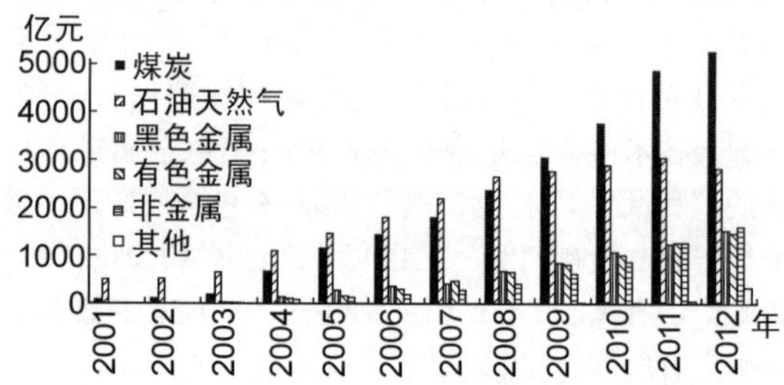

图1　2001~2012年中国采矿业固定资产投资变化

【能源矿产品生产】 2012年,中国一次能源生产总量为33.3亿吨标准煤,同比增长4.8%(图2)。生产结构为:原煤占78.3%,原油占8.9%,天然气占5.6%,水电、核电、风电占7.2%。生产以煤炭为主,其占比由2000年的73.2%升至2012年的78.3%;石油占比由2000年的17.2%降至2012年的8.9%(图3)。

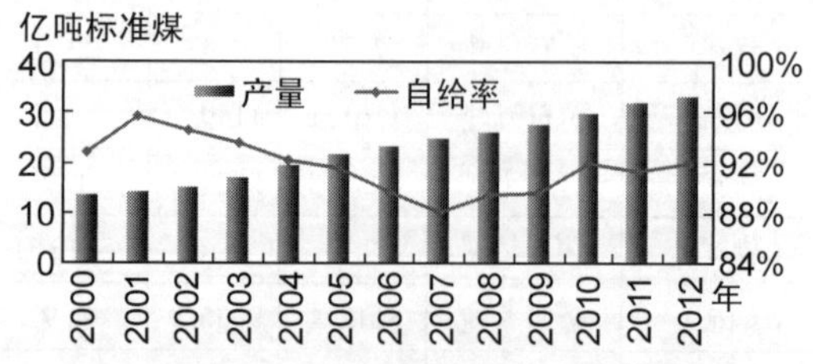

图2　2000~2012年中国一次能源生产情况

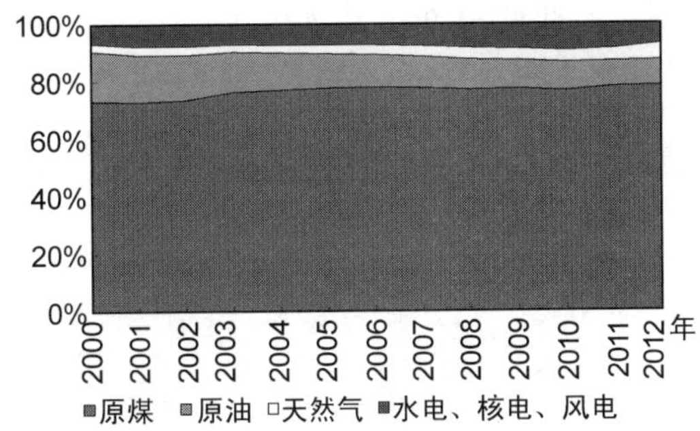

图3　2000～2012 年中国能源生产结构

煤炭产量 36.5 亿吨，同比增长 3.8%，连续多年居世界第一位。石油产量 2.07 亿吨，增长 2.3%（图4），居世界第四位。天然气产量 1072.2 亿立方米，增长 4.4%，居世界第七位。

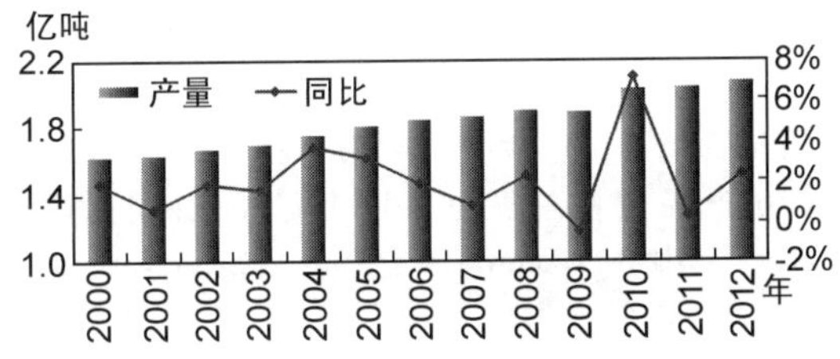

图4　2000～2012 年中国石油产量及变化

【金属矿产品生产】　2012 年铁矿石产量 13.1 亿吨，与 2011 年基本持平；粗钢产量 7.2 亿吨，同比增长 4.7%，占世界总产量的 45.1%（图5）；钢材产量 9.5 亿吨，同比增长 7.6%。

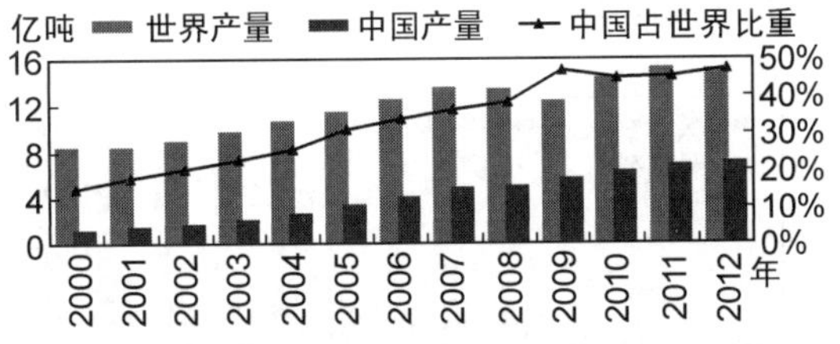

图5　2000～2012 年中国粗钢产量与世界钢产量对比

十种有色金属产量 3672.2 万吨，同比增长 6.9%；生产黄金 403.0 吨，增长 11.7%，连续六年位居世界第一。

【矿产资源综合利用】　1. 综合利用示范基地建设加快推进。自 2010 年起，国土资源部、财政部共同组织实施了矿产资源节约与综合利用专项，推进综合利用示范基地建设。截至 2012 年度，中央财政累计投入专项资金 85 亿元，示范带动企业配套资金 1500 多亿元。部署开展重大项目 288 项，取得百余项技术突破。其中，获得国家级、行业级科技进步奖 50 余项，开展科技创新性项目 90 项，申报专利 100 余项，国内授权专利 33 项（其中发明专利 18 项），形成 20 余项国家或行业标准、60 余项企业标准。矿山企业利用专项资金研发或引进先进技术、装备，进行生产工艺改造，不仅提高了开采回采率、选矿回收率、综合利用率水平，盘活了一批石油、煤炭、铁矿、铜矿、磷矿等重要矿产资源，提高了开发利用效率和效益，而且取得了良好的环境和社会效益。

2. 加快推广先进适用技术。国土资源部印发了《关于推广先进适用技术提高矿产资源节约与综合利用水平的通知》，明确了推广先进适用技术的税费减免等经济激励政策和管理措施，强调了低渗透油田和页岩气资源高效开发、固体矿产充填开采等重点领域和共性关键技术的推广工作。建立了先进适用技术推广目录发布制度，先后发布了两批 99 项先进适用技术（油气类 15 项、煤炭 24 项、金属类 41 项、非金属类 19 项），其中第一批 62 项、第二批 37 项（表1）。

表1　矿产资源综合利用先进适用技术目录（第二批）

油气高效开采和综合利用技术（5 项）	复杂难处理钨细泥高效选矿新工艺
特低渗透油藏生物活性复合调驱提高采收率技术	冶金矿山高压辊磨新工艺成套技术与装备
高含水期聚合物驱油开发技术	钛铁矿高效回收工艺及装备产业化集成技术
CO_2 驱油与埋存技术	原矿焙烧提金技术与工艺
陆相页岩气水平井井壁稳定性及大型压裂关键技术	金属矿山选矿尾砂、干渣和冶炼废渣膏体充填技术
致密油有效开发利用技术	含钒页岩双循环高效氧化提钒技术
煤炭高效开采和综合利用技术（7 项）	铁尾矿梯级分离多元素综合回收技术
高水膨胀材料充填采煤技术	难浸金精矿细菌氧化预处理工艺技术
村庄下与承压水上膏体充填绿色开采技术研究	有色金属尾矿萤石综合回收利用关键技术
急倾斜煤层综放开采顶煤超前预爆弱化技术	**非金属高效采选和综合利用技术（10 项）**
高瓦斯厚煤层采煤方法改造项目	人工永久矿柱置换安全高效开采技术
分布式地下水库技术	局部胶结充填与空场组合采矿技术

续表 1

特厚煤层采空区瓦斯地面直井抽采技术	多层薄矿体一次性开采技术
矿井瓦斯发电技术	提高高岭石淘洗率及可塑性的技术
金属高效采选和综合利用技术(15 项)	低品位滑石光选提纯技术
地下立体分区大规模控制爆破开采技术	硬石膏制硫酸废渣联产水泥
安全隐患条件下诱导崩落连续开采技术	含钾尾矿溶解转化热溶结晶法生产氯化钾技术
无底柱充填联合采矿技术	低品位湖盐生产液体盐技术
露天采场第四系砂砾卵石层承压水下开采综合技术	高岭土矿资源高效开发与综合利用关键技术
57 钼精矿新工艺及产业化技术	低品位含铀硼铁矿资源综合利用技术
铜冶炼渣资源综合利用	

(国土资源部矿产开发管理司　国土资源部信息中心)

矿产品市场

【概况】 2012 年,中国煤炭、石油、钢铁等大宗矿产品消费进入平稳增长时期。矿产品对外贸易稳定增长,石油、铁矿石等大宗矿产进口不断增加。矿产品价格高位震荡下行。

【矿产品消费】 2012 年能源消费总量 36.2 亿吨标准煤,同比增长 3.9%,能源自给率 92%。其中,煤炭消费增长 2.5%,原油增长 6.0%,天然气增长 10.2%。能源消费结构为:煤炭占 67.4%,石油占 19.0%,天然气占 5.3%,水电、核电、风电占 8.3%。中国能源消费以煤炭为主,占总消费量的七成左右,石油约占二成,近年来皆呈缓慢下降态势;天然气和非化石能源消费比重逐年上升(图 1)。

据世界金属统计数据,2012 年中国精炼铜、精炼铝、精炼铅、精炼锌、精炼镍和精炼锡的消费量均居世界第一。其中,精炼铜消费 884.0 万吨,同比增长 12.2%,占世界 43.3%;精炼铝 2027.5 万吨,增长 14.5%,占世界 45.0%;精炼铅 467.3 万吨,增长 1.1%,占世界 44.8%;精炼镍 83.73 万吨,增长 19.2%,占世界 47.7%;精炼锡 17.64 万吨,下降 2.4%,占世界 48.9%;精炼锌 539.6 万吨,下降 1.2%,占世界 43.8%。

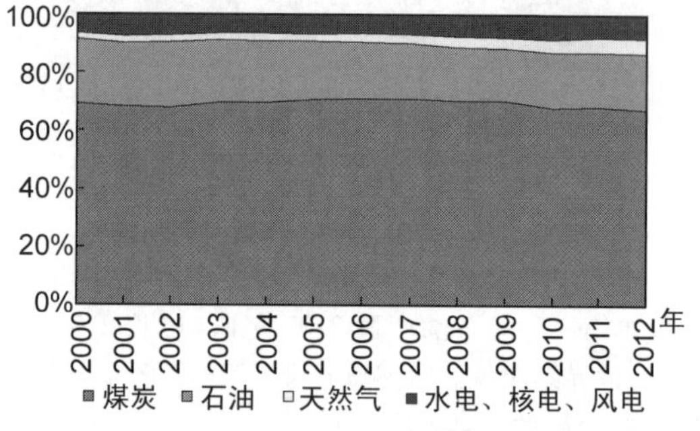

图 1　2000 ~ 2012 年中国能源消费结构变化

【矿产品贸易】 1. *矿产品贸易平稳增长*。2012 年,中国矿产品贸易总额为 9919.1 亿美元,同比增长 3.4%。其中进口额 6611.9 亿美元,增长 1.4%;出口额 3307.2 亿美元,增长 7.6%。

2. *大宗短缺矿产进口持续增长*。2012 年,进口石油 3.11 亿吨,同比增长 5.6%,对外依存度 57.8%。进口煤炭 2.89 亿吨,增长 29.8%。进口铁矿石 7.44 亿吨,同比增长 8.4%,对外依存度为 58.7%。进口铜精矿 782.7 万吨,同比增长 22.8%。进口钾盐 657.0 万吨,与 2011 年基本持平(图 2 和图 3)。

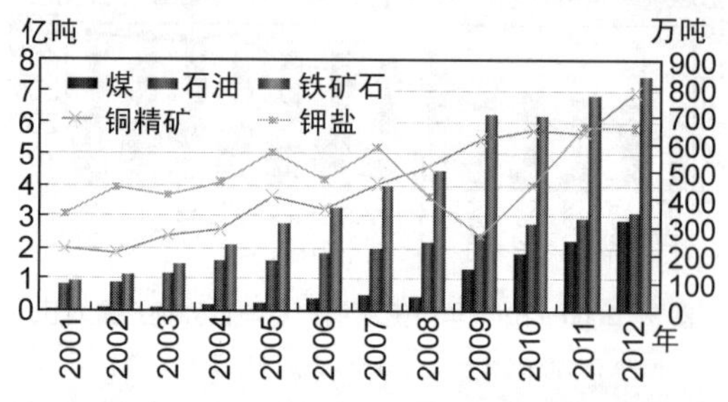

图 2　2011 ~ 2012 年中国部分重要矿产品进口量

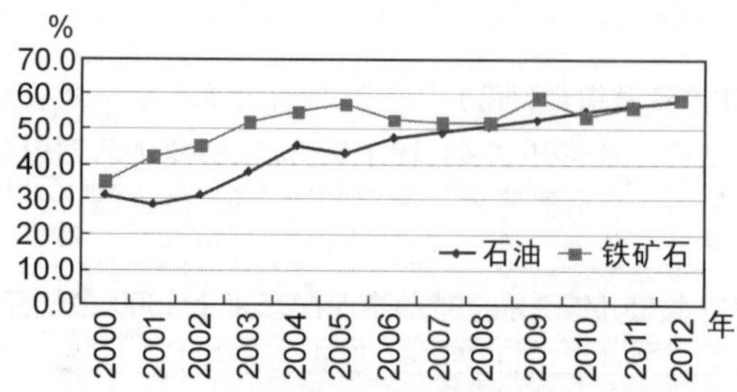

图 3　2000 ~ 2012 年中国石油、铁矿石对外依存度

【矿产品价格】 2012 年,矿产品价格持续高位震荡,整体水平比上年下降约一成。

1. 原油。大庆油田原油现货价格平均为 113.5 美元/桶,同比增长 2.9%;美国纽约原油现货价格平均为 94.1 美元/桶,同比下降 0.7%(图 4)。

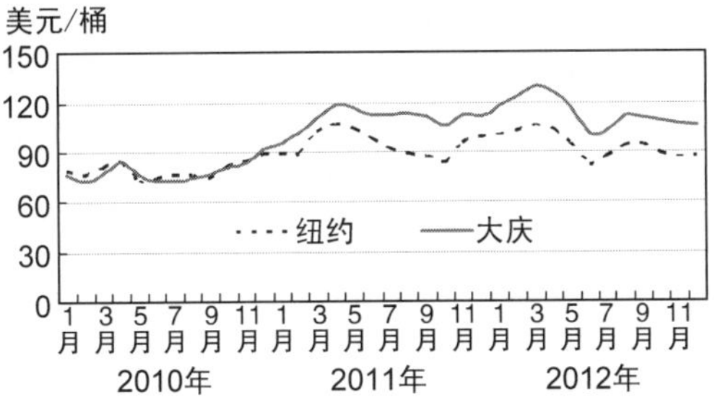

图 4　2010 ~2012 年国内、国际原油价格走势

2. 煤。国内优质煤价呈先降后稳的变化态势。国内优质煤均价 683 元/吨,同比下降 13.8%。

3. 铁矿石。进口铁矿石到岸均价 128 美元/吨,同比下降 21.8%。国内河北铁矿石价格(66% 粉矿)平均为 977 元/吨,同比下降 29.3%(图 5)。

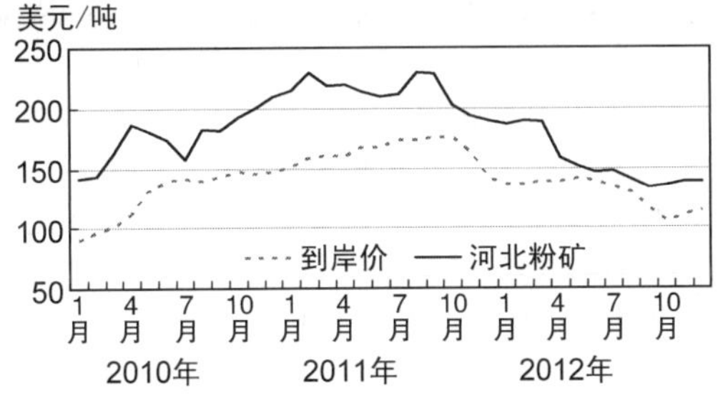

图 5　2010 ~2012 年铁矿石价格走势

4. 铜。国内均价为 5.72 万元/吨,同比下降 13.2%;伦敦金属市场铜现货价平均为 7933 美元/吨,同比下降 10.3%(图 6)。

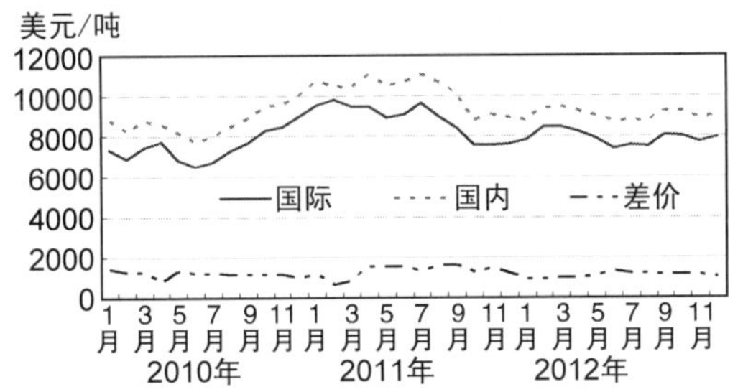

图 6　2010 ~2012 年国内、国际铜价格走势

5. 铝。国内均价为 1.56 万元/吨,同比下降 7.1%;伦敦金属市场铝现货价平均为 2015 美元/吨,同比下降 15.6%。

6. 黄金。国内黄金价格 338.9 元/克,同比上涨 3.4%;国际黄金均价为 1669 美元/盎司,同比上涨 6.4%(图 7)。

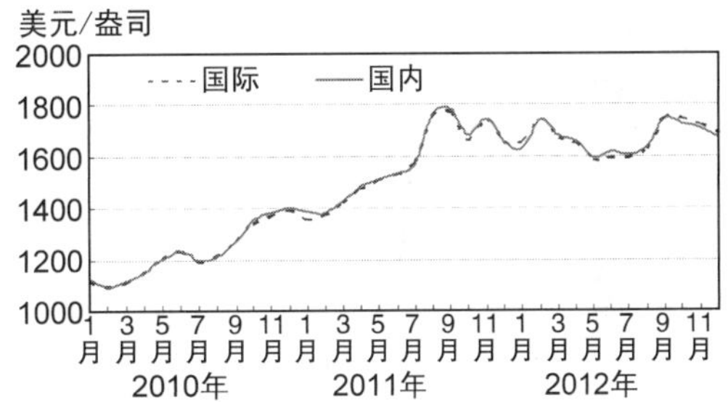

图 7　2010 ~2012 年国内国际黄金价格走势

(国土资源部矿产资源储量司　国土资源部信息中心)

矿山地质环境保护

【概况】 2012 年,各级政府积极推进矿山地质环境恢复治理工作,在继续支持资源枯竭型城市矿山地质环境治理工程的同时,启动实施矿山地质环境治理示范工程;积极推进绿色矿山试点工作,遴选国家级绿色矿山试点单位 239 家;大力推进地质遗迹保护工作,完善《古生物化石保护条例》配套法规制度建设,加大投资力度,社会、经济、环境效益显著。

【矿山地质环境恢复】 自 2012 年起,中央财政资金在继续支持资源枯竭型城市矿山地质环境治理工程的同时,启动实施矿山地质环境治理示范工程。通过示范工程的实施,充分挖掘低效、废弃工矿用地的潜力,探索保护耕地、保障发展的新机制,推进资源产地的“资源节约型、环境友好型社会”建设。2012 年,国土资源部会同财政部下达环境治理项目预算 46.8 亿元,其中资源枯竭型城市地质环境治理项目预算 20 亿元,示范项目预算 26.8 亿元。

【绿色矿业发展】 积极推进绿色矿山试点工作,已遴选国家级绿色矿山试点单位 459 家,其中 2012 年 239 家。在油气、煤炭、有色、冶金、黄金、化工、建材及非金属等行业(图 1),树立了一批绿色矿山建设的典型模式。

1. 引领行业科技创新,提高资源利用水平。绿色矿山试点单位自主创新了一批推广前景好、应用范围广、具有自主知识产权的先进技术和工艺,提高了资源开发利用效率和综合利用水平,大幅提高了共伴生资源利用率。广东云浮硫铁矿利用烧渣资源生产铁精粉;五矿集团柿竹园多金属矿首创“矿浆电解法”,提高了铋冶炼回收率;苏州高岭土矿,建成尾矿再淘生产线,生产石英砂、黄铁矿等,实现无尾矿生产。

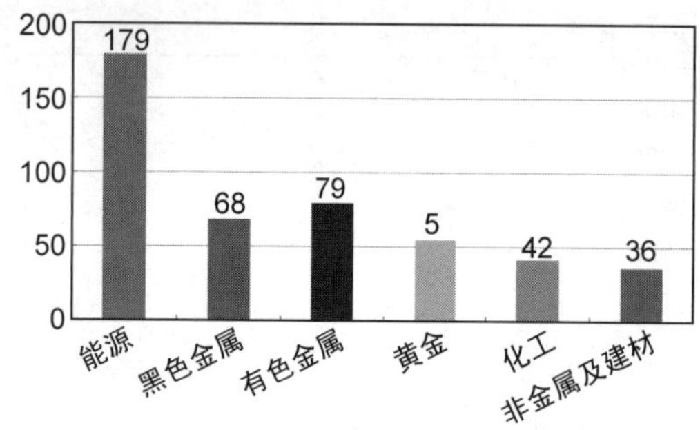

图1　国家级绿色矿山试点单位各行业数量(共459家)

2. 加大环境保护力度,推进矿山地质环境恢复治理。中国石油新疆风城油田对临时开挖和占压的土地进行及时复垦,原始地貌恢复率100%;冀中能源梧桐庄煤矿大力实施绿化,矿区绿化覆盖率为62%;中国黄金二道沟金矿对尾矿库进行治理,矿区绿化覆盖率达82.5%以上;湖北蓝天盐化有限公司对含盐泥浆全部回收,采取一年赔偿,二年复垦的方法综合治理,土地复垦率83%。

3. 积极承担社会责任,共享开发收益。绿色矿山试点单位在绿色矿业理念的指引下,走"开发一方资源,造福一方百姓"的绿色发展之路,积极承担社会责任,重视企业文化、营造社区和谐,共享发展成果。中金集团西藏甲玛铜矿将企业文化与绿色矿业理念高度融合,秉承"建一座矿山,绿一片环境;富一方经济,扶一方百姓;促一方和谐,树一座丰碑"的宗旨,带领群众共享发展成果;陕西安塞油田支持延安市民饮用水源——王窑水库的综合治理,参与陕北"村村通"道路建设工程,援建了两所希望小学,累计建设道路206千米,落实扶贫救助资金约3000万元。

【地质遗迹保护】 2011年1月1日,《古生物化石保护条例》(国务院令第580号,以下简称《条例》)开始实施。2012年1月国土资源部印发了《国家古生物化石分级标准及目录》(国土资发〔2012〕6号),为古生物化石分类定级提供了依据;编制印发了《省级古生物化石保护规划编制指南》(国土资厅发〔2012〕38号);组织开展了《条例》贯彻落实情况检查工作。2012年12月,国土资源部发布《古生物化石保护条例实施办法》(国土资源部令第57号),进一步地细化《条例》的各项规定和要求。

2008~2012年,国土资源部会同财政部共下达地质遗迹保护项目378个,资金18.62亿元(2012年中央未下达地质遗迹保护资金)。2012年,国土资源部新批复国家地质公园20个,新增地质公园面积3063平方公里。2012年,中国国家地质公园总数为183家,世界地质公园总数为27家。

【和谐矿区建设】 探索和谐矿区建设,内蒙古、西藏和青海等地取得明显成效。内蒙古锡盟阿旗玛尼图煤矿和谐矿区建设一年来解决了运输车辆碾压草场、矿区环境治理、居民饮水难等问题,企业每年按面积对采矿区周边3千米范围内的牧民草场给予环境影响补偿金。西藏华泰龙矿业公司招录藏族员工212人,择优选送到大专院校深造,公司还出资近5000万元用于改善基础设施、扶贫、助学。青海山金公司帮助矿区周边村社谋划发展,吸收沟里乡100多名剩余劳动力成立金沟里工贸公司,承担运输护路绿化等涉矿业务,公司投资1000余万元用于改善矿区周边基础设施。

(国土资源部地质环境司)

矿　业　管　理

基础地质调查与地质资料服务

【概况】 地质矿产调查与评价是实施找矿突破战略行动的基础性工作。2012年,基础地质调查程度进一步提高,大批基础地质图件得到更新,地质资料信息服务集群化产业化扎实推进。开展重点成矿区带、重要找矿远景区、整装勘查区调查评价、稀有稀散稀土金属资源战略调查、大型沉积盆地矿产资源综合调查(煤铀兼探、油钾兼探等)、老矿山深部和外围找矿等重点工作,取得重要进展。

【基础地质调查】 1. 区域地质调查。2012年完成1∶5万区域地质调查24.7万平方千米,累计完成262万平方千米,占陆域国土面积的27.3%;完成1∶25万区调修测21.7万平方千米,累计完成589万平方千米(实测161万平方千米,修测428万平方千米),占陆域国土面积的61.4%。新发现矿(化)点、矿化线索380余处,圈定一批新的找矿有利区。

2. 区域物探化探遥感地质调查。2012年完成1∶25万区域重力30.8万平方千米,1∶25万区域化探17.4万平方千米;1∶5万区域化探14.8万平方千米,1∶5万航空物探51万测线千米,1∶2.5万航磁调查11.7万测线千米,1∶5万重力测量9814平方千米。在西昆仑矿带东段区域矿产资源遥感地质调查44400平方千米。新圈定物化遥异常近6000余处,查证异常464处,见矿(化)点190处。

3. 海洋地质调查。完成了1∶100万大连幅、上海幅、海南岛幅、中沙群岛幅等4个图幅的海洋区域地质调查成果报告编写和图件编制工作。继续开展1∶25万青岛幅海洋区域地质调查试点工作,重点进行采集数据处理、样品测试分析和综合研究,启动了1∶25万福州幅、莆田幅海洋区域地质调查工作。

重点海岸带综合地质调查与监测。主要开展辽河三角洲经济区、山东半岛蓝色经济区、长江三角洲经济区、南海北部湾经济区等重点海岸带综合地质调查与监测,南海北部湾全新世环境演变与人类活动影响研究、北部湾广西近岸海洋地质环境与地质灾害调查、华南西部滨海湿地地质调查与生态环境评价等。

海洋矿产资源调查。继续开展辽东湾、台湾海峡西岸近海海砂资源潜力调查,海南岛浅海砂矿资源潜力调查与评价,舟山海域海底淡水资源的调查与评价等。继续开展南黄海、南海北部陆坡深水区油气资源调查,在黄海海域实施了1口探井的钻探工程,获取了大量的地质、地球化学录井和测井资料以及岩屑、岩心样品等,发现有油气显示。

【油气资源调查评价】 1. 全国油气资源评价。开展了新疆地区石油、天然气、油页岩、煤层气、页岩油(致密油)、油砂等油气资源评价。评价获得新疆地区石油地质资源量227.55亿吨,天然气地质资源量17.47万亿立方米,煤层气地质资源量8.99万亿立方米。另外,还对渤海湾盆地胜利油田探区的石油资源进行了评价,石油地质资源量101亿吨。

2. 常规油气调查评价。在内蒙古的银根-额济纳旗盆地、青海柴达木盆地、西藏羌塘盆地等新区、新层系调查评价,圈定20余处油气勘探靶区,提出10余个油气探矿权设置区块。青藏地区圈定了2个油气勘查有利目标区,落实了1个科学探井的井位。

3. 非常规油气勘查与调查评价。

①页岩气:截至2012年,全国页岩气累计勘探投入70亿元,完钻页岩气井80余口(水平井20余口)。其中,2012年全国钻页岩气井41口,参数井8口。

②煤层气:全国煤层气累计钻井超过1.2万口(其中2012年新增超过3500口),建成产能30亿立方米/年,在建产能约50亿立方米/年。2012年地面煤层气产量25.7亿立方米,利用量20.2亿立方米。

4. 大型盆地综合勘查与评价。开展中国北方煤铀兼探,在21个老煤田勘探区的239个钻孔中发现了伽玛异常,在宁夏宁东地区实施的6个验证钻孔3个见工业矿。塔里木盆地和云南油钾兼探,分别钻获100米和67米厚的钾盐矿化层;柴达木探明钾盐资源量1.3亿吨。

【非油气矿产资源调查评价】 1. 矿产资源潜力评价。完成省级煤炭、铁、铝等25个矿种的资源潜力评价工作。建立了300多个典型矿床的描述性模式、成因模式和勘查模型，划分出94个Ⅲ级成矿区带、488个主要矿产预测类型。在全国范围内获得了500多个新的同位素年龄数据。

2. 重点成矿区带矿产调查评价。新增武当－桐柏－大别成矿带，重点成矿区带总数为20个。截至2012年，20个重点成矿区带矿产远景调查覆盖35%，重要找矿远景区的矿产远景调查覆盖率为45%，确定重要找矿远景区200多处。

2012年，完成1:5万矿产远景调查4.5万平方千米，新发现物化探异常5216处，检查物化探异常1709处，查证物化探异常921处，见矿物化探异常335处。新发现矿产地31处。

3. 整装勘查区矿产远景调查。2012年新增第二批整装勘查区31片，整装勘查区总数为78片。78片整装勘查区新发现矿产地135处，其中，大型33处，中型52处。新增资源量：铁矿石101亿吨，铜638万吨，金612吨，铝土矿7亿吨，铅锌606万吨，钼115万吨，钨130万吨。

4. 稀有稀散稀土金属资源战略调查。初步摸清了中国稀有稀散稀土资源重点省（区）的资源家底，发现具有大型－超大型资源潜力的稀有、稀土金属矿6处，重要找矿线索15处。

5. 老矿山深部及外围找矿。2012年实施的68个勘查类项目中，有52个项目经验证见矿，5个项目新增资源量达大型矿床规模，10个项目新增资源量达中型规模。老矿山找矿项目累计新增煤3.4亿吨，锰矿石2648万吨，铬铁矿3.87万吨，铜40万吨，铅锌100万吨，锡2033吨，金124吨，银788吨。

【地热资源调查评价】 1. 圈定了青藏铁路沿线高温地热资源钻探勘查靶区。完成1:1万地热地质和地球化学调查120平方千米、1:2000地质剖面实测30千米、激电测深196点、视电阻率联合剖面300点，基本查明了青藏铁路沿线高温地热资源分布及赋存条件，圈定了谷露、玉寨两处地热异常区的高温地热钻探勘查靶区。

2. 继续实施省会城市浅层地温能调查评价。2012年继续组织实施了除北京、天津以外的其他29个省会城市浅层地温能调查评价工作，累计完成浅层地温能调查面积33338平方千米，初步评价29个省会城市200米以浅热容量为1.66×10^{16}千焦耳/摄氏度。

【水文地质调查和地质环境评价】 1. 水文地质调查。完成云南、广西12个图幅的1:5万水文地质调查和物探剖面44.8万米。完成乌蒙山区、太行山区、华北平原、淮河流域以及青海、新疆能源基地等重点地区1:5万水文地质调查7000平方千米。

2. 地质灾害调查评价。总结地质灾害调查成果，完成2020个县地质灾害易发性、易损性和危险性统计分析。完成四川芦山地震、四川宁南县特大泥石流、甘肃省岷县、新疆伊犁新源县大型滑坡、云南彝良县大型滑坡等重大突发地质灾害应急调查。

3. 城市和重要经济区地质环境调查评价。完成全国主要城市环境地质问题调查，编制完成的1:25万系列地质环境图件，基本掌握了中国306个地级以上城市存在的主要环境地质问题及其危害。

【地质资料服务】 2012年，国土资源部、省两级地质资料馆藏机构通过传统服务窗口接待3.1万人次到馆借阅地质资料，累计提供11万份次、187万件次地质资料服务。地质资料信息服务集群化、产业化扎实推进，已初步构建完成了以地质资料汇交监管平台、共享服务平台、电子阅览室、油气委托管理平台、钻孔数据库和管理信息系统为内容的“五平台一支撑”格局。

1. 地质资料汇交监管平台全面使用。全国共导入地质资料监管数据18.5万条，全年汇交1.4万份，2/3的省（区、市）已完成地质工作项目信息录入、补录以及印发《限期汇交地质资料通知书》等工作，基本实现了对原始、成果和实物地质资料汇交的全程监管，强化了地质资料汇交管理。

2. 共享服务平台面向公众提供网络化服务。全国省级地质资料馆和国土资源实物地质资料中心都部署了共享服务平台。各级节点已将保管于各级地质资料馆藏机构的非涉密地质资料目录数据和部分电子文件进行了上传，发布于国土资源部门户网站上，向社会公众提供地质资料目录查询和公开地质资料图文共享数据等网络化服务。

3. 电子阅览室建设进展顺利。2012年部、省两级地质资料馆藏机构大力推进地质资料电子阅览室建设工作。2012年全国已有22个省（区、市）的地质资料馆藏机构和全国地质资料馆部署了电子阅览室系统，有条件的已为阅者提供馆藏地质资料的查询、借阅、浏览等服务。

4. 油气地质资料委托保管信息系统面向专业用户提供服务。油气地质资料委托保管信息系统已在全国地质资料馆和各受托单位部署安装，建立了受委托保管原始和实物地质资料的目录数据库，面向专业用户提供油气等原始和实物地质资料目录服务，推进油气和海洋地质资料的共享，提高了地质资料服务利用水平。

5. 努力提高地质资料为找矿突破战略行动服务能力。加快推进整装勘查区和重点成矿区带地质资料服务集群化，全国完成了78个整装勘查区地质资料数据库并在网上发布，发布了中国1∶20万、1∶25万和1∶50万地质图及报告、说明书共1601幅，提供全社会利用。

6. 全国重要地质钻孔数据库建设取得阶段性成果。全面完成钻孔基本信息清查工作，基本摸清了全国各单位共保管钻孔96万余个，其中信息完整率超过88%。编写完成了《地质钻孔数据采集系统需求分析报告》和《地质钻孔数据采集工作指南》。

7. 地质资料管理信息系统开发部署工作基本完成。2012年，29个省级地质馆藏机构部署了地质资料管理信息系统，满足了地质资料馆藏机构和各行业地质资料管理部门的实际业务需要，提高了地质资料管理的工作效率。

（国土资源部地质勘查司
国土资源部矿产资源储量司）

矿产资源法律法规与管理

【概况】 2012年，国土资源部发布《矿产资源规划编制实施办法》（国土资源部令第55号）等3部涉及矿产资源管理的部门规章，矿产资源法律法规体系逐步完善。国土资源部继续组织实施矿产资源节约与综合利用专项，建立先进适用技术推广目录发布制度，推行矿业权设置方案制度，推进矿业权出让网上交易试点，一系列的矿产资源管理工作转向推进全国矿业生态文明建设。

【矿产资源法律法规体系建设】 2012年，《国土资源行政复议决定履行与监督规定》（国土资源部令第54号）将行政复议机关要求被申请人停止执行具体行政行为、暂停相关行政审批事项的决定和行政复议调解书的履行情况也纳入监督范围。明确规定不履行复议决定的法律后果，复议机关可以作出责令书面检查、通报批评、取消评优资格的处理决定，行政复议机构可以建议人事、监察部门对有关责任人员给予警告、记过、记大过的行政处分；经责令履行仍拒不履行的，可以建议人事、监察部门对有关责任人员给予降级、撤职、开除的行政处分。

《矿产资源规划编制实施办法》（国土资源部令第55号）主要内容：一是明确矿产资源规划的地位和作用，涉及矿产资源开发活动的相关行业规划，应当与矿产资源规划做好衔接。二是明确“两类四级”的规划体系。三是明确各级规划的编制和审批权限，规划编制权限与矿业权审批发证权限相一致。四是明确规划编制的内容和要求，规定承担规划编制工作单位应具备的必要条件。五是明确规划实施的管理制度和措施。六是明确违反规划的法律责任。

《土地复垦条例实施办法》（国土资源部令第56号）主要内容包括：一是把采矿活动造成土地损毁的复垦作为重点内容进行规范；二是要求在申请用地和采矿权报批前应当编制土地复垦方案；三是规定对不履行土地复垦义务的，不予办理建设用地审批、采矿权审批和采矿许可证延续、变更、注销手续；四是要求将土地复垦费用列入生产建设成本或建设项目总投资；五是土地复垦责任人应当与国土资源主管部门和银行三方签订复垦资金使用监管协议，统筹企业使用复垦资金的灵活性和主管部门监管的有效性；六是对历史遗留损毁土地作了明确界定；七是细化土地复垦验收规定。

【矿产资源补偿费征收管理】 依据国务院印发《关于印发能源发展“十二五”规划的通知》（国发〔2013〕2号）和国土资源部发布《关于进一步规范矿产资源补偿费征收管理促进矿产资源合理开发利用的通知》（国土资发〔2013〕77号），加快推进矿产资源补偿费征收管理科学化、规范化，加强国土资源主管部门依法履行矿产资源补偿费征收管理职能。

2012年，资源税收入904亿元，同比增长59.7%（表1），占全国税收的0.9%；矿产资源补偿费194.8亿元，增长22.5%；矿业权价款735.2亿元，增长45.3%；矿业权使用费23.1亿元，增长14.3%。

表1　资源税收入情况

项目 ＼ 年份	2008	2009	2010	2011	2012
资源税收入/亿元	301.8	338.2	417.6	595.9	904
资源税收入同比增长率/%	15.6	12.1	23.5	42.7	59.7
税收总收入/亿元	54223.8	59521.6	73210.8	89738.4	100601
税收总收入同比增长率/%	18.9	9.8	23.0	22.6	12.1
资源税占税收总收入的比重	0.56%	0.57%	0.57%	0.66%	0.90%

【矿产资源规划】 1. 推行多项规划实施管理制度。落实规划实施责任分工和目标考核制度、规划年度工作制度、矿业权会审制度、规划评估调整制度和规划实施监督检查制度，各省（市区）全面推进规划管理制度

“立、改、废”工作。

2. 出台重点地区和重点矿种专项规划。出台了《鄂尔多斯盆地矿产资源勘查开采专项规划(2011～2015年》,主要内容包括:一是勘查开采布局合理,秩序全面规范,各类资源开发利用实现合理避让、协调发展;二是矿产勘查取得重大突破,新发现大型油田3个、大型气田3个,新评价大型矿产地25处、铀矿3个;三是能源资源基地建设有序推进、供给能力稳步提升;四是构建促进矿产资源综合勘查开采的长效机制。

编制了甘肃钨钼矿、云南锡钨矿、安徽霍邱铁矿等一批重点矿种专项规划。

【储量与矿业权管理】 历时5年,由全国31个省(区、市)和八大行业的910多个基层管理和技术服务单位完成了25753个核查矿区,45个煤炭国家规划矿区的储量调查工作。收集整理各类矿区储量报告超过10万份,绘制各类电子图件50余万份。国土资源部印发了《国土资源部关于规范矿产勘查资源储量成果信息发布的通知》(国土资发〔2012〕34号),规定了矿产勘查资源储量成果信息发布的职责分工、暂缓发布程序和发布媒体及方式。2012年以来,在中国国土资源报、国土资源部门户网站,已发布了4期国土资源部评审备案资源储量的信息431条,其中石油天然气矿产122条,其他矿产309条。

国土资源部下发了《关于严格控制和规范矿业权协议出让管理有关问题的通知》(国土资发〔2012〕80号),要求协议出让矿业权实行部省两级审批制度。2012年成功举办两轮页岩气区块招标工作,并完成了常规油气探矿权的首次竞争性出让工作。

2012年,新立勘查许可证1033个,新立采矿许可证1848个。转让探矿权686个,采矿权1752个。

截至2012年底,全国共有探矿权32899个,其中34个重要矿种探矿权数占87.5%。共有采矿权96952个,设计产能144.68亿吨/年,34个重要矿种采矿权数占25%(表2)。

表2　　2012年中国矿业权数量及变化

项目	数量/个	同比增长/%	登记面积/万平方千米	合同金额/亿元
探矿权	32899	-6.4	69.62	
其中:新立	1033		3.54	
采矿权	96952	-9.1	10.29	
其中:新立	1848		0.2568	
探矿权转让	686	41.4		28.3
采矿权转让	1752	4.3		165.9

1. 全面推行矿业权设置方案制度。根据《关于进一步完善矿业权管理促进整装勘查的通知》,强调细化勘查风险分类管理,明确要求在整装勘查区内,对低风险勘查、无风险矿种全面实行矿业权设置方案制度并实施信息化管理。北京、天津、吉林、黑龙江、上海、江苏、浙江、安徽、山东、海南、重庆、甘肃和新疆13省(区、市)编制完矿业权设置方案。全国共编制矿业权设置方案矿区757片。整装勘查区已投放探矿权147个(表3)。

表3　　中国编制矿业权设置方案及拟设矿业权

	数量/片	面积/万平方千米	上图入库数
编制矿业权设置方案总矿区数	757		687
其中:拟新设探矿权/个	10647	35.1	
新设采矿权/个	15147	3.4	
⑴整装勘查区	78		78
其中:拟新设探矿权/个	1769	8.6	
新设采矿权/个			
⑵其他			
非国家规划矿区、非对国民经济有重要经济价值的矿区和非整装勘查区的涉及34个重要矿种	195		195
其中:拟新设探矿权/个	7700	0.61	
新设采矿权/个	3365	1.17	
34个重要矿种以外的其他矿种	403		
其中:拟新设探矿权/个	740	1.31	
新设采矿权/个	10985	0.61	

2. 完善采矿权登记管理。根据《关于进一步完善采矿权登记管理有关问题的通知》,不断完善采矿权登记管理的措施,明确划定矿区范围定义、办理程序及要件,规范采矿权新立、延续和审批管理,严格转让、变更条件及审批,细化抵押备案、注销条件,规范了采矿权市场秩序,维护了采矿权人合法权益,对多年采矿权管理的难点问题提出了有效的解决措施,填补了管理空白。

3. 顺利推进矿业权网上出让。296个矿业权交易机构全部正式投入运行,省、市两级市场体系基本建成。全国36个省、市级矿业权网上交易开始试点,其中湖南、宁夏、江西、吉林等省区已全部实现网上出让,辽宁、贵州、广西等省区部分实现网上出让。

4. 矿业权出让转让信息更加透明。2011年4月以来,全面实现矿业权出让、转让交易活动及相关信息公示公开,包括申请在先、招拍挂、协议出让,探矿权转采矿权、有形市场的出(转)让、申请协议出让等信息。截至2012年底,已公告、公示和公开项目近3万项次,其中探矿权采矿权招拍挂公告11107项次,结果公示

8283项次;探矿权采矿权转让公示4599项次,申请协议出让247项次,其他探矿权采矿权出让5380项次。接受社会查询验证12万项次,自动滚动公告信息登记12.6万项次。

5. 对优势资源实行跨区域联动监管机制。建立全国南北方9省(区)20市(州)稀土开发监管区域联动新机制,多地开展联合检查和跨区域联合执法行动,实现南北互动、轻重并举的稀土开发监管新格局。组织相关省清理、核查稀土矿业权,公告10个稀土探矿权、113个采矿权。

鄂、湘、川、黔、滇五省厅联合出台实施五省磷矿资源监管联查联控、勘查开采准入等5项创新制度。

【煤炭矿业权设置方案制度执行情况】 2004年、2006年中国分两批公告了45个煤炭国家规划矿区,目前已全面完成其矿业权设置方案的编制和审查批复工作。此外,编制了42个非煤炭国家规划矿区矿业权设置方案,并报部备案。矿业权设置方案的实施,有力地促进了煤炭勘查开采布局的不断优化。

【地质勘查资质管理】 1. 地质勘查资质概况。截至2012年底,全国2404个单位共持有各类各级地质勘查资质6564个。其中,甲级资质单位1024个,乙级资质单位616个,丙级资质单位764个;有甲级资质的国有地勘单位858个。

按单位经济类型划分:国有1254个,有限责任988个,集体24个,股份合作15个,私营40个,股份有限59个,联营1个,合资经营(港或澳、台资)3个,涉外7个,其他13个(图1)。

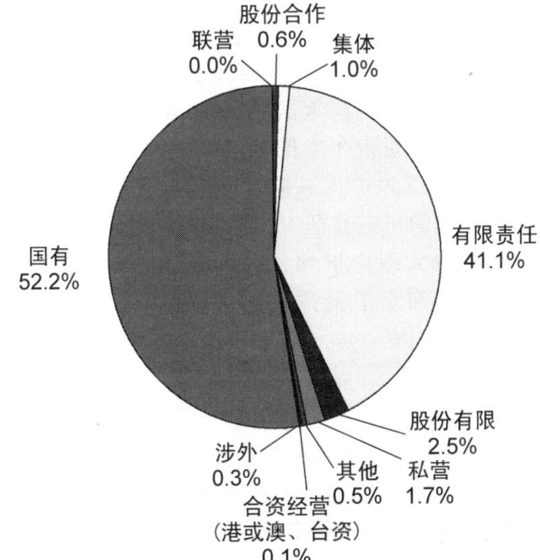

图1 全国地质勘查单位经济类型构成

全国地勘单位资质类别构成:区域地质调查292个,海洋地质调查11个,石油天然气矿产勘查4个,液体矿产勘查527个,气体矿产勘查178个,固体矿产勘查1926个,水文地质、工程地质、环境地质调查946个,地球物理勘查675个,地球化学勘查283个,航空地质勘查4个,遥感地质调查80个,地质钻(坑)探1196个,地质实验测试442个(图2)。

全国地质勘查资质按照等级划分:甲级资质2128个,乙级资质2378个,丙级资质2058个。

2. 地质勘查资质审批。国土资源部和省级国土资源主管部门严格地质勘查资质审批,组织完成2012年勘查资质新设、延续申请集中受理审查、报批及公告,勘查资质变更、补证、注销申请日常受理审批及公告,共颁发地质勘查资质证书1047个(其中:新设652个、延续1个、变更390个、补证4个)、注销地质勘查资质证书52个。

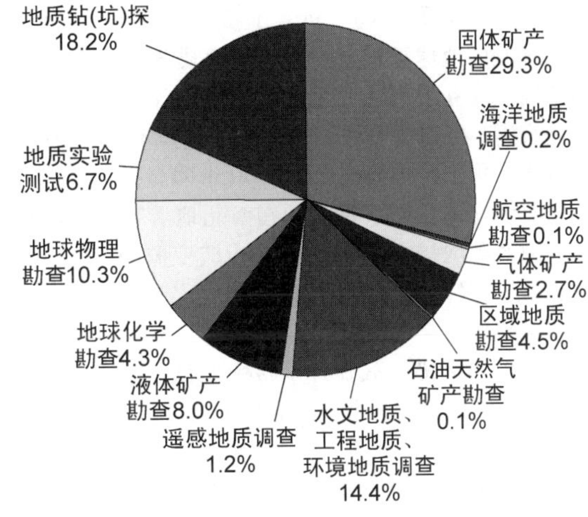

图2 全国地质勘查单位资质类别构成

(国土资源部地质勘查司 国土资源部矿产资源储量司)

科技创新与国际合作

【概况】 2012年,国务院批复发布《陆海观测卫星业务发展规划(2011~2020年)》,推进资源一号02C卫星工程和高分辨率对地观测系统重大专项国土资源应用示范系统建设。大陆构造与动力学实验室作为国土资源部第一家国家级重点实验室正式挂牌运行,审查认定第三批46家部级重点实验室、第一批84家野外科学观测研究基地。出台《关于进一步做好地质与矿产资源领域对外开放与合作工作的通知》,召开2012中国国际矿业大会与中国－东盟矿业合作论坛,搭建国际矿业重要合作平台。

【基础地质矿产理论】 1. 成矿地质理论。金刚石成矿理论得到新发展，提出其新的产出类型－蛇绿岩型金刚石。提出了“陆缘增生－大陆碰撞成矿理论”，揭示出青藏高原区域成矿规律。发展成矿系统理论，将皖南－赣东北成矿带划分为四个成矿系列。成功研发出能测定解释天然气水合物所需参数的技术手段。

2. 深部探测技术与实验研究。研发了多尺度、多层次、多深度的深部探测成套技术和观测方法，形成了不同深度、不同物性参数、不同分辨率的数据采集、信号提取及成像的深部探测能力和技术流程。自主研发了我国首台万米大陆科学钻探钻机，具备实施超深科学钻探能力。研发基于深穿透地球化学原理的纳米微粒探测技术，探测深度可达1000米，加快了隐伏矿产的发现步伐。通过长约6000千米“穿透地壳”的深地震反射试验，建立了覆盖重大地质单元、深达地幔的地球物理、地球化学、地质学综合观测深切断面。建立了全国大地电磁标准网和全国地球化学基准网。通过深部探测和三维反演技术，对长江中下游矿产集中区地表至地下5000米的含矿地质体进行了三维立体“透视”勘测。在南北地震带建立深孔地应力监测网，初步建成北京应力应变监测对比综合实验场，为我国地壳活动性监测和地震预警提供了新的技术路线。

3. 汶川地震断裂带科学钻探工程。先后在龙门山地区汶川地震断裂带破碎岩层上实施了科学钻探，通过多学科的综合研究，揭示了汶川地震断裂带特征和映秀－北川断层为热增压的地震断裂机制，直接测量出地震摩擦热，揭示了流体与地震的关系，提出了龙门山主要地质体的非原地深部基底垂向隆升形成的新认识。

【矿产勘查开发技术】 1. 地球物理勘查技术。开展了航空重力仪（GT－1A）在大飞机环境下的仪器安装、数据处理、飞行方法等方面研究。完成了井地高密度广义充电法效果的关键技术研究与试验、192道井地电法测量仪及其辅助设备的研制、井地高密度广义充电法的处理和解释方法研究、软件研制，并进行了野外试验。完成了正可控源音频大地电磁测深（CSAMT）三维数值模拟与程序编程，模型计算以及野外试验。完成了复电阻率法带地形三维共轭梯度反演算法推导和程序编写、调试和试算，完成了新疆野外试验选区和岩矿石标本采集工作和标本加工测试。

2. 地球化学勘查技术。通过1:25万和1:5万化探扫面技术研制与示范，发现金、银、铜等主成矿元素和砷、锑、铋等成矿指示元素形成的组合异常。盆山边缘覆盖区铜矿穿透性地球化学技术研究与试验，发现隐伏矿床覆盖层地气、土壤和下伏原生矿石中的金属纳米颗粒，对隐伏矿勘查具有重要意义。东亚东南亚地学计划项目（CCOP）地球化学填图取得新进展。化探元素组合自动识别平台开发及应用示范研究也取得了重要进展。全国尾矿地球化学调查与评价项目研究确定了尾矿库三维建模及资源量估算方法。

3. 遥感地质调查技术。开展地质勘查遥感系统集成与综合应用示范工作，集成开发了“星－空－地”一体化的地质勘查遥感系统，并在新疆开展了综合评价应用研究。研制出便携易用的单人电动无人机系统。初步进行国土资源领域的高分成像雷达系统的雷达响应和指标分析论证。

4. 钻探技术。完成不稳定地层快速成膜护壁技术及高强度堵漏技术研究与应用，完成新型镁基冲洗液设计。完成海底软土层压入活塞式取样钻具现场海试。验证了Φ108和Φ127高风压贯通式潜孔锤可靠性。成功研发了适用于酸化压裂、支撑剂压裂的压裂工艺。

5. 分析测试技术。自行研制了氢化物发生器装置，重点进行了氢化物进样系统与ICP－MS联用方面的试验研究，进一步确立了一些试剂的提纯实验方案。火焰法与氢化法联用原子荧光光谱仪研制与示范应用取得进展，根据试用情况完善了整机工艺文件和企业标准。通过油气勘探的现代微生物技术研究，优化了土样DNA提取方法，分别建立了甲烷氧化菌和丙丁烷氧化菌功能基因实时荧光定量PCR检测技术。

6. 综合利用技术。开展丹巴低品位铜镍矿高效利用新技术研究，完成了多种工艺流程对比研究试验及大量的新药剂探索试验，研发出了两种新型有机抑制剂。针对贵州中低品位难选胶磷矿，研制并生产了新型磷矿扩大试验浮选机。开展了电厂燃煤综合利用的可行性研究，为富硒石煤用于电厂燃烧提供了相关理论指导。豫西难选铅锌矿浮选分离技术研究确定了铅锌硫混合浮选－铅锌硫分离的原则工艺流程。

【地质矿产技术标准】 2012年，发布实施了《地质岩心钻探钻具》《地质勘查单位质量管理规范》等一批重要的国家标准和行业标准，启动了《煤层气资源评价规范》《科研野外编录基本要求》《地质资料数据管理技术要求》《含煤岩系钻孔岩芯描述》等25项标准的制修订工作。

【科研平台与科普基地建设】 2012年，批准命名和建设了第3批46家重点实验室，使国土资源部重点实验室数量增至60家；颁布实施了《国土资源部重点实验室建设与运行管理办法》；大陆构造与动力学国家重点实验室正式挂牌运行。国土资源部重点实验室承获国家级奖励4项，省部级奖励44项；获国家专利授权27项。国土资源部野外科研基地获省部级奖励2项，其他奖励21项。2009年，国土资源部印发了《国土资源科普基地推荐及命名暂行办法》，2009年、2011年分两批命名109个国土资源科普基地。

【国际合作】 1. 出台鼓励对外开放与合作的政策措施。为加强对地质与矿产资源领域对外开放与合作的政策支持，于2012年4月发布实施了《关于进一步做好地质与矿产资源领域对外开放与合作工作的通知》，从工作机制、服务平台、技术和人才支持等方面出台了一系列鼓励支持地质与矿产资源领域对外开放与合作的具体措施。

2. 召开2012中国国际矿业大会等国际会议，搭建国际矿业重要合作平台。2012年中国国际矿业大会以“携手应对，共促发展”为主题，来自55个国家和地区的6000余名代表参加了大会。大会推出了468个推介洽谈项目，89个项目签约，签约金额超过132亿元。成功举办2012年中国－东盟矿业合作论坛，有力推动了中国与东盟国家在矿业领域的务实合作。

利用中国国际矿业大会、中国－东盟矿业合作论坛，积极开展对外交流，巩固了与加拿大、澳大利亚、南非传统资源大国合作关系，进一步拓展了与东盟、中亚、北欧、南太平洋等地区重要资源国家的合作。

3. 稳步推进双边合作，扩大中国在地学与资源领域的国际影响。国土资源部与国际地质科学联合会签署合作备忘录，国际地科联常设秘书处正式迁址中国、中国科学家当选了国际地科联核心领导层成员。成功举办了第58届东亚东南亚地学计划协调委员会(CCOP)指导委员会会议。参加了国际地球科学计划40周年纪念大会和展览，加强了与联合国教科文组织在世界地质公园、地球化学国际研究中心建设等领域的合作。与阿拉伯工业发展与矿业组织签署合作谅解备忘录，拓展了与阿拉伯地区在矿业领域的合作。

通过部际高层互访，加强了与阿根廷、秘鲁、波兰、吉尔吉斯斯坦、哈萨克斯坦等国家在矿产资源领域的合作。

4. 鼓励外商投资矿业。2012年有美国、加拿大、澳大利亚、日本、韩国、新加坡、英国、香港等20多个国家和地区的数百家矿业公司在中国投资矿产勘查开发，涉及石油、天然气、煤炭、铁、铜、铅、锌、金矿等700多个勘查开发项目，外商在华设立矿业企业达到近400家，国外一些从事勘查技术服务、咨询服务和信息服务的公司也进入了中国市场。外商矿业投资在全国29个省区均有分布，其中内蒙古、山西、山东、辽宁、湖南、河南等地区是成为外商矿业投资重点地区。

2012年，外商在中国投资的勘查项目153个，主要集中在贵金属（占62.1%）、有色金属矿产(19.6%)；采矿项目256个，主要集中在建材及其他非金属(43.3%)、能源矿产(15.9%)和水气矿产(13.5%)。

（国土资源部科技与国际合作司
国土资源部信息中心）

黄石市矿产资源概况

【矿产资源储量】 黄石市已查明资源储量42种矿产，已上省矿产储量表的30种矿产。其中富铁矿、铜矿、金矿、天青石(锶)、硅灰石5种矿产的资源储量居全省首位。

【矿产资源储量规范管理】 完成361家矿山矿产资源基础储量登记统计汇总上报工作，开展“三率”调查评价11个矿种107家矿山，组织评审非金属矿山储量报告64家并备案登记，完成95家矿山储量检测工作，及时回复项目建设用地压覆矿产资源报告99份，矿山储量建账面达100%。

【地质矿产勘查】 地质矿产勘查投入快速增长，全年投入8706万元(含整装勘查投入资金4502万元)。其中铜矿投入1915万元，铁矿投入258万元，其他矿种(含多金属)投入6534万元。铁矿石量5500万吨、铜金属资源量35万吨、金金属资源量5吨、钼金属资源量1.5万吨，预估新增资源储量潜在价值574.5亿元，可相对延缓我市资源枯竭趋势。

地质找矿新增矿产资源储量价值574.5亿元：2012年实施地质找矿项目104个、整装勘查项目27个，勘查面积2003平方公里，2012年度新增铁矿石量5500万吨、铜金属资源量35万吨、金金属资源量5吨、钼金属资源量1.5万吨，预估新增资源储量潜在价值574.5亿元，可相对延缓黄石市资源枯竭趋势。

【矿产品供应】 铁矿、铜矿、金矿等主要矿产品产量和销售收入基本保持稳定

【矿业权市场管理】 全市采矿权总量进一步缩减,2012年末全市共设有采矿权357个。2012年末全市共设有探矿权104个。

全市全年收取矿产资源补偿费2749.17万元,其中市级519.17万元、大冶1600万元、阳新630万元。

全市各级发证采矿权全年共缴纳采矿权价款4061.84万元,其中,省级发证采矿权出让8宗,收取采矿权价款2108.31万元;市级发证采矿权出让28宗,收取采矿权价款425.14万元;大冶市发证出让30宗,收取采矿权价款681.12万元,阳新县发证出让61宗,收取采矿权价款847.27万元。

金山店矿区8家被整合矿山全部完成整合工作,大冶有色矿山整合取得新突破。科学制定矿业权设置方案,督促大冶市、阳新县对采石厂进行整合,对不符合采矿安全距离的矿山企业停止办理采矿权扩界手续。

【矿山地质环境治理】 2012年,争取到中央和省级财政资金3.4亿元治理矿山地质环境。68家露天开采矿山企业投入660万元进行了边开采边治理工作。

全市矿山累计缴存备用金12042.58万元,其中2012年新增2526.77万元。

重点区域矿山地质环境治理投资2.4亿元,完成黄荆山北麓、铜绿山一二期矿山地质环境治理重点工程。投资3.4亿元,正在实施西塞山青龙阁、阳新七约山、赤马山、黄荆山南麓、长乐山北麓、大冶铜绿山三期、秀山、狮子山、大广山等矿山地质环境治理重点工程和铁山－还地桥矿山地质环境治理示范工程,目前已编制完成实施方案,可改善生态环境28平方公里,使20多个乡镇100多个村组群众受益。

【地质灾害与防治】 黄石市属地质灾害易发区,列为地质灾害隐患点(区)313个,受威胁人口28万余人,潜在经济损失约60亿元。其中省级重点地质灾害监测点4个,市级重点地质灾害监测点18个。

全市全年共发生各类地质灾害12起,造成直接经济损失约74万元,未造成人员伤亡。其中滑坡3起、崩塌1起、地面塌陷7起、沉降1起。

不断加大地质灾害治理力度和资金投入,全年投入地质灾害治理资金150万元,其中中央和省级财政投入资金100万元,地方财政投入资金50万元。2006～2012年地质灾害治理资金投入5486.9万元,其中国土资源部、湖北省资金投入4588万元。

有效处置12起突发性地质灾害:投资440万元,实施完成大冶市刘仁八山体滑坡、阳新县枫林镇腊烛山、黄颡口镇余家湾、西塞山区飞云公路边坡等4个地质灾害治理工程,解除了威胁周边10多个村组群众安全隐患。及时处置突发性地质灾害12起,疏散安置群众13户41人,未造成人员伤亡。

【“中国观赏石之城”成功申报】 为扩大城市影响,增添城市名片,促进投资与旅游业发展,国土资源部门积极谋划申报“中国观赏石之城”。我市观赏石品种多、品质好,尤以孔雀石、菊花石、黄石玉以及湖北石、红硅钙锰矿等矿物晶体倍受世人青睐,是全世界最大的孔雀石观赏石集散地,是全国四大矿物晶体观赏石交易中心之一。因观赏石资源丰富、申报基础工作扎实,在全国评审会上,黄石市以总分第一名被评为“中国观赏石之城”。

(选自《黄石市2012年国土资源公报》)

矿 业 行 业

煤 炭

【概况】 2012 年,煤炭市场发生了重大变化,大体经历了三个阶段。前 4 个月煤炭供需基本平衡,价格平稳;5 ~9 月煤炭市场供大于求态势明显,需求和价格大幅下降,库存急剧增加;进入 10 月以来,煤炭需求有所回升,价格保持低位稳定。初步预判 2013 年煤炭市场仍将继续呈现供应总体宽松的态势。

2012 年全国煤炭产量约 36.6 亿吨,比 2011 年增长 4%左右,增速同比回落 4.7 个百分点。其中,山西产量 9.1 亿吨,增长 4.7%;陕西产量 4.6 亿吨,增长 14.2%;内蒙产量 10.6 亿吨,增长 12.3%,三省区合计占全国产量的 66%左右(图 1)。

2012 年中国煤炭工业协会统计直报的 90 家大型煤炭企业主营业务成本同比增长 25.26%,应收账款增长 25.69%,利润下降 23.35%。

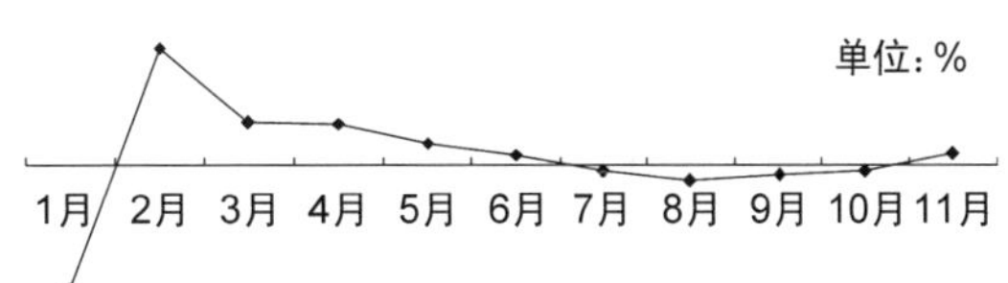

图 1 2012 年全国原煤产量增速变化情况

【煤炭进出口】 2012 年全年累计进口煤炭 2.89 亿吨,同比增长 29.8%;出口 926 万吨,同比下降 36.8%;累计净进口煤炭 2.8 亿吨,同比增加 7190 万吨,增长 34.5%(表 1、图 2)。

表 1 2009 ~2012 年煤炭进出口量 (单位:万吨)

	进口	出口	净进口
2009 年	13187	2240	10947
2010 年	18467	1903	16564
2011 年	22219	1466	20753
2012 年	28851	926	27952

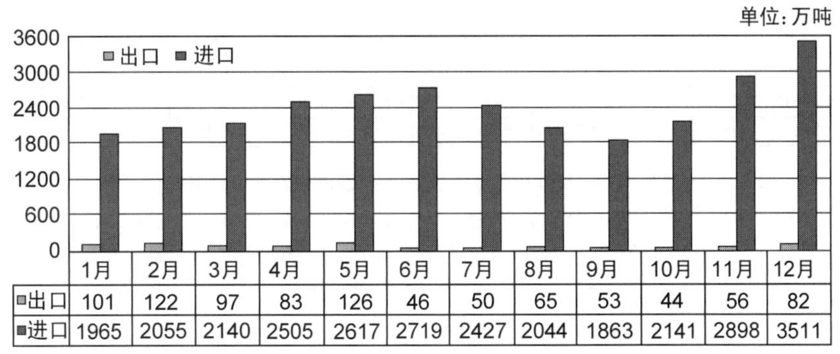

图 2 2012 年各月全国煤及褐煤进出口情况

【煤炭转运能力】 近年来,铁路、港口建设投资快速增长,煤炭运输能力不断提高。受煤炭需求下滑的影响,2012年全国铁路发送煤炭 22.6 亿吨,同比下降 0.5%;主要港口转运煤炭 6.2 亿吨,同比下降 5.4%(图 3、图4)。

【煤炭库存】 2012 年末全社会存煤 2.8 亿吨左右,其中煤炭企业存煤 8500 万吨,同比增加 3120 万吨,增长 58%;重点发电企业存煤 8113 万吨,同比减少 52 万吨,下降 0.6%,可用天数仍保持 19 天以上;主要港口(包括宁波、上海、广州等主要接卸港)存煤 4351 万吨,同比增加 919 万吨,增长 26.8%(图 5)。

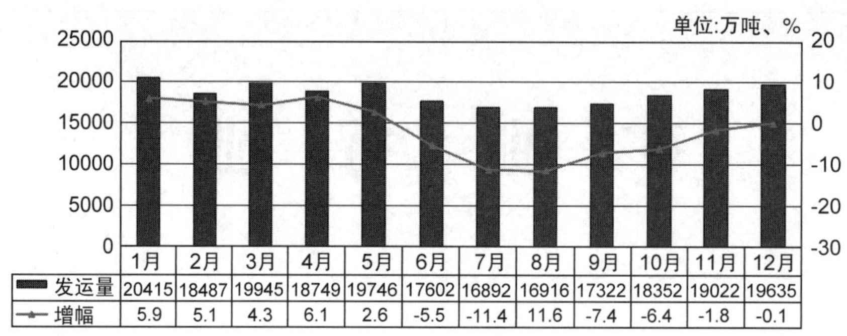

图3 2012 年全国铁路煤炭发运情况

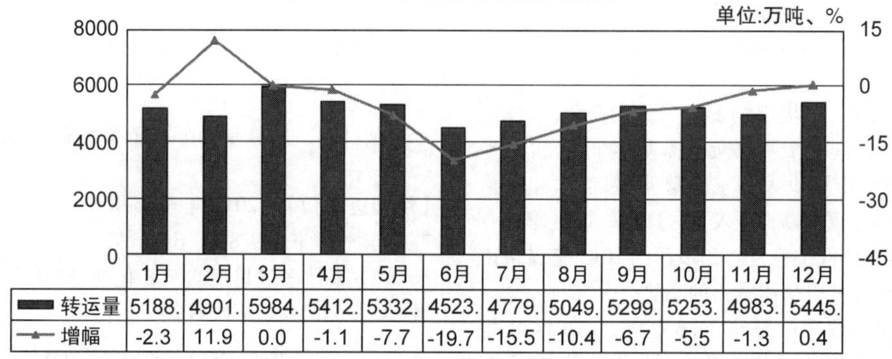

图4 2012 年全国港口煤炭转运情况

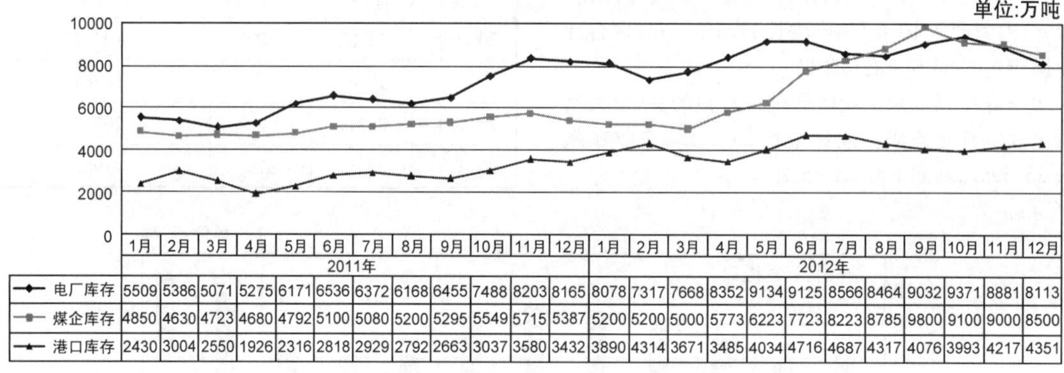

图5 2012 年各月末煤炭企业、电厂及港口库存变动情况

【煤炭价格指数】 2012 年 12 月 28 日中国煤炭价格指数 170.7 点,比年初下降 28.8 点,较 10 月回升了3.1点。12 月末秦皇岛港 5500 大卡市场煤平仓价 630 ~640 元/吨,比年初下降了 170 元/吨。冶金煤价格较年初普遍下降 300 ~400 元/吨左右,9 月以来部分地区炼焦煤价格止跌并有小幅回升,涨幅大约在100 ~200 元/吨(图 6、图 7)。

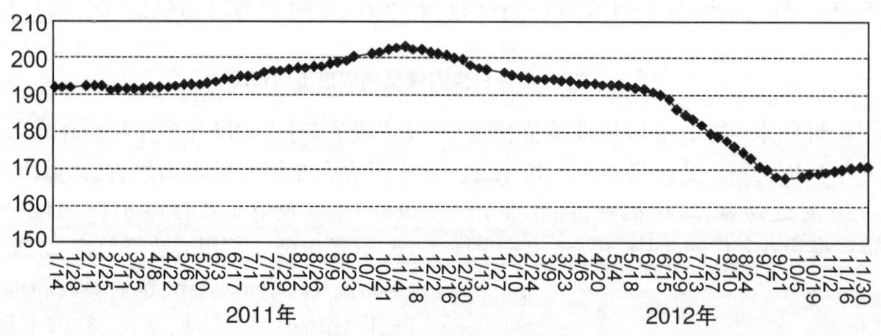

图6 中国煤炭价格指数

【煤炭固定资产投资】 2012年二季度以来，煤炭固定资产投资增速逐月下降，全年煤炭采选业固定资产投资累计完成5286亿元，同比增长7.7%，增速由一季度的35.1%迅速回落了27.4个百分点，低于全社会固定资产投资12.9个百分点，与“十一五”煤炭投资平均增幅相比下降了18.8个百分点(图8)。

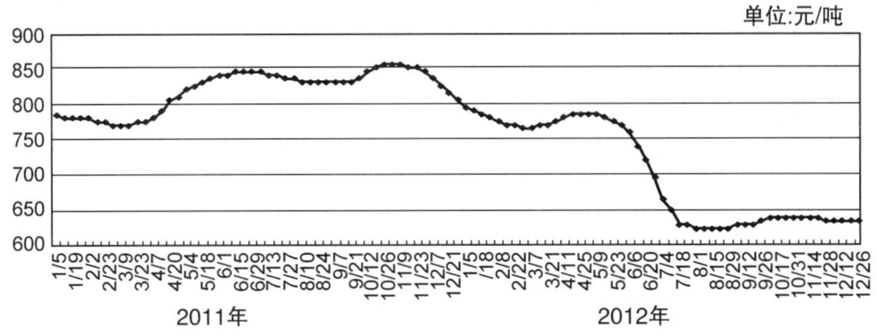

图7 秦皇岛5500大卡市场动力煤周价格变动情况

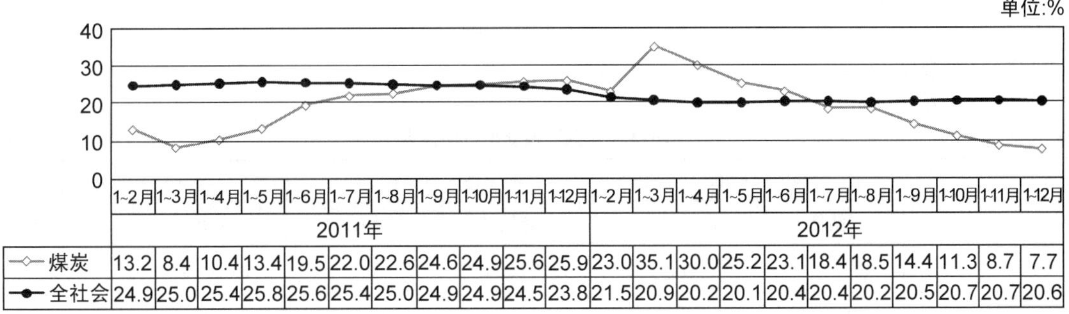

	2011年											2012年										
	1~2月	1~3月	1~4月	1~5月	1~6月	1~7月	1~8月	1~9月	1~10月	1~11月	1~12月	1~2月	1~3月	1~4月	1~5月	1~6月	1~7月	1~8月	1~9月	1~10月	1~11月	1~12月
煤炭	13.2	8.4	10.4	13.4	19.5	22.0	22.6	24.6	24.9	25.6	25.9	23.0	35.1	30.0	25.2	23.1	18.4	18.5	14.4	11.3	8.7	7.7
全社会	24.9	25.0	25.4	25.8	25.6	25.4	25.0	24.9	24.9	24.5	23.8	21.5	20.9	20.2	20.1	20.4	20.4	20.2	20.5	20.7	20.7	20.6

图8 煤炭行业与全社会固定资产投资增幅比较

【煤炭市场景气指数】 2012年煤炭市场景气指数持续处于负值，12月指数为-5.5，比11月回升19个基点，反映市场有所回暖，但仍未恢复到正常水平。

分析影响2012年煤炭市场发生变化的主要原因，一是国际政治经济形势严峻世界煤炭需求下降；二是国内经济出现困难，用煤需求下降；三是煤炭采选业固定资产投资持续增长，产能建设超前；四是国际煤炭价格下跌，我国煤炭净进口增加；五是水电满发，跨区域送电能力增强，燃煤电厂利用小时减少，重点发电企业电煤消耗降低。

(中国煤炭工业协会 解宏绪)

【概况】 2012年，全国石油天然气勘查获重大突破，探明地质储量大幅增加，产量稳中有增。石油勘查新增探明地质储量15亿吨，同比增长13.4%，为新中国成立以来的第二个高峰年份，是第10次也是连续第6次超过10亿吨的年份；新增探明技术可采储量2.7亿吨，储量替代率为130%；新增探明地质储量大于1亿吨的大油田4个，分别为中国海油蓬莱9—1油田、中国石油姬塬油田、中国石油靖安油田和中国石化红河油田。

2012年，天然气探明地质储量保持“十五”以来的高速增长态势，勘查新增探明地质储量9610亿立方米，同比增长33%，新增探明技术可采储量5008亿立方米，储量替代率为468%；新增探明地质储量大于300亿立方米的大气田9个，分别为中国石油靖边气田、中国石化成都气田、中国石油克拉苏气田、中国石油龙岗气田、中国石化元坝气田、中国石化柳杨堡气田、中国海油东方13—2气田、中国石化新场气田和中国石化大牛地气田。

2012年，全国石油产量2.07亿吨，同比增长2.3%，占全球产量的5.5%，居第4位。国内产量前5位的分别为中国石油大庆石油产量仍稳产在4000万吨，中国石化胜利油田2755万吨，中国海油天津公司2620万吨，中国石油长庆2261万吨，延长油矿1257万吨。

2012年，天然气产量1070亿立方米，同比增长4.4%，占全球产量的3.3%，居第7位。国内产量前5位分别为中国石油长庆290亿立方米，中国石油塔里木193亿立方米，中国石油西南132亿立方米，中国石化勘探南方77亿立方米，中国石油青海64亿立方米。煤层气产量25亿立方米，同比增长21.5%。

2012年全国勘探与生产总产值10811亿元，销售收入10538亿元，利税总额6487亿元。截至2012年底，全国已探明油气田920个（其中油田673个，天然气田247个），煤层气田21个，二氧化碳气田3个。石油累计探明地质储量341亿吨，累计产量58亿吨，剩余技术可采储量33亿吨，剩余经济可采储量25亿吨，储采比12.2，占全球的1.1%，居第14位。石油剩余技术可采储量前5位的盆地分别为渤海湾、松辽、鄂尔多斯、渤海海域和准噶尔。

截至2012年底，天然气累计探明地质储量10.8万亿立方米，累计产量1.32万亿立方米，剩余技术可采储量4.38万亿立方米，剩余经济可采储量3.12万亿立方米，储采比29.1，占全球的1.6%，居第12位。剩余技术可采储量前5位的盆地为鄂尔多斯、四川、塔里木、松辽和柴达木。

截至2012年底，煤层气累计探明地质储量5429亿立方米，剩余技术可采储量2693亿立方米，剩余经济可采储量2191亿立方米。

·石油·

【概况】 2012年全国石油勘查新增探明地质储量15.22亿吨（表1），同比增长13.4%，老油气田复算（核算）减少1.68亿吨，合计净增13.54亿吨；新增探明技术可采储量2.70亿吨，同比增长7.0%，老油气田复算（核算）减少0.31亿吨，合计净增2.39亿吨；新增探明经济可采储量2.32亿吨，同比增长4.5%，老油气田复算（核算）减少0.17亿吨，合计净增2.15亿吨。

表1　**2012年全国石油新增探明储量**　单位：万吨

	探明地质储量		探明技术可采储量		探明经济可采储量	
	储量	占总量/%	储量	占总量/%	储量	占总量/%
全国	152164.90	100	27042.58	100	23153.85	100
其中：原油	151817.90	99.8	26927.12	99.6	23041.32	99.5
凝析油	347.00	0.2	115.46	0.4	112.53	0.5

截至2012年底，全国石油累计探明地质储量340.95亿吨（表2），同比增长4.1%，其中已开发255.84亿吨，占总量75.0%，未开发85.11亿吨，占总量25.0%。累计探明技术可采储量91.34亿吨，同比增长3.3%，其中已开发76.12亿吨，占总量83。3%，未开发15。22亿吨，占总量16.7%。累计探明经济可采储量83.22亿吨，同比增长3.6%，其中已开发72.70亿吨，占总量87.4%，未开发10.52亿吨，占总量12.6%。累计产量58.01亿吨。剩余技术可采储量为33.33亿吨（其中原油剩余技术可采储量为32.46亿吨，凝析油剩余技术可采储量为0.87亿吨），同比增长2.9%，剩余技术可采储量储采比16.1。剩余经济可采储量为25.21亿吨（其中原油剩余经济可采储量为24.52亿吨，凝析油剩余经济可采储量为0.69亿吨），同比增长3.7%，剩余经济可采储量储采比12.2（图1）。

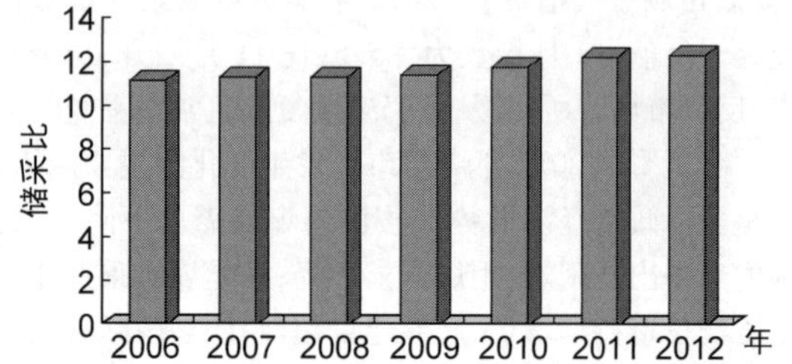

图1　2006年以来全国石油剩余经济可采储量储采比变化

表2　**2012年全国石油储量汇总表**　单位：亿吨

	合计	已开发		未开发	
		储量	占总量/%	储量	占总量/%
累计探明地质储量	340.95	255.84	75.0	85.11	25.0
其中：原油	336.73	253.92	75.4	82.81	24.6
凝析油	4.22	1.92	45.5	2.30	54.5

续表 2

	合计	已开发		未开发	
		储量	占总量/%	储量	占总量/%
累计探明技术可采储量	91.34	76.12	83.3	15.22	16.7
其中:原油	90.08	75.54	83.9	14.54	16.1
凝析油	1.26	0.58	46.0	0.68	54.0
累计探明经济可采储量	83.22	72.70	87.4	10.52	12.6
其中:原油	82.14	72.16	87.9	9.98	12.1
凝析油	1.08	0.54	50.0	0.54	50.0

【原油】 2012 年全国原油勘查新增探明地质储量 151817.907 万吨(表 3、图 2),同比增长 14.9%,老油气田复算(核算)减少 16496.30 万吨,合计净增 135321.60 万吨。新增探明技术可采储量 26927.12 万吨,同比增长 8.9%,老油气田复算(核算)减少 3036.68 万吨,合计净增 23890.44 万吨。新增探明经济可采储量 23041.32 万吨,同比增长 5.6%,老油气田复算(核算)减少 1647.30 万吨,合计净增 21394.02 万吨。产量 19202.14 万吨,同比增长 1.6%。

各公司新增探明储量见图 3。

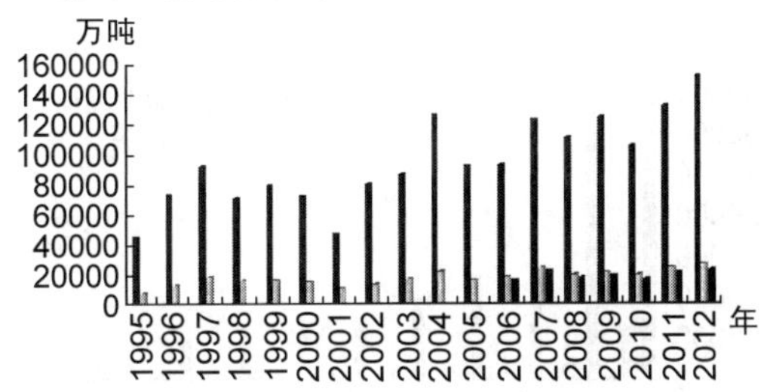

图 2 1995 年以来全国原油新增探明储量

表 3 **2012 年各油公司原油新增探明储量** 单位:万吨

	探明地质储量		探明技术可采储量		探明经济可采储量	
	储量	占总量/%	储量	占总量/%	储量	占总量/%
全国	151817.90	100.0	26927.12	100.0	23041.32	100.0
中国石油	71100.13	46.8	13844.17	51.4	12096.39	52.5
中国石化	42499.84	28.0	6678.36	24.8	5285.72	22.9
中国海油	34543.04	22.8	5953.06	22.1	5351.86	23.2
地方	4061.01	2.7	539.22	2.0	391.49	1.7

注:中国石化和中国海油储量中分别包括上海分公司新增探明地质储量 386.12 万吨,新增探明技术可采储量 87.69 万吨,新增探明经济可采储量 84.14 万吨,在全国总量中均已扣除,但各公司储量中未扣除。

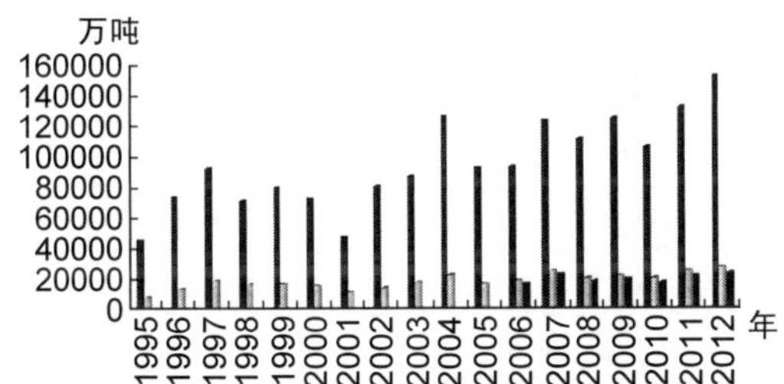

图 3 2012 年各公司原油新增探明储量

2012 年全国原油新增探明地质储量前 10 位的分公司(表 4、图 4),合计新增探明地质储量为 130557.44 万吨,占总量 86.0%;新增探明技术可采储量 22460.72 万吨,占总量 83.4%;新增探明经济可采储量 19146.95 万吨,占总量 83.1%。

2012 年全国原油新增探明地质储量大于 1 亿吨的省(区或海域)有 5 个(表 5、图 5),合计新增探明地质储量为 113191.18 万吨,占总量 74.6%;新增探明技术可采储量 19156.32 万吨,占总量 71.1%;新增探明经济可采储量 16350.98 万吨,占总量 71.0%。

表 4　　**2012 年全国原油新增探明地质储量前 10 位的分公司**　　单位:万吨

序号	公司名称	探明地质储量	探明技术可采储量	探明经济可采储量
1	中国石油长庆	35832. 28	7220. 44	6334. 56
2	中国海油天津	31266. 40	5119. 18	4577. 74
3	中国石化胜利	1 3232. 50	2611. 65	2310. 10
4	中国石化华北	12568. 97	1885. 35	1008. 78
5	中国石化西北	9551. 38	873. 96	838. 51
6	中国石油新疆	7205. 86	1080. 89	1044. 63
7	中国石油青海	6726. 73	1172. 87	796. 99
8	中国石油大庆	5546. 25	1052. 98	1032. 44
9	中国石油吉林	4566. 06	904. 18	811. 71
10	地方延长	4061. 01	539. 22	391. 49

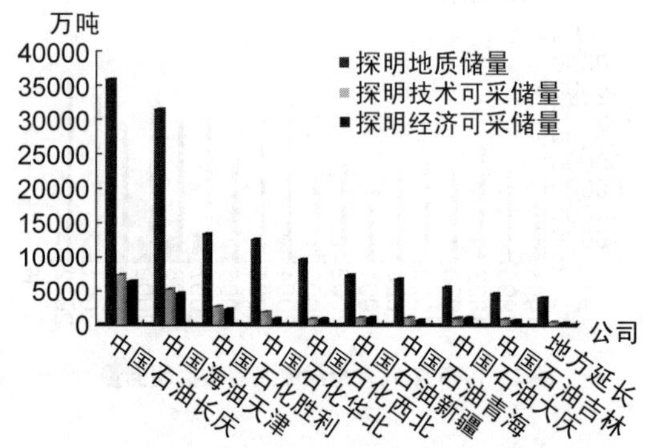

图 4　2012 年主要分公司原油新增探明储量

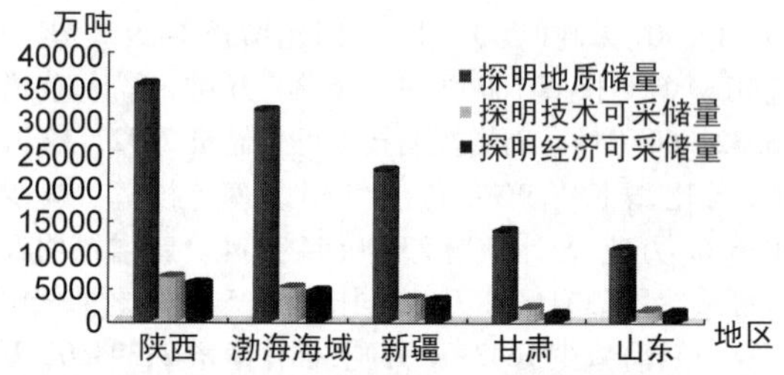

图 5　2012 年主要地区原油新增探明储量

2012 年全国原油新增探明地质储量大于 1 亿吨的盆地(海域)有 5 个(表 6、图 6),合计新增探明地质储量为 124829. 70 万吨,占总量 82. 2%;新增探明技术可采储量 22616. 25 万吨,占总量 84. 0%;新增探明经济可采储量 19383. 10 万吨,占总量 84. 1%。

表 5　　**2012 年全国原油新增探明地质储量大于 1 亿吨的省(区或海域)**　　单位:万吨

序号	省(区或海域)名称	探明地质储量	探明技术可采储量	探明经济可采储量
1	陕西	35159. 68	6684. 42	5753. 02
2	渤海海域	31266. 40	5119. 18	4577. 74
3	新疆	22404. 32	3592. 45	3349. 51
4	甘肃	1 3429. 96	2102. 28	1240. 77
5	山东	10930. 82	1657. 99	1429. 93

表 6　　**2012 年全国原油新增探明地质储量大干 1 亿吨的盆地(海域)**　　单位:万吨

序号	盆地(海域)名称	探明地质储量	探明技术可采储量	探明经济可采储量
1	鄂尔多斯盆地	52462. 26	9645. 01	7734. 83
2	渤海海域	31266. 40	5119. 18	4577. 74
3	渤海湾盆地	19136. 93	3394. 25	2932. 32
4	松辽盆地	11134. 97	2110. 56	1934. 79
5	准噶尔盆地	10829. 14	2347. 25	2203. 42

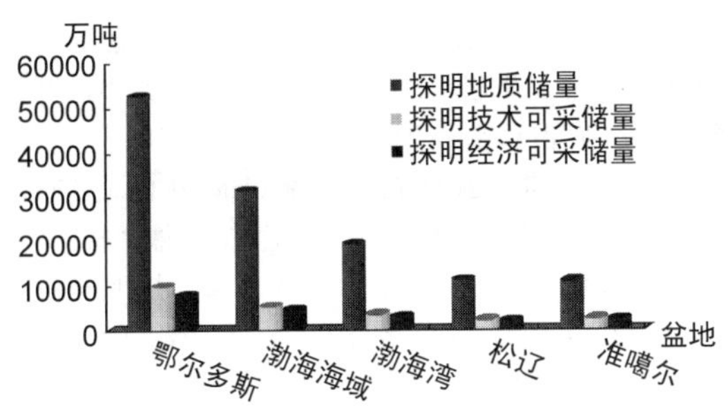

图6　2012 年主要盆地原油新增探明储量

2012 年全国原油新增探明地质储量大于 1000 万吨的油田有 29 个(表 7),合计新增探明地质储量为 132385.50 万吨,占总量 87.2%;新增探明技术可采储量 22859.96 万吨,占总量 84.9%;新增探明经济可采储量 19458.41 万吨,占总量 84.5%。

2012 全国原油新增探明储量按深度分布主要为浅层和中深层,合计新增探明地质储量为 133219.85 万吨(图 7),占总量 87.7%;新增探明技术可采储量 23672.06 万吨,总量 87.9%;新增探明经济可采储量 20062.83 万吨,占总量 87.1%。

表 7　　2012 年全国原油新增探明地质储量大于 1000 万吨的油田　　单位:万吨

序号	油田名称	探明地质储量	探明技术可采储量	探明经济可采储量
1	中国海油天津蓬莱 9—1	22247.33	3216.81	2790.26
2	中国石油长庆姬塬	20177.90	4035.58	3507.27
3	中国石油长庆靖安	12231.10	2447.08	2173.40
4	中国石化华北红河	11674.48	1751.18	935.64
5	中国石化西北塔河	9551.38	873.96	838.51
6	中国石油新疆昌吉	7205.86	1080.89	1044.63
7	中国石油吉林大安	4566.06	904.18	811.71
8	中国石油青海昆北	4508.96	802.92	552.36
9	中国石化胜利渤南	3781.10	461.75	380.14
10	中国海油天津垦利 9－1	3217.20	686.26	672.97
11	中国石油大庆杏树岗	3114.36	622.89	613.88
12	中国石化胜利春风	3080.90	1078.32	990.98
13	中国海油天津旅大 6－2	3049.63	580.64	520.64
14	中国石油辽河边台	2677.41	532.92	393.66
15	中国石油长庆安塞	2335.21	436.38	396.86
16	中国石油大庆葡萄花	2157.48	366.77	355.24
17	中国海油天津渤中 34－1	1722.06	398.37	378.99
18	中国石化胜利正理庄	1603.00	160.31	158.04
19	地方延长丰富川	1589.62	168.50	140.08
20	中国石油青海南翼山	1465.69	219.86	138.44
21	中国石油吐哈鲁克沁	1379.56	195.85	151.57
22	中国石油南方花场	1252.15	343.18	306.34
23	地方延长子长	1225.69	183.85	113.99
24	中国石油大港北大港港申	1223.81	231.50	231.33
25	中国石油华北文安	1214.94	249.25	179.95
26	中国石油长庆彭阳	1088.07	301.40	257.03
27	中国石化东北苏家屯	1022.66	153.40	90.64
28	中国石化华东张家垛	1021.490	154.38	130.69
29	中国海油深圳恩平 18－1	1000.40	221.58	203.17

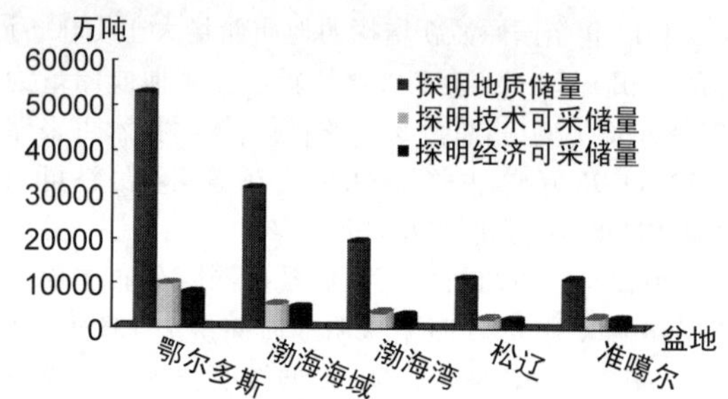

图7 2012年底全国原油新增储量埋藏深度分布

2012年全国新探明油田14个(表8),合计原油新增探明地质储量为41357.83万吨,占总量27.2%;新增探明技术可采储量6883.91万吨,占总量25.6%;新增探明经济可采储量6123.72万吨,占总量26.6%。

截至2012年底,全国原油累计探明地质储量336.73亿吨(表9,图8),同比增长4.1%,其中已开发253.92亿吨,占总量的75.4%,未开发82.81亿吨,占总量24.6%。累计探明技术可采储量90.08亿吨,同比增长3.3%,其中已开发75.54亿吨,占总量83.9%,未开发14.54亿吨,占总量16.1%。累计探明经济可采储量82.14亿吨,同比增长3.6%,其中已开发72.16亿吨,占总量87.9%,未开发9.98亿吨,占总量12.1%。累计产量57.62亿吨。剩余技术可采储量32.46亿吨,同比增长3.0%。剩余经济可采储量24.52亿吨(图9),同比增长3.9%。

各公司剩余技术可采储量和剩余经济可采储量见图10。

表8 2012年全国新探明油田原油新增探明储量 单位:万吨

序号	油田名称探明	地质储量探明	技术可采储量探明	经济可采储量
1	中国海油天津蓬莱9-1	22247.33	3216.81	2790.26
2	中国石油新疆昌吉	7205.86	1080.89	1044.63
3	中国海油天津垦利9-1	3217.20	686.26	672.97
4	中国海油天津旅大6-2	3049.63	580.64	520.64
5	中国石油长庆彭阳	1088.07	301.40	257.03
6	中国石化东北苏家屯	1022.66	153.40	90.64
7	中国海油深圳恩平18-1	1000.40	221.58	203.17
8	中国海油天津蓬莱13-2	646.50	200.89	188.49
9	中国海油深圳恩平23-1	528.00	161.44	147.38
10	中国石化华北渭北	496.42	74.46	39.46
11	中国石化华北泾河	398.07	59.71	33.68
12	中国海油深圳恩平23-2	218.33	80.83	72.58
13	中国海油湛江涠洲5-7	159.86	39.97	39.71
14	中国海油深圳恩平23-7	79.50	25.63	23.08

表9 2012年全国原油储量汇总表 单位:亿吨

	合计	已开发		未开发	
		储量	占总量/%	储量	占总量/%
累计探明地质储量	336.73	253.92	75.4	82.81	24.6
累计探明技术可采储量	90.08	75.54	83.9	14.54	16.1
累计探明经济可采储量	82.14	72.16	87.9	9.98	12.1

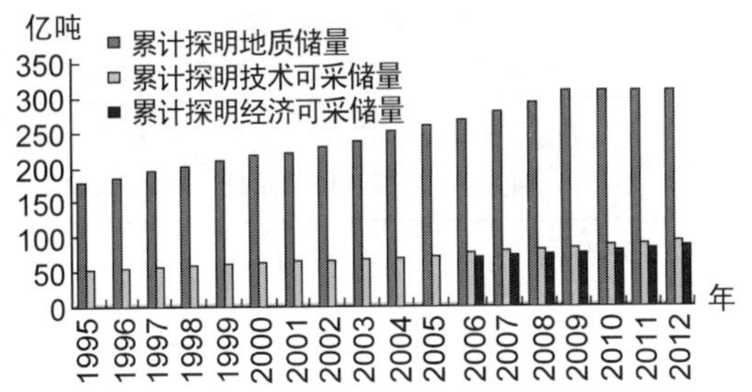

图 8 全国原油历年各类累计探明储量

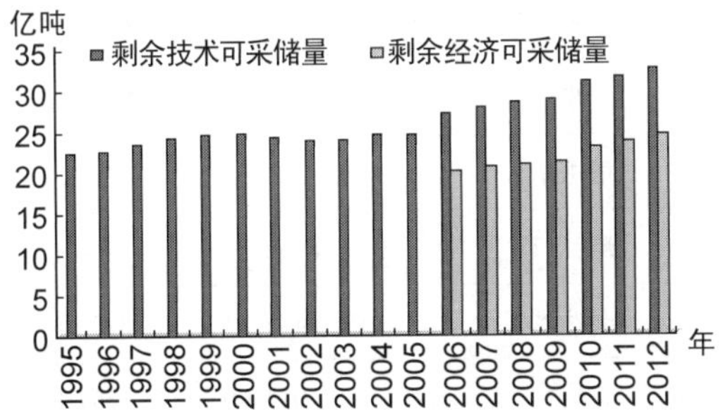

图 9 全国原油历年剩余技术和剩余经济可采储量

2012 年全国原油剩余技术可采储量前 10 位的分公司(表 10、图 11),合计剩余技术可采储量 263457.98 万吨,占总量 81.2%;剩余经济可采储量 203375.15 万吨,占总量 83.0%。

2012 年全国原油剩余技术可采储量前 10 位的省(区或海域)(表 11、图 12),合计剩余技术可采储量 293689.74 万吨,占总量 90.5%;剩余经济可采储量 225518.39 万吨,占总量 92.0%。

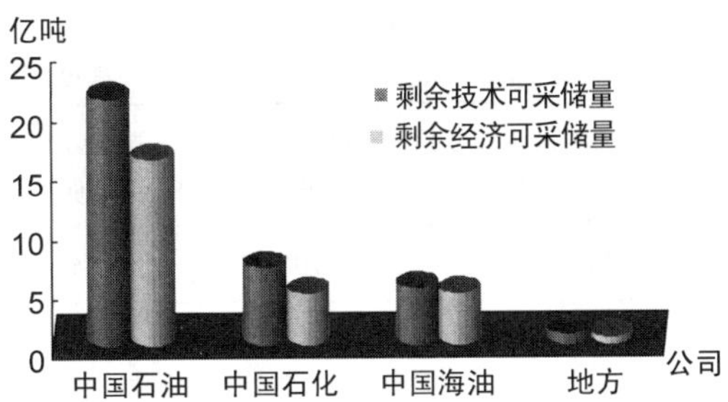

图 10 2012 年底各公司原油剩余技术和剩余经济可采储量

表 10 2012 年全国原油剩余技术可采储量前 10 位的分公司

单位:万吨

序号	分公司名称	剩余技术可采储量	剩余经济可采储量
1	中国石油大庆	53388.84	41453.41
2	中国石油长庆	43128.57	33845.58
3	中国石化胜利	36626.78	24681.38
4	中国海油天津	34856.71	31722.50
5	中国石油新疆	24680.58	18533.61
6	中国石油辽河	17622.13	10852.64
7	中国石油吉材	17074.01	13179.98
8	中国石油大港	12251.00	9735.78
9	中国石油冀东	12008.47	10307.71
10	中国石化西北	11820.89	9062.56

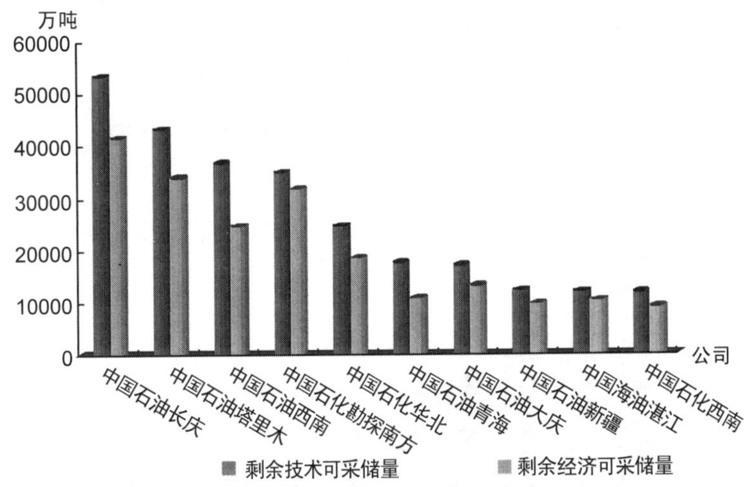

图 11 2012 年底主要分公司原油剩余技术和剩余经济可采储量

2012 年全国原油剩余技术可采储量前 10 位的盆地(海域)(表 12、图 13),合计剩余技术可采储量 306036.47 万吨,占总量 94.3%;剩余经济可采储量 232544.83 万吨,占总量 94.9%。

表 11　2012 年全国原油剩余技术可采储量前 10 位的省(区或海域)　单位:万吨

序号	省(区或海域)名称	剩余技术可采储量	剩余经济可采储量
1	新疆	50410.95	366 14.59
2	黑龙江	50137.48	39045.34
3	渤海海域	34856.71	31722.50
4	山东	34196.95	22900.74
5	陕西	31397.94	24093.69
6	河北	26830.45	22930.45
7	甘肃	19184.32	13855.32
8	吉林	18304.08	13645.53
9	辽宁	16946.82	10552.63
10	南海海域	11424.03	10157.60

表 12　2012 年全国原油剩余技术可采储量前 10 位的盆地(海域)　单位:万吨

序号	盆地(海域)名称	剩余技术可采储量	剩余经济可采储量
1	渤海湾	83276.11	59 192.89
2	松辽	67921.01	52000.05
3	鄂尔多斯	51657.49	39178.02
4	渤海海域	34856.71	31722.50
5	准噶尔	28551.21	21233.64
6	塔里木	16820.67	12942.26
7	珠江口	8492.77	7736.08
8	柴达木	6475.11	3739.04
9	吐哈	4014.69	1759.23
10	海拉尔	3970.70	3041.12

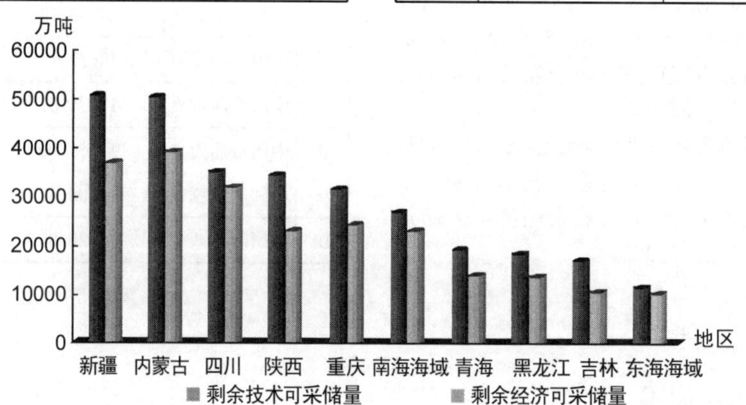

图 12　2012 年底主要地区原油剩余技术和剩余经济可采储量

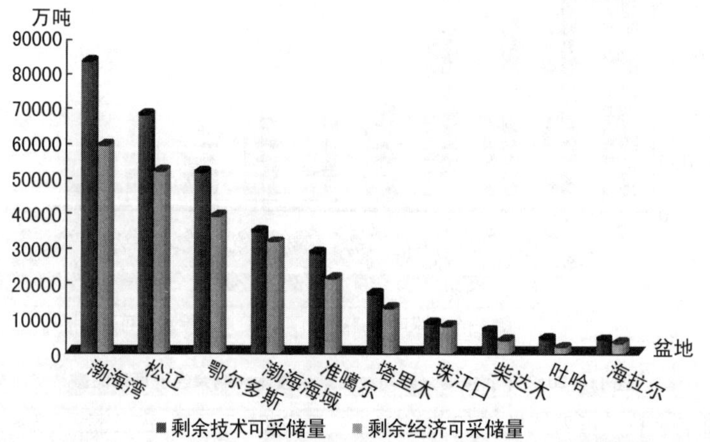

图 13　2012 年底主要盆地原油剩余技术和剩余经济可采储量

2012全国原油剩余技术可采储量按深度分布主要为浅层和中深层，合计剩余技术可采储量287046.05万吨(图14)，占总量88.4%；剩余经济可采储量217660.11万吨，占总量88.8%。

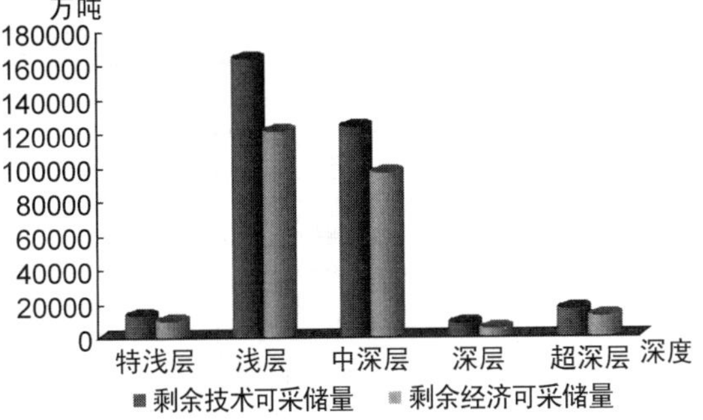

图14 2012年底全国原油剩余技术和剩余经济可采储量埋藏深度分布

2012年全国原油剩余技术可采储量前10大油田(表13)，合计剩余技术可采储量92877.51万吨，占总量28.6%；剩余经济可采储量80902.53万吨，占总量33.0%。

【凝析油】 2012年全国凝析油勘查新增探明地质储量347.00万吨(表14)，同比下降83.6%，老油气田复算(核算)减少326.13万吨，合计净增20.87万吨。新增探明技术可采储量115.46万吨，同比下降78.4%，老油气田复算(核算)减少77.47万吨，合计净增37.99万吨。新增探明经济可采储量112.5373吨，同比下降66.4%，老油气田复算(核算)减少41.25万吨，合计净增71.28万吨。产量328.98万吨，同比下降5.2%。

表13 2012年全国原油剩余技术可采储量前10油田 单位:万吨

序号	油田名称	剩余技术可采储量	剩余经济可采储量
1	中国石油大庆萨尔图	14521.51	14521.51
2	中国石油长庆姬塬	13412.14	11627.02
3	中国石化西北塔河	11831.19	9086.63
4	中国石油长庆华庆	9645.43	7684.83
5	中国石油冀东南堡	9070.06	8172.03
6	中国石油新疆克拉玛依	8401.22	7059.95
7	中国石油长庆安塞	7020.98	5274.61
8	中国石油长庆靖安	6663.51	5442.40
9	中国石油大庆杏树岗	6592.38	6583.37
10	中国海油天津蓬莱19-3	5719.09	5450.18

表14 2012年各油公司凝析油新增探明储量 单位:万吨

	探明地质储量		探明技术可采储量		探明经济可采储量	
	储量	占总量%	储量	占总量%	储量	占总量/%
全国	347.00	100	115.46	100	112.53	100
中国石油	0.93	0.3	0.20	0.2	0.19	0.2
中国石化	245.40	70.7	63.83	55.3	61.61	54.7
中国海油	270.20	77.9	94.05	81.5	92.86	82.5
地方	7.49	2.2	2.30	2.0	2.24	2.0

注:中国石化和中国海油储量中分别包括上海分公司新增探明地质储量177.02万吨，新增探明技术可采储量44.92万吨，新增探明经济可采储量44.37万吨，在全国总量中均已扣除，但各公司储量中未扣除。

2012年全国凝析油新增探明地质储量大于100万吨的省(区或海域)有1个，为东海海域，新增探明地质储量184.51万吨，占总量53.2%。新增探明技术可采储量47.22万吨，占总量40.9%。新增探明经济可采储量46.61万吨，占总量41.4%。

2012年全国凝析油新增探明地质储量大于100万吨的盆地有1个，为东海盆地，新增探明地质储量184.51万吨，占总量53.2%。新增探明技术可采储量47.22万吨，占总量40.9%。新增探明经济可采储量46.61万吨，占总量41.4%。

2012年全国凝析油新增探明地质储量大于100万吨的油气田有1个，为中国石化上海孔雀亭，新增探明地质储量121.33万吨，占总量35.0%。新增探明技术可采储量27.84万吨，占总量24.1%。新增探明经济可采储量27.66万吨，占总量24.6%。

截至2012年底，全国凝析油累计探明地质储量42189.32万吨(表15)，同比增长3.2%，其中已开发19207.46万吨，占总量45.5%，未开发22981.86万吨，占总量54.5%。累计探明技术可采储量12618.26万吨，同比增长3.4%，其中已开发5773.01万吨，占总量45.8%，未开发6845.25万吨，占总量54.2%。累计探明经济可采储量10814.82万吨，同比增长4.7%，其中已开发5353.71万吨，占总量49.5%，未开发5461.11万吨，占总量50.5%。累计产量3939.32万吨。剩余技术可采储量8678.94万吨，同比下降2.6%。剩余经济可采储量6875.50万吨，同比增长2.2%。

表15　　2012年全国凝析油储量汇总表　　单位：亿吨

	合计	已开发		未开发	
		储量	占总量/%	储量	占总量/%
累计探明地质储量	42189.32	19207.46	45.5	22981.86	54.5
累计探明技术可采储量	12618.26	5773.01	45.8	6845.25	54.2
累计探明经济可采储量	10814.82	5353.71	49.5	5461.11	50.5

各公司剩余技术可采储量见图15。

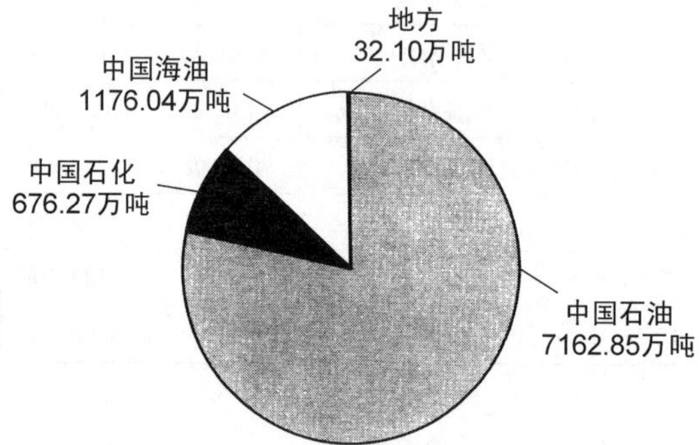

图15　2012年底各公司凝析油剩余技术可采储量

注：图中中国石化和中国海油储量中分别包括上海分公司剩余技术可采储量459.32万吨和60万吨。

各公司剩余经济可采储量见图16。

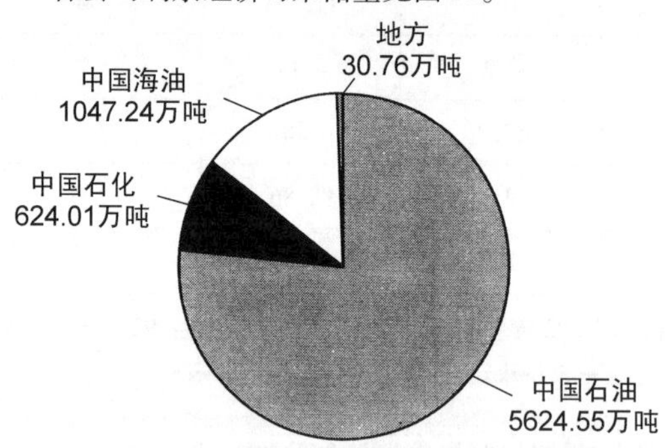

图16　2012年底各公司凝析油剩余经济可采储量

注：图中中国石化和中国海油数据中未扣除重复的剩余经济可采储量451.06万吨。

全国凝析油剩余技术可采储量主要分布在新疆，剩余技术可采储量6053.79万吨，占总量69.8%；剩余经济可采储量5262.78万吨，占总量76.5%。

全国凝析油剩余技术可采储量主要分布塔里木盆地，剩余技术可采储量5601.03万吨，占总量64.5%；剩余经济可采储量4854.25万吨，占总量70.6%。

·天然气·

【概况】 2012年全国天然气（包括气层气、溶解气）勘查新增探明地质储量9610.23亿立方米（表16），同比增长33.0%；老油气田复算（核算）减少219.88亿立方米，合计净增9390.35亿立方米。新增探明技术可采储量5007.61亿立方米，同比增长36.2%，老油气田复算（核算）减少70.81亿立方米，合计净增4936.80亿立方米。新增探明经济可采储量3780.10亿立方米，同比增长49.4%，老油气田复算（核算）减少26.06亿立方米，合计净增3754.04亿立方米。气层气产量978.10亿立方米，溶解气产量84.02亿立方米，其他8.72亿立方米，合计1070.84亿立方米，同比增长5.7%。

截至2012年底，全国天然气累计探明地质储量108089.00亿立方米（表17），同比增长9.5%，其中已开发63120.45亿立方米，占总量58.4%，未开发44968.55亿立方米，占总量41.6%。累计探明技术可采储量56998.02亿立方米，同比增长8.9%，其中已开发34130.45亿立方米，占总量59.9%，未开发22867.57亿立方米，占总量40.1%。累计探明经济可采储量44361.70亿立方米，同比增长7.7%，其中已开发29178.23亿立方米，占总量65.8%，未开发15183.47亿立方米，占总量34.2%。累计产量13208.14亿立方米。剩余技术可采储量43789.88亿立方米（其中气层气41682.24亿立方米，溶解气2107.64亿立方米），同比增长8.9%。剩余经济可采储量31153.56亿立方米（其中气层气30059.70亿立方米，溶解气1093.86亿立方米），同比增长7.2%。

表 16　　2012 年全国天然气新增探明储量　　单位:亿立方米

	探明地质储量		探明技术可采储量		探明经济可采储量	
	储量	占总量/%	储量	占总量/%	储量	占总量/%
全国	9610.23	100	5007.61	100	3780.10	100
其中:气层气	8978.74	93.4	4889.91	97.6	3690.35	97.6
溶解气	631.49	6.6	117.70	2.4	89.75	2.4

表 17　　2012 年全国天然气储量汇总表　　单位:亿立方米

	合计	已开发		未开发	
		储量	占总量/%	储量	占总量/%
累计探明地质储量	108089.00	63120.45	58.4	44968.55	41.6
其中:气层气	90477.49	50347.92	55.6	40129.57	44.4
溶解气	17611.51	12772.53	72.5	4838.98	27.5
累计探明技术可采储量	56998.02	34130.45	59.9	22867.57	40.1
其中:气层气	51607.04	29671.60	57.5	21935.44	42.5
溶解气	5390.98	4458.85	82.7	932.13	17.3
累计探明经济可采储量	44361.70	29178.23	65.8	15183.47	34.2
其中:气层气	39984.50	25220.57	63.1	14763.93	36.9
溶解气	4377.20	3957.66	90.4	419.54	9.6

【气层气储量】 2012 年全国气层气勘查新增探明地质储量 8978.74 亿立方米(表 18、图 17),同比增长 38.4%;老油气田复算(核算)减少 106.47 亿立方米,合计净增 8872.27 亿万立方米。新增探明技术可采储量 4889.91 亿立方米,同比增长 37.9%;老油气田复算(核算)减少 38.86 亿立方米,合计净增 4851.05 亿立方米。新增探明经济可采储量 3690.35 亿立方米,同比增长 49.3%;老油气田复算(核算)减少 15.75 亿立方米,合计净增 3677.60 亿立方米。产量 978.10 亿立方米,同比增长 6.1%。

各公司新增探明储量见图 18。

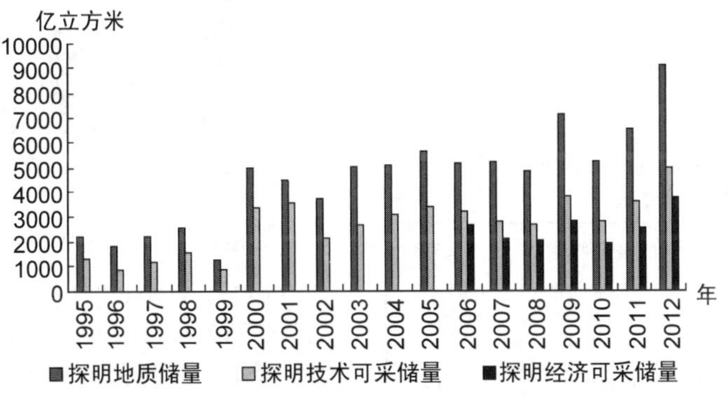

图 17　1995 年以来全国历年气层气新增探明储量

表 18　　**2012 年各油公司气层气新增探明储量**　　**单位:亿立方米**

	探明地质储量		探明技术可采储量		探明经济可采储量	
	储量	占总量/%	储量	占总量/%	储量	占总量/%
全国	8978.74	100.00	4889.91	100.00	3690.35	100.0
中国石油	4503.75	50.2	2726.05	55.7	2163.34	58.6
中国石化	3910.03	43.5	1799.89	36.8	1168.32	31.7
中国海油	791.91	8.8	474.88	9.7	467.77	12.7
地方	4.61	0.1	3.00	0.1	2.91	0.1

注:中国石化和中国海油储量中分别包括上海分公司新增探明地质储量 231.56 亿立方米,新增探明技术可采储量 113.91 亿立方米,新增探明经济可采储量 111.99 亿立方米,在全国总量中均已扣除,但各公司储量中未扣除。

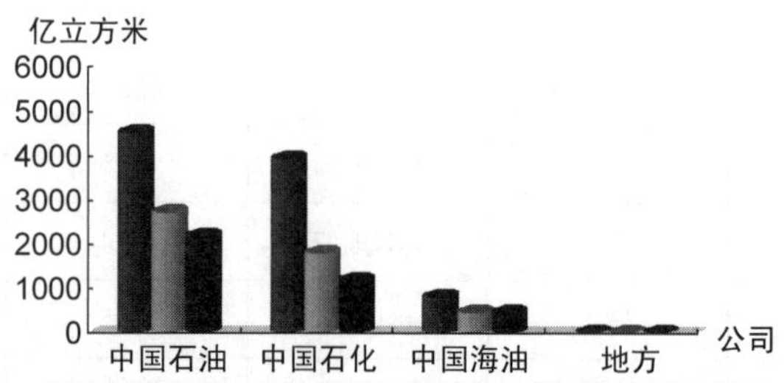

图 18　2012 年各油公司气层气新增探明储量

2012 年全国气层气新增探明地质储量大于 1000 亿立方米的公司有 3 个(表 19、图 19),合计新增探明地质储量 5813.18 亿立方米,占总量 64.7%;新增探明技术可采储量 3160.70 亿立方米,占总量 64.6%;新增探明经济可采储量 2358.06 亿立方米,占总量 63.9%。

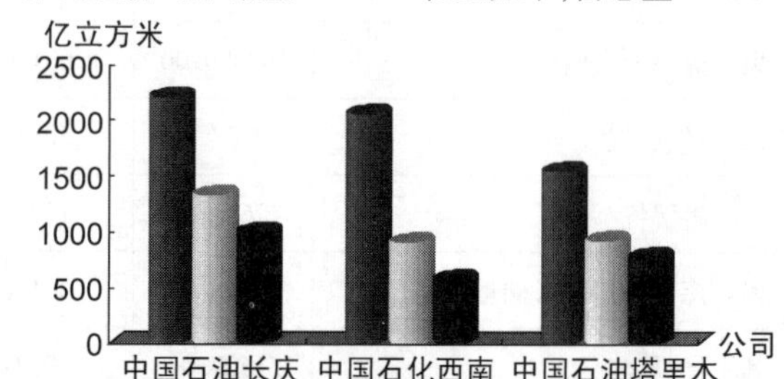

图 19　2012 年各分公司气层气新增探明储量

表 19　　**2012 年全国气层气新增探明地质储量大于 1000 亿立方米的分公司**　　**单位:亿立方米**

序号	公司名称	探明地质储量	探明技术可采储量	探明经济可采储量
1	中国石油长庆	2210.09	1326.04	1002.16
2	中国石化西南	2060.16	908.90	573.68
3	中国石油塔里木	1542.93	925.76	782.22

2012 年全国气层气新增探明地质储量大于 1000 亿立方米的省(区)有 3 个(表 20、图 20),合计新增探明地质储量 6898.76 亿立方米,占总量 76.8%;新增探明技术可采储量 3728.93 亿立方米,占总量 76.3%;新增探明经济可采储量 2789.58 亿立方米,占总量75.6%。

表 20　**2012 年全国气层气新增探明地质储量大于 1000 亿立方米的省(区)**　**单位:亿立方米**

序号	省(区)名称	探明地质储量	探明技术可采储量	探明经济可采储量
1	四川	3378.15	1636.86	1137.49
2	陕西	1963.38	1159.15	863.11
3	新疆	1557.23	932.92	788.98

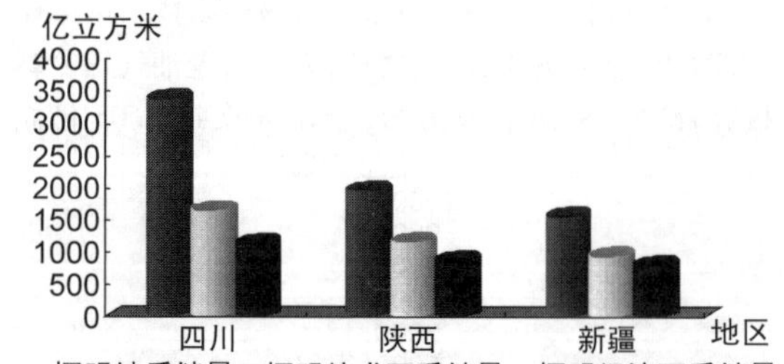

图 20　2012 年各公司气层气新增探明储量

2012 年全国气层气新增探明地质储量大于 1000 亿立方米的盆地有 3 个(表 21、图 21),合计新增探明地质储量 8135.06 亿立方米,占总量 90.6%;新增探明技术可采储量 4390.25 亿立方米,占总量 89.8%;新增探明经济可采储量 3204.25 亿立方米,占总量 86.8%。

表21　2012年全国气层气新增探明地质储量大于1000亿立方米的盆地　单位:亿立方米

序号	公司名称	探明地质储量	探明技术可采储量	探明经济可采储量
1	四川	3440.74	1667.78	1157.28
2	鄂尔多斯	3137.09	1789.55	1257.99
3	塔里木	1557.23	932.92	788.98

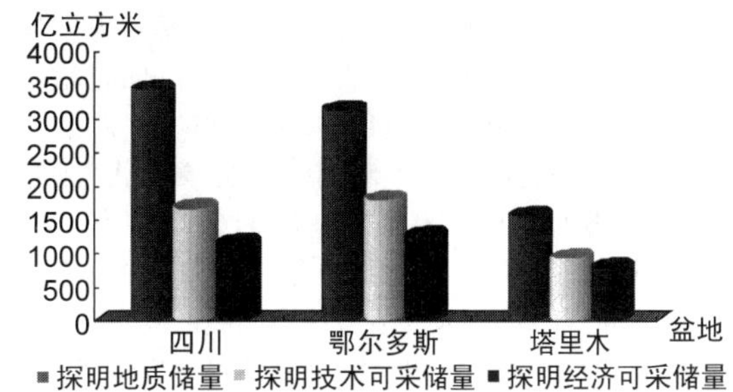

图21　2012年主要盆地气层气新增探明储量

2012年全国新探明气田共7个(表22),合计气层气新增探明地质储量3517.65亿立方米,占总量39.2%;新增探明技术可采储量2102.27亿立方米,占总量43.0%;新增探明经济可采储量1728.71亿立方米,占总量46.8%。

表22　2012年全国新探明气田气层气新增探明储量　单位:亿立方米

序号	气田名称	探明地质储量	探明技术可采储量	探明经济可采储量
1	中国石油塔里木克拉苏	1542.93	925.76	782.22
2	中国石油西南龙岗	720.33	459.96	369.38
3	中国石化华北柳杨堡	549.65	274.83	139.08
4	中国海油湛江东方13-2	530.91	346.66	344.69
5	中国海油上海黄岩1-1	82.89	53.07	51.89
6	中国海油上海孔雀亭	76.64	34.83	34.69
7	中国石化西北三道桥	14.30	7.16	6.76

2012年全国气层气新增探明地质储量大于50亿立方米的气田有13个(表23),合计新增探明地质储量8865.89亿立方米,占总量98.7%;新增探明技术可采储量4834.99亿立方米,占总量98.9%;新增探明经济可采储量3645.79亿立方米,占总量98.8%。

表23　2012年全国气层气新增探明地质储量大于50亿立方米的气田　单位:亿立方米

序号	气田名称	探明地质储量	探明技术可采储量	探明经济可采储量
1	中国石油长庆靖边	2210.09	1326.04	1002.16
2	中国石化西南成都	1652.07	745.66	473.92
3	中国石油塔里木克拉苏	1542.93	925.76	782.22
4	中国石油西南龙岗	720.33	459.96	369.38
5	中国石化勘探南方元坝	597.66	268.00	194.43
6	中国石化华北柳杨堡	549.65	274.83	139.08
7	中国海油湛江东方13-2	530.91	346.66	344.69
8	中国石化西南新场	408.09	163.24	99.76
9	中国石化华北大牛地	377.35	188.68	116.75
10	中国海油上海黄岩1-1	82.89	53.07	51.89
11	中国海油上海孔雀亭	76.64	34.83	34.69
12	中国石化江汉建南	62.59	30.92	19.79
13	中国海油上海黄岩2-2	54.69	17.34	17.03

截至2012年底,全国气层气累计探明地质储量为90477.49亿立方米(表24、图22),同比增长10.9%,其中已开发50347.92亿立方米,占总量55.6%,未开发40129.57亿立方米,占总量44.4%。累计探明技术可采储量51607.04亿立方米,同比增长9.7%,其中已开发29671.60亿立方米,占总量57.5%,未开发21935.44亿立方米,占总量42.5%。累计探明经济可采储量39984.50亿立方米,同比增长8.4%,其中已开发25220.57亿立方米,占总量63.1%,未开发14763.93亿立方米,占总量36.9%。累计产量9924.80亿立方米。剩余技术可采储量41682.24亿立方米(图23),同比增长9.4%。剩余经济可采储量30059.70亿立方米,同比增长7.5%。

各公司气层气剩余技术和剩余经济可采储量见图24。

表24　　2012年气层气储量汇总表　　单位:亿立方米

	合计	已开发		未开发	
		储量	占总量/%	储量	占总量/%
累计探明地质储量	90477.49	50347.92	55.6	40129.57	44.4
累计探明技术可采储量	51607.04	29671.60	57.5	21935.44	42.5
累计探明经济可采储量	39984.50	25220.57	63.1	14763.93	36.9

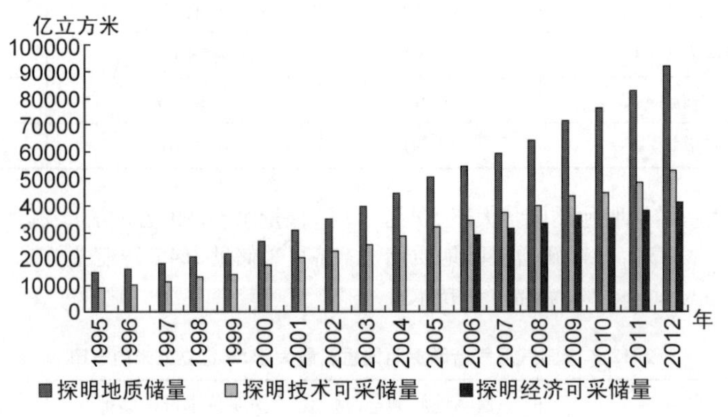

图22　全国气层气历年累计探明储量

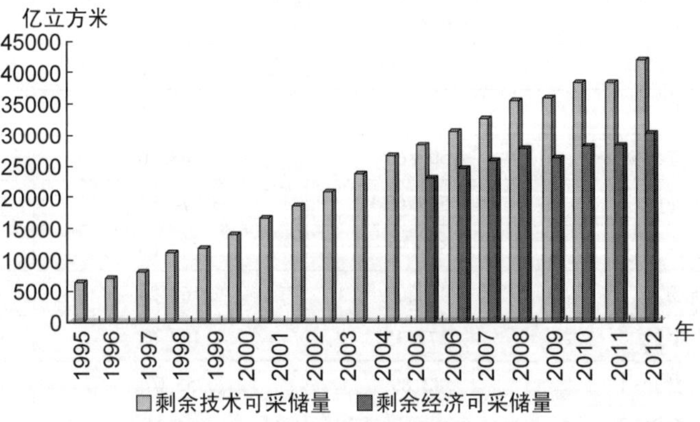

图23　全国气层气历年剩余技术和剩余经济可采储量

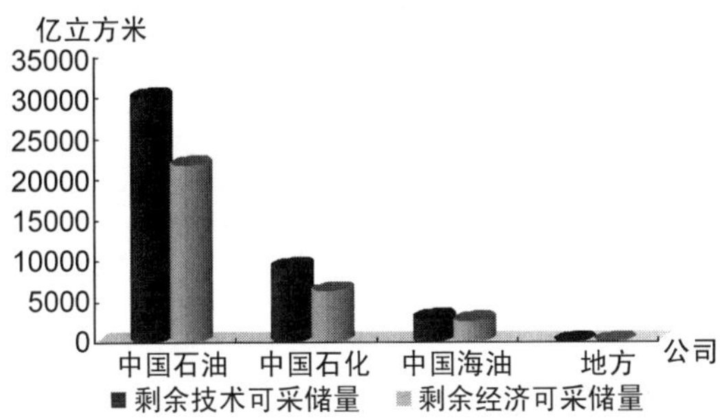

图 24　2012 年各公司气层气剩余技术和剩余经济可采储量

2012 年全国气层气剩余技术可采储量前 10 位的分公司（表 25、图 25），合计剩余技术可采储量 38145.30 亿立方米，占总量 91.5%；剩余经济可采储量 27414.19 亿立方米，占总量 91.2%。

2012 年全国气层气剩余技术可采储量前 10 位的省（区、市或海域）（表 26、图 26），合计剩余技术可采储量 40519.61 亿立方米，占总量 97.2%；剩余经济可采储量 29496.27 亿立方米，占总量 98.1%。

表 25　2012 年全国气层气剩余技术可采储量前 10 位的分公司

单位：亿立方米

序号	分公司名称	剩余技术可采储量	剩余经济可采储量
1	中国石油长庆	12369.39	8283.46
2	中国石油塔里木	7456.37	6452.47
3	中国石油西南	5711.36	3771.33
4	中国石化勘探南方	3813.99	3097.33
5	中国石化华北	2358.62	1202.83
6	中国石化西南	1725.43	863.30
7	中国海油湛江	1338.15	1089.32
8	中国石油青海	1264.60	1123.69
9	中国石油大庆	1156.03	717.88
10	中国石油新疆	951.36	812.58

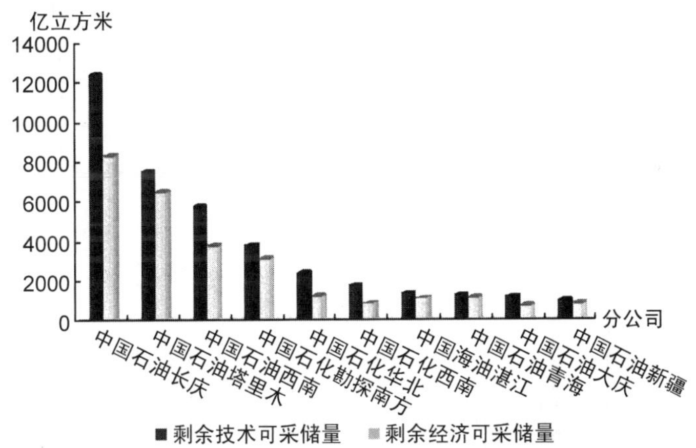

图 25　2012 年底分公司气层气剩余技术和剩余经济可采储量

表 26　2012 年全国气层气剩余技术可采储量前 10 的省（区、市或海域）

单位：亿立方米

序号	省（区、市或海域）名称	剩余技术可采储量	剩余经济可采储量
1	四川	9358.95	6485.78
2	新疆	8954.24	7686.84
3	内蒙古	8321.85	5079.67
4	陕西	6131.57	4267.83

续表 26

序号	省（区、市或海域）名称	剩余技术可采储量	剩余经济可采储量
5	南海海域	2082.89	1799.96
6	重庆	1928.31	1261.12
7	青海	1264.60	1123.69
8	黑龙江	1154.68	717.00
9	吉林	726.60	497.10
10	东海海域	595.92	577.28

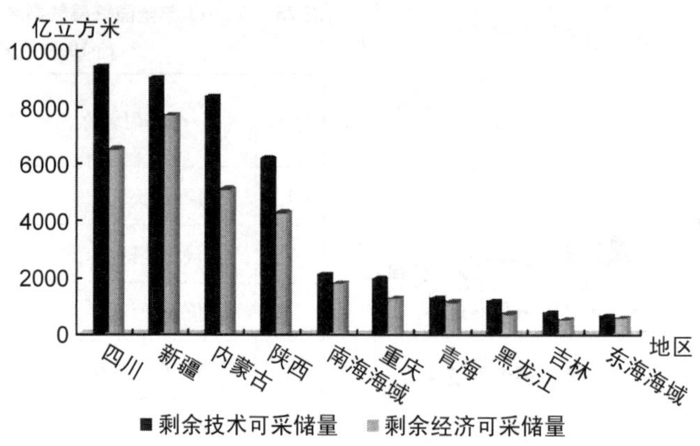

图26　2012年底主要地区气层气剩余技术和剩余经济可采储量

2012年全国气层气剩余技术可采储量前10位的盆地(表27、图27),合计剩余技术可采储量40758.74亿立方米,占总量97.8%;剩余经济可采储量29452.06亿立方米,占总量98.0%。

表27　2012年全国气层气剩余技术可采储量前10位的盆地　单位:亿立方米

序号	盆地名称	剩余技术可采储量	剩余经济可采储量
1	鄂尔多斯	14728.01	9486.29
2	四川	11337.85	7769.18
3	塔里木	7712.28	6689.42

续表27

序号	盆地名称	剩余技术可采储量	剩余经济可采储量
4	松辽	1860.97	1201.07
5	柴达木	1264.60	1123.69
6	莺歌海	963.39	855.87
7	准噶尔	951.36	812.58
8	珠江口	800.78	758.25
9	东海盆地	595.92	577.28
10	渤海湾	543.58	178.43

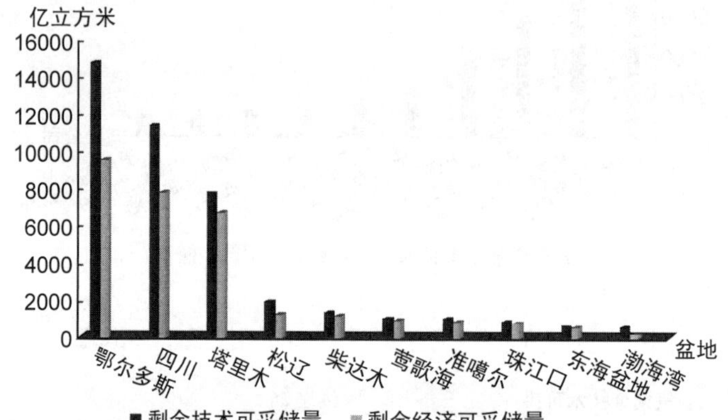

图27　2012年底主要盆地气层气剩余技术和剩余经济可采储量

2012年全国10大气田(表28),合计剩余技术可采储量21901.70亿立方米,占总量52.5%剩余经济可采储量15541.19亿立方米,占总量51.7%。

【溶解气】　2012年全国溶解气勘查新增探明地质储量631.49亿立方米(表29),同比下降14.5%;老油气田复算(核算)减少113.41亿立方米,合计净增518.08亿立方米。新增探明技术可采储量117.70亿立方米,同比下降10.1%;老油气田复算(核算)减少31.95亿立方米,合计净增85.75亿立方米。新增探明经济可采储量89.75亿立方米,同比增长53.3%;老油气田复算(核算)减少10.31亿立方米,合计净增79.44亿立方米。产量84.02亿立方米,同比增长6.4%。

各公司新增探明储量见图28。

表 28　　2012 年全国 10 大气田　　单位:亿立方米

序号	气田名称	剩余技术可采储量	剩余经济可采储量
1	中国石油长庆苏里格	6108.26	3657.41
2	中国石油长庆靖边	3596.76	2842.47
3	中国石化勘探南方普光	2471.46	2206.98
4	中国石油塔里木塔中Ⅰ号	2145.30	1758.45
5	中国石化华北大牛地	2018.64	1025.17
6	中国石油塔里木克拉 2	1441.58	1310.71
7	中国石化勘探南方元坝	1193.23	759.76
8	中国石油西南合川	1004.56	542.28
9	中国石油塔里木迪那 2	992.61	968.88
10	中国石油西南安岳	929.30	469.08

表 29　　2012 年各公司新增储量　　单位:亿立方米

	探明地质储量	占总量%	探明技术可采储量	占总量%	探明经济可采储量	占总量%
全国	631.49	100.0	117.70	100.0	89.75	100.0
中国石油	363.19	57.5	76.09	64.6	67.07	74.7
中国石化	182.68	28.9	26.71	22.7	13.75	15.3
中国海油	89.02	14.1	15.77	13.4	10.18	11.3
地方	4.64	0.7	0.56	0.5	0.00	0.0

注:中国石化和中国海油储量中分别包括上海分公司新增探明地质储量 8.04 亿立方米,新增探明技术可采储量 1.43 亿立方米,新增探明经济可采储量 1.25 亿立方米,在全国总量中均已扣除,但各公司储量中未扣除。

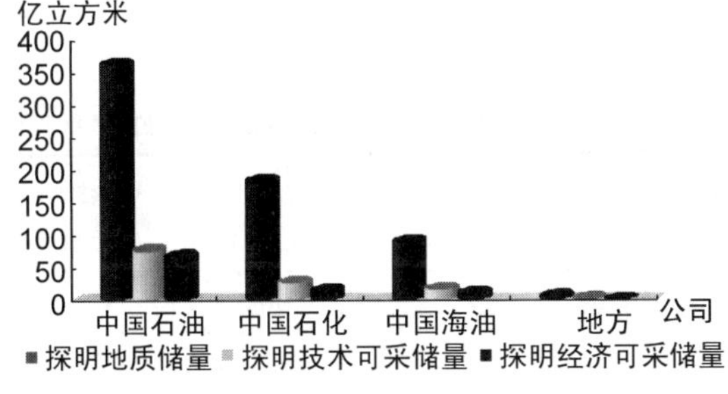

图 28　2012 年各公司溶解气新增探明储量

2012 年全国溶解气新增探明地质储量大于 50 亿立方米的省(海域)有 4 个(表 30),合计新增探明地质储量 461.51 亿立方米,占总量 73.1%;新增探明技术可采储量 82.20 亿立方米,占总量 69.8%;新增探明经济可采储量 61.03 亿立方米,占总量 68.0%。

2012 年全国溶解气新增探明地质储量大于 50 亿立方米的盆地有 3 个(表 31、图 29),合计新增探明地质储量 523.24 亿立方米,占总量 82.9%;新增探明技术可采储量 95.70 亿立方米,占总量 81.3%;新增探明经济可采储量 73.04 亿立方米,占总量 81.4%。

表 30　　2012 年全国溶解气新增探明地质储量大于 50 亿立方米的省(海域)　　单位:亿立方米

序号	省(区)名称	探明地质储量	探明技术可采储量	探明经济可采储量
1	陕西	226.87	44.96	38.58
2	山东	90.49	12.88	10.81
3	渤海海域	77.52	13.60	8.93
4	甘肃	66.62	10.77	2.72

表31　　2012年全国溶解气新增探明地质储量大于50亿立方米的盆地　　单位:亿立方米

序号	盆地(海域)名称	探明地质储量	探明技术可采储量	探明经济可采储量
1	鄂尔多斯盆地	319.03	60.88	45.60
2	渤海湾盆地	126.69	21.22	18.51
3	渤海海域	77.52	13.60	8.93

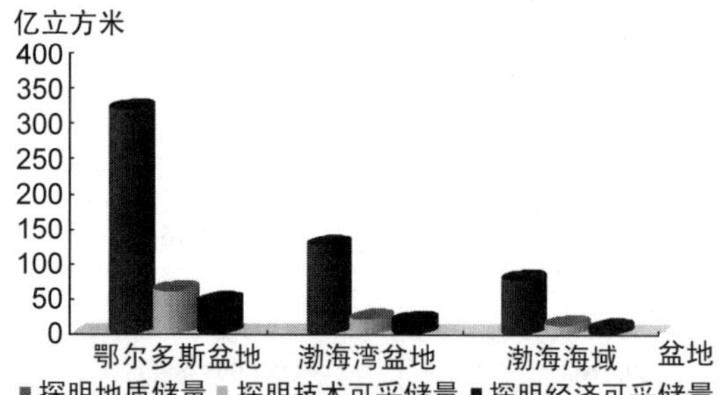

图29　2012年主要盆地溶解气新增探明储量

截至2012年底,全国溶解气累计探明地质储量17611.51亿立方米(表32),同比增长2.9%,其中已开发12772.53亿立方米,占总量72.5%,未开发4838.98亿立方米,占总量27.5%。累计探明技术可采储量5390.98亿立方米,同比增长1.5%,其中已开发4458.85亿立方米,占总量82.7%,未开发932.13亿立方米,占总量17.3%。累计探明经济可采储量4377.20亿立方米,同比增长1.6%,其中已开发3957.66亿立方米,占总量90.4%,未开发419.54亿立方米,占总量9.6%。累计产量3283.34亿立方米。剩余技术可采储量2107.64亿立方米,同比增长0.4%。剩余经济可采储量1093.86亿立方米,同比增长0.3%。

各公司气层气剩余技术和剩余经济可采储量见图30。

表32　　2012年全国溶解气储量汇总表　　单位:亿立方米

	合计	已开发		未开发	
		储量	占总量/%	储量	占总量/%
累计探明地质储量	17611.51	12772.53	72.5	4838.98	27.5
累计探明技术可采储量	5390.98	4458.85	82.7	932.13	17.3
累计探明经济可采储量	4377.20	3957.66	90.4	419.54	9.6

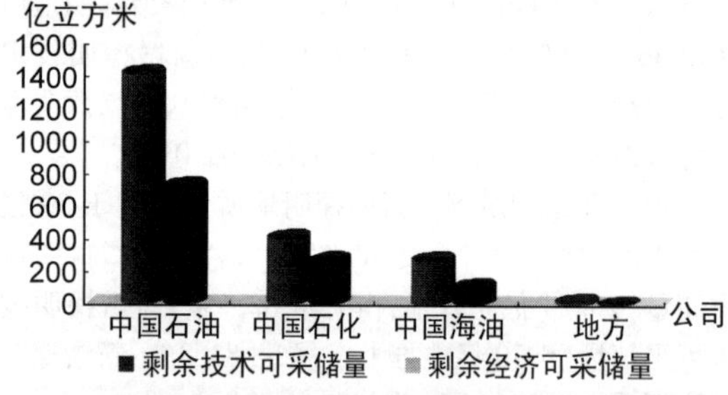

图30　2012年底各公司溶解气剩余技术和经济可采储量

2012年全国溶解气剩余技术可采储量前10位的省(区或海域)(表33),合计剩余技术可采储量1939.74亿立方米,占总量92.0%;剩余经济可采储量997.65亿立方米,占总量91.2%。

2012年全国溶解气剩余技术可采储量前10位的盆地(海域)(表34),合计剩余技术可采储量2033.64亿立方米,占总量96.5%;剩余经济可采储量1054.81亿立方米,占总量96.4%。

表33　　2012年全国溶解气剩余技术可采储量前10位的省(区或海域)　　单位:亿平方米

序号	省(区或海域)名称	剩余技术可采储量	剩余经济可采储量
1	新疆	370.13	235.80
2	陕西	244.69	60.57
3	黑龙江	226.83	179.38
4	甘肃	224.54	32.31
5	山东	221.25	154.10
6	渤海海域	214.41	89.01
7	河北	200.63	145.13
8	辽宁	134.98	57.22
9	南海海域	52.66	10.28
10	吉林	49.62	33.85

表 34　2012 年全国溶解气剩余技术可采储量前 10 位的盆地　单位:亿平方米

序号	盆地(海域)名称	剩余技术可采储量	剩余经济可采储量
1	渤海湾	645.34	417.36
2	鄂尔多斯	461.59	102.13
3	松辽	266.03	203.90
4	渤海海域	214.41	89.01
5	准噶尔	175.81	132.38
6	塔里木	162.71	106.30
7	北部湾	33.37	11.86
8	酒西	26.58	-1.53
9	吐哈	24.49	-8.59
10	珠江口	23.31	1.99

·煤层气·

【概况】 2012 年全国勘查新增煤层气探明地质储量 1273.52 亿立方米,同比下降 6.9%。新增探明技术可采储量 646.06 亿立方米,同比下降 7.2%。新增探明经济可采储量 550.52 亿立方米,同比下降 5.7%。

截至 2012 年底,全国累计探明地质储量 5429.48 亿立方米(图 31),同比增长 30.0%。累计探明技术可采储量 2731.47 亿立方米,同比增长 30.3%。累计探明经济可采储量 2229.24 亿立方米,同比增长 32.2%。累计产量 38.05 亿立方米。剩余技术可采储量 2693.42 亿立方米,同比增长 30.2%。剩余经济可采储量 2191.19 亿立方米,同比增长 32.1%。

各公司煤层气剩余技术可采储量见图 32。

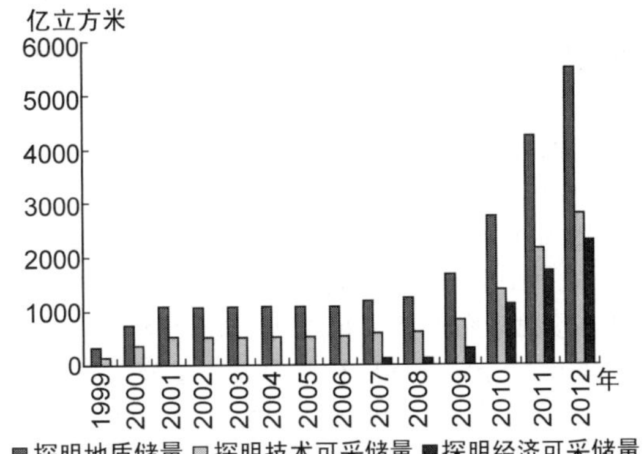

图 31　全国煤层气历年累计探明储量

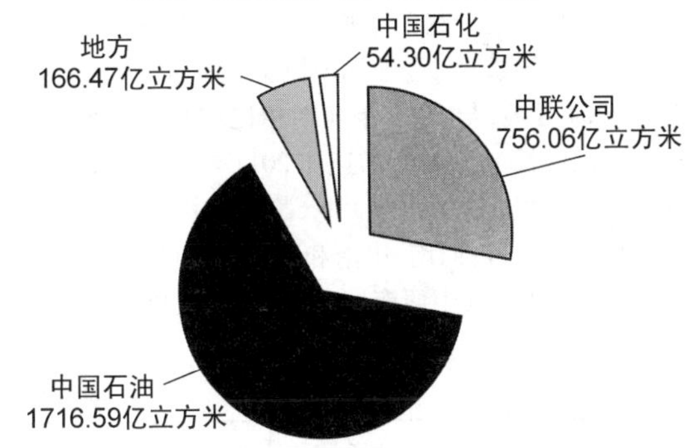

图 32　2012 年底各公司煤层气剩余技术可采储量

·二氧化碳气·

【概况】 2012年全国勘查新增二氧化碳气探明地质储量 11.44 亿立方米,同比下降 92.3%。新增探明技术可采储量 4.65 亿立方米,同比下降 94.9%。新增探明经济可采储量 3.19 亿立方米,同比下降 94.4%。

截至 2012 年底,全国二氧化碳气累计探明地质储量为 1813.40 亿立方米(图 33),同比增长 0.3%。累计探明技术可采储量 1089.27 亿立方米,同比增长 0.2%。累计探明经济可采储量 761.31 亿立方米,同比下降 1.9%。累计产量 61.20 亿立方米。剩余技术可采储量 1028.07 亿立方米,同比下降 0.7%。剩余经济可采储量 700.11 亿立方米,同比下降 3.3%。

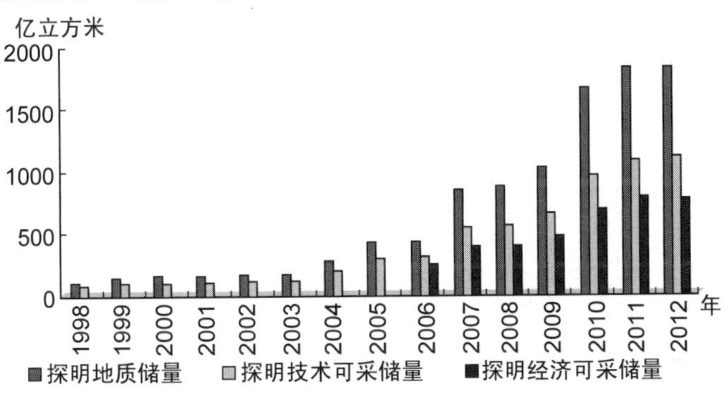

图 33　全国二氧化碳气历年累计探明储量

(国土资源部矿产资源储量司　国土资源部油气资源战略研究中心)

冶　金

【概况】 2012年,在我国经济增速明显放缓,钢铁工业处于寒冬的形势下,冶金矿山行业总体上保持了平稳运行的态势。

据统计,2012年全国规模以上铁矿企业生产铁矿石130964万吨,同比增长14.52%;工业增加值增长20.6%,高于全国工业企业10.6个百分点;全年固定资产投资累计完成1528.67亿元,同比增长23.7%。

2012年,全国粗钢、生铁、钢材产量分别为71654万吨、65791万吨和95186万吨,同比增长3.1%、3.7%和7.7%;我国铁矿石原矿产量累计达到130964万吨。

我国矿山生产稳定增长,铁矿石产量继续保持13亿吨以上。2012年,全国规模以上铁矿企业生产铁矿石130964万吨,与2011年同期相比增加16605万吨,累计同比增长14.52%,增速比2011年下降12.7个百分点。

从区域来看:西南、中南和西北地区的产量同比增幅均超过17%,其中西南地区增幅达21.96%;中南地区次之达18.46%。

华北地区2012年原矿产量为70516.20万吨,与去2011年同期相比,增加8587.30万吨,增幅13.87%。华北地区产量占全国铁矿石产量的比重为53.84%。

东北地区2012年原矿产量为17718.00万吨,与2011年同期相比,增加1417.80万吨,增幅8.70%,占全国铁矿石产量的比重为13.53%。

华东地区2012年原矿产量为9859.20万吨,较2011年同期增加1055.50万吨,增幅11.99%,占全国铁矿石产量的比重为7.53%。

西南地区2012年铁矿石原矿产量为19106.30万吨,较2011年同期增加3440.50万吨,同比增长21.96%,西南地区产量占全国铁矿石产量的比重为14.59%。

中南地区2012年铁矿石原矿产量为7996.5万吨,较2011年同期增加1246.20万吨,同比增幅为18.46%,该地区产量占全国铁矿石产量的比重为6.11%。

西北地区为产量最少的地区,2012年铁矿石原矿产量为5767.50万吨,较2011年同期增加857.50万吨,同比增幅为17.46%,该地区产量占全国铁矿石产量的比重为4.40%(表1)。

表1　**2012年全国铁矿石产量**　单位:万吨

地区	2012年	2011年	各区占全国总量比重/%		与2011年同期比	
			2012年	2011年	增量	%
合　计	**130963.70**	**114358.90**	**100.00**	**100.00**	**16604.80**	**14.52**
华北地区	**70516.20**	**61928.90**	**53.84**	**54.15**	**8587.30**	**13.87**
北　京	1980.50	2001.60	1.51	1.75	-21.10	-1.05
河　北	52357.00	44491.50	39.98	38.91	7865.50	17.68
山　西	8130.10	6443.90	6.21	5.63	1686.20	26.17
内蒙古	8048.60	8991.90	6.15	7.86	-943.30	-10.49
东北地区	**17718.00**	**16300.20**	**13.53**	**14.25**	**1417.80**	**8.70**
辽　宁	15483.10	14233.20	11.82	12.45	1249.90	8.78
吉　林	1762.40	1670.20	1.35	1.46	92.20	5.52
黑龙江	472.50	396.80	0.36	0.35	75.70	19.08
华东地区	**9859.20**	**8803.70**	**7.53**	**7.70**	**1055.50**	**11.99**
江　苏	207.40	233.10	0.16	0.20	-25.70	-11.03

续表 1

地区	2012 年	2011 年	各区占全国总量比重/%		与 2011 年同期比	
			2012 年	2011 年	增量	%
浙　江	157.70	142.60	0.12	0.12	15.10	10.59
安　徽	4199.10	3929.50	3.21	3.44	269.60	6.86
福　建	1221.90	1099.90	0.93	0.96	122.00	11.09
江　西	1916.90	1403.80	1.46	1.23	513.10	36.55
山　东	2156.20	1994.80	1.65	1.74	161.40	8.09
中南地区	**7996.50**	**6750.30**	**6.11**	**5.90**	**1246.20**	**18.46**
河　南	1502.80	1186.60	1.15	1.04	316.20	26.65
湖　北	2289.80	1818.70	1.75	1.59	471.10	25.90
湖　南	997.30	777.90	0.76	0.68	219.40	28.20
广　东	2227.30	1984.30	1.70	1.74	243.00	12.25
广　西	392.10	403.30	0.30	0.35	-11.20	-2.78
海　南	587.20	579.50	0.45	0.51	7.70	1.33
西南地区	**19106.30**	**15665.80**	**14.59**	**13.70**	**3440.50**	**21.96**
重　庆	2.00	1.60	0.00	0.00	0.40	25.00
四　川	16283.00	13276.70	12.43	11.61	3006.30	22.64
贵　州	92.30	70.80	0.07	0.06	21.50	30.37
云　南	2621.90	2225.40	2.00	1.95	396.50	17.82
西　藏	107.10	91.30	0.08	0.08	15.80	17.31
西北地区	**5767.50**	**4910.00**	**4.40**	**4.29**	**857.50**	**17.46**
陕　西	1329.50	834.50	1.02	0.73	495.00	59.32
甘　肃	1214.20	957.10	0.93	0.84	257.10	26.86
青　海	220.60	160.70	0.17	0.14	59.90	37.27
新　疆	3003.20	2957.70	2.29	2.59	45.50	1.54

【铁矿石市场】 2012 年，铁矿石市场价格整体回落。国内铁矿石市场价格从 4 月开始持续 5 个月震荡下探，中国铁矿石价格指数从 4 月末的年内高点 498.64 点下探到 9 月中下旬的低点 358.33 点，跌幅 28.14%。9 月底以后，随着钢市整体回暖，粗钢产量再度回升，推动铁矿石价格触底反弹，12 月末中国铁矿石价格指数达到 410 点，较年内低点上涨 15%。其中：国产铁精矿最低价为 9 月的 816.66 元/吨、最高价为 3 月的 1010.77 元/吨，国产铁精粉折合成 62% 的干基含税价格平均为 929.62 元/吨，与 2011 年同比下降 18.1%。2012 年 CIOPI 中国铁矿石价格指数变化情况见表 2。

表 2

2012 年 CIOPI 中国铁矿石价格指数变化情况表

项　目	2012 年 1 月末	2011 年 12 月末	环比升降	升降幅/%
CIOPI 中国铁矿石价格指数	462. 49	460. 36	2. 13	0. 46
1. 国产铁矿石价格指数	385. 71	383. 18	2. 53	0. 66
2. 进口铁矿石价格指数	506. 63	504. 72	1. 91	0. 38
项　目	2012 年 2 月末	2012 年 1 月末	环比升降	升降幅/%
CIOPI 中国铁矿石价格指数	467. 33	462. 49	4. 84	1. 05
1. 国产铁矿石价格指数	386. 02	385. 71	0. 31	0. 08
2. 进口铁矿石价格指数	511. 69	506. 63	5. 06	1. 00
项 目	2012 年 3 月末	2012 年 2 月末	环比升降	升降幅/%
CIOPI 中国铁矿石价格指数	471. 56	467. 33	4. 23	0. 91
1. 国产铁矿石价格指数	392. 81	386. 02	6. 79	1. 76
2. 进口铁矿石价格指数	514. 53	511. 69	2. 84	0. 56
项 目	2012 年 4 月末	2012 年 3 月末	环比升降	升降幅/%
CIOPI 中国铁矿石价格指数	498. 64	471. 56	27. 08	5. 74
1. 国产铁矿石价格指数	383. 71	392. 81	-9. 10	-2. 32
2. 进口铁矿石价格指数	561. 35	514. 53	46. 82	9. 10
项 目	2012 年 5 月末	2012 年 4 月末	环比升降	升降幅/%
CIOPI 中国铁矿石价格指数	479. 53	498. 64	-19. 11	-3. 83
1. 国产铁矿石价格指数	361. 47	383. 71	-22. 24	-5. 80
2. 进口铁矿石价格指数	543. 95	561. 35	-17. 40	-3. 10
项 目	2012 年 6 月末	2012 年 5 月末	环比升降	升降幅/%
CIOPI 中国铁矿石价格指数	451. 82	479. 53	-27. 71	-5. 78
1. 国产铁矿石价格指数	368. 62	361. 47	7. 15	1. 98
2. 进口铁矿石价格指数	497. 22	543. 95	-46. 73	-8. 59
项 目	2012 年 7 月末	2012 年 6 月末	环比升降	升降幅/%
CIOPI 中国铁矿石价格指数	444. 85	451. 82	-6. 97	-1. 54
1. 国产铁矿石价格指数	352. 78	368. 62	-15. 84	-4. 30
2. 进口铁矿石价格指数	495. 08	497. 22	-2. 14	-0. 43
项 目	2012 年 8 月末	2012 年 7 月末	环比升降	升降幅/%
CIOPI 中国铁矿石价格指数	389. 57	444. 85	-55. 28	-12. 43

续表 2

项 目	2012 年 8 月末	2012 年 7 月末	环比升降	升降幅/%
1. 国产铁矿石价格指数	339.67	352.78	-13.11	-3.72
2. 进口铁矿石价格指数	416.80	495.08	-78.28	-15.81
项 目	2012 年 9 月末	2012 年 8 月末	环比升降	升降幅/%
CIOPI 中国铁矿石价格指数	364.56	389.57	-25.01	-6.42
1. 国产铁矿石价格指数	325.52	339.67	-14.15	-4.17
2. 进口铁矿石价格指数	385.86	416.80	-30.94	-7.42
项 目	2012 年 10 月末	2012 年 9 月末	环比升降	升降幅/%
CIOPI 中国铁矿石价格指数	390.74	364.56	26.18	7.18
1. 国产铁矿石价格指数	331.44	325.52	5.92	1.82
2. 进口铁矿石价格指数	423.09	385.86	37.23	9.65
项 目	2012 年 11 月末	2012 年 10 月末	环比升降	升降幅/%
CIOPI 中国铁矿石价格指数	411.86	390.74	21.12	5.41
1. 国产铁矿石价格指数	336.69	331.44	5.25	1.58
2. 进口铁矿石价格指数	452.87	423.09	29.78	7.04
项 目	2012 年 12 月末	2012 年 11 月末	环比升降	升降幅/%
CIOPI 中国铁矿石价格指数	423.38	411.86	11.52	2.80
1. 国产铁矿石价格指数	345.99	336.69	9.30	2.76
2. 进口铁矿石价格指数	465.61	452.87	12.74	2.81

【铁矿石进口量】 2012 年，我国累计进口铁矿石 74355.27 万吨，同比增长 8.43%，进口额为 956.05 亿美元，比 2011 年减少 168.01 亿美元，下降 14.97%，进口矿平均到岸价格 128.58 美元/吨，同比下降 21.52%。截至 12 月末，我国主要港口铁矿石库存量为 8305 万吨，同比减少 1572 万吨，降幅 15.9%，见表 3～5。

表 3　　2012 年铁矿石进口情况（国别）　　单位：万吨

国 别	2012 年进口量	2011 年进口量	各国占进口量比重/%		与 2011 年同期比	
			2012 年	2011 年	增量	%
合 计	**74355.27**	**68606.43**	**100.00**	**100.00**	**5748.84**	**8.43**
澳大利亚	35146.46	29666.13	47.27	43.24	5480.33	18.53
巴西	16422.32	14273.47	22.09	20.80	2148.85	15.08
南非	4063.31	3615.04	5.46	5.27	448.26	12.41
印度	3305.56	7305.58	4.45	10.65	-4000.02	-54.74
伊朗	1733.75	1663.37	2.33	2.42	70.39	4.52
乌克兰	1624.72	1251.13	2.19	1.82	373.58	29.93

续表 3

国　别	2012 年进口量	2011 年进口量	各国占进口量比重/%		与 2011 年同期比	
			2012 年	2011 年	增量	%
加拿大	1609.06	1208.28	2.16	1.76	400.77	33.15
俄罗斯	1325.67	1561.20	1.78	2.28	-235.53	-15.04
印度尼西亚	1023.50	1187.36	1.38	1.73	-163.86	-13.60
秘鲁	919.76	966.64	1.24	1.41	-46.88	-4.81
智利	892.69	872.36	1.20	1.27	20.33	2.28
马来西亚	807.28	542.12	1.09	0.79	265.16	49.19
毛里塔尼亚	677.83	496.95	0.91	0.72	180.88	36.42
蒙古	632.96	549.72	0.85	0.80	83.24	15.07
哈萨克斯坦	601.83	479.66	0.81	0.70	122.17	25.47
美国	473.20	288.26	0.64	0.42	184.94	64.20
委内瑞拉	451.11	512.12	0.61	0.75	-61.01	-11.87
塞拉利昂	395.14	2.47	0.53	0.00	392.66	15893.81
墨西哥	337.07	438.20	0.45	0.64	-101.13	-23.05
朝鲜	241.09	250.73	0.32	0.37	-9.64	-3.84
越南	174.86	289.52	0.24	0.42	-114.66	-39.60
缅甸	159.31	272.91	0.21	0.40	-113.60	-41.63
菲律宾	157.36	109.83	0.21	0.16	47.53	45.65
利比里亚	141.06	6.43	0.19	0.01	134.62	2092.17
洪都拉斯	133.99	60.08	0.18	0.09	73.90	123.02
新西兰	111.72	69.82	0.15	0.10	41.90	60.25
芬兰	99.67	64.80	0.13	0.0002	34.87	54.14
瑞典	99.59	162.52	0.13	0.24	-62.93	-38.72
斯威士兰	95.03		0.13	0.00	95.03	
挪威	76.38	81.74	0.10	0.12	-5.36	-6.55
巴林	69.01	82.03	0.09	0.12	-13.02	-15.88
塞尔维亚	42.79	0.44	0.06	0.00	42.35	9528.71
阿根廷	42.17	28.66	0.06	0.04	13.51	47.12
阿联酋	39.92	19.58	0.05	0.03	20.34	103.62
土耳其	32.92	14.66	0.04	0.02	18.26	124.47
其他	195.19	212.58	0.26	0.31	-17.39	-8.18

注:其他指进口量在 30 万吨以下的国家。

表 4　　**2012 年铁矿石进口情况(国别)**　　单位:万吨

国　别	2012 年进口金额	2011 年进口金额	各国占进口量比重/%		与 2011 年同期比	
			2012 年	2011 年	增量	%
合　计	**9560535.17**	**11240653.87**	**100.00**	**100.00**	**-1680118.70**	**-14.97**
澳大利亚	4490549.83	4967244.93	46.97	44.19	-476695.10	-9.50

续表 4

国　别	2012 年进口金额	2011 年进口金额	各国占进口量比重/%		与 2011 年同期比	
			2012 年	2011 年	增量	%
巴西	2263065.59	2572284.19	23.67	22.88	-309218.60	-12.16
南非	552832.61	640483.14	5.78	5.70	-87650.54	-14.30
印度	368144.71	966382.60	3.85	8.60	-598237.88	-61.90
伊朗	181504.79	237774.98	1.90	2.12	-56270.19	-23.35
乌克兰	238296.67	231201.94	2.49	2.06	7094.73	3.16
加拿大	240280.81	242979.85	2.51	2.16	-2699.05	-1.71
俄罗斯	177383.74	276771.31	1.86	2.46	-99387.57	-35.86
印度尼西亚	79568.07	107467.12	0.83	0.96	-27899.05	-25.95
秘鲁	120744.47	146664.89	1.26	1.30	-25920.42	-17.73
智利	129900.52	160699.82	1.36	1.43	-30799.30	-19.25
马来西亚	73351.37	61387.21	0.77	0.55	11964.16	19.83
毛里塔尼亚	83516.66	83944.90	0.87	0.75	-428.24	0.24
蒙古	61402.87	55310.17	0.64	0.49	6092.70	10.84
哈萨克斯坦	75362.58	76335.65	0.79	0.68	-973.07	-1.29
美国	65746.33	44736.42	0.69	0.40	21009.91	46.59
委内瑞拉	64770.79	94895.04	0.68	0.84	-30124.25	-31.78
塞拉利昂	46240.45	333.37	0.48	0.00	45907.08	13770.81
墨西哥	36517.31	58887.74	0.38	0.52	-22370.42	-37.87
朝鲜	24910.92	32387.27	0.26	0.29	-7476.35	-23.07
越南	16042.20	30547.51	0.17	0.27	-14505.31	-47.45
缅甸	6204.16	10089.62	0.06	0.09	-3885.46	-39.21
菲律宾	17090.27	12725.87	0.18	0.11	4364.39	36.30
利比里亚	17431.18	985.17	0.18	0.01	16446.01	1669.35
洪都拉斯	16486.04	9708.89	0.17	0.09	6777.15	69.64
新西兰	9889.40	6694.37	0.10	0.06	3195.03	47.96
芬兰	13194.62	11329.23	0.14	0.10	1865.39	16.66
瑞典	15648.50	30755.27	0.16	0.27	-15106.77	-49.24
斯威士兰	9913.60		0.10	0.00	9913.60	
挪威	12652.06	15360.89	0.13	0.14	-2708.82	-17.66
巴林	12691.70	17055.72	0.13	0.15	-4364.02	-25.58
塞尔维亚	4282.32	41.45	0.04	0.00	4240.87	10230.87
阿根廷	5172.03	4420.11	0.05	0.04	751.92	21.28
阿联酋	5215.23	3151.67	0.05	0.03	2063.57	66.76
土耳其	3729.37	2320.12	0.04	0.02	1409.25	61.28
其他	20801.40	27295.46	0.22	0.24	-6494.05	-23.79

表5 **2012年进口铁矿分品种情况** 单位：万吨，万美元

产品	2012年进口量	占总进口量比重/%	2012年进口额	占总进口额比重/%
铁矿进口总量	**74355.27**	**100.00**	**9560535.17**	**100.00**
1. 未烧结矿	71091.56	95.61	9038082.48	94.54
①烧结用铁粉矿	49700.92	66.84	6248808.63	65.36
②铁块矿	14405.00	19.37	1828741.12	19.13
③铁精粉	6985.64	9.39	960532.73	10.05
2. 已烧结矿	3258.49	4.38	521905.21	5.46
铁矿合计	**74355.27**	**100.00**	**9560535.17**	**100.00**
1. 澳、巴、印、南合计	58937.65	79.26	7674592.74	80.27
①澳大利亚	35146.46	47.27	4490549.83	46.97
②巴西	16422.32	22.09	2263065.59	23.67
③印度	3305.56	4.45	368144.71	3.85
④南非	4063.31	5.46	552832.61	5.78
2. 其他国家合计	15417.62	20.74	1885942.43	19.73
烧结用铁粉矿	**49700.92**	**100.00**	**6248808.63**	**100.00**
1. 澳、巴、印、南合计	44927.56	90.40	5730915.42	91.71
①澳大利亚	26497.89	53.31	3304730.79	52.89
②巴西	13518.56	27.20	1826943.92	29.24
③印度	2815.70	5.67	318913.19	5.10
④南非	2095.41	4.22	280327.52	4.49
2. 其他国家合计	4773.36	9.60	517893.22	8.29
铁块矿	**14405.00**	**100.00**	**1828741.12**	**100.00**
1. 澳、巴、印、南合计	11150.15	77.40	1518168.49	83.02
①澳大利亚	8102.66	56.25	1108653.51	60.62
②巴西	1058.82	7.35	147462.54	8.06
③印度	424.12	2.94	41783.55	2.28
④南非	1564.55	10.86	220268.89	12.04
2. 其他国家合计	3254.85	22.60	310572.63	16.98
铁精粉	**6985.64**	**100.00**	**960532.73**	**100.00**
1. 澳、巴、印、南合计	1899.62	27.19	257618.17	26.82
①澳大利亚	341.77	4.89	41127.19	4.28
②巴西	1088.76	15.59	156806.82	16.32
③印度	65.74	0.94	7447.97	0.78

续表 5

产品	2012 年进口量	占总进口量比重/%	2012 年进口额	占总进口额比重/%
④南非	403.35	5.77	52236.19	5.44
2. 其他国家合计	5086.02	72.81	702914.56	73.18
已烧结铁矿	**3258.49**	**100.00**	**521905.21**	**100.00**
1. 澳、巴、印、南合计	960.32	29.47	167890.66	32.17
①澳大利亚	204.14	6.26	36038.34	6.91
②巴西	756.18	23.21	131852.32	25.26
③印度	0.00	0.00	0.00	0.00
④南非	0.00	0.00	0.00	0.00
2. 其他国家合计	2298.17	70.53	354014.55	67.83

【冶金矿山行业固定资产投资】 1. 地质勘查取得积极进展。按照《找矿突破战略行动实施方案》的要求，全面推进首批整装勘查区勘查工作，继续实施老矿山深部和外围接替资源勘查，启动第二批 6 个铁锰矿整装勘查区。经过一年的努力，鞍本地区整装勘查区新增铁矿资源储量 21.8 亿吨，攀西地区整装勘查区新增铁矿资源储量 26.8 亿吨，滦南－遵化地区整装勘查区新增铁矿资源储量 7.87 亿吨，舞阳铁矿整装勘查区新增铁矿资源储量 5 亿吨，其他整装勘查区、西部找矿、深部找矿也取得了重要进展。

2. 固定资产投资继续保持增长。2012 年黑色金属矿采选业固定资产投资累计完成 1528.67 亿元，同比增长 23.70%，较 2011 年同期投资额增加 277.76 亿元，高出同期全国平均固定资产投资增幅 3.1 个百分点。而 2012 年黑色金属冶炼和压延加工业固定资产投资比上年同期累计下降 2%。

从 2012 年投资情况看走势平稳，一季度 26.6%、上半年 22.8%、前三季度 25.1%、全年 23.7%。从地区看，投资主要集中在铁矿资源相对丰富的地区，投资额在 70 亿元以上有河北省、辽宁省、内蒙古、安徽省、吉林市等，其中河北省 299.5 亿元、辽宁省 257.2 亿元、内蒙古 167.4 亿元。从投资来源看，民间资本 1282 亿元，同比增长 29.5%，占黑色金属矿采选业总投资的 83.8%。企业自筹资金占总投资的 97%，这是企业自筹连续 8 年在 80% 以上，袁家村、会宝岭、塔东、罗河等一批大型、特大型矿山全面建成投产（表 6）。

【科技成果】 2012 年，科技进步和自主创新工作持续推进，“十一五”国家科技支撑计划“复杂金属矿产资源采选冶关键技术与装备”项目及课题全面完成结题验收工作，成果获得省部级科技进步二等奖以上 19 项，申请发明专利 68 项；“难采选金属矿高效开发关键技术及装备研究”项目的大部分课题也完成了结题验收工作；行业“十二五”国家科技计划项目陆续启动并深入推进。行业科技创新体系和平台建设不断完善，行业科技领域的战略合作与交流活动更加注重实效。企业优化工艺流程、安全高效绿色节能、提高资源综合利用水平的技术改造工作取得了显著成效。行业科技成果的鉴定评价和科技进步奖的申报评审工作顺利开展，40 项成果获得了 2012 年度冶金矿山科学技术奖。

表 6　2012 年黑色冶金矿山固定资产投资

项目＼月份	1～2 月	3 月	4 月	5 月	6 月	7 月
投资额（亿元）	50.38	97.58	101.30	181.92	198.82	150.27
增长率（%）	38.60	21.13	13.94	39.09	12.77	28.91
项目＼月份	**8 月**	**9 月**	**10 月**	**11 月**	**12 月**	**合计**
投资额（亿元）	167.74	184.42	134.16	123.46	138.62	1528.67
增长率（%）	29.40	26.17	8.58	5.97	31.31	23.70

【资源综合利用和绿色矿山建设】 资源综合利用先进适用技术和装备继续全面推广，资源节约和综合利用的效率和水平整体提升；资源节约与综合利用专项政策，国家级综合利用示范基地各项工作全面推进，取得了丰硕成果，对全行业的资源综合利用工作起到了重要的示范和推动作用。节能减排工作不断深化，节能减排指标体系进一步完善；冶金矿山行业第三批国

家级绿色矿山试点单位的推荐与评审工作已经完成，矿山土地复垦、生态环境治理等工作正在加快推进。

【冶金行业面临形势及发展趋势】 总体上说，冶金矿山面临的形势仍然是困难因素和有力因素并存，挑战和机遇同在。

1. 中国铁矿石需求进入低速增长阶段。全球经济复苏道路依然曲折，在矿产资源领域出现了控制优势资源的竞争加剧、国际化开发成为主流、集约化规模化得到发展、资源金融化趋势明显等特点，势必对国内市场产生深刻的影响。中国社会发展对钢铁的需求仍将继续增长，但是工业化由中期向高级阶段过渡，城镇化由高速发展向缓慢发展过渡，人均粗钢消费增幅接近由大到小的转折点，钢铁需求增幅将进入下行通道，铁矿石需求增量将相应呈现下降趋势，铁矿成品矿的消费峰值预计在12.5亿吨左右，冶金矿山行业将进入低速增长阶段。

2. 全球铁矿石市场供大于求局面逐步形成。国际主要矿石供应商加速扩产，全球正在勘探和开发的大型铁矿工程有261个，其中处于开发阶段的铁矿工程192个，处于可行性研究阶段的铁矿工程69个，占用铁矿资源储量2118亿吨。即使受近期铁矿石市场低迷影响，产能扩大的总趋势没有发生根本转变。中国也将加强铁矿资源保障体系建设，国内矿山原矿生产能力将继续增加。到2015年全球新增铁矿石成品矿产能7.2亿吨，海运贸易量增加4.5亿吨，供大于求约2.3亿吨。全球铁矿石市场供大于求局面逐步形成，未来中国铁矿石市场价格总体呈震荡下行走势。

3. 国内产能扩建规模也在增大。到2015年国内矿山可形成18.5亿吨的原矿生产能力，铁矿石原矿产量达到16亿吨。国内目前正在建设和拟立项建设的大中型矿山项目66个，占用铁矿资源储量200多亿吨，建设规模近5亿吨/年，总投资约2500亿元。其中：1000万吨以上12个，500万吨以上16个，200万吨以上18个。部分矿山已经投产，达到预期效果。

4. "走出去"取得一定成效。近两年我国企业境外铁矿投资项目共计102项，投资总额60亿美元，获得权益铁矿资源储量76亿吨，平均品位35.89%。

据不完全统计，2012年我国企业在国外投资铁矿石资源储量710亿吨，其中：权益储量300亿吨，这些项目大多数将于"十二五"末期投产，预计产能合计7.32亿吨，其中权益产能2.65亿吨。预计2015年形成的权益矿产量2亿吨，新增1.5亿吨左右。

（中国冶金矿山企业协会　揭香萍）

黄　金

【概况】 中国是黄金矿产资源比较丰富的国家。至2012年底，我国黄金已查明资源储量为8196.24吨。其中，资源量为6329.50吨，基础储量为1866.74吨（储量为876.55吨）（表1）。

表1　　2004～2012年中国黄金地质资源变化

年度	储量（吨）	基础储量（吨）	资源量（吨）	查明资源储量（吨）	比2011年增长（%）	黄金产量（吨）	比2011年增长（%）
2004	1394.64	2092.50	2522.20	4614.70	4.59	212.348	5.86
2005	1240.29	1956.64	2795.52	4752.16	2.98	224.050	5.51
2006	1261.95	1995.02	3001.88	4996.90	5.15	240.078	7.15
2007	1126.06	1859.74	3681.60	5541.34	10.90	270.491	12.67
2008	1038.89	1868.40	4083.39	5951.79	7.41	282.007	4.26
2009	1015.30	1909.70	4418.20	6327.90	6.32	313.980	11.34
2010	869.50	1863.41	5001.38	6864.79	8.48	340.876	8.57
2011	975.33	1790.36	5629.07	7419.43	8.08	360.957	5.89
2012	876.55	1866.74	6329.50	8196.24	10.47	403.047	11.66

数据来源：国土资源部。

在8196.24吨已查明资源储量中。其中：独立岩金为6161.97吨，所占比重为75.18%；砂金为475.55吨，所占比重为5.80%；伴生金为1558.71吨，所占比重为19.02%（表2）。

表 2　　2012 年中国黄金储量一览表　　单位:吨

金矿资源	储量	基础储量	资源量	查明资源储量
岩金	652.00	1347.37	4814.60	6161.97
砂金	89.50	138.86	336.69	475.55
伴生金	135.05	380.50	1178.21	1558.71
合计	876.55	1866.74	6329.50	8196.24

资料来源:国土资源部。

【黄金生产经营】 2012 年,我国黄金统计产量 416.670 吨,其中有国外进口资源冶炼的黄金产量 13.624 吨。扣除这一因素,我国境内资源生产的黄金产量为 403.047 吨。比 2011 年增加 42.090 吨,增幅 11.66%,再创历史新高,连续 6 年位居世界第一。2002~2012 中国黄金产量见图 1。

2012 年,黄金企业矿产金(矿山产成品金 + 含量金)累计完成 341.786 吨,比 2011 年同期增长 13.18%;有色副产金完成 61.261 吨,比 2011 年同期增长 3.90%。

在黄金矿产金 341.786 吨中,黄金矿山企业完成 197.128 吨,黄金冶炼厂黄金原料完成 133.866 吨,有色冶炼厂黄金原料完成 10.792 吨。黄金矿山企业共销售给冶炼厂(含黄金冶炼厂和有色金属冶炼厂)黄金含量金 144.658 吨。其中,部分小矿山生产的含量金直接销售给冶炼厂,未计入分省(区、市)产量为 48.875 吨。

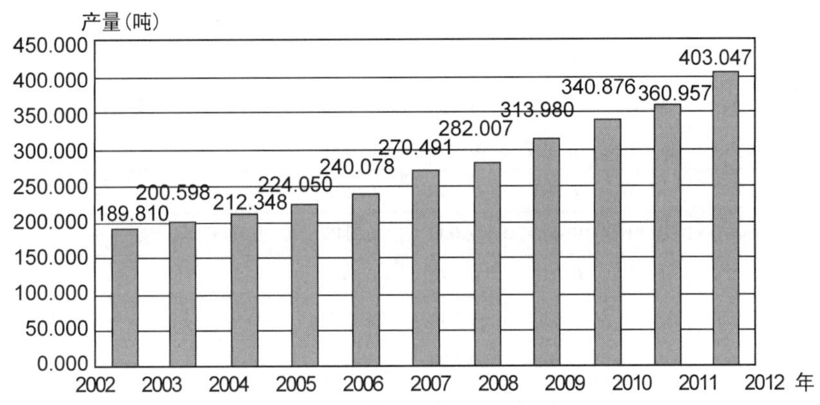

图 1　2002~2012 年中国黄金产量一览

各重点产金省(区)矿产金产量占全国矿产金产量的比重分别为:山东 19.87%、河南 10.81%、内蒙古 5.88%、云南 5.73%、陕西 5.08%、福建 4.91%、湖南 4.75%、新疆 4.15%、甘肃 3.45%、贵州 3.16%;以上各重点产金省(区)矿产金产量约占全国矿产金产量的 67.80%,其他省份约占 32.20%(表 3)。

2012 年,冶炼企业(有色金属冶炼企业 + 黄金冶炼企业)累计完成成品金 205.919 吨,比 2011 年同期增长 13.45%。

其中有色冶炼厂共完成黄金 72.053 吨,比 2011 年同期增长 6.38%。其中,黄金矿山原料完成 10.792 吨,有色副产金 61.261 吨;黄金冶炼厂完成黄金 133.866 吨,比 2011 年同期增长 17.65%。

表 3　　2012 年中国各省(自治区)成品金产量排名情况　　单位:吨

排名	省份	矿山产金累计完成				冶炼厂产金累计完成			成品金合计	比 2011 年同期(+%)
		合计	比 2011 年同期(+%)	其中 成品金	其中 含量金	合计	其中 有色冶炼厂	其中 黄金冶炼厂		
—	——	1=3+4	2	3	4	5=6+7	6	7	8=3+5	9
—	全国合计	341.786	13.18	197.128	144.658	205.919	72.053	133.866	403.047	11.66
1	山东省	67.917	17.61	30.713	37.204	90.745	3.534	87.211	121.458	21.42
2	河南省	36.943	8.23	13.122	23.821	33.661	2.200	31.461	46.783	5.11
3	江西省	3.618	-6.82	1.143	2.475	32.950	30.929	2.021	34.093	-0.01
4	云南省	19.570	45.63	17.435	2.135	7.572	7.572	———	25.007	42.12

续表 3

排名	省份	矿山产金累计完成				冶炼厂产金累计完成			成品金合计	比2011年同期（+%）
		合计	比2011年同期（+%）	其中		合计	其中			
				成品金	含量金		有色冶炼厂	黄金冶炼厂		
5	内蒙古区	20.094	13.14	20.094	0.000	0.000	——	——	20.094	13.14
6	甘肃省	11.808	55.91	9.623	2.185	9.803	9.803	——	19.426	64.58
7	福建省	16.781	0.36	15.542	1.239	2.015	——	2.015	17.557	-11.46
8	湖南省	16.252	11.14	14.138	2.113	3.368	1.064	2.304	17.506	17.41
9	陕西省	17.370	50.69	9.884	7.486	7.250	——	7.250	17.134	40.07
10	安徽省	7.283	9.80	3.094	4.189	11.225	11.225	——	14.319	4.15
11	新疆区	14.197	17.26	12.106	2.091	1.627	——	1.627	13.733	17.50
12	辽宁省	9.215	0.61	7.009	2.206	5.082	1.210	3.872	12.091	6.79
13	湖北省	5.286	29.64	3.154	2.132	7.754	7.754	——	10.908	24.74
14	贵州省	10.794	8.10	10.794	0.000	0.000	——	——	10.794	8.10
15	吉林省	10.042	-0.37	7.693	2.350	0.000	——	——	7.693	6.87
16	浙江省	0.466	32.91	0.466	0.000	6.045	6.045	——	6.511	35.96
17	河北省	6.183	10.67	6.011	0.172	0.000	——	——	6.011	14.79
18	青海省	5.563	13.42	3.920	1.642	0.000	——	——	3.920	-1.95
19	四川省	3.860	4.61	3.860	0.000	0.000	——	——	3.860	4.61
20	黑龙江省	3.010	0.50	3.010	0.000	0.000	——	——	3.010	0.50
21	广西区	2.049	-1.05	1.989	0.060	0.000	——	——	1.989	3.31
22	海南省	1.003	-5.43	1.003	0.000	0.000	——	——	1.003	-5.43
23	广东省	0.749	-17.48	0.743	0.006	0.000	——	——	0.743	-17.87
24	山西省	2.160	17.39	0.580	1.580	0.000	——	——	0.580	13.73
25	上海市	——	——	——	——	0.246	0.246	——	0.246	29.75
26	宁夏区	0.000	——	0.000	0.000	0.200	0.200	——	0.200	0.00
27	西藏区	0.696	——	0.000	0.696	0.000	——	——	0.000	——
28	江苏省	0.000	——	0.000	0.000	0.000	——	——	0.000	——
29	北京市	0.000	——	0.000	0.000	0.000	——	——	0.000	——
30	天津市	0.000	——	0.000	0.000	0.000	——	——	0.000	——
—	其他	48.875	-0.54	0.000	48.875	-13.624	-9.728	-3.895	-13.624	——

2012 年，10 大黄金集团累计完成黄金成品金产量和矿产金产量分别为 198.053 吨和 154.949 吨，比 2011 年同期分别增长 7.63% 和 7.95%。10 大黄金集团黄金成品金产量和矿产金产量分别占全国的 49.14% 和 45.34%。其中，中国黄金集团公司 10.69% 和 10.42%、紫金矿业集团股份有限公司 6.29% 和 8.49%、山东黄金集团有限公司 7.70% 和 9.78%、山东招金集团有限公司 9.58% 和 5.47%、灵宝黄金股份有限公司 4.60% 和 1.12%、埃尔拉多黄金公司（中国）2.35% 和 2.77%、云南黄金矿业集团股份有限公司 2.01% 和 2.68%、湖南黄金集团有限责任公司 1.87% 和 2.10%、山东中矿集团有限公司 3.72% 和 1.55%、灵宝金源矿业股份有限公司 0.33% 和 0.96%。

【黄金价格及需求】 1. 黄金价格。2012 年,国际黄金价格延续多年牛市,从 2001 年起连续 12 年收得年阳线。2011 年 9 月,国际金价曾一度突破 1900 美元/盎司,创下历史新高(图 2)。

图 2 2012 年国际黄金价格走势

2012 年,维持金价强势原因主要有三:一是美联储引领的全球主要央行实行超宽松货币政策引发的全球流动性泛滥,为具有对冲通货膨胀功能的黄金提供了最大的推动力;二是欲将外汇储备多元化的国家增持黄金储备;三是对欧元区金融稳定的担忧。

2012 年,黄金价格的高位运行,使得做空行为盈利空间增大。投机因素对黄金市场的价格助涨助跌的作用。国际金价从 2011 年 9 月直到 2012 年年底一直在 1500 ~ 1800 美元/盎司之间做巨幅波动。

2012 年全年平均国际金价为 1668.94 美元/盎司,比 2011 年的 1571.68 美元/盎司,上涨了 6.19%。

2. 制造业需求。据汤森路透 GFMS 和中国黄金协会发布的数据:

2012 年全球制造业用金(含再生金)2613.5 吨,比 2011 年 2759.4 吨下降 5.29%。中国对黄金(含再生金)的需求是 592.20 吨,比 2011 年的 547.20 吨增长 8.22%。

2012 年全球首饰制造业用金(含再生金)1892.9 吨,比 2011 年 1975.1 吨下降 4.16%。中国首饰制造业对黄金(含再生金)的需求是 502.75 吨,比 2011 年 456.66 吨增长 10.09%。

2012 年全球黄金制造业整体需求仍呈下降趋势,主要是因为欧美、印度等黄金消费大国需求大幅下降。国际黄金价格的高位巨幅波动使得市场风险加大,黄金交易较 2011 年减少,这也在全球范围内影响了黄金首饰的消费。2012 年中国首饰用金量继续上涨。居民收入水平的不断提高、购买力的不断增强、对通货膨胀和经济局势的担忧加剧等因素都强有力地推动了黄金制品消费。相当大一部分消费者在看重实物黄金保值增值功能的同时,对“黄金文化”和“黄金艺术”也更加认同和欣赏。

2012 年,我国是仅次于印度的全球第二大首饰消费国。

(中国黄金协会 王衍平)

有色金属

【有色金属工业生产概况】 2012 年,规模以上有色金属企业实现工业增加值按可比价格计算比 2011 年增长 13.7%,按 2012 年价格计算占 GDP 的 2.0%。2012 年,中国 10 种有色金属产量为 3697.04 万吨,比 2011 年增长 7.5%,增幅比 2011 年回落 2.2 个百分点;6 种精矿金属含量 934.2 万吨,比 2011 年增长 16.3%,增幅比 2011 年增加 5.8 个百分点;氧化铝产量 3769.6 万吨,比 2011 年增长 10.6%,增幅比 2011 年回落 6.6 个百分点;铜材产量为 1101.4 万吨,比 2011 年增长 6.2%,增幅比 2011 年增加 0.9 个百分点;铝材产量为 2595.5 万吨,比 2011 年增长 10.4%,增幅比 2011 年回落 7.8 个百分点。2012 年中国有色金属工业概况见表 1,2012 年中国有色金属矿山作业量见表 2,2012 年各省、市、自治区常用有色金属精矿含量见表 3。

1. 有色金属冶炼产品增幅进一步放缓。2012 年 10 种有色金属中,有 6 种金属产品产量增长,4 种金属产品产量下降。2012 年,精炼铜 587.9 万吨,比 2011 年增长 13.9%;原铝 2025.1 万吨,比 2011 年增长 11.7%;铅 459.1 万吨,比 2011 年下降 0.3%;锌 488.1 万吨,比 2011 年下降 6.4%;镍产量 19.7 万吨,比 2011 年增长 12.7%;锡产量 14.8 万吨,比 2011 年下降 4.9%;锑品产量 24.2 万吨,比 2011 年增长

20.8%；汞产量1347吨，比2011年下降9.8%；镁产量69.8万吨，比2011年增长3.5%；海绵钛产量8.2万吨，比2011年增长20.7%。

2.6种有色金属精矿金属含量增幅大于冶炼产品增幅。2012年，规模以上企业生产6种精矿金属含量增幅比10种有色金属产量的增幅快8.8个百分点。2012年，铜精矿金属含量155.0万吨，比2011年增长21.8%；铅精矿金属含量261.3万吨，比2011年增长8.6%；锌精矿金属含量485.9万吨，比2011年增长20.0%；镍精矿金属含量9.3万吨，比2011年增长3.9%；锡精矿金属含量9.1万吨，比2011年下降3.4%；锑精矿金属含量13.6万吨，2011年增长9.5%。

2012年，规模以上企业钨精矿折合量12.2万吨，比2011年增长2.2%；规模以上企业钼精矿折合量26.9万吨，比2011年增长17.0%。2012年，氧化铝产量3769.6万吨，比2011年增长10.6%。

3. 铜、铝材产量继续增加。2012年，铜材产量为1101.4万吨，比2011年增长6.2%；铝材产量为2595.5万吨，比2011年增长10.4%。

表1　　2012年中国有色金属工业概况

项目	单位		1990年	1995年	2000年	2005年	2009年	2010年	2011年	2012年
1.10种有色金属合计	万吨	$t\times10^4$	239.32	496.62	783.81	1 639.02	2 604.43	3136.02	3 438.86	3697.04
(1)精炼铜	万吨	$t\times10^4$	56.16	107.97	137.11	260.04	405.13	454.03	516.31	587.91
(2)原铝(电解铝)	万吨	$t\times10^4$	84.71	167.61	780.60	1289.05	1624.41	1813.47	2025.10	
(3)铅	万吨	$t\times10^4$	29.65	60.79	109.99	239.14	377.29	415.75	460.36	459.09
(4)锌	万吨	$t\times10^4$	55.18	107.67	195.70	277.61	428.63	520.89	521.22	488.12
(5)镍	万吨	$t\times10^4$	2.75	3.89	5.09	9.51	16.48	15.86	17.47	19.68
(6)锡	万吨	$t\times10^4$	3.58	6.77	11.24	12.18	14.04	14.90	15.55	14.79
(7)锑	万吨	$t\times10^4$	6.00	12.95	11.33	13.83	16.54	19.26	20.04	24.20
(8)汞	吨	t	930	779	203	1094	1425	1585	1493	1347
(9)镁	万吨	$t\times10^4$	0.54	9.36	14.21	45.08	52.56	65.08	67.49	69.82
(10)钛	吨	t	1913	1723	1905	9161	45730	56848	68026	82120
2有色金属矿产品										
(1)铜精矿含铜量	万吨	$t\times10^4$	29.59	44.52	59.26	76.16	104.45	115.58	127.19	155.15
(2)铅精含铅量	万吨	$t\times10^4$	36.39	51.98	65.95	114,20	160.41	198.13	240.57	261.32
(3)锌精矿含锌量	万吨	$t\times10^4$	76.31	101.07	178.03	254.78	332.44	384.22	405.00	485.91
(4)镍精矿含镍量	万吨	$t\times10^4$	3.32	4.18	5.03	7.27	8.48	7.98	8.98	9.33
(5)锡精矿含锡量	万吨	$t\times10^4$	4.22	6.19	9.94	12.56	9.72	9.14	9.41	9.10
(6)锑精矿含锑量	万吨	t×1.04	5.48	12.50	9.93	15.15	11.20	12.77	12.39	13.56
(7)钨精矿(折三氧化钨65%)	万吨	$t\times10^4$	6.28	5.33	4.55	9.94	9.59	9.95	11.99	12.03
(8)钼精矿(折纯钼45%)	万吨	$t\times10^4$	3.29	7.33	6.39	8.84	20.06	21.47	22.96	26.86
(9)钴精矿含钴量	吨	t	249	981	91	210^4	6003	6382	6843	7498
(10)铋精矿含铋量	吨	t	1055	739	1122	1886	1688	1589	1544	2494
3.中间产品										
(1)粗铜(矿产)	万吨	$t\times10^4$	35.85	53.80	101.391	175.15	269.39	282.56	303.67	360.14
(2)粗铅(矿产)	万吨	$t\times10^4$	26.42	35.9982.	96	178.58	262.59	279.57	31.70	312.14

续表 1

项目	单位		1990 年	1995 年	2000 年	2005 年	2009 年	2010 年	2011 年	2012 年
(3)氧化铝	万吨	$t \times 10^4$	146.40	219.94	432.81	853.57	2380.51	2906.49	6407.76	3769.63
(4)高冰镍(含量)	万吨	$t \times 10^4$	3.34	4.26	5.70	14.30	13.89	16.60	15.29	
4. 有色金属加工材										
(1)铜材	万吨	$t \times 10^4$	45.18	157.19	159.66	502.4	8873.64	985.13	1037.30	1101.37
(2)铝材	万吨	$t \times 10^4$	39.38	174.23	217.15	647.86	1592.91	1990.59	2351.90	2594.11
(3)铅材	万吨	$t \times 10^4$	0.70	3.70	0.31	2.24	0.94	0.97	1.01	0.97
(4)锌材	万吨	$t \times 10^4$	4.34	12.54	0.59	5.00	1.5	1.68	1.47	1.40
(5)镍材	吨	t	912	1008	403	4885	5115	6314	4542	4853
(6)锡材	吨	t	556	5502	458	15908	35871	38578	39719	39241
(7)镁材	吨	t	28	11773	9		29	59	87	112
(8)铜盘条	万吨	$t \times 10^4$	15.06	29.2636.	47	104.76	158.7 6	181.17	211.57	230.53
(9)铝盘条	万吨	$t \times 10^4$	2.26	4.10	9.36	15.45	85.37	90.68	127.79	119.18
5. 其他常用有色金属										
(1)镉	吨	t	1129	1471	2368	4077	7053	7363	6672	7265
(2)铋	吨	t	1058	803	768	10605	12277	13898	14967	15078
(3)钴	吨	t	325	238	411	7148	5992	4123	5425	6420

表 2 **2012 年中国有色金属矿山作业量**

系统	采掘剥离总量(吨)	采矿量				剥离量		掘进量		其他(吨)	出矿量(原矿量)(吨)
		合计(吨)	坑下	露天	露采中砂矿	合计(吨)	其中:砂矿	掘进(吨)	掘进(米)		
全国合计	970 989 191	360 198 013	160 271 026	199 926 987	2 198 181	553 766 270	30 783 360	54 192 712	3 403 066	2 832 196	364 698 176
铜系统	419 648 404	158 335 186	61 336 234	96 998 952		244 095 924	28 319 961	16 695 298	1 041 646	521 996	159 217 282
铝系统	165 207 486	43 668 754	1 017 564	42 651 190		110 230 614		11 288 660	4 805	19 458	44 052 271
铅锌系统	139 638 781	53 498 807	46 766 922	6 731 885		76 995 888	41 710	8 999 777	1 027 629	144 309	46 151 050
镍系统	12 996 185	9 262 803	8 775 174	487 629		162 080		3 029 010	88 375	542 292	10 778 291
锡系统	69 625 635	13 306 153	11 938 480	1 367 673	417 067	49 810 816		5 065 321	346 7821	443 345	14 162 351
锑系统	7 738 534	5 820 272	5 820 272					1 791 081	185 614	127 181	5 408 575
钨系统	21 405 491	12 798 752	11 306 816	1 491 936		4 638 643	121 689	3 947 897	410 765	20 199	13 212 377
钼系统	113 705 043	50 230 919	7 398 491	42 832 428	62 168 450	2 300 000	1 304 674	120 930	1 000	60 792 299	
金银系统	9 204 434	6 796 288	4 696 288	2 100 000		800 000		1 595 730	128 456	12 416	4 826 582
稀有稀土系统	1 092 252	892 252	400 000	492 252				200 000	20 000		892 252
其他系统	10 726 947	5 587 827	814 785	4 773 0421	781 114	4 863 855		275 265	28 064		5 204 846

表 3　　**2012 年中国各省、市、自治区常用有色金属精矿含量**

省份	6 种精矿产量							钨精矿含量（折三氧化钨 65%）	钼精矿含量（折纯钼 45%）	钴精矿含量	铋精矿含量
	合计	铜	铅	锌	镍	锡	锑				
全国合计	9 343 654	1 551 473	2 613 160	4 859 121	93 300	90 971	135 629	120 283	268 647	7 498	2 494
北京											
天津											
河北	86 777	7 963	6 814	72 001					22 144		
山西	44 301	30 704	13 597								
内蒙古	2 250 123	278 605	756 491	1 209 553		5 474		3 238	34 995		
辽宁	78 564	9 894	25 099	43 572					21 911		
吉林	49 220	13 947	8 145	21 396	5 732				8 230		
黑龙江	25 724	8 435	6 021	11 268					4 388		
上海											
江苏	15 731	325	5 573	9 833							
浙江	83 075	7 541	26 603	48 931							
安徽	196 733	180 439	7 636	8 658					39		
福建	403 880	19 276	127 292	254 292		3 020		3 090	5 928		
江西	381 273	271 686	38 665	60 666		7 171	3 085	50 182	7 018		399
山东	5 072	4 389	684							71	
河南	122 751	10 656	69 284	41 822				989	15 477	102 922	
湖北	80 961	71 948		8 299			714	395	914		
湖南	1 069 607	9 887	331 436	592 730		24 432	111 122	35 521	2 028		2 095
广东	330 985	8 874	122 059	198 198		769	1 085	3 846	462		
广西	880 817	10 965	302 236	541 892		17 645	8 080	4 650			
海南									286		
重庆									1 541	128	
四川	950 691	89 278	385 804	475 610							
贵州	9 548			9 548							
云南	1 034 123	245 842	171 793	573 794	1 585	32 459	8 650	3 884	1 179		
西藏	79 806	12 802	46 649	20 355							
陕西	386 829	18 397	54 475	312 906			1 051		49 811		
甘肃	473 693	107 154	49 545	238 420	77 720		854			7 370	
青海	147 191	46 400	42 066	58 726							
宁夏											
新疆	156 182	86 068	15 197	46 654	8 263						

【有色金属企业经济效益】 1. 实现主营业务收入增幅回落。2012年,8413家规模以上有色金属工业企业(不含独立黄金企业,下同)实现主营业务收入42522.2亿元,比2011年增长11.4%,增幅比2011年回落16.9个百分点。其中,国有控股企业实现主营业务收入13338.3亿元,增长18.1%,占31.4%;私人控股企业实现主营业务收入22201.4亿元,增长10.4%,占52.2%。其中,独立矿山企业实现主营业务收入3402.6亿元,增长12.2%,占8.0%;冶炼企业(含联合企业中的矿山)实现主营业务收入19779.8亿元,增长14.7%,占46.5%;加工企业实现主营业务收入19339.9亿元,增长8.9%,占45.5%。

2. 实现利润下降。2012年,规模以上有色金属工业企业实现利润2000.0亿元,比2011年下降16%。其中,国有控股企业实现利润248.7亿元,下降57.9%,占12.4%;私人控股企业实现利润1330.2亿元,增长0.8%,占66.5%。其中,独立矿山企业实现利润445.0亿元,下降12.7%,占22.3%;冶炼企业(含联合企业中的矿山)实现利润631.0亿元,下降33.0%,占31.5%;加工企业实现利润924.0亿元,下降0.6%,占46.2%。

【有色金属矿产勘查】 1. 从业人员概况。2012年底,全国有色地勘单位从业人数3.72万人,其中正式职工3.14万人,工程技术人员1.77万人,地质技术人员1.20万人。2012年末有色地勘单位退休人员4.63万人,离休人员592人。

2. 产业经济。据统计,2012年全国有色地勘单位完成经济总收入284.62亿元,比2011年增长25.98%;实现利润21.86亿元,比2011年增长20.45%。2012年全国有色地勘单位预算内地质工作收入35.48亿元,比2011年下降42.16%。其中地质勘探事业费拨款24.52亿元,比2011年下降12.07%;大调查项目费用1.78亿元,比2011年增长10.11%;矿产资源补偿费2.01亿元,比2011年增长22.89%;财政补助项目费用7.17亿元,比2011年增长17.29%。

2012年全国有色地勘单位多种经营(包括社会地质工作)收入为249.15亿元,比2011年增长36.23%。其中社会地质工作2012年实现收入为27.46亿元,比2011年下降15.26%;采掘业实现收入为5.96亿元,比2011年下降61.41%;建筑施工业完成收入70.69亿元,比2011年增长11.50%;制造业完成收入8.33亿元,比2011年下降36.61%;其他产业收入136.93亿元,比2011年增长66.20%。

3. 产业结构。2012年,有色金属地矿工作以党的十七届六中全会和十八大精神为指导,深入贯彻落实科学发展观,围绕地质找矿突破战略行动,以创新为动力,进一步转变观念,积极探索地勘单位分类改革,因地制宜探索适应自己的路子。在大力发展地质矿产业的基础上,不断拓展新领域,走地质勘查开发一体化的道路。但产业发展方面,仍存在产业优势和企业特色优势不明显、产业布局和内部结构不够合理等问题。2012年中国有色金属采矿业主要技术经济指标见表4。

地质勘查业:是有色地质勘查单位的主业,也是优势产业。2012年全国有色地勘单位预算内地质工作收入和社会地质勘查工作收入总计为62.94亿元,占全国有色地勘单位经济总收入的22.11%。

矿业开发:主要是指采掘业等。2012年采掘业实现收入为5.96亿元,占全国有色地勘单位经济总收入的2.09%。

工程施工:主要是指工程勘察、测绘测量、道路桥梁建设、工民建、市政建设、水利疏浚、岩土施工等建设施工业,2012年工程施工业完成收入70.69亿元,占全国有色地勘单位经济总收入的24.84%。

工业生产:主要是指制造业,如机械制造、高新材料、金刚石工具、玻璃机械等制造加工,2012年制造业完成收入8.33亿元,占全国有色地勘单位经济总收入的2.93%。

表4 2012年中国有色金属采矿业主要技术经济指标

主要技术经济指标	计算单位	指标
一、铜系统		
1. 铜坑采		
铜坑采出矿品位	%	0.70
铜采矿损失率	%	15.44
铜矿石贫比率	%	15.39
铜掘采比	米/万吨	155.39
铜采矿掌子面工班效率	吨/工班	27.03
铜掘进掌子面工班效率	米/工班	0.70
铜原矿综合能源消耗	千克标煤/吨	3.04
铜工人实物劳动生产率	吨/人·年	1 313.81
2. 铜露采		
铜露采出矿品位	%	0.52
铜采矿损失率	%	2.25
铜矿石贫比率	%	19.61
铜剥采比	吨/吨	3.31
铜采出矿综合能源消耗	千克标煤/吨	0.47

续表 4

主要技术经济指标	计算单位	指标
铜工人实物劳动生产率	吨/人·年	41 073.04
3. 铜选矿		
铜原矿品位	%	0.57
铜精矿品位	%	21.39
铜尾矿品位	%	0.08
铜诜矿实际回收率	%	84.84
铜磨矿机作业率	%	77.88
铜选矿工人实物劳动生产率	吨/人·年	5 957.24
铜选矿综合能源消耗	千克标煤/吨	3.34
铜选矿用新水单耗	立方米/吨	0.92
二、铝系统		
铝露采		
铝露采出矿品位	%	56.98
铝矿石贫化率	%	6.56
铝剥采比	吨/吨	7.40
铝露采采出矿综合能源消耗	千克/吨	4.07
铝工人实物劳动生产率	吨/人·年	481.36
三、铅锌系统		
1. 铅锌坑采		
铅出矿品位	%	3.17
锌坑矿品位	%	5.08
铅锌坑采采矿损失率	%	8.72
铅锌坑采矿石贫化率	%	10.29
铅锌坑采掘采比	米/万吨	310.02
铅锌坑采采矿掌子面工班效率	吨/工班	16.88
铅锌坑采掘进掌子面工班效率	米/工班	1.54
铅锌坑采原矿综合能源消耗	千克标煤/吨	4.39
铅锌坑采工人实物劳动生产率	吨/人·年	810.71
2. 铅锌露采		
锌出矿品位	%	7.12
铅锌采矿损失率	%	5.31
铅锌矿石贫化率	%	8.33
铅锌剥采比	吨/吨	11.13

续表 4

主要技术经济指标	计算单位	指标
铅锌采出矿综合能源消耗	千克标煤/吨	0.58
铅锌露采工人实物劳动生产率	吨/人·年	10 202.76
3. 铅锌选矿		
铅原矿品位	%	2.79
锌原矿品位	%	5.22
铅精矿品位	%	59.30
锌精矿品位	%	49.85
铅尾矿品位	%	0.22;
锌尾矿品位	%	0.47
铅选矿实际回收率	%	85.15
锌选矿实际回收率	%	88.40
铅锌磨矿机作业率	%	85.43
铅锌选矿工人实物劳动生产率	吨/人.年	1 557.63
铅锌选矿综合能源消耗	千克标煤/吨	6.77
铅锌选矿用新水单耗	立方米/吨	3.08
四、镍系统		
1. 镍坑采		
镍出矿品位	%	1.02
镍采矿损失率	%	9.64
镍矿石贫化率	%	5.01
镍掘采比	米/万吨	95.09
镍采矿掌子面工班效率	吨/工班	13;25
镍掘进掌子面工班效率	米/工班	0.39
镍原矿综合能源消耗	千克标煤/吨	5.53
镍坑采工人实物劳动生产率	吨/人一年	2 456.75
2. 镍露采		
镍出矿品位	%	1.08
镍剥采比	吨/吨	0.16
镍露采采出矿综合能源消耗	千克/吨	1.26
镍露采工人实物劳动生产率	吨/人·年	10 767.47
3. 镍选矿		
镍矿处理原矿品位	%	1.03
镍精矿品位	%	6.99
镍尾矿品位	%	0.21

续表 4

主要技术经济指标	计算单位	指标
镍选矿实际回收率	%	82.91
镍磨矿机作业率	%	68.86
镍选矿工人实物劳动生产率	吨/人·年	5 298.44
镍选矿综合能源消耗	千克标煤/吨	8.04
镍选矿用新水单耗	立方米/吨	1.37
五、锡系统		
1. 锡坑采		
锡出矿品位	%	0.55
锡采矿损失率	%	8.91
锡矿石贫化率	%	11.00
锡掘采比	米/万吨	277.53
锡采矿掌子面工班效率	吨/工班	12.32
锡掘进掌子面工班效率	米/工班	0.38
锡原矿综合能源消耗	千克标煤/吨	2.09
锡工人实物劳动生产率	吨/人·年	1 100:12
2. 锡露采		
锡露采出矿品位	%	0143
锡采矿损失率	%	3.0 =0
锡矿石贫化率	%	7.00
锡露采剥采比	吨/吨	5.33
锡露采采出矿综合能源消耗	千克标煤/吨	0.19
锡露采工人实物劳动生产率	吨人·年	8 891.80
3. 锡选矿		
锡矿处理原矿品位	%	0.49
锡选矿精矿品位	%	43.02
锡选矿尾矿品位	%	0.18
锡选矿实际回收率	%	64.30
锡磨矿机作业率	%	75.60
锡选矿工人实物劳动生产率	吨/人·年	1 377.33
锡选矿综合能源消耗	千克标煤/吨	6.98
锡选矿用新水单耗	立方米/吨	1.76
六、锑系统		
1. 锑坑采		
锑坑采出矿品位	%	1.00
锑坑采采矿损失率	%	6.62
锑坑采矿石贫化率	%	11.26

续表 4

主要技术经济指标	计算单位	指标
锑坑采掘采比	米/万吨	635.76
锑坑采采矿掌子面工班效率	吨/工班	8.00
锑坑采掘进掌子面工班效率	米/工班	0.36
锑坑采原矿综合能源消耗	千克标煤/吨	100.00
锑坑采工人实物劳动生产率	吨/人·年	598.78
2. 锑选矿		
锑矿处理原矿品位	%	0.85
锑选矿精矿品位	%	28.04
锑选矿尾矿品位	%	0.12
锑选矿实际回收率	%	86.37
锑磨矿机作业率	%	72.18
锑选矿工人实物劳动生产率	吨/人·年	150.69
锑选矿综合能源消耗	千克标煤/吨	29.06
锑选矿用新水单耗	立方米/吨	3.65
七、钨系统		
1. 钨坑采		
钨出矿品位	%	0.30
钨采矿损失率	%	8.22
钨掘采比	米/万吨	269.00
钨采矿掌子面工班效率	吨/工班	7.20
钨掘进掌子面工班效率	米/工班	0.44
钨原矿综合能源消耗	千克标煤/吨	3.15
钨工人实物劳动生产率	吨/人·年	763.47
2. 钨露采		
钨露采出矿品位	%	0.19
钨露采采矿损失率	%	4.89
钨露采矿石贫化率	%	21.53
钨剥采比	吨/吨	2.54
钨露采采出矿综合能源消耗	千克标煤/吨	1.21
钨露采工人实物劳动生产率	吨人·年	12 672.13
3. 钨选矿		
钨原矿品位	%	0.28
钨精矿品位	%	56.93
钨尾矿品位	%	0.03
钨选矿实际回收率	%	74.76
钨磨矿机作业率	%	61.20

续表4

主要技术经济指标	计算单位	指标
钨工人实物劳动生产率	吨/人·年	5 802.58
钨综合能源消耗	千克标煤/吨	1.98
钨选矿用新水单耗	立方米/吨	2.29
八、钼系统		
1. 钼坑采		
钼出矿品位	%	0.13
钼采矿损失率	%	10.87
钼矿石贫化率	%	3.44
钼坑采掘采比	米/万吨	237.40
2. 钼露采		
钼出矿品位	%	0.11
钼采矿损失率	%	2.31
钼矿石贫化率	%	2.13
钼剥采比	吨/吨	0.77
钼采出矿综合能源消耗	千克/吨	0.57
钼工人实物劳动生产率	吨/人·年	21 197.94
3. 钼选矿		
钼原矿品位	%	0.11
钼精矿品位	%	52.17
钼尾矿品位	%	0.02
钼实际回收率	%	82.42
钼磨矿机作业率	%	96.23
钼工人实物劳动生产率	吨/人·年	3 348.72
钼选矿综合能源消耗	千克/吨	5.73
钼选矿用新水单耗	立方米/吨	0.94

【有色金属地质找矿】 1. 地质项目基本情况。2012年共安排地质项目2473项。其中,新上项目1419项,续作项目1054项。包括基础地质项目305项,普查项目1084项,详查项目287项,勘探项目49项,其他项目758项。

2012年共提交地质报告2 523份,其中普查报告177份,详查报告94份,勘探报告31打,其他报告2221份。

2012年完成钻探工作量364.37万米;坑探工作量13.74万米,槽探工作量215.21万立方米,井探工作量5.61万米。

2. 新增固体矿产资源储量。据不完全统计,2012年全国有色地勘单位新增矿产资源/储量(金属量):铜256.33万吨;铅锌804.10万吨;钨29.01万吨;钼106.88万吨;镍20.18万吨;锑2.10万吨;铷2.9万吨;锂9.24万吨;金144.61吨;银3 199.15吨;铝土矿(矿石量)7.28亿吨。

【铜精矿、铅精矿、锌精矿进口情况】 2012年,全国进口铜精矿782.74万吨,同时增长22.78%;进口铅精矿181.51万吨,同时增长22.66%;进口锌精矿194.08万吨,同时下降33.90%。

【科技教育与人才培养】 1. 科技创新。2012车有色地勘单位围绕地质找矿突破战略行动,以创新为动力,以提高找矿勘查能力为重点开展科技创新,推进科研与勘查开发工作的深度融合,科技创新工作取得了优异的成果。

一是获得中国有色金属工业科学技术奖一等奖2项、二等奖9项、三等奖6项。其中,陕西秦岭地区主要矿集区铅锌银铜金综合勘查技术研究等2个项目获中国有色金属工业科学技术奖一等奖;甘肃省重点矿山开发遥感动态监测等9个项目获中国有色金属工业科学技术奖二等奖;内蒙古哈达特陶勒盖铅锌银多金属矿成矿预测与找矿模型研究等5个项目获中国有色金属工业科学技术奖三等奖。

二是获得中国有色金属地质找矿成果奖一等奖11项、二等奖34项、三等奖21项。其中,黑龙江省大兴安岭地区岔路口钼铅锌矿详查等11个项目获得一等奖;云南省龙陵县勐(兴)糯铅锌矿区深部找矿新发现与增储等34个项目获得二等奖;江西省安福县浒坑钨矿接替资源勘查等21个项目获得三等奖。

2. 人才培训和培养。有色金属矿产地质调查中心:制定培训计划,加大培训投入,通过全员培训提高员工队伍的整体素质;培养和引进急缺高级人才,加强干部队伍建设,改善人才结构;创造良好的用人环境,做深、做细、做实尊重人、理解人、发展人的各项工作,形成能者上、差者下、劣者汰的用人机制。给青年人才压担子、搭梯子,培育优秀的技术与管理团队,打造项目负责人梦之队,为中心持续发展夯实人才基础。

加大对人才培养的投入,制定完善了相关管理办法,推行导师负责制,为研究生解决住房及相关生活问题。北京矿产地质研究院博士后工作站已有10名博士后进站从事研究工作。研究生基地现有研究生50名,跟随导师在项目从事实践学习,为单位和行业培养优秀科技人才。

辽宁省有色地质局:辽宁地质工程职业学院坚持"特色鲜明、质量一流、全国闻名"的办学宗旨,强化招生质量,拓宽就业渠道,深化教学改革,提高办学水平,提升教学科研能力。招收统招大专生1201人,入学总报到率87.7%,辽宁省内报道率90.55%。继续教育稳步发展,录取本科、专科函授学员517人,招收自学考试本科学员311人。

西北有色地质勘查局:2012年举办了地质勘查新理论、新方法学习班,接受培训的技术人员达220人;举办"赴青海工作人员培训班",各类专业技术人员、管理人员和技术工人共153人参加了培训;举办了煤田钻探技术培训班,40名钻探产业经理和机长参加了培训。

贵州省有色金属和核工业地质勘查局:贵州省有色金属和核工业地质勘查局根据地质勘查工作发展的需要,采取走出去到中国地质大学等高层次院校集中学习,请知名专家到贵阳短期培训的方式,分层次、分方向组织6期约270人次局属各单位技术骨干参加培训学习,使全局的专业技术人员技术水平和业务素质得到了进一步提高。

云南省有色地质局:2012年,局党委组织5名厅级领导和5名处级干部参加云南省委党校学习,10名处级干部参加云南省自主培训学习;组织245人参加"四群"教育培训学习;组织139人次干部职工学习云南省九次党代会精神;组织51名处级干部和66名党委干部在云南省委党校学习党的十八大精神;组织干部职工参加财务等各类注册人员参加继续教育培训500余人次。

河南省有色金属地质矿产局:一是完成全局2012年度培训班次计划的制定工作,安排管理类、技术类人员培训39期;二是由局机关各处室积极组织局属单位相关职工干部参加上级部门、行业、业务单位组织的人员培训班11期;三是按照中共河南省委组织部、河南省公务员局要求,做好河南省干部自主选学、河南省公务员网络学院两项培训工作;四是成功举办全国金属矿产成矿新理论与勘查新技术高级研修班。

广东省有色金属地质局:为构建高素质、创新型的干部职工队伍,采取内部办培训班和外送培训两种方式开展科技教育工作,全年培训专业技术人员284人次。专业技术人员培训工作覆盖面广,培训工作注重实际操作、针对性强,以专家课堂讲授、实地考察指导相结合的培训形式,为进一步提高地质工作质量起到了促进作用。

吉林省有色金属地质勘查局:为提高地质工程技术人员的理论素养和实践能力,及时掌握地质工作新方法新技能,邀请专家教授以及央企高管,举办管理和业务综合培训班,培训内容不仅涉及地质勘查报告编写、物探、化探、数字化地质学、吉林省地质构造演化与成矿等专业技术知识,还涉及到项目管理、合同管理、效能监察等管理知识。

【国际合作】 2012年全国有色地勘单位在全球经济形势渐趋严峻的背景下,响应国家的号召,纷纷走出国门,到国外去勘查矿产资源。初步形成了海外勘查技术服务、风险勘探和矿权资本运作联动发展的格局。

有色金属矿产地质调查中心:2012年在立足国内的同时,积极开展专业化背景下的国际化经营。

资源并购成效显著。抢抓国际资本市场低迷的机会窗,果断出手,2012年发起3宗海外并购。一是中色金地公司收购了魁北克HR铜-镍-铂族项目,随后将原公司更名为"北方镍矿勘探公司"(Nickel North Exploration Corp.),并于8月8日在加拿大多伦多证交所创业板上市(TSX-V:NNX),中色金地公司为第一大股东(持股46.91%);二是依托上市的铁克雷公司(Tigray Resource Inc.)收购阿迪亚波(Adyabo)公司80%权益,新增矿权面积865平方千米.进一步加强了在埃塞俄比亚北部的矿权优势地位;三是依托上市的加纳克公司,全资收购苏丹萨克(shark)公司。新增2.4万平方千米的优质探矿权,并借此成功进入苏丹。

风险勘探取得重要突破。一是美国南加州奥德山金矿勘查,在地表脉状金矿下部发现了厚大斑岩型金(铜)矿体,DH64孔连续穿矿厚度302米,平均金品位1.25×10^{-6},DH44孔连续见矿厚度137米,金1.42×10^{-6},初步控制金资源量已达超大型规模,具有可露天开采的世界级斑岩型金(铜)矿床的找矿前景;二是坦桑尼亚Handeni金矿勘查,在Magambazi区段已控制符合加拿大43-101标准的金资源量32吨,是一处可露天开采的大型金矿床;三是智利月亮山等地区铁铜矿床勘查,新增333级铜资源量8.7万吨,铁矿石量3200万吨。北方镍公司在以往工作的基础上,经2012年工作,控制333级以上铜当量100万吨,品位大于1%。

资本经营助力海外发展。为提升西澳铀矿资产的价值,加快铀矿勘查,将ENT公司的铀矿资产分拆-IPO上市,12月20日,Enterprise Uranium Limited(ASX:ENU)成功在澳大利亚证交所挂牌交易,中色地科(香港)公司成为ENU公司第一大股东(21.09%)。截至2012年底,以投资和分拆等方式,控制了加纳克、银狐、铁克雷、北方镍矿、ENT、ENU等6家境外上市资源公司,探索出"低价进入—勘查升值—高价变现"、"矿权资产注入上市公司"、"分拆上市公司,实现价值最大化"等矿权资产证券化赢利模式。

天津华北地质勘查局:2012年继续坚定不移地实施"走出去"战略,不断加大对各企业"走出去"政策和资金的支持力度,在巩固原有成果的基础上,不断拓宽境外国别市场和经营领域，勘查成果显著。

一是老挝帕奔项目圆满完成了2012年新增金金属资源量5吨的目标任务；二是苏丹哈马迪金矿钻孔结果显示矿体向深部延伸，并有厚大矿体和富矿体出现。Block20地区目前探获（121b＋122b＋333＋334）金金属量24.00吨，平均品位2.23×10^{-6}。三是厄特MENSURA矿权区发现含金剪切带一条，长5000米，宽1000米，圈定矿（化）体6条，控制长100～1278米，概算（334）金资源量10吨以上；四是加拿大J&L项目由P&E独立地质咨询公司完成了新的资源量估算，金矿床（主矿带＋黄蜂矿带）求得探明＋控制的＋推断的金属量：金40.5吨，银541吨，铅锌54万吨。

西北有色地质勘查局：2012年是西色国际成功实施并购整合的一年，在全面收购子午线矿业公司、盈地金矿，控股协利金属公司后，西色国际迅速改组公司董事会，组建管理层，合并办公地点并精简雇员；直接派出现场经理和技术人员主持营地工作；重新规范整理公司历年文件、报告及财务资料等；重建数据库，运用国际软件系统管理平台主导设计勘查方案，建立空间矿床资源勘查模型，完成钻探2.80万米，实现了接管后的平稳过渡，树立起中国企业境外整合的典范。

在澳3个境外勘查项目均获得重大进展，子午线雷纳德铅锌矿进一步验证核实资源量，提高资源等级，有望成为世界级大型铅锌矿资源和开发基地；盈地金矿深部勘查取得突破，新发现高品位厚大矿体：协利格林威尔士金矿在矿体连接部位发现新矿体，大幅提升资源量及品位。在国土资源部、财政部联合检查中获得较高评价。

云南省有色地质局：2012年，云南省有色地质局继续与印度尼西亚富域公司合作，共同开发马布里、苏巴印和北科纳威3个红土型镍矿，并在印度尼西亚境内继续寻找镍、锰、煤、铜、金等矿产资源，实现了新的突破；与缅甸KBZ强力公司合作优选了6个找矿远景区，正在申请探矿权，在缅甸其他地方合作开展了锡、锑、金矿的物化探和地质找矿工作，效果较好。在蒙育瓦铜矿等地区实施的钻探工程进展顺利，效益良好；在老挝实施了2个项目地质勘查工作和承担了2个项目的钻探施工工作；在澳大利亚与云南锡业集团合作开展铜金矿普查工作。

印度尼西亚中苏拉威西省科洛诺达勒县红土型镍矿资源地质调查与评价：在勘查区共圈定含镍红土分布区7个、发现红土型镍矿点19个，估算333镍金属量11.4万吨。

印度尼西亚东南苏拉威西省北科纳威矿区A、B块段红土型镍矿普查：截至2012年，工程施工显示，A块段工程见矿率100%，B块段工程见矿率93%，镍矿体连续稳定，局部地段可见富厚矿体，项目的实施能实现设计预期的资源量目标——50万吨。

印度尼西亚苏巴印镍矿区3号矿体普查：勘查工作以含镍1.00%为边界品位圈定工业矿体，探获内蕴的镍金属资源量达22.14万吨。

老挝南塔省勐龙县银水山铜矿普查：对793～713中段范围内的未采矿体进行了资源量估算，估算深部保有资源量122b＋333类铜金属量1575吨，平均铜品位1.31%；伴生银金属量2.01吨，平均品位17.49×10^{-6}。

贵州省有色金属和核工业地质勘查局：2012年主要在澳大利亚开展申办探矿权及相应的勘查工作。其中：2012年新申办探矿权5个，矿种涉及铜、金多金属，探矿权面积1025平方千米。

澳大利亚新南威尔士州BROKEN HILL地区EL7473矿权靶区优选与评价和澳大利亚新南威尔士州BROKEN HILL地区EL7474矿权铜金多金属矿普查：主要负责实施地质、物探、化探、遥感工作及阶段性成果的报出，在上述工作完成并经上级主管部门检查验收后，负责编制成果报告及资料汇交工作。

河南省有色金属地质矿产局：2012年承担了42项国外风险勘查地质项目（主要为中央风险勘查及省地勘基金项目），新获矿权5处，部分项目取得了明显进展。其中，赞比亚共和国西北省索卢韦齐地区选区评价项目，预计将提交一处中至大型铁矿矿产地；利比里亚大巴萨州图塔泰阿矿区砂金矿普查项目，发现了5条砂金矿体，矿体规模较大，品位较高，预估金资源量约为15吨，有望达大型规模；智利共和国第一大区南部铜矿资源地质调查与评价项目，圈出13处综合异常，初选了其中的8处申请探矿权，目前已进入法律审批程序，开展的智利第一大区河南7－8铜矿区普查项目，初步预测（333）＋（334）铜资源量达中型规模。在利比里亚、马达加斯加等国开展了境外地质技术服务，取得了显著的找矿成果。

2012年，全局在境外拥有独资或控股公司10余个，构建的南美、中非、蒙古三大勘查基地已初具雏形。境外找矿初步实现成果、效益双进展的良好局面。

湖南省有色金属地质勘查局：2012年共获得11个国外矿产资源风险勘查项目，共完成钻探2.03万米、槽探2.72万立方米、坑道清理185米、浅井59米。通过三年国外风险地质勘查专项的实，累计探获（333）：铁矿石量1.13亿吨、镍金属资源量8.76万吨、铜金属资源量16.41万吨、钴金属资源量0.2万吨。圈出综合异常28个，远景区或靶区9个。由于项目工作引伸在澳大利亚与巴西等国收购矿权8个、登记矿权24个，总面积3840.5平方千米。

广东省有色金属地质局："走出去"战略成效明显，一是塞拉利昂铁金矿预查项目预测钽铌砂矿资源量可达大型至特大型，并通过合作成功取得了塞拉利昂586号(247平方千米、南部金矿)金矿探矿权，初步实现了在海外设置探矿权的目标任务；二是加拿大卑诗省新纳尼卡地区铜钼多金属矿靶区优选与评价获国外矿产资源风险勘查项目专项资金94万元；三是赞比亚中央省塞伦杰15319－HQ－LPL矿权区金矿靶区优选与评价获国外矿产资源风险勘查项目专项资金84万元。

甘肃省有色金属地质勘查局：境外找矿迈出坚实步伐。一是澳大利亚皮尔巴拉地区铁矿预查项目，已完成境外独资公司——甘肃有色澳大利亚有限公司的注册工作，项目已完成40平方千米地面磁法测量，2000米钻探任务；二是喀麦隆多金属矿普查项目，已经过2次实地考察和踏勘，即将进入实质性实施阶段。

(选自《中国有色金属工业年鉴》)

钨 业

【钨业经济运行概况】 2012年，全国钨精矿产量保持平稳，进口量与2011年持平，出口量下降明显，钨市场价格回落，行业经济效益下降。

1. 钨精矿产量保持平稳。根据有色金属工业协会统计，2012年全国钨精矿产量120283吨(折$WO_3$65%)，同比增长0.34%(图1)。

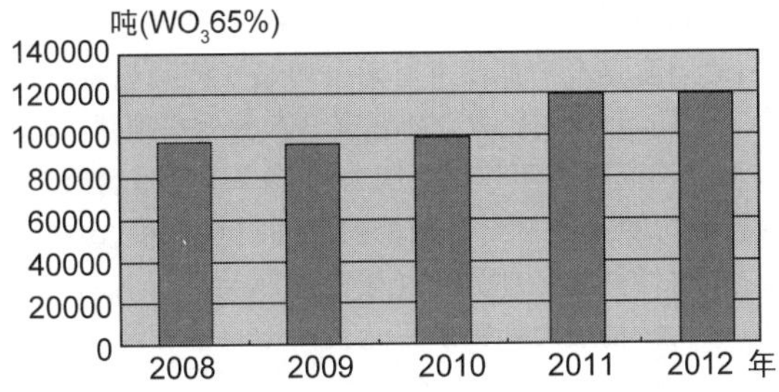

图1 2008～2012年中国钨矿产量
(中国有色金属工业协会统计年报数据)

2. 冶炼加工产品产量普遍下降。受市场需求不旺影响，2012年钨冶炼加工产量明显下降，与2011年形成明显反差。根据中国钨协统计，仲钨酸铵、氧化钨、钨粉、钨铁、硬质合金、钨条杆和钨丝产量分别为6.16万吨、5.03万吨、3.42万吨、0.49万吨、2.27万吨、0.29万吨和243亿米，同比分别下降15.80%、14.35%、11.20%、40.04%、5.32%、17.60%和4.33%。

3. 出口钨品明显下降，进口钨品小幅下降。中国钨协统计，2012年，出口钨品2.18万吨(金属量，不含硬质合金，下同)，同比下降21.01%，出口额11.86亿美元，同比下降23.18%，出口量和出口额价均有较大幅度下降，出口额下降幅度略大于出口量降幅，反映了2012年中国出口钨品总体价格水平略低于2011年。

其中，含保税区出口配额钨品量，出口配额钨品1.59万吨，完成全年配额量的103.01%，同比减少4336.0吨，减少21.47%，扣除保税区出口的配额钨品量，完成年度配额指标90%左右。

2012年进口钨品5465吨，同比下降1.87%，其中，进口钨精矿4720吨，同比下降0.64%，占进口总量86.37%；进口额2.30亿美元，同比下降5.36%。

不含硬质合金，净出口钨品16287.5吨(金属量)，同比减少5680.4吨，下降25.86%；净出口额9.56亿美元，同比下降26.52%。

4. 钨市场价格下滑。2012年，国内钨精矿年初价格13.5～13.7万元/吨、仲钨酸铵年初价格20.9～21.3万元/吨、钨铁年初价格21～22万元/吨，分别下降到12月底的11.2～12.4万元/吨、17.2～17.4万元/吨和17.4～17.8万元/吨，钨冶炼加工产品价格出现倒挂。钨精矿年平均价格12.04万元/吨，同比下跌12.50%；APT年平均价格18.41万元/吨，同比下跌14.29%；钨铁年平均价格19.23万元/吨，同比下跌9.97%。

英国《金属导报》(MB)仲钨酸铵(APT)报价年初430～445美元/吨度下调至12月的280～315美元/吨度，全年平均报价386.1美元/吨度，同比下降10.08%，低于国内价格跌幅4.2个百分点。

中国钨协统计，不含硬质合金，2012年出口钨品年综合平均价格54542.35美元/吨金属，同比下降2.75%；进口钨品年综合平均价格42137.06美元/吨金属，同比下降3.56%，剔除进口钨精矿，进口钨制品年平均价格102423.36美元/吨金属，同比下降0.49%。进口钨制品平均价格是出口钨制品平均价格的1.88倍。

5. 企业经济效益下滑。中国钨业协会统计，2012年全行业钨主营业务收入753亿元，同比增长7.57%，实现利润56.5亿元，同比下降40.84%。主要原因是：一是市场价格下滑，成交量降低，销售收入下降；二是企业人工成本普遍上升；三是安全环保等投入增大。如，矿山企业井下安全避险"六大系统"建设及环保在线监测系统建设等投入加大。

6. 产品结构。钨产品结构进一步优化，产品档次有所提高，与国际先进水平的差距进一步缩小；高档硬质合金、高比重合金、异型硬质合金,超细钨粉、碳化钨粉,纳米钨粉等制粉技术有所提高;钨初中级冶炼产品出口量占出口总量的79.08%,比2011年增加了0.27个百分点,钨材、钨丝和硬质合金出口量占出口总量的20.92%,以出口钨初中级冶炼产品为主的格局依然没有根本性改变。进口钨品仍然以进口钨精矿为主,全年进口钨精矿占进口总量的86.37%,同比增加了1.07个百分点;进口钨废碎料占进口总量的0.26%,同比减少了1.05个百分点。

7. 产业分布。钨冶炼和深加工产业继续向钨资源产地扩张,钨下游产业区域结构发生深刻变化。湖南、四川硬质合金产量占全国总产量一半以上;深圳金洲PCB微型钻头产量达到1.6亿支,稳居全球第三;福建的钨丝产量继续稳居全球第一;江西钨产业不断向硬质合金等下游产品发展,其钨产业经济总量占全国钨产业经济总量的50%左右。钨铁产业分布在江西、湖南、福建、河北和宁夏等省区,在钨铁出口关税提升到20%的背景下,越南等国借机进入钨铁领域,占据了国际钨铁市场的大部分份额,近年来中国钨铁产量锐减;河南、云南、广西省(区)向钨下游产业发展。

钨矿山主要分布在江西、湖南。2012年,两省钨精矿产量占全国钨精矿总产量的70.65%。河南2010年钨精矿产量达到1.15万吨(折$WO_3$65%吨,下同),突破万吨,跃居全国钨矿产量第三,2012年产量达1.55万吨,比2011年增长2.88%,占全国总产量的12.41%。湖南、河南钨精矿产量呈上升趋势,江西钨矿产量有所下降。

8. 产业经济。中国钨工业经济规模和经济实力进一步增强。2008年全行业主营业务收入391亿元,2012年753亿元,年均增长17.44%。2012年,受宏观经济增长放缓,市场价格下滑,成本上升等不利因素影响,钨行业主营业务收入增幅减缓,利润明显下降,尤其冶炼加工企业经济效益下降更为明显,少数企业出现亏损。

钨工业产业集中度进一步提高。江西、广西等钨资源整合取得较大进展,随着钨资源整合,钨矿开采继续向资本多元化,集团化方向发展;资源地继续向下游产业发展,2012年江西赣州地区钨产业主营业务收入突破300亿元,同比增长13.61%,高于全行业平均增长水平。

科技创新、高新产品研发取得新进展。"难冶钨资源深度开发应用关键技术"获2011年度国家科学技术进步奖一等奖;株洲硬质合金集团有限公司硬质合金国家重点实验室申报的《碳化钨/金属间化合物新型硬质合金制备及组织调控技术基础》项目列入国家973计划2012年项目;江西稀有金属钨业控股集团有限公司技术中心被科技部等五部委授予"国家认定企业技术中心";成都工具研究所2012年度国家"高档数控机床与基础制造装备"科技重大专项课题"复杂数控刀具创新能力平台建设"获立项;洛阳钼都钨钼科技有限公司超大型钨钼宽厚板、大尺寸高纯溅射靶材及微晶硬质合金研发和产业化项目列入战略性新兴产业发展专项资金计划;高性能钨粉末、高端硬质合金产品等钨冶炼加工产品研发速度进一步加快,产品结构进一步优化,产品竞争力进一步提高,钨市场价格基本平稳。

9. 投融资情况。2012年投融资活跃,冶炼加工先进工艺技术装备技术改造明显加快。

新开工项目:中德合资江钨世泰科钨综合冶炼加工项目、修水(九江)工业园金鹭硬质合金项目、赣州海盛高性能钨硬质合金刀具项目、赣州亚泰钨业有限公司年产硬质合金棒材项目、中湘钨业股份有限公司钨制品加工项目、江西龙事达钨业有限公司硬质合金刀钻具项目、赣州毅力有色金属材料有限责任公司主要生产超级钨粉超级碳粉项目、东乌旗锡林矿业实施尾矿综合回收项目、株洲华斯盛新材料科技有限公司硬质合金制品项目、株洲金得来硬质合金有限公司硬质材料项目等相继开工建设,合计项目总投资达60多亿元。

已建成项目:安泰科技股份有限公司从瑞典Avure公司引进的ϕ850×2500毫米热等静压设备建成投产;福建金鑫钨业股份有限公司水溶化学法制备纳米级碳化钨钴(WC-Co)复合粉技术项目建成投产;赣州澳克泰工具技术有限公司高性能高精度硬质合金涂层刀片项目、九江都昌县金鼎钨钼矿项目、德威格林美钨资源循环利用有限公司钨合金项目、株洲炎陵县新广源硬面材料有限公司硬面材料项目、山特维克硬质材料中国应用中心(无锡)、以及广东翁源红岭钨矿、汝城县茶山脚钨矿采选技改项目等相继建成投产,合计总投资超过20多亿元。

拟投资项目:湖南柿竹园有色金属有限责任公司柴山钼铋钨多金属矿采选技改工程初步设计顺利通过评审;中国兵器集团北方材料科学与工程研究院有限公司、江西宏景矿业有限公司、珠海美利信新材料技术有限公司拟共同签订了投资在兴国县投资钨粉及钨制品深加工项目;信丰华锐钨钼新材料有限公司超细钨粉项目备案。

【经济运行状况分析】 1. 政策环境分析。宏观经济政策方面,国家继续实施积极的财政政策和稳健的货币政策,保持宏观经济政策的连续性和稳定性。2012

年中国 GDP 增长 7.8%，有效支撑了钨的需求。

国土资源部下达 2012 年全国钨矿开采总量控制指标（含综合利用指标）为 8.90 万吨（折合 65% WO_3），同比增加 2000 吨，增长 2.30%。其中，主采 6.94 万吨，同比增加 720 吨，增长 1.05%；综合利用 1.76 万吨，同比增加 1400 吨，增长 8.64%。预留 2000 吨未下达，实际下达 2012 年全国钨矿开采总量控制指标（含综合利用指标）8.7 万吨。

对初中级钨品出口继续实施配额管理，并逐年减少出口配额。商务部下达 2012 年的钨及钨制品出口配额总量折合金属量为 1.54 万吨（含外资企业），比 2011 年减少 300 吨，减少 1.91%。

工业和信息化部组织制定的《新材料产业"十二五"发展规划》指出，在稀有金属材料方面要积极发展高纯稀有金属及靶材、高精度钨窄带、钨钼大型板材和制件等高技术含量深加工材料，加快促进超细纳米晶、特粗晶粒等高性能硬质合金产业化。

2. *经营形势分析*。2012 年，全球经济笼罩在欧债危机和美国"财政悬崖"阴影中，新兴经济体经济增长减缓，地缘政治危机及局部地区的军事冲突降低了市场对经济复苏的预期；国内经济增速放缓，投资、消费和出口三大需求呈现不同程度下降，中国钨需求增速减缓、经营成本上升，出口钨品量明显下降，钨冶炼加工产量普遍下降，企业效益大幅下滑。2012 年底，世界经济形势逐步好转，国际货币基金组织对 2013 年和 2014 年度全球经济持复苏预期。欧美日等主要经济体实施宽松货币政策刺激经济复苏，中国继续实施积极的财政政策和稳健的货币政策，着力扩大国内需求。经济形势的好转有助于钨需求的增长。中国钨矿产量在保护性开采政策的管控下保持平稳，预期 2013 年钨市场价格将稳中有升。

3. *结构调整分析*。在国家产业政策的引导和市场竞争导向下，中国钨产业结构调整步伐继续加速，产品向高端发展，新上项目多以高性能硬质合金棒材、数控刀具为主，技改扩建项目重点在终端应用领域。尽管如此，中国钨产业结构调整还有较长的路要走，高端硬质合金刀具比重还很小、质量与世界先进水平还有较大差距，以出口初中级钨品为主的格局尚未改变，初中级钨冶炼加工产能过剩仍然严重，高技术含量、高附加价值的钨制品如高性能、高精度的高档硬质合金数控刀片、抗震钨丝等仍需从国外大量进口。

【钨行业存在问题】 1. *钨资源经济储量下降，储采比失衡，资源优势正在逐步减弱，资源安全形势不容乐观*。尽管 2011 年底查明钨资源储量比 2002 年增长 7.22%，但基础储量下降 46.42%，特别是黑钨矿资源减少明显，2011 年黑钨基础储量比 2002 年减少 57.33%，占总基础储量比重由 29% 下降到 23%。钨矿开采强度大，储采比不断下降。2010 年储采比只有 19.5 年，不足国外储采比的 1/4。尽管我国保有钨矿资源量在全球处于优势地位，资源潜力大，但是，从资源禀赋条件和开采现状以及钨业长远战略发展来看，钨资源前景不容乐观，资源优势正在逐渐减弱，资源安全形势严峻。

2. *冶炼加工产能过剩，产业结构有所失衡*。由于近几年来市场价格的回升，钨冶炼能力盲目扩张，2012 年全国仲钨酸铵（APT）生产能力超过 20 万吨，比 2006 年增长 38.57%，其需要的钨精矿是钨矿开采指标的 3 倍以上；2012 年硬质合金生产能力达到 37600 吨，比 2006 年增长 22.48%。盲目过度投资，导致产能过剩，产业结构有所失衡，发展中的不稳定、不协调、不可持续等问题依然存在。

3. *自主创新能力不强，核心竞争力和国际竞争力亟待提高*。企业规模小、数量多，产品档次低、产业集中度不高的现状虽有改善，但尚未得到根本改变。尽管钨冶炼工艺技术处于世界先进水平，但钨深加工产品仍然处于低端。高附加值产品不多、企业主营业务收入利润率不高，创新能力和国际竞争力不强，是钨行业发展中的短板，已严重阻碍钨产业转型升级和钨业经济发展方式的转变。

（中国钨业协会　刘良先）

非金属

【非金属主要矿种运行分析】 2012 年，受国内、外宏观经济环境影响，我国非金属矿行业经济运行虽保持整体平稳，但各项经济指标同比均有所下降，部分经济指标同比下降幅度较大，四季度行业生产略有回暖迹象。

1. *萤石*。我国是世界上重要的萤石生产、消费和出口国家。萤石资源丰富，分布广泛。据统计，我国已探明保有萤石资源的省份有 27 个，每年国土资源部下达开采计划指标的省份为 22 个。截至 2011 年底，已查明的萤石资源储量为 19761 万吨（折氟石钙）。我国萤石的成矿规律又决定了萤石分布单一结晶矿和伴生矿两种类型。单一结晶矿以华东地区为主，伴生矿以中南地区为主。

2012 年全年萤石产量 420 万吨，同比下降 -35.6%。萤石产能过大，长期以来实际开工率仅在 60% ~70% 之间，原因是西南、西北、东北片区，因为矿石品位低，多为伴生矿，周边下游企业少，运输距离长，生产时间短,价格没有竞争力处于停产半停产状态。一旦价格上扬,到有利润时才会进入开采。同时,行业普遍情况是开采规模小,实际产能大,一般是3~5倍。

2. *石墨*。截至2012年12月底,通过对各企业生产经营数据、海关统计数据等资料,统计了天然鳞片石墨产量:山东地区12万吨;黑龙江地区30万吨,其中萝北18万吨,鸡西12万吨;其他地区合计约在5万吨左右(主要是内蒙、湖北、四川,河南、河北等地),合计47万吨。截至2012年底,80%以上企业已经全部停产,与2011年同期(2011年70万吨)相比下降30%以上。石墨销售价格下降60%以上。出口数量也出现下滑;2011年天然鳞片石墨出口15.4万吨,2012年截至11月底出口11.34万吨,同比下降30%。全国2012年产能大概100万吨.

3. *镁质材料*。2012年,镁质材料行业实现工业总产值557.4亿元,同比下降12.9%;实现工业增加值87.4亿元,同比下降9.8%;实现销售收入505.8亿元,同比下降157%;出口创汇13.2亿美元,同比下降1.3%。生产镁制品1321.2万吨,同比下降18.9%,销售1534.6万吨,同比下降19.1%;产品285.1万吨,同比下降1.1%。

4. *石棉*。2012年全国温石棉生产总量为355700吨,和2011年同期比减少29934吨。从产品结构情况看基本同于往年,5-70石棉的比例约占70%。2012年国内石棉销售量为355900吨,和2011年同期相比有所下降。

5. *滑石*。受国际衰退和国内经济下滑的影响,2012年全年销量比2011年下降约10%在,各大采矿区为了应对当前形势,有序调控生产总量,全行业总产量滑石200万吨,绿泥石35万吨,其中滑石出口74万吨,绿泥石约30万吨。

滑石在国内主要用于造纸、油漆涂料、以及陶瓷。收于受经济下滑的影响,造纸行业特别不景气,大部分厂家使用碳酸钙来代替滑石,从而导致滑石需求量大幅度下降,橡胶、塑料等行业的用量也在减少,2012年全年滑石的销量减少约30%。

6. *硅藻土*。2012年,硅藻土产业的产品主要表现在硅藻土助滤剂的生产与销售上,硅藻土功能材料与硅藻土保温材料尚未形成产业规模,而硅藻土壁材产品属于建材行业,其产品产量较难详细统计。主要就硅藻土助滤剂产品的生产情况统计。

① 硅藻土助滤剂生产主要集中在吉林长白的白山地区和云南腾冲。白山地区有能力生产助滤剂的企业有24家(包括超经营范围)。其中临江市助滤剂企业有13家,长白县助滤剂企业有11家,白山地区助滤剂产能(包括远通公司)为26万吨。云南腾冲只有云南省腾冲县助滤剂厂在生产硅藻土助滤剂,年生产能力5000吨。

② 由于2012年硅藻土助滤剂产能过剩,即产能大于市场需求,白山地区有2个企业未生产,除了远通下属企业在满负荷生产外,其他均达到产能的六成。2012硅藻土助滤剂产量为18万吨。加上云南产量,硅藻土全国产量为18.5万吨。

7. *硅灰石*。2012年硅灰石行业今年完成硅灰石产量70.3万吨,比2011年同期下降5.9%。销售总量67.7万吨,比2011年同期减少4.7%。库存比2011年同期减少。

2012年主要非金属矿产品产量见表1。

表1　　2012年主要非金属矿产品产量　　单位:万吨

年份 产品名称	2011	2012	同比增减
晶质石墨	70	47	-47.14
高岭土	320	350	9.3
滑石	200	200	持平
萤石	655	420	-35.6
硅灰石	74.5	70.3	-5.6
菱镁矿	1450	1312	-9.5
石棉	38.5	35.57	-7.6
硅藻土	25	18.5	-26

【非金属主要矿种出口分析】　受欧债危机逐步扩大,进入2012全球经济持续低迷,石墨、萤石等主要矿种贸易也未能幸免,产能过剩加上需求不振导致价格一路下跌,我国的萤石和耐火黏土还受到了欧美在WTO诉讼的困扰。2010~2012年主要矿种的出口数量见表2。主要矿种出口价格见表3。

从表2中可以看出,2012年出口市场和政策背景与2009年十分相似,2012年萤石仅出口了42.7万吨,镁质材料134.9万吨,石墨出口11.30万吨,2012年出口预计(全年)同比下降50%左右,都将低于正常年份的出口量。

表2　　2010~2012年主要矿种的出口数量　　单位:万吨

矿种 年份	萤石	石墨	滑石	镁质材料	石棉(进口)	硅灰石
2010	59.8	19	59	287	28	16
2011	72.2	14.9	67	240	25	19
2012	42.7	11.3	74	134.9	18.02	18.10

表 3　　主要矿种出口价格

单位:金额:万美元,单价:美元

矿种	金额	单价(2011 年)	单价(2012 年)	同比(%)
石墨	11815	1160	1042	-10.17
滑石	18938	233	252	+8.15
萤石	15706	385	367	-4.68
镁质材料	49868	464	370	-20.25

由表 2 中,可以看出酸级萤石粉 2012 年出口如此之差,无疑是受到了贸易争端预期的严重负面影响。

滑石的出口由于受到海关对滑石定义范围扩大,归入滑石出口管理的产品越来越广泛,不但包括纯滑石、也包括部分滑石混合物、滑石尾矿、绿泥石。从而导致滑石出口配额紧缺,配额价格大幅上涨,也是影响滑石出口的一大原因。国际市场对中国滑石的需求近年来呈下降趋势,表面上数量由 67 万吨增加到 74 万吨,实际上不是真正意义的滑石。

【非金属主要矿产价格】　2012 年国内石棉市场价格和 2011 年年度相比,价格有所上升,上升的主要原因是矿山生产的成本因素所致。目前为止,国内石棉矿山职工工资水平远低于其他行业。进口石棉价格也在原基础上有所上升,上升比例在 5% ~10%。2012 年石墨市场的价格相比 2011 年更是大幅下跌,大环境是因为国家对国民经济的宏观调控作用,我国的国民经济发展不再保持高速增长,以稳定增长为主。加之美国的经济不景气、欧债危机等原因都使国际石墨市场进一步缩小,使得石墨的价格回落,滑石尽管国内市场下滑,但由于通胀导致生产成本在 2012 年继续上涨,加上出口配额、关税的影响,我国滑石 2012 年的出口价格比 2011 年继续增加,2012 年中国滑石的出口价格已经接近市场能够承受的极根,上半年前期市场勉强接受价格上涨,下半年市场继续下滑,从而导致需求量减少,目前我国滑石原料价格远高于周边其他国家,一部分中高档产品价格接近甚至超过国际市场价格,大部分低档产品由于价格过高在国际市场上已在没有竞争力。镁质材料受下游钢铁和耐材行业影响较大,价格下滑严重,其他矿产品保持小幅增长,2012 年我国主要矿产品国内市场价格见表 4。

【非金属行业存在问题及应对方法】　当前行业存在着严着的产能过剩,企业间的低价竞销,恶性竞争,下游企业长期拖欠货款等问题。这些问题导致生产企业利润微薄甚至无利润,给行业、企业生存和发展带来严重困难。为进一步促进行业发展,提出建议如下:

表 4　　主要种产品 2012 年价格　　单位:元

矿种	品种	价格
硅灰石	硅灰石块	380
	普通硅灰石粉	450
	针状硅灰石粉	1300
滑石	1250 目滑石粉	3200
菱镁矿	轻烧镁	560
	重烧镁	850
	电熔镁	3200
石棉	三级棉	5400
	四级棉	3600
	五级棉	2200
	专用棉	800 ~2200
硅藻土	中滤速	1800
	高滤速	2300
	油品过滤	3500
	饮料过滤	4800
石墨	中碳石墨　-185 ~ -190	2800 ~3200
	高碳石墨　-190 ~ -199	3200 ~4500
	负级石墨 +100 目	3000
	石墨　+50 目	6500
萤石	粉矿一级酸级萤石	2200
	粉矿二级酸级萤石	1700

1. 严控新增产能,淘汰落后产能。对①规模小、污染重、环保检测不达标;②耗能高,吨耗能超标准;③安全生产制定措施不健全,人身事故多次发生;④产品质量差,以次充好欺骗用户;⑤企业诚信差,受到供应商和用户的强烈反映;⑥违法经营偷、逃应缴纳税费;⑦无行业整体观念,低价竞销搅乱行业市场等,建议国家有关部门采取停产整顿、罚款、差别电价等惩罚措施,淘汰一批企业。打击违法经营,对无生产许可证的生产企业和经销皮包公司建议有关部门进行处罚并立即关闭。

2. 制定行规公约,调整产品市场指导政策,制止恶性价格战。根据原材料、能源、运输等市场价格变化,核算产品成本变化及时调整产品市场指导政策,制定行规,规范企业,共同维护行业整体利益。

3. 推进联合重组,打造大企业集团。鼓励和引导企业联合重组,通过资产运作,股份制、兼并重组等措施,组建具有国际竞争力的大企业集团,提高产业的集中度。

(中国非金属矿工业协会)

绍兴市矿产资源概况

【概况】 绍兴是浙江省基础地质调查和矿产勘查程度较高的地区，其中铁、铜、金和硅藻土等矿产在全省占有重要地位，目前探明资源储量的矿产有28种。2012年度全市有矿山109个，矿山总数较2011年减少16.79%；从业人员2923人，较2011年减少10.09%；矿石采掘量1963.57万吨，较2011年增加7.01%；矿业总产值59627.88万元，较2011年增加18.36%，利税总额6795.56万元，较2011年减少21.40%，矿业经济效益有较大的下降。2012年度绍兴市矿产资源开发利用情况统计见表1。

【矿业结构】 2012年全市开采矿种21种，其中普通建筑用石砂土8种、其他非金属矿产7种、金属矿产5种，水气矿产1种。建筑用石砂土和金属矿产开发强度均较大。建筑用石砂土产量、产值、利润分别为1368.64万吨、27330.97万元和1460.50万元，占总量的69.70%、45.84%和72.61%；金属矿产值和利润分别占全市总量的45.20%、24.66%；产值排在前五位的矿种分别为建筑用凝灰岩、铜矿、铁矿、水泥用灰岩和建筑用花岗岩。

【地区分布】 绍兴县、诸暨市、上虞市矿产开发强度较大，矿业总产值分别占全市总量的64.08%、13.64%和10.91%。绍兴县以建筑石料和金属矿产为主，浙江漓铁集团有限公司东西矿是全省最大的黑色金属矿山，绍兴平水铜矿是全省最大的铜工业基地；诸暨市矿产资源较丰富，开发的矿种也较多，以水泥用灰岩、建筑用凝灰岩、锌矿占主导；上虞市以开采建筑用凝灰岩为主；嵊州、新昌硅藻土、萤石资源丰富。

【经济类型】 矿山经济类型以私营企业为主，共88个，占全市矿山总数的80.73%。

【矿山规模】 矿山企业规模以大型为主，有58个，占矿山总数的54.12%，其次为小型矿山，有40个，占矿山总数的36.69%。全市109家矿山中，有43家为停产或出让后未生产的矿山，实际开采的矿山为66家。通过矿山企业的整顿、整合，全市的矿山布局、矿山规模日趋合理，矿山的经济效益得到了基本保障。

表1　2012年度绍兴市矿产资源开发利用情况统计

矿种	矿山数(个)	从业人数(人)	矿石采掘(万吨)	矿业总产值(万元)	利润总额(万元)	税金总额(万元)
合计	109	2923	1963.57	59627.88	2011.39	4784.17
铁矿	3	416	108.36	9752	283	2128
铜矿	2	661	23.67	15711.35	182.35	428.07
铅矿	1	16	1.34	329.6	9.6	103.3
锌矿	3	200	3.69	1002.12	16.2	148.9
金矿	3	80	0.13	159.23	5	4.5
普通萤石	10	110	3.18	846.7	73	53.4
叶蜡石	2	51	5.35	441.62	54.3	27.89
水泥用灰岩	15	181	429.6	3806.03	-100	225.3
建筑用砂	1	15	0	0	0	0
砖瓦用页岩	5	112	10.12	1068.32	46.5	26
水泥配料用页岩	1	8	13.37	66.85	7	4
高岭土	2	18	5.69	102.42	8	9.3
砖瓦用黏土	2	55	2.3	490	49	11.5
建筑用玄武岩	8	108	80.21	1702.94	127	73
建筑用闪长岩	2	105	0	0	0	0
建筑用花岗岩	4	64	33.39	2318.69	59.8	28.5
饰面用花岗岩	1	5	0	0	0	0
水泥用凝灰岩	1	2	0	0	0	0
建筑用凝灰岩	37	649	1240.97	21724.62	1176.2	1496.21
建筑用大理岩	2	17	1.65	26.4	2	8.2
矿泉水	4	50	0.55	78.99	12.44	8.1

（浙江省国土资源厅）

地 方 矿 业

北 京 市

【地质勘查】 1. 地质勘查单位基本情况。截至2012年底,北京共有地质勘察单位132家,其中甲级资质单位66家,乙、丙级单位108家(有42家同时取得了国土资源部颁发的甲级资质),除石油天然气及八大行业总局下属单位外,应填报单位108家,实际填报108家。

2. 地质勘查资金投入。2012年全年,北京市地质勘查工作支出资金为34250.53万元。

资金来源:中央财政为12896万元,占总量的37.65%;地方财政为12885.55万元,占总量的37.62%,同比增长24.18%;社会资金为8468.98万元,占总量的24.72% ,同比增长22.7%(图1)。

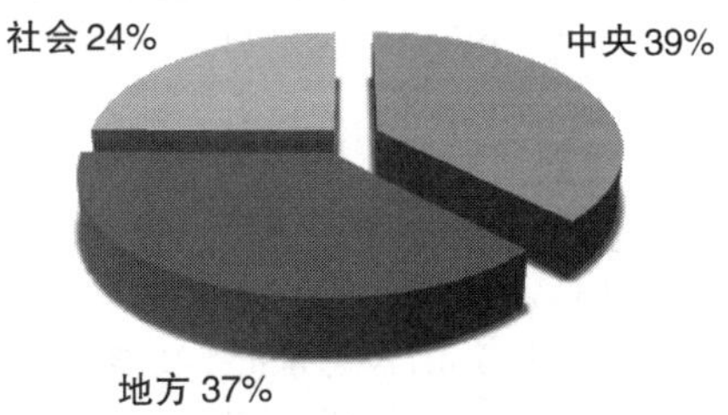

图1 地质勘查资金投入分布

资金投向:矿产勘查10044.59万元,占总量的29.32%,同比增长51.82%;基础性地质调查2018.95万元,占总量的5.89%,同比减少73.83%;地质环境与地质灾害调查评价8350.72万元,占总量的24.38%,同比增长159.54%;地质科技及其他13836.27万元,占总量的40.39%,同比减少55.45%(图2)。

3. 矿产勘查。① 北京市共支出资金10044.59万元。其中,中央财政242万元,占总量的2.4%;地方财政3983.6万元,占总量的39.65%;社会资金5818.99万元,占总量的57.93%。北京市实施矿产勘查项目28项次,完成钻探工作量72555米(图3)。

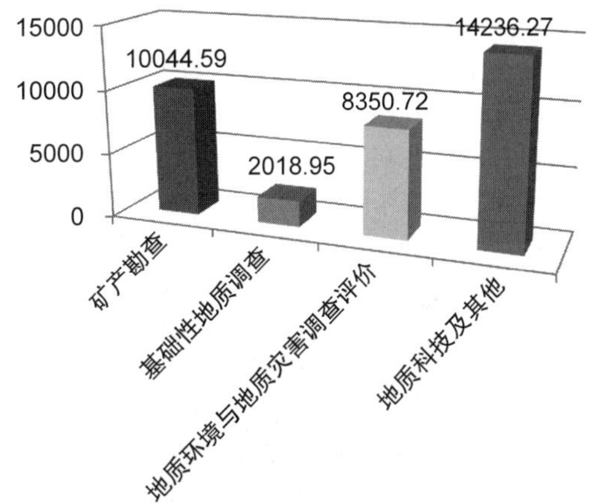

图2 地质勘查资金投入分布

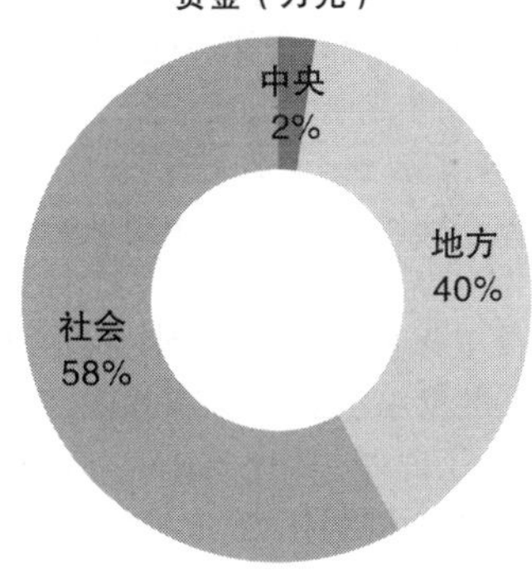

图3 矿产勘查资金比例图

主要矿种勘查资金和完成钻探工作量:煤炭310万元,开展项目2个,钻探3200米。地热8420.79万元,开展项目18个,钻探33945米,地下水1313.8万元,项目8个,钻探3541米。

②组织开展页岩气资源前期研究和潜力评价工作。会同北京市发展改革委向北京市政府报送了《关于开展北京地区页岩气资源勘探开发有关问题的意见》,得到北京市领导的同意。

③加强与国土资源部的沟通与协调,专题向国土部进行了汇报,得到了国土部的支持。代市政府起草并向国土部报送了《北京市人民政府关于申请北京能源投资(集团)公司(以下简称京能集团)开展北京地区页岩气资源调查及勘查工作的函》给予支持的正式

函件。

④组织开展了北京地区页岩气资源调查与评价可行性研究，编制了《北京地区页岩气资源调查与评价可行性研究报告》并通过了专家评审。

⑤起草了向市政府专题汇报的汇报材料。

⑥会同京能集团起草了《国土资源部与北京市人民政府关于共同推进北京地区页岩气勘查开发合作协议书》，正积极与国土部沟通签订部市合作协议事宜。

⑦正在制定相关工作方案。

【基础地质调查】 2012年，北京市共支出资金2018.95万元。其中，中央财政540万元，占总量的33.34%；地方财政1478.95万元，占总量的66.65%。

由于北京市辖区面积较小，基础地质工作比较深入，已完成第一轮1:5万区域地质调查和第二轮修测及相关地质研究工作，2012年进行的基础地质工作主要集中在矿产潜力评估、农业地质、遥感调查与监测方面。2012年共有7个基础地质调查项目：

1.《北京密云－怀柔地区深部铁矿资源潜力评估》项目：为2012年基础地质调查续作项目，年度下拨资金为100万元。2012年完成了1:1万地质草测填图22平方千米；1:1万地面磁法测量工作41.5千米；1:2千磁法剖面11.36千米，通过这些野外工作，对区内铁矿床分布、矿床成因、分布规律进行分析，划分矿集区，进行特征总结，初步编制完成成果报告。

2.《北京城市地质土壤调查与评价》项目：为2012年基础地质调查续作项目，北京市财政年度下拨续作经费为248.35万元。

项目整体工作进展顺利，野外调查取样，样品测试，成果分析，数据库建设，成果报告编写等相关工作均已完成，取得了许多有关全市土壤环境与质量方面的重要成果。目前该项目已完成野外工作验收，拟于近期组织专家对成果报告评审验收。

3.《北京市典型地区乡镇级土地质量地球化学评估试点》项目：为2012年基础地质调查续作项目，中央财政年度下拨资金为140万元，项目周期为3年(2011～2013年)。

项目整体工作进展顺利，野外调查及取样已完成设计工作总量的90%，下一步将根据工作进度和工作部署安排，继续进行野外调查采样和室内分析研究。

4.《北京市农业土地资源综合调查与评价》项目：为2012年基础地质调查续作项目，市财政下拨资金1230.6万元；该项目周期为2年(2011～2012年)。

项目整体工作进展顺利，野外调查取样，样品测试，成果分析，数据库建设，成果报告编写等相关工作均已完成。该项目采用了地球化学基础调查方法，摸清农业土地资源家底，查明农业种植土壤形成的地质背景、农业种植环境、肥力水平，评价土壤元素供给潜力和农作物品质状况等，为农业发展提供基础数据支撑，具有良好的社会效益。

5.《北京市矿产资源潜力评价》项目：为2012年基础地质调查续作项目，中央财政年度拨付资金200万元。

2012年完成了锰、钼、铬、银、萤石5个矿种的资源潜力预测评价，编写了成果报告和各专业专题报告7份，编制图件273张，数据库156个，图件说明书185份。阶段性成果资料已完成汇交。

6.《京津地区矿山开发遥感调查与监测》项目：为2012年基础地质调查续作项目，中央财政年度拨付资金180万。完成了1:5万工作区14500平方千米范围矿产资源开发利用状况、矿山地质环境和矿产资源规划执行情况遥感调查工作；1:1万工作区3500平方千米范围矿产资源开发利用状况、矿山地质环境和矿产资源规划执行情况遥感调查工作。

7.《北京市矿产资源利用现状调查》项目：经过4年努力，现已全面完成煤、铁、铅、锌、钨、铝土矿等16个矿种177个矿区的储量核查工作，提交了141个核查成果报告、16个矿种汇总成果报告和数据库、图件4255张、收集资料988份。北京市煤、铁等主要矿种的核查成果经全国项目办考评为全优，铁矿被选为全国试点矿种，在全国率先完成了“两库衔接工作”。总体讲北京市这项工作走在全国前列，项目圆满结束，成果资料已全部汇交。

【地质环境与地质灾害调查评价】 北京市在地质环境与地质灾害调查方面共支出资金8350.72万元。其中，中央财政434万元，占总量的5.19%；地方财政7289.2万元，占总量的87.28%；社会资金627.52万元，占总量的7.51%。

1.及时发布预警、开展应急响应和灾后调查。“7.21”特大自然灾害发生后，局长魏成林召开7.21特大自然灾害后续工作紧急会，总结应对经验，查找存在问题，要求按照市委、市政府指示精神，全力做好救灾善后工作。并迅速成立应急调查组开展地灾隐患排查。

北京市国土资源局派出15个应急调查组对我市10个山区县的重大地质灾害隐患点、新增地质灾害隐患点和避险场所进行了拉网式排查，共排查地质灾害隐患点478处。其中196处为新增。北京市国土资源局已将排查结果第一时间通知到当地政府以及受威胁群众，同时要求相关区县分局根据排查结果划定危险区，设立警示标志，补发明白卡，明确地质灾害群测群防监测员，并纳入群测群防体系。

2. 北京岩溶水资源勘查评价工程项目。该项目受北京市发展和改革委员会委托，项目总体经费为17732万元，2012年市财政下拨经费为5000万元。主要完成工作量为钻探：竣工18眼井，总进尺19727.16米，抽水试验：完成简易抽水试验267眼。水文地质测绘：完成测绘面积9780平方千米，完成野外调查点3673个。物探：完成可控源音频大地电磁测深、高密度电法的设计工作量，完成电测深设计工作量的90%，完成浅层地震设计工作量的37.14%。建立5个入渗试验站。遥感解译：完成9940平方千米。水化学分析：采集样品451件。同位素分析：432件。水位普测：627点。工程测量：高程测量379眼，GPS测量249眼。

取得的主要成果为水文地质遥感解译（房山长沟－周口店地区、西山鲁家滩－玉泉山地区、昌平高崖口－南口地区）标段，成果报告评审结果为优秀级。其他标段的项目正在推进中。

【地质资料社会化服务】 1. 加强地质资料社会化服务工作。按照国土资源部统一安排，逐步建设了地质资料共享服务平台系统、地质资料电子阅览室、地质资料管理信息系统。并积极推动地质资料汇交监管平台建设，组织相关部门召开协调会，现在已安装了地质资料共享服务平台系统，可以向社会提供资料查阅服务。

2. 加强地质资料信息服务工作。2012年接待来馆内借阅、复印公益性资料及涉密资料142人次，共计借阅资料612档6738件；接待来馆内复制电子版数据资料23人次，共计复制资料76档，复制图件338张；为确定建设项目用地是否压覆矿产资源，查询《储量空间数据库》26次。先后为中国石化天津液化天然气（LNG）项目北京段、110国道（昌平德胜口—延庆县城）二期工程、门头沟旧城改造和新城建设、北京岩溶水资源勘查评价工程项目、北京市矿产资源潜力评价项目、北京平原区活动断裂监测专项地质调查、北京市42个小城镇综合地质调查研究项目、北京7.21抢险勘察、密云再生水工程环境评价等60余个项目和重点工程提供服务。

3. 实物地质资料汇交工作取得新进展。采集城市地质土壤调查调查与评价项目全部土样样品近4万件；所有新地热井岩屑实物资料做到全部汇交，2012年度共接收了12口地热井的岩屑样品共计145箱5566件，检查合格后进行整理上架，并完成明细帐的登记工作，可以提供利用。目前已收集101口地热井、近6万件岩屑样品。

（北京市国土资源局）

山西省

【矿产资源管理工作概况】 建设项目压覆重要矿产资源审批工作是山西省国土资源厅2012年一项基本工作，2012年是山西省项目落地年，为高效快速完成相关审批工作，积极行动，主动出击，召开相关协调会，帮助建设单位签订压覆协议，促进了土地报批的进度。

全年完成建设用地压覆重要矿产资源报告审批175个，其中压覆重要矿产资源报告50个，无压覆重要矿产资源报告125个。

2012年完成新立11宗，延续探矿权审批23宗，保留探矿权审批7宗，变更探矿权审批1宗。

2012年度山西省矿产资源开发利用情况见表1。

按时向国土资源部报送矿产资源开发利用统计报表和对煤、铁专项统计情况；开展矿山企业矿产资源节约与综合利用以奖代补综合示范工程工作，向国土资源部推荐优秀矿山企业11座，代国土资源部审查央企3座；招标出让了山西省兴县杨家沟铝土矿探矿权、山西省兴县贺家圪台铝土矿采矿权，并对基本符合出让条件的7宗矿权进行了汇总，待厅务会通过后委托山西省国土资源厅交易中心进行公开出让。

下发《关于全面开展矿业权设置方案编制工作的通知》（晋国土资发〔2012〕296号），安排部署了山西省非煤资源矿业权设置方案的编制工作；组织开展了7个煤炭国家规划矿区矿业权设置方案的修编和煤炭非国家规划矿区矿业权设置方案的编制工作。已有1个通过部评审批复，两个部已经评审待批复，1个已编制完成待省级初审，3个正在编制中。

按国土资源部统一要求组织开展全省重要矿产资源“三率”调查与评价工作。

2012年在山西省国土资源厅党组的正确领导下，在厅机关各处室及相关单位的帮助和配合下，围绕全面启动矿山储量动态监督管理和山西省矿产储量数据库集中整理两项重点工作，兼顾其他日常工作，全面完成了年初的工作计划。

【露天采矿用地改革】 1. 组织实施，推进已批试点的露天采矿用地改革工作。中煤平朔煤业露天采矿用地改革试点获批后，山西省国土资源厅积极组织、协调朔州市国土资源局、平鲁区人民政府、朔州市国土资源局平鲁分局及中煤平朔公司等有关单位，切实把土地清查、用地报批、土地补偿、复垦还地、保障农民权益等工作做细、做好。使露天采矿用地改革试点取得成效，为全省露天采矿用地改革树立样板。同时借助这一试点平台,研究制定复垦的监督管理办法、明确复垦过程的时间节点、技术规范,确保同一地块能够在5年内复垦归还。平朔露天矿临时用地工作正在有序开展,山西省国土资源厅已批复了2011年度采矿用地计划和2011~2015年采掘场复垦规划,2012年度用地计划正在审核。

表1　　2012年度山西省矿产资源开发利用情况(按矿种分列)

矿种	矿山企业数					从业人员(人)	年产矿量		实际采矿能力(万吨/年)	工业总产值(万元)	综合利用产值(万元)	矿产品销售收入(万元)	利润总额(万元)
	合计	大型	中型	小型	小矿		万吨	万立方米					
合计	4995	267	642	2458	1628	880067	86865.98	0	107370.78	46932513.02	2987618.4	31687278.76	5489611.49
煤炭	1065	249	558	232	26	788196	72292.6	0	86434.32	43482418.65	2814555.3	30584235.78	5275190.28
地下热水	1	0	0	1	0	30	0	0	0	0	0	0	0
铁矿	363	4	26	263	70	22146	2752	0	3925.29	816768.72	45375.1	688067.13	136003.7
锰矿	2	0	0	0	2	31	0	0	0	0	0	0	0
钛矿	3	1	0	0	2	27	0	0	0	0	0	0	0
铜矿	18	1	3	14	0	6634	631.31	0	565.18	143542.62	7588.06	134700.03	46391.92
铅矿	2	0	0	2	0	55	0	0	3	0	0	0	0
铝土矿	49	2	4	25	18	2078	609.04	0	632.56	84819.39	9620.5	80327.95	4283.91
镁矿	5	0	0	2	3	58	3.5	0	15.6	90	0	90	10
钼矿	1	0	0	1	0	25	0	0	0	0	0	0	0
金矿	20	0	0	14	6	1484	12.39	0	44.46	42900.9	100	36671.7	14618.7
银矿	1	0	0	1	0	290	15.9	0	15.9	13793	0	13793	-481
蓝晶石	1	0	0	0	1	10	0	0	0	0	0	0	0
菱镁矿	1	0	0	0	1	6	0.3	0	0.3	12	10	12	0
熔剂用灰岩	28	2	1	8	17	1078	317.54	0	482.51	2868.92	222	2803.85	371.79
冶金用白云岩	72	0	1	42	29	902	163.49	0	219.82	34633.34	854.35	4992.33	-335.01
冶金用石英岩	23	0	1	16	6	202	2.46	0	19.7	72	70	68.48	-30
冶金用脉石英	21	0	0	13	8	176	2.38	0	8.16	78	0	78	3
耐火黏土	41	0	0	2	39	504	0	0	8.5	2.42	1.03	0	0
铁矾土	8	0	0	1	7	15	0	0	0	0	0	0	0
硫铁矿	12	0	0	9	3	28	0	0	3.5	10	5	0	0
重晶石	4	0	0	3	1	27	0	0	0	0	0	0	0
电石用灰岩	3	0	0	0	3	41	4	0	4	120	0	120	0
含钾岩石	2	0	0	2	0	10	0.23	0	0.23	13.8	0	13.8	0
磷矿	3	0	0	3	0	33	0	0	15	0	0	0	0
石墨	6	0	0	4	2	209	16.28	0	13.89	3622	0	2345.2	286.07
硅灰石	1	0	0	0	1	15	0	0	1	0	0	0	0
长石	30	0	0	17	13	257	1.9	0	6.61	96.3	5	46.3	-20
石榴子石	4	0	0	4	0	62	1.1	0	1.1	27.5	3	27.5	0
叶蜡石	1	0	0	0	1	20	0	0	0	0	0	0	0

续表 1

矿种	矿山企业数					从业人员(人)	年产矿量		实际采矿能力(万吨/年)	工业总产值(万元)	综合利用产值(万元)	矿产品销售收入(万元)	利润总额(万元)
	合计	大型	中型	小型	小矿		万吨	万立方米					
透辉石	2	0	0	0	2	1	0	0	0.3	0	0	0	0
蛭石	5	0	0	5	0	80	1.25	0	1.25	250	0	50	0
沸石	5	0	0	5	0	33	0	0	9.5	0	0	0	0
透闪石	3	0	0	1	2	16	0	0	0	0	0	0	0
石膏	61	1	0	37	23	1585	34.58	0	50.95	1019.85	306.29	979.38	129
水泥用灰岩	100	1	10	65	24	2174	1276.53	0	1851.98	112081.06	4577.56	13533.06	2674.19
建筑石料用灰岩	980	2	23	522	433	13206	2440.27	0	4233.8	483014.68	24686.96	50746.88	2360.82
饰面用灰岩	3	0	0	3	0	27	0	0	0	0	0	0	0
制灰用石灰岩	81	1	0	38	42	1611	246.65	0	279.48	19708.14	2244.79	4422.5	174.18
建筑用白云岩	53	0	0	27	26	625	80.67	0	173.4	24038.8	695	2061.8	358.6
玻璃用石英岩	40	0	0	20	20	266	3.8	0	2.9	505	166	230	29
玻璃用砂岩	4	0	0	3	1	32	1.13	0	1.13	45	0	45	3
水泥配料用砂岩	14	0	0	6	8	67	5.86	0	38.86	48.64	35	47.94	6.86
砖瓦用砂岩	1	0	0	1	0	5	0	0	3	0	0	0	0
陶瓷用砂岩	2	0	0	0	2	10	3	0	6	58	0	58	13.5
建筑用砂岩	50	0	0	34	16	474	25.73	0	82.47	3156	231.2	611.96	168.6
建筑用砂	185	0	0	118	67	1818	154.26	0	152.26	4408.62	1223.8	1907.03	479.95
水泥标准砂	1	0	0	0	1	3	0	0	1	0	0	0	0
砖瓦用砂	1	0	0	1	0	8	0.8	0	0.5	17.5	10	17.5	3
玻璃用脉石英	11	0	0	3	8	170	1	0	1	255	5	100	70
粉石英	1	0	0	1	0	12	0	0	0.2	0	0	0	0
砖瓦用页岩	2	0	0	0	2	100	1.45	0	1.45	185	0	16.75	1.5
高岭土	5	0	0	1	4	53	0	0	15	0	0	0	0
陶瓷土	47	0	3	22	22	746	19.91	0	38.81	65001.05	3194	4401.15	11.2
膨润土	1	0	0	1	0	8	0	0	0.3	0	0	0	0
砖瓦用黏土	1279	2	5	716	556	29104	5272.52	0	7617.73	1418068.79	69698.66	55342.95	6344.75
陶粒用黏土	12	0	0	1	11	185	1.42	0	8.26	290.5	138.3	259.8	34
建筑用橄榄岩	1	0	0	1	0	7	0	0	0	0	0	0	0
建筑用玄武岩	10	0	0	7	3	206	25	0	29.5	485	50	485	9
建筑用角闪岩	10	0	0	4	6	93	1.35	0	9.6	126	0	77	8
铸石用辉绿岩	1	0	0	1	0	10	0	0	0	0	0	0	0
饰面用辉绿岩	20	0	0	19	1	417	183.11	0	4.44	1260.08	425	816.21	-0.82

续表 1

矿种	矿山企业数					从业人员(人)	年产矿量		实际采矿能力(万吨/年)	工业总产值(万元)	综合利用产值(万元)	矿产品销售收入(万元)	利润总额(万元)
	合计	大型	中型	小型	小矿		万吨	万立方米					
建筑用辉绿岩	27	1	2	22	2	297	1.3	0	5.01	30	0	20	0
建筑用安山岩	1	0	0	0	1	0	0	0	0	0	0	0	0
建筑用闪长岩	1	0	0	1	0	10	0	0	5.6	0	0	0	0
建筑用正长岩	1	0	0	1	0	3	1	0	0	1	0	0	0
建筑用花岗岩	32	0	2	23	7	373	24.01	0	36.24	169735.86	532	478.86	133
饰面用花岗岩	5	0	0	5	0	113	0.2	0	1.75	230	0	210	15
麦饭石	1	0	0	0	1	10	0	0	0	0	0	0	0
珍珠岩	2	0	0	2	0	30	0	0	3.5	0	0	0	0
浮石	1	0	0	0	1	20	0	0	3	0	0	0	0
霞石正长岩	3	0	0	3	0	39	0	0	0	30	0	0	0
建筑用凝灰岩	1	0	0	1	0	40	1.78	0	1.78	55	40	50	12
饰面用大理岩	18	0	0	2	16	144	0.73	0	3.52	344.5	344	344.5	60
建筑用大理岩	17	0	3	6	8	138	3.54	0	3.54	50	5	42.48	2.5
片麻岩	51	0	0	26	25	490	196.6	0	115.17	1508.4	368	1221.95	192
矿泉水	1	0	0	1	0	1	4	0	0	0	0	0	0
其他矿产 1	50	0	0	23	27	557	26.14	0	155.47	616	232.5	308	25.3
其他矿产 2	1	0	0	0	1	1	0	0	0.5	0	0	0	0

2. 推进露天采矿用地改革工作。经山西省人民政府第 110 次常务会议审查同意,2012 年 9 月初,向国土资源部新申报了 22 个露天采矿用地改革试点,涉及露天矿 23 座,申请试点面积 16.44 万亩,第一个规划期(2012～2016 年)拟用地 4.44 万亩。

3. 完善规章制度,确保露天矿业用地改革工作规范、有序开展。为健全和完善各项制度,确保试点工作依法规范运行,起草了三个办法和两个协议范本。分别是《山西省露天采矿临时用地管理暂行办法》、《山西省露天采矿用地复垦验收管理暂行办法》、《山西省露天采矿临时用地复垦还地管理暂行办法》、《露天采矿临时用地协议书》和《露天采矿临时用地还地协议书》,已通过了厅务会审议。现正由省政府法制办进行审查。近期,会同政法处多次同省政府法制办进行协商,对这三个办法和两个协议范本进行了进一步的修改,现已完成省政府法制办的备案程序并正式以省厅规范性文件正式下发。

4. 将露天采矿用地信息上图入库,实现采矿用地改革在线监管。为加强采矿用地改革的在线监管工作,制定了露天采矿临时用地信息上,图入库实施方案。方案要求严格按照各露天矿山的《开发利用方案》和《土地复垦方案》确定首采区面积和位置,将该区域内的地类、面积和坐标等相关信息录入"一张图"数据库。同时,每年在审批各露天矿的年度用地计划时,要求各县(区)国土资源局提供计划临时用地的地类、面积和坐标等相关信息,然后将这些信息和数据库内的信息进行比对,核实其是否在首采区的范围之内,地类面积信息是否准确无误。此外,复垦进度也在线上传,确保试点工作做到"范围明确,封闭运行,程序严格,监管有力"。上图入库后,还可以通过复垦后地类变化的比对,了解露天采矿用地改革的效果,积累经验。现在山西省国土资源厅办公系统中已安装此监管系统,中煤平朔和其他拟开展试点的矿山企业相关信息已录入。

【找矿突破战略行动推进】 为更加科学合理地勘查、开发矿产资源,促进山西省实现找矿突破、保持矿业持续健康发展,指导和规范矿产资源管理,保障经济社会发展对矿产资源的需求,根据国土资源部找矿突破战略行动纲要,结合山西省实际,编制了《山西省找矿突破战略行动实施方案(2011～2020年)》(以下简称《方案》)。《方案》确定的找矿突破重点为整装勘查区和重点勘查区,重点矿种为煤、铁、铜、铝、金、白云岩、石墨、石英。2012年山西省在2012年度价款项目立项中继续加大对重点矿种的勘查力度,落实整装勘查区项目27个(安排21588万元),铝土矿整装勘查区项目12个(安排10511万元),铁矿整装勘查区项目15个(安排11077万元)。

【矿业权价款项目管理】 1. 完成2012年矿业权价款项目申报及立项。2012年1月省国土厅、省财政厅联合下发了《关于申报2012年度矿业权价款地质勘查项目的通知》。根据通知要求各单位积极申报项目,截至2012年3月30日,山西省国土资源厅共收到立项申报194个,申请勘查经费242283.6万元。经矿产开发处初步整理、核查申报区内矿业权及各类自然保护区设置情况,筛选出符合上会论证的135个项目,并于2012年4月19日至4月23日组织专家在榆次进行了封闭式资料审阅、论证和排序工作,完成项目立项论证。按专家论证、排序结果,加上铝土矿、铁矿整装勘查区实施方案安排项目,最终批准立项项目共68个,涉及勘查经费55121.75万元。2012年6月6日下发了《关于批准2012年度矿业权价款地质勘查项目立项及编写项目勘查实施方案的通知》。

2012年8月23日至8月25日组织31位专家分成7个组对批准立项的68个项目实施方案进行了评审,"山西省万荣县王显勘查区煤炭普查"等63个通过审查("山西省繁峙县西沟湾矿区铁矿预查、山西省灵丘县白草会矿区铁矿预查、山西省代县黄草院矿区铁矿预查、山西省繁峙县四岔矿区铁矿预查、山西省代县赵家窑矿区铁矿预查"5个项目野外踏勘效果欠佳,勘查实施方案未通过专家评审)。2012年12月11日山西省国土资源厅与山西省财政厅联合下发《关于批准山西省万荣县王显勘查区煤炭普查等63个项目2012年度价款项目矿产资源勘查实施方案的通知》(晋国土资发〔2012〕474号),最终批准立项经费50770.89万元。完成省厅矿业权价款项目投入5亿元目标。

2. 矿业权价款项目完成情况。督促各单位在保证项目质量的前提下,加快工作进度。对已完成野外工作的项目,组织专家进行室内评审验收,2012年共完成项目验收100个,完成全年任务的200%。从已验收的项目初步估算可提交煤炭资源量434.79亿吨,其中333及以上资源量190.14亿吨,3341资源量244.65亿吨;铁矿333资源量1.04亿吨;铝土矿资源量4.71亿吨,其中333及以上资源量0.87亿吨,3341资源量3.84亿吨;金资源量2854千克;冶镁白云岩资源量23.30亿吨,其中333及以上资源量11.98亿吨,3341资源量11.32亿吨。

【老矿山找矿项目申报】 根据国土资源部办公厅关于申报2013年度老矿山找矿项目的通知(国土资厅函〔2012〕826号)要求,积极组织各地勘单位申报老矿山找矿项目,中国冶金地质总局第三地质勘查院在规定时间内上报了《山西省垣曲县落家河铜矿接替资源勘查》、《山西省垣曲县胡家峪铜矿接替资源勘查》两个立项申请。我处安排专家进行了初审,根据设计编制情况,最终确定《山西省垣曲县胡家峪铜矿接替资源勘查》符合部相关要求,并出具了评审意见书,上报国土资源部矿产勘查办公室。

【矿业权管理】 2012年矿业权管理工作主要以地质调查证管理为主,全年发放地质调查证79个。

【地质勘查资质管理】 1. 地质勘查资质备案。根据《地质勘查资质监督管理办法》(国土资发〔2010〕14号)的要求,山西省于2010年9月8日出台了《关于建立外省地勘单位来山西从事地质勘查活动资质备案制度的通知》(晋国土资发〔2010〕327号)。截止目前,共有24个外省地勘单位,65个项目进行了地质勘查资质备案。

2. 地质勘查资质审批。2012年山西省共有43个单位提交了地质勘查资质申请材料,其中首次新设申请21个单位,二次新设9个单位,变更13个单位。

3. 勘查资质监督检查。山西省共有地质勘查资质单位85个,根据《关于检查地质勘查单位资质的通知》(晋国土资办〔2012〕710号)的要求,山西省国土资源厅于2012年10月10日至30日集中进行了地质勘查资质监督管理抽查工作。分别抽查了太原、大同、忻州、长治片区共23个地勘单位。抽查比例占本行政区域地勘单位的27.06%。在检查过程中,检查人员按要求填写了《地质勘查资质监督检查记录卡》。经抽查,山西省地勘单位基本上能够遵守《地质勘查资质管理条例》和《地质勘查单位从事地质勘查活动业务范围规定》的要求,按照本单位地质勘查资质证书规定的资质类别和资质等级从事地质勘查活动,未发现有出具虚假地质勘查报告、转包地质勘查项目、允许其他单位以本单位名义从事地质勘查活动以及无证勘查情况,各地勘单位均较好地履行了相关义务。

【煤矿企业兼并重组换发长期采矿许可证】 2012年,推进煤矿企业兼并重组换发采矿许可证和非煤矿产资源进一步开发整合采矿登记工作，高效规范换发采矿许可证，强化矿产开发监督管理，完成了年初确定的各项工作任务。

煤矿企业兼并重组换发长期采矿许可证是2012年的重点工作。为推进此项工作的进展，制定了每月例会和逐月通报等制度，同时采取深入基层调研摸底、协调沟通相关厅局和召开现场会议等有力措施，并先后下发《关于兼并重组煤矿换发采矿许可证工作中有关问题的通知》（晋国土资发〔2012〕200号）和《关于进一步规范兼并重组煤矿换发采矿许可证有关问题的通知》（晋国土资发〔2012〕216号）等文件，明确了换证有关问题的解决方法，为换发长期采矿许可证提供了政策依据，规范了换证程序。

全省需领取兼并重组长期采矿许可证的煤矿909座，后续五项工作进展情况：储量核实备案工作完成900座，完成率99.01%；开发利用方案评审工作完成895座，完成率98.46%；矿山地质环境保护与治理恢复方案备案工作完成881座，完成率96.92%；土地复垦方案备案完成880座，完成率96.81%；价款缴纳工作完成870座，完成率95.71%。截至12月底，2012年底应换证数为874座，上报省厅换发长期采矿许可证的有850座，已审批完成的有810座，换证率为92.7%。

【非煤矿产资源整合】 非煤矿产资源整合工作，是2012年省委省政府目标责任制考核重点。年初，下发了《关于非煤矿产资源进一步开发整合采矿登记工作有关问题的通知》（晋国土资函〔2012〕83号），明确了采矿登记的换证范围、换证权限和换证时限，规范了换证方式、换证程序和换证资料。

6月下旬，组织各市矿管科科长召开会议，各承办人与各市对列入非煤进一步整合的矿山企业进行了逐矿对接，并讨论研究了加快证件发放的方法。

全省应按照整合方案批复划定矿区范围的137座矿山中，上报省厅办理划定矿区范围的矿山企业已全部完成划界审批。

【采矿权和探矿权年度检查】 2012年度，积极安排组织山西省采矿权和探矿权年度检查工作，总结2011年度采矿权和探矿权年检工作并报部。采矿权部级发证95座，实检矿山93座，不合格2座；省级发证1387座，实检矿山1366座，不合格19座；市级发证1889座，实验矿山1850座，不合格19座；县级发证1604座，实验矿山1576座；不合格40座。探矿权部级发证34个，实检18个，全部合格；省级发证136个，实检124个，全部合格。

【矿山储量动态监督管理】 根据国土资源部《关于全面开展矿山储量动态监督管理的通知》要求，在充分调研的基础上，结合山西省开展矿山储量动态监督管理的情况，起草并印发了《山西省国土资源厅关于加强矿山储量动态监督管理的通知》，将所有取得采矿许可证的矿山企业纳入储量动态监督管理范围，同时明确了矿山企业、地质储量测量机构及国土资源管理部门的责任；抽查了煤、铁、铝、铜等重点矿种的2011年度储量年报55份，全面了解了全省储量年报的编制质量和开发利用现状。

【储量库集中整理与调查成果衔接】 由于山西省近年来几轮资源整合，全省矿业权的总数、布局及占用资源数量发生了重大变化，而储量库来不及更新替换，造成储量库严重失实。2012年3月组织相关人员30多人集中进行整理（占时10天，人员封闭）。主要工作是将兼并重组后经过正式评审备案的煤矿占用资源储量更新入库。

矿产资源储量数据库与矿产资源利用现状调查成果库的衔接工作完成后，我处又组织相关人员，先后两次召开专题会议，针对矿产资源储量数据库未解决的问题，探讨总结了进一步整理储量数据库的工作思路，确定了进一步整库工作方案，彻底解决了储量库中长期积累的问题，使矿产资源储量数据库更加符合我省矿产资源开发利用现状。

【矿业权评估】 针对山西省矿业权价款处置和评估工作中遇到的问题，进行了系统的分析和研究，起草了《山西省国土资源厅关于矿业权价款评估有关事项的通知》，经矿政专题会议和厅务会议讨论通过，现已下发执行。该文件的出台，较全面地澄清和明确了我省有关矿业权评估的相关规定，将在很大程度上解决了长期以来我省矿业权评估中的相关问题。

全年完成矿业权价款评估报告备案22个；完成4个矿山的采矿权评估摇号工作。

【矿产资源管理】 建设项目压覆重要矿产资源审批工作是2012年一项基本工作，2012年是山西省项目落地年，为高效快速完成相关审批工作，积极行动，主动出击，召开相关协调会，帮助建设单位签订压覆协议，促进了土地报批的进度。

全年完成建设用地压覆重要矿产资源报告审批175个，其中压覆重要矿产资源报告50个，无压覆重要矿产资源报告125个。

【地质资料管理】 2012年共完成地质成果资料汇交

620种，其中矿产类411种、地质环境类209种；共为481人次提供地质资料服务1436份、5140件。

对建国以来开展的地质工作形成的成果地质资料钻孔进行了清查，共清查资料7512档，31851个钻孔。

全国的地质资料汇交监管平台已于2012年3月正式开通。将纳入监管平台的数据全部导入监管平台，共计探矿权数据788条、采矿权数据6473条、非矿权类数据454条，较大程度地强化了管理相对人汇交地质资料的意识，从技术层面上确保了该项工作的统一规范和面上全覆盖。

【《矿山地质环境保护与治理恢复方案》编制、评审与备案】 推进全省《矿山地质环境保护与治理恢复方案》编制、评审与备案工作。多次召集各市国土资源局、相关专家开会研究讨论，落实有关人员的分工，列入省厅考核市局目标责任制的内容。在2011年底该项工作备案率只有10%的情况下，下发了《山西省煤矿<矿山地质环境保护与治理恢复方案>编制、评审及备案进展情况通报》、《关于加快<矿山地质环境保护与治理恢复方案>评审与备案工作进度的通知》（晋国土资办发〔2012〕39号），推动该项工作加快进度，尤其是文件中明确规定编制单位必须于评审通过后30日内送交省厅备案，否则视为不通过，重新评审，这些措施使备案工作加快了步伐，备案率得到较大幅度提高。同时，针对方案编制及评审过程中存在的不明确和有争议的技术性司题，广泛征求相关专家意见，多次开会研究讨论，于3月14日下发了《矿山地质环境保护与治理恢复方案指导意见》（晋国土地环备字〔2012〕1号），在追求速度的同时，也确保了方案的质量。

截至2012年年底，全省煤矿应编制“治理方案”905个，已完成编制899个，市局完成初审897个，省厅通过评审897个，完成率99%，已备案893个，完成率98%。非煤矿山完成了《矿山地质环境保护与治理恢复方案》审查备案171个。

【煤矿企业矿山地质环境恢复治理示范工程】 根据《矿山地质环境保护规定》（国土资源部44号令），为了使矿山企业按照已备案的《矿山地质环境保护与治理恢复方案》进行地质环境工程治理，选择有条件的煤矿矿山企业启动开展地质灾害工程治理，通过以点带面、示范引领，实现全面推进山西省矿山地质环境保护与恢复治理工作的目标，下发了《关于开展2012年全省煤矿企业矿山地质环境恢复治理示范工程的通知》（晋国土资发〔2012〕146号），要求2012年在山西省11个地市各选择2家煤矿企业开展矿山地质环境恢复治理示范工程，矿山企业要按照已备案的《矿山地质环境恢复治理方案》，落实治理资金，进行地质环境监测，开展地质环境恢复治理，搞好单项工程的勘查、施工设计、施工、验收等工作，对不能完成治理任务的，国土资源部门依法实施行政处罚。同时，对于每家矿山企业编制的《矿山地质环境恢复治理方案》，在备案前均要求增加地质环境恢复治理承诺书。

【国家投资矿山地质环境治理项目推进】 作为山西省资源枯竭城市，孝义市得到国家的政策支持，2009～2011年连续三年获得中央财政补助矿山地质环境治理资金2.37亿元，但因实施方案（初步设计）中涉及浅层残煤的回收，项目至今未动工实施，致使资金使用效率低，中央暂停拨付资金。2012年上半年，孝义市政府以先行先试名义启动项目工程实施，违反了我省有关规定，李小鹏常务副省长高度重视，三次召集相关部门开会讨论研究，提出了不涉煤、不深挖、限制单体工作面和数量、实施方案要公示、实施环节要审批、强化监督的原则要求，山西国土资源厅据此专门向副省长李小鹏作了报告，孝义市也已拿出具体实施方案拟报省政府，待省政府批准后立即进入实施阶段。

【废弃矿井详查】 2012年，组织对山西省4400多个废弃矿井进行详查，在详查基础上，对4400多个废弃矿井逐个开展影响评价、治理方案编制工作，建设了废弃矿井数据库和管理信息系统，编制完成了《山西省废弃矿井详细调查报告》并经专家评审通过。

【矿山地质环境保护与治理调研与申报】 2012年，完成编制评审山西省及太原市《矿山地质环境保护与治理规划》和《山西省采矿破坏村庄及其矿山地质环境调查报告》、《废弃矿井详查报告》。

按照已经国土资源部、山西省批复的矿产资源总体规划，完成编制了“十二五”《山西省矿山地质环境保护与治理规划》和《太原市矿山地质环境保护与治理规划》，并经过专家论证通过，太原市规划已经太原市政府批准实施。

完成山西省采矿破坏村庄及其矿山地质环境调查报告。通过摸底调查，查明了山西省矿山开发引发的诸如地面变形与塌陷、崩滑流灾害、采矿破坏村庄等环境地质问题的特征及其潜在危害，编制完成了《山西省采矿破坏村庄及其矿山地质环境调查报告》，并经过专家论证通过。此工作成果将作为开展矿山地质环境治理恢复工作的重要依据。

督促各市局组织申报2013年矿山地质环境治理项目，共上报8个矿山地质环境治理项目。9月27

日,召集有关专家对项目可研报告进行了初步审查。10月中旬,组织相关专家分两组对项目进行了现场踏勘,确保项目申报公正可行。12月5日,山西省国土资源厅组织专家对项目进行了评审。

【地质遗迹保护、地质公园建设】 1. 组织专家评审地质遗迹保护项目实施方案、地质公园规划。对大同火山群、五台山、永和黄河蛇曲、陵川王莽岭等地质遗迹保护项目实施方案进行了评审,并顺利通过,目前各项工作正按照实施方案有序开展。完成了陵川王莽岭国家地质公园规划报部审核工作,国土资源部组织专家评审通过并予以批复。对沁水历山、阳城析城山省级地质公园规划进行评审并予以通过。

2. 保护地质遗迹,指导矿山企业合理开发资源。对设立探矿权、采矿权就地质遗迹保护范围进行会签,针对矿区内有地质遗迹分布点等情况提出保护地质遗迹的建议,组织专家实地踏勘,对保护地质遗迹,指导矿山合理开采起到积极的促进作用,力争从源头上保护地质遗迹。

3. 利用先进科学技术,提高地质遗迹保护工作效率。委托太原理工大学开发的全省地质遗迹保护查询系统,5月开始在省地质遗迹保护管理工作中试用。该系统利用美国的先进电子平台,将山西省地质遗迹分布图、岩溶泉域水资源保护区分布图、汾河自然保护区分布图、汾河流域保护区分布图、沁河源头保护区分布图,分层叠存在一张电子地图上。该系统提高了地质遗迹保护资料留存、查询、会签的工作效率。

4. 深入地质遗迹、地质公园实地踏勘,指导监管基层工作。对拟申报地质公园工作的朔州右玉县牛心山等火山岩溶通道地质遗迹进行实地踏勘,并会同有关专家提出指导意见;会同大同市局、广灵县局和有关专家实地考察遭到破坏的大同广灵汉白玉石林,提出监管要求和保护建议。

5. 摸清底数,填写地质遗迹报表。根据部地环司要求,为进一步掌握近年来地质遗迹保护项目实施情况,迎接部地环司将要开展的地质遗迹保护项目大检查,组织各地市,按年度认真填报了地喷遗迹保护项目实施情况及资金投人一览表。

6. 组织相关人员参加地质公园编制和导游培训。按照国土资源部统一要求与部署,组织省厅,市、县局,编制单位等地质公园管理、建设工作相关人员,参加了国土资源部地质环境司在中国矿业大学举办的地质公园编制和导游培训班,通过培训,大大提高了工作业务能力,为今后我省地质公园管理、建设、服务工作打下基础。

7. 完成山西省六大盆地重点地区浅层地温能调查评价。基本完成全省地热资源勘查开发利用保护规划工作。委托山西省地质调查院承担实施的山西省6大盆地重点地区浅层地温能调查评价工作已经完成。委托山西省三勘院承担实施的全省地热资源勘查开发利用保护规划工作基本完成。

8. 做好《古生物化石保护条例》的培训、检查工作。贯彻落实《古生物化石保护条例》,做好《古生物化石保护条例》的培训、检查工作。截至2012年9月底,按照国土资源部地质环境司的统一部署,组织全省各市局、各地质公园管理处相关工作人员,共分4期参加了《古生物化石保护条例》培训。通过培训,对山西省古生物化石保护管理工作将起到一定的积极作用。

9. 国家地质公园命名验收工作。按照《国土资源部办公厅关于国家地质公园建设验收工作的通知》(国土资厅发〔2010〕40号)的要求,督促国家地质公园资格单位提前做好验收准备,组织专家按照《国家地质公园验收标准》进行实地审查验收,达标后向国土资源部行文申请验收命名。经国土资源部领导与专家实地验收,山西省大同火山群、晋城王莽岭国家地质公园顺利通过验收。

【全国地质遗迹项目汇报会(北方片)】 按照国土资源部要求,2012年4月全处人员全力以赴,在晋祠宾馆组织召开全国地质遗迹项目汇报会(北方片)。此次会议有部财务司、地环司领导,11个兄弟省市的200多名相关人员参加,前后历时5个工作日,会议上各省市总结交流近年来地质遗迹保护方面取得的工作经验,找出存在问题,研讨下一步工作部署。会议圆满召开,得到国土资源部的表扬与肯定,为有效保护地质遗迹,交流工作经验起到了良好效果。

(山西省国土资源厅)

内蒙古自治区

【矿产资源开发利用概况】 2012年,受国际大环境及国内矿业市场影响,内蒙古自治区矿业开发利用势头放缓,矿业发展环境趋稳,全区矿业各主要经济指标、生产指标较2011年出现小幅度变动。其中,矿业总产值出现2004年以来的首次减少,其余主要经济指标虽然有小幅度增长,但增长速度较2011年有所下降;全区年矿石产量、矿山企业数、矿业从业人员数较2011年均有增加,但增加蝠度不大。伴随着全区矿业市场的逐步规范,矿业发展秩序的逐渐稳定,全区矿业政策的逐渐强化,全区矿业开发利用将进人稳定发展期,全区矿业持续的良性运行，将是构建内蒙古自治区和谐社会、集约节约社会的重要保证。

截至2012年12月底，全区共有各类（不包括油气类）矿山企业4499家，较2011年度增加163家，同比增长3.76%，数量为9年来最高（图1）。除能源矿产矿山企业减少15家、化工原料非金属矿山企业减少1家、水气类矿山企业减少1家外，黑色金属矿山企业增加39家，有色金属矿山企业增加26家，贵金属矿山企业增加4家，冶金辅料非金属矿山企业增加48家，建材及其他非金属矿山企业增加62家。矿山企业总数增加的原因，主要是由于黑色金属中铁矿和有色金属中铜矿、铅矿的新立矿山企业增加，另外建材类非金属矿产、冶金辅料类非金属矿产矿山企业数量均有不同程度增加，而矿山企业数量减少的主要原因是矿山企业整合所致。

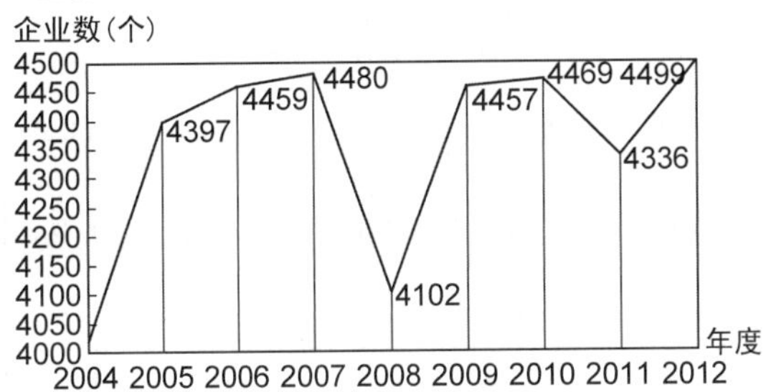

图1　2004～2012年内蒙古自治区矿山企业总数变化趋势曲线图

2012年全区矿业从业人员共计28.91万人，比2011年增加1.48万人，同比增长5.40%，达到2004年以来最高水平。其中，能源矿业从业人员14.67万人，占全区矿业从业人员总数的50.7%，有关情况见图2、图3及表1。

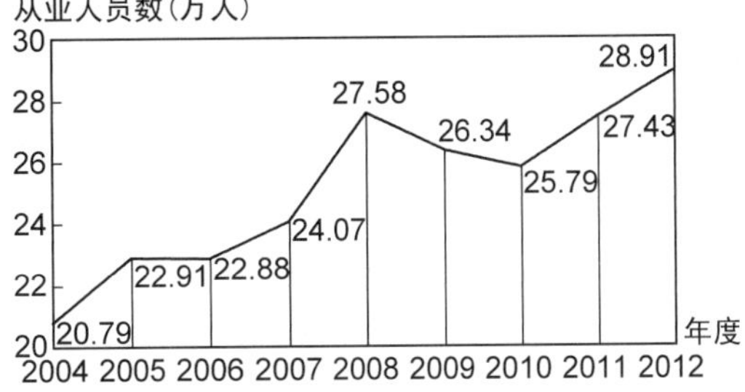

图2　2004～2012年内蒙古自治区矿山企业从业人员数量变化趋势曲线图

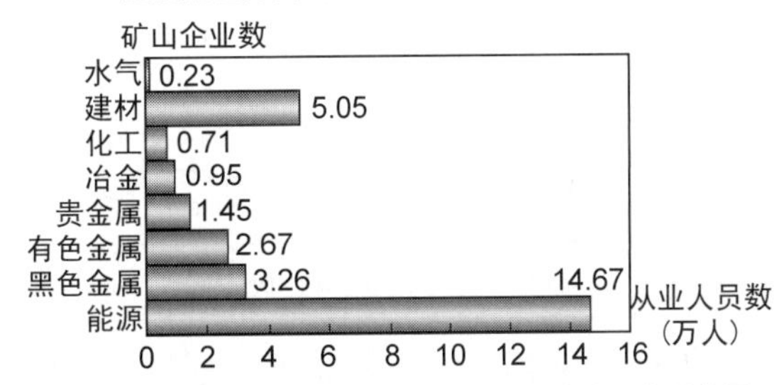

图3　2012年内蒙古自治区各类矿山企业从业人员数量对比图

【矿山企业概况】　2012年全区矿山企业数量居前三位的盟市为：赤峰市、锡林郭勒盟和鄂尔多斯市，其矿山企业数量依次为897家、655家和438家，分别占全区矿山企业总数的20.7%、15.1%和10.1%。其他盟市矿山企业数一般介于180～400家之间。相关信息见图4及表2。

表1　**2012年度内蒙古自治区各类矿产资源开发利用情况统计**

序号	矿类	矿种	矿山企业数					从业人员（人）	年产矿量（万吨）	实际采矿能力（万吨/年）	工业总产值（万元）	综合利用产值（万元）	矿产品销售收入（万元）	利润总额（万元）
			合计	大型	中型	小型	小矿							
		合计	4499	153	288	2100	1958	289100	107489.80	107853.76	23345334.31	938223.83	20864956.38	5428051.65
1	能源矿产煤炭		590	110	168	254	58	146139	86542.55	86614.65	19818882.94	479756.25	17811618.90	4775736.97
2		油页岩	1	0	0	1	0	13	1.00	1.00	48.00	22.00	48.00	3.00
3		油砂	2	0	0	2	0	2	0.00	0.00	0.00	0.00	0.00	0.00
4		地下热水	3	0	1	1	1	565	12.50	0.00	266.67	0.00	266.67	63.00
5	黑色金属矿产铁矿		360	8	24	233	95	32448	6538.29	7761.96	1116597.50	101009.99	1049452.39	124543.25
6		锰矿	4	0	0	1	3	79	0.10	0.10	40.00	0.00	40.00	2.00
7		铬矿	3	0	0	3	0	56	3.70	3.70	2035.00	0.00	2035.00	304.27
8		钒矿	1	0	0	1	0	7	0.00	0.00	0.00	0.00	0.00	0.00

续表1

序号	矿类	矿种	矿山企业数					从业人员(人)	年产矿量(万吨)	实际采矿能力(万吨/年)	工业总产值(万元)	综合利用产值(万元)	矿产品销售收入(万元)	利润总额(万元)
			合计	大型	中型	小型	小矿							
		合计	4499	153	288	2100	1958	289100	107489.80	107853.76	23345334.31	938223.83	20864956.38	5428051.65
9	有色金属矿产	铜矿	50	3	6	32	9	7384	2355.26	2407.74	529935.38	23778.31	415504.35	142168.76
10		铅矿	68	0	10	45	13	5175	190.19	270.38	190102.65	111475.90	161769.16	53072.11
11		锌矿	49	0	14	31	4	11963	610.80	639.90	368159.15I	53416.00	137231.88	146693.81
12		镁矿	1	0	0	1	0	5	0.00	0.00	0.00	0.00	0.00	0.00
13	有色金属矿产	镍矿	7	0	1	3	3	101	28.44	12.24	9370.90	0.00	8445.70	0.00
14		钨矿	2	0	0	2	0	50	0.14	9.00	149.00	10.00	149.00	5.00
16		锡矿	3	0	0	1	2	233	2.20	4.30	1273.95	500.00	1273.95	200.00
16		钼矿	17	3	4	2	8	1807	1698.29	710.62	41541.64	1650.00	27273.42	-1016.13
17	贵金属矿产	金矿	124	1	547	71	11669	957.66	783.68	464680.34	35819.00	464084.83	84746.63	
18		银矿	16	1	0	10	5	2841	117.90	126.02	131519.60	76825.00	107967.78	25161.51
19	分散元素	锗矿	1	0	0	1	0	140	5.00	5.00	5500.00	600.00	5500.00	600.00
20	冶金辅料非金属矿	红柱石	1	0	1	0	0	50	0.00	0.00	0.00	0.00	0.00	0.00
21		菱镁矿	2	0	0	2	0	4	0.00	0.00	0.00	0.00	0.00	0.00
22		普通萤石	294	1	2	150	141	5762	88.18	98.29	52579.56	6544.00	37835.49	7406.74
23		熔剂用灰岩	12	1	0	3	8	793	240.78	240.78	29353.65	250.00	17261.00	1958.49
24		冶金用白云岩	21	0	0	8	13	336	124.40	131.67	6030.50	43.00	6022.00	918.00
25		冶金用石英岩	107	0	3	47	57	909	50.42	100.02	2796.44	100.00	2796.44	330.15
26		冶金用砂岩	1	0	0	1	0	15 0.00	1.00	0.00	0.00	0.00	0.00	
27		铸型用砂	34	0	1	31	2	795	53.75	54.50	5762.50	0.00	5152.95	162.07
28		冶金用脉石英	46	0	0	14	32	756	23.94	28.19	1333.13	299.17	1316.97	39.10
29		耐火黏土	2	0	0	0	2	60	0.62	0.58	40.80	0.00	40.80	6.00
30		耐火用橄榄岩	1	0	0	1	0	40	0.25	0.25	20.00	0.00	20.00	3.00
31	化工原料非金属矿	硫铁矿	3	2	0	1	0	1760	77.95	227.95	98070.00	0.00	12601.54	32.00
32		芒硝	25	0	2	16	7	839	34.80	97.65	9566.00	435.00	4995.36	1201.70
33		天然碱	11	1	1	6	3	1344	157.80	160.30	36659.00	22890.00	12490.00	31.00
34		电石用灰岩	11	1	1	4	5	415	218.24	201.00	4542.48	160.00	4542.48	1740.85
35		制碱用灰岩	23	1	1	9	12	450	500.78	490.63	11074.80	55.00	10786.80	5547.52
36		化工用白云岩	4	0	0	3	1	42	5.00	10.00	150.00	0.00	150.00	0.00
37		化肥用蛇纹岩	1	0	0	1	0	5 0.00	0.00	0.00	0.00	0.00	0.00	
38		泥炭	4	0	0	1	3	40	1.30	1.20	80.00	53.00	70.00	55.00
39		盐矿	10	2	1	5	2	2180	225.02	225.36	67644.25	3000.00	63227.10	9050.75
40		砷矿	1	0	0	1	0	30	0.30	0.30	24.00	0.00	24.00	1.50

续表 1

序号	矿类	矿种	矿山企业数					从业人员(人)	年产矿量(万吨)	实际采矿能力(万吨/年)	工业总产值(万元)	综合利用产值(万元)	矿产品销售收入(万元)	利润总额(万元)
			合计	大型	中型	小型	小矿							
		合计	4499	153	288	2100	1958	289100	107489.80	107853.76	23345334.31	938223.83	20864956.38	5428051.65
41	建材及其他非金属矿产石墨	石墨	40	5	5	17	13	2616	98.80	102.85	14149.92	0.00	8540.44	926.20
42		熔炼水晶	1	0	0	0	1	4	0.00	0.00	0.00	0.00	0.00	0.00
43		工艺水晶	1	0	0	1	0	10	0.00	0.00	0.00	0.00	0.00	0.00
44		硅灰石	27	0	0	3	24	332	0.26	1.06	60.00	60.00	60.00	6.00
45		滑石	1	0	0	1	0	12	2.15	2.53	600.00	0.00	580.00	0.00
46		云母	4	0	0	3	1	34	0.00	0.01	6.60	0.00	6.60	0.00
47		长石	14	0	0	1	13	66	0.13	0.13	25.00	0.00	25.00	3.00
48		电气石	3	0	0	2	1	25	0.00	0.00	0.00	0.00	0.00	0.00
49		石榴子石	8	0	0	2	6	55	0.32	0.32	310.00	60.00	97.50	23.30
50	建材及其他非金属矿产石墨	叶蜡石	19	0	0	15	4	449	4.10	6.60	1563.82	1443.82	1563.82	-2.01
51		蛭石	1	0	0	1	0	3	0.00	1.00	0.00	0.00	0.00	0.00
52		沸石	12	0	0	5	7	117	5.15	7.90	267.40	30.00	127.40	48.90
53		透闪石	1	0	0	0	1	7	0.23	0.23	7.35	0.00	7.35	0.00
54		石膏	21	0	1	18	2	264	28.13	24.92	1055.90	175.00	875.90	329.00
55		方解石	3	0	0	0	3	6	0.02	0.02	5.00	0.00	5.00	1.00
56		光学萤石	5	0	0	0	5	40	0.00	0.00	0.00	0.00	0.00	0.00
57		玉石	1	0	0	0	1	110	0.02	0.02	15300.00	80.00	13000.00	100.00
58		玛瑙	4	0	0	0	4	135	0.06	0.06	1662.00	0.00	352.00	200.00
59		水泥用灰岩	127	6	12	46	63	3601	1979.51	2025.98	179427.20	2592.50	157763.95	29396.53
60		建筑石料用灰岩	145	0	0	40	105	1933	240.34	228.13	6159.22	531.00	5645.09	1802.31
61		制灰用石灰岩	64	0	0	43	21	630	93.10	127.40	5045.70	300.00	3435.65	903.76
52		玻璃用白云岩	4	0	0	0	4	26	8.00	10.00	130.80	0.00	120.00	40.00
63		玻璃用石英岩	3	0	0	2	1	51	3.68	3.68	73.60	0.00	73.60	44.16
64		玻璃用砂岩	1	0	0	1	0	50	5.38	5.38	107.60	0.60	107.60	50.00
65		水泥配料用砂岩	4	0	0	2	2	96	0.00	0.00	0.00	0.00	0.00	0.00
66		建筑用砂岩	28	0	0	20	8	146	39.56	162.56	1288.61	0.00	1172.61	415.72
67		玻璃用砂	9	0	2	6	1	428	81.31	81.81	4493.00	0.00	4193.00	143.50
68		建筑用砂	204	0	4	78	122	1634	635.92	835.43	8937.95	417.00	8370.81	1884.20
69		水泥配料用砂	1	0	0	1	0	8	2.10	2.10	42.00	0.00	42.00	4.00
70		砖瓦用砂	3	0	0	0	3	112	2.61	2.61	216.00	105.00	205.50	7.00
71		玻璃用脉石英	4	0	0	1	3	92	0.38	0.64	80.00	0.00	83.00	7.40

续表 1

序号	矿类	矿种	矿山企业数					从业人员(人)	年产矿量(万吨)	实际采矿能力(万吨/年)	工业总产值(万元)	综合利用产值(万元)	矿产品销售收入(万元)	利润总额(万元)
			合计	大型	中型	小型	小矿							
		合计	4499	153	288	2100	1958	289100	107489.80	107853.76	23345334.31	938223.83	20864956.38	5428051.65
72	建材及其他非金属矿产石墨	粉石英	2	0	1	0	1	105	0.07	0.07	15.00	0.00	15.00	6.00
73		硅藻土	3	0	0	2	1	27	0.03	0.03	29.50	0.00	29.50	0.00
74		砖瓦用页岩	13	0	0	5	8	334	9.65	14.25	319.50	77.00	312.50	63.63
75		水泥配料用页岩	1	0	0	1	0	4	0.00	0.80	0.00	0.00	0.00	0.00
76		高岭土	22	0	1	14	7	323	17.56	21.56	1323.75	1.00	1318.75	435.40
77		陶瓷土	6	0	0	1	5	36	1.70	3.70	290.00	10.00	270.00	45.60
78		累托石黏土	22	0	0	9	13	347	1.53	1.53	149.50	0.00	149.50	20.20
79		膨润土	33	2	3	14	14	464	28.30	49.64	953.88	14.00	903.68	148.47
80		砖瓦用黏土	618	0	1	211	406	21017	1474.75	789.15	45176.96	6098.00	40536.65	5242.48
81		陶粒用黏土	51	0	0	46	5	1481	32.50	34.52	2162.00	227.50	1787.00	552.60
82		水泥配料用黏土	8	0	0	5	3	481	40.77	38.35	328.60	0.00	328.60	37.00
83		水泥配料用红土	1	0	0	0	1	6	0.10	0.10	1.50	0.00	0.03	0.00
84		建筑用橄榄岩	3	0	0	3	0	68	8.18	6.87	362.00	0.00	360.16	20.00
85		饰面用辉石岩	1	0	0	1	0	40	0.00	0.00	0.00	0.00	0.00	0.00
86		建筑用辉石岩	1	0	0	1	0	20	0.00	8.00	0.00	0.00	0.00	0.00
87		铸石用玄武岩	2	0	0	1	1	31	1.50	0.00	45.00	0.00	45.00	0.00
88		饰面用玄武岩	49	0	1	22	26	720	9.91	13.57	2470.31	167.00	2470.31	236.64
89		水泥混合材玄武岩	5	0	0	3	2	5	0.00	0.00	0.00	0.00	0.00	0.00
90		建筑用玄武岩	58	0	0	38	20	712	143.54	132.88	2320.00	47.00	2285.00	369.37
91		建筑用角闪岩	6	0	0	4	2	75	5.11	5.83	218.50	28.00	210.00	4.26
92		饰面用辉绿岩	43	0	0	6	7	466	2.66	3.86	2244.85	200.00	2249.85	705.20
93		建筑用辉绿岩	7	0	0	5	2	254	22.80	16.50	422.50	30.00	422.50	17.90
94		饰面用辉长岩	1	0	0	0	1	10	0.03	0.03	15.00	10.00	15.00	10.00
95		建筑用安山岩	61	0	0	39	22	701	116.65	109.54	2031.26	63.60	1829.84	113.90
96		建筑用闪长岩	78	0	0	19	59	1431	200.99	105.28	3526.45	115.00	3464.45	297.07
97		饰面用闪长岩	4	0	0	1	3	14	1.50	4.50	50.00	0.00	50.00	0.00
98		建筑用花岗岩	200	1	4	94	101	2589	282.19	279.30	6765.96	476.00	6572.34	915.00
99		饰面用花岗岩	122	0	1	35	86	1457	39.99	74.04	5734.90	196.00	2688.00	325.50
100		麦饭石	5	0	0	3	2	28	0.12	0.12	95.00	0.00	60.00	5.00

续表 1

序号	矿类	矿种	矿山企业数					从业人员(人)	年产矿量(万吨)	实际采矿能力(万吨/年)	工业总产值(万元)	综合利用产值(万元)	矿产品销售收入(万元)	利润总额(万元)
			合计	大型	中型	小型	小矿							
		合计	4499	153	288	2100	1958	289100	107489.80	107853.76	23345334.31	938223.83	20864956.38	5428051.65
101	建材及其他非金属矿产石墨	珍珠岩	27	0	0	21	6	441	10.86	23.32	1116.62	25.00	944.62	202.58
102		浮石	4	0	0	4	0	48	2.87	2.99	130.68	30.00	89.00	17.60
103		铸石用粗面岩	11	0	0	8	3	106	10.33	10.55	203.10	0.00	203.10	39.18
104		水泥用凝灰岩	3	0	1	1	1	21	0.15	0.16	5.50	2.00	5.50	1.00
105		建筑用凝灰岩	196	2	1	114	79	2257	307.34	396.28	7102.40	543.00	5816.70	1410.80
106		火山灰	1	0	0	1	0	3	0.50	5.00	25.00	10.00	22.50	4.00
107		火山渣	4	0	0	3	1	35	0.80	8.80	32.00	0.00	32.00	20.00
108		饰面用大理岩	5	0	0	2	3	46	0.54	2.00	0.05	0.00	0.00	0.00
109		建筑用大理岩	3	0	0	2	1	12	1.25	1.25	50.00	10.00	50.00	2.00
110		水泥用大理岩	15	1	1	11	2	363	420.59	480.59	8162.80	5246.20	6947.80	270.00
111		饰面用板岩	2	0	0	2	0	70	0.00	0.00	0.00	0.00	0.00	0.00
112		水泥配料用板岩	2	0	0	1	1	3	0.00	0.00	0.00	0.00	0.00	0.00
113		片麻岩	96	1	1	47	47	714	134.19	158.48	1649.14	111.00	1473.13	556.34
114	水气矿产	矿泉水	25	0	2	16	7	1341	59.48	0.00	2960.61	0.00	2550.59	-1145.09

表 2　**2012 年度内蒙古自治区各盟市矿产资源开发利用情况统计**

行政区名称	矿山企业数(个)					从业人员(人)	年产矿量(万吨)	实际采矿能力(万吨/年)	工业总产值(万元)	综合利用产值(万元)	矿产品销售收入(万元)	利润总额(万元)
	合计	大型	中型	小型	小矿							
合计	4499	153	288	2100	1958	289100	107489.80	107853.76	23345334.31	938223.83	20864956.40	5428051.65
呼和浩特市	210	0	2	127	81	3292	925.22	1107.98	241961.39	5980.20	239649.49	89245.86
包头市	309	5	4	147	153	16774	5306.16	5506.67	715113.42	2458.00	668470.26	44548.02
乌海市	202	13	13	117	59	17512	4146.89	4175.67	713274.54	250.60	699647.35	68750.66
赤峰市	897	11	33	468	385	62195	7477.62	6836.27	1277114.66	262089.82	1226501.65	331954.21
通辽市	388	3	13	230	142	22888	6051.73	6115.04	908916.33	1020.00	832393.66	257479.71
鄂尔多斯市	438	70	130	147	91	62598	52422.67	53595.55	13799305.20	367333.97	12694867.25	3769199.67
呼伦贝尔市	303	16	16	124	147	33219	11395.33	11438.73	2276933.35	64149.16	1470141.41	332359.99
巴彦淖尔市	351	9	21	203	118	15201	2862.22	3340.17	774446.17	19081.33	656693.32	225934.87
乌兰察布市	295	7	13	69	206	8202	862.43	851.08	82410.10	1215.00	57469.81	8642.60
兴安盟	264	1	5	90	168	7208	192.88	206.11	38934.13	8179.65	37231.30	4058.11
锡林郭勒盟	655	16	25	261	353	28476	15162.24	13683.33	2218637.93	182519.00	2042197.86	229418.71
阿拉善盟	187	2	13	117	55	11535	684.41	997.15	298287.08	23947.11	239693.02	66459.23

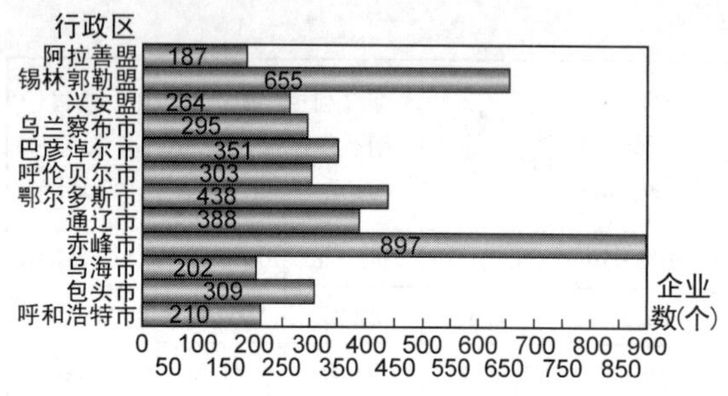

图4　2012 年内蒙古自治区各盟市矿山企业数量对比图

2012 年全区 4499 家矿山企业中,共有内资企业 4482 家,其中包括国有企业 104 家、集体企业 265 家、股份合作企业 59 家、联营企业 40 家、有限责任公司 1318 家、股份有限公司 236 家、私营企业 2343 家、其他企业 117 家;港、澳、台商投资企业及外商投资企业分别为 3 家与 14 家(表 3)。与 2011 年相比,内资企业增加 165 家,外商投资企业减少 2 家,港、澳、台商投资企业数量未发生变化。长期以来,全区矿山企业经济结构较为简单,绝大部分由内资企业构成。

表 3　　2012 年度内蒙古自治区各经济类型矿山企业矿产资源开发利用情况统计

企业经济类型	矿山企业数(个)					从业人员(人)	年产矿量(万吨)	实际采矿能力(万吨/年)	工业总产值(万元)	综合利用产值(万元)	矿产品销售收入(万元)	利润总额(万元)
	合计	大型	中型	小型	小矿							
合计	4499	153	288	2100	1958	289100	107489. 80	107853. 76	23345334. 31	938223. 83	20864956. 40	5428051. 65
一、内资企业	4482	149	286	2092	1955	287126	105330. 12	105739. 27	22688619. 74	938083. 83	20259674. 13	5179903. 63
国有企业	104	28	14	46	16	47338	24693. 81	23301. 99	4421910. 60	54177. 88	3646467. 98	703852. 42
集体企业	265	1	7	112	145	12430	1471. 03	1484. 30	251649. 71	21439. 00	244413. 38	18970. 33
股份合作企业	59	3	9	29	18	6391	1388. 58	1444. 55	161423. 71	162. 00	160647. 67	61229. 00
联营企业	40	0	3	16	21	1263	231. 38	251. 47	69643. 13	9931. 50	54913. 64	25459. 57
有限责任公司	1318	62	144	684	428	94866	34142. 56	34150. 39	7747061. 59	242425. 48	6920495. 69	1978342. 90
股份有限公司	236	29	26	102	79	46066	23724. 37	24509. 14	5868963. 53	157303. 34	5466182. 83	1451137. 01
私营企业	2343	26	82	1039	1196	76881	19221. 14	19912. 12	4095566. 77	452239. 63	3694824. 12	918453. 41
其他企业	117	0	1	64	52	1891	457. 25	685. 30	72400. 70	405. 00	71728. 82	22459. 00
二、港、澳 台商投资企业	3	0	0	3	0	250	99. 96	61. 00	20121. 00	0. 00	20121. 00	7153. 96
三、外商投资企业	14	4	2	5	3	1724	2059. 72	2053. 49	636593. 57	140. 00	585161. 27	240994. 06

2012 年全区共有大型矿山企业 153 家,中型 288 家,小型 2100 家,小矿 1958 家,分别占全区矿山企业总数的 3. 4% 、6. 4% 、46. 7% 和 43. 5% (表 4)。与 2011 年度相比,大型矿山企业增加 30 家,中型增加 6 家,小型增加 138 家,小矿减少 11 家。总体来说,全区中等规模以上矿山企业数量逐年增加,小矿数量持续减少。

表 4　　2012 年度内蒙古自治区各种规模矿山企业矿产资源开发利用情况统计

矿山规模	矿山企业数(个)	从业人员(人)	年产矿量(万吨)	实际采矿能力(万吨/年)	工业总产值(万元)	综合利用产值(万元)	矿产品销售收入(万元)	利润总额(万元)	人均产值(万元)
合计	4499	289100	107489. 80	107853. 76	23345334. 31	938223. 83	20864956. 40	5428051. 65	80. 75
大型	153	89835	62825. 30	61121. 55	13181528. 17	234910. 72	11683678. 38	3095356. 21	146. 73
中型	288	64005	24551. 85	25433. 96	6360481. 20	342279. 59	5701642. 22	1754477. 89	99. 37
小型	2100	91539	16080. 46	18091. 89	3430468. 84	290528. 24	3142983. 36	549534. 03	37. 48
小矿	1958	43721	4032. 20	3206. 34	372856. 10	70505. 28	336652. 44	28683. 52	8. 53

2012年度，全区矿山企业开采矿产（含亚矿种）114种，总数比2011年度增加1种，而主要矿种、优势矿种无变化。全区年矿石总产量为10.79亿吨，比2011年增加5118.72万吨，同比增长5.24%，年矿石总产量比"十一五"末增长25%。其中，原煤年产量8.66亿吨，占全区年产矿石总量的80.2%。各盟市中，鄂尔多斯市年产矿石量最大为5.24亿吨，其煤矿产量占其全市年产矿石总量的99.6%，占全区年产矿石总量的48.6%。2012年全区年产矿石量增速放缓，低于2007至2011年最低增速，表明全区矿业开发利用情况已逐步趋于稳定，矿业秩序逐渐成熟，矿业生产在良性轨道运行，矿业发展速度开始在一定水平的合理范围内上下波动。有关情况，见图5和图6。

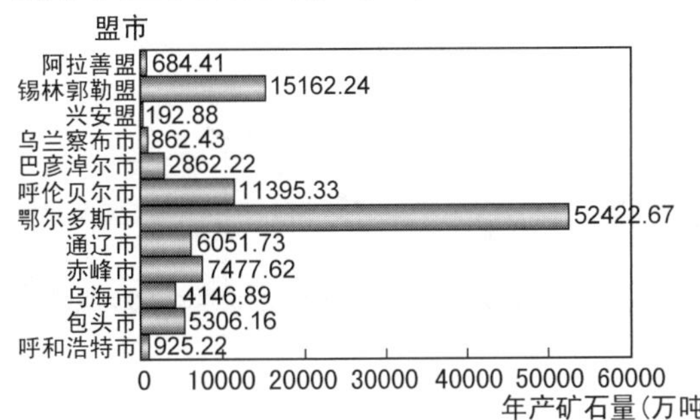

图5 2012年内蒙古自治区各盟市矿山企业年产矿量对比图

2012年全区矿业总产值为2334.53亿元，比2011年减少58.3亿元，同比下降2.4%（图7）。其中，能源矿产完成工业总产值1981.92亿元，同比下降2.13%；黑色金属矿产完成工业总产值111.87亿元，同比下降12.12%；有色金属矿产完成工业总产值114.05亿元，同比下降0.24%；贵金属矿产完成工业总产值59.62亿元，同比增长14.38%；冶金辅助原料矿产开发完成工业总产值9.79亿元，同比增长14.81%；化工原料矿产开发完成工业总产值22.78亿元，同比下降6.95%：建材及其他非金属矿产开发完成工业总产值33.65亿元，同比下降17.61%；矿泉水开发完成工业总产值0.30亿元，同比增长32.27%。对比2011年，全

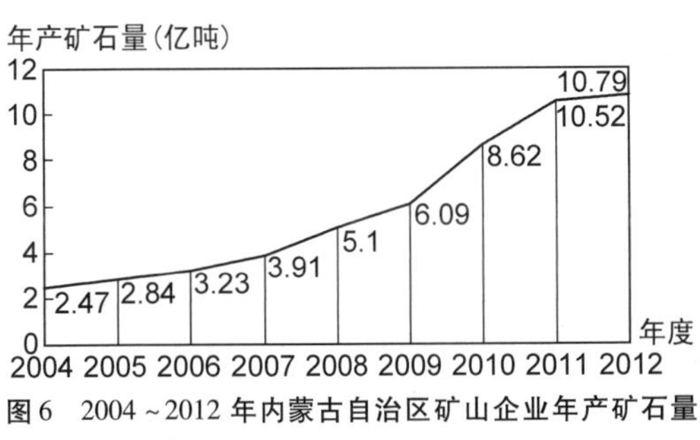

图6 2004~2012年内蒙古自治区矿山企业年产矿石量变化趋势曲线图

区能源矿产、黑色金属矿产、有色金属矿产、化工原料非金属矿产、建材及其他非金属矿产共5个矿类，47个矿种，1800余家矿山企业矿业总产值出现不同程度减少，其中能源矿产与黑色金属矿产矿业总产值合计减少近58.5亿元，是全区矿业总产值减少的主要原因。

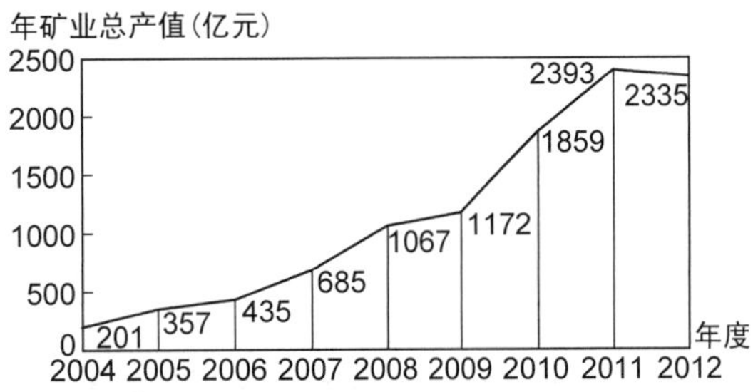

图7 2004~2012年内蒙古自治区矿山企业年矿业总产值变化趋势曲线图

鄂尔多斯市煤炭资源丰富，矿业总产值在全区居首。2012年鄂尔多斯市完成矿业总产值1379.93亿元，占全区矿业总产值的59.1%。各盟市矿业产值情况，见图8和表2。

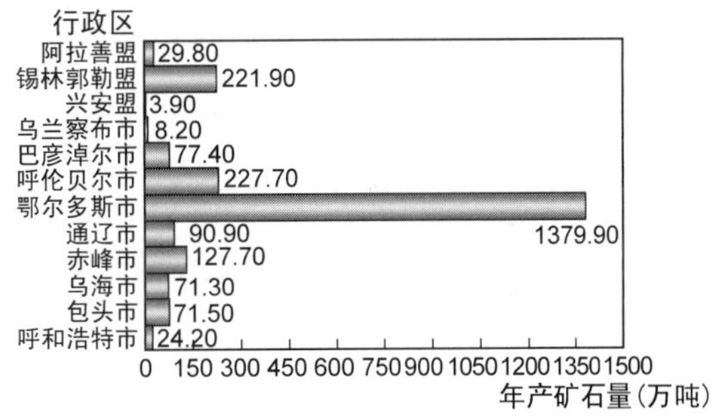

图8 2012年内蒙古自治区各盟市矿山企业年矿业总产值对比图

【矿山企业年利润】 2012年全区矿业创造利润542.81亿元，比2011年增长32.12亿元，同比增长6.3%，创历史新高。其中，煤炭矿山企业创造利润477.57亿元，占全区矿业年利润的88.0%；铁矿矿山企业年利润为12.45亿元，铜矿、铅矿和锌矿开发年利润合计34.19亿元，金矿、银矿开发年利润合计10.99亿元。上述7个矿种年利润总额占全区利润总额的98.6%，是全区矿山企业利润总额增长的主要动力。有关情况见图9、图10及表1。

2012年，鄂尔多斯市矿业年利润达376.92亿元，占全区矿业年利润的69.4%；呼伦贝尔市居次，矿业年利润为33.24亿元，占全区矿业年利润的6.1%。各盟市矿业利润有关情况见图11和表2。

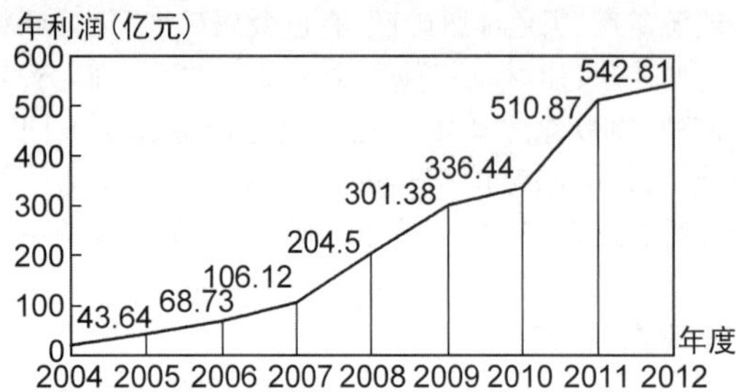

图9　2004～2012 年内蒙古自治区矿山企业年利润变化趋势曲线图

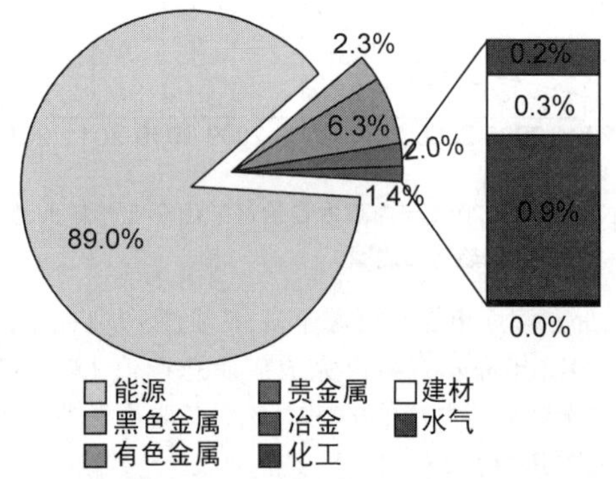

图10　2012 年内蒙古自治区各矿类年利润占比示意图

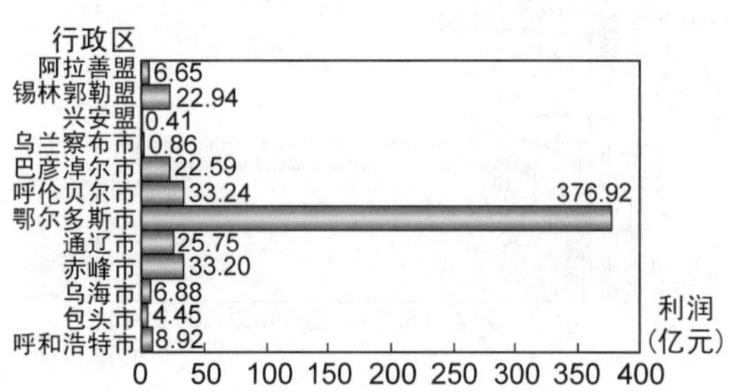

图11　2012 年内蒙古自治区各盟市矿山企业年利润对比图

【煤炭矿开发利用】　全区自开展以煤炭为重点的矿产资源开发秩序整顿工作以来，全区矿产资源开发利用逐步向更为合理化、科学化方向迈进。近几年，一大批生产规模较小，资源占用过多、生产条件简陋、资源浪费率高的小型和小矿煤矿矿山企业被淘汰，一批生产技术先进、自动化水平高、开采方式先进的大、中型煤矿矿山企业建立，为全区煤矿资源可持续发展奠定了牢固的基础。是近年来，全区煤矿产量逐年提高，大、中型煤矿企业产量占全区总产量进一步上升；同时，煤矿矿山企业年利润总额伴随年工业总产值持续攀升，人均原煤采出量、人均产值大幅提高。这表明全区煤矿资源开发利用状况良好，开采规模化、集约化、现代化水平有了跨跃式发展。

截至 2012 年 12 月底，全区共有煤炭矿山企业 590 家，从业人员 14.61 万人，原煤产量 8.66 亿吨，完成工业总产值 1981.89 亿元，实现煤炭产品销售收入 1781.16 亿元，创造利润 477.57 亿元。与 2011 年相比，全区煤炭矿山企业数减少 17 家，同比减少 2.8%；年产量减少 0.19 亿吨，同比减少 2.1%；工业总产值减少 43.08 亿元，同比减少 2.13%；销售收入增加 62.12 亿元，同比增长 3.6%；年利润总额增加 41.30 亿元，同比增长 9.4%。受市场环境影响，全区煤炭矿业开发利用发展势头放缓，煤炭矿业各种经济指标有小幅度提升。2004～2012 年全区煤炭矿山企业数量及年产矿量变化趋势，见图 12；2004～2012 年全区煤炭矿山企业年工业总产值及年利润总额变化趋势，见图 13。

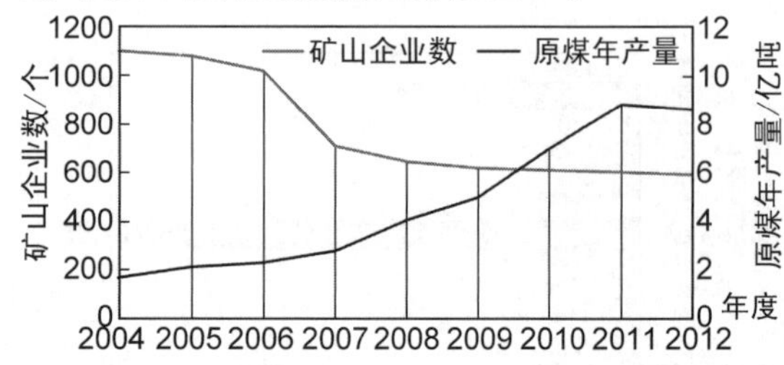

图12　2004～2012 年内蒙古自治区煤炭矿山企业数量及原煤年产量变化趋势图

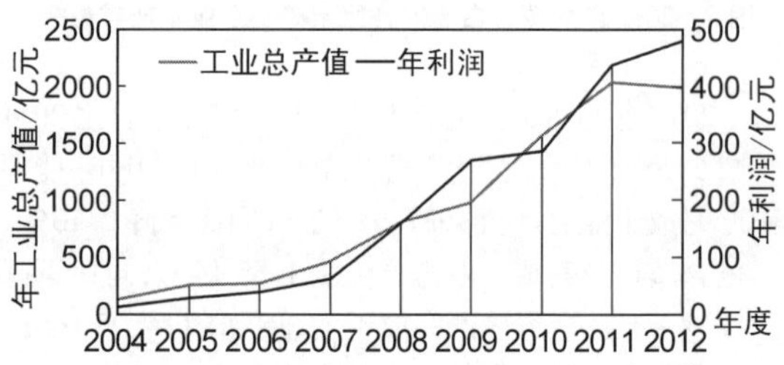

图13　2004～2012 年内蒙古自治区煤炭矿山企业年工业总产值及年利润总额变化趋势图

按经济类型统计，全区煤炭矿山企业主要由有限责任公司及私营企业构成，二者分别占全区煤炭矿山企业总数的 41.4%、26.8%。有限责任公司、股份有限公司、国有企业及私营企业在全区煤炭生产中占有重要地位，其原煤年产量分别占全区的 31.0%、24.9%、23.2% 和 17.2%（表 5）。

按矿山规模统计，全区共有大型煤炭矿山企业 110 家、中型 168 家、小型 254 家及小矿 58 家，分别占全区煤炭矿山企业总数的 18.6%、28.5%、43.1% 和 9.8%。其中，大型矿山企业年产量为 5.30 亿吨，中型为 2.17 亿吨，小型为 1.10 亿吨，小矿 0.09 亿吨，分别占全区原煤总产量的 61.3%、25.0%、12.7% 和 1.0%。全区中、小型煤炭矿山企业数量较多，但原煤生产以大、中型矿山企业为主。并且，大、中型煤炭矿山企业劳动生产率较高，年人均采出原煤量分别达7700吨和5400吨(表6)。

表5　　2012年内蒙古自治区煤炭不同经济类型矿山企业统计表

指标名称	矿山企业数(个)	从业人数(人)	原煤年产量(万吨)	实际采矿能力(万吨/年)	工业总产值(万元)	综合利用产值(万元)	销售收入(万元)	利润总额(万元)	人均原煤采出(吨)	人均产值(万元)
合计	590	146139	86542.55	86614.65	19818882.94	479756.25	17811618.90	4775736.97	5900	135.62
国有企业	47	31509	20071.71	18586.39	3832793.11	29467.88	3082837.99	648519.89	6400	121.64
集体企业	46	6470	946.58	1142.64	217623.06	18624.00	211020.00	12872.00	1500	33.64
股份合作企业	17	4206	363.97	299.98	61732.40	100.00	61731.35	6594.00	900	14.68
联营企业	7	589	194.64	194.64	47911.00	30.00	45510.00	23566.00	3300	81.34
有限责任公司	244	50757	26861.05	26970.28	6574956.62	81426.48	5920073.87	1715670.64	5300	129.54
股份有限公司	65	28342	21527.57	22275.22	5086161.25	11187.54	4838064.84	1303368.21	7600	179.46
私营企业	158	23046	14918.34	15326.20	3447341.20	338920.35	3153344.84	847152.27	6500	149.59
其他企业	1	200	202.33	402.80	64745.60	0.00	64745.60	20140.00	10100	323.73
港、澳、台商投资企业	1	225	99.86	60.00	20071.00	0.00	20071.00	7133.96	4400	89.20
外商投资企业	4	795	1356.50	1356.50	465547.70	0.00	414219.40	190720.00	17100	585.59

表6　　2012年度内蒙古自治区煤炭不同规模矿山企业统计表

指标名称	矿山企业数(个)	从业人数(人)	原煤年产量(万吨)	实际采矿能力(万吨/年)	工业总产值(万元)	综合利用产值(万元)	销售收入(万元)	利润总额(万元)	人均原煤采出(吨)	人均产值(万元)
合计	590	146139	86542.55	86614.65	19818882.94	479756.25	17811618.90	4775736.97	5900	135.62
大型	110	68664	53017.90	51902.80	11753288.67	155042.06	10492845.82	2843909.93	7700	171.17
中型	168	39901	21657.43	22130.77	5392340.04	150683.29	4822144.67	15106167	5400	135.14
小型	254	30622	10983.95	11844.99	2484576.37	154294.62	2323871.56	418587.95	3600	81.14
小矿	58	6952	883.27	736.09	188677.86	19736.28	172756.85	2622.72	1300	27.14

2012年，全区产量比设计产能大于1的各种规模煤矿矿山企业数量占比均有所下降。其中，大型、中型、小型和小矿煤矿产量与设计产能比大于1的矿山企业数，占该种规模煤矿矿山企业数量分别为54.5%、53.6%、26.0%和15.5%，同比下降14.4、10.8、27.8和32.5个百分点；2012年全区各规模煤矿矿山企业中，产量与设计产能比大于1的矿山企业占总数的38.1%，同比下降22.3个百分点。2010～2012年全区各种规模煤矿产量比设计产能大于1的矿山企业占比，见图14。

鄂尔多斯市、锡林郭勒盟及呼伦贝尔市为自治区主要煤炭产区。2012年，三个盟市原煤产量分别是52212.68万吨、13419.88万吨和8447.27万吨，共占全区总产量的85.6%。2012年全区各盟市煤矿矿石产量，参见图15。

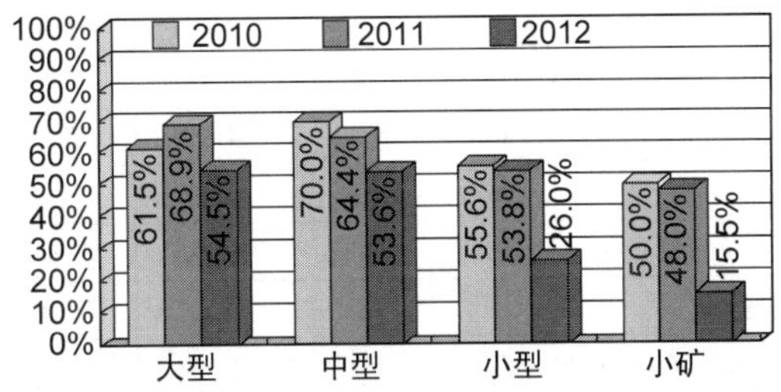

图14　2010～2012年内蒙古自治区各种规模煤矿产量比设计产能大于1的矿山企业占比

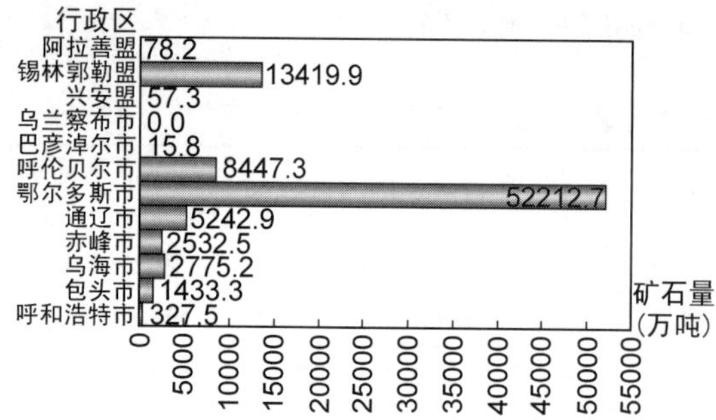

图 15　2012 年内蒙古自治区各盟市煤矿矿石产量对比

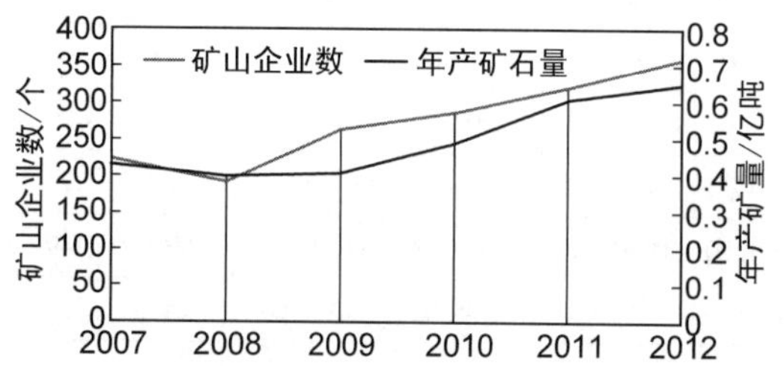

图 16　2007 ~ 2012 年内蒙古自治区铁矿矿山企业数量及年产矿石量变化趋势图

【铁矿开发利用】　截至 2012 年 12 月底,全区共有铁矿矿山企业 360 家,从业人员 3.24 万人,年产量 6538.29 万吨,完成工业总产值 111.66 亿元,实现铁矿产品销售收入 104.95 亿元,创造利润 12.45 亿元。与 2011 年相比,全区铁矿矿山企业数增加 38 家,同比增长 11.8%;年产量增加 443.93 万吨,同比增长 7.3%;工业总产值减少 15.24 亿元,同比减少 4.1%;销售收入减少 3.45 亿元,同比减少 3.2%;利润总额减少5.16亿元,同比减少29.3%。2007 ~ 2012年全区铁矿矿山企业数量及年产矿量变化趋势,见图 16。2007 ~ 2012 年全区铁矿矿山企业年工业总产值及年利润总额变化趋势,见图 17。

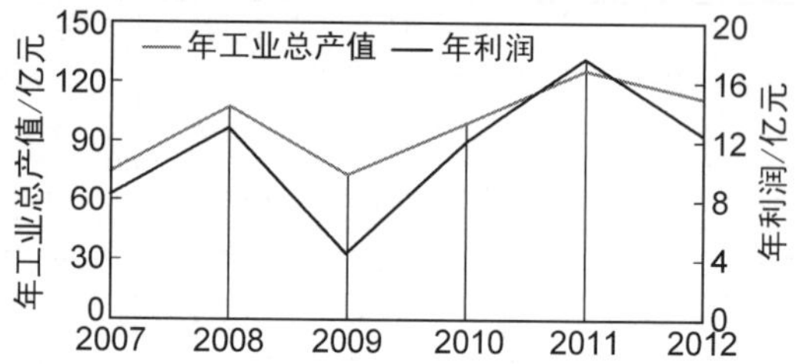

图 17　2007 ~ 2012 年内蒙古自治区铁矿矿山企业年工业总产值及年利润总额变化趋势图

按经济类型统计,全区铁矿矿山企业以私营企业与有限责任公司居多,其中私营铁矿矿山企业 181 家、有限责任公司 137 家,分别占全区铁矿矿山企业总数的 50.3% 和 38.1%。有国有铁矿企业共 8 家,其铁矿石年产量占全区的一半以上,达 3313.88 万吨,占全区铁矿石年产量的 50.7%。私营企业、有限责任公司铁矿年产量分别为 945.28 万吨和 941.19 万吨,占全区的 14.5% 和 14.4%,比 2011 年有所下降(表 7)。

按企业规模统计,全区铁矿矿山企业规模主要受铁矿地质赋存条件影响,以小规模铁矿矿山企业居多。全区有大型铁矿矿山企业 8 家、中型 24 家、小型 233 家及小矿 95 家,分别占全区铁矿矿山企业总数的 2.2%、6.6%、64.7% 和 26.4%。全区大型铁矿矿山企业铁矿石年产量共 3973.89 万吨、中型 874.9 9 万吨、小型 1534.08 万吨和小矿 155.32 万吨,分别占全区铁矿石年产量的 60.8%、13.4%、23.5 和 2.4%(表 8)。

表 7　2012 年内蒙古自治区铁矿不同经济类型矿山企业统计表

指标名称	矿山企业数(个)	从业人数(人)	年产矿石量(万吨)	实际采矿能力(万吨/年)	工业总产值(万元)	综合利用价值(万元)	销售收入(万元)	利润总额(万元)	人均采矿量(吨)	人均产值(万元)
合计	360	32448	6538.29	7761.96	1116597.50	101009.99	1049452.39	124543.25	2000	34.41
国有企业	8	7844	3313.88	3422.05	446629.21	15600.00	440116.21	30846.78	4200	56.94
集体企业	8	414	39.39	45.39	9661.03	27.00	9611.03	694.00	1000	23.34
股份合作企业	3	292	552.00	905.00	2300.00	20.00	1833.42	365.00	18900	7.88
联营企业	3	31	0.37	7.00	2400.00	0.00	1000.00	400.00	100	77.42
有限责任公司	137	8845	941.19	1288.56	173621.48	24476.00	160681.64	23880.67	1100	19.63
股份有限公司	18	2854	746.07	717.17	189903.91	30580.00	182467.58	40102.94	2600	66.54
私营企业	181	12143	945.28	1375.79	292031.87	30306.99	253692.51	28233.86	800	24.05
其他企业	1	20	0.10	1.00	50.00	0.00	50.00	20.00	50	2.50
港、澳、台商投资企业	1	5	0.00	0.00	0.00	0.00	0.00	0.00	0	0.00
外商投资企业	360	32448	6538.29	7761.96	1116597.50	101009.99	1049452.39	124543.25	2000	34.41

表 8　2012 年内蒙古自治区铁矿不同规模矿山企业统计表

指标名称	矿山企业数(个)	从业人数(人)	年产矿量(万吨)	实际采矿能力(万吨/年)	工业总产值(万元)	综合利用产值(万元)	销售收入(万元)	利润总额(万元)	人均采矿量(吨)	人均产值(万元)
合计	360	32448	6538.29	7761.96	1116597.5	101009.99	1049452.39	124543.25	2000	34.41
大型	8	8720	3973.89	4435.06	490339.26	20	483826.26	35849.09	4600	56.23
中型	24	5040	874.99	1063.77	267465.75	68431.8	253348.98	50143.99	1700	53.07
小型	233	16179	1534.08	2087.35	345197.72	31583.19	300242.07	35158.61	900	21.34
小矿	95	2509	155.32	175.79	13594.76	975	12035.07	3391.56	600	5.42

全区铁矿产矿量达到设计生产能力的矿山中,大、中型矿山企业占比大幅下降,小矿企业占比有所上升。2011 年,全区大、中型、小型和小矿铁矿中,达到设计生产能力的矿山企业分别占 33.3%、15.4%、28.7%和 29.3%,同比下降 16.7、51.3、0.9 和 1.9 个百分点;2011 年全区各规模铁矿中,达产矿山企业占总数的 27.9%,同比下降 1.4 个百分点。

2012 年,全区产量比设计产能大于 1 的各种规模铁矿矿山企业数量占比均有所下降。其中,大型、中型、小型和小矿煤矿产量与设计产能比大于 1 的矿山企业数,占该种规模煤矿矿山企业数量分别为 25.0%、16.7%、13.0%和 6.3%,除中型上升 1.3 个百分点外,其他规模铁矿同比下降 8.3、15.7、23.0 个百分点;2012 年全区各规模煤矿矿山企业中,产量与设计产能比大于 1 的矿山企业占总数的 11.7%,同比下降 22.3 个百分点。2010～2012 年全区各种规模煤矿产量比设计产能大于 1 的矿山企业占比,见图 18。

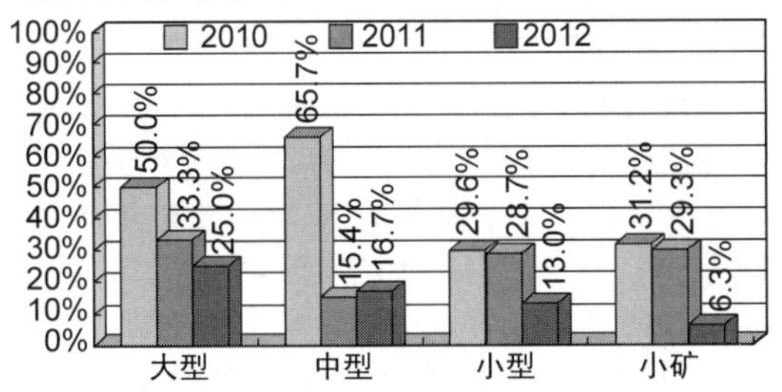

图 18　2010～2012 年内蒙古自治区各种规模铁矿产量比设计产能大于 1 的矿山企业占比

全区除鄂尔多斯市,其他盟市均有铁矿矿山企业分布。其中,包头市、巴彦淖尔市和赤峰市数量较多,分别为 66 家、63 家和 58 家;铁矿年产量较大,分别为 3558.51 万吨、777.66 万吨、1156.75 万吨,占全区铁矿石年产量的 54.4%、11.9%和 17.7%。2012 年全区各盟市铁矿矿石产量,参见图 19。

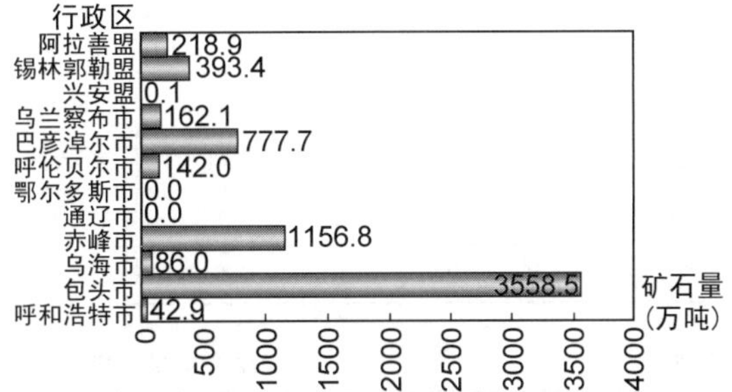

图 19　2012 年内蒙古自治区各盟市铁矿矿石产量对比图

【铜矿开发利用】　截至 2012 年 12 月底,全区共有铜矿矿山企业 50 家,从业人员 7384 人,年产量 2355.26 万吨,完成工业总产值 52.99 亿元,实现铜矿销售收入 41.55 亿元,创造利润 14.22 亿元。与 2011 年相比,全区铜矿矿山企业数增加 11 家,同比增加 28.2%;年产量增长 600.78 万吨,同比增长 34.2%;工业总产值增加 0.27 亿元,同比增长 0.5%;销售收入增加 4.05 亿元,同比增长 0.1%;利润总额减少 0.23 亿元,同比减少 0.02%。

按经济类型统计,全区铜矿矿山企业以有限责任公司为主。全区共有铜矿有限责任公司 30 家,私营企业 12 家,股份有限公司 3 家,集体企业 2 家,国有企业、股份合作企业、联营企业各 1 家;有限责任公司占全区铜矿矿山企业总数的 60.0%,私营企业占 24.0%,其余类型企业共占 16.0%。有限责任公司年产量,达 2005.02 万吨,占全区的 85.1%;股份合作企业数量较少,仅 1 家,但年产量达 256.53 万吨,占全区的 10.9%(表 9)。

按企业规模统计,全区小型铜矿矿山企业较多,但铜矿年产矿石量以大型矿山企业为主。全区共有大型铜矿矿山企业 3 家,占全区铜矿矿山企业总数的 6.0%,年产铜矿量 2164.03 万吨,占全区年产铜矿量的 91.9%;小型铜矿矿山企业 30 家,占全区铜矿矿山企业总数的 60.0%,年产铜矿量 126.69 万吨,占全区年产铜矿量的 5.4%。全区共有中型铜矿矿山企业 6 家,年产铜矿量 64.54 万吨,占全区年产铜矿量的 2.7%。2012 年 9 家小矿铜矿矿山企业均未进行生产活动(表 10)。

全区铜矿矿山企业主要集中在赤峰市，共22家，占全区铜矿矿山企业总数的44%。2012年，铜矿矿山企业生产以呼伦贝尔市为主，铜矿石产量达1687.50万吨，占全区的71.6%。

表9　　2012年内蒙古自治区铜矿不同经济类型矿山企业统计表

指标名称	矿山企业数（个）	从业人数（人）	年产矿量（万吨）	实际采矿能力（万吨/年）	工业总产值（万元）	综合利用产值（万元）	销售收入（万元）	利润总额（万元）	人均采矿量（吨）	人均产值（万元）
合计	50	7384	2355.26	2407.74	529935.38	23778.31	415504.35	142168.76	3200	71.77
国有企业	1	1450	59.70	59.70	23339.60	0.00	23339.60	5182.00	400	16.10
集体企业	2	35	0.00	0.50	0.00	0.00	0.00	0.00	0	0.00
股份合作企业	1	332	256.53	203.96	95605.35	0.00	95605.00	53956.00	7700	287.97
联营企业	1	60	5.00	5.00	14149.00	9854.00	4103.00	1 56.00	800	235.82
有限责任公司	30	4375	2005.02	2077.97	379558.63	9804.31	281012.43	81195.16	4600	86.76
股份有限公司	3	107	0.00	0.00	0.00	0.00	0.00	0.00	0	0.00
私营企业	12	1025	29.01	60.61	17282.80	4120.00	11444.31	1679.60	300	16.86

表10　　2012年内蒙古自治区铜矿不同规模矿山企业统计表

指标名称	矿山企业数（个）	从业人数（人）	年产矿量（万吨）	实际采矿能力（万吨/年）	工业总产值（万元）	综合利用产值（万元）	销售收入（万元）	利润总额（万元）	人均采矿量（吨）	人均产值（万元）
合计	50	7384	2355.26	2407.74	529935.38	23778.31	415504.35	142168.76	3200	71.77
大型	3	1565	2164.03	2120.46	424285.35	6683.66	329847.45	125963.16	13800	271.11
中型	6	762	64.54	75.50	23273.84	31.50	22754.54	4000.00	800	30.54
小型	32	4749	126.69	202.28	82376.19	17063.15	62902.35	12205.60	300	17.35
小矿	9	308	0.00	9.50	0.00	0.00	0.00	0.00	0	0.00

【铅矿开发利用】　截至2012年12月底，全区共有铅矿矿山企业68家，从业人员5175人，年产量190.19万吨，完成工业总产值19.01亿元，实现铅矿产品销售收入16.18亿元，创造利润5.31亿元。与2011年相比，全区铅矿矿山企业数增加9家，同比增加15.3%；年产量增长17.39万吨，同比增长10.1%；工业总产值减少1.30亿元，同比减少6.4%；销售收入减少1.92亿元，同比减少11.9%；利润总额增加0.41亿元，同比增长2.6%。

按经济类型统计，全区共有铅矿有限责任公司35家，占全区矿山企业总数的51.5%，铅矿年产量达74.07万吨，占全区铅矿年产量的38.9%，居全区之首；私营企业24家，占全区铅矿矿山企业总数的35.3%，铅矿年产量达68.49万吨，占全区铅矿年产量的36.0%（表11）。

表11　　2012年内蒙古自治区铅矿不同经济类型矿山企业统计

指标名称	矿山企业数（个）	从业人数（人）	年产矿量（万吨）	实际采矿能力（万吨/年）	工业总产值（万元）	综合利用产值（万元）	销售收入（万元）	利润总额（万元）	人均采矿量（吨）	人均产值（万元）
合计	68	5175	190.19	270.38	190102.65	111475.90	161769.16	53072.11	400	36.73
集体企业	1	25	0.00	0.50	0.00	0.00	0.00	0.00	0	0.00
联营企业	2	446	10.40	10.41	4483.53	0.00	3686.24	1138.47	200	10.05

续表 11

指标名称	矿山企业数(个)	从业人数(人)	年产矿量(万吨)	实际采矿能力(万吨/年)	工业总产值(万元)	综合利用产值(万元)	销售收入(万元)	利润总额(万元)	人均采矿量(吨)	人均产值(万元)
有限责任公司	35	2284	74.07	121.61	40550.53	18801.90	40166.40	14292.64	300	17.75
股份有限公司	5	760	37.22	37.22	70324.68	41722.00	61051.67	32044.00	500	92.53
私营企业	24	1640	68.49	100.63	74743.58	50952.00	56864.84	5597.00	400	45.58
外商投资企业	1	20	0.00	0.00	0.00	0.00	0.00	0.00	0	0.00

按企业规模统计，全区小规模铅矿矿山企业较多，无大型铅矿矿山企业，铅矿年产量以小型、中型矿山企业为主。全区共有小型铅矿矿山企业45家，占全区的66.2%，铅矿年产量95.95万吨，占全区的50.4%；共有中型铅矿矿山企业10家，占全区的14.7%，铅矿年产量91.72万吨，占全区的48.2%（表12）。

全区锡林郭勒盟、赤峰市和呼伦贝尔市为铅矿石主产区。其中，锡林郭勒盟共有铅矿矿山企业6家，铅矿年产量81.32万吨，占全区铅矿年产量的42.8%。赤峰市、呼伦贝尔市分别有铅矿矿山企业38家和8家，铅矿年产量66.10万吨、32.42万吨，占全区铅矿年产量的34.8%和17.0%。

表 12　**2011～2012年内蒙古自治区铅矿不同规模矿山企业统计表**

指标名称	矿山企业数(个)	从业人数(人)	年产矿量(万吨)	实际采矿能力(万吨/年)	工业总产值(万元)	综合利用产值(万元)	销售收入(万元)	利润总额(万元)	人均采矿量(吨)	人均产值(万元)
合计	68	5175	190.19	270.38	190102.65	111475.90	161769.16	53072.11	400	36.73
中型	10	1864	91.72	97.73	130332.53	83324.00	105778.23	35892.47	500	69.92
小型	45	2884	95.95	153.71	52350.12	22941.90	48649.26	11928.14	300	18.15
小矿	13	427	2.51	18.93	7420.00	5210.00	7341.67	5251.50	100	17.38

【锌矿开发利用】　截至2012年12月底，全区共有锌矿矿山企业49家，从业人员11963人，年产量610.80万吨，完成工业总产值36.82亿元，实现锌矿产品销售收入33.72亿元，创造利润14.67亿元。与2011年相比，全区锌矿矿山企业数减少1家，同比减少2.0%；年产量增加49.24万吨，同比增长8.8%；工业总产值减少0.18亿元，同比减少0.5%；销售收入增加0.06亿元，同比增长0.2%；利润总额减少1.1亿元，同比减少7.0%。

按经济类型统计，全区锌矿矿山企业以有限责任公司为主，锌矿年产量以有限责任公司与股份有限公司为主。全区共有锌矿有限责任公司25家、股份有限公司5家，分别占全区锌矿矿山企业总数的51.0%和10.0%。有限公司锌矿年产量达346.63万吨，占全区年产锌矿量的56.8%；股份有限公司锌矿石年产量达199.41万吨，占全区年产锌矿量的32.6%（表13）。

表 13　**2012年内蒙古自治区锌矿不同经济类型矿山企业统计表**

指标名称	矿山企业数(个)	从业人数(人)	年产矿量(万吨)	实际采矿能力(万吨/年)	工业总产值(万元)	综合利用产值(万元)	销售收入(万元)	利润总额(万元)	人均采矿量(吨)	人均产值(万元)
合计	49	11963	610.80	636.90	368159.15	53416.00	337231.88	146693.81	500	30.77
国有企业	1	2314	30.00	30.00	1000.00	570.00	1000.00	780.00	100	0.43
集体企业	6	430	13.00	13.60	9358.62	0.00	9358.62	3678.00	300	21.76
股份合作企业	1	6	0.00	0.00	0.00	0.00	0.00	0.00	0	0.00
有限责任公司	25	6568	346.63	372.06	220586.12	25600.00	214310.17	83789.81	500	33.58
股份有限公司	5	1611	199.41	198.14	121279.43	24376.00	98208.71	58042.00	1200	75.28
私营企业	11	1034	21.76	23.10	15934.98	2870.00	14354.38	404.00	200	15.41

按企业规模统计，全区小型锌矿矿山企业较多，中型锌矿矿山企业年产锌矿量在全区占主要位置。全区共有中型锌矿矿山企业14家，占全区锌矿矿山企业总数的28.6%，锌矿年产量476.69万吨，占全区锌矿年产量的78.0%；有小型锌矿31家，占全区的63.3%，锌矿年产量129.61万吨，占全区的21.2%（表14）。

全区巴彦淖尔市锌矿年产量最多，赤峰市锌矿矿山企业最多。赤峰市、巴彦淖尔市分别有锌矿矿山企业37家、4家，占全区锌矿矿山企业总数的75.5%、8.2%；锌矿年产量分别为206.00万吨、303.41万吨，占全区的33.7%和49.7%。

表14　　2012年内蒙古自治区锌矿不同规模矿山企业统计表

指标名称	矿山企业数（个）	从业人数（人）	年产矿量（万吨）	实际采矿能力（万吨/年）	工业总产值（万元）	综合利用产值（万元）	销售收入（万元）	利润总额（万元）	人均采矿量（吨）	人均产值（万元）
合计	49	11962	610.80	636.90	368159.15	53416.00	337231.88	146693.81	500	30.77
中型	14	7689	476.69	470.09	279928.39	33093.00	258723.65	121239.62	600	36.41
小型	31	3950	129.61	164.71	85900.76	19123.00	76738.23	25880.19	300	21.75
小矿	4	324	4.50	2.10	2330.00	1200.00	1770.00	-426.00	100	7.19

【钼矿开发利用】　截至2012年12月底，全区共有钼矿矿山企业17家，从业人员1807人，年产量1698.29万吨，完成工业总产值4.15亿元，实现钼矿产品销售收入2.73亿元，亏损1016.13万元。与2011年相比，全区钼矿矿山企业数增加6家，同比增加54.5%；年产量增加1398.24万吨，同比增长466.0%；工业总产值增加14.59亿元，同比增长54.1%；钼矿销售收入增加331.02万元，同比增长1.2%；利润总额减少7066.13万元，同比减少11 6.8%。2012年，受全国钼矿市场影响，钼矿价格较低，全区钼矿矿山企业总体亏损。另外，全区部分大型钼矿达产，企业以开采并出售共伴生铜矿的方式减少亏损。

按经济类型统计，全区钼矿矿山企业以有限责任公司居多。全区共有钼矿集体企业2家、有限责任公司10家、私营企业5家，占全区钼矿矿山企业总数的11.8%、58.8%、29.4%。有限责任公司、私营企业钼矿年产量分别为1669.72万吨、28.57万吨，占全区的98.2%、1.8%，集体企业全部停产（表15）。

表15　　2012年内蒙古自治区钼矿不同经济类型矿山企业统计表

指标名称	矿山企业数（个）	从业人数（人）	年产矿量（万吨）	实际采矿能力（万吨/年）	工业总产值（万元）	综合利用产值（万元）	销售收入（万元）	利润总额（万元）	人均采矿量（吨）	人均产值（万元）
合计	17	1807	1698.29	710.62	41541.64	1650.00	27273.42	-1016.13	9400	22.99
集体企业	2	25	0.00	0.00	0.00	0.00	0.00	0.00	0	0.00
有限责任公司	10	1573	1669.72	526.05	37469.72	450.00	25157.62	955.00	10600	23.82
私营企业	5	209	28.57	184.57	4071.92	1200.00	2115.80	-1971.13	1400	19.48

按企业规模统计，全区共有大型钼矿矿山企业3家、中型4家、小型2家、小矿8家，分别占全区钼矿矿山企业总数的17.6%、23.5%、11.8%和47.1%。大型钼矿矿山企业产量为1544.9 9万吨，中型为153.3万吨，小型及小矿停产（表16）。

表16　　2012年内蒙古自治区钼矿不同规模矿山企业统计表

指标名称	矿山企业数（个）	从业人数（人）	年产矿量（万吨）	实际采矿能力（万吨/年）	工业总产值（万元）	综合利用产值（万元）	销售收入（万元）	利润总额（万元）	人均采矿量（吨）	人均产值（万元）
合计	17	1807	1698.29	710.62	41541.64	1650.00	27273.42	-1016.13	9400	22.99
大型	3	1290	1544.99	401.32	34469.72	450.00	22639.72	950.00	12000	26.72

续表 16

指标名称	矿山企业数（个）	从业人数(人)	年产矿量(万吨)	实际采矿能力（万吨/年）	工业总产值（万元）	综合利用产值（万元）	销售收入(万元)	利润总额(万元)	人均采矿量（吨）	人均产值（万元）
中型	4	273	153.30	153.30	5842.17	0.00	3433.70	-1966.13	5600	21.40
小型	2	55	0.00	126.00	0.00	0.00	0.00	0.00	0	0.00
小矿	8	189	0.00	30.00	1229.75	1200.00	1200.00	0.00	0	6.51

赤峰市是全区钼矿主产区，钼矿年产量为1518.99万吨，共占全区的89.4%以上。2012年，钼矿经济指标增长的主要原因是全区部分大型铜钼共伴生矿山企业达产，但由于钼矿市场价格走低，企业出于减少损失的目的开采、出售钼矿石中的共伴生铜矿，以平衡生产资本投入。

【金矿开发利用】 截至2012年12月底，全区共有金矿矿山企业124家，从业人员11669人，年产量957.66万吨，完成工业总产值46.47亿元，实现金矿产品销售收入46.41亿元，创造利润8.47亿元。与2011年相比，全区金矿矿山企业总数减增加4家，同比增加3.3%；年产量增加23.57万吨，同比增长2.5%；工业总产值增加7.90亿元，同比增长20.5%；金矿销售收入增加8.54亿元，同比增长22.6%；利润总额减少2.70亿元，同比减少24.2%。

按经济类型统计，全区金矿矿山企业以有限责任公司居多，年产量以外商投资企业为主。全区共有金矿有限责任公司49家、私营企业28家、股份有限公司23家、外商投资企业2家，分别占区总数的39.5%、22.6%、18.5%和1.6%。金矿石年产量为52.48万吨、14.41万吨、172.00万吨和672.30万吨，分别占全区的5.5%、1.5、18.0%和70.2%（表17）。

按企业规模统计，全区小规模金矿矿山企业数量较多，金矿年产量以大型金矿为主。全区大型金矿矿山企业仅1家，占全区金矿矿山企业总数的0.8%，金矿年产量为610.3万吨，占全区的63.7%；小型金矿47家，占全区的37.9%，金矿年产量138.38万吨，占全区的14.4%；小矿71家，占全区的57.3%，金矿年产量118.98万吨，占全区的12.4%（表18）。

表17　**2012年内蒙古自治区金矿不同经济类型矿山企业统计表**

指标名称	矿山企业数（个）	从业人数(人)	年产矿量(万吨)	实际采矿能力（万吨/年）	工业总产值（万元）	综合利用产值（万元）	销售收入(万元)	利润总额(万元)	人均采矿量（吨）	人均产值（万元）
合计	124	11669	957.66	783.68	464680.34	35819.00	464084.83	84746.63	800	39.82
国有企业	8	1157	45.88	14.78	45944.82	0.00	45934.31	13150.46	400	39.71
集体企业	9	151	0.59	1.59	1936.40	10.00	1936.30	12.00	0	12.82
股份合作企业	4	442	0.00	0.00	0.00	0.00	0.00	0.00	0	0.00
有限责任公司	49	2474	52.48	39.19	40204.84	7910.00	39683.24	2697.43	200	16125
股份有限公司	23	5114	172.00	31.84	176469.07	25770.00	176468.27	10747.62	300	34.51
私营企业	28	1581	14.41	23.98	35460.21	2129.00	35397.71	8089.12	100	22.43
其他企业	1	24	0.00	0.00	0.00	0.00	0.00	0.00	0	0.00
外商投资企业	2	726	672.30	672.30	164665.00	0.00	164665.00	50050.00	9300	226.81

表18　**2012年内蒙古自治区金矿不同规模矿山企业统计表**

指标名称	矿山企业数（个）	从业人数(人)	年产矿量(万吨)	实际采矿能力（万吨/年）	工业总产值（万元）	综合利用产值（万元）	销售收入(万元)	利润总额(万元)	人均采矿量（吨）	人均产值（万元）
合计	124	11669	957.66	783.68	464680.34	35819.00	464084.83	84746.63	800	39.82
大型	1	526	610.30	610.30	145709.00	0.00	145709.00	50000.00	11600	277.01

续表 18

指标名称	矿山企业数（个）	从业人数（人）	年产矿量（万吨）	实际采矿能力（万吨/年）	工业总产值（万元）	综合利用产值（万元）	销售收入（万元）	利润总额（万元）	人均采矿量（吨）	人均产值（万元）
中型	5	5022	90.00	90.00	86586.00	0.00	86586.00	6821.70	200	17.24
小型	47	4188	138.38	63.00	179852.94	2739.00	179779.13	23345.68	300	42.94
小矿	71	1933	118.98	20.38	52532.40	33080.00	52010.70	4579.25	600	27.18

全区巴彦淖尔市金矿开发规模居全区首位，其次为赤峰市与锡林郭勒盟。上述三个地区金矿产量分别为 614.43 万吨、163.99 万吨、122.00 万吨，合计 900.42 万吨，占全总量的 94.0%。

【银矿开发利用】 截至 2012 年 12 月底，全区共有银矿矿山企业 16 家，从业人员 2841 人，年产量 117.90 万吨，完成工业总产值 13.15 亿元，实现银矿产品销售收入 10.80 亿元，创造利润 2.52 亿元。与 2011 年相比，全区银矿矿山企业数未变化；年产量增加 13.26 万吨，同比增长 12.7%；工业总产值减少 0.41 亿元，同比减少 3.0%；银矿销售收入减少 0.44 亿元，同比减少 3.9%；利润总额增加 2209.51 万元，同比增长 9.6%。

按经济类型统计，全区共有银矿有限责任公司和私营企业各 8 家；银矿年产量分别为 96.40 万吨和 21.50 万吨，占全区的 81.8% 和 18.2%（表 19）。

表 19　　2012 年内蒙古自治区银矿不同经济类型矿山企业统计表

指标名称	矿山企业数（个）	从业人数（人）	年产矿量（万吨）	实际采矿能力（万吨/年）	工业总产值（万元）	综合利用产值（万元）	销售收入（万元）	利润总额（万元）	人均采矿量（吨）	人均产值（万元）
合计	16	2841	117.90	126.02	131519.60	76825.00	107967.78	25161.51	400	46.29
有限责任公司	8	2357	96.40	100.50	117284.20	69600.00	97684.19	23800.00	400	49.76
私营企业	8	484	21.50	25.52	14235.40	7225.00	10283.59	1361.51	400	29.41

按企业规模统计，全区小规模银矿矿山企业居多。全区有大型银矿矿山企业 1 家、小型 10 家、小矿 5 家，分别占全区的 6.3%、62.5% 和 31.25%；除小矿未进行生产外，大型、小型银矿矿山企业．银矿年产量分别为 70.00 万吨、47.90 万吨，占全区银矿年产量的 59.4%、40.6%（表 20）。

全区银矿开发主要集中在赤峰市与呼伦贝尔市。其中，赤峰市银矿年产量 75.63 万吨，占全区银矿年产量的 64.1%；呼伦贝尔银矿年产量 26.40 万吨，占全区年产量的 22.4%。

表 20　　2012 年内蒙古自治区银矿不同规模矿山企业统计表

指标名称	矿山企业数（个）	从业人数（人）	年产矿量（万吨）	实际采矿能力（万吨/年）	工业总产值（万元）	综合利用产值（万元）	销售收入（万元）	利润总额（万元）	人均采矿量（吨）	人均产值（万元）
合计	16	2841	117.90	126.02	131519.60	76825.00	107967.78	25161.51	400	46.29
大型	1	2000	70.00	70.00	97684.20	50000.00	97684.19	25000.00	400	48.84
小型	10	755	47.90	53.87	33835.40	26825.00	10283.59	161.51	600	44.82
小矿	5	86	0.00	2.15	0.00	0.00	0.00	0.00	0	0.00

【稀土矿开发利用】 全区的稀土资源开发利用主要集中在包头市，全区稀土保有资源储量占全国的 98.5%，是全区在全国范围内最具优势的矿产资源。近年，全区依照国家相关战略方针对稀土资源实行保护性政策，限制稀土资源开采总量，控制稀土矿产品生产总量，多管齐下使全区稀土资源得到有效保护。

我国稀土出口采取配额管理制度，为控制稀土精矿生产，2012 年，全区生产共生稀土元素的铁矿石 1286 万吨，比去年增长 36.0 万吨，同比增长 2.9%。

【硫铁矿开发利用】 截至2012年12月底，全区共有的3家硫铁矿矿山企业，硫铁矿矿山企业从业人员1760人，年产量77.955万吨，完成工业总产值9.81亿元，实现硫铁矿产品销售收入1.26亿元，创造利润32万元。与2011年相比，除巴彦淖尔市的大型硫铁矿股份有限公司外，在呼伦贝尔市新增1家小型硫铁矿有限责任公司；年产量增加2.95万吨，同比增长3.9%；工业总产值增长1.91亿元，同比增长24.2%；硫铁矿销售收入减少2048.46万元，同比减少14.0%；利润总额减少4093.00万元，同比减少99.2%，总体面临亏损(表21)。

表21　　2012年内蒙古自治区硫铁矿矿山企业统计表

指标名称	矿山企业数(个)	从业人数(人)	年产矿量(万吨)	实际采矿能力(万吨/年)	工业总产值(万元)	综合利用产值(万元)	销售收入(万元)	利润总额(万元)	人均采矿量(吨)	人均产值(万元)
合计	3	1760	77.95	227.95	98070.00	0.00	12601.54	32.00	400	55.72
大型股份有限公司	2	1730	76.00	226.00	97354.00	0.00	12013.54	-33.00	400	56.27
小型有限责任公司	1	30	1.95	1.95	716.00	0.00	588.00	65.00	700	23.87

【天然碱开发利用】 截至2012年12月底，全区共有天然碱矿山企业11家，从业人员1344人；年产量157.80万吨，完成工业总产值3.66亿元实现天然碱产品销售收入1.25亿元，创造利润31万元。与2011年相比，全区天然碱矿山企业数减少2家，同比减少15.4%；年产量增加1.80万吨，同比增加1.2%；工业总产值减少1.43亿元，同比减少28.0%；天然碱销售收入增加4690.00万元，同比增长60.1%；利润总额减少2673万元，同比减少98.7%总体面临亏损。

按经济类型统计，全区天然碱矿山企业共有有限责任公司4家，占全区天然碱矿山企业总数的36.4%；股份有限公司、私营企业各3家，联营企业1家，分别均占全区天然碱矿山企业总数的27.3%、27.3%和9.0%。全区天然碱矿山企业中，共有4家从事生产，其中锡林郭勒盟的1家大型矿山企业生产天然碱矿石153.6万吨，占全区的97.3%(表22、表23)。

表22　　2012年内蒙古自治区天然碱不同经济类型矿山企业统计表

指标名称	矿山企业数(个)	从业人数(人)	年产矿量(万吨)	实际采矿能力(万吨/年)	工业总产值(万元)	综合利用产值(万元)	销售收入(万元)	利润总额(万元)	人均采矿量(吨)	人均产值(万元)
合计	11	1344	157.80	160.30	36659.00	22890.00	12490.00	31.00	1200	27.28
联营企业	1	5	0.00	0.00	0.00	0.00	0.00	0.00	0	0.00
有限责任公司	4	61	1.00	2.00	55.00	55.00	50.00	0.00	200	0.90
股份有限公司	3	1193	155.60	155.10	36494.00	22725.00	12340.00	31.00	1300	30.59
私营企业	3	85	1.20	3.20	110.00	110.00	100.00	0.00	100	1.29

表23　　2012年内蒙古自治区天然碱不同规模矿山企业统计表

指标名称	矿山企业数(个)	从业人数(人)	年产矿量(万吨)	实际采矿能力(万吨/年)	工业总产值(万元)	综合利用产值(万元)	销售收入(万元)	利润总额(万元)	人均采矿量(吨)	人均产值(万元)
合计	11	1344	157.80	160.30	36659.00	22890.00	12490.00	31.00	1200	27.28
大型	1	1156	153.60	153.60	36444.00	22715.00	12295.00	1.00	1300	31.53
中型	1	27	0.00	0.00	0.00	0.00	0.00	0.00	0	0.00
小型	6	86	3.00	5.50	105.00	65.00	95.00	30.00	300	1.22
小矿	3	75	1.20	1.20	110.00	110.00	100.00	0.00	200	1.47

【盐矿开发利用】 截至2012年12月底,全区共有盐矿矿山企业10家,从业人员2180人,年产矿量225.02万吨,完成工业总产值6.76.亿元,实现盐矿矿产品销售收入6.32亿元,创造利润9050.75万元。与2011年相比,全区盐矿矿山企业数未发生变化;年产量减少9.84万吨,同比减少4.2%;工业总产值减少1640.06万元,同比减少2.4%;盐矿销售收入增加1.20亿元,同比增长23.4%;利润总额增加7523.85万元,同比增长492.8%,回归2010年水平。

按经济类型统计,全区盐矿生产以股份有限公司为主。全区共有股份有限公司1家,盐矿年产量为150.00万吨,占全区的66.7%;有限责任公司5家,盐矿年产量为52.76万吨,占全区的23.4%(表24)。

按企业规模统计,全区盐矿开发利用以大型企业为主。全区共有大型盐矿矿山企业2家,盐矿年产量186.00万吨,占全区的82.7%。此外,全区分别有中型、小型、小矿盐矿企业1家、5家、2家,盐矿年产量分别为12.00万吨、26.56万吨、0.46万吨,占全区的5.3%、11.8%和0.2%(表25)。

全区阿拉善盟为盐矿主产区。2012年阿拉善盟生产盐矿量208.52万吨,占全区年产盐矿总量的92.7%。

表24　　2012年内蒙古自治区盐矿不同经济类型矿山企业统计表

指标名称	矿山企业数(个)	从业人数(人)	年产矿量(万吨)	实际采矿能力(万吨/年)	工业总产值(万元)	综合利用产值(万元)	销售收入(万元)	利润总额(万元)	人均采矿量(吨)	人均产值(万元)
合计	10	2180	225.02	225.36	67644.25	3000.00	63227.10	9050.75	1000	31.03
国有企业	1	258	12.50	7.00	3750.00	2840.00	3500.00	130.00	500	14.53
有限责任公司	5	549	52.76	58.60	13083.34	160.00	9592.43	3273.18	1000	23.83
股份有限公司	1	1253	150.00	150.00	47035.64	0.00	47035.64	3511.47	1200	37.54
私营企业	3	120	9.76	9.76	3775.27	0.00	3099.03	2136.10	800	31.46

表25　　2012年内蒙古自治区盐矿不同规模矿山企业统计表

指标名称	矿山企业数(个)	从业人数(人)	年产矿量(万吨)	实际采矿能力(万吨/年)	工业总产值(万元)	综合利用产值(万元)	销售收入(万元)	利润总额(万元)	人均采矿量(吨)	人均产值(万元)
合计	10	2180	225.02	225.36	67644.25	3000.00	63227.10	9050.75	1000	31.03
大型	2	1649	186.00	186.00	55800.98	0.00	54714.07	6241.65	1100	33.84
中型	1	80	12.00	17.00	3185.00	160.00	1506.00	543.00	1500	39.81
小型	5	403	26.56	21.06	7933.27	2840.00	7007.03	2266.10	700	19.69
小矿	2	48	0.46	1.30	725.00	0.00	0.00	0.00	100	15.10

【水泥用灰岩开发利用】 截至2012年12月底,全区共有水泥用灰岩矿山企业127家,从业人员3601人,年产量1979.51万吨,完成工业总产值17.94亿元,实现水泥用灰岩产品销售收入15.78亿元,创造利润2.94亿元。与2011年相比,全区水泥用灰岩矿山企业数减少4家,同比减少3.1%;年产量增加859.18万吨,同比增加76.7%;工业总产值减少2.75亿元,同比减少13.3%;水泥用灰岩销售收入减少2.52亿元,同比减少13.8%;利润总额减少2391.03万元,同比减少7.5%。

按经济类型统计,全区共有有限责任公司36家,占水泥用灰岩矿山企业总数的28.3%,水泥用灰岩年产量为868.18万吨,占全区的43.9%;共有私营企业60家,占全区的47.2%,年产量413.42万吨,占全区的20.9%(表26)。

表 26　　2012 年内蒙古自治区水泥用灰岩不同经济类型矿山企业统计表

指标名称	矿山企业数（个）	从业人数(人)	年产矿量(万吨)	实际采矿能力（万吨/年）	工业总产值（万元）	综合利用产值（万元）	销售收入(万元)	利润总额(万元)	人均采矿量（吨）	人均产值（万元）
合计	127	3601	1979.51	2025.98	179427.20	2592.50	157763.95	29396.53	5500	49.83
国有企业	2	230	348.49	348.49	6606.80	0.00	6606.80	1500.00	15200	28.73
集体企业	5	167	4.99	5.21	95.20	0.00	95.20	0.26	300	0.57
股份合作企业	4	167	0.013	8.00	0.013	0.00	0.00	0.00	0	0.00
联营企业	2	18	0.513	5.50	12.50	7.50	12.50	6.00	300	0.69
有限责任公司	36	1190	868.18	894.11	84077.45	1000.00	81140.45	18838.12	7300	70.65
股份有限公司	14	581	343.93	318.96	13685.16	0.00	12050.71	98.80	59013	23.55
私营企业	60	1237	413.42	445.72	74950.10	1585.00	57858.30	8953.35	3300	60.59
其他企业	4	11	0.00	0.00	0.00	0.00	0.00	0.00	0	0.00

按企业规模统计，全区有中型水泥用灰岩矿山企业 12 家，占全区水泥用灰岩矿山企业总数的 9.4%，年产为 727.81 万吨，占全区的 36.8%；有小型水泥用灰岩矿山企业 46 家，占全区的 36.2%，年产量为 776.76 万吨，占全区的 39.2%（表 27）。

全区水泥用灰岩矿山企业分布范围较广。2012 年度，呼伦贝尔市水泥用灰岩年产量为 637.31 万吨，占全区水泥用灰岩年产量的 32.2%，居全区之首。乌海市、赤峰市、巴彦淖尔市、乌兰察布市，水泥用灰岩年产量差距不大，均在 200 万～400 万吨之间。

表 27　　2012 年内蒙古自治区水泥用灰岩不同规模矿山企业统计表

指标名称	矿山企业数（个）	从业人数(人)	年产矿量(万吨)	实际采矿能力（万吨/年）	工业总产值（万元）	综合利用产值（万元）	销售收入(万元)	利润总额(万元)	人均采矿量（吨）	人均产值（万元）
合计	127	3601	1979.51	2025.98	179427.20	2592.50	157763.95	29396.53	5500	49.83
大型	6	201	214.20	214.20	2207.52	0.00	1931.52	223.00	10700	10.98
中型	12	857	727.81	744.71	138206.06	600.00	122443.83	26147.12	8500	161.27
小型	46	1753	776.76	790.54	29048.72	1744.00	28043.95	2975.15	4400	16.57
小矿	63	790	260.73	276.54	9964.90	248.50	5344.65	51.26	3300	12.61

【砖瓦用黏土开发利用】　截至 2012 年 12 月底，全区共有砖瓦用黏土矿山企业 618 家，从业人员 21017 人，年产量 1474.75 万吨，完成工业总产值 4.57 亿元，实现砖瓦用黏土产品销售收入 4.05 亿元，创造利润 5242.48 万元。与 2011 年相比，全区砖瓦用黏土矿山企业数减少 5 家，同比减少 0.8%；年产量增加，268.16 万吨，同比增加 22.2%；工业总产值增长 2150.77 万元，同比增长 5.0%；砖瓦用黏土销售收入减少 883.22 万元，同比减少 2.1%；利润总额减少 303.51 万元，同比减少 5.5%。

按经济类型统计，全区砖瓦用黏土矿山企业经济构成复杂，以私营企业与集体企业为主。全区共有砖瓦用黏土私营企业 438 家、集体企业 101 家，分别占全区砖瓦用黏土矿山企业总数的 70.9% 和 16.3%；砖瓦用黏土年产量分别为 878.78 万吨和 315.86 万吨，占全区砖瓦用黏土年产量的 59.6% 和 21.4%（表 28）。

表28　　2012年内蒙古自治区砖瓦用黏土不同经济类型矿山企业统计表

指标名称	矿山企业数（个）	从业人数(人)	年产矿量(万吨)	实际采矿能力（万吨/年）	工业总产值（万元）	综合利用产值（万元）	销售收入(万元)	利润总额(万元)	人均采矿量（吨）	人均产值（万元）
合计	618	21017	1474.75	789.15	45176.96	6098.00	40536.65	5242.48	700	2.15
国有企业	5	197	I.82	4.25	270.00	0.00	260.00	10.00	100	1.37
集体企业	101	2927	315.86	125.72	7418.45	1428.00	6918.53	1122.97	1100	2.53
股份合作企业	7	470	206.88	8.35	1246.00	35.00	961.60	71.00	4400	2.65
联营企业	7	18	0.25	7.20	80.00	0.00	40.00	9.60	100	4.44
有限责任公司	29	964	28.15	33.23	1856.20	217.00	1719.50	181.35	300	1.93
股份有限公司	8	353	12.00	14.15	1220.12	238.00	1121.32	82.00	300	3.46
私营企业	438	15481	878.78	552.56	30350.19	3992.00	27216.91	3474.06	600	1.96
其他企业	23	607	30.99	43.69	2736.00	188.00	2298.79	291.50	500	4.51

按企业规模统计，全区小规模砖瓦用黏土矿山企业居多。全区共有小矿砖瓦用黏土矿山企业406家，占全区的65.7%，年产量为1053.85万吨，占全区的71.5%；有小型砖瓦用黏土矿山企业有211家，占全区的34.1%，年产量为418.35万吨，占全区的28.4%（表29）。

全区砖瓦用黏土矿山企业分布范围较广。通辽市、赤峰市、巴彦淖尔市分别有砖瓦用黏土矿山企业187家、116家、98家，占全区砖瓦用黏土矿山企业总数的30.3%、18.8%和15.9%；年产砖瓦用黏土量分别为286.98万吨、901.48万吨和73.92万吨，占全区年产砖瓦用黏土总量的19.5%、61.1%和5.1%。

表29　　2012年内蒙古自治区砖瓦用黏土不同规模矿山企业统计表

指标名称	矿山企业数（个）	从业人数(人)	年产矿量(万吨)	实际采矿能力（万吨/年）	工业总产值（万元）	综合利用产值（万元）	销售收入(万元)	利润总额(万元)	人均采矿量（吨）	人均产值（万元）
合计	618	21017	1474.75	789.15	45176.96	6098.00	40536.65	5242.48	700	2.15
中型	1	52	2.55	2.55	115.00	0.00	114.83	8.00	500	2.21
小型	211	6270	418.35	269.99	15919.32	1661.00	14256.60	1502.77	700	2.54
小矿	406	14695	1053.85	516.61	29142.64	4437.00	26165.22	3731.71	700	1.98

（内蒙古自治区国土资源厅）

黑龙江省

【矿产资源概况】 1.能源矿产。在黑龙江省矿产中占重要地位，已探明资源储量的矿种有石油、天然气、煤、油页岩、地热、铀矿等6种矿产，其中石油、天然气主要以大庆为主，石油累计探明地质储量位居全国排序第一。煤炭是黑龙江省重要优势矿产，截至2012年底，查明煤炭矿区数227处，其中大型55处，中型30处，小型142处。松嫩平原地热资源丰富，黑龙江省在册登记地热资源产地有6处，开采地下热水小型矿山4处。2012年度黑龙江省已查明矿产和已发现尚未探明矿产统计情况见表1。

2.贵金属矿产。黑龙江省查明矿产资源储量有金、银、铂族（铂、钯、铱、锇）共6种矿产，金矿包括岩金、砂金、伴生金，近几年，岩金勘查开发很快，逐渐形成了团结沟、老柞山、大安河、东风山、争光、三道湾子、砂宝斯等中、大型岩金矿山，有岩金矿产地35处，主要分布在伊春、黑河、七台河、牡丹江、佳木斯、大兴安岭等地。

3.黑色、有色金属矿产。已探明的黑色金属矿产有铁、钛和钒三种，铁是该省短缺矿产之一，钛和钒为暂难利用矿产。铁矿有矿产地57处，铁矿资源储量主要分布在双鸭山、黑河和伊春等地。探明有色金属矿产有铜、铅、锌、镁、镍、钴、钨、锡、铋、钼、锑共计11种，探明矿产地(含共伴生)131处。铜、铅、锌的矿产资源储量分别位居全国第7、20、19位,黑龙江省探明铜矿产地30处(包括伴生铜8处),铜资源主要集中于黑河地区,主要矿床有嫩江县多宝山铜钼矿、铜山铜钼矿、三矿沟铜矿和黑河付地营子铜锌硫多金属矿,其余的分布在哈尔滨、伊春、鸡西等地。黑龙江省铜矿品位较低,平均为0.47%,给开发利用带来一定难度。铅全省探明矿产地30处,锌探明矿产地38处,主要分布在伊春、哈尔滨和黑河等地,该省铅锌资源较多,但是品质不佳也是制约规模开发利用的一大障碍,目前黑龙江省铅+锌品位大于8%的矿床很少(一般认为这是现阶段铅锌矿床开采的经济品位)。

4. *稀有、稀土分散元素矿产*。已查明有钽、铍、镓、铟、铼、硒、镉、碲等8种矿产,探明矿产地23处,其中钽矿1处,铍矿3处,镓矿1处,铟矿4处,铼矿2处,硒矿4处,镉矿7处,碲矿1处。全省稀有、稀土分散元素矿产除铍矿是单一矿产外,其余都是伴生矿,受主矿产开发利用程度的影响,该类矿产开发利用程度低。

5. *冶金辅助原料非金属矿产*。已查明矿产资源储量的矿产有矽线石、普通萤石、熔剂用灰岩、冶金用白云岩、铸型用砂、耐火黏土、菱镁矿等7种矿产。矽线石为黑龙江省优势矿产,矿产资源储量居全国第一位,但开发利用程度较低。

6. *化工原料非金属矿产*。已查明矿产种类不多,主要有硫铁矿、伴生硫、化肥用蛇纹岩、泥炭、砷矿、硼矿、磷矿等7种。泥炭资源储量较丰富(但开发利用极少),其他矿种资源储量相对贫乏。

7. *建材及其他非金属矿产*。黑龙江省查明的矿种有34种,石墨、沸石、黄黏土、熔炼水晶、水泥用大理岩等是该省优势矿产,尤其以石墨最为突出,资源储量、质量居全国首位。其中鸡西柳毛石墨矿质量好、资源储量大,国内外闻名,黑龙江省的石墨资源在全球占有一定地位,大约占全球石墨资源的20%,占全国石墨资源的58.56%,全省探明石墨矿产地23处,主要集中在鸡西、鹤岗、七台河等地,著名的石墨矿区有鸡西柳毛、萝北云山、勃利佛岭,主要石墨矿山多数已得到开发利用。该省水泥用大理岩在全国资源储量排序第一,探明矿产地40处,主要集中分布在哈尔滨、鸡西、伊春、佳木斯、牡丹江、七台河、黑河等地。

8. *水气矿产*。黑龙江省地下水水资源丰富,开采潜力大,但大多集中在大中城市开采,造成超采、局部水资源不足。矿泉水资源较为丰富,除中外闻名的五大连池矿泉水外,其他各市县均有分布,其中含锶、硅质矿泉水最为丰富,分布遍及全省。截至2012年底,已开发的矿泉水水源地有62处。

【地质勘查工作】 黑龙江省已经形成了以国有地质勘查单位为主体,多种经济类型并存的地质勘查行业队伍。截止2012年末,黑龙江省地质勘查行业具有地质勘查资质单位130家,其中国有地勘单位45家、集体企业地勘单位2家、有限责任公司地勘单位73家、股份有限公司地勘单位6家、私营企业地勘单位4家。全省地质勘查单位从业人数2.84万人,其中在职职工1.73万人,从事地质勘查工作人员0.77万人,其中技术人员0.43万人,工程勘察与施工人员0.08万人。社会企事业地勘单位职工总人数0.76万人,其中在职职工0.68万人。

2012年全年,黑龙江省地质勘查工作实施项目533个,共投入资金111579.33万元。其中,中央财政6897.08万元,占总量的6.18%;地方财政43147.87万元,占总量的38.67%;社会资金61534.38万元,占总量的55.14%。共完成钻探工作量566028米。

2012年新发现中型矿产地3个(其中煤矿1个、地热1个、地下水1个),新发现小型金矿产地1个。获得新增查明矿产资源储量找矿成果的项目共有12个,其中获中型勘查成果项目6个(煤矿1个、地热1个、铁矿1个、锡矿1个、钼矿1个、地下水1个);获小型勘查成果项目6个(铜1个、钼1个、金矿4个)。

【矿产资源开发利用现状】 2012年黑龙江省现有各类持证矿山3585个,全省开发利用程度较高的矿种有煤炭、铁矿、金矿、水泥用大理岩、铜矿、石墨以及一些建材用非金属矿和矿泉水等。正在开采的矿种有煤炭、金、铁、铜、铅、锌、石墨、水泥用大理岩等矿产,未开发利用矿种有菱镁矿、白云岩、铂、钯、长石等矿产。2012年度,共依法审批颁发采矿许可证380个,勘查许可证174个。黑龙江省矿产资源补偿费实缴金额为15.10亿元。矿产资源补偿费缴纳以大庆石油天然气开采业为主,占全省上缴总额的77.48%,其他市(地)实缴矿产资源补偿费金额占22.52%,主要为煤炭、金矿、铜矿、铁矿、石墨和水泥用大理岩等矿产。2012年度黑龙江省矿产资源开发利用情况分矿种汇总见表2。2012年度黑龙江省矿产资源开发利用情况分经济类型汇总见表3。2012年度黑龙江省矿产资源开发利用情况分行政区汇总见表4。

【地质环境与地质灾害调查评价】 矿山地质环境治理恢复保证金制度建设顺利推进,2012年收取保证金8242万元,缴纳矿山企业806家。获得省级矿山地质环境治理项目25个,完成新申请矿山项目81项,审定矿山地质环境治理方案92份,年内完成矿山地质环境恢复治理面积640多公顷。全省范围内各类地质灾害点2730处,确定重要隐患点141处,当年,编制印发了《黑龙江省2012年地质灾害防灾预案》。省、市级国土资源行政管理部门受理地质灾害危险性评估备案423项,其中一级评估131项、二级评估15项、三级评估277项。

1. 地质遗迹保护。2012年黑龙江省有世界地质公园2处、国家地质公园6处、省级地质公园16处。年内,全省已完成7处地质公园总体规划编制工作,凤凰山省级地质公园已通过国家地质公园评审组审查通过,成为国家地质公园。

2. 地下水及地质环境监测。黑龙江省共有专业地质环境监测点228个,其中,国家级地下水监测点70个,水质监测点35个,地质灾害点14个,控制面积90355平方千米,基本上形成了覆盖松嫩平原、三江平原及大中城市主要地区的地质环境监测网络,完成了"黑龙江省地质灾害预警预报信息系统"建设,为该省地质灾害预警预报工作开展将起到积极作用。

表1　**2012年度黑龙江省已查明矿产和已发现尚未探明矿产统计表**

矿产类别	已查明储量矿产		已发现尚未探明储量矿产	
	矿种数	矿种名称	矿种数	矿种名称
能源矿产	6	石油、天然气、煤、地热、铀矿、油页岩	2	煤层气、褐煤蜡
黑色、有色金属矿产	14	铁、钛、钒、铜、铅、锌、镁、镍、钴、钨、锡、铋、钼、锑、	3	锰、铬、汞
贵金属矿产	6	铂、钯、铱、锇、金、银	2	钌、铑
稀有稀散放射性元素矿产	8	钽、铍、镓、铟、铼、硒、镉、碲	9	钇、镧、铈、镨、锗、铌、锂、锆、钍
冶金辅助原料非金属矿产	7	矽线石、普通萤石、熔剂用灰岩、冶金用白云岩、铸型用砂、耐火黏土、菱镁矿	1	蓝晶石
化工原料非金属矿产	7	硫铁矿、伴生硫、化肥用蛇纹岩、泥炭、砷、硼、磷	3	自然硫、重晶石、天然碱
建材及其他非金属矿产	34	石墨、压电水晶、熔炼水晶、硅灰石、石棉、云母、长石、石榴子石、叶蜡石、沸石、颜料矿物、玻璃用砂、玻璃用脉石英、陶粒页岩、水泥配料用页岩、陶瓷土、膨润土、陶粒用黏土、水泥配料用黏土、饰面用辉长岩、饰面用闪长岩、铸石用玄武岩、岩棉用玄武岩、饰面用花岗岩、珍珠岩、火山灰、饰面用大理岩、水泥用大理岩、玻璃用大理岩、浮石、制灰用石灰岩、水泥配料用砂岩、硅藻土、陶粒用板岩	28	高岭土、水泥用灰岩、蓝宝石、玛瑙、玉石、电气石、刚玉、红柱石、滑石、方解石、麦饭石、黑曜岩、松脂岩、霞石正长岩、透闪石、透辉石、石膏、硅石、蛭石、砖瓦用黏土、建筑用凝灰岩、建筑用砂、火山渣、电石用灰岩、泥灰岩、明矾石、蛋白石、芒硝
水气矿产	2	地下水、矿泉水	3	二氧化碳气、硫化氢气、氮气

表2　**2012年度黑龙江省矿产资源开发利用情况分矿种汇总表**

矿种	矿山企业数(个)					从业人员(人)	年产矿量(万吨)	工业总产值(万元)	综合利用产值(万元)	矿产品销售收入(万元)	利润总额(万元)
	合计	大型	中型	小型	小矿						
总计	3585	580	306	1244	1455	326182	16521.77	4107152.01	48961.26	3755257.32	258753.14
煤炭	933	28	26	582	297	259704	8407.52	3602167.22	47342.31	3260250.65	145125.22
地下热水	4			4		41	405.00	278.00		170.00	2.00
铁矿	45	4	3	15	23	4226	267.33	56515.64	260.00	50165.24	-197.69
铜矿	9	2	2	2	3	2257	707.13	53296.23		53285.00	15033.06
铅矿	9		1	3	5	579	4.98	2120.00		2120.00	215.00

续表 2－1

矿种	矿山企业数(个)					从业人员(人)	年产矿量(万吨)	工业总产值(万元)	综合利用产值(万元)	矿产品销售收入(万元)	利润总额(万元)
	合计	大型	中型	小型	小矿						
锌矿	3			1	2	219	1.35	616.00		616.00	
镁矿	1			1		1					
钼矿	4	1	1	2		808	27.08	805.00	10.00	805.00	39.00
金矿	16	1	2	11	2	2966	104.45	90293.80		88214.80	33397.00
矽线石	2	1		1		323	1.19	125.00		125.00	75.00
熔剂用灰岩	1			1		204					
冶金用石英岩	1				1	3	0.02	0.69		0.69	
冶金用脉石英	5				5	110					
泥炭	3			1	2	32	0.20	64.00		64.00	5.00
石墨	16	14	1	1		2436	215.77	32285.28	315.00	32285.28	5278.00
熔炼水晶	1			1		7					
硅灰石	2				2	2					
叶蜡石	1			1		12	0.11	36.07		35.01	0.35
沸石	6			2	4	27	4.50	156.46		156.46	28.00
水泥用灰岩	18			5	13	133	17.80	297.50		187.50	6.60
建筑石料用灰岩	20			3	17	277	7.18	409.00		409.00	2.20
饰面用灰岩	1			1		35					
制灰用石灰岩	8			3	5	220	28.00	466.00		466.00	103.70
泥灰岩	1			1		3	0.55	10.00		10.00	4.00
玻璃用白云岩	2			2		11	2.49	59.50	11.00	59.49	14.00
建筑用白云岩	6			1	5	48	0.30	10.00	0.40	10.00	
玻璃用石英岩	7			6	1	148	1.00				
水泥配料用砂岩	1			1		40					
砖瓦用砂岩	14		1	13		296	50.29	2388.99		2371.11	12.00
建筑用砂岩	30		2	26	2	213	17.02	716.55		705.20	85.10
建筑用砂	362		2	132	228	3265	1164.68	14962.05	51.00	14738.06	1653.65
玻璃用脉石英	7			5	2	37					
陶粒页岩	7		1	6		108	0.85	58.10	30.00	58.00	8.00
砖瓦用页岩	7		1	6		332	10.90	1074.76		1074.76	60.00
建筑用页岩	1				1	8	1.05	4.50		4.50	
高岭土	1	1									
膨润土	2		1	1		40					
砖瓦用黏土	814			36	778	29651	910.36	53395.89	201.00	53353.12	3439.84
陶粒用黏土	3	1		2	0	99	1.10	120.00	15.00	110.00	10.00
水泥配料用黏土	5				5	41	1.64	230.00		230.00	15.00
水泥配料用红土	4				4	80	1.00	150.00		150.00	4.00
水泥配料用泥岩	1			1		50					
铸石用玄武岩	6	1	1	4		52	2.71	66.89		66.89	21.00

续表 2－2

矿种	矿山企业数(个)					从业人员(人)	年产矿量(万吨)	工业总产值(万元)	综合利用产值(万元)	矿产品销售收入(万元)	利润总额(万元)
	合计	大型	中型	小型	小矿						
饰面用玄武岩	2		1	1		13					
建筑用玄武岩	153	88	18	46	1	1576	404.40	4184.82	38.84	3841.62	391.43
建筑用角闪岩	1		1			3					
建筑用辉绿岩	17	7	6	4		228	32.70	614.00		614.00	113.00
建筑用辉长岩	6	1	1	4		79	3.30	55.00		55.00	5.50
建筑用安山岩	263	129	73	59	2	3829	1270.59	12135.48		11935.30	2922.76
建筑用闪长岩	52	36	4	10	2	684	299.59	4092.67		3967.82	417.9
饰面用闪长岩	2	1		1		31	1.99	408.01	5.00	408.01	5.00
建筑用花岗岩	430	192	107	127	4	4947	996.48	11698.78	652.01	11415.82	1722.94
饰面用花岗岩	21	1	1	10	9	1278	3.11	1676.08		1676.08	－402.80
麦饭石	1			1		3					
珍珠岩	2			2		80	2.00	100.00		100.00	2.00
浮石	7		1	5	1	83	4.12	258.71		258.71	42.30
水泥用凝灰岩	2	1		1		12	9.36	173.20		173.20	6.70
建筑用凝灰岩	51	27	12	7	5	599	64.05	957.11	1.00	927.60	186.85
火山灰	2				2	6					
火山渣	2			2		25					
饰面用大理岩	2	1		1		10					
建筑用大理岩	13	5	2	6		51	1.34	3.47		2.77	
水泥用大理岩	99	36	32	27	4	2637	1048.87	156190.14	28.70	156165.05	48855.02
饰面用板岩	4			4		12	3.19	41.00		41.00	3.50
水泥配料用板岩	1			1		3					
矿泉水	60	1	2	39	18	829	11.15	1384.40		1378.58	42.01
地下水	1			1		10					
其他矿产	1			1		10					

表 3　　2012 年度黑龙江省矿产资源开发利用情况分矿种汇总表

企业经济类型	矿山企业数(个)					从业人员(人)	年产矿量(万吨)	工业总产值(万元)	综合利用产值(万元)	矿产品销售收入(万元)	利润总额(万元)
	合计	大型	中型	小型	小矿						
总　计	3585	580	306	1244	1455	326182	16521.77	4107152.01	48961.26	3755257.32	258753.14
一、内资企业	3577	578	304	1242	1453	324827	16458.88	4097846.68	48961.26	3745951.99	257362.14
国有企业	233	43	15	132	43	123688	5084.71	2302915.54	4014.00	2046658.11	67947.25
集体企业	424	10	11	94	309	19813	582.66	97289.53	4376.30	100934.79	6453.53
股份合作企业	67	2	3	17	45	5379	108.07	22084.74	870.00	21800.71	876.96
联营企业	7	1		2	4	316	7.68	310.80		300.80	14.00
有限责任公司	314	75	18	143	78	48914	2604.56	609135.63	3866.10	561539.67	58268.22
股份有限公司	158	25	15	67	51	48404	2844.26	643854.76	30763.51	632303.16	93723.44

续表3

企业经济类型	矿山企业数(个)					从业人员(人)	年产矿量(万吨)	工业总产值(万元)	综合利用产值(万元)	矿产品销售收入(万元)	利润总额(万元)
	合计	大型	中型	小型	小矿						
营企业	2336	410	242	779	905	77725	5120.61	420244.31	5071.35	380403.37	29912.05
他企业	38	12		8	18	588	106.32	2011.37		2011.37	166.70
二、港、澳、台商投资企业	2		2			1070	42.68	8685.00		8685.00	1380.00
三、外商投资企业	6	2		2	2	285	20.21	620.33		620.33	11.00

表4　　2012年度黑龙江省矿产资源开发利用情况分矿种汇总表

行政区名称	矿山企业数(个)					从业人员(人)	年产矿量(万吨)	工业总产值(万元)	综合利用产值(万元)	矿产品销售收入(万元)	利润总额(万元)
	合计	大型	中型	小型	小矿						
总　计	3585	580	306	1244	1455	326182	16521.77	4107152.01	48961.26	3755257.32	258753.14
哈尔滨市	623	213	57	94	259	16553	2992.51	254814.23		249066.27	51458.28
齐齐哈尔市	272	33	8	115	116	8148	1216.04	27543.98	15.00	27538.98	2034.50
牡丹江市	321	84	22	114	101	13616	977.05	168066.00	2261.00	159070.59	11210.55
佳木斯市	325	8	66	82	169	7220	536.12	12919.60		12919.60	529.80
大庆市	106			13	93	6135	618.30	4377.74		4269.74	525.20
鸡西市	521	60	42	316	103	69997	2632.45	1041041.14	2909.84	928880.09	94868.40
鹤岗市	192	32	13	103	44	57791	1830.20	511163.77	38221.52	502560.26	27311.50
双鸭山市	284	24	16	135	109	54772	1787.63	730068.66	2332.40	632225.51	-212.07
七台河市	360	21	27	170	142	65155	1574.38	937560.25	329.00	834018.96	-20849.30
伊春市	81	16	22	19	24	4203	129.30	38534.91	609.50	35749.71	3287.39
黑河市	180	59	17	50	54	11804	1244.48	234090.51	10.00	220207.75	64496.54
绥化市	227	12	9	20	186	7675	483.28	27645.90		27733.90	2268.00
大兴安岭地区	93	18	7	13	55	3113	500.04	119325.32	2273.00	121015.95	21824.35

【矿产品产、供、销】　矿业是黑龙江省国民经济建设的支柱产业，在全省工业中占有重要地位，现已形成包括石油、煤炭、有色与黑色、冶金、化工和建材等部门在内的由采、选、冶及原料加工等组成的矿业体系。2012年全省地区生产总值完成13691.6亿元(按当年价格计算)，比2011年增长了8.82%，人均国内生产总值完成35711元，与2011年同比增长8.81%，全省工业总产值完成12565.6亿元，与2011年同比增长了9.13%，占全省地区生产总值的91.78%，全省生产矿山和个体采矿业(除石油、天然气外)有3586家，从事矿产开采的人员有326192人，其中能源矿产中煤炭从业人员占总量比重较大，其次为建材及其他非金属矿产从业人员，从业人员(除石油、天然气外)主要集中在煤炭、砖瓦黏土采矿业中，其次为建筑用花岗岩、铁矿、建筑用砂、建筑用安山岩、铜矿、水泥用大理岩、金矿、石墨及建筑用玄武岩、矿泉水等生产矿山。2012年度黑龙江省矿业及相关原材料加工制品业各项经济指标汇总见表5。2012年度黑龙江省主要工业产品产量统计见表6。

黑龙江省矿业主体部分——规模以上工业(统计口径内)的采选业、相关加工业，实现工业总产值为5327.89亿元(当年价格)，与2011年同比上升1.38%，占全省工业总产值12565.6亿元的42.40%，2012年完成利润总额1014.43亿元，与2011年同比下降9.81%，全省采矿企业列入统计口径范围内的企业有364家，占全省企业总数的9.30%，其中煤炭开采和洗选业有267家，其次为非金属矿采选业有45家，石油天然气开采业4家，2012年实现工业总产值

2982.24 亿元(当年价格),比 2011 年增加了 21.35 亿元,上升了 0.72%,占全省矿业及相关产业总量的 55.97%,黑龙江省采掘业中,石油、天然气开采业工业销售产值完成 1976.38 亿元,煤炭开采业完成工业销售产值 688.19 亿元,说明石油、天然气开采业是该省矿业的支柱产业。全省统计口径范围内的矿业相关工业企业有 506 家,占全省工业企业总数的 12.94%,创造工业总产值为 2345.66 亿元,从业人员 186810 人,企业亏损面占当年矿业和相关原材料加工制品业总数的 21.34%,大于采掘业。2012 年统计 19 种矿产品和相关制品的产量,产量与 2011 年度相比增加的有 8 种,增幅较大的矿产品有石墨、铁矿石原矿量、硫酸、生铁、烧碱等。产量减少有 11 种,其中降幅较大的有铝材、平板玻璃、盐酸、化学农药等。

表 5　2012 年度黑龙江省矿业及相关原材料加工制品业各项经济指标汇总表　单位:万元

工业类型		企业单位(个)	亏损企业(个)	工业总产值	工业销售产值	利润总额	资产总计	负债总计	亏损企业亏损额	从业人员数(人)
矿业及相关原材料加工制品业合计		870	178	53278937	51872974	10144272	56346441	27087022	436760	624070
矿业	合　计	364	70	29822379	29302397	9149256	37503339	14292786	162080	437260
	煤炭采选业	267	57	7328253	6881907	169918	8338219	6150568	157600	293383
	石油、天然气开采业	4	2	19808765	19763779	8698681	26223362	7150710	852	117100
	黑色金属矿采选业	18		453142	448884	35105	256209	126201		3509
	有色金属矿采选业	15	2	234386	227679	34038	565346	299776	356	4077
	非金属矿采选业	45	7	444674	427054	43848	170629	83945	1606	6529
	开采辅助活动	15	2	1553159	1553093	167667	1949574	481587	1667	12662
相关原材料加工制品业	合　计	506	108	23456558	22570577	995016	18843102	12794236	274680	186810
	石油加工、炼焦及核燃料加工业	56	20	13876303	13572255	469547	6685485	3957619	110399	69617
	非金属矿物制品业	368	70	4898289	4628705	531227	5400311	3499910	33431	69496
	黑色金属冶炼及压延加工业	53	10	3470085	3178290	-39043	5593091	4567100	117734	33194
	有色金属冶炼及压延加工业	15	6	344129	323575	3047	778758	506050	10642	9219
	煤气生产和供应业	14	2	867752	867752	30238	385457	263557	2474	5284

表 6　2012 年度黑龙江省主要工业产品产量统计表

矿产品名称	单位	产　量		2012 年比 2011 年增(+)减(-)%
		2012 年	2011 年	
原煤	万吨	8683.4	8780.1	-1.10
石油	万吨	4001.5	4006.0	-0.11
天然气	亿立方米	33.7	31.0	+8.71
铁矿石原矿量	万吨	472.5	226.9	+108.24
原油加工量	万吨	1676.7	1707.6	-1.81
汽油	万吨	463.5	481.7	-3.78
柴油	万吨	573.0	609.1	-5.93

续表 6

矿产品名称	单位	产量		2012 年比 2011 年增(+)减(-)%
		2012 年	2011 年	
焦炭	万吨	957.2	1000.2	-4.30
硫酸	万吨	9.3	7.3	+27.40
盐酸	万吨	9.4	10.7	-12.15
烧碱	万吨	12.8	11.3	+13.27
合成氨	万吨	85.2	78.6	+8.40
农用化肥	万吨	71.6	67.6	+5.92
化学农药	吨	3129	3483.0	-10.16
水泥	万吨	3872.9	4213.9	-8.09
平板玻璃	万重量箱	399.9	557.9	-28.32
石墨及碳素制品	吨	92865	16459.0	+464.22
生铁	万吨	674.7	588.9	+14.57
铝材	万吨	6.1	10.7	-43.00

黑龙江省石油原料产地和相关制品以大庆为主体，石油查明资源储量在全国排序第一，2012 年度全省石油、天然气开采业有 4 家，当年原油产量为 4001.5 万吨，与 2011 年同比减少了 4.5 万吨，但可供量比 2011 年上升了 5.83%，当年进口石油 2066.5 万吨，进口量与 2011 年同比增长 14.55%。近年来虽然黑龙江省油气勘探储量有所增加，但随着资源开发耗竭，资源接续不容乐观。

黑龙江省是煤炭资源大省，查明煤炭资源储量在全国排序占第 13 位，全省煤炭生产矿山企业已达 933 家，当年煤炭采掘业工业销售产值达 688.19 亿元，原煤产量为 8683.4 万吨，与 2011 年同比减少了 96.7 万吨，原煤可供量为 13964.9 万吨，当年进口原煤 211.0 万吨。

黑龙江省地热开发尚属初级阶段，但对地热的勘查开发投入正在逐年增加，2012 年大庆、林甸、杜蒙、汤原等地已开发利用，全省现有小型地下热水矿山 4 处，年产地热水 450 万吨，完成矿产品销售收入 170 万元。

黑龙江省有色金属矿产资源丰富，在已发现 11 种有色金属矿产中主要以铜、铅、锌、钼开采为主，其他矿产大部分为伴生共生矿产。该省铜矿已查明矿产资源储量在全国排第 7 位，当年有生产铜矿山企业 9 家，年产矿量 707.13 万吨，当年矿产品销售收入 53285 万元，创工业产值可达 53296.23 万元，多宝山铜矿已开工生产。现有的生产矿山，由于受到开采能力和资源综合利用限制，扩大产量有困难，在原料供给上仍有一定缺口，又因黑龙江省没有铜矿石冶炼加工厂，每年靠外省或进口大量铜材和深加工产品。铅、锌资源没有大的资源接续开采矿山，铅现有生产矿山 9 家，8 家是小型或小型以下的生产矿山企业，年产铅矿量 4.98 万吨，创工业产值可达 2120 万元。锌现有小型以下生产矿山 3 家，铅锌随着开采矿山储量的耗减，产量逐年下降，其产量基本上能满足本省需求，因本省没有铅、锌冶炼厂，生产的原矿都销往辽宁和甘肃，需求的矿产品则从辽宁购进和少量进口。黑龙江省钢铁工业资源主要是铁矿，现有生产矿山因资源问题正处于停采和半停采阶段，前景不容乐观。而铁矿资源分布分散、品位低，可供开采的资源储量不足，铁的原料供给缺口很大，全省有铁生产矿山企业 45 家，年产铁矿量 267.33 万吨，矿产品销售收入 50165.24 万元，创工业产值可达 56515.64 万元。全省铁矿产品每年外购量约在 80% 以上，随着矿山资源枯竭，铁矿原料供给对外依赖性将更加突出。

黑龙江省非金属矿产石墨资源丰富，产量自给充足，全省有石墨生产矿山 16 家，年产矿量 215.77 万吨，完成利润总额 5278 万元，创工业产值可达 32285.28 万元。近年来因为国际市场石墨产品需求量波动，石墨用量也不稳定，从中长期看，应利用本省石墨资源储量丰富和矿石质量好的优势，在产品的深加工和产品的更新换代上找出路，增加石墨制品的比重，形成龙头产业链。全省水泥用大理岩资源丰富，资源储量大，能满足本省需求，但优质水泥用大理岩的勘查评价工作明显滞后，一些优质水泥需外进和进口来满足市场的需求。全省现有水泥用大理岩生产矿山99家，年产矿石1048.87万吨，矿产品销售收入156165.05万元，完成利润总额48855.02万元，创工业产值可达156190.14万元。

建筑用砂黑龙江省现有生产矿山362家，年产矿砂1164.68万吨，矿产品销售收入14738.46万元，完成利润总额1653.68万元，创工业产值可达14962.05万元。全省建筑用砂矿产资源能满足需求，但在开采砂石的同时也增加了环境治理上的压力，要加强保护性开采。玻璃硅质原料本省资源丰富，可满足近期需要，虽然有十几家小型矿山开采，但原矿供给仍有少量缺口，应加强勘查和矿山开发力度，缓解本省供给局面。

贵重金属采选业以岩金开发为主，主要侧重于本省北部和东部的黑河、伊春、嘉荫等地，全省金矿现有生产矿山16家，以小型生产矿山企业为主，年处理矿石量104.45万吨，矿产品销售收入88214.80万元，完成利润总额33397万元。

黑龙江省农业化肥矿产缺磷少钾（盐），所需矿石原料全部靠外地调入。综上所述全省矿产资源中，属优势矿产的主要有石油、煤炭、石墨、水泥用大理岩等，铁、铅以及农用化肥等矿产大多依赖外购，可利用资源不足。有些矿产随着环境治理和政策性生产的矿产，如煤炭、金等资源自给程度不断降低，亦将出现部分外购的局面。有些固体矿产勘查投资不断降低，力度不足，造成新增矿产地明显减少，有些矿产品虽然是黑龙江省的优势矿产，但随着矿产品消费高峰期的到来，矿产资源对经济发展的保证程度随着时间的推移而降低，如石油、天然气等。

【黑龙江省找矿突破战略行动推进工作电视电话会议】 2012年7月31日在哈尔滨市召开。会上，黑龙江副省长于莎燕发表了重要讲话，省政府副秘书长师伟杰主持会议，黑龙江省国土资源厅厅长孙纲对此项工作做出了具体部署，副厅长张财在会上宣读了《黑龙江省人民政府关于贯彻〈找矿战略行动纲要〉的实施意见》。于莎燕指出，找矿战略行动是党中央、国务院在新时期做出的重大战略部署，各地相关部门要依据《“十二五”矿产资源规划》和《实施意见》，抓紧编制完善市级规划；要按照“公益先行、商业跟进、基金衔接、整装勘查、快速突破”的新要求，促进资源、资本的合理配置，形成中央、地方、部门、企业间的良性互动；要依托地勘队伍，实现全省地质找矿快速突破；省政府成立了两个国家级整装勘查区找矿突破行动指挥部，加大推进力度，实现快速突破；要建立黑龙江省级地勘基金，黑龙江省财政每年投入不低于5亿元，计划投入第一批约30个勘查项目进入市场招拍挂，再组织专家筛选200个项目公开出让。

省政府成立了找矿突破战略行动领导小组及国家级整装勘查区指挥部和专家委员会，各级政府在优化地勘项目外部环境中要负起主体责任，主动服务，加强协调，加强执法监察，完善地勘项目质量、进度、资金和成果监管体系，严厉查处无证勘查、非法采矿行为。

省发改委、省财政厅、大兴安岭行署及省地矿局等部门代表在会上作了表态发言，表示全力支持找矿突破战略行动。省发改委、财政厅、科技厅、林业厅、环保厅、农垦总局、地矿局、有色地勘局、煤田地质局、武警黄金第一总队及省国土资源厅机关的相关代表在哈尔滨主会场参加会议，有关地市分会场共300余人参加了会议。

【黑龙江省地矿局2012年工作会议】 于2012年2月20日在哈尔滨市召开。黑龙江省政府副省长于莎燕向会议发来贺信，向广大地质职工致以诚挚慰问，省国土资源厅副厅长周亚明代表省国土资源厅讲话，黑龙江省地质矿产勘查开发局局长徐飞鹏作了题为《乘势而上，攻坚克难，努力推进地矿工作实现新跨越》的讲话。据悉2011年黑龙江省地矿局全年完成经济工作总量17.47亿元，实现经济效益1.93亿元。

全局推进找矿、找水、找热、基础地质和走出去“五大战略”实施，地质成果显著增加，全年共组织实施各类地质勘查项目1126项，投入勘查资金11.15亿元。初步圈定大型矿产地3处，圈定中型矿产地5处，新发现小型矿产地5处、矿（化）点21处和具有找矿潜力的物化探综合异常100余处；尚志市后备水源地详查、五大连池自然保护区氡矿泉水普查等项目均取得了预期成果；明水县、双城市地热资源普查等项目均圈定了井口温度在30°~59°C的中型地热田；多项基础地质调查圈定了一批找矿远景区，解决了一批重大基础地质问题。2012年黑龙江省地矿局将继续深入推进整装勘查，完成四山林场铜金矿、翠中铁多金属矿核心区的详查工作，争取实现大黑山铜钼多金属矿核心区的评价，力争提交2~3处大型矿产地。继续加大多宝山－大新屯、小兴安岭及完达山－太平岭等重点整装勘查区内的矿产勘查工作，力争在年内圈定5处具有大中型找矿潜力的矿产地；加强佳木斯铁多金属成矿带、敦密断裂带两侧高位玄武岩浅覆盖区深部铁、金、铜多金属矿产资源潜力找矿，力争实现新的找矿突破。

【黑龙江省有色地勘局2012年经济工作会议】 在哈尔滨市召开，黑龙江省有色地勘局局长龚强做工作报告。省有色地勘局2011年共实施地质勘查项目114

个,实现总收入7.18亿元,完成了预期的经济指标。2012年有色地勘局完成各项产业发展任务和指标;争取地勘项目,扩大找矿成果;有效提高人力资源保障水平;推进管理规范化工作,持续开展精神文明建设工作,承担起国有地勘单位实现新的找矿重大突破,为经济平稳较快发展提供资源保障。会上对先进单位和先进工作者进行了表彰,局长龚强与各地勘单位签订了2012年安全生产责任状,副局长黄殿瑛通报了2011年各地勘单位经济目标考核情况。

【黑龙江省2012年度矿产资源补偿费重点矿产勘查项目设计审查会】 2012年6月4日在哈尔滨市召开。会议历时3天,按照《黑龙江省矿产勘查项目设计审查要点》的要求,对已审批的84个项目施工设计进行了审查。此批项目投入矿产资源补偿费资金共计4.3亿元,是省财政支持重点矿产勘查一次性资金投入最大的一年,也是黑龙江省实施"基础先行、商业跟进、基金衔接、整装勘查、快速突破"新机制取得显著成效的一年,参加评审的专家来自全省各地勘部门,共计40多人。省国土资源厅副厅长周亚明出席会议并讲话,他要求各地勘单位要做好项目的实施工作,安排好技术力量,确保重点项目取得预期成果。各地勘单位要在日常规范管理上下功夫,抓好关键环节,强化监督管理,力争在2012年和2013年实现重大突破。省财政厅经建处副处长徐永波介绍了项目财政计划情况,并对找矿工作的监督管理提出了明确要求。

【黑龙江省汛期地质灾害防治工作视频会议】 2012年6月12日在哈尔滨市召开。会议总结了2011年地质灾害防治工作,安排部署2012年汛期地质灾害防治工作,副厅长周亚明出席会议并讲话,要求各地国土资源部门全力做好汛期地质灾害防治工作,会同有关单位对辖区重要隐患点逐一排查、筛选,落实具体的防治方案,制定防治措施,确保汛期地质灾害得到有效防范。完善地质灾害监测体系,加强对已建成的群防网络的规范管理。加大灾害治理的工程力度,逐步消除隐患,各地对已批复的地质灾害治理项目要尽快启动,确保工程达到消除灾害隐患和确保安全的目标。加大对矿山地质环境保护与管理力度,启动建立和完善矿山环境治理责任机制,督促各矿山企业履行矿山地质环境保护的责任。发挥专家技术队伍的作用,建立完善地质灾害防治专家库,加强动态管理,健全管理决策咨询机制,发挥专家智囊作用,提高科学决策水平,发挥专业技术队伍作用,做好地质灾害调查和排查,专业监测地质灾害危险性评估和工程治理工作。各地国土资源部门要与当地气象、水利部门加强合作,实现信息共享。预报预警系统要抓紧启动应用,提高预报精度,确保预警信息快速传递,提高地质灾害应急反应能力和应急处置水平。

【全国矿业权实地核查成果开发与应用工作交流会】

2012年8月初在黑河市召开,会议由中国地质调查局发展研究中心举办,14家全国矿业权实地核查成果开发与应用项目承担单位及矿政管理部门负责人参加会议。黑河市副市长张成林在致辞中表示,黑河市将以此次活动为契机,认真学习倾听与会领导、专家对黑河矿业发展的建议,规范矿业权管理,加快矿业权软件开发与应用,为黑河市乃至全省矿业发展做出贡献。

会上各项目承担单位汇报了各地项目的进展情况,与会人员共同探讨了基于矿业权实地核查的矿政管理信息系统建设模式,研究解决项目执行中存在的问题并讨论了下一步工作安排。黑河市国土资源局副局长刘明玉就黑河市以矿业权实地核查成果数据为基础,结合地质矿产、储量以及日常抽查等数据,探索建立黑河市数据动态更新的工作机制和技术途径,研究提出矿业权实地核查形成的地质测绘基础设施的保护措施,完善基于矿业权实地核查成果数据的黑河市矿政管理综合信息系统建设等方面工作进行了汇报。

【伊春市矿业协会成立】 2012年6月19日,伊春市矿业协会举行成立大会,会议通过了《伊春市矿业协会章程》和《伊春市矿业协会会员管理办法》,选举了苗青远为伊春市矿业协会会长,殷广武为常务副会长,孙庆海为秘书长。伊春市矿产资源丰富,已发现甲类矿产地460多处,有金属矿产、非金属矿产和水气矿产45种,已探明矿产资源储量的有36种,已开发利用17种。现有矿山企业108家,矿业从业人员4500人,年产矿石700万吨。伊春市副市长程洪胜希望伊春市矿业协会联系矿业实际,主动开展工作,为推动全市经济社会发展发挥作用。伊春市矿业协会会长苗青远在讲话中表示,矿业协会要为发展矿业服务,为涉矿企业单位服务,为政府决策服务,不断提升矿业协会的社会地位,提高伊春市矿业企业整体竞争能力,提高矿协为矿业经济发展服务的能力和水平,保障矿业协会的健康发展,为促进伊春市矿业经济发展做出贡献。会上伊春市民政局民间组织管理办公室主任于继林宣读了《关于同意成立伊春市矿业协会的批复》,伊春市国土资源局局长吴良国致辞,黑龙江省国土资源厅矿管处处长刘军讲话。会议期间还举办了伊春市发展矿业经济研讨会。

【矿产资源"三率"调查与评价工作】 为贯彻落实国土资源部《关于开展重要矿产资源"三率"调查与评价

工作的通知》要求，2012 年 9 月 7 日黑龙江省举办重要矿产资源“三率”调查和评价工作培训班。该项目受中国地质科学院郑州矿产综合研究所委托，由省第六地质勘察院承担全省重要矿产“三率”综合调查与评价工作。黑龙江省确定辖区内符合“三率”调查条件的重要矿产（不包括石油、天然气）有煤炭、铁、铜、铅、锌、钼、金和石墨等 8 个矿种，涉及到 27 个大型矿山、34 个中型矿山和 999 个小型矿山的“三率”综合调查。通过查清这 8 种重要矿产资源“三率”和采选及综合利用技术现状，科学评价矿山企业开发利用技术水平，为全国重要矿产资源“三率”调查与评价提供基础资料。为确保项目的顺利进行，省国土资源厅下发了《关于开展黑龙江省重要矿产资源“三率”调查与评价工作的通知》，要求各市地国土资源局迅速组织指导本行政区内持有效采矿许可证的所有矿山企业，按照填表说明，认真细致地做好矿产资源“三率”调查表的填报、收集和审查汇总工作。培训班还聘请专家详细讲解了调查表数据填报的基本要求及报盘系统的基本功能。有来自全省各市地、县储量管理部门及相关矿山企业负责人 140 人参加了培训。

【地质资料管理】 2012 年 9 月 18 日由甘肃省国土资源厅副厅长陈汉带队的国土资源部地质资料管理专项检查组一行 7 人，对黑龙江省地质资料管理与服务工作进行了专项检查。检查组听取了省国土资源厅的工作汇报，检查了厅地质资料馆藏建设、资料保管与社会服务情况。检查组认为该省地质资料管理工作材料准备细致全面，馆藏设施完善，汇交监管到位，数字化进展超前，对该省积极推进地质资料管理和服务工作给予肯定。近年来该省着眼于“收好、管好、用好”地质资料，强化汇交管理、馆藏管理、利用服务，省地质资料档案馆先后被评为“全国地质资料管理先进单位”、“全国地质资料转汇交优秀单位”。在推进地质资料信息社会化服务中通过系统研究和二次开发，激活沉睡多年的资料，为大小兴安岭等重点成矿区带和七台河等资源枯竭矿山找矿突破提供依据，在资源开发方面为多宝山、翠宏山等大型矿山建设提供基础依据，在日常管理中为价款评估等矿政管理工作提供可靠服务。在实物地质资料管理中顺利完成了实物地质资料专项清理试点，清理岩芯 4980 米，副样 9268 件，标本 724 块，光薄片 90 件，编写了 5 个工作报告，成果已通过国家实物地质资料中心验收。高标准进行库房建设，建成 300 平方米放射性实物地质资料及标准源库房，使甘肃省放射性实物地质资料管理纳入规范化。还在甘肃省西部建设了 3050 平方米的岩芯库，可存放岩矿芯 10 万米，并验收接收岩矿芯 20360 米。

【黑龙江省第五批 1:5 万矿调项目总体设计通过评审】 2012 年 3 月 17 日，黑龙江省 1:5 万区域地质矿产调查第五批项目总体设计审查会议在省地调总院召开。经过严格审核，14 家地勘单位的 15 个矿调项目总体设计通过评审，其中省第五地质勘查院、省区域地质调查所、省地质调查研究总院齐齐哈尔分院、省地质科学研究所、省齐齐哈尔矿产勘查开发总院、省有色金属地质勘查研究总院等 6 家单位的 6 个项目设计获得优秀级。黑龙江省国土资源厅地勘处调研员张文友对评审工作做了总结，他认为这次评审工作进行顺利是各单位编写的设计书质量好，效率高，各承办单位领导重视，项目落实到位，评审专家评得快，质量好，把关严。他要求各单位要按照专家意见将设计书在规定时间修改落实到位，项目修改要充分依据合同、技术要求和项目管理办法，对每个项目要实行跟踪管理。

【矿产资源补偿费矿产勘查项目开展野外检查验收】

黑龙江省国土资源厅按照找矿突破行动总体部署和安排，加强项目管理，确保项目实施质量和工程进度，尽快实现地质找矿突破，10 月以来省国土资源厅组织有关专家先后深入黑河、大兴安岭、伊春等地，对矿产资源补偿费矿产勘查项目开展野外检查验收。专家组听取了项目野外工作的情况汇报，对项目设计的执行情况、工作部署以及形成的原始记录资料、综合资料进行了全面认真检查，并对主要的野外探矿工程进行了实地检查。专家组对检查中发现的问题及时与地勘单位交换了意见，并对下步工作提出了要求，要求矿产资源补偿费项目要确保工程质量，要加快工程进度，按时完成本年度工作任务。根据验收情况，黑龙江省 2012 年矿产资源补偿费重点勘查项目 84 个，已施工项目 77 个，开展野外检查项目 41 个，验收项目 7 个。根据施工情况，11 月下旬预计可完成野外验收项目 27 个，其余项目将延至 2013 年完成。在检查验收的项目中已有项目发现了金属矿体、矿化体，一些项目还显示有较好的找矿前景。

【黑龙江省地质调查研究总院有 5 个项目获奖】

2012 年，在沈阳结束的中国地质调查局东北地区地质调查项目原始资料质量展评会上，黑龙江省地质调查研究总院有 5 个项目获奖。由中国地质调查局沈阳地质调查中心主办的此次展评共有东北三省的 8 家地勘单位参加，有 26 个项目参加评比，根据项目类别不同共分为矿产、区调、物化遥、水工环等 4 大类别。评委会由来自东北地区各地质行业的 28 位专家学者组成，经过 3 天对各展评项目原始资料的认真检查，研究讨论，对不同类别的项目分类评出一等奖 2 名，二等奖 3

名,三等奖5名。省地质调查研究总院有5个项目参加质量展评,其中《黑龙江省多宝山地区矿产远景调查》项目获矿产类项目一等奖,《黑龙江省1:5万嫩北农场、石头沟子、山河农场、科洛幅区域地质调查》项目获区域地质调查类项目一等奖,《黑龙江省1:25万漠河县幅区域化探》项目获物化遥类项目一等奖,《黑龙江省大兴安岭地区呼中—塔源铅锌多金属矿调查评价》项目获矿产类项目二等奖,《黑龙江省1:5万十六站、闹达罕、小沟、东习利幅区域地质调查》项目获区域地质调查类二等奖。

【黑河市国土资源局为“矿业富市”铺路搭桥】 为落实黑河市政府“矿业富市”战略,市国土资源局积极行动起来,坚持监管与服务并举,使全市矿产资源勘查开发工作取得明显进展。开展对逊克翠宏山、嫩江霍吉河等铁矿;嫩江多宝山、铜山、文革山等铜矿;黑河宝发、三吉屯煤电一体化、嫩江华昌等煤矿;逊克东安、黑河争光、上马场、大青山、嫩江535.8高地等金矿作为重点矿山开展服务推进活动。主动与各项目单位沟通协调,对接服务,为企业出主意,解难题,促进了项目早日投产达效。已解决富宏煤矿、铜山铜矿、三吉屯煤电等19家矿山(项目)存在的划定矿区范围、资源整合、采矿权新立、矿权转让、变更、用地审批等26个问题。翠宏山铁多金属矿、铜山铜矿二期扩建项目的划定矿区范围已获批复,黑龙江省最大铜矿项目嫩江多宝山铜(钼)矿已于9月13日建成并试生产。地质勘查取得新成果,西岗子三吉屯煤田提交褐煤储量2.8亿吨,阿凌河岩金普查、高松山1号矿脉岩金详查、东安5号矿体外围普查提交金金属量9.4吨、银30吨,滨南钼矿详查、霍吉河钼矿详查提交钼金属量15.9万吨,为该市矿产资源持续开发奠定了基础。

【大小兴安岭地质找矿】 中国地质调查局“质量万里行”活动调研组对大小兴安岭地区地质找矿工作进行实地考察时发现,近年来大小兴安岭地区地质找矿取得重大进展,铜、铅锌、钼、金、银、富铁矿等矿产资源储量显著增长,显现出良好的找矿前景,有望成为新的国家级有色金属资源接续基地。黑龙江省大小兴安岭地区,近10多年来重要有色金属矿产储量成倍增长,相继发现了松岭区岔路口钼矿、铁力市鹿鸣钼矿、黑河市争光金矿、黑河市三道湾子金矿、逊克县翠中富铁矿等10多处大中型矿产地,估算铅锌资源量50余万吨、钼300余万吨、金100余吨、富铁矿4000万吨,形成了一批具有重要经济意义的矿产集中区。老矿区通过外围深部找矿,新增了一批重要后备资源。多宝山铜矿、争光金矿、翠宏山铁矿、东安金矿、团结沟金矿等矿山的深部和外围也有很大的找矿潜力。据了解大小兴安岭地区具有巨大找矿潜力主要表现在:该地区基础地质工作程度低,完成1:5万区域地质调查和矿产远景调查的面积仅占全区总面积的16%,完成1:5万化探面积仅占成矿带面积的18%,重要矿产未查明资源潜力主要分布在已确定找矿远景区、整装勘查区和重点勘查区内,尚有大量物化探异常亟待查证。

【齐齐哈尔矿产勘查开发总院地质找矿新成果】 从最近召开的齐齐哈尔矿产勘查开发总院技术工作总结会议上获悉,2011年度实施的73个地质勘查项目中,有26个项目找矿成果有新的突破,9个国家计划地勘项目通过野外验收,有7个为优秀,2个为良好。找矿成果突出的是大兴安岭松岭区大黑山铜金普查项目发现了工业品位钼矿体80条,铅矿体2条,铜矿体8条,估算钼资源量约5万吨。黑河上马场岩金普查年内又有新发现,估算资源量可达中型矿床规模。大兴安岭奋发—图强铅锌铜多金属普查,已发现铅锌铜多金属矿体、矿化体67条,并在深部发现品位较高的、厚度较大的银矿体及铅锌矿体。呼中区西吉诺山有色金属普查年度内新增铅锌矿体21条,其中工业品位铅锌矿体4条,铅矿体1条,锌矿体4条。另外还有20几个地勘项目分别发现金钼铜银锑铅锌等矿体计80余条。该院还完成了齐齐哈尔市地热普查项目,探明储热层12层,总厚度196米,井口温度36°C。

【大兴安岭地区矿业产业经济推进】 2012年2月16日大兴安岭地区在加格达奇召开矿业产业经济推进会议,行署专员单增庆主持会议。单增庆强调,作为矿产资源相对富集的地区,大兴安岭地区要立足丰富的矿产资源,做大做强矿产产业,重点产业项目建立领导小组,分管领导亲自抓,确保项目按要求完成,加快绿色矿业产业化,加大矿产勘查力度,推进全区矿产资源的整顿、整合,加快矿业转型升级,以矿产品精深加工为重点,引进一批上规模、有实力的矿产品精深加工企业,发展矿业经济,延伸产业链条,打造一个有相当规模的矿业勘查、开采加工、储备、销售、物流产业带。会上各矿山企业的代表汇报了2012年的工作打算和存在的困难。会议就《大兴安岭地区矿业产业经济推进实施方案》进行了深入的研究和讨论。会议要求,各有关单位要按照会议的部署,积极推进矿业产业项目,为项目相关手续办理及后期建设做好服务。企业也要加快项目手续办理速度,推进林区经济和社会发展再上新台阶。

【多宝山铜(钼)矿试生产】 2012年9月13日黑龙江省最大的铜矿项目—多宝山铜(钼)矿建成试生产。

多宝山铜(钼)矿是国内探明的大型铜矿,也是该省重点推进的建设项目,2006年由黑龙江多宝山铜业股份有限公司开发建设,项目一期工程建设投资26.6亿元,设计日处理矿石能力2.5万吨,年产金属铜3万吨,金属钼630吨,年产值可达20亿元。该矿历经6年时间,相继完成了项目的可研、设计、环评,建设手续办理、采矿许可、国家立项以及工程建设等工作。2012年5月多宝山铜矿开始启动单机试车和联动试车,通过近期的不断调试,设备运转完好,工艺流程全面打通,处理能力和技术指标基本符合设计要求。

【翠宏山铁多金属矿采矿许可证获得批准】 2012年11月8日总投资18亿元的逊克县翠宏山铁多金属矿采矿许可证获得批准,标志着该矿正式进入开发利用实施阶段。翠宏山铁多金属矿为黑龙江省重点矿业推进项目,已探明矿石总量9891万吨,设计生产能力为160万吨/年,2012年矿山已累计完成投资7.2亿元。由于该矿伴生有钨、钼等国家限制开采矿种,致使办理采矿权过程进展缓慢,开发迟迟无法推进,黑河市国土资源局发挥职能部门的优势,以企业需求为出发点,将该项目推进列入重要工作日程,落实责任部门和责任人员,实行责任部门与重点矿业项目"一对一"服务,确保企业遇到困难能够及时解决。该矿投产后将极大地推动黑河市经济社会发展。

【青山煤矿等三家矿山获资源节约与综合利用优秀矿企】 2012年4月22日国土资源部在京召开矿产资源节约与综合利用经验交流会,通报表扬了98家在矿产资源节约与综合利用方面做出突出贡献的优秀矿山企业。黑龙江省沈阳煤业(集团)鸡西盛隆矿业有限责任公司青山煤矿、黑龙江省三道湾子金矿有限公司和黑龙江双鸭山建龙矿业羊鼻山铁矿榜上有名,这是国土资源部首次对资源节约与综合利用优秀矿山企业进行表扬。据了解,2012年国土资源部、财政部设立了矿产资源节约与综合利用专项资金,采取"以奖代补"方式对矿产资源节约与综合利用取得显著成效的矿山企业给予奖励。两年来不少矿山企业采用先进适用技术和工艺,推进矿产资源节约集约利用,促进矿业发展方式转变,涌现出一批管理严格、技术先进、成效显著的优秀矿山企业,起到了模范带头作用。这次受到表扬的资源节约与综合利用优秀矿山企业就是从"以奖代补"奖励支持的矿山中评选出来的,涵盖了石油天然气、煤炭、金属、非金属等各类矿山。

【鹤岗市石墨矿产资源补偿费征收研究取得成果】 受国土资源部委托,黑龙江省开展了石墨矿产资源补偿费征收细化研究工作,项目承担单位省地勘六院和鹤岗市国土资源局经过历时一年的调查研究,已取得阶段性成果。在调查中重点对萝北县云山石墨矿进行了细化研究,并对矿产资源补偿费计征公式各项参数加以确定,提出了石墨矿产具有实用性和可操作性的计征公式,计征对象的调整系数或折算系数,以及如何确定开采回采率系数和考核标准。矿产资源补偿费征收细化研究项目的开展,有助于征管工作的规范化、科学化,最大限度提高征收水平,促进矿山企业节约集约利用矿产资源,推动矿业经济可持续发展。

【碾子山区打造"中国麦饭石之乡"】 碾子山区是齐齐哈尔市西部的辖区,拥有花岗岩、闪长岩、麦饭石等矿产资源。其中麦饭石品位纯正,探明地质储量约1.4亿立方米,麦饭石含有硒、锂、锌等20余种对人体有益的微量元素,极具开发价值。几年来区政府在发展经济中紧紧依托这一资源优势,把麦饭石资源开发建设工作作为立区产业,变资源优势为经济优势,取得了良好的经济效益和社会效益。碾子山区加强了对麦饭石矿产的保护,制定了《碾子山区麦饭石资源管理办法》,制定开发规划,严格审批程序,强化资源管理。依据《矿产资源法》,加大对违法开采行为的查处力度,解决乱采滥挖问题。麦饭石可以利用其吸附性、溶出性特点,开发生产精美的麦饭石器皿;还可以开发生产麦饭石绿色生物有机活性肥,已在万亩水稻生产基地投入使用,取得良好效果。开发生产的麦饭石矿泉水,属软化优质饮用水,可以促进人体新陈代谢。

【齐齐哈尔市建筑用砂石市场专项整治】 2012年齐齐哈尔市公安、交通、国土、路政等部门组成联合执法队,规范全市建筑用砂石市场,打击非法采砂行为,分别在该市建华、联通大道、共和、奈门沁、昂昂溪等5处设卡打击无证采砂,对无卡运输建筑用砂石运营秩序的专项行动。此次执法行动出动执法车辆50台,执法人员150人,分5组开展为期7天的突击执法行动,重点查处非法盗采、越界开采建筑用砂石行为,遏制违法采砂行为。齐齐哈尔市政府发布了《关于进一步规范建筑用砂石生产运输销售使用秩序的通告》,通告规定,凡在齐齐哈尔市境内从事砂石开采的业户,必须依法取得采矿许可证后才能开采,并在全市设置POS机信息系统,实行建筑用砂石刷卡销售制度,无卡销售的一律视为非法开采,各高速公路收费站配合实施持卡运输建筑用砂石管理机制,按要求刷卡销权后方可通行,砂石使用单位必须采购合法企业开采的砂石,并按要求刷卡销权。依法没收违法开采的砂石,并给予严厉处罚,情节严重的将依法追究刑事责任。

【黑河市编制第三类矿产采矿权设置方案】 2012年,黑河市开展第三类矿产采矿权设置方案编制工作,工作重点是第三类矿产(建筑用砂石、黏土)采矿权,编制《黑河市第三类矿产采矿权设置方案》,该方案是黑河市砂石、黏土采矿权的准入性文件,只有纳入方案内的矿产资源才能设置采矿权,这是启动黑河市矿业权交易平台的前置条件,目前方案已在编制中。编制矿业权设置方案是完善矿业权管理,规范矿业权出让的一项重要举措,是实现该市矿产资源开发利用由粗放型开发向节约、环保的精细开发转变的重要环节,有利于走科学规划、合理开发、立足自用、产业联动、循环利用的发展道路。

【鹤岗市矿产资源规划(2010~2015年)通过评审】 2012年国土资源厅组织召开鹤岗市矿产资源规划评审会议,会议审查通过了《鹤岗市矿产资源规划(2010~2015年)》。《规划》以建设东部煤电化工业基地为目标,加强煤炭、岩金矿产勘查工作力度,以产业结构调整为手段,巩固煤炭开发及深加工支柱产业地位,加强石墨、陶粒用原料、煤层气等矿产的开发利用和深加工研究,逐步实现城市矿业多元化发展的格局。继续推进矿山地质环境保护与恢复治理工作,为全市经济发展提供资源保障。《规划》在全市设置了9个鼓励勘查区、6个重点勘查区、1个限制勘查区、5个禁止勘查区;1个重点开采区、5个鼓励开采区、2个限制开采区、5个禁止开采区;9个矿山地质环境重点保护区,4个矿山地质环境重点预防区,7个矿山地质环境重点治理区,13个矿山地质环境一般治理区。

【克山县规范建筑砂石开采秩序】 克山县政府制定建筑砂石开采管理办法,细化各单位管理责任,分片包干,领导负责,实现建筑砂石开采权依法取得的新秩序。县政府根据当地砂石资源开采与管理现状,制定了《克山县建筑砂石开采管理办法》,明确水务、安监、国土等8个部门的管理责任,各负其责抓好砂石管理工作。国土部门编制砂石采矿权招标、拍卖、挂牌出让方案,国土、水务部门共同编制河道内砂石开采方案,国土部门负责投标人资质审核、确认和办理中标人登记,采矿许可证办理。采砂获得权的中标人要按规定依法缴纳资源税、增值税、河道砂石管理费、矿产资源补偿费、采矿权使用费和采矿权价款等税费;开采砂石的企业、个人年生产能力必须在6万立方米以上;获得采矿权后不得变更企业名称、采矿权人、开采方式和矿区范围。开采前应向国土部门提交矿山地质环境保护与治理方案,签订地质环境治理合同、依法缴纳矿山环境治理保证金。《办法》还规定对各部门和村级集体组织擅自倒卖砂石资源,纪检监察机关要对主要责任人问责,情节严重的依法查处。现已挂牌出让河道砂场2处。

【双鸭山市推进采矿权市场建设】 双鸭山市国土资源局从交易机构建设和提升服务入手,不断健全矿业权有形市场,全市矿业权交易更加规范有序。双鸭山市将国土资源收购储备交易中心作为矿业权交易机构,正式挂牌运行。他们还建立了交易制度、交易规则和交易流程,制作了矿业权出让的申请书、报价单、成交确认书、转让合同、转让签证等规范性交易文本。为方便交易双方,双鸭山市国土资源局设立了专门的交易大厅,采用窗口式服务,方便快捷。在交易过程中将交易信息在大厅张贴并利用电子大屏幕滚动播放,做到交易信息全面公示,交易过程全面监管,自觉接受纪检部门和社会监督。该市已成功进行两次9宗采矿权出让挂牌,预计可收入矿业权价款400余万元。

【牡丹江市国土资源局推进矿业产业项目落实】 牡丹江市国土资源局集中精力抓矿业产业项目建设推进工作,年初以来通过对5个县(市)32个矿山的走访调研,调查核实项目45个,根据市政府确定的矿业经济发展指导思想,确定2012年重点项目33个,计划投资约21亿元。针对各重点矿山的不同情况和面临的突出问题制定了2012年牡丹江市矿业产业招商引资项目建设方案,先后派专人到大连、北京等地与大连龙岩石材有限公司等6家公司进行招商洽谈,初步形成合作意向2个,总投资约2亿元。到国土资源部为水泥厂的火山灰等4个矿山办理了协议出让审批手续,3月协助完成了大庆油页岩项目探矿权申报工作,推动了地方经济的发展。

【黑河市矿业权储备交易中心成立】 2012年经黑河市编委批准,黑河市矿业权储备交易中心正式成立。这个中心的成立是落实市政府"矿业富市"战略的重要举措,是进一步规范矿业权交易行为,促进矿权优化配置,促进矿产资源向有经济实力、有经营能力的大企业、大集团集中,可以实现矿产资源的资产价值最大化,增加政府收益。还能杜绝场外交易和违法擅自交易,避免因私下转让、暗地交易而造成的税费流失,使矿业权有序出让规范流转。强化采矿权和探矿权管理,对私下交易、虚假交易、非法转让矿权的行为依法严厉打击,切实维护国家和矿业权人的合法权益。按照矿业权交易过程公示公开的要求,实现交易信息公开,使交易环节更加透明,进一步提高主动接受社会监督的自觉性，确保阳光交易。

【古生物化石保护工作】 11月16日由国土资源部田廷山为组长的调研组一行5人抵达哈尔滨，就《关于开展〈古生物化石保护条例〉执行情况检查的通知》要求，对黑龙江省《古生物化石保护条例》执行情况进行检查。调研组通过听汇报、座谈、走访等方式对该省《条例》执行情况进行了全面了解并给予肯定。省国土资源厅地质环境处副处长文利杰以及伊春市、嘉荫县分别对《条例》执行情况做了汇报。该省高度重视古生物化石保护和管理工作，在地质环境处设立了省级古生物化石管理机构，配有专职管理人员，并成立了专家委员会，积极开展《条例》的宣传和科学普及工作，在伊春市召开了地质古生物国际学术研讨会，并利用互联网、广播、电视、杂志、报纸等媒体进行宣传。严格执行古生物化石发掘、收藏、进出境等管理制度，禁止对古生物化石进行发掘，加强对古生物化石收藏的管理，逐步完善进出境管理制度的建设。各级政府高度重视古生物化石保护管理工作，伊春市政府下发了《关于全面加强伊春古生物化石保护管理工作的通知》，制止古生物化石盗采、乱挖等违法现象的发生。在资金保障方面，各级地方政府将古生物化石保护工作列入本级财政预算，为古生物化石的保护提供了资金保障。另外该省古生物化石保护规划正在编制中。

【伊春市小兴安岭国家地质公园建设】 2012年伊春市副市长程洪胜召开现场办公会议，研究加快伊春小兴安岭国家地质公园工程建设的进度问题，市国土资源局调研员计秀坤、小兴安岭地质公园管理处主任谭国华及施工单位负责人参加了会议。程洪胜先后检查了主题广场、主题碑和博物馆改造工程建设情况，并现场召开办公会，研究加快工程进度问题。他强调，小兴安岭国家地质公园建设工程是全市重点工程之一，时间紧、任务重，加快工程施工进度，确保小兴安岭国家地质公园早日揭碑开园。要强力推进，对涉及消防、采暖、屋面等工程，要协调文化、规划、公共事业局等相关部门通力合作，加快工程建设进度。建设、监理和施工单位要认识到该项工程的重要性，精心组织，科学施工，保质保量完成任务。市国土资源局和施工单位负责人表示，要按照此次现场办公会的要求，加快工程建设进度，争取早日竣工，揭碑开园。

【鹤岗市矿山环境治理】 2012年鹤岗市国土资源局为改善该市矿山地质环境，争取资金5722万元，用于矿山地质环境治理工程，经过5年多的工程治理，修复了被破坏的矿山环境，昔日满目疮痍的废弃地得到了有效改善，化解了老矿区的地面塌陷、塌方、偏帮等致灾因素，解决了多处塌陷区居民的危房问题，全面加强了地质灾害的防治措施。鹤岗市南山煤矿塌陷坑矿山地质环境治理项目治理面积45.79公顷，收储整理后重新出让，已吸引包括汽车销售和物流公司等6家企业入驻。

【双鸭山市地质灾害防治】 2012年进入汛期以来，双鸭山市国土资源局开展地质灾害防治工作，学习落实地质灾害防治方案和应急预案，做好抢险准备工作；加强应急值班，相关科室工作人员24小时在单位值班，加强巡查、监测、发现隐患及时上报并采取相应防范措施。以调研员时永辉带队，地质环境科、地质环境监测站工作人员组成的市局地质灾害督导检查组，对台风“布拉万”可能造成的地质灾害防治工作进行了检查，重点检查了尖山区、岭东区和集贤县，从检查结果看，各县区国土资源部门都非常重视地质灾害防治工作，都能够坚守工作岗位，并对防灾工作进行了精心布置，做好了应急响应。

【大兴安岭国土资源局与气象局建立地质灾害预警联动机制】 2012年为切实加强大兴安岭地区地质灾害防治工作，大兴安岭地区行署国土资源局和气象局联合建立地区地质灾害预警联动机制，成立了地质灾害应急处置小组，做到职责明确，责任人明确，如遇到极端天气时，相互通报信息，及时做好救灾工作准备，确保人民生命财产安全。执行地质灾害防治巡查制度、速报制度和值班制度，做到汛期24小时有人值班，经常性对地质灾害隐患点进行调查和巡查，及时发布雨情信息，保持信息畅通。提高快速救灾应急处置能力，强化群测群防体系建设，做好各项救灾准备工作，险情发生时能够迅速启动预案，开展救灾工作，提高干部群众的抗灾意识和能力。

（黑龙江省国土资源厅）

吉 林 省

【矿产资源概况】 截至2012年，吉林省已发现矿产158种（含亚矿种），占全国237种矿产的66.6%；有查明资源储量的矿产115种，占全国226种的50.8%；探明资源储量89种，其中排名全国第一的有油页岩、硅灰石、硅藻土、火山渣、冰洲石、陶粒页岩、炼镁白云岩、饰面用玄武岩、矿泉水等。按照对经济建设需要保证程度，可将全省的矿产分为四类：第一类是资源储量丰富、能满足中长期全省经济发展需要，不但能自给，而且可以大量外供。主要有矿泉水、油页岩、钼、炼镁用白云岩、水泥用灰岩、硅灰石、硅藻土、浮石、火山渣、陶粒页岩、玻璃用砂、饰面用玄武岩、耐酸碱用安山岩、耐火黏土等;第二类是资源储量中等、能满足近中期全省经济发展需要,如镍、金、银、硼、钨等,其中金、银找矿前景较好;第三类是资源储量不足、不能满足全省经济发展需求,如煤、石油、铁、铜、铅、锌等;第四类是省内缺少的,如钾盐、钠盐、磷、铬铁矿、铝土矿等。

吉林省有查明资源储量的能源矿产有石油、天然气、煤、油页岩、地热5种。

【石油、天然气】 石油资源主要分布于西部平原区,剩余技术可采储量1.83亿吨,全国排第8位,占全国总储量的6.23%,除扶余油田资源储量属大型外,其余均为小型。天然气主要分布于松原、四平、长春及白城地区,剩余技术可采储量726.60亿立方米,占全国总量1.79%,全国排第9位。

在吉林省工业总产值及利税中占有较大比重,2012年产原油597.01万吨,天然气年开采量22.71亿立方米。近年来,石油资源保有储量不足,油气开发难度越来越大,开采工艺要求也越来越高,随着经济社会发展速度的加快,供需矛盾将越来越大。

【煤炭】 主要分布于延边朝鲜族自治州、长春、吉林、通化、白山等地,累计查明资源储量37.89亿吨,保有储量26.24亿吨,其中2012年度新增资源储量1.24亿吨,后备资源储量严重不足,供需矛盾十分突出,亟需加大勘探力度,推进资源节约集约利用。

【油页岩】 资源主要分布在前郭－农安、扶余县长春岭、三井子－大林子、桦甸盆地、汪清罗子沟盆地等地区,保有资源储量1085亿吨,其中2012年新增矿产地2处,新增资源储量78.6亿吨,虽然吉林省油页岩资源优势明显,但分布在长春和松原地区没有开发利用的油页岩含油率较低,保有资源储量占全省99.2%,含油率为4.47%～5.1%,而吉林地区已开发利用的油页岩含油率为7%～12.4%,延边地区已开发利用的油页岩含油率6.58%。

【地热】 资源尤其是低温地热资源十分丰富且分布广泛,推算地热资源总量相当于32.3亿吨标准煤,如能得到合理开发利用,可以缓解煤炭、石油等常规能源的供需矛盾并可以取得显著经济效益和环境效益,需进一步加大投入,全力组织科技攻关,加强地质勘查和开发利用研究。

(吉林省矿业协会)

江 苏 省

【矿产资源现状】 截至2012年底,江苏省已发现各类矿产133种(不含亚矿种,见表1),其中:查明资源储量的有67种;已发现尚未查明资源储量的有66种。江苏省矿产种类一览见表1。截至2012年底,全省列入《江苏省矿产资源储量统计表》的矿种有74(亚)种,江苏省矿产种类一览见表1。

【地质勘查投入与勘查成果】 2012年,江苏省地质勘查投入27967万元,其中:中央财政拨款6030万元。年末勘查从业人员7991人,其中技术人员3474人。江苏省2012年完成阶段性勘查的矿产地8个,新发现矿产地2个。

【矿产资源勘查和开发利用情况】 *1.颁发勘查许可证和采矿许可证情况。*2012年,江苏省颁发勘查许可证94个,其中:新立登记22个,变更登记4个,延续登记44个,保留登记24个;颁发采矿许可证783个,其中:新立登记24个,变更登记158个,延续登记601个。

*2.矿产资源开发利用基本情况。*截至2012年底,江苏省共有各类矿山企业1428个,矿业从业人员15.15万人,年产矿石量2.28亿吨,矿业工业总产值达358.18亿元,矿产品销售收入310.64亿元。

【矿业权市场】 2012年江苏省转让探矿权2宗,转让价款1865.41万元。出让采矿权153宗,出让价款1.66亿元;转让采矿权2宗,转让价款2.19亿元。

表1　　江苏省矿产种类一览表

查明资源储量的矿种			已发现尚未查明资源储量的矿种	
矿产类别	矿种数	名　称	矿种数	名　称
能源矿产	4	煤、石油、天然气、地热	3	油页岩、煤成气、铀
金属矿产	19	铁、锰、钛、钒、铜、铅、锌、镁、钼、金、银、铌、钽、锆、锶、锗、铟、铼、镉	25	铬、铝土矿、镍、钴、锡、钨、铋、锂、铷、铯、钇、钆、铽、镝、铈、镧、镨、钕、钐、铕、镓、铪、硒、钪、碲

续表1

查明资源储量的矿种			已发现尚未查明资源储量的矿种	
矿产类别	矿种数	名　称	矿种数	名　称
非金属矿产	41	金刚石、硫铁矿、蓝晶石、红柱石、硅灰石、云母、长石、蛭 石、沸石、明矾石、芒硝、石膏、方解石、萤石、宝石、石灰岩、泥灰岩、白云岩、石英岩、天然石英砂、含钾砂页岩、高岭土、陶瓷土、耐火黏土、凹凸棒黏土、膨润土、其他黏土、蛇纹岩、玄武岩、辉绿岩、闪长岩、花岗岩、珍珠岩、凝灰岩、大理岩、泥炭、盐矿、硼矿、磷矿、绢云母石榴子石	37	石墨、自然硫、水晶、刚玉、滑石、石棉、黄玉、叶蜡石、透辉 石、透闪石、重晶石、天然碱、菱镁矿、玛瑙、颜料矿物、白垩、脉石英、粉石英、含钾岩石、硅藻土、页岩、海泡石黏土、伊利石黏土、累托石黏土、橄榄岩、角 闪岩、安山岩、麦饭石、松脂岩、浮石、粗面岩、霞石正长岩、火山渣、板岩、片麻岩、钾盐、砷
水气矿产	3	地下水、矿泉水、二氧化碳气	1	氡气
合计	67		66	

1. *矿产地及规模*。截至2012年底，江苏省已查明资源储量并列入《江苏省矿产资源储量统计表》的矿产地共577处。矿产地规模以中、小型为主，中、小型矿产地占矿产地总数的82%（表2）。

表2　　**江苏省矿产地矿床规模和矿产勘查程度统计表**

矿产种类	矿产地数	矿床规模			勘查程度		
		大型	中型	小型	勘探	详查	普查
能源矿产（煤）	97	15	6	76	43	33	21
黑色金属矿产	44	6	14	24	24	13	7
有色金属矿产	73	3	8	62	26	21	26
贵金属矿产	25	1	5	19	8	12	5
稀有分散元素矿产	11	1	2	8	3	4	4
冶金辅助原料矿产	25	7	5	13	7	6	12
化工原料非金属矿产	85	23	32	30	47	28	10
建材非金属矿产	217	51	67	99	42	111	64
合计	577	107	139	331	200	228	149
所占百分比（%）		18	24	58	35	39	26

2. *矿产地勘查程度*。江苏省矿产地勘查程度详查以上总数占74%。其中：煤炭占88%、盐矿占100%、芒硝占100%、水泥用灰岩占74%、铁矿占91%、铜矿占74%、硫铁矿占74%、凹凸棒石黏土占88%、水泥配料用黏土占92%、膨润土占80%。这十种矿产占全省矿产地总数62%。

3. *矿产地利用情况*。截至2012年底，江苏省已查明矿产地共577处。已利用矿产地357处，占矿产地总数的62%；未利用矿产地220处，占 矿产地总数的38%。其中，在已利用矿产地中正在开采矿产地134处，占已利用矿产地总数的37%；停采矿产地168处，占已利用矿产地总数的47%；闭 坑矿产地40处，占已利用矿产地总数的11%。

4. *矿产资源行政区域分布*。江苏省矿产资源分布既广泛又相对集中，矿产地98%都分布在苏北和苏南，苏中只占到2%。按矿种分，煤炭、制碱用灰岩主要分布在徐州地区；铁、石膏、水泥用灰岩主要分布在南京和徐州地区；芒硝主要分布在淮安地区；盐矿主要分布在常州、淮安及徐州地区；熔剂用灰岩主要分布在镇江地区；饰面用大理岩主要分布在连云港地区；高岭土主要分布苏州地区；陶瓷土主要分布在无锡地区；石油分布在扬州、泰州和盐城等地区；地热主要分布在南京、镇江、苏州、无锡、常州、淮安、扬州、泰州和盐城等地区；二氧化碳气分布在泰州地区；地下水、矿泉水分布在全省各地。

【矿产资源储量及其变化】 1. 矿产资源储量及其变化。截至2012年底,列入《江苏省矿产资源储量统计表》的矿产及保有资源储量总量见表3和表4。

表3　　截至2012年底江苏省主要矿产资源保有资源储量按矿种统计表

矿类	矿产名称	单　位	矿产地数	矿产资源储量		
				基础储量	资源量	资源储量
能源	煤炭	合计千吨	97	1081937.67	2186764.08	3268701.75
黑色金属	铁矿	矿石千吨	34	178005.80	599250.98	777256.78
	钛矿	金红石 TiO_2 吨	6	133631.00	933369.00	1067000.00
		钛铁矿矿物 吨	2	35886.00	2108249.00	2144135.00
	钒矿	V_2O_5 吨	1	48330.00	3504.00	51834.00
有色金属	铜矿	铜 吨	34	38617.57	540431.67	579049.24
	铅矿	铅 吨	14	105256.75	552874.39	658131.14
	锌矿	锌 吨	17	182068.80	957922.35	1139991.15
	镁矿	矿石 千吨	1	9280.00	4731.00	14011.00
	钼矿	钼 吨	7	648.15	8228.76	8876.91
贵重金属	金矿	金 千克	11	1319.62	23432.53	24752.15
	银矿	银 吨	14	60.77	2642.41	2703.18
稀有稀土金属	铌钽矿	$(Nb+Ta)_2O_5$ 吨	1	–	38439.91	38439.91
	铌矿	铌(钶)铁矿 吨	1	51.00	38.00	89.00
	锆矿	锆英石 吨	1	–	124.00	124.00
	锶矿	天青石 吨	1	331178.00	127890.00	459068.00
	锗矿	锗 吨	3	82.00	–	82.00
	铼矿	铼 吨	1	–	1.00	1.00
	镉矿	镉 吨	2	–	24.00	24.00
冶金辅助原料非金属	蓝晶石	蓝晶石 吨	2	1197303.00	287900.00	1485203.00
	红柱石	红柱石 吨	1	–	993400.00	993400.00
	普通萤石	萤石或 CaF_2 千吨	1	–	344.95	344.95
	熔剂用灰岩	矿石 千吨	7	238567.59	168284.96	406852.55
	冶金用白云岩	矿石 千吨	6	28723.00	216786.70	245509.70
	冶金用石英岩	矿石 千吨	1	–	5170.00	5170.00
	铸型用砂	矿石 千吨	1	–	4400.00	4400.00
	耐火黏土	矿石 千吨	3	593.00	1554.47	2147.47
	熔剂用蛇纹岩	矿石 千吨	3	104241.98	32711.00	136952.98

续表 3－1

矿类	矿产名称	单　位	矿产地数	矿产资源储量		
				基础储量	资源量	资源储量
化工原料非金属	硫铁矿	矿石千吨	20	3359.54	33088.54	36448.08
		伴生硫 硫 千吨	6	1511.92	5100.15	6612.07
	明矾石	明矾石 千吨	2	–	531.00	531.00
	芒硝	Na_2SO_4千吨	20	570837.09	716731.71	1287568.80
	制碱用灰岩	矿石 千吨	4	200905.00	131466.00	332371.00
	含钾砂页岩	矿石 千吨	1	423968.00	1644440.00	2068408.00
	化肥用蛇纹岩	矿石 千吨	1	6022.00	5533.00	11555.00
	泥炭	矿石 千吨	1	–	115.00	115.00
	盐矿	NaCl 千吨	22	8430953.33	8158204.63	16589157.96
	磷矿	矿石 千吨	7	12986.82	79225.04	92211.86
建材和其他非金属	金刚石	金刚石 克	1	–	891.00	891.00
	硅灰石	矿石 千吨	2	48.00	623.00	671.00
	云母	工业原料云母 吨	2	84200.00	269245.00	353445.00
	长石	矿石 千吨	1	144.00	230.00	374.00
	石榴子石	矿石 千吨	1	–	214.00	214.00
	蛭石	矿石 千吨	3	101.00	1943.00	2044.00
	沸石	矿石 千吨	1	–	2515.00	2515.00
	石膏	矿石 千吨	4	670216.39	2487122.31	3157338.70
	方解石	矿石 千吨	3	5193.30	24864.80	30058.10
	宝石	矿物 千克	4	83.00	8690.00	8773.00
	水泥用灰岩	矿石 千吨	70	1185214.65	1904597.90	3089812.55
	泥灰岩	矿石 千吨	1	2831.40	6619.00	9450.40
	玻璃用石英岩	矿石 千吨	2	380.00	1450.00	1830.00
	玻璃用砂岩	矿石 千吨	3	17990.00	37450.00	55440.00
	水泥配料用砂岩	矿石 千吨	7	63923.00	27428.80	91351.80
	陶瓷用砂岩	矿石 千吨	1	–	136.00	136.00
	玻璃用砂	矿石 千吨	6	7690.00	39350.00	47040.00
	建筑用砂	矿石 千立方米	1	58660.00	74130.00	132790.00
	高岭土	矿石 千吨	12	7005.25	37647.30	44652.55
	陶瓷土	矿石 千吨	16	43749.90	38771.00	82520.90
	凹凸棒石黏土	矿石 千吨	16	9901.00	83862.00	93763.00
	膨润土	矿石 千吨	15	153350.00	27526.46	180876.46
	水泥配料用黏土	矿石 千吨	25	137580.00	73315.00	210895.00
	水泥配料用黄土	矿石 千吨	3	13990.00	2600.00	16590.00
	保温材料用黏土	矿石 千吨	1	1786.00	1029.00	2815.00

续表 3-2

矿类	矿产名称	单 位	矿产地数	矿产资源储量		
				基础储量	资源量	资源储量
建材和其他非金属	铸石用玄武岩	矿石 千吨	1	760.00	-	760.00
	岩棉用玄武岩	矿石 千吨	1	-	20740.00	20740.00
	建筑用玄武岩	矿石 千立方米	1	-	15160.06	15160.06
	水泥用辉绿岩	矿石 千吨	1	580.00	-	580.00
	水泥用闪长玢岩	矿石 千吨	1	120.00	100.00	220.00
	建筑用花岗岩	矿石 千立方米	1	10.00	70.00	80.00
	饰面用花岗岩	矿石 千立方米	1	-	220.00	220.00
	珍珠岩	矿石 千吨	1	5790.00	4150.00	9940.00
	水泥用凝灰岩	矿石 千吨	1	6100.00	-	6100.00
	饰面用大理岩	矿石 千立方米	6	5068.00	30581.00	35649.00
	玻璃用大理岩	矿石 千吨	1	-	34150.00	34150.00

2. 油气储量变化情况。截至2012年底，江苏省累计探明原油地质储量30923.77万吨，累计探明技术可采储量为7088.21万吨，累计探明经济可采储量为5967.25万吨；2012年度原油产量为192.63万吨，剩余技术可采储量为3059.46万吨，剩余经济可采储量为1938.50万吨；全省累计探明天然气（气层气和溶解气）地质储量94.05亿立方米，其中累计探明技术可采储量为36.41亿立方米，经济可采储量为23.57亿立方米，本年度天然气产量为0.57亿立方米，剩余技术可采储量为24.35亿立方米，剩余经济可采储量为11.51亿立方米。

【矿产资源潜在价值】 截至2012年底，江苏省上表固体矿产资源保有储量潜在总值为15487.57亿元（表4、表5），其中排列前十位的矿产有煤炭、盐矿、芒硝、石膏、水泥用灰岩、铁矿、饰面用大理岩、熔剂用灰岩、制碱用灰岩、硫铁矿，这10种矿产合计潜在总值占全部矿产潜在总值的94.55%。

表4 截至2012年底江苏省固体矿产资源保有资源储量潜在总值表（前十位）

矿产名称	单 位	资源储量	潜在总值（亿元）
煤炭	合计 千吨	3268701.75	1668.35
铁矿	矿石 千吨	777256.78	304.68
熔剂用灰岩	矿石 千吨	406852.55	81.37
硫铁矿	矿石 千吨	36448.08	28.07
	伴生硫 硫 千吨	6612.07	26.85

续表 4

矿产名称	单 位	资源储量	潜在总值（亿元）
芒硝	Na_2SO_4千吨	1287568.80	3701.18
制碱用灰岩	矿石 千吨	332371.00	66.47
盐矿	NaCl 千吨	16589157.96	6220.93
石膏	矿石 千吨	3157338.70	1894.40
水泥用灰岩	矿石 千吨	3089812.55	617.96
饰面用大理岩	矿石 千立方米	35649.00	143.12
合计			14643.38

表5 截至2012年底江苏省固体矿产资源保有资源储量潜在总值统计表

矿产名称	单 位	资源储量	潜在总值（亿元）
煤炭	合计 千吨	3268701.75	1668.35
铁矿	矿石 千吨	777256.78	304.68
钛矿	金红石 TiO_2吨	1067000.00	62.95
	钛铁矿矿物 吨	2144135.00	22.30
钒矿	V_2O_5吨	39311.50	24.06
铜矿	铜 吨	579049.24	30.69
铅矿	铅 吨	658131.14	2.76
锌矿	锌 吨	1139991.15	7.87
镁矿	矿石 千吨	14011.00	7.01
钼矿	钼 吨	8876.91	1.69

续表 5 -1

矿产名称	单　位	资源储量	潜在总值（亿元）
金矿	金 千克	24752.15	7.43
银矿	银 吨	2703.18	13.52
铌钽矿	$(Nb+Ta)_2O_5$吨	38439.91	36.59
铌矿	铌(钶)铁矿 吨	89.00	0.09
锆矿	锆英石 吨	124.00	0.01
锶矿	天青石 吨	459068.00	2.30
锗矿	锗 吨	82.00	6.56
镉矿	镉 吨	24.00	0.02
蓝晶石	蓝晶石 吨	1485203.00	5.94
红柱石	红柱石 吨	993400.00	3.97
普通萤石	萤石或 CaF_2 千吨	344.95	0.31
熔剂用灰岩	矿石 千吨	406852.55	81.37
冶金用白云岩	矿石 千吨	245509.70	49.10
冶金用石英岩	矿石 千吨	5170.00	1.55
铸型用砂	矿石 千吨	4400.00	0.34
耐火黏土	矿石 千吨	2147.47	1.07
熔剂用蛇纹岩	矿石 千吨	136952.98	21.91
硫铁矿	矿石 千吨	36448.08	28.07
	伴生硫 硫 千吨	6612.07	26.85
明矾石	明矾石 千吨	531.00	0.17
芒硝	Na_2SO_4千吨	1287568.80	3701.18
制碱用灰岩	矿石 千吨	332371.00	66.47
含钾砂页岩	矿石 千吨	2068408.00	20.68
化肥用蛇纹岩	矿石 千吨	11555.00	1.85
泥炭	矿石 千吨	115.00	0.01
盐矿	NaCl 千吨	16589157.96	6220.93
磷矿	矿石 千吨	92211.86	44.29
硅灰石	矿石 千吨	671.00	0.52
云母	工业原料云母 吨	353445.00	35.34
长石	矿石 千吨	374.00	0.09
石榴子石	矿石 千吨	214.00	0.39
蛭石	矿石 千吨	2044.00	3.68
沸石	矿石 千吨	2515.00	0.45
石膏	矿石 千吨	3157338.70	1894.40
方解石	矿石 千吨	30413.30	9.10

续表 5 -2

矿产名称	单　位	资源储量	潜在总值（亿元）
水泥用灰岩	矿石 千吨	3089812.55	617.96
泥灰岩	矿石 千吨	9450.40	1.89
玻璃用石英岩	矿石 千吨	1830.00	0.92
玻璃用砂岩	矿石 千吨	55440.00	27.93
水泥配料用砂岩	矿石 千吨	91397.20	7.04
陶瓷用砂岩	矿石 千吨	136.00	0.07
玻璃用砂	矿石 千吨	47040.00	23.52
建筑用砂	矿石 千立方米	132790.00	10.22
高岭土	矿石 千吨	44652.55	24.56
陶瓷土	矿石 千吨	82520.90	45.39
凹凸棒石黏土	矿石 千吨	93763.00	32.82
膨润土	矿石 千吨	180876.46	45.22
水泥配料用黏土	矿石 千吨	210895.00	37.96
水泥配料用黄土	矿石 千吨	16590.00	4.15
保温材料用黏土	矿石 千吨	2815.00	0.51
铸石用玄武岩	矿石 千吨	760.00	3.04
岩棉用玄武岩	矿石 千吨	20740.00	5.18
建筑用玄武岩	矿石 千立方米	15160.06	26.23
水泥用辉绿岩	矿石 千吨	580.00	0.12
水泥混合材用闪长玢岩	矿石 千吨	220.00	0.04
建筑用花岗岩	矿石 千立方米	80.00	0.14
饰面用花岗岩	矿石 千立方米	220.00	0.88
珍珠岩	矿石 千吨	9940.00	2.49
水泥用凝灰岩	矿石 千吨	6100.00	0.43
饰面用大理岩	矿石 千立方米	35649.00	143.12
玻璃用大理岩	矿石 千吨	34150.00	6.83
全部矿产合计			15487.57

（江苏省国土资源厅）

浙　江　省

【矿产资源概况】　2012 年，浙江省开发利用的矿产 57 种，其中能源矿产 1 种，金属矿产 10 种，非金属矿产 45 种（其中，普通建筑用石、砂、土矿产 14 种），水气矿产 1 种。与 2011 年度相比只减少了长石、水泥配料用泥岩2种矿产，增加了建筑用闪长岩1种矿产。

2012年，浙江省各级国土资源管理部门坚持科学发展、深化创业创新，以建设物质富裕、精神富有的现代化浙江为目标，以全面实行采矿权设置方案制度为抓手，以扶优、扶强矿山企业，促进矿业转型升级为主线，以绿色矿山建设和“四边三化”专项整治行动为载体，进一步转变管理理念、管理方式和资源配置方式，深化改革创新，加强制度供给，健全完善“规划调控有为、资源保障有力、市场监管有效、开发严格有序、环境和谐友好”的矿产开发管理体系，矿产开发管理工作提到进一步加强，为浙江省经济社会发展资源保障和生态保护做出了贡献。

浙江省矿产资源总的特点是丰歉并存，结构不平衡，能源矿产匮乏，金属矿 产不足，非金属矿产资源丰富，但开发利用程度总体不高。

【矿产资源开发利用】 2012年浙江省共有持证矿山1549个，从业人员50342人，矿石采掘量57887.85万吨，实现矿业总产值140.57亿元，利润84448.70万元，税金125157.92万元。与2011年相比，矿山数和从业人员分别减少了9.36%和13.28%，矿石采掘量减少了16.72%，矿业总产值减少了6.29%，利润减少了25.12%，税金减少了6.74%（表1、图1、图2）。

浙江省矿业劳动生产率基本保持稳定，人均矿业产值逐年上升，2012年人均矿石采掘量和人均利税有小幅下降。2012年人均矿石采掘量比2011年减少4.17%，人均矿业产值增长8.05%，人均利税达4.16万元/人·年，减少2.12%（表2、图2）。

表1　　**2012年度浙江省矿产资源开发利用统计汇总表**

矿种	矿山总数（个）	从业人数（人）	矿石采掘量（万吨）	工业总产值（万元）	年利税总额（万元）	利润总额（万元）	税金总额（万元）
合计	1549	50342	57887.85	1405744.24	209606.62	84448.70	125157.92
地下热水	4	249	71.76	4666.00	883.05	513.00	370.05
铁矿	8	668	121.28	13422.50	2765.83	20.06	2745.77
铜矿	6	1236	39.54	36641.23	14048.42	7653.35	6395.07
铅矿	5	50	3.86	581.70	208.11	79.60	128.51
锌矿	14	578	10.77	3174.47	1030.30	415.20	615.10
钨矿	2	164	0.00	200.00	4.31	3.00	1.31
锡矿	1	20	2.50	280.00	0.00	0.00	0.00
钼矿	12	744	12.96	20410.91	-5394.39	-8152.14	2757.75
锑矿	1	16	0.44	167.26	-230.54	-231.49	0.95
金矿	6	697	1.67	18888.93	2652.50	1723.00	929.50
银矿	2	146	8.10	2975.00	2161.00	1276.00	885.00
普通萤石	85	2321	70.90	26947.94	10500.57	4351.52	6149.05
熔剂用灰岩	4	329	543.02	23947.90	4149.71	1376.60	2773.11
冶金用白云岩	3	41	17.06	714.22	91.22	20.76	70.46
冶金用脉石英	1	12	1.06	63.42	11.00	8.00	3.00
耐火黏土	1	12	0.40	36.00	10.00	3.00	7.00
硫铁矿	2	396	4.33	429.35	329.75	24.21	305.54
明矾石	1	1765	3.30	6635.00	839.00	-197.00	1036.00
硅灰石	1	56	0.00	0.00	0.00	0.00	0.00
叶蜡石	26	778	60.81	4934.47	1326.16	602.56	723.60
沸石	2	18	8.18	229.57	17.70	4.30	13.40

续表1

矿种	矿山总数（个）	从业人数（人）	矿石采掘量（万吨）	工业总产值（万元）	年利税总额（万元）	利润总额（万元）	税金总额（万元）
方解石	28	305	135.28	7569.05	2240.30	1357.33	882.97
水泥用灰岩	91	2517	6310.88	143163.19	24322.33	7469.23	16853.10
建筑石料用灰岩	38	1095	1950.47	41171.53	6300.40	2564.78	3735.62
饰面用灰岩	1	6	1.29	12.43	0.00	0.00	0.00
制灰用石灰岩	9	102	396.98	5062.37	1223.10	661.10	562.00
建筑用白云岩	3	92	39.81	1100.96	109.00	35.58	73.42
玻璃用石英岩	4	222	136.43	4290.90	827.40	141.10	686.30
水泥配料用砂岩	5	42	98.62	2058.92	214.90	104.86	110.04
砖瓦用砂岩	5	195	15.34	3525.64	472.76	239.43	233.33
建筑用砂岩	43	2016	5097.07	97670.17	16688.19	5774.93	10913.26
建筑用砂	24	770	2449.96	81627.20	9184.87	1500.39	7684.48
玻璃用脉石英	1	1	0.00	0.00	0.00	0.00	0.00
砖瓦用页岩	193	7038	458.08	61582.97	7591.60	4520.80	3070.80
水泥配料用页岩	14	234	371.52	4279.21	619.46	271.21	348.25
高岭土	7	155	15.33	1825.66	553.59	212.23	341.36
陶瓷土	1	10	5.24	157.00	71.00	39.00	32.00
膨润土	5	28	10.07	1253.62	520.87	304.46	216.41
砖瓦用黏土	55	1485	103.64	13518.20	2502.00	1808.70	693.30
水泥配料用黏土	13	81	32.34	2310.30	371.75	120.00	251.75
建筑用玄武岩	13	260	124.57	3286.74	365.99	188.00	177.99
饰面用辉绿岩	7	65	7.07	196.05	62.00	41.00	21.00
建筑用辉绿岩	6	56	1.87	186.66	34.06	21.00	13.07
建筑用安山岩	4	658	1523.98	54244.40	13234.00	6256.00	6978.00
建筑用闪长岩	2	105	0.00	0.00	0.00	0.00	0.00
饰面用闪长岩	3	18	0.20	48.00	6.90	5.00	1.90
建筑用花岗岩	46	1163	1367.61	41461.06	5083.85	1948.58	3135.27
饰面用花岗岩	10	135	6.99	1903.23	67.20	50.00	17.20
珍珠岩	4	32	1.49	207.10	29.72	25.00	4.72
水泥用凝灰岩	2	15	8.00	160.00	27.00	10.00	17.00
建筑用凝灰岩	678	20339	36205.57	662696.85	80682.19	38761.43	41920.76
饰面用大理岩	1	8	0.22	64.00	20.60	16.00	4.60
建筑用大理岩	3	47	4.28	138.78	25.00	2.00	23.00
水泥用大理岩	1	3	0.00	0.00	0.00	0.00	0.00
玻璃用大理岩	1	19	3.90	500.00	47.00	43.00	4.00
饰面用板岩	6	26	4.74	1242.30	217.50	166.00	51.50
矿泉水	45	703	17.10	2480.59	486.38	297.03	189.35

表2　　2008～2012年浙江省主要矿业指标对比

年份	矿山数(个)	从业人员(人)	矿石采掘量(万吨)	矿业总产值(万元)	利润总额(万元)	税金总额(万元)
2008	2738	79718	44353.53	897021.36	54138.27	93166.07
2009	2393	68765	46697.51	896866.73	51349.00	86783.85
2010	1900	58263	50595.52	1076477.42	75534.39	112991.21
2011	1709	58050	69511.79	1500034.06	112771.95	134198.81
2012	1549	50342	57887.85	1405744.24	84448.70	125157.92

表3　2008～2012年浙江省矿业人均生产指标变化情况

年份	人均矿石采掘量(万吨/人·年)	人均矿业产值(万元/人·年)	人均利税总额(万元/人·年)
2008年	0.56	11.25	1.85
2009年	0.68	13.04	2.01
2010年	0.87	18.48	3.24
2011年	1.20	25.84	4.25
2012年	1.15	27.92	4.16

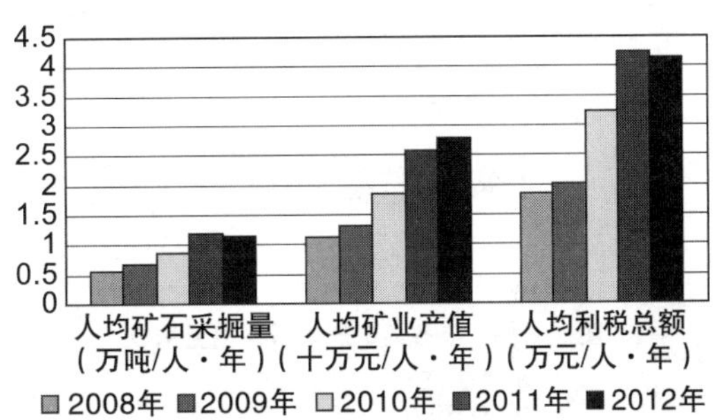

图2　2008～2012年浙江省矿业人均生产指标变化情况

1. 按矿业结构分析。2012年矿业结构与往年基本一致，即普通建筑用石、砂、土无论产量还是产值均居主导地位，其他非金属矿产次之，金属矿产再次之，能源矿产和水气矿产所占比重很小。与2011年相比，普通建筑用石、砂、土矿产产值占矿业总产值的比重有小幅下降，而其他非金属矿产产值占矿业总产值的比重继续上升；能源矿产的矿山数比2011年增加了1个，其他矿类矿山数皆有所减少（表2和表3、图1～6）。

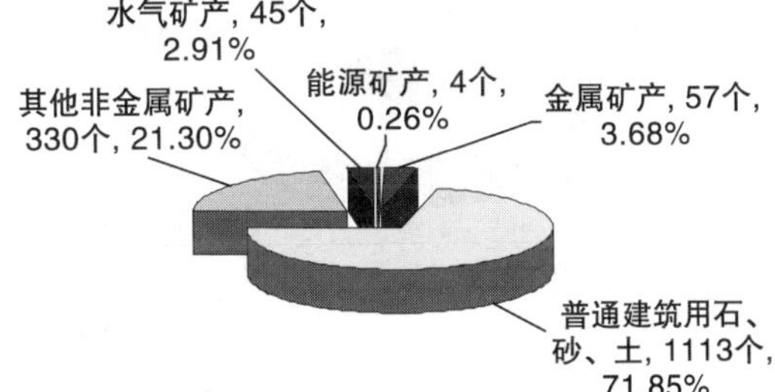

图3　2012年各类矿产矿山数构成

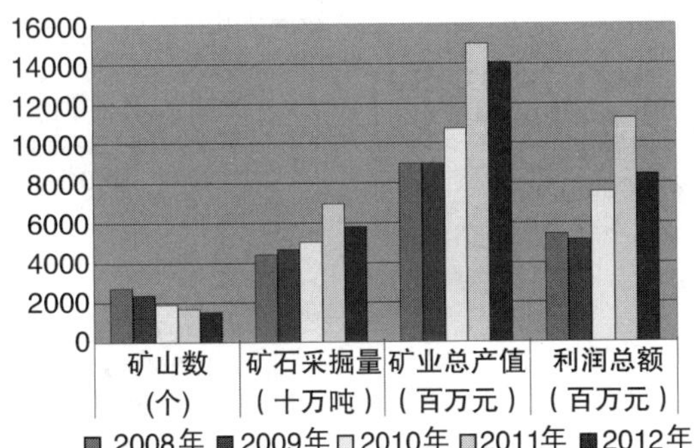

图1　2008～2012年浙江省主要矿业指标对比

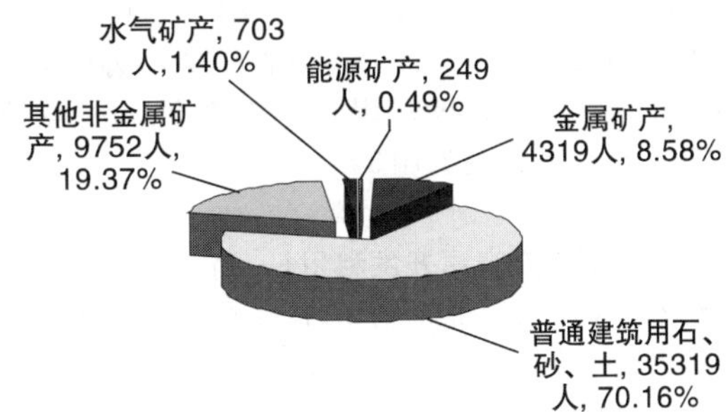

图4　2012年各类矿产从业人员构成

表4　　2008～2012年浙江省主要矿业指标对比

矿产分类	矿山数(个)	从业人员(人)	矿石采掘量(万吨)	矿业总产值(万元)	利润总额(万元)	税金总额(万元)
合计	1549	50342	57887.85	1405744.24	84448.70	125157.92
能源矿产	4	249	71.76	4666.00	513.00	370.05
金属矿产	57	4319	201.12	96742.00	2786.58	14458.96

续表 4

矿产分类	矿山数(个)	从业人员(人)	矿石采掘量(万吨)	矿业总产值(万元)	利润总额(万元)	税金总额(万元)
非金属矿产	1443	45071	57597.87	1301855.65	80852.09	110139.56
其中普通建筑用石、砂、土	1113	35319	49342.25	1062211.15	63621.62	78652.30
水气矿产	45	703	17.10	2480.59	297.03	189.35

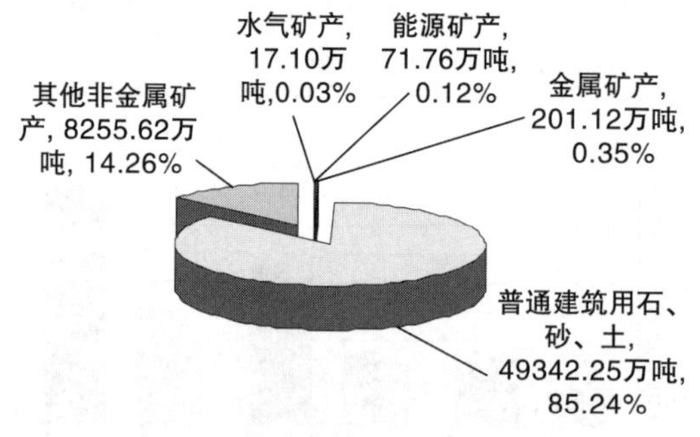

图 5 2012 年各类矿产矿石采掘量构成

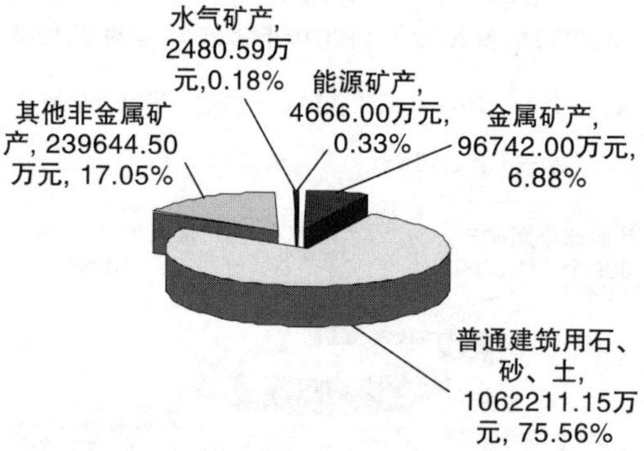

图 6 2012 年各类矿产矿业总产值构成

2. 按生产状态分析。浙江省生产矿山 1009 个,占矿山总数的 65.14%;停产矿山 284 个,占总数的 18.33%;关闭矿山 135 个,占总数的 8.72%;筹建矿山 116 个,占总数的 7.49%;其他矿山 7 个,占总数的 0.45%(表 4、表 5、图 7、图 8)。

【浙江省地区矿产资源开发利用】 浙江省矿产开发地区分布不平衡,湖州市、舟山市、杭州市、宁波市开发强度大,其矿业总产值分别占全省的 23.05%、18.05%、13.91%、13.60%。矿山数金华市最多,达 244 个;嘉兴市最少,仅 17 个。从业人员金华市最多,达 7285 人;嘉兴市最少,为 864 人。矿石采掘量湖州市最高,达 13087.60 万吨;丽水市最低,仅 284.06 万吨。利润杭州市最高达 2.37 亿元;嘉兴市最低,亏损了 718.22 万元;与 2011 年相比,除宁波市、湖州市、金华市、台州市外,其余各市均有下降。税金湖州市最高,达 4.31 亿元;嘉兴市最低,仅 3356.71 万元。人均采掘量宁波市最高,达到 2.83 吨/人·年,丽水市最低,仅为 0.07 万吨/人·年;人均产值舟山市最高,达 73.49 万元/人·年,金华市最低,为 10.35 万元/人·年(表 6,图 9～12)。

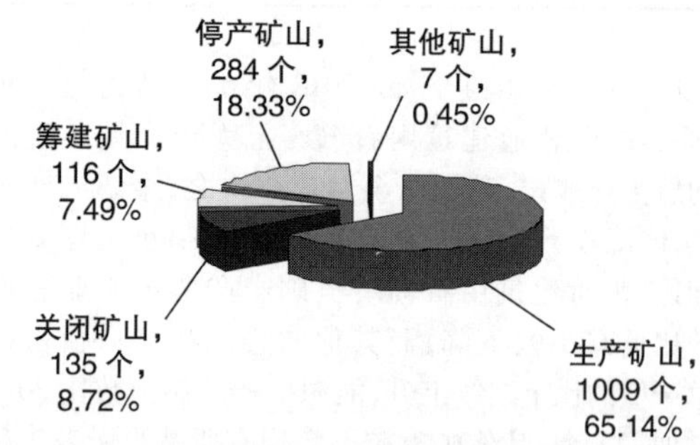

图 7 2012 年浙江省矿山生产状态图(矿山数构成)

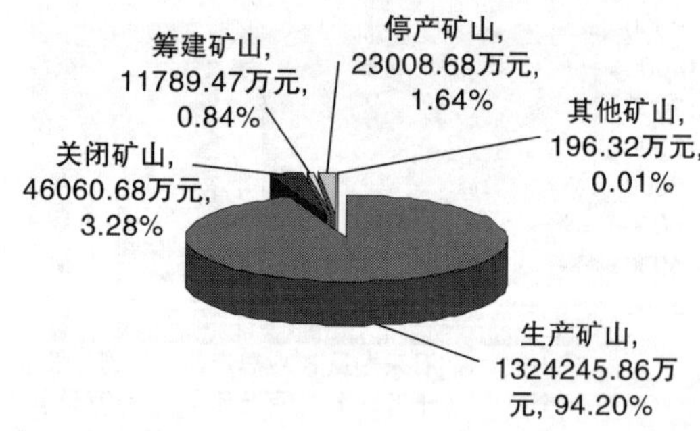

图 8 2012 年浙江省矿山生产状态图(矿业总产值构成)

表 5 2012 年浙江省矿山生产状态

矿山生产状态	矿山数(个)	从业人员(人)	矿石采掘量(万吨)	矿业总产值(万元)	利润总额(万元)	税金总额(万元)
合计	1549	50342	57887.85	1405744.25	84448.70	125157.92
生产	1009	41565	52592.91	1324245.86	77797.56	119160.54
关闭	135	1774	2776.88	46060.68	4055.80	3386.28

续表 5

矿山生产状态	矿山数(个)	从业人员(人)	矿石采掘量(万吨)	矿业总产值(万元)	利润总额(万元)	税金总额(万元)
筹建	116	2842	791.22	11789.47	108.36	374.28
停产	284	4060	1718.22	23008.68	2457.48	2215.20
其他	7	191	102.66	196.32	24.00	13.30

表 6　　2012 年浙江省各市矿产资源开发利用情况

地区	矿山数（个）	从业人员（人）	矿石采掘量（万吨）	矿业总产值（万元）	利润总额（万元）	税金总额（万元）	人均采掘量（万吨/人·年）	人均产值（万元/人·年）
合计	1549	50342	57887.85	1405744.24	84448.70	125157.92	1.15	27.92
杭州市	175	6458	7351.16	195548.47	23661.66	20669.09	1.14	30.28
宁波市	185	4539	12854.06	191180.07	18496.55	10719.60	2.83	42.12
温州市	165	5445	5343.69	78837.56	2743.76	5054.52	0.98	14.48
嘉兴市	17	864	937.28	26957.81	-718.22	3356.71	1.08	31.20
湖州市	112	5807	13087.60	323953.90	14823.91	43132.05	2.25	55.79
绍兴市	109	2923	1963.58	59627.88	2011.39	4784.17	0.67	20.40
金华市	244	7285	1693.37	75410.55	6510.04	6737.51	0.23	10.35
衢州市	205	4124	2306.47	58312.91	7969.47	3973.94	0.56	14.14
舟山市	69	3453	7870.89	253758.20	6369.22	13872.63	2.28	73.49
台州市	142	5214	4195.69	73822.08	6061.06	3841.86	0.80	14.16
丽水市	126	4230	284.06	68334.81	-3480.14	9015.85	0.07	16.15

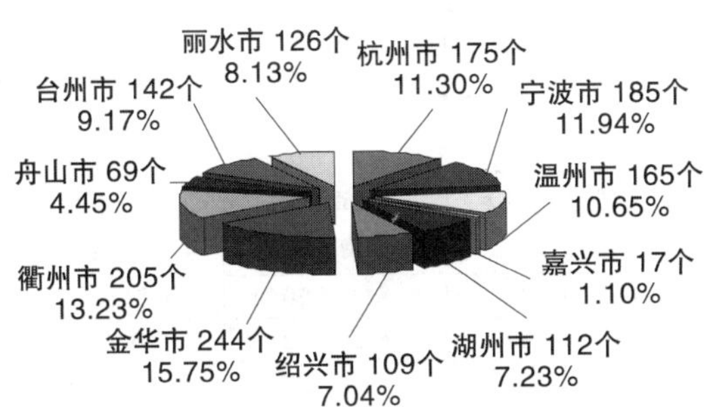

图 9　2012 年浙江省各市矿山数构成

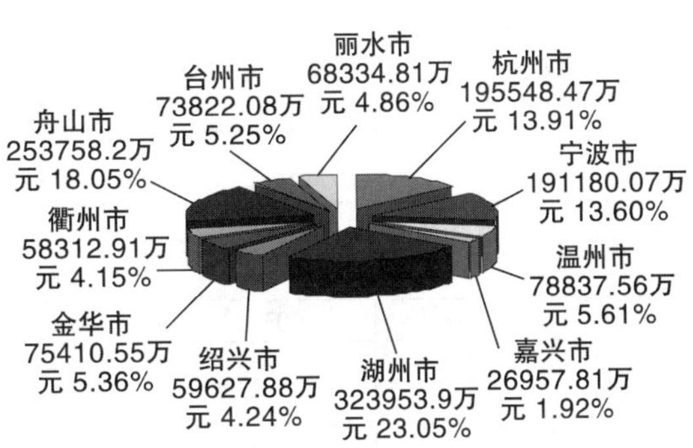

图 11　2012 年浙江省各市矿业总产值构成

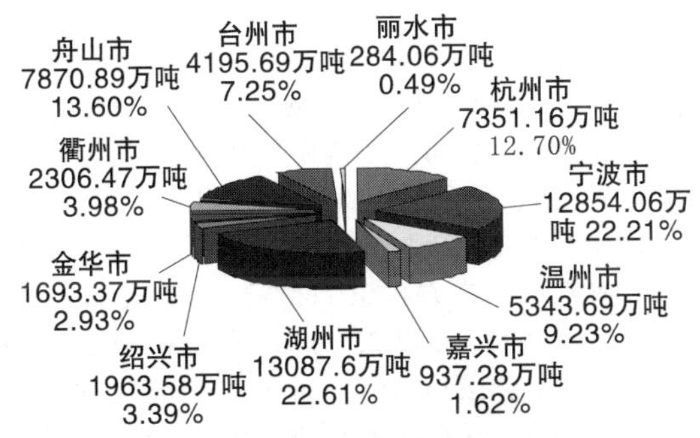

图 10　2012 年浙江省各市采掘量构成

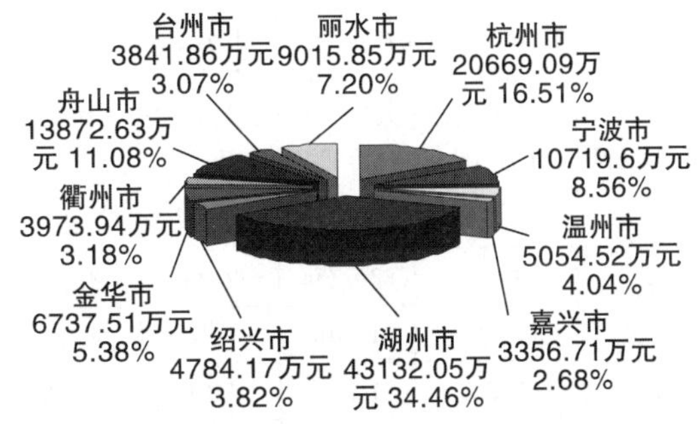

图 12　2012 年浙江省各市税金总额构成

【矿山经济类型】 浙江省矿山经济类型以私营企业、有限责任公司和集体企业为主，上述三类矿山企业的矿山数占全省总数的84.57%、从业人员占全省总数的85.72%、总产值占全省总数的86.4%。而国有企业的矿山数仅占全省总数的5.10%、从业人员仅占全省总数的14.14%、总产值仅占全省总数的13.71%，但较去年有所上升。外商投资企业各项指标均较低。上述表明我省矿业资本主要为民营资本和集体资本，产业外向度低，国有资本持有率低，这与浙江省整体经济面貌基本一致(表7)。

【矿山企业规模】 2012年，浙江省有大型矿山813个(其中建筑石料矿山738个)，中型矿山170个，小型矿山519个，小矿47个。大、中型矿山矿石采掘量达52801.92万吨，占总量的91.21%；矿业总产值1180285.62万元，占总量的83.96%；利润71005.45万元，占总量的84.08%；税金98234.66万元，占总量的78.48%(表8)。

由于大型矿山管理规范，生产集约化，技术先进，劳动生产率和资源利用水平较高，其人均采掘量、人均产值、人均利润和人均税金都远高于中、小型矿山和小矿(表9，图13)。

表7　2012年浙江省不同经济类型矿山企业开发利用情况

企业经济类型	矿山数(个)	从业人员(人)	矿石采掘量(万吨)	矿业总产值(万元)	利润总额(万元)	税金总额(万元)
合计	1549	50342	57887.85	1405744.24	84448.70	125157.92
一、内资企业	1536	49644	56445.15	1366480.95	83049.30	119261.75
国有企业	79	7116	7272.03	192675.13	5347.79	15990.09
集体企业	77	2279	2452.27	50443.15	3218.55	5556.59
股份合作企业	43	1059	836.85	22242.85	1809.16	1997.38
联营企业	3	46	101.00	1540.00	0.00	0.00
有限责任公司	367	16012	23791.39	604950.91	35539.06	57166.31
股份有限公司	57	2101	2442.22	55539.48	5648.75	5739.25
私营企业	864	20026	18667.40	416935.48	29302.90	31554.99
其他企业	46	1005	881.98	22153.95	2183.10	1257.13
二、港、澳、台商投资企业	3	265	668.25	17618.76	747.00	2474.07
港、澳、台商投资企业	3	265	668.25	17618.76	747.00	2474.07
三、外商投资企业	10	433	774.45	21644.53	652.40	3422.10
外商投资企业	10	433	774.45	21644.53	652.40	3422.10

表8　2012年不同规模矿山企业开发利用情况

矿产分类	矿山数(个)	从业人员(人)	矿石采掘量(万吨)	矿业总产值(万元)	利润总额(万元)	税金总额(万元)
合计	1549	50342	57887.85	1405744.24	84448.70	125157.92
大型	813	29253	50602.17	1075362.09	64260.92	90526.17
中型	170	5827	2199.75	104923.53	6744.53	7708.49
小型	519	14072	5048.17	219081.50	14278.23	26395.32
小矿	47	1190	37.76	6377.13	-834.97	527.94

表9　2012年不同规模矿山企业人员效率情况

矿山规模	人均采掘量(万吨/人·年)	人均产值(万元/人·年)	人均利润(万元/人·年)	人均税金(万元/人·年)
大型	1.73	36.76	2.20	3.09
中型	0.38	18.01	1.16	1.32
小型	0.36	15.57	1.01	1.88
小矿	0.03	5.36	-0.70	0.44

【普通建筑用石、砂、土开发利用】 2012年浙江省开发利用的普通建筑用石、砂、土矿产(以下简称乙类矿产)共14种；其中建筑用石料矿产10种，建筑用砂、砖瓦用砂岩、砖瓦用页岩、砖瓦用黏土各1种，与2011年相比增加了建筑用闪长岩1种建筑用石料矿产。2012年浙江省乙类矿产有矿山1113个，从业人员35319人，矿石采掘量49342.25万吨，实现矿业总产值1062211.25万元，利润总额63621.62万元，其矿山数量、从业人员、矿石采掘量、矿业总产值和利润均占总量的70%以上，税金也占总量的60%以上，在浙江省

矿业中的主导地位十分显著。与2011年相比，乙类矿产矿山数减少了10.53%、从业人员减少了14.3%、矿石采掘量减少了15.52%、工业总产值下降了8.08%和利润总额下降了20.86%。

1. 普通建筑用石料。2012年度开发的普通建筑用石料有凝灰岩、安山岩、灰岩、砂岩、花岗岩、玄武岩、大理岩、白云岩、辉绿岩、闪长岩10个矿种，有矿山836个，从业人员25831人，矿石采掘量46315.23万吨，实现矿业总产值901957.14万元，利润总额55552.30万元，其矿山数占乙类矿产的75.11%、从业人数占乙类矿产的73.14%、产量占乙类矿产的93.87%、产值占乙类矿产的84.91%、利润占乙类矿产的87.32%，占绝对主导地位。与2011年相比，矿山数减少了8.23%、从业人数减少了12.67%、矿石采掘量减少了13.60%、工业总产量减少了5.04%和利润总额减少了18.25%(表10)。

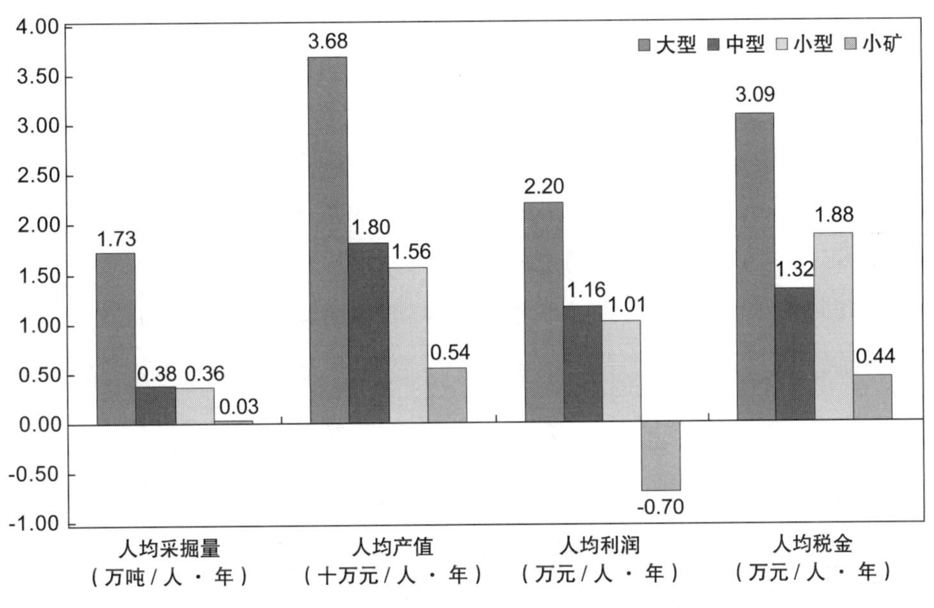

图13 2012年浙江省不同规模矿山企业人员效率图

表10 **2008~2012年普通建筑用石料主要指标变化情况**

年 份	矿山数(个)	从业人员(人)	矿石采掘量(万吨)	矿业总产值(万元)	利润总额(万元)
2008年	1291	29261	33077.81	472792.30	27530.89
2009年	1169	30103	36007.58	542280.16	30160.85
2010年	979	28365	36921.22	617452.44	37522.08
2011年	911	29578	53605.53	949799.39	67950.06
2012年	836	25831	46315.23	901957.14	55552.30

普通建筑用石料资源分布具有普遍性，是基础建设的基本原料，受基础建设影响，其开发地域性明显，宁波、湖州、台州、杭州、舟山等经济发展水平高、交通便利地区的建筑石料开发程度较高，宁波市矿石采掘量居全省首位，占全省的27.66%；湖州市矿业总产值和利税总额均居首位，分别占全省的28.39%和35.27%，但比例较2012年年有所下降(表11、表12)。

通过矿产资源规划的实施和近几年的矿产开发整合，我省已形成湖州、杭州外围、宁绍平原南缘、温台沿海平原内侧、金衢盆地边缘等大型石料开发基地，矿山布局渐趋合理，矿山企业规模化、集约化程度不断提高。2012年浙江省建筑石料有大型矿山738个，占全省建筑石料矿山总数的88.27%，其产量、产值分别占总量的94.79%和95.17%。大型矿山无论从资源储量、矿石质量、生产技术、资源利用率、环保和安全生产诸多方面都具有较大优势。全省建筑用石料矿山平均实际生产规模为55.40万吨，比2011年有小幅下降；

年产矿石量100万吨以上的矿山有115个,50万~100万吨的矿山有100个,两者之和占普通建筑用石料矿总数的25.71%,较2011年提高0.46个百分点。

表11　　2012年浙江省普通建筑用石料开发利用情况(按地区)

地区	矿山数(个)	从业人员(人)	矿石采掘量(万吨)	矿业总产值(万元)	利润总额(万元)	税金总额(万元)
合计	836	25831	46315.23	901957.14	55552.30	66970.40
杭州市	64	3166	3781.13	68093.72	8730.44	6767.47
宁波市	174	4352	12808.89	188225.07	18178.35	10444.70
温州市	126	2478	4921.03	59942.91	2337.09	2756.94
嘉兴市	16	854	932.13	26879.67	-725.22	3286.71
湖州市	62	4042	10784.26	256030.36	11521.42	31692.11
绍兴市	53	943	1356.22	25772.65	1365.00	1605.91
金华市	90	1119	879.51	17681.28	2927.14	611.29
衢州市	34	469	701.87	9617.99	2029	590.07
舟山市	68	3386	5891.37	183758.20	5197.62	7129.63
台州市	121	4514	4163.79	62449.31	3893.86	1871.57
丽水市	28	508	95.03	3505.98	97.60	214.00

表12　　2012年普通建筑用石料开发利用情况(按规模)

规模	矿山数(个)	从业人员(人)	矿石采掘量(万吨)	矿业总产值(万元)	利润总额(万元)	人均采矿量(万吨/人·年)	人均产值(万元/人·年)
合计	836	25831	46315.23	901957.14	55552.30	1.79	34.92
大型	738	23805	43902.92	858435.20	52004.33	1.84	36.06
中型	29	698	704.11	11650.42	577.38	1.01	16.69
小型	69	1328	1708.20	31871.52	2970.59	1.29	24.00

建筑石料矿山按其产品流向和用途可分以下三类。

外销型矿山:宁波、湖州、嘉兴等地的部分石料开采基地凭借水陆交通之便利,矿产品销往上海、苏南等经济发达地区。矿山开采较规范、规模大、产量高。除了一般的碎石产品作建筑石料用外,部分品质优良的精品碎石产品可用于高等级公路路面和铁路路基道碴等,矿产品价格较高,经济效益较好。

自用型矿山:满足本区域基础设施或当地基本建设、道路及房地产业的需求,矿山布局、规模、服务年限受地域和经济发展形势限制。

工程性矿山:浙江省2012年有工程性矿山129个(生态环境修复性治理类矿山亦归入此类)。工程性矿山主要为沿海及海岛围垦造地、国家大型储油基地、船坞、码头、公路交通等重大工程建设项目提供矿产资源保障,重点分布于宁波、温州、舟山、台州等地。工程性矿山具有开采期限短、采掘量大的特点。工程性矿山为海洋经济发展示范区、舟山群岛新区、义乌国际综合贸易试验区等三大国家战略和温州瓯飞围垦工程等提供了矿产资源保障,保障了重点工程建设项目顺利推进。

2. *砖瓦用黏土、砂页岩*。2012年浙江省砖瓦用黏土和砂页岩矿山数、从业人员、矿石采掘量继续下降,与2011年相比分别下降了20.44%、16.53%和

25.54%。矿业总产值、利润与2011年相比下降了20.91%、22.88%，税金则上升了5.60%（表13）。

表13　　2012年砖瓦用黏土、砂页岩矿开发利用情况

矿种名称	矿山数（个）	从业人员（人）	矿石采掘量（万吨）	实际生产能力（万吨/年）	矿业总产值（万元）	利润总额（万元）	税金总额（万元）
合计	253	8718	577.06	801.66	78626.81	6568.93	3997.43
砖瓦用砂岩	5	195	15.34	15.64	3525.64	239.43	233.33
砖瓦用页岩	193	7038	458.08	622.08	61582.97	4520.80	3070.80
砖瓦用黏土	55	1485	103.64	163.94	13518.20	1808.70	693.30

①砖瓦用黏土。2012年全省有砖瓦用黏土矿山55个，其中有20个矿山处于停产或关闭状态，从业人员1485人，矿石采掘量103.64万吨，实现矿业总产值13518.20万元，利润总额1808.70万元，税金总额693.30万元，上述5个指标分别较2011年都有所下降。从业人员下降33.32%、矿石采掘量下降55.13%、矿业总产值下降41.41%、利润总额下降38.19%、税金总额下降20.98%（表14）。

表14　　2008～2012年砖瓦用黏土主要指标变化情况

年份	矿山数（个）	从业人员（人）	矿石采掘量（万吨）	矿业总产值（万元）	利润总额（万元）	税金总额（万元）
2008年	557	21280	1478.06	112706.27	6249.96	8008.73
2009年	336	10815	543.32	44690.88	5835.04	5835.04
2010年	153	3781	330.75	24904.4	2391.86	921.83
2011年	97	2227	231.00	23070.68	2926.40	877.32
2012年	55	1485	103.64	13518.20	1808.70	693.30

2012年浙江省55个砖瓦用黏土矿分布于温州、嘉兴、绍兴、金华、衢州、丽水六个市。衢州市砖瓦用黏土产量、产值分别占全省的69.37%和73.75%。与2011年相比，除了嘉兴市其他各市的矿山个数和矿石采掘量都在下降（表15）。

表15　　2011年浙江省各市砖瓦用黏土开发利用情况

地区	矿山数（个）	从业人员（人）	矿石采掘量（万吨）	矿业总产值（万元）	利润总额（万元）	税金总额（万元）
合计	55	1485	103.64	13518.20	1808.70	693.30
温州市	1	0	0	0.00	0.00	0.00
嘉兴市	1	10	5.15	78.14	7.00	70.00
绍兴市	2	55	2.30	490.00	49.00	11.50
金华市	9	427	18.20	2290.00	95.00	59.30
衢州市	40	939	71.89	9970.06	1612.70	539.50
丽水市	2	54	6.10	690.00	45.00	13.00

②砖瓦用砂、页岩。砖瓦用砂页岩包括砖瓦用砂岩、砖瓦用页岩2个矿种，以开发砖瓦用页岩占主导。2012年浙江省有砖瓦用砂、页岩矿山198个，从业人员7233人，矿石采掘量473.42万吨，实现矿业总产值

65108.61 万元，利润总额 4760.23 万元，税金总额 3304.13 万元。2012 年砖瓦用砂页岩矿山数较 2011 年减少了 23 个，矿石采掘量、矿业总产值、利润总额比 2011 年分别减少了 12.97%、14.72%、14.86%。

浙江省砖瓦用砂页岩开发利用主要集中分布在金华和衢州两个市，两市的产量和产值分别占全省总量的 78.66% 和 83.20%、利润和税金分别占全省总量的 91.05% 和 83.24%（表 16）。

表 16　　2012 年浙江省各市砖瓦用砂、页岩开发利用情况表

地区	矿山数（个）	从业人员（人）	矿石采掘量（万吨）	矿业总产值（万元）	利润总额（万元）	税金总额（万元）
合计	198	7233	473.42	65108.61	4760.23	3304.13
杭州市	15	470	36.57	3088.26	9.12	191.79
湖州市	4	110	24.52	1254.96	43.00	19.50
绍兴市	5	112	10.12	1068.32	46.50	26.00
金华市	102	4767	256.71	36616.59	2528.80	1837.07
衢州市	49	1294	115.70	17554.37	1805.38	913.13
台州市	4	201	13.49	3874.68	282.00	233.21
丽水市	19	279	16.31	1651.43	45.43	83.43

3. *建筑用砂*。2012 年浙江省有建筑用砂矿山 24 个，从业人员 770 人，矿石采掘量 2449.96 万吨，实现矿业总产值 81627.20 万元，利润总额 1500.39 万元，税金总额 7684.48 万元。与 2011 年相比，矿山数增加了 9 个，从业人员下降了 35.24%，矿石采掘量和矿业总产值分下降了 39.18% 和 23.28%，利润总额和税金总额分别下降了 61.72% 和 54.00%（表 17）。

表 17　　2008～2012 年浙江省建筑用砂主要指标变化情况

年份	矿山数（个）	从业人员（人）	矿石采掘量（万吨）	矿业总产值（万元）	利润（万元）	税金（万元）
2008 年	51	1807	2252.03	36557.53	1479.10	5135.25
2009 年	41	1642	1886.17	38126.85	1311.14	4225.66
2010 年	38	1647	3701.09	89533.97	3471.90	13489.82
2011 年	15	1189	4028.20	106395.80	3922.80	16703.79
2012 年	24	770	2449.96	81627.20	1500.39	7684.48

浙江省建筑用砂矿山分为河砂和海砂，其中河砂矿山有 22 个，主要分布在温州和丽水，其矿山数量虽然占建筑用砂矿山总数的 91.67%，但矿石采掘量和矿业总产值分别仅占建筑用砂矿山总数的 19.20% 和 14.24%，利润和税金仅分别占总数的 21.91% 和 12.25%。海砂矿山有 2 个，分别是舟山的舟山市瑞昌采砂有限公司和温州的浙江省洞头县大门岛南侧海砂矿，温州的海砂矿 2012 年处于停产状态（表 18、表 19）。舟山市瑞昌采砂有限公司是浙江省规模最大的建筑用砂矿，其矿业总产值、利润、税金分别占全省总量的 85.75%、78.09%、87.75%。

从以上数据可知，省建筑用砂主要以海砂为主，但海砂的过度开采对海洋生态环境、航行及港口安全、渔业资源等带来严重影响和危害，宁波海域已全面禁止开采海砂。为此，自 20 世纪 90 年代起，浙江省就大规模推广使用机制砂，推进机制砂开发以解决海砂全面禁采后的资源保障问题是建筑用砂的发展方向。

表 18　　2012 年浙江省各市建筑用砂开发利用情况

地区	矿山数(个)	从业人员(人)	矿石采掘量(万吨)	矿业总产值(万元)	利润总额(万元)	税金总额(万元)
合计	24	770	2449.96	81627.20	1500.39	7684.48
杭州市	1	10	0.00	0.00	0.00	0.00
宁波市	1	10	24.00	380.00	36.00	16.40
温州市	12	498	395.25	10125.50	198.83	831.62
绍兴市	1	15	0.00	0.00	0.00	0.00
金华市	1	7	0.60	25.00	8.00	0.50
舟山市	1	67	1979.52	70000.00	1171.60	6743.00
台州市	1	8	2.40	60.00	8.00	5.10
丽水市	6	155	48.19	1036.70	77.96	87.86

表 19　　2012 年浙江省各市河砂开发利用情况

地区	矿山数(个)	从业人员(人)	矿石采掘量(万吨)	矿业总产值(万元)	利润总额(万元)	税金总额(万元)
合计	22	818	550.20	12603.80	405.80	1077.50
杭州市	1	10	0.00	0.00	0.00	0.00
宁波市	1	10	24.00	380.00	36.00	16.40
温州市	11	448	395.25	10125.50	198.83	831.62
绍兴市	1	15	0.00	0.00	0.00	0.00
金华市	1	7	0.60	25.00	8.00	0.50
台州市	1	8	2.40	60.00	8.00	5.10
丽水市	6	155	48.19	1036.70	77.96	87.86

【其他非金属矿产开发利用】　浙江省非金属矿产资源较丰富,叶蜡石、明矾石、萤石、伊利石、硅藻土、沸石、水泥用灰岩、膨润土、高岭土、珍珠岩、硅灰石、玻璃用石英岩保有资源储量居全国前列;其中除萤石、水泥用灰岩外,总体开发程度较低。2012 年浙江省开发的其他非金属矿产(不包括普通建筑用石、砂、土)有 31 种,矿山 330 个,从业人员 9752 人,矿石采掘量 8255.62 万吨,实现矿业总产值 239644.50 万元,利润总额 17230.47 万元,税金 31487.26 万元;其矿山数量占总量的 21.30%、从业人员占总量的 19.37%、矿石采掘量占总量的 14.26%、矿业总产值占总量的 17.05%、利润和税金分别占总量的 20.40% 和 25.16%。与 2011 年相比,非金属矿产矿山数和从业人员减少 7.82% 和 10.97%,矿石采掘量和税金减少了 23.72% 和 4.59%,工业总产值和利润却分别增长 6.60% 和 0.02%。

1. *石灰石*。浙江省石灰石主要分布在浙赣与沪杭铁路西北侧的杭州市所辖的富阳、建德、桐庐,湖州市所辖的长兴、安吉,金华市所辖的兰溪和衢州市所辖的常山、江山等县(市、区);浙江东部绍兴、诸暨等地也有分布。主要赋矿层位为奥陶系上统三衢山组、石炭系中统黄龙组与上统船山组、三叠系下统青龙组;绍兴-诸暨一带主要利用寒武系灰岩。全省石灰岩资源储量在 250 亿吨以上。

浙江省石灰岩的主要应用领域为水泥、建筑石料、饰面板材、制灰、冶金、脱硫及碳酸钙等(表 20)。

表 20　　2012 年浙江省石灰岩矿山统计

矿种名称	矿山数(个)	从业人员(人)	矿石采掘量(万吨)	矿业总产值(万元)	利润总额(万元)	税金总额(万元)
合计	143	4049	9202.64	213357.42	12071.71	23923.83
熔剂用灰岩	4	329	543.02	23947.90	1376.60	2773.11

续表 20

矿种名称	矿山数(个)	从业人员（人）	矿石采掘量（万吨）	矿业总产值（万元）	利润总额（万元）	税金总额（万元）
水泥用灰岩	91	2517	6310.88	143163.19	7469.23	16853.10
建筑石料用灰岩	38	1095	1950.47	41171.53	2564.78	3735.62
饰面用灰岩	1	6	1.29	12.43	0.00	0.00
制灰用石灰岩	9	102	396.98	5062.37	661.10	562.00

水泥用灰岩是浙江省重要优势矿产资源，开发强度一直很大，2012 年矿石采掘量和矿业总产值都位居各矿种的第二位。2012 年全省有水泥用灰岩矿山 91 个，从业人员 2517 人，矿石采掘量 6310.88 万吨，矿业总产值 143163.19 万元，利润 7469.23 万元。与 2011 年相比，矿山数和从业人员分别下降了 9.90% 和 12.70%，矿石采掘量和利润总额分别下降了 19.29% 和 9.12%，矿业总产值却增长了 27.56%（表 21）。

水泥用灰岩区域开发利用情况与资源分布一致，杭州、湖州两市矿石采掘量、工业总产值分别占全省总量的 69.77% 和 84.36%。与其他地市相比，金华市和绍兴市水泥矿山经济效益较差，其中金华市 2012 年出现 1061.20 万元亏损，已连续多年亏损，主要原因是企业生产规模小、实际产能低（表 22）。

表 21　　2008～2012 年浙江省水泥用灰岩开发利用情况

年份	矿山数(个)	从业人员(人)	矿石采掘量(万吨)	矿业总产值(万元)	利润总额(万元)
2008 年	150	3239	5132.44	67062.37	3309.45
2009 年	128	3415	5668.56	80716.49	5341.10
2010 年	108	3021	6692.52	97810.95	5834.55
2011 年	101	2883	7818.88	112235.39	8218.88
2012 年	91	2517	6310.88	143163.19	7469.23

表 22　　2012 年浙江省各市水泥用灰岩开发利用情况

地区	矿山数(个)	从业人员(人)	矿石采掘量（万吨）	矿业总产值（万元）	利润总额（万元）	税金总额（万元）
合计	91	2517	6310.88	143163.19	7469.23	16853.10
杭州市	28	889	2642.44	81854.83	5200.00	5757.29
湖州市	22	894	1760.86	38919.37	2172.66	8001.33
绍兴市	15	181	429.60	3806.03	-100.00	225.30
金华市	11	295	442.76	7527.49	-1061.20	2031.00
衢州市	15	258	1035.22	11055.48	1257.77	838.18

与 2011 年相比，2012 年浙江省年产 50 万吨以上的水泥用灰岩矿山数 40 个，在总量中的比重由 39.63% 上升至 42.86%；年产 100 万吨以上矿山的人均产值由 53.76 万元/人·年增加到 81.37 万元/人·年，增幅为 51.34%（表 23）。

表 23　　2012 年浙江省水泥用灰岩矿山生产规模及劳动生产率统计

矿山规模（万吨/年）	矿山数（个）	从业人员（人）	年产矿量（万吨）	矿业总产值（万元）	利润总额（万元）	人均产值（万元/人·年）
大于 100.0	21	1381	4392.26	112373.15	6869.13	81.37

续表 23

矿山规模（万吨/年）	矿山数（个）	从业人员（人）	年产矿量（万吨）	矿业总产值（万元）	利润总额（万元）	人均产值（万元/人·年）
50.0～100.0	18	475	1293.72	20498.09	459.13	43.15
5.0～50.0	25	547	620.37	10213.03	138.47	18.67
小于5.0	27	114	4.52	78.92	2.5	0.69
合计	91	2517	6310.88	143163.19	7469.23	56.88

2.普通萤石。萤石为浙江省传统优势矿产资源，广泛分布在武义、永康、东阳、义乌、诸暨、嵊州、仙居、遂昌、龙泉、松阳、缙云、余姚、象山、德清、临安、淳安、常山、江山等8个市、35个县，累计查明资源储量名列全国前茅。浙江省萤石粉精矿、块精矿市场流向主要集中于衢州、金华等地的氟化工、冶金企业，部分出口国外。省内氟化工大型企业有衢化集团、锟鹏集团、鹰鹏化工有限公司等。

2012年，浙江省有萤石矿山85个，从业人员2321人，矿石采掘量70.90万吨，实现矿业总产值26947.94万元，利润总额4351.52万元，税金总额6149.05万元。与2011年相比，矿业总产值减少23.29%，矿山数增加3.66%，从业人数增加12.78%，矿石采掘量增加1.78%，利润和税金分别增加6.39%和26.12%（表24）。浙江省萤石开发分布于7个市，金华和丽水两市的矿山数和矿石采掘量分别占总量的47.06%和79.37%，矿业总产值和利润总额分别占总量的69.26%和83.54%。萤石矿山地区分布格局基本保持不变，与资源赋存条件一致（表25）。

表24　**2008～2012年浙江省普通萤石开发利用情况**

年份	矿山数（个）	从业人员（人）	矿石采掘量（万吨）	矿业总产值（万元）	利润总额（万元）	税金总额（万元）
2008年	102	2247	81.57	19175.01	1017.21	2220.02
2009年	95	1935	65.55	15035.91	448.98	1590.98
2010年	92	1961	76.76	25030.31	2255.22	3473.08
2011年	82	2058	69.66	35131.59	4090.01	4875.59
2012年	85	2321	70.90	26947.94	4351.52	6149.05

表25　**2012年浙江省各市普通萤石开发利用情况**

地区	矿山数（个）	从业人员（人）	矿石采掘量（万吨）	矿业总产值（万元）	利润总额（万元）	税金总额（万元）
合计	85	2321	70.90	26947.94	4351.52	6149.05
杭州市	15	273	1.67	611.64	10.75	85.69
湖州市	2	61	1.17	1806.48	15.72	155.58
绍兴市	10	110	3.18	846.70	73.00	53.40
金华市	17	370	28.01	7980.12	1608.00	1994.90
衢州市	7	239	1.85	629.57	25.00	123.43
台州市	11	314	6.75	4388.10	592.00	845.99
丽水市	23	954	28.26	10685.33	2027.05	2890.06

2012年，萤石市场持续向好，萤石精矿粉价格稳步上涨；另一方面矿山采选技术革新降低了开采成本，所以在产值较2011年有所减少的情况下，利润、税金等经济指标皆有不同程度的上升。

浙江省萤石开采强度一直较大,但产业集中度较低,以小型矿为主。为保护优势资源,浙江省加强了对萤石采选的准入管理,对萤石矿山的资源储量、开采规模、生产条件、环境保护和技术设备等方面提出了限制性措施,对萤石资源开发进行了整合与规范,促使矿山企业进行技术改造,取得了明显成效。2012 年,大型、中型萤石矿的矿山数只占全省萤石矿总数的 11.76%,但从业人员和矿石采掘量分别占全省萤石矿的 29.42% 和 50.73%,矿业总产值和利润总额分别占全省萤石矿的 37.03% 和 73.18%。2012 年产量大于 1 万吨的矿山达 20 个,与 2011 年度一样。

财政部、国土资源部联合批准的“浙江萤石资源综合利用示范基地”,将对武义、遂昌萤石成矿带的废弃萤石资源实施二次开发,加强低品位难选萤石矿采选,促进尾矿综合利用。综合利用示范基地在萤石资源利用、节能减排、矿地和谐、生态环境建设等方面将起到示范带动作用。这不仅会推动全省萤石开发的转型升级,也必将为浙江氟化工产业经济的平稳较快发展提供资源保障。在今后,萤石资源的合理开发利用在浙江经济社会发展中的地位与作用将持续提升。

3. 明矾石。明矾石是浙江省的优势矿产资源,查明资源储量占全国首位,产量也居全国第一,产品主要销往黑龙江、天津、山东、安徽、江苏、浙江、福建、广东、广西、甘肃等 10 余个省、市。主要应用于用于医药、食品、化工造纸、水产、纺织、玻璃制造、制革、油漆等行业。浙江省内有全国唯一的明矾石大型矿山温州矾矿,也是全省仅有的一家明矾石矿山。2012 年浙江省明矾石矿从业人员 1765 人;矿石采掘量 3.30 万吨,较 2011 年减少了 72.23%;矿业总产值 6635 万元与 2011 年基本持平;利润呈亏损状态,为 -197 万元,较 2011 年有所好转;税金 1036 万元,较 2011 年增加了 12.49%(表 26)。

表 26　**2008~2012 年浙江省明矾石生产主要指标变化情况**

年 份	矿山数(个)	从业人员(人)	矿石采掘量(万吨)	矿业总产值(万元)	利润总额(万元)	税金总额(万元)
2008 年	1	1920	21.92	5770.50	-930.42	784.78
2009 年	1	1845	11.51	5930.00	-71.80	956.56
2010 年	1	1817	23.61	6478	2214.45	1145.38
2011 年	1	1622	11.88	6571	-242	921
2012 年	1	1765	3.30	6635	-197	1036

温州矾矿是一家集采矿、冶炼于一体的国有中型企业。由于 2012 年仍沿用传统的水浸法工艺制矾,资源利用率与生产效率均较低,2010 年扭转了多年亏损的局面,近两年又处于亏损状态。为改变这种被动局面,2012 年矿山制定了《炼矾技术改造方案》,建设年处理 10 万吨明矾石原矿的机立窑生产线,将品位在 45% 以下、作为废石处理的粉状矿、细粒状明矾石矿矿石进行综合利用,将原矿的加工率由 2012 年的 92% 提高到 99% 以上;通过采用先进的机立窑煅烧技术和酸浸技术,提高明矾石矿的煅烧质量和产品回收率(由现在的 50% 提高到 75%),缩短工艺流程,提高生产效率和劳动效率,降低生产成本,提高企业在市场中的竞争力。

4. 玻璃用石英岩。2012 年浙江省有玻璃用石英岩矿山 4 个,全部分布在湖州市,从业人员 222 人,矿石采掘量 136.43 万吨,实现矿业总产值 4290.90 万元,利润总额 141.10 万元,税金总额 686.30 万元。与 2011 年相比,矿石采掘量下降了 42.98%,矿业总产值下降了 51.52%,利润总额和税金总额分别下降了 8.97% 和 20.95%(表 27)。

表 27　**2008~2012 年浙江省玻璃用石英岩生产主要指标变化情况**

年份	矿山数(个)	从业人员(人)	矿石采掘量(万吨)	矿业总产值(万元)	利润总额(万元)	税金总额(万元)
2008 年	11	834	124.34	5231.00	194.00	1634.18
2009 年	9	350	173.03	5343.65	276.10	1019.49
2010 年	8	450	166.89	14943.64	501.98	1848.28
2011 年	7	426	317.41	8850.72	155.00	868.16
2012 年	4	222	136.43	4290.90	141.10	686.30

建材市场是玻璃及玻璃制品主要流入地，2012 年由于受国家对房地产行业调控的影响，玻璃用石英岩的产量及利润都呈下降态势。

5. *叶蜡石*。浙江省叶蜡石矿产资源丰富，查明储量居全国之首，主要分布于在丽水，其次为温州、绍兴、衢州。2012 年，浙江省有叶蜡石矿山 26 个，从业人员 778 人，矿石采掘量 60.81 万吨，实现矿业总产值 4934.47 万元，利润总额 602.56 万元，税金总额 723.60 万元。与 2011 年相比，除矿山数增加了 1 个外，其余各项经济指标都有所下降，从业人数下降了 12.68%，产量和产值分别下降了 25.03% 和 17.09%，利润和税金分别下降了 21.28% 和 6.68%（表 28、表 29）。

表 28　　2008～2012 年浙江省叶蜡石生产主要指标变化情况

年份	矿山数(个)	从业人员(人)	矿石采掘量(万吨)	矿业总产值(万元)	利润总额(万元)	税金总额(万元)
2008 年	22	870	76.95	4933.79	189.36	531.96
2009 年	22	743	61.69	3755.86	755.33	290.78
2010 年	22	883	65.16	4043.10	1054.95	431.76
2011 年	25	891	81.11	5951.58	765.49	775.38
2012 年	26	778	60.81	4934.47	602.56	723.60

表 29　　2012 年浙江省各市叶蜡石开发利用情况

地区	矿山数（个）	从业人员（人）	矿石采掘量（万吨）	矿业总产值（万元）	利润总额（万元）	税金总额（万元）
合计	26	778	60.81	4934.47	602.56	723.60
温州市	4	429	17.50	1663.40	356.90	388.40
绍兴市	2	51	5.35	441.62	54.30	27.89
衢州市	7	83	20.87	1221.38	214.00	68.00
丽水市	13	215	17.10	1608.08	−22.64	239.31

浙江省叶蜡石矿石以叶蜡石型和石英叶蜡石型为主，次为绢云母叶蜡石型、高岭石叶蜡石型与地开石叶蜡石型，以上类型均可作为玻纤和陶瓷原料，石英叶蜡石型主要用于耐火材料，高铁叶蜡石工业上无法利用，但可作为工艺雕刻材料。随着陶瓷工业工艺水平的提高，用于陶瓷行业的叶蜡石对 Al_2O_3 的含量已无硬性指标，泰顺县龟湖叶蜡石矿 95% 的矿石均可被有关工业部门利用。

2012 年，浙江省叶蜡石产量和利润都呈下降态势。这主要是近年来，由于钢铁冶炼业推广连铸技术，使叶蜡石在耐火材料领域中的用量有所下降，而且浙江省叶蜡石应用领域处于较落后的状态，产品附加值低，叶蜡石产品出口层次低，绝大部分为加工度较浅、技术含量不高的初级产品，出口的低端产品与国际市场对高端产品的巨大需求形成很大反差。超细粉碎、表面改性和人造金刚石传压介质等方面研究程度不高，与叶蜡石开发利用发达国家还有相当大的差距。

随着国际市场非金属材料应用领域不断扩大，叶蜡石等非金属材料具有广阔的市场前景，因此应加大叶蜡石应用研究的投入力度，尽快提升产品技术含量，调整产品结构，加大高附加值产品的生产和出口，是当前所有叶蜡石企业和有关部门面临的共同任务，也是促进行业持续稳定发展的关键。

6. *饰面用石材*。2012 年全省饰面用石材开采矿种有灰岩、辉绿岩、闪长岩、花岗岩、大理岩、板岩等 6 种，有矿山 28 个，从业人员 258 人，矿石采掘量 20.51 万吨，实现矿业总产值 3466.01 万元，利润总额 278.00 万元，税金总额 96.20 万元。与 2011 年相比，矿山数不变，产量下降 63.72%、产值下降 33.95%、利润和税金分别下降 47.67% 和 52.29%（表 30）。

表30　　2008～2012年浙江省饰面用石材生产主要指标变化情况

年份	矿山数（个）	从业人员（人）	矿石采掘量（万吨）	矿业总产值（万元）	利润总额（万元）	税金总额（万元）
2008年	45	599	123.19	11496.11	715.56	194.55
2009年	42	505	114.66	9697.49	856.70	187.03
2010年	35	371	82.74	7497.94	618.75	133.86
2011年	28	355	56.53	5247.65	531.28	201.63
2012年	28	258	20.51	3466.01	278.00	96.20

开采的6个矿种中，饰面用辉绿岩的产量居首位，饰面用花岗岩产值居首位，饰面用板岩利润居首位（表31、表32）。

表31　　2012年浙江省饰面用石材主要矿种开发利用情况

矿种	矿山数（个）	从业人员（人）	矿石采掘量（万吨）	矿业总产值（万元）	利润总额（万元）	税金总额（万元）
饰面用灰岩	1	6	1.29	12.43	0.0	0.0
饰面用辉绿岩	7	65	7.07	196.05	41.00	21.00
饰面用闪长岩	3	18	0.20	48.00	5.00	1.90
饰面用花岗岩	10	135	6.99	1903.23	50.00	17.20
饰面用大理岩	1	8	0.22	64.00	16.00	4.60
饰面用板岩	6	26	4.74	1242.30	166.00	51.50
合计	28	258	20.51	3466.01	278.00	96.20

表32　　2012年浙江省各市饰面用石材开发利用情况

年份	矿山数（个）	从业人员（人）	矿石采掘量（万吨）	矿业总产值（万元）	利润总额（万元）	税金总额（万元）
合计	28	258	20.51	3466.01	278.00	96.20
杭州市	5	102	4.78	1552	20	3.2
温州市	5	45	0.2	48	5	1.9
绍兴市	1	5	0	0	0	0
金华市	5	28	5.28	158.4	21	21
衢州市	11	73	10.25	1707.61	232	70.1
丽水市	1	5	0	0	0	0

浙江省饰面用石材开采分布在衢州、金华、杭州等6市。衢州市的矿山数、矿石采掘量、产值、利润和税金最高，矿山数占全省总量的39.29%，矿石采掘量和产值分别占全省总量的49.98%和49.27%，利润和税金分别占全省总量的83.45%和72.87%。

石材产业处于建筑产业链的末端，浙江省的石材生产企业以中、小企业为多，管理水平低，科技力量弱，绝大多数无建筑装饰设计资质，难以适应新市场、新消费、新工艺的需求。面对石材市场需求的不断增加，浙江省石材生产企业迫切需要加强规范化管理，以科技为先导，建立正规的企业研发机构，走品牌战略之路，形成规模生产，从而提高浙江省石材产业在国内市场甚至国际市场中的竞争力。

7.高岭土。浙江省高岭土以地开石型为主，开采区集中于丽水的松阳、绍兴的诸暨等地。2012年浙江省有高岭土矿山7个，从业人员155人，矿石产量15.23万吨，矿业总产值1825.66万元，利润总额212.23万元。与2011年相比，矿山数、产值和利润分别减少 30.00%、23.17% 和 58.68%，从业人数和产量则增加了 86.75% 和 127.45%（表 33）。

表 33　　2008～2012 年浙江省高岭土生产主要指标变化情况

年 份	矿山数（个）	从业人员（人）	矿石采掘量（万吨）	矿业总产值（万元）	利润总额（万元）
2008 年	21	228	40.34	2629.49	359.25
2009 年	18	184	29.53	2136.34	213.98
2010 年	15	141	23.03	3041.90	439.20
2011 年	10	83	6.74	2376.23	513.60
2012 年	7	155	15.33	1825.66	212.23

高岭土的可塑性、黏结性、一定的干燥强度、烧结性及烧后白度等特殊性能，使其成为陶瓷生产的主要原料；洁白、柔软、高度分散性、吸附性及化学随性等优良工艺性能，使其在造纸工业上得到广泛的应用。此外，高岭土在橡胶、塑料、耐火材料、石油精炼等工业部门以及农业和国防尖端技术领域亦有广泛用途。

8. *膨润土*。2012 年全省有膨润土矿山 5 个，从业人员 28 人，矿石产量 10.07 万吨，矿业总产值 1253.62 万元，利润总额 304.46 万元。与 2011 年相比，矿山数不变，从业人员减少了 16 人，产量、产值和利润总额分别下降了 42.39%、36.53% 和 23.88%（表 34）。

表 34　　2008～2012 年浙江省膨润土矿生产主要指标变化情况

年份	矿山数（个）	从业人员（人）	矿石采掘量（万吨）	矿业总产值（万元）	利润总额（万元）
2008 年	9	97	16.19	1769.00	498.61
2009 年	7	71	15.65	2627.00	418.00
2010 年	6	84	10.75	1200.00	304.00
2011 年	5	44	17.48	1975.00	400.00
2012 年	5	28	10.07	1253.62	304.46

浙江膨润土矿产总体分布较集中，主要分布在杭州市和湖州市。我省是我国最早开发利用膨润土矿的省份之一，开发利用水平居于国内领先地位，开采加工量长期处于全国前列。近年由于临安平山大型矿区被城市建设压覆而闭坑，余杭仇山矿区因事故停产，膨润土开采量大幅下降，现有膨润土矿石产量不能满足下游加工业的需求，急需寻求新的资源开采接替基地，但加工量（特别是高附加值产品）仍处全国前列。膨润土原矿均销往省内加工企业，主要有浙江丰虹黏土化工有限公司、余杭仇山磁土矿，少量销往舟山等地医药企业。当前，我省膨润土加工企业主要产品有活性白土（油脂脱色活性漂土）、铸造型砂和铁矿球团粘结剂、地下顶管泥浆、果质澄清剂、蒙脱石胃药、有机膨润土和宠物垫圈等，次为钻进泥浆土、环境工程土、油漆涂料土等，主要销往国内冶金、勘探、化工、医药等领域，部分供出口。

9. *硫铁矿*。浙江省硫铁矿生产逐步萎缩，矿石产量、产值均处于低谷。2012 年全省有矿山 2 个，位于衢州市龙游县，分别为浙江巨化化工矿业有限公司灵山矿和龙游县东山硫锌矿，从业人员 396 人，矿石采掘量 4.33 万吨，矿业总产值 429.35 万元，利润 24.21 万元，税金 305.54 万元。与 2011 年相比，矿石采掘量、矿业总产值减少了 7.28%、40.83%，税金大幅增加了 275.13%，利润总额虽下降了，但已连续两年摆脱多年亏损的局面（表 35）。

2012 年我国硫酸行业又陷入低谷，价格基本保持在 400 元/吨左右，较 2011 年相比整体价格有所下降，导致在产量下降不大的情况下，产值出现了大幅度的下降。

表 35

2008～2012 年浙江省硫铁矿生产主要指标变化情况

年 份	矿山数(个)	从业人员(人)	矿石采掘量(万吨)	矿业总产值(万元)	利润总额(万元)	税金总额(万元)
2008 年	3	1195	4.37	446.19	－1432.08	437.95
2009 年	3	477	3.75	193.95	－1692.00	499.00
2010 年	2	466	4.83	505.18	－1367.94	272.84
2011 年	3	957	4.67	725.67	50.00	81.45
2012 年	2	396	4.33	429.35	24.21	305.54

10. *其他优势非金属矿*。浙江省伊利石黏土、硅藻土、沸石资源储量分别列全国第二、三、五位，由于加工应用研究未取得突破性进展，开发日趋萎缩。硅藻土和伊利石黏土矿分别于 2008 年和 2009 年关闭；沸石仅有金华市婺城区和丽水市缙云有 2 个小型矿山，2012 年产量为 8.18 万吨，产值为 229.57 万元，与 2011 年相比均有大幅上升。

【金属矿产开发利用】 浙江省金属矿产资源匮乏，以铁、铜、钼、铅锌、金、银为主，小型矿山和小矿山占全部金属矿山总数的 92.98%，仅个别达到大中型规模，且矿石组成复杂，共伴生多种元素。2012 年，浙江省有金属矿山 57 个，从业人员 4319 人，矿石采掘量 201.12 万吨，实现矿业总产值 96742.00 万元，利润总额 2786.58 万元。与 2011 年相比，金属矿产矿山数减少了 3 个，矿石采掘量有所减少，矿业总产值、利润总额减少了 14.24%、81.09%。2012 年我国经济增速放缓，GDP 增长 7.8%，相比 2011 年降低了 1.4 个百分点，社会资金投入的减少，且资源价格剧烈振荡，是导致浙江省金属矿产开采业经济指标明显下跌的主要原因(表 36)。

表 36

2008～2012 年浙江省金属矿产主要指标一览表

年份	矿山数(个)	从业人员(人)	矿石采掘量(万吨)	矿业总产值(万元)	利润总额(万元)
2008 年	68	6586	201.42	89599.60	9220.06
2009 年	61	4441	182.06	47155.22	3597.65
2010 年	58	4452	211.79	73986.99	10262.52
2011 年	60	4884	205.91	112811.04	14734.89
2012 年	57	4319	201.12	96742.00	2786.58

1. *铜矿*。2012 年浙江省有铜矿 6 个，从业人员 1236 人，矿石采掘量 39.54 万吨，实现矿业总产值 36641.23 万元，利润总额 7653.35 万元，税金总额 6395.07 万元。与 2011 年相比，矿石采掘量基本不变，产值、利润、税金分别下降了 1.06%、38.02% 和 22.96%。全省铜矿生产以杭州建铜集团有限公司和绍兴铜都矿业有限公司为主，两矿山合计矿石产量和矿业产值均占全省总量的 85% 以上(表 37)。

表 37

2008～2012 年浙江省铜矿生产主要指标对比

年份	矿山数(个)	从业人员(人)	矿石采掘量(万吨)	矿业总产值(万元)	利润总额(万元)	税金总额(万元)
2008 年	7	1302	38.39	35218.01	8017.50	5981.74
2009 年	6	1205	40.11	20665.13	5729.45	5164.20
2010 年	6	1233	42.90	27055.81	10189.73	6900.16
2011 年	6	1193	39.56	37033.00	12347.13	8301.35
2012 年	6	1236	39.54	36641.23	7653.35	6395.07

2012 年铜价如在坐过山车，2012 年上半年震荡整理，到年中铜价在低谷徘徊，10 月底，由于国际经济形势的不明朗，导致铜价跌入低谷，进 11 月后，铜价伴随着利好消息开始上行。预计 2013 年随着国际经济形势的好转，浙江省铜矿企业经济效益又将增长。

浙江省铜矿资源较少，而铜加工能力又比较强，位居全国前列。主要利用的矿石类型为硫化铜矿，混合铜矿有少量开采。部分矿山开采中未对共伴生铜矿资源进行有效回收，流失到尾矿中。因此，浙江省铜矿企业应首先立足提高现有资源开发利用水平，同时加强生产性勘探和从省外或国际市场采购矿产资源，增加资源储量。

2. *钼矿*。浙江省钼矿集中分布于丽水市青田、松阳、景宁和莲都四县（区），2012 年全省钼矿有 12 个，从业人员 744 人，矿石采掘量 12.96 万吨，实现矿业总产值 20410.91 万元，利润总额 -8152.14 万元。与 2011 年相比，矿石采掘量和矿业总产值减少了 40.39% 和 17.67%（表 38）。

表 38　　2008～2012 年浙江省钼矿生产主要指标变化情况

年 份	矿山数(个)	从业人员(人)	矿石采掘量(万吨)	矿业总产值(万元)	利润总额(万元)
2008 年	10	1711	18.85	29126.32	-1032.00
2009 年	10	816	7.77	5597.05	-3196.00
2010 年	10	695	14.71	8721.20	-3938.00
2011 年	11	778	21.74	24790.89	-2748.81
2012 年	12	744	12.96	20410.91	-8152.14

进入 2012 年以来，钼价非常低迷、一路下滑，到 11 月钼精矿的价格最低已跌到 1435 元/吨，之后价格略有反弹。由于全年钼价都维持在近年来的低位，导致全省钼矿企业出现严重亏损，亏损额已达历年之最，是 2011 年的近 3 倍。预计 2013 年钼矿价格会有上涨的趋势，可缓解钼矿企业的亏损局面。

3. *金矿*。2012 年，浙江省有金矿矿山 6 个，从业人员 697 人，矿石采掘量 1.67 万吨，实现矿业总产值 18888.93 万元，利润总额 1723.00 万元。与 2011 年相比，矿石采掘量、矿业总产值和利润分别减少了 17.33%、28.17% 和 6.71%（表 39）。相对 2011 年，2012 年黄金走势相对温和，第一季度黄金价格结束了 2011 年第四季度低迷的走势，走出一波反弹行情，第二季度金价一度受到重挫，但是进入第三季度后又展开反弹，在第四季度金价达到全年最高点。从市场供求来看，国际市场对黄金的投资需求将进一步提升，虽然黄金生产成本上涨，但是金价的持续上涨，保证了浙江省金矿企业良好的经济效益。

表 39　　2008～2012 年浙江省金矿生产主要指标变化情况

年 份	矿山数(个)	从业人员(人)	矿石采掘量(万吨)	矿业总产值(万元)	利润总额(万元)
2008 年	8	1719	4.13	8511.00	1065.01
2009 年	7	894	3.41	9614.45	1018.47
2010 年	7	868	2.76	9991.67	1382.00
2011 年	8	1218	2.02	26296.18	1847.00
2012 年	6	697	1.67	18888.93	1723.00

浙江省金矿资源较少，集中产于丽水 - 宁波隆起带及其附近，主要分布于丽水、绍兴和金华三地，2012 年仅有生产矿山 2 个，分别为浙江省遂昌金矿有限公司和浙江鑫盛黄金有限公司璜山金矿。浙江省遂昌金矿有限公司是我省规模最大的金矿，其矿业总产值和利润占全省总量的 97% 以上，历经数十年开采，保有资源储量日趋减少，矿山采取了限产、提高资源利用率、加快铅锌矿开发利用的工作，实现矿山由采选金银为主向采选铅锌为主的平稳过渡。由于遂昌治岭头金矿后备资源不足，其他小型金矿由于矿体形态复杂、品位变化大、影响环境等原因，暂难以规模开发，全省金矿开发形势较严峻，岩金资源短缺，砂金资源无前景，急需投入更多地勘工作，寻找矿山接替资源和新的矿产地。

4. *铅锌矿*。2012 年，浙江省有铅锌矿山 19 个，从业人员 628 人，矿石采掘量 14.63 万吨，实现矿业总产值 3756.17 万元，利润总额 494.80 万元，税金总额 743.61 万元。矿山企业经济数据与 2011 年相比,矿石采掘量下降了22.43%、矿业总产值下降了36.76%、利润和税金分别下降了47.33%和21.56%。近年来浙江省铅锌矿身材主要指标变化情况见表40。

表40　　2008~2012年浙江省铅锌矿生产主要指标变化情况

年份	矿山数(个)	从业人员(人)	矿石采掘量(万吨)	矿业总产值(万元)	利润总额(万元)	税金总额(万元)
2008年	31	943	19.37	7614.49	402.28	941.17
2009年	23	669	19.99	7544.82	388.53	1038.91
2010年	22	821	18.53	11861.72	922.24	1717.53
2011年	20	698	18.86	5939.70	939.45	947.97
2012年	19	628	14.63	3756.17	494.80	743.61

浙江省铅锌矿规模较小,除3个小型矿山外,其余均为小矿,主要分布于绍兴、丽水、杭州;浙江佳和矿业集团有限公司龙泉铅锌矿和浙江诸暨七湾矿业有限公司铅锌矿是省内规模最大的铅锌矿山,2个矿山的矿石采掘量和矿业总产值分别占全省总量的69.04%和74.32%,利润和税金分别占全省总量的74.62%和78.12%。

2012年铅价锌价跌宕起伏,年中跌入低谷,8、9月迅速暴涨至年最高位,随后出现短期下挫,但很快止住跌势。预计未来几年内,由于我国汽车市场快速扩张、铅酸电池更新周期缩短、镀锌板产能扩大等因素,铅锌矿的需求量将越来越大,有利于浙江省铅锌矿的开发利用。

浙省铅锌有一定资源储量,易选,可利用性较好,但总体品位低,开采受到一定程度限制。浙江省铅矿山均为小型矿山,矿山技术力量薄弱,总体资源利用效率一般。浙江省铅锌加工业较发达,资源自给程度较低;同时,与其他金属矿产相比,浙江省铅锌矿尚具有较大的找矿潜力,应继续加大勘查投入,力争有新的突破。

5.铁矿。2012年全省有铁矿山8个,从业人员668人,矿石采掘量121.28万吨,实现矿业总产值13422.50万元,利润总额20.06万元。与2011年相比,矿石采掘量增加了2.34%,矿业总产值下降了9.17%、利润降低了98.23%(表41)。

表41　　2008~2012年浙江省铁矿生产主要指标变化情况

年份	矿山数(个)	从业人员(人)	矿石采掘量(万吨)	矿业总产值(万元)	利润总额(万元)
2008年	7	699	112.31	6953.05	1170.41
2009年	8	662	105.83	2730.73	-225.80
2010年	8	662	128.12	13818.86	1098.55
2011年	8	678	118.51	14776.87	1136.19
2012年	8	668	121.28	13422.50	20.06

浙江省铁矿开采集中在绍兴、丽水、台州、杭州四市,2012年有生产矿山4个,停产矿山2个,另外2个为筹建矿山。浙江漓铁集团有限公司东西矿为全省第一大铁矿,其矿石采掘量占全省总量的89.35%,产值占总量的72.65%。

2012年,一方面由于生产成本上升,另一方面铁矿石的价格大起大落明显,全省4个生产矿山,只有漓渚铁矿盈利。预计2013年,国家宏观调控政策将为钢铁业实现平稳健康发展创造有利条件。虽然国内外环境更加复杂严峻,但内需潜力巨大,钢铁产品刚性需求增长,为铁矿资源开发提供了有利条件。

浙江省已探明的铁矿资源储量较为有限,且均为贫矿,在今后一段时间里铁矿石资源供应主要还是依赖省外和国际市场。目前主要利用的矿石类型为磁铁矿型,赤铁矿型和褐铁矿型以往有过开采,多作水泥配料使用,难以直接炼铁,截至2012年底,均已停采。铁矿产品(铁精矿)主要销往省内冶炼企业,绝大部分销往杭州钢铁厂,少量销往衢州元立股份有限公司等企业,以往有少量地表氧化铁矿销往省内水泥厂作水泥配料使用。尽管铁矿矿业在全省经济社会发展中的地位有限,但对绍兴、景宁等地方经济发展具有一定影响,对杭州钢铁厂等后续加工企业具有较大的支撑保障作用。

【地热矿产开发利用】 2012 年浙江省开发利用的能源矿产仅地热 1 种，有矿山 4 个。分布于金华武义、温州泰顺、宁波三地，从业人员 249 人，地下热水开采量 71.76 万立方米，年投资额 2789.00 万元，实现矿业总产值 4666.00 万元，比 2011 年增加了 86.19%（表 42）。地热是可再生清洁型能源，在能源矿产品严重紧缺的局面下，开发地热资源是实现能源消费多元化和保持区域经济可持续发展的有效途径。

表 42　　2008～2012 年浙江省地热生产主要指标变化情况

年 份	矿山数(个)	从业人员(人)	地下热水开采量(万立方米)	矿业总产值(万元)
2008 年	2	210	5.82	1901.00
2009 年	2	205	5.82	978.85
2010 年	3	221	53.01	2026.00
2011 年	3	210	56.66	2506.00
2012 年	4	249	71.76	4666.00

【水气矿产开发利用】 2012 年浙江省开发利用的水气矿产仅矿泉水 1 种，有矿山 45 个，从业人员 703 人，产量 17.1 万吨，实现矿业总产值 2480.59 万元，利润总额 297.06 万元。与 2011 年相比，产量、矿业总产值和利润分别下降了 5.32%、42.38% 和 8.81%（表 43）。除嘉兴和舟山两市外，其余地区均有矿泉水分布，其中温州和宁波两市数量最多，两市之和达 24 个；宁波市产值最高，为 975.00 万元。

表 43　　2008～2012 年浙江省矿泉水生产主要指标变化情况

年 份	矿山数(个)	从业人员(人)	产量(万吨)	矿业总产值(万元)	利润总额(万元)
2008 年	51	1325	41.08	3087.69	162.90
2009 年	51	780	40.28	4453.72	319.71
2010 年	48	761	17.64	3916.29	384.16
2011 年	44	790	18.06	4304.86	325.72
2012 年	45	703	17.1	2480.59	297.03

【2012 年度矿产开发利用特点】 1. *矿山生产效率稳步提升*。2012 年，随着新一轮的矿产资源规划的深入实施，以及多年来矿业秩序治理整顿，我省矿产开发更加规范，矿山布局更趋合理，矿山结构进一步优化，矿山逐步走向规模化、集约化，矿山生产效率稳步提升。全省人均矿石采掘量基本稳定，矿山平均矿石采掘量比 2011 年下降了 8.11%；矿山平均矿业总产值、人均矿业产值分别比上年提高了 3.39% 和 8.05%，两项指标均创历史新高（表 44、图 14）。

表 44　　2008～2012 年浙江省矿业生产规模和生产效率对比表

年 份	矿山数（个）	矿山平均矿石采掘量（万吨/矿·年）	矿山平均矿业总产值（万元/矿·年）	人均矿石采掘量（万吨/人·年）	人均矿业产值（万元/人·年）
2008 年	2965	16.46	332.85	0.56	11.25
2009 年	2393	19.51	374.79	0.68	13.04
2010 年	1900	26.63	566.57	0.87	18.48
2011 年	1709	40.67	877.73	1.20	25.84
2012 年	1549	37.37	907.52	1.15	27.92

2. *矿业经济效益略有下降*。2012 年，国内经济增长速度放缓、矿产品价格起伏震荡等因素对我省矿业经济效益有不小的冲击。2012 年浙江省矿业实现利润 8.44 亿元，较 2011 年减少了 25.17%；上缴税金

12.52 亿元,较 2011 年减少 6.70%。全省有 49 个矿山企业出现亏损,累计亏损额为 13743.41 万元,亏损矿山数比 2011 年增加 12 个,亏损额增加 44.32%;284 个矿山停产,较上年减少 3 个,停产矿山占矿山总数的比例较 2011 年增加了 1.54%。

矿业经济效益略有下降的主要原因有:① 产量的降低,相比 2011 年减少了 16.72%;② 生产成本的提高,在产值和税金相对稳定的情况下,利润下降了 25.12%之多;③ 金属矿市场的不景气,金属矿价格的动荡导致浙江省金属矿利润较 2011 年下降了 81.09%,金额减少达 1.19 亿元。

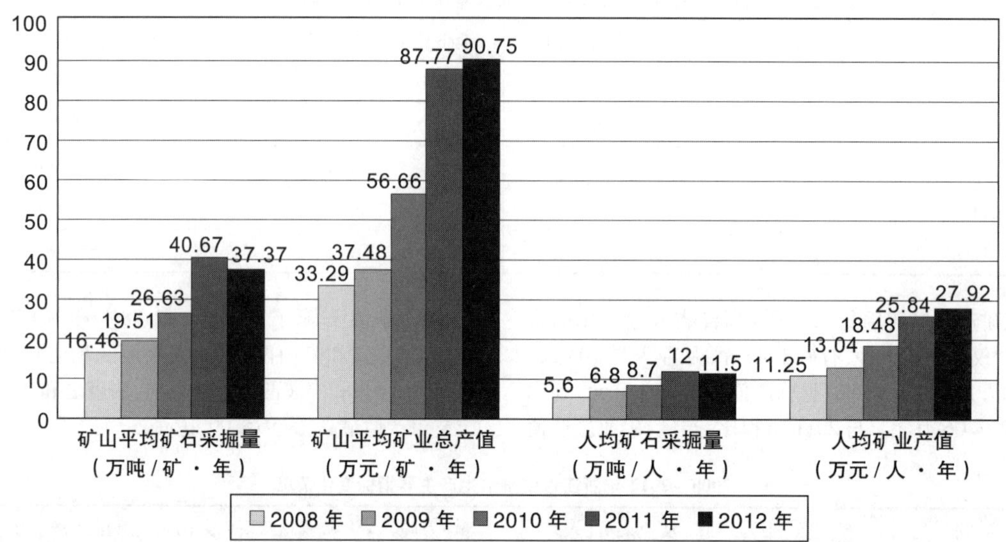

图 14　2008～2012 年浙江省矿业生产规模和生产效率对比情况

3. *矿产利用效率大幅提升*。2012 年浙江省矿业在国民经济中的比重有所降低,全省矿业在国民经济中的比重从 2011 年的 0.47%降为 0.41%。由于 2012 年矿石采掘量下降明显,我省创造单位国民生产总值消耗的矿石量明显减少,从 2011 年的 2.17 吨/万元降至 1.67 吨/万元。反映了浙江省资源利用效率大幅提高(表 45、图 15)。

表 45　　2008～2012 年浙江省矿业生产指标与国民生产总值变化情况表

年份	生产总值（亿元）	矿业总产值（亿元）	矿业总产值/生产总值(%)	矿石产量（万吨）	矿石产量/生产总值（吨/万元）
2008 年	21487	89.70	0.42	44353.53	2.06
2009 年	22832	89.69	0.39	46697.51	2.05
2010 年	27227	109.35	0.40	50595.52	1.86
2011 年	32000	150.00	0.47	69511.79	2.17
2012 年	34606	140.57	0.41	57887.85	1.67

4. *矿业投资大幅增长*。2012 年,浙江省矿业投资 60.12 亿元,较上年增长 16.02 亿元,增幅为 36.33%。增幅较 2011 年有所提高,增长金额为历年之最。投资增幅最大的为舟山市,2012 年投资额 18.79 亿元,增长了 10.21 亿元,增幅达 119.00%。随着舟山群岛新区挂牌成立,舟山的海洋产业集聚区、钓梁围垦二期工程、舟山港综合保税区等新区重大基础设施建设的推进,基础设施建设对矿产资源需求加大,舟山矿业投资额度也大幅增长。嘉兴市矿业投资由 2011 年的 6.04 亿元降至 0.38 亿元,较 2011 年减少了 93.71%,降幅最大。其余各市投资额度与历年基本接近,变动不大。说明浙江省矿业投资趋于理性,全省矿业投资已逐步入与地方经济发展、矿产资源市场需求相适应的良性发展轨道(表 46、图 16)。

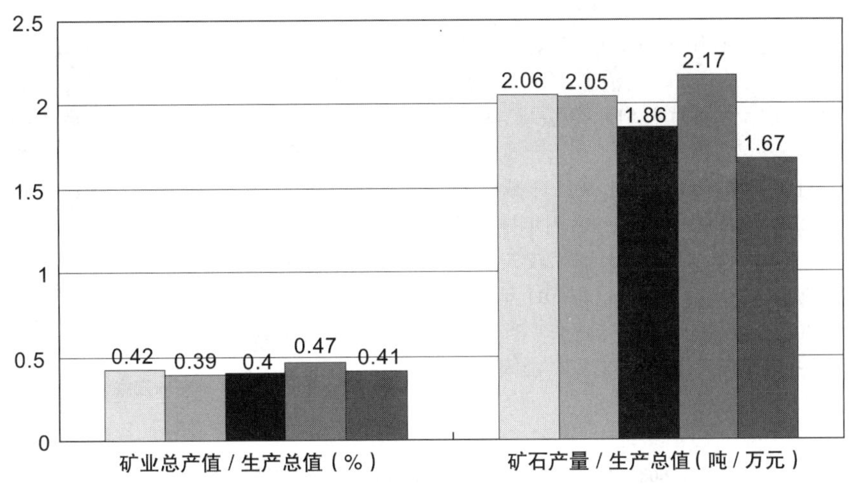

图 15 2008～2012 年浙江省矿业生产指标与国民生产总值变化图

表 46 2008～2012 年浙江省各市矿业投资对比表

地区	投资额(亿元)				
	2008 年	2009 年	2010 年	2011 年	2012 年
合计	25.00	23.00	35.95	44.10	60.12
杭州市	8.08	2.16	3.92	4.58	5.90
宁波市	2.20	2.09	4.64	4.10	2.29
温州市	1.05	1.61	1.41	2.15	1.69
嘉兴市	0.26	1.05	0.14	6.04	0.38
湖州市	4.10	4.44	6.97	5.79	9.81
绍兴市	0.68	0.69	1.08	1.19	1.40
金华市	2.24	2.15	1.90	2.12	2.70
衢州市	1.09	0.93	0.97	1.21	4.26
舟山市	1.85	2.57	8.92	8.58	18.79
台州市	2.24	3.94	3.67	6.49	9.34
丽水市	1.21	1.37	2.33	1.94	3.56

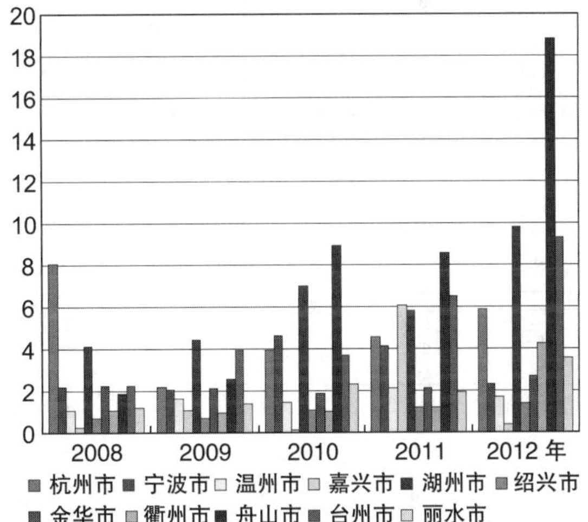

图 16 2008～2012 年浙江省各市矿业投资对比图

投资资金来源仍以民间为主，其中私营企业投资 14.03 亿元，有限责任公司投资 34.07 亿元，上述两种经济类型投资额占全省投资总额的 80.01%；投资方向主要集中在建筑用凝灰岩(42.27 亿元)和普通萤石(4.79 亿元)，上述两个矿种占全省矿业总投资额的 78.28%。

5. 矿山生态环境持续改善。绿色矿山建设活动对进一步提升浙江省矿产资源开发利用水平、改善矿山自然生态环境、促进浙江省矿业经济与生态环境和谐发展、推进生态省建设具有重要意义。近年来，浙江省矿业开发已从开发保护并重向保护优先条件下的开发转变。2012 年，浙江省新建成绿色矿山 60 家，其中省级绿色矿山 24 家，市、县级绿色矿山 36 家。全省已累计建成绿色矿山 210 家，其中省级绿色矿山 74 家，市、县级绿色矿山 136 家，绿色矿山建成率为 35.59%。全省有国家级绿色矿山建设试点单位 10 家。浙江省已完成治理废弃矿山 1503 个，治理率达 92.04%。2012 年浙江省治理废弃矿井 300 个，已累计治理废弃矿井 590 个，治理率达 20.7%。

2012 年，矿山开采区占有土地面积为 20029.59 公顷，实际使用土地面积 14274.07 公顷，开采区占有土地面积较2011年增加0.33%,实际使用土地面积较上2011年增加1.38%,土地利用率与上年基本持平,闲置土地面积比上年减少2.18%。应治理的矿山土地面积5818.94公顷,实际治理面积515.43公顷,为应治理面积的8.86%(表47、图17)。

2012年,全省有废石堆场163个,比2011年减少13个,累计存放量比2011年增加325.79万吨,当年排放量增加734.60万吨,当年处理量增加27.93万吨,较2011年增加24.14%;有尾矿库41个,累计存放量与2011年基本持平,当年排放量和处理量分别比2011年减少了35.22%和55.28%,处理量占累计存放量的1.74%,矿山固体废弃物综合利用程度仍然偏低(表48)。

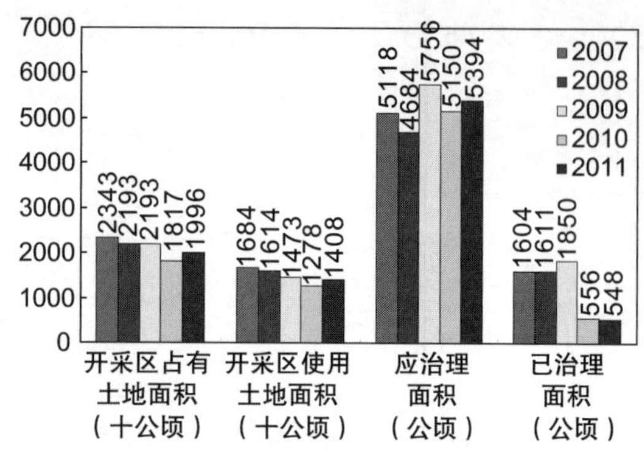

图17 2008~2012年度浙江省矿山土地使用和治理情况对比图

表47 2008~2012年度浙江省矿山土地使用和治理情况对比表

年度	开采区占有土地面积(公顷)	开采区使用土地面积(公顷)	应治理面积(公顷)	已治理面积(公顷)	治理投资额(万元)
2008年	21934.96	16144.15	4684.37	1611.32	6879.33
2009年	21932.29	14730.46	5756.06	1850.66	10990.02
2010年	18165.96	12778.41	5150.17	556.24	18819.65
2011年	19963.99	14080.23	5393.89	548.05	22579.02
2012年	20029.59	14274.07	5818.94	515.43	66649.20

表48 2008~2012年度浙江省固体废弃物排放及处理情况对比表

年度	废石堆(个)	累计存放量(万吨)	当年排放量(万吨)	当年处理量(万吨)	尾矿库(个)	累计存放量(万吨)	当年排放量(万吨)	当年处理量(万吨)
2008年	197	789.53	154.95	78.67	83	3395.93	161.50	61.21
2009年	209	1657.42	198.32	192.08	82	4070.07	198.07	108.69
2010年	168	992.42	70.60	64.03	40	4219.98	197.02	103.39
2011年	176	967.23	69.29	115.67	39	4280.97	281.62	164.91
2012年	163	1293.02	803.89	143.60	41	4247.83	182.43	73.75

(浙江省国土资源厅　浙江省地质调查院)

安　徽　省

【矿产资源开发利用概况】 2012年,安徽省开发利用的矿产有92种,各种经济类型矿山3311个,其中:生产矿山2189个,筹建矿山159个,待关闭或整合矿山386个,停产矿山577个。矿业从业人数34.39万人,年产矿石量5.52亿吨,工业总产值1092.98亿元,矿产品销售收入1018.78亿元,利润总额116.88亿元。与2011年比较,矿山企业数、从业人数、年产总矿石量、工业总产值、矿产品销售收入、利润分别增(减)了-11.04%、-4.86%、6.96%、-7.72%、-1.45%、-15.36%。因继续加大小矿山的关闭、整合力度,矿山总数再次大幅度下降,但矿石总产量仍有所增加,受煤炭、钢材和水泥价格下跌的影响,虽然煤炭、铁矿石、水泥用灰岩的产量都增加了,但这三种矿产的矿业总产值、利润较2011年度均有不同程度的下降。

矿产资源开发利用情况按能源矿产、黑色金属、有色金属、贵金属、冶金辅助原料非金属、化工原料非金属、建材及其他非金属和水气矿产等八大类矿种划分情况详见表1。

2012年,安徽省矿业总产值超百亿元的有淮南市、淮北市,其中,淮南市矿业工业总产值达325.32亿元,矿业总产值超过50亿元的还有铜陵、马鞍山、六安庆、阜阳、宿州、宣城等6市,与2011年相比,铜陵、六安两市产值有所下降,其中六安市下降幅度最大,达28%。安徽省矿产资源开发利用情况分行政区汇总情况详见表2。

表1　　2012年矿产资源开发利用情况(八大类矿产)

矿种	矿山数	从业人员(人)	年产矿量(万吨)	工业总产值(万元)	综合利用产值(万元)	矿产品销售收入(万元)	利润总额(万元)
合计	3311	343919	55253	10929844	1180292	10187822	1168746
能源矿产	172	206775	14626	6557644	335783	6126685	538334
黑色金属矿产	148	24971	2946	841613	168525	799962	104581
有色金属矿产	153	13958	868	322790	56123	285189	60807
贵金属矿产	37	2503	92	78301	12195	58145	21013
冶金辅助原料非金属矿产	98	2810	1544	173058	14945	167515	14690
化工原料非金属矿产	34	5715	534	167543	9121	128355	22523
建材和其他非金属矿产	2658	87089	34625	2788426	583601	2621530	406646
水气矿产	11	11	11	11	11	11	153

表2　　2012年矿产资源开发利用情况(按行政区)

名称	矿山数	从业人员(人)	年产矿量万吨	工业总产值(万元)	综合利用产值(万元)	售收入(万元)	利润总额(万元)
合计	3311	343919	55253	10929844	1180292	10187822	1168746
合肥市	235	8147	2305	279671	13806	268616	57104
芜湖市	151	6531	4086	187528	52335	186240	21292
蚌埠市	93	3157	102	10656	57	8242	1251
淮南市	54	83202	8429	3253226	10045	3152675	239404
马鞍山市	108	13028	5478	536346	247615	523434	41659
淮北市	75	77721	4433	1860811	350064	1625135	40492
铜陵市	132	14902	4221	905710	73539	775145	144619
安庆市	252	6047	4481	509040	90759	488429	147555
黄山市	89	1266	245	4190	942	3694	480
滁州市	227	10144	2823	231490	18776	204566	29829
阜阳市	565	27788	2337	605330	2	579653	217618
宿州市	388	40659	4960	851897	1726	813928	47266
六安市	380	25095	3268	515149	27663	485381	48417
亳州市	62	11786	1000	413139	10531	334129	34945
池州市	198	5780	3414	346231	276346	330013	35706
宣城市	302	8666	3671	419429	6086	408540	61110

【矿产资源勘查登记发证】　截至2012年底,安徽省共保有有效探矿权1068个(不含油气及煤层气项目),比2005年(934个)增加14.3%。其中2012年度批准设立的(含变更、延续)752个,比2005年(532个)增加41.3 %,分为新立37个,变更483个,延续208个,其他24个。2012年批准登记勘查面积9101.08平方千米(不含油气勘查面积,见表3)。各类企业、各类矿产发证比例详见图1、图2。

表 3　　　　2012 年安徽省矿产资源勘查许可证登记发证情况

企业类型	当年批准登记发证数(件)														批准登记面积/平方千米
	合计	能源矿产			黑色金属矿产		有色金属矿产	贵金属矿产		稀有、稀土矿产	非金属矿产			水气矿产	
		小计	煤	地热	小计	铁矿		小计	金矿		小计	水气矿产	化工矿产		
总 计	752	19	12	7	137	117	374	137	120		83	7	7	2	9101.08
国有企业	277	6	1	5	46	44	128	70	65		25	3			5492.52
集体企业	5	1	1		1	1	2	1	1						40.72
股份合作企业	12	1	1		1	1	8	1	1		1				87.75
联营企业	9				2	2	4	1	1		2				98.5
有限责任公司	333	9	7	2	65	49	171	52	44		36	1	2		2657.19
股份有限公司	19	1	1		1	1	9	2	1		6	1			113.48
私营企业	93	1	1		21	19	51	7	4		13	2	5		515.96
其他企业	2							2	2						83.6
外资企业	2						1	1	1						11.36

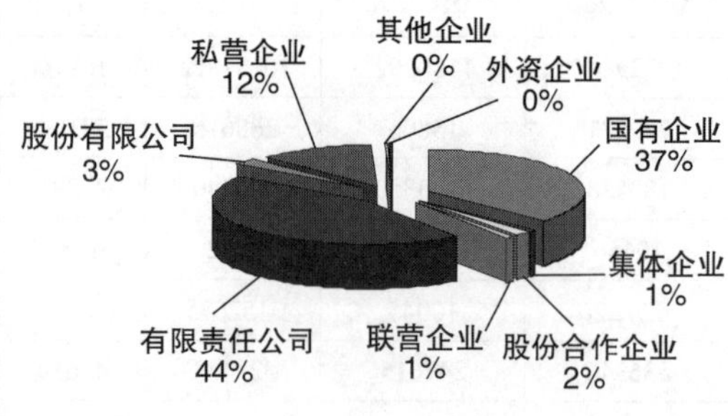

图 1　各类企业发证比例

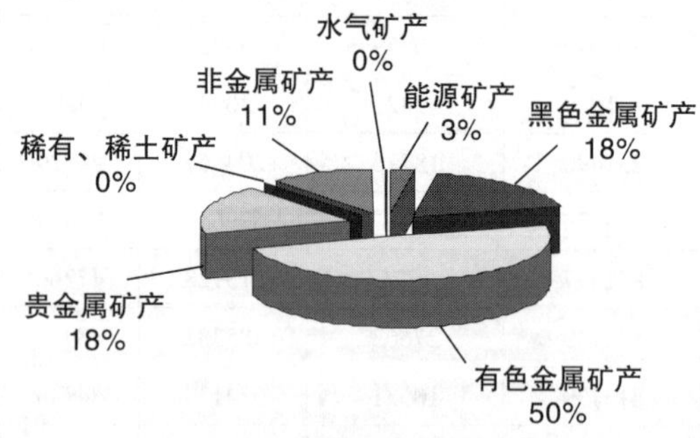

图 2　各类矿产发证比例

2012 年，安徽省国土资源厅收取探矿权使用费 26.46 万元，有偿出让的探矿权 5 个，合同价款 17.27 亿元，当年收取探矿权价款 8 亿元元，其中挂牌出让的 2 个，合同价款 5.32 亿元，当年收取价款 3.09 亿元。

2012 年，全省转让探矿权 52 个，转让交易额 25.55 亿元。

2012 年，安徽省矿业总产值超百亿元的有淮南市、淮北市，其中，淮南市矿业工业总产值达 325.32 亿元，矿业总产值超过 50 亿元的还有铜陵、马鞍山、六安庆、阜阳、宿州、宣城等 6 市，与 2011 年相比，铜陵、六安两市产值有所下降，其中六安市下降幅度最大，达 28%。

【矿产资源开发特点】　1. 小型及小型以下矿山偏多。2012 年，安徽省共有大型矿山 180 个，中型矿山 171 个，小型矿山 1075 个及小矿 1886 个，大中型矿山占矿山总数的 10.6%(较 2011 年提高 0.2 个百分点)，小型及小型以下矿山将近 90%，其中普通建筑用砂石黏土矿山占矿山总数的 67.38%。

2. 优势矿种开发占据显著地位。煤、铁、铜、硫铁矿、水泥用灰岩是安徽省矿业开发的优势矿种，这 5 个矿种年产矿石总量约占全省年产矿石总量的 63%，工业总产值、矿产品销售收入、利润均占全省总数的 90% 以上(图 3)。

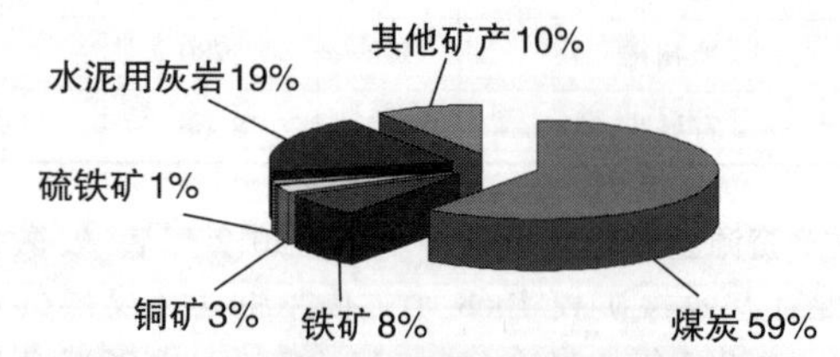

图 3　5 种优势矿产占全省矿业总产值比例图

3. 大型矿业集团矿业开发地位突显。安徽省集体和私营经济类型的矿山企业在矿山数量上占绝对多数,达76%,但矿业产值仅占全省矿业产值的9%。大中型矿山企业在我省的矿业经济中仍占主导地位(详见表4和图4、图5)。

2012年,安徽省国土资源厅收取采矿权使用费15.99万元,收取采矿权价款14.13亿元。

表4　2012年安徽省矿产资源开发利用情况(按经济类型分)

经济类型	矿山数	从业人员(人)	年产矿量(万吨)	工业总产值(万元)	综合利用产值(万元)	销售收入(万元)	利润总额(万元)
合计	3311	343919	55253	10929844	1180292	10187822	1168746
国有企业	107	161097	14450	5714169	426884	5340900	384326
集体企业	430	21829	1534	95941	5294	85873	6733
股份制企业	579	88299	23486	4127642	613103	3885902	677690
私营企业	2085	69489	14837	911132	125352	815356	91354
合资、外资企业	22	1291	206	67689	8515	48924	6850
其他企业	88	1914	741	13270	1145	10867	1794

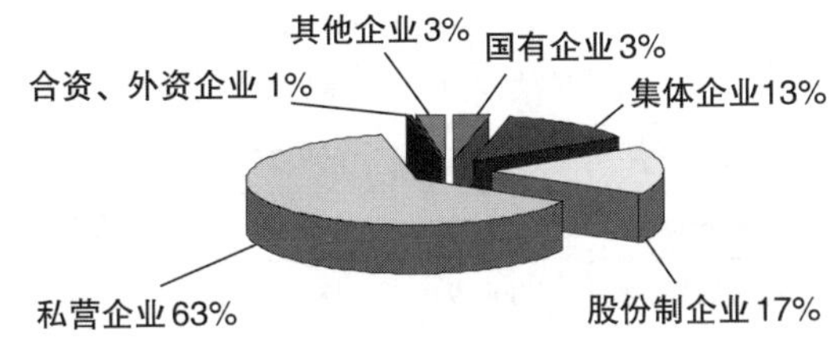

图4　矿山企业类型比例图(2012年)

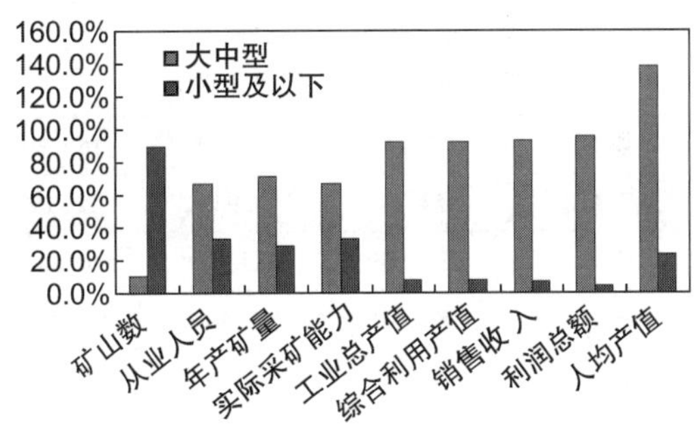

图5　大中型矿山与小型及小型以下矿山经济指标占总量百分比对照图

【矿山生产能力】　2011年安徽省矿业生产状况较为平稳,能源矿产(煤矿)矿山企业的实际采矿能力略超设计采矿能力,黑色金属矿产的实际采矿能力和选矿能力均未达到设计采矿和选矿能力,主要是安徽省部分大型铁矿正处于基建状态,未来几年,安徽省铁矿实际采矿能力和选矿能力将有大幅提高。安徽省各类矿山主要矿种的生产能力情况详见表5。

【矿业发展趋势】　2006~2012年安徽省矿产资源开发利用情况主要指标对比情况见图6。矿山总数、从业人数逐年减少,矿石产量、矿业产值、销售收入、利润总额至2011年逐年增长,2012年有所下降。

【矿产品产量】　与2012年相比,煤、铁、铜、水泥用灰岩四种优势矿产矿石产量仍呈增长趋势,建筑石料类矿产、砖瓦用黏土用量大幅下降(表6)。

表5　2012年矿山生产能力统计表　单位:万吨

矿产类别	设计采矿能力	实际采矿能力	年自产矿石量	设计选矿能力	实际选矿能力
能源矿产	12597	15042	14568	12597	15042
黑色金属矿产	3555	2685	2762	3555	2685
有色金属矿产	2174	1838	1728	2174	1838
贵重金属矿产	339	321	265	339	321
冶金辅助原料非金属矿产	1463	1699	1562	1463	1699
化工原料非金属矿产	1231	1303	1127	1231	1303
建材和其他非金属矿产	31862	31867	32265	31862	31867

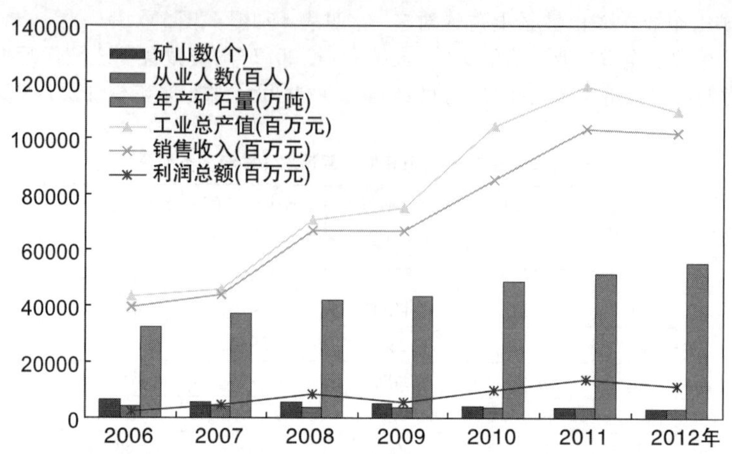

图6 2006～2012 年安徽省矿产资源开发利用情况主要指标对比图

表6 2012 年矿山生产能力统计表 单位：万吨

矿产名称	2012 年产矿量(万吨)	2011 年产矿量(万吨)	变化量(万吨)
煤炭	14544.24	13393.85	1,150.39
地下热水	54.74	74.93	-20.19
铁矿	2945.59	2415.05	530.54
铜矿	716.70	706.40	10.30
铅矿	20.43	25.85	-5.42
锌矿	9.92	11.17	-1.25
镁矿	86.50	41.35	45.15
钨矿	33.42	17.05	16.37
钼矿	1.33	8.18	-6.85
锑矿	0.00	1.00	-1.00
金矿	89.47	110.56	-21.08
银矿	2.30	3.30	-1.00
普通萤石	17.85	21.86	-4.00
熔剂用灰岩	1045.07	775.35	269.72
冶金用白云岩	475.92	534.60	-58.68
硫铁矿	244.71	247.85	-3.14
明矾石	0.00	1.00	-1.00
电石用灰岩	114.37	86.73	27.64
盐矿	174.17	152.70	21.47
石膏	155.74	146.81	8.93
方解石	275.95	251.86	24.09
水泥用灰岩	16363.30	14409.02	1,954.28
建筑石料用灰岩	9379.08	10082.16	-703.08
制灰用石灰岩	179.13	138.64	40.49

续表6

矿产名称	2012 年产矿量(万吨)	2011 年产矿量(万吨)	变化量(万吨)
建筑用白云岩	888.05	698.75	189.30
玻璃用石英岩	323.38	200.07	123.31
水泥配料用砂岩	400.39	183.37	217.02
砖瓦用砂岩	8.88	18.27	-9.39
建筑用砂岩	296.27	270.57	25.70
建筑用砂	301.10	355.58	-54.48
玻璃用脉石英	77.41	35.71	41.71
砖瓦用页岩	111.79	54.34	57.45
建筑用页岩	36.00	38.50	-2.50
高岭土	11.36	16.23	-4.87
膨润土	25.31	29.82	-4.51
砖瓦用黏土	3040.74	3118.74	-78.00
建筑用玄武岩	986.91	1110.35	-123.43
建筑用安山岩	294.00	601.26	-307.26
建筑用闪长岩	149.56	285.08	-135.52
饰面用闪长岩	6.82	0.47	6.35
饰面用二长岩	2.40	0.00	2.40
建筑用花岗岩	251.69	292.26	-40.57
饰面用花岗岩	32.36	15.17	17.20
建筑用凝灰岩	385.66	163.47	222.19
饰面用大理岩	18.97	2.68	16.29
建筑用大理岩	134.48	53.64	80.85
矿泉水	14.71	19.71	-5.00

（安徽省国土资源厅）

河 南 省

【矿产资源概况】 截至2012年底,河南省已发现的矿种为137种(其中能源矿产9种,金属矿产39种,非金属矿产87种,水气矿产2种),查明资源储量的矿种为101种;已开发利用的为92种(其中能源矿产6种,金属矿产23种,非金属矿产61种,水气矿产2种)。

【矿产资源储量】 2012年,河南省主要矿产新增资源储量远大于消耗量,新发现和部分查明煤炭资源储量超过200亿吨,新增铝土矿资源储量超过历史查明总和,新增黄金资源储量超过300吨,新查明铁、锰、钒、镍、铜等矿产资源储量超过前55年之和,新查明锌、锑、水泥灰岩等矿产资源储量达到前55年之和的50%,非常规油气勘查在全国率先取得突破性进展(表1)。

表1　　2012年底河南省矿种储量情况

矿种	单位	2012年底保有储量	年初保有储量	储量增减
煤炭	千吨	26602746.00	25163228.00	1439518.00
石煤	千吨	134.90	134.90	0.00
油页岩	千吨	90454.00	90454.00	0.00
钍	钍吨	3840.56	3840.56	0.00
铁矿	矿石千吨	1785824.30	1518385.70	267438.50
锰矿	矿石千吨	2088.82	2051.24	37.58
钛矿	钛铁矿 TiO_2 吨	691532.05	691532.05	0.00
钒矿	V_2O_5 吨	2030120.30	285345.33	1744775.00
铜矿	铜吨	611468.49	664087.77	-52619.30
铅矿	铅吨	3203444.90	2876696.90	326748.00
锌矿	锌吨	2615155.70	2666654.10	-51498.40
铝土矿	矿石千吨	715195.97	700958.10	14237.87
镁矿	矿石千吨	178336.90	178336.90	0.00
镍矿	镍吨	328388.00	656776.00	-328388.00
钴矿	钴吨	15721.85	2626.85	13095.00
钨矿	WO_3 吨	309001.92	328042.06	-19040.10
铋矿	铋吨	106.35	106.35	0.00
钼矿	钼吨	4629293.10	4549142.90	80150.15
锑矿	锑吨	51140.17	47252.77	3887.40
铂矿	铂千克	18401.00	0.00	18401.00
钯矿	钯千克	15703.00	0.00	15703.00
铱矿	铱千克	304.00	0.00	304.00
铑矿	铑千克	171.00	0.00	171.00
锇矿	锇千克	712.00	0.00	712.00
钌矿	钌千克	4654.00	0.00	4654.00
金矿	岩金千克	506588.56	439670.86	66917.70
银矿	银吨	8655.44	7768.53	886.91

续表 1－1

矿种	单位	2012 年底保有储量	年初保有储量	储量增减
铌矿	Nb_2O_5 吨	43. 18	43. 18	0. 00
钽矿	Ta_2O_5 吨	97. 31	97. 31	0. 00
铍矿	BeO 吨	458. 04	512. 54	－54. 50
锂矿	Li_2O 吨	61671. 89	59576. 29	2095. 60
铷矿	Rb_2O 吨	415. 48	415. 48	0. 00
铯矿	Cs_2O 吨	57. 99	57. 99	0. 00
锗矿	锗吨	2. 00	2. 00	0. 00
镓矿	镓吨	146097. 04	108060. 91	38036. 13
铟矿	铟吨	75. 41	75. 41	0. 00
铼矿	铼吨	46. 21	47. 43	－1. 22
镉矿	镉吨	1117. 26	1117. 26	0. 00
碲矿	碲吨	8. 00	26. 39	－18. 39
蓝晶石	蓝晶石吨	3523020. 00	3545246. 00	－22226. 00
矽线石	矽线石吨	0. 00	0. 00	0. 00
红柱石	红柱石吨	9953800. 00	9953800. 00	0. 00
菱镁矿	矿石千吨	21. 15	21. 15	0. 00
普通萤石	萤石或 CaF_2 千吨	3497. 86	3501. 35	－3. 49
熔剂用灰岩	矿石千吨	979742. 53	922133. 63	57608. 90
冶金用白云岩	矿石千吨	305227. 60	304871. 90	355. 70
冶金用石英岩	矿石千吨	50770. 80	50820. 69	－49. 89
铸型用砂岩	矿石千吨	19157. 00	19157. 00	0. 00
冶金用脉石英	矿石千吨	211. 54	199. 58	11. 96
耐火黏土	矿石千吨	299258. 18	295732. 40	3525. 78
铁矾土	矿石千吨	19243. 77	19650. 59	－406. 82
耐火用橄榄岩	矿石千吨	77257. 70	81931. 71	－4674. 01
自然硫	硫千吨	95. 54	95. 54	0. 00
硫铁矿	矿石千吨	210449. 21	203064. 06	7385. 15
芒硝	矿石千吨	160134. 40	0. 00	160134. 40
重晶石	矿石千吨	5980. 68	5874. 31	106. 37
天然碱	$Na_2CO_3+NaHCO_3$ 千吨	143805. 90	82806. 40	60999. 50
电石用灰岩	矿石千吨	194698. 00	194698. 00	0. 00
化工用白云岩	矿石千吨	1347. 70	1347. 70	0. 00
含钾砂页岩	矿石千吨	197893. 00	197893. 00	0. 00
含钾岩石	矿石千吨	22353. 39	14248. 30	8105. 09
化肥用橄榄岩	矿石千吨	73931. 00	73931. 00	0. 00

续表 1-2

矿种	单位	2012 年底保有储量	年初保有储量	储量增减
化肥用蛇纹岩	矿石千吨	76604.00	76604.00	0.00
盐矿	NaCl 千吨	9485891.90	8521368.60	964523.30
砷矿	砷吨	152.00	152.00	0.00
磷矿	矿石千吨	80534.04	80534.04	0.00
石墨	晶质石墨千吨	8138.20	7557.28	580.92
压电水晶	单晶千克	148.00	148.00	0.00
熔炼水晶	矿物吨	9.00	9.00	0.00
硅灰石	矿石千吨	11797.28	9795.30	2001.98
滑石	矿石千吨	4730.53	4681.81	48.72
蓝石棉	蓝石棉吨	4396.00	4396.00	0.00
云母	工业原料云母吨	331.20	329.00	2.20
长石	矿石千吨	2397.57	2326.43	71.14
石榴子石	矿石千吨	368.10	368.10	0.00
叶蜡石	矿石千吨	66.90	66.90	0.00
透辉石	矿石千吨	2254.00	2254.00	0.00
蛭石	矿石千吨	0.00	0.00	0.00
沸石	矿石千吨	61743.00	61743.00	0.00
石膏	矿石千吨	755017.93	746327.17	8690.76
方解石	矿石千吨	63998.75	63998.75	0.00
玉石	矿石吨	9942.13	9913.26	28.87
玻璃用灰岩	矿石千吨	6394.00	6394.00	0.00
水泥用灰岩	矿石千吨	7518378.60	7288047.10	230331.60
建筑石料用灰岩	矿石千立方米	776750.92	746061.05	30689.87
饰面用灰岩	矿石千立方米	124.13	111.70	12.43
制灰用石灰岩	矿石千吨	9896.75	8329.95	1566.80
泥灰岩	矿石千吨	15104.85	14372.70	732.15
玻璃用白云岩	矿石千吨	928.95	1117.03	-188.08
建筑用白云岩	矿石千立方米	152945.80	65529.32	87416.48
玻璃用石英岩	矿石千吨	100428.29	100188.64	239.65
玻璃用砂岩	矿石千吨	5193.62	5344.12	-150.50
水泥配料用砂岩	矿石千吨	58088.65	58116.25	-27.60
砖瓦用砂岩	矿石千立方米	503.30	0.00	503.30
陶瓷用砂岩	矿石千吨	202.50	202.50	0.00
建筑用砂	矿石千立方米	33849.56	32379.94	1469.62
水泥配料用砂	矿石千吨	83.70	0.00	83.70

续表 1-3

矿种	单位	2012 年底保有储量	年初保有储量	储量增减
玻璃用脉石英	矿石千吨	2905.52	2915.65	-10.13
粉石英	矿石千吨	169.84	209.84	-40.00
天然油石	矿石千吨	703.50	701.00	2.50
砖瓦用页岩	矿石千立方米	11450.41	9046.87	2403.54
水泥配料用页岩	矿石千吨	424.40	0.00	424.40
高岭土	矿石千吨	12857.77	15073.49	-2215.72
陶瓷土	矿石千吨	1887.13	1896.65	-9.52
海泡石黏土	矿石千吨	0.93	0.93	0.00
伊利石黏土	矿石千吨	11695.50	11695.50	0.00
膨润土	矿石千吨	18752.26	18642.55	109.71
砖瓦用黏土	矿石千立方米	2671.91	2988.61	-316.70
陶粒用黏土	矿石千吨	535.55	543.55	-8.00
水泥配料用黏土	矿石千吨	231688.00	231688.00	0.00
水泥配料用黄土	矿石千吨	18500.00	18500.00	0.00
铸石用玄武岩	矿石千吨	170.04	170.04	0.00
岩棉用玄武岩	矿石千吨	3970.00	3970.00	0.00
饰面用玄武岩	矿石千立方米	1240.00	0.00	1240.00
水泥混合材玄武岩	矿石千吨	61.44	61.43	0.01
建筑用玄武岩	矿石千立方米	8818.30	8818.30	0.00
建筑用角闪岩	矿石千立方米	0.50	0.50	0.00
饰面用辉绿岩	矿石千立方米	43.67	43.67	0.00
建筑用辉绿岩	矿石千立方米	121.30	121.30	0.00
建筑用辉长岩	矿石千立方米	267.90	0.00	267.90
饰面用安山岩	矿石千立方米	33.50	33.50	0.00
建筑用安山岩	矿石千立方米	2659.48	2645.04	14.44
建筑用闪长岩	矿石千立方米	306.00	306.00	0.00
建筑用花岗岩	矿石千立方米	16050.13	15757.76	292.37
饰面用花岗岩	矿石千立方米	27370.88	27576.18	-205.30
珍珠岩	矿石千吨	112988.00	112988.00	0.00
霞石正长岩	矿石千吨	116878.70	117192.00	-313.30
玻璃用凝灰岩	矿石千吨	36940.00	36940.00	0.00
水泥用凝灰岩	矿石千吨	528.82	528.82	0.00
建筑用凝灰岩	矿石千立方米	2713.11	2620.85	92.26
饰面用大理岩	矿石千立方米	44112.47	44127.99	-15.52
建筑用大理岩	矿石千立方米	13017.40	12880.96	136.44

续表 1－4

矿种	单位	2012 年底保有储量	年初保有储量	储量增减
水泥用大理岩	矿石千吨	383042.71	447506.66	－64463.90
饰面用板岩	矿石千立方米	1073.46	1073.80	－0.34
片麻岩	矿石千立方米	605.05	96.25	508.80
地下水	立方米/日	58.70	60.70	－2.00

【矿产资源勘查】 2012 年，河南省地质找矿工作以构建地质找矿新机制为抓手，以合作勘查为主要组织形式，积极创建多元化投资平台，努力加强地勘队伍和找矿能力建设，逐步完善矿业权有形市场，强力推进资源整合和整装勘查，推动地质找矿不断取得新进展。

2012 年，河南省基础地质调查工作投入资金 9595.14 万元。其中中央财政 5186.49 万元，省级财政 4408.65 万元。2012 年共开展各类矿产勘查项目 417 项，投资资金总额 18.34 亿元，同比 2011 年增加 23.9%。其中中央财政投入 0.33 亿元，同比减少 38.9%；地方财政投入 11.38 亿元，同比增加 10.1%；社会资金投入 6.63 亿元，同比增加 69.6%。

截至 2012 年底，河南省共有资质单位 95 家，其中中央管理的地勘单位 3 家，属地化管理的地勘单位 92 家（包括中国石化集团河南石油勘探局）。地勘单位已实际拥有境外矿业权 223 个，矿业权面积 5 万余平方千米，查明并取得一大批重要战略性矿产资源。特别是在几内亚开展的 3650 铝土矿勘探，累计查明铝土矿资源储量超过我国铝土矿保有资源储量的总和。河南省找矿共投入工作量：钻探 120.96 千米，坑探 2.21 千米，槽探 23.58 万立方米，浅井 1834 米，成果较突出，新发现矿产地 36 个，其中大型 15 个、中型 6 个、小型 15 个。2012 年河南省新增查明的主要资源储量情况见表 2。

表 2　2012 年河南省新增查明的主要资源储量情况

矿种	新增储量	矿产地		
		大型	中型	小型
煤炭矿石（亿吨）	35.7539	2	1	－
铁矿石（亿吨）	3.5846	1	0	1
铝土矿石（万吨）	1518.4	2	1	－
铅金属（万吨）	7.23	－	－	5
锌金属（万吨）	0.35	－	－	6
钼金属（万吨）	63.78	1	－	
银金属（吨）	637.36	－	0	2
金金属（吨）	0.98	－	－	4

【矿业权管理】 截至 2012 年底，河南省共有勘查许可证 1639 个，同比减少 0.5%，其中新立 24 个，同比减少 17.2%，注销 33 个，同比增加 266.7%；共有采矿许可证 3855 个，同比减少 6.3%，其中新立 75 个，同比减少 38.0%，注销 259 个，同比增加 20.5%。

2012 年，河南省探矿权出让 24 宗，同比减少 17.2%，出让价款 15604 万元，是 2011 年同期的 52.9 倍（图 1）。其中，申请在先 1 宗，占出让总量的 4.2%；招拍挂出让 23 宗，占出让总量的 95.8%，出让价款 15604 万元。全省采矿权出让 75 宗，同比减少 38.0%，出让总价款 6531.31 万元，同比减少 30.1%。其中，招、拍、挂出让 53 宗，占出让总量的 70.7%，出让价款 4905.31 万元，占出让总价款的 75.1%（图 2）。

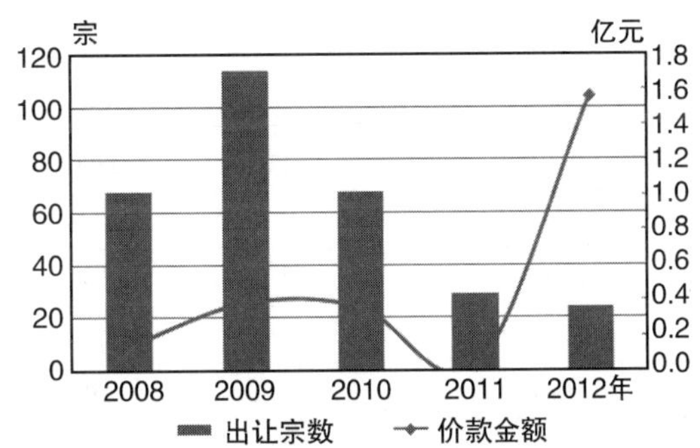

图 1　2008～2012 年河南省探矿权出让情况

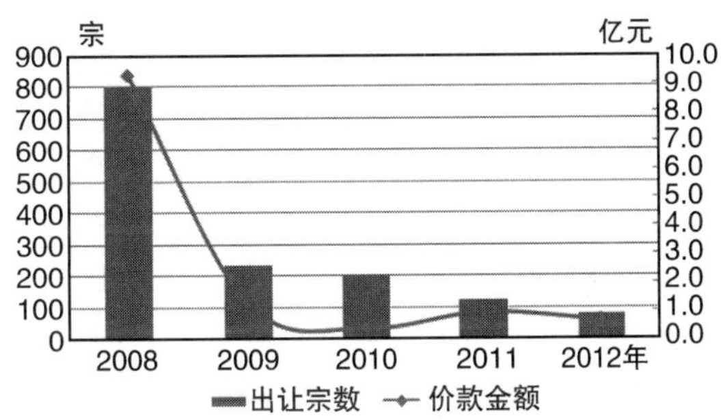

图 2　2008～2012 年河南省采矿权出让情况

【矿产资源节约与综合利用】 2012 年，河南省共有 3272 个各类经济性质的独立核算采矿单位从事矿业生产活动,其中大中型矿山企业435个,从事矿业生产人数达48万余人。共有油气田51个,从业人员5万余人。

2012年,河南省固、液体矿石产量27218.68万吨,较2011年减少6.2%。石油年产量477.01万吨,较2011年减少10.37万吨;天然气年产量5.02亿立方米,与2011年持平。全省矿山企业采选工业总产值1055.36亿元,较2011年减少6.1%;石油、天然气开发利用工业总产值498.65亿元,较2011年增加44.8%。2012年河南省矿产资源开发利用情况见表3。2012年河南省石油天然气开发利用情况见表4。

【煤田地质调查与测绘】 2012年,河南省煤田地质局累计完成各类钻探工作总量超过130万米,施工煤田、煤层气、石油、水井、工程地质等各类钻孔1546口,最多时开动钻机389台,完成地震物理点206774个,电法物理点142434个,测井75.4万余米,控制测量60.79万个点,测图4804平方千米,主要工程量完成情况持续了近年来的较高水平。

表3　　2012年河南省矿产资源开发利用情况

	矿山数(个)	从业人员(人)	年产矿量(万吨)	工业总产值(万元)	矿产品销售收入(万元)	利润总额(万元)
合计	3272	483535	27218.68	10553608.41	9547268.93	1224111.72
煤炭	587	387413	13153.24	8427781.71	7616432.74	888693.48
石煤	1	0	0	0	0	0
地下热水	6	268	59.5	3291	3039	346.1
铁矿	176	8213	365.73	182426.13	144333.76	19217.59
锰矿	1	20	0.64	147.66	147.66	60
钛矿	1	1	0	0	0	0
钒矿	9	38	15	150	150	35
铜矿	12	539	7.65	5511.2	4535.2	696
铅矿	122	2890	37.97	91008.5	89387.88	29684.7
锌矿	16	151	0.05	15	15	0
铝土矿	98	6280	620.67	123314.41	116388.79	7454.62
钼矿	21	11277	2582.32	476854.18	411860.8	109720.53
锑矿	4	20	0.28	417.52	417.52	203
金矿	100	26347	441.68	571286.94	557748.33	78775.92
银矿	9	1159	38.67	44023.63	39358	12820.97
锂矿	3	0	0	0	0	0
蓝晶石	3	146	2.01	2001.36	959	73.6
红柱石	1	256	0	0	0	0
普通萤石	201	2329	33.92	6325.56	6225.31	982.31
熔剂用灰岩	17	844	411.3	4594.94	3794.94	326.9
冶金用白云岩	14	138	3.18	123.5	88.5	5
冶金用石英岩	13	47	0	0	0	0
冶金用脉石英	14	118	0	0	0	0
耐火黏土	27	379	4.26	713.25	486.25	8.96
铁矾土	9	108	1.63	988.15	250	58

续表 3－1

	矿山数（个）	从业人员（人）	年产矿量（万吨）	工业总产值（万元）	矿产品销售收入(万元)	利润总额（万元）
耐火用橄榄岩	2	0	0	0	0	0
硫铁矿	9	1539	39. 6	17479. 38	17479. 38	1933. 5
重晶石	25	405	1. 89	743. 3	738. 2	86
天然碱	2	2426	115. 21	222268	176203	41576
含钾岩石	3	10	0	0	0	0
化肥用蛇纹岩	3	4	0	0	0	0
盐矿	8	6838	362. 83	96078. 3	94281. 8	5199. 8
石墨	16	446	5. 1	152	152	0
硅灰石	5	24	0. 82	200	200	2
滑石	10	41	1. 5	33. 2	33. 2	3. 2
云母	1	6	0	0	0	0
长石	35	136	2. 22	84. 5	65	10
石榴子石	1	0	0	0	0	0
叶蜡石	3	0	0	0	0	0
透辉石	1	3	0	0	0	0
沸石	2	25	0	0	0	0
石膏	9	90	0	0	0	0
方解石	11	54	3. 41	974. 5	951. 5	408
宝石	1	3	0	0	0	0
玉石	1	120	0. 01	210	210	55. 9
玻璃用灰岩	3	2	0	0	0	0
水泥用灰岩	145	3959	2304. 07	166001. 13	179291. 02	11981. 66
建筑石料用灰岩	803	10114	5237. 02	66842. 71	50288. 52	5752. 22
制灰用石灰岩	22	331	16. 02	379. 8	359. 3	9. 3
泥灰岩	6	119	55. 62	734. 55	746. 75	20
玻璃用白云岩	4	32	0. 48	110. 05	48	1
建筑用白云岩	50	782	288. 53	2678. 42	2425. 72	372. 9
玻璃用石英岩	69	411	59. 12	833. 64	831. 64	－77. 8
玻璃用砂岩	11	37	0	0	0	0
水泥配料用砂岩	20	87	5. 96	157. 06	59. 46	22
砖瓦用砂岩	11	131	4	323	243	42
陶瓷用砂岩	1	2	0	0	0	0
建筑用砂岩	19	335	9. 41	216. 2	144. 85	－10. 1
建筑用砂	50	708	106. 26	2358. 99	1351. 29	311. 4
玻璃用脉石英	24	108	1. 1	110	110	22

续表 3－2

	矿山数（个）	从业人员（人）	年产矿量（万吨）	工业总产值（万元）	矿产品销售收入（万元）	利润总额（万元）
水泥配料用脉石英	1	12	5.1	35.2	35.2	15
粉石英	1	16	4	58	40	27
天然油石	1	30	0	0	0	0
砖瓦用页岩	65	972	200.16	4027.16	3687.66	935.48
水泥配料用页岩	1	14	4	52	40	21
建筑用页岩	15	732	66.15	5485.2	5385.2	463
高岭土	11	74	0	80.15	0	0
陶瓷土	4	38	0	0	0	0
伊利石黏土	1	3	0	0	0	0
膨润土	5	56	3.3	260.5	260	31
砖瓦用黏土	22	553	30.81	627	622.4	87
陶粒用黏土	1	8	0.8	28	8	5
水泥配料用红土	1	12	7.01	70.13	70.13	25
饰面用玄武岩	2	0	0	0	0	0
水泥混合材玄武岩	1	1	0	0	0	0
建筑用玄武岩	16	94	0	150	0	0
饰面用辉绿岩	1	18	0	0	0	0
建筑用辉绿岩	4	20	0	0	0	0
建筑用辉长岩	1	1	0	0	0	0
饰面用安山岩	2	4	0	0	0	0
建筑用安山岩	16	89	3.71	180	27.89	8.05
建筑用闪长岩	2	18	0	0	0	0
建筑用花岗岩	48	451	37.92	3079.5	1027.5	271
饰面用花岗岩	63	401	57.74	5921	3993	1076
珍珠岩	4	293	18	5080	3014	2120
浮石	1	3	0	0	0	0
霞石正长岩	2	175	47.75	282	282	3
水泥用凝灰岩	5	22	0	0	0	0
建筑用凝灰岩	22	195	96.83	1025	925	147.43
饰面用大理岩	52	349	17.32	2650.5	1959.5	703.5
建筑用大理岩	32	314	53.56	1346	1018.5	300.2
水泥用大理岩	3	146	159.1	2955.8	2945.8	971
片麻岩	4	37	1	50	14	10
矿泉水	8	75	4.54	221.9	80.83	8.4
其他矿产 1	3	0	0	0	0	0

表 4　　2012 年河南省石油天然气开发利用情况

	油气田总数（个）	从业人数（人）	年产矿量		工业总产值（亿元）	销售收入（亿元）	利税总额（亿元）
			油产量(万吨)	气产量(亿立方米)			
全省	51	50411	477.01	5.02	498.65	500.27	164.15

【地质灾害应急、防治】 2012 年因矿业开采新增占用、损坏土地 650 公顷,累计占用、损坏土地 4.87 万公顷。河南省共发生地质灾害 50 起,其中,滑坡 16 起,崩塌 7 起,泥石流 1 起,地面塌陷 26 起。造成直接经济损失 897.86 万元。

5 月 15 日至 8 月 2 日,河南省政府、河南省国土资源厅、河南省突发地质灾害应急防治指挥部联合多次召开会议对全省地质灾害防治工作进行讨论部署。6 月 1 日至 9 月 30 日,河南省国土资源厅和河南省气象局联合开展了全省汛期地质灾害气象预警预报工作,在河南省电视台发布预警信息 40 次。地质灾害易发区的 15 个省辖市、60 个县(市、区)均采用电话、手机短信等形式发布地质灾害气象预警预报信息。全省各级国土资源部门实行汛期 24 小时值班,及时组织地质灾害险情巡查、排查,成功预报 15 起,搬迁避让 379 人,避免人员伤亡 368 人,避免直接经济损失 227.75 万元。

【区域地下水环境监测】 2012 年,河南省设有区域地下水环境监测点 135 个(均为国家级,其中 21 个监测点安装自动传输监测仪),以监测平原、岗区浅层地下水为主,监测控制面积 10.86 万平方千米,占河南省国土面积的 65.0%(表 5、表 6)。

表 5　　2012 年河南省各水文地质单位监测点情况

监测层位 \ 水文地质单元	黄淮海平原	伊洛河盆地	灵三盆地	南阳盆地	合计
浅层	116	3	1	12	132
中深层	2	0	0	1	3
合　计	118	3	1	13	135

表 6　　2012 年河南省地下水环境监测工作量情况

监测内容		监测点数(个)		监测频率	监测数据(个)
水位	浅层	132	3	逐日	1095
			20	2 次/天	10950
			109	6 次/月	7848
	中深层	2		6 次/月	144
		1		2 次/天	730
水　温		6		6 次/月	432
水　质		70		1 次/年	70

【矿山地质环境治理】 2012 年 3 月 29 日,河南省十一届人大常委会第二十六次会议审议通过了《河南省地质环境保护条例》,并于 2012 年 7 月 1 日实施。《条例》的颁布实施是河南省国土资源法规建设的重大进展,对促进全省地质环境保护事业发展具有十分重要的意义。

2012 年,河南省国土资源厅在相关省辖市编制的"矿山复绿"行动实施方案的基础上,对实施范围内的矿山地质环境问题进行摸底核查,编制完成了《河南省"矿山复绿"行动实施方案》,上报国土资源部审批。

河南省国土资源厅专门组织专家组,对 2013 年申报立项的矿山地质环境治理项目进行现场核查,筛选出 32 个项目进入省地质环境项目库。6 月 4 ~ 8 日,组织 5 个督察组,对 2003 年以来中央和省财政支持的矿山恢复治理项目进行了全面检查,编印了《矿山地质环境治理掠影》。

【矿产资源执法监察】 2012 年,河南省各级国土资源部门共立案查处各类矿产违法案件 107 件,同比减少 8.5%,罚没款 202.12 万元,同比减少 16.6%(图 3)。

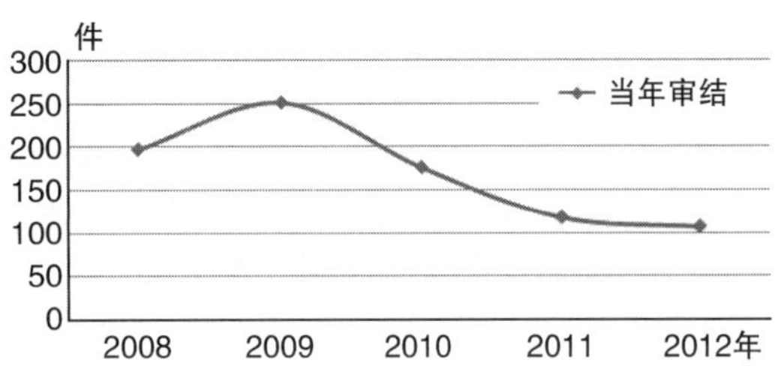

图 3　2008 ~ 2012 年河南省矿产违法案件审结情况

【地质遗迹保护和地质公园】 截至 2012 年底,河南省建立地质遗迹自然保护区 1 处,即"南阳恐龙蛋化石群国家级自然保护区";批准建立的省级以上地质公园 23 个,其中世界地质公园 4 个、国家地质公园 7 个、省级地质公园 12 个;批准建设矿山公园 5 个,其中南阳独山玉国家矿山公园已建成揭碑开园,新乡市凤凰山、焦作缝山获得国家级矿山公园建设资格,平顶山市省级矿山公园正在建设中。

(河南省国土资源厅)

湖 北 省

【矿产资源概况】 截至2012年底,湖北省已发现149个矿种(按亚矿种计190个),其中有查明资源储量矿种92个(按亚矿种计107个),分别占全国已发现172个矿种和已查明161个矿的86.6%和57.1%。还有57种矿产(按亚矿种计83个)虽已发现,并且有的已开采利用,但均属未开展正规的矿产地质勘查工作,尚未查明资源储量的矿产(表1)。

2012年,湖北省有58种(亚矿种)矿产保有资源储量居全国同类矿产资源储量前10位,其中有18种(亚矿种)矿产的资源储量居全国同类矿产资源储量前3位,有8种矿产的资源储量居全国同类矿产资源储量之首。钛矿(金红石 TiO_2)、累托石黏土、碘、溴、石榴子石(矿石)等矿产在全国同类矿产查 明资源储量中占有50%以上的绝对优势。

【矿产资源基本特点】 1. *化工、建材及部分冶金辅助原料矿产丰富,能源及金属资源矿产短缺。*磷、盐、石膏、水泥用石灰岩等为湖北省优势矿产,高磷赤铁矿、芒硝、钛、钒、稀土、溴、碘、累托石黏土等为湖北省潜在优势矿产;水泥配料、玻璃硅质原料、冶金辅助原料、建筑用花岗岩、饰面石材资源前景较好;镁、铌、钽、铷、铯、锂、铊、稀土、硒、锶、银、铅、锌、溴、碘、硼、石墨、化工用白云岩、膨润土、耐火黏土、石墨、石榴子石、化肥用橄榄岩、建筑用辉绿岩等矿产和地热、矿泉水资源潜力较大;菊花石、百鹤玉、绿松石等矿产具地方特色。但湖北省缺煤、少油、乏气,铝、钨、锡、钼、锑、钾盐、铬铁矿、铂族金属等资源严重短缺,铁、铜、硫等资源虽较为丰富,但可进一步查明的资源及开发能力均有限,矿产自给程度不断下降,供需缺口逐渐上升,对湖北省经济和社会发展需求保证程度总体较低。

2. *矿产资源分布广,主要矿产资源集中度高,区域特色明显。*湖北省13个市(州)和4个湖北省直管行政区均有矿产资源分布。其中富铁、富铜和金、钨、钼、钴、锶等矿产集中分布于鄂东南地区;磷、硫、铁、煤等矿产主要分布于鄂西、鄂西南地区;重稀土、钛、萤石、重晶石、云母、长石等矿产主要分布于鄂东北地区;石油、岩盐、石膏、芒硝、溴、碘、硼、铷、铯、锂等矿产主要分布于鄂中南地区;银、金、钒、轻稀土等矿产在鄂西北地区占据重要地位。铁、铜、岩金、银、石墨、磷、硫、芒硝、石膏、水泥用灰岩、岩盐等主要矿产的80%以上资源储量为大中型矿区(矿床),有利于建立较完备、规模化矿山及矿产品加工业于一体的集约化矿业经济体系。

3. *矿床规模总体偏小,共伴生矿、中贫矿、难采选矿多,开发利用难度大。*湖北省共发现非油气矿区1254处,其中,特大型1处,大型85处,中型212处,小型956处。湖北省70%以上的金属矿床为共生矿床,80%以上的金属矿床伴生多种有用组分,综合利用前景好,但利用技术难度大,如:有色金属和稀有金属矿产的80%、金矿的84%、银矿的80%的资源储量均来自共(伴)生矿床中。

湖北省中贫矿多,富矿少,矿石质量差。其中煤炭资源层薄、面广、质差;磷矿、铁矿以中低品位居多,富矿少;高磷赤铁矿、铝土矿、钛(金红石)矿、稀土矿、硫铁矿等矿产有害杂质含量高、矿物嵌布粒度细、矿石质量差,开发利用难度大、成本高。

【主要优势矿产资源概况】 1. *磷矿*:湖北省磷矿资源丰富,主要分布于宜昌、神农架、荆门、保康和鄂东北孝感地区黄麦岭一带,矿床类型为沉积型和沉积－变质型,共发现矿区(段)115处,累计查明磷矿资源储量50.92亿吨,保有资源储量45.11亿吨,占全国同类矿产的22.48%,居全国之首。

表1 湖北省矿产种类一览表

矿产大类	有查明资源储量的矿种(括号内为亚矿种)		已发现或已开发利用但尚未查明资源储量矿种	
	数量	名称	数量	名称
能源矿产	7	煤、石煤、石油、天然气、地热、铀、钍	2	油页岩、油砂
金属矿产	41	铁、锰、铬、钛、钒、铜、铅、锌、铝土矿、镁、镍、钴、钨、锡、钼、汞、锑、金、银、铌、钽、锂、锆、锶、铷、铯、镧、钕、镨、钐、铈、钇、铕、锗、镓、铊、铟、铼、镉、硒、碲	8	铂、钯、钌、锇、铱、铑、铍、铪

续表 1

矿产大类	有查明资源储量的矿种(括号内为亚矿种)		已发现或已开发利用但尚未查明资源储量矿种	
	数量	名称	数量	名称
非金属矿产	42	普通萤石、灰岩(熔剂用灰岩、制灰用石灰岩、电石用灰岩、水泥用灰岩、建筑石料用 灰岩)、白云岩(冶金用白云岩、化工用白云岩、建筑用白云岩)、冶金用石英岩、砂岩(冶金用砂岩、建筑用砂岩、玻璃用砂岩、水泥配料用砂岩)、脉石英(冶金用脉石英、玻璃用脉石英)、耐火黏土、硫铁矿、芒硝、重晶石、含钾砂页岩、化肥用橄榄岩、化肥用蛇纹岩、泥炭、盐矿、碘矿、溴矿、硼矿、磷矿、石墨、硅 灰石、滑石、云母、长石、石榴子石、透辉石、透闪石、石膏、方解石、玉石、泥灰岩、砂(建筑用砂、水泥配料用砂)、水泥配料用页岩、高岭土、陶瓷土、累托石黏土、膨润土、其他黏土(水泥配料用黏土、水泥配料用黄土、水泥配料用泥岩)、建筑用辉绿岩、花岗岩(建筑用花岗岩、饰面用花岗岩)、大理岩(饰面用大理岩、水泥用大理岩)、饰面用板岩	47	钾盐、宝石、金刚石、自然硫、刚玉、叶蜡石、蓝晶石、硅线石、红柱石、石棉、蓝石棉、蛭石、沸石、毒重石、冰洲石、菱镁矿、玛瑙、粉石英、天然油石、硅藻土、凹凸棒石黏土、海泡石黏土、铁钒土、玄武岩、珍珠岩、黑曜岩、松脂岩、凝灰岩、安山岩、浮石、霞石正长岩、火山灰、片麻岩、角闪岩、闪长岩、镁盐、砷、粗面岩、湖盐、天然卤水、含钾岩石、水晶、电气石、明矾石、颜料矿物、白垩、伊利石黏土
水气矿产	2	地下水、矿泉水		
合计	92		57	

2. *铁矿*:主要分布在鄂东南、鄂西南及鄂西北地区,矿床类型为矽卡岩型(大冶式)、沉积型(宁乡式、神农架式)、岩浆型(银洞山式)、火山沉积变质型(陈家垭式)和沉积改造型(黄梅式)。共发现矿区(段)227 处,累计查明铁矿资源储量 37.84 亿吨,保有资源储量 33.40 亿吨,全国排名第九。

3. *铜矿*:主要分布于鄂东南和鄂东北地区,矿床类型为矽卡岩型(铜绿山式)、斑岩型(白云山式),次有少量热液型(芳畈式)。共发现矿区(段)128 处,累计查明铜资源储量 506.59 万吨(含伴生铜),保有资源储量 235.87 万吨,全国排名第九。

4. *钛矿*:主要分布于襄阳市枣阳县和谷城县,主要矿种类型有钛铁矿、钛铁矿砂矿、金红石矿、金红石砂矿,共发现矿区(段)11 处。其中金红石矿物(TiO_2)累计查明资源储量 576.30 万吨,占全国同类矿产资源总量的 43.63%,居全国之首;原生钛铁矿保有资源储量 1419.94 万吨,全国排名第四。

5. *钒矿*:主要分布于鄂南和鄂西北地区,矿床类型为黑色岩系沉积型钒矿,共发现矿区(段)42 处,累计查明 V_2O_5 资源储量 355.47 万吨,保有资源储量 350.93 万吨,位列全国第三。

6. *盐矿*:湖北省盐矿资源极为丰富,岩盐矿床主要产于江汉盆地的下第三系,少量产于南襄断坳随枣阳凹陷的白垩系,均属陆相盐湖沉积矿床,形成了云梦-应城、潜江、天门、沙市-公安、枣阳、利川 6 个盐矿聚集区。全省已查明矿产地 24 处(含卤水),查明资源储量 268.69 亿吨(其中液态盐 30.83 亿吨),居全国第三。湖北盐矿找矿潜力巨大,据预测远景资源储量可达 2895.7 亿吨。

7. *石膏*:湖北省石膏资源储量丰富,种类齐全,矿床成因类型较多,主要有沉积型、热液交代型、后生改造型三大类,矿床工业类型主要有层状石膏硬石膏矿床、纤维石膏矿床、纤维石膏及层状石膏硬石膏矿床。全省共查明 27 处石膏矿产地,主要分布于荆门市,孝感市的应城市、云梦县,宜昌市当阳市和武汉市的江夏区。累计查明资源储量 22.53 亿吨,保有资源储量 21.13 亿吨,全国排名第八,其中纤维石膏比重较大,居全国之首。

8. *水泥用灰岩*:是湖北省重要的优势矿产之一,矿床类型均为沉积矿床,含矿层位多,矿层稳定,资源总量丰富,集中成片分布于荆门市、宜昌市、黄石市、荆州市、咸宁市、恩施州等地,湖北省已查明水泥用灰岩矿产地 89 处,查明资源储量 41.91 亿吨,保有资源储量 38.25 亿吨。

9. *累托石黏土*:是一种具有特殊结构、较为罕见的层状硅酸盐黏土矿物。目前,湖北省已查明资源储量的矿产地 2 处,均为沉积矿床,分别位于钟祥市和南漳县境内,累计查明资源储量 1452.7 万吨,保有 1307.13 万吨,占全国总量的 91.98%,其中仅钟祥市杨榨矿区查明资源储量就达 1377.7 万吨,是国内发现的唯一达到大型规模矿床。

（湖北省国土资源厅）

湖　南　省

【采矿权审批与许可登记】　从开采主体资格、资金、技术、规模和地质环境保护等方面提高矿山准入门槛。组织编制和审查了35个矿业权设置方案并报部备案；共受理了267个采矿登记申请项目，审查完毕330个采矿申请项目（含2011年受理的），共颁发了239个采矿许可证，共审查批准了158家矿山的开发利用方案。全省采矿许可证有效5592个，其中非金属矿产33个，能源矿产798个，黑色金属181个，有色金属217个，稀有金属2个，贵金属53个，稀土矿产1个，其他4307个。全省共有11个非煤矿区实行了矿产资源整合，有7个市州煤矿企业兼并重组方案通过了省政府的审查和批准。配置了攸县柳树冲等6个煤炭基地给大唐华银等重点火电企业，积极申报了2012年度磷矿矿业权投放计划。上半年向国家申报了节约与综合利用示范工程项目和奖励资金项目13个，争取申请资金1.64亿元。下半年申报了24个省级矿产资源节约与综合利用项目。

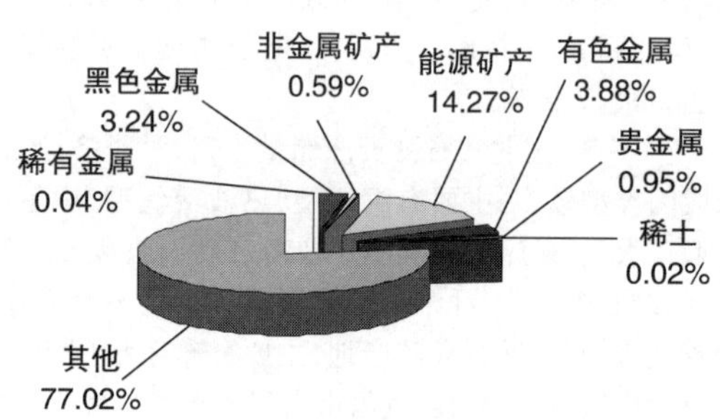

图1　湖南省各类矿种批准登记采矿许可情况

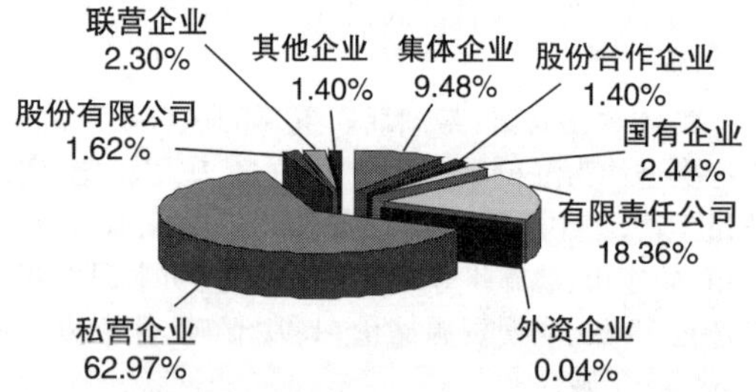

图2　湖南省各经济类型企业批准登记采矿许可情况

【矿产开采企业经济类型】　开采矿产企业经济类型以私营企业和有限责任公司为主，分别为3426个和999个；其余分别为集体企业516个、国有企业133个、联营企业125个、个体经营106个、股份有限公司88个、独资经营企业1个、外资企业2个、其他企业76个。

【地质勘查管理】　2012年，全省地质勘查投入持续增长，投入地质勘查资金9.2亿元，比2011年度有所增加。其中争取中央投资1.6亿元，省级财政投资3.5亿元，引导商业性投资4.1亿元。2012年省级实施探矿权、采矿权价款项目96个，新开81个，续作15个，投入地勘资金3.5亿元。完成的主要实物工作量：槽探211737立方米，钻探171506米。全省有效探矿权863个，共办理行政审批事项755宗。2012年新立地质勘查甲级资质20家、乙级资质50家，截至2012年底共有地勘资质单位110家。非常规能源勘查正式启动。2012年9月10日，国土资源部面向社会各类投资主体公开招标出让页岩气探矿权。本次招标共推出20个区块，总面积为20002平方千米，其中湖南省占5个区块，分别为湖南龙山页岩气区块、湖南保靖页岩气区块、湖南花垣页岩气区块、湖南桑植页岩气区块、湖南永顺页岩气区块，总面积4211平方千米。经过激烈竞标，共有五家公司成功竞标，这标志着我省非常规能源勘查取得实质性进展。

【资源储量管理】　2012年完成储量报告备案489个，矿业权评估报告备案127个，采矿权询价备案72个。全年共完成514个建设用地压矿项目的审批。发布了《湖南省部分矿种矿床一般工业指标（试行）》。地质资料信息服务集群化产业化（以下简称“两化”）工作积极推进。黄沙坪－宝山矿区（以下简称坪宝地区）“两化”试点工作顺利完成，建成了坪宝地区地质矿产综合数据库和三维空间模型，实现了地质资料信息集群和地质体三维显示与查询。根据行政管理和矿山生产需要，开发了相关服务产品。2012年新开了3个矿山、4个整装勘查区的“两化”项目。《湖南省地质资料信息服务集群化产业化项目可行性报告》、《长株潭城市群核心区三维城市地质调查与地质资料信息服务集群化产业化项目可行性报告》通过了部省联合评审。长株潭城市“两化”工作顺利推进。

（湖南省国土资源厅）

海　南　省

【矿产资源概况】　截至2012年底，海南省共发现各类矿产88种；经评价有工业储量的矿产70种。其中，已探明列入资源储量统计的矿产有62种、产地513处；已列入《2012年海南省矿产资源储量表》的有固体矿产56种（硫铁矿和伴生硫合为一种），矿区（井田、区块)267 个,产地 392 处。其中金属矿产 18 种,矿区(井田、区块)115 个,产地 217 处;非金属矿产(包括煤、油页岩)38 种,矿区(井田、区块)152 个,产地 175 处。

海南省矿产资源种类比较齐全且资源储量相对丰富。在探明储量的 62 种矿产中,保有资源储量列全国前十位的矿产有:玻璃用砂(1)、锆英石砂矿(1)、钛铁矿砂矿(1)、饰面用花岗岩(4)、油页岩(4)、蓝宝石(4)、富铁矿(6)、高岭土(8)、红柱石(9)、铝土矿(10)等。此外,还有丰富的饮用天然矿泉水、医疗热矿水等;具有优势的矿产资源主要有海洋石油、海洋天然气、富铁矿、锆英石砂矿、钛铁矿砂矿、玻璃用砂、饮用天然矿泉水、医疗热矿水等;具特色和比较优势的矿产资源有高岭土、黄金、饰面用花岗岩、蓝宝石、钴、油页岩、石墨等。

【地质勘查资金投入】 1. *地质勘查单位*。2011 年海南省开展地质勘查单位共有 26 个(含 6 个外省地质勘查单位),本省有地勘单位 20 家,其中国有地勘单位 16 家,隶属于海南省地质局;其他地勘单位 4 家。现有在职人员 2184 人,其中地质勘查从业人员有 1449 人。具有地质勘查资质的单位有 20 家。

2. *地质勘查资金投入*。2012 年海南省内实施各类地质勘查项目共计 390 项,投入资金共 33647.42 万元,同比 2011 年(33290.3 万元)增加 512.5 万元,增加了 1.07%。

资金来源:中央财政 4135.26 万元,占总量的 12.28%,同比减少 7.75%;地方财政 1311.56 万元,占总量的 3.89%,同比减少 76.04%;社会资金 28200.6 万元,占总量的 83.81% 同比增长 20.86%。

资金投向:矿产资源勘查项目 321 项(矿种 21 种),共投入各类地勘经费 30115.02 万元,占总量的 89.5%,同比 2011 年(25763.13 万元)增加了 4351.89 万元,增加了 16.89%;实施基础地质调查项目 8 项,投入经费共 1068.32 万元,占总量的 3.18%,同比 2011 年(1720.9 万元)减少 652.58 万元,减少了 37.92%;实施水工环地质调查评价项目 50 项,共投入经费 1592.08 万元,占总量的 4.73%,同比 2011 年(5559.77 万元)减少 3967.69 万元,减少了 71.36%;地质勘查科技研究项目 11 项,投入经费 872 万元,占总量的 2.59%,同比 2011 年(224.5 万元)增加 1254.2 万元,增加了 288.42%。

【矿产资源勘查】 1. *矿产资源勘查的投资和工作量投入现状*。2012 年海南省实施野外工作省内各类矿产资源勘查项目有 32 项(矿种 21 种),共投入各类勘查经费 30115.02 万元(其中中央财政资金 4135.26 万元,地方财政资金 1311.56 万元,社会资金 28200.6 万元);2012 年共计完成钻探 120169 米,坑探 7429 米,槽探 42.5799 万立方米,浅井 1879 米。

主要矿种勘查资金和完成钻探工作量分别为:铁矿勘查项目 8 项,投入各类地勘经费 2904.86 万元(其中中央财政资金 400 万元,地方财政资金 251.26 万元,社会资金 2253.6 万元),完成钻探 26261 米、槽探 1.1705 万立方米;铜矿勘查项目 14 项,投入社会资金 930.61 万元,完成钻探 2305 米、槽探 1.9111 万立方米;铅锌矿勘查项目 95 项,投入社会资金 6916.23 万元,完成钻探 12491 米、坑探 238 米、槽探 12.6260 万立方米、浅井 300 米;钴矿勘查项目 4 项,投入社会资金 145.67 万元,完成槽探 0.1 万立方米、浅井 843 米;钨矿勘查项目 1 项,投入社会资金 180.73 万元,完成坑探 95 米、槽探 0.0563 万立方米;钼矿勘查项目 63 项,投入各类地勘经费 5864.43 万元(其中中央财政资金 200 万元,社会资金 5664.43 万元),完成钻探 17021 米、坑探 3119 米、槽探 11.4024 万立方米;金矿勘查项目 110 项,投入各类地勘经费 11687.46 万元(其中中央财政资金 868.76 万元,地方财政资金 239 万元,社会资金 10579. 7 万元),完成钻探 45742 米、坑探 3978 米、槽探 16.1418 万立方米、浅井 673 米;稀有矿产类勘查项目 8 项,投入各类地勘经费 892.71 万元(其中地方财政资金 164 万元,社会资金 728.71 万元),完成钻探 10988 米、槽探 0.0665 万立方米;化工建材及其他非金属类勘查项目 17 项,投入各类地勘经费 318.25 万元(其中地方财政资金 51.48 万元,社会资金 266.77 万元),完成钻探 2007 米、槽探 0.9448 万立方米,浅井 64 米。

2. *新增的探明矿产资源储量情况*。新增查明主要矿种资源/储量:铁—矿石量(333 及以上)0.2398 亿吨;钛铁矿砂矿—TiO_2(333 及以上)矿物 124.2791 万吨;锌—金属量(333 及以上)25974.03 吨;铅—金属量(333 及以上)14873.41 吨;钼—金属量(333 及以上)10443.28 吨;金—金属量(333 及以上)1.6549 吨;银—金属量(333 及以上)169.092 吨;锆—锆英石矿物(333 及以上)28.3633 万吨;饰面用花岗岩—矿石量(333 及以上)574.65 万立方米;高岭土—矿石量(333 及以上)830.82 万吨;玻璃用砂—矿石量(333 及以上)42605.3508 万吨;水泥配料用黏土—矿石量(333 及以上)970.98 万吨;砖瓦用砂岩—矿石量(333 及以上)1070.89 万立方米;建筑用砂—矿石量(333 及以上)343.58 万立方米。

2012 年完成阶段性勘查的矿产地 30 处:大型 4 处、中型 9 处、小型 17 处。新发现矿产地 9 处:其中大型1处、中型4处、小型4处。

【基础地质调查】 2012年海南省实施基础地质调查项目8个,投入经费共计1068.32万元,其中中央财政投入720万元,占总量的67.39%;地方财政投入348.32万元,占总量的32.61%。

其中:区域地质调查类项目共2个,投入中央财政资金共440万元;区域遥感地质调查项目2个,投入中央财政资金180万元;其他地质调查项目3个,投入中央财政资金448.32万元。

【水文地质、地质环境与地质灾害调查评价】 海南省开展水文地质、环境地质和地质灾害调查评价等项目50个,共投入经费1592.08万元,其中:中央财政1174.5万元,占总量的73.78%;地方财政187.5万元,占总量的11.78%;社会资金230.08万元,占总量的14.44%。分类项目实施情况见下述:

其中:水文地质调查评价类项目共6个,投入各类资金共601.58万元,其中中央财政资金共460万元,地方财政资金共100万元,社会资金共41.58万元。

环境地质调查评价类项目4个,投入各类资金共265万元,其中中央财政资金共250万元,地方财政资金共15万元。

地质灾害调查类项目37个投入各类资金共173.5万元,其中地方财政资金共276.61万元,社会资金共466.24万元。

海南省地下水监测点设立情况:累计设立水位监测点125个,水质监测点32个。由于历年来水井老化、市政工程破坏等原因,正在运行的水位监测点有34个,其中国家级点11个,省级点23个;正在运行的水质监测点有19个,国家级点9个,省级点10个。

累计设立地质灾害群测群防点96个,2012年度没有新设立。

【地质科技研究与技术创新】 2012年实施项目11项,投入资金额度872万元,其中中央财政资金772万元,地方财政资金70万元。

【地质工作社会化服务】 2011年海南省地质资料馆藏有1876种成果地质资料,资料图文数字化累计完成1876种,地质资料数字化完成1346种。馆藏资料利用481份,共6202件,为139人次提供了地质资料服务,上网查询675641人次。

【矿产资源开发利用】 2012年海南省共有持证开采矿山企业248家(不含油气、地热、矿泉水,下同),其中内资企业245家。港、澳、台商独资经营企业2家,中外合资经营企业1家。按矿山规模统计,大型46家,中型48家,小型146家,小矿8家。分别占矿山总数的18.55%、19.35%、58.8%、3.23%。

据统计,2012年全年开采30种矿产,2012年全年采掘原矿总量6537.11万吨,其中:铁矿石582.03万吨、钛铁矿砂矿520.1万吨(钛铁矿精矿4.6282万吨)、锆英石砂矿2235.87万吨(锆英石精矿2.0437万吨)、金矿44.7万吨(黄金1099.308千克),水泥用灰岩(含水泥用大理岩)矿石1564.81万吨,玻璃用砂矿78.77万吨。由于海南省对生产矿山进行清理整顿,矿山企业数比2011年大幅减少,海南省固体矿产采掘矿石量较2011年减少了588.96万吨,减少8.26%。

2012年海南省持证开采矿山企业完成工业总产值374983.1万元(现价)。其中能源矿产(煤炭)总产值176.4万元,占总产值的0.05%;黑色金属矿产开发总产值253457.7万元(铁矿总产值240699.76万元),占总产值的67.59%;有色金属开发总产值2300万元,占总产值的0.61%;贵金属开发总产值36776.07万元,占总产值的9.81%;稀有稀土金属矿产开发总产值26944.51万元,占总产值的7.19%;冶金辅助原料非金属矿产开发总产值1079.19万元,占总产值的0.29%;化工原料非金属矿产开发总产值365.5万元,占总产值的0.10%;建材及其他非金属矿产开发总产值53883.73万元,占总产值的14.37%。

2012年海南省持证开采矿山企业从业人员11604人,其中能源矿产(煤炭)从业人员168人,占总人员的1.45%;黑色金属开发从业人员5139人,占总人员的44.29%;有色金属矿产开发从业人员450人,占总人员的3.88%;贵金属开发从业人员1424人,占总人员的12.27%;稀有稀土金属矿产开发从业人员771人,占总人员的6.64%;冶金辅助原料非金属矿产开发从业人员66人,占总人员的0.57%;化工原料非金属矿产开发从业人员21人,占总人员的0.18%;建材及其他非金属矿产开发从业人员3565人,占总人员的30.72%。

2012年海南省持证开采矿山企业年利润148612.14万元,其中,黑色金属矿产年利润96006.8万元,有色金属矿产年利润0万元,贵金属矿产年利润35475.9万元,稀有稀土金属矿产年利润15331.32万元,冶金辅助原料矿产年利润569.98万元,化工原料矿产年利润365.5万元,建材及其他非金属矿产年利润862.64万元。与2011年相比,海南省持证开采矿山企业年利润减少37750.58万元,减少了26.21%。

2012年海南省矿产资源补偿费应收7811.51万元,实缴7143.84万元。全省采矿权使用费应收25.2万元,实缴25.05万元。

2012年海南省矿山企业个数下降，较2010年减少81个，这些矿山主要为海南省砂石黏土矿山开发整合中关闭或采矿许可证到期注销的砂石黏土矿山。与2011年相比，工业总产值、销售收入、利润总额均减少，铁矿产品产量增加3.32%，但铁矿产品平均销售价格下降约8.52%，产值减少36285.36万元，减少了13.1%，销售收入减少30469.58万元，减少了11.28%，年利润总额减少33866万元，减少了27.14%；黄金产量增加了9.2%，销售价格上涨11.11%，产值增加了13.88%、销售收入增加了11.63%、年利润总额减少了24.14%（部分矿山前期投入较大，产量少）；锆英石精矿产量增加了4.15%，平均销售价格上涨约8.01%，其产值增加了26.23%、销售收入增加了1.61%、年利润总额增加了120.74%。

为了保护和合理利用矿产资源，提高资源利用效益，近年海南省开展了整顿和规范矿产资源开发秩序工作，编制了矿产资源开发利用规划，积极稳妥地推进矿产资源开发整合工作。2012年，海南省矿业秩序治理整顿已初见成效，关闭了部分无采矿许可证的小矿，海南省小矿数量近两年来显著减少，各类矿产资源开发利用经济效益较大提高。

【地质矿产勘查管理】 1. 探矿权登记发证情况。2012年受理勘查登记201宗，其中延续174宗，变更15宗，转让3宗，抵押1宗，保留4宗，注销4宗。2012全年共投入各类勘查经费33647.42万元(其中中央财政资金4135.26万元，地方财政资金1311.56万元，社会资金28200.6万元)；2012年共计完成钻探120169米，坑探7429米，槽探42.5799万立方米，浅井1879米。

2012年受理勘查登记201宗，其中延续174宗，变更15宗，转让3宗，抵押1宗，保留4宗，注销4宗。2012全年共投入各类勘查经费33647.42万元（其中中央财政资金4135.26万元，地方财政资金1311.56万元，社会资金28200.6万元）；2012年共计完成钻探120169米，坑探7429米，槽探42.5799万立方米，浅井1879米。

2. 开展勘查项目年检工作。至2012年底，海南省共有固体矿产探矿权404宗，登记面积7524.16平方公里，其中部级发证22宗，省级发证382宗。2011年度应检探矿权404宗，实检404宗，年检率100%；全省实地抽查163宗，抽查率40.35%。

【矿产资源开采的监督管理】 1. 采矿登记发证情况。2012年度受理采矿登记32宗，其中新立5宗，延续6宗，变更2宗，注销2宗，抵押5宗，开发利用方案备案12宗。市县发证6宗。

2. 矿山年检和矿产督察工作。2012年度，海南省持有采矿许可证的矿山总数为369个（含油气、地热、矿泉水），部、省级发证103个，市、县级发证266个。应参加年检的矿山260个，实际年检矿山260个，年检率100%，抽检矿山227个，抽检率87.31%。需要限期整改的矿山21宗，其中，部省级矿山4宗，市县级矿山17宗，对年检不合格的矿山责令限期整改。

3. 核查处理非法采矿行为。2012年度，海南省查处乱采滥挖、浪费资源、破坏环境等矿山违法采矿行为61起，罚没款172.09万元，追缴矿产资源补偿费19.4310万元；查处侵权越界行为24起；注销采矿许可证63个，吊销采矿许可证0个，刑事处罚0起。

【地质灾害防治】 1. 进一步贯彻落实国务院《关于加强地质灾害防治的决定》，起草了《海南省人民政府关于进一步加强地质灾害防治工作的意见》，并经省政府颁发实施。该意见进一步明确了海南省地质灾害防治工作的总体要求和目标，进一步健全地质灾害防治保障机制，全面推进海南省地质灾害的调查评价体系、监测预警体系、防治体系和应急体系建设。我厅和省气象局签订了《关于深化地质灾害期限预警预报工作合作协议》，进一步完善信息共享、业务合作和联合科技攻关等机制，提升地质灾害气象预警预报能力和水平。继续推进地质灾害群测群防“十有县”建设，促进群测群防体现建设的规范化和标准化，不断提升市县地质灾害防治能力，确保人民群众生命财产安全。至2012年底，海南省除新建的三沙市外，其余18个市县均达到国土资源部制定的“十有县”建设标准。

2. 做好地质灾害群测群防和预警预报。2012年，海南省对已发现记录在案的333处地质灾害隐患点全部明确了群测群防员（防灾责任人和监测责任人），加强了对隐患点的巡查、监测、预防，在汛期做到了汛前排查、汛中巡查、汛后复查；海南省国土环境资源厅和海南省气象局共发布地质灾害气象预警预报4次三级、2次四级。2012年海南省无地质灾害灾情和险情情况。

3. 加强地质环境调查与地质灾害防治。积极推进“海南岛国际旅游岛地质环境保障工程”省部合作项目，争取中央财政资金2800万元，开展了海南国际旅游岛水文地质工程地址调查评价、海南岛（北部）地下水资源潜力调查评价、海南岛活动断裂与区域地壳稳定性调查评价等项目。海南省财政投入资金440.3万元，开展了琼中县什运方板村滑坡治理等5个地质灾害治理项目；投入资金223万元，开展了海南岛（五指山、保亭)1:5地质灾害详细调查,为防灾减灾提供基础依据。

4. 做好地质灾害危险性评估和资质管理工作。2012年完成建设项目用地地质灾害危险性评估备案88宗。审批地质灾害危险性评估及治理工程勘查、设计、施工、监理等资质39宗(其中新设4宗,升级5宗,延续30宗)。

【矿山地质环境管理】 1. 2012年9月25日,海南省人大修改《海南省矿产资源管理条例》,在条例中增加了"矿山地质环境保护与治理恢复"专章,提升了我省矿山地质环境管理的法律地位。条例明确了采矿权人的矿山地质环境保护与治理恢复的法定义务,明确了采矿权人在实施开采前必须编制《矿山地质环境保护与治理恢复方案》、缴纳保证金,强调了矿山地质环境保护与治理恢复应当与矿产资源开采活动统一规划、统筹实施,将全面推进海南省矿山地质环境保护与治理恢复工作。与此同时,开展了矿山地质环境保护与治理恢复保证金管理的调研,并形成了调研报告,将在此基础上探索出台保证金管理办法。

2. 加强矿山地质环境恢复治理。2012年海南省财政投入资金197.1万元,开展矿山地质环境治理项目2个,计划治理面积50.5亩。至2012年底,已完成治理项目10个,完成治理面积1527.21亩。尚有20个项目还在实施过程中。

3. 做好地质遗迹保护管理工作。完善海南省级地质公园管理制度,推进保亭七仙岭、儋州石花水洞及观音洞等省级地质公园建设,探索以市场化模式促进地质公园开发利用,促进当地旅游业发展。2012年,海南省设立地质遗迹保护项目1个,投入财政资金197.7万元。

【矿产资源储量管理】 2012年,海南省进入省级储量统计的资源储量报告评审备案49份,其中新增探明资源储量报告22份。新增固体矿产地20处。主要矿产新增资源储量:铁矿849万吨、金矿714千克、银矿299吨、铜矿8934吨、钛铁矿123万吨、锆英石27万吨、钼矿10117吨、铅矿105148吨、锌矿277183吨、玻璃用砂42604万吨、高岭土1605万吨。

1. 把好资源储量"入口关",做好储量报告评审备案工作。2012年,海南省进入省级储量统计的资源储量报告评审备案49份,其中新增探明资源储量报告22份。新增固体矿产地20处。主要矿产新增资源储量:铁矿849万吨、金矿714千克、银矿299吨、铜矿8934吨、钛铁矿123万吨、锆英石27万吨、钼矿10117吨、铅矿105148吨、锌矿277183吨、玻璃用砂42604万吨、高岭土1605万吨。

2. 开展矿产资源储量利用调查工作。进一步掌握海南省矿产资源储量家底,为矿业权管理、矿产资源规划、保护与合理利用矿产资源提供科学依据。至2012年底,海南省已按照国土资源部的要求全面完成了煤炭、铁、锰、铜、铅、锌、铝土矿、钼、金等17种矿种,以及省级自选增加的水泥用灰岩、钛铁矿、锆英石、玻璃用砂、饰面花岗岩等5个矿种共127个矿区的储量利用核查工作任务,编制《海南省矿产资源利用现状调查报告》,并按要求进行了单矿种的资源储量成果汇总,建立了核查数据库,将核查数据与储量表数据的衔接。经国土资源部组织专家评审验收,2012年12月20日下发了《关于海南省矿产资源利用现状调查工作的验收意见》(国土资储函〔2012〕77号)。认为,海南省矿产资源利用现状调查工作组织及总体成果符合相关要求,成绩优秀。总体评价为良好。

(海南省国土环境资源厅 陈 冠)

重庆市

【矿产资源概况】 截至2012年底,重庆市已发现69种矿产,占全国172种矿产的40.1%;具有查明资源储量的矿产60种(能源矿产4种、金属矿产15种、非金属矿产39种、水资源矿产2种),占全国159种的37.7%。重庆市部分固体矿种保有资源储量,详见表1。

表1 截至2012年底重庆市部分固体矿种资源储量汇总表

矿种	统计对象	单位	保有资源储量
煤炭		亿吨	41.07
铁矿	矿石	亿吨	3.22
锰矿	矿石	万吨	5016.69
铝土矿	矿石	万吨	9393.00
岩盐	矿石	亿吨	51.31
矿种	统计对象	单位	保有资源储量
锶矿	天青石	万吨	248.47
镁矿	矿石	万吨	7739.20
毒重石(钡矿)	矿石	万吨	1950.67
重晶石	矿石	万吨	800.18

续表 1

铅	金属量	吨	102100.00
锌	金属量	吨	315000.00
粉石英	矿石	万吨	1775.00
水泥用灰岩	矿石	亿吨	51.70
普通萤石	矿石	万吨	49.03

【地质勘查】 2012 年,重庆市地质勘查年度安排资金总额 4.12 亿元,其中,中央财政安排资金 0.53 亿元,占总额 13%,市级财政安排资金 2.87 亿元,占总额的 70 %,区县垫资和社会投入资金 0.72 亿元,占总额的 17%。其中,基础性、公益性地质调查投入 0.45 亿元,占总额 10 %;矿产资源勘查投入 2.66 亿元,占总额 65 %;水工环地质调查评价项目 0.73 亿元,占总额的 18%;地质科研 0.28 亿元,占总额的 7%(图 1)。

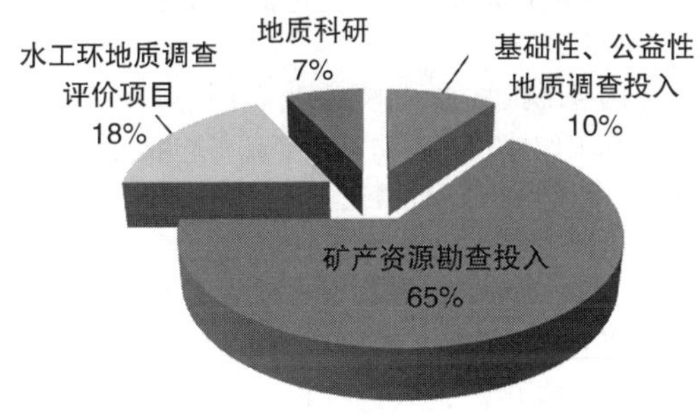

图 1　2012 年重庆市地质勘查安排资金总额分配情况

获批中央财政国外矿产资源风险勘查专项资金项目 13 项,争取补助资金 4227 万元,支持重庆市博赛矿业(集团)有限公司在加纳阿瓦索开展红土型铝土矿勘查,川东南地质大队、205 地质队在赞比亚,埃塞俄比亚、格鲁吉亚开展铁、铜、钴、金等贵金属勘查。

2012 年,重庆市共实施矿产资源勘查项目 267 项(其中能源矿产 65 项,黑色金属 33 项,有色金属 35 项,化工建材及非金属 24 项),提交矿产地 28 处,其中大中型 8 处。按工作程度分普查 15 处,详查 13 处。

2012 年,新增查明矿产资源储量主要有:煤炭 27745 万吨,其中 333 以上资源量 14471 万吨;硫铁矿 614 万吨,其中 333 以上资源量 194 万吨;铁矿 357 万吨,其中 333 以上资源量 121 万吨;含钾页岩资源量 6812 万吨;锰矿 333 以上资源量 486 万吨;水泥用石灰岩 333 以上资源量 55303 万吨。新增地热水井 4 口,单井水温大于 40 度,水量大于 900 立方米/天。

【矿业权证发放】 截至 2012 年末,市级有效的勘查许可证和采矿权证共 997 个。市级有效的勘查许可证 125 个,其中,渝东南 39 个、渝东北 58 个、一小时经济圈 28 个。2012 年颁发勘查许可证 62 个,其中,新立 7 个、延续 39 个、保留 13 个、变更 3 个。市级审批的有效采矿权许可证 872 个,其中,新立 7 个、变更 98 个、延续 91 个。

【矿业权市场】 2012 年,市级批准采矿权转让 5 宗,转让合同价款 893.97 万元。全市采矿权出让 490 宗,共征收采矿权价款 2.92 亿元,其中市级共出让采矿权 83 宗,采矿权价款合同金额 2.68 亿元,地质矿产勘查周转金合同金额 2.21 亿元。重庆市征收入库矿产资源补偿费 1.76 亿元。

【矿产资源专项收入征收】 2012 年,重庆市矿业市场受经济下行压力影响呈现下滑趋势,主要矿产品价格下降,矿产品需求减少,社会资本对矿业投资趋缓,部分矿山企业减产停产,并且全市煤矿资源整合工作集中在 2011 年完成,绝大部分煤矿采矿权在 2010 年和 2011 年集中进行了出让,2012 年采矿权出让数量大幅减少,矿产资源专项收入呈下降趋势。通过积极有序投放采矿权,进一步规范协议出让,加强矿产资源补偿费征收,追缴滞纳金等方式全力征收矿产资源专项收入。2012 年,实际到账采矿权价款 2.85 亿元,市级周转金(采矿权出让综合成本)2.12 亿元;矿产资源补偿费市级征收入库 8558.49 万元,占入库总数的 48.6%,有力地保障了地质矿产勘查工作。

【矿产资源执法检查】 2012 年立案 109 件。按违法主体划分,个人违法 77 件,企事业单位违法 32 件。

2012 年共结案件 106,结案率 97.3%;其中无证开采 58 件,越界开采 42 件,非法转让采矿权 2 件,越界勘查 1 件,不按规定缴纳矿产资源补偿费 3 件;吊销采矿许可证 5 件,罚没款 835.57 万元(图 2)。

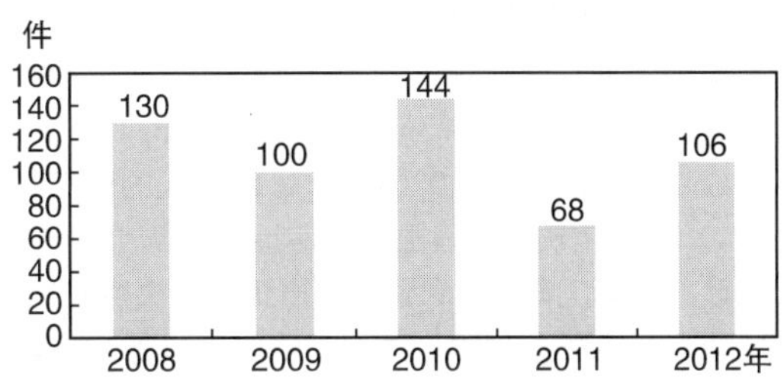

图 2　2008 ~ 2012 年重庆市矿产资源违法案件查处情况

【页岩气勘探开发管理】 自 2009 年重庆启动页岩气勘探开发工作以来,重庆市大力推进页岩气勘探战略行动,配合国土资源部将页岩气申报为新的独立矿种,推动页岩气勘探开发工作迈上新台阶并取得显著成效,走在全国前列。

成立了全国省级国土资源主管部门的首个油气管理处,主要负责石油、天然气、煤层气、页岩气勘查、开发利用与保护的监督管理工作。具体职责:一是代表市国土房 管局协调、解决在油气勘查开发过程中征地拆迁等环境;二是收集地质资料,在已闭坑的废井出现喷涌、溢出时,代表市政府协调中石油、中石化堵井,并加大监测 和排查,杜绝安全隐患;三是受国土资源部的委托,协调油气的开发,督促形成探采一体化。探索引进、协调有实力、有技术的国有企业参与我市油气勘查开发;四是作为国土资源部的油气督察员,代表国家履行油气监督管理职能,督促中石油和中石化加大在我市油气勘查开发的投入;五是完成市政府和国土资源部交办的其他 任务。

2012 年,配合部油气中心完成了对全市页岩气资源潜力的初步评价,全市页岩气地质资源潜力 12.75 万亿方立方米、可采资源潜力 2.05 万亿方立方米,列全国第三。确定页岩气为全市找矿突破战略行动的重要矿种,经市政府批复同意后,已上报国土资源部备案。

实施页岩气勘探示范工程,成功钻探了重庆市和全国国土资源系统的第一口页岩气评价井“黔页 1 井”,点火成功并获得工业气流,取得了渝东南页岩气勘探重大突破;协调中石化、中石油加大页岩气勘查示范力度,涪陵、彭水、梁平、永川等地页岩气勘探获得工业气流;获批筹建“国土资源部页岩气资源勘查重点实验室”;组织重庆企业成功竞得 3 个页岩气区块探矿权;引进斯伦贝谢技术服务公司和国开投、华能等企业,奠定了页岩气大规模勘探开发基础。

【地质环境与地质灾害防治】 1. *地质灾害防治*。截至 2012 年底,重庆市已排查出地质灾害隐患点 1.7 万余处。2012 年,全市共发生地质灾害 255 起,同比增长 91.7%,其中滑坡 179 起,崩塌 61 起,泥石流 11 起,地面塌陷 4 起。地质灾害造成 21 人死亡、7 人受伤,造成直接经济损失约 1.36 亿元,同比增长 112.0%。全年成功预报地质灾害 32 起,避免 1020 人的伤亡。

2012 年,重庆市市国土资源房屋管理局会同重庆市财政局向国土资源部和财政部申请到中央财政地质灾害防治专项资金 1.99 亿元(三峡库区除外)。全年共安排中央、市级专项资金 2.55 亿元对 56 个重要地质灾害隐患点实施工程治理。

2012 年,重庆市共完成地质环境影响评估 1808 个,其中规划类 323 个,建设类 1485 个(一级 414 个,二级 477 个,三级 594 个)。

2012 年,重庆市连续第五年实施地质灾害防治搬迁避让“金土工程”。2012 年安排专项资金 3592.2 万元,对 25 个区县 546 个地质灾害隐患点内受威胁群众 17961 人进行了搬迁避让,超额完成了市委市政府下达的目标任务。2008 年至 2012 年,全市共搬迁避让受威胁群众 60877 人。

2. *三峡库区地质灾害防治*。2012 年,重庆市继续围绕“蓄降水地质灾害安全监测与防范、三期地质灾害防治收尾、后续工作地质灾害防治规划与实施”三大中心,坚持“治理项目不出现较大险情、搬迁避让项目不造成人员伤亡、风险管理的监测预警项目及新生突发地质灾害损失减小到最低限度”的工作要求,以奉节县、巫山县县城以及沿江顺层岸坡、人口密集的集镇为重点,特别是以奉节县安坪镇、武隆县羊角镇为重中之重,着力筑牢巡查排查、监测预警、专家驻守、应急处置、督察督办“五道防线”,进一步充实了技术支 撑和应急保障能力,保证了人民群众生命财产和长江航道安全,取得了重庆库区地质灾害防治连续 11 年“零伤亡”的成绩。

在国务院批复的《三峡后续工作规划》中,重庆市三峡后续工作地质灾害防治主要任务包括:崩滑体治理项目、库岸防护项目、搬迁避让项目、监测预警项目、高切坡治理项目、突发地质灾害应急处置项目以及科研项目。2011 年,国家预拨全市地质灾害防治年度项目实施资金 3.3 亿元。2012 年,重庆市分两批上报了年度项目实施方案,总投资约 17.86 亿元。

【地质环境监测和地质遗迹保护】 1. *“红层找水”民心工程和岩溶找水示范工程*。2012 年,重庆市在 17 个区县共实施浅机井 30090 口,解决了约 18 万人的饮水困难,超额完成市委、市政府下达的目标任务。

2012 年,重庆市在涪陵卷洞河岩溶流域(焦石片区)、彭水县乌江干流桑柘储水构造(桑柘片区)实施了岩溶地下水开发示范工程,共实施水文地质钻孔 14 口,解决约 2 万人的饮水困难。

2. *地下水动态监测*。重庆市共设地下水动态监测点 35 个,其中国家级监测点 13 个,市级监测点 22 个。分布于南岸、沙坪坝、北碚、铜梁、巴南、九龙坡、渝北、合川、长寿、武隆、万州等 11 个区县。

3. *地热资源*。重庆市已查明的温泉地热水达 120 处,其中:天然温泉 26 处,坑道温泉 16 处,钻井温泉 78 处。2012 年,全市加强了地热资源调控和管理,安排地热资源勘查项目 22 个(其中新开项目 13 个,续作项目 9 个),专项资金 7246 万元。

4. *地质遗迹保护*。2012 年,重庆国土资源房屋管理局和重庆市财政局联合下达了第一批市级地质遗迹保护项目5个,下达资金700万元。目前,5个项目均已开始了前期工作。

重庆市获得国土资源部批准的国家级地质公园共7个,其中3个已建成并揭碑开园;长江三峡(重庆)国家地质公园部分开园;重庆万盛国家地质公园已按期建成,于2012年10月通过国土资源部验收并正式命名(表2)。

表2　　重庆市地质公园一览表

序号	保护区名称	级别	所在位置	面积(平方千米)	批准时间(年)	开园时间(年)
1	重庆武隆岩溶国家地质公园	国家级	武隆县	454.70	2004	2005
2	长江三峡(重庆)国家地质公园	国家级	奉节县、巫山县	12500.00	2004	2010
3	重庆黔江小南海国家地质公园	国家级	黔江县	197.00	2004	2005
4	重庆云阳龙缸国家地质公园	国家级	云阳县	296.00	2005	2007
5	重庆綦江国家地质公园	国家级	綦江县	173.02	2009	2013
6	重庆万盛国家地质公园	国家级	万盛经开区	101.36	2009	2013
7	重庆酉阳国家地质公园	国家级	酉阳县	113.50	2011	

【矿山地质环境恢复治理】　2012年,经重庆市国土房管局和南川区积极向国土资源部申报,南川区成功申报第三批全国资源枯竭城市矿山地质环境恢复治理项目。2012年,重庆市国土资源房屋管理局和重庆市财政局联合下达了第一批市级矿山环境保护与治理项目,即重庆市南岸区南山片区采石场矿山地质环境恢复治理和重庆市渝北区玉峰山片区采石场综合治理项目,下达资金1350万元。截至2012年底,重庆市矿山企业共缴存矿山地质环境保护与恢复治理保证金约2.6亿元,缴存率已达到56.1%。

(重庆市国土资源房屋管理局)

四　川　省

【矿产资源概况】　截至2012年底,四川省已发现矿种135种,按亚矿种算为166种。具有查明资源储量的矿种有82种,按亚矿种计算为101种。

1. 能源矿产:4种,包括煤炭、石油、天然气、铀。

2. 金属矿产:35种,包括铁、锰、铬、钛、钒、铜、铅、锌、铝土、镁矿、镍、钴、钨、锡、铋、钼、汞、锑、铂族金属、金、银、铌、钽、铍、锂、锆、铷、铯、稀土(轻稀土矿)、锗、镓、铟、镉、硒、碲。

3. 非金属矿产:41种,亚矿种60种。包括盐矿、磷矿、硫铁矿、芒硝、菱镁矿、萤石(普通萤石、光学萤石)、石灰岩(水泥用灰岩、熔剂用灰岩、化肥用灰岩、电石用灰岩)、白云岩(冶金用白云岩、玻璃用白云石)、脉石英(冶金用脉石英、玻璃用脉石英)、石英岩(冶金用石英岩)、砂岩(冶金用砂岩、铸型用砂岩、玻璃用砂岩、水泥配料用砂岩、砖瓦用砂岩)、铸型用砂、黏土(耐火黏土、海泡石黏土、高岭土、陶瓷土、水泥配料用黏土)、膨润土、白垩、硅藻土、蛇纹岩(熔剂用蛇纹岩、化肥用蛇纹岩)、重晶石、毒重石、含钾岩石、钾盐、碘矿、溴矿、砷矿、硼矿、石墨、水晶(压电水晶、熔炼水晶)、滑石、石棉(石棉、蓝石棉)、云母、长石、石榴子石、石膏、玉石、页岩(砖瓦用页岩、水泥配料用页岩、含钾砂页岩)、水泥配料用泥岩、建筑用玄武岩、饰面用花岗岩、霞石正长岩、饰面用大理岩、砚石。

4. 水气矿产:2种,包括地下热水、矿泉水。

四川有查明矿产资源储量的(亚)矿种按以上四大类划分,其构成见图1。

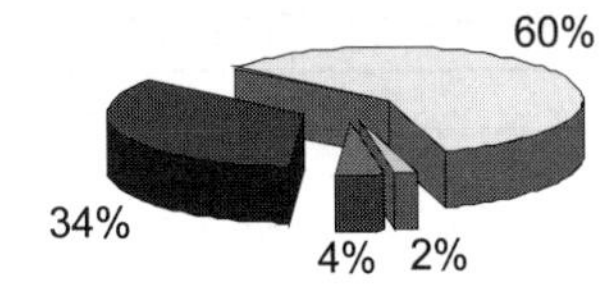

■能源矿产 ■金属矿产 □非金属矿产 ■水汽矿产

图1　四川省查明资源储量矿产种类构成

根据国土资源部《2011年全国矿产资源储量通报》的最新统计,四川省查明矿产资源储量的矿种中,根据矿种或同矿种的不同矿石类型,有36种在全国同类矿产中居前三位,有61种居前五位。

第一位:钒矿(V_2O_5)、钛矿(TiO_2)、锂矿(Li_2O)、砂金、硫铁矿(矿石)、芒硝(矿石)、轻稀土矿(氧化物总量2010年未纳入统计、据2009年统计资料)、盐矿

(矿石)、熔炼水晶(矿物)、光学萤石(矿物)、玻璃用脉石英(矿石)、饰面用石灰岩、铸型用砂岩、砚石、白垩、二氧化碳气,共16种。

第二位:天然气、天然沥青、铁矿、铁矿、钴矿、铂钯矿(未分)、镉矿、化肥用石灰岩、石墨(晶质)、石棉(矿物),共10种。

第三位:铂矿(金属量)、钯矿(金属量)、锆矿(ZrO_2)、兰石棉(矿物)、锂矿(LiCl)、锂矿(锂辉石)、熔剂用石灰岩、毒重石、石榴子石(矿石)、溴矿,共10种。

第四位:富铁矿、富锰矿、镍矿、铍矿(BeO)、铯矿(Cs_2O),熔剂用蛇纹岩、富磷矿($P_2O_5>30\%$),碘矿、砖瓦用砂岩、海泡石黏土,共10种。

第五位:富铬矿、铂族金属(合计)、铍(绿柱石)、锗矿、磷矿、钾盐(KCl)、含钾岩石、铷矿(Rb_2O),硼矿(B_2O_3)、霞石正长岩(矿石)、玻璃用白云岩(矿石)、硅藻土(矿石)、建筑用玄武岩、云母(片云母)、建筑用页岩,共15种。

根据国土资源部《2011年全国矿产资源储量通报》的最新统计,四川省查明及开采利用的矿种,包括同一矿种的不同矿产形式,其查明资源储量在全国排前五位的矿产共有61种,其数量构成如图2。排全国第一位的16种矿产中,白垩为四川省独有,其查明资源储量占全国同类矿产总量的百分比见表1、图3。

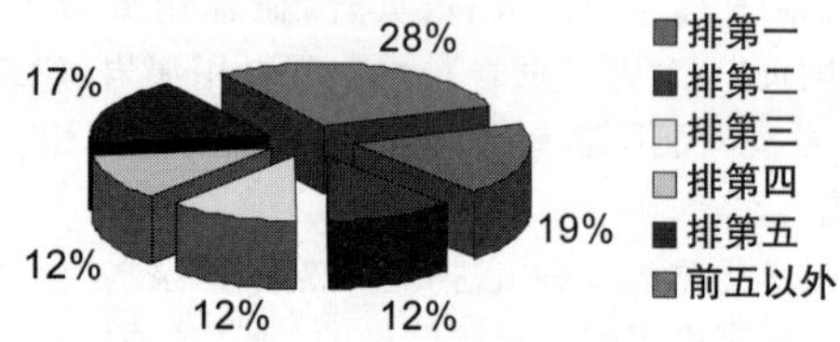

图2 2011年四川省有关矿产在全国排位构成

表1 四川省在全国排第一位矿产占全国总量的百分比

序号	矿种	资源储量单位	查明资源储量		百分比(%)
			全国	四川省	
1	白垩	矿石 万吨	3.5	3.5	100.00
2	砚石	矿石 万吨	5463,28	5432.74	99.44
3	钛矿	TiO_2万吨	70175.62	58899.62	83.93
4	盐矿	矿石 亿吨	247.34	180.48	72.97
5	光学萤石	矿物 千克	316.48	228.0	72.04

续表1

序号	矿种	资源储量单位	查明资源储量		百分比(%)
			全国	四川省	
6	芒硝	矿石 亿吨	259.65	186.82	71.95
7	锂矿	Li_2O 万吨	266.01	144.45	54.30
8	轻稀土矿	氧化物 万吨	433.1	174.3	40.24
9	钒矿	V_2O_5万吨	4934.01	1764.12	35.72
10	二氧化碳气	气 亿立方米	724.08	235.44	32.52
11	饰面用石灰岩	矿石 万m^3	14937.90	4489.00	30.05
12	铸型用砂岩	矿石 万吨	8232.27	2286.4	27.77
13	砂金	金,吨	475.52	127.75	26.87
14	熔炼水晶	矿物 吨	7140.00	1774.00	24.85
15	玻璃用脉石英	矿石 万吨	6435.17	1445.87	22.40
16	硫铁矿	矿石 万吨	567964.45	102091.44	17.97

【矿产资源年度统计】 至2012年底,除石油,天然气,铀矿,地下热水和矿泉水以外,具有查明资源储量,进入四川省查明矿产资源储量统计表的有96个矿种(表2),其矿产地分布于全省统计的2219个矿区。其矿产地数量按矿类分:煤622个,黑色金属矿288个,有色金属矿384个,贵金属矿161个,稀有及稀土金属83个,冶金辅助原料非金属矿70个,化工原料非金属矿232个,建材和其他非金属矿379处(表2),其构成见图4。

四川省天然气,石油,铀矿,地下热水,矿泉水等矿产的查明资源储量未参加上述统计。

【矿产资源年度变化】 根据年度统计,四川主要矿产的保有资源储量在2012年都有变化。其中,铁、钛、钒、银、芒硝矿、晶质石墨等矿产有所减少,煤、铜、铅锌、锂、轻稀土、磷矿、水泥用灰岩等矿产则有所增加,锰、铂族金属、金、岩盐矿、硫铁矿等基本无变化。其变化原因主要为开采消耗,有新增查明资源储量,核实重算对矿产保有资源储量数据的增减也有较大影响(图5~22)。

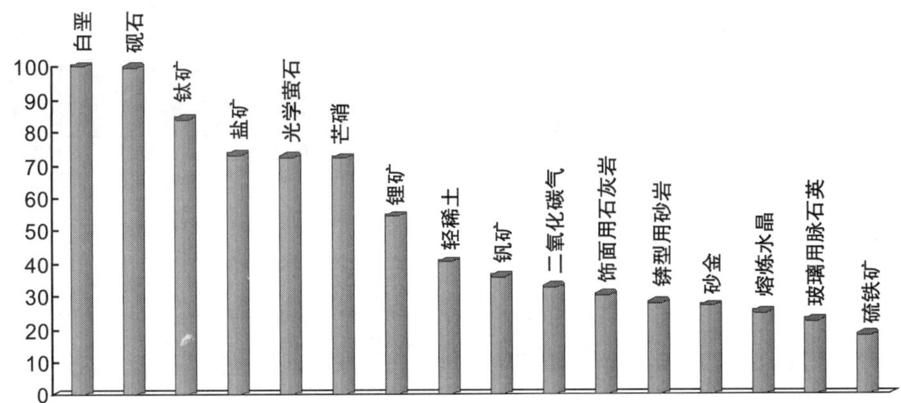

图3　四川在全国排第一位矿产查明资源储量占全国总资源储量百分比图

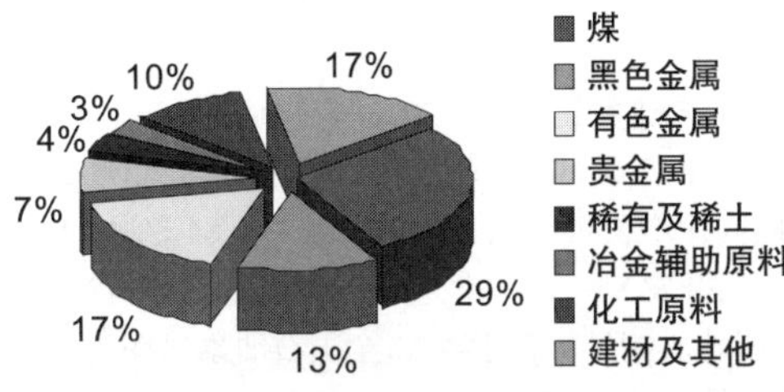

图4　2012年四川有查明资源储量矿产地数量构成

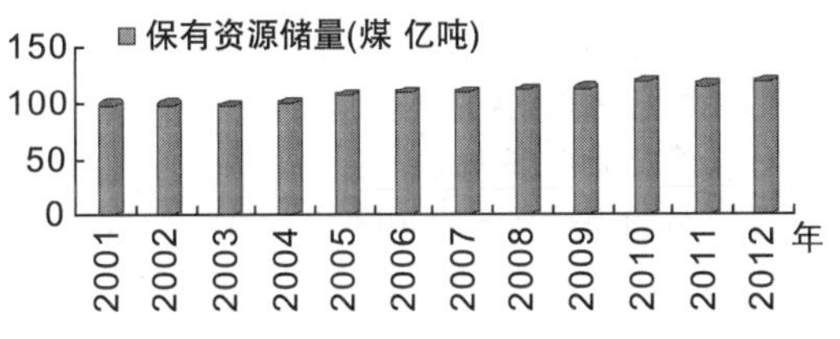

图5　煤

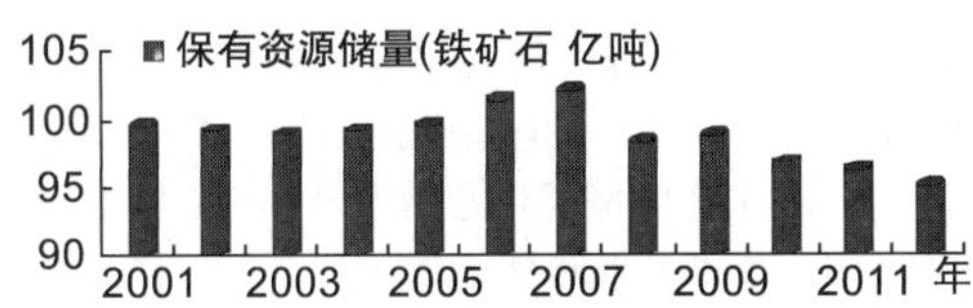

图6　铁矿

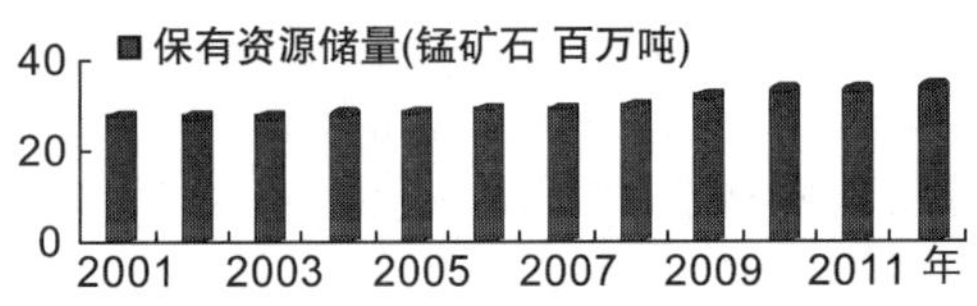

图7　锰矿

图8　钛（矿石 TiO_2）

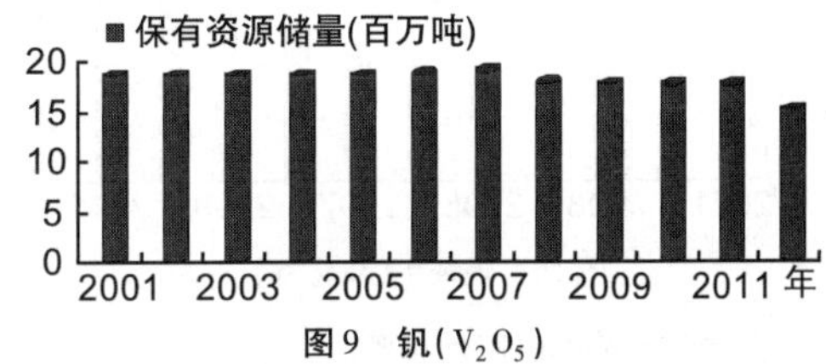

图9　钒（V_2O_5）

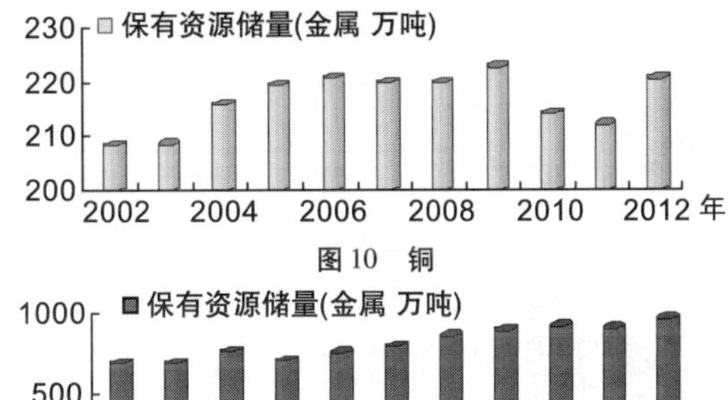

图10　铜

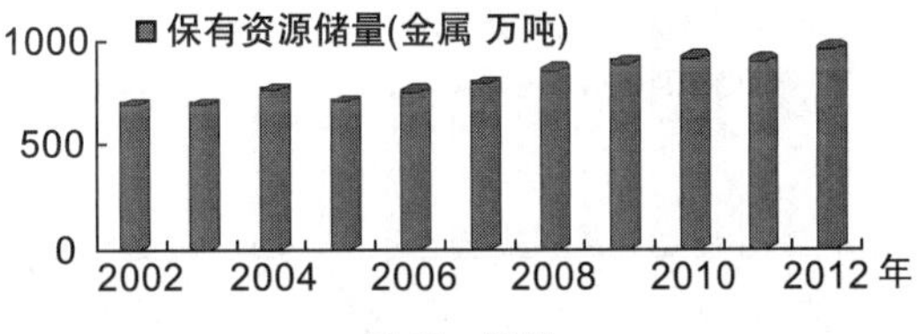

图11　铅锌

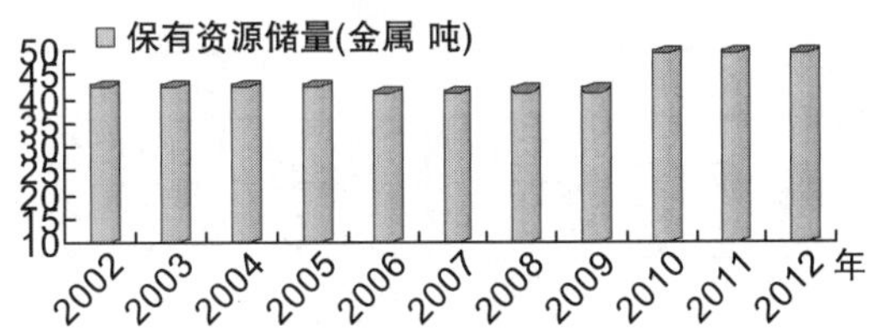

图12　铂族金属矿

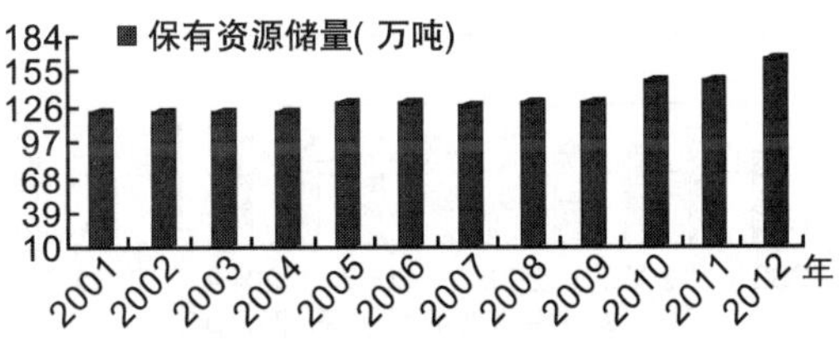

图13　锂（Li_2o）

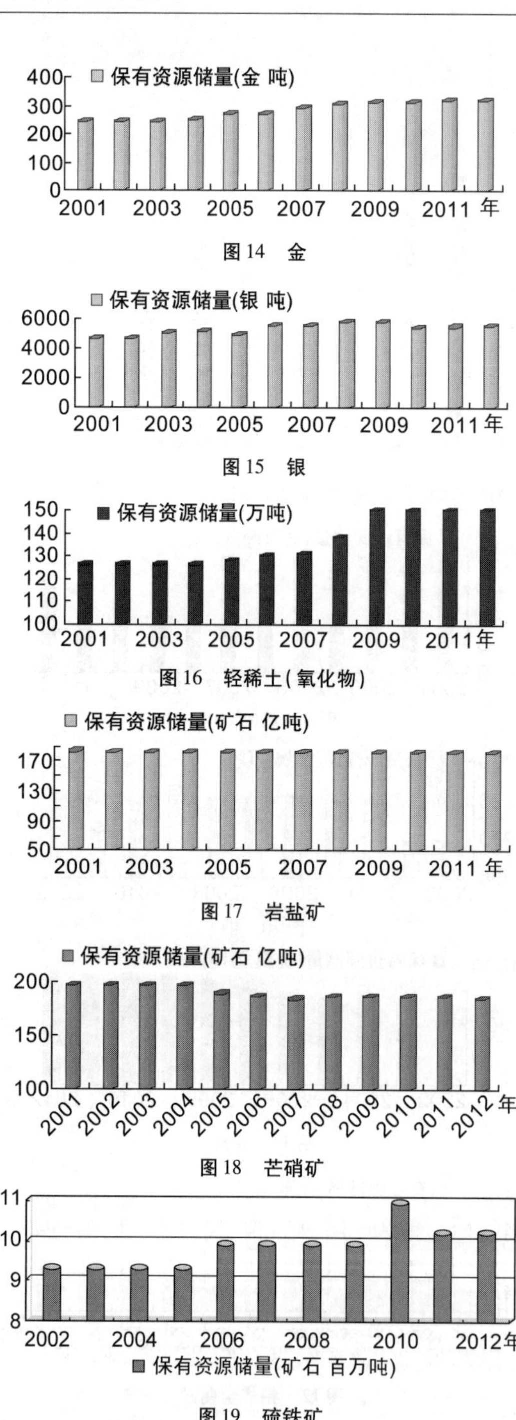

图14　金

图15　银

图16　轻稀土(氧化物)

图17　岩盐矿

图18　芒硝矿

图19　硫铁矿

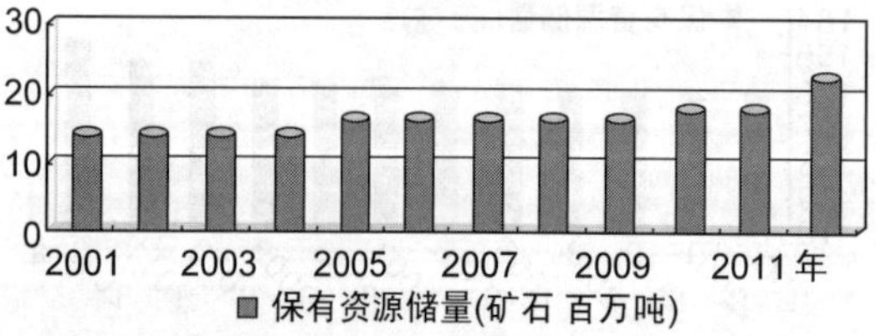

图20　磷矿

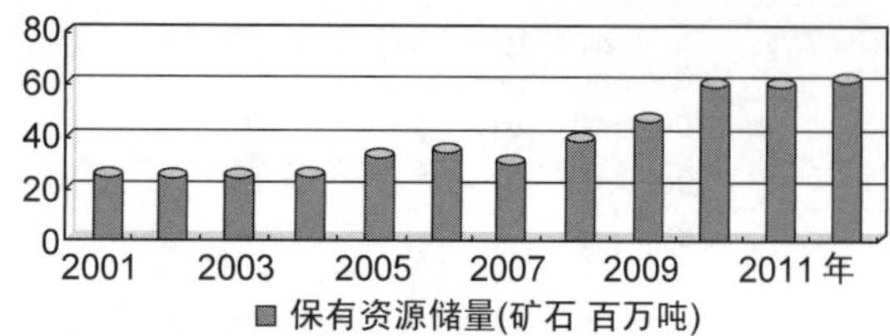

图21　水泥用灰岩

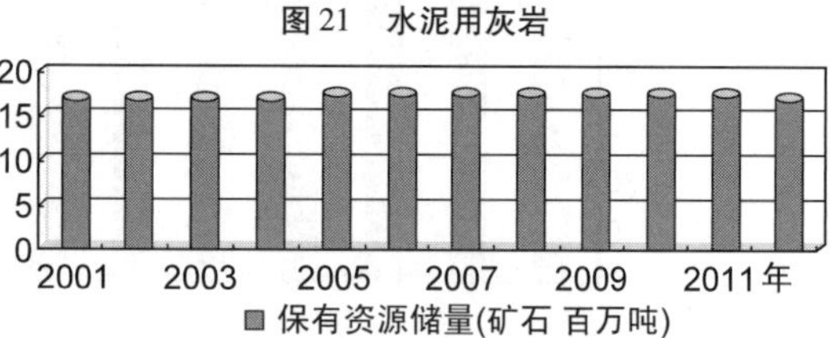

图22　晶质石墨

【能源矿产储量】　根据2012年全国油气矿产储量通报,截至2012年底,全国石油累计探明地质储量340.95亿吨,同比增长4.1%,其中已开发255.84亿吨,占总量75%,未开发85.11亿吨,占总量25%。四川省石油累计探明地质储量1.2亿吨,占全国石油累计探明地质储量的0.35%。其中已开发0.86亿吨,占全省总量的72%,未开发0.34亿吨,占全省总量的28%,四川省属于少油地区,其地质储量位居于全国前10名之外。但四川的天然气资源得天独厚。

1. 天然气资源:四川省为全国天然气中气层气资源较为丰富的地区之一。2012年全省气层气累计探明地质储量为21515.54亿立方米,占全国总量的23.8%。其中已开发8662.63亿立方米,占全国总量的17.2%;未开发12852.91亿立方米,占全国总量的32%。2012年四川省气层气累计探明技术可采储量为11962.98亿立方米,占全国总量的23.2%;累计探明经济可采储量9089.81亿立方米,占全国总量的22.7%;剩余技术可采储量9358.95亿立方米,占全国总量的22.5%;剩余经济可采储量6485.78亿立方米,占全国总量的21.6%。

2012年全国气层气新增探明地质储量8978.74亿立方米,同比增长38.4%。四川省2012年气层气新增探明地质储量3378.15亿立方米,占全国储量的37.6%。

2012年,全国气层气新增探明地质储量大于1000亿立方米的省(区)有3个,合计新增探明地质储量6898.76亿立方米,占总量的76.8%;新增探明技术可采储量3728.93亿立方米,占总量的76.3%;新增探明经济可采储量2789.58亿立方米,占总量的75.6%。四川是其中之一,并排第一位(表2、图23)。

表2　　2012 年全国凝析油新增探明地质储量大于100万吨的省(区或海域)　　单位:万吨

序号	省(区)	新增探明地质储量	新增探明技术可采储量	新增探明经济可采储量
1	四川	3378.15	1636.86	1137.49
2	陕西	1963.38	1159.15	863.11
3	新疆	1557.23	932.92	788.98

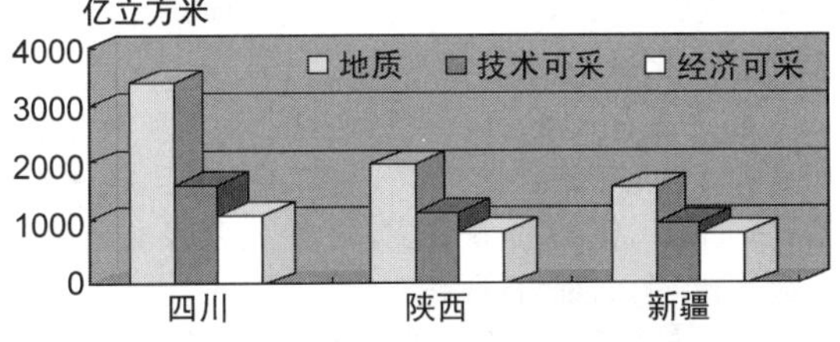

图23　2012 年新增探明气层气储量主要地区

2012 年全国新探明气层气地质储量大于 50 亿立方米的气田有 13 个,中石化西南成都,中石油西南龙岗,中石化勘探南方元坝和中石化西南新场在全国分别排名第二、第四、第五和第八位(表3)。

表3　　2012 年全国气层气新增探明地质储量大于100亿立方米的气田

单位:亿立方米

序号	气田名称	探明地质储量	探明技术可采储量	探明经济可采储量
1	中石油长庆靖边	2210.09	1326.04	1002.16
2	中石化西南成都	1652.07	745.66	473.92
3	中石油塔里木克拉苏	1542.72	925.76	782.22
4	中石油西南龙岗	720.33	459.96	369.38
5	中石化勘探南方元坝	597.66	268.00	194.43
6	中石化华北柳场堡	549.65	274.83	139.08
7	中海油湛江东方13－2	530.91	346.66	344.69
8	中石化西南新场	408.09	163.24	99.76
9	中石化华北大牛地	377.35	188.68	116.75
10	中海油上海黄岩1－1	82.89	53.07	51.89
11	中海油上海孔雀亭	76.64	34.83	34.69
12	中石化江汉建南	62.59	30.92	19.79
13	中海油上海黄岩2－2	54.69	17.34	17.03

2012 年,全国气层气剩余技术可采储量前 10 位的省(区,市或海域)合计有技术可采储量 40519.61 亿立方米、占全国总量的 97.2%;剩余经济可采储量 29496.27 亿立方米、占全国总量的 98.1%。四川省排名第一(表4、图24)。

表4　　2012 年全国气层气剩余技术可采储量前10位的省(区、市或海域)　单位:亿立方米

序号	省(区,市或海域)	剩余技术可采储量	剩余经济可采储量
1	四川	9358.95	6485.78
2	新疆	8954.24	7585.24
3	内蒙	8321.85	5079.67
4	陕西	6131.57	4267.83
5	南海海域	2082.89	1799.96
6	重庆	1928.31	1261.12
7	青海	1264.60	1123.60
8	黑龙江	1154.68	717.00
9	吉林	720.60	497.10
10	东海海域	595.92	577.28

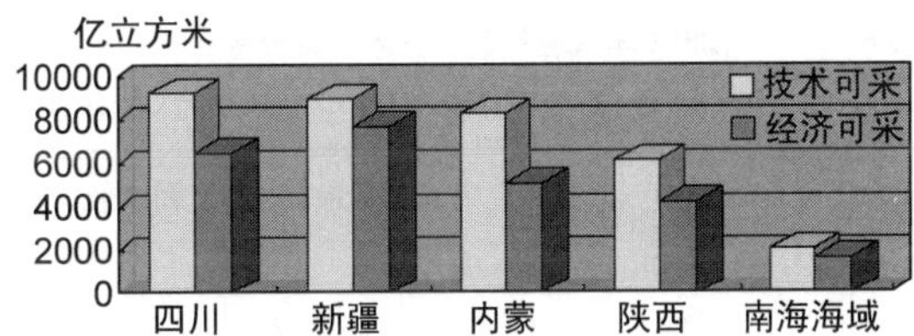

图24　2012 年全国气层气剩余技术可采储量前五位的省(区、市或海域)

以构造盆地统计,2012 年全国气层气剩余技术可采储量前 10 位的盆地合计技术可采储量 40758.74 亿立方米、占全国总量的 97.8%;剩余经济可采储量 29452.06 亿立方米,占全国总量的 99.0%,四川盆地排名第二(表5、图25)。

表5　2012 年全国气层气剩余技术可采储量前10位的盆地　　单位:亿立方米

序号	盆地名称	剩余技术可采储量	剩余经济可采储量
1	鄂尔多斯	14728.01	9486.29
2	四川	11337.85	7769.18
3	塔里木	7712.28	6689.42
4	松辽	1860.97	1201.07
5	柴达木	1264.60	1123.69

续表 5

序 号	盆地名称	剩余技术可采储量	剩余经济可采储量
6	莺歌海	963.39	855.87
7	准噶尔	951.36	812.58
8	珠江口	800.78	758.25
9	东海盆地	595.92	577.28
10	渤海湾	543.58	178.43

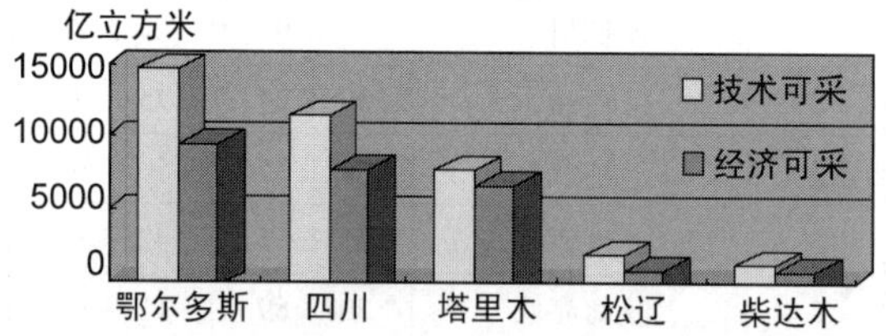

图 25　2012 年全国气层气剩余技术可采储量前五位的盆地

2012 年，全国有十大油田合计剩余技术可采储量 20901.70 亿立方米，占全国总量的 52.5%；剩余经济可采储量 15541.19 亿立方米，占全国总量的 51.7%（表 6、图 26）。十大油田中川渝地区就有 4 个。

表 6　　2012 年气层气剩余技术可采储量全国十大气田　　单位：亿立方米

序号	气田名称	剩余技术可采储量	剩余经济可采储量
1	中石油长庆苏里格	6108.26	3657.41
2	中石油长庆靖边	3596.76	2842.47
3	中石化勘探南方普光	2471.46	2206.98
4	中石油塔里木塔中 1 号	2145.30	1758.45
5	中石化华北大牛地	2018.64	1025.17
6	中石油塔里木克拉圾 2	1441.58	1310.71
7	中石化勘探南方元坝	1193.23	759.76
8	中石油西南合川	1004.56	542.28
9	中石油塔里木迪那 2	992.61	968.88
10	中石油西南安岳	929.30	469.08

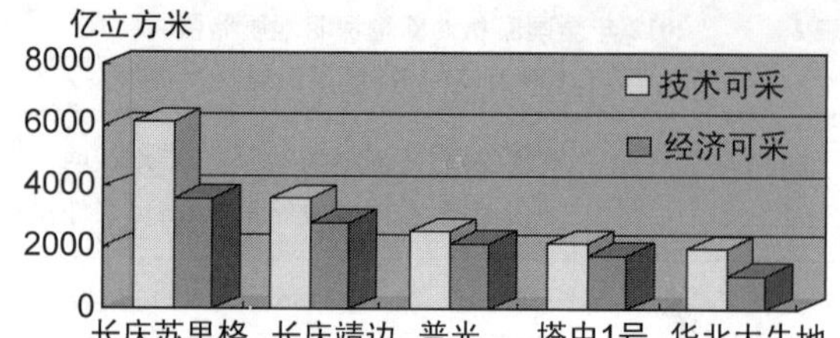

图 26　2012 年全国气层气剩余技术可采储量全国十大气田前五位

【四川矿产资源特点】　1. *矿产资源的分布*。形成了三大资源集中区。① 盆地和盆周地区：盆地内以能源、非金属矿产为主，如煤矿、天然气、石油、盐、芒硝、石膏、玻璃用砂岩、水泥用灰岩及配料，膨润土等；盆地周边地区以化工、有色金属矿产为主，如磷矿、硫铁矿、砂金、岩金、锰矿、铝矿、铅锌矿、铜矿及非金属矿产萤石、石棉、钾长石、花岗岩、大理岩等矿产。

② 攀西地区：以黑色金属、有色金属矿产为主，如钒钛磁铁矿，铅锌矿、铜矿、锡矿、岩盐、石墨、冶金辅助原料、稀有金属、稀土等矿产。

③ 川西高原地区：以贵金属、稀有金属矿产为主，如金矿、银矿、铂族金属、镍矿、锂矿、铌矿、钽矿、铀矿、铅锌矿、铜矿、锡矿、汞矿，还有褐煤、泥炭及非金属矿产水晶、云母、石棉、石膏等。

2. *矿产资源的特点*。① 矿种齐全，总量丰富，但部分矿产人均资源占有量低。

能源、黑色、有色、稀有、贵金属、化工、建材矿产均有分布，其中天然气、钛矿、钒矿、硫铁矿、芒硝，盐矿等资源储量巨大；煤、铜、铅、锌、镍、汞 6 种主要有色金属及贵金属人均占有量低于全国平均水平；石油、铝、铜、钾等查明资源储量明显不足。

② 大型、特大型矿床分布集中，有利于形成综合性的矿物原料基地。

矿产资源多分布在三大资源集中区，交通方便，配套程度较高，有利于开发建设。如攀西的铁、钒、钛、轻稀土、铜、铅、锌；川南的盐、无烟煤、磷矿；成都及相邻地区的芒硝、磷矿、石材；川西高原的有色、稀有金属；四川盆地的天然气等，为建立各具特色的区域经济提供了资源条件。

③ 共、伴生矿产多，有综合利用价值，但采、选、冶有一定难度。

黑色、有色、稀有、贵金属矿床 60% 以上伴生有多种有益元素或共生矿产，如攀西地区的钒钛磁铁矿，川西高原的银多金属矿，川南的煤、硫、高岭土、黏土矿共生等。综合开发利用这些矿产将大大提升矿产业的经济效益，但也增加了采，选，冶工艺难度。

④ 重要矿产富矿不足，但具有良好的找矿前景。部分重要矿产富矿查明资源储量占总量的比例为：富铁矿，0.79%；富锰矿，15.17%；富硫铁矿（S≥35%），0.08%；富磷矿（$P_2O_5>30\%$），6.35%；低硫煤及炼焦用煤仅占煤查明资源储量的四分之一。但四川成矿地质条件优越，有关单位对省内煤，天然气，铁，铜，铅锌，金等 20 种重要矿产的研究预测认为，这些矿产具有良好的资源潜力。

【矿产资源储量管理】 1. 资源储量管理专项工作。2012年,四川省全面完成全部24个矿种936个矿区核查工作,在规定期限内提交了成果报告和数据库,完成各项成果审查;全面完成单矿种汇总成果和数据库上报,并通过全国项目办审查,取得优秀12项,良好4项的好成绩。其中,古叙和筠连两个煤炭国家规划矿区核查成果通过部验收,综合成绩为优秀。

取得的主要成果是:基本摸清了四川省煤、铁、铜、铅、锌、铝土矿、锂、稀土、金、银、磷、钾盐等24个矿种的资源储量家底,分析了其查明资源储量,保有资源储量,消耗资源储量及压覆资源储量的数量,类型,质量,分布和占用状况。理清了矿业权与上表矿区的归属关系,清理和纠正了重复上表矿区及储量库中个别矿区存在的错误。建立了全省935个核查矿区和24个矿种省级汇总的MAPGIS二维半图形空间数据库和ACCESS数据库,为矿产资源储量动态监管支持系统提供了平台。形成了935个核查矿区的资源储量核查成果报告和24个单矿种省级汇总成果报告及其附图,附表以及电子文档,为四川省矿产资源勘查,开发,科研,管理等提供了系统,完整,丰富,可靠的基础资料。通过矿区核查成果数据库与原储量数据库的衔接,更新了原储量数据库。培养和锻炼了人才,熟悉了地质勘查规范,积累了经验。

2. 矿产资源储量评审、备案登记、统计及压覆矿产资源审查。2012年就储量评审过程中发现的120余处问题,提出整改要求和建议近百条,发送书面整改函一件。特别是在攀枝花市正金工贸有限责任公司肖家湾煤矿和达州万源市永盛煤矿发生瓦斯爆炸事故后,通过查漏洞,找差距,对评审工作中存在的问题和不足进行了整改。为了加强储量评审备案和储量登记统计工作,建立了储量工作"一票否决"的工作关联机制和制度,不完成相关储量工作程序,不得批准探矿权、采矿权申请。有效促进了储量管理工作。

① 矿产资源储量评审。2012年,四川全省办理完成各类储量评审备案171份。另外,对全部20个违法开采矿山(点)破坏矿产资源的储量调查报告按程序进行了合规性审查,鉴定。

四川省省矿产资源储量评审中心2012年共完成储量报告113个,其中,勘查新矿产区报告41个(图27)。全年完成的各类评审项目中,涉及盐、锌、煤、铁、磷、金等多个矿种,其中煤矿60个、铁矿10个、金矿7个、铜矿2个、锌矿1个、稀土矿1个、盐矿4个、芒硝矿1个、铅锌矿11个、锂辉石1个、铝土矿1个、铜锌矿1个、石灰岩1个、磷矿3个、矿泉水2个、铂镍矿2个、铜金矿1个、锑矿1个、铜铁矿1个、硫铁矿2个。完成的41个新勘查矿区的报告评审中,煤矿3个、铁矿5个、柏锰矿1个、锡铁矿1个、铅锌矿6个、锂矿1个、矿泉水2个、铜矿3个、铅矿1个、磷矿4个、泥岩矿1个、石英砂岩1个、硫铁矿1个、岩矿1个、芒硝矿2个、锂辉石1个、石灰岩矿3个、白云岩矿1个、大理石矿2个、石灰岩矿1个。

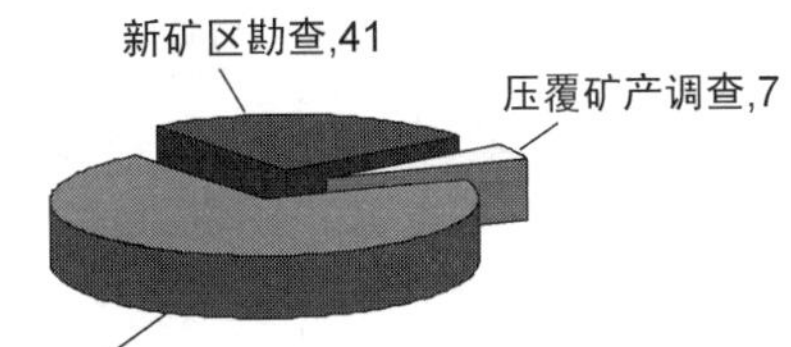

图27 2012年资源储量核实报告矿产类别构成

② 矿产资源储量登记。2012年四川省共办理各类矿产资源储量登记245件,其中占用登记203件,查明登记36件,压覆登记6件。另外对6件上报国土资源部办理矿产资源储量登记的申报材料进行了初审。

占用矿产资源储量登记,2012年共有203件。

按矿种划分:煤矿135处,黑色金属矿11处,有色金属矿27处,贵金属矿6处,稀有、稀土金属矿4处,水泥原料非金属矿3处,化工原料非金属矿14处,冶金辅助原料非金属矿1处,建筑材料非金属矿1处,水气矿产1处(图28)。

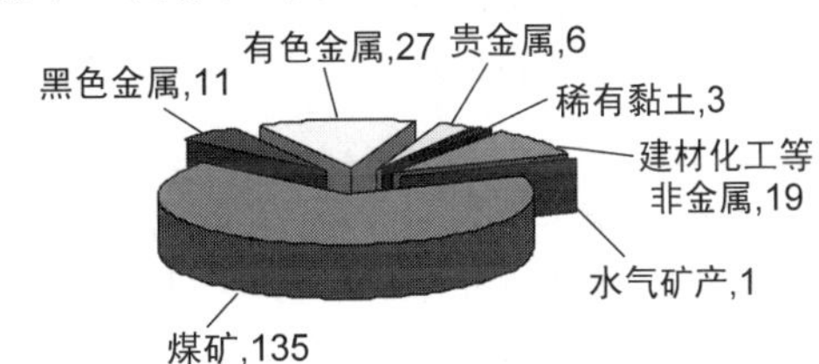

图28 2012年占用矿产资源储量登记矿产类别构成

按矿山建设规模分:大型9处,中型13处,小型157处,小矿24处(图29)。

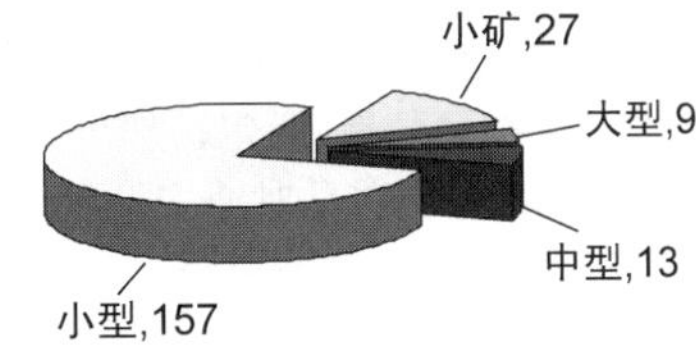

图29 2012年占用矿产资源储量登记矿山规模构成

按登记性质划分:申请新立采矿权的18处,延续采矿权的38处,转让采矿权的12处,变更矿区范围的15处,涉及矿产资源整合的119处,筹资、融资的1处(图30)。

查明矿产资源储量登记,2012年共36件。

按矿种划分:煤矿4处,黑色金属矿7处,有色金属矿10处,稀有、稀土金属矿2处,水泥原料非金属矿4处,化工原料非金属矿6处,冶金辅助原料非金属矿

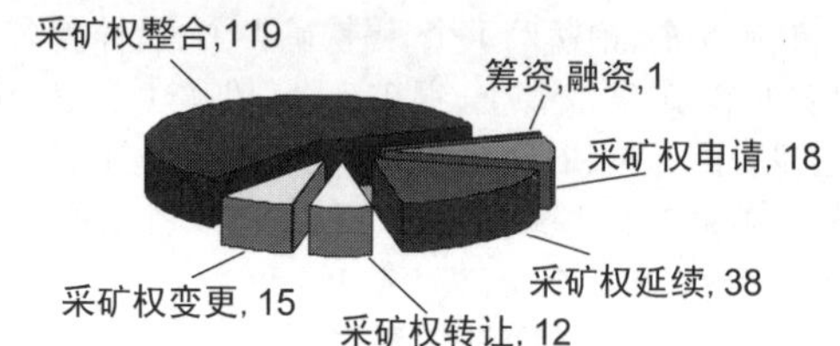

图30 2012年占用矿产资源储量登记性质构成

1处,建筑材料非金属矿2处(图31)。

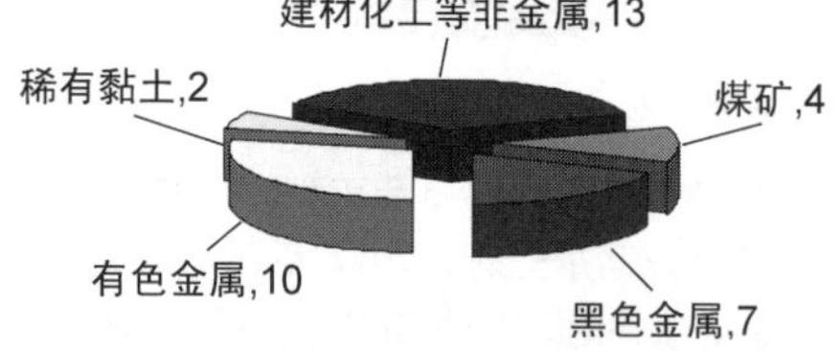

图31 2012年查明矿产资源储量登记矿产类别构成

按矿区规模划分:大型6处,中型12处,小型16处,小矿2处(图32)。按勘查程度划分:勘探19处,详查13处,普查4处。

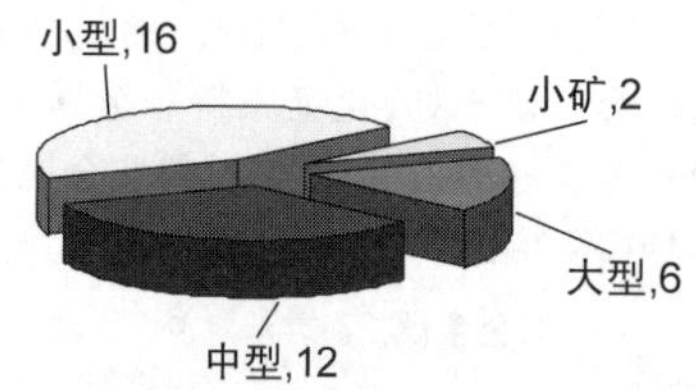

图32 2012年占用矿产资源储量登记矿区规模构成

③ 矿产资源储量统计。一是组织各矿山企业填报矿产资源储量统计报表及审查工作;二是及时修改全省矿产资源储量数据库;三是做好矿产资源储量统计快报的编制、上报等工作。2012年四川省共有7688个矿山列入统计。

④ 建设项目压覆矿产资源审查和审批。2012年,四川省建设项目呈现两个特点:一是总量大增,二是中央和省政府重大建设项目多。面对大幅增加的工作量和工作压力,通过采取多种措施,包括加班加点,抽调人员,保证了快速办理,特别是对西安－成都客运专线,成都－昆明铁路,成都－兰州铁路,兰渝铁路等省政府重点建设项目,都做到了追踪督办,特事特办,对中卫－贵阳输气管道压矿阻工问题,与四川省政府协调工作组一起赴广元市解决和处理矛盾纠纷,保障了重点建设项目顺利开展。

2012年共受理并完成建设项目压覆矿产资源情况调查913宗,其中水电站287宗,公路97宗,铁路33宗,工厂187宗,大型建筑物建筑群26宗,输电线路207宗,其他项目76宗,对存在压覆矿产的全部31个项目严格按程序进行了压覆审批(图33)。

3. *矿产资源储量动态监管*。2012年,全面推进矿

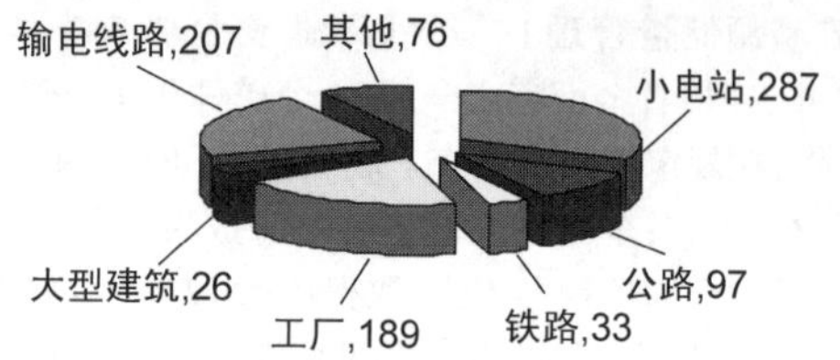

图33 2012年建设压覆矿产资源项目性质结构

山储量动态监管工作,矿山储量动态监管工作面逐步扩大,工作不断深入。2012年内,下发了《四川省国土资源厅关于进一步做好矿山储量动态监督管理工作的通知》,对全省矿山储量动态监督管理工作提出要求,组织工作组对泸州、宜宾、德阳、南充、达州等开展矿山储量动态监管督查和指导。为促进全省矿山储量动态监管工作深入开展,还将开展矿山储量动态监管工作情况列入了对市州国土资源局的考评目标。据统计,共对6544个矿山进行了储量动态监督管理,占6771个应开展储量动态监测矿山的96.47%。其中,366个大中型矿山储量动态监督已实现100%全覆盖,小型矿山储量动态监督全部达到90%以上。

【地质资料管理】 1. *推进地质资料汇交管理工作*。2012年四川省累计汇交成果地质资料360份,向全国地质资料馆转交A类成果地质资料370份(含往年资料),全部合格。截至2012年底,省厅资料馆馆藏成果地质资料总计19600种(表7)。

2. *启动实物地质资料管理工作*。2012年根据国土资源部要求,四川省组织力量对全省78个地勘单位实物地质资料保管现状进行了摸底调查。

实物地质资料库房建设立项申报工作已正式开展,编制了2013年项目申报书,拟完成可行性研究报告的论证工作,联合成都理工大学,充分发挥其教学科研优势,利用已建成的新博物馆作为保管库房,共建四川省重要实物地质资料保管中心。通过分步骤建设全省四大片区库房,切实推动四川省实物地质资料管理工作。

3. *成果地质资料数字化工作*。截至2012年10月,已完成成果地质资料数字化资料18103份,占馆藏成果地质资料总数的96 %,数据总量已达2200GB以上,已全面完成全省成果地质资料数字化工作。

4. *地质资料信息服务集群化产业化工作*。下发了《2012年推进攀西地区钒钛磁铁矿地质资料信息服务集群化产业化工作意见》(川国土资函〔2012〕907号),已完成了攀西地区钒钛磁铁矿区图文数字化资料631份;建立了攀西地区钒钛磁铁矿图文数据库,矿区目录数据库和储量数据库;编制了《四川省攀西地区钒钛磁铁矿地质资料信息服务集群化产业化工作试点工作报告》。

表 7 2012 年四川省地质资料管理情况统计

地质资料汇交情况									
年度	区调地质	矿产地质	油气地质	海洋地质	水文工程	环境地质	物化遥	地质科研	其他	合计
2011	4	167			1	27	6	6	9	220
2012		352						8		360

地质资料馆藏及利用情况								
年度	成果地质资料馆藏情况				成果地质资料利用情况			
	总数	其中			利用人次	利用份次	利用件次	网站点击次
		公益性	保护	保密				
2011	18894	6424		12470	304	1273	32440	109074
2012	19600	6533		13067	219	739	16880	132700

截至 2012 年底资料图文数字化情况				
地质资料总量(种)	已数字化数量(种)	当年数字化数量(种)	累计投稿数字化资金(万元)	当年投稿数字化资金(万元)
19600	17753	2889	873.6	200

地质资料信息服务双保等情况	
服务“双保工程”项目数	抗震,抗旱服务数
60	3

5. 地质资料汇交监管平台建设。组织编制了《四川省地质资料汇交监管平台建设工作方案》(川国土资发〔2012〕2 号),分工合作,逐步推进,制定并形成了监管流程。全省自 2011 年 12 月启动地质资料汇交凭证及汇交信息补录工作,共导入汇交监管平台探矿权数据 1027 条,采矿权数据 1131 条,非矿权类地质工作数据 99 条。同时对纳入监管平台的 214 个地质工作项目,5189 个探矿权项目,2722 个采矿权项目逐一进行了核实清理。及时启用了“全国地质资料汇交监管平台”,初步实现了成果,实物和原始地质资料汇交的一体化在线监管,有效提高了四川省地质资料汇交监管能力和水平。

6. 开展地质资料信息集群化共享服务平台建设。添置了 2 台服务器,加强共享服务平台建设,满足分节点部署环境的要求。联合厅信息中心,落实了网络配置,完成系统软件安装调试。完成了地质资料目录数据的清理,导入工作,逐步开展电子文件的整理工作,定期更新维护各类地质资料,不断补充新的资料。目前,已完成了馆藏案卷级目录数据的导入工作,导入目录数据共计 19099 条。组织了业务技术岗位培训。

7. 增强地质资料电子阅览室和网站的服务功能。四川省国土资源资料馆已建成内部局域网,搭建了地质资料电子阅览室。截至 2012 年 10 月底,地质资料电子阅览室可供查询的成果地质资料目录数据共计 18779 条,实现全文浏览的数字化图文地质资料共计 2503 份,上线数据量达 379 GB,已有 132700 多人次上线访问查询。

8. 四川省钻孔基本信息清查。向国土资源实物地质资料中心提交了《四川省钻孔基本信息清查外协任务工作方案》及《四川省钻孔基本信息清查阶段性成果报告》。清查出有钻孔数据的馆藏资料 1455 档,钻孔总数 17969 个,汇总了全省钻孔清查基本数据:保管单位 42 个,项目数 839 个,钻孔数 23879 个。

在完成四川省地质钻孔基本信息清查工作基础上,已启动重要钻孔数据库建设工作。2012 年,重要钻孔数据库建设已列入 2013 年项目工作。

【地质勘查经费投入】 2012 年共实施四川省内各类基础地质、矿产勘查、水工环地质调查评价、科研等项目 1843 项,完成各类地勘经费投入 187036.63 万元(图 34)。其中:

基础地质调查项目 29 项,投入经费共计 7043.80 万元;同 2011 年比(以下简称“同比”)增加 18.48%。

四川省内各类矿产勘查项目 673 项(含中央在川地勘单位和省外地勘单位承担项目),投入各类地勘经费 133532.91 万元,同比增加 12.62%。其中中央财政资金 8479.56 万元,地方财政资金 36399.02 万元,社会资金 88654.33 万元;共计完成钻探 44.59 万米,坑探 4.91 万米,槽探 40.07 万立方米、浅井 0.16 万米。

完成阶段性勘查的矿产地 84 处,按规模分有大型 21 处,中型 31 处,小型 32 处;按勘查程度分有预查 9 处,普查 34 处,详查 15 处,勘探 26 处。

新发现矿产地 11 处,其中大型 4 处,中型 4 处,小型 3 处。

提高规模级别的矿产地6处，其中大型铁矿2处，中型1处，中型金矿1处，中型磷矿1处，大型石灰岩1处。

2012年四川省新增查明矿产资源储量（333及以上）：煤6.21亿吨；铁矿石量14.57亿吨，钛567.21万吨；钒32.81万吨，锰71.3万吨；铜矿14.76万吨；铅12.88万吨；锌6.56万吨；锡0.10万吨；金26.25吨；银33.60吨；锂辉石4036.1万吨，稀土$TR_2O_3$16.5万吨；磷矿20000.98万吨，芒硝26006.24万吨）。

实施各类水工环地质调查评价项目713项；共投入经费29335.36万元，同比减少59.79%。地质科学研究与技术方法创新项目429项，投入经费17124.56万元，同比增加230.72%。

此外，2012年境外实施项目41项，投入资金24830.53万元，同比增加1071.06%。

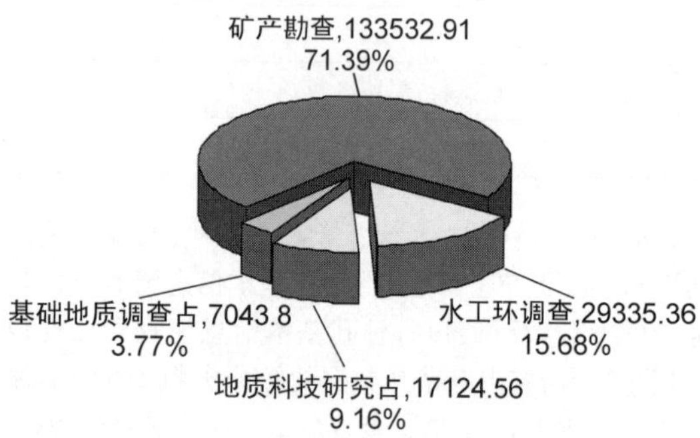

图34 2012年四川省地质勘查投入资金结构（单位：万元）

【地质基础调查】 1. 区域地质调查：1:5万区域地质调查：2012年度实施10项，完成面积4830平方千米。1:25万区域地质调查：2012年度实施3项（图35）。

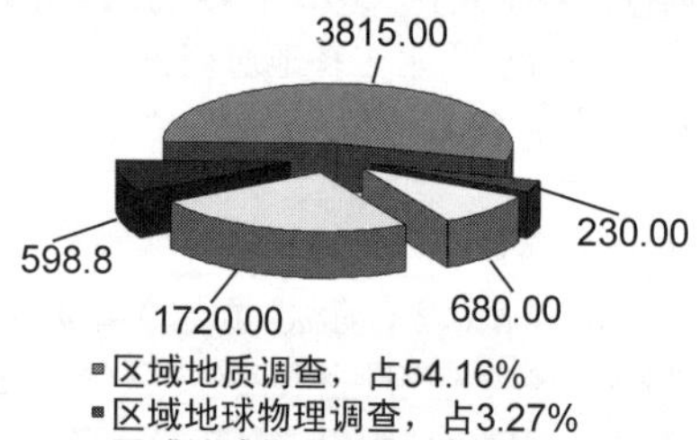

图35 2012年四川省基础地质调查经费项目结构图（单位：万元）

2. 区域地球物理调查：2012年度实施1:25万区域重力调查1项，完成面积9000平方千米。

3. 区域地球化学调查：2012年度实施1:25万区域地球化学调查1项；实施1:5万区域地球化学调查1项，完成面积1200平方千米；其他区域地球化学调查1项，完成面积5075平方千米。

4. 航空遥感地质调查：2012年度实施1:5万～1:25万遥感地质调查2项，完成面积104000平方千米。

5. 1:5万区域地质矿产调查：2012年度实施6项，完成面积3700平方千米。

6. 其他：2012年度实施其他地质环境影响评价项目4项。

【矿产勘查】 1. 矿产勘查资金投入情况。2012年四川省矿产资源勘查资金来源结构情况见图36。2012年四川省矿产资源勘查资金投入矿类方向情况见图37。

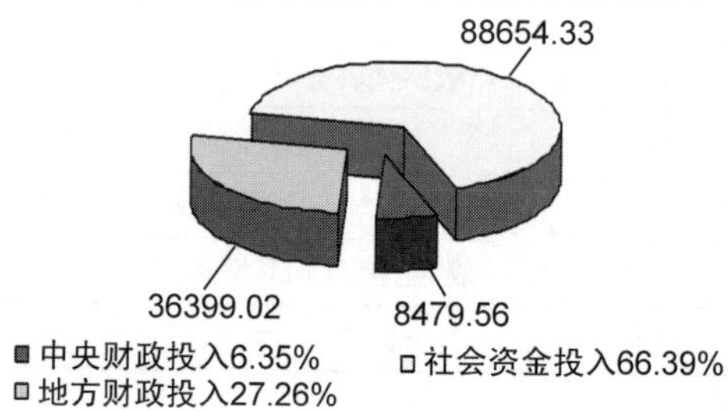

图36 2012年四川省矿产资源勘查资金来源结构（单位：万元）

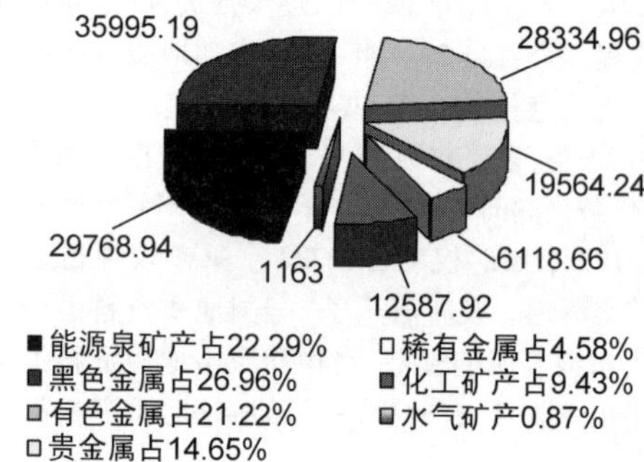

图37 2012年四川省矿产资源勘查资金投入矿类方向（单位：万元）

2. 完成工作量。① 能源矿种（煤炭、天然沥青、铀、地热）：实施以煤炭勘查为主的矿产资源勘查36项，共投入各类地勘经费29768.94万元，完成钻探17.55万米，坑探0.76万米，槽探1.64万立方米，米，浅井0.01万米。其中实施煤炭矿产资源勘查28项，投入28144.77万元。

② 黑色金属：实施以铁矿勘查为主的矿产勘查78项，共投入各类地勘经费35995.19万元，完成钻探10.86万米，坑探0.61万米，槽探7.11万立方米、浅井0.05万米。其中铁矿勘查：实施矿产资源勘查项目53项，投入33425.00万元。

③ 有色金属：实施矿产勘查项目287项，共投入各类地勘经费28334.96万元，完成钻探5.81万米，坑

探2.04万米，槽探17.81万立方米、浅井0.10万米。

其中铜矿资源勘查项目143项，投入13230.84万元；锌矿勘查项目26项，共投入各类地勘经费2451.69万元；铅矿勘查项目102项，投入11296.99万元。

④ 贵金属：以岩金矿为主勘查项目189项，共投入各类地勘经费19564.24万元，完成钻探3.15万米，坑探0.58万米，槽探9.52万立方米、浅井0.004万米。其中岩金矿2012年源勘查项目184项，投入18300.24万元。

⑤ 稀有金属（锂、稀土、铼）：实施勘查项目14项，共投入各类地勘经费6118.66万元，完成钻探2.82万米，坑探0.48万米，槽探1.49万立方米。其中锂矿勘查项目7项，共投入1496.87万元，完成钻探1.58万米，坑探0.41万米，槽探0.94万立方米。

⑥ 化工建材及其他非金属：实施矿产资源勘查项目64项，共投入各类地勘经费12587.92万元，完成钻探4.20万米，坑探0.45万米，槽探2.52万立方米。其中磷矿源勘查项目26项，投入9094.62万元，完成钻探2.69万米，坑探0.42万米，槽探1.44万立方米。

⑦ 水气矿产：实施矿泉水，地下水资源勘查项目5项，共投入各类地勘经费1163.00万元，完成钻探0.19万米。

3. *新增查明的矿产资源储量*：新增查明矿产资源储量（333及以上）。

① 能源矿产。煤：新增查明矿产资源/储量6.21亿吨，其中已提交4.29亿吨，已控制1.92亿吨。

② 黑色金属矿产。铁：新增查明矿石量14.57亿吨，其中已提交5.32亿吨，已控制9.25亿吨；钛：新增查明 TiO_2 567.21万吨，均为已提交金属量；钒：新增查明 V_2O_5 32.81万吨，均为已提交金属量；锰：新增查明金属量71.3万吨，均为已提交金属量。

③ 有色金属矿产。锌：新增查明金属量12.88万吨，其中已提交8.40万吨，已控制4.48万吨；铅：新增查明金属量6.56万吨，其中已提交3.29万吨，已控制3.27万吨；铜：新增查明金属量14.76万吨，均为已提交金属量。

④ 贵金属矿产。金：新增查明金属量26.25吨，均为已控制金属量；银：新增查明金属量33.60吨，均为已控制金属量。

⑤ 稀有金属矿产。稀土：新增查明 TR_2O_3 16.50万吨，均为控制量；锂辉石：4036.1万吨（LiO_2）51.22万吨，均为已提交。

⑥ 化工建材及其他非金属矿产。磷矿：新增查明矿石量20000.98万吨，其中已提交矿石量3626.50万吨，已控制16374.48万吨；芒硝：新增查明矿石量26006.24万吨，为已提交矿石量；灰岩：新增查明矿石量4.45亿吨，其中已提交2.01亿吨，已控制2.44亿吨；白云岩：新增查明矿石量4728.76万吨，为已提交矿石量；砂岩：新增查明矿石量624.60万吨，为已提交矿石量。

4. *2012年完成阶段性勘查的矿产地*。2012年完成阶段性勘查的矿产地84处，按规模分有大型21处、中型31处、小型32处；按勘查程度分有预查9处、普查34处、详查15处、勘探26处。其中：煤矿5处、石煤1处、铁矿20处、锰矿2处、钒矿3处、钛矿（原生）1处、钛矿（伴生）2处、铜矿1处、铅矿5处、锌矿4处、钨矿1处、锡矿1处、钼矿1处、金矿5处、银矿2处、铍矿1处、锂矿2处、稀土2处、冶金用脉石英1处、磷矿9处、芒硝3处等。2012年四川省完成勘查项目类型构成情况见图38。2012四川省勘查项目类别构成见图39。

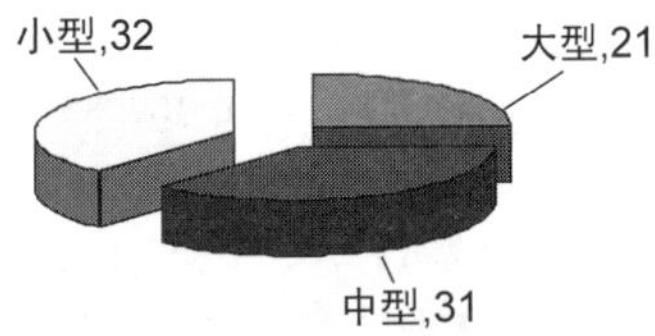

图38　2012年四川省完成勘查项目类型构成

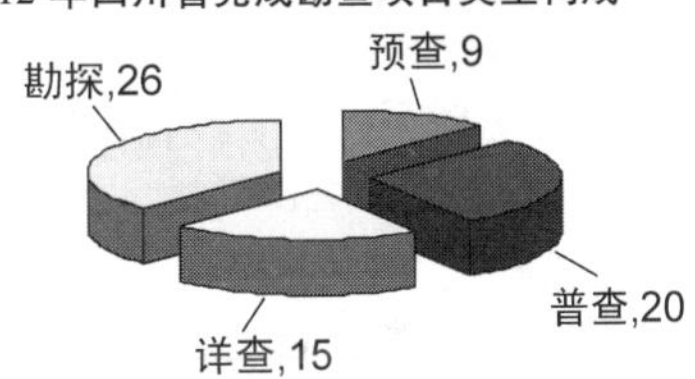

图39　2012四川省勘查项目类别构成

5. *新发现矿产地*：2012年新发现矿产地11处，包括大型4处、中型4处、小型3处（图40）。其中：煤大型2处、溶剂用灰岩大型1处、钨钼大型1处。金矿中型1处、稀土矿中型1处、钙芒硝中型2处、锰矿小型1处、铅锌小型1处、铜矿小型1处（图41）。

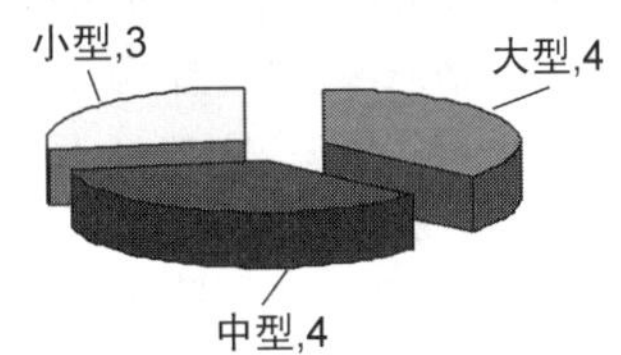

图40　2012年四川省新发现矿产地类型构成

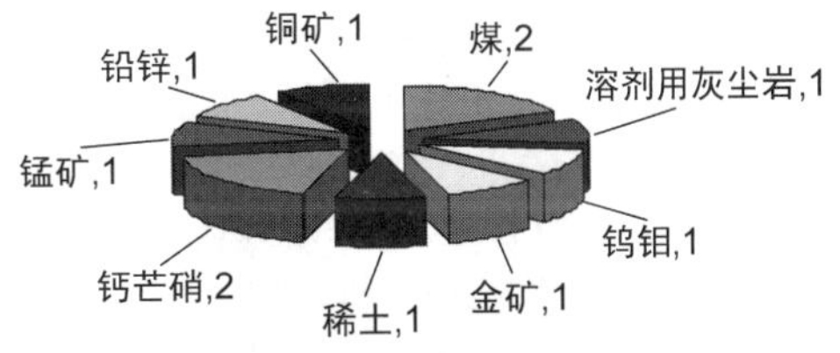

图41　2012年四川省新发现矿物质地矿种类别构成

6. *2012年提高规模级别的矿产地*：2012年提高规

模级别的矿产地6处,其中大型3处,中型3处;铁矿大型2处,中型1处;金矿中型1处;石灰岩大型1处;磷矿中型1处。

【矿产勘查重要成果】 2012年矿产勘查重要成果13项。

1. 冕宁县南河乡张家坪子金矿普查。主要矿体控制长度654.23米,平均厚度7.73米,平均品位1.43×10^{-6},经资源储量估算求获(333)金资源量19.23吨。

2. 盐边县会理县红格钒钛磁铁矿区深部及外围普查。控制矿体长约1640米,宽约800米,控制矿体厚度一般10.10 ~339.55米;

矿石品位一品级(Fe1) TFe 29.01%, TiO_2 11.46%,V_2O_5 0.27%。矿石选冶性能良好。

初步估算新增资源(332+333)铁矿石77814.86万吨,TiO_2 6751.86万吨,V_2O_5 167.85万吨,另外新增(334)铁矿石资源量11726.28万吨。

3. 攀枝花市攀钢兰尖-朱家包包钒钛磁铁矿延伸勘探。经勘查发现走向上含矿岩体往北东延伸存在厚大矿体。存在原勘查的朱家包包,兰家火山,尖山矿段矿体往深部(沿倾向)稳定延深。

2011~2012年勘查区各矿段各矿层各品级新增铁矿石资源(332+333)7.04亿吨,TiO_2 4907万吨。其中2011年度新增(333+334)类1.03亿吨,2012年新增(332+333以上)类6.01亿吨(2011年度新增的334类铁矿石资源量提高了级别)。

4. 古蔺县川南煤田古叙矿区椒园矿段煤矿普查。矿段属沉积型矿床,矿体较稳定。通过本年度工作结果为:(333+334)资源量13570.53万吨,属大型矿床。其中(333)5809.26万吨,占矿段总资源量的43%,(334) 7761.27万吨,占矿段总资源量的57%,较原预算资源量(12000万吨)增加1570.53万吨。

5. 攀枝花市纳拉箐钒钛磁铁矿普查。2011年提交(333+334)铁矿石资源量11290万吨,其中(333)8997万吨;2012年累计提交(333+334)铁矿石资源量:22924万吨(其中(333)铁矿石14475万吨),$TiO_2$1838.22万吨,$V_2O_5$43.97万吨。新增(333+334):铁矿石11634万吨(其中333:5478万吨),$TiO_2$1838.22万吨,$V_2O_5$43.97万吨。

6. 雷波县芦云寨子磷矿普查。磷矿层露头长约7.6千米,平均厚度9.12米。矿层P_2O_5平均含量18.32%,MgO平均含量3.60%,CaO平均含量为32.65%,酸不溶物平均含量29.30%。

区内共探获(333)磷矿石2307.42万吨,(334)6726.25万吨。其中2011年度新增(333+334)7245.72万吨;2012新增(333+334)1787.95万吨。

7. 自贡市荣县威远背斜南东翼煤矿普查。区内基本可采煤层1层(小白炭),局部可采煤层2层(泡炭,上元炭),零星可采煤层4层(矮炭,大白炭,二棒炭,底炭)。泡炭为中灰,中高硫,高热值1/3焦煤。小白炭为中灰,中硫,中热值1/3焦煤。上元炭为灰,中硫,低热值1/3焦煤。初步估算(333+334)类煤炭资源量12033万吨,其中(333)2852万吨,占资源总量的23%。

8. 西昌市太和钒钛磁铁矿区深部及外围普查。矿区钒钛磁铁矿体主要集中在岩体中下部的Ⅰ、Ⅱ矿带。控制矿体长2600米,最大斜深1940米。单矿体(层)厚2.16~227.1米,矿体(层)累计厚194.09~557.03米。

2012年经初步估算,新增(334)铁矿石资源量总计:3.0607亿吨,共(伴)生$TiO_2$714.32万吨,$V_2O_5$52.61万吨。2011~2012年累计新增333+334铁矿石量12.9386亿吨,共(伴)生TiO_2金属量:9.6138万吨,V_2O_5:280.35万吨。

9. 木里县巴地新洼金矿勘探。初步估算金矿石资源量435.87万吨,金属量9351.90千克。其中:金属量(331)3990.80千克,(332)3708.38千克,(333)1652.72千克,较2011年新增金属量5654.47千克。

10. 米易县白马钒钛磁铁矿区田家村-青杠坪矿段深部及外围普查。共探获新增(332+333+334)铁矿石资源量64471万吨(未经评审)。其中:Fe1,33699万吨;Fe2,30762万吨。共生TiO_2 1706万吨,V_2O_5 101万吨。

其中:2011年新增(332+333)铁矿石资源量36831万吨。其中Fe1,21428万吨;Fe2,15403万吨。共生TiO_2 1110万吨,V_2O_5金属量74万吨。2012年估算新增(334)铁矿石资源量27640万吨,其中Fe1,12281万吨;Fe2,15359万吨。(334)TiO_2 596万吨, V_2O_5 27万吨。

11. 金川县李家沟锂辉石矿床补充勘探。区内共发现锂辉石矿体54个,其中对15条矿体进行了较系统的地表和深部工程控制及并资源储量估算。

规模较大的矿体一般长50~400米,最长2060米,一般厚15~30米,最厚124.15米。

矿石主要有用成分为Li_2O,一般含量1.00%~1.60%,平均1.27%,其他伴生有组分及平均含量分别为:Nb_2O_5 0.009%,Ta_2O_5 0.004%,BeO 0.049%,Sn 0.052%。

求获(331)矿石量968.3万吨,含Li_2O 124160吨;伴生Nb_2O_5 909吨,$Ta_2O_5$435吨,BeO 4970吨,Sn 5669吨。(332)矿石量1484.8万吨,含Li_2O 191520吨;伴生Nb_2O_5 1341吨,Ta_2O_5 594吨,BeO 7211吨,Sn 8362吨。(333)矿石量1583.0万吨,含Li_2O 196505吨;伴生Nb_2O_5 1446吨,Ta_2O_5 718吨,BeO 7626吨,Sn 7209吨。

(331)+(332)+(333)矿石量4036.1万吨,含Li_2O 512185吨;伴生Nb_2O_5 3696吨,Ta_2O_5 1747吨,

BeO 19807 吨, Sn 21240 吨。矿床平均品位: Li_2O 1.27%, Nb_2O_5 0.009%, Ta_2O_5 0.004%, BeO 0.049%, Sn 0.052%。

12. 攀枝花仁和区务本营盘山钒钛磁铁矿普查。务本含铁辉长岩体中共发现四个矿带(Ⅰ,Ⅱ,Ⅲ,Ⅳ),16个矿体,多数为隐伏矿体。矿石品位:一级品矿石,平均TFe 25.54%, TiO_2 12.64%;二级品矿石,平均TFe 16.74%, TiO_2 7.18%,共求获(333)铁矿石资源量23171万吨。

13. 珙县川南煤田筠连矿区洛表勘查区煤炭资源详查。区内探得可采煤层7、8-1、8-1、9、15号煤层共5层,煤质属高灰,中-高硫,中热值无烟煤。水文地质条件较简单,其他开采技术条件中等。在标高-200m以浅,其中8-1、8-1号煤层全区可采,7号煤层大部可采,9与15号煤层为零星可采,另外探得硫铁矿一层,其资源量为:(332+333+334)44238万吨,其中(332)13214万吨,占总资源量的29.9%;(333)25651万吨;(334)5373万吨。

【地质科学研究与技术方法创新】 2012年实施项目429项,投入资金17124.56万元,其中中央财政资金4363.1万元,四川省财政资金4822.4万元,社会资金7939.06万元(图42)。

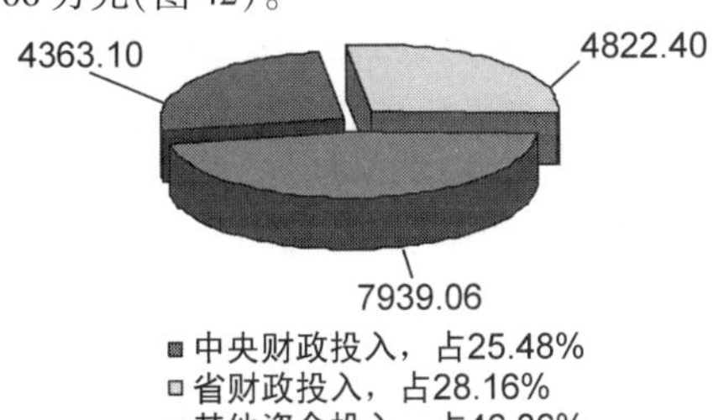

图42 2012年四川省地质科学研究与技术方法创新资金结构(单位:万元)

1. 地质科学研究。2012年实施项目415项,投入资金12675.39万元,其中中央财政资金1487.4万元,省财政资金3862.4万元,社会资金7325.59万元。进行了"四川省矿产资源潜力评价","四川三稀资源综合研究与重点评价",各类灾害评估等研究。

2. 技术方法创新。2012年实施项目14项,投入资金4449.17万元,其中中央财政资金2875.7万元,省财政资金960万元,社会资金613.47万元。

【境外矿产勘查】 2012年度四川全省共有12个地勘单位到境外开展矿产勘查工作,开展项目41项(较2011年同期增加35项);投资额度24830.53万元(较2011年同期增长1071.06%),经费投入全部为社会资金;主要实物工作量为:钻探3.46万米,坑探0.028万米,槽探5.26万立方米;

取得的主要找矿成果为新增资源、储量:岩金金属量7吨(其中333及以上金属量1.5吨,334金属量5.5吨);砂金金属量35.91吨(其中333及以上金属量8.58吨,334金属量27.33吨);铝土矿矿石量6437.25万吨;钾盐(KCl)105990万吨(其中333及以上资源量33958万吨,334资源量72033万吨);铜金属量24.03吨(其中333及以上金属量0.03吨,334金属量24.00吨)

涉及矿种为铁、锰、铜、镍、铅、锡、金、铝土矿、钾盐、白云石等10个矿种。

涉及的国家有澳大利亚、老挝、纳米比亚、塞拉利昂、几内亚、加纳、莫桑比克、缅甸、赞比亚、哥伦比亚、马来西亚、尼泊尔、刚果(金)、津巴布韦、印度尼西亚等15个国家。

【油气资源勘查及督察】 1. 油气矿产勘查。①矿业权设置情况:探矿权设置,至2012年12月31日止,四川全省共设置油气探矿权44个,包括中国石油股份有限公司在四川的探矿权25个,其中,中国石油西南油气田公司23个(四川省境内11个,跨省市12个),面积11.95万平方千米;中国石油浙江油田公司管理的页岩气探矿权2个,面积1.19万平方千米中国石化股份有限公司探矿权18个,其中,西南油气分公司管理的探矿权8个,面积1.21万平方千米;中石化勘探南方分公司管理的探矿权10个,有8个项目为跨境登记,矿权在四川省境内面积为2.88万平方千米。2012年10月经过评价研究退出了"甘、川若尔盖2区块油气勘查"区块,另西南油气田分公司正在申请登记元坝气田及通南巴气田采矿权。中石化中原分公司管理的油气探矿权1个,面积814平方千米;四川省煤田地勘院煤层气探矿权1个,面积0.01万平方千米(图43)。

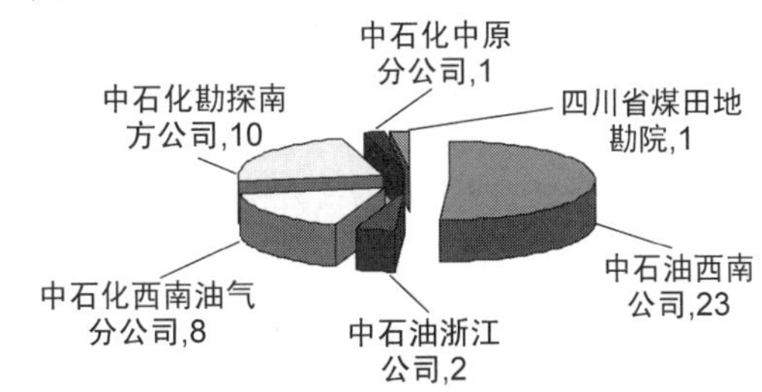

图43 四川省油气探矿权权属结构

②采矿权设置情况:全省共有油气采矿权88个,其中中国石油西南油气田公司管理的采矿权81个(四川省境内70个,跨省市11个),采矿权面积9000平方

千米。中国石化西南分公司管理的采矿权 6 个，面积 1072 平方千米。中国石化中原分公司由 1 个采矿区块，面积 301 平方千米（图 44）。

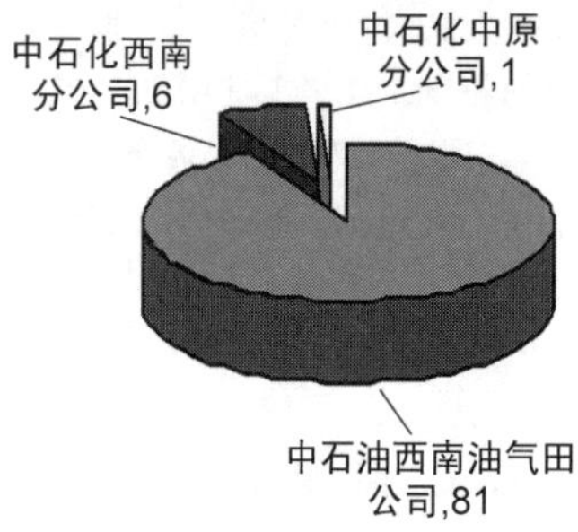

图 44　四川省油气采矿权权属结构

③ 2012 年油气勘探工作进展：中国石油西南油气田公司：2012 年中国石油西南油气田公司在四川省境内完成三维地震勘探 812 平方千米、二维地震勘探 2148 千米，钻井 68 口，进尺 26.3 万米，勘探投资约 39.6 亿元。通过勘探实施计划，在四川省境内取得了 3 个发现，5 个新进展，为全面完成年度勘探任务指标打下了良好基础，新增天然气探明储量 720.33 亿立方米、技术可采储量 459.96 亿立方米。

中国石化西南油气分公司：2012 年中国石化西南油气分公司在什邡－马井地区，新提交蓬莱镇组探明地质储量 1652.07 亿立方米、2012 年已通过国家油气储量委员会评审。中国石化西南油气分公司还在川西坳陷东坡深层须二风险油气勘探取得重大突破。通过对川西坳陷回龙鼻状构造南翼的以须二段为主要目的层兼探雷口坡组的一口风险探井回龙 1 井的完钻，获得天然气日产量为 3.8999 万立方米/日，经酸压改造，获产天然气 16.4318 万立方米/日，油 2.72 立方米/日，圈闭面积 348.38 平方千米，资源储量为 1098.69 亿立方米，具备规模增储潜力。

中国石化南方勘探分公司：2012 年中国石化南方勘探分公司全年新增探明储量约 750.91 亿立方米。新增探明储量主要分布在川东北元坝区块。其中元坝 27 井区飞二段气藏新增天然气探明地质储量 242.54 亿立方米、元坝 273 井区长兴组，元坝 224 井区长兴组及元坝 161 井区长兴组气藏新增天然气探明地质储量 288.45 亿立方米、元坝 22 井区雷四段气藏新增探明地质储量 219.92 亿立方米。

四川省煤田地质工程勘察设计研究院：2012 年 9 月四川省煤田地质工程勘查设计研究院于获得“川南煤田古叙矿区石屏－大村井田煤层气勘查”探矿权，面积 119.647 平方千米，在前几年试验测试井取得成功的基础上继续加大研究力度。

2. 2012 年油气工作督察情况。2012 年 2 月，四川省油气督察员办公室召开了例行年度工作会议，各油气督察员分别进行了工作总结并汇报了国土资源部赋予的油气督察员职责完成情况，同时讨论确定了年度督察工作项目。9 月，召开了半年工作会，对上半年各单位油气勘查开发情况进行了座谈，并于 11 月 21～23 日对中石化四川盆地温江－中江油气勘查区块（西南分公司），中石油四川盆地石油天然气勘查区块桑园 1 井（中石油西南油气田公司）开展了现场督察。

经督察，各项勘查，开采工作能遵守国家矿业权管理法律和法规，按照设计方案实施，无违规现象，施工中注意环保和安全，与当地政府和群众关系融洽，矿业秩序正规。同时积极协调了中石化西南分公司在德阳开展油气勘查开发中遇到的问题。

3. 油气田及输油气管道治安专项治理。根据四川全省油气田及输油气管道治安专项治理整治厅际联席会议安排，积极开展管道占压专项治理工作，全年先后参加厅际联席会议 2 次，同时配合开展现场挂牌整治活动 4 项，取得了较好的效果。

4. 页岩气勘查开采情况。① 页岩气勘探新进展：2012 年，中国石油西南油气田公司积极推进页岩气示范区建设和富顺－永川页岩气对外合作勘探，共部署实施 14 口页岩气探井，完钻井 6 口，试油获气井 6 口，页岩气勘探取得新进展。其中宁 201－H1 井：2011 年 6 月 17 日开钻，11 月 20 日完钻，完钻井深 3790 米，层位龙马溪组。2012 年 1 月 15 日开始试油施工，分 10 段加砂压裂，注入地层总液量 2509.08 立方米、泵量 110.11 吨（68.82 立方米），测试获日产气 13～15 万立方米。

长宁－威远页岩气示范区产业化建设迈上新台阶：宁 201－H1 井放空天然气回收工程成功试运行。2012 年 7 月 17 日，长宁－威远页岩气国家级产业化示范区宁 201－H1 井放空天然气回收工程成功试运行。2012 年，该井日处理气量达 5 万立方米。宁 201－H1井地处宜宾市珙县上罗镇，是长宁地区第一口页岩气水平井。该井于 2011 年 6 月 17 日开钻，2011 年 11 月 20 日完钻，经过十段加砂压裂后，获测试日产 13～15 万立方米工业气流。

② 企地合作：2012 年 7 月 11 日，中国石油天然气集团公司与四川省人民政府签署战略合作协议。四川省委书记、省人大常委会主任刘奇葆，省长蒋巨峰，中国石油集团董事长，党组书记蒋洁敏出席签约仪式，并就双方开展油气合作，实现优势互补，互利共赢，促进经济社会发展举行友好会谈。其后，中国石油天然气股份有限公司与四川省能源投资集团公司，宜宾市国有资产经营有限公司共同出资，基本完成了组建四川长宁天然气开发有限责任公司，合作勘探开发页岩气资源等工作。

【地质勘查管理】 1. 制度建设及专项工作。编制《四川省找矿突破战略行动实施方案》,为贯彻落实国务院176次常务会议通过的《找矿突破战略行动纲要(2011~2020年)》,组织编制了《四川省找矿突破战略行动实施方案》,经9月18日省政府第112次常务会议审议通过并于11月8日以川办发〔2012〕66号文印发实施。

创新省地勘基金项目立项工作制度,研究制定出台了《四川省地质勘查基金项目立项管理办法》(川国土资〔2012〕3号),对省地勘基金立项工作进行重大改革,由原来的申报单位提出项目经专家审查通过后立项并由其承担实施工作的"申报审查制",变革为由公益性地质调查单位负责项目的立项,以竞争方式优选项目承担单位实施的项目立项和实施的"分立竞争制"。组织拟定并实施了《四川省地勘基金项目立项工作细则》和《四川省地勘基金项目招标投标办法》。

推进全省整装勘查工作,在继续推进"攀西地区钒钛磁铁矿整装勘查区"的找矿工作的同时,成功将"四川省若尔盖铀矿整装勘查区"申报并经国土资源部批准列为全国第二批整装勘查区,并组织编制若尔盖铀矿整装勘查区铀矿整装勘查实施方案和矿业权设置方案。

加强和有序推进攀西地区钒钛磁铁矿整装勘查工作,红格、攀枝花,白马、太和四大矿区深部和外围找矿取得重大进展,同时新发现了营盘山、飞机湾、棕树湾等大中型钒钛磁铁矿矿产地,累计探明钒钛磁铁矿资源储量约24亿吨。

组织完成省地勘基金2012年续作项目和2012年第一批新立项目的论证,共有18个续作项目和18个项目通过了专家论证,进入"四川省地质勘查基金项目库"。按照省财政下达的省地勘基金预算,组织实施18个矿产勘查续作项目、13个矿产勘查新立项目、7个公益性地质项目。冕宁县普悟沟、银厂沟稀土矿预查及金川县可尔因西部瓦英锂铍矿,马尔康县可尔因北部格拉措锂铍矿预查找矿取得重大突破和进展,通过进一步勘查有望形成我省稀有稀土新的大中型矿产地,巴塘县地巫地区金多金属矿预查金矿也取得了较大进展。超额完成了省政府下达的找矿目标任务,全省新增探获矿产资源储量铁矿石14.57亿吨,煤炭6.21亿吨,磷矿石2亿吨,铅锌矿19.44万吨,锂矿51万吨。

矿产资源潜力评价进展顺利,自2007年开展四川省矿产资源潜力评价以来,组织相关理论和一线实际工作的地质专家和科技人员221人,按照课题/专题分工开展研究工作,已基本完成铁、铝、煤、铜、铅、锌、钨、钾、金、锑、稀土、磷、锂、银等21个矿种的矿产资源潜力评价工作,取得了丰硕成果,为全省地质勘查工作部署提供了重要的科学依据。2012年按照国土资源部的统一部署,完成了锡、钼、镍、锰、银、锂、硫、硼、铂、芒硝、石墨等11个矿种的潜力评价工作并进入资料汇总及成果出版阶段,开展锡钼等矿产资源潜力评价的成果,整体和7个专项被全国项目办评为优秀。全省主要矿产预测资源潜力为:煤炭259.2亿吨,铁矿石201.8亿吨,铜238万吨,铅锌1034万吨,金239.7吨,稀土911.4万吨,磷58.1亿吨,锂矿石339.3万吨,硫铁矿3.3亿吨;杂卤石矿石量21亿吨,折合K_2O资源量2.3亿吨,卤水中KCl资源量83万吨等。

地勘行业管理不断深化,组织开展了省内地勘单位地质勘查质量管理规范培训。

继续开展乙丙级地质勘查资质审查工作,共对30个单位70个类别的新设资质申请进行审查,完成了16个单位40个资质类别审批, 6个单位资质变更,4个单位资质注销审查。

组织四川省82个地勘单位进行了2011年度地勘成果暨地勘单位基本情况培训及现场网上填报工作,完成了2012年上半年地勘成果网上填报工作,并对年度地勘成果进行汇总整理,编制全省年度地质勘查成果和地勘行业通报,并向社会发布,为各级政府和社会提供行业信息服务。

2. 探矿权新立、变更、延续审批。探矿权审批依法规范,全年共受理探矿权申请项目1404个,对符合法定条件的926个进行了审批登记,其中新立80个,变更313个,延续497个,保留36个;注销探矿许可证41个。

2012年共拍卖挂牌出让探矿权23个,成交价款23131.68万元;其中拍卖14个,成交金额14664.1万元;挂牌9个,成交金额8466.58万元(图45)。批复符合转让条件的探矿权49个,成交金额23451.66万元。

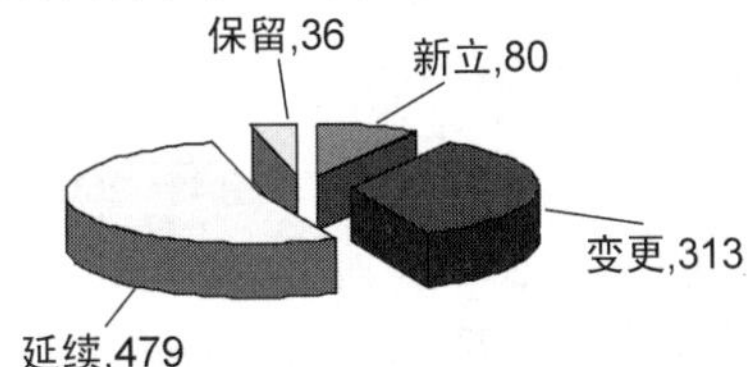

图45　2012年四川省探矿权审批登记情况

【矿产资源开发利用】 1. 矿山数量及经济贡献。① 矿山数量:2012年四川全省矿山总数为7688个,比2011年减少223个,减少的主要原因政府对矿产资源的整合调整。全省矿业从业人员约40.75万人,较2010年的42.44万人减少了1.69万人。

2012年四川全省7688个矿山企业中,内资企业7657个,占全省矿山总数的99.59%,港澳台及外资企业只有31家,所占比例很小。

在四川省7657个内资企业中,国有119个、集体473个、股份合作75个、联营26个、有限责任公司848

个、股份有限公司333个、私营5705个、其他78个(图46)。私营企业占四川省国内企业矿山总数的74.51%,占全省矿山总数的74.21%。119个国有矿山企业,仅占全省矿山总数的1.55%。

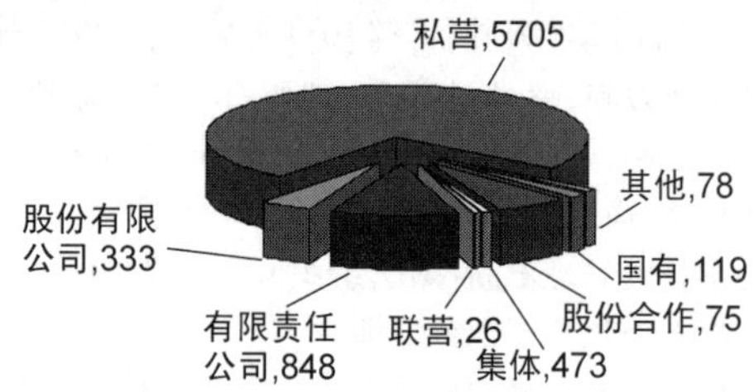

图46 2012年四川省内资矿山企业性质构成

② 矿山企业对四川矿业经济的贡献。四川省矿山工业总产值中,贡献率超过10%的分别是私营,有限责任公司,国有和股份有限公司的矿山企业,其矿业工业总产值分别占四川全省矿业工业总产值的30%、27%、23%、14%。私营和有限责任公司的矿山企业的工业总产值占四川全省矿山工业总产值的56.91%(表7,图47、图48)。

2. *矿山规模及矿业产值*。四川省矿山的规模及矿业产值见表8。

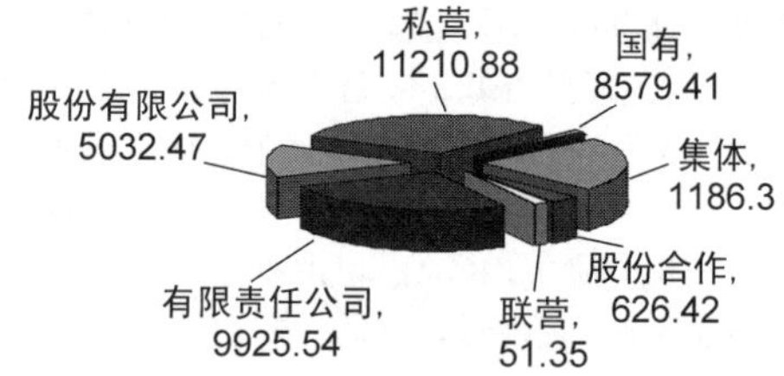

图47 2012年四川内资矿山企业对全省矿业经济的贡献

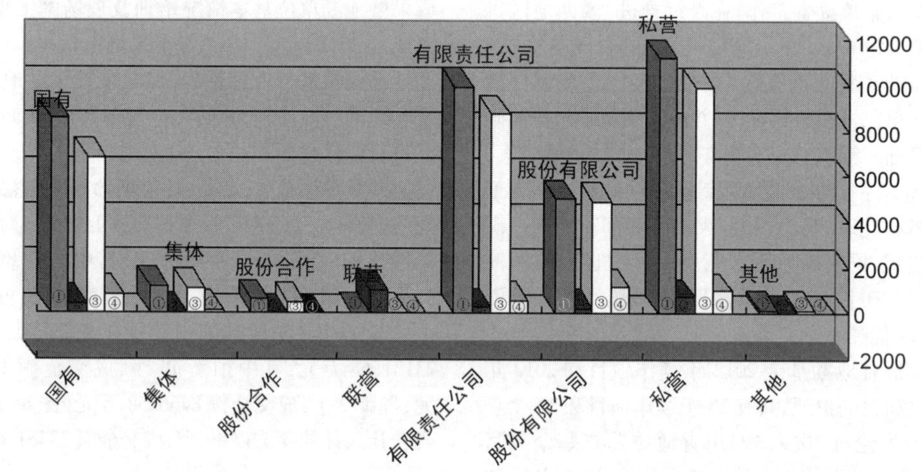

图48 2012年四川内资矿山企业主要经济指标对比

①矿山规模。2012年四川省共有矿山7688个,总数较2011年减少223个。与2011年相比,大型矿山从90个增加至92个,中型矿山从374个减少至346个,小型矿山从4366个增加至4437个,小矿从3089个减少至2813个。在矿山数量上,小型矿山和小矿仍占有绝对的优势(表8、图49)。

表8　　2012年四川省矿产资源开发利用情况(按经济类型分列)

企业经济类型	矿山企业数					从业人员(人)	年产矿量	实际采矿能力(万吨/年)	工业总产值(万元)	综合利用产值(万元)	矿产品销售收入(万元)	利润总额(万元)
	合计	大型	中型	小型	小矿		万吨					
合计	7688	92	346	4437	2813	407488	27060.14	35043.82	3713793.84	171178.91	3261331.1	375455.92
一、内资	7657	81	340	4426	2810	404823	25583.52	33582.39	3676045.81	170786.46	3225056.15	374934.06
国有	119	13	19	63	24	39294	3561.62	3639.76	857941.96	40101.72	683417.39	85025.71
集体	473	0	12	256	205	28131	665.89	1476.12	118630.13	5462.54	112173.5	12512.56

续表 8

企业经济类型	矿山企业数					从业人员(人)	年产矿量	实际采矿能力(万吨/年)	工业总产值(万元)	综合利用产值(万元)	矿产品销售收入(万元)	利润总额(万元)
	合计	大型	中型	小型	小矿		万吨					
股份合作	75	2	3	44	26	6303	298.4	483.44	62642.81	1112.28	50094.13	-180.91
联营	26	0	2	18	6	1669	39.23	48.07	5134.96	145	5028.96	276.46
有限责任公司	848	35	66	518	229	95119	7612.42	8907.67	992554.37	25742.59	874129.43	59570.88
股份有限公司	333	20	32	180	101	34213	5199.26	5690.89	503246.67	24868.34	490360.51	117560.15
私营	5705	10	202	3325	2168	197827	8055.2	13134.14	1121088.01	72341.19	996112.97	100096.1
其他	78	1	4	22	51	2267	151.5	202.3	14806.9	1012.8	13739.28	73.11
二、港、澳、台商投资	14	4	2	7	1	1525	126.72	124.26	15378	147.7	15324.35	1401
三、外商投资	17	7	4	4	2	1140	1349.9	1337.17	22370.03	244.76	20950.6	-879.14

表 9 **2012 年四川省矿产资源开发利用情况(按矿种分列)**

序号	矿种	矿山企业数					从业人员(人)	年产矿量	实际采矿能力(万吨/年)	工业总产值(万元)	综合利用产值(万元)	矿产品销售收入(万元)	利润总额(万元)
		合计	大型	中型	小型	小矿		万吨					
1	合计	7688	92	346	4437	2813	407488	27060.14	35043.82	3713793.84	171178.91	3261331.1	375455.92
2	煤炭	1295	10	15	751	519	229419	3545.33	7038.61	1259209.62	39698.8	1206663.86	125740.16
3	天然沥青	5	0	0	1	4	30	0	0	130	0	0	0
4	地下热水	28	8	7	12	1	655	395.85	0	3251.74	0	2778.4	143.84
5	铁矿	111	9	6	51	45	24974	6457.58	6255.33	1070702.08	49506.8	877218.18	106488.06
6	锰矿	13	1	0	9	3	262	1.69	18.45	608	45	325	6
7	铜矿	31	1	3	19	8	5198	384.97	384.12	164600.35	18332.5	154821.43	57498.05
8	铅矿	56	0	1	39	16	4842	65.15	94.96	74280.18	4901.28	57119.83	3070.55
9	锌矿	48	0	1	28	19	3676	86.59	129.09	64780.46	1096.76	55132.56	-10840.96
10	铝土矿	6	0	0	1	5	51	1.2	1.2	152	0	152	0.24
11	镁矿	1	0	0	0	1	20	0	0	0	0	0	0
12	镍矿	7	0	1	5	1	1418	20.27	20.27	15443.04	9685.08	14167.04	200.6
13	钨矿	1	0	0	1	0	15	0	1	0	0	0	0
14	锡矿	3	0	0	1	2	46	0.46	1.06	54.4	0	54.4	0
15	钼矿	2	0	0	2	0	25	0.3	0.3	1077	0	1077	101

续表 9－1

序号	矿种	矿山企业数					从业人员(人)	年产矿量	实际采矿能力(万吨/年)	工业总产值(万元)	综合利用产值(万元)	矿产品销售收入(万元)	利润总额(万元)
		合计	大型	中型	小型	小矿		万吨					
16	锑矿	1	0	0	0	1	40	0.17	0.17	0	0	0	0
17	金矿	59	0	6	27	26	2477	91.77	131.6	56604.24	322	37082.16	6508.61
18	银矿	2	1	0	0	1	275	0	51	0	0	0	0
19	锂矿	4	0	1	2	1	586	4.58	18	3519.68	250	3332.45	150
20	轻稀土矿	7	0	2	1	4	635	111.83	103.23	54033.31	0	27747.22	3653
21	碲矿	2	0	0	0	2	5	0	0	0	0	0	0
22	红柱石	1	0	0	1	0	50	0	2	0	0	0	0
23	普通萤石	1	0	0	0	1	3	0	0.2	0	0	0	0
24	熔剂用灰岩	8	1	0	4	3	908	87.24	87.24	23163.3	0	23163.3	8
25	冶金用白云岩	10	0	1	6	3	839	31.35	67.35	3282.31	168	3265.31	114
26	冶金用石英岩	46	0	1	35	10	429	23.78	33.07	1423.37	29	1083.31	178.55
27	铸型用砂岩	4	0	0	1	3	45	0.6	0.6	12	0	12	2
28	铸型用砂	3	0	0	0	3	18	1.15	1.15	23	0	23	2
29	冶金用脉石英	27	0	0	24	3	261	3.48	18.56	281	79	194.37	87
30	耐火黏土	25	0	0	13	12	428	11.29	17	790.23	0	521.23	86.31
31	硫铁矿	73	1	0	18	54	1804	82.22	117.61	11091.64	1290	7593.32	780.58
32	芒硝	22	8	14	0	0	4539	878.27	1005.59	65206.69	0	61408.41	-4727.58
33	重晶石	4	0	0	3	1	20	0	0	0	0	0	0
34	化肥用灰岩	9	0	0	9	0	141	29.5	28.5	376.2	0	290.5	7.5
35	化工用白云岩	4	0	0	4	0	34	1.9	2	50.2	0	21.3	1.1
36	化肥用石英岩	5	0	0	5	0	95	7.67	11.44	1038.28	0	1038.28	50.05
37	化肥用砂岩	11	0	0	11	0	110	3.3	3.63	247.89	0	247.88	46
38	含钾岩石	2	0	1	0	1	21	0	0.5	0	0	0	0
39	化肥用蛇纹岩	1	0	0	1	0	37	0	0	0	0	0	0
40	盐矿	22	4	8	10	0	2337	921.2	538.39	21450.9	3094	21371.21	3772.33
41	磷矿	65	3	16	43	3	7333	633.81	948.57	197676.49	8490	137079.2	25345.49
42	石墨	5	0	0	3	2	153	1.22	3.22	5083.86	0	5083.86	15
43	硅灰石	10	0	1	3	6	194	1.6	30.6	323	0	188	40
44	滑石	1	0	1	0	0	120	15	20	1	0	0	0
45	石棉	1	1	0	0	0	130	8	8	577	10	540	130
46	云母	4	0	0	3	1	50	0	1.53	0	0	0	0
47	长石	27	0	0	22	5	490	17.2	98.3	945	0	842.2	186
48	蛭石	1	0	0	1	0	6	0.4	0.4	28	0	28	2
49	透闪石	1	0	0	1	0	14	0	0	0	0	0	0
50	石膏	46	1	3	31	11	1127	76.84	158.55	4068.52	0	3916.12	246.33
51	方解石	11	0	0	2	9	57	0.66	2.88	44.1	8.2	44.1	3
52	玻璃用灰岩	1	0	0	1	0	6	0	0	0	0	0	0

续表 9 – 2

序号	矿种	矿山企业数					从业人员（人）	年产矿量	实际采矿能力（万吨/年）	工业总产值（万元）	综合利用产值（万元）	矿产品销售收入（万元）	利润总额（万元）
		合计	大型	中型	小型	小矿		万吨					
53	水泥用灰岩	421	17	24	215	165	10947	6267. 91	7964. 2	116246. 41	5989. 92	97825. 09	12780. 81
54	建筑石料用灰岩	672	1	2	253	416	6844	1087. 34	1698. 31	18903. 18	1087. 56	18567. 27	2259. 94
55	饰面用灰岩	19	0	3	16	0	247	24. 1	25. 65	790	220. 5	790	43
56	制灰用石灰岩	61	0	1	24	36	1203	108. 38	314. 9	5081. 15	465	3773. 55	807. 12
57	玻璃用白云岩	7	0	0	2	5	139	6. 7	13. 2	83. 4	0	83. 4	12. 6
58	建筑用白云岩	24	0	0	14	10	350	234. 79	54. 21	841. 99	102. 86	506. 99	99. 19
59	玻璃用石英岩	60	1	2	41	16	1065	75. 64	97. 06	5305. 86	280	4634. 54	185. 03
60	玻璃用砂岩	19	0	0	9	10	203	21. 65	30. 75	1073. 8	70	1073. 8	39. 5
61	水泥配料用砂岩	43	1	2	26	14	1737	213. 27	252. 61	2539. 71	10. 3	2536. 16	453. 45
62	砖瓦用砂岩	51	0	2	35	14	488	24. 55	38. 83	1047. 82	4	946. 64	102. 04
63	陶瓷用砂岩	25	0	1	17	7	312	5. 62	20. 35	190. 22	17. 5	185. 75	24. 69
64	建筑用砂岩	301	1	5	114	181	2607	300. 37	426. 5	7107. 71	393. 1	6963. 21	633. 99
65	玻璃用砂	2	0	0	1	1	25	6	3	120	0	120	10
66	建筑用砂	95	1	1	46	47	993	108. 34	246. 25	3316. 48	306. 02	3143. 8	486. 64
67	水泥配料用砂	2	0	0	0	2	8	4. 6	4. 6	60	0	56	5
68	砖瓦用砂	5	0	0	4	1	109	7. 8	8. 8	433	0	300	30
69	玻璃用脉石英	16	0	0	4	12	66	0	0	0	0	0	0
70	水泥配料用脉石英	1	0	0	1	0	5	0	0	0	0	0	0
71	硅藻土	1	0	0	1	0	20	0	0	0	0	0	0
72	陶粒页岩	1	0	0	1	0	5	0	0	0	0	0	0
73	砖瓦用页岩	3022	4	171	1934	913	66585	3818. 28	5500. 61	368621. 6	16943. 33	345561. 33	30883. 09
74	水泥配料用页岩	12	1	0	9	2	279	57. 67	57. 71	615. 6	0	615. 6	50. 3
75	建筑用页岩	194	0	7	148	39	3492	184. 37	283. 19	19952. 6	2196	19338. 79	2968. 1
76	高岭土	15	0	5	9	1	983	18. 67	45. 38	1311. 32	16. 8	1308. 02	89
77	陶瓷土	7	0	0	7	0	101	4. 01	9. 36	237. 7	10	237. 7	1. 84
78	伊利石黏土	31	0	3	26	2	718	7. 97	15. 11	931. 75	1	420. 75	25. 39
79	膨润土	38	0	1	35	2	542	9. 56	14. 25	4706	1978	2431. 8	101. 76
80	砖瓦用黏土	86	1	0	25	60	1747	78. 9	84. 95	3444. 83	53	3007. 75	533. 09
81	陶粒用黏土	44	1	0	32	11	855	12. 14	46. 05	1566. 12	305	1217. 62	79. 53

续表 9-3

序号	矿种	矿山企业数					从业人员(人)	年产矿量	实际采矿能力(万吨/年)	工业总产值(万元)	综合利用产值(万元)	矿产品销售收入(万元)	利润总额(万元)
		合计	大型	中型	小型	小矿		万吨					
82	水泥配料用黏土	7	0	0	4	3	48	2.9	5.4	205	1	205	19.5
83	水泥配料用泥岩	5	1	1	1	2	83	53.35	53.35	388.85	1	387.85	61.65
84	保温材料用黏土	2	0	0	2	0	2	0	0	0	0	0	0
85	白云母黏土矿	1	0	0	1	0	15	0	0	0	0	0	0
86	铸石用玄武岩	1	0	0	1	0	3	0	0	0	0	0	0
87	水泥混合材玄武岩	2	1	0	1	0	48	19.4	19.4	569.5	0	569.5	34
88	建筑用玄武岩	43	2	1	37	3	902	37.46	118.51	1491.16	150	1440.12	123.05
89	饰面用辉绿岩	1	0	0	1	0	9	0.61	0.61	33	3	30	10
90	建筑用辉绿岩	4	0	0	2	2	59	1	1	61	0	10	0.6
91	建筑用辉长岩	4	0	0	3	1	30	2.29	2.29	71.05	0	71.05	10.5
92	建筑用闪长岩	4	0	0	3	1	41	13.43	13.43	199.95	0	197.48	7.96
93	建筑用花岗岩	34	0	1	26	7	574	5.57	37.4	2283.92	150	1779.6	150.7
94	饰面用花岗岩	42	1	0	31	10	894	19.27	18.91	8667.05	2474	8475.05	543.09
95	霞石正长岩	2	0	1	0	1	158	2	4	126.5	0	126.5	0
96	水泥用凝灰岩	1	0	0	0	1	55	0	0	0	0	0	0
97	建筑用凝灰岩	2	0	0	2	0	3	0	0	0	0	0	0
98	饰面用大理岩	45	1	5	30	9	1008	53.04	30.29	5131.76	743.1	4561.29	680.83
99	建筑用大理岩	6	0	0	4	2	85	4.18	3.11	442	200	206.8	42
100	饰面用板岩	15	0	4	7	4	295	11.8	22.6	224	0.5	224	31.5
101	片石	2	0	0	0	2	23	1.9	2.42	154	0	150	21
102	砚石	1	0	0	1	0	12	0	0	0	0	0	0
103	矿泉水	56	8	14	26	8	4018	137.86	0	23586.76	0	21624.88	1919.62

②开发矿产。四川开发并进入统计的矿产共有103种(表9),其中煤、铁及砖瓦用页岩矿对四川省矿业经济的贡献最为显著。此外,对矿业经济贡献较大的还有铜、铅锌、镍、金、轻稀土、硫、钙芒硝、磷、盐、水泥用灰岩、建筑用砂岩、熔剂用灰岩、饰面花岗岩及矿泉水等矿产,其经济指标见表9、图50。

四川天然气、原煤、磷矿、硫铁矿、岩盐、钙芒硝、石棉、花岗石、铅精矿,锌精矿及轻稀土矿的产量名列全国前茅。天然气、煤炭、铁矿、铜矿、水泥灰岩等矿产的开发在全省的工业生产中占有很重要的地位。

四川采矿业生产及发展过程中,除国有矿山企业外,集体,股份制,私营等矿山企业在矿业经济中逐渐占有重要的地位(表8)。天然气、锌矿、熔剂用石灰岩、冶金用白云岩、金矿等矿产在规模矿山企业中经济效益较好。小型的民营矿山主要以开采零星的煤炭资源、砖瓦用页岩、建筑用砂岩、建筑用砂砾石等矿产资源为主。

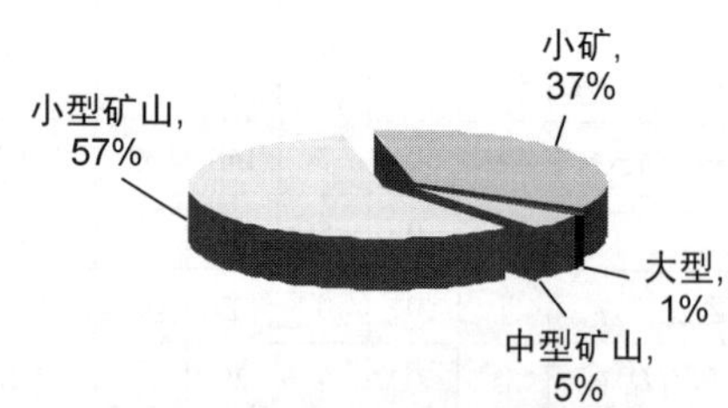

图49 2012年四川矿山规模构成

2012年采矿业矿山生产工业总产值超过亿元的矿

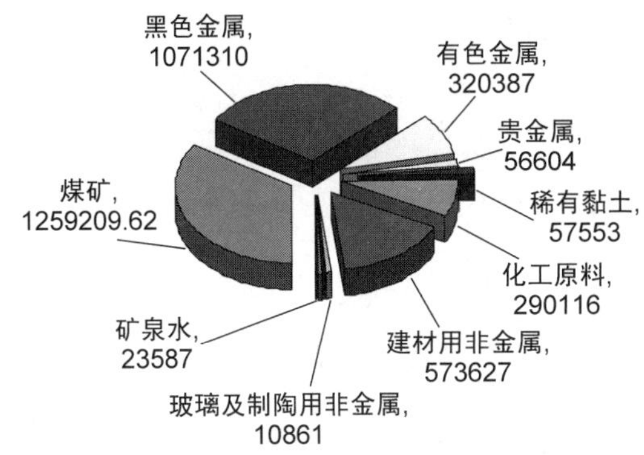

图50　2012年四川各类矿产对省矿业经济的贡献

产品有煤、铁、铜、铅、锌、镍、金、稀土、熔剂用灰岩、硫铁矿、芒硝、盐、磷、水泥用灰岩、建筑石料用灰岩、砖瓦用页岩、建筑用页岩及矿泉水等,它们对四川矿业经济的发展作出了重大贡献(表9)。

煤炭资源开发所产生的工业总产值占全省采矿业工业总产值的33.91%,铁矿占28.83%,两者工合计全省工业总产值的62.74%。

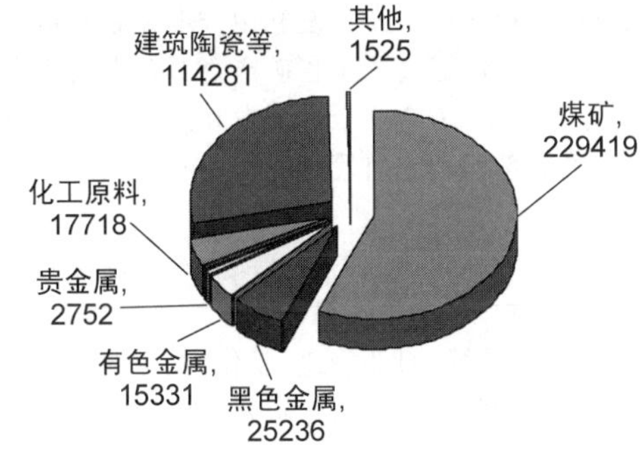

图51　2012年四川矿业从业人员在各矿种中的分布

3. 矿山从业人员的分布。统计至2012年底,四川从事采矿业生产的人员中,56.3%在煤矿山中,28.04%在建材,陶瓷用非金属矿矿山。全省从事采矿人员的分布情况见表9、图51。

【资源性矿产品及进出口贸易】 根据2012年《四川统计年鉴》最新资料,2011年四川省规模以上工业企业与矿产品有关的资源性产品的年产量及增长率见表10。表11是四川省2007~2011年规模以上工业企业部分重要矿产品年产量。

表10　2010年四川省主要矿业相关产业规模以上工业企业部分资源性矿产品年产量与增长率

序号	产品名称	计算单位	总量	较2011年增长(%)
1	原煤	万吨	12263.24	13.17
2	原油	万吨	16.17	6.94
3	天然气	亿立方米	267.76	14.35
4	原盐	万吨	1037.65	35.96
5	生铁	万吨	1714.99	7.60
6	钢	万吨	1728.64	9.34
7	铁合金	万吨	201.05	-15.84
8	焦炭	万吨	1278.87	10.52
9	水泥	万吨	14501.08	9.63
10	硫酸	万吨	422.99	8.96
11	浓硝酸	万吨	8.08	-4.15
12	碳酸钠(纯碱)	万吨	167.76	-1.19
13	氢氧化钠(烧碱)	万吨	117.91	10.27
14	农用氮,磷,钾肥	万吨	470.68	-7.73
15	电石(碳化钙)	万吨	72.31	-4.83

表11　2007~2012年四川规模以上企业部分重要矿产资源性矿产品年产量

年份	原盐 $\times 10^7$ 吨	原煤 $\times 10^7$ 吨	天然气 10^{10} 立方米	生铁 $\times 10^7$ 吨	钢 $\times 10^7$ 吨	水泥 $\times 10^7$ 吨
2007	0.67	7.76	1.60	1.46	1.41	6.21
2008	0.56	8.60	1.66	1.43	1.37	6.07
2009	0.80	9.00	1.91	1.53	1.51	8.89
2010	0.76	10.84	2.34	1.59	1.58	13.23
2011	1.04	12.26	2.68	1.71	1.73	14.50

根据2012年《四川统计年鉴》统计数据,2011年四川省进口矿产品为125873万美元,出口矿产品为

4141万美元，进出口比例约为30倍。四川省经济发展对外部矿产资源的依赖程度相当高的格局仍然无大的改变(图52)。

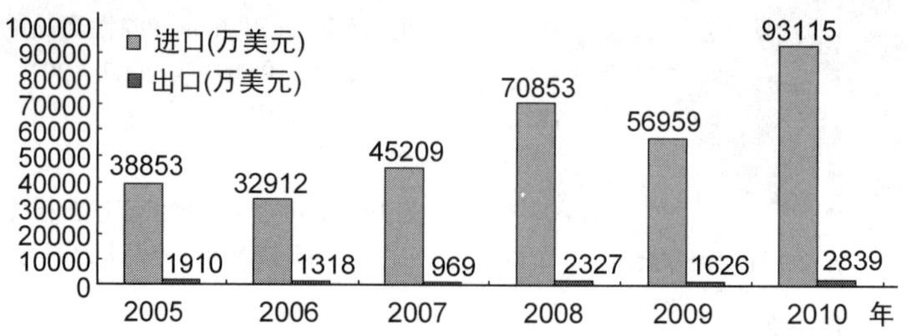

图52　四川矿产品2007～2012年进出口贸易情况

【矿产资源开发管理】 1. *采矿权登记审批及出让转让信息公开*。2012年四川全省省级采矿权划定矿区范围49个、新设采矿权9个、采矿权延续登记306个、转让审批35个、变更登记172个、注销登记9个(图53)。

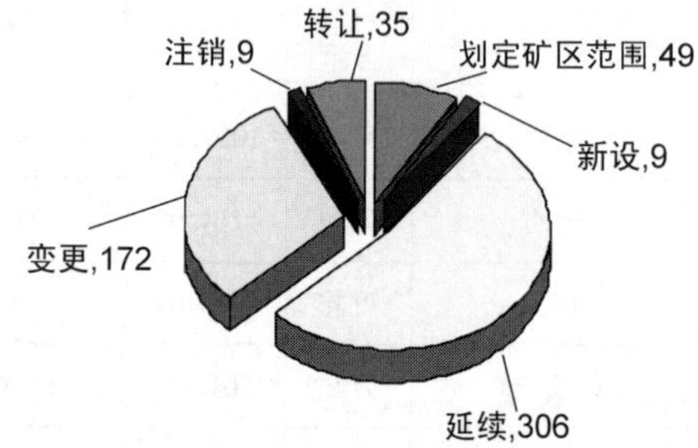

图53　2012年四川省登记审批采矿权类别构成(个)

按照国土资源部有关矿业权有形市场出让转让信息公示公开的有关要求，充分利用厅门户网站、土地矿产交易信息网、部门户网站等网络平台公示审批结果以及公开采矿权出让、转让信息。

2. *强化矿产开发利用监督管理*。① 组织各市州国土资源主管部门抓好矿产资源开发利用年度统计工作，全面完成了2011年度矿产开发利用统计年报，并通过部验收。其成果通过《四川省矿产资源年报》予以发布。

② 全面完成矿产开发利用年度检查工作，共年检矿山7515个，实地检查矿山4960个，实地抽查率66%。按照国土资源部出台新的年检办法要求，及时召开全省矿产开发利用年度检查网上信息报备工作培训会议，部署年检工作，开展业务培训。

③ 加强采矿权人矿山开采活动的监督管理，继续做好矿产督察工作。在去年聘任国家级矿产督察员10人，省级督察员22人的基础上，2012年对聘任人员均下达了160个矿山督查任务，并要求各督察员在年底全面完成。

④ 强化国家对稀土等矿产控量开采制度。对部下达的四川省2012年度稀土氧化物开采总量24400吨，锑金属量200吨，及时分解下达到凉山州和雅安市，并签订责任书，要求加强日常监督管理，确保各矿山开采量控制在下达的年度产量控制指标之内，同时，按要求建立了稀土等矿产矿区协管员队伍，进一步强化对稀土矿山采矿权人开采活动的监管。目前，2012年度四川省开采稀土17850吨，锑145吨。

⑤ 严格矿产资源开发利用方案的管理。2012年共审查备案矿产资源开发利用方案140个。11月底召开了管理部门，编制单位，评审专家参与的方案编制座谈，共同分析研讨矿产开发利用方案编制及审查中出现的各类问题，提高了全省矿产资源开发利用方案编制及审查水平，为企业合理开发利用资源提供技术支撑，为监管部门实施监管采矿权人开发利用提供技术依据。

3. *开展"打非治违"，参与省安全生产综合督查工作*。2012年在安全生产形势极为严峻的形势下，认真组织国土资源系统"打非治违"工作，先后两次以川国土资发[2012]55号和川国土资发[2012]120号文下发"打非治违"指导性意见。7月到10月，先后深入达州、巴中、雅安、甘孜、宜宾、泸州等市州重点矿区、重要矿山开展"打非治违"督查检查工作，共实地检查矿山32处，全面完成矿产资源勘查开采"打非治违"工作。

4. *配合有关部门做好煤矿及非煤矿山整顿关闭及兼并重组工作*。配合省经信委等部门开展煤炭资源整合有关工作。按照省煤炭资源整合办的要求，积极参与研究解决煤炭资源整合中出现的问题，为我省煤炭企业规模化、集约化献计献策配合省能源局，省安监局等部门共同制定煤矿整顿关闭，兼并重组方案，对全省1300多个煤矿的基本情况进行了全面的清理整顿，为下一步整顿关闭工作提供了依据。

5. *坚持市场化配置矿产资源，进一步规范采矿权市场*。贯彻落实国土资源部《矿业权交易规则(试行)》，及时制定下发通知，结合我省实际提出要求，开创四川省矿业权交易规范化管理崭新局面。在规范性文件下发的同时，认真做好采矿权招拍挂出让的各项工作，充分发挥市场化配置矿产资源基础性作用。

2012年全省拍买挂牌出让采矿权53宗(较2011

年下降了74%)，出让金额1.88亿元(较2011年增加了25.33%)。

6. 规范矿业权设置方案工作，优化资源配置，提高矿产资源对经济社会发展的保障能力。按照省政府关于探索建立重要矿产资源开发新模式和国土资源部有关全面实行矿业权设置方案制度的要求，围绕省委“两个加快”和相关产业发展的需求，针对不同矿种，不同规模矿产地，开采利用条件，根据矿产资源规划，合理编制矿业权设置方案，细化了矿业权设置方案审批流程。

2012年四川省各市州共申报矿业权设置方案31个，其中16个完成了专家审查，3个完成了审批上报。

7. 制定省钒钛磁铁矿“三率”标准，开展“三率”调查，提高矿产资源节约与综合利用水平。统一组织厅规划院、中国地质科学院矿产综合利用研究所等单位联合开展攀西地区钒钛磁铁矿资源综合利用现状调研，研究提出能客观反映在不同的开采方式、选矿工艺和矿体赋存条件下钒钛磁铁矿“三率”指标的标准。该标准已由国土资源部发布，将为钒钛磁铁矿开发企业及监管部门提供重要技术依据。2012年下半年还按照国土资源部的统一要求全面开展了四川省20个重要矿种“三率”的调查工作，并在年底前全面完成了外业调查，为下一步成果汇总打下了良好基础。

8. 开展矿产资源节约与综合利用专项。会同四川省财政厅组织开展了2011年度矿产资源节约与综合利用实施情况专项核查，组织专家深入相关矿山企业进行全面检查，督促矿山企业按要求加快专项工作的开展，按规定使用专项资金。四川省国土资源厅还会同省财政厅共同组织开展了矿产资源节约与综合利用专项项目申报工作，共上报矿产资源节约与综合利用专项项目13个。同时还全面完成国土资源部下达给我厅的黑色金属综合利用专项绩效评价试点工作，向部提交了我省钒钛磁铁矿综合利用专项绩效评价试点结果和绩效评价办法。

2012年省政府与攀钢集团、龙蟒集团和安宁铁钛股份有限公司签订了《建设攀枝花钒钛磁铁矿资源综合利用示范基地责任书》，召开了示范基地工作座谈会，示范基地建设总体规划已编制完成并正式上报国土资源部和财政部，标志着攀枝花钒钛磁铁矿资源综合利用示范基地建设进入了新的阶段。中央财政计划在2011～2015年期间投入12.5亿元用于基地建设，以大幅提高钒钛磁铁矿开发利用效率和水平，增强资源供给能力，加快转变矿业发展方式，发展绿色矿业。中央财政当年投入的2.5亿元示范基地建设支持资金已全面到位，2011年和2012年示范基地建设的各项工作正按规划和部省协议的要求有序全推进。

(四川省矿业协会　曾令新)

贵　州　省

【矿产资源概况】 贵州省已发现各类矿产136种，占全国172种的79.07%；查明有资源储量的矿产86种，占全国160种的53.75%；列入储量表76种，其中47种位居全国总量的前十位，22种排前三位，13种排第四至第五位。2012年度贵州省矿产资源储量情况见表1。

全省查明矿产地3332处，其中能源矿产787处，占产地总数的23.62%、金属矿产1009处，占30.28%、非金属矿产1 536处，占46.10%。

按储量规模分：大型217处，占6.51%；中型388处，占11.64%；小型2727处，占81.85%。按矿床勘查程度分：勘探288处，占8.64%；详查593处，占17.90%；普查2451处，占73.46%。

按利用情况分：已利用资源储量产地1878处，占56.40%；未利用的产地1454处，占43.60%。主要已利用产地：煤炭540处，磷矿31处，铝土矿47处，金矿33处，锰矿26处，重晶石66处。

表1　2012年贵州省矿产资源储量统计

序号	矿种名称	资源储量单位	2011年保有资源储量		2012年保有资源储量					增减情况	增减情况	全国排位
			产地数	资源储量	产地数	储量	基础储量	资源量	资源储量			
1	煤炭	亿吨	763	469.22	787	47.37	69.38	413.64	483.02	13.80	↑	5
2	铁矿	亿吨	177	11.1	185	0.09	0.13	11.15	11.28	0.18	↑	14
3	锰矿	万吨	43	11153.92	52	2728.51	3559.77	11706.82	15266.59	4112.67	↑	2
4	钛矿	万吨			1			102.48	102.48	102.48	↑	14
5	钒矿	V_2O_5 万吨	28	159.44	42			268.75	268.75	109.31	↑	5
6	铜矿	万吨	20	11.52	29	0.21	0.29	13.23	13.52	2.00	↑	25

续表 1 –1

序号	矿种名称	资源储量单位	2011 年保有资源储量		2012 年保有资源储量					增减情况	增减情况	全国排位
			产地数	资源储量	产地数	储量	基础储量	资源量	资源储量			
7	铅矿	万吨	99	63. 17	129	3. 07	4. 42	74. 29	78. 71	15. 54	↑	17
8	锌矿	万吨	133	226. 99	172	47. 63	68. 96	267. 25	336. 21	109. 22	↑	12
9	铝土矿	亿吨	85	5. 91	92	0. 88	1. 26	4. 83	6. 09	0. 18	↑	4
10	镁(炼镁白云岩)	万吨	10	5365. 41	14	1357. 77	1554. 98	10174. 35	11729. 33	6363. 92	↑	4
11	镍矿	吨	23	325793. 07	27	32101. 1	44452	347510. 25	391962. 25	66169. 18	↑	5
12	钨矿	吨	3	7456. 64	3			7456. 64	7456. 64			17
13	锡矿	吨	2	7760. 6	2			7760. 60	7760. 60			12
14	销矿	吨	30	482179. 64	33	60893. 8	83584. 48	503144. 53	586729. 01	104549. 37	↑	11
15	汞矿	万吨	60	3. 09	54	0. 63	1. 01	2	3. 01	–0. 08	↓	1
16	锑矿	万吨	24	30. 81	27	3. 17	5. 05	25. 04	30. 09	–0. 72	↓	4
17	金矿(岩金)	吨	65	259. 95	75	38. 86	55. 35	220. 16	275. 51	15. 56	↑	6
	砂金	千克	1	99. 00	1			99. 00	99. 00			23
18	银矿	吨	13	157. 29	14	16. 4	23. 43	137. 98	161. 41	4. 12	↑	28
19	铌钽矿	吨	1	146	1			146. 00	146. 00			7
20	锂矿	Li_2O 吨	2	127434. 97	2			94849. 97	94849. 97	–32585	↓	5
21	稀土矿	万吨	2	92. 09	2			86. 01	86. 01	–6. 08	↓	2
22	锗矿	吨	3	1129. 31	3			1129. 31	1129. 31			2
23	镓矿	吨	30	37548. 62	34	3915. 34	5608. 83	30292. 87	35901. 70	–1646. 92	↓	3
24	镉矿	吨	4	2242. 58	3	349. 53	515. 32	1802. 30	2317. 62	75. 04	↑	18
25	硒矿	吨	9	367. 53	8			367. 53	367. 53			10
26	普通萤石(萤石)	万吨	33	312. 47	33		7. 70	304. 50	312. 20	–0. 27	↓	11
27	熔剂用灰岩	万吨	15	23280. 86	15	10995. 7	13716. 28	9500. 00	23216. 28	–64. 58	↓	19
28	冶金用白云岩	万吨	7	9486. 23	7	3042. 37	3811. 73	5674. 50	9486. 23			23
29	冶会用砂岩	万吨	12	8512. 80	12	4072. 50	5597. 50	291S. 30	8512. 80			2
30	铸型用砂岩	万吨	2	1734. 00	2	514. 80	572. 00	1162. 00	1734. 00			3
31	冶金用脉石英	万吨	5	174. 35	6			191. 33	191. 33	16. 98	↑	10
32	耐火黏土	万吨	15	5614. 21	16	836. 84	1026. 40	459I. 43	5617. 83	3. 62	↑	11

续表 1-2

序号	矿种名称	资源储量单位	2011 年保有资源储量		2012 年保有资源储量					增减情况	增减情况	全国排位
			产地数	资源储量	产地数	储量	基础储量	资源量	资源储量			
33	硫铁矿	亿吨	111	7.62	113	0.38	0.55	7.28	7.83	0.21	↑	3
	伴生硫铁矿	万吨	5	23.94	4	10.32	14.75	38.80	53.55	29.61	↑	26
34	重晶石	万吨	75	9294.14	75	183.58	283.62	8994.74	9278.36	-15.78	↓	1
35	电石用灰岩	万吨	9	8333.35	9	4335.10	4817.5	3510.85	8328.35	-5.00	↓	14
36	化工用白云岩	万吨	4	2417.00	4	418.50	760.00	1657.00	2417.00			4
37	化肥用砂岩	万吨	3	10596.70	3	145.80	183.30	10413.40	10596.70			1
38	含钾砂页岩	万吨	7	4829.50	7			4829.50	4829.50			8
39	含钾岩石	万吨	1	63.79	1			63.79	63.79			7
40	泥炭	万吨	4	203.45	4		133.92	69.53	203.45			17
41	碘矿	吨	9	49614.98	11	2820.17	3783.91	46695.66	50479.57	864.59	↑	2
42	砷雄(雌)黄矿物	吨	6	47979.31	5			47979.31	47979.31			1
	砷矿	吨			2	4747.16	6781.65	9091.57	15873.22	15873.22	↑	15
43	磷矿	亿吨	63	31.49	63	4.76	6.87	24.81	31.68	0.19	↑	3
44	金刚石	克	1	755.00	1			755.00	755.00			5
45	压电水晶	千克	13	6201.00	13	155.00	291.00	5910.00	6201.00			8
46	熔炼水晶	吨	11	1110.00	11	89.00	160.00	950.00	1110.00			3
47	光学水晶	千克	3	175.00	3		3.00	172.00	175.00			1
48	石棉	万吨	2	0.90	2			0.90	0.90			16
49	石膏	万吨	9	9805.27	9	6.20	7.79	9797.48	9805.27	-0.01	↓	19
50	方解石	万吨	7	452.54	8			548.94	548.94	96.40	↑	10
51	玻璃用灰岩	万吨	1	38.70	1	27.00	30.00	8.70	38.70			3
52	水泥用灰岩	亿吨	103	18.32	103	8.88	10.70	7.61	18.31	-0.01	↓	23
53	建筑石料用灰岩	万立方米	480	17632.43	480	1079.53	1309.41	16233.83	17543.24	-89.19	↓	3

续表1－3

序号	矿种名称	资源储量单位	2011年保有资源储量		2012年保有资源储量					增减情况	增减情况	全国排位
			产地数	资源储量	产地数	储量	基础储量	资源量	资源储量			
54	饰面用灰岩	万立方米	22	3705.02	22	945.30	1049.30	2655.40	3704.70	－0.32	↓	3
55	制灰用石灰岩	万吨	6	4803.67	6	169.00	188.00	4615.35	4803.35	－0.32	↓	8
56	玻璃用白云岩	万吨	2	280.00	2	215.00	238.00	42.00	280.00			11
57	建筑用白云岩	万立方米	61	3543.31	61	1028.47	1269.81	2265.61	3535.42	－7.89	↓	5
58	玻璃用砂岩	万吨	7	5122.83		71954.47	2172.47	2950.36	5122.83			6
59	水泥配料用砂岩	万吨	21	9421.58	21	3542.00	4088.18	5333.40	9421.58			9
60	砖瓦用砂岩	万立方米	6	1770.44	6	1223.00	1359.00	411.83	1770.83	0.39	↑	1
61	陶瓷用砂岩	万吨	2	1042.50	2	30.50	33.90	1008.60	1042.50			2
62	建筑用砂	万立方米	137	5772.90	136	200.37	895.94	4858.91	5754.85	－18.05	↓	3
63	玻璃用脉石英	万吨	1	1.40	1	0.90	1.40		1.40			19
64	砖瓦用页岩	万立方米	128	4695.39	128	382.61	411.30	4298.66	4709.96	14.57	↑	4
65	水泥配料用页岩	万吨	10	2676.62	10	900.80	1000.80	1675.82	2676.62		11	
66	高岭土	万吨	23	578.66	24	10.40	16.05	647.81	663.86	85.20	↑	17
67	陶瓷土	万吨	16	1408.76	16	72.20	85.20	1323.56	1408.76			14
68	凹凸棒石黏土	千吨			1			99.20	99.20	99.20	↑	5
69	砖瓦用黏土	万立方米	12	1639.67	12	870.50	970.04	669.27	1639.67			5
70	水泥配料用黏土	万吨	49	10779.14	49	5398.00	6020.20	4758.94	10779.14			7
71	饰面用辉绿岩	万立方米	3	455.96	3	264.00	293.00	162.96	455.96			2
72	饰面用花岗岩	万立方米	2	352.00	2	14.00	16.00	336.00	352.00			22
73	饰面用大理岩	万立方米	4	53.00	4	9.90	19.00	34.00	53.00			28

注：铟矿、铼矿、碲矿共有矿产地4处，经核查已采空无保有资源储量。

【地质勘查】 继续贯彻地质找矿新机制，实施优势矿产整装勘查工作。以煤、磷、铝、锰、金、铅锌、稀土、页岩气等优势矿产和精细化工原料、新型节能环保建材为重点，加大矿产资源调查评价、勘查、开发利用与保护力度，为建设国家重要的煤电磷、煤电铝、煤电钢、煤电化等一体化资源深加工基地和精细化工、新型节能环保建材基地提供资源保障。

地质勘查工作继续保持良好发展势头。加快推进整装勘查，找矿取得新突破，制定实施了贵州省地质找矿突破战略行动“246”计划，安排实施42个整装勘查项目，其中：已实施12个整装勘查项目取得阶段性重大成果；新立的30个整装勘查项目全部进入实质性开工阶段。

矿产勘查工作总体稳步上升。社会各方面找矿积极踊跃，煤、磷、铝土、锰、金、地热等重要优势矿种勘查成绩显著，取得了重大阶段性工作成果。

地质勘查成果显著，新发现大中型矿产地20余处；新增查明资源储量：煤炭7.37亿吨、铁矿1134.47万吨、锰矿214.68万吨、锑矿1162.08吨、锌矿90.28万吨、铅矿9.89万吨、铝土矿2321.32万吨、钼矿13246吨、镍矿69946吨、金矿26.39吨、重晶石46.95万吨。

在全同率先开展页岩气调查评价，成功实施全国第一口超千米页岩气战略调查井“岑页－1”压裂产气试验工程，并实现试气点火。

国土资源部第一家与贵州省政府签订共同推进页岩气勘查开发合作协议，5块页岩气招标区块（约5000平方千米）招标成功，引进勘查投资31.11亿元。

2012年共实施贵州省内、外各类基础地质、矿产勘查、地质环境与地质灾害、地质科学研究等项目共计342项。

完成阶段性勘查的矿产地28处。按规模计：大型3处，中型6处、小型19处；按勘查程度计：普查14处、详查8处、勘探6处。

1∶25万贵阳市幅、独山县幅区域地质调查项目成果显著，建立了黔中－黔南地区南华纪－三叠纪各时期的沉积格局，为研究贵州中、南部沉积环境及其古地理提供了新的科学依据。

贵州罗甸－望谟地区软玉矿调查评价项目中，新发现玉石矿点10处，初步查明玉石矿资源量61万吨，圈定找矿靶区5个，预测玉石矿资源量67万吨以上。

完成三岔河、阳河、马别河、格凸河、六硐河、白甫河、野纪河、芙蓉江、洪渡河等18个流域的1∶5万水文地质环境地质调查工作，调查面积达55080平方千米。

【优势矿产开发利用】 1. *煤矿*：787处煤炭矿区，累计查明煤炭资源储量502.5亿吨，保有资源总量801.53亿吨，其中，保有资源储量483.02亿吨，预测资源量319.51亿吨。已利用矿区540处，占用资源储量298.72亿吨，占保有资源储量的61.87%；未利用247处，资源储量184.10亿吨，占保有资源储量的38.18%。主要分布在六盘水市、毕节市境内。

2. *磷矿*：63处磷矿区，累计查明资源储量34.00亿吨，保有资源总量36.65亿吨，其中，保有资源储量31.68亿吨，预测资源量4.97亿吨。已利用矿区31处，占用资源储量8.82亿吨，占保有资源储量的27.84%；未利用32处，资源储量22.86亿吨，占保有储量的72.16%。主要分布于织金县、开阳县、瓮安县、福泉市等地。

3. *铝土矿*：92处铝土矿区，累汁查明资源储量6.52吨，保有资源总量6.63亿吨，其中，保有资源储量6.09亿吨，预测资源量0.54亿吨。已利用47处，占用资源储量1.63亿吨，占保有量的26.76%；未利用45处，资源储量4.46亿吨，占保有量的73.24%。主要分布在清镇市、务川县、正安县、道真县，凯里－黄平、修文县和遵义县等地。

4. *金矿*：76处金矿区，累计查明资源储量388.04吨，保有资源总量289.43吨，其中，保有资源储量275.61吨，预测资源量13.93吨。已利用33处，占用资源储量185.34吨，占保有量的67.27%；末利用43处，资源储量90.27吨，占总保有量的32.73%。主要分布于兴仁县、贞丰县、普安县、册亨县等地。

5. *锰矿*：52处锰矿区，累计查明资源储量1.83亿吨，保有资源总量2.43亿吨，其中，保有资源储量1.53亿吨，预测资源量0.90亿吨。已利用26处，占用资源储量1.13亿吨，占保有量的73.71%；未利用26处，资源储量0.40亿吨，占保有量的26.29%。主要分布在铜仁、遵义境内。

6. *锑矿*：27处锑矿区，累计查明资源储量70.87万吨，保有资源总量38.65万吨，其中，保有资源储量30.09万吨，预测资源量8.55万吨。已利用13处，占用资源储量20.04万吨，占保有量的66.56%；未利用14处，资源储量10.06万吨，占保有量的33.44%。主要分布在榕江县和独山县等地。

7. *重晶石*：75处重晶石矿区，累计查明资源储量1.04亿吨，保有资源总量1.29亿吨，其中，保有资源储量9278.36万吨，预测资源量3573.82万吨。已利用66处，占用资源储量8918.64万吨，占保有量的96.12%；未利用9处，资源储量359.72万吨，占保有量的3.88%。主要分布在天柱、麻江、刁水和镇宁县境内。

8. *水泥用灰岩*：103处矿区，保有资源储量18.31

亿吨,已利用69处,占用资源储量2.67亿吨,占保有资源总量的14.57%;未利用34处,资源储量15.64亿吨,占保有资源总量的85.43%。

【矿产资源开发利用】 矿产资源综合利用取得新进展。开阳磷矿、黄平页岩气资源节约与综合利用示范基地建设,开磷集团等3家矿山企业被评为全国矿产资源节约与综合利用优秀企业。2008~2012年贵州省采矿业产值占国民生产总值比重见图1。2008~2012年贵州省矿业产值见图2。2008~2012年贵州省优势矿种矿山企业变动趋势见图3。

磷矿地下充填法采矿、磷矿伴生氟、碘资源综合利用等3项新技术,列入首批全国矿产资源节约与综合利用先进技术目录。

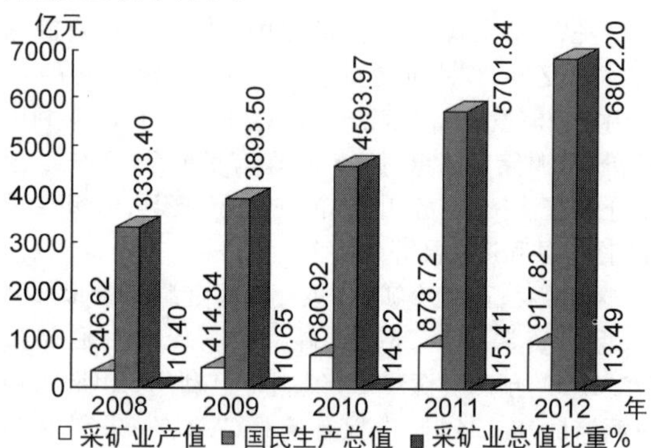

图1 2008~2012年贵州省采矿业产值占国民生产总值比重

开展煤、磷、铝、金、锰等16种重要矿种"三率"综合调查、评价。

加强矿山环境恢复治理,积极开展"矿山复绿"行动,开阳磷矿、烂泥沟金矿国家级绿色矿山试点效果明显。松桃杨家湾锰矿、盘江火烧铺煤矿、水城那罗寨煤矿、纳雍比德煤矿列入全国第三批绿色矿山试点。

2012年度贵州省矿产资源开发利用情况见表2~4。

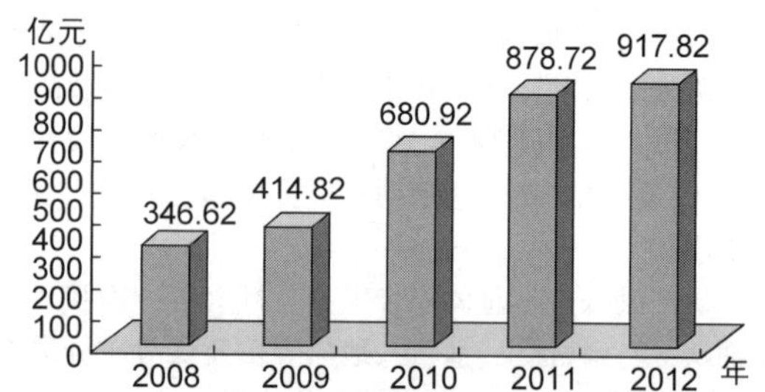

图2 2008~2012年贵州省矿业产值

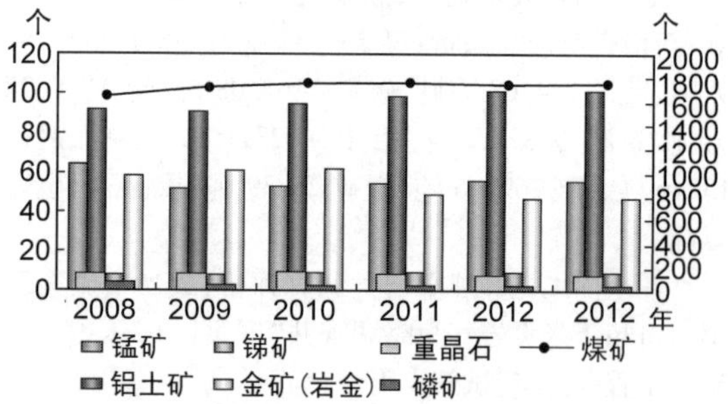

图3 2008~2012年贵州省优势矿种矿山企业变动趋势

表2 2012年度贵州省矿产资源开发利用情况(按行政区分列) 单位:个、人、万吨/年、万元

名称	矿山企业数					从业人员	年产矿量	实际采矿能力	工业总产值	综合利用产值	矿产品销售收入	利润总额
	合计	大型	中型	小型	小矿							
合计	7415	65	210	4505	2635	293742	36030.22	35689.68	9178177.73	2329113.00	8404437.00	2078951.00
贵阳市	384	6	16	257	105	13563	2625.80	1950.90	610382.95	105742.36	558656.10	88869.10
六盘水市	387	10	31	321	25	56883	8325.49	4230.38	2547584.46	322648.40	2214630.67	461189.42
遵义市	1202	4	33	932	233	38323	4048.88	5153.24	340590.48	51892.34	304782.53	32555.70
安顺市	570	2	5	240	323	22603	2368.64	2520.11	426374.29	36065.00	411553.61	108553.17
毕节市	1673	8	37	866	762	88064	8635.47	9273.07	3864405.12	1464454.40	3709138.56	1132973.19
铜仁市	870	7	26	579	258	9228	1991.41	2056.98	141362.36	64574.58	92320.65	20958.20
黔南州	1015	13	32	626	344	20496	3509.66	6076.21	293329.48	24372.24	242516.10	28448.29
黔东南州	665	12	17	290	346	9564	1209.93	1306.23	62677.27	3941.73	59628.99	19499.00
黔西南州	649	3	13	394	239	35018	3314.94	3122.56	891471.32	255421.95	811209.79	185904.93

表 3 **2012 年度贵州省矿产资源开发利用情况(按经济类型分列)** 单位:个、人、万吨/年、万元

企业经济类型	矿山企业数					从业人员	年产矿量	实际采矿能力	工业总产值	综合利用产值	矿产品销售收入	利润总额
	合计	大型	中型	小型	小矿							
合计	7415	65	210	4505	2635	293742	36030.22	35689.68	9178177.73	2329113.00	8404437.00	2078951.00
一、内资企业	7404	63	208	4500	2633	291392	35719.49	35330.37	9041534.26	2328772.80	8269396.52	2050095.99
国有企业	167	15	27	105	20	35451	9092.46	3820.11	1695766.70	241804.50	1453513.00	284355.40
集体企业	106	1	5	70	30	3398	229.22	299.23	47604.15	4177.13	48947.85	6483.96
股份合作企业	67	3	1	48	15	4293	264.40	346.75	101143.50	7132.78	89221.21	35835.49
联营企业	32	1	20	11	782	98.33	95.19	39669.30	4785.20	39538.10	8201.00	
有限责任公司	373	16	48	234	75	33679	3145.44	3801.04	892861.00	208533.70	849194.40	150024.60
股份有限公司	187	10	22	111	44	20793	2058.13	2200.16	950611.10	77488.59	879513.00	220592.40
私营企业	6011	18	102	3740	2151	188838	19364.95	23282.80	5255398.00	1773931.00	4853620.00	1322982.00
其他企业	461	2	172	287	4158	1466.56	1485.09	58480.51	10919.90	55848.96	21621.14	
二、港、澳、台商投资	4	1	1	2	0	673	198.01	246.50	19299.94	306.20	18014.20	6668.80
三、外商投资企业	7	1	1	3	2	1677	112.72	112.81	117343.53	35.00	117026.28	22186.21

表 4 **2012 年贵州省矿产资源开发利用情况(按矿种分列)** 单位:个、人、万吨/年、万元

序号	矿种	矿山企业数					从业人员	年产矿量	实际采矿能力	工业总产值	综合利用产值	矿产品销售	利润总额
		合计	大型	中型	小型	小矿							
	合计	7415	65	210	4505	2635	293742	36030.22	35689.68	9178177.73	2329113.00	8404437.00	2078951.00
1	煤炭	1758	15	73	1532	138	216766	18107.05	16333.07	7598986.01	2075048.00	7053992.00	1791780.00
2	地下热水	2	1	1			56	20.00	1.00	600.00	400.00	200.00	62.00
3	铁矿	51		1	33	17	1325	190.69	118.03	59908.20	10911.20	56207.13	5525.50
4	锰矿	56	3	12	38	3	2192	115.85	125.00	63653.29	42689.00	40452.81	10188.96
5	钒矿	10	3	3	4		214	2.00	45.24	100.00	8.00	60.00	30.00
6	铜矿	3			2	1	169	3.76	3.76	266.13	214.53	258.74	50.00
7	铅矿	32			20	12	564	1.20	18.00	1500.00	260.00	1500.00	480.00
8	锌矿 82	1		38	43	2624	10.60	81.03	30896.55	2820.00	26271.05	1815.00	
9	铝土矿	102	1	8	62	31	4580	248.35	248.47	53915.30	15064.29	49393.24	5991.31
10	镍矿	4			3	1	55						
11	钼矿	9			5	4	233	1.00	0.50	20.00		1.00	
12	汞矿	24	10	14	483	12.88	14.68	9848.50	100.00	9823.50	482.00		
13	锑矿	10			5	5	644	1.36	4.38	446.98		401.46	15.00
14	金矿	47	3	2	33	9	4269	96.49	135.39	204149.10	14214.80	204108.50	65345.97
15	普通萤石	34		1	30	3	536	5.85	5.82	2601.00	452.00	2497.00	685.50
16	熔剂用灰岩	3		1	2		230	87.08	84.00	1710.50		707.50	10.00

续表 4－1

序号	矿种	矿山企业数					从业人员	年产矿量	实际采矿能力	工业总产值	综合利用产值	矿产品销售	利润总额
		合计	大型	中型	小型	小矿							
17	冶金用白云岩	1			1		5						
18	冶金用石英岩	25		2	22	1	185	10.08	35.30	651.80	266.44	651.80	52.88
19	冶金用砂岩	16		1	13	2	57	2.00	2.00	62.00	4.00	61.00	19.00
20	硫铁矿	50			40	10	538	8.02	30.13	2857.66	102.00	959.95	141.29
21	重晶石	139	8	5	105	21	2159	122.55	165.11	33295.15	1001.50	24745.03	8853.48
22	电石用灰岩	2			1	1	86	8.00	8.00	250.00	50.00	250.00	55.00
23	泥炭	8			2	6	77	0.08	0.08	200.00	20.00	200.00	60.00
24	砷矿	2			2		5						
25	磷矿	52	5	14	31	2	6704	2334.00	1699.25	622388.00	40148.36	522947.20	86449.81
26	石膏	5			4	1	220	7.00	7.00	600.00	515.00	600.00	50.00
27	方解石	25			15	10	219	10.80	22.60	900.00	402.00	826.70	178.00
28	水泥用灰岩	119	11	17	59	32	3320	2238.83	2371.72	151573.20	55086.81	98506.16	26131.81
29	建筑石料用灰岩	2204		10	1045	1149	20656	6465.32	7701.79	154049.00	42288.85	148118.00	37722.60
30	饰面用灰岩	41			13	28	713	74.51	60.57	3225.87	616.00	3126.07	599.83
31	制灰用石灰岩	17			8	9	129	39.50	44.50	1106.00	170.00	980.00	108.80
32	建筑用白云岩	221	1		117	103	1809	655.38	662.17	12013.94	1471.00	10645.69	1929.97
33	玻璃用石革岩	3	1			2	51						
34	水泥配料用砂岩	6			5	1	56	17.00	18.00	210.00	50.00	210.00	80.00
35	砖瓦用砂岩	12		1	8	3	177	31.39	30.50	1325.00	277.80	1263.80	270.00
36	建筑用砂岩	445	1	7	382	55	2870	1108.71	1072.37	29657.92	2512.55	25165.31	4800.55
37	建筑用砂	1130	1	2	391	736	10597	2969.89	3139.16	69919.33	9653.69	63071.60	17950.87
38	水泥配料用砂	1			1		1						
39	砖瓦用砂	89			3	86	516	9.5	78.00	9500.00	286.00	9100.00	473.00
40	水泥配料用脉石	1			1		12						
41	粉石英	5		1	4		15		12.20	900.00			
42	砖瓦用页岩	309		25	234	50	4332	578.23	723.30	28686.86	4764.44	27133.64	5772.55
43	水泥配料用页岩	3		2	1		21	4.50	7.00	28.13	28.13	28.13	15.00
44	建筑用页岩	155		15	121	19	2129	291.24	420.91	17929.06	5816.21	14240.44	3659.92
45	高岭土	25			20	5	208	0.60	10.80	2000.00	100.00	120.00	27.00
46	陶瓷土	4			1	3	55	13.00	13.00	924.00		924.00	20.00
47	凹凸棒石黏土	1			1		10						
48	砖瓦用黏土	4			1	3	49	4.52	3.40	332.00	45.00	232.00	114.00
49	陶粒用黏土	10		2	6	2	175	32.29	20.63	1735.90	400.00	1513.50	201.00
50	水泥配料用黄土	1			1		5	6.10	12.50	73.20	73.20	73.02	32.00
51	饰面用玄武岩	2	1		1		40	1.00	1.00	60.00		60.00	5.00
52	建筑用玄武岩	11	3		7	1	132	27.65	43.15	1335.00	170.00	1330.00	152.00

续表 4－2

序号	矿种	矿山企业数					从业人员	年产矿量	实际采矿能力	工业总产值	综合利用产值	矿产品销售	利润总额
		合计	大型	中型	小型	小矿							
53	建筑用凝灰岩	14	1	1	4	8	84	25.50	23.50	703.25	280.00	415.25	226.00
54	饰面用大理岩	12	1		7	4	158	3.91	4.91	241.20	138.20	241.20	102.50
55	建筑用大理岩	1			1		16						
56	饰面用板岩	14	3	3	7	1	165	13.70	15.50	651.30	18.00	632.00	124.30
57	矿泉水	1	1				25	1.82	1.82	127.40	30.00	127.40	80.00
58	其他矿产	2			2		21	9.44	9.44	64.00	26.00	64.00	31.60

【矿业权管理】 贵州省委、省政府印发《关于矿产资源配置体制改革的意见》(黔党发〔2012〕18 号)。系统规划、整装勘查、合理配置、有序投放、集约开发、综合利用"的矿政管理理念指导矿业开发工作。

矿产资源保障程度大幅提升。加快推进整装勘查,制定实施了地质找矿突破战略行动"246"计划,安排实施 42 个整装勘查项目,12 个整装勘查项目取得阶段性重要成果。

国土资源部批准贵州省投放煤炭计划探矿权 22 个、划定矿区范围 34 个、采矿权 28 个,为贵州省煤电钢、煤电铝、煤电化、煤电磷"四个一体化"提供资源保障。

2012 年贵州省级矿业权转让 47 宗,交易合同金额 21.63 亿元。其中探矿权 33 宗,交易合同金额 20.27 亿元,采矿权 14 宗,交易合同金额 1.36 亿元。省级出让探矿权 4 宗,出让价款 6700 万元。2012 年度贵州省矿产资源勘查许可证及采矿许可证发证情况见表 5。

表 5　　2012 年贵州省矿产资源开发利用情况(按矿种分列)

发证机关	批准登记发证数(个)																批准登记面积(平方千米)
	合计	能源矿产					黑色金属矿产		有色金属矿产	贵金属矿产		稀有稀散稀土矿产	非金属矿产			水气矿产	
		小计	煤	煤气层	石油天然气	地热	小计	铁矿		小计	金矿		小计	水泥灰岩	化工矿产		
	1	2	3	4	5	6	7	8	9	10	11	12	13	14	15	16	17
采矿许可证	8536	1771	1765			6	110	46	213	49	49		6385	1	116	8	7002.99
其中:部级发证	22	13	13						3	3	3		3		3		498.58
省级发证	2251	1758	1752			6	110	46	210	46	46		119	1	113	8	5471.99
市、县级发证	6263												6263				1032.42
贵阳市	357												357				65.10
六盘水市	590												590				26.45
遵义市	1045												1045				118.88
安顺市	551												551				34.34
毕节市	1091												1091				132.00
铜仁市	776												776				268.03
黔南州	764												764				161.13
黔东南州	602												602				184.54
黔西南州	487												487				41.95

续表 5

发证机关	批准登记发证数(个)																批准登记面积(平方千米)
	合计	能源矿产					黑色金属矿产		有色金属矿产	贵金属矿产		稀有稀散稀土矿产	非金属矿产			水气矿产	
		小计	煤	煤气层	石油天然气	地热	小计	铁矿		小计	金矿		小计	水泥灰岩	化工矿产		
探矿许可证	1696	244	196			34	193	97	944	213	207		102		94		26293.96
部级发证	64	27	13				1		23	10	9		3		3		1747.58
省级发证	1632	217	183	34			192	97	921	203	198		99		91		24546.38

【地质环境与地质灾害防治】 贵州省地质地理条件复杂,地质环境脆弱,属于地质灾害易发、高发区域,具有"灾种齐全、灾害严重、隐患多广、发生频繁"的特点,是国家地质灾害防治规划的重点防治区域。

贵州省基本查明地质灾害隐患点10907处,威胁25万户133余万人,潜在经济损失约200亿元。

加强地质灾害防治,贵州省重点地区重大地质灾害隐患详细调查基本完成,地质灾害监测预报与决策支持平台建设加快推进,构建了群专结合的地灾防治长效机制。争取中央地灾防治资金1.47亿元。

地质灾害监测预警与决策支持平台建设重大专项取得阶段性成果。

加强地下水勘查管理和保护,完成了2007年以来全省找水打井的调查评估。

2012年度贵州省地质公园建设及地质灾害防治见表6。

表 6 **2012年度贵州省地质公园建设及地质灾害防治** **单位:个、平方千米、人、起、万元**

地区	地质公园建设							地质灾害防治														
	地质公园		地质公园面积		地质公园类别			成功预报	避免损失		地质灾害数					造成直接损失	造成人员伤亡		项目数	投入资金		
		国家级		国家级	地质构造、剖面和形迹	古生物化石	地质地貌景观		人员伤亡	直接经济损失	滑坡	崩塌	泥石流	地面塌陷	地面地裂缝		死亡	失踪			中央财政	地方财政
贵州省	13	10	2221.90	1825.38	3	5	8	18	785	1847	118	47	6	11	3	5565.51	12		77	31065	14717	16348
贵阳市	2		210.53		1	1	1				13	5				90.00			1	1000	1000	
六盘水市	1	1	341.19	341.19		1	1	1	95	350	8	3		1	2	371.05			3	732		732
遵义市	2	2	453.17	453.17			1	2	26	203	13	4				1554.20			19	9223	6430	2793
安顺市	1	1	26.00	26.00				2	386	700	4	6	1	1		313.50	3		1	40		40
毕节市	1	1	170.00	170.00		1	1	2	45	220	6	5		1	1	151.60			18	8397	7287	1110
铜仁市	2	2	202.39	202.39	1		1	8	207	364	28	8	1	1		682.50			18	4362		4362
黔南州	2	1	345.63	159.63	1		1	1	6		14	10	2	7		837.40	2		5	382		382
黔东南州	1	1	203.00	203.00		1	1	2	20	10	20					1425.76	5		9	1737		1737
黔西南州	1	1	270.00	270.00		1	1				12	6	2			139.50	2		3	5192		5192

注:2012年织金洞、平塘、乌蒙山及黔东南苗岭地质公园修编规划对地质公园面积进行调减。

(贵州省国土资源厅)

陕西省

【矿产资源概况】 陕北及渭北蕴藏优质煤、石盐、石油、天然气、铝土、水泥灰岩等矿产；关中有煤、钼、金、非金属建材、地下热水和矿泉水等矿产；陕南秦巴山区以有色金属、贵金属、黑色金属和非金属矿产为主。

2012 年，全省已查明资源储量的矿产 91 种，其中能源矿产 7 种，黑色金属矿产 5 种，有色金属矿产 9 种、贵金属矿产 2 种、稀有稀土金属及放射性元素矿产 12 种、冶金辅助原料非金属矿产 9 种、化工原料非金属矿产 12 种，建材及其他非金属矿产 33 种，水气矿产 2 种。列入储量表的矿种 91 种，矿区 1010 处。

全省列入矿产资源储量表的矿产保有资源储量潜在总值超过 42 万亿元，约占全国的三分之一，居全国之首。

查明储量居全国前 10 位的矿种 62 种。储量居全国前列的重要矿产有：煤、石油、天然气、盐矿、钼、金、水泥用石灰岩等，不仅资源量可观，且质量较好，在国内、省内市场具有明显优势（表 1）。

2012 年全省共有 5187 个矿山企业（含石油、天然气 2 个矿山）。其中生产矿山 3031 个，筹建矿山 503 个，停产矿山 1644 个；大、中型矿山 355 个，小型 4823 个。矿业从业人数为 304616 人（不含延长石油），较 2011 年度减少 933 人。其中国有矿山企业 97075 人，非国有矿山企业 207541 人。

表 1　　十五种重要矿产在全国及西部排列位次

矿种	位次		矿种	位次	
	全国	西部		全国	西部
煤	4	3	钼矿	7	3
石油	4	2	金矿	11	5
天然气	4	4	银矿	20	9
铁矿	19	7	硫铁矿	18	8
铜矿	18	8	磷矿	7	4
铅矿	14	8	盐矿	1	1
锌矿	14	9	水泥用灰岩	4	1
铝土矿	12	6			

注：1. 西部十二省（市、区）为陕西、青海、内蒙古、四川、新疆、贵州、云南、宁夏、甘肃、广西、重庆、西藏；2. 铀矿未统计。

【矿产资源勘查】 1. 地质勘查投入情况：2012 年度，陕西省境内开展地质项目 838 项，较 2011 年增加 7.44%；投入资金总额 219260 万元，较 2011 年增长 37.27%。其中：基础地质调查项目 8 项，投入资金 3110 万元、投入较 2011 年增加 8.89%；地质科学研究与技术方法创新 43 项，投入资金 6655 万元、投入较 2011 年增加 83%；地质灾害、地质环境和地下水调查评价项目 117 项，投入资金 6148 万元，投入较 2011 年减少 42%；矿产资源勘查项目 670 项，投入资金 20.3285 亿元，投入较 2011 年增长 42%。中央财政投入资金 1.5442 亿元，占投资总额的 7%，较 2011 年增长 44%；省级财政投入资金 3.288 亿元，占投资总额的 15%，较 2011 年增长 157%，社会资金投入 17.0938 亿元，占投资总额的 78%，较 2011 年增长 25.5%（图 1）。

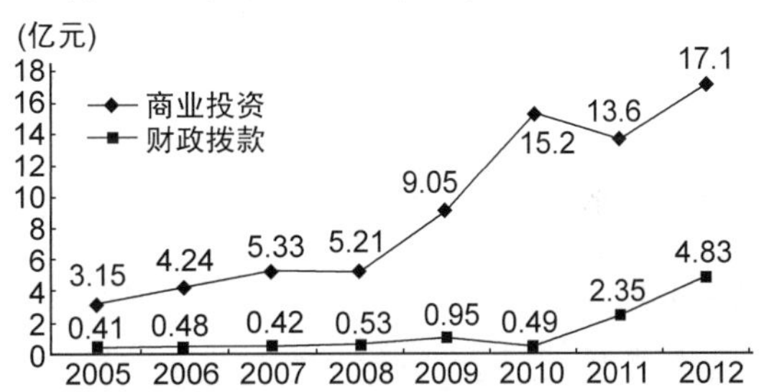

图 1　2005～2012 年陕西省地质勘查投入情况

2. 勘查项目矿产种类构成：2012 年，全省矿产资源勘查项目 670 项。勘查项目构成：能源 83 项、黑色金属 108 项、有色金属 247 项、贵金属 202 项、稀有金属 6 项、非金属 24 项（表 2），中央财政投入资金 5462 万元，较 2011 年增长 101%，省级财政投入资金 29762 万元，较 2011 年增长 177%，社会资金 168061 万元，较 2011 年增长 30.1%。完成的主要工作量：钻探 102.93 万米，较 2011 年增长 24.8%，坑探 11.70 万米，与 2011 年基本持平，槽探 55.79 万立方米，较 2011 年减少 15%，浅井 1493 米，较 2011 年增长 33.5%。2012 年矿产勘查项目情况见图 2。

3. 新增矿产资源储量情况：2012 年新增探明矿产资源储量：煤 38.32 亿吨、铁矿石量 0.28 亿吨、锰矿石量 71 万吨、V_2O_5 资源量 15.15 万吨、锌金属量 7.43 万吨、金金属量 41 吨、普通萤石 72.36 万吨、硫铁矿 200 万吨。新发现矿产地 7 处，其中：大型煤矿产地 1 处、中型普通萤石、硫铁矿矿产地各 1 处，小型岩金矿产地 2 处，小型铅锌、重晶石矿产地各 1 处。全年提高规模级别的大型煤炭矿产地 3 处、中型铁矿 1 处。

4. 2012 年度矿产勘查重大成果：陕西镇巴－岚皋地区铁多金属矿调查。发现磁铁矿（化）带 2 条，钒钼矿（化）点 3 处；陕西省宁陕－柞水铅锌多金属矿调查。圈定了铅锌、金、钨、铜矿（化）体共 16 条；陕西略阳金家河－阳平关地区金多金属矿产调查。发现铜矿点 6 处，金矿点 4 处；陕西省潼关县小口金矿接替资源勘查。中央财政投入529万元、企业自筹530.51万元,估算金矿石量804310吨,金金属量4047千克;陕西省紫阳县屈家山锰矿接替资源勘查。勘查投入420万元,新增锰矿石量59.81万吨;陕北三叠纪煤田子长矿区涧峪岔勘查区煤炭普查。投入资金2100万元,共估算资源量56448万吨;陕西省汉阴县吴家湾金矿详查。投入资金835万元,新增金资源量249.97万吨,金金属量4469千克;陕西省商洛市山阳县王家坪金矿详查。投入资金331万元,圈出矿化蚀变带3条,金矿体4条,估算金资源量4.5吨;陕西省安康市平利县银洞湾-闹阳坪铅锌矿普查。投入资金200万元,新增普通萤石334以上资源量72.36万吨。

表2　　2012年矿产勘查项目情况统计表

类别	项目个数	所占比例(%)
能源	83	12.39
黑色金属	108	16.12
有色金属	247	36.87
贵金属	202	30.15
稀有金属	6	0.90
非金属	24	3.58
合计	670	

5. *石油天然气勘查开发*:2012年度,石油天然气勘查陕西省境内共投入资金625461万元,新增探明石油地质储量36916.17万吨,新增天然气探明地质储量1519.04亿立方米,新增天然气控制储量1763.07亿立方米。

【矿产开发利用】 1. *基本情况*。2012年全省可开发利用的矿产114种,其中能源矿产7种、黑色金属矿产4种、有色金属矿产10种、贵金属矿产2种、冶金辅助原料非金属矿产9种、化工原料非金属矿产12种、建材非金属及其他矿产70种,比2011年增加了钨矿、碎云母、水泥用大理岩、水泥用配料板岩等4种矿产。

矿山企业年采矿设计生产能力6.48亿吨,年选矿设计生产能力2.09亿吨,2012年实际生产矿石总量4.25亿吨,实际选矿能力1.19亿吨(以上均不含石油、天然气)。

2. *矿业结构*。陕西省矿山企业按行业划分有:能源矿山572个(煤炭矿山448个,石油、天然气开采企业2个、其他矿山122个),黑色金属矿山145个,有色金属矿山154个,贵金属矿山94个,冶金辅助原料非金属矿山49个,化工原料矿山120个,建材及其他非金属矿山4020个,水气矿产24个。陕西省非金属矿山数量多、分布广,主要以砖瓦黏土、水泥用灰岩和建筑灰岩为主。陕西省矿山企业组成结构见图2和图3。

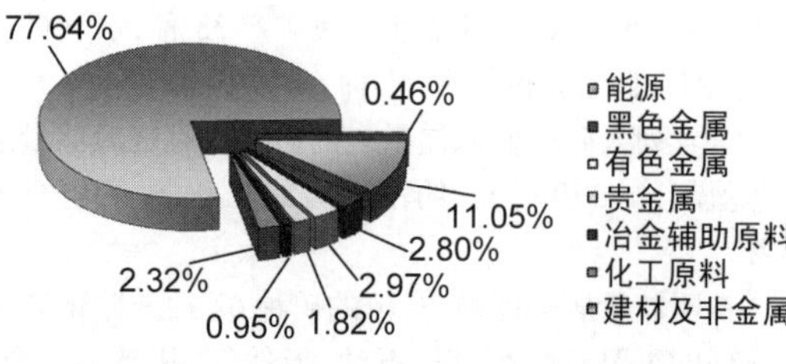

图2　陕西省矿山企业组成结构图(按行业划分)

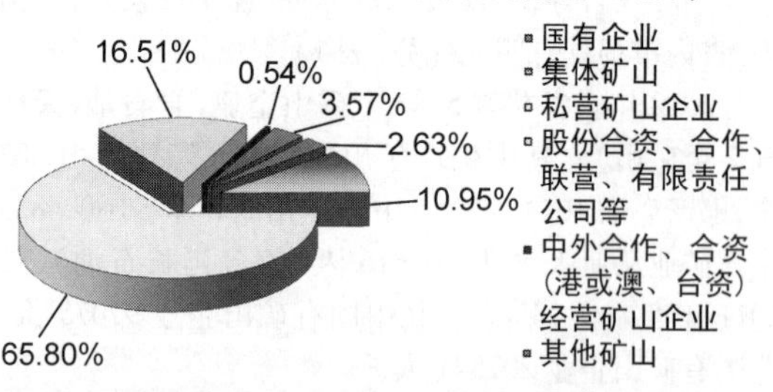

图3　陕西省矿山企业组成结构图(按经济类型划分)

3. *主要矿产资源开发利用情况*。全省已开发利用的114种矿产中,煤、石油、天然气、地热、铁、锰、铅、锌、钼、汞、锑、金、银、钒、萤石、磷、重晶石、石膏、花岗岩、大理石、石灰岩、石英岩、瓦板岩、建筑用砂及砖瓦黏土等为主要开发利用矿产,其中煤、石油、天然气、金、钼、铅、锌、汞、锑、水泥用灰岩、玻璃用石英岩等矿产为陕西省优势矿产。2012年陕西省主要矿产开发利用情况见表3。

表3　　2012年陕西省主要矿产开发利用情况表

矿种	矿山数(个)	年生产矿石量(万吨)	工业总产值(万元)	利润总额(万元)	税金总额(万元)
能源矿产	572(含石油、天然气2个)	34098.99	32253815.86	8466007.40	8257642.13
黑色金属矿产	145	589.31	138906.78	11965.23	28836.31
有色金属矿产	154	2012.15	612050.56	75710.26	40129.11

续表 3

矿种	矿山数(个)	年生产矿石量(万吨)	工业总产值(万元)	利润总额(万元)	税金总额(万元)
贵金属矿产	94	465.15	414406.19	36878.85	13765.84
冶金原料非金属矿产	49	15.2	2079.59	76.7	260.82
化工原料非金属矿产	120	179.69	118564.39	777.68	1417.19
建材非金属矿产	4020	8539.61	716109.82	84395.53	27049.61
水气矿产	24	112.78	1345.56	298.17	91.64

【矿权管理与开发整顿】 1. *矿权管理*。全省有效勘查项目有 1001 个,勘查面积 25223.83 平方千米。2012 年度,共颁发勘查许可证 347 个,面积 8874.52 平方千米。其中新立 25 个,面积 1580.20 平方千米;变更 262 个,面积 3728.66 平方千米;延续 34 个,面积 2678.99 平方千米;保留 26 个,面积 886.67 平方千米。注销探矿权 10 个,面积 201.43 平方千米。共转让探矿权 51 个,转让金额 115.27 亿元(图 4)。

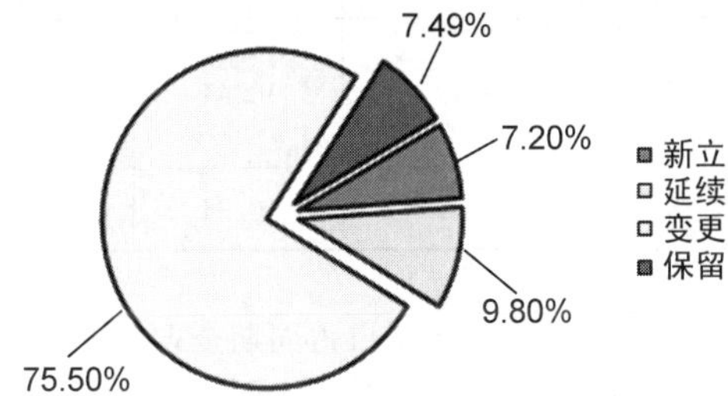

图 4 2012 年陕西省颁发勘查许可证分类情况

按照国土资源部《关于建立健全矿业权有形市场的通知书》和《关于做好矿业权有形市场出让有关工作的通知》,对所有招标拍卖挂牌出让、转让探矿权的相关信息进行公示,加强社会监督、增加审批透明度。同时,依据《地质勘查资质监督管理办法》,加强对地质勘查行业的管理。2012 年共审查新设地质勘查资质 15 家,审查变更地质勘查资质 11 家,审查注销地质勘查资质 6 家,备案外省进陕地质勘查资质 15 家,监督检查地质勘查单位 38 家。

加强采矿权管理,严格规范采矿权审批程序,完善采矿权审批制度。2012 年共审批采矿权 383 个,其中,新立、延续 181 个,划定矿区范围 59 个,转让 48 个,出租 1 个,注销 58 个。按照《陕西省 2012 年度煤炭矿业权投放计划》开展煤炭矿业权改革试点工作,2012 年,共完成项目 10 个,其中划定 7 个,新立 3 个,新增产能 710 万吨/年。

严格执行《关于矿产资源整合实施方案的批复》设置的 72 个整合区。参与整合的矿业权 189 个,整合减少矿业权 117 个,减少 62%,参与整合的煤矿产能增加 150%。2012 年,颁发整合矿山采矿证 23 个,占任务的 51.1%。通过资源整合,全省矿山布局趋于合理,资源配置得到优化,矿山生产规模大幅提升,矿山安全生产环境得到改善。

2. *矿业权价款和资源补偿费*。按照《陕西省矿业权评估委托及监督管理暂行规定》,坚持价款评估“走高线”原则,加强机构监管,严格评估程序,确保矿权评估质量及规范有序,严格执行矿业权价款和补偿费收缴有关规定,加大督导收缴力度。2012 年,评估备案 3 个探矿权,评估价值 10.49 亿元;共收缴探矿权价款 23.87 亿元;共完成 105 个采矿权价款评估报告备案,新增采矿权备案价款 77.88 亿元;全年收缴采矿权价款 37.8 亿元,征收矿产资源补偿费 10.7 亿元。

【矿产资源利用现状调查及储量评审备案】 陕西省矿产资源利用现状调查始于 2007 年,至 2012 年全部结束,累计投入调查经费 1 亿多元,参与地勘单位 46 家,全面按时完成国家规定的 17 个矿种的核查工作,形成一批重要成果,并全部通过国家验收,优秀率近 90%,名列全国前列。完成 5 个国家煤炭规划矿区的利用调查汇总,成果全部获得优秀,位列全国 12 个参与汇总评审省份第一名。

2012 年,共完成矿产资源储量报告评审备案 149 份,其中,储量核实报告 51 份,建设项目压覆报告 28 份,地质勘查报告 70 份。

【矿产品产供销】 1. *矿业产值与矿产品*。2012 年陕西省规模以上矿业及相关加工制造业完成工业总产值 10961.53 亿元,占全省规模以上工业总产值 16855.79 亿元的 65%。其中采矿业产值 4323.06 亿元,矿产品相关制造业产值 5364.43 亿元,分别占矿业及相关加工制造业总产值的 39.4%、48.9%。全省规模以上矿山企业实现销售收入 16101.25 亿元,税金总额 1341.84 亿元,实现利润 1982.57 亿元。

煤炭开采和洗选业工业总产值2233.76亿元,实现主营业务收入2089.69亿元,税金总额280.33亿元,实现利润612.52亿元;石油和天然气开采业工业总产值1714.77亿元,实现主营业务收入1594.36亿元,实现利税868.49亿元;黑色金属矿采选业工业总产值86.42亿元,实现主营业务收入59.62亿元,实现利税8.05亿元;有色金属矿采选业工业总产值193.01亿元,实现主营业务收入176.54亿元,税金总额14.04亿元,实现利润26.32亿元;非金属矿采选业工业总产值45.88亿元,实现主营业务收入43.09亿元,税金总额3.29亿元,实现利润3.59亿元(表4、图5)。

表4　　陕西省矿山企业按不同经济类型产值对比表

经济类型	矿山企业数量(个)	2012年度自产矿石量(万吨)	自产矿石量全省占比(%)	2012年度工业总产值(亿元)	工业总产值全省占比(%)	2012年度利税(亿元)	利税全省占比(%)
国有及国有控股矿山	136	19289.67	41.92	2709.72	79.10	1379.87	80.95
股份制矿山	273	4329.66	9.41	139.44	4.07	43.59	2.56
集体矿山	567	1789.33	3.89	40.82	1.19	29.30	1.72
有限责任公司矿山	550	10072.73	21.89	331.92	9.69	164.62	9.66
私营矿山	3407	8194.69	17.81	152.37	4.45	66.40	3.89
外商、港、澳、台商投资矿山	28	1690.87	3.67	38.67	1.13	10.44	0.61
其他(联营)矿山	217	645.94	1.41	12.78	0.37	10.34	0.61

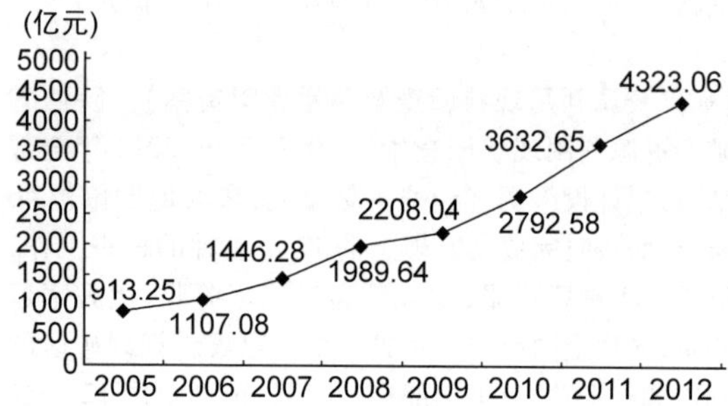

图5　2005~2012年陕西省采矿业总产值变化趋势

2. *主要矿产品产量*。2012年,全省规模以上工业矿产品产量大部分继续保持增长。其中原煤47904.12万吨,比2011年增长18.5%;天然气311.27亿立方米,比2011年增长13.7%;天然原油3527.56万吨,比2011年增长9.4%;铁矿石1329.50万吨,比2011年增长59.3%;硫铁矿石67.16万吨,比2011年增长40.0%;原盐104.80万吨,比2011年增长1.5倍;水泥7552.71万吨,比2011年增长16.3%。

3. *矿产品进出口贸易*。2012年,陕西省矿产品进出口总值11.71亿美元,下降32.5%,其中出口3.03亿美元,下降27.8%;进口8.68亿美元,下降34.1%。2012年陕西省矿产品进出口占同期全省进出口总值的7.9%,出口和进口总值分别占同期全省出口和进口的3.5%和10%。2012年陕西省主要矿产品产量增减变化情况见表5。2005~2012年陕西省矿产品国际贸易变化情况见图6。

表5　2012年陕西省主要矿产品产量增减变化情况

产品名称	单位	2011年	2012年	增长率(%)
原煤	万吨	41135.08	47904.12	18.5
原油	万吨	3225.42	3527.56	9.4
天然气	亿立方米	272.21	311.27	13.7
铁矿石原矿量	万吨	991.80	1329.5	59.3
硫铁矿石(S35%)	万吨	47.98	67.16	40
原盐	万吨	41.87	104.8	1.5
水泥	万吨	6430.63	7552.71	16.3

矿产品出口:2012年,陕西省矿产品进出口总值

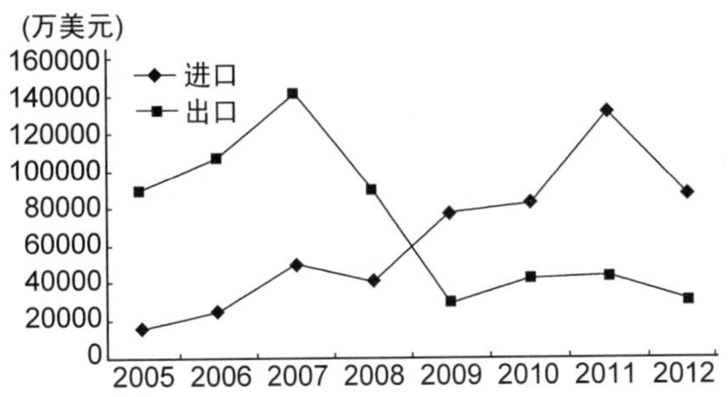

图6　2005～2012年陕西省矿产品国际贸易变化情况

11.71亿美元,下降32.5%,其中出口3.03亿美元,下降27.8%;进口8.68亿美元,下降34.1%。2012年陕西省矿产品进出口占同期全省进出口总值的7.9%,出口和进口总值分别占同期全省出口和进口的3.5%和10%。矿产品出口总值前五位的企业是:金堆城钼业股份有限公司、西安海镁特镁业有限公司、榆林市天龙镁业有限责任公司、西安西电国际工程有限责任公司、紫阳县自力进出口有限公司。矿产品出口的主要国家和地区为:日本、美国、荷兰、韩国、加拿大。

矿产品进口:2012年陕西省进口矿产品的种类共有104种,其中进口总值超过500万美元的矿产品有15种,主要是:铁矿砂及其精矿、锌矿砂及其精矿、多晶硅、石油沥青、镍矿砂及其精矿、铅矿砂及其精矿、银矿砂及其精矿、未锻轧铌、钼粉等。矿产品进口总值前五位的企业是:陕西龙门钢铁集团进出口有限公司、陕西东岭物资有限责任公司、西安中瑞有色金属有限公司、西安隆基硅材料股份有限公司、陕西锌业有限公司商洛炼锌厂。矿产品进口的主要国家和地区为:澳大利亚、美国、巴西、印尼、秘鲁。

【地质灾害及防治】　依据《陕西省2012年地质灾害防治方案》,对地质灾害防治工作做到早安排、早部署,加强对重点市县的汛前检查。全面推进全省市县"十二五"地质灾害防治规划编制工作,全省一半以上县级防治规划已经公布实施。为推进地质灾害应急管理实用性编制的《陕西省突发地质灾害应急预案操作手册》从制度上提高了应急快速反应能力,并被国土资源部转发全国各省国土资源部门进行学习借鉴。

2012年,中央财政支持陕西省地质灾害防治资金1.376亿元,比2011年度增加47%。全年成功预报地质灾害13起,避免533人伤亡,避免直接经济损失1517万元。2012年,我省因地质灾害死亡失踪10人,是2011年因灾死亡失踪人数的14%,纳入地质灾害群防群测的1.28万个隐患点无人员伤亡。陕西省41个县完成了地质灾害群测群防"十有县"达标工作,2人被评为全国地质灾害群测群防监测员,4人被评为全国地质灾害防治优秀女干部。

【矿山地质环境】　2012年,陕西省开展"矿山复绿"行动,在重点地区、重要区域推进矿山地质环境恢复治理工作。依据《矿山地质环境保护规定》建立地质环境保护规章制度及管理规范,矿山地质环境治理实现新的突破。继续推进《陕西省矿山地质环境治理恢复保证金管理办法》,2012年,该办法已交陕西省政府常务会议审议。陕西省的潼关市成功申报为国家重点矿山地质环境治理示范工程,获得中央财政支持资金1亿元。

2012年,共开展地质灾害、地质环境调查评价项目92项,投入资金1678万元。其中,地质环境调查51项,面积1479平方千米,投入资金855万元;地质灾害调查41项,面积492平方千米,投入资金823万元。

(陕西省国土资源厅)

甘　肃　省

【矿产资源概况】　截至2012年底,甘肃省已发现各类矿产118种(计算到亚矿种则为179种),其中,已查明资源储量的74种(计算到亚矿种则为111种),占全省已发现矿种的63%,未查明资源储量的44种(计算到亚矿种则为68种),占全省已发现矿种的37%。列入《甘肃省矿产资源储量表》的固体矿产94种、矿产地1378处(含共伴生矿产,下同),其中固体燃料矿产地231处,黑色金属矿产地149处,有色金属矿产地305处,贵重金属矿产地365处,稀有稀土金属矿产地39处,化工原料非金属矿产地85处,冶金辅助原料非金属矿产地45处,建材及其他非金属矿产地159处;勘查程度勘探阶段269个、详查阶段301个、普查阶段808个(图1～4)。

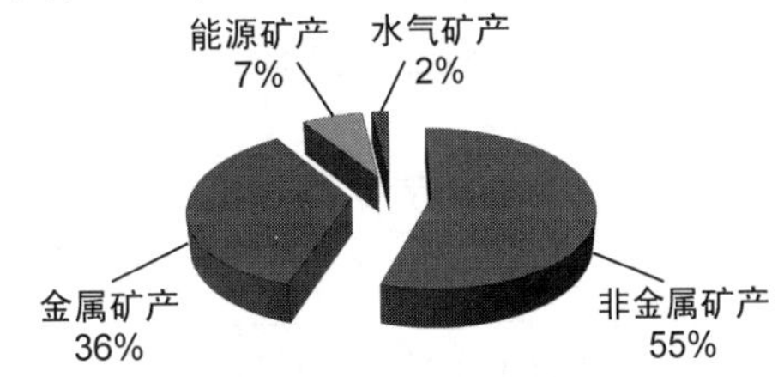

图1　甘肃省已查明矿产资源构成图

据《2012年全国主要矿产资源储量通报》统计,在已查明的矿产中,甘肃省资源储量名列全国第1位的矿产有11种,居前5位的有29种,居前10位的有62种(表1)。

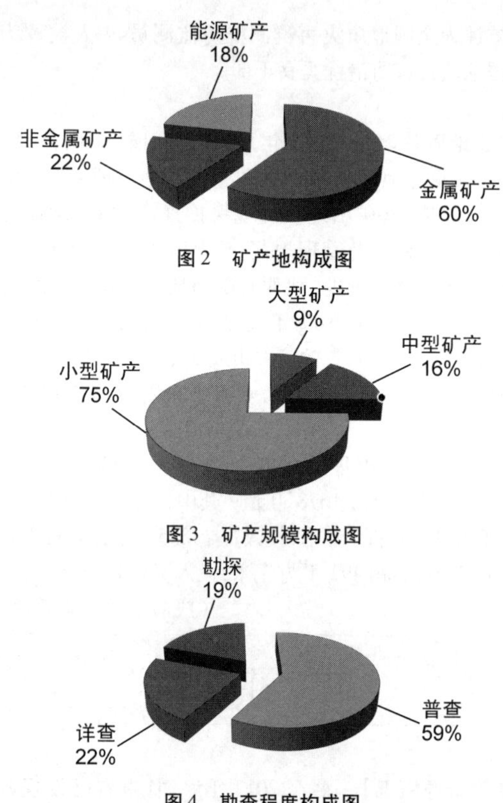

图2　矿产地构成图

图3　矿产规模构成图

图4　勘查程度构成图

表1　　2012年甘肃省查明资源储量全国排位

位次	矿产名称	矿产数合计
1	锡矿、钴矿、铂矿、钯矿、锇矿、铱矿、铑矿、硒矿、铸型用黏土、凹凸棒石黏土、饰面用蛇纹岩	11
2	金矿、钨矿、碲矿、铬铁矿、水泥配料用黄土、普通萤石	6
3	锌矿、钨矿、砷(雌、雄黄矿物)矿、红柱石、透辉石、岩棉用玄武岩、水泥配料用红土	7
4	自然硫、冶金用石英岩、石棉	3
5	菱镁矿、重晶石	2
6	铅矿、锑矿、石榴子石、建筑用砂、砷	5
7	石油、铊矿、铍矿、镉矿、汞矿、芒硝、明矾石、宝石、蛭石、玻璃用白云岩、钾盐、水泥配料用砂、铍矿(绿柱石)、铋矿	14
8	铜矿、银矿、铌钽矿、玻璃用石英岩、锰矿	5
9	油页岩、钒矿、化肥用蛇纹岩、制灰用灰岩	5
10	镁矿、锗矿、叶蜡石、泥岩、水泥用大理岩	5
11	煤炭	1
12	铌矿、高岭土	2
13	锡矿、沸石、石墨(品质)、熔剂用灰岩、制碱用灰岩	5
14	镍矿、玻璃用砂、冶金用脉石英	3
16	方解石、玻璃用脉石英、硅灰石、天然气、铁矿、普通萤石(萤石矿物)、冶金用白云岩	7
17	钛矿、钴矿、膨润土、饰面用大理岩、石膏	5
18	盐矿、磷矿、附火黏土	3
19	滑石、水泥用灰岩	2
20	电石用灰岩	1
21	钼矿、玻璃用砂岩	2
22	长石	1
23	硫铁矿、陶瓷土	2
25	饰面用花岗岩	2
27	水泥配料用黏土	1

截至2012年底,列入《甘肃省矿产资源储量表》的94种固体矿产中,与2011年比较,56个矿种的资源储量没有发生变化,有38个矿种的资源储量发生了变化,其中资源储量增加的有13种,减少的有25种(表2)。

表2　　2012年度甘肃省保有资源储量变动情况

单位:万元

序号	矿产名称	变化情况	增减量	增减百分率%
1	煤矿(千吨)	↑	1978141.61	10.89
2	铁矿(矿石 千吨)	↓	-135348.98	-12.95
3	锰矿(矿石 千吨)	↑	23790.47	290.91
4	铬矿(矿石 千吨)	↓	-3.31	-0.16
5	铜矿(铜 矿)	↓	-12388.25	-0.35

续表 2－1

序号	矿产名称	变化情况	增减量	增减百分率%
6	铅矿(铅 矿)	↑	146024.52	4.36
7	锌矿(锌 矿)	↑	791789.31	7.80
8	镍矿(镍 矿)	↓	100.203.74	-2.35
9	钴矿(钴 矿)	↓	-2611.48	-1.86
10	钨矿(WO_3吨)	↓	-305.86	-0.08
11	锑矿(锑 吨)	↓	238.50	-0.17
12	铂族金属(金属 千克)	↓	2931.70	-2.14
13	金矿(金 千克)	↑	138563.97	25.49
14	银矿(银 吨)	↑	162.90	2.19
15	锗矿(锗 吨)	↑	7.32	5.20
16	铜矿(铜 吨)	↓	-0.11	-6.18
17	铊矿(铊 吨)	↓	-0.64	-6.24
18	镉矿(镉 吨)	↓	-323.39	-2.06
19	硒矿(硒 吨)	↓	-148.37	-2.54
20	碲矿(碲 吨)	↓	-22.99	-1.88
21	红柱石(红柱石 吨)	↑	1533.70	0.03
22	普通萤石(萤石或CaF_2千吨)	↓	181.91	-22.12
23	熔剂用灰岩(矿石 千吨)	↓	-6540.36	-1.43
24	冶金用白云岩(矿石 千吨)	↓	-322.00	-0.14
25	冶金用白英岩(矿石 千吨)	↓	-1684.12	-2.69
26	自然硫(硫 千吨)	↑	1012.83	455.14
27	硫铁矿(矿石 千吨)	↑	29.3	0.59
	硫铁矿(硫 千吨)	↓	-601.88	-2.23
28	芒硝(矿石 千吨)	↓	-8429.36	-15.45
29	重晶石(矿石 千吨)	↓	-2232.50	-8.47
30	盐矿(NaCl 千吨)	↓	-1361.57	-11.84
31	硅灰石(矿石 千吨)	↑	38.90	—
32	石棉(石棉 千吨)	↓	-33.00	-0.44
33	石膏(矿石 千吨)	↓	-20.88	-0.01
34	水泥用灰岩(矿石 千吨)	↑	54313.24	2.29
35	制灰用石灰岩(矿石 千吨)	↑	40900.90	—

续表 2－2

序号	矿产名称	变化情况	增减量	增减百分率%
36	膨润土(矿石 千吨)	↓	-268.85	-0.82
37	水泥配料用黄土(矿石 千吨)	↓	-104.00	-0.12
38	水泥用大理岩(矿石 千吨)	↓	-60.30	-0.05

【矿产资源勘查】 甘肃省2013年地质勘查投入资金216241.85万元,开展项目736个。其中中央资金投入18530.28万元,地方资金投入50000万元,社会资金投入147711.57万元(图5)。

2013年开展基础地质调查项目36个,投入资金8907.16万元,地质科学研究与技术创新项目37个,投入资金4809.81万元,矿产勘查项目605个,投 入资金194388.30万元。勘查矿种主要为煤、铁、铜、铅锌、钨、钼、金等,其中能源矿产勘查项目35个,黑色金属项目75个、有色金属项目168个,贵金属项目281个,化工建材矿产项目29个。全年共完成钻探1014517米,槽探897594立方米,坑探72287米,浅井1731米(图6)。

1. 地质勘查方面取得了以下重要成果:西秦岭代家庄－厂坝铅锌多金属矿调查评价项目,在厂坝矿区深部发现矿体稳定延深,2013年新获铅锌资源量115.62万吨。估算累计新增铅锌资源量187.62万吨。铅平均品位1.90%,锌平均品位11.53%,平均厚度19.26米。

白银矿田深部及外围铜多金属矿调查评价项目,实现了重大突破,发现了四方山矿床,已累计新增铜铅锌金属量53.73万吨,其中铜金属量13.95万吨,铅锌金属量39.78万吨。

甘肃省宁县付家山勘查区煤炭普查,获推断的资源量87307万吨,预测的资源量107918万吨,共计195225万吨。

甘肃省泾川县高平勘查区煤炭详查,获控制的资源量58372万吨,推断的资源量116512万吨,预测的资源量43277万吨,共计218161万吨。

2. 甘肃省留矿产资源补偿费地质矿产勘查项目安排情况:2013年甘肃省留矿产资源补偿费共安排地质矿产勘查项目38个,资金8000万元,其中新立目23个,续作项目15个(表3)。

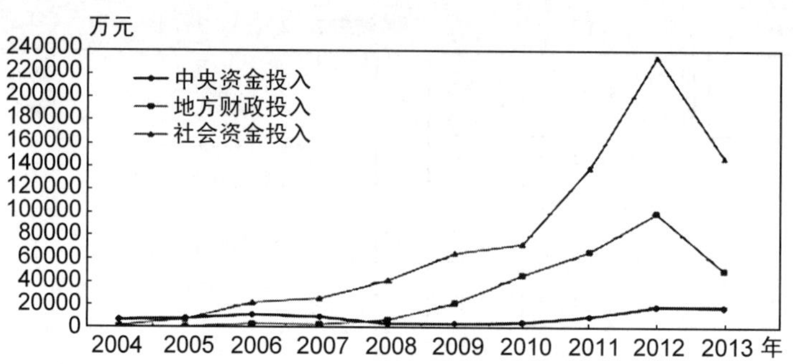

图 5　2004 ~ 2013 年地勘资金投入构成情况

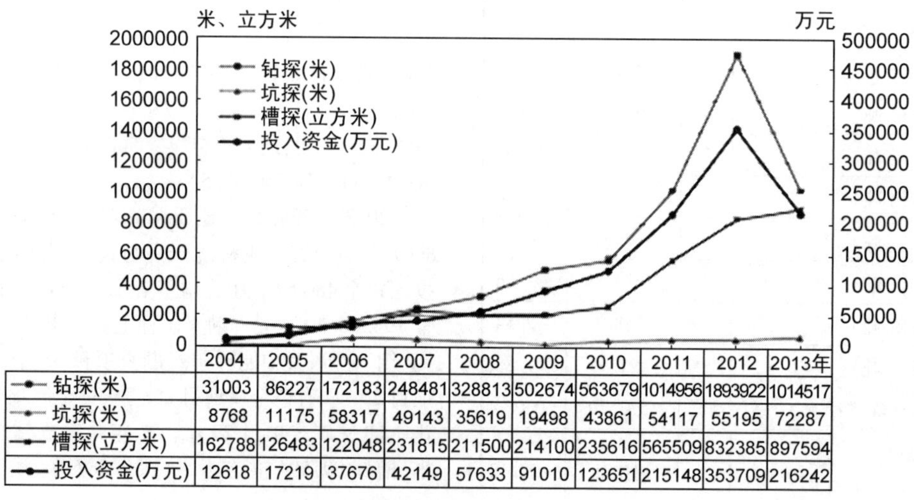

	2004	2005	2006	2007	2008	2009	2010	2011	2012	2013年
钻探(米)	31003	86227	172183	248481	328813	502674	563679	1014956	1893922	1014517
坑探(米)	8768	11175	58317	49143	35619	19498	43861	54117	55195	72287
槽探(立方米)	162788	126483	122048	231815	211500	214100	235616	565509	832385	897594
投入资金(万元)	12618	17219	37676	42149	57633	91010	123651	215148	353709	216242

图 6　2004 ~ 2013 年勘查工作量及资金投入情况

表 3　　2013 年度甘肃省矿产资源补偿费地质矿产勘查项目表

序号	项目名称	工作性质	项目承担单位	金额(万元)
1	图文地质资料数据库建设	续作	甘肃省国土资源厅信息中心	160
2	地质资料信息集群化共享服务平台建设	续作	甘肃省国土资源厅信息中心	100
3	肃北县石包城一带铜、镍矿产远景调查	续作	甘肃省国土资源厅规划研究院	121
4	清水 – 张家川一带 1:5 万矿产远景调查	续作	省地矿局第一勘查院	300
5	阿克塞县察汗鄂博图岭一带 15 万矿产远景调查	续作	省地矿局第二勘查院	320
6	合作 – 美武一带 1:5 万矿产远景调查	续作	省地矿局第三勘查院	73
7	肃北县两个锅桩 – 野马南山地区 1:5 万矿产远景调查	续作	省地矿局第四勘查院	150
8	阿克塞县多坝沟地区 1:5 万矿产远景调查	续作	省地质调查院	400
9	龚岔口 – 香毛山一带 1:5 万矿产远景调查	新立	省地矿局第三勘查院	350
10	定西市梅川、四族等四幅 1:5 万矿产远景调查	新立	省地矿局第一勘查院	350
11	肃北县夏腊窑洞等四幅 1:5 万矿产远景调查	新立	省地矿局第二勘查院	350
12	肃南县红石嘴中梁 – 白泉门地区 1:5 万矿产远景调查	新立	省地矿局第四勘查院	300

续表 3

序号	项目名称	工作性质	项目承担单位	金额(万元)
13	祁连西段大泉－黑刺沟一带 1:5 万矿产远景调查	新立	省地矿局第三勘查院	350
14	肃北县阿克塞县黑达坂－党河南山地区 1:5 万矿产远景调查	新立	省地矿局第四勘查院	130
15	老矿山接替资源潜力调查评价	新立	新立省地矿局第三勘查院 省地质调查院	150
16	西秦岭金矿的成矿及找矿研究	新立	省地质调查院	100
17	甘肃省矿产资源潜力评价(第二期矿种)	续作	省地质调查院	260
18	瓜州县花牛山－东大泉地区 1:5 矿产远景调查	续作	省有色地质调查院	300
19	武山县温泉地区 1:5 万矿产远景调查	续作	省有色地质调查院	250
20	白银市白银厂深部及外围铜多金属矿勘查	续作	省有色地勘局白银矿产勘查院	300
21	白银市田矿床成矿条件与综合找矿模型研究	续作	省有色地质调查院	80
22	西成矿田铅锌矿床定位机制与综合找矿模型研究	续作	省有色地质调查院	80
23	民勤县浩勒呼都格－宋家深井地区 1:5 万矿产资源调查	新立	省有色地质调查院	450
24	金塔县窑湾井铜多金属预查	新立	省有色地勘查局张掖矿产调查院	120
25	金塔县沙枣园子金钨矿预查	新立	省有色地质调查院	120
26	西部钨钼铅锌银耦合成矿系统及找矿方向研究	新立	省有色地质调查院	100
27	武山县西南部煤炭资源调查评价	新立	甘肃煤田地质局综合勘查队	200
28	肃北蒙古族自治县西涧泉勘查区煤炭资源调查	新立	甘肃煤炭地质勘查院	160
29	肃北县红沙梁煤炭普查	新立	甘肃煤田地质局一四五对	150
30	肃北县吐鲁东部煤炭普查	新立	甘肃煤田地质勘查院	150
31	民勤县板滩井勘查区煤炭资源调查	新立	甘肃煤炭地质勘查院	150
32	肃北县曹家垭铜金多金属矿预查	新立	省核工业地质局二一三大队	220
33	肃北县泽鲁木桐镍矿预查	新立	省核工业地质局二一二大队	151
34	礼县铨水铜多金属矿预查	新立	省核工业地质局二一九大队	215
35	肃北县马鬃山一带高纯石英资源调查	续作	建材甘肃总队	180
36	甘肃天水地区非金属矿源调查	续作	建材甘肃总队	180
37	肃北蒙古族自治县潘家井－窑洞梁一带高纯石英岩资源调查	新立	建材甘肃总队	200
38	临夏地区非金属矿资源调查	新立	建材甘肃总队	80
合计				8000

3. *矿产资源潜力评价*:2013 年甘肃省矿产资源潜力评价完成了锡、钼、镍、锰、铬、银、锂、硫、萤石、菱镁矿、硼、重晶石等 12 个矿种第二期矿产资源潜力评价工作,在地质背景、成矿规律、矿产预测、重力、磁法、化探、遥感、自然重砂、综合信息集成等 9 个专题全部获优秀成果的基础上,完成了潜力评价成果报告及工作报告,成果报告获得了优秀级。

【矿产开发利用】 1. *矿产开发*。截至 2012 年年底,甘肃省共有各类非油气持证(采矿许可证)矿山 3449

个，其中大型矿山48个，中型矿山64个，小型矿山1256个，小矿（生产规模低于 小型矿山规模上限的十分之一）2081个（表4）。全年开采矿石总量（原矿量）1.22亿吨，实现工业总产值338.3亿元，从业人数18.3万人。2012年度甘肃省各市州矿产资源开发利用情况见表5。2002～2012年甘肃省矿业各项指标变化情况见表6。

甘肃省非油气矿山总数比2011年减少21个，矿山数变化较大的矿种为：建筑用砂矿矿山数量减少16个，降幅4%；砖瓦用黏土矿减少13个，降幅1%；煤矿减少10个，降幅4%；冶金用石英岩矿增加9个，增幅9%；水泥用灰岩矿增加6个，增幅5%；金矿增加6个，增幅7%。共开采86种矿产，相比2011年增加的开采矿种为银矿、建筑用大理岩、砖瓦用砂，矿山数合计为3个；减少的矿种为砖瓦用砂岩，矿山数为1个。

表4　　2012年度甘肃省矿产资源开发利用情况所占总量比重

项目／占比	矿山数量（个）					从业人数（人）	年产矿量（万吨）	工业总产值（万元）
	合计	大型	中型	小型	小矿			
全国	103895	3913	5563	52543	41776	6711085	980983.33	193873090
甘肃省	3449	48	64	1256	2081	182650	12200.83	3383071.92
甘肃省所占比重	3.32%	1.23%	1.15%	2.39%	4.98%	2.72%	1.24%	1.74%

表5　　2012年度甘肃省各市州矿产资源开发利用情况

项目／占比	矿山数量		从业人员		工业总产值		人均产值（万元/人·年）
	数量（个）	占总量比重（%）	数量（人）	占总量比重（%）	数量（个）	占总量比重（%）	
合计	3449		182650		3383071.92		18.5
兰州市	282	8%	15959	9%	186228.24	6%	11.7
嘉峪关市	14	0.4%	167	0.1%	629.7	0.02%	3.8
金昌市	175	5%	7680	4%	739981.8	22%	96.4
白银市	459	13%	33370	18%	610210.15	18%	18.3
天水市	242	7%	13364	7%	68703.23	2%	5.1
武威市	274	8%	9785	5%	84161.74	2%	8.6
张掖市	236	7%	10075	6%	505607.15	6%	20.4
平凉市	401	12%	34264	19%	895850.96	26%	26.1
酒泉市	193	6%	9241	5%	133249.33	4%	14.4
庆阳市	357	10%	14469	8%	36975.52	1%	2.6
定西市	294	9%	9663	5%	28715.15	1%	3
陇南市	205	6%	13286	7%	259837.96	8%	19.6
临夏州	251	7%	7650	4%	18795	1%	2.5
甘南州	66	2%	3677	2%	114125.98	3%	31

表6 2002～2012年甘肃省矿业各项指标变化情况

单位:万元

年度	矿山数（个）	从业人员（人）	年产矿量（万吨）	工业总产值（万元）
2002	2012	152202	6378.25	549976.71
2003	2039	1153031	6355.75	510921.28
2004	2444	163469	7354.68	643834.72
2005	2622	159668	7609.97	792952.93
2006	2819	172113	8504.26	1091011.58
2007	2945	178176	8881.12	2014800.77
2008	3137	179029	9442.45	1971355.82
2009	3205	172069	10039.25	2758309.72
2010	3290	172347	11103.25	2758309.72
2011	3470	173450	12192.08	3141707.12
2012	3449	182650	12200.83	3383071.92

2. *探矿权采矿权*。截至2013年12月31日,甘肃省共设置探矿权1308个,其中,国土资源部发证274个,甘肃省国土资源厅发证1034个。

截至2013年12月底,甘肃省共有省部级发证采矿权494个,其中,国土资源部发证21个,甘肃省国土资源厅发证473个(表7)。

表7 2013年甘肃省探矿权分布及设置情况

市州	探矿权							
	小计	煤炭	金	铜	铅锌	铁	锰	其他
兰州	20	1	2	5	0	2	2	8
嘉峪关	2	0	1	1	0	0	0	0
酒泉	370	5	150	82	22	59	10	42
张掖	122	9	20	44	4	16	4	25
金昌	16	0	3	9	0	4	0	0
武威	53	4	13	14	3	4	1	14
白银	40	1	13	9	3	4	2	8
定西	60	0	44	2	4	1	0	9
天水	134	0	85	22	4	10	1	12
陇南	313	0	214	24	48	10	7	10
平凉	13	6	0	7	0	1	0	0
庆阳	14	9	0	0	0	1	0	4
临夏	7	0	0	3	0	1	0	3
甘南	144	0	116	9	7	6	0	6
合计	1308	34	661	231	95	119	27	141

【矿产资源补偿费征收】 2013年甘肃省矿产资源补偿费征收管理工作取得了显著成效,实现连续四年持续增长。全年实现矿产资源补偿费征收入库6.71亿元。其中省厅直接征收矿产资源补偿费5.76亿元,14个市州征收矿产资源补偿费0.95亿元(图7和图8)。

【地质勘查基金】 2013年,共安排地质勘查基金项目34个,下拨项目资金41521万元;其中甘肃省煤田地质局煤炭项目7个,资金24601万元,甘肃省地质矿产勘查开发局项目10个,资金8500万元,甘肃省有色地质勘查局项目13个(合作勘查5个),资金7420万元;甘肃省核工业地质局项目2个,资金500万元;建材甘肃总队项目2个,资金500万元。

【地质灾害防治】 2013年,甘肃省共发生地质灾害3860起(其中达到统计标准1614起),受灾人口34.54万人,共造成53人死亡、44人受伤、1人失踪,直接经济损失667296.40万元。全年发布重大地质灾害预警信息19次,其中三级预警13次,二级预警5次,一级预警1次(表8)。

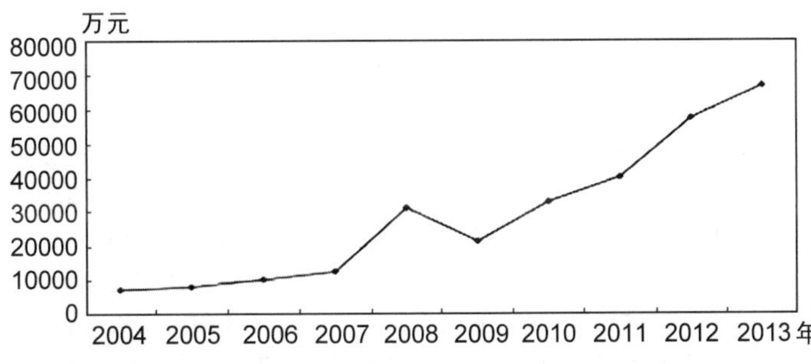

图7 2004～2013年甘肃省矿产资源补偿费征收入库情况

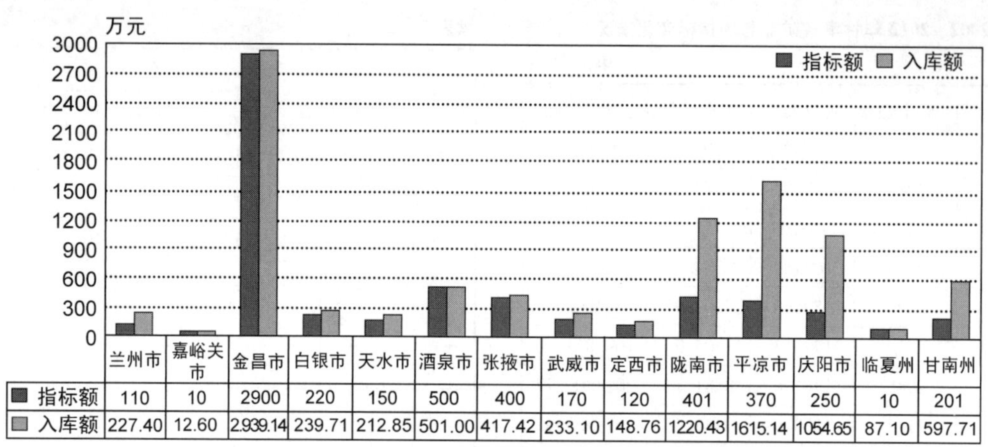

图 8　2013 年甘肃省各市州矿产资源补偿费征收入库情况

表 8　　**2013 年甘肃省地质灾害灾情统计汇总**

月份	达标的地质灾害	受灾人口（人）	死亡（人）	失踪（人）	受伤（人）	直接经济损失（万元）	未达标的地质灾害	直接经济提示（万元）	成功避让（起）	避让人员	避让财产（万元）
1 月	0	0	0	0	0	0	0	0	0	0	0
2 月	0	0	0	0	0	0	74	9337.5	0	0	0
3 月	0	0	0	0	0	0	77	9342.7	0	0	0
4 月	2	326	0	0	0	26.0	60	0	2	0	0
5 月	3	0	0	0	0	26.0	60	0	2	0	0
6 月	75	6916	2	1	0	11805.0	163	241.1	9	240	294
7 月	839	193291	24	0	17	445755.1	1215	845.8	346	85928	97462.9
8 月	682	14266	17	0	6	184503.8	646	226.5	393	59525	16597
9 月	8	2229	0	0	0	4594.9	5	2.5	2	175	10
10 月	2	0	0	0	0	76.0	2	0.7	0	0	0
11 月	1	0	0	0	0	10.0	1	0.5	0	0	0
12 月	2	31	10	0	21	510.0	1	0.3	0	0	0
合计	1614	345454	53	1	44	647298.8	2246	19997.6	752	145868	114363.9

2013 年地质灾害防治投入 37022 万元，其中中央财政投入 22522 万元，甘肃省级财政投入 14500 万元。共安排了秦州区娘娘坝集中安置点泥石流滑坡等治理项目 32 个。

完成了舟曲灾后重建地质灾害防治项目，实施了地质灾害遥感调查及基础测绘、重建安置区工程地质勘查、地质灾害综合治理工程、专业监测网络建设、群测群防网络 及地质灾害应急能力建设等五大类项目，共投入资金 8.5 亿元。除锁儿头滑坡综合治理工程外，其余项目均已通过了竣工验收，并完成了审计工作。

完成了东乡族自治县县城特大滑坡灾后恢复重建地质灾害综合治理项目，总投入资金 5.88 亿元。

继续严格执行建设用地地质灾害危险性评估制度，全年共完成评估备案项目 270 个。

全面推进地质灾害防治机构建设，9 个市州建立了地质灾害应急中心，36 个县建立了地质灾害监测站。

【矿山地质环境保护与治理】　全年共安排矿山地质环境保护与治理项目 2 个，投入资金 1.8 亿元。

全省 3026 家矿山企业缴存了矿山地质环境恢复治理保证金，专户存储 9202.43 万元，返还矿山企业 1849.5 万元，由政府部门组织实施了两个矿山地质环境治理项目，使用资金 2595.26 万元。

玉门市和白银市资源枯竭城市矿山地质环境治理工程稳步推进，拨付玉门市二期工程资金 8000 万元，拨付白银市三期工程资金 10000 万元。

【地质遗迹保护】 截至2013年,甘肃省已批准国家级地质公园8个,省级地质公园24个,其中2013年批准建立省级地质公园4个,分别是两当县云屏三峡、积石山县石海冰川遗迹、永昌县北海子湿地和徽县三滩省级地质公园(表9)。

表9　　甘肃省地质公园及地质遗迹保护区一览表

级别	序号	名称	批准时间
国家地质公园	1	甘肃敦煌雅丹国家地质公园	2001.12
	2	甘肃刘家峡恐龙国家地质公园	2001.12
	3	甘肃景泰黄河石林国家地质公园	2002.11
	4	甘肃平凉市崆峒山丹霞地貌国家地质公园	2002.11
	5	甘肃和政古生物化石国家地质公园	2009.08
	6	天水麦积山国家地质公园	2009.08
	7	甘肃炳灵丹霞地貌国家地质公园	2012.04
	8	张掖丹霞地貌国家地质公园	2012.04
省级地质公园	1	甘肃临潭冶力关省级地质公园	2003.12
	2	甘肃漳县贵清山－遮阳山省级地质公园	2004.01
	3	宕昌县官鹅沟地址公园	2004.01
	4	甘肃玉门硅化木省级地质公园	2005.09
	5	武都万像洞省级地质公园	2005.09
	6	文县天池省级地质公园	2005.09
	7	天祝马牙雪山峡谷省级地质公园	2005.12
	8	甘肃省肃北公婆泉恐龙地质公园	2005.12
	9	甘肃卓尼洮河大峪地质公园	2005.12
	10	甘肃迭部扎尕那省级地质公园	2006.12
	11	甘肃崇信龙泉省级地质公园	2006.12
	12	甘肃省碌曲县则岔石林省级地质公园	2007.01
	13	甘肃省渭源县渭河源省级地质公园	2008.01
	14	鸣沙山月牙泉省级地质公园	2012.03
	15	甘肃金塔黑河省级地质公园	2012.05
	16	武山县水帘洞省级地质公园	2012.05
	17	临洮县紫云山省级地质公园	2012.11
	18	平凉庄浪县云崖寺省级地质公园	2012.11
	19	兰州市连城吐鲁沟省级地质公园	2012.11
	20	兰州天斧砂宫省级地质公园	2012.12
	21	积石山县石海冰川遗迹省级地质公园	2013.02
	22	金昌市永昌县北海子湿地省级地质公园	2013.02
	23	徽县三滩省级地质公园	2013.02
	24	两当县云屏三峡省级地质公园	2013.02

(甘肃省国土资源厅)

青海省

【矿产资源开发利用概况】 1. *矿山数及从业人员*。截至2012年底,青海省共有各类矿山919家(青海油田分公司各矿山计为1家),其中生产矿山583家,停产矿山237家,筹建矿山99家。上报了统计基础表的矿山919家,统计基础表上报率100%。各地矿山数排序:海东地区286家、海西州262家、西宁市116家、海北州124家、海南州70家、黄南州45家,玉树州10家、果洛州6家。2012年度青海省矿产资源开发利用情况列于表1~4。

青海省从事矿业开发的人数为74636人,比2011年增加407人。其中内资企业71488人,港、澳、台投资企业664人,外商投资企业2484人。

2. *开发利用矿种及年产矿石量*。青海省开发利用矿产70种,年产矿石总量9028.32万吨(其中固体矿8302.34万吨,液体矿234.97万吨,气体矿601488万立方米合491.01万吨),比2011年减少227.16万吨。年产矿石量100万吨以上的矿种共17种,依次为:钾盐(光卤石)、煤炭、天然气、铜矿、铁矿、建筑用砂、石棉、砖瓦用黏土、制灰用石灰岩、石油、金矿、锂矿、盐矿、水泥用灰岩、铅矿、水泥用大理岩、建筑用花岗岩。年产矿石量增加50万吨以上的矿产依次为:钾盐(光卤石)增加258.6万吨,铁矿增加105.83万吨,石棉增加103.27万吨,制灰用石灰岩增加88.28万吨,铜矿增加70.46万吨,以上矿种合计增加626.44万吨;年产矿石量减少50万吨以上的矿产依次有:制碱用灰岩减少166.89万吨,建筑用砂减少129.9万吨、煤炭减少110.97万吨,共减少407.76万吨。

3. *矿业开发总产值*。青海省矿业开发实现工业总产值4781787.82万元,较2011年减少了289466.44万元。矿业开发总产值10000万元以上的矿产有17种,依次为:石油、天然气、钾盐、煤炭、铜矿、金矿、铅矿、铁矿、玉石、锂矿、水泥用灰岩、盐矿、石棉、砖瓦用黏土、矿泉水、水泥用大理岩、硼矿。矿业开发总产值增加10000万元以上的矿产有5种,依次为:玉石增加26509.9万元,金矿增加21762.06万元,锂矿增加19519.66万元,铁矿增加14204.97万元,矿泉水增加11841.98万元,以上矿种共增加93838.57万元。矿业开发总产值减少10000万元以上的矿产有3种,依次为:煤炭减少210957.28万元,钾盐减少100783.67万元,铅矿减少38396.37万元,以上矿种共减少350137.32万元。

青海省矿业开发从业人员年人均产值64.07万元/人,全省各地区年人均产值排序情况如下:果洛州174.98万元/人、海西州90.56万元/人、海南州13.94万元/人、西宁市8.81万元/人、海东地区8.33万元/人、海北州8.12万元/人、玉树州4.95万元/人、黄南州2.74万元/人。

4. *矿业开发增加值*。青海省矿业开发共实现增加值2845106.22万元,较2011年度增加了1395.52万元。其中,增加值实现10000万元以上的矿产共有10种,依次为:石油天然气、煤炭、钾盐、铜矿、金矿、铅矿、锂矿、铁矿、盐矿。增加值增加10000万元以上的矿产共有石油天然气和金矿,其中石油天然气增加69248万元,金矿增加33609.89万元,增加值共增加102857.89万元;增加值减少10000万元以上的有1种,即钾盐减少96993.86万元。

5. *利润总额*。青海省矿业开发实现利润总额879770.19万元,较2011年度减少了226369.5万元。实现利润1000万元以上的矿产共有13种,依次为:石油、天然气、钾盐、煤炭、铜矿、铅矿、金矿、水泥用大理岩、砖瓦用黏土、建筑用砂、盐矿、玉石、建筑用花岗岩。利润增加1000万元以上的矿产共有2种,分别是:石油天然气增加10608万元,铅矿增加5851.77万元,共增加利润16459.77万元;利润减少1000万元以上的矿产有8种,依次是:煤炭减少114147.2万元,钾盐减少60542.05万元,铁矿减少17167.29万元,铜矿减少14450.69万元,矿泉水减少13657.57万元,玉石减少5961.27万元,金矿减少3776.5万元,水泥用灰岩减少2685.1万元,共减少利润232387.67万元。

6. *企业规模和经济类型*。青海省有大型矿山32家,中型矿山43家,小型矿山309家,小矿535家;内资企业906家,港、澳、台投资企业6家,外商投资企业7家。

【矿产资源开发利用简析】 1. *受矿产品市场影响,青海省矿业经济有所下滑*。受国际矿产品市场的影响,我省矿产品价格总体走低,采选矿成本上涨,少数矿山矿产品库存压力大导致阶段性停产。从统计数据看,矿业开发总产值、利润等主要经济指标均有不同程度降低,全省矿业经济有所下滑,其中矿业开发总产值较2011年减少了289466.44万元,减幅达5.7%,利润总额较2011年度减少了226369.5万元,减幅达20.46%。

2. *青海省矿山规模总体结构没有改变*。青海省有大型矿山32家,中型矿山43家,小型矿山309家,小矿535家,分别占全省矿山总数的3.48%、4.68%、33.62%、58.22%,与近几年的统计数据相比,矿山规模总体结构没有变化(表5~7)。

3. 少数矿山和矿种在全省矿业经济中起着主导和支撑作用。① 2012 年青海省产值 500 万元以上的矿山有 82 家,占全省矿山总数的 8.92%,从业人员 54082 人,占全省矿业开发从业人员的 72.46%,年产矿石总量 7862.09 万吨(其中固体矿 7157.48 万吨、液体矿 213.6 万吨、气体矿 601488 万立方米合 491.01 万吨),占全省年产矿石总量的 87.08%;总产值 4731321.9 万元,占全省矿业开发总产值的 98.95%;增加值 2837347.58 万元,占全省矿业开发增加值的 99.73%;利润 874081.13 万元,占全省矿业开发利润的 99.35%。

② 2012 年青海省矿业开发总产值 10000 万元以上 17 种矿产的矿石产量为 7979.87 万吨,占全省年产矿石总量的 88.39%;总产值为 4743802.69 万元,占全省矿业开发总产值的 99.21%;增加值为 2839791.07 万元,占全省矿业开发增加值的 99.81%;利润为 874501.69 万元,占全省矿业开发利润的 99.4%。

从上述数据中可以看出,少数矿山和矿种在全省矿业经济发展中贡献大,起着重要支撑作用。

4. 小矿山数量多,矿业经济值少。青海省共有小型及以下矿山 844 家,占全省矿山的 91.84%,从业人员 22276 人,占全省矿业开发从业人员的 29.85%。年产矿石量 1503.63 万吨,占全省年产矿石量的 16.66%,实现总产值 260736.19 万元,占全省矿业开发总产值的 5.45%,实现利润 10399.6 万元,占全省矿业开发利润的 1.18%。可见,全省小型及以下矿山数量多,矿石产量小,矿业总产值低,利润少。

表 1　2012 年度青海省矿产资源开发利用情况(分矿种统计)

序号	矿种	矿山数	从业人员	年产矿石量			工业总产量	工业增加值	综合利用产值	矿产品销售收入	年利润
				固体矿	液体矿	气体矿					
		个	人	万吨	万吨	万立方米	万元	万元	万元	万元	万元
1	石油	1	26637		203.97		2490019	1623803	0	1177853	374107
2	天然气					601488					
3	煤炭	50	11648	1506.35		0	655239.84	460139.7	1500	638619.2	69655.99
4	地下热水	4	60		14.08	0	182	14.5	0	157	19.5
5	铁矿	48	2666	376.03		0	91230.26	16078.31	171.5	70037.1	-11720.79
6	锰矿	5	56	7.84		0	3282	2	0	3282	0.6
7	铬矿	2	23	0.16		0	154.2	10.2	42	107.9	0
8	铜矿	24	2561	421.18		0	184277.02	111664.9	4072.54	155059.28	57917.93
9	铅矿	27	1636	107.08		0	109142.13	42335.7	89.3	96070.65	45900.43
10	锌矿	2	290	6.1		0	4510	0	1900	1337.5	0
11	镍矿	5	672	32.08		0	2907.52	706.56	132.6	2405.53	405.38
12	钨矿	1	34	0		0	0	0	0	0	0
13	钼矿	1	30	0		0	0	0	0	0	0
14	锑矿	1	40	0.5		0	0	0	0	0	-119.91
15	金矿	20	1417	197.39		0	159187.56	94240.17	0	155301.56	45626.64
16	锂矿	1	1139	185		0	60231	17467	60231	55074.27	0
17	锶矿	1	13	0		0	0	0	0	0	0
18	普通萤石	8	98	1.14		0	90	0	0	75	0
19	冶金用白云岩	5	90	9.2		0	350.2	18	0	350.2	21.8
20	冶金用石英岩	48	1014	69.7		0	3833.54	828	4	3162.54	539.1

续表 1 -1

序号	矿种	矿山数	从业人员	年产矿石量			工业总产量	工业增加值	综合利用产值	矿产品销售收入	年利润
				固体矿	液体矿	气体矿					
		个	人	万吨	万吨	万立方米	万元	万元	万元	万元	万元
21	自然硫	1	20	0		0	0	0	0	0	0
22	芒硝	3	18	0		0	0. 6	0	0	0. 53	0
23	电石用灰岩	1	10	0		0	0	0	0	0	0
24	制碱用灰岩	4	81	32. 72		0	883. 44	176. 69	0	883. 44	53. 01
25	含钾岩石	4	26	0. 25		0	8. 93	0. 75	0	8. 93	-18
26	盐矿	15	1768	177. 4		0	30880. 9	11560. 24	0	23297. 52	1381. 3
27	镁盐	5	534	50		0	1960	520. 5	1850	1780. 1	626. 94
28	钾盐	14	5395	3485. 2		0	755236. 9	438388. 49	14549. 9	788423. 16	317950. 7
29	硼矿	1	173	8. 7		0	11895	1236. 9	0	2130. 5	-166. 6
30	硅灰石	1	3	0		0	0	0	0	0	0
31	滑石	2	27	0		0	0	0	0	0	0
32	石棉	7	1867	280. 22		0	28815. 34	9449	5500	16150. 2	964
33	长石	4	92	0		0	0	0	0	0	0
34	石榴子石	2	32	0		0	0	0	0	0	0
35	石膏	24	327	45. 5		0	908	132. 8	0	908	74
36	方解石	2	34	0		0	26	0	0	0	0
37	玉石	9	537	1. 05		0	79085. 6	5814. 58	15484	9900. 35	1129. 73
38	水泥用灰岩	13	1158	151. 5		0	32510	935. 5	0	32510	817. 8
39	建筑石料用灰岩	14	142	8. 46		0	583	96	1	292	93. 5
40	饰面用灰岩	1	25	0		0	0	0	0	0	0
41	制灰用石灰岩	9	221	212. 5		0	2975	275	0	2975	279. 9
42	玻璃用白云岩	1	23	2		0	160	35	0	120	35
43	建筑用白云岩	6	75	12. 94		0	310	84. 2	3	310	55. 3
44	玻璃用石英岩	9	134	4		0	300	60	0	300	30
45	建筑用砂岩	2	16	0. 38		0	7. 5	0	0	7. 5	0

续表 1－2

序号	矿种	矿山数	从业人员	年产矿石量			工业总产量	工业增加值	综合利用产值	矿产品销售收入	年利润
				固体矿	液体矿	气体矿					
		个	人	万吨	万吨	万立方米	万元	万元	万元	万元	万元
46	建筑用砂	148	1383	317.89		0	6801.73	1101.19	0	5322.6	1666.8
47	水泥标准砂	2	29	6		0	330	15	0	320	45
48	砖瓦用砂	1	20	2.01		0	400	0	0	42.4	20
49	陶粒页岩	2	18	0.7		0	18	3.6	0	18	1.8
50	高岭土	1	14	0		0	0	0	0	0	0
51	膨润土	1	20	0		0	0	0	0	0	0
52	砖瓦用黏土	229	7476	266.74		0	22556.16	3090.1	0	19865.91	3251.13
53	陶粒用黏土	2	4	0		0	0	0	0	0	0
54	水泥配料用黏土	4	829	6.49		0	1210	569.5	0	1210	176
55	建筑用橄榄岩	1	24	0		0	0	0	0	0	0
56	饰面用蛇纹岩	23	201	0.25		0	548	0	130	125.8	96.58
57	建筑用玄武岩	4	35	11.75		0	169.5	36	0.5	119.5	31.5
58	建筑用角闪岩	2	21	2		0	100	40	0	100	17
59	建筑用辉长岩	4	28	45.75		0	407.5	40.75	0	398.4	0.3
60	建筑用安山岩	1	70	20		0	50	0	0	50	0
61	建筑用闪长岩	1	60	2.08		0	124.8	0	0	124.8	5.6
62	建筑用花岗岩	41	552	100.96		0	3257.84	433.25	5	2352.87	1026
63	饰面用花岗岩	5	70	5.02		0	302.83	0.7	0	302.82	8
64	玻璃用凝灰岩	1	2	0		0	0	0	0	0	0
65	饰面用大理岩	9	137	2.4		0	305	45.36	1	148	18

续表 1－3

序号	矿种	矿山数	从业人员	年产矿石量			工业总产量	工业增加值	综合利用产值	矿产品销售收入	年利润
				固体矿	液体矿	气体矿					
		个	人	万吨	万吨	万立方米	万元	万元	万元	万元	万元
66	建筑用大理岩	9	142	11.6		0	324	41.6	0	163	26.8
67	水泥用大理岩	11	202	104.13		0	14080	3545	0	13630	3807
68	饰面用板岩	2	26	3		0	179	23	0	55	31
69	水泥配料用板岩	2	26	1		0	25	5	0	25	2
70	矿泉水	5	385		16.98	0	19415.98	42.48	0	15920.35	－36120.57

表 2 **2012 年度青海省矿产资源开发利用情况（分经济类型统计）**

企业经济类型	矿山数	从业人数	年产矿石量			工业总产值	工业增加值	综合利用产值	销售收入	年利润
			固体矿	液体矿	气体矿					
	个	人	万吨	万吨	万立方米	万元	万元	万元	万元	万元
一、内资企业	906	71488	7914.84	234.97	601488	4507376.34	2716966.93	101494.8	3045540.68	825418.49
国有企业	38	29678	511.07	203.91	601488	2577441.22	1671358.5	100	1259353.76	372830.37
集体企业	66	2077	85	0	0	8208	618.62	0	7837.5	703.21
股份合作企业	10	187	8.31	0	0	432	47.4	0	432	37.7
联营企业	4	75	0.45	0	0	922	9.22	0	135	－107
有限责任公司	189	18638	2802.27	31.06	0	620370.12	336416.29	40734.2	491159.03	147498.94
股份有限公司	49	7513	2854.23	0	0	790138.82	419142.24	60363.6	817652.4	297559.88
私营企业	446	11808	1463.12	0	0	502185.93	288392.27	285.5	462578.49	4836.59
其他企业	104	1512	190.39	0	0	7678.25	982.39	11.5	6392.5	2058.8
二、港、澳、台商投资企业	6	664	78.7	0	0	26559.13	1520.5	2375	22320.33	－35453.04
港、澳、台商投资企业	6	664	78.7	0	0	26559.13	1520.5	2375	22320.33	－35453.04
三、外商投资企业	7	2484	308.8	0	0	247852.35	126618.79	1797.54	231323.4	89804.74
外商投资企业	7	2484	308.8	0	0	247852.35	126618.79	1797.54	231323.4	89804.74

表 3　　2012 年度青海省矿产资源开发利用情况(分矿山企业规模统计)

序号		矿山数	从业人数	年产矿石量			工业总产值	工业增加值	综合利用产值	矿产品销售收入	利润总额	人均产值
				固体矿	液体矿	气体矿						
		个	人	万吨	万吨	万立方米	万元	万元	万元	万元	万元	万元
	合计	919	74636	8302.34	234.97	601488	4781787.82	2845106.22	105667.34	3299184.41	879770.19	64.07
1	大型	32	42224	4802.6	213.6	601488	4120402.13	2555718.48	67231	2755373.22	772148.89	97.58
2	中型	43	10136	2017.28	0.2	0	400649.5	240260.11	18855.04	381439.13	97221.7	39.53
3	小型	309	10731	843.67	21.17	0	119445.28	33522.75	3609.5	98070.79	4320.79	11.13
4	小矿	535	11545	638.79	0	0	141290.91	15604.88	15971.8	64301.27	6078.81	12.24

表 4　　2012 年度青海省矿产资源开发利用情况(分行政区统计)

地区名称	矿山数	从业人数	年产矿石量			工业总产值	工业增加值	综合利用产值	矿产品销售收入	利润总额	人均产值
			固体矿	液体矿	气体矿						
	个	人	万吨	万吨	万立方米	万元	万元	万元	万元	万元	万元
西宁市	116	8807	389.92		0	77609.5	24166	1508.5	77569.4	4449.16	8.81
海东地区	286	6876	780.1	0.27	0	57261.26	7545.04	174.1	51871.67	8974.38	8.33
海北藏族自治州	124	5663	248.14		0	45984.92	26144.6	162	34452.15	9696.92	8.12
黄南藏族自治州	45	885	71.93		0	2424	296.1	0	1980.4	985.5	2.74
海南藏族自治州	70	2589	158.15	14.08	0	36088.43	7330.75	4222.54	30112.03	5488.55	13.94
果洛藏族自治州	6	795	344.04		0	139112.49	103052.65	0	119413	54033.08	174.98
玉树藏族自治州	10	185	2.5		0	916	135	0	916	-139.69	4.95
海西蒙古族藏族自治州	262	48836	6307.56	220.62	601488	4422391.22	2676436.08	99600.2	2982869.76	796282.29	90.56

表 5　　2012 年度青海省采掘业总产值大于 500 万元以上矿山统计

序号	矿山名称	从业人数	自产矿石量			工业总产值	工业增加值	综合利用产值	矿产品销售收入	年利润
			固体矿	液体矿	气体矿					
		人	万吨	万吨	万立方米	万元	万元	万元	万元	万元
	合计	54082	7157.48	213.6	601488	4731321.86	2837347.58	105220.04	3256317.64	874081.13
1	中国石油天然气股份有限公司青海油田分公司	26637		203.91	601488	2490019	1623803	0	1177853	374107
2	柴达木察尔汗钾镁盐矿别勒滩矿区	973	1050			367828	182074.86	0	395702	170613

续表 5－1

序号	矿山名称	从业人数	自产矿石量			工业总产值	工业增加值	综合利用产值	矿产品销售收入	年利润
			固体矿	液体矿	气体矿					
		人	万吨	万吨	万立方米	万元	万元	万元	万元	万元
3	天峻县聚乎更矿区二井田	339	413.79			339696	261405	0	339696	11678
4	聚乎更矿区一露天煤矿首采区	401	465.5			156873.5	128809.21	0	156873.5	54773.27
5	青海昆仑矿业有限责任公司察尔汗盐湖钾镁盐矿	730	772			155035	140006.63	14205	165952.76	74603.16
6	青海威斯特铜业有限责任公司德尔尼铜矿	714	343.32			138912.49	102922.65	0	119213	54351.08
7	青海盐湖钾肥股份有限公司察尔汗盐湖钾镁盐矿	1089	591.6			131490	65087	0	141142	60303
8	青海大柴旦矿业有限公司滩间山金矿	437	107.66			117722.07	78731.84	0	117722.07	39701.6
9	西部矿业股份有限公司锡铁山铅锌矿	708	98.7			101792	38850.7	0	89501.82	45608
10	格尔木昆仑宝玉石有限责任公司纳赤台地区三岔口软玉矿	360	0.8			77287	5402	14713	8553	847.4
11	青海省中信国安科技发展有限公司西台吉乃尔盐湖锂盐矿	1139	185			60231	17467	60231	55074.27	0
12	格尔木庆华矿业有限责任公司肯德可克铁矿	390	207.27			56738.73	9200.08	0	36462.34	－12470.89
13	青海煤业集团有限责任公司大通煤矿	4286	122.44			37470	20980	1500	37470	2546.46
14	青海省霍布逊地矿化工(集团)有限公司察尔汗盐湖霍布逊区段北段钾镁盐矿	434	263			37194	15347	344.9	36849.1	14490
15	高泉昆源煤矿	395	108.8			31741.11	5806.31	0	31741.11	3073.3
16	青海创安有限公司茫崖石棉矿	1690	268			27974	9345	5500	15309	927
17	义马煤业集团青海省义海能源有限责任公司大煤沟矿	931	103.87			23779.97	3534.98	0	20783.5	－10091.03

续表 5－2

序号	矿山名称	从业人数	自产矿石量			工业总产值	工业增加值	综合利用产值	矿产品销售收入	年利润
			固体矿	液体矿	气体矿					
		人	万吨	万吨	万立方米	万元	万元	万元	万元	万元
18	青海中航资源有限责任公司马海钾矿	500	181			22859	21694	0	18062	－5832
19	青海水泥股份有限公司石灰石矿	805	60			21600	555.5	0	21600	400
20	青海赛什塘铜业有限责任公司赛什塘铜矿	736	52.44			20393.28	5302.25	1797.54	18828.43	5204.14
21	青海煤业鱼卡有限责任公司鱼卡煤田尕秀区段	725	142			19906.1	17253	0	19800.84	3871.47
22	冷湖镇大盐滩钾镁盐矿区	500	559			17892	5892	0	17892	4404.87
23	青海省西海煤炭开发有限责任公司海塔尔矿	656	29.76			16905	9467	0	5759.92	2769.72
24	都兰西钢矿业开发有限责任公司都兰县洪水河铁矿	157	61.17			16000	0	0	15943.12	0
25	青海省第六地质矿产勘查院都兰县五龙沟矿区红旗沟－深水潭金矿	198	15			14043	191	0	14043	143.1
26	青海海鑫矿业有限公司门源松树南沟金矿西矿区	170	55.63			13520	10095	0	13520	5500
27	循化县谢坑铜金矿	82	2			12300	120	30	12232	300
28	青海中天硼锂矿业有限公司大柴旦湖硼矿区	173	8.7			11895	1236.9	0	2130.5	－166.6
29	青海省西海煤炭开发有限责任公司柴达尔矿	656	51.91			10745.27	6017	0	10745.27	1285.8
30	格尔木盐化（集团）有限责任公司察尔汗盐矿	437	19.4			10000	1599.24	0	9450	1600
31	民和北山大理岩矿	63	31.43			9743	3000	0	9743	3500
32	青海省盐业股份有限公司茶卡制盐分公司	600	60			8329	3914	0	4814.44	466
33	青海山金矿业有限公司都兰县果洛龙洼金矿	148	13.12			8325.49	4472.71	0	8325.49	148.94

续表 5－3

序号	矿山名称	从业人数	自产矿石量			工业总产值	工业增加值	综合利用产值	矿产品销售收入	年利润
			固体矿	液体矿	气体矿					
		人	万吨	万吨	万立方米	万元	万元	万元	万元	万元
34	青海省盐业股份有限公司柯柯盐厂	550	50			7945	3734	0	5271.08	－709
35	格尔木胜华矿业有限责任公司索拉吉尔铜矿	208	2.62			7350	2400	1600	300	－1500
36	都兰县多金属矿业有限责任公司白石崖东区铁多金属矿	156	17.03			7328	4168	0	7328	727
37	青海省茫崖康泰钾肥开发有限责任公司大浪滩梁中钾矿	280	4			7000	3100	0	3354	800
38	青海中联矿业有限责任公司大柴旦行委双口山多金属矿	58	5.5			5840	3260	0	5840	260
39	大柴旦大华化工有限公司大柴旦湖 A 区硼钾矿	160	20			5012	2093	0	5851.4	－139.33
40	青海晶鑫钾肥有限公司尕斯库勒钾矿	150	15			5000	120	0	1300	460
41	冷湖昆湖钾肥有限责任公司钾镁湖钾矿	142	9.6			4833	2724	0	1224	－43
42	青海金洋煤业有限公司东柴旦分矿	38	11.33			4586	2068	0	3917	274
43	兴海县鹏飞有色金属采选有限公司兴海县什多龙铅锌矿	280	6.1			4510	0	1900	1337.5	0
44	青海启源矿业开发有限公司兴海县索拉沟铜多金属矿	248	10.1			4200	830	525	3541.6	0
45	青海省海西州莫河畜牧场茶卡盐湖盐矿	86	24			3943.9	2244	0	3425	33.3
46	青海省都兰县五龙沟金矿有限责任公司五龙沟金矿	95	4.47			3800	500	0	900	110
47	青海大头羊煤业有限责任公司大头羊工区二矿	180	8.59			3423	2719	0	3423	183

续表 5－4

序号	矿山名称	从业人数	自产矿石量			工业总产值	工业增加值	综合利用产值	矿产品销售收入	年利润
			固体矿	液体矿	气体矿					
		人	万吨	万吨	万立方米	万元	万元	万元	万元	万元
48	青海隆安煤业有限公司绿草沟煤矿	149	17.5			3325	0	0	2648	0
49	都兰县兰天矿业有限责任公司哈莉哈德山锰矿	20	7.62			3272	0	0	3272	0
50	循化县道帏乡比隆沟石灰石矿	25	10			3200	50	0	3200	150
51	西宁新鑫矿业有限公司兴海县白尕湖铁矿	40	14.9			3000	500	0	3084	0
52	平安县元石山铁镍矿	450	32			2898.32	706.42	132.6	2398.33	405.38
53	青海西钢矿业开发有限责任公司门丹峡石灰岩矿	65	45			2700	0	0	2700	45.2
54	互助县花石山石灰岩矿	101	200			2500	250	0	2500	245
55	民和县楼子沟三岔沟石灰岩矿	7	7.7			2387	0	0	2387	17
56	青海江河源水泥有限责任公司巴汉石灰岩矿	35	7			2240	270	0	2240	49
57	青海大头羊煤业有限责任公司大头羊工区一矿	160	6.32			1986	1677	0	1986	113
58	都兰西钢矿业开发有限责任公司都兰县胜利铁矿	21	10.96			1939.59	1334	0	1939.59	0
59	青海香江盐湖开发有限公司团结湖镁盐矿	36	30			1850	510.5	1850	1755.6	617.96
60	青海第二水泥厂石山石灰石矿	15	5			1800	30	0	1800	120
61	青海开源煤矿有限责任公司海西州开源煤矿	64	4.81			1488.83	400	0	1488	－43
62	青海五彩通正荣煤炭有限公司大柴旦行委鱼卡煤矿	32	5			1400	0	0	750	－380
63	化隆县甘都镇东三砖厂	31	1			1132	22.4	0	112	0
64	都兰宏源实业有限公司大海滩铁矿	43	7.45			1117.5	0	0	1117.5	0

续表 5－5

序号	矿山名称	从业人数	自产矿石量			工业总产值	工业增加值	综合利用产值	矿产品销售收入	年利润
			固体矿	液体矿	气体矿					
		人	万吨	万吨	万立方米	万元	万元	万元	万元	万元
65	青海西旺矿业开发有限公司都兰县白石崖铁矿区外围铁矿	44	7.2			1080	180	0	1080	0
66	青海水泥股份有限公司黏土矿	805	4			1000	555.5	0	1000	150
67	乌兰县金穗农牧工商有限责任公司赛坝沟金矿	57	0.45			922	9.22	0	135	－107
68	青海中航玉丰矿业有限公司大灶火西南山青玉矿	60	0.19			920	0	0	920	255
69	共和县金河水泥有限公司江仓龙哇大理石岩矿	25	30			900	400	0	500	120
70	大通建材站联营砖厂黏土矿	30	2.97			900	60	0	900	50
71	格尔木市五金机电批发市场有限责任公司野牛沟拖拉海软玉矿	50	0.06			877	412.58	771	427.35	27.33
72	冷湖俄北钾肥有限责任公司北部新盐带钾矿	80	14			757	0	0	757	－855
73	青海西海煤电有限责任公司默勒三矿	213	6.24			752.76	0	0	752.76	0
74	极拉口空心砖厂	45	2.51			750	100	0	750	80
75	格尔木金鑫发展有限责任公司夏努沟西支沟多金属矿	30	0.5			600	0	0	60	20
76	青海西泰矿业有限公司都兰县跃进山铁矿	32	1.5			600	50	0	112.5	0.5
77	中盐青海昆仑碱业有限公司柯柯盐矿	40	20			583	56	0	271	－13
78	西宁江来实业发展有限责任公司祁连县柏树台铜矿	12	0.7			573.25	90	120	456.25	0
79	海西州天天矿业有限责任公司旺尕秀石灰岩矿	16	20			540	108	0	540	32.4

续表 5－6

序号	矿山名称	从业人数	自产矿石量			工业总产值	工业增加值	综合利用产值	矿产品销售收入	年利润
			固体矿	液体矿	气体矿					
		人	万吨	万吨	万立方米	万元	万元	万元	万元	万元
80	青海铭鑫格尔木矿业有限责任公司全红山铁矿	64	1.13			536.7	8.1	0	536.7	－59.4
81	都兰宏源实业有限公司白石崖东矿区 M4－M7 部分异常铁矿	30	1.12			525	25	0	168	0
82	昆仑山矿泉水格尔木市玉珠峰饮用天然矿泉水	265		9.69		19258	0	0	15772	－36071

表 6 2012 年度青海省大型矿山企业统计表

序号	矿山名称	从业人数	自产矿石量			工业总产值	工业增加值	综合利用产值	矿产品销售收入	年利润
			固体矿	液体矿	气体矿					
		人	万吨	万吨	万立方米	万元	万元	万元	万元	万元
	合计	42224	4802.6	213.6	601488	4120402.12	2555718.48	67231	2755373.22	772148.89
1	中国石油天然气股份有限公司青海油田分公司	26637		203.91	601488	2490019	1623803	0	1177853	374107
2	柴达木察尔汗钾镁盐矿别勒滩矿区	973	1050			367828	182074.86	0	395702	170613
3	天峻县聚乎更矿区二井田	339	413.79			339696	261405	0	339696	11678
4	聚乎更矿区一露天煤矿首采区	401	465.5			156873.5	128809.21	0	156873.5	54773.27
5	青海威斯特铜业有限责任公司德尔尼铜矿	714	343.32			138912.49	102922.65	0	119213	54351.08
6	青海盐湖钾肥股份有限公司察尔汗盐湖钾镁盐矿	1089	591.6			131490	65087	0	141142	60303
7	青海大柴旦矿业有限公司滩间山金矿	437	107.66			117722.07	78731.84	0	117722.07	39701.6
8	西部矿业股份有限公司锡铁山铅锌矿	708	98.7			101792	38850.7	0	89501.82	45608
9	青海省中信国安科技发展有限公司西台吉乃尔盐湖锂盐矿	1139	185			60231	17467	60231	55074.27	0
10	格尔木庆华矿业有限责任公司肯德可克铁矿	390	207.27			56738.73	9200.08	0	36462.34	－12470.89

续表 6－1

序号	矿山名称	从业人数	自产矿石量			工业总产值	工业增加值	综合利用产值	矿产品销售收入	年利润
			固体矿	液体矿	气体矿					
		人	万吨	万吨	万立方米	万元	万元	万元	万元	万元
	合计	42224	4802.6	213.6	601488	4120402.12	2555718.48	67231	2755373.22	772148.89
11	青海煤业集团有限责任公司大通煤矿	4286	122.44			37470	20980	1500	37470	2546.46
12	青海创安有限公司茫崖石棉矿	1690	268			27974	9345	5500	15309	927
13	冷湖镇大盐滩钾镁盐矿区	500	559			17892	5892	0	17892	4404.87
14	青海省第六地质矿产勘查院都兰县五龙沟矿区红旗沟－深水潭金矿	198	15			14043	191	0	14043	143.1
15	青海中天硼锂矿业有限公司大柴旦湖硼矿区	173	8.7			11895	1236.9	0	2130.5	－166.6
16	格尔木盐化(集团)有限责任公司察尔汗盐矿	437	19.4			10000	1599.24	0	9450	1600
17	青海省盐业股份有限公司茶卡制盐分公司	600	60			8329	3914	0	4814.44	466
18	青海省盐业股份有限公司柯柯盐厂	550	50			7945	3734	0	5271.08	－709
19	互助县花石山石灰岩矿	101	200			2500	250	0	2500	245
20	中盐青海昆仑碱业有限公司柯柯盐矿	40	20			583	56	0	271	－13
21	青海祁连纤维材料有限责任公司双岔沟石棉矿	65	4.05			486.2	97	0	486.2	25
22	青海省祁连纤维材料有限公司小八宝石棉矿	70	3.17			324.13	7	0	324	12
23	乐都县迭尔沟达拉道班大理岩矿	12	5			200	35	0	200	35
24	乐都县雨润镇头牛沟水泥用大理岩矿	21	5			200	30	0	200	40
25	大通县城市投资建设开发有限责任公司宝库乡大三岔长石矿	15	0			0	0	0	0	0

续表 6－2

序号	矿山名称	从业人数	自产矿石量			工业总产值	工业增加值	综合利用产值	矿产品销售收入	年利润
			固体矿	液体矿	气体矿					
		人	万吨	万吨	万立方米	万元	万元	万元	万元	万元
	合计	42224	4802.6	213.6	601488	4120402.12	2555718.48	67231	2755373.22	772148.89
26	茫崖兴元钾肥开发有限责任公司大浪滩钾矿	302	0			0	0	0	0	0
27	祁连县八宝镇综合开发公司小八宝联营石棉矿	1	0			0	0	0	0	0
28	青海大柴旦矿业有限公司青龙沟金矿	20	0			0	0	0	0	0
29	青海碱业有限公司盐湖东部盐矿	2	0			0	0	0	0	0
30	青海金瑞矿业发展股份有限公司大风山锶矿	13	0			0	0	0	0	0
31	青海五彩碱业有限公司察尔汗钾镁盐矿田北霍布逊湖矿段钠盐矿	36	0			0	0	0	0	0
32	昆仑山矿泉水格尔木市玉珠峰饮用天然矿泉水	265		9.69		19258	0	0	15772	－36071

表 7　　**2012 年度青海省中型矿山企业统计表**

序号	矿山名称	从业人数	自产矿石量			工业总产值	工业增加值	综合利用产值	矿产品销售收入	年利润
			固体矿	液体矿	气体矿					
		人	万吨	万吨	万立方米	万元	万元	万元	万元	万元
	合计	10136	2017.29	0.2	0	400649.5	240260.11	18855.04	381439.13	97221.7
1	青海昆仑矿业有限责任公司察尔汗盐湖钾镁盐矿	730	772			155035	140006.63	14205	165952.76	74603.16
2	青海省霍布逊地矿化工（集团）有限公司察尔汗盐湖霍布逊区段北段钾镁盐矿	434	263			37194	15347	344.9	36849.1	14490
3	义马煤业集团青海省义海能源有限责任公司大煤沟矿	931	103.87			23779.97	3534.98	0	20783.5	－10091.03
4	青海中航资源有限责任公司马海钾矿	500	181			22859	21694	0	18062	－5832

续表 7－1

序号	矿山名称	从业人数	自产矿石量			工业总产值	工业增加值	综合利用产值	矿产品销售收入	年利润
			固体矿	液体矿	气体矿					
		人	万吨	万吨	万立方米	万元	万元	万元	万元	万元
5	青海水泥股份有限公司石灰石矿	805	60			21600	555.5	0	21600	400
6	青海赛什塘铜业有限责任公司赛什塘铜矿	736	52.44			20393.28	5302.25	1797.54	18828.43	5204.14
7	青海煤业鱼卡有限责任公司鱼卡煤田尕秀区段	725	142			19906.1	17253	0	19800.84	3871.47
8	青海省西海煤炭开发有限责任公司海塔尔矿	656	29.76			16905	9467	0	5759.92	2769.72
9	都兰西钢矿业开发有限责任公司都兰县洪水河铁矿	157	61.17			16000	0	0	15943.12	0
10	青海海鑫矿业有限公司门源松树南沟金矿西矿区	170	55.63			13520	10095	0	13520	5500
11	青海省西海煤炭开发有限责任公司柴达尔矿	656	51.91			10745.27	6017	0	10745.27	1285.8
12	民和北山大理岩矿	63	31.43			9743	3000	0	9743	3500
13	青海省茫崖康泰钾肥开发有限责任公司大浪滩梁中钾矿	280	4			7000	3100	0	3354	800
14	青海晶鑫钾肥有限公司尕斯库勒钾矿	150	15			5000	120	0	1300	460
15	青海启源矿业开发有限公司兴海县索拉沟铜多金属矿	248	10.1			4200	830	525	3541.6	0
16	青海省海西州莫河畜牧场茶卡盐湖盐矿	86	24			3943.9	2244	0	3425	33.3
17	都兰县兰天矿业有限责任公司哈莉哈德山锰矿	20	7.62			3272	0	0	3272	0
18	平安县元石山铁镍矿	450	32			2898.32	706.42	132.6	2398.33	405.38
19	青海西钢矿业开发有限责任公司门丹峡石灰岩矿	65	45			2700	0	0	2700	45.2

续表 7－2

序号	矿山名称	从业人数	自产矿石量			工业总产值	工业增加值	综合利用产值	矿产品销售收入	年利润
			固体矿	液体矿	气体矿					
		人	万吨	万吨	万立方米	万元	万元	万元	万元	万元
20	青海香江盐湖开发有限公司团结湖镁盐矿	36	30			1850	510.5	1850	1755.6	617.96
21	青海西旺矿业开发有限公司都兰县白石崖铁矿区外围铁矿	44	7.2			1080	180	0	1080	0
22	青海锦泰矿业有限公司巴仑马海钾矿	50	6			336.9	250	0	336.9	－854
23	青海金俄资源开发有限责任公司李家山香林沟硅石矿	45	5			300	0	0	300	8.6
24	互助县塘川镇汪家村下沙沟石膏矿	15	7			170	34	0	170	17
25	西宁银龙铁道工程有限公司格尔木分公司南山口东花岗岩矿	20	8.7			140.24	0	0	140.24	－2
26	互助县塘川镇庙儿沟石膏矿	20	10			40	8	0	40	4
27	青海联邦新型建材有限公司柏木峡矿区陶粒板岩2#矿	10	0.7			18	3.6	0	18	1.8
28	乌兰建伟矿业发展有限公司乌兰县沙柳泉钾长石矿	20	0.25			7.52	0.75	0	7.52	－18
29	都兰宏源实业有限公司清水河铁矿	5	0.51			0	0	0	0	0
30	都兰县热水钼矿	30	0			0	0	0	0	0
31	格尔木金涌矿业开发有限责任公司茫崖行委虎头崖多金属矿	150	0			0	0	0	0	0
32	格尔木青林矿业有限公司祁连县小水沟铁矿	3	0			0	0	0	0	0
33	格尔木市乌兰拜兴铁多金属矿	20	0			0	0	0	0	0

续表 7－3

序号	矿山名称	从业人数	自产矿石量			工业总产值	工业增加值	综合利用产值	矿产品销售收入	年利润
			固体矿	液体矿	气体矿					
		人	万吨	万吨	万立方米	万元	万元	万元	万元	万元
34	海东地区国土勘测规划院互助奎浪沟石灰岩矿	10	0			0	0	0	0	0
35	互助县塘川镇贺家沟石膏矿	18	0			0	0	0	0	0
36	青海百事特镁业有限公司团结湖镁盐矿	169	0			0	0	0	0	0
37	青海鸿丰伟业矿产投资有限公司拉陵高里河下游多金属矿	300	0			0	0	0	0	0
38	青海省奥凯煤业发展集团有限责任公司江仓矿区一井田	181	0			0	0	0	0	0
39	青海省西海煤炭开发有限责任公司柴达尔先锋煤矿	656	0			0	0	0	0	0
40	青海五原矿业有限公司沙柳泉钾长石矿	2	0			0	0	0	0	0
41	青海西部镁业科技发展有限责任公司团结湖镁盐矿	230	0			0	0	0	0	0
42	青海西海煤电有限责任公司祁连县默勒二矿	190	0			0	0	0	0	0
43	青海高原特色资源开发有限责任公司昂思多2号泉矿泉水	50		0.2		12	0.48	0	12	1.2

（青海省国土资源厅）

表1　2012年度云南省矿产资源开发利用情况（按矿山企业规模分列）

	矿山企业数（个）	从业人员（人）	年产矿量		实际采矿能力（万吨/年）	工业总产值（万元）	综合利用产值（万元）	矿产品销售收入（万元）	利润总额（万元）	人均产值（万元）
			万吨	万立方米						
合计	7971	343201	27612.73	0	28617.09	6537458.05	438826.57	5245132.75	771870.22	19.05
大型	47	22868	5303.58	0	5043.94	1972026.13	126312.02	1409594.28	199173.31	86.24

续表1

	矿山企业数(个)	从业人员(人)	年产矿量		实际采矿能力(万吨/年)	工业总产值(万元)	综合利用产值(万元)	矿产品销售收入(万元)	利润总额(万元)	人均产值(万元)
			万吨	万立方米						
中型	142	43430	4178.48	0	4330.48	1557883.66	111669.84	1276599.51	239506.75	35.87
小型	4339	207429	12320.67	0	13750.26	2470945.66	151463.47	2136002.15	283243.52	11.91
小矿	3443	69474	5809.99	0	5492.4	536602.59	49381.24	422936.83	49946.63	7.72

表2　**2012年度云南省矿产资源开发利用情况(按矿种分列)**

矿种	矿山企业数					从业人员(人)	年产矿量		实际采矿能力(万吨/年)	工业总产值(万元)	综合利用产值(万元)	矿产品销售收入(万元)	利润总额(万元)
	合计	大型	中型	小型	小矿		万吨	万立方米					
合计	7971	47	142	4339	3443	343201	27612.73	0	28617.09	6537458.05	438826.57	5245132.75	771870.22
煤炭	1216	2	21	918	275	148187	5810.35	0	6651.42	2107373.23	44169.25	1951094.25	297589.01
油页岩	1	0	0	0	1	3	0	0	0	0	0	0	0
地下热水	106	1	1	58	46	6504	179.64	0	0	22429.48	0	15005.11	3250.89
铁矿	248	1	14	160	73	12571	2501.17	0	2519.78	721826.57	30661.37	554272.79	25019.17
锰矿	67	1	2	50	14	2593	85.69	0	78.29	156855.06	1300	69079.86	-3542.67
钛矿	74	1	1	59	13	2055	82.36	0	75.25	19685.49	2748.96	17612.03	2395.8
铜矿	247	5	12	164	66	26004	1549.62	0	1818.78	772383.78	46101.8	480755.6	59030.02
铅矿	150	0	3	88	59	6761	141.82	0	193.95	120587.48	243	99630.17	30143.44
锌矿	193	3	5	131	54	21946	804.36	0	925.64	609435.82	115062.84	476632.16	76278.94
铝土矿	2	1	1	0	0	141	63.39	0	63.39	2208.75	0	80	-3092.25
镍矿	7	0	0	5	2	1087	31.6	0	40	5110.71	0	5100.71	-4762.82
钨矿	15	0	0	15	0	866	46.91	0	75	29410.5	387	29410.5	12857.7
锡矿	66	1	6	40	19	16939	472.44	0	483.27	292625.83	4862.57	244823	52503.66
钼矿	4	0	1	2	1	466	75.1	0	94.9	15361.5	400	15324.5	-4148.84
锑矿	11	1	1	5	4	1328	16.58	0	27.44	28899.17	12109	27299	7372.29
铂矿	4	1	1	2	0	72	3.06	0	3.06	566.1	0	566.1	38
金矿	73	2	5	54	12	5736	933.76	0	948.17	330660.93	110202.91	316382.62	125922.84
银矿	5	1	0	2	2	143	20	0	20	3100	0	2400	419
铌钽矿	6	0	0	3	3	58	0	0	0	0	0	0	0
钽矿	4	0	0	3	1	284	3	0	3	1087	0	200	-355
锶矿	1	0	0	1	0	24	1.5	0	1.5	397.5	0	397.5	48.2
轻稀土矿	2	0	1	0	1	40	10	0	10	1200	0	0	0
锗矿	1	0	0	1	0	113	4.2	0	3	4200	300	4200	30
碲矿	1	0	0	0	1	52	0	0	0	0	0	0	0
普通萤石	14	0	0	8	6	130	0.8	0	5.9	121.6	0	121.6	5

续表 2 – 1

矿种	矿山企业数					从业人员（人）	年产矿量		实际采矿能力（万吨/年）	工业总产值(万元)	综合利用产值（万元）	矿产品销售收入（万元）	利润总额（万元）
	合计	大型	中型	小型	小矿		万吨	万立方米					
熔剂用灰岩	20	1	0	7	12	689	200.85	0	203.06	22509.3	1286	11243	483.5
冶金用白云岩	7	0	0	4	3	135	18.2	0	13.3	1628	615	1628	412.6
冶金用石英岩	66	0	1	30	35	1646	46.9	0	52.9	17386.35	2374.4	18297.1	-597.36
冶金用脉石英	58	0	0	50	8	261	5.96	0	6.06	735.5	102	670.6	87
耐火黏土	9	0	0	6	3	68	0.5	0	0.6	46	0	25	1.08
硫铁矿	10	0	0	9	1	390	4.08	0	13.08	934.6	0	734.6	106.14
芒硝	1	0	0	1	0	13	0	0	0	0	0	0	0
重晶石	4	0	0	3	1	379	21.35	0	21.35	1792	0	1792	-307
电石用灰岩	2	1	0	1	0	73	14.48	0	14.48	930.19	3	930.19	16.1
化肥用灰岩	3	0	0	0	3	3	0	0	0	0	0	0	0
化工用白云岩	2	0	0	0	2	13	1	0	1	15	0	15	9.1
化肥用蛇纹岩	2	0	0	1	1	17	2.05	0	2.05	37.95	0	37.95	0
泥炭	4	0	0	1	3	16	0	0	0	0	0	0	0
盐矿	7	1	1	4	1	1204	230.24	0	180.44	95725.46	13865.76	41784.3	-10251.98
钾盐	1	0	1	0	0	399	37.26	0	37.26	11941	1857.14	11400	6800
砷矿	1	0	0	0	1	2	0	0	0	0	0	0	0
磷矿	74	8	25	35	6	8887	1832.04	0	1719.46	409489.55	1931.2	303386.35	36161.16
石墨	1	0	0	1	0	2	0	0	0	0	0	0	0
硅灰石	17	0	0	11	6	139	5.3	0	8	425.5	0	274.6	-5
滑石	1	0	0	0	1	1	0	0	2	0	0	0	0
石棉	1	0	0	1	0	8	0	0	0	0	0	0	0
云母	1	0	0	1	0	1	0	0	0	0	0	0	0
长石	5	0	0	4	1	62	11.01	0	13.63	460.62	0	385.21	-227.2
沸石	1	0	0	1	0	6	1.5	0	1.5	85	85	85	0.4
石膏	60	0	0	42	18	992	72.41	0	95.11	4438.36	343.25	4116.46	654.07
方解石	17	0	0	11	6	116	5.32	0	5.46	264.3	30.4	261.9	56.28

续表 2－2

矿种	矿山企业数					从业人员（人）	年产矿量		实际采矿能力（万吨/年）	工业总产值（万元）	综合利用产值（万元）	矿产品销售收入（万元）	利润总额（万元）
	合计	大型	中型	小型	小矿		万吨	万立方米					
光学萤石	1	0	0	0	1	1	0	0	0	0	0	0	0
玉石	1	0	0	1	0	67	0. 01	0	0. 01	634	0	634	32
玻璃用灰岩	1	0	0	0	1	1	0	0	0	0	0	0	0
水泥用灰岩	146	6	18	87	35	5306	3079. 11	0	3041. 58	331994. 98	12859. 29	276451. 64	17150. 23
建筑石料用灰岩	2415	7	13	1056	1339	27343	5161. 12	0	5410. 92	133480. 34	19603. 66	103329. 05	17701. 53
饰面用灰岩	26	0	1	14	11	455	90. 08	0	30. 15	2577. 9	164	1574. 04	256. 78
制灰用石灰岩	14	0	0	7	7	181	24. 1	0	26. 5	1075. 5	10	709. 5	148. 4
泥灰岩	7	0	0	1	6	51	3	0	5	120	0	120	20
玻璃用白云岩	1	0	0	1	0	6	0	0	0	0	0	0	0
建筑用白云岩	148	0	0	78	70	1331	397. 24	0	413. 66	7674. 41	1172. 2	6526. 4	1060. 21
玻璃用石英岩	20	0	0	19	1	89	13. 87	0	7. 87	173. 3	123. 3	168. 3	15. 42
水泥配料用砂岩	4	1	0	1	2	42	1	0	16	200	100	100	1
砖瓦用砂岩	23	0	0	10	13	454	95. 92	0	29	9504. 5	83	1554. 5	287. 2
陶瓷用砂岩	1	0	0	1	0	2	0	0	0	0	0	0	0
建筑用砂岩	270	1	2	111	156	2393	423. 37	0	357. 96	19288. 12	1690	13561. 67	4344. 13
建筑用砂	583	0	0	234	349	4351	818. 72	0	901. 44	19068. 82	1026. 51	14548. 71	3203. 93
水泥配料用砂	1	0	0	1	0	10	0. 34	0	0. 34	6. 22	0	6. 22	0. 24
砖瓦用砂	6	0	0	3	3	100	33. 5	0	2. 1	2196	0	180	21. 08
硅藻土	1	0	0	1	0	10	0. 5	0	0. 5	200	50	300	56
砖瓦用页岩	634	0	2	313	319	15483	1204. 1	0	1043. 92	81324. 71	6445. 3	54776. 77	7184. 63

续表 2－3

矿种	矿山企业数					从业人员（人）	年产矿量		实际采矿能力（万吨/年）	工业总产值（万元）	综合利用产值（万元）	矿产品销售收入（万元）	利润总额（万元）
	合计	大型	中型	小型	小矿		万吨	万立方米					
水泥配料用页岩	1	0	0	1	0	24	3	0	3	166	0	160	9
建筑用页岩	118	0	0	62	56	2875	254.67	0	252.41	20684.81	887.9	10563.71	3012.8
高岭土	22	0	0	14	8	568	10.23	0	13.23	1716.85	0	752	99.8
陶瓷土	2	0	0	2	0	7	1.5	0	0.8	25	25	22.5	2
凹凸棒石黏土	7	0	0	5	2	134	16.15	0	16.6	1178	10	896.26	155.93
伊利石黏土	1	0	0	1	0	1	0	0	0	0	0	0	0
膨润土	11	0	0	5	6	118	3.44	0	3.44	631	0	562	4.2
砖瓦用黏土	276	0	0	105	171	6698	338.1	0	344.2	27509.68	2785.66	21447.5	3064.59
陶粒用黏土	23	0	0	17	6	435	37.45	0	47.4	1535.8	58	1370.5	284.4
水泥配料用黏土	11	0	0	6	5	132	22.45	0	22.95	2296.79	58.2	221.29	52.85
白云母黏土矿	1	0	0	0	1	5	0	0	0	23	0	0	0
水泥混合材玄武岩	2	0	0	2	0	2	0	0	0	0	0	0	0
建筑用玄武岩	20	0	0	12	8	168	15.58	0	27.87	648	319	616	74
建筑用角闪岩	1	0	0	1	0	9	5	0	5	60	2	60	10
建筑用辉绿岩	1	0	0	1	0	15	0	0	0.5	33.2	0	0	0
建筑用辉长岩	1	0	0	1	0	3	0	0	0.21	0	0	0	0
建筑用安山岩	2	0	0	1	1	2	0	0	0	0	0	0	0
建筑用正长岩	1	0	0	1	0	2	0	0	0	0	0	0	0

续表 2-4

矿种	矿山企业数					从业人员（人）	年产矿量		实际采矿能力（万吨/年）	工业总产值（万元）	综合利用产值（万元）	矿产品销售收入（万元）	利润总额（万元）
	合计	大型	中型	小型	小矿		万吨	万立方米					
建筑用花岗岩	95	0	0	46	49	872	90.26	0	91.84	1523.27	0	1386.41	313.29
饰面用花岗岩	25	0	0	21	4	318	4.42	0	7.13	2371.6	50	2132.6	258.3
铸石用粗面岩	1	0	0	0	1	8	1	0	1	60	0	40	5
建筑用凝灰岩	18	0	0	11	7	105	14.43	0	12.28	466.6	7.7	392.6	83.32
火山灰	4	0	0	4	0	21	6	0	6	102.9	0	100.5	25
饰面用大理岩	48	0	0	40	8	375	16.6	0	17.04	1079.31	179	749.05	147.64
建筑用大理岩	16	0	0	8	8	172	14.08	0	15.08	318.2	10	216.41	2.5
饰面用板岩	6	0	0	6	0	254	1.89	0	1	329.5	35	206.1	61
片麻岩	13	0	0	2	11	96	3.49	0	3.49	290.9	30	239.38	50.5
矿泉水	40	0	3	29	8	2382	54.8	0	0	50272.66	0	20816.22	2242.05
其他矿产1	8	0	0	3	5	99	4.4	0	5.2	245	0	186.18	28

表 3　**2012 年度云南省矿产资源开发利用情况（按经济类型分列）**

企业经济类型	矿山企业数					从业人员（人）	年产矿量		实际采矿能力（万吨/年）	工业总产值（万元）	综合利用产值（万元）	矿产品销售收入（万元）	利润总额（万元）
	合计	大型	中型	小型	小矿		万吨	万立方米					
合计	7971	47	142	4339	3443	343201	27612.73	0	28617.09	6537458.05	438826.57	5245132.75	771870.22
一、内资企业	7933	44	135	4317	3437	339693	26317	0	27237.33	6289503.04	433091.57	5029597.2	751332.99
国有企业	197	15	17	105	60	39717	3836.6	0	3732.69	1219747.77	8775.3	938904.07	104200.72
集体企业	474	0	0	297	177	23951	848.63	0	1022.43	162003.88	4644.51	151079.17	9973.28
股份合作企业	84	1	3	59	21	4624	297.31	0	385.33	68303.51	15707	49873.76	9697.13
联营企业	28	0	1	14	13	1587	86.76	0	85.76	45389.3	22227	36902.09	3406.32

续表 3

企业经济类型	矿山企业数					从业人员（人）	年产矿量		实际采矿能力（万吨/年）	工业总产值（万元）	综合利用产值（万元）	矿产品销售收入（万元）	利润总额（万元）
	合计	大型	中型	小型	小矿		万吨	万立方米					
有限责任公司	718	7	39	450	222	44036	4670.16	0	4805.27	1473469.81	148527.43	1151900.09	110411.85
股份有限公司	304	15	24	202	63	42057	2688.7	0	2761.1	1214448.67	158923.46	928347.11	210970.67
私营企业	5066	6	50	2866	2144	171104	12630.88	0	12915.05	2049401.03	65529.03	1723461.16	294649.49
其他企业	1062	0	1	324	737	12617	1257.96	0	1529.69	56739.06	8757.84	49129.75	8023.53
二、港、澳台商投资企业	13	0	2	8	3	1353	37.8	0	38.5	8577	200	7390.1	1178
港、澳台商投资企业	13	0	2	8	3	1353	37.8	0	38.5	8577	200	7390.1	1178
三、外商投资企业	25	3	5	14	3	2155	1257.92	0	1341.26	239378.01	5535	208145.45	19359.23
外商投资企业	25	3	5	14	3	2155	1257.92	0	1341.26	239378.01	5535	208145.45	19359.23

表 4　　2012 年度云南省矿产资源开发利用情况（按行政区分列）

名称	矿山企业数					从业人员（人）	年产矿量		实际采矿能力（万吨/年）	工业总产值（万元）	综合利用产值（万元）	矿产品销售收入（万元）	利润总额（万元）
	合计	大型	中型	小型	小矿		万吨	万立方米					
合计	7971	47	142	4339	3443	343201	27612.73	0	28617.09	6537458.05	438826.57	5245132.75	771870.22
昆明市	933	18	46	654	215	35159	4873.85	0	4616.79	793486.33	23102.26	562648.49	56878.57
曲靖市	1597	5	26	904	662	99687	4703.53	0	5478.39	964736.09	14428.8	887217.41	115297.45
玉溪市	320	3	10	159	148	16400	2871.15	0	2957.19	806345.71	10520.76	583491.54	42238.04
保山市	499	0	5	262	232	13700	963.59	0	1045.12	208745.68	11314.41	164441.4	19265.79
昭通市	739	2	2	369	366	35392	2523.72	0	2068.19	551120.29	414.47	421451.32	102498.12
丽江市	266	0	1	152	113	10744	816.58	0	851.8	153681.63	32438.56	138178.95	20996.45
思茅市	358	0	5	167	186	10927	859.16	0	956.71	294764.44	19955.04	287110.55	54007.82
临沧市	228	0	2	111	115	7776	467.19	0	545.78	72023.95	10331.3	64979.63	1624.2
楚雄彝族自治州	634	1	5	185	443	19988	942.9	0	943.71	318179.05	51534.11	144345.33	9345.22

续表 4

名称	矿山企业数					从业人员(人)	年产矿量		实际采矿能力(万吨/年)	工业总产值(万元)	综合利用产值(万元)	矿产品销售收入(万元)	利润总额(万元)
	合计	大型	中型	小型	小矿		万吨	万立方米					
红河哈尼族彝族自治州	640	3	15	473	149	37387	2923.22	0	3122.24	1056183.13	99293.56	948244.72	118578.27
文山壮族苗族自治州	660	4	2	256	398	18737	2055.7	0	2028.06	498270.71	36628.27	342517.26	86941.79
西双版纳傣族自治州	172	0	1	75	96	4509	804.1	0	667.83	130545.54	0	98723.01	11020.42
大理白族自治州	603	3	11	466	123	17702	1943.83	0	2109.24	372334.52	112455.58	330520.64	101402.35
德宏傣族景颇族自治州	187	0	3	14	170	4563	362.84	0	281.59	79306.14	1270	59668.59	25632.28
怒江傈僳族自治州	82	3	3	61	15	7319	256.43	0	270.83	161844.83	932.45	145519.89	6985.64
迪庆藏族自治州	53	5	5	31	12	3211	244.93	0	673.62	75890	14207	66074	-842.2

（云南省国土资源厅）

杭州市矿产资源概况

【概况】 2012年杭州市矿业利润总额位居全省各市第一，年利税总额和税金总额位居第二。2012年度全市共有矿山175个，矿山总数比2011年减少16.70%；从业人员6458人，比2011年减少11.57%；矿石采掘量7351.16万吨，同比减少17.44%；矿业总产值195548.47万元，同比增长19.54%；利润总额23661.66万元，同比减少22.29%；税金总额20669.09万元，同比减少14.67%。全市人均采掘量为1.14万吨/人，同比减少6.56%，人均产值为30.28万元/人，同比增长35.18%。全市矿业开发仍以建筑石料为主，在杭州市总体经济全面向好的有力推动下，呈现良性发展的趋势。2012年度杭州市矿产资源开发利用情况见表1。

【矿产品结构】 2012年全市矿业结构与去年基本一致，即开采矿种26种，其中金属矿产7种(铁、铜、铅、锌、钨、锡、锑)，建筑用石砂土6种，其他非金属矿产12种，水气矿产1种。建筑用石砂土、其他非金属矿产仍占主导地位。处于矿石采掘量前三位的矿种是水泥用灰岩(2642.44万吨)、建筑用凝灰岩(1966.77万吨)、建筑用砂岩(1005.76万吨)，三者产量之和占全市矿产总产量的76.38%。

【地区分布】 根据杭州市矿产资源的分布和经济区位等特点，通过多年的矿山整合、矿产资源开发秩序整顿等工作，2012年度该市矿产资源开采区总面积进一步缩小，矿山地区分布更加合理，集聚水平有了进一步提高。富阳、建德、余杭、萧山仍是该市矿山数量相对集中区域，四地年开采量达6466.53万吨，占全市开采量的87.97%，主要是这4个地区矿种较多，以资源分布为主导且有一定市场基础。

受资源分布的影响，杭州市开发矿种分布有明显的地区差别。2012年，萧山年产建筑用凝灰岩1562.92万吨，占全市建筑用凝灰岩的79.47%；富阳年产建筑用砂岩923.42万吨，占全市的91.81%；全市的建筑用安山岩则全部产自余杭区；水泥用灰岩开采集中于富阳-桐庐-建德优质灰岩分布带，建德年产水泥用灰岩1200.03万吨，富阳为811.54万吨，桐庐为399.53万吨，3个县市产量之和占全市的91.25%。饰面用花岗岩全部产自桐庐，而临安、淳安则是杭州市金属和萤石矿的主要产区。

表 1

2012 年度杭州市矿产资源开发利用情况

矿种	矿山数(个)	从业人数(人)	矿石采掘(万吨)	矿业总产值(万元)	利润总额(万元)	税金总额(万元)
合计	175	6458	7351.16	195548.47	23661.66	20669.09
铁矿	2	105	7.81	2075.00	-45.31	290.40
铜矿	2	436	13.30	18326.00	7291.00	5528.00
铅矿	3	29	2.52	252.10	70.00	25.21
锌矿	6	122	0.32	31.90	0.00	3.20
钨矿	1	160	0.00	200.00	3.00	1.31
锡矿	1	20	2.50	280.00	0.00	0.00
锑矿	1	16	0.44	167.26	-231.49	0.95
普通萤石	15	273	1.67	611.64	10.75	85.69
熔剂用灰岩	2	85	388.23	6522.26	850.00	655.00
方解石	12	190	96.26	6622.31	1180.78	794.45
水泥用灰岩	28	889	2642.44	81854.83	5200.00	5757.29
建筑石料用灰岩	9	216	361.60	9695.17	403.95	338.41
制灰用石灰岩	5	40	247.60	2540.38	350.00	310.00
建筑用白云岩	2	77	29.81	940.96	35.58	69.42
水泥配料用砂岩	1	15	20.77	1433.36	26.86	79.03
建筑用砂岩	23	821	1005.76	13182.38	1165.93	1141.05
建筑用砂	1	10	0.00	0.00	0.00	0.00
砖瓦用页岩	15	470	36.57	3088.26	9.12	191.79
水泥配料用页岩	3	141	91.67	930.45	140.00	140.00
高岭土	2	65	0.00	0.00	0.00	0.00
建筑用安山岩	2	410	417.19	14354.00	708.00	1365.00
饰面用花岗岩	5	102	4.78	1552.00	20.00	3.20
水泥用凝灰岩	1	13	8.00	160.00	10.00	17.00
建筑用凝灰岩	28	1642	1966.77	29921.21	6416.98	3853.58
玻璃用大理岩	1	19	3.90	500.00	43.00	4.00
矿泉水	4	92	1.25	307.00	3.50	15.10

（浙江省国土资源厅）

政 策 法 规

国务院办公厅转发安全监管总局等部门关于依法做好金属非金属矿山整顿工作意见的通知

国办发〔2012〕54 号

各省、自治区、直辖市人民政府，国务院各部委、各直属机构：

安全监管总局、发展改革委、工业和信息化部、公安部、财政部、国土资源部、环境保护部、工商总局、电监会《关于依法做好金属非金属矿山整顿工作的意见》已经国务院同意，现转发给你们，请认真贯彻执行。

国务院办公厅

2012 年 11 月 4 日

关于依法做好金属非金属矿山整顿工作的意见

近年来，各地区、各有关部门持续开展金属非金属矿山（含尾矿库，以下统称矿山）整顿和矿产资源开发整合等工作，取得了明显成效。“十一五”期间，全国矿山事故起数和死亡人数分别下降 47% 和 45%。但是全国矿山数量多、规模小、分布散、基础差的状况尚未得到根本改善，生产安全事故仍然多发，安全生产形势依然严峻。根据《国务院关于坚持科学发展安全发展促进安全生产形势持续稳定好转的意见》（国发〔2011〕40 号）等一系列文件精神，学习借鉴煤矿整顿工作经验，为从根本上改善矿山安全生产条件，降低事故总量，决定于 2012－2015 年组织开展矿山整顿攻坚战，现就有关事项提出如下意见。

一、总体要求和目标任务

（一）总体要求。深入贯彻落实科学发展观，大力实施安全发展战略，按照严格依法、淘汰落后、标本兼治、稳步推进的原则，统筹采取“关闭、整合、整改、提升”等措施，依法取缔和关闭无证开采、不具备安全生产条件和破坏生态、污染环境等各类矿山尤其是小矿山，全面提高矿山安全生产水平和安全保障能力，促进矿山安全生产形势持续稳定好转。

（二）目标任务。到 2015 年底，无证开采等非法违法行为得到有效制止，不符合产业政策、安全保障能力低下的小型矿山得到依法整顿关闭，浪费破坏矿产资源、严重污染环境等行为得到有效遏制，小型矿山数量有较大幅度减少，安全基础工作进一步加强，矿山安全生产条件进一步改善，矿山规模化、机械化、标准化、信息化、科学化水平进一步提高，生产安全事故持续下降，较大、重大事故得到有效遏制，努力杜绝特别重大事故。

二、矿山整顿重点

（一）对存在非法违法开采行为的矿山依法予以取缔关闭：

1. 未依法取得采矿许可证、工商营业执照、安全生产许可证等证照，擅自从事矿产资源开采的；

2. 关闭后擅自恢复生产的；

3. 存在持勘查许可证采矿、越界开采等违法行为，且拒不整改的；

4. 违反建设项目安全设施、污染治理设施“三同时”（同时设计、同时施工、同时投入生产和使用）规定，拒不执行安全环保监管指令、逾期未完善相关手续的；

5. 采矿许可证和安全生产许可证到期未提出延期换证申请，经限期整改仍不申请办理延期换证手续的。

（二）对限期停产整改后仍不具备安全生产条件的矿山依法予以关闭：

1. 存在重大安全和环境隐患，且整改无望的；

2. 技术装备落后、安全生产和环境保护得不到保障的；

3. 小型露天矿山无正规设计或不按设计规范建设、应采用而未采用中深孔爆破、未实行机械铲装和机械二次破碎，以及未实行分台阶（分层）开采的；

4. 相邻小型露天采石场开采范围之间最小距离不符合有关规定的；

5. 地下矿山井下生产系统尤其是通风系统不完善、未实行机械通风，以及采场管理混乱的；

6. 尾矿库危库、险库未按要求治理或治理后仍不符合安全环保要求，以及未经审批擅自回采尾矿的；

7. 地下矿山在规定期限内未完成安全避险“六大系统”（监测监控系统、人员定位系统、紧急避险系统、压风自救系统、供水施救系统和通信联络系统）建设的；

8. 三等以上尾矿库在规定期限内未安装在线安全监控系统的；

9. 在规定期限内未完成安全生产标准化建设的；

10. 发生较大以上生产安全责任事故或次生较大以上突发环境事件的。

（三）对工艺、技术、装备落后，不符合产业发展政策的矿山限期予以关闭：

1. 一个矿体存在多个开采主体、不符合矿产资源规划和矿业权设置方案，已经纳入资源整合范围要求进行关闭的；

2. 不符合国家或地方政府规定的有关矿种最小开采规模、最低服务年限的；

3. 使用国家或地方政府明令淘汰的落后工艺、技术和装备，在规定期限内未整改的；

4. 独立选矿厂无固定、合法矿石来源的；

5. 砖瓦用黏土、页岩等资源开采不符合国家关于保护土地资源、保护环境相关政策的。

三、矿山整顿标准

1. 吊销或注销采矿许可证、安全生产许可证、工商营业执照等相关证照。

2. 拆除供电、供水、通风、提升、运输等直接用于生产的设施和设备。

3. 地下矿山要炸毁或填实矿井井筒，露天矿山要恢复生态环境或治理边坡，尾矿库要履行闭库程序。

4. 消除重大安全、地质灾害和环境隐患，地表设立明显警示标志。

5. 清理收缴矿山留存的民用爆炸物品和危险化学品。

6. 妥善安排关闭矿山的从业人员。

四、工作要求

（一）抓紧制定工作方案。各省级人民政府要结合本地区经济社会发展规划和安全生产规划，组织制定2012～2015年矿山整顿关闭工作方案，并于2012年12月31日前报送国务院安全生产委员会办公室备案。工作方案应明确整顿关闭工作目标、方法步骤和配套的政策措施等，细化关闭矿山的范围和对象，将整顿关闭任务指标逐年分解到市、县。

（二）完善联合执法机制。地方各级人民政府要建立专门的组织和协调机制，细化落实各有关部门工作责任，建立健全联合执法工作机制，采取有力有效措施，努力推动整顿关闭工作顺利实施。国务院安全生产委员会有关成员单位要按照职责分工，加强协调配合，研究提出有关政策措施，协商解决存在的问题，积极指导和推进矿山整顿关闭工作。

（三）狠抓整顿工作效果。对决定关闭的矿山，由县级以上地方人民政府组织有关部门依法实施关闭，并组织验收。各有关部门要对照整顿关闭标准，严格履行工作职责和关闭程序，认真落实吊销证照、拆除设备设施、炸毁井筒等各项工作措施，确保关闭到位。要积极探索矿山整顿关闭工作常态化措施和手段，防止已关闭矿山死灰复燃，巩固整顿关闭工作成果。要依照相关法律法规，妥善解决整顿关闭工作中的突出问题，确保社会和谐稳定。

（四）加强社会监督和督导检查。要加强宣传引导和社会监督，按照确定的矿山关闭计划，分期分批将关闭对象在当地主流媒体进行公告，同时设立举报电话、举报信箱，鼓励广大群众积极举报非法违法开采、存在重大安全隐患仍冒险作业等违法行为。加大督促检查力度，强化责任落实，对不认真履行职责，工作中互相推诿，导致不能按计划完成整顿关闭工作任务或仍然存在非法违法矿山的，要依法依规严肃追究相关责任人的责任。

关于印发页岩气发展规划（2011～2015年）的通知

发改能源〔2012〕612号

各省、自治区、直辖市及计划单列市发展改革委、财政厅、国土资源厅、能源局，有关企业：

为加快我国页岩气发展步伐,规范和引导“十二五”期间页岩气开发利用,我们研究制定了《页岩气发展规划(2011~2015年)》,现印发你们,请按照执行。

附件:页岩气发展规划(2011~2015年)

国家发展改革委
财　政　部
国土资源部
国家能源局
2012年3月13日

页岩气发展规划(2011~2015年)

一、前言

页岩气是指赋存于富有机质泥页岩及其夹层中,以吸附或游离状态为主要存在方式的非常规天然气,成分以甲烷为主,是一种清洁、高效的能源资源。近几年,美国页岩气勘探开发技术突破,产量快速增长,对国际天然气市场及世界能源格局产生重大影响,世界主要资源国都加大了对页岩气的勘探开发力度。

国民经济和社会发展“十二五”规划明确要求“推进页岩气等非常规油气资源开发利用”。为大力推动页岩气勘探开发,增加天然气资源供应,缓解我国天然气供需矛盾,调整能源结构,促进节能减排,特制定本规划。

本规划期限为2011年至2015年,展望到2020年。

二、规划基础和背景

(一)发展基础

1. 页岩气资源潜力

我国富有机质页岩分布广泛,南方地区、华北地区和新疆塔里木盆地等发育海相页岩,华北地区、准噶尔盆地、吐哈盆地、鄂尔多斯盆地、渤海湾盆地和松辽盆地等广泛发育陆相页岩,具备页岩气成藏条件,资源潜力较大。据专家预测,页岩气可采资源量为25万亿立方米,超过常规天然气资源。

2. 页岩气发展现状

(1)资源调查。

我国页岩气资源战略调查工作虽处于起步阶段,但也取得初步进展。研究和划分了页岩气资源有利远景区,启动和实施了页岩气资源战略调查项目,初步摸清了我国部分有利区富有机质页岩分布,确定了主力层系,初步掌握了页岩气基本参数,建立了页岩气有利目标区优选标准,优选出一批页岩气富集有利区。

(2)资源管理。

经国务院批准,2011年12月3日,国土资源部已发布新发现矿种公告,将页岩气作为独立矿种加强管理。针对页岩气的特点和国外成功经验,明确了“调查先行、规划调控、竞争出让、合同管理、加快突破”的工作思路;根据已选定的页岩气有利远景区和页岩气探矿权管理目标,编制了页岩气探矿权设置方案;引入了市场机制,创新了页岩气资源管理,开展了页岩气探矿权出让招标工作。

(3)勘探现状。

我国页岩气勘探工作主要集中在四川盆地及其周缘,鄂尔多斯盆地、西北地区主要盆地。截至2011年底,中石油在川南、滇北地区优选了威远、长宁、昭通和富顺-永川4个有利区块,完钻11口评价井,其中4口直井获得工业气流。中石化在黔东、皖南、川东北完钻5口评价井,其中2口井获得工业气流,优选了建南和黄平等有利区块。中海油在皖浙等地区开展了页岩气勘探前期工作 。延长石油在陕西延安地区3口井获得陆相页岩气发现。中联煤在山西沁水盆地提出了寿阳、沁源和晋城三个页岩气有利区。

截至2011年底,我国石油企业开展了15口页岩气直井压裂试气,9口见气,初步掌握了页岩气直井压裂技术,证实了我国具有页岩气开发前景。完钻两口页岩气水平井威201-H1和建页HF-1井。

(4)对外合作。

2009年,与美国签署了《中美关于在页岩气领域开展合作的谅解备忘录》,就联合开展资源评估、技术合作和政策交流制定了工作计划。我国石油企业与壳牌公司签订富顺-永川联合评价协议,与挪威、康菲、BP、雪弗龙、埃克森美孚公司建立联合研究合作意向,收购了部分国外页岩油气区块权益。

(5)科技攻关。

在“大型油气田及煤层气开发“国家科技重大专项中设立”页岩气勘探开发关键技术”研究项目,成立了国家能源页岩气研发(实验)中心,以加大页岩气勘探开发关键技术研发力度。

3. 存在的主要矛盾和问题

(1)资源情况尚不清楚。我国具有页岩气大规模成藏的基本条件,但尚未系统开展全国范围内页岩气资源调查和评价,资源总量和分布尚未完全掌握。

(2)关键技术有待突破。页岩气勘探开发需要水平井分段压裂等专门技术,目前我国尚未完全掌握相关核心技术。

(3)资源管理机制有待完善。页岩气作为一种非常规天然气资源,需研究制定资源勘探开发准入资质和门槛,以加快其发展。

(4)地面建设条件较差。我国页岩气藏普遍埋藏较深,页岩气富集区地表地形复杂,人口密集,工程作业困难,经济性较差。

(5)基础设施需要加强。页岩气资源富集区很多集中在中西部山区,管网建设难度大、成本高,不利于页岩气外输利用和下游市场开拓。

(6)缺乏鼓励政策。页岩气开发具有初期投入高、产出周期长,投资回收慢的特点,需要制定页岩气开发的鼓励政策,加快页岩气产业化。

(二)发展形势

"十二五"时期,加快调整优化能源结构的迫切需求和天然气管网的快速发展,为我国页岩气大规模开发提供了宝贵的战略机遇。同时,我国页岩气产业化也面临一定挑战。

1. 面临的机遇

(1)北美页岩气开发技术基本成熟,为我国发展页岩气提供了借鉴。北美已形成一套先进有效的页岩气开采技术,这些先进技术的大规模应用,降低了成本,提高了单井产量,实现了页岩气低成本高效开发,为我国页岩气勘探开发引进国外先进技术提供了借鉴。

(2)天然气需求旺盛,为页岩气发展提供了良好的环境。未来十几年,中国天然气需求将快速增长,天然气需求缺口将逐渐扩大,发展页岩气具有良好的市场前景。

(3)天然气储运设施不断完善,有利于页岩气的规模开发。部分页岩气资源富集区已有管网设施,且小型 LNG 和 CNG 技术不断成熟,为页岩气早期开发和就地利用提供了技术支持。

2. 主要挑战

(1)落实资源基础任务重。我国页岩气资源潜力大,但要大规模勘探开发,尚需确定有利目标区及各地区可采资源量,工作难度高,资金投入大,实施周期长。

(2)突破关键技术尚需时日。我国页岩气开发尚处于起步阶段,关键开发技术尚未掌握,突破关键技术尚需要做大量工作。

(3)大规模、多元化投资机制尚未形成。页岩气开发初期投入较大,在投入产出效益不确定的情况下,投资规模不足将影响页岩气快速发展。

三、指导方针和目标

(一)指导思想

以邓小平理论和"三个代表"重要思想为指导,深入贯彻落实科学发展观。创新理念和方法,依靠政策支持、技术进步、体制创新 ,加大页岩气勘探开发力度,加快攻克页岩气勘探开发核心技术,尽快落实资源,形成规模产量,推动页岩气产业健康快速发展,缓解我国天然气供需矛盾,促进能源结构优化,提高我国天然气供给安全和能源保障能力,促进经济社会又好又快发展。

(二)基本原则

一是坚持科技创新。用无限的科技潜力,改变有限的资源状况 ,通过加大科技攻关和对外合作,引进、消化、吸收先进技术,掌握适应我国资源状况的勘探开发生产和管理技术。

二是坚持体制机制创新。要创新理念,在资源开发、市场开拓 、气价、管理等方面创新体制机制,研究制定扶持政策。

三是坚持常规与非常规结合。页岩气和常规天然气分布区多数重叠,输送和利用方式也相同,页岩气开发利用要给予特殊优惠政策,与常规天然气有机结合,实现有序发展。

四是坚持自营与对外合作并举。加强自营勘探开发技术攻关的同时,开展与国外公司的合作,通过对外合作,引进技术,提高自主创新能力。

五是坚持开发与生态保护并重。页岩气勘探开发过程中要注重井场集约化建设、地表植被恢复和水资源节约利用,严格钻完井操作规程和压裂液成分及排放标准,保护生态环境。

(三)发展目标

1. 总体目标

到 2015 年,基本完成全国页岩气资源潜力调查与评价,掌握页岩气资源潜力与分布,优选一批页岩气远景区和有利目标区,建成一批页岩气勘探开发区,初步实现规模化生产。页岩气勘探开发关键技术攻关取得重大突破,主要装备实现自主化生产,形成一系列国家级页岩气技术标准和规范,建立完善的页岩气产业政策体系,为"十三五"页岩气快速发展奠定坚实基础。

2. 具体规划目标

"十二五"期间实现以下规划目标:

(1)基本完成全国页岩气资源潜力调查与评价,初步掌握全国页岩气资源量及其分布,优选 30 ~ 50 个页岩气远景区和 50 ~ 80 个有利目标区。

(2)探明页岩气地质储量 6000 亿立方米,可采储量 2000 亿立方米。2015 年页岩气产量 65 亿立方米。

(3)形成适合我国地质条件的页岩气地质调查与

资源评价技术方法，页岩气勘探开发关键技术及配套装备。

(4)形成我国页岩气调查与评价、资源储量、试验分析与测试、勘探开发、环境保护等多个领域的技术标准和规范。

四、重点任务

(一)页岩气资源潜力调查评价

在全国油气资源战略选区专项中，设置“全国页岩气资源潜力调查评价及有利区优选”项目，将全国陆域划分为上扬子及滇黔桂、中下扬子及东南、华北及东北、西北和青藏五个大区，开展页岩气资源和潜力调查评价工作。

1. 全国富有机质页岩分布调查

2011 年到 2013 年，分析已有区域地质调查和油气等勘查资料，实施野外地质调查，开展地球物理及地球化学勘查和浅井调查，完成野外剖面实测 50 千米，非地震地球物理勘查 10000 千米，地质浅井 200 口，获取各个地区富有机质页岩基础资料，尽快查明我国陆上富有机质页岩的分布和基本参数，优选页岩气资源远景区。

2. 全国页岩气资源潜力调查与评价

以四川盆地及渝东鄂西，滇黔北，黔南桂中，南盘江；湘中－洞庭，赣西北，苏浙皖；鄂尔多斯，南华北，松辽，渤海湾盆地辽河坳陷，塔里木，准噶尔，吐哈，三塘湖，柴达木，羌塘，比如等盆地和地区为重点，兼顾其他地区，部署二维地震 20000 千米，非地震地球物理勘探 40000 千米，调查井 50 口，获取页岩气的系统参数，评价资源潜力，基本掌握全国页岩气地质资源量和可采资源量分布，优选页岩气富集有利目标区，研究总结页岩气富集规律。建设页岩气调查评价、勘探开发和综合利用一体化示范区，推动页岩气产业快速形成和发展。

(二)科技攻关

1. 页岩气资源评价技术

总结海相和陆相页岩气成藏机理、富集规律，建立不同类型的页岩气成藏模式，确定页岩气资源评价的关键参数、方法体系和评价标准，重点研发和形成页岩气分析技术和设备，为查明页岩气资源情况提供技术支撑。

2. 页岩气有利目标优选评价方法

在页岩气富集保存地质条件和分布特征研究基础上，进行技术适用性和经济性分析，重点开展页岩气储层地质及成藏主控因素研究，从沉积相、构造演化、埋深条件、有机质含量、热成熟度、资\源丰度等方面，建立页岩气有利目标优选评价方法和标准，为勘探部署提供技术支撑。

3. 页岩储层地球物理评价技术

在消化吸收国外技术基础上，开展复杂地形和地质条件下，地震采集和处理解释、页岩气测井识别和储层精细描述等地球物理识别技术和评价标准研究，逐步形成富含有机质页岩及含气性地球物理识别关键技术，建立页岩气储层参数识别技术，为确定页岩气“甜点区”提供技术手段。

4. 页岩气水平井钻完井技术

借鉴常规油气藏和低渗透气藏钻完井技术，重点开展页岩气钻井和固井辅助工具、定向井井眼轨迹优化、长井段水平井优快钻井及套管完井、适应性油基钻井液体系等研究，不断提高设备适应性、可靠性和安全性，形成一套适用于我国页岩气地质条件的钻完井技术。

5. 页岩储层改造及提高单井产量技术

研发可钻式桥塞及分段压裂封隔器、3000 型压裂车等装备并实现国产化，研究同步压裂和微地震裂缝监测等技术；开展新型压裂液、压裂液处理和再利用、储层伤害机理及保护、分段压裂、长井段射孔和体积改造等技术攻关，掌握适用于我国页岩气开发的增产改造核心技术，提高页岩气单井产量。

6. 产能预测、井网优化与经济评价技术

跟踪和分析我国页岩气井产能动态，深入研究解吸、扩散和渗流机理，开展不同参数条件下气井产能数值模拟和最终可采储量研究，形成页岩气开发产能评价技术；结合页岩气井生产特点，开展不同井网与井距组合条件下的采收率研究，形成井网优化技术；开展影响经济效益的因素研究，形成页岩气开发经济技术评价指标体系。

7. 编制页岩气勘探开发技术规范

编制页岩气地质调查、地震勘探、非地震勘探、微地震、钻井完井、测井、实验分析测试、储层改造及开发与生产等技术规范和储量标准。

8. 培育专业化技术服务公司

加快页岩气勘探开发关键技术攻关，实现自主创新，培育专业化技术服务公司，降低勘探开发成本，实现跨国服务，培养新的经济增长点。

(三)页岩气勘探开发布局

页岩气勘探开发以四川、重庆、贵州、湖南、湖北、云南、江西、安徽、江苏、陕西、河南、辽宁、新疆为重点，建设长宁、威远、昭通、富顺－永川、鄂西渝东、川西－阆中、川东北、安顺－凯里、济阳、延安、神府－临兴、沁源、寿阳、芜湖、横山堡、南川、秀山、辽河东部、岑巩－松桃等 19 个页岩气勘探开发区。

(四)2020 年远景展望

在基本摸清页岩气资源情况、勘探开发技术取得突破基础上，“十三五”期间，进一步加大投入，大幅度提高19个勘探开发区的储量和产量规模。同时，大力推进两湖、苏浙皖、鄂尔多斯、南华北、松辽、准噶尔、吐哈、塔里木、渤海湾等勘探开发，建成新的页岩气勘探开发区。力争2020年产量达到600亿~1000亿立方米。

五、规划实施

（一）保障措施

1. 加大国家对页岩气资源调查评价的资金投入

设立页岩气调查评价和勘查国家专项，一是开展页岩气资源调查评价和潜力评价；二是开展页岩气靶区优选和勘查技术攻关示范；三是开展页岩气地质理论研究和国际合作交流。

2. 加大页岩气勘探开发技术科技攻关

通过国家科技重大专项等，加大对页岩气勘探开发相关技术研究的支持力度，在“大型油气田及煤层气开发”重大专项中将“页岩气勘探开发关键技术”列为重点项目，增设“页岩气勘探开发示范工程”。加强国家能源页岩气研发（实验）中心和其他页岩气重点实验室建设，建立高层次人才培养和学术交流基地。鼓励国内企业及院所与国外研究机构开展勘探开发关键技术联合研究，通过引进国外技术服务和开展对外合作等，吸收借鉴国外先进成熟技术，形成具有中国特色的勘探开发核心技术。

3. 建立页岩气勘探开发新机制

加快引入有实力的企业参与页岩气勘探开发，推进投资主体多元化。同时要制定准入门槛和资质，推动矿权招投标制度、区块退出机制及合同管理，大幅度提高最低勘查投入，杜绝“跑马圈地”等现象。石油天然气、煤层气矿业权人应综合勘探开发矿业权范围内页岩气资源。页岩气勘探开发要与其他固体矿产矿业权、整装勘查区相互衔接，协调处理好矿业权重叠，确保安全生产。从事页岩气勘探开发的企业，经国土资源部前置性审查，由国家发改委报经国务院批准后，与国外有经验的公司合作，引进页岩气勘探开发技术。进一步完善页岩气勘探开发监管机制。

4. 落实页岩气产业鼓励政策

参照煤层气财政补贴政策，研究制定页岩气具体补贴政策；依法取得页岩气探矿权采矿权的矿业权人或探矿权采矿权申请人可按照相关规定申请减免页岩气探矿权和采矿权使用费；对页岩气勘探开发等鼓励类项目项下进口国内不能生产的自用设备（包括随设备进口的技术），按有关规定免征关税；页岩气出厂价格实行市场定价；优先用地审批。

5. 完善页岩气利用配套基础设施

一是在天然气管网设施比较完善的页岩气勘探开发区，积极建设气田集输管道，将页岩气输入天然气管网。二是对于远离天然气管网设施，初期产量较小的勘探开发区，建设小型LNG或CNG利用装置，防止放空浪费。三是根据勘探开发进展情况，适时实施建设页岩气外输管道。

（二）实施机制

1. 加强统筹协调

能源主管部门总体负责规划组织实施，其他各有关部门根据职责尽快落实各项保障措施。建立定期或不定期沟通协调机制，及时解决规划实施过程遇到的各种问题。各公司根据规划确定的目标和重点任务，落实资金和工作量，并及时上报勘探开发进展。

2. 强化规划实施监管

强化规划实施监管，建立规划实施监管机制，掌握各页岩气区块工作量和产量目标完成情况，对“十二五”目标完成较差的公司，按规定要求其退出区块面积。

3. 建立滚动调整机制

加强页岩气行业技术攻关和勘探开发进展的跟踪分析，掌握规划实施情况，适时进行规划中期评估。根据规划实施效果和页岩气行业发展实际，及时调整发展目标和科研攻关及勘探开发任务，研究制定新的保障措施。

六、社会效益与环保评估

（一）社会效益

页岩气的开发对推动我国科技进步、带动经济发展、改善能源结构和保障能源安全具有重要的意义。

①推动油气勘探理论创新和技术进步。页岩气成藏理论突破了传统地质学关于油气成藏的认识，有利于开拓页岩油等非常规油气资源勘探的思路。水平井钻井、分段压裂、同步压裂、微地震监测和批量工厂化生产等相应的开发技术也可应用到其他非常规油气的勘探开发。

②促进改善能源结构。实现页岩气产业化开发，有利于增加天然气供给，缓解我国天然气供需矛盾，改善能源结构，降低温室气体排放，提高我国天然气对外谈判的话语权和影响力。

③带动基础设施建设。我国部分页岩气勘探开发区交通不便，管网欠发达。开发这些地区的页岩气资源，对改善当地基础设施建设，促进天然气管网、液化天然气（LNG）、压缩天然气（CNG）等发展具有重要意义。

④拉动国民经济发展。作为一项重大能源基础产业，页岩气开发利用可以拉动钢铁、水泥、化工、装备制造、工程建设等相关行业和领域的发展，增加就业和税收，促进地方经济乃至国民经济的可持续发展。

（二）环境评估

①开发利用页岩气有利于减少二氧化碳排放，保护生态环境。按页岩气的年产量65亿立方米计算，与煤炭相比，如果用于发电，可减少二氧化碳年排放约1400万吨、二氧化硫排放约11.5万吨、氮氧化合物排放约4.3万吨和烟尘排放约5.8万吨。

②页岩气开发环境保护措施。页岩气开采工艺与常规气大部分相同，可能产生的环境和生态破坏与常规气基本相同。在页岩气开发各个环节采取有针对性的措施，可有效减少或杜绝可能产生的各种环境问题。

一是工厂化作业减少地表植被破坏。页岩气开发多采用丛式水平井群，一个井场可以向不同方向钻多口水平井，大大减少了井场数量，较好地解决了占地多和地表植被破坏多的问题。

二是压裂液循环利用减少用水量。页岩气压裂用水量比生产同等能量的煤和燃料乙醇要少得多。且出于成本考虑，页岩气压裂液须多口井循环重复利用，客观上节约大量用水。

三是严格钻完井规程杜绝污染地下水。页岩气井钻井液为天然气人工合成的油基泥浆，短时间内可自然降解；压裂液主要成份是水和砂，不足0.5%的添加剂体系中绝大部分都是日常生活中常见的无毒无害物质。另外，页岩气层比地下饮用水层深很多，且中间夹有多层不可渗透岩层，压裂液污染地下水的可能性很小。如严格执行钻完井操作规程，保证套管和固井质量，可彻底杜绝水层污染。目前，全球尚未发生开采页岩气导致重大地下水污染的事件。

四是加强环保监测实现压裂液无污染排放。压裂开采石油天然气已有60年历史，压裂液成份和排放标准均有严格法规要求。通过加强日常生产中的环保监测检查，保证压裂液无害排放，防止土壤和地表水污染。

煤炭工业发展“十二五”规划

国家发展和改革委员会2012年3月

前　言

煤炭是我国的主体能源，在一次能源结构中占70%左右。在未来相当长时期内，煤炭作为主体能源的地位不会改变。煤炭工业是关系国家经济命脉和能源安全的重要基础产业。煤炭工业发展“十二五”规划，根据《国民经济和社会发展第十二个五年规划纲要》和《能源发展“十二五”规划》编制，在总结分析发展现状、存在问题和面临形势的基础上，提出了“十二五”时期煤炭工业发展的指导思想、基本原则、发展目标、主要任务和政策措施，是指导煤炭工业健康发展的纲领性文件。

一、规划基础和背景

（一）发展基础

“十一五”时期，煤炭工业全面贯彻落实《国务院关于促进煤炭工业健康发展的若干意见》和《煤炭产业政策》等政策措施，发展方式转变和结构调整取得重要进展，整体水平显著提高。

1. 资源保障程度提高。中央、地方和企业加大地质勘查投入，煤炭资源储量增加，保障程度增强。截至2010年底，全国煤炭保有查明资源储量13412亿吨，比2005年增加约3000亿吨，其中西部地区占全国增量的90%以上，为煤炭开发战略西移奠定了基础。

2. 生产技术水平大幅提升。生产煤矿技术改造和大中型煤矿建设加快，形成一批现代化煤矿。2010年，全国煤炭产量32.4亿吨，比2005年增加8.9亿吨；装备现代化、管理信息化、年产120万吨及以上的大型煤矿661处，产量18.8亿吨，占全国的58%；建成安全高效煤矿359处，产量10.2亿吨；千万吨级煤矿40处，产量5.6亿吨；采煤机械化程度65%左右。原煤入选能力17.5亿吨/年，入选原煤16.5亿吨。

3. 大型煤炭基地建设稳步推进。统筹大型煤炭基地开发建设，加强矿区总体规划管理，规范煤炭资源开发秩序，一批大型矿区已成为综合能源基地的主体。2010年，14个大型煤炭基地产量28亿吨，占全国的87%；10个基地煤炭产量超过亿吨，其中神东5.6亿吨，晋北和蒙东超过3亿吨，云贵、晋东和河南超过2亿吨。

4. 大型煤炭企业集团快速发展。相继组建了一批区域性大型煤炭企业集团，形成了煤电、煤化等上下游产业一体化发展格局。山西、河南等省兼并重组中小煤矿取得重大进展。2010年，千万吨级以上企业47家，产量占全国63%。其中，亿吨级特大型企业5家，产量占25%，比2005年增加4家、产量比重提高19个百分点；5000万吨级大型企业10家，产量占19%，比2005年增加7家、产量比重提高11个百分点。

5. 淘汰落后产能成效显著。按照“整合为主、新建为辅”的方针，加快推进整顿关闭和资源整合，小煤矿数量和产量大幅度减少。全国累计关闭小煤矿9616处，淘汰落后产能5.4亿吨。2010年，年产能30

万吨以下小煤矿减少到1万处以内，产量比重由2005年的45%下降到22%。

6. 安全生产形势持续好转。煤矿安全生产法律法规体系基本形成，经济政策逐步完善，安全管理基础工作进一步加强，安全生产形势持续稳定好转。2010年，煤矿事故死亡2433人，比2005年下降59%，百万吨死亡率由2.81下降到0.749。其中，煤矿瓦斯事故死亡623人，比2005年下降71%。

7. 科技创新能力进一步增强。建成了一批国家工程中心、工程实验室和重点实验室，煤炭地质综合勘查关键技术取得新突破，特厚冲积层建井技术国际领先，年产600万吨综采成套技术装备实现国产化，煤层气（煤矿瓦斯）抽采利用技术取得突破，煤制油、煤制烯烃等现代煤化工示范项目建成投产。

8. 资源综合利用取得新进展。11家煤炭企业列入国家循环经济试点，形成了各具特色的矿区循环经济典型模式。2010年，全国煤层气（煤矿瓦斯）抽采量90亿立方米，利用量35亿立方米；洗矸、煤泥和中煤综合利用发电装机容量2600万千瓦，利用低热值资源1.3亿吨，相当于回收4200万吨标准煤，少占压土地300公顷；矿井水利用率59%；土地复垦率40%。

9. 改革开放不断深化。煤炭产运需衔接制度改革取得进展，市场配置资源的基础性作用得到进一步发挥。大型煤炭企业公司制、股份制改革不断深化，非公有制经济发展较快并不断壮大，多元投融资机制基本形成，投融资能力明显增强。到2010年底，在境内外上市企业35家，直接融资1690亿元。煤炭企业投资境外煤矿迈出实质性步伐。2010年净进口煤炭1.46亿吨。

10. 职工生产生活条件改善。井下作业环境明显改善，部分企业井下工作制度由“三八制”改为“四六制”。2010年，规模以上煤矿企业职工年均收入4.2万元，比2005年增加1.9万元；矿区生态修复和环境治理成效明显，采煤沉陷区治理和棚户区改造取得较大进展，职工住房条件和生活环境得到改善。

（二）突出问题

煤炭工业虽然取得了长足进步，但发展过程中不协调、不平衡、不可持续问题依然突出。

一是资源支撑难以为继。我国煤炭人均可采储量少，仅为世界的2/3；开发规模大，储采比不足世界平均水平的1/3；资源回采率低，部分大矿采肥丢瘦、小矿乱采滥挖，资源破坏浪费严重；消费量大，约占世界的48%。资源开发和利用方式难以支撑经济社会长远发展。

二是生产与消费布局矛盾加剧。东部煤炭资源日渐枯竭，产量萎缩；中部受资源与环境约束的矛盾加剧，煤炭净调入省增加；资源开发加速向生态环境脆弱的西部转移，不得不过早动用战略后备资源。北煤南运、西煤东调的压力增大，煤炭生产和运输成本上升。

三是整体生产力水平较低。采煤技术装备自动化、信息化、可靠性程度低，采煤机械化程度与先进产煤国家仍有较大差距。装备水平差、管理能力弱、职工素质低、作业环境差的小煤矿数量仍占全国的80%。生产效率远低于先进产煤国家水平。

四是安全生产形势依然严峻。煤矿地质条件复杂，瓦斯含量高，水害严重，开采难度大，开采深度超过1000米的矿井39对。占1/3产能的煤矿亟需生产安全技术改造，占1/3产能的煤矿需要逐步淘汰。重特大事故尚未得到有效遏制，煤矿安全生产问题突出。

五是煤炭开发利用对生态环境影响大。煤炭开采引发的水资源破坏、瓦斯排放、煤矸石堆存、地表沉陷等，对矿区生态环境破坏严重，恢复治理滞后。煤炭利用排放大量二氧化碳等有害气体，应对气候变化压力大。

六是行业管理不到位。行业管理职能分散、交叉重叠，行政效率低。资源开发秩序乱，大型整装煤田被不合理分割，不少企业炒卖矿业权，部分地区片面强调以转化项目为条件配置资源，一些大型煤炭企业资源接续困难。准入门槛低，一些不具备技术和管理实力的企业投资办矿，存在安全保障程度低等问题。

（三）发展形势

从国际看，世界煤炭需求总量增加，发达经济体煤炭需求平稳，新兴经济体煤炭需求增长。2010年世界煤炭产量53.3亿吨标准煤，比2005年增加9.5亿吨标准煤，其中我国占增量的74.7%；2010年世界煤炭消费量50.8亿吨标准煤，比2005年增加7.8亿吨标准煤，其中我国占增量的91%。但受世界经济发展不确定性影响，以及应对气候变化减少温室气体排放的要求，煤炭需求增速放缓。主要煤炭资源大国为促进经济发展，将进一步扩大国际合作，为我国煤炭工业实施“走出去”战略，利用“两种资源、两个市场”创造了条件。煤炭开发利用领域广泛采用高新技术，世界煤炭工业向集团化、集约化、多元化、洁净化方向发展。

从国内看，国民经济继续保持平稳较快发展，工业化和城镇化进程加快，煤炭消费量还将持续增加。考虑到调整能源结构、保护环境、控制PM2.5污染等因素的影响，煤炭在一次能源结构中的比重将明显下降。合理控制煤炭消费总量，限制粗放型经济对煤炭的不合理需求，降低煤炭消费增速，也是煤炭工业可持续发展的客观需要，2015年消费总量宜控制在39亿吨左右。瓦斯、水害、地温、地压等自然灾害日趋严重，煤矿安全生产和生态环境保护要求更加严格，生产成本不断增加。东中部煤矿转产和资源型城市转型难度大，西部生态环境脆弱，实现安全发展、节约发展、清洁发展任务艰巨。

二、指导方针和目标

（一）指导思想

以邓小平理论和“三个代表”重要思想为指导，深入贯彻落实科学发展观，按照科学布局、集约开发、安全生产、高效利用、保护环境的发展方针，以加快转变发展方式为主线，以改革开放为动力，以科技进步为支撑，建设大型煤炭企业集团，建设大型煤炭基地，建设大型现代化煤矿，保障煤炭稳定供应；提高资源综合利用水平，提高矿区环境质量，提高矿工生活水平，促进煤炭工业可持续发展。

（二）基本原则

坚持煤炭工业发展与产业布局调整、体制机制创新相结合，加快转变发展方式；坚持生产建设与控总量、调结构相结合，保障煤炭供应安全；坚持发展先进生产力与淘汰落后生产能力相结合，促进煤炭产业升级；坚持开发转化与水资源、环境承载力相协调，推进高效清洁利用；坚持企业发展、接替产业发展与地区经济社会发展相协调，建设和谐矿区；坚持国内发展与国际合作相衔接，实现互利共赢。

（三）发展目标

到2015年，煤炭调整布局和规范开发秩序取得明显成效，生产进一步向大基地、大集团集中，现代化煤矿建设取得新进展，安全生产状况显著好转，资源回采率明显提高，循环经济园区建设取得重大进展，矿区生态环境得到改善，企业“走出去”取得新成效，矿工生活水平明显提高，基本建成资源利用率高、安全有保障、经济效益好、环境污染少和可持续发展的新型煤炭工业体系。

煤炭生产：生产能力41亿吨/年。其中：大型煤矿26亿吨/年，占总能力的63%；年产能30万吨及以上中小型煤矿9亿吨/年，占总能力的22%；年产能30万吨以下小煤矿控制在6亿吨/年以内，占总能力的15%。煤炭产量控制在39亿吨左右。原煤入选率65%以上。

煤矿建设：“十一五”结转建设规模3.6亿吨/年，“十二五”新开工建设规模7.4亿吨/年，建成投产规模7.5亿吨/年，结转“十三五”建设规模3.5亿吨/年。

企业发展：形成10个亿吨级、10个5000万吨级大型煤炭企业，煤炭产量占全国的60%以上。

技术进步：全国煤矿采煤机械化程度达到75%以上。其中：大型煤矿达到95%以上；30万吨及以上中小型煤矿达到70%以上；30万吨以下小煤矿达到55%以上。千万吨级矿井(露天)达到60处，生产能力8亿吨/
“十二五”新开工规模7.4亿吨/年。东部（含东北）地
年。安全高效煤矿达到800处，产量25亿吨。安全生产：煤矿安全生产形势显著好转，重特大事故大幅度下降，职业危害防治明显改善，职业培训落实到位。煤矿事故死亡人数、重特大事故起数比2010年分别下降12.5%和15%以上，百万吨死亡率下降28%以上。

综合利用：新增煤层气探明储量10000亿立方米。煤层气（煤矿瓦斯）产量300亿立方米。其中：地面开发160亿立方米，基本得到利用；井下抽采140亿立方米，利用率60%以上。煤层气（煤矿瓦斯）发电装机容量超过285万千瓦。低热值煤炭资源综合利用发电装机容量达到7600万千瓦。煤矸石综合利用率75%，矿井水利用率75%。

生态环境保护：土地复垦率超过60%；煤田火区治理任务基本完成；主要污染物达标排放。

资源节约：节约能源9500万吨标准煤。其中：煤矸石发电节约8500万吨标准煤；煤矸石和粉煤灰制建材节约1000万吨标准煤。职工生活：职工工作环境和居住条件进一步改善，收入与劳动生产效率和企业效益协调增长，并向采掘一线职工倾斜。

三、生产开发布局

（一）总体布局

全国煤炭开发总体布局是控制东部、稳定中部、发展西部。东部（含东北）开采历史长，可供建设新井的资源少，控制开发强度，维持现有供应能力。中部资源相对丰富，开发强度偏大，放缓开发增速，保障稳定供应。西部资源丰富，开发潜力大，提高供应能力，增加调出量（图1）。

（二）勘查布局

东部（含东北）地区。重点勘查辽宁、吉林、黑龙江、河北、山东、福建等省的矿区深部和外围资源，勘查深度控制在1200米以浅。

中部地区。山西、河南重点做好资源整合区补充勘探，安徽加强矿区1200米以浅资源勘探。积极推进煤炭和煤层气综合勘探。西部地区。重点做好神东、陕北、黄陇、宁东和云贵等大型煤炭基地内已规划矿区勘探。蒙东褐煤资源区域和新疆大型煤炭基地围绕重点开发矿区及近期建设项目开展勘探。青海加强木里和鱼卡矿区勘探。力争在新疆等西北地区低阶煤煤层气勘探取得突破。

（三）建设布局

“十一五”结转煤矿建设规模3.6亿吨/年。其中，东部（含东北）建设规模0.2亿吨/年，占全国的5.6%；中部建设规模1.1亿吨/年，占全国的30.6%；西部建设规模2.3亿吨/年，占全国的63.8%。按照上大压小、产能置换的原则，合理控制煤炭新增规模。区建设接续煤矿，新开工规模0.25亿吨/年，占全国的

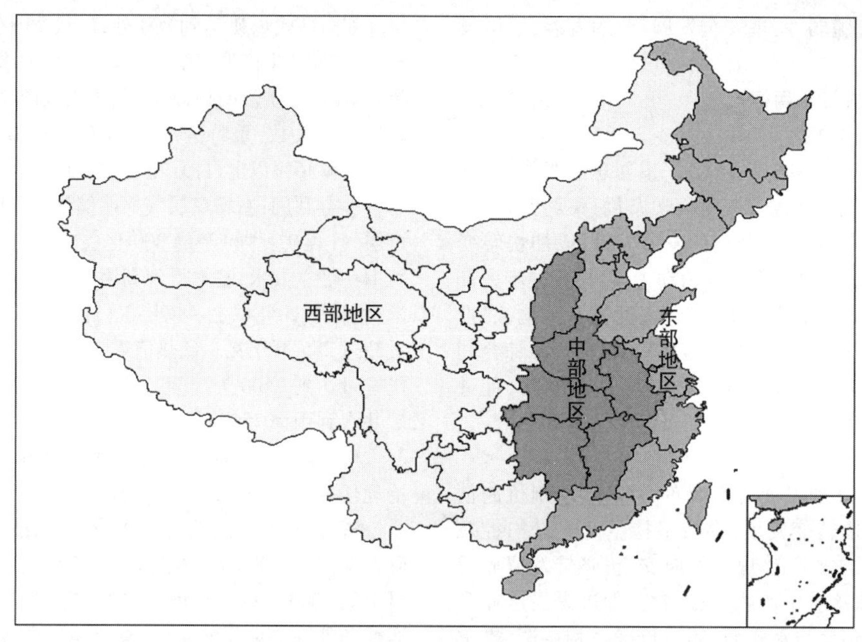

图1　煤炭生产开发布局示意图

3.3%；中部地区适度放缓建设，新开工规模1.85亿吨/年，占全国的25%；西部地区重点开发建设，新开工规模5.3亿吨/年，占全国的71.7%。内蒙古、陕西、山西、甘肃、宁夏、新疆为重点建设省（区），新开工规模6.5亿吨/年，占全国的87%。

（四）生产布局

按照调整优化结构、保障合理需求的原则，2015年煤炭产量39亿吨，主要增加发电用煤，合理安排优质炼焦煤生产。煤炭生产以大中型煤矿为主，继续压减小煤矿产量。

2015年，东部（含东北）煤炭产量4.6亿吨，占全国的12%，其中黑龙江、山东产量保持稳定，其他省（市）下降；中部煤炭产量13.5亿吨，占全国的35%，其中山西产量增加，河南、安徽产量保持稳定，其他省下降；西部煤炭产量20.9亿吨，占全国的53%，其中内蒙古、陕西、新疆、宁夏和甘肃产量增加，贵州、云南产量略有增加，重庆和四川产量下降。

（五）调运平衡

预测2015年，煤炭调出省区净调出量16.6亿吨，其中晋陕蒙宁甘地区15.8亿吨，主要调往华东、京津冀、中南和东北地区，少量调往川渝地区；新疆0.3亿吨，主要供应甘肃西部、青海和川渝地区；云贵地区0.5亿吨，主要调往广东、广西和湖南等地。煤炭调入省区净调入16.6亿吨，其中华东、京津冀、中南和东北地区16.2亿吨，主要由晋陕蒙宁甘、云贵地区供应；川渝青地区0.4亿吨，主要由新疆供应0.3亿吨，其余由晋陕蒙宁甘补充供给（图2）。

1. 铁路运输及重点地区调出

煤炭铁路运输以晋陕蒙（西）宁甘地区煤炭外运为主，由大秦线、朔黄线、石太线、侯月线、蒙冀线、陇海线、宁西线和山西中南部通道等组成横向通道，由京沪线、京九线、京广线、焦柳线以及规划建设的蒙西、陕北至湖北、湖南和江西的煤运铁路等组成纵向通道，构成西煤东调、北煤南运的铁路运输格局。

2015年，全国煤炭铁路运输需求26亿吨。考虑铁路、港口，生产、消费等环节不均衡性，需要铁路运力28～30亿吨。铁路规划煤炭运力30亿吨，可基本满足煤炭运输需要。其中，晋陕蒙（西）宁甘地区调出量14.3亿吨，铁路规划煤炭外运能力约20亿吨；兰新铁路电气化改造和兰渝铁路建成投运后，可基本满足新疆煤炭外运需求。

2. 水运和北方港口运输

以锦州、秦皇岛、天津、唐山、黄骅、青岛、日照、连云港等北方下水港，江苏、上海、浙江、福建、广东、广西、海南等南方接卸港，以及沿长江、京杭大运河的煤炭下水港，组成北煤南运水上运输系统。

预测2015年，北方港口海运一次下水量7.5亿吨。考虑铁路、港口、生产、消费等环节不均衡性，需下水能力8亿吨。交通运输规划煤炭装船能力8.3亿吨，可适应煤炭下水需要。

四、重点任务

（一）推进煤矿企业兼并重组，发展大型企业集团

大力推进煤矿企业兼并重组，淘汰落后产能，发展大型企业集团，提高产业集中度，提升安全保障能力，有序

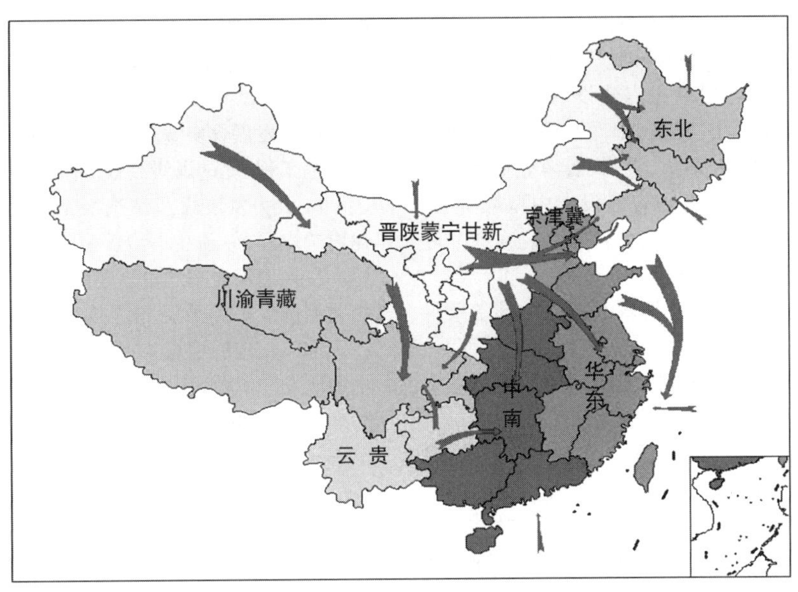

图2 煤炭流向示意图

开发利用煤炭资源，有效保护矿区生态环境。通过兼并重组，全国煤矿企业数量控制在4000家以内，平均规模提高到100万吨/年以上。

1. 推进煤矿企业兼并重组。遵循市场规律，鼓励各类所有制煤矿企业以及电力、冶金、化工等行业企业，以产权为纽带、以股份制为主要形式参与兼并重组。按照一个矿区原则上由一个主体开发的要求，以矿区为单元制定方案，实施兼并重组，减少开发主体。山西、内蒙古、河南、陕西等重点产煤省（区），要以大型煤炭企业为主体，进一步提高产业集中度，促进煤炭资源连片开发。黑龙江、湖南、四川、贵州、重庆、云南等省（市），要加大兼并重组力度，切实减少煤矿企业数量。

2. 稳步推进矿业权整合。对尚未开发的煤田，要科学、合理划分矿区和井田范围，制定矿区总体规划和矿业权设置方案，依法向具备开办煤矿条件的企业出让矿业权。对已设置矿业权的矿区，鼓励优势企业整合分散的矿业权，提高资源勘查开发规模化、集约化程度。规划期内，重点对山西、陕西、内蒙古、宁夏、青海、甘肃、新疆、四川、贵州、云南的矿区实施矿业权整合。

3. 培育大型企业集团。大型煤炭基地内资源优先向大型煤炭企业配置，优先安排大型煤炭企业项目建设。支持具有资金、技术、管理优势的大型企业跨地区、跨行业、跨所有制兼并重组，鼓励煤、电、运一体化经营，促进规模化、集约化发展，培育一批具有国际竞争力的大型企业集团。

（二）有序建设大型煤炭基地，保障煤炭稳定供应

以大型煤炭企业为开发主体，加快陕北、黄陇、神东、蒙东、宁东、新疆煤炭基地建设，稳步推进晋北、晋中、晋东、云贵煤炭基地建设。重点建设一批大型矿区。统筹规划建设能源输送通道、水源等基础设施，大力推进上下游产业一体化发展。坚持开发与保护并重，大力发展循环经济，建设生态环境保护工程。

神东、陕北、黄陇、宁东基地，加快建设能源输送通道，有序建设大型现代化煤矿，重点建设一批世界一流的千万吨级矿井群。晋北、晋中、晋东基地，重点做好整合煤矿升级改造，适度新建大型现代化煤矿，加快发展煤层气产业，对优质炼焦煤和无烟煤资源实行保护性开发。冀中、鲁西、河南、两淮基地，做好深部资源勘查，建设接续煤矿，限制1000米以深新井建设。蒙东（东北）基地，内蒙古东部褐煤矿区重点实施煤电项目一体化开发，优先建设大型露天煤矿；黑龙江、辽宁切实做好煤矿技术改造和淘汰落后产能，建设接续煤矿。云贵基地，加快建设大中型煤矿，大力整合关闭小煤矿，调整煤炭生产结构。新疆基地，作为我国重要的能源战略后备基地，实行保护性开发，强化可持续发展，重点做好规划，优先建设大型露天煤矿，生产开发规模要与生态环境承载力和水资源条件相适应，以满足区内需求为主，适度加大外调量。

（三）建设大型现代化煤矿，提升小煤矿办矿水平

以建设大型现代化煤矿、加强现有大中型煤矿技术改造和淘汰落后产能为重点，全面提升煤矿生产技术水平。

1. 稳步建设大型现代化煤矿。新建煤矿以大型现代化煤矿为主，优先建设露天煤矿、特大型矿井和煤电一体化项目。按照一个矿井一个工作面或不超过两

个工作面的模式，采用先进技术装备，设计和建设大型现代化煤矿。按照一次建设、分期投产的原则，储备一批煤矿产能。晋陕蒙宁甘新重点建设300万吨/年及以上煤矿，河北、黑龙江、安徽、山东、河南重点建设120万吨/年及以上煤矿，四川、贵州、云南等重点建设90万吨/年及以上煤矿。在适合建设大中型煤矿、且小煤矿多的省（区）推行上大压小、产能置换，新井建设规模与淘汰落后产能相衔接。

2. 加快推进大中型煤矿技术改造。对具备条件的老矿井，采用先进适用技术装备，以优化开拓部署、简化生产系统、减少工作面个数、提高生产效率为主要内容，积极推进技术改造，配套完善生产辅助设施。

3. 大力提升小煤矿办矿水平。借鉴山西、河南等地煤矿企业兼并重组、资源整合经验，结合各地实际，完善小煤矿退出机制，继续淘汰落后产能。对有条件的小煤矿，以提高生产规模、技术装备水平、管理水平和职工技术素质为重点，提升办矿水平。停止新建30万吨/年以下的高瓦斯矿井、45万吨/年以下的煤与瓦斯突出矿井项目。在现有技术管理条件下，难以有效治理的高瓦斯和煤与瓦斯突出矿井退出生产。

（四）提高煤矿安全生产水平，加强职业健康监护

坚持安全发展，深入贯彻落实安全第一、预防为主、综合治理的方针，有效防范重特大事故，加强职业健康监护，进一步提高煤矿安全生产水平。

1. 加强重大灾害防治。在瓦斯防治方面，高瓦斯和煤与瓦斯突出矿井全部建成瓦斯抽采系统，做到先抽后采、抽采达标。在水害防治方面，按照预测预报、有疑必探、先探后掘、先治后采的原则，加强煤矿水文地质勘探和主要含水层监测，做好采空区、断层、陷落柱等重点部位水患排查，落实防治水措施，提高防治水系统能力。在火灾防治方面，重点做好阻燃材料应用、电缆电气设备维护、煤层自然发火监测、采空区注浆注氮等工作，综合防治火灾事故。

2. 实施重大安全工程。进一步加强“一通三防”工程建设，提高系统能力及设施标准。建设高瓦斯和煤与瓦斯突出矿井综合治理示范工程，提高瓦斯灾害防治水平。建设完善矿井监测监控、人员定位、紧急避险、压风自救、供水施救和通信联络等安全避险系统，全面提升煤矿安全保障能力。建设国家和区域矿山应急救援队，提高矿山应急救援装备水平，增强矿山应急救援能力。

3. 加强职业危害防治。切实落实煤矿作业场所职业危害防治有关规定，完善煤矿职业危害申报、监督检查、治疗、康复与赔偿等制度，健全职业安全健康监管体系。以防范尘肺病为重点，加强劳动保护设施建设，改善井下作业环境，提高劳动保护用品质量和标准，全面提升职业健康保障水平。

（五）大力发展洁净煤技术，促进资源高效清洁利用

大力发展煤炭洗选加工，有序建设现代煤化工升级示范工程，促进煤炭高效清洁利用。

1. 大力发展煤炭洗选加工。大中型煤矿要配套建设选煤厂，鼓励在小型煤矿集中矿区建设群矿选煤厂。在大型煤炭基地重点建设一批具有国际先进水平的大型选煤厂。采用先进技术和设备改造现有选煤厂。推广先进的型煤生产应用技术，加强褐煤提质技术的研发和示范，完善煤炭产品质量和利用技术装备标准，提高炼焦精煤、高炉喷吹用煤产品质量和利用效率，提高动力煤入选比例。

2. 稳步推进煤炭深加工示范项目建设。在内蒙古、陕西、山西、云南、贵州、新疆等地选择煤种适宜、水资源相对丰富的地区，重点支持大型企业开展煤制油、煤制天然气、煤制烯烃、煤制乙二醇等升级示范工程建设，加快先进技术产业化应用。不断创新和完善技术，提高能源转化效率、降低水耗和煤耗、降低生产成本，增强竞争力。支持开展二氧化碳捕集、利用和封存技术研究和示范。

（六）推进瓦斯抽采利用，促进煤层气产业化发展

健全体制机制，推进采煤采气一体化开发。加大煤层气（煤矿瓦斯）勘探开发利用力度，遏制煤矿瓦斯事故，增加清洁能源供应，减少温室气体排放。

1. 推进煤矿瓦斯抽采利用。建立煤矿企业瓦斯防治能力评估制度，推进高瓦斯和煤与瓦斯突出小煤矿兼并重组。完善瓦斯抽采利用标准，全面实施高瓦斯矿井规模化抽采工程，建成36个年抽采量超过1亿立方米的规模化抽采矿区。支持煤矿瓦斯民用和发电，加快煤矿区瓦斯管路联网，集中规模化利用。鼓励低浓度瓦斯利用，开展乏风瓦斯利用试验及示范项目建设。

2. 大力发展煤层气产业。支持大型煤炭企业参与煤层气勘探开采，鼓励外商和民营企业利用先进技术和资金投资煤层气开发，提高煤层气开发利用技术和管理水平。继续推进大华北区煤层气勘探开发试验，加快开展新疆地区低阶煤盆地、西南高应力区和中部低渗透三软煤层煤层气勘查与开发评价。重点建设沁水盆地和鄂尔多斯盆地东缘煤层气产业基地，建成寺河、潘河、成庄、潘庄、赵庄等项目，加快建设大宁、郑庄、柿庄南等重点项目，配套建设沁水盆地南部和鄂尔多斯盆地东缘煤层气产业基地的集输管网。

（七）发展循环经济，保护矿区生态环境

按照减量化、资源化、再利用的原则，发展循环经济，扩大资源综合利用规模，建设资源节约型、环境友好型矿区。

1. 大力发展循环经济。在大中型矿区内,以煤矸石发电为龙头,利用矿井水等资源,发展电力、建材、化工等资源综合利用产业,建设煤-焦-电-建材、煤-电-化-建材等多种模式的循环经济园区。合理利用内蒙古中西部和山西北部高铝煤炭资源,推行定点集中利用,建设煤-电-铝-建材一体化循环经济园区。扩大煤矸石井下充填、复垦和筑路利用量。在大型选煤厂周边地区建设洗矸、煤泥和中煤综合利用电厂,新增装机容量5000万千瓦。2015年,煤矸石综合利用量6.1亿吨,利用率达到75%以上。其中,电厂利用3亿吨,煤矸石制建材利用1亿吨,煤矸石井下充填、复垦和筑路利用2.1亿吨以上。力争利用含铝粉煤灰约1080万吨,形成氧化铝年生产规模360万吨。

2. 加强矿区生态环境保护。按照建设环境友好型矿区的要求,切实加大矿区生态环境保护与治理力度,推进由被动治理向主动防治转变。重点加强采煤沉陷区综合治理、土地复垦和植被恢复,结合新农村规划建设,做好村庄搬迁。高硫煤、高砷煤要采取洗选加工等措施降低含硫量、含砷量,集中利用、集中治理、达标排放。基本完成内蒙古、宁夏、新疆煤田灭火工作。

(八)加强科技创新,提升科技支撑能力

进一步完善以企业为主体、市场为导向、产学研相结合的煤炭科技创新体系。加强基础理论研究、关键技术攻关、新技术推广应用、重大成套装备研制,提高煤炭科技自主创新能力和煤矿技术装备水平。

1. 加强基础理论研究。重点加强煤与瓦斯突出机理、突水机理、冲击地压、煤层自然发火防治、深井钻井和井壁支护、煤矿围岩支护机理等基础理论研究。

2. 开展技术攻关。开展煤炭资源的高精度勘探、煤层气储层压裂工艺、煤层气(煤矿瓦斯)抽采利用、水害防治、深井热害防治等技术攻关。支持煤矿无人工作面开采技术研发与示范工程建设,开展地下气化采煤技术研发与示范工程建设。

3. 推广先进适用技术。大力推广年产600万吨采煤工作面、年产400万吨选煤系统等成套技术与装备,提高煤矿装备现代化、系统自动化、管理信息化水平。加快推广中小煤矿机械化成套技术装备、先进的人员安全防护和矿山救护技术装备。积极推广煤矿充填开采、保水开采等技术。

4. 推进煤矿重大装备国产化。重点开展年产千万吨级综采成套装备、薄煤层机械化开采装备、短壁综采装备、煤巷快速掘进与支护成套装备、矿井新型辅助运输装备、矿井信息网络自动化系统,以及关键元部件的研制及示范应用。开展大型现代化露天煤矿半连续工艺关键设备国产化研制。重大事故快速抢险与应急处置技术及大型装备的研制。

(九)发展现代煤炭物流,建立煤炭应急储备体系

加快建立社会化、专业化、信息化的现代煤炭物流服务体系,提高煤炭物流效率,降低煤炭物流成本。加快建立全国煤炭应急储备体系,提高应急保障能力。

1. 发展现代煤炭物流。整顿煤炭流通秩序,取消违规收费。加强物流基础设施建设和衔接,优化煤炭物流节点布局,整合和利用现有物流资源。在煤炭生产、消费集中地和主要中转地,建设具备储存、加工、配送等功能的煤炭物流园区。鼓励煤炭企业之间、煤炭企业与相关企业之间联合组建第三方物流公司,发展大型现代煤炭物流企业,推进煤炭物流规模化、集约化。建立完善定位明确、功能齐全、信息灵敏的煤炭交易中心。

2. 建设煤炭应急储备。按照辐射范围广、应急能力强、运输距离短、储备成本低、环境污染小的要求,在沿海、沿江、沿河港口及华中、西南等地区,加快国家煤炭应急储备建设。加强对地方和企业煤炭储备工作的引导和规范,建立全国煤炭应急储备体系。建立和完善运行机制及管理制度,确保储得进、管得好、用得上。

(十)积极开展国际合作,深入实施走出去战略

充分利用国际国内两个市场、两种资源,坚持多元发展、互利共赢,加强国际交流与合作,积极参与境外煤炭资源开发利用,深入开展对外工程承包和技术服务,进一步拓展煤炭国际贸易。

1. 加强境外煤炭资源开发利用。支持优势煤炭企业参与境外煤炭资产并购,加大境外煤炭资源勘查开发力度,提高境外权益煤炭产能。鼓励大型煤炭企业投资境外煤炭加工转化项目,延伸产业链。引导符合条件的企业,结合境外煤炭资源开发利用需要,开展有关基础设施建设和投资。

2. 开展对外工程承包和技术服务。鼓励大型煤炭企业承揽境外煤矿建设、技术改造以及运营管理,带动先进技术和大型装备出口,促进我国煤炭装备制造业发展。建立境外煤炭装备制造基地、零配件基地和技术服务中心,提高技术服务水平。

3. 拓展煤炭国际贸易。坚持市场化原则,巩固和发展与主要煤炭资源国长期稳定的贸易关系,鼓励进口。鼓励沿海、沿边地区拓展煤炭进口渠道,保障进口煤源稳定可靠。北方地区适度出口。

五、环境影响评价

(一)煤炭生产对环境的影响

煤炭生产对环境的影响主要是煤矸石、煤矿瓦斯和矿井水排放,以及采煤引起的地表沉陷。

东部(含东北)地区。人口稠密、土地资源稀缺,大多数煤矿位于平原地区,主要环境影响是地表沉陷。2015年,东部(含东北)地区产生煤矸石和煤泥1.27

亿吨、矿井水10.24亿立方米、煤矿瓦斯31.12亿立方米,形成地表沉陷面积0.93万公顷。

中部地区。山西煤炭开发强度大,生态环境较脆弱,主要环境影响是地下水径流破坏、潜水位下降和地表水减少,煤矸石和煤矿瓦斯产生量大。安徽、江西、河南、湖北、湖南5省主要环境影响是地表沉陷和瓦斯排放。2015年,中部地区产生煤矸石和煤泥3.21亿吨、矿井水22.49亿立方米、煤矿瓦斯83亿立方米,形成地表沉陷面积2.69万公顷,水土流失面积2.83万公顷。

西部地区。除广西和西南地区外,均处于干旱半干旱地区,水资源缺乏,植被稀少,生态环境脆弱,主要环境影响是地下水径流破坏、地下潜水位下降和地表水减少,引起地表干旱、荒漠化和植被枯萎,煤矸石和瓦斯产生量大。2015年,西部地区产生煤矸石和煤泥3.52亿吨、矿井水38.19亿立方米、煤矿瓦斯91.15亿立方米,形成土地沉陷面积4.18万公顷,水土流失面积4.39万公顷。

(二)预防和减轻环境影响的对策

1. 制定规划,减少污染源点。推进资源整合和兼并重组,建设大型现代化煤矿,提高生产集约化水平,集中排放,集中治理,减少污染源点,降低排放强度。

2. 优化设计,减轻环境影响程度。依靠技术进步,采用井下充填、以矸换煤、保水开采等新工艺和新技术,优化设计,减轻对地表水和地下水的破坏,减少煤矸石和矿井水产生量以及采煤引起的地表沉陷等。

3. 加强治理,改善矿区生态环境。新矿区、新矿井建设要严格执行环境影响评价制度,落实“三同时”和环境保护措施。生产矿区、生产煤矿要按照《清洁生产促进法》的规定,补建环保设施,做到当年排放当年治理,并逐步偿还历史欠账。加强采煤沉陷区土地复垦利用,发展生物复垦和生态复垦。

4. 突出重点,发展循环经济。加强煤矸石、煤泥、煤层气(煤矿瓦斯)等综合利用发电,充分利用煤矸石和粉煤灰等生产新型建材,大力发展井下采空区和地面沉陷区煤矸石充填。加强矿井水综合利用和达标排放,选煤厂全部实现煤泥水闭路循环。

5. 建立机制,促进矿区可持续发展。完善矿区生态环境恢复补偿机制、矿区碳汇林绿化机制,明确企业和政府治理责任。制定专项规划,加大生态环境治理投入。对历史形成的环境欠账,中央政府给予必要的资金和政策支持,地方政府和煤炭企业按规定安排配套资金,逐步使矿区环境治理步入良性循环。

(三)环境治理的预期效果

通过实施以上措施,到2015年基本实现规划提出的环境保护目标,煤炭生产对环境的影响减弱,矿区生态环境恶化的趋势得到有效遏制。

1. 全国环境治理预期效果。2015年,全国煤矸石产生量8亿吨,利用量6.1亿吨,综合利用率75%以上;矿井水产生量70.92亿立方米,利用量54亿立方米左右,利用率75%,达标排放率100%;煤层气产量160亿立方米,基本全部利用;煤矿瓦斯抽采量140亿立方米,利用率60%;采煤沉陷面积7.8万公顷,复垦面积4.7万公顷。

2. 地区环境治理预期效果。东部(含东北)地区采取煤矸石发电、井下充填、土地复垦和立体开发等措施,煤矸石利用率85%以上,矿井水利用率80%,沉陷区土地复垦率超过80%,煤矿瓦斯利用率51%。中部地区采取煤矸石发电、井下充填、地表土地复垦和立体开发、植被绿化等措施,煤矸石利用率77%,矿井水利用率68%,沉陷土地复垦率超过65%,煤矿瓦斯利用率63%。西部地区采取煤矸石发电、井下充填、地表土地复垦和立体开发、植被绿化、保水充填开采等措施,煤矸石利用率达到70%,矿井水利用率达到80%,沉陷土地复垦率超过50%,煤矿瓦斯利用率超过55%。

六、保障措施

1. 加强煤炭行业管理。完善以《煤炭法》为主体的法律法规体系,加强煤炭及相关标准制定和修订工作。研究制定煤炭工业可持续发展政策措施,健全集中统一、上下协调的行业管理体制,加强煤炭资源、开发、安全生产、经营全过程管理。修订生产煤矿回采率管理暂行规定,提高资源回采率。建立健全煤炭质量和市场监管体系,完善煤炭清洁利用标准体系,建立清洁煤先进技术认证制度,促进煤炭高效清洁利用。制定煤层气产业政策、煤层气开发利用管理办法,引导和规范煤层气开发利用。完善煤炭、煤层气产业协调发展机制,推进煤炭企业与煤层气企业合作开发利用煤层气资源。

2. 深化煤炭行业改革。进一步深化国有煤炭企业改革,完善现代企业制度,推进煤炭企业股份制改造,支持大型煤炭企业上市融资、发行债券。积极推进投资主体多元化,鼓励非公有制经济参与煤炭生产开发,引导非公有制煤炭企业实施产业升级改造。重点支持煤炭、电力企业联合重组,鼓励企业参与运煤通道建设,促进煤电运一体化经营。按照清费立税的原则,积极推进煤炭税费综合改革,完善煤炭成本核算制度,取消各类违规收费,合理确定煤炭企业税负。健全煤炭市场交易体系,完善煤炭价格形成机制,理顺电煤价格,探索煤炭期货交易。建立资源枯竭矿区转型发展援助机制。继续安排中央预算内资金支持煤矿地质补充勘探,优先安排财政补贴或贴息资金支持被兼并重组企业的煤矿技术改造项目。

3. 规范煤炭开发秩序。按照煤炭工业发展规划、矿区总体规划，合理配置煤炭资源，安排煤矿建设项目。严格执行产业政策和项目基本建设程序，进一步完善项目审批条件，对有未批先建、批小建大等违法违规行为的企业做出限制性规定。新建、改扩建、技术改造（产业升级）和资源整合（兼并重组）煤矿项目投产后5年内，不得通过能力核定提高生产能力。生产煤矿重新核定生产能力必须超过5年。强化井下生产布局管理，严禁超强度、超能力生产。制定煤炭生产技术装备政策，完善小煤矿退出机制，依法淘汰落后产能。深化矿业权制度改革，规范矿业权交易秩序；加强煤层气矿业权监管，提高勘探投入最低标准，完善扶持政策，创新协调开发机制。

4. 加强科技创新和人才培养。提高国家专项资金规模，支持煤炭工业科技基础理论研究，支持共性和关键技术研发。鼓励企业与科研院所加强协作，开展技术创新。建立煤矿重大技术装备引进、消化、吸收和再创新机制，加快推进国产化。建立国家清洁煤先进技术推广应用工作领导和协调机制，促进清洁煤技术产业化发展。支持大型优势煤炭企业增加科技研发投入，建立技术中心或工程技术研究院，发挥科技攻关主体作用。积极扩大高等学校和中等职业学校煤矿主体专业招生规模，通过定向招生或订单培养模式，推进煤炭企业变招工为招生，落实煤矿从业人员岗前培训和在职继续学习制度。鼓励和支持高等学校、中等职业学校增设煤炭工业急需的学科专业。

5. 增强煤矿安全保障能力。落实煤矿企业安全生产主体责任，推行煤矿企业领导干部下井带班制度，实行企业负责人安全责任事故任职资格终身否决制度。加强煤矿安全专业人才队伍建设，开展煤矿安全质量标准化建设，夯实安全基础工作。严格执行煤矿安全设施“三同时”制度。提足用好煤炭生产安全费用。继续安排中央预算内投资，引导地方财政和企业加大投入，加强煤矿安全改造和灾害防治。煤矿企业应当依法为职工参加工伤保险，缴纳工伤保险费。完善职业健康法规标准，加强执法检查，保障煤矿职工健康。探索实行全员安全生产风险抵押，积极稳妥推行安全生产责任保险制度，加大事故责任追究处罚力度。

6. 加快煤炭运输通道建设。加快建设蒙西、陕北至湖北、湖南和江西的煤运通道，推进蒙冀、山西中南部、赤锦、锡林浩特至乌兰浩特等新通道，以及集通、朔黄、宁西、邯长、邯济、通霍、太焦线扩能改造建设，提高晋陕蒙宁地区铁路煤炭外运能力，大幅度减少公路长途运煤。加快兰新线电气化改造和兰渝铁路建设，建成新疆直达川渝地区的煤炭运输通道。加快建立煤炭应急储备体系，提高应急调运能力。建设锦州港、唐山港、天津港、黄骅港、青岛港等北方港口煤炭码头，增加煤炭堆存规模，形成一批储配煤基地，提高煤炭下水能力。发挥水运通道作用，提高内陆省份煤炭调运保障能力。

7. 加强资源综合利用和矿区生态环境保护。落实国家资源综合利用项目扶持政策，鼓励原煤入选，优先建设煤矸石综合利用项目，建设矿区循环经济园区，促进煤炭工业节能减排。全面落实瓦斯发电上网加价、税费优惠等政策，支持煤矿企业拓宽瓦斯利用范围，提高瓦斯利用率。研究制定煤炭开发区域环境管理政策，提高煤矿生态环保标准。完善矿山环境治理恢复保证金制度，推进矿区环境治理和生态恢复。加大煤田灭火投入，加快煤田火区治理，保护煤炭资源和生态环境。

8. 积极推进和谐矿区建设。统筹压煤村庄搬迁、新农村和城镇化建设，加快完成分离煤矿企业办社会职能，促进矿区和地方经济社会协调发展。继续实施棚户区改造政策，改善矿工居住条件。规范企业劳动用工合同管理，保障职工合法权益。

9. 支持企业走出去。研究设立境外投资专项资金，对国家鼓励的境外煤炭重点投资项目给予支持。鼓励金融机构通过出口信贷、项目融资等多种方式，改进和完善对企业境外煤炭投资项目金融服务。积极发挥商业银行作用，为企业境外煤炭投资提供融资支持，对于国家鼓励的境外煤炭投资重点项目加大信贷支持力度。建立健全风险防控机制、安全风险预警机制和突发事件应急处理机制。

中华人民共和国国家发展和改革委员会令

第14号

为规范煤炭资源勘查开发秩序，保护和合理开发利用煤炭资源，特制定《煤炭矿区总体规划管理暂行规定》，现予发布，从二〇一二年七月十三日起实施。

国家发展和改革委员会主任：张平

2012年6月13日

煤炭矿区总体规划管理暂行规定

第一章 总 则

第一条 为规范煤炭资源勘查开发秩序,保护和合理开发利用煤炭资源,制定本规定。

第二条 本规定适用于国家发展改革委审批的矿区总体规划。

第三条 煤炭资源开发必须编制矿区总体规划。经批准的矿区总体规划,是煤炭工业发展规划、煤矿建设项目开展前期准备工作和办理核准的基本依据。

第四条 国家发展改革委和省级发展改革委负责矿区总体规划的监督管理,煤炭行业管理、安全生产监管、国土资源、环保、水利、监察等部门在各自职责范围内参与管理。

第二章 规划编制

第五条 煤炭矿区总体规划由省级发展改革委委托具有甲级煤炭工程咨询资质的单位编制。

第六条 编制煤炭矿区总体规划应当坚持合理布局、有序开发、规模生产和综合利用的原则,符合国家法律、法规、标准、规范等有关规定。

第七条 多个相邻煤田、大型煤田要在科学论证的基础上,合理划分矿区。

第八条 编制煤炭矿区总体规划应当在普查和必要的详查地质报告基础上进行,详查及以上区域面积占矿区含煤面积的60%左右。

矿区内有多个地质勘查报告时,省级发展改革委应当委托具有相应资质的地质勘查单位编制地质资料汇编报告。编制矿区总体规划所依据的地质资料应当符合有关规范的要求,并取得相应资质单位的评审意见。

第九条 煤炭矿区总体规划应当与国家主体功能区规划、国家能源规划、煤炭工业发展规划、省级以上人民政府批准的城镇总体规划等相衔接。

第十条 煤炭矿区总体规划设计文件应当包括下列内容:

(一)规划编制的依据、指导思想和原则;

(二)矿区概况,包括矿区位置、资源条件、勘查程度等;

(三)矿区开发目的和必要性,矿区开发对地区经济社会发展的作用和意义,煤炭市场前景和产品竞争力;

(四)矿区开发企业基本情况,生产和在建矿区应当说明矿区生产开发现状;

(五)矿区和井(矿)田范围确定依据,井田划分的技术经济比较;

(六)矿井(露天矿)建设规模、服务年限、开拓方式、井口位置和工业场地;

(七)矿区建设规模、均衡生产服务年限、煤炭资源补充勘查意见和矿井建设顺序;

(八)煤炭洗选加工,包括煤质特征、原煤可选性、产品利用方向、煤炭洗选加工及布局等;

(九)矿区与煤伴生资源、煤层气(煤矿瓦斯)、矿井水和煤矸石等资源综合开发利用方案;

(十)外部建设条件,矿区铁路、公路、供电电源及供电方案、供水水源及供水方式、通讯等;

(十一)矿区总平面布置及辅助设施,包括矿区地面布置、建设用地、防洪排涝等;

(十二)矿区安全生产分析与灾害防治等;

(十三)矿区环境保护、水土保持和节能减排等;

(十四)矿区劳动定员和矿区静态总投资;

(十五)规划矿井(露天矿)基本特征表、勘查程度图、井(矿)田划分图、矿区及井(矿)田拐点坐标表。

第三章 规划审批

第十一条 资源储量为中型、规划总规模300万吨/年及以上的矿区,其总体规划由矿区所在省级发展改革委会同省级煤炭行业管理等部门提出审查意见后,报国家发展改革委审批。

第十二条 国家发展改革委收到报送的矿区总体规划文件后,对申报材料不齐全或者不符合要求的,应在收到申报材料后10个工作日内一次性告知申报单位,补充相关情况和文件。逾期不通知的,自收到申报材料之日起即视为受理。

申报单位应在统筹兼顾资源状况、技术经济、开发合理、管理规范等方面的基础上,提出矿区开发主体企业的建议。

第十三条 国家发展改革委在受理矿区总体规划后,应当委托有资质的评估机构进行评估或者组织专家评审。

接受委托的评估机构应当在规定的时间内提出评估报告,并对评估结论负责。评估机构在进行评估时,可要求规划申报单位就有关问题进行说明。

在咨询评估过程中,评估机构应当向国家发展改革委报告评估进度等有关情况。

第十四条 煤炭矿区总体规划评估报告应当包括下列内容:

（一）矿区概况及开发企业基本情况；

（二）矿区范围及勘查程度评价；

（三）资源条件评价，包括地层与构造、煤层、水文地质、开采技术条件及工程地质、资源储量、煤质等；

（四）矿区开发的必要性；

（五）矿区开发评价，包括矿区开发现状、规划原则、井（矿）田划分方案、规划建设规模、矿区均衡生产服务年限等；

（六）煤炭洗选加工和资源综合利用评价，包括原煤可选性及产品利用方向、煤炭洗选加工与布局、资源综合利用等；

（七）外部建设条件评价，包括矿区铁路、公路、供电电源及供电方案、供水水源及供水方式等；

（八）矿区总平面布置及辅助设施评价，包括矿区地面布置、建设用地、防洪排涝等；

（九）矿区安全生产与灾害防治评价；

（十）矿区环境保护、水土保持和节能减排评价；

（十一）主要结论和建议；

（十二）评估报告应当附规划矿井（露天矿）基本特征表、矿区勘查程度图、矿区井（矿）田划分图、矿区及井（矿）田拐点坐标表。

第十五条 对于可能会对公众利益造成重大影响的矿区，省级发展改革委在报批矿区总体规划前，应当采取适当方式征求公众意见。

第十六条 国家发展改革委对同意批复的矿区总体规划，应当向规划申报单位下达批复文件，同时抄送相关省（区、市）人民政府和国务院有关部门；对不同意批复的矿区总体规划，应当告知规划申报单位。

第四章 规划管理与实施

第十七条 煤炭矿区总体规划实行动态管理。已批准的矿区总体规划，矿区范围、井（矿）田划分和建设规模发生较大变化的，应编制矿区总体规划（修改版），明确矿区总体规划修改内容，并按照上述程序重新报批。

矿区总体规划（修改版）申报时间距原规划批复时间原则上不少于五年。评估或者评审矿区总体规划（修改版），应当对矿区总体规划修改内容作出评价。

第十八条 省级发展改革委在收到矿区总体规划批复文件后，应当将批复文件转发省级国土资源、水利、铁路、电力等部门，以及矿区所在地市（盟）、县（旗）人民政府和矿区开发主体企业。

第五章 法律责任

第十九条 接受委托编制、评估煤炭矿区总体规划的工程咨询单位、评估机构，违反有关规定，提供虚假报告，违法所得在五千元及以上的，处五千元以上三万元以下的罚款；没有违法所得或者违法所得不足五千元的，处二千元以上一万元以下的罚款；对其直接负责的主管人员和其他直接责任人员处一千元以上一万元以下的罚款；构成犯罪的，依法追究刑事责任。

对有前款违法行为且情节严重的工程咨询单位、评估机构，应当由资质认定单位依法取消其相应资质。

第二十条 煤炭矿区总体规划的委托编制、审批部门违反本规定，在委托编制、审批中徇私舞弊、滥用职权、玩忽职守的，由上级行政主管机关或者监察机关责令改正，依法对其直接负责的主管人员和其他直接责任人员给予处分。

第二十一条 矿区煤炭开发企业在矿区总体规划未经批准或者违反经批准的矿区总体规划，擅自从事煤矿建设、生产的，由省级发展改革委会同有关部门责令停止建设、生产，并对相关企业负责人、直接负责的主管人员和其他直接责任人员处一千元以上一万元以下的罚款；构成犯罪的，依法追究刑事责任。

第六章 附 则

第二十二条 煤炭资源储量为小型、规划总规模300万吨/年以下的矿区，其总体规划由省级发展改革委审批，报国家发展改革委备案。

省级发展改革委审批的矿区总体规划，参照本规定执行。

第二十三条 本规定由国家发展改革委负责解释。

第二十四条 本规定自发布之日起三十日后施行，《国家发展改革委关于规范煤炭矿区总体规划审批管理工作的通知》（发改能源〔2004〕891号）同时废止。

工业和信息化部关于《印发稀土指令性生产计划管理暂行办法》的通知

工信部原〔2012〕285号

有关省、自治区工业主管部门，有关中央企业：

为有效保护和合理利用稀土资源，保护生态环境，规范稀土生产经营活动，促进稀土行业持续健康发展，根据《国务院关于促进稀土行业持续健康发展的若干意见》（国发〔2011〕12 号）的要求，我部研究制定了《稀土指令性生产计划管理暂行办法》。现印发你们，请遵照执行。工作中遇到的相关问题，请及时向我部反馈。

工业和信息化部

2012 年 6 月 13 日

稀土指令性生产计划管理暂行办法

第一条 为有效保护和合理利用稀土战略资源，规范稀土生产经营活动，保护环境，促进稀土行业持续健康发展，根据《国务院关于促进稀土行业持续健康发展的若干意见》（国发〔2011〕12 号）、《国务院关于将钨、锡、锑、离子型稀土矿产列为国家实行保护性开采特定矿种的通知》（国发〔1991〕5 号）等规定，制定本办法。

第二条 中华人民共和国境内（港、澳、台地区除外）稀土矿产品和冶炼分离产品生产，适用本办法。

本办法所称稀土矿产品，是指从混合稀土矿、氟碳铈矿、南方离子型稀土矿等稀土原矿经采选后获得的精矿及其他稀土矿产品（含资源综合回收利用物）。

本办法所称稀土冶炼分离产品，是指稀土矿产品经冶炼分离后生成的稀土氧化物、盐类和其他化合物等（含富集物）。

第三条 稀土指令性生产计划（以下简称计划）管理的稀土产品，包括稀土矿山和冶炼分离企业生产、销售的稀土矿产品和冶炼分离产品，以及利用国外进口的稀土矿产品和从稀土废旧物品中提取生产的稀土产品。

第四条 工业和信息化部根据国内外市场需求和本年度计划执行情况，商有关部门提出下一年度稀土开采、生产和出口计划，报国务院批准后，牵头做好指令性生产计划的组织实施工作。

第五条 工业和信息化部负责计划的编制、下达、监督和管理工作。

有关省、自治区工业主管部门（以下简称省级工业主管部门）负责本行政区域内所属企业计划申请的受理、初审、上报、下达和监督管理工作。中央企业负责所属企业计划申请的受理、初审、上报、下达和监督管理工作，并接受属地行政区工业主管部门的监管。

第六条 稀土矿产品生产企业申请计划应具备以下条件：

（一）符合行业规划、产业政策和行业准入条件；

（二）取得采矿许可证；

（三）取得环境影响评价批复文件，污染物排放达到国家相关标准要求，且列入符合环保要求的稀土企业名单公告；

（四）取得非煤矿山企业安全生产许可证。

第七条 稀土冶炼分离企业申请计划应具备以下条件：

（一）符合行业规划、产业政策和行业准入条件；

（二）取得环境影响评价批复文件，污染物排放达到国家相关标准要求，且列入符合环保要求的稀土企业名单公告；

（三）取得安全生产许可证或达到相应安全生产条件。

第八条 企业申请计划应填写《稀土指令性生产计划指标申请书》（见附件 1）。

第九条 地方企业应于每年 9 月 10 日前向省级工业主管部门上报下一年度计划申请书。省级工业主管部门受理企业申请后，会同有关部门对企业资质条件及相关计划进行初审，提出审查意见，并将相关材料于每年 10 月 10 日前报送工业和信息化部。

第十条 中央企业应于每年 10 月 10 日前向工业和信息化部上报下一年度计划申请书，同时抄送企业所在地省级工业主管部门。

第十一条 根据国务院批准的总量计划及要求，工业和信息化部组织审查省级工业主管部门和中央企业上报的申请书，确定有关省（自治区）和中央企业计划，征求有关部门意见后，于本年 12 月 10 日前和下一年度 6 月 10 日前分两批下达计划。

第十二条 省级工业主管部门和中央企业根据国家下达的计划，于 20 天内将计划分解落实到具体企业，并将计划分解落实情况上报工业和信息化部备案。

第十三条 生产企业应建立计划管理产品生产和销售台账，如实反映生产经营情况。

第十四条 地方企业应于每月 5 日（节假日顺延）前向所在地省级工业主管部门报送上月计划执行情况表（见附件 2）。省级工业主管部门和中央企业汇总企业情况后，应于每月 10 日前报工业和信息化部。

第十五条 企业未获得计划指标，不得从事稀土矿产品和稀土冶炼分离产品的生产。

第十六条 省级工业主管部门要加强对无计划生产企业的清理，坚决依法关闭违法违规企业，禁止无计划企业从事稀土生产，并配合国土、环保、工商、税务、安监等部门，依法予以处罚。

对超计划生产的企业，由省级工业主管部门依法责令其停止计划管理产品的生产，并对企业进行警告，核减下年度计划。

第十七条 省级工业主管部门和中央企业对计划管理、监督、检查不力的，工业和信息化部将会同有关部门予以通报批评。超计划生产的省（自治区）和中央企业，工业和信息化部按照超计划的产量核减该省（自治区）和中央企业下年度计划。

第十八条 负责计划管理工作的国家工作人员和其他相关人员徇私舞弊、滥用职权、玩忽职守等，由其所在单位或上级主管部门依规给予行政处分，构成犯罪的依法追究刑事责任。

第十九条 法律、行政法规另有规定的，从其规定。

第二十条 有关省（自治区）可根据本办法，并结合本地区实际情况，制定具体实施细则。

第二十一条 本办法由工业和信息化部负责解释，自2012年6月13日起施行。

附件：1. 稀土指令性生产计划指标申请书

2. 稀土企业计划执行情况表

附件1

稀土指令性生产计划指标申请书

基本情况	企业名称								
	企业法人				成立时间				
	生产类型	□矿山			□ 冶炼分离				
	联系人				联系电话				
	建设项目核准部门				核准文号				
	环评核准部门				核准文号				
	采矿许可证号				有效期				
	矿山安全生产许可证号				有效期				
生产经营状况	原料类型								
	产品种类（氧化物、盐类等）								
	生产规模								
	年份（前三年）	职工人数（人）	产量（吨）	总资产（万元）	产值（万元）	纳税额（万元）	利润（万元）	出口量（吨）	进口量（吨）

注：本表产量、进出口量为折成氧化物（REO）量，下同。

企业基本情况介绍（包括股权结构、总资产、净资产，生产能力、实际年产量，产品种类等）

<table>
<tr><td>本年度计划执行情况
（包括：1、矿山开采消耗的资源储量情况，矿产品产量、销售去向和销售量；2、冶炼分离企业采购的矿产品来源、数量（折 REO），产品构成；3、购销合同和增值税发票复印件）</td></tr>
</table>

<table>
<tr><td>矿山企业申请下年度计划指标依据的稀土资源储量，生产工艺，主要经济技术指标（可另附页）</td></tr>
</table>

<table>
<tr><td>冶炼分离企业申请下一年度指标需要采购的北方轻稀土、南方中重稀土矿产品数量（折 REO）及主要来源，生产工艺、产品种类（分氧化物 REO、盐类等品种），主要经济技术指标（可另附页）</td></tr>
</table>

<table>
<tr><td>所在地县级工业主管部门对计划申请的审查意见

主管领导签字
单位公章
年　月　日</td></tr>
<tr><td>所在地（市、州）工业主管部门对计划申请的审查意见

主管领导签字
单位公章
年　月　日</td></tr>
<tr><td>省（自治区）工业主管部门或中央企业审查意见

主管领导签字
单位公章
年　月　日</td></tr>
</table>

附件：

1. 企业营业执照；
2. 矿山企业合法开采范围的图件；
3. 矿产品或稀土原料销售合同、矿产品或稀土原料购买合同及其增值税发票复印件；
4. 采矿许可证、非煤矿山安全生产许可证、环境评价报告批复文件、达到国家污染物排放标准的年度证明、符合环保要求的稀土企业名单公告等文件的复印件；
5. 税务部门出具的年度纳税额证明复印件（前三年）。

附件 2　　稀土企业计划执行情况表　　单位(盖章):

生产月份	本月产量(折 REO,吨)	本月止累计产量(折 REO,吨)	完成计划比例(%)	年度计划(折 REO,吨)
1 月份				
2 月份				
3 月份				
4 月份				
5 月份				
6 月份				
7 月份				
8 月份				
9 月份				
10 月份				
11 月份				
12 月份				

填表人　　年　月　日

废止 11 项石油天然气行业标准编号和名称

国家能源局 2012 年第 5 号公告

根据《中华人民共和国标准化法实施条例》的规定,国家能源局组织复审了已实施 5 年以上的行业标准,决定废止《石油专用计量器具校准方法编写规则》(JJG(石油)39 - 1995)等 11 项石油天然气行业标准(见附件),现予公布,自公布之日起生效。

附件:废止 11 项石油天然气行业标准编号和名称

国家能源局

2012 年 6 月 21 日

附件　　废止 11 项石油天然气行业标准编号和名称

序号	标准编号	标准名称
1	JG(石油)39 - 1995	石油专用计量器具校准方法编写规则
2	SY/T 0046 - 1999	油田注水脱氧设计规范
3	SY/T 0082. 1 - 2006	石油天然气工程初步设计内容规范第 1 部分:油气田地面工程
4	SY/T 0082. 2 - 2006	石油天然气工程初步设计内容规范第 2 部分:管道工程
5	SY/T 0082. 3 - 2006	石油天然气工程初步设计内容规范第 3 部分:天然气处理厂工程
6	SY/T 5025 - 1999	钻井和修井井架、底座规范
7	SY/T 5429 - 2000	小直径流量含水测试仪
8	SY/T 5997 - 1994	弹簧管式井下压力计
9	SY/T 6388 - 1999	TELSEIS - STAR 地震数据采集系统检验项目及技术指标
10	SY/T 6389 - 1999	ARAM - 24 地震数据采集系统检验项目及技术指标
11	SY/T 6390 - 2007	G. DAPS - 4/G. DAPS - 4R 地震数据采集系统检验项目及技术指标

工业和信息化部关于印发《稀土企业准入公告管理暂行办法》的通知

工信部原〔2012〕377 号

各省、自治区、直辖市及计划单列市、新疆生产建设兵团工业主管部门：

为进一步加强和改善稀土行业管理，促进稀土产业结构调整、淘汰落后和产业升级，我部商环境保护部、安全监管总局等部门研究制定了《稀土企业准入公告管理暂行办法》。现印发给你们，并就有关事项通知如下：

一、各省、自治区、直辖市工业主管部门负责受理本地区稀土行业准入公告申请，并会同省级相关部门按照本办法规定的工作程序和要求，对申请公告企业提供的材料对照《稀土行业准入条件》进行核实，将核实意见和企业填报资料（一式六份）报送我部。

二、我部组织专家对申报材料复核、重点抽查和公示后，以工业和信息化部公告形式发布符合准入条件的企业名单。

三、负责此项工作的省级工业主管部门要加强协调，严格把关，认真组织好本地区稀土企业准入管理工作，对于工作中出现的问题，及时向我部报告。

电话：010－68205584 010－68205577

地址：北京市海淀区万寿路 27 号

邮编：100846

附件：1. 稀土企业准入公告管理暂行办法

2. 稀土企业准入公告申请书

工业和信息化部

2012 年 7 月 26 日

稀土企业准入公告管理暂行办法

第一章 总 则

第一条 为加强稀土行业准入管理，发挥先进企业的示范和引导作用，推进稀土产业结构调整，依据《稀土行业准入条件》（以下简称《准入条件》），制定本办法。

第二条 本办法适用于中华人民共和国境内（香港、澳门、台湾地区除外）所有的稀土矿山开发、冶炼分离和金属冶炼企业。

第三条 工业和信息化部、各省、自治区、直辖市稀土行业主管部门对稀土企业实行有进有出的动态准入管理，各级行业协会协助做好公告管理相关工作。

第二章 申请与核实

第四条 申请准入公告的稀土企业，应具备以下条件：

（一）具有独立法人资格；

（二）符合国家产业政策和相关发展规划的要求；

（三）符合《准入条件》有关规定的要求；

（四）稀土矿山开发、冶炼分离、金属冶炼建设项目立项申请、土地使用权取得、环境影响评价、节能审查、排污许可、竣工环保验收、安全生产“三同时”、职业卫生“三同时”等手续符合建设项目管理程序要求，产污强度等环保指标达到清洁生产相关标准和规定的要求；稀土矿山开发项目必须具有依法办理的采矿许可证、安全生产许可证、爆破物品和危化品使用许可证等。

（五）稀土企业不得继续使用《产业结构调整指导目录》、《部分工业行业淘汰落后生产工艺装备和产品指导目录》中规定应淘汰的落后工艺、技术、装备及生产落后产品。

（六）稀土企业安全生产条件符合有关标准、规定，依法履行各项安全生产行政许可手续。

第五条 符合本办法第四条所列条件的稀土企业可向本地区省级稀土行业主管部门提出准入公告申请，填报《稀土企业准入公告申请书》及相关情况（见附件）。准入公告申请书应对本企业符合《准入条件》中规定的企业布局、生产规模、工艺装备、能源消耗、资源综合利用、环境保护、安全生产、职业病危害防治等方面要求做出详细说明，并提供企业营业执照、环境保护部门对项目环境影响评价报告的批复文件、建设项目竣工环保验收意见、排污许可证、环境污染物监测报告、项目核准文件、采矿许可证、安全生产许可证、安全生产评价备案表等文件的复印件。

第六条 各省、自治区、直辖市稀土行业主管部门负责受理本地区企业的准入公告申请，会同省级环保、安全监管等部门依照《准入条件》要求，组织对本地区申请准入公告的稀土企业相关情况进行审查，提出初审意见，并将初审意见和企业申请材料报送工业和信息化部。中央计划单列企业提出自审意见，并将相关材料直接报送工业和信息化部。

第三章 复核与公告

第七条 工业和信息化部负责对稀土企业准入公告申请材料和初审意见的复核。自收到各地报送的申请材料3个月内，组织有关方面完成对申请材料和初审意见的复核及现场核实，并在征得环境保护部等有关部门同意后，确定符合《准入条件》的企业名单，向社会公示，以工业和信息化部公告形式予以公布。

第四章 监督管理

第八条 申请准入公告的稀土企业应如实填报各项申请材料。进入公告名单的稀土企业（以下简称公告企业）要严格按照《准入条件》的要求组织生产经营活动。

第九条 各省、自治区、直辖市稀土行业主管部门会同省级有关部门，对公告企业保持《准入条件》的情况定期进行监督检查，并将监督检查结果及时报工业和信息化部。

第十条 欢迎和鼓励社会监督。任何单位或个人发现正在申请准入公告或已公告的稀土企业有不符合本办法有关规定或《准入条件》有关要求的，可向稀土行业主管部门投诉或举报。

第十一条 公告企业有下列情况之一的，各省级稀土行业主管部门要责令其限期整改，拒不整改或者整改不合格的，报请工业和信息化部撤销其公告资格：

（一）不能保持《准入条件》的；

（二）填报相关资料有弄虚作假行为的；

（三）拒绝接受监督检查的；

（四）发生较大及以上安全生产和环境污染事故，或有重大环境违法行为的。

因前款规定被撤销公告资格的稀土企业，经整改合格2年后方可重新提出准入公告申请。

第五章 附 则

第十二条 本办法由工业和信息化部负责解释。

第十三条 本办法自2012年7月26日起施行。

附件：稀土企业准入公告申请书

附件：稀土企业准入公告申请书

附表1

稀土企业基本情况表

企业名称（公章）：		填表人： 联系电话：
序号	项 目	内 容
1	企业名称	
2	企业类型	（ ）矿山 （ ）冶炼分离 （ ）金属冶炼
3	企业性质	
4	法定代表人姓名	
5	企业法定地址	
6	联系人	
7	联系电话	
8	注册资本（万元）	
9	资产总额（万元）	
10	资产负债率（%）	
11	主营业务	
12	现有职工人数（人）	

续附表1

企业名称(公章):		填表人:		联系电话:
序号	项　　目	内　　容		
13	生产能力(吨/年)	矿产品	冶炼分离产品	金属冶炼产品
14	上年度产量(吨)	矿产品	冶炼分离产品	金属冶炼产品
15	上年度销售收入(万元)			
16	上年度纳税总额(万元)			

说明:矿产品和冶炼分离产品以氧化物量计,金属冶炼产品以实物量计。

附表2

稀土企业现有生产能力审批情况表

企业名称(公章):						填表人:		联系电话:			
序号	建设项目名称	生产规模	总投资	(万元)	投产时间	项目核准部门及文号	环评核准部门及文号	土地核准部门及文号	所需稀土原料(吨/年)		
									种类	数量	
				其中自筹						自产	外购
1											
2											
3											
4											
5											

说明:矿产品和冶炼分离产品以氧化物量计,金属冶炼产品以实物量计。

附表3

稀土企业能源及资源消耗情况表

企业名称(公章):			填表人:	联系电话:	
项目	序号	指标名称		内容	备注
矿山开发	1	混合型稀土矿	采矿损失率(%)		
			采矿贫化率(%)		
			选矿回收率(%)		
			选矿生产用水循环利用率(%)		
	2	氟碳铈稀土矿	采矿损失率(%)		
			采矿贫化率(%)		
			选矿回收率(%)		
			选矿生产用水循环利用率(%)		
	3	离子型稀土矿	采选综合回收率(%)		
			采选生产用水循环利用率(%)		

续附表 3

<table>
<tr><td colspan="3">企业名称(公章):</td><td>填表人:</td><td>联系电话:</td></tr>
<tr><td>项目</td><td>序号</td><td colspan="2">指标名称</td><td>内容</td><td>备注</td></tr>
<tr><td rowspan="8">冶炼分离</td><td rowspan="3">1</td><td rowspan="3">混合型稀土矿</td><td>稀土精矿 - 混合稀土收率(%)</td><td></td><td></td></tr>
<tr><td>混合稀土 - 单一或富集稀土化合物收率(%)</td><td></td><td></td></tr>
<tr><td>单位能耗(吨标准煤/吨)</td><td></td><td></td></tr>
<tr><td rowspan="3">2</td><td rowspan="3">氟碳铈稀土矿</td><td>稀土精矿 - 混合稀土收率(%)</td><td></td><td></td></tr>
<tr><td>混合稀土 - 单一或富集稀土化合物收率(%)</td><td></td><td></td></tr>
<tr><td>单位能耗(吨标准煤/吨)</td><td></td><td></td></tr>
<tr><td rowspan="2">3</td><td rowspan="2">离子型稀土矿</td><td>混合稀土 - 单一或富集稀土化合物收率(%)</td><td></td><td></td></tr>
<tr><td>单位能耗(吨标准煤/吨)</td><td></td><td></td></tr>
<tr><td rowspan="2">金属冶炼</td><td>1</td><td colspan="2">金属冶炼直收率(%)</td><td></td><td></td></tr>
<tr><td>2</td><td colspan="2">单位能耗(吨标准煤/吨)</td><td></td><td></td></tr>
</table>

说明:矿产品和冶炼分离产品以氧化物量计,金属冶炼产品以实物量计。

附表 4

稀土企业环保设施与环保指标情况表

<table>
<tr><td colspan="4">企业名称(公章):</td><td colspan="3">填表人:</td><td colspan="3">联系电话:</td><td colspan="2">省级环保部门(公章)</td></tr>
<tr><td rowspan="2">项目</td><td rowspan="2">污染物产生量</td><td rowspan="2">环保设施名称</td><td rowspan="2">投入使用时间</td><td rowspan="2">污染处理方法</td><td rowspan="2">污染处理能力</td><td rowspan="2">对应生产工序及设施</td><td colspan="3">主要污染物监测结果</td><td rowspan="2">执行标准及标准值</td><td rowspan="2">是否安装在线自动检测设备</td></tr>
<tr><td>主要污染物名称</td><td>处理前(mg/L)</td><td>处理后(mg/L)</td></tr>
<tr><td rowspan="2">废气</td><td rowspan="2"></td><td></td><td></td><td></td><td></td><td></td><td></td><td></td><td></td><td></td><td></td></tr>
<tr><td></td><td></td><td></td><td></td><td></td><td></td><td></td><td></td><td></td><td></td></tr>
<tr><td rowspan="2">废水</td><td rowspan="2"></td><td></td><td></td><td></td><td></td><td></td><td></td><td></td><td></td><td></td><td></td></tr>
<tr><td></td><td></td><td></td><td></td><td></td><td></td><td></td><td></td><td></td><td></td></tr>
<tr><td rowspan="2">固体废弃物</td><td rowspan="2"></td><td></td><td></td><td></td><td></td><td></td><td></td><td></td><td></td><td></td><td></td></tr>
<tr><td></td><td></td><td></td><td></td><td></td><td></td><td></td><td></td><td></td><td></td></tr>
<tr><td rowspan="2">放射性污染物</td><td rowspan="2"></td><td></td><td></td><td></td><td></td><td></td><td></td><td></td><td></td><td></td><td></td></tr>
<tr><td></td><td></td><td></td><td></td><td></td><td></td><td></td><td></td><td></td><td></td></tr>
</table>

注:1. 该表由企业严格根据实际情况填写,并由企业所在地区的省级环境保护部门审查盖章;
2. 有多个环保设施时在表中分别列出;
3. 污染产生量指废气产生量(立方米/小时)、废渣产生量(吨/年);
4. 根据过去 1 年的监测情况填表,至少提供两份检测报告。

附表 5

省级环境保护部门核实意见表

申请企业名称
申报时间
企业环评及污染物排放监测结果说明(附环评报告、项目竣工环保验收意见、污染物排放监测报告复印件):

续附表5

企业取得排污许可证说明(附排污许可证复印件):
省级环境保护部门核实意见:
负责人签名　　　　单位公章

附表6　　省级安全生产监督管理部门核实意见表

申请企业名称
申报时间
企业安全生产和职业病危害防治等是否达到《安全生产法》和《职业病防治法》等有关法律、法规要求(附建设项目安全设施“三同时”、职业卫生“三同时”、安全生产许可证、安全生产评价备案表等有关文件复印件):
省级安全生产监督管理部门核实意见:
负责人签名　　　　单位公章

附表7　　省级稀土行业主管部门核实意见表

申请企业名称
申报时间
省级稀土行业主管部门核实意见:
负责人签名　　　　单位公章

中华人民共和国国家发展和改革委员会令

第 17 号

为合理开发和保护煤炭资源，提高煤炭资源回采率，根据《中华人民共和国煤炭法》及有关规定，我委对《生产矿井煤炭资源回采率暂行管理办法》（原煤炭工业部令〔1998〕第5号）进行了修订，形成了《生产煤矿回采率管理暂行规定》，现予发布，自2013年1月9日起施行。

国家发展和改革委员会主任：张平

2012年12月9日

生产煤矿回采率管理暂行规定

第一章　总　则

第一条　为合理开发和保护煤炭资源，提高煤炭资源回采率，根据《中华人民共和国煤炭法》及有关规定，制定本规定。

第二条　本规定适用于在中华人民共和国境内从事煤炭生产的煤矿企业。

第三条　煤矿企业应当执行煤炭开采相关规定，遵循合理开采程序，加强煤炭资源管理，达到本规定要求的煤炭资源回采率。

第四条　煤矿企业主要负责人对本企业生产煤矿回采率负第一责任人责任，总工程师负技术责任。

第五条　国家发展改革委、国家能源局负责全国生产煤矿回采率的监督管理。

县级以上地方人民政府煤炭行业管理部门负责本行政区域内生产煤矿回采率的监督管理。

第六条　煤矿设计单位应当严格执行有关规定，采区设计回采率不得低于本规定的要求。

第二章　回采率标准

第七条　生产煤矿回采率的确定应当坚持安全效益、分类指导的原则，煤矿企业必须合理开采煤炭资源。

第八条　煤矿企业必须开采井田范围内的可采煤层。可采煤层的标准如下表：

项目 \ 标准 \ 煤种			炼焦用煤	长焰\不粘\粘\贫煤	无烟煤	褐煤
最低可采厚度（米）	井工开采	煤层倾角 <25°	0.7	0.8	0.8	1.5
		煤层倾角 25°～45°	0.6	0.7	0.7	1.4
		煤层倾角 >45°	0.5	0.6	0.6	1.3
	露天开采		1.0			
最高可采灰分 Ad(%)			40			
最低可采发热量 Qnet，d（兆焦/千克）			–	17.0	22.1	15.7

注：石油、天然气为勘查新增探明地质储量。

缺煤地区可采煤层标准，由省级煤炭行业管理部门依据有关规定，结合本地区实际情况制定。

第九条　具备下列情形之一的可采煤层，经具有相关资质单位论证并报请省级煤炭行业管理部门批准，可以不采或者暂时不采：

（一）具有重大灾害威胁的（水、火、冲击地压、煤与瓦斯突出等）；

（二）受地质构造影响严重、岩浆侵蚀破坏严重、不稳定煤层局部达到可采厚度的孤立块段，开采其他煤层又不会造成破坏的；

（三）受其他煤矿、煤层开采影响，无法安全开采或者开采极为困难的。

第十条　生产煤矿回采率主要考核采区回采率。采区回采率按如下公式计算：

$$采区回采率 = \frac{采区动用储量}{采区采出煤量} \times (100)$$

采区采出煤量是指采区内所有工作面采出煤量与掘进煤量之和。

采区动用储量是指采区采出煤量与损失煤量之和。

第十一条　井工煤矿采区回采率标准：

煤层厚度	考核指标
≤1.3 米	≥85%
1.3~3.5 米	≥80%
≥3.5 米	≥75%

第十二条 露天煤矿采区回采率标准:

煤层厚度	考核指标
≤1.3 米	≥70%
1.3~3.5 米	≥80%
3.5~6.0 米	≥85%
≥6.0 米	≥95%

第十三条 具备下列情形之一的煤矿,由省级煤炭行业管理部门组织对其回采率考核指标进行评估修正,并报国务院煤炭行业管理部门备案:

(一)地质构造复杂,厚煤层、中厚煤层和薄煤层的水文地质损失量分别超过可采储量 20%、15% 和 10% 的;

(二)煤层赋存不稳定,采区可采范围经井下勘探证实不足采区开采范围 50% 的;

(三)开采"三下一上"(铁路下、水体下、建(构)筑物下和承压水体上)煤层的。

第三章 回采率管理

第十四条 煤矿企业应当建立健全生产煤矿回采率管理制度,依照国家有关规定编制生产煤矿回采率管理图表和台账。

第十五条 煤矿企业应当健全回采率管理机构,配备回采率管理人员,负责本单位回采率管理工作。

第十六条 煤矿企业应当根据地质条件和煤层赋存状况,选择合理的采煤方法,不得吃肥丢瘦、浪费煤炭资源。

第十七条 矿井开采煤层群时,应当按照由上而下的顺序进行开采,不得弃采薄煤层。确需反顺序开采的,经具有相关资质单位论证并报请省级煤炭行业管理部门批准后实施。

第十八条 具备分层开采的缓倾斜厚煤层,原则上应当坚持分层开采。

对采用一次采全高开采的厚煤层,不得丢顶煤、底煤或者用煤皮作假顶。

第十九条 凡有条件的新矿井、新水平和新采区,应当优先集中开拓,联合布置,实现合理集中生产;应当不断优化采区设计,合理加大水平、阶段垂高与采区走向长度和工作面长度,改进巷道布置,减少煤柱损失。

第二十条 矿井留设保护煤柱必须符合有关规定,经批准的煤柱不得随意扩大。

鼓励有条件的矿井采用无煤柱开采、充填开采等开采技术。

第二十一条 薄煤层优先采用机械化开采,提高资源回采率。

第二十二条 煤矿企业应当定期组织开展生产煤矿回采率检查,并将采区回采率作为考核企业领导班子成员、管理人员及从业人员的重要指标。

煤矿企业应当定期开展回采率评优活动,对成绩突出的集体和个人给予奖励。

第四章 监督检查

第二十三条 实行煤矿储量、损失量年报和采区回采率月报、季报、年报制度,具体办法由省级煤炭行业管理部门制定。每年 3 月底前,采区回采率年报由省级煤炭行业管理部门审核后,报国务院煤炭行业管理部门备案。

第二十四条 各级煤炭行业管理部门应当对辖区内生产煤矿回采率进行不定期抽查,并将抽查情况向社会公布。

第二十五条 各级煤炭行业管理部门应当对辖区内生产煤矿回采率进行年度考核,公布考核结果。

考核结果可作为安排矿产资源节约与综合利用奖励资金和企业缴纳资源税的依据。

第二十六条 国家鼓励煤矿企业采用新技术、新工艺、新装备提高回采率。凡符合下列条件之一的,由各级煤炭行业管理部门给予表彰或者奖励:

(一)创造、采用、推广提高采区回采率的新技术、新工艺、新装备以及新管理办法,使采区回采率高于规定指标,取得较显著经济效益的;

(二)在安全、经济、合理的原则下,对小于可采厚度的薄煤层进行开采的;

(三)对由于各种原因丢弃的残煤和煤柱,在安全、经济、合理的原则下,通过复采等形式最大限度地采出或利用的。

第五章 法律责任

第二十七条 对违反本规定第六条要求的设计单位,煤炭行业管理部门责令改正,并通报相关部门依法查处;由资质认定单位视情节轻重,依法降低资质等级或者吊销资质证书。

第二十八条 生产煤矿未达到本规定第十一条、第十二条采区回采率标准的,由煤炭行业管理部门责令限期改正;逾期仍不达标的,由原发证机关依法吊销其煤炭生产许可证。

第二十九条 煤矿企业有下列情形之一的，由煤炭行业管理部门责令限期改正；逾期不改正的，处三万元罚款；构成犯罪的，依法追究刑事责任：

（一）对可采煤层丢弃不采的；

（二）违反开采顺序的；

（三）一次采全高开采丢顶煤、底煤或者用煤皮作假顶的；

（四）留设保护煤柱不符合有关规定的；

（五）未按规定提交采区回采率报告的。

第三十条 国家机关工作人员违反本规定，徇私舞弊、玩忽职守滥用职权的，由任免机关或者监察机关按照管理权限给予相应的政纪处分；涉嫌犯罪的，移送司法机关追究刑事责任。

第六章 附 则

第三十一条 本规定由国家发展改革委、国家能源局负责解释。

第三十二条 省级煤炭行业管理部门可以根据本规定制定实施细则。

第三十三条 本规定自发布之日起三十日后施行，《生产矿井煤炭资源回采率暂行管理办法》（煤炭工业部令〔1998〕第5号）同时废止。

中华人民共和国国家发展和改革委员会令

第16号

为保护和合理开发利用特殊和稀缺煤类，特制定《特殊和稀缺煤类开发利用管理暂行规定》，现予发布，自2013年1月9日起实施。

国家发展改革委员会主任：张平

2012年12月9日

特殊和稀缺煤类开发利用管理暂行规定

第一章 总 则

第一条 为保护和合理开发利用特殊和稀缺煤类，根据《中华人民共和国煤炭法》及有关规定，制定本规定。

第二条 在中华人民共和国境内从事特殊和稀缺煤类的开发建设、生产管理、加工利用等活动，必须遵守本规定。

第三条 本规定所称的特殊和稀缺煤类，是指具有某种煤质特征、特殊性能和重要经济价值，资源储量相对较少的煤炭种类，包括肥煤、焦煤、瘦煤和无烟煤等。

国家发展改革委、能源局根据国民经济发展需要，适时公布特殊和稀缺煤类矿区范围（首批公布的特殊和稀缺煤类矿区范围见附件）。

第四条 国家对特殊和稀缺煤类实行保护性开发利用，坚持统一规划、有序开发、总量控制、高效利用的原则，禁止乱采滥挖和浪费行为。

第五条 县级以上煤炭行业管理部门负责特殊和稀缺煤类开发利用的监督管理。

第二章 开发建设

第六条 国家对特殊和稀缺煤类实行生产总量控制，并加强规划管理，优化开发布局。

按照国家的总体要求，省级煤炭行业管理部门可以根据资源储量、市场供需、利用方向等，安排本地区煤炭企业特殊和稀缺煤类的产量。

第七条 特殊和稀缺煤类矿区的资源开发由中方控股。

第八条 特殊和稀缺煤类优先采用露天开采。矿区均衡生产服务年限不得低于矿区规范规定的1.2倍。

第九条 特殊和稀缺煤类煤矿的设计服务年限不得低于煤矿设计规范规定的1.2倍。

第十条 新建大中型特殊和稀缺煤类煤矿投产后10年内，原则上不得通过改扩建、技术改造（产业升级）、资源整合（兼并重组）和生产能力核定等方式提高生产能力。

第十一条 在特殊和稀缺煤类采区范围内不得建设公用工程或者其他工程，确需压覆煤炭资源建设的，应当与煤矿企业充分协商，由省级煤炭行业管理部门报国务院煤炭行业管理部门同意后，方可批准建设，并由建设单位依法对压占资源及其他损失予以补偿。

在未设采区的特殊和稀缺煤类矿区范围内，确需建设公用工程或者其他工程的，由省级煤炭行业管理部门报国务院煤炭行业管理部门备案后，方可组织施工建设。

第三章 生产管理

第十二条 国家鼓励开展极薄煤层、薄煤层、厚煤层等开采技术研究,鼓励生产企业采用无煤柱、充填等开采技术,提高资源回采率。

特殊和稀缺煤类矿井采区回采率:薄煤层不低于88%,中厚煤层不低于83%,厚煤层不低于78%。

第十三条 生产企业不得超能力生产,不得使用落后工艺,不得采厚弃薄、采易弃难。

第十四条 国家鼓励生产企业在安全、合理、经济的前提下,对特殊和稀缺煤类进行复采或者开采边角残煤和极薄煤层等。

第十五条 生产企业应当制定管理制度,对采区回采率完成情况进行考核。

省级煤炭行业管理部门应当定期对生产企业采区回采率等进行考核,并将考核结果抄报国务院煤炭行业管理部门。

第十六条 国家对在特殊和稀缺煤类保护和开采工作中做出突出贡献的单位和个人给予奖励。

达到本规定要求且考核优秀的生产企业,国家发展改革委在煤矿项目核准等方面给予优先安排。

第十七条 因地质条件、安全条件等原因,造成采区或者工作面资源无法开采回收的,生产企业应当及时制定处理方案,报省级煤炭行业管理部门审查批准后方可核销。省级煤炭行业管理部门应当将审查结果抄报国务院煤炭行业管理部门,并抄送同级国土资源管理部门。

第十八条 省级煤炭行业管理部门负责审查生产企业的煤矿储量年度报告,将审查结果抄报国务院煤炭行业管理部门,并抄送同级国土资源管理部门。

第四章 加工利用

第十九条 国家鼓励开展选煤技术研发,提高精煤产率。特殊和稀缺煤类应当全部洗选。

第二十条 经洗选加工的优质特殊和稀缺煤类应当优先用于冶金、化工、材料等行业。限制特殊和稀缺煤类作为燃料直接利用。

第五章 法律责任

第二十一条 违反本规定要求,未达到规定回采率的,由煤炭行业管理部门责令限期改正;逾期仍达不到规定回采率的,吊销其煤炭生产许可证。

第二十二条 生产企业有下列情形之一的,由省级煤炭行业管理部门责令限期改正;逾期不改正的,处3万元的罚款。

(一)超过省级煤炭行业管理部门安排的产量限额进行生产的;

(二)未按照本规定第十七条要求制定处理方案并报审核;

(三)未按照本规定第十八条要求报送煤矿储量年度报告。

第二十三条 国家机关工作人员违反本规定,徇私舞弊、玩忽职守、滥用职权的,由其所在机关或者上级机关依法给予处分;构成犯罪的,由司法机关依法追究刑事责任。

第六章 附 则

第二十四条 本规定所称的生产企业,是指从事特殊和稀缺煤类生产的煤矿企业。

第二十五条 本规定由国家发展改革委、能源局负责解释。

第二十六条 省级煤炭行业管理部门可以依据本规定,结合本地区实际制定实施细则,并报国务院煤炭行业管理部门备案。

第二十七条 本规定自发布之日起30日后施行。

附件:

特殊和稀缺煤类矿区范围

省(区、市)	矿区名称	主要煤类	备 注
北京	京西	无烟煤	
河北	开滦	肥煤、焦煤	
	峰峰	肥煤、焦煤、瘦煤	
	邢台	焦煤、瘦煤	
山西	西山	焦煤、肥煤、瘦煤	
	汾西	肥煤、焦煤、瘦煤	
	霍州	肥煤、焦煤、瘦煤	
	霍东	焦煤、瘦煤	
	离柳	焦煤、肥煤、瘦煤	
	乡宁	肥煤、焦煤、瘦煤	
	晋城	无烟煤	
	阳泉	无烟煤	
	潞安	瘦煤	
内蒙古	乌海	肥煤、焦煤	
	包头	焦煤	
辽宁	沈阳	焦煤、肥煤、瘦煤	
黑龙江	鸡西	焦煤、肥煤	
	鹤岗	焦煤	
江苏	徐州	肥煤、焦煤	
	丰沛	肥煤	

附表

省(区、市)	矿区名称	主要煤类	备注
安徽	淮北	肥煤、焦煤、瘦煤	
山东	兖州	肥煤	
	新汶	肥煤	
	枣滕	肥煤	
	巨野	焦煤、肥煤	
	黄河北	焦煤、肥煤、瘦煤、无烟煤	
河南	平顶山	肥煤、焦煤	
	永夏	无烟煤	
	安鹤	瘦煤、无烟煤	
	焦作	无烟煤	
重庆	南桐	焦煤	
	天府	焦煤	
	永荣	焦煤	
四川	攀枝花	焦煤、瘦煤	

附表

省(区、市)	矿区名称	主要煤类	备注
贵州	盘江	肥煤、焦煤、瘦煤	
	水城	肥煤、焦煤、瘦煤	
云南	恩洪	焦煤、瘦煤、无烟煤	
陕西	韩城	焦煤、瘦煤、无烟煤	
青海	木里	肥煤、焦煤、瘦煤	
宁夏	石炭井	焦煤	
	汝萁沟	无烟煤	包括内蒙古古拉本
新疆	阿艾	焦煤	
	温宿博孜敦	肥煤、焦煤、无烟煤	
	艾维尔沟	肥煤、焦煤、瘦煤	
	巴里坤	肥煤、焦煤	
	拜城	焦煤	

注:1/3焦煤和气肥煤分别列入焦煤和肥煤之中。

国土资源部关于规范矿产勘查资源储量成果信息发布的通知

国土资发〔2012〕34号

各省、自治区、直辖市国土资源主管部门,新疆生产建设兵团国土资源局,中国地质调查局及部其他直属单位,国土资源部机关各司局:

为了进一步落实《中共中央宣传部国土资源部关于加强矿产资源信息宣传管理的通知》(国土资发〔1999〕419号)的精神,依据《中华人民共和国政府信息公开条例》(国务院令第492号)的相关规定,现就规范矿产勘查资源储量成果信息发布有关事项通知如下:

一、提高对加强矿产勘查资源储量成果信息发布管理工作重要意义的认识

矿产勘查资源储量成果信息是矿产勘查和矿产开采领域最重要的基础信息,对经济社会发展影响很大,受到社会各界的广泛关注。自1999年《中共中央宣传部国土资源部关于加强矿产资源信息宣传管理的通知》(国土资发〔1999〕419号)发布以来,矿产资源储量综合信息发布逐步规范,但矿产勘查项目资源储量成果信息发布管理薄弱,尤其是新发现的矿产地资源储量成果信息发布工作不够规范。近年来,部分单位或个人随意公开未经依法评审备案的矿产勘查资源储量成果信息,特别是少数夸大甚至虚假的信息,并经媒体广泛传播,已给社会带来了较大负面影响。

为解决矿产勘查资源储量成果信息发布中存在的突出问题,加强信息发布管理工作是当前一项紧迫的任务。2007年国务院发布了《中华人民共和国政府信息公开条例》,规范了政府信息公开工作,对建立矿产勘查资源储量成果信息发布制度具有重要指导意义。省级国土资源主管部门要高度重视这项工作,按照本通知的要求,严格矿产勘查资源储量成果信息发布管理。

二、矿产勘查资源储量成果信息发布的职责分工

矿产勘查资源储量成果信息发布工作实行统一管理、分级负责和主动发布的管理制度。国土资源部和省级国土资源主管部门是信息发布的管理机关,负责管理发布矿产勘查资源储量成果信息。具体职责分工依据《国土资源部关于调整矿业权价款确认(备案)和储量评审备案管理权限的通知》(国土资发〔2006〕166号)规定的评审备案管理权限执行。其中部授权省级国土资源主管部门负责颁发勘查许可证的矿床(煤炭指矿区)资源储量规模达到大型以上的,省级国土资源主管部门应将信息发布的内容报部备案(见附件1),国土资源部在20个工作日内提出备案意见并书面通知省级国土资源主管部门。

发布矿产勘查资源储量成果信息必须是经依法评审备案的资源储量信息,原则上每季度发布一次,特别重要的由国土资源部或省级国土资源主管部门确定并随时发布。

矿业权人应对提交的矿产勘查资源储量成果资料的真实性负责，评审机构对储量评审结论负责，社会公众要有风险意识，充分认识矿产勘查存在的自然风险。

三、矿产勘查资源储量成果信息暂缓发布程序

为维护矿业权人的合法权益，建立矿产勘查资源储量成果信息暂缓发布工作程序。

在矿业权人申请评审备案时，国土资源主管部门应要求矿业权人提出发布信息的意见。矿业权人因商业秘密的原因，可提出暂缓发布矿产勘查资源储量成果信息，并认真填写《矿产勘查资源储量成果信息涉及商业秘密情况说明书》（见附件2）。对于矿业权人提出暂缓发布矿产勘查成果信息，国土资源主管部门认为可能对公共利益造成重大影响的，可依法公开发布，并将有关意见告知矿业权人。

四、矿产勘查资源储量成果信息发布媒体

国土资源部、省级国土资源主管部门门户网站和《中国国土资源报》是矿产勘查资源储量成果信息发布的指定媒体。

重要矿产勘查资源储量成果信息可采取召开新闻发布会的形式发布。

其他矿产资源储量成果信息发布参照本通知执行。省级国土资源主管部门可依据本通知制定信息发布的实施办法并报部备案。

附件：1. 部授权发证矿产勘查资源储量成果信息发布备案表

2. 矿产勘查资源储量成果信息涉及商业秘密情况说明书

国土资源部

2012年2月20日

附件1

部授权发证矿产勘查资源储量成果信息发布备案表

编号：

______省(区、市)国土资源主管部门		联系人	
通讯地址		联系电话	
报告名称		传　真	
拟发布的内容	1. 行政区位(县)： 2. 矿业权人： 3. 勘查许可证号： 4. 勘查单位及资质： 5. 评审备案机关及备案文号： 6. 矿种： 7. 矿产资源储量规模： 8. 查明矿产资源储量(333以上)，平均品位(品级)		

续附件1

提交材料	备案证明复印件等
国土资源部意见	理由符合《国土资源部关于规范矿产勘查资源储量成果信息发布的通知》规定，提交材料齐全，建议予以发布。 经办人：　处负责人：　年　月　日
	综合处意见：
	司领导批示：
备注	

附件2

矿产勘查资源储量成果信息涉及商业秘密情况说明书

编号：

矿业权人			法人代表	
通讯地址			邮政编码	
联系人		联系电话		传　真
信息主要内容	报告名称：			
	主要内容：(包括行政区位(县)、矿业权人、勘查许可证号、勘查单位及资质、评审备案机关及备案文号、矿种、矿产资源储量规模、查明矿产资源储量(333以上)、平均品位(品级))			
原因及期限	原因：(请填写是否涉及矿业权人商业秘密) 拟申请暂缓　月后发布。			
国土资源主管部门意	(理由符合《国土资源部关于规范矿产勘查资源储量成果信息发布的通知》规定，拟同意暂缓 月发布。) (该信息可能对公共利益造成重大影响，建议发布并通知矿业权人。) 经办人：　处负责人：　年　月　日			
	综合处意见：			
	司领导批示：			
备注				

国土资源部关于印发《开采总量控制矿种指标管理暂行办法》的通知

国土资发〔2012〕44 号

各省、自治区、直辖市国土资源主管部门,新疆生产建设兵团国土资源局:

为加强国家实行开采总量控制矿种指标管理,加强优势矿产资源开发的总量控制,防止过渡开采,确保开采总量控制指标的严肃性,国土资源部研究制定了《开采总量控制矿种指标管理暂行办法》,现印发给你们,请遵照执行。

国土资源部

2012 年 3 月 2 日

开采总量控制矿种指标管理暂行办法

第一章　总　则

第一条　为加强国家实行开采总量控制矿种的管理,防止优势矿产资源过度开采,保护和合理利用矿产资源,根据矿产资源法律法规和国务院有关规定,制定本办法。

第二条　本办法所称实行开采总量控制的矿种,包括按国务院要求实行开采总量控制的矿种以及部依据相关规定决定实行开采总量控制的矿种。

第三条　部负责确定全国年度开采总量控制指标,并分配下达到省级国土资源主管部门;省级国土资源主管部门负责本行政区域开采总量控制指标的分解下达和监督管理;市、县级国土资源主管部门负责总量控制指标执行情况的监督管理。

第二章　指标的确定和分配

第四条　部依据全国矿产资源规划以及国家产业政策,综合考虑矿产资源潜力、市场供求状况、资源保障程度、采矿权设置和产能产量等因素,确定年度开采总量控制指标。

第五条　部分配各省(区、市)下一年度开采总量控制指标,可采用基数测算法或定量测算法。具备条件的矿种应实行定量测算法。

基数测算法以本年度下达的开采总量控制指标为基础,结合矿产资源规划、国家区域经济政策及相关因素,确定开采总量控制指标核增核减额度。

核增因素主要包括:国家实施产业布局调整需要增加指标的;矿产资源开发整合到位,产业集中度明显提高的;矿产开发秩序稳定,严格执行总量指标管理制度的;以及需要核增的其他情形。

核减因素主要包括:指标管理责任不落实,年度超指标生产或不按时上报指标执行情况的;矿山安全事故多发的;环境破坏较严重的;未及时查处无证开采、越界开采等违法违规行为的;采矿权未按规定进行有偿处置的;以及需要核减的其他情形。

定量测算法的具体测算公式及说明见附件。

第三章　指标的下达

第六条　部于每年第一季度向各省(区、市)国土资源主管部门下达当年开采总量控制指标。

开采总量控制指标不得跨年度使用,有效期截至当年 12 月 31 日。

第七条　省级国土资源主管部门应于每年 11 月底前向部上报当年指标预计完成情况,提出下一年度开采指标申请,并说明增减理由。

第八条　省级国土资源主管部门根据本辖区内矿山企业的保有资源储量、开发利用情况、资源利用水平等因素,参考矿山企业以往年度开采总量控制指标执行情况,结合市、县级国土资源主管部门意见,对开采总量控制指标实施分配。属于 34 个重要矿种范围的,开采总量控制指标原则上直接分解下达到矿山企业,属于 34 个重要矿种范围以外的,分解下达方式由省级国土资源主管部门决定。

省级国土资源主管部门应在部下达开采总量控制指标的 30 个工作日内将本省(区、市)矿山企业的指标分配情况进行公告并报部备案。

第四章　指标管理

第九条　开采总量控制指标分解下达后,由矿山企业与其所在地县级国土资源主管部门签订责任书,明确权利、义务和违约责任,并向省级国土资源主管部门备案。责任书式样由省级国土资源主管部门负责制定。

第十条 开采总量控制指标执行情况实行季报统计制度。矿山企业应按规定向所在地县级国土资源主管部门报送开采总量控制指标执行情况;所在地国土资源主管部门应按规定逐级审核及时上报。实行月报统计制度的,按有关规定办理。

第十一条 开采总量控制矿种与其他矿种共、伴生的,应纳入开采总量控制指标管理,不得超指标生产。主采矿种属国家紧缺矿种的,经省级国土资源主管部门批准,超总量控制指标开采的,应进行储备,不得销售。

第十二条 矿山企业应建立总量控制矿种的资源储量、产量、销售原始台账及开采总量控制相关管理制度。

第十三条 县级国土资源主管部门应通过核查统计报表、生产台账、资源储量消耗、销售与纳税票据等,切实加强本行政区域开采总量控制指标执行情况的监督检查,应按照责任书的有关要求,对超指标生产的矿山企业,扣减当年或下一年度开采总量控制指标,并追究矿山企业违约责任。

第十四条 部对各地指标执行情况进行核查,对每年度指标执行情况进行通报。对超指标开采严重的省(区、市)责令进行整改,整改不合格的,扣减该省(区、市)下一年度开采总量控制指标,暂停该省(区、市)超指标开采矿种的矿业权配号。

部负责统一开发开采总量控制指标管理信息系统,建立企业生产电子台账,实行责任书在线备案、统计数据网上直报,逐步实现管理全流程信息化。

第五章　附　则

第十五条 省级国土资源主管部门可结合本地实际情况,依据本办法制定具体实施办法。

第十六条 本办法由部负责解释,有效期为五年。

第十七条 本办法自发布之日起实施。

附件:开采总量控制指标定量测算参考公式及说明

附件:

开采总量控制指标定量测算参考公式及说明

各省(区、市)的开采总量控制指标 = 全国开采总量控制指标 × (K1 × 0.7 + K2 × 0.3) ± 调整量。

式中:K1 为产量比例系数。省(区、市)近三年产量/全国近三年产量,0.7 为产量所占权重。超指标开采量不计入计算基数;K2 为产能比例系数。省(区、市)核定的矿山开采规模/全国生产规模,0.3 为产能所占权重;调整量的确定综合考虑以下情形;①上年度超指标生产的,视情节按其超产产量核减当年度不低于超产产量两倍的开采总量控制指标;②因资源开发整合、企业重组、布局调整、秩序整顿等原因影响矿山正常开采活动的,开采总量控制指标可予以调整;③鼓励矿山节约集约利用资源,开采总量控制指标可向矿山资源开发利用水平较好的企业适当倾斜;④国土资源部认定应予以调整的其他情形。

国土资源部关于表彰首届国土资源节约集约模范县(市)的公告

国土资源节约集约模范县(市)创建活动(以下简称“创建活动”)是经国务院主管部门批准、由国土资源部具体组织开展的一项国家级达标评比表彰活动,是落实资源节约优先战略和国家“十二五”规划的重要举措,是通过资源利用方式转变促进经济发展方式转变、推动科学发展的重要平台和抓手。创建活动自2010 年 6 月 25 日第 20 个“全国土地日”全面启动以来,扎实开展了先行试点、建章立制、制定标准、总结模式、宣传引导、考核评选等各项工作。全国各省(区、市)特别是试点县(市)发扬基层首创精神,因地制宜,多措并举,积极探索实践节约集约利用资源的好模式、好机制,资源节约集约利用水平和能力明显提高,节约集约的社会氛围逐步形成。

按照创建活动的总体部署,国土资源部于 2011 年 5 ~ 9 月开展了首届国土资源节约集约模范县(市)评选。经过严格的申报推荐、资格复核、集中评审和实地考核等程序,综合集中评审、实地考核的专家评分和委托国家统计局测评的公众参与性指标得分,产生了拟推荐的首届国土资源节约集约模范县(市)名单。经国土资源部 2011 年第 34 次部长办公会审议通过,在人民网、《中国国土资源报》、国土资源部门户网站进行为期 7 个工作日的公示,并对公示期间有关问题依规处理后,最终确定了 101 个首届国土资源节约集约模范县(市)。

各县(区、市)人民政府是本地区开展国土资源节约集约工作的主体。为表彰先进,进一步激励地方党委政府落实最严格的节约集约用地制度,建立"党委领导、政府负责、部门协调、公众参与、上下联动"的国土资源管理工作新格局,推动经济结构调整和发展方式转变,促进地方经济社会又好又快发展,国土资源部决定授予北京市西城区等101个县(区、市)"首届国土资源节约集约模范县(市)"荣誉称号。希望受表彰的县(区、市)珍惜荣誉,再接再厉,做出新的更大成绩。

当前,我国正处于"十二五"重要战略机遇期,党中央、国务院高度重视资源节约集约利用工作。胡锦涛总书记在中央政治局第三十一次集体学习讲话中强调"建立和完善最严格的土地管理制度,坚持节约集约用地,是贯彻落实科学发展观的题中之义"。温家宝总理在视察国土资源部座谈会上的讲话中提出了"大力推进资源节约集约利用,注重资源保护和合理开发"、"大力推动矿产资源节约和综合利用"的要求。国土资源部号召全国各县(区、市)人民政府要认真贯彻落实胡锦涛总书记和温家宝总理的重要讲话精神,以国土资源节约集约模范县(市)为榜样,大力推进资源节约集约利用工作,将创建活动作为平台与抓手,结合创先争优活动深入开展,充分发挥典型示范带动作用,进一步落实节约优先战略,建立资源节约集约的科学政绩观,广泛凝聚资源节约集约的社会共识。通过推动建立科学高效的国土资源管理工作新格局,全面提升资源节约集约利用水平,深入贯彻落实科学发展观,促进经济社会全面协调可持续发展,为建设资源节约型、环境友好型社会作出更大的贡献。

附件:首届国土资源节约集约模范县(市)名单

国土资源部

2012年2月3日

附件: **首届国土资源节约集约模范县(市)名单(按行政区划排列)**

北京市西城区
北京市石景山区
北京经济技术开发区
天津市东丽区
天津市西青区
天津市武清区
河北省石家庄市藁城市
河北省唐山市唐海县
河北省邢台市内丘县
河北省沧州市黄骅市
河北省承德市宽城满族自治县
山西省太原市万柏林区
山西省朔州市怀仁县
山西省临汾市洪洞县
山西省吕梁市孝义市
辽宁省沈阳市铁西区
辽宁省沈阳市沈北新区
辽宁省大连经济技术开发区
辽宁省丹东市凤城市
吉林省长春市双阳区
吉林省长春市九台市
吉林省松原市前郭尔罗斯蒙古族自治县
黑龙江省齐齐哈尔市泰来县
黑龙江省鹤岗市萝北县
黑龙江省双鸭山市宝山区
黑龙江省绥化市望奎县
上海市静安区
上海市杨浦区
上海市松江区
江苏省无锡市江阴市
江苏省常州市金坛市
江苏省苏州市昆山市
江苏省南通市海门市
江苏省泰州市靖江市
浙江省宁波市鄞州区
浙江省嘉兴市海宁市
浙江省嘉兴市平湖市
浙江省绍兴市绍兴县
浙江省绍兴市诸暨市
安徽省合肥市包河区
安徽省合肥市长丰县
安徽省合肥市肥东县
安徽省铜陵市铜陵县
安徽省六安市霍山县
福建省厦门火炬高新技术产业开发区
福建省三明市清流县
福建省泉州市永春县
福建省龙岩市新罗区
江西省赣州市崇义县
江西省宜春市上高县
江西省上饶市德兴市
山东省济南市历城区
山东省青岛市城阳区
山东省烟台市招远市

山东省潍坊市高密市
山东省泰安市新泰市
山东省临沂市兰山区
河南省焦作市武陟县
河南省许昌市长葛市
河南省三门峡市灵宝市
河南省驻马店市西平县
湖北省黄石市大冶市
湖北省十堰市茅箭区
湖北省宜昌市夷陵区
湖北省咸宁市嘉鱼县
湖南省长沙市望城区
湖南省邵阳市武冈市
湖南省岳阳市汨罗市
湖南省常德市临澧县
广东省广州市萝岗区
广东省深圳市南山区
广东省江门市恩平市
广东省梅州市蕉岭县
广西壮族自治区柳州市柳江县
广西壮族自治区玉林市容县
广西壮族自治区百色市田东县
海南省三亚市
海南省澄迈县
重庆市渝北区
重庆市涪陵区
重庆市大足区
重庆市开县
四川省成都市青白江区
四川省遂宁市射洪县
贵州省贵阳市小河区
贵州省毕节市黔西县
云南省昆明高新技术开发区
云南省曲靖市沾益县
云南省楚雄彝族自治州楚雄市
西藏自治区日喀则地区康马县
陕西省宝鸡市凤县
陕西省渭南市华县
陕西省安康市汉阴县
陕西省商洛市镇安县
甘肃省武威市凉州区
甘肃省平凉市华亭县
青海省海西州格尔木市
青海省海西州大柴旦行委
宁夏回族自治区固原市西吉县
新疆维吾尔自治区巴音郭楞蒙古自治州博湖县
新疆维吾尔自治区阿勒泰地区哈巴河县

国土资源部关于发布《地质勘查单位质量管理规范》推荐性行业标准的公告

国办发〔2012〕54 号

《地质勘查单位质量管理规范》推荐性行业标准已通过全国国土资源标准化技术委员会审查，现予批准、发布，于 2012 年 3 月 30 日起实施。编号如下：

DZ/T0251 - 2012《地质勘查单位质量管理规范》

特此公告

国土资源部
2012 年 3 月 2 日

地质勘查单位质量管理

1. 范围

本标准规定了地质勘查单位质量管理的组织机构设置和职责、资源配置和管理、立项及合同管理、采购管理、项目实施过程管理、质量管理活动的检查、评价与改进等方面的基本要求。

2. 规范性引用文件

下列文件对于本文件的应用是必不可少的。凡是注日期的引用文件，仅注日期的版本适用于本文件。凡是不注日期的引用文件，其最新版本（包括所有的修改单）适用于本文件。

3. 术语和定义

GB/T 19000 和 GB/T 19001 界定的以及下列术语和定义适用于本文件。

3.1 质量 quality

一组固有我满足要求的程度。地质勘查项目设计或成果报告的质量通常采用不合格、合格、良好、优秀等四个等级评述。

3.2 地质勘查单位 gelolgical exploration organization

依法取得地质勘查资质证书齟发大水牟单位。

3.3 地质勘查活动 geological exploration

地质勘查工作行为。分为地质调查、矿产勘查及专业勘查技术服务工作三大类。

地质调查:包括区域地质调查、海洋地质调查、水文地质工程地质环境地质调查。

矿产勘查:包括石油天然气矿产勘查、固体矿产勘查、液体矿产勘查(不含石油)、气体矿产勘查(不含天然气)。

专业勘查技术服务:包括地球物理勘查、地球化学勘查、航空地质调查、遥感地质调查、地质钻(坑)探、地质实验测试。

3.4 地质勘查项目 geological exploration project

以工作地区或客观地质体为研究对象,独立编制地质勘查设计,进行地质调查、矿产勘查及专业勘查技术服务作业,完成既定的地质勘查任务并提交地质勘查成果的工作。

3.5 地质勘查项目设计 geological exploration project design

地质勘查成果实现过程的策划结果。地质勘查项目(含专项)设计分为总体设计和年度(或阶段)设计。

3.6 地质勘查成果 geological exploration result

地质勘查活动的结果。包括地质勘查活动中形成的地质勘查数据、图件、报告等。

3.7 顾客 customer

接收地质勘查成果的单位或个人,一般指地质勘查项目任务下达单位、委托单位(或个人)或招标单位。在某种特定条件下,如追踪顾客满意程度时,也指地质勘查成果使用单位或公众。

3.8 顾客财产 customer property

指供给地质勘查单位使用、构成产品的一部分、并由地质勘查单位保管的顾客提供的资料、样品、设备仪器、软件等。

3.9 外包 contractor

指地质勘查单位净自身承担的地质勘查项目中专业勘查技术服务工作的部分或全部交给具有相应地质勘查资质的单位承担。

3.10 外包方 contractor

指承担地质勘查单位地质勘查项目中部分或全部专业勘查技术服务工作、具有相应地质勘查资质的外协单位。

3.11 外包过程 contracting procedure

指地质勘查单位选择外包方,并由外包方实施外协工作的过程。

3.12 供方 supplier

物资、设备及技术资料、数据的供应商。

3.13 质量管理活动 quality management action

为完成质量管理要求而实施的行动。

3.14 质量管理制度 quality management statute

按某些质量管理要求建立、适用于一定范围的质量管理活动要求。质量管理制度应规定质量管理活动的步骤、方法、职责。质量管理制度一般应形成文件。需要时,质量管理制度可由更加详细的文件要求予以支持。

3.15 质量信息 quality imformation

反映质量和质量活动过程的记录。

3.16 质量管理改进 quality management improvement

在原有质量管理基础上,为提高地质勘查工作质量和质量管理效率,降低质量管理成本而实施的质量管理制度、活动和方法的改进。

4. 质量管理基本要求

4.1 一般规定

地质勘查单位应结合自身特点和质量管理需要,依据 GB/T 19001—2008 要求建立质量管理体系。具有地质实验测试资质的单位除遵循 GB/T19001—2008 要求外,还应按《实验室资质认定评审准则》要求建立质量管理体系。已建立质量管理体系的单位,应按照本规范要求,完善原有的质量管理体系。

地质勘查单位应遵循持续改进的原则,通过质量管理活动的策划,明确其目的、职责、程序和方法。按照策划的结果实施质量管理活动,并提供必要的资源。

地质勘查单位应检查、分析和改进质量管理活动的过程和结果,确定质量管理活动的有效性,明确改进的目标,通过改进质量管理活动提高单位的质量管理水平。

地质勘查单位对与地质勘查活动有关的所有外包过程,应进行质量监控。

4.2 质量方针和质量目标

4.2.1 质量方针

4.2.1.1 地质勘查单位应制定质量方针,质量方针应与本单位的经营管理方针相适应,体现本单位质量管理的宗旨和方向,包括遵守法律、法规,满足任务书/合同约定的质量要求;追求质量管理改进、提高质量管理水平,增强顾客满意程度的承诺。

4.2.1.2 质量方针的内涵应清晰明确,易于理解。

4.2.1.3 质量方针应为制定质量目标提供框架和

基础,便于质量目标的分解和落实。

4.2.1.4 质量方针须经本单位最高管理者批准后生效。

4.2.1.5 质量方针批准后应在单位内部宣传贯彻,确保全体员工执行。

4.2.1.6 质量方针应根据本单位的地质勘查资质类别和资质等级、专业技术能力、质量管理状况、市场环境变化等情况定期进行评审和修订,以确保质量持续适宜性。

4.2.2 质量目标

4.2.2.1 地质勘查单位应根据质量方针制定质量目标,明确质量管理和勘查质量应达到的水平,质量目标应与质量方针保持一致。

4.2.2.2 地质勘查单位应建立质量目标体系,即单位设立质量总目标、相关职能部门设立质量分目标、作业组设立具体质量目标。质量目标应包括满足地质勘查成果要求所需的内容,并应和其他管理目标相协调。

4.2.2.3 质量目标可以长期目标、阶段性目标、年度目标等形式确定,地质勘查单位最高管理者应采取措施,确保质量目标的分解和落实,适时进行考核评审并作必要的修订。质量目标考核结果应作为质量改进的依据。

4.2.2.4 质量目标应可测量,特别在作业层次上应尽可能量化。地质勘查项目的质量目标应体现地质勘查成果的质量等级、可靠性、安全性、可实施性、经济性和时间一。质量目标通常可从以下几个方面考虑确定:

a) 工作质量考核、野外资料验收的合格率、优良率;

b) 地质勘查成果的合格率、优良率;

c) 顾客满意度;

d) 人才培养和培训目标;

e) 设备仪器完好率;

f) 每年创各级别奖项数量;

g) 地质勘查单位认为需要确定的目标。

4.3 质量管理体系的策划和建立

4.3.1 最高管理者应对质量管理体系进行策划。策划的内容包括:

a) 确定质量管理活动、相互关系及活动顺序;

b) 设置质量管理组织机构、分配职责和权限;

c) 建立和完善质量管理制度;

d) 配置质量管理所需的资源。

地质勘查单位可本单位特点和管理模式,将其他必要的日常行政和技术管理工作纳入质量管理体系。

质量管理体系策划时应分析本单位原有的质量管理现状,对照本标准补充、健全和完善质量管理体系,应以有效实施质量方针和实现质量目标为目的,使质量管理体系的建立满足质量管理和质量改进的需要。

最高管理者可委托本单位管理层中其他管理人员负责质量管理体系的建立、实施和改进活动,并通过适当的方式明确其责任和权利。

4.3.2 地质勘查单位应根据质量管理体系的范围倥。地质勘查单位质量管理内容一般包括:

a) 质量方针和质量目标管理;

b) 组织机构设置和职责分配;

c) 人烽资源管理;

d) 基础设施管理;

e) 工作环境管理;

f) 立项、投标及合同管理

g) 实物采购管理;

h) 外包管理;

i) 项目施工过程质量管理;

j) 质量检查与验收;

k) 质量管理活动的评价与改进。

4.3.3 地质勘查单位应建立文件化的质量管理体系。质量管理体系文件应包括:

a) 质量方针和质量目标;

b) 质量手册和程序文件;

c) 作业文件(含各项管理制度、外来文件等);

d) 技术管理、质量管理的各项记录。

4.4 质量管理体系的实施和改进

4.4.1 地质勘查单位应确定和配备质量管理体系运行所需的人员、设备仪器、资金、信息等资源。

4.4.2 地质勘查单位应建立质量管理监督检查和考核机制,确保质量管理制度有效运行。对所有质量管理活动,应采取适当的方式进行监督检查,明确监督检查的职责、依据和方法,对其结果进行分析;根据分析结果明确目标,采取适当的改进措施,提高质量管理活动的有效性。

4.5 文件管理

4.5.1 地质勘查单位应建立并实施文件管理制度,明确文件管理的范围、职责、程序和方法。

4.5.2 文件管理的范围应包括与本单位质量管理活动和专业相关的法律、法规、标准、规范、要求、合同、质量手册、程序文件和作业文件等。

4.5.3 地质勘查单位的文件管理应符合下列规定:

a)文件在发布之前经过批准;

b)根据管理的需要对文件的适用性进行评审,必要时进行修改并重新批准发布;

c)明确并及时获得质量管理活动适用的法律、法规、标准规范和其他要求；

d)及时获取所需文件的适用版本，电子版文件应做好备份和保护工作；

e)文件内容清晰明确；

f)确保各岗位员工明确其工作所依据的引以为荣

g)及时将伤亡文件撤出使用场所或加以明显标识。

4.6 记录管理

4.6.1 地质勘查单位应建立并实施记录管理制度，明确记录的填写、标识、收集、保管、检索、期限和处置等要求。

4.6.2 记录是特殊形式的文件，可以以多种媒介形式出现；应确定记录管理的范围和类别，应在有关文件中明确各岗位的质量活动应形成的记录的内容和形式；记录应便于查找和检索，应明确记录的归档范围、贮存条件和保存期限；要求记录的形成应与质量活动同步。

4.6.3 地质勘查单位应按照《地质资料管理条件》的有关要求建立相应的资料(或技术档案)管理制度，对技术性的质量记录管理，按相应的资料管理制度执行。

5. 组织机构和职责

5.1 一般规定

地质勘查单位应确定适合单位自身特点的组织机构，合理设置管理层次和职能部门，明确规定相应的职责权限并形成文件，确保各项管理活动高效有序。

5.2 组织机构

地质勘查单位应根据质量管理的需要，明确管理层次，在单位内部设置专职或兼职的部门和岗位，负责质量管理的协调和日常管理工作。设置专职或兼职的部门或岗位应符合《地质勘查资质分类分级标准》的有关要求。

5.3 职责和权限

5.3.1 地质勘查单位的最高管理者在确定质量管理方面的职责和权限时，应以贯彻质量方针、实现质量目标、不断增强顾客和社会满意程度为目的。其职责和权限包括：

a) 组织制定质量方针和目标；

b) 建立质量管理的组织机构；

c) 培养和提高员工的质量意识；

d) 建立质量管理体系并确保其有效实话

e) 确定和配备质量管理所需要的资源；

f) 评价和改进质量管理体系。

5.3.2 地质勘查单位应规定专职质量管理部门和岗位的职责和权限，形成文件并传递到各管理层次。

5.3.3 地质勘查单位应规定其他相关职能部门和岗位的质量管理职责和权限，形成文件传递到管理各层次。

5.3.4 地质勘查单位应以文件的形式公布组织机构的变化和职责的调整，并对相关的文件进行更改。

6. 人力资源管理

6.1 一般规定

6.1.1 地质勘查单位应建立并实施人力资源管理制度，包括人力资源的配置、培训、考核、奖惩等。人力资源管理应满足质量管理需要。

6.1.2 地质勘查单位应充分考虑质量管理长远目标，制定人力资源发展规划。

6.2 人力资源配置

6.2.1 地质勘查单位应合理配置人力资源，以满足地质勘查资质类别和资质等级以及所从事的地质勘查活动要求的从业人员数量、专业和能力。

6.2.2 地质勘查单位应以文件的形式确定各岗位任职条件，包括：

a) 专业技能；

b) 所接受的培训及所取得的岗位资格；

c) 能力与意识；

d) 工作经历与经验；

e) 其他附加要求。

6.2.3 地质勘查单位应按照岗位任职条件，采用招聘、调岗、培训等措施，配置相应的人员。

6.3 培训

6.3.1 培训是地质勘查单位提升员工能力、意识、素质的重要途径，是获得必要能力的一种重要手段。应识别培训需求，根据需要制定培训计划，对培训对象、内容、形式及时间作出安排，并组织实施。

6.3.2 地质勘查单位对员工的培训应包括：

a) 质量意识、质量方针和质量目标；

b) 相关的法律法规和标准零落

c) 质量管理制度

d) 技术培训和继续教育等。

6.3.3 地质勘查单位应对培训的效果进行评价，以确定是否达到了培训目标；应建立培训记录，记载教育、培训、技能、经历、评价等情况。

6.4 人力资源调配

地质勘查单位对采用培训的方式仍不能满足某些岗位的能力要求、或人力资源不足时，可通过招聘、外聘或内部人员调剂等措施，确保人力资源满足岗位能力要求。

7. 基础设施管理

7.1 一般规定

7.1.1 地质勘查单位应建立并实施基础设施管理制度。对基础设施的配置、设备仪器的作用、维护 、校验等作出规定,明确各层次及有关岗位在基础设施管理中的职责。

7.1.2 地质勘查单位应按照自身规模、地质勘查资质类别和资质等级及所从事的地质勘查活动业务范围等要求,配置和管理基础设施。

7.1.3 基础设施分为自有设施和租赁设施。租赁设施的管理与自有设施的管理要求相同。

7.2 基础设施配置

地质勘查单位应根据地质勘查专业和生产过程特点,配置基础设施。基础设施包括:

a) 固定的工作场所。包括办公室、资料室(或技术档案室)、实验室、库房(含实物资料库)和野外工作设施等;

b) 勘查设备仪器和软件。包括填图设备、物探设备、化探设备、遥感设备、钻探设备、坑探设备、实验测试设备、海洋勘查船、航空调查飞机、取样设备、定位仪器、测绘设备、计算机台站等,以及数字处理软件;

c) 支持性服务。包括必要的信息系统、通信、运输和印制等服务设施,以及安全设施、保密设施、应对恶劣自然条件或突发事件的援救预案等。

7.3 勘查设备仪器的校验

地质勘查单位应建立勘查设备仪器校验制度,对勘查设备、食品的校验实施控制。内容包括:

a) 前对设备仪器的检定或校准;

b) 有规定必送检定机构检定的勘查设备仪器,按检定周期检定或校准;

c) 未规定必送检定机构检定的勘查设备仪器、按自检规程检定或校准;

d) 发现勘查设备仪器失准时,检查和确认该勘查设备、仪器以往测量数据的有效性,采取适当措施;

e) 勘查设备仪器上使用的软件,在使用前确认;

f) 勘查设备仪器检定或校准记录。

7.4 勘查设备仪器的使用与维护

7.4.1 地质勘查单位应建立和完善勘查设备、仪器管理规章制度,明确设备的使用者和管理者的职责权限和管理要求。

7.4.2 勘查设备、仪器的操作应符合相关规范、规程的要求,在使用前和使用中应按有关规定进行维护、保养,确保其处于良好运行状态。

7.4.3 租赁、借用其他单位的设备食品、资料和工具,应确保做到使用前检查,使用中维护和使用后验证,以保持所用设备完好。

8. 工作环境管理

8.1 一般规定

8.1.1 地质勘查单位应建立和完善室内、室外环境及保密、安全管理制度,明确管理部门的职责、权限和管理方法。

8.1.2 地质勘查单位应提供适宜的工作环境,如温度、湿度、卫生、通风、照明和生产安全等方面应符合规定要求。

8.1.3 工作环境包括室内工作环境、野外工作环境和档案保管环境。地质勘查单位应对工作环境实施管理。

8.1.4 肯有甲级地质勘查资质的单位还应提供符合有关规定的实物资料库,以满足本标准 8.1.2 和 8.1.3.

8.2 室内工作环境

地质勘查单位的办公室、实验室、设备仪器库房等,应确保卫生、安全、防盗、保密,保持室内温度、湿度适宜;室内工作环境应有相关管理部门的人员维护。

8.3 野外工作环境

8.3.1 地质勘查单位应建立朝外工作安全保障制度,明确安全管理的职责、权限和管理方法。

8.3.2 地质勘查单位应在野外作业前,熟悉和了解环境中存在的危险因素,采取必要的措施避险,必要时应配备安全防护设备和救援设备,确保野外施工作业环境安全、适宜。

9. 立项、投标及合同管理

9.1 一般规定

9.1.1 地质勘查单位应建立并实施地质勘查项目立项、投标及合同管理制度,规定各管理层次和部门在立项、投标及合同管理中的职责和权限。

9.1.2 地质勘查单位应通过立项、投标及合同管理活动,确保充分了解任务来源单位及相关方对地质勘查项目的要求,并有能力实现这些要求。

9.1.3 地质勘查单位应在投标或签约前,对项目的立项、招标等行为的合法性进行验证。9.1.4 地质勘查单位应在签约后,对履约情况进行监控。

9.2 立项、投标及签约

9.2.1 地质勘查单位应在立项、投标及签约前,明确项目的要求,包括:

a) 任务来源单位明示的要求;

b) 任务来源单位未明示,但应满足的要求(如行业惯例要求、安全性要求等);

c) 与地质勘查项目设计、施工、验收等有关的法律、法规和标准、规程、规范要求;

d) 其他要求(如单位内部要求、对任务来源单位的承诺等)。

9.2.2 地质勘查单位应通过评审,在确认具备满足项目要求的能力后接受委托、投票和签约,应保存评审、投标和签约的相关记录。

9.3 合同管理

9.3.1 地质勘查单位应使熟读枯叶主人员掌握合同的要求,并保存相关记录。

9.3.2 地质勘查单位对项目实施过程中发生的合同变更,应经相关职能部门、任务来源等单位书面形式签字认可,并作为合同的组成部分。地质勘查单位对合同变更信息的接收、确认和处理的职责、流程和方法应符合相关规定,与合同变更有关的文件应及时传递并实施。

10. 物采购管理

10.1 一般规定

10.1.1 实物采购包括地质勘查单位为完成地质勘查项目所需购买的原材料、设备仪器、数据、软件、地质资料等,实物采购须执行单位批准的采购计划。

10.1.2 地质勘查单位应建立实物采购管理制度,对实物采购过程进行管理;政府采购应按照有关规定执行;抢险救灾物资采购可直接按国家、行业部门的指令实施采购。

10.2 供方的选择

10.2.1 地质勘查单位按照管理制度中规定的标准和评价方法,根据所需采购实物的要求,经调查、评价、选择后确定合适的供方。并保存调查、评价和选择供方的记录。对供方的评价内容应包括:

a) 经营资格和信誉;

b) 供货能力;

c) 价格;

d) 售后服务等。

10.2.2 地质勘查单位应在必要时对代言进行再评价。

10.2.3 地质勘查单位应根据评价结果建立合格供方名录,在合格供方名录内实施采购,并与供方签订实物采购合同。通常,采购产品名称、品种、规格、型号、数量、主要技术质量指标、包装要求、验收方法、交货方式、交货期限、交货地点、售后培训、服务等与质量有关的条款必须在采购合同中体现。

10.3 采购产品的验收

地质勘查单位应按采购合同要求,对采购的产品进行验收;必要时应到供方现场进行验证。验收的过程、记录等应符合有关规定。未经验收的产品不得用于地质勘查项目。

10.4 采购产品的管理

10.4.1 地质勘查单位应在实物采购管理制度中明确对采购产品的管理要求。

10.4.2 地质勘查单位应按规定对采购的产品进行标识、贮存、保管、搬运和防护,发现问题及时处理。

10.5 顾客财产管理

10.5.1 地质勘查单位应按照有关规定,对顾客财产进行识别和管理。

10.5.2 地质勘查单位对顾客财产在验收、使用过程中出现的问题,应做好记录并及时向顾客报告,按照有关规定处理。

11. 外包管理

11.1 一般规定

11.1.1 地质勘查项目不允许整体外包,只允许地质勘查项目中的专业勘查技术服务工作外包。外包方不得将外包工作转包。

11.1.2 地质勘查单位应建立并实施外包管理制度,明确各管理层次和部门在外包管理活动中的职责和权限,对外包过程实施管理。

11.1.3 地质勘查单位应对外包的专业勘查技术服务承担责任。

11.2 外包方的选择

11.2.1 地质勘查单位应按照外包管理制度中规定的标准和评价方法,根据所需外包内容的要求,评价和选择合适的外包方,并保存评价和选择外包方的记录。对外包方的评价内容包括:

a) 法人资格证明文件、营业执照和地质勘查资质证书;

b) 以往工作业绩和执业信誉;

c) 人员和专业能力;

d) 设备能力;

e) 价格;

f) 质量、安全保证能力;

g) 交付能力和交付后的服务能力。

11.2.2 地质勘查单位应在必要时对外包方进行再评价。

11.2.3 地质勘查单位应根据评价结果建立合格外包方名录,在合格外包方名录内实施外包,并与外包方签订外包合同或协议。外包工作内容、工作方案和技术要求,对外包方人员的资格要求,对外包方设备、管理、验收要求以及质量管理体系要求等应在外包合同或协议内容中体现。

11.3 外包过程控制

11.3.1 地质勘查单位应在专业勘查技术服务外包过程实施前,对从事外包的有关人员进行施工或服务要求的技术交底;审核批准外包方编制的工作设计或实施议案确认外包方从业人员的资格与能力;验证外包方的主要原材料、设备和设施、质量管理体系运行情况等。

11.3.2 地质勘查单位应按外包管理制度要求,对外包过程进行监督检查和验收,发现问题及时向外包方提出整改要求并跟踪复查;对于具有特殊技术质量要求或复杂程度较高的外包服务,必要时可派出专业人员对外包服务进行现场监管。保存相关记录。

12. 目实施过程的质量管理

12.1 一般规定

12.1.1 地质勘查单位应建立并实施项目质量管理制度,对项目设计、野外施工、室内资料整理、综合研究和报告编写等过程予以控制。

12.1.2 地质勘查单位应相关管理制度中规定各管理层次在项目质量管理方面的职责和权限,明确管理活动的具体内容和方法。对项目的质量检查应符合第13章的规定。

12.2 策划

12.2.1 地质勘查单位在项目实施前,应按规定的职责对项目实施过程的质量管理进行策划。内容包括:

a) 质量目标和要求;

b) 质量管理组织和职责;

c) 实施管理依据的文件(包括内、外部文件);

d) 人员、技术、设备等资源的需求和配置;

e) 各阶段管理活动及评定标准;

f) 实施和管理应形成的刻录

g) 与任务来源单位的沟通方式;

h) 应收集的信息及传递要求;

i) 质量管理的其他要求。

12.2.2 地质勘查单位应将策划的结果形成文件并在实施前得到批准,策划的结果应得到本单位技术主管部门的认可。

12.3 设计

12.3.1 地质勘查单位进行设计书编写时,应明确职责,策划并实施对项目设计的管理,并形成记录。

12.3.2 地质勘查单位应根据任务来源单位要求,按地质勘查国家标准、行业标准或合同要求的有关规定编写项目设计书

12.3.3 对项目设计书应根据任务来源单位要求组织评审。评审后,地质勘查单位应按设计评审意见假性完善设计书。设计初审意见书、专家评审意见书、设计审查意见书及设计书修改说明等文件应予保留。

12.3.4 地质勘查单位应按任务来源单位的设计审批意见书实施项目。若出现非主观因素导致设计无法执行时,地质勘查单位应以书面形式向任务来源单位提出变更设计要求,并发行相应的变更手续,未经批准,不得擅自变更设计。

12.4 野外施工

12.4.1 地质勘查项目在野外施工前,应依据项目实施过程质量管理策划结果进行施工准备,配置和提供充分而适宜的人员、资料、设备仪器和后勤保障条件,确保野外工作按时开工。主要包括:

a) 组成专业结构合理的项目组,划分组内成员职责权限,明确工作任务,进行技术交底;

b) 做好施工方案或工作计划,尤其对关键过程和特殊过程要严格管理,对各阶段管理活动应做出安排;

c) 收集与工作相关的法律法规、标准规范、作业文件、管理文件和技术资料等,若现行标准规范、作业文件不能满足项目工作需要时,编制树大根深作细则;

d) 项目野外工作所需设备、仪器、物资、车辆等;

e) 按规定在作业前校验生产所需测量仪器设备,确保满足精度要求。

12.4.2 地质勘查项目在野外施工中,应落实作业中的质量责任制,合理安排施工进度,对施工过程进行质量控制,确保野外工作正常实施。主要包括:

a) 按项目设计书、标准规范、作业文件、管理文件的要求进行施工作业;

b) 做好项目日常工作管理(含原始资料的核对和整理、文件管理、资料管理、设备保养与维护、安全管理等);

c) 执行三级质量检查制度,开展自检互检和抽查,发现质量问题,及时纠正,必要时返工或补工,确保项目的施工技师

d) 按要求定期编写工作报告。

12.4.3 地质勘查项目在野外施工后,应依据标准规范要求,对获取的野外原始资料、地质试验测试结果、处理数据结果等资料进行室内纵使整理,编制相关图、表,对室内综合整理的控制主要包括:

a) 安排专人负责,并配备相关专业技术人员;

b) 确认原始资料质量验收合格后,方可进行综合整理;

c) 按照有关规范、规程和规定的要求进行资料综合整理,编制综合图件和图表,做到系统化、规范化;

d) 及时解决室内资料整理中发现的问题。

12.5 综合研究和成果报告编写

地质勘查项目野外验收通过后,应进行综合研究和报告编写,对此阶段的质量控制包括:

a) 在对综合整理的资料进行归纳、对比、分析的基础上,开展综合研究,总结地质规律,提升地质认识,为编制成果报告提供系统完整的地质资料;

b) 成果报告编写前应对拟定的成果报告编写提纲进行讨论,确定成果报告编写内容、附图和附表后,按规定要求编写成果报告。

13. 项目质量检查与验收

13.1 一般规定

13.1.2 地质勘查单位应建立和验收管理制度,明确各管理层次质量检查和验收的职责和权限,规定质量检查和验收活动的内容、依据、方式和方法,并按有

关规定做好项目质量检查、验收等工作。

13.1.3 地质勘查单位应制定年度项目质量检查、验收计划,经批准后组织实施,应保存质量检查、验收记录。

13.2 质量检查

13.2.2 地质勘查单位应在项目实施过程(含分包过程)中,依据项目管理要求和标准规范对项目阶段成果和最习题集成果进行质量检查,发现问题及时处置,以确保地质勘查成果满足要求。

13.2.3 地质勘查单位在项目野外工作验收前,应对提交验收的资料进行系统全面的检查。

13.2.4 地质勘查单位对质量检查记录的管理应符合相关规定。

13.3 项目验收

13.3.2 地质勘查单位应按盯着管理规定要求进行项目野外验收或室内资料验收。

13.3.3 地质勘查单位应对验收后返工、补工和资料完善情况予以控制,确认达到要求后方可开展综合研究和编写成果报告。

13.4 成果评审

13.4.2 地质勘查单位在成果报告编写后按相关规定组织评审,或送交任务来源单位评审,应对成果报告的修改完善情况予以控制。

13.4.3 成果报告通过评审后,应按规定进行地质资料汇交、成果归档等工作,并做好地质勘查成果交付及交付后的技术服务等工作。

13.5 地质勘查项目质量问题的处置

13.5.2 地质勘查单位应建立地质勘查项目质量问题处置制度,规定对发现问题进行有效控制的职责权限和处置流程。

13.5.3 地质勘查单位应按制度要求对出现的一般质量问题进行处置,并对处置的结果进行验证;对出现的严重质量问题和质量事故必须及时处理,查明原因;出现重大质量事故应及时上报熟读苦于。质量问题处置和质量事故处理的记录应予保留。

14. 质量管理活动的评价与改进

14.1 一般规定

14.1.2 地质勘查单位应建立质量管理活动的评价与改进制度,明确各层次、各岗位对质量信息收集、分析、利用和质量管理改进的职责和,对质量管理活动进行监督检查与评价,通过内部质量管理体系审核、管理评审和日常的监督检查,促进质量管理活动的改进。

14.1.3 地质勘查单位应明确质量管理活动的作用边界,全面分析评价管理制度的效力和存在的问题,充分考虑潜在的或不确定的影响因素,制定并执行有效的质量事故防范措施,通过持续改进保持质量管理制度的适宜性和有效性。

14.2 质量管理活动的监督检查与

14.2.1 地质勘校尖对各管理层次的质量管理活动实施监督检查,明确监督检查与评价的职责、频度与方法,对检查中发现的问题应及时提出书面整改要求,监督实施并验证整改效果。监督检查的内容包括:

a) 法律法规和标准规范执行情况;

b) 质量管理制度和其他支持性文件实施情况;

c) 岗位职责落实和质量目标实现情况;

d) 项目质量管理策划结果实施情况;

e) 本单位和任务来源单位整改要求落实情况;

f) 合同发行情况等。

14.2.2 地质勘查单位应对质量管理体系实施年度内部审核和评价,对审核中发现的问题及其原因提出书面整改要求,并跟踪其整改结果。应建立和保存监督检查、审核、评价的记录,并将所发现的问题及整改结果作为质量管理改进的重要信息。

14.3 质量信息的收集利用

14.3.1 地质勘查单位应明确为正确评价质量管理体系的适宜性和有效性所需收集的质量信息及其来源、渠道、方法和职责。收集的信息应包括:

a) 质量方针、质量目标实现情况;

b) 法律法规、规章制度和标准规范执行情况;

c) 各种形式的工作检查、验收、评审、审核结果;

d) 市场需求;

e) 顾客满意度信息。

14.3.2 地质勘查单位的各管理层次应按职责权限的规定,对收集到的质量信息进行汇总、传递和分析,判断质量管理状况和质量目标的实现程度,识别需要改进的方面和机会,采取改进措施。

14.4 质量管理改进

14.4.1 地质勘查单位应通过质量方针、质量目标、内部质量管理体系审核、管理评审等对质量管理体系进行分析和评价,提出改进目标,制定和实施改进措施,跟踪改进的效果;分析项目工作质量、质量管理活动中存在或潜在问题的原因,采取适当措施,并验证措施的有效性。

14.4.2 地质勘查单位可根据质量管理分析、评价的结果,确定质量管理改进的目标及措施,并跟踪反馈实施结果。

14.4.3 地质勘查单位应保持质量管理改进的记录。

国土资源部关于第二批国家级绿色矿山试点单位名单的公告

2012年第8号

各省、自治区、直辖市国土资源主管部门，中国地质调查局及部其他直属单位，部机关各司局：

按照《国土资源部关于贯彻落实全国矿产资源规划发展绿色矿业建设绿色矿山工作的指导意见》（国土资发〔2010〕119号）文件要求，经矿山企业申请、省级国土资源主管部门推荐、专家评估及社会公示，确定北京昊华能源股份有限公司大安山煤矿等183家单位为第二批国家级绿色矿山试点单位，现予以公告。

附件：第二批国家级绿色矿山试点单位名单

国土资源部

2012年3月23日

附件：

第二批国家级绿色矿山试点单位名单

北京

1. 北京昊华能源股份有限公司大安山煤矿
2. 北京昊华能源股份有限公司木城涧煤矿
3. 北京密云县放马峪铁矿
4. 北京建昌矿业有限责任公司太师屯铁矿
5. 北京市长流水采石场

河北

1. 河北冀中能源峰峰集团有限公司梧桐庄矿
2. 河北冀中能源邯郸矿业集团云驾岭煤矿
3. 河北冀中能源股份有限公司东庞煤矿
4. 河北冀中能源股份有限公司邢东煤矿
5. 河北钢铁集团滦县司家营铁矿有限公司（司家营铁矿）
6. 河北滦平金锴矿业有限公司（周台子铁矿）
7. 河北钢铁集团矿业有限公司庙沟铁矿
8. 河北易县葡萄山铁选厂野鸭沟铁矿
9. 河北金厂峪矿业有限责任公司（金厂峪金矿）
10. 河北张家口弘基矿业有限责任公司黄土梁金矿
11. 开滦（集团）有限责任公司唐山矿业分公司（唐山煤矿）

河南

1. 河南神火煤电股份有限公司新庄煤矿
2. 河南大有能源股份有限公司常村煤矿
3. 河南平顶山天安煤业股份有限公司一矿
4. 河南省正龙煤业有限公司城郊煤矿
5. 河南洛阳栾川钼业集团股份有限公司三道庄钼矿
6. 河南发恩德矿业有限公司洛宁县月亮沟铅锌银矿
7. 河南灵宝市金源矿业有限责任公司金源二矿
8. 河南灵宝黄金股份有限公司灵金一矿
9. 河南嵩县金都矿业有限责任公司萑香洼金矿
10. 河南嵩县丰源钼业有限责任公司雷门沟钼矿

山东

1. 山东新巨龙能源有限责任公司（龙固煤矿）
2. 山东龙口煤电有限公司北皂煤矿
3. 山东泰丰矿业集团有限责任公司王家寨煤矿
4. 山东济矿鲁能煤电股份有限公司阳城煤矿
5. 山东聚源矿业集团有限公司聚源煤矿
6. 山东金岭矿业股份有限公司召口矿
7. 山东莱芜钢铁集团莱芜矿业有限公司马庄铁矿
8. 山东金洲矿业集团有限责任公司金青顶（金）矿区
9. 山东美银膏业有限公司左庄石膏矿
10. 山东烟台宜陶矿业有限公司李家夼（长石）矿区

广东

1. 广东中金岭南有色股份有限公司凡口铅锌矿
2. 广东大宝山矿业有限公司大宝山多金属矿
3. 广东韶关瑶岭矿业有限公司瑶岭钨矿
4. 广东广业云硫矿业有限公司云浮硫铁矿

广西

1. 广西东怀矿业有限公司东怀煤矿一号井
2. 广西高峰矿业有限责任公司锡矿
3. 广西桂华成有限责任公司珊瑚钨矿
4. 广西华锡集团股份有限公司铜坑矿
5. 广西德保铜矿
6. 广西佛子矿业有限公司佛子冲铅锌矿

7. 广西贵港市金地矿业有限责任公司龙头山金矿

山西

1. 山西潞安集团余吾煤业公司（屯留煤矿）
2. 山西晋城无烟煤矿业集团有限公司寺河煤矿
3. 大同煤矿集团大同地煤青磁窑煤矿
4. 山西汾西紫金煤业公司（紫金煤矿）
5. 大同煤矿集团公司晋华宫矿
6. 山西华晋焦煤公司沙曲煤矿
7. 山西霍州煤电集团有限责任公司团柏煤矿
8. 大同煤矿集团朔州朔煤王坪煤电有限责任公司（王坪煤矿）
9. 大同煤矿集团轩岗煤电有限责任公司刘家梁煤矿
10. 山西长平煤业有限责任公司（长平煤矿）
11. 山西新景矿煤业有限责任公司（新景煤矿）

陕西

1. 陕西鄂尔多斯盆地安塞油田
2. 陕西洛南县九龙矿业有限公司王河沟钼矿
3. 陕西太白黄金矿业有限责任公司新星金矿
4. 西北有色地质勘查局二里河铅锌矿

安徽

1. 安徽五沟煤矿有限责任公司五沟煤矿
2. 安徽铜陵有色冬瓜山铜矿
3. 安徽滁州市铜鑫矿业有限责任公司琅琊山铜矿
4. 安徽省濉溪县刘楼铜铁（金）矿
5. 安徽大昌矿业集团有限公司吴集铁矿
6. 安徽铜陵海螺水泥有限公司石灰石矿
7. 安徽省庐江县何家大岭铁矿
8. 安徽铜陵化工集团新桥矿业有限公司（新桥硫铁矿）
9. 淮北矿业股份有限公司桃园煤矿

云南

1. 云南省东源煤电股份有限公司后所煤矿
2. 云南迪庆矿业开发有限责任公司羊拉铜矿
3. 云南驰宏锌锗股份有限公司会泽分公司（会泽铅锌矿）
4. 云南玉溪矿业有限公司大红山铜矿
5. 云南磷化集团公司晋宁磷矿
6. 云南磷化集团公司尖山磷矿
7. 云南文山斗南锰业股份有限公司斗南锰矿

辽宁

1. 辽宁抚顺矿业集团有限责任公司东露天矿
2. 辽宁抚顺罕王傲牛矿业股份有限公司（傲牛铁矿）
3. 辽宁本溪钢铁（集团）矿业有限责任公司歪头山铁矿
4. 辽宁省排山楼黄金矿业有限责任公司（排山楼金矿）
5. 中国有色集团抚顺红透山矿业有限公司（红透山铜矿）

黑龙江

1. 黑龙江龙煤矿业集团股份有限公司鹤岗分公司新岭煤矿
2. 黑龙江龙煤矿业集团股份有限公司七台河分公司龙湖煤矿
3. 黑龙江龙煤矿业集团股份有限公司鹤岗分公司峻德煤矿
4. 黑龙江龙煤矿业集团股份有限公司双鸭山分公司新安煤矿
5. 黑龙江大兴安岭古莲河露天煤矿
6. 黑龙江龙煤矿业集团股份有限公司双鸭山分公司东荣二矿
7. 黑龙江哈尔滨松江钼业有限公司五道岭钼矿
8. 沈阳煤业（集团）鸡西盛隆矿业有限责任公司新城煤矿

吉林

1. 吉林长春羊草煤业股份有限公司羊草沟煤矿一矿
2. 吉林长春羊草煤业股份有限公司羊草沟煤矿二矿
3. 吉林通化矿业集团公司道清煤矿
4. 吉林八宝煤业有限责任公司（松树镇煤矿八宝采区）
5. 吉林通钢集团板石矿业有限责任公司上青矿
6. 吉林通钢集团板石矿业有限责任公司井下矿

内蒙古

1. 内蒙古伊泰京粤酸刺沟矿业有限责任公司酸刺沟煤矿
2. 内蒙古华能伊敏煤电有限责任公司露天矿
3. 内蒙古伊泰集团有限公司大地精煤矿
4. 内蒙古神东天龙集团武家塔露天煤矿
5. 内蒙古银都矿业有限公司拜仁达坝银多金属矿
6. 内蒙古赤峰山金红岭有色矿业有限责任公司红岭铅锌矿
7. 内蒙古黄岗矿业有限责任公司黄岗铁矿
8. 内蒙古大中矿业股份有限公司书记沟铁矿
9. 内蒙古阿拉善左旗和彤池盐业有限责任公司和彤池盐湖矿

10. 中国黄金集团内蒙古矿业有限公司新巴尔虎右旗乌努格吐山铜钼矿

福建

1. 福建马坑矿业股份有限公司马坑铁矿
2. 福建金东矿业股份有限公司丁家山铅锌矿

四川

1. 四川南江煤电有限责任公司南江煤矿
2. 四川嘉阳集团公司（嘉阳煤矿）
3. 四川凉山矿业股份有限公司四川省拉拉铜矿
4. 四川里伍铜业股份有限公司里伍铜矿
5. 四川安宁铁钛股份有限公司潘家田铁矿
6. 四川峨胜水泥集团股份有限责任公司峨胜采矿场
7. 攀钢集团矿业有限公司兰尖—朱家包包铁矿

重庆

1. 重庆中梁山煤电气有限公司矿业分公司南井煤矿
2. 重庆南桐矿业有限责任公司南桐煤矿
3. 重庆永荣矿业有限公司韦家沟煤矿
4. 重庆松藻煤电气有限责任公司打通一煤矿
5. 重庆钢铁集团矿业有限公司景星白云石矿

宁夏

1. 神华宁夏煤业集团有限责任公司枣泉煤矿
2. 神华宁夏煤业集团有限责任公司汝箕沟煤矿
3. 神华宁夏煤业集团有限责任公司任家庄煤矿
4. 宁夏王洼煤业有限公司王洼煤矿

甘肃

1. 甘肃窑街煤电集团天祝煤矿有限责任公司（天祝煤矿）
2. 甘肃窑街煤电集团有限公司三矿
3. 甘肃省西和县三联矿业有限公司(三和县三联铅锌矿)
4. 甘肃肃北县金鹰黄金有限责任公司鹰咀山金矿
5. 甘肃岷县天昊黄金有限责任公司鹿峰金矿
6. 甘肃玛曲格萨尔黄金实业股份有限公司大水金矿
7. 甘肃徽县宏远矿业有限责任公司天坪金矿
8. 甘肃省合作早子沟金矿有限责任公司（早子沟金矿）

湖南

1. 湖南天泰煤业有限公司（腊树垭煤矿）
2. 湖南衡阳远景钨业有限责任公司大皂工区（杨林坳矿区）
3. 湖南有色新田岭钨业有限公司（新田岭钨矿）
4. 湖南宝山铅锌银矿
5. 湖南省新邵县龙山金锑矿
6. 湖南沅陵沃溪金锑钨矿
7. 湖南有色金属股份有限公司黄沙坪矿业分公司（黄沙坪铅锌矿）
8. 湖南省湘衡盐化有限责任公司（湘衡盐矿）
9. 湖南省七宝山硫铁矿
10. 湖南黄金洞矿业有限责任公司（黄金洞金矿）

湖北

1. 湖北宝源广得资源有限公司马河煤矿
2. 湖北大冶有色金属股份有限公司铜绿山铜铁矿
3. 武汉钢铁集团矿业有限责任公司大冶铁矿
4. 湖北宜昌华西矿业有限责任公司华兴磷矿
5. 湖北柳树沟矿业股份有限公司丁西磷矿
6. 湖北双环化工集团有限公司盐厂水采矿区
7. 湖北兴山县兴盛矿产有限公司兴隆磷矿
8. 湖北尧治河化工股份有限公司尧治河磷矿
9. 湖北杉树垭矿业有限公司杉树垭磷矿区东部矿段
10. 湖北省黄麦岭磷化工有限责任公司黄麦岭磷矿

江西

1. 江西煤业集团有限责任公司安源煤矿
2. 江西耀升工贸发展有限公司茅坪钨钼矿
3. 江西方圆（德安）矿业投资有限公司（尖峰坡锡矿）
4. 江西省营前矿业有限公司蕉里铅锌矿
5. 江西新余良山矿业有限责任公司（良山铁矿）

贵州

1. 贵州盘江精煤股份有限公司土城煤矿
2. 贵州金兴黄金矿业有限责任公司紫木凼金矿
3. 贵州紫金矿业股份有限公司水银洞金矿
4. 贵州瓮福（集团）有限责任公司瓮福磷矿

青海

1. 义煤集团青海义海能源有限责任公司大煤沟煤矿
2. 青海西部矿业股份有限公司锡铁山铅锌矿
3. 青海盐湖工业股份有限公司察尔汗盐湖钾镁盐矿

江苏

1. 江苏苏州市小茅山铜铅锌矿
2. 南京银茂铅锌矿业有限公司栖霞山铅锌矿
3. 江苏句容台泥水泥有限公司矽锅顶水泥灰岩矿
4. 江苏徐州铁矿集团有限公司（利国铁矿）

5. 南京钢铁集团冶山矿业有限公司冶山铁矿
6. 南京梅山冶山发展有限公司梅山铁矿
7. 江苏镇江韦岗铁矿有限公司韦岗铁矿
8. 中国高岭土公司（苏州高岭土矿）

浙江

1. 浙江省杭州建铜集团有限公司建德铜矿
2. 浙江省遂昌金矿有限公司（遂昌金矿）
3. 浙江龙泉市砩矿有限责任公司（八都萤石矿）
4. 浙江省东阳市忠信堂萤石矿
5. 浙江富阳山亚南方水泥有限公司大同石灰岩矿
6. 浙江湖州南方矿业有限公司大煤山石灰石矿
7. 浙江湖州市菱湖东林镇平山矿区
8. 浙江漓铁集团有限公司（漓渚铁矿）

海南

1. 海南矿业股份有限公司昌江县石碌铁矿

西藏

1. 西藏华泰龙矿业开发有限公司甲玛铜多金属矿

国土资源部关于印发《全国地质灾害防治“十二五”规划》的通知

国土资发〔2012〕73号

各省、自治区、直辖市及副省级城市人民政府，新疆生产建设兵团：

《全国地质灾害防治“十二五”规划》已经国务院批准，现印发给你们。请认真做好组织实施，确保实现各项目标和任务。

附件：全国地质灾害防治“十二五”规划

国土资源部

2012年4月19日

附件：

全国地质灾害防治“十二五”规划

前　言

为积极主动做好地质灾害防治工作，深入贯彻落实科学发展观，认真贯彻落实《国务院关于加强地质灾害防治工作的决定》（2011）精神，将“以人为本”的理念贯穿于地质灾害防治工作各个环节，保障经济社会全面协调可持续发展，依据《中华人民共和国国民经济和社会发展第十二个五年规划纲要》（2011）和《地质灾害防治条例》（2003）等，制定本规划。

规划对象是《地质灾害防治条例》规定的六种地质灾害类型，包括自然因素或者人为活动引发的危害人民生命和财产安全的山体滑坡、崩塌、泥石流、地面塌陷、地裂缝、地面沉降等与地质作用有关的灾害。《规划》的基准年为2010年，以2011～2015年为规划期，展望到2020年。规划范围为除香港特别行政区、澳门特别行政区、台湾省以外的31个省、自治区、直辖市。

本项规划充分考虑了与《全国中小河流治理和病险水库除险加固、山洪地质灾害防御和综合治理总体规划》（2011）、《三峡后续工作规划》（2011）、《甘肃舟曲县城地质灾害防治专项规划》（2010）、《青海玉树地震灾区地质灾害防治规划》（2010）和《国家综合防灾规划（2011～2015年）》的衔接，避免了重复规划建设问题。

一、地质灾害防治现状与需求

（一）地质灾害现状

我国因地质灾害造成人员伤亡和经济损失较为严重。据统计，1996～2010年（2010年甘肃舟曲特大山洪泥石流灾害除外）的15年中，平均每年因突发滑坡、崩塌、泥石流等地质灾害死亡和失踪1090人，年均经济损失约120亿～150亿元。特别是2010年，全国因地质灾害造成2246人死亡、669人失踪、534人受伤，其中仅舟曲“8·8”特大山洪泥石流灾害就造成1501人死亡、264人失踪。缓变性地面沉降造成的经济损失也十分严重。

据1999年以来以县（市）为单元的地质灾害调查，全国除上海外各省、自治区、直辖市均存在滑坡、崩塌、泥石流灾害。截至2010年年底，已记录编目的灾害隐患点约24万处，直接威胁人口达1359万人，受影响人口预计6795万人。

其中，四川、重庆、云南、贵州、江西、广西、广东、福建、陕西、湖南、山西、西藏、湖北、甘肃等省、自治区、直辖市最为严重,灾害隐患点约占全国总数的75%。

地面塌陷灾害主要包括岩溶塌陷和采空塌陷。岩溶塌陷灾害1万多处分布在24个省、自治区、直辖市的300多个县(市),塌陷坑总数达4.5万多个,中南、西南地区最多,约占总数的70%。全国有20个省、自治区、直辖市发现采空塌陷,面积超过1200平方千米,以黑龙江、山西、安徽和山东等省最为严重。另外,黄土分布地区局部出现湿陷性塌陷灾害。

地面沉降灾害主要发生在我国中东部平原和山间盆地内,主要涉及上海、苏州、无锡、常州、天津、北京、沧州、西安、太原、阜阳、亳州等。地裂缝灾害主要分布在汾渭盆地、河北平原、大别山东北麓平原和长江三角洲中北部地区。

(二)"十一五"期间地质灾害防治状况

"十一五"期间共发生地质灾害196258起,造成5611人死亡和失踪,直接经济损失182.3亿元。地质灾害发生起数比"十五"期间的99584起增加了97.1%,死亡失踪人数比"十五"期间的4332人增加了29.5%(主要是舟曲山洪泥石流造成1765人死亡和失踪),直接经济损失比"十五"期间的212.1亿元下降了约14%。2006年以来,全国共成功避让地质灾害3200多起,临灾转移受地质灾害直接威胁人员20多万,防灾减灾效果明显。

1. 法规规章体系初步建立。2003年《地质灾害防治条例》颁布后,29个省(区、市)颁布相关地方性法规或规章,国务院发布《国家突发地质灾害应急预案》,国土资源部发布《全国地质灾害防治"十一五"规划》,各省、自治区、直辖市和大部分易发区的市(县)均发布实施了应急预案和防治规划。国土资源部就资质管理、信息报送和应急响应等出台了一系列规章制度。

2. 地质灾害调查工作取得重要进展。完成了山地丘陵区2020个县(市)的地质灾害调查与区划工作,初步掌握了我国突发性地质灾害的发育分布规律。完成了三峡移民工程地质安全评价和汶川、玉树地震灾区恢复重建的地质灾害危险性评估和地质环境承载力评价,组织实施了青藏铁路、西气东输等一大批国家重点工程的地质灾害危险性评估。

3. 监测预警工作取得实效。1个国家级地质环境监测院、32个省级地质环境监测总站、233个市级监测分站和166个县级监测站,承担着地质环境监测和地质灾害监测预警的技术支撑。国家、30个省、自治区、直辖市、253个市、1265个县开展地质灾害气象预警预报。三峡库区建立了滑坡崩塌专业监测网,上海建立了地面沉降专业监测网,兰州、雅安等监测预警示范区发挥了重要作用。全国有10多万群测群防监测员承担着"守护生命、守护家园"的任务。

4. 基层基础工作逐步加强。全国已建成866个"十有县"(有组织、有规划、有经费、有预案、有制度、有宣传、有预报、有监测、有手段、有警示),"万村培训行动"和"县、乡、村干部国土资源法律知识宣传教育"培训了300多万人。基层"五到位"(评估、巡查、预案、宣传、人员)宣传活动培训了10万人。

5. 应急处置更加积极主动。2008年汶川特大地震、2010年玉树地震发生后,全国先后有13个省的地勘队伍,1000多人进行次生灾害排查。圆满完成了重庆武隆、贵州关岭、甘肃舟曲、云南贡山等多次重大地质灾害的应急抢险工作,避免了二次伤亡。

6. 综合防治效果明显。三峡库区二、三期地质灾害防治工程国家累计投入113亿元,实施了治理、监测和受威胁群众的搬迁。汶川、玉树震区防灾减灾资金国家也有较大投入,保障了灾后恢复重建,没有出现群死群伤事件。中央财政年度地质灾害防治资金不断增加,由2008年前的每年数千万元,增加到2010年的14亿元,地方政府也在加大投入配套资金,"十一五"期间共实施了约500项滑坡泥石流等突发性地质灾害治理避让工程。上海市地面沉降防治管理特别是地下水开采回灌管理得到持续加强,年平均地面沉降量逐年下降,全市年平均地面沉降量由2005年的84毫米,减少到2009年的55毫米。

(三)"十二五"期间地质灾害防治面临的挑战或形势

地质灾害具有隐蔽性、突发性和破坏性,预报预警难度大,防范难度大,社会影响大。"十二五"期间防灾工作仍然面临严峻形势,主要表现在以下几方面。

1. 我国特定的地质环境条件决定了地质灾害呈长期高发态势,我国地形地貌起伏变化大,地质构造复杂,具有极易发生地质灾害的环境基础。据预测,本世纪前期全球气候变化背景下致使我国极端天气气候事件发生的频率、强度和区域分布变得更加复杂,中小尺度天气系统孕育暴雨的不确定性因素加大,局地突发性强降水和台风等极端气候事件增多,地震趋于活跃,强降雨过程和地震引发地质灾害发生的概率加大,造成地质灾害的总体形势可能更加严重,未来5年~10年仍是地质灾害的高发期。

2. 山地丘陵区经济社会发展迅速,不合理的人类工程活动干扰破坏地质环境,难免导致或加剧地质灾害,使之呈不断上升趋势。中、西部地区地质环境脆弱,"十二五"期间大规模的基础设施建设对地质环境的影响仍然剧烈,劈山修路、切坡建房、造库蓄水等人为活动引发的滑坡、崩塌、泥石流地质灾害仍将保持增长态势。东部地区随着城市化进程的加快,现代都市圈逐渐形成,水资源供需矛盾加剧,由于过量开采地下水和油气造成的地面沉降和地裂缝灾害仍将呈上升趋势。全国各地采矿挖掘形成了许多地质灾害隐患,采矿活动引发的地面塌陷、地裂缝灾害在矿区和矿业城市普遍存在。

3. 我国地质灾害点多面广,严重威胁人民群众的生命财产、国家重大工程与城镇安全,防治任务十分繁重。我国已发现的约23万处地质灾害隐患,分布在三峡工程、南水北调工程、西电东送工程、西气东输工程、山区铁路干线、"五纵七横"国家公路主干线工程区和400多个城镇、100余个大型工厂、几百座大型矿山和上万个村庄所在地,严重威胁当地人民群众的生命财产安全,威胁国家重大工程的安全。其中,需要治理的滑坡泥石流28万处,其中特大型地质灾害隐患点1800多个。

4. 地质灾害防治工作还有很多问题亟待解决。①地质灾害防治工作仍然缺乏全面系统的基础调查资料,调查数据得不到及时更新。②地质灾害监测体系薄弱,只有103个县(市)进行了监测预报预警系统建设试点,绝大部分地区仍主要局限于较低水平的群测群防,尚不能做到预警及时、反应迅速、转移快捷、避险有效。甘肃舟曲"8.8"特大山洪泥石流、四川绵竹"8.13"泥石流等特大灾害充分反映了加强基础防灾减灾体系建设的必要性。③我国地质灾害防治长期以来经费投入严重不足,历史欠账多,许多重大地质灾害隐患点亟待采取工程措施进行治理。④社会公众防灾减灾知识、意识需要进一步普及提高,地质灾害防治工作管理队伍人员数量、水平远不能满足实际需求。⑤地质灾害防治的信息化程度低,对雨情、水情、灾情等的响应能力弱,未能充分利用各种防灾信息。

5. 经济社会发展对防灾减灾提出了更高要求。《中共中央关于制定国民经济和社会发展第十二个五年规划的建议》和《中华人民共和国国民经济和社会发展第十二个五年规划纲要》明确提出了"加快建立地质灾害易发区调查评价体系、监测预警体系、防治体系、应急体系"的基本要求。这是贯彻落实"以人为本"的科学发展观,最大限度地减少或避免群死群伤事件,加快建设资源节约型、环境友好型社会,提高生态文明水平,实现可持续发展的重要决策,也是提高地质灾害多发区人民群众生存生活质量的必然要求。

6. 地质灾害防治工作面临新的形势。一方面是随着我国经济的快速发展,对地下空间和地下水等资源的开发利用程度加大,地面塌陷、地面沉降和地裂缝等地质灾害对城市和基础设施的危害日益增大。近年来,一线城市频繁出现地面塌陷,造成道路、管线等基础设施和房屋的破坏,危害人民群众生命财产安全。地面塌陷的危害在二、三线城市也呈现增多的趋势。地面塌陷、地面沉降和地裂缝等地质灾害,对高速铁路的运营安全也构成极大的隐患。二是地震灾区、三峡库区成为未来一段时期内的防治重点。汶川和玉树地震造成山体松动、岩石破碎,极易诱发地质灾害。根据国内外普遍规律,新建大中型水库蓄水至高水位初期将集中产生大量新生滑坡和塌岸,每年库水位周期性大幅度升降条件下的地质灾害防治是世界性的难题,今后一段时间内,三峡库区地质灾害防治形势依然严峻。

7. 科学技术水平对地质灾害防治工作的支撑明显滞后于社会经济发展的迫切需求。重庆鸡尾山、贵州关岭、甘肃舟曲等重大地质灾害的形成与运动过程极具复杂性,充分暴露了地质灾害防治科学技术支撑不足问题,如地质安全隐患识别探测、影响因素与成因机制分析、破坏模式和灾害风险判别等方面的研究仍处于探索阶段,地质灾害调查评价、监测预警和防治工程理论方法尚不成熟,更没有形成体系,急需加强地质灾害孕育过程、运动规律、成灾机理、监测预警与防治技术等的系统研究,全面提升防灾减灾科学技术水平。总之,在"十二五"期间,我国自然因素形成的地质灾害仍处于高发期,人为因素引发的地质灾害仍然是严重的,广大农村、城镇和重大工程仍将遭受地质灾害的严重威胁。因此,未来5年既是地质灾害调查评价、监测预警、防治工程和应急体系建设的战略机遇期,也是为地质环境脆弱地区经济社会可持续发展提供支撑和保障的关键时期。

二、指导思想与规划目标

(一)指导思想

以邓小平理论和"三个代表"重要思想为指导,按照贯彻落实科学发展观、建设社会主义和谐社会的总要求,认真落实《国务院关于加强地质灾害防治工作的决定》,将"以人为本"的理念贯穿于地质灾害防治工作各个环节,以保护人民群众生命财产安全为根本,以建立健全地质灾害调查评价体系、监测预警体系、防治体系、应急体系为核心,强化全社会地质灾害防范意识和能力,科学规划,突出重点,整体推进,全面提高我国地质灾害防治水平。

(二)规划原则

1. 坚持"属地为主,分级分类负责"的原则

坚持属地为主,分级负责,明确地方政府的防灾主体责任,做到政府组织领导、部门分工协作,全社会共同参与;坚持分类负责,谁引发、谁治理,对人为工程建设引发的地质灾害明确防灾责任单位,切实落实防范

治理责任;建立健全地质灾害防治工作体制机制,明确政府、部门、单位和公民的地质灾害防治责任。

2. 坚持“以人为本,预防为主”的原则

坚持保护人民群众安全为最高价值准则,将地质灾害防治业务链的重心前移,按照“预警到乡、预案到村、责任到人、有效避险”的要求,建立完善专业监测与群测群防相结合的地质灾害监测预警体系,充分发挥专业监测机构作用,紧紧依靠广大基层群众全面做好地质灾害防治工作。

3. 坚持“统筹规划,突出重点”的原则

坚持根据不同地区地质灾害特点和经济社会发展水平,全面规划调查评价、监测预警、搬迁避让、工程治理、应急能力建设和科学技术支撑工作,统筹兼顾,突出重点,将防治重点部署在对人民生命财产安全构成直接或潜在威胁的区域。根据轻重缓急,分步实施,稳妥推进。总体上优先部署调查评价和监测预警工作,有针对性地逐步开展搬迁避让、工程治理、应急能力建设和科学技术支撑工作。

4. 坚持“合理避让,重点治理”的原则

坚持城镇建设资源节约型、环境友好型。以调查评价、监测预警工作为基础,对受地质灾害威胁的分散的居民点,特别是对生态环境恶化的贫困山地丘陵区的居民点实行搬迁,实现避灾、脱贫和改善生态环境三结合。在充分尊重受威胁群众的意愿,考虑资源环境承载能力的前提下,科学合理地选择搬迁新建居民点。对危害程度高、威胁人员多、潜在经济损失大的重大地质灾害隐患点,实施工程治理措施,实现合理避让和重要隐患点和重点地区治理相结合。

5. 坚持“依靠科技,注重成效”的原则

坚持常规方法和高新技术相结合,着力提高监测预警科技水平,制定完善国家和行业技术标准,实现地质灾害防治规范化、科学化。加强高新技术的推广与应用,提高地质灾害防治效率、能力和水平。在地质灾害防治工作过程中,适时检查评估防治工作成效,总结经验教训,发现问题及时调整工作部署,实施动态管理,争取防灾减灾效益的最大化。

(三)规划目标

到2015年,完成地质灾害重点防治区调查任务,全面查清地质灾害隐患的基本情况。初步建立与全面建设小康社会相适应的地质灾害防治体系,在地质灾害防治区基本建成调查评价体系、监测预警体系、防治体系和应急体系,基本解决防灾减灾体系薄弱环节的突出问题,显著增强防御地质灾害的能力,最大程度地避免和减轻地质灾害造成的人员伤亡和财产损失,实现同等致灾强度下因灾伤亡人数明显减少,年均因灾直接经济损失占国内生产总值的比例逐步降低,地质灾害对经济社会和生态环境的影响显著减轻,为构建和谐社会,促进社会、经济和环境协调发展提供安全保障。

(四)工作任务

1. 开展地质灾害调查,完成地质灾害防治区2050个县(市)地质灾害年度排查,地质灾害重点防治区1036个县(市)的1:5万地质灾害调查,4900个重点集镇的地质灾害勘查,建立全国地质灾害调查信息系统,进行地质灾害危险性评估和风险区划,提出地质灾害防治建议。开展地面沉降地裂缝灾害多发区1:5万为主的地质灾害调查评价。

2. 在地质灾害调查勘查与评价基础上,在突发性地质灾害分布的山地丘陵区建立泥石流专业监测站(点)665个、滑坡专业监测站(点)1973个和24万处突发性地质灾害群测群防体系,建设矿山塌陷监测预警区30处,岩溶塌陷监测预警区30处,建设完善10处国家级地质灾害监测预警研究基地。建立以县(市)为单元,以村镇为对象,国土资源、气象、水利等多部门联合的监测预警信息共享平台和短时临近预警应急联动机制。在缓变性地质灾害分布的平原区建立以专业体系为主的自然区域监测体系,完善长江三角洲、华北平原和汾渭盆地等重点地区的地面沉降地裂缝专业监测网。

3. 根据地质灾害调查勘查与评价结果,对重点村镇提出就地规划建设或异地搬迁避让新址方案建议。对危害程度高、治理难度大的地质灾害隐患点威胁的46.6万户、162万人实施搬迁。对直接威胁城镇、人口集中的居民点或重要设施安全,且难以实施搬迁避让的480条特大型泥石流沟、1780处特大型滑坡、100处岩溶塌陷、10处地面沉降和90处地裂缝灾害实施工程治理和防控回灌或防控填埋工程。规划期内应急调查处置不可预见和新发生的特大型地质灾害150处。

4. 适应公共管理需要的重大地质灾害应急响应体系,建设好国家级应急指导中心,对30个省级应急中心和部分重点地区县(市)应急中心的建设给予技术与资金支持。建设国家培训与应急演练基地2处。指导地方建立防灾责任制和防灾预案,开展地质灾害防治知识宣传培训和演练,完善和充实县级以下基层防灾减灾体系。

5. 开展地质灾害防治科学技术支撑研究。对重大地质灾害成因研判、风险区划、监测预警、防控方法和防灾减灾技术标准等开展研究。

6. 对长江三峡水库区、汶川地震灾区、玉树地震灾区和甘肃舟曲县城区等已有国家专项规划未能覆盖的新生地质灾害进行防治。

三、地质灾害易发区和重点防治区

（一）地质灾害易发区

依据地形地貌、岩土体类型及性质、地质构造以及地下水特征与开采状况等地质灾害形成的地质环境条件和人为活动因素，把全国分成崩塌滑坡高易发区10个，中易发区9个，低易发区3个；泥石流高易发区8个，中易发区9个，低易发区3个；地面塌陷高易发区5个，中易发区6个，低易发区3个；地面沉降和地裂缝高易发区4个，中易发区5个，低易发区3个。

滑坡、崩塌、泥石流和地面塌陷地质灾害高、中易发区，主要分布在川东渝南鄂西湘西山地、青藏高原东缘、云贵高原、秦巴山地、黄土高原、汾渭盆地周缘、东南丘陵山地、天山、燕山等地区。高易发区面积1127万平方千米，中易发区面积3770万平方千米。

地面沉降和地裂缝地质灾害高、中易发区，主要分布在长江三角洲、华北平原、汾渭盆地和珠江三角洲。高易发区面积16.1万平方千米，中易发区面积28.4万平方千米。

（二）地质灾害重点防治区

依据全国地质灾害易发区分布，考虑不同区域社会经济重要性因素，如土地利用、工程建设、经济发展和社会防灾减灾能力，把地质灾害易发、人口密集、社会经济财富集中、存在重要基础设施和国民经济发展的重要规划区作为地质灾害重点防治区，共划分出地质灾害重点防治区18个，总面积1288万平方千米。

1. 长江三峡库区崩塌滑坡重点防治区

长江三峡库区崩塌滑坡重点防治区，面积约55万平方千米。区内地貌以中山为主，坡陡谷深。奉节以西主要受控于北东向褶皱带，其东主要受控于黄陵背斜为主的近南北向构造影响。多年平均降雨量1000～1400毫米。区内地质灾害点多、面广、危害大，且具有带状和相对集中于城镇等人口密集区分布的特点。该区具有一定规模、影响库岸稳定和城镇安全的地质灾害点有5000余处，重庆市的丰都、万州、云阳、奉节、巫山和湖北省的巴东、秭归等县（市、区）以及区内的210国道、212国道、319国道、318国道等主要交通干线等区段是地质灾害危害的重点区。

2. 汶川地震灾区崩塌滑坡泥石流重点防治区

汶川地震灾区崩塌滑坡泥石流重点防治区是指汶川“5.12”地震引发严重崩塌、滑坡、泥石流、地裂缝、地面塌陷和不稳定斜坡的区域，位于四川、甘肃与陕西交界地区，面积约12万平方千米。汶川地震引发地质灾害2万多处，主要分布在地震高烈度区、黄土盖层分布区和崩塌危岩或岩体风化剧烈地区。区内多年平均降雨量700～1000毫米，多局地短临暴雨。引发地震的龙门山断裂带处于川滇菱形块体的东北面，是青藏高原东缘构造活动强烈的地带之一。

地震灾区地形切割强烈，山高坡陡，土地资源相对匮乏，地质灾害频发，地质环境总体脆弱，成为制约恢复重建工作的重要因素。地震引发的地质灾害不仅给地震灾区人民生命财产造成严重危害，并在相当长的时期内严重威胁灾后恢复重建和正常生存安全。该地区在汶川地震前后都是崩塌滑坡泥石流灾害多发区。甘肃舟曲县属于汶川地震灾区，是国家确定的汶川地震51个重灾县之一。

3. 玉树地震灾区滑坡泥石流重点防治区

该区位于金沙江源区的沟壑地带，面积约3万平方千米。该区地貌以高原山地为主，地形切割比较强烈，活动断裂密集，是地震、融雪降雨引发滑坡泥石流的高易发区。“4.14”玉树地震使该区域地质灾害隐患点数量大幅度增加，威胁人口及财产数量迅速增大，险情加剧。该区防治重点是居民点、交通干线两侧的泥石流滑坡灾害。

4. 川南滇北泥石流滑坡崩塌重点防治区

该区位于四川西南部和云南北部，是全国大型水利水电工程集中开发区，范围包括大渡河中下游、安宁河流域、雅砻江下游及黑水河上游、东川和小江流域，面积8.04万平方千米。该区地质构造复杂，地形十分陡峭，松散碎屑物质极其丰富，生态环境十分脆弱，降雨量大，具备有利于滑坡泥石流活动的地形和物质条件，是泥石流和滑坡崩塌高易发区。区内防治重点是重要水利水电工程区、城镇、交通干线两侧的泥石流、滑坡、崩塌灾害。

5. 鄂西湘西中低山滑坡崩塌重点防治区

该区位于湖北和湖南省的西部，面积891万平方千米。该区地貌形态多样，以中低山为主，地质条件复杂，降雨丰沛，是滑坡、崩塌高易发区。该区防治重点是交通干线两侧、重要基础设施区和人口集中居住区的滑坡、崩塌灾害。

6. 湘中南岩溶丘陵盆地地面塌陷滑坡重点防治区

该区位于湖南省张家界、新化、冷水江、涟源、娄底、湘潭、常宁、郴州、临武等县（市），是国内重要的旅游区和矿业基地，面积5.08万平方千米。该区地处云贵高原向江南丘陵过渡地带，降水量时空分布不均，变化梯度大，是地面塌陷和滑坡高、中易发区。该区防治重点是旅游区和矿业城市的地面塌陷、滑坡崩塌灾害。

7. 云贵高原滑坡崩塌地面塌陷重点防治区

该区位于四川东部、重庆东北东南部、云南东部和贵州东北部，面积13.65万平方千米。该区地貌主要为高原山地、丘陵和盆地三种基本类型，在高原山地和丘陵地带，山高谷深坡陡，易产生滑坡崩塌；在盆地区，由于碳酸盐岩广布，岩溶的强烈发育，易引发地面塌陷和地裂缝等地质灾害。该区是滑坡崩塌和地面塌陷高易发区。该区防治重点是城市和矿山地区的地面塌陷、滑坡崩塌灾害。

8. 滇西横断山高山峡谷泥石流滑坡重点防治区

该区位于云南西部，面积12.58万平方千米。该区地貌以高山、中山为主，怒江、澜沧江、金沙江等通过该区，地形切割强烈，活动断裂密集，降雨充沛，是泥石流、滑坡高易发区。泥石流、滑坡主要分布于怒江、澜沧江、金沙江河谷及其支流沿岸，威胁两岸基础设施、居民点的安全。该区防治重点是重要水利水电工程区、居民点、交通干线两侧的泥石流、滑坡灾害。

9. 桂北桂西岩溶山地丘陵崩塌地面塌陷重点防治区

该区位于广西壮族自治区，范围包括桂林、百色和河池等地区，面积10.25万平方千米。该区主要是峰林平原、丘陵盆地，地形切割较强，降水量丰富，是崩塌和地面塌陷高易发区。该区防治重点是能源基地和大型水利水电工程区的崩塌滑坡和地面塌陷灾害。

10. 浙闽赣丘陵山地群发性滑坡重点防治区

该区位于我国东南部地区，包括浙江、福建和江西丘陵地区。面积9.12万平方千米。该区以构造侵蚀中低山为主，山高坡陡，地形地貌复杂。受台风影响明显，多年平均降水量在1800～2200毫米之间。是滑坡、崩塌高、中易发区。该区防治重点是浙闽赣丘陵地区的群发性滑坡、崩塌灾害。

11. 陕北晋西黄土滑坡崩塌重点防治区

该区位于陕西北部和山西省西北部，是国家重要能源基地，面积6.67万平方千米。该区在地貌上为黄土丘陵区，属黄土高原的一部分。黄土盖层厚，沟谷切割深，是滑坡、崩塌高易发区。该区防治重点是居民地和矿区的黄土滑坡、崩塌灾害。

12. 黄土高原西南滑坡泥石流重点防治区

该区位于陕西西部和甘肃中南部，范围主要包括陕西省宝鸡、咸阳、西安、铜川和甘肃省的兰州、天水等地区，面积3.84万平方千米。该区属于黄土高原西南缘，以垄、岗、梁、峁地貌类型为主，新构造运动活跃，黄土节理发育，是黄土滑坡、泥石流高易发区。该区防治重点是重要城市、交通干线两侧和居民居住区的黄土滑坡崩塌、泥石流灾害以及西安等城市的地面沉降和地裂缝灾害。

13. 陇南陕南秦巴山地泥石流滑坡重点防治区

该区位于陕西省南部和甘肃省东南部，面积6.22万平方千米。该区山高谷深，地形起伏大，岩土破碎，斜坡稳定性差，是泥石流、滑坡高易发区。该区防治重点是交通干线两侧、城镇和农村地区的泥石流、滑坡灾害。

14. 新疆伊犁滑坡泥石流重点防治区

该区位于新疆维吾尔自治区西部，包括伊宁市和伊宁、霍城、特克斯、巩留、尼勒克等县，以及察布查尔锡伯族自治县，面积4.36万平方千米。该区70%以上为山地，地形起伏不平，是滑坡、泥石流中易发区。该区防治重点是公路和转场牧道两侧以及农牧民居住区的滑坡、泥石流灾害。

15. 珠江三角洲地面塌陷及地面沉降重点防治区

该区位于广东省，范围包括珠江三角洲的广州、深圳、江门、惠州等市区和四会、高要等县（市），面积4.16万平方千米。该区地势低洼，分布淤泥类软土和砂性土，深部普遍存在承压含水层。是地面塌陷及地面沉降高、中易发区。该区防治重点是深圳、广州等地的地面塌陷和珠江三角洲的地面沉降灾害，兼顾城镇区域地下空间开发过程中的地面下沉或塌陷问题。

16. 长江三角洲地面沉降重点防治区

该区位于长江三角洲，范围包括上海、苏锡常、杭嘉湖等地区，面积5.52万平方千米。该区主要分布细、粉砂及淤泥质黏土、砂质黏土等，承压含水层分布广泛，是地面沉降高易发区。该区防治重点是上海、苏锡常、杭嘉湖地区的地面沉降和地裂缝灾害，兼顾城镇区域地下空间开发过程中的地面下沉或塌陷问题。

17. 华北平原地面沉降重点防治区

该区位于我国华北地区，范围包括北京、天津、沧州、德州等城市和农业区，面积7.5万平方千米。该区地势平坦，发育巨厚的粘性土和砂性土，是地面沉降高易发区。该区防治重点是北京、天津和沧州等区域的地面沉降与地裂缝灾害，兼顾城镇区域地下空间开发过程中的地面下沉或塌陷问题。

18. 汾渭盆地地面沉降地裂缝重点防治区

该区位于陕西关中盆地和山西汾河谷地，地面沉降和地裂缝灾害分布面积2.4万平方千米。该区域自六盘山南段至宝鸡、沿渭河向东经西安到风陵渡、转向北东，再沿汾河经临汾、太原到大同。该区是地裂缝地面沉降高易发区，严重威胁区内的城市和国家基础工程设施安全。该区防治重点是西安、太原和大同等地区的地裂缝及地面沉降灾害，兼顾城镇区域地下空间开发过程中的地面下沉或塌陷问题。

四、地质灾害防治工程

地质灾害防治工程是规划建设的核心内容，主要包括地质灾害调查评价工程、监测预警工程、避让搬迁与治理工程、应急体系建设和科学技术研究支撑等。结合区域经济社会发展水平，在地质灾害重点防治区和一般防治区合理配置非工程措施与工程措施，突出群测群防、监测预警和临灾避险。建设项目按程序报批,具体建设规模和投资以批复为准。

（一）调查评价工程

实施地质灾害调查评价工程是为了建设地质灾害调查评价体系,基本目的是在现有调查工作的基础上,进一步查清地质灾害发生的地质环境条件、评价其危险性,进行地质灾害风险区划,确定重大地质灾害隐患点,为合理开发利用地质环境,实施地质灾害监测预警和防治工程提供依据,为省级和国家层面决策管理以及相关领域地质灾害防治提供支持。根据全国通过地质灾害普查和汛期巡查排查发现的24万处滑坡泥石流和地面塌陷等灾害隐患点情况、各地地质灾害防治需求,以及地质灾害具有动态变化的特点,安排开展“十二五”期间地质灾害调查评价工作。

1. 突发性地质灾害调查评价

（1）全国年度地质灾害排查工作面积498.8万平方千米,涉及2050个县（市）,其中,重点防治区涉及1036个县（市）,一般防治区内涉及1014个县（市）。

（2）全国重点防治区崩塌、滑坡、泥石流和地面塌陷1:5万调查112.7万平方千米,涉及1036个县（市）。通过调查评价,编制地质灾害风险区划图和地质灾害调查报告。

（3）全国部署4900个重点集镇（威胁500人以上的地质灾害隐患点,其中地面塌陷者500个）地质灾害勘查。其中,大型集镇360个（其中地面塌陷者55个）,一般集镇4540个。

（4）整合集成地质灾害调查、地质灾害隐患点排查和重要集镇地质灾害勘查等成果,分别建立省级和国家级地质灾害数据库,开展综合研究,编制各省、自治区、直辖市及全国地质灾害防治专项图件,分析不同地质灾害类型的发育分布规律,划定地质灾害易发区和危险区,进行地质灾害风险评估,提出地质灾害防治对策建议。

2. 缓变性地质灾害调查评价

查明我国地面沉降、地裂缝灾害的分布状况和发育背景条件,查明地面沉降地裂缝与人类活动的关系,评价预测重要区域地面沉降、地裂缝的危害程度及其发展趋势,提出防治对策建议,为相关领域地质灾害防治提供支持。

（1）地面沉降和地裂缝重点防治区调查面积16.1万平方千米。调查工作主要部署在长江三角洲、华北平原和汾渭盆地等区域。长江三角洲重点防治区1:10万调查2.7万平方千米,重点城市1:5万调查1.5万平方千米;华北平原重点防治区1:10万调查面积约6.0万平方千米,1:5万重点调查2万平方千米;汾渭盆地重点防治区1:10万调查2.4万平方千米,1:5万重点调查1.0万平方千米。有选择地实施重要工程区如主要公路、高速铁路、重大水利工程、地下工程和其他重要工程区的地面沉降地裂缝灾害调查评价。

（2）地面沉降地裂缝一般防治区开展1:25万调查评价面积28.4万平方千米,主要部署在松嫩平原、辽河平原、珠江三角洲、江汉平原和洞庭湖平原等地区。

（3）整合集成地面沉降地裂缝灾害调查成果,分别建立省级和国家级地面沉降地裂缝灾害数据库,分析不同地面沉降地裂缝类型的发育分布规律,划定地面沉降地裂缝灾害易发区,编制各省（直辖市）及全国地面沉降地裂缝灾害易发程度分区图、危险性区划图和风险区划图,进行地面沉降地裂缝灾害风险评价,提出防治对策建议。

（二）监测预警体系建设

地质灾害监测预警体系是防灾减灾的重要手段。运行良好的地质灾害监测预警体系能够及时捕捉地质环境条件变化信息,适时发出防灾减灾警示信息,为避险决策和应急处置提供关键性依据。

1. 突发性地质灾害监测预警系统

（1）突发性地质灾害专业监测预警系统建设。

在威胁500人以上的大型、特大型地质灾害点中选择2638处威胁人口多、工程治理难度大、目前处于缓慢变形或局部变形、暂时不能采取搬迁措施的重要地质灾害点进行专业监测,其中,泥石流专业监测点665个、滑坡专业监测点1973个。矿山地面塌陷监测预警区30处,岩溶地面塌陷监测预警区30处,每处工作区面积各约100平方千米。在已有工作基础上,建设完善10处国家级地质灾害监测预警研究基地。

通过布设专业监测仪器进行实时自动化监测,对监测数据实时分析,研究地质体变形发展趋势,适时发出预警预报信息。对于地质灾害隐患点数量大,布设的固定专业监测仪器难以满足需要,选择133个县（市、区）每县另行配置1台三维激光扫描仪,用于移动性应急监测。

规划建设2050个县（区、市）的地质灾害监测预警平台,320个地（市、州）的地质灾害信息管理系统,30个省、自治区、直辖市的地质灾害信息管理系统和1个国家级地质灾害信息管理系统。形成比较完善的全国地质灾害监测网络、信息系统、预报预警系统和应急指挥平台系统。建设通信系统,充分运用现代通信、信息化手段,实现县级、地市级、省级和国家级应急预警平台之间的网络互联互通。遵循“实用、可靠、先进”的原则,因地制宜地选用监测站的信息传输通信方式。建立国家级、省级、地（州）级和县级地质灾害监测预警远程信息传输和会商系统显示终端,实现数据流、视频流和音频流的多点同步传输和显示。

推进有山地丘陵区2020个县(市)的地质灾害气象预警预报体系建设,提高地质灾害气象预报精细化水平,加强地质灾害气象预警预报信息发布,建立精细化地质灾害预警预报试验区。

(2)突发性地质灾害群测群防体系建设。

建立县、乡镇、行政村、村民小组和户五级组成的地质灾害群测群防工作体系。对全国调查发现的24万处滑坡泥石流和地面塌陷等灾害隐患点进行群测群防,布设简易监测报警仪器,安排24万人对灾害前兆和动态进行宏观巡查和监测预警。群测群防人员配备卷尺、钢钉、油漆、简易手持GPS、手持监测数据发射器、手提扩音器、报警铜锣、手电筒、雨衣、雨靴、记录本和滑坡无线裂缝伸缩仪等基本装备。

利用会议、广播、电视、报纸、宣传栏、宣传册、挂图、光碟和发放明白卡等方式宣传地质灾害防治知识,做到进村、入户、到人。拟印制1.38亿册地质灾害防御知识宣传手册,制作52.32万张地质灾害防治宣传光碟,发放0.90亿份地质灾害防治明白卡,制作60.9万块宣传牌和52.32万块警示牌,组织开展地质灾害防治知识培训348.4万人次。

每年出版、发行地质灾害科普宣传挂图100万张、宣传折页500万张,发行地质灾害防灾避险科普宣传音像光盘10万张,制作地质灾害科普知识宣传展板10万张,出版、发行地质灾害避险自救手册20万册。

开展地质灾害防灾知识和避险技能宣传教育5000万人次,每年1000万人次。2050个县(区、市)每年组织开展地质灾害简易监测技术培训2次,每年100万人次,5年培训500万人次。2050个县(区、市)每年各自组织开展地质灾害应急演练1次。

2. 缓变性地质灾害监测预警在地面沉降地裂缝灾害调查基础上,结合地下水监测网建设,完成以基岩标、分层标、GPS基站和水准点等主要监测设施建设,辅以InSAR监测技术手段,构建主要地面沉降地裂缝区域国家级控制监测网和重大工程地面沉降专项监测网,实现对我国主要地面沉降区域的有效监控。

长江三角洲、华北平原、汾渭盆地和珠江三角洲等重点地区建立地面沉降地裂缝灾害监测数据库和预警应急信息系统,编制年度区域地面沉降等值线图和地面沉降历时曲线图,预测地面沉降地裂缝灾害发展趋势,提供防治决策服务。松嫩平原和江汉—洞庭湖平原等地面沉降区,初步建立由地下水监测、水准监测、基岩标、分层标测量为主,InSAR监测为补充的地面沉降监测网络。

具体工作量包括建设基岩标50座/5千米、分层标200组/1万米、GPS基准站100座、标石1万个,实施Ⅰ等水准测量1万千米、Ⅱ等水准测量2万千米、地面沉降InSAR测量10万平方千米,安装地面沉降自动监测系统(站)36套、地裂缝三分向相对位移测量500套、地下水孔隙水压监测系统100套、通讯传输系统5套和数据处理会商指挥系统5套。

(三)搬迁避让与治理工程根据地质灾害调查监测结果,对确认危险性大、危害严重的地质灾害隐患点采取搬迁避让或工程治理措施,彻底消除地质灾害隐患。在条件具备的地区,治理工程可以和土地开发、未利用地整治、灾后重建土地整理结合考虑,以实现防灾减灾与土地资源再开发的双重目的。

1. 突发性地质灾害搬迁避让与治理工程

对于部分生活在突发性地质灾害高风险区的居民,从工程技术、经费投入和生态修复等多方面比选,主动避让地质灾害为宜者,应实施搬迁避让。根据2020个县(市)的地质灾害调查结果,结合各省上报的搬迁避让需求,规划实施搬迁避让人口160万人、约46万户。

对危害公共安全,可能造成人员大量伤亡和财产重大损失且适宜治理的特大型地质灾害隐患点,依据轻重缓急,有计划地分期、分批实施治理工程。全国需要治理的泥石流沟约7000条,本规划期治理特大型泥石流沟共480条,采取的工程措施包括修建拦挡工程、排导工程和停淤工程等。全国需要治理的滑坡约18000处,本规划期治理特大型滑坡1780处,采取的工程措施包括修建截排水沟、挡土墙、抗滑桩、锚固和削坡减载工程等。全国需要治理的岩溶地面塌陷灾害约1000处,本规划期选择治理特大型者100处(含个别黄土潜蚀塌陷灾害),采取的工程措施包括回填封堵、架拱跨越、回灌注浆和分层夯实等。采矿地面塌陷灾害防治列入矿山地质环境恢复治理规划。

规划期内应急调查处置不可预见和新发生的特大型地质灾害150处。

2. 缓变性地质灾害搬迁避让与治理工程

对于部分生活在地面沉降地裂缝灾害高风险区内的居民,生命财产受到严重威胁,潜在危害性大,从工程比选和经济效益比较,不宜采用工程措施治理,可异地重建,实行主动避让。选择长江三角洲、华北平原和汾渭盆地区域的地面沉降地裂缝灾害严重地段,本规划期实施搬迁避让2万人、约6000户。

为了遏制长江三角洲、华北平原和汾渭盆地等区域某些地段地面沉降地裂缝灾害的过快发展,选择严重地段实施地面沉降地裂缝防控工程。其中,地下水调节回灌控制地面沉降工程10处,地裂缝填埋防控工程90处。

3. 重大工程区域地质灾害防治工程按照《地质灾

害防治条例》的要求,铁路、交通、水利、建设等部门实施的各项建设工程,要严格落实建设工程与地质灾害治理工程“三同时”制度,确保工程建设区的地质灾害得到及时有效治理。

(四)应急体系建设

1. 建设目标

坚持以重大突发地质灾害应急管理需求为导向,以重大地质灾害应急处置为核心,坚持自主创新和引进消化吸收相结合,集成整合现有科学技术资源,尽快建成适应公共管理需求的重大地质灾害应急响应技术支撑机构、信息网络系统平台、技术装备体系和应用技术系统,为国家层面科学、高效、有序地做好重大地质灾害应急响应工作提供技术支撑服务,明显提高我国地质灾害应急处置的水平。

2. 建设任务

(1)建设好国家级地质灾害应急指导中心,对30个省级应急中心和部分重点地区县(市)应急中心的建设给予技术支持。通过资源整合,职能强化,逐步形成在职能、机构和人员等方面分工明确、协调有序、满足需求的技术工作机构系列。

(2)建设信息网络系统平台,基本满足基础信息获取和存储、自动分析、动态监测、在线查询、在线监控、在线预警发布、决策指挥、远程会商和上下互通及左右互联的要求。

(3)配置应急装备,基本要满足现场应急调查、监测、快速评估和生活及安全保障的需要。

(4)研发集成应用技术系统,基本满足应急值守、预案管理、资源调度、灾情险情评估、调查评价、监测预警、模拟仿真、风险评估、工程方案论证设计、培训演练和决策支持等的需求,包括相关的软、硬件以及研发操作人才。

(5)建立2处国家级地质灾害应急响应与管理培训演练基地(西北、西南各1处)。

(6)加强国家级紧急医疗救援基地和队伍建设,提升重大地质灾害伤员救治能力(具体纳入国家相关规划实施)。

(五)科学技术研究支撑

1. 研究目标

通过对崩塌、滑坡、泥石流、地面塌陷、地面沉降与地裂缝等地质灾害的成因机理、风险区划和防控技术方法研究,全面提升我国地质灾害调查评价、监测预警、防控工程技术与应急处置水平。

2. 研究内容

(1)开展重大突发性地质灾害成因机理与防控对策研究,对崩塌、滑坡、泥石流和地面塌陷等成生的地质环境、引发因素、变形破坏机理、历史演化、发展趋势和危害性进行研究,分类建立成因模式。开展复杂开裂山体或巨型滑坡变形失稳防治对策、滑坡堵河(江)灾害的成生条件、地震或水库等的环境作用效应与防控对策研究等。

(2)开展突发性地质灾害调查评价与监测预警关键技术研发与示范研究,构建天基－地基－群基一体化调查监测技术体系。主要研究快速遥感方法、遥感信息处理与图像生成技术、复杂地质环境空间探测技术、地质灾害风险评估和灾情险情分析评估方法等。开展地质灾害区域分级预警系统研发与应用服务和单体地质灾害监测预警技术方法研究等。分区分灾种研究建立重大地质灾害监测预警模型及判据。

(3)研发地质灾害综合防治信息集成平台,实现雨情、水情、险情和灾情的联合分析,为隐患识别、成因分析和灾害风险判别提供依据。

(4)开展重大突发地质灾害险情与灾情应急响应的理论方法、技术体系和实施要求以及远程会商决策支持研究等。研究灾前、灾变过程和灾后应急处理的对策措施及其模拟仿真技术。

(5)开展地质灾害防治技术标准体系编制研究,编制或完善崩塌、滑坡、泥石流、地面塌陷、地面沉降和地裂缝等灾害调查评价、监测预警、勘查、设计、施工、监理以及应急响应和信息系统建设等方面的技术标准,作为行业标准或国家标准发布,增强地质灾害防治工作的规范化和标准化。

(6)开展地面沉降地裂缝灾害成生机理与防控对策研究,研究地面沉降地裂缝与基底起伏、断裂构造、第四纪土体固结和人类工程活动的关系,建立土体地质结构模型、土层变形本构方程和应力－应变关系式等,探索建立地面沉降地裂缝灾害区域风险管理模型,预测其发生发展对重大工程建设运营的影响。

(7)开展重要交通、通信、供水、排水、供电、供气、输油等生命线工程和重要工业基础设施周边重大地质灾害隐患防范措施研究,研发相关专业领域防范重大地质灾害监测预警系统、专业应急处置的对策措施及仿真技术和决策支持系统。

(8)开展地质灾害减轻的公共管理研究,重点研究地质灾害减轻的政策法规、社会保险、信息发布与传播、临灾预案、应急抢险方案、专业与社区人员培训演练模式以及地质灾害防治的社会学、心理学与文化学等。

五、资金筹措和实施安排

(一)资金筹措

地质灾害防治投入主体为地方政府,中央对困难地区给予适当补助。

1. 地质灾害调查评价费用纳入各级政府财政

预算。

2. 国家级地质灾害监测预警体系建设由中央财政出资，省级以下（含省级）地质灾害监测预警体系建设由地方财政出资。

3. 因自然因素引发的地质灾害搬迁避让、工程治理经费主要由地方政府投入，中央财政对特大型地质灾害治理给予一定的补助；因人为因素引发的地质灾害治理经费，按照《地质灾害防治条例》的规定，由责任单位承担。

4. 地质灾害应急体系建设经费主

要由地方政府投入，中央财政承担国家层面的地质灾害应急体系建设费用，对地质灾害严重的重点地区省级应急体系建设给予一定经费补助。

（二）实施安排

按照轻重缓急，突出重点的原则，量力而为，尽力而为，科学安排，合理确定建设时序，选择最迫切的搬迁任务优先实施。主要是防止群死群伤的地质灾害调查评价、监测预报预警体系、搬迁避让。2015 年前基本完成地质灾害重点防治区调查任务，查明隐患点的基本情况，编制地质灾害风险图，提出综合防治方案，及时更新防灾预案，对人口密集区、重要军民设施周边地质灾害危险性的评价力度，对威胁城镇、学校、医院、集市和村庄、部队营区等人口密集区域隐蔽性强、地质条件复杂的重大隐患点，要组织力量进行详细勘查，掌握其发展变化规律，并逐点制定落实监测措施；提高群测群防工作水平，充分发挥监测仪器的预报预警作用，组织开展应急演练；完成危害严重、治理难度大的地质灾害隐患点的人员搬迁；对危害大、难以实施搬迁避让的特大型隐患点，采取工程治理措施。

六、环境影响与效益评估

（一）环境影响分析

地质灾害防治规划实施将减轻或消除地质灾害对人民生命财产安全的威胁，具有显著的社会效益、经济效益和环境效益。规划实施对环境的不利影响主要表现在施工期，工程竣工后的有利影响则是显著的、长远的。

1. 对水土保持的影响。规划实施会在局部时段、局部区域加剧了人为因素的作用，某些施工活动会在短时期内破坏地表植被，扰动土体结构，将对局部区域的水土保持产生不利影响；工程竣工后则有利于改善规划区的水土流失状况，增强水土保持能力。

2. 对植物和动物的影响。规划实施对植被的不利影响主要是施工临时占地、土石方开挖、交通道路修建等使植被面积减少，造成短时、局部区域的植被破坏，施工活动可能会对局部范围陆生动物的活动造成一定程度的影响。工程竣工后则有利于动植物的生存生长。

3. 对土地利用的影响。规划实施对减少土地资源损毁，改善土地利用结构，促进区域经济持续发展具有重要作用。防治工程建设可能临时占用部分农地、林地，工程竣工后的土地利用结构将趋向更加合理，有利于人类与自然生态的和谐共存。

4. 对景观等的影响。防治工程施工可能会在短时期内破坏原来的地形地貌、森林植被，改变局部地域的景观。工程竣工后则可以有效保护风景名胜和游客的生命安全，甚至改善自然景观质量。

5. 搬迁建设产生的影响。搬迁避让是为了从根本上防灾减灾，所产生的环境问题相对较小，但选址安置建设要科学合理，避免因工程建设不当可能遭遇或引发新的地质灾害。

（二）生态恢复措施

针对地质灾害防治规划实施可能产生的不利影响，提出如下对策措施：

1. 防治工程规划的削坡减重、填方压脚、支挡和锚固工程等施工结束后，应及时对作业面进行平整，渣场、料场闭坑后进行环境恢复，种植保水保土性能良好的植被，并加强保育管理。

2. 对防治工程施工造成的短暂性水土流失等不利影响，应结合当地的气候气象特点，选择适宜的季节组织施工以减轻危害。

3. 防治工程的布置尽可能考虑地质环境条件，避免或减少对地质环境的不利影响。在科学比选工程措施和非工程措施的前提下，鼓励实施生态移民，将危险区居民搬迁到安全区，实现地质灾害防治和生态环境保护的双重效益。

4. 有关政府部门应因地制宜的制订生态环境保护措施，把地质灾害防治与生态环境保护紧密结合起来。通过改善生态环境条件，减少致灾因素或减缓致灾因素向不利方向演变，逐步恢复重建当地生态平衡，促进生态环境好转。

5. 在重大工程的规划和建设中进一步开展环境影响评价工作，细化施工期环境管理要求。

（三）实施效益评估

地质灾害防治规划实施的目的是最大限度地减少人员伤亡，减少经济损失，改善和保护生态环境。实施效益包括社会效益、经济效益和环境效益三方面。

1. 社会效益方面。地质灾害防治的社会效益主要体现在减少人员伤亡和受灾人口，减轻人们精神负担或心理创伤，稳定社会和保证社会正常的生产和生活活动，保护重要基础设施，促进地质灾害易发区经济社会可持续发展等。规划实施后，受地质灾害威胁的 31 个省、自治区、直辖市、320 个地（市、州）、2050 个县域的地质灾害防治水平达到与其经济社会发展水平基本适应的标准，约有2620万人得到有效保护，可基本消除重点防治区地质灾害的威胁，保障当地人民生命财产安全。

2. 经济效益方面。根据多年经验测算，地质灾害防治的投入与减轻损失的比例约为1∶7－1∶10。通过采取地质灾害防治措施，可避免地质灾害的发生或降低其发生概率，减轻地质灾害对农林牧渔业、基础设施、城镇和农村居民财产、城乡企事业单位财产和骨干运输线中断等造成的直接或间接经济损失。

3. 环境效益方面。通过实施地质灾害防治措施，可以减轻地质灾害对生态环境的破坏，减少水土流失，保护山地丘陵区宝贵的水土资源、森林植被、自然景观和改善人居环境等。

总之，防治规划实施能够减轻地质灾害对人民生命财产和生态环境的危害，促进人与自然的协调发展。规划实施对环境的有利影响是长期的、全面的和显著的，对环境的不利影响是短暂的、局部的和微弱的。

七、保障措施

（一）继续完善分级领导目标责任制，推进社会化减灾体系建设

按照《地质灾害防治条例》和《国务院关于加强地质灾害防治工作的决定》的要求，地质灾害防治坚持“属地管理、分级负责”，县级以上人民政府应当加强对地质灾害防治工作的领导，继续完善各级政府主要领导负责制和分级、分部门领导目标责任制，推进社会化减灾体系建设，组织有关部门采取措施，做好规划实施工作。县级以上人民政府国土资源主管部门负责本行政区域内地质灾害防治的组织、协调、指导和监督，其他有关部门按照各自的职责，负责有关的地质灾害防治工作。地质灾害防治规划实施由省级人民政府负总责，县级人民政府是规划实施的责任主体。各级人民政府要把地质灾害防治工作列入重要议事日程，并作为政绩考核内容，层层签订责任状，确保规划任务的落实。尽快建立国土资源、气象、水利等多部门联合的监测预警信息共享平台和短时临近预警应急联动机制，切实提高监测预警水平和应急处置能力。

（二）建立和完善地质灾害防治规划体系

省、自治区、直辖市、市（地、州）和县（市、区）各级国土资源主管部门应会同同级相关部门，依据全国地质灾害防治“十二五”规划，编制本辖区的地质灾害防治规划，并报同级人民政府批准后实施。各级政府要加强对地质灾害防治规划执行情况的监督管理，保证地质灾害调查、监测、勘查和搬迁治理等工作按防治规划实施。

（三）健全完善法规规范

进一步完善与《地质灾害防治条例》相配套的规章、法规，制定地质灾害调查评估、监测预警和应急处置的技术标准，完善地质灾害防治工程勘查、设计、施工、监理和验收等技术规范，推进地质灾害防治法制化、规范化建设。要严格按照有关规定和程序，组建项目法人和建设管理机构。严格执行项目法人责任制、招标投标制、建设监理制、项目合同管理制和工程验收等工程建设制度。建设过程中，按照建设与管理相结合的要求，地方政府建设管理机构应选派业务素质高、有相应知识水平的人员参与建设全过程，保证工程建设与运行管理过程的顺利衔接。

（四）加快做实前期工作

各级政府要加大前期工作投入力度，组织好勘测设计力量，加快做实前期工作，保证质量和进度，保证满足建设需要。地质灾害防治应急的搬迁避险与治理工程，在具备前期扎实地质资料的情况下，可直接编制初步设计或实施方案。在项目前期工作中，要合理确定工程范围、规模和标准，提高投资效益。加强建设项目前期工作质量管理，对项目设计成果的编制、审查、审核、审批等环节严格把关，确保建设项目前期工作质量和深度。对于地质灾害危险性高的区域，可考虑按灾后恢复重建原则处理用地审批程序，开通绿色通道。实施搬迁避让工程时，依据土地利用总体规划统一规划安置区居民建房，以居民自建为主，所需宅基地执行本省相关标准。新房建好后，要及时拆除搬出地的原住房，拆除后的宅基地必须进行复耕，把防灾避险和新农村建设、土地整理、土地增减挂钩和整村推进结合起来通盘考虑。

（五）制定相关政策，建立防治经费投入良性机制

建立政府、社会和责任者共同参与的地质灾害防治机制，探索地质灾害保险制度。对有一定经济效益的治理工程项目，如土地开发性治理，地质灾害所在地的政府可以尝试建立多种灵活有效的地质灾害防治资金融资渠道，政府出台优惠和鼓励性政策，逐步形成地质灾害防治经费投入的良性机制。根据资金筹措方案，地方各级人民政府应整合各类资金，按照防治规划确定的目标任务，及时足额落实地方配套资金。对交通干线、水利枢纽、输电输油（气）管线等重要设施及军事设施周边重大地质灾害隐患，有关部门和企业要及时采取防范措施，确保安全。经评估论证需采取地质灾害防治措施的工程项目，建设单位必须在主体工程建设的同时，实施地质灾害防治工程。各施工企业要加强对工地周边地质灾害隐患的监测预警，制定防灾预案，切实保证在建工程和施工人员安全。建立相关部门、地方政府地面沉降防控共同责任制，完善重点地区地面沉降监测网络，实行地面沉降与地下水开采联防联控，重点加强对长江三角洲、华北地区和汾渭地

区地下水开采管理,遏制地面沉降、地裂缝灾害进一步加剧。制订地下工程活动和地下空间管理办法,严格审批程序,防止矿产开采、地下水抽采和其他地下工程建设以及地下空间使用不当等引发地面沉降、塌陷及地裂缝等灾害。

(六)依靠科技进步,全面提高地质灾害防治能力

科学开展地质灾害防治。适应我国经济社会快速发展的时代要求,重点加强地质灾害防治新理论、新技术和新方法研发与应用,增强地质灾害综合防治能力,提高地质灾害的综合勘查评价和监测预报水平,提升信息采集处理和防灾减灾应急处置能力。积极参与防灾减灾领域的国际合作,及时吸收先进的地质灾害防治理论和技术方法。加强地质灾害防治技术培训和技术服务工作,及时将实用、先进的技术方法应用于防灾减灾实践。对一时难以实施搬迁避让的地质灾害隐患点,各地区要加快开展工程治理,充分发挥专家和专业队伍作用,科学设计,精心施工,保证工程质量,提高资金使用效率。各级国土资源、发展改革、财政等相关部门,要加强对工程治理项目的支持和指导监督。“十二五”期间,重点加强地质安全隐患识别探测技术、地质灾害成因机制与破坏模式分析和灾害风险判别等方面的研究,整合集成地质灾害信息平台、监测预警与应急处置集成和防治工程组合化技术。

(七)加强地质灾害防灾减灾宣传教育

加强防灾减灾宣传教育,普及地质灾害防治知识,提高政府、部门、单位和社区民众的防灾减灾意识,使地质灾害防治成为全社会的自觉行动。省(自治区、直辖市)市(地、州)、县(市)、乡(镇)应加强地质灾害群测群防体系建设,大力开展防范地质灾害的培训和演练,全面提高地质灾害易发区人民群众的自我防救能力。

(八)实施严格的奖惩制度

对在地质灾害防治工作中做出突出贡献的单位和个人给予嘉奖;对引发地质灾害以及在地质灾害防治工作中存在渎职行为的单位和个人,按照《地质灾害防治条例》追究责任。

国土资源部关于严格控制和规范矿业权协议出让管理有关问题的通知

国土资发〔2012〕80 号

各省、自治区、直辖市国土资源主管部门,中国地质调查局,武警黄金指挥部,部其他直属单位:

为深入贯彻落实中央关于开展工程建设领域突出问题专项治理工作精神,坚决遏制矿业领域腐败现象易发多发势头,各级国土资源主管部门必须坚持依法依规采取招标拍卖挂牌等市场竞争方式公开出让矿业权的原则,从严控制协议出让范围,严格执行矿业权协议出让的审批权限和程序,逐步减少协议出让数量,积极推进矿业权市场建设。现就严格控制和规范矿业权协议出让,完善矿业权管理制度的有关事项通知如下。

一、从严控制协议出让

(一)勘查、开采项目出资人已经确定,并经矿业权协议出让审批机关集体会审、属于下列五种情形之一的,准许以协议方式出让探矿权、采矿权:

1. 国务院批准的重点矿产资源开发项目和为国务院批准的重点建设项目提供配套资源的矿产地;

2. 省级人民政府批准的储量规模为大中型的矿产资源开发项目;

3. 为列入国家专项的老矿山(危机矿山)寻找接替资源的找矿项目;

4. 已设采矿权需要整合或利用原有生产系统扩大勘查开采范围的毗邻区域;

5. 已设探矿权需要整合或因整体勘查扩大勘查范围涉及周边零星资源的。

(二)协议出让探矿权、采矿权,应当符合矿产资源规划和矿业权设置方案。矿产资源规划和矿业权设置方案未经批准或者备案,不得批准探矿权、采矿权协议出让申请。

(三)申请以协议方式出让探矿权,应当提交省级以上国土资源主管部门出具的地质勘查达到普查以上程度、已完成价款处置的证明材料。

属于下列情形之一、经批准以协议方式出让探矿权的,可以先依法申办勘查许可证,达到普查以上程度后再按规定进行价款处置并提交前款规定的证明材料:

1. 在本通知下发前国家已出资勘查但未形成矿产地的区块,地质勘查未达到普查以上工作程度的;

2. 属低风险类矿种的探矿权人申请扩大勘查范围或者采矿权人申请在其深部、毗邻区域进行勘查,地质勘查未达到普查以上工作程度的。

二、严格执行协议出让批准权限及程序

(四)探矿权、采矿权协议出让实行国土资源部和省级国土资源主管部门两级审批。

（五）《矿产资源勘查区块登记管理办法》和《矿产资源开采登记管理办法》附录中所列 34 个重要矿种探矿权、采矿权的协议出让，由国土资源部审批。

（六）《矿产资源勘查区块登记管理办法》和《矿产资源开采登记管理办法》附录中所列 34 个重要矿种以外其他矿种探矿权、采矿权的协议出让，由省级国土资源主管部门审批。

国土资源部授权省级国土资源主管部门负责勘查、采矿登记的探矿权、采矿权，因矿业权整合或者扩大勘查开采范围需要协议出让的，由省级国土资源主管部门审批。

省级国土资源主管部门应当制定具体管理办法，报国土资源部备案后实施。

（七）国土资源部和省级国土资源主管部门分别依照本通知规定的审批权限，对协议出让申请进行审查，对符合条件的出具批准文件。

（八）国土资源主管部门在批准协议出让探矿权、采矿权前，应当将拟批准的勘查开采项目及项目出资人名称、协议出让申请理由等基本情况，在“全国矿业权出让转让公示公开系统”进行为期不少于 7 个工作日的公示。经公示无异议方予批准。

（九）矿业权协议出让申请批准后，矿业权申请人持协议出让批准文件，依法向登记管理机关申办矿业权登记。

三、严格规范协议出让申请

（十）下列两种情形，由项目出资人根据协议出让审批权限向国土资源部或者省级国土资源主管部门提出协议出让申请：

1. 国务院批准的重点矿产资源开发项目和为国务院批准的重点建设项目提供配套资源的矿产地，由项目出资人或者采矿权人持有关批准文件提出申请；

2. 为列入国家专项的老矿山（危机矿山）寻找接替资源的找矿项目，由采矿权人凭财政部下达的项目预算通知或者国土资源部下达的项目计划通知提出申请。

异地实施危机矿山接替资源找矿项目的，采矿权人还应提交项目所在地省级人民政府出具的批准文件或者书面意见。

（十一）省级人民政府批准的储量规模为大中型的矿产资源开发项目，依本通知规定由国土资源部审批的，由省级人民政府向国土资源部行文，提出协议出让申请。

省级人民政府向国土资源部行文的主要内容包括：协议出让的依据，不宜招标拍卖挂牌出让的理由，拟协议出让矿业权的勘查开采项目名称、项目出资人、拟设勘查区块或者开采区的范围、坐标、面积、勘查程度、资源储量、开发利用情况，是否符合矿业权设置方案等。

（十二）已设采矿权需要整合或利用原有生产系统扩大勘查开采范围的毗邻区域、采矿许可证原由国土资源部颁发的，由采矿权人持省级国土资源主管部门出具的书面意见，向国土资源部提出协议出让申请；其他情况由采矿权人向省级国土资源主管部门提出协议出让申请。

（十三）已设探矿权需要整合或因整体勘查扩大勘查范围涉及周边零星资源的，若所扩范围超过现有勘查区块面积 25% 以上（含）且经省级及以上国土资源主管部门组织专家论证不宜单独另设探矿权，由探矿权人向原登记管理机关提出协议出让申请；所扩范围不足现有勘查区块面积 25% 的，由探矿权人直接向原登记管理机关申办扩大变更登记。

四、其他规定

（十四）石油、天然气、煤成（层）气、页岩气和放射性矿产的探矿权、采矿权协议出让管理办法由国土资源部另行制定。

（十五）《关于进一步规范矿业权出让管理的通知》（国土资发〔2006〕12 号）和《国土资源部关于进一步完善矿业权管理促进整装勘查的通知》（国土资发〔2011〕55 号）中关于矿业权协议出让的管理规定，凡与本通知不符的，以本通知为准。

（十六）本通知自印发之日起施行，有效期五年。

国土资源部

2012 年 5 月 15 日

国土资源部关于表扬“青藏高原地质理论创新与找矿重大突破”突出贡献单位和个人的通报

国土资发〔2012〕85 号

各省、自治区、直辖市及副省级城市国土资源主管部门，新疆生产建设兵团国土资源局，中国地质调查局，武警黄金指挥部，部有关直属单位，部机关各司局：

“青藏高原地质理论创新与找矿重大突破”荣获2011年度国家科技进步奖特等奖，充分体现了党中央、国务院对地质找矿工作的高度重视。这是广大地质科技工作者、干部、职工长期奋斗的结果，这一成果不仅具有全球科学意义，而且具有重大经济和社会效应，是对我国地质找矿事业的重大贡献。为表扬参加青藏高原地质理论创新与找矿重大突破的单位和个人，经部批准，授予中国地质调查局机关等77个单位“青藏高原地质理论创新与找矿重大突破先进单位”荣誉称号；授予王达同志等416名个人“青藏高原地质理论创新与找矿重大突破先进个人”荣誉称号。希望受到表扬的单位和个人认真总结经验，戒骄戒躁，继续发扬“以献身地质事业为荣、以艰苦奋斗为荣、以找矿立功为荣”的“三光荣”优良传统和“不畏艰苦、敢于创新、勇攀高峰”的“青藏精神”，坚持不懈，努力奋斗，争取新的更大成绩。

各级国土资源主管部门和地勘单位要以受到表扬的单位和个人为榜样，用求真务实、勇于创新的精神，以实现找矿突破战略行动目标为己任，把荣誉变为新的动力，为实现地质找矿新突破，为国土资源事业的发展作出更大的贡献。

附件：1. 青藏高原地质理论创新与找矿重大突破先进单位名单

2. 青藏高原地质理论创新与找矿重大突破先进个人名单

国土资源部

2012年5月28日

附件1： **青藏高原地质理论创新与找矿重大突破先进单位名单(77个)**

中国地质调查局机关
中国地质调查局天津地质调查中心
中国地质调查局南京地质调查中心
中国地质调查局武汉地质调查中心
中国地质调查局成都地质调查中心
中国地质调查局西安地质调查中心
中国国土资源航空物探遥感中心
中国地质调查局发展研究中心
中国地质调查局水文地质环境地质调查中心
中国地质科学院机关
中国地质科学院地质研究所
中国地质科学院矿产资源研究所
中国地质科学院地质力学研究所
国家地质实验测试中心
中国地质科学院地球物理地球化学勘查研究所
中国地质科学院勘探技术研究所
中国地质科学院探矿工艺研究所
中国国土资源经济研究院
河北省地质调查院
山西省地质调查院
辽宁省地质调查院
吉林省地质调查院
安徽省地质调查院
安徽省勘查技术院
福建省地质调查研究院
江西省地质调查院
山东省地质调查院
河南省地质矿产勘查开发局
河南省地质调查院
湖北省地质调查院
广东省地质调查院
广西壮族自治区地质调查研究院
四川省地质调查院
四川省地质环境监测站
贵州省地质调查院
云南省地质调查局
西藏自治区国土资源厅
西藏自治区地质矿产勘查与开发局
西藏自治区地质矿产勘查与开发局第二地质大队
西藏自治区地质矿产勘查与开发局第五地质大队
西藏自治区地质矿产勘查与开发局第六地质大队
西藏自治区地质矿产勘查与开发局地热地质大队
西藏自治区地质矿产勘查与开发局区域调查大队
西藏自治区地质调查院
西藏自治区地质环境监测站
陕西省地质调查院
陕西省地质矿产勘查开发局第二综合物探大队
甘肃省地质调查院
青海省国土资源厅
青海省地质矿产勘查开发局
青海省柴达木综合地质矿产勘查院
青海省第一地质矿产勘查大队
青海省地质调查院
青海省地质环境监测站
青海省国土规划研究院
青海省环境地质勘查局

新疆维吾尔自治区地质调查院
武警黄金指挥部
武警黄金地质研究所
核工业 203 研究所
核工业 280 研究所
中国冶金地质总局
中国冶金地质总局二局
中国冶金地质总局第二地质勘查院
四川省冶金地质勘查局
有色金属矿产地质调查中心
青海省有色地质矿产勘查局
甘肃省有色金属地质勘查局
中国煤炭地质总局
四川省煤田地质局
中国地质大学(北京)地质调查院
中国地质大学(武汉)地质调查院
成都理工大学地质调查院
吉林大学地质调查院
中国科学院地质与地球物理研究所
中国科学院青藏高原研究所
中国黄金集团

附件 2:　　青藏高原地质理论创新与找矿重大突破先进个人名单(416 名)

(以姓氏笔划为序)

中国地质调查局机关(8 人):王达、叶天竺、刘凤山、张洪涛、周家寰、奚小环、翟刚毅、薛迎喜

中国地质调查局天津地质调查中心(2 人):王惠初、辛后田

中国地质调查局南京地质调查中心(1 人):董永观

中国地质调查局武汉地质调查中心(6 人):万勇泉、牛志军、邱瑞照、姚华舟、段其发、黄圭成

中国地质调查局成都地质调查中心(21 人):丁俊、于远山、尹福光、王立全、王全海、王剑、冯心涛、刘宇平、朱同兴、张启跃、李生、李光明、李宗亮、杨家瑞、陈华安、范玉文、郑来林、唐文清、耿全如、谭富文、潘桂堂

中国地质调查局西安地质调查中心(9 人):王永和、计文化、伍跃中、刘宽厚、张照伟、李宝强、李荣社、赵仁夫、贾群

中国国土资源航空物探遥感中心(11 人):于学政、方洪宾、王治华、王德发、甘甫平、乔春贵、张洪瑞、张德润、陈显尧、唐文周、熊盛青

中国地质调查局发展研究中心(11 人):叶锦华、向运川、吕志成、张明华、张雍、李超岭、杨东来、陈仁义、赵金水、袁炳强、颜世强

中国地质调查局水文地质环境地质调查中心(1 人):佟元清

中国地质科学院机关(2 人):吴珍汉、赵文津

中国地质科学院地质研究所(18 人):纪占胜、许志琴、闫全人、吴才来、张建新、张泽明、李海兵、杨天南、杨志明、杨经绥、肖序常、孟繁聪、季强、侯增谦、姚建新、郭宪璞、戚学祥、曾令森

中国地质科学院矿产资源研究所(9 人):王瑞江、曲晓明、张德全、杨竹森、杨建民、郑绵平、祝有海、赵元艺、唐菊兴

中国地质科学院地质力学研究所(7 人):王宗秀、朱大岗、陈群策、周显强、胡道功、赵志中、赵越

中国地质科学院地球物理地球化学勘查研究所(3 人):马生明、孙忠军、张华

国家地质实验测试中心(1 人):庄育勋

中国地质科学院勘探技术研究所(1 人):张永勤

中国地质科学院探矿工艺研究所(1 人):张文英

中国国土资源经济研究院(1 人):王国丰

河北省地质调查院(3 人):张计东、张双增、张振利

山西省地质调查院(2 人):周继华、魏荣珠

辽宁省地质调查院(3 人):孙仁民、李治福、庞宏伟

吉林省地质调查院(5 人):王永胜、曲永贵、刘忠、李洪茂、郭文秀

安徽省地质调查院(1 人):钟华明

安徽省勘查技术院(1 人):黄志远

福建省地质调查研究院(5 人):张克尧、陈珍宝、章振国、韩胜康、周珍琦

江西省地质调查院(7 人):吴旭玲、肖业斌、胡为正、凌联海、袁建芽、谢勇、谢国刚

山东省地质调查院(1 人):倪振平

河南省地质矿产勘查开发局(1 人):王建平

河南省地质调查院(15 人):王亚平、卢书伟、白朝军、张哨波、张振海、李新法、杜欣、杨长青、岳国利、胡永华、赵石良、赵建敏、赵波、崔霄峰、燕长海

湖北省地质调查院(10 人):方明、朱杰、张祖送、周仁君、项建桥、徐景银、高少逸、屠江海、曾明中、董高翔

广东省地质调查院(1 人):李新宁

广西壮族自治区地质调查研究院(2 人):李斌、陆

济璞

四川省地质调查院(11 人):王显峰、刘宗祥、江元生、许东榔、何显刚、汪友明、陈玉禄、周明伟、岳昌桐、林高原、徐天德

四川省地质环境监测站(1 人):李云贵

贵州省地质调查院(2 人):牟世勇、熊兴国

云南省地质调查局(3 人):尹光侯、王铨宇、樊同伦

西藏自治区国土资源厅(3 人):王保生、多吉、次旺多吉

西藏自治区地质矿产勘查与开发局(7 人):次仁达、次仁多吉、李清波、杜光伟、苑举斌、洛桑、夏代祥

西藏自治区地质勘查开发局第二地质大队(4 人):冯南平、张华平、张能军、夏德全

西藏自治区地质勘查开发局第五地质大队(2 人):陈红旗、郑玉林

西藏自治区地质勘查开发局第六地质大队(4 人):严刚、张焕彬、章奇志、曹林

西藏自治区地质勘查开发局地热地质大队(3 人):张学全、张宗强、胡先才

西藏自治区地质勘查开发局区域勘查大队(2 人):张兴国、夏抱木

西藏自治区地质调查院(32 人):巴桑、王建坤、冯德新、尼玛次仁、刘鸿飞、向树元、成华云、次琼、张金树、李正焕、李玉昌、李玉彬、李全文、李金高、杜少平、陈凌康、陈惠强、胡敬仁、赵守仁、徐开锋、徐志忠、格桑尼玛、索朗更才、郭建慈、黄卫、黄炜、强巴扎西、普布次仁、曾庆高、程力军、谢尧武、潘凤雏

西藏自治区地质环境监测站(8 人):马和平、白玛次仁、刘伟、吕文明、成民、周成灿、范相德、赵炜

陕西省地质调查院(10 人):万兆发、石尊应、吉万法、张文峰、张省举、李百顺、金平、侯满堂、蔡分良、樊会民

陕西省地质矿产勘查开发局第二综合物探大队(2 人):叶柱才、洪海军

甘肃省地质调查院(4 人):刘文辉、陈永彬、张兴源、杨重信

青海省国土资源厅(1 人):韩生福

青海省地质矿产勘查开发局(2 人):杨生德、杨站君

青海省柴达木综合地质矿产勘查院(2 人):许文鼎、陈学明

青海省第一地质矿产勘查大队(1 人):张炳元

青海省地质调查院(49 人):马生龙、马明珠、王发明、王永文、王秉璋、王毅智、王磊、邓中林、邓元良、付宝侠、付建龙、叶占福、巨生成、田三春、石维栋、刘长征、刘玉军、刘志勇、孙王勇、孙延贵、安守文、朱建立、许光、宋泰忠、张昆宏、张林、张珍林、张智勇、李东生、李健、杨延兴、汪明道、陈正兴、陈建州、孟军海、苗国文、拜永山、赵双喜、郝维杰、徐尚礼、郭宏业、郭通珍、高永旺、寇玉才、常有英、曹世泰、温德银、鲁海峰、薛万文

青海省地质环境监测站(10 人):冯林传、任永胜、吕宝仓、安勇、毕海良、张力征、李长辉、罗银飞、胡贵寿、赵家绪

青海省国土规划研究院(2 人):李熙鑫、曾广文

青海省环境地质勘查局(2 人):李小林、吴国禄

新疆维吾尔自治区地质调查院(8 人):马华东、冯玉武、刘正荣、吕金刚、杨万志、杨子江、郑国平、潘维良

武警黄金指挥部(1 人):路彦明

武警黄金地质研究所(4 人):王科强、金宝义、郭晓东、葛良胜

核工业 203 研究所(1 人):刘林

核工业 280 研究所(1 人):王四利

中国冶金地质总局(4 人):王平户、刘延年、江善元、赵祖应

中国冶金地质总局二局(1 人):秦志平

中国冶金地质总局第二地质勘查院(1 人):黄树峰

四川省冶金地质勘查局(4 人):王小春、刘荣、李仕荣、柏万灵

有色金属矿产地质调查中心(5 人):王旭东、肖文进、李占龙、张建国、张普斌

青海省有色地质矿产勘查局(9 人):王旭春、司永红、田跃斌、申勇胜、张绍宁、李宏录、保广英、施根红、梁海川

甘肃省有色金属地质勘查局(1 人):王造成

中国煤炭地质总局(6 人):孙顺新、张发德、高占明、高会军、谢志清、鞠崎

四川省煤田地质局(1 人):徐锡惠

中国地质大学(武汉)(8 人):马昌前、王国灿、朱云海、张克信、李德威、周爱国、郑有业、殷鸿福

中国地质大学(北京)(8 人):万晓樵、王成善、王根厚、邓军、白志达、刘文灿、赵志丹、莫宣学

成都理工大学(5 人):伊海生、刘登忠、李勇、钟康惠、徐仕海

吉林大学(5 人):孙丰月、李才、杨德明、姜琦刚、程立人

中国科学院地质与地球物理研究所(3 人):王二七、张忠杰、秦克章

中国科学院青藏高原研究所(1 人):丁林

中国黄金集团(2 人):宋鑫、姜良友

国土资源部关于开展重要矿产资源“三率”调查与评价工作的通知

国土资发〔2012〕105号

各省、自治区、直辖市国土资源主管部门，中国石油天然气集团公司、中国石油化工集团公司，中国海洋石油总公司、中联煤层气有限责任公司、延长油矿管理局，中国地质调查局及部其他直属单位，国土资源部机关各司局，有关行业协会：

为贯彻落实节约优先战略，查清我国重要矿产资源节约与综合利用现状，按照《国民经济和社会发展第十二个五年规划纲要》和《找矿突破战略行动纲要(2011～2020年)》的要求，国土资源部决定开展煤炭、石油、天然气等22个重要矿产“开采回采率、选矿回收率、综合利用率”(以下简称“三率”)调查与评价工作。现将有关事项通知如下：

一、目的意义

全国重要矿产“三率”调查与评价是一次重要矿情调查，目的是掌握我国重要矿产资源“三率”情况和技术工艺现状，建立科学合理的矿产资源开发利用评价体系，满足矿产资源管理、保护和合理利用的需要。“三率”调查与评价工作是全面贯彻科学发展观、落实节约优先战略，增强矿产资源保障能力，促进经济社会可持续发展的必然要求；是提高矿产资源节约与综合利用水平，促进矿业领域调结构、转方式的客观要求；是加强矿产资源合理开发利用监管和构建激励约束机制的基础性工作。

二、工作要求

(一)调查评价内容。基本查清煤炭、石油、天然气、铁、锰、铜、铅、锌、铝土矿、镍、钨、锡、锑、钼、稀土、金、磷、硫铁矿、钾盐、石墨、高铝黏土和萤石等22种重要矿产“三率”和采选及综合利用技术工艺现状，科学评价矿山企业开发利用矿产资源水平，建立全国重要矿产资源“三率”调查与评价数据库，提出合理开发利用矿产资源的政策建议。

各省级国土资源主管部门可根据本地实际情况，增加调查矿种和调查内容。

(二)工作进度。全国重要矿产资源“三率”调查与评价工作由国土资源部统一部署，分步实施。2012年完成总体工作方案编制，技术培训，各省级和各油气公司实施方案编制，基本完成外业调查工作，提交初步成果。2013年开展矿产资源合理开发利用水平评价，完成各省级国土资源主管部门、各油气公司成果验收，开展重点矿山实地调查，汇总全国数据，建立全国“三率”调查与评价数据库，提出矿山矿产资源合理开发利用评价体系。

三、有关要求

(一)加强组织领导。各省级国土资源主管部门、各油气公司和有关行业协会(以下简称各单位)要高度重视重要矿产资源“三率”调查与评价工作，加强组织领导，成立项目办公室，明确负责处室(部门)、负责人和联络人，制定本单位工作实施方案，提供必要的技术、经费保障，按照部的统一部署和要求，做好组织协调工作，周密部署，确保圆满完成重要矿产资源“三率”调查与评价工作。

请各省级国土资源主管部门、各油气公司和有关行业协会于2012年7月30日前，将本单位工作实施方案和负责矿产资源“三率”调查与评价工作负责处室(部门)、负责人、联系人报国土资源部储量司。

(二)明确任务分工。国土资源部储量司负责“三率”调查与评价工作的组织协调，监督检查工作进展，负责成果上报和社会发布。中国地质调查局负责“三率”调查与评价工作的日常管理和具体组织实施，中国地质科学院郑州矿产综合利用研究所负责“三率”调查与评价技术业务支撑。各省级国土资源主管部门负责本行政区内非油气矿产资源调查与评价工作。各油气公司负责本单位油气矿产资源调查与评价工作。有关行业协会负责汇总本行业矿产资源“三率”调查数据，开展评价工作。

(三)加强监督检查和业务指导。国土资源部储量司要建立季度工作进展报告制度，及时了解各单位工作进展和实施情况，加强监督检查力度，确保工作进度。中国地质调查局要加强业务指导，成立项目办公室和技术委员会，加大对各单位业务、技术指导力度，及时解决实施过程中的业务、技术问题，确保工作质量。

现将《全国重要矿产资源“三率”调查与评价工作实施方案》印发给你们，请遵照执行。全国重要矿产资源“三率”调查与评价工作中遇到的新情况、新问题，请各单位及时报部。

联系人及电话：国土资源部储量司黄学雄66558287

国土资源部

2012年6月27日

附件

全国重要矿产“三率”调查与评价工作实施方案

为贯彻节约优先战略，查清我国重要矿产资源综合利用现状，积极推进矿产资源节约与综合利用工作，根据《国民经济和社会发展第十二个五年规划纲要》和《找矿突破战略行动纲要（2011～2020年）》，部决定开展重要矿产“开采回采率、选矿回收率、综合利用率”（以下简称“三率”）调查与评价工作。为做好“三率”调查与评价工作，特制定本方案。

一、目标任务

（一）总体目标。基本查明我国重要矿产资源开发利用、“三率”和采选及综合利用技术现状，采用定量和定性相结合的方法科学评价矿产资源合理开发利用水平，建立全国重要矿产资源“三率”调查与评价数据库，夯实矿产资源管理、保护和合理开发利用监管的工作基础，为健全完善矿产资源节约集约利用政策提供依据，促进矿业领域加快转变发展方式。

（二）具体任务。

1. 基本掌握我国重要矿产资源“三率”、开发利用水平和技术工艺现状，查清共伴生、低品位、难选冶和矿山废弃物（尾矿）等资源开发利用情况。

2. 建立全国重要矿产资源“三率”调查与评价数据库，与矿产资源登记统计、矿业权配号系统等实现互联互通，为一张图管矿和综合监管平台提供支撑。

3. 研究制订重要矿产资源开发利用水平评价体系及评价方法，提交矿产资源开发利用评价报告，为构建矿产资源节约集约利用的激励约束机制提供依据和支撑。

4. 总结梳理矿产资源合理开发利用现有技术，提出适用范围广、应用前景好的矿产资源先进适用技术推广目录和推广建议。

5. 根据调查与评价成果，开展专题研究，提出重要矿产资源合理开发利用标准和政策建议。

二、调查评价对象和内容

（一）调查评价对象。煤炭、石油、天然气、铁、锰、铜、铅、锌、铝土矿、镍、钨、锡、锑、钼、稀土、金、磷、硫铁矿、钾盐、石墨、高铝黏土和萤石等22种矿产。各省级国土资源主管部门可根据本地实际情况，增加调查矿种。

（二）调查评价内容。调查内容主要包括：矿山企业基本情况，矿山资源储量、矿山采选情况，矿产品销售等经济指标，共伴生、低品位、难选冶资源利用情况，尾矿等废弃物利用情况，矿产资源开发利用技术情况。具体调查表式和填报说明见附表1－3。

三、技术路线

（一）制定实施方案。国土资源部组织有关单位，根据调查评价目标和内容，结合前期调研成果，编制调查表，制定实施方案，经专家论证通过后，印发实施。

（二）培训。按照统一方法和统一技术的要求，对各省级国土资源主管部门、各油气公司和业务技术支撑单位开展培训，全面掌握调查方法、流程和技术要求。

（三）组织部署。各省级国土资源管理部门和各油气公司按照部统一要求，部署“三率”调查评价工作，开展业务培训，组织矿山企业如实填报调查表，并及时审核汇总上报调查数据。

（四）实地调查。承担实地调查的单位选择典型矿山企业进行实地调查，全面了解矿产资源节约与综合利用情况。

（五）综合研究。在调查成果基础上，组织开展全国矿山“三率”调查与评价综合研究和专题研究，制订矿产资源开发利用评价体系及评价办法，分矿类（种）对矿产资源开发利用情况进行系统评价，提交评价报告和专题研究报告。

（六）广泛征求意见。采取座谈会、研讨会等方式，就矿产资源合理开发利用评价体系、指标和方法等问题，广泛征求矿山企业、管理部门、行业协会、科研院所的意见和建议，形成矿产资源合理开发利用评价体系研究成果报告。

（七）成果汇交。按照有关要求汇交成果等资料。

四、总体进度安排

（一）部署和外业调查（2012年底前完成）。

1. 4～5月，编制实施方案，征求各方面意见，确定调查表内容及表式。

2. 6月，国土资源部发文对“三率”调查与评价工作进行部署。

3. 7月，对各省级国土资源主管部门、各油气公司及各技术业务支撑单位、有关行业协会进行培训。

4. 7～11月，各省级国土资源主管部门、各油气公司组织部署调查工作，并按要求审核、汇总和上报调查数据。

5. 12月，各省级国土资源主管部门、各油气公司提交初步成果。

（二）评价和建库（2013年底完成）。

1. 2013年上半年，对典型矿山进行实地调查；开展矿产资源开发利用评价工作；完成各单位成果验收；分矿类（种）对调查与评价数据进行汇总分析。

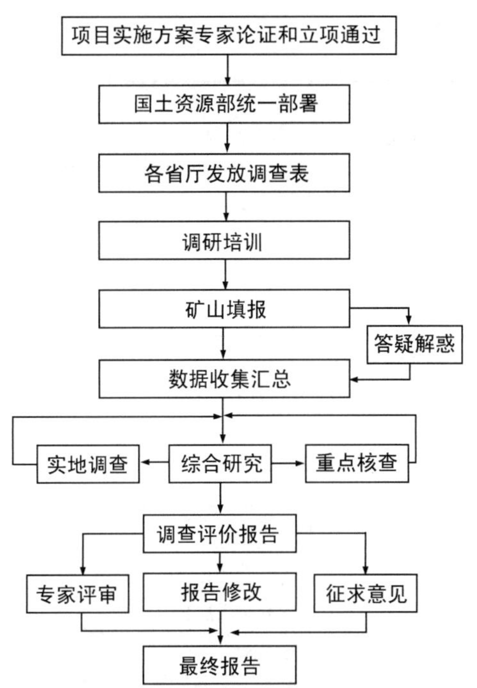

全国重要矿产"三率"综合调查与评价研究技术路线图

2. 2013 年下半年,汇总各单位上报数据,建立全国重要矿产资源综合利用数据库;开展专题研究,提交调查评价报告和专题研究成果。

五、预期成果

(一) 技术文件。

1. 全国重要矿产"三率"调查与评价工作实施方案。

2. 全国重要矿产"三率"调查与评价工作指南与技术要求。

(二)调查成果和省级汇总成果。

1. 基本调查成果:单个矿山矿产资源"三率"调查表。

2. 各省(区、市)、油气公司矿产资源"三率"调查与评价分矿类(种)报告。

3. 各省(区、市)、油气公司重要矿产资源"三率"调查与评价数据库。

(三)全国成果。

1. 全国矿产资源"三率"调查与评价总报告及分矿种报告。

2. 全国重要矿产资源"三率"调查与评价数据库。

3. 矿产资源开发利用评价体系、指标、方法。

4. 国内外矿产资源开发利用比对研究报告。

六、任务分工

(一)中国地质调查局负责"三率"调查与评价工作的日常管理和具体组织实施,负责组建项目办公室和技术委员会,按照地质矿产调查评价项目管理要求对项目实施进行监督检查,包括日常事务管理、技术综合与监督、经费预算及监督、实施过程的重大技术问题决策咨询等工作。

(二)中国地质科学院郑州矿产综合利用研究所是"三率"调查与评价技术业务支撑单位,主要负责编制工作实施方案,制定技术规范与技术要求,业务培训、指导和检查,负责全国"三率"调查数据的汇总和评价研究,承担部分专题研究。

(三)各省级国土资源主管部门负责本行政区内非油气矿产资源"三率"调查与评价工作,各油气公司负责本单位油气资源调查与评价工作,主要是组织部署调查表的填报与审核,调查成果的评审与验收,开展评价工作,建立本单位调查与评价数据库,按时提交调查数据和成果报告,并对有关单位实地调查给予支持。

(四)各省级国土资源主管部门的业务支撑单位主要负责编制本地"三率"调查评价工作方案和技术要求;负责业务和技术培训、指导;审核矿山"三率"调查表,承担调查成果评审与验收具体工作;深入典型矿山企业进行实地核查;建立本省"三率"调查与评价数据库;按要求报送有关资料。

(五)有关行业协会主要负责协助各省级国土资源主管部门、各油气公司做好上报数据核实工作,对典型矿山企业进行实地调查,提交本行业调查与评价报告。

(六)技术委员会由项目办公室聘请经验丰富的煤炭、油气、黑色、有色、非金属、化工领域的矿山地质、采矿、选矿领域的资深专家组成,主要负责重大决策咨询、设计审查和技术监督;对重大技术问题商讨解决方案,对"三率"调查实施过程中遇到的业务和技术问题进行把关。

附表:1. 煤炭企业"三率"调查表及填报说明

2. 油气企业"三率"调查表及填报说明

3. 金属、非金属矿企业"三率"调查表及填报说明

附表 1 **煤炭企业“三率”调查表**

填报单位盖章:

1. 煤矿企业基本情况

采矿权人			开采方式		
矿山名称			矿山生产建设规模		
采矿许可证证号		行政区代码		经济类型	
建矿时间		投产时间		剩余服务年限(年)	

2. 煤矿煤炭资源储量及开采情况(资源储量、产量单位均为万吨)

设计采煤方法			实际采煤方法		
设计或核定生产能力		实际生产能力		累计查明资源储量	
2011 年底保有资源储量		设计永久柱煤量		三下压煤量	
累计矿井动用储量		累计矿井采出量		累计矿井损失量	
累计不合理损失量		设计矿井回采率		实际矿井回采率	
矿井可采煤层数		设计开采煤层数		实际开采煤层数	
累计产量		构造复杂程度		勘探类型	

煤层号	煤的牌号	平均厚度	煤层倾角	煤层稳定性	可选性级别	设计可采储量	采煤方法	设计工作面回采率	设计采区开采回采率(%)
……									

年度	工作面回采率	采区损失量	采区不合理损失	采区采出量	采区回采率	全矿井采出量	全矿井损失量	矿井回采率
2009 年								
2010 年								
2011 年								

3. 选煤情况(产量均为万吨,灰分、硫分、产率、入选率均为%,发热量为兆焦/千克)

选煤厂个数		设计选煤能力(万吨/年)		入选原煤灰分		原煤发热量		入选原煤硫分	

年度	原煤产量	入选原煤量	原煤入选率	炼焦精煤产率	选煤厂精煤产品产率
2009 年					
2010 年					
2011 年					

选煤工艺				
选煤产品名称	灰分	硫分	发热量	年产量
……				

4. 煤矿经济指标

续表

销售产品名称	年初库存量（万吨）	年销售量（万吨）	年自用量（万吨）	年末库存量（万吨）	年平均销售价格（元/吨）	年销售收入（万元）
……						

5. 共伴生矿产、尾矿资源利用情况

共伴生矿产名称	资源量单位	累计查明资源储量	保有资源储量	累计采出量	年利用量	累计利用量	利用率(%)	年利用产值(万元)
……								

尾矿等资源名称	资源储量单位	年排放量	累计排放量	利用方式	年利用量	累计利用量	利用率(%)	年利用产值(万元)
……								

6. 新技术新工艺情况

简要介绍新技术新工艺名称、原理、主要技术参数、适用范围和解决的主要问题、已取得的效益，技术应用现状和典型用户，技术推广前景，并附上工艺流程图。

填表人（签章）　　　　手机号码：　　　　填报日期

审查人（签章）　　　　手机号码：　　　　审核日期

煤炭企业“三率”调查表填报说明

一、填报基本要求

（一）《煤炭企业“三率”调查表》适用于在中华人民共和国领域及管辖海域内从事煤炭采（选）矿生产活动的采矿权人（以下均对应“矿山企业”，指具有法人地位或具独立经济核算的单位），按《矿产资源登记统计管理办法》及本填报说明的规定填报。

（二）调查表应由矿山企业有关专业技术人员如实、全面、准确填报，并经单位负责人审查同意后，按要求将调查表及与该表内容相同的电子报表各1份报送有关单位。

（三）本表以采矿许可证划定的矿区范围为基本统计单元，由采矿权人填报。无论其生产规模大小都必须单独填报；采矿权人开办1个以上矿山的，必须1证1表分别进行填报。

（四）采矿权人没有选煤厂时可以不填写选煤情况的内容。

（五）调查表累计数据均截止2011年12月31日，年度数据均为2011年1月1日~2011年12月31日。

（六）填报时，数字指标项应严格按照本表及填报说明中列出的指标填报单位填写。如果数字指标项的填报单位与本表中列出的填报单位无法换算，不能保持一致，应将列出的填报单位用笔涂掉，并在填报资料后注明其填报单位。

二、指标解释及填写要求

（一）煤矿企业基本情况。

1. 采矿权人：指《采矿许可证》所载明的采矿权人。

2. 开采方式：指采用露天或地下方式开采矿产资源的方法，如露天、地下开采、露天－地下联合开采。

3. 矿山名称：指《采矿许可证》所载明矿山名称。

4. 矿山生产建设规模：按《关于调整部分矿种矿山生产建设规模标准的通知》（国土资发〔2004〕208

号)规定填写。

5. 采矿许可证证号:指《采矿许可证》所载明的23位或13位编号。

6. 行政区代码:矿山所在地的县级行政区域代码。

7. 经济类型:按《经济类型分类与代码》(GB/T12402-2000)填写。

8. 建矿时间:指煤矿开始筹建时间。

9. 投产时间:指煤矿建成投产时间。

10. 剩余服务年限:指煤矿2011年末起至计划开采完毕时间。两套及以上生产系统的企业,应填报各套生产系统中最长的可生产年限。

(二)煤矿储量及开采情况。

1. 设计采煤方法:依据设计或开发利用方案确定的采煤方法填写。

2. 实际采煤方法:填写实际采用的主要采煤方法,有几种填几种。

3. 设计或核定生产能力:以批准的设计或开发利用方案为准。

4. 实际生产能力:填2011年的煤炭产量。

5. 累计查明资源储量:指采矿许可证范围内,通过地质手段查明的资源储量,(历年因补充勘探、生产勘探、采勘对比和重算等增减的储量)。

6. 2011年底保有资源储量:填写2011年底保有资源储量。

7. 设计永久煤柱量:是指经批准的设计全矿各种永久性煤柱损失的所有资源储量(一般属合理损失)。

8. “三下”压煤量:是设计永久煤柱中的一部分,水体、铁路和建筑物下压覆不可开采的资源储量。

9. 累计矿井动用储量:填写截至2011年底全矿井已采动用部分资源储量之和,包括累计采出量和累计损失量两部分。

10. 累计矿井采出量:是指截至2011年底全矿井实际采出量之和。

11. 累计矿井损失量:是指截至2011年底全矿井实际损失量之和。

12. 累计不合理损失量:是指截至2011年底由于不正确开采引起的损失(或浪费、破坏)量之和。

13. 设计矿井回采率:填写设计或开发利用方案设计的矿井回采率。

14. 实际矿井回采率:填写实际全矿井平均回采率。

15. 矿井可采煤层数:经批准的地质报告或储量核实报告所确定的资源储量的煤层层数。

16. 设计可采煤层数:填写依据设计或开发利用方案设计确定的开采利用的煤层层数。

17.1 实际开采煤层数:填写实际已经开采的煤层层数。

17.2 构造复杂程度:按照《煤、泥炭地质勘查规范》(DZ/T 0215-2002)的要求填写,分为简单构造、中等构造、复杂构造和极复杂构造。

18. 勘探类型:按照《固体矿产地质勘查规范总则》(GB/T 13908-2002)和《煤、泥炭地质勘查规范》(DZ/T 0215-2002)确定的固体矿产开采技术条件勘查类型划分及工作要求填写。

19. 煤层号:是指该矿区所采煤层的具体编号。

20. 煤的牌号:按《中国煤炭分类国家标准》(GB/T 5751-2009)填写。

21. 平均厚度:是指煤层的平均厚度,单位为米。

22. 煤层倾角:煤层的平均倾角。

23. 煤层稳定性:按照《煤、泥炭地质勘查规范》(DZ/T 0215-2002)的要求填写,分为稳定煤层、较稳定煤层、不稳定煤层、极不稳定煤层。

24. 可选性级别:指把杂质从煤中分离出来以达到工业用煤的难易程度,分为极易选煤、易选煤、中等可选煤、难选煤、极难选煤。

25. 设计可采储量:是截止2011年底设计可开采利用的保有资源储量。

26. 采煤方法:是指各煤层所对应的具体采煤方法。

27. 设计工作面回采率:以批准的设计或开发利用方案为准。

28. 设计采区回采率:以批准的设计或开发利用方案为准。

29. 工作面回采率:根据实际数据先测算工作面损失率,工作面回采率=1-工作面损失率。

30. 采区损失量:即实测的采区各煤层损失量之和,当影响上下其他煤层时,应当加上其损失(浪费、破坏)的资源储量。

31. 采区不合理损失量:即采区损失量的一部分,是由于不正确开采引起的损失量之和,当影响上下其他煤层时,应当加上其损失(浪费、破坏)的资源储量。

32. 采区采出量:即实测的采区各煤层采出量与掘进煤量之和。

33. 采区回采率:根据实际数据先测算采区损失率,采区回采率=1-采区损失率。

34. 全矿井采出量:指全矿井已开采的采出量加上掘进煤量、巷道维修煤量。

35. 全矿井损失量:指各采区损失总和加上永久性煤柱摊销资源储量、报损储量和地质即水文地质损失。

36. 矿井回采率:根据实际数据先测算工作损失率,矿井回采率=1-矿井损失率。

（三）选煤基本情况。

1. 选煤厂个数：矿山企业所建立的选煤厂个数。

2. 设计选煤能力：是指设计确定的洗煤厂年度入选原煤量，单位万吨/年。

3. 入选原煤灰分：灰分是指煤样在规定条件下完全燃烧后所得残留物，填写选煤厂年入选原煤平均灰分。

4. 入选原煤硫分：填写选煤厂入选原煤平均硫分。

5. 原煤产量：是指矿山在某一年度内所生产的原煤产量。

6. 入选原煤量：是指洗煤厂实际生产中年度入选原煤量。

7. 原煤入选率：是指入选原煤量与原煤产量的百分比。

8. 炼焦精煤产率和选煤厂精煤产品产率：是指炼焦煤厂或选煤厂精煤数量与入选原煤数量的百分比。

9. 选煤工艺：指对原煤进行洗选获得选煤产品的工艺流程，如重力选煤、浮游选煤。

10. 选煤产品名称：是指对原煤进行洗选后获得的产品，如精煤、煤泥、煤矸石。

11. 灰分：是指单位选煤产品所含灰分。

12. 硫分：是指单位选煤产品所含硫分。

13. 发热量：是指单位选煤产品中所含的热量。

14. 年产量：是指2011年各选煤产品的总产量。

（四）煤矿经济指标。

1. 销售产品名称：指矿山企业对外销售的矿产品名称，如原煤、精煤、煤泥等产品的名称。

2. 年初库存量：指2011年初尚存在仓库中而暂未售出的产品数量。

3. 年销售量：指煤炭企业2011年实际销售的、由本企业生产（包括以往年度和本年度生产）的产品实物数量。销售量统计应以销售实现为原则。销售实现的标志有两个：一、产品所有权已转移；二、收到货款或取得收取货款的权利。即在产品已发出，货款已经收到或者得到了收取货款的凭证的情况下，可作为销售实现，进入销售量统计。

4. 年自用量：指煤炭企业2011年由于生产需要或其他情况所产生的内部消耗的本企业生产（包括以往年度和本年度生产）的产品实物数量。

5. 年末库存量：指2011年底末尚存在仓库中而暂未售出的产品数量。

6. 年平均销售价格：指2011年销售该产品的交易平均价格。

7. 销售收入：指煤炭企业2011年销售产品所取得的收入。

（五）共伴生矿产、尾矿资源情况。

1. 共伴生矿产名称：是指与煤系地层中与煤共伴生的矿产，如硫铁矿、铝土矿、铁矿、油页岩、耐火黏土、高岭土等；煤层中含有煤层气、锗、镓、铟、钒等稀有分散元素。

2. 资源量单位：共伴生矿产资源储量所对应的单位，固体矿产单位为万吨，液体、气体矿产单位为万立方米。

3. 累计查明资源储量：指采矿许可证范围内，通过地质手段查明的资源储量，（历年因补充勘探、生产勘探、采勘对比和重算等增减的储量）。

4. 保有资源储量：填写2011年底保有资源储量。

5. 累计采出量：截至2011年底实际采出量之和。

6. 年利用量：指2011年已利用的数量，已利用是指矿山已将共伴生矿产资源自用或者对外销售。

7. 累计利用量：截至2011年底实际已利用量之和，已利用是指矿山已将共伴生矿产资源自用或者对外销售。

8. 利用率：指截至2011年底累计利用量与累计采出量的百分比。

9. 年利用产值：指矿山企业2011年利用共伴生矿产所取得的经济效益。

10. 尾矿等资源名称和资源量单位：煤炭资源采选过程中产生的废弃物，如煤矸石、矿井水、乏风等废弃物的名称，固体矿产资源量单位为万吨，液体、气体矿产单位为万立方米。

11. 年排放量：指矿山2011年排放废弃物的数量，固体废弃物以万吨为单位，液体、气体矿产为万立方米为单位。

12. 累计排放量：截止到2011年底已排放废弃物的总量

13. 利用方式：指矿山企业利用矿山废弃物的方式。

14. 年利用量：指矿山2011年实际利用的矿山废弃物的数量。

15. 年利用产值：指矿山企业2011年利用废弃物所取得的经济效益。

16. 利用率：指截至2011年底累计利用量与累计排放量的百分比。

（六）新技术新工艺情况。

简要介绍新技术新工艺名称、原理、主要技术参数、适用范围和解决的主要问题、已取得的效益，技术应用现状和典型用户，技术推广前景，并附上工艺流程图。

填表人、审查人：是指采矿权人指定的填表人及填报单位的审查人，须签名或盖章

填报日期、审查日期：填写填报数据和审查数据时间。

附表 2

油气企业“三率”调查表

填报单位盖章：

1. 油气企业基本情况

采矿权人		行政区代码	
油气田名称		生产建设规模	
采矿许可证号		油气田发现时间	
油气田投入开发时间		剩余服务年限(年)	

2. 油气田地质、储量、开采等情况(产能、产量,油为万吨,气为亿立方米,收入为万元)

油气田可采储量丰度		油气田埋藏深度	
油气田储量规模		油气藏类型	
油开采方式		气开采方式	

年末核定油田产能	万吨/年	2011 年油产量		2011 年油销售收入	
年末核定气田产能	亿立方米/年	2011 年气产量		2011 年 气销售收入	

油气田名称	储层名称	压力(兆帕)	孔隙度(%)	渗透率(豪达西)	原油粘度(毫帕.秒)	原油密度(克/立方厘米)	采收率(%)			
							初采阶段	2009 年	2010 年	2011 年

矿种名称	储量单位	累计探明地质储量	累计探明技术可采储量	剩余探明地质储量	剩余探明技术可采储量	累计产量	剩余经济可采储量	采出程度
……								

3. 油气田废弃物堆存利用情况

油田废弃物名称	单位	累计排放量(万立方米)	2011 年排放量	利用方式	累计利用量	2011 年利用量	2011 年利用产值(万元)	利用率
……								

4. 提高采收率技术工艺情况

提高采收率技术方法	覆盖地质储量(万吨)	增加技术可采储量	提高采收率(%)	增加产量(万吨)
……				

5. 难动用油气资源情况

难动用资源名称	难动用原因简述	累计探明地质储量	累计产量	平均采收率	平均吨成本

6. 新技术、工艺情况

简要介绍新技术新工艺名称、原理、主要技术参数、适用范围和解决的主要问题、已取得的效益,技术应用现状和典型用户,技术推广前景,并附上工艺流程图。

填表人(签章)　　联系方式　　填报日期

审核人(签章)　　联系方式　　审核日期

油气企业“三率”调查表填报说明

一、填报基本要求

（一）《油田企业“三率”调查表》适用于所有在中华人民共和国领域及管辖海域从事油气矿产（包括原油、凝析油、气层气、溶解气、煤层气及其他气体矿产等）开发的采矿权人（以下均对应“矿山企业”，指具有法人地位或具独立经济核算的单位），分油气田按本填报说明的规定填报。

（二）调查表应由矿山企业有关专业技术人员如实、全面、准确填报，并经单位负责人审查同意后，按要求将调查表及与该表内容相同的电子报表各1份报送有关单位。

（三）调查表累计数据均截至2011年12月31日，年度数据均为2011年1月1日至2011年12月31日。

（四）填报时，数字指标项应严格按照本表及填报说明中列出的指标填报单位填写。如果数字指标项的填报单位与本表中列出的填报单位无法换算，不能保持一致，应将列出的填报单位用笔涂掉，并在填报资料后注明其填报单位。

二、指标解释及填写要求

（一）油气企业基本情况。

1. 采矿权人：指《采矿许可证》上所列的采矿权人名称全称。

2. 行政区代码：油气田所在地的县级行政区代码。

3. 油气田名称：指《采矿许可证》上所列的油气田名称全称。

4. 生产建设规模：按《关于调整部分矿种矿山生产建设规模标准的通知》（国土资发〔2004〕208号）规定填写。

5. 采矿许可证证号：依据《采矿许可证》填写其23位或13位编号。

6. 油气田发现时间：指发现油气田的时间。

7. 油气田开发时间：指油气田开发时间。

8. 剩余服务年限：指2011年末起至计划开采完毕时间。

（二）油气田地质、储量开采等情况。

1. 油气田储量丰度：是指油气田内原油、天然气可采储量的丰度。

2. 油气田埋藏深度：指油气田的埋藏深度。

3. 油气田储量规模：按《石油天然气储量计算规范》（DZ/T0217－200）填写。

4. 油气藏类型：按《石油可采储量计算方法》（SY/T 5367－1998）、《天然气可采储量计算方法》（SY/T 6098－2000）规定填写。

5. 油开采方式、气开采方式：从地下采出油气的方式。

6. 年末核定油田、气田产能：当年度企业实际达到的油气的年度生产量。有核定生产能力的企业，应填报核定生产能力；无核定生产能力有查定生产能力的企业，填写查定生产能力。

7. 2011年油产量、销售收入：填写油气田2011年实际油产量和销售收入。

8. 2011年气产量、销售收入：填写油气田2011年实际气产量和销售收入。

9. 油气田名称、储层名称：是指油气田、储层的名称。

10. 压力：是指储层的平均压力，单位为兆帕。

11. 孔隙度：衡量油气储层岩石中所含孔隙体积多少的一种参数，孔隙度反映岩石储存流体的能力，是岩样中相互连通的孔隙的总体积与岩样总体积的比值，单位为%，填写储层的平均孔隙度。

12. 渗透率：衡量流体在压力差下通过多孔岩石有效孔隙能力的一种量值，填写储层渗透率的平均值，单位为mD。

13. 石油黏度：是反映石油流体的内摩擦力的一个参数，单位为帕.秒，填写储层石油黏度的平均值。

14. 石油密度：是指储层石油的平均密度，单位为克/立方米。

15. 采收率：是指可采储量占地质储量的百分数。

16 矿种名称：油气企业开采生产的主要矿产的名称，按原油、凝析油、气层气、溶解气、煤层气、二氧化碳气、硫化氢气、氦气或氡气等矿产填写。

17. 储量单位：根据矿种填写相应的资源储量单位，如万吨或万立方米。

18. 累计探明地质储量：指油气田范围内，已探明的总的地质储量。

19. 累计探明技术可采储量：指油气田范围内，已探明的总的技术可采储量。

20. 剩余探明地质储量：指截至2011年底剩余的探明地质储量数值。

21. 剩余探明技术可采储量：指截至2011年底剩余的探明技术可采储量。

22. 累计产量：指截至2011年底的产量之和。

23. 剩余经济可采储量：指截至2011年底剩余经济可采储量。

24. 采出程度：累计产油（气）量与其相应动用地

质储量之比。

（三）油气田废弃物堆存利用情况。

1. 油气田废弃物名称：指油气田生产的废弃物的名称，根据油气田实际产生废弃物名称填写。

2. 单位：油气田各废弃物的计量单位。

3. 累计排放量：指油气田已排放废弃物的总量。

4. 2011 年排放量：是指 2011 年油气田排放的各类废弃物数量。

5. 利用方式：油气田废弃物的综合利用方式，油气企业根据实际利用情况填写。

6. 累计利用量：油气企业已利用废弃物的总量。

7. 2011 年利用量：指企业以综合利用为目的，2011 年实际利用的废弃物量。

8. 2011 年利用产值：是指 2011 年油气企业利用油田废弃物所取得的经济效益。

9. 利用率：是指累计利用量与累计排放量的百分比。

（四）提高采收率工艺名称。

1. 提高采收率方法名称：填写油气企业为提高油气采收率所采取的技术工艺。

2. 覆盖地质储量：填写能够采取油气企业提高油气采收率措施进行生产的矿区内油气的地质储量。

3. 增加技术可采储量：通过提高采收率，与原有技术方法比较，油气田可以多增加的技术可采储量数量。

4. 提高采收率：新的技术方法与原有技术方法比较，采收率提高多少个百分点。

5. 增加产量：通过相应的提高采收率的方法获得的油气产量，单位万吨或亿立方米。

（五）难动用油气资源。

1. 难动用资源名称：难动用油气资源的名称，如低渗透油、稠油等。

2. 难动用原因：简述难动用的原因。

3. 平均吨成本：是指开采难动用油气资源的吨平均成本。

（六）新技术新工艺情况。

简要介绍新技术新工艺名称、原理、主要技术参数、适用范围和解决的主要问题、已取得的效益，技术应用现状和典型用户，技术推广前景，并附上工艺流程图。

填表人、审查人：是指采矿权人指定的填表人及填报单位的审查人，须签名或盖章

填报日期、审查日期：填写填报数据和审查数据时间。

金属和非金属矿山企业“三率”调查表

<table>
<tr><td colspan="9">1. 矿山企业基本情况</td></tr>
<tr><td>采矿权人</td><td colspan="4"></td><td colspan="2">开采方式</td><td colspan="2"></td></tr>
<tr><td>矿山名称</td><td colspan="4"></td><td colspan="2">矿山生产建设规模</td><td colspan="2"></td></tr>
<tr><td>采矿许可证号</td><td colspan="4"></td><td colspan="2">行政区代码</td><td>经济类型</td><td></td></tr>
<tr><td>建矿时间</td><td colspan="2"></td><td colspan="2">投产时间</td><td></td><td colspan="2">剩余生产年限(年)</td><td></td></tr>
<tr><td colspan="9">2. 矿山储量情况</td></tr>
<tr><td colspan="2">矿石工业类型</td><td colspan="7"></td></tr>
<tr><td colspan="2">矿床工业类型</td><td colspan="7"></td></tr>
<tr><td rowspan="2">矿产名称</td><td rowspan="2">矿产组合</td><td rowspan="2">有价元素（组分）</td><td rowspan="2">平均品位（%）</td><td rowspan="2">统计对象及单位</td><td colspan="4">2011 年底资源储量</td></tr>
<tr><td>累计查明资源储量</td><td>年动用资源储量</td><td>年损失资源储量</td><td>年末保有</td></tr>
<tr><td></td><td></td><td></td><td></td><td></td><td></td><td></td><td></td><td></td></tr>
<tr><td>……</td><td></td><td></td><td></td><td></td><td></td><td></td><td></td><td></td></tr>
<tr><td colspan="9">3. 矿山开采技术条件</td></tr>
<tr><td>主要矿体编号</td><td>矿体走向长度（米）</td><td>矿体倾角（度）</td><td>矿体厚度（米）</td><td>矿体赋存深度（米）</td><td>矿体稳固性</td><td>围岩稳固性</td><td colspan="2">矿床水文地质条件</td></tr>
<tr><td></td><td></td><td></td><td></td><td></td><td></td><td></td><td colspan="2"></td></tr>
<tr><td></td><td></td><td></td><td></td><td></td><td></td><td></td><td colspan="2"></td></tr>
<tr><td></td><td></td><td></td><td></td><td></td><td></td><td></td><td colspan="2"></td></tr>
</table>

续表

4. 矿山采矿情况							
开采方式	开拓方式	设计生产能力（万吨）	设计资源利用率（%）	设计采矿贫化率（%）	设计开采回采率（%）	主矿种设计出矿品位（%）	主矿种最低工业品位（%）
年份	年实际出矿量（万吨）	年实际采矿量（万吨）	实际开采回采率（%）	主矿种实际出矿品位（%）	实际采矿贫化率（%）	掘采比（米/万吨）	露天剥采比（t/t）
2009							
2010							
2011							
地下采矿方法名称	年实际出矿量（吨）	年实际采矿量（吨）	主矿种出矿品位（%）	采矿损失率（%）	采矿贫化率（%）	采矿耗电量（千瓦时/吨原矿）	采矿耗水量（吨/吨原矿）
5. 矿山选矿情况							
选矿厂名称/序号	设计年选矿能力（万吨）	设计主矿种入选品位（%）	入磨粒度（毫米）	磨矿细度（%）	选矿流程（流程图）	年外购矿石量（万吨）	年入选矿石量（万吨）
年份	主矿种入选矿石量（吨）	主矿种入选品位（%）	主矿种选矿回收率（%）	选矿耗水量（吨/吨原矿）	选矿耗新水量（吨/吨原矿）	选矿耗电量（千瓦时/吨原矿）	磨矿介质损耗（千克/吨原矿）
2009							
2010							
2011							

选矿产品名称	选矿代码	产率（%）	选矿回收率（%）	主计价元素名称	主计价元素含量（吨）	元素名称1	含量（吨）	元素名称2	含量（吨）	元素名称3	含量（吨）
……											

续表

6. 尾矿、废水、废石处置与利用情况							
年份	尾矿产率（%）	尾矿年排放量（万吨）	尾矿品位（%）	尾矿年利用量（万吨）	尾矿年利用产值（万元）	选矿废水年排放量（万吨）	回水利用率（%）	回水利用产值（万元）
2009								
2010								
2011								

年份	废石年排放量（万吨）	废石累计积存量（万吨）	废石年利用量（万吨）	废石利用产值（万元）	矿坑涌水年排放量（万吨）	矿坑涌水利用率（%）	矿坑涌水利用产值（万元）
2009							
2010							
2011							

尾矿库设计库容（万立方米）	尾矿处置方式	尾矿运输方式	尾矿利用方式	截至2011年底尾矿累计积存量（万吨）	截至2011年底剩余库容（万立方米）

7. 矿山经济指标			
年工业总产值（万元）		年工业增加值（万元）	

出售产品名称	主计价元素	品级	年初库存量（万吨）	年自用量（万吨）	年销售量（万吨）	年末库存量（万吨）	年平均销售价格（元/吨）		销售收入（万元）
							国内	国外	
……									

8. 难选冶、低品位资源开发利用情况						
名称	矿种	资源储量（万吨）	品位（%）	难选冶原因	年开采量（万吨）	矿石堆存量（万吨）

现采用的采选工艺技术	

年份	年选矿量（万吨）	有价元素1的回收利用			有价元素2的回收利用			有价元素3的回收利用		
		名称	品位（%）	回收率（%）	名称	品位（%）	回收率（%）	名称	品位（%）	回收率（%）
2009										
2010										
2011										

9. 新技术新工艺情况
技术代码 简要介绍新技术新工艺名称、原理、主要技术参数、适用范围和解决的主要问题、已取得的效益，技术应用现状和典型用户，技术推广前景，并附上工艺流程图，并介绍“三率”指标的历史回顾、企业的历史最好指标等

填表人：　　　　联系方式　　　　填报日期：

审核人：　　　　联系方式　　　　审核日期：

金属和非金属矿山企业“三率”调查表填报说明

一、填报基本要求

1.《金属和非金属矿山企业“三率”调查表》适用于在中华人民共和国领域及管辖海域内从事金属矿和非金属矿生产活动的采矿权人(以下均对应“矿山企业”,指具有法人地位或具独立经济核算的单位),按《矿产资源登记统计管理办法》及本填报说明的规定填报。

2. 调查表应由矿山企业有关专业技术人员如实、全面、准确填报,并经单位负责人审查同意后,按要求将调查表及与该表内容相同的电子报表各1份报送有关单位。

3. 本表以采矿许可证划定的矿区范围为基本统计单元,由采矿权人填报。无论其生产规模大小都必须单独填报;采矿权人开办1个以上矿山的,必须1证1表分别进行填报。

4. 采矿权人没有选矿厂时可以涉及到选矿情况的内容。

5. 调查表累计数据均截至2011年12月31日,年度数据均为2011年1月1日至2011年12月31日。

二、指标解释及填写要求

(一)矿山企业基本情况

1. 采矿权人:指《采矿许可证》所载明的采矿权人。

2. 开采方式:指采用露天或地下方式开采矿产资源的方法,如露天、地下开采、露天-地下联合开采。

3. 矿山名称:指《采矿许可证》所载明矿山名称。

4. 矿山生产建设规模:按《关于调整部分矿种矿山生产建设规模标准的通知》(国土资发〔2004〕208号)规定填写。

5. 采矿许可证证号:指《采矿许可证》所载明的23位或13位编号。

6. 行政区代码:矿山所在地的县级行政区域代码。

7. 经济类型:按《经济类型分类与代码》(GB/T12402-2000)填写。

8. 建矿时间:指矿山企业开始筹建时间。

9. 投产时间:指矿山企业建成投产时间。

10. 剩余服务年限:指矿山企业2011年末起至计划开采完毕时间。两套及以上生产系统的企业,应填报各套生产系统中最长的可生产年限。

(二)矿山储量情况

1. 矿石工业类型:是指矿山开采主矿种的矿石工业类型。

2. 矿床工业类型:根据矿床的成因类型、工业意义、经济价值及其代表性、矿石的矿物或元素建造、矿床的形态、产状及其与构造关系和围岩性质等因素所划分的矿床类型,如铜矿工业类型:斑岩性铜矿、矽卡岩型铜矿、层状铜矿、含铜块状硫化物矿床、铜-镍硫化物矿床及含铜石英脉型矿床等。

3. 矿产名称:按《矿产名称、统计对象及资源储量单位》(附录一)填写。

4. 矿产组合:分为单一矿产、主要矿产、共生矿产和伴生矿产。

5. 有价元素(组分):填写矿山开采矿石中各矿种内的有用组分名称。

6. 平均品位:指矿山地质储量报告中所查明的矿石资源储量所对应的矿床(矿体)的平均品位。

7. 统计对象及单位:按《矿产名称、统计对象及资源储量单位》(附录一)填写。

8. 2011年资源储量。

累计查明:是指截止到2011年底矿区内对应矿产累计查明矿石量(金属量),应分别对应主矿种、共伴生矿种逐项填写累计查明资源储量。

年动用资源储量:是指2011年度矿山开采生产过程中对应矿产采出量和损失量,应分别对应主矿种、共伴生矿种逐项填写年动用资源储量。

年损失资源储量:是指2011年度矿山开采过程中损失的资源储量。

年末保有资源储量:是指截止到2011年底,对应矿产资源可供开发的矿石量(金属量),应分别对应主矿种、共伴生矿种逐项填写累计查明资源储量。

上一行填写金属量,下一行填写矿石量。

(三)矿山开采技术条件

1. 主要矿体编号:填写矿体的编号。

2. 矿体走向长度、倾角、厚度:填写矿体的走向长度、倾角和厚度的平均值。

矿体厚度:是指矿体上盘与下盘之间的垂直距离,此项指标应填报其平均垂直厚度。

4. 矿体稳固性与围岩稳固性:是指矿体和围岩在形成开采空间并暴露的情况下的稳固能力,可粗略的分为5类:极不稳固矿岩;不稳固矿岩;中等稳固矿岩;稳固矿岩;极稳固矿岩。填报者可根据矿山实际情况填报其所属类别。

5. 矿床水文地质条件:是指与矿床开采时的防水、排水、供水措施有关的地下水的赋存条件和活动情况，如断层、裂隙、岩溶的分布和发育程度，含水层的性质、层数、厚度、水质、水量、分布范围、补给和排泄条件、与地表水的联系等。此项的填报作简要的描述即可。

（四）矿山采矿情况

1. 开采方式：指采用露天或地下方式采出有用矿物的方法。

2. 开拓方式：指矿床开拓工程的布置类型。按照《开拓方式及代码》（附录二）中列出的开拓方式及代码，以产量大的原则选择一种主要的开拓方式进行填写。开拓方式应与开采方式相对应。

3. 设计生产能力：是指矿山设计确定的年度采矿生产量。此项指标应填报最终设计确定的年度主矿产的采矿生产能力。经改扩建生产能力发生变化的矿山，应填写改扩建后的设计生产能力，单位采用万吨/年。未经设计投入建设的老矿山，其设计生产能力填报与实际生产能力相同。

4. 设计资源利用率：是指企业在编写开发利用方案中设计对资源的总体的利用率。

5. 设计采矿贫化率：是指矿山设计过程中确定的采矿贫化率。

6. 设计开采回采率：是指矿山设计确定的采区开采回采率。

7. 主矿种设计出矿品位：是指矿山设计确定的回采后从采场放出矿石的主矿种平均品位。

8. 主矿种最低工业品位：填写矿山开采过程中主矿种的最低可采品位。

9. 年实际出矿量：分别填写 2009 年、2010 年、2011 年全矿或某一地下采矿方法对应的实际出矿量。

10. 年实际采矿量：分别填写 2009 年、2010 年、2011 年全矿或某一地下采矿方法对应的实际采矿量。

11. 实际开采回采率：指当年全矿实际实现的回采率指标值。以矿山地质测量人员进入采场，实地测量计算得出的开采回采率指标进行填报。多矿井同时生产时，填报各矿井加权平均回采率。回采率 =（1 - 损失率）%

12. 主矿种实际出矿品位：是指出矿量中有用组分（或有用矿物）所占比例，也即矿山回采后从采场放出矿石的平均品位。

13. 实际采矿贫化率：矿山开采过程中实际存在的贫化率。

14. 掘采比：是指地下开采的矿山，每采出一万吨矿石需要掘进巷道的延米数。其计算公式为：掘采比（米/万吨）= 掘进量（米）/出矿量（万吨）。

15. 露天剥采比：指矿床露天开采时，剥离的废石（上覆岩层、层间夹石）量与采出矿石量的比值，即平均每采一吨（或立方米）矿石所需要剥离的废石量（吨或立方米）。

16. 地下采矿方法名称：是指采矿所采用的巷道布置方式、掘进程序和回采工艺过程的总称。此项请逐一填写矿山主要采矿方法名称，按采矿方法及代码（附录三）填写。

17. 采矿耗电量：是指每采出一吨原矿各工艺耗电总量。

18. 采矿耗水量：是指每采出一吨原矿各工艺耗水总量。

（五）矿山选矿情况

1. 选矿厂名称/序号：指采矿权人为处理从本采矿权许可证划定矿区范围开采矿石所建立的选矿厂名称或序号。

2. 设计年选矿能力：是指矿山设计确定的年度选矿生产量。此项指标应填报最终设计确定的年度主矿产的选矿生产能力。经改扩建生产能力发生变化的矿山，应填写改扩建后的设计生产能力，单位采用万吨/年。

3. 设计主矿种入选品位：是指矿山设计中确定的主矿种在工业上可利用的最低平均品位。

4. 入磨粒度：即矿山破碎磨矿流程中进入磨机的最大矿石粒度。

5. 磨矿细度：指破碎磨矿流程中，从磨矿进入后续作业的产品细度，以 -200 目、-325 目、-400 目所占百分含量表示。

6. 选矿流程：即矿山破碎磨矿、选矿流程简单描述，根据流程先后顺序描述，如“螺旋溜槽重选获得合格精矿 - 重选尾矿弱磁选获得合格精矿 - 强磁选 - 磁选精反浮选”建议改为“鞍山式混合铁矿石采用三段一闭路碎矿、阶段磨矿、粗细分选、重选 - 弱磁选 - 强磁选 - 反浮选脱硅的重、磁、浮联合选矿流程流程”等。

7. 年外购矿石量：即矿山 2011 年自其他矿山购入的矿石总量，单位采用万吨/年。

8. 年入选矿石量：是指 2011 年度选矿生产所处理的矿石量，单位采用万吨/年。

9. 主矿种选矿回收率：是指主矿种的选矿产品（一般为精矿）中所含被回收有用成分的重量占给矿中该有用成分重量的百分数。

10. 选矿耗水量：是指矿山选矿阶段每处理一吨原矿各选矿工艺耗水总量。

11. 选矿耗新水量：是指矿山选矿阶段每处理一吨原矿各选矿工艺所需要补充消耗的新水总量。

12. 选矿耗电量：是指矿山选矿阶段每处理一吨

原矿破碎、磨矿、选矿各工艺耗电量综合。

13. 磨矿介质损耗:即选厂磨矿流程中实际粉磨一顿矿石需要消耗的磨矿介质的重量,千克/吨。

14. 选矿产品名称:指选矿获得的对应标准品位(规格)产品名称。若某一产品为流程中多个作业产品混合而成,而各作业产品没有单独分析核算的,按第一个作业产出的顺序为该产品顺序。

15. 选矿代码:按照选矿方法(附录四)填写,是指利用矿产中不同矿物在物理、化学或物理化学性质方面的差异,将目的矿物与其他成分分离的方法代码。按照选矿产品从流程中产出的先后顺序对应填写获得该产品的选矿方法代码。如果选矿作业流程中采用了多种选矿方法,则以精选作业流程采用的选矿方法作为填报依据。具有二种及以上不同选矿作业流程的,以精矿产值最大者优选的原则,选择两种主要选矿流程中精选作业采用的选矿方法依次填写。尾矿对应的该项可以不填写。

16. 产率:是指选矿产品(一般为精矿)的重量占入选矿石重量的百分数。填报矿山实际得到的产率指标,有多个产品的应分别对应填写各个产品产率。

17. 选矿回收率:是指选矿产品(一般为精矿)中所含被回收有用成分的重量占给矿中该有用成分重量的百分数。填报矿山实际完成的选矿回收率指标,有多个产品的应分别对应填写各个产品回收率。

主计价元素名称:是指选矿产品在出售过程中可单独计价的主要元素,如铁精矿中主计价元素为 Fe,如该产品为混合精矿,则主计价元素填写价值高的元素,另外一种计入其他可计价元素中。

18. 主计价元素含量:是指选矿产品中主计价元素的百分含量。

19. 元素名称及含量:是指矿石中含有的主元素、共伴生元素名称及含量。

(六)尾矿、废水、废石处置与利用情况

1. 尾矿产率:是指尾矿的重量占入选矿石重量的百分数。

2. 尾矿年排放量:指矿山当年排放的尾矿量,以万吨为单位。

3. 尾矿品位:是指尾矿中主矿种的品位。

4. 尾矿年利用量:指矿山以综合利用为目的,实际处理的尾矿量,以万吨为单位。

5. 尾矿年利用产值:是指尾矿综合利用所带来的收益。

6. 选矿废水年排放量:是指选矿当年排放的废水量,以万吨为单位。

7. 回水利用率:是指尾矿库澄清水返回选矿流程继续使用的水量占尾矿库接受水量的百分比.

8. 回水利用产值:尾矿库澄清水返回选矿流程继续使用所带来的收益。

9. 废石年排放量:指矿山当年排放的废(矸)石量,以万吨为单位。

10. 废石累计积存量:指矿山以处置为目的,将废(矸)石暂时贮存或堆存在专设的贮存设施或专设的集中堆存场所内的废(矸)石量,以万吨为单位。

11. 废石年利用量:指矿山以综合利用为目的,实际处理的废(矸)石量,以万吨为单位。

12. 废石利用产值:是指废石综合利用所带来的收益。

13. 矿坑涌水年排放量:矿坑当年的涌水排放量,以万吨为单位。

14. 矿坑涌水利用率:以综合利用为目的而实际处理应用的矿坑涌水量占全部矿坑涌水量的百分比。

15. 矿坑涌水利用产值:矿坑涌水综合利用所带来的收益。

16. 尾矿库设计库容:是指将尾矿堆存在尾矿库的矿山企业尾矿库设计库容。

17. 尾矿处置方式:从干堆、回填和尾矿库堆存中选择。

18. 尾矿运输方式:是指尾矿从选矿厂运至堆存场地的运输方式,如汽车运输,管道运输等。

19. 尾矿利用方式:从以下方式中选择

(1)尾矿用作矿山地下开采采空区的充填料,即水砂充填料或胶结充填的集料;

(2)用尾矿作为建筑材料的原料,如制作水泥微晶玻璃等;

(3)用尾砂修筑公路、路面材料、防滑材料、海岸造田等。

20. 截至 2011 年底尾矿累计积存量:指截至 2011 年底,矿山以处置为目的,将暂时贮存或堆存在专设的贮存设施或专设的集中堆存场所内的尾矿量,以万吨为单位。

21. 截至 2011 年底剩余库容:是指截至 2011 年底,将尾矿堆存在尾矿库的矿山企业尾矿库实际剩余的可利用的库容。

(七)矿山经济指标

1. 年工业总产值:是指以货币表现的矿山企业当年度生产的最终工业产品总价值量。包括当年度生产的成品价值、已完工的对外工业性作业价值和自制半成品、在产品期末期初差额价值。采用"工厂法"的计算原则,当年度的产品销售价格前后有变动,或同一种产品在同一时期有几种销售价格的,应分别按不同价格计算总产值,如生产完成时还不能确定按哪一种价格销售,可按当年度实际平均销售价格计算。实际销售价格是指产品销售时的实际出厂价格。

2. 年工业增加值:是指矿山企业当年以货币表现的工业生产活动的最终成果。有三种基本核算方法:

生产法:是在计算货物和服务通过生产过程形成总产品(总产出)的基础上,剔除生产过程中的中间产品(货物和服务)价值,从而得到新增价值的方法。

即:增加值 = 总产出 - 中间投入

收入法:是通过将生产经营和劳务活动所形成的各种收入相加,来反映最终成果的方法,亦即根据生产要素在生产过程中应得收入份额反映最终成果的一种计算方法。

即:增加值 = 固定资产折旧 + 劳动者报酬 + 生产税净额 + 营业盈余

支出法:是从最终使用的角度来反映最终产品生产规模的一种方法。

即:增加值 = 总消费 + 总投资 + 净出口

3. 出售产品名称:指销售标准品位(规格)产品名称,按矿产品在选矿流程中产出的先后顺序填写。未列出的矿产品,要折算成同类矿产品填报,不能折算对应标准矿产品的,可直接填写该矿产品的正规名称全称。

4. 主计价元素:指选矿产品中可计价出售的主要元素或成分,当选矿产品为混合精矿或产品中有多个元素或成分可计价时仅填经济价值较大的主要元素。

5. 品级:是指根据对应的国家精矿质量标准按照精矿中有用元素和杂质元素含量不同而确定的品级。非金属矿产品填质量标准。不能折算标准矿产品的,可直接填写该矿产品的实际品位或规格。

6. 年初库存量:指当年度年初尚存在仓库中而暂未售出的,对应上述品位(规格)的矿产品数量。

7. 年自用量:指企业本年度生产需要或其他情况所产生的内部消耗的本企业生产(包括以往年度和本年度生产)的产品实物数量。

8. 年销售量:指矿山当年度实际销售(包括以往年度和本年度生产)的,符合上述品位(规格)的矿产品数量。销售量统计应以销售实现为原则。销售实现的标志有两个:一、产品所有权已转移;二、收到货款或取得收取货款的权利。即在产品已发出,货款已经收到或者得到了收取货款的凭证的情况下,可作为销售实现,进入销售量统计。年销售量应按总量、销往国内量、销往国外量分别填报。

9. 年末库存量:指当年度年末尚存在仓库中而暂未售出的,对应上述品位(规格)的矿产品数量。

10. 年平均销售价格:指当年销售该矿产品的当地交易平均价格。等于年销售收入与年销售总量之比。

11. 销售收入:指矿山企业当年度销售该矿产品(包括产成品、半成品及废品)所取得的收入。以销售实现为原则进行填报。

(八)难选冶、低品位资源开发利用情况

1. 名称:是指难选冶、低品位资源的名称,如宁乡式铁矿、鲕状赤铁矿。

2. 矿种:是指难选冶、低品位资源所含主要元素对应的矿种,如宁乡式铁矿、鲕状赤铁矿对应矿种为铁矿。

3. 难选冶资源储量及品位:是指难选冶资源储量及品位。

4. 难选冶原因简述:简单描述该矿难选冶的原因。

5. 年开采量:是指难选冶、低品位资源当年被开采出的矿石量。

6. 矿石堆存量:是指存放在专设的储存设施中的、尚未开发利用的难选冶、低品位资源矿石量,以万吨为单位。

7. 现采用的采选技术工艺:是指已有开采加工难选冶资源的矿山企业所采用的利用该资源的工艺。

8. 年选矿量:是指难选冶、低品位资源矿石当年的选矿量。

9. 品位:是指已有开采加工难选冶资源的矿山企业所采用的利用该资源所得到的精矿中该有价元素的品位。

10. 回收率:是指已有开采加工难选冶资源的矿山企业所采用的利用该资源所得到的精矿中该有价元素的回收率。

(九)新技术新工艺情况

简要介绍新技术新工艺名称、原理、主要技术参数、适用范围和解决的主要问题、已取得的效益,技术应用现状和典型用户,技术推广前景,矿山企业"三率"指标的历史回顾,企业的历史最好指标等,并附上工艺流程图。

填表人、审查人:是指采矿权人指定的填表人及填报单位的审查人,须签名或盖章

填报日期、审查日期:填写填报数据和审查数据时间。

附录 1

矿产名称、统计对象及资源储量单位

矿产类别	序号	矿产名称	统计对象名称	金属量(矿物量、化合物量)单位	矿石量单位
(一)能源矿产	1	煤			千吨
	2	煤层气			亿立方米
	3	石煤			千吨
	4	油页岩			千吨
	5	石油			
		原油			液体　万吨
		凝析油			液体　万吨
	6	天然气			
		气层气			气体　亿立方米
		溶解气			气体　亿立方米
	7	油砂			千吨
	8	天然沥青			千吨
	9	铀		铀　吨	千吨
	10	钍		钍　吨	千吨
	11	地热			立方米/日
(二)金属矿产	12	铁矿			千吨
	13	锰矿			千吨
	14	铬矿			千吨
	15	钒矿		V_2O_5　吨	千吨
	16	钛矿	钛铁矿	TiO_2　吨	千吨
		钛矿	钛铁矿砂矿	钛铁矿　吨	矿砂　千立方米
		钛矿	金红石	TiO_2　吨	千吨
		钛矿	金红石	金红石　吨	千吨
		钛矿	金红石砂矿	金红石　吨	矿砂　千立方米
		钛矿	高钛矿砂矿	高钛矿　吨	矿砂　千立方米
	17	铜矿		铜　吨	千吨
	18	铅矿		铅　吨	千吨
	19	锌矿		锌　吨	千吨
	20	铝土矿			千吨
	21	镍矿		镍　吨	千吨
	22	钴矿		钴　吨	千吨
	23	钨矿		WO_3　吨	千吨
		钨矿	砂矿	WO_3　吨	矿砂　千立方米
	24	锡矿		锡　吨	千吨
		锡矿	砂矿	锡　吨	矿砂　千立方米
	25	铋矿		铋　吨	千吨
	26	钼矿		钼　吨	千吨
	27	汞矿		汞　吨	千吨
	28	锑矿		锑　吨	千吨

续附录 1-1

矿产类别	序号	矿产名称	统计对象名称	金属量(矿物量、化合物量)单位	矿石量单位
(二)金属矿产	29	镁矿	冶镁白云岩		千吨
		镁矿	冶镁菱镁矿		千吨
		铂族金属		金属　千克	千吨
		铂族金属	砂矿	金属　千克	矿砂　千立方米
	30	铂矿		铂　千克	千吨
		铂矿	砂矿	铂　千克	矿砂　千立方米
	31	钯矿		钯　千克	千吨
		钯矿	砂矿	钯　千克	矿砂　千立方米
	32	钌矿		钌　千克	千吨
		钌矿	砂矿	钌　千克	矿砂　千立方米
	33	锇矿		锇　千克	千吨
		锇矿	砂矿	锇　千克	矿砂　千立方米
	34	铱矿		铱　千克	千吨
		铱矿	砂矿	铱　千克	矿砂　千立方米
	35	铑矿		铑　千克	千吨
		铑矿	砂矿	铑　千克	矿砂　千立方米
	36	金矿		金　千克	千吨
		金矿	砂矿	金　千克	矿砂　千立方米
	37	银矿		银　吨	千吨
		铌钽矿		$(Nb+Ta)_2O_5$　吨	千吨
		铌钽矿	铌钽铁矿	铌钽铁矿　吨	千吨
		铌钽矿	铌钽铁砂矿	铌钽铁矿　吨	矿砂　千立方米
	38	铌矿		Nb_2O_5　吨	千吨
		铌矿	铌铁矿	铌铁矿　吨	千吨
		铌矿	铌铁砂矿	铌铁矿　吨	矿砂　千立方米
		铌矿	褐钇铌铁矿	褐钇铌矿　吨	千吨
		铌矿	褐钇铌铁砂矿	褐钇铌矿　吨	矿砂　千立方米
	39	钽矿		Ta_2O_5　吨	千吨
		钽矿	细晶石	细晶石　吨	矿砂　千立方米
		钽矿	钽铁矿	钽铁矿　吨	千吨
		钽矿	钽铁砂矿	钽铁矿　吨	矿砂　千立方米
		钽矿	高钽矿	高钽矿　吨	千吨
	40	铍矿	绿柱石	绿柱石　吨	千吨
		铍矿	氧化铍	BeO　吨	千吨
	41	锂矿	Li_2O	Li_2O　吨	千吨

续附录1－2

矿产类别	序号	矿产名称	统计对象名称	金属量（矿物量、化合物量）单位	矿石量单位
（二）金属矿产		锂矿	LiCl	LiCl　吨	液体　千立方米
		锂矿	锂云母	锂云母　吨	千吨
		锂矿	锂辉石	锂辉石　吨	千吨
	42	锆矿	ZrO_2	ZrO_2　吨	千吨
		锆矿	锆英石	锆英石　吨	千吨
		锆矿	锆英石砂矿	锆英石　吨	矿砂　千立方米
		锆矿	$(Zr+Hf)O_2$	$(Zr+Hf)O_2$　吨	千吨
		锆矿	铪锆石	铪锆石　吨	矿砂　千立方米
	43	锶矿	天青石	天青石　吨	千吨
		锶矿	菱锶矿	菱锶矿　吨	千吨
	44	铷矿	Rb_2O	Rb_2O　吨	千吨
		铷矿	液体 Rb_2O	Rb_2O　吨	液体　千立方米
	45	铯矿		Cs_2O　吨	千吨
		稀土矿	稀土氧化物	稀土氧化物　吨	千吨
		稀土矿	稀土氧化物砂矿	稀土氧化物　吨	千吨
		轻稀土矿	轻稀土氧化物	轻稀土氧化物　吨	千吨
		轻稀土矿	轻稀土氧化物砂矿	轻稀土氧化物　吨	矿砂　千立方米
		轻稀土矿	独居石	独居石　吨	千吨
		轻稀土矿	独居石砂矿	独居石　吨	矿砂　千立方米
	46	镧矿		镧　吨	千吨
	47	铈矿		铈　吨	千吨
	48	镨矿		镨　吨	千吨
	49	钕矿		钕　吨	千吨
	50	钐矿		钐　吨	千吨
	51	铕矿		铕　吨	千吨
		重稀土矿	重稀土氧化物	重稀土氧化物　吨	千吨
		重稀土矿	重稀土氧化物砂矿	重稀土氧化物　吨	矿砂　千立方米
		重稀土矿	磷钇矿	磷钇矿　吨	千吨
		重稀土矿	磷钇矿砂矿	磷钇矿　吨	矿砂　千立方米
	52	钇矿		钇　吨	千吨
	53	钆矿		钆　吨	千吨
	54	铽矿		铽　吨	千吨
	55	镝矿		镝　吨	千吨
	56	钬矿		钬　吨	千吨
	57	铒矿		铒　吨	千吨

续附录1－3

矿产类别	序号	矿产名称	统计对象名称	金属量(矿物量、化合物量)单位	矿石量单位
(二)金属矿产	58	铥矿		铥　吨	千吨
	59	镱矿		镱　吨	千吨
	60	镥矿		镥　吨	千吨
	61	钪矿		钪　千克	千吨
	62	锗矿		锗　吨	千吨
	63	镓矿		镓　吨	千吨
	64	铟矿		铟　吨	千吨
	65	铊矿		铊　吨	千吨
	66	铪矿		铪　吨	千吨
	67	铼矿		铼　吨	千吨
	68	镉矿		镉　吨	千吨
	69	硒矿		硒　吨	千吨
	70	碲矿		碲　吨	千吨
(三)非金属矿产	71	金刚石	原生矿	金刚石　克	千吨
		金刚石	砂矿	金刚石　克	矿砂　千立方米
	72	石墨	晶质石墨	晶质石墨　千吨	千吨
		石墨	隐晶质石墨		千吨
	73	磷矿			千吨
		磷矿	伴生磷	P_2O_5　千吨	千吨
	74	自然硫		硫　千吨	千吨
	75	硫铁矿			千吨
		硫铁矿	伴生硫	硫　千吨	千吨
	76	钾盐	固体 KCl	KCl　千吨	千吨
		钾盐	液体 KCl	KCl　千吨	液体　千立方米
	77	硼矿	固体	B_2O_3　千吨	千吨
		硼矿	液体	B_2O_3　千吨	液体　千立方米
	78	水晶			
		压电水晶		单晶　千克	千吨
		熔炼水晶		矿物　吨	千吨
		光学水晶		矿物　千克	千吨
		工艺水晶		矿物　千克	千吨
	79	刚玉		刚玉　吨	千吨
	80	蓝晶石		蓝晶石　吨	千吨
	81	硅线石		硅线石　吨	千吨
	82	红柱石		红柱石　吨	千吨

续附录1－4

矿产类别	序号	矿产名称	统计对象名称	金属量(矿物量、化合物量)单位	矿石量单位
(三)非金属矿产	83	硅灰石			千吨
	84	钠硝石			千吨
	85	滑石			千吨
	86	石棉		石棉　千吨	千吨
	87	蓝石棉		蓝石棉　吨	千吨
	88	云母			
		片云母	工业原料云母	矿物　吨	千吨
		碎云母		矿物　吨	千吨
	89	长石		矿物　吨	千吨
	90	石榴子		石矿物　吨	千吨
		石榴子石	砂矿	石榴子石　吨	矿砂　千立方米
	91	叶蜡石		矿物　吨	千吨
	92	透辉石		矿物　吨	千吨
	93	透闪石		矿物　吨	千吨
	94	蛭石		矿物　吨	千吨
	95	沸石		矿物　吨	千吨
	96	明矾石		明矾石　千吨	千吨
	97	芒硝			千吨
		芒硝	Na_2SO_4	Na_2SO_4　千吨	千吨
		芒硝	液体	Na_2SO_4　千吨	液体　千立方米
	98	石膏			千吨
	99	重晶石			千吨
	100	毒重石			千吨
	101	天然碱		$Na_2CO_3 + NaHCO_3$　千吨	千吨
		天然碱	Na_2CO_3	$Na_2CO_3 + NaHCO_3$　千吨	千吨
		天然碱	$NaHCO_3$	$Na_2CO_3 + NaHCO_3$　千吨	千吨
	102	方解石		矿物　吨	千吨
	103	冰洲石		矿物　千克	
	104	菱镁矿			千吨
	105	萤石			
		普通萤石	萤石	CaF_2　千吨	千吨
		普通萤石	萤石	矿物　吨	千吨
		普通萤石	矿石		千吨
		光学萤石		矿物　千克	千吨
	106	宝石		矿物　千克	千吨

续附录 1－5

矿产类别	序号	矿产名称	统计对象名称	金属量(矿物量、化合物量)单位	矿石量单位
(三)非金属矿产	107	黄玉	黄玉	矿物　吨	千吨
	108	玉石			吨
	109	电气石		电气石　千克	千吨
	110	玛瑙			吨
	111	颜料矿物			
		赭石	赭石		吨
		颜料黄土	颜料黄土		千吨
	112	石灰岩			
		电石用灰岩			千吨
		制碱用灰岩			千吨
		化肥用灰岩			千吨
		熔剂用灰岩			千吨
		玻璃用灰岩			千吨
		水泥用灰岩			千吨
		建筑石料用灰岩			千立方米
		制灰用石灰岩			千吨
		饰面用灰岩			千立方米
	113	泥灰岩			千吨
	114	白垩			千吨
	115	含钾岩石			千吨
	116	白云岩			
		冶金用白云岩			千吨
		化工用白云岩			千吨
		玻璃用白云岩			千吨
		建筑用白云岩			千立方米
	117	石英岩			
		冶金用石英岩			千吨
		玻璃用石英岩			千吨
		化肥用石英岩			千吨
	118	砂岩			
		冶金用砂岩			千吨
		玻璃用砂岩			千吨
		水泥配料用砂岩			千吨
		砖瓦用砂岩			千立方米
		化肥用砂岩			千吨
		铸型用砂岩			千吨
		陶瓷用砂岩			千吨

续附录 1－6

矿产类别	序号	矿产名称	统计对象名称	金属量（矿物量、化合物量）单位	矿石量单位
（三）非金属矿产	119	天然石英砂			
		玻璃用砂			千吨
		铸型用砂			千吨
		建筑用砂			千立方米
		水泥配料用砂			千吨
		水泥标准砂			千吨
		砖瓦用砂			千立方米
	120	脉石英			
		冶金用脉石英			千吨
		玻璃用脉石英			千吨
		水泥配料用脉石英			千吨
	121	粉石英			千吨
	122	天然油石			千吨
	123	含钾砂页岩			千吨
	124	硅藻土			千吨
	125	脉石英			
		冶金用脉石英			千吨
		玻璃用脉石英			千吨
		水泥配料用脉石英			千吨
	126	高岭土			千吨
	127	陶瓷土			千吨
	128	耐火黏土			千吨
	129	凹凸棒石黏土			千吨
	130	海泡石黏土			千吨
	131	伊利石黏土			千吨
	132	累托石黏土			千吨
	133	膨润土			千吨
	134	铁矾土			千吨
	135	其他黏土			
		铸型用黏土			千吨
		砖瓦用黏土			千立方米
		陶粒用黏土			千吨
		水泥配料用黏土			千吨
		水泥配料用红土			千吨
		水泥配料用黄土			千吨
		水泥配料用泥岩			千吨
		保温材料用黏土			千吨

续附录1－7

矿产类别	序号	矿产名称	统计对象名称	金属量(矿物量、化合物量)单位	矿石量单位
(三)非金属矿产	136	橄榄岩			
		化肥用橄榄岩			千吨
		建筑用橄榄岩			千立方米
		耐火用橄榄岩			千吨
	137	蛇纹岩			
		化肥用蛇纹岩			千吨
		熔剂用蛇纹岩			千吨
		饰面用蛇纹岩			千立方米
	138	辉石岩			
		饰面用辉石岩			千立方米
		建筑用辉石岩			千立方米
	139	玄武岩			
		铸石用玄武岩			千吨
		岩棉用玄武岩			千吨
		饰面用玄武岩			千立方米
		水泥混合材玄武岩			千吨
		建筑用玄武岩			千立方米
	140	辉绿岩			
		水泥用辉绿岩			千吨
		铸石用辉绿岩			千吨
		饰面用辉绿岩			千立方米
		建筑用辉绿岩			千立方米
	141	辉长岩			
		饰面用辉长岩			千立方米
		建筑用辉长岩			千立方米
	142	安山岩			
		饰面用安山岩			千立方米
		建筑用安山岩			千立方米
		水泥混合材用安山玢岩			千吨
		耐酸碱用安山岩			千立方米
	143	闪长岩			
		水泥混合材用闪长玢岩			千吨
		饰面用闪长岩			千立方米
		建筑用闪长岩			千立方米
	144	正长岩			
		饰面用正长岩			千立方米
		建筑用正长岩			千立方米

续附录 1 – 8

矿产类别	序号	矿产名称	统计对象名称	金属量（矿物量、化合物量）单位	矿石量单位
（三）非金属矿产	145	花岗岩			
		建筑用花岗岩			千立方米
		饰面用花岗岩			千立方米
	146	麦饭石			千吨
	147	珍珠岩			千吨
	148	黑耀岩			千吨
	149	松脂岩			千吨
	150	浮石			千立方米
	151	粗面岩			
		水泥用粗面岩			千吨
		铸石用粗面岩			千吨
	152	霞石正长岩			千吨
	151	粗面岩			
		水泥用粗面岩			千吨
		铸石用粗面岩			千吨
	152	霞石正长岩			千吨
	153	凝灰岩			
		玻璃用凝灰岩			千吨
		水泥用凝灰岩			千吨
		建筑用凝灰岩			千立方米
	154	火山灰			千吨
	155	火山渣			千吨
	156	大理岩			
		饰面用大理岩			千立方米
		建筑用大理岩			千立方米
		水泥用大理岩			千吨
		玻璃用大理岩			千吨
	157	板岩			
		饰面用板岩			千立方米
		水泥配料用板岩			千吨
	158	片麻岩			千立方米
	159	角闪岩			
		饰面用角闪岩			千立方米
		建筑用角闪岩			千立方米
	160	泥炭			千吨

续附录1－9

矿产类别	序号	矿产名称	统计对象名称	金属量(矿物量、化合物量)单位	矿石量单位
(三)非金属矿产	161	盐矿	固体 NaCl	NaCl　千吨	千吨
		盐矿	液体 NaCl	NaCl　千吨	液体　千立方米
		盐矿	矿石		千吨
	162	镁盐	固体 $MgCl_2$	$MgCl_2$　千吨	千吨
		镁盐	液体 $MgCl_2$	$MgCl_2$　千吨	液体　千吨
		镁盐	固体 $MgSO_4$	$MgSO_4$　千吨	千吨
		镁盐	液体 $MgSO_4$	$MgSO_4$　千吨	液体　千立方米
	163	碘矿	固体	碘　吨	千吨
		碘矿	液体	碘　吨	液体　千立方米
	164	溴矿		溴　吨	液体　千立方米
	165	砷矿	矿物	雄(雌)黄矿物　吨	千吨
		砷矿	砷	砷　吨	千吨
(四)水气矿产	166	地下水			千立方米/日
	167	矿泉水			立方米/日
	168	二氧化碳气			亿立方米
	169	硫化氢气			亿立方米
	170	氦气			千立方米
	171	氡气			千立方米

附录2

开拓方式及代码

开拓方式	代码	开拓方式	代码
一、露天开采矿床的开拓方式		二、地下开采矿床的开拓方式	
铁路运输开拓	101	竖井开拓	201
公路运输开拓	102	斜井开拓	202
联合运输开拓	103	平硐开拓	203
其他方式开拓	104	斜坡道开拓	204
		联合开拓	205

附录3

采矿方法及代码

序号	采矿方法	代码	序号	采矿方法	代码
一、露天开采矿床采矿方法					
(一)金属矿采矿方法					
1	倒堆采矿法	601	2	横运采矿法	602
3	纵运采矿法	603	4	组合台阶采矿法	604
5	横采掘带采矿法	605	6	分区分期采矿法	606

续附录 3－1

序号	采矿方法	代码	序号	采矿方法	代码
（二）砂矿床采矿方法					
7	单斗挖掘机采矿法	607	8	索斗铲采矿法	608
9	前装机采矿法	609	10	铲运机采矿法	610
11	推土机采矿法	611	12	推土机一单斗机械正铲联合采矿法	612
13	砂矿水力机械采矿法	613	14	采砂船采矿法	614
（三）煤矿采矿方法					
15	单斗铲一准轨铁道运输采煤法	615	16	单斗铲一窄轨铁道运输采煤法	616
17	单斗铲一卡车采煤法	617	18	轮斗挖掘机一胶带输送机连续开采工艺采煤法	618
19	半连续开采工艺采煤法	619			
（四）特殊采矿方法					
20	堆浸采矿法	620	21	原地浸出采矿法	621
22	微生物采矿法	622	23	钻孔水溶法	623
24	钻孔热溶法	624	25	钻孔水力采矿法	625
26	盐湖采矿法	626	27	海洋采矿法	627
28	饰面石材凿岩劈裂采石法	628	29	饰面石材凿岩爆裂采石法	629
30	饰面石材机械锯切采石法	630	31	饰面石材射流切割采石法	631
32	饰面石材联合切割采石法	632	33	地下气化采煤法	633
34	原地爆破浸出采矿法	634			
	（五）其他露天采矿方法	635			
二、地下开采矿床采矿方法					
（一）金属矿采矿方法					
空场采矿法					
1	全面采矿法	101	2	房柱采矿法	102
3	留矿采矿法	103	4	阶段矿房法	104
5	分段矿房法	105			
充填采矿法					
6	垂直分条充填采矿法	201	7	上向分层充填采矿法	202
8	上向进路充填采矿法	203	9	下向分层充填采矿法	204
10	方框支架充填采矿法	205	11	削壁充填采矿法	206
崩落采矿法					
12	单层崩落采矿法	301	13	分层崩落采矿法	302
14	无底柱分段崩落采矿法	303	15	有底柱分段崩落采矿法	304
16	阶段强制崩落采矿法	305	17	阶段自然崩落采矿法	306
（二）煤矿采煤方法					
18	走向长壁采矿法	801	19	倾斜长壁（条带）采煤法	802

续附录 3－2

序号	采矿方法	代码	序号	采矿方法	代码
20	一次采全高采煤法	803	21	刀柱式采煤法	804
22	倾斜分层下行跨落采煤法	805	23	倾斜分层上行水砂充填采煤法	806
24	恒底分层长壁采煤法	807	25	台阶式采煤法	808
26	巷道长壁（分段走向）采煤法	809	27	水平分段放顶煤采煤法	810
28	水平分层采煤法	811	29	伪倾斜柔性掩护支架采煤法	812
30	掩护支架采煤法	813	31	水力采煤法	814
32	短壁采煤法	815	33	仓储式采煤法	816
34	房柱式采煤法	817	35	仓房式采煤法	818
36	残柱式采煤法	819	37	高落式采煤法	820
38	其他地下采矿方法	899			

附录四

选矿方法及代码

一、拣选法					
序号	填写方式	代码	序号	填写方式	代码
1	手选拣选法	01	2	机械拣选法	02
二、重选法					
序号	填写方式	代码	序号	填写方式	代码
3	水力分级法	03	4	洗矿法	04
5	重介质选矿法	05	6	跳汰选矿法	06
7	摇床选矿法	07	8	溜槽选矿法	08
9	螺旋选矿法	09	10	离心选矿法	10
11	风力选矿法	11			
三、浮选法					
序号	填写方式	代码	序号	填写方式	代码
12	一般浮选法	12	13	离子浮选法	13
14	沉淀浮选法	14	15	吸附浮选法	15
四、磁选法					
序号	填写方式	代码	序号	填写方式	代码
16	干式磁选法	16	17	湿式磁选法	17
18	高梯度磁选法	18	19	超导磁选法	19
五、电选法					
序号	填写方式	代码	序号	填写方式	代码
20	静电电选法	20	21	电晕电选法	21
22	复合电场电选法	22			
六、化学选矿法					
序号	填写方式	代码	序号	填写方式	代码
23	焙烧法	23	24	常压酸浸法	24

续附录四

六、化学选矿法					
序号	填写方式	代码	序号	填写方式	代码
25	常压碱浸法	25	26	氰化浸出法	26
27	氯化浸出法	27	28	高价铁盐浸出法	28
29	细菌浸出法	29	30	热压浸出法	30
31	离子交换吸附法	31	32	有机溶剂萃取法	32
33	化学沉淀法	33	34	金属沉淀法	34
35	混汞法	35			
七、特殊选矿法					
序号	填写方式	代码	序号	填写方式	代码
36	磁流体选矿法	36	37	摩擦与弹跳选矿法	37
38	风力吸选法	38	39	重力浮选法	39
40	表层浮选法	40	41	油膏选矿法	41
42	油团聚与磁团聚选矿法	42	43	筛选	43
八、其他选矿方法					
序号	填写方式	代码	序号	填写方式	代码
44	其他选矿方法	99			

国土资源部关于稀土探矿权采矿权名单的公告

2012 年第 21 号

根据《国土资源部关于贯彻落实〈国务院关于促进稀土行业持续健康发展的若干意见〉的通知》(国土资发〔2011〕105 号)的要求,经核查,对《稀土探矿权名单》和《稀土采矿权名单》予以公告。

国土资源部

2012 年 9 月 4 日

表 1　　稀土探矿权名单

序号	探矿权人名称	勘查项目名称	许可证号	首设时间	勘查面积(平方千米)	有效期截止时间	发证机关	备注
	1	2	3	4	5	6	7	8
1	上杭赣闽有色金属实业发展有限公司	福建省上杭县洋坡坑矿区花岗岩风化壳离子吸附型稀土矿详查	T01220090603031449	2009 年	47.15	2013 年 6 月 3 日	国土资源部	
2	江西省地质矿产勘查开发局赣南地质调查大队	江西省龙南县上黄湾稀土矿普查	T36120090503030284	2000 年	7.01	2013 年 6 月 2 日	江西省国土资源厅	
3	江西省地质矿产勘查开发局赣南地质调查大队	江西省定南县高湖塘稀土矿普查	T36120090503030303	2000 年	7.79	2013 年 6 月 2 日	江西省国土资源厅	

续表 1

序号	探矿权人名称	勘查项目名称	许可证号	首设时间	勘查面积(平方千米)	有效期截止时间	发证机关	备注
4	江西省地质矿产勘查开发局赣南地质调查大队	江西省寻乌县倒家水稀土矿普查	T36120080203001431	2000 年	1.56	2014 年 3 月 15 日	江西省国土资源厅	
5	北京华夏纪元财务咨询有限公司	广东省平远县八尺稀土矿详查	T01120081103019111	2006 年	76.94	2013 年 12 月 31 日	国土资源部	
6	广西壮族自治区第六地质队	广西容县黎村离子型稀土矿详查	T45120090503029057	2002 年	14.86	2013 年 4 月 22 日	广西壮族自治区国土资源厅	
7	内蒙古义民资源勘查与环境检测有限责任公司	内蒙古自治区乌拉特中旗伊很查汗褐帘石矿地质普查	T15120100203039428	2005 年	7.65	2013 年 12 月 18 日	内蒙古自治区国土资源厅	
8	甘肃稀土集团有限责任公司	甘肃省天祝县干沙河脑铜稀土多金属矿详查	T62120080203001701	1998 年	0.76	2013 年 9 月 1 日	甘肃阿省国土资源厅	
9	甘肃省地质矿产勘查开发局第四地质矿产勘查院	甘肃省阿克塞哈萨克族自治县雁丹图稀土矿详查	T62120080703016545	2002 年	11.03	2014 年 7 月 29 日	甘肃省国土资源厅	
10	中国地质科学院矿产综合利用研究所	四川省冕宁县南河乡阴山村方家堡稀土矿普查	T51120080703011810	2001 年	14.59	2012 年 9 月 30 日	四川省国土资源厅	有效期不足,到期延续

表 2　　稀土采矿权名单

序号	采矿权人	矿山名称	许可证号	首设时间	有效期截止时间	发证机关	备注
	1	2	3	4	5	6	7
1	长汀县闽欣稀土有限公司	长汀县闽欣稀土有限公司杨梅坑稀土矿	C3500002010125120109467	1989 年	2017 年 2 月 28 日	福建省国土资源厅	
2	连城县鼎臣稀土矿有限公司	连城县鼎臣稀土矿有限公司文坊稀土矿	C3500002010125120098439	1988 年	2016 年 10 月 15 日	福建省国土资源厅	
3	连城县黄坊稀土矿	连城县黄坊稀土矿	C3500002010125120102135	1897 年	2015 年 3 月 31 日	福建省国土资源厅	
4	福建省三明稀土材料有限公司	福建省三明稀土材料有限公司中山稀土矿	C3500002011035120109912	1989 年	2018 年 10 月 28 日	福建省国土资源厅	
5	上杭县兆瑞矿产有限公司	上杭县兆瑞矿产有限公司加庄稀土矿	C3500002010125120113819	1987 年	2017 年 12 月 31 日	福建省国土资源厅	
6	五矿稀土江华有限公司	五矿稀土江华有限公司江华县稀土矿	C4300002010115120085243	1998 年	2012 年 12 月 31 日	湖南省国土资源厅	

续表 2－1

<table>
<tr><th>序号</th><th>采矿权人</th><th>矿山名称</th><th>许可证号</th><th>首设时间</th><th>有效期截止时间</th><th>发证机关</th><th>备注</th></tr>
<tr><td rowspan="2">7</td><td rowspan="2">平远县华企稀土实业有限公司</td><td>平远县华企稀土实业有限公司仁居稀土矿</td><td>C1000002010045120065982</td><td>2001 年</td><td>2015 年 8 月 23 日</td><td>国土资源部</td><td rowspan="2">整合为仁居稀土矿</td></tr>
<tr><td>平远县华企稀土实业有限公司黄畲稀土矿</td><td>C4400002009095120036993</td><td>2001 年</td><td>2012 年 12 月 6 日</td><td>广东省国土资源厅</td></tr>
<tr><td>8</td><td>大埔县新诚基工贸有限公司</td><td>大埔县新诚基工贸有限公司五丰稀土矿</td><td>C4400002009045120010955</td><td>2000 年</td><td>2014 年 7 月 10 日</td><td>广东省国土资源厅</td><td></td></tr>
<tr><td>9</td><td>河源市华达集团东源古云矿产开采有限公司</td><td>河源市华达集团东源古云矿产开采有限公司古云稀土矿</td><td>C4400002009075220029266</td><td>2001 年</td><td>2015 年 7 月 24 日</td><td>广东省国土资源厅</td><td></td></tr>
<tr><td>10</td><td>广西有色金属集团崇左稀土开发有限公司</td><td>广西有色金属集团崇左稀土开发有限公司六汤稀土矿</td><td>C4500002011035120108357</td><td>1989 年</td><td>2014 年 4 月 4 日</td><td>广西壮族自治区国土资源厅</td><td></td></tr>
<tr><td>11</td><td>陇川云龙稀土开发有限公司</td><td>陇川云龙稀土开发有限公司龙安稀土矿</td><td>C5300002011015130106177</td><td>1992 年</td><td>2013 年 5 月 29 日</td><td>云南省国土资源厅</td><td></td></tr>
<tr><td>12</td><td>云南奥斯迪龙矿业产业开发有限公司</td><td>云南奥斯迪龙矿业产业开发有限公司水桥稀土矿</td><td>C5300002010125140112737</td><td>2003 年</td><td>2015 年 4 月 9 日</td><td>云南省国土资源厅</td><td></td></tr>
<tr><td>13</td><td>山东微山湖稀土有限公司</td><td>山东微山湖稀土有限公司</td><td>C3700002009025110004707</td><td>2001 年</td><td>2016 年 4 月 12 日</td><td>山东省国土资源厅</td><td></td></tr>
<tr><td>14</td><td>四川江铜稀土有限责任公司</td><td>四川江铜稀土有限责任公司冕宁县牦牛坪稀土矿</td><td>C5100002011065120113437</td><td>2011 年</td><td>2031 年 6 月 10 日</td><td>四川省国土资源厅</td><td></td></tr>
<tr><td>15</td><td>德昌县多金属矿试验采选厂</td><td>德昌县多金属矿试验采选厂大陆槽稀土矿</td><td>C5100002010125120093732</td><td>1995 年</td><td>2016 年 8 月 23 日</td><td>四川省国土资源厅</td><td></td></tr>
<tr><td>16</td><td>冕里稀土矿选厂</td><td>冕里稀土矿选厂（羊房稀土矿）</td><td>C5100002010125120093689</td><td>1999 年</td><td>2016 年 11 月 23 日</td><td>四川省国土资源厅</td><td></td></tr>
<tr><td>17</td><td>西昌志能实业有限责任公司</td><td>西昌志能实业有限责任公司（德昌县大陆槽稀土矿）</td><td>C5100002010125120100517</td><td>1995 年</td><td>2016 年 10 月 30 日</td><td>四川省国土资源厅</td><td></td></tr>
<tr><td>18</td><td>四川冕宁矿业有限公司</td><td>四川冕宁矿业有限公司三岔河稀土矿</td><td>C5100002009015120003862</td><td>2011 年</td><td>2021 年 1 月 13 日</td><td>四川省国土资源厅</td><td></td></tr>
<tr><td>19</td><td>四川省冕宁县阴山稀土采选厂（穆才华）</td><td>四川省冕宁县阴山稀土采选厂木洛郑家梁子稀土矿</td><td>C5100002009015120003451</td><td>1999 年</td><td>2022 年 1 月 19 日</td><td>四川省国土资源厅</td><td></td></tr>
</table>

续表 2-2

序号	采矿权人	矿山名称	许可证号	首设时间	有效期截止时间	发证机关	备注
20	冕宁县兴友稀土公司	冕宁县兴友稀土公司(木洛稀土矿)	C5100002012045120124302	1995年	2013年4月20日	四川省国土资源厅	整合为木洛矿区碉楼山稀土矿;整合主体为冕宁县友盛稀土公司
	四川省冕宁县矿产有限公司	四川省冕宁县矿产有限公司(南河稀土矿)	5100000630157	1999年	2016年3月10日	四川省国土资源厅	
21	赣州虔力稀土新能源有限公司	赣州虔力稀土新能源有限公司细坑稀土矿	C3600002011065140113254	2000年	2013年6月26日	江西省国土资源厅	整合为细坑稀土矿
		赣州虔力稀土新能源有限公司暗山稀土矿	C3600002010105120076878	1998年	2012年10月26日	江西省国土资源厅	
		赣州虔力稀土新能源有限公司龙船坑稀土矿	C3600002010105120076895	2000年	2012年10月26日	江西省国土资源厅	
		赣州虔力稀土新能源有限公司张天堂稀土矿	C3600002010105120076912	1998年	2012年10月26日	江西省国土资源厅	
22	赣州稀土矿业有限公司	赣州稀土矿业有限公司开子栋稀土矿	C3600002010105120076925	1998年	2012年10月23日	江西省国土资源厅	整合为开子栋稀土矿
		赣州稀土矿业有限公司坳脑稀土矿	C3600002010105120076921	1998年	2012年10月23日	江西省国土资源厅	
		赣州稀土矿业有限公司小满稀土矿	C3600002010105120076907	1999年	2012年10月23日	江西省国土资源厅	
23	赣州稀土矿业有限公司	赣州稀土矿业有限公司木子山稀土矿	C3600002011065140113253	2000年	2013年7月23日	江西省国土资源厅	整合为木子山稀土矿
		赣州稀土矿业有限公司陈坳下稀土矿	C3600002010105120076886	2000年	2012年10月23日	江西省国土资源厅	
		赣州稀土矿业有限公司老虎坑稀土矿	C3600002010105120076926	1999年	2012年10月23日	江西省国土资源厅	
24	赣州稀土矿业有限公司	赣州稀土矿业有限公司甲子背稀土矿	C3600002010105120076889	2000年	2012年10月23日	江西省国土资源厅	整合为甲子背稀土矿
		赣州稀土矿业有限公司青迳塘稀土矿	C3600002010105120076849	2000年	2012年10月23日	江西省国土资源厅	
		赣州稀土矿业有限公司老李坑稀土矿	C3600002010105120076919	1998年	2012年10月23日	江西省国土资源厅	
		赣州稀土矿业有限公司农技矿稀土矿	C3600002010105120076875	2000年	2012年10月23日	江西省国土资源厅	

续表 2-3

序号	采矿权人	矿山名称	许可证号	首设时间	有效期截止时间	发证机关	备注
25	赣州稀土矿业有限公司	赣州稀土矿业有限公司长坑尾稀土矿	C3600002011065140113252	2000 年	2013 年 7 月 23 日	江西省国土资源厅	整合为长坑尾稀土矿
		赣州稀土矿业有限公司猪妈坑稀土矿	C3600002010105120076918	2000 年	2012 年 10 月 23 日	江西省国土资源厅	
		赣州稀土矿业有限公司坳背塘稀土矿	C3600002010105120076916	2000 年	2012 年 10 月 23 日	江西省国土资源厅	
		赣州稀土矿业有限公司迳背稀土矿	C3600002010105120076928	1999 年	2012 年 10 月 23 日	江西省国土资源厅	
26	赣州稀土矿业有限公司	赣州稀土矿业有限公司座加形稀土矿	C3600002010105120076927	2000 年	2012 年 10 月 23 日	江西省国土资源厅	整合为座加形稀土矿
		赣州稀土矿业有限公司大水山稀土矿	C3600002010105120076906	2000 年	2012 年 10 月 23 日	江西省国土资源厅	
		赣州稀土矿业有限公司竹山背稀土矿	C3600002010105120076887	1998 年	2012 年 10 月 23 日	江西省国土资源厅	
		赣州稀土矿业有限公司老朋山稀土矿	C3600002010105120076893	1998 年	2012 年 10 月 23 日	江西省国土资源厅	
27	赣州稀土矿业有限公司	赣州稀土矿业有限公司大坑稀土矿	C3600002010105120076923	2000 年	2012 年 10 月 23 日	江西省国土资源厅	整合为大坑稀土矿
		赣州稀土矿业有限公司老李坑稀土二矿	C3600002010105120076922	2000 年	2012 年 10 月 23 日	江西省国土资源厅	
28	赣州稀土矿业有限公司	赣州稀土矿业有限公司内头坑稀土矿	C3600002010105120076853	1998 年	2012 年 10 月 23 日	江西省国土资源厅	整合为内头坑稀土矿
		赣州稀土矿业有限公司崩光稀土矿	C3600002010105120076902	1998 年	2012 年 10 月 23 日	江西省国土资源厅	
29	赣州稀土矿业有限公司	赣州稀土矿业有限公司三丘田稀土矿	C3600002010105120076867	2000 年	2012 年 10 月 23 日	江西省国土资源厅	整合为三丘田稀土矿
		赣州稀土矿业有限公司牛草坪稀土矿	C3600002010105120076914	1998 年	2012 年 10 月 23 日	江西省国土资源厅	
30	赣州稀土矿业有限公司	赣州稀土矿业有限公司双茶亭稀土矿	C3600002010105120076892	1996 年	2012 年 10 月 23 日	江西省国土资源厅	整合为双茶亭稀土矿
		赣州稀土矿业有限公司原矿生产稀土矿	C3600002011065140113250	1999 年	2013 年 7 月 23 日	江西省国土资源厅	

续表 2－4

序号	采矿权人	矿山名称	许可证号	首设时间	有效期截止时间	发证机关	备注
31	赣州稀土矿业有限公司	赣州稀土矿业有限公司冷坑稀土矿	C3600002010105120076900	2000 年	2012 年10 月 23 日	江西省国土资源厅	整合为涂屋2 矿
		赣州稀土矿业有限公司打石坳稀土矿	C3600002010105120076869	1998 年	2012 年10 月 23 日	江西省国土资源厅	
		赣州稀土矿业有限公司西坑稀土矿	C3600002010105120076866	1998 年	2012 年10 月 23 日	江西省国土资源厅	
32	赣州稀土矿业有限公司	赣州稀土矿业有限公司上甲柯树塘稀土矿	C3600002011065140113246	1996 年	2013 年7 月 23 日	江西省国土资源厅	整合为柯树塘稀土矿
		赣州稀土矿业有限公司石排涵水稀土矿	C3600002011065140113251	1996 年	2013 年7 月 23 日	江西省国土资源厅	
33	赣州稀土矿业有限公司	赣州稀土矿业有限公司涂屋稀土矿	C3600002010105120076876	1999 年	2012 年10 月 23 日	江西省国土资源厅	整合为涂屋1 矿
		赣州稀土矿业有限公司长坜稀土矿	C3600002010105120076920	1998 年	2012 年10 月 23 日	江西省国土资源厅	
34	赣州稀土矿业有限公司	赣州稀土矿业有限公司赤岗稀土矿	C3600002010105120076874	1998 年	2012 年10 月 23 日	江西省国土资源厅	整合为赤岗稀土矿
		赣州稀土矿业有限公司禾吉茶稀土矿	C3600002010105120076860	1999 年	2012 年10 月 23 日	江西省国土资源厅	
35	赣州稀土矿业有限公司	赣州稀土矿业有限公司窑下稀土矿	C3600002010105120076901	1996 年	2012 年10 月 23 日	江西省国土资源厅	整合为窑下稀土矿
		赣州稀土矿业有限公司东坑坳稀土矿	C3600002010105120076859	1999 年	2012 年10 月 23 日	江西省国土资源厅	
		赣州稀土矿业有限公司瓦下稀土矿	C3600002010105120076861	1997 年	2012 年10 月 23 日	江西省国土资源厅	
36	赣州稀土矿业有限公司	赣州稀土矿业有限公司黄陂稀土矿	C3600002010105120076854	1997 年	2012 年10 月 23 日	江西省国土资源厅	整合为黄陂稀土矿
		赣州稀土矿业有限公司小布稀土矿	C3600002010105120076857	1997 年	2012 年10 月 23 日	江西省国土资源厅	
37	赣州稀土矿业有限公司	赣州稀土矿业有限公司大塘坑稀土矿	C3600002010105120076872	1998 年	2012 年10 月 23 日	江西省国土资源厅	整合为虎山稀土矿
		赣州稀土矿业有限公司土仔坳稀土矿	C3600002010105120076863	1996 年	2012 年10 月 23 日	江西省国土资源厅	
		赣州稀土矿业有限公司中和稀土矿	C3600002010105120076868	1997 年	2012 年10 月 23 日	江西省国土资源厅	

续表 2－5

序号	采矿权人	矿山名称	许可证号	首设时间	有效期截止时间	发证机关	备注
38	赣州稀土矿业有限公司	赣州稀土矿业有限公司来水坑稀土矿	C3600002010105120076924	2000 年	2012 年 10 月 23 日	江西省国土资源厅	整合为来水坑稀土矿
		赣州稀土矿业有限公司井头坑稀土矿	C3600002010105120076880	1998 年	2012 年 10 月 23 日	江西省国土资源厅	
		赣州稀土矿业有限公司田螺坑稀土矿	C3600002010105120076848	1999 年	2012 年 10 月 23 日	江西省国土资源厅	
39	赣州稀土矿业有限公司	赣州稀土矿业有限公司足洞稀土二矿	C3600002011065140113249	1974 年	2013 年 6 月 2 日	江西省国土资源厅	整合为足洞稀土矿
		赣州稀土矿业有限公司足洞稀土一矿	C3600002010105120076855	1973 年	2012 年 10 月 10 日	江西省国土资源厅	
		赣州稀土矿业有限公司足洞试验稀土矿	C3600002010105120076883	1973 年	2012 年 10 月 10 日	江西省国土资源厅	
		赣州稀土矿业有限公司关西稀土矿	C3600002010105120076911	1973 年	2012 年 10 月 10 日	江西省国土资源厅	
		赣州稀土矿业有限公司黄沙联办稀土矿	C3600002010105120076890	1977 年	2012 年 10 月 10 日	江西省国土资源厅	
		赣州稀土矿业有限公司里仁稀土矿	C3600002010105120076903	1978 年	2012 年 10 月 10 日	江西省国土资源厅	
		赣州稀土矿业有限公司东江联办稀土矿	C3600002010105120076915	1974 年	2012 年 10 月 10 日	江西省国土资源厅	
		赣州稀土矿业有限公司黄沙乡稀土矿	C3600002010105120076917	1973 年	2012 年 10 月 10 日	江西省国土资源厅	
		赣州稀土矿业有限公司乡际联办稀土矿	C3600002010105120076882	1975 年	2012 年 10 月 10 日	江西省国土资源厅	
		赣州稀土矿业有限公司建材稀土一矿	C3600002010105120076904	1977 年	2012 年 10 月 10 日	江西省国土资源厅	
		赣州稀土矿业有限公司建材稀土二矿	C3600002010105120076858	1978 年	2012 年 10 月 10 日	江西省国土资源厅	
		赣州稀土矿业有限公司龙江稀土矿	C3600002011065140113247	1974 年	2013 年 6 月 2 日	江西省国土资源厅	
		赣州稀土矿业有限公司汶龙稀土矿	C3600002011065140113248	1975 年	2013 年 6 月 2 日	江西省国土资源厅	
40	赣州稀土矿业有限公司	赣州稀土矿业有限公司桐木稀土矿	C3600002010105120076877	1997 年	2012 年 10 月 23 日	江西省国土资源厅	

续表 2－6

序号	采矿权人	矿山名称	许可证号	首设时间	有效期截止时间	发证机关	备注
41	赣州稀土矿业有限公司	赣州稀土矿业有限公司白水寨稀土矿	C3600002010105120076913	2000 年	2012 年 10 月 23 日	江西省国土资源厅	
42	赣州稀土矿业有限公司	赣州稀土矿业有限公司油坑稀土矿	C3600002010105120076862	1996 年	2012 年 10 月 23 日	江西省国土资源厅	
43	赣州稀土矿业有限公司	赣州稀土矿业有限公司湖新稀土矿	C3600002010105120076888	1997 年	2012 年 10 月 23 日	江西省国土资源厅	
44	赣州稀土矿业有限公司	赣州稀土矿业有限公司上甲园墩背稀土矿	C3600002010105120076865	1997 年	2012 年 10 月 23 日	江西省国土资源厅	
45	赣州稀土矿业有限公司	赣州稀土矿业有限公司南桥下廖稀土矿	C3600002010105120076864	1996 年	2012 年 10 月 23 日	江西省国土资源厅	
46	赣州稀土矿业有限公司	赣州稀土矿业有限公司阳埠稀土矿	C3600002010105120076884	1996 年	2012 年 10 月 23 日	江西省国土资源厅	
47	赣州稀土矿业有限公司	赣州稀土矿业有限公司吉埠稀土矿	C3600002010105120076871	1997 年	2012 年 10 月 23 日	江西省国土资源厅	
48	赣州稀土矿业有限公司	赣州稀土矿业有限公司田村稀土矿	C3600002010105120076873	1996 年	2012 年 10 月 23 日	江西省国土资源厅	
49	赣州稀土矿业有限公司	赣州稀土矿业有限公司大埠稀土矿	C3600002010105120076898	1996 年	2012 年 10 月 23 日	江西省国土资源厅	
50	赣州稀土矿业有限公司	赣州稀土矿业有限公司韩坊稀土矿	C3600002010105120076851	1997 年	2012 年 10 月 23 日	江西省国土资源厅	
51	赣州稀土矿业有限公司	赣州稀土矿业有限公司大田稀土矿	C3600002010105120076870	1996 年	2012 年 10 月 23 日	江西省国土资源厅	
52	赣州稀土矿业有限公司	赣州稀土矿业有限公司安西稀土矿	C3600002010105120076905	1998 年	2012 年 10 月 23 日	江西省国土资源厅	
53	赣州稀土矿业有限公司	赣州稀土矿业有限公司东江稀土矿	C3600002010105120076899	1975 年	2012 年 10 月 23 日	江西省国土资源厅	
54	赣州稀土矿业有限公司	赣州稀土矿业有限公司临塘稀土矿	C3600002010105120076879	1975 年	2012 年 10 月 23 日	江西省国土资源厅	

续表 2-7

序号	采矿权人	矿山名称	许可证号	首设时间	有效期截止时间	发证机关	备注
55	赣州稀土矿业有限公司	赣州稀土矿业有限公司富坑稀土矿	C3600002010105120076909	1975 年	2012 年 10 月 23 日	江西省国土资源厅	
56	赣州稀土矿业有限公司	赣州稀土矿业有限公司古田稀土矿	C3600002010105120076891	1999 年	2012 年 10 月 23 日	江西省国土资源厅	
57	赣州稀土矿业有限公司	赣州稀土矿业有限公司铜罗窝稀土矿	C3600002010105120076885	2000 年	2012 年 10 月 23 日	江西省国土资源厅	
58	赣州稀土矿业有限公司	赣州稀土矿业有限公司牛皮碛稀土矿	C3600002010105120076881	1998 年	2012 年 10 月 23 日	江西省国土资源厅	
59	赣州稀土矿业有限公司	赣州稀土矿业有限公司车头稀土矿	C3600002010105120076897	1999 年	2012 年 10 月 23 日	江西省国土资源厅	
60	赣州稀土矿业有限公司	赣州稀土矿业有限公司大沽稀土矿	C3600002010105120076852	1997 年	2012 年 10 月 23 日	江西省国土资源厅	
61	赣州稀土矿业有限公司	赣州稀土矿业有限公司长城稀土矿	C3600002010105120076850	1996 年	2012 年 10 月 23 日	江西省国土资源厅	
62	赣州稀土矿业有限公司	赣州稀土矿业有限公司烂泥坑稀土矿	C1000002012015140122392	1972 年	2012 年 9 月 13 日	国土资源部	有效期不足，到期延续
63	赣州稀土矿业有限公司	赣州稀土矿业有限公司蔡坊乡岗下稀土矿	C1000002012015140122391	2000 年	2012 年 9 月 13 日	国土资源部	有效期不足，到期延续
64	赣州稀土矿业有限公司	赣州稀土矿业有限公司玉坑稀土矿	C1000002012015140122393	1996 年	2012 年 9 月 13 日	国土资源部	有效期不足，到期延续
65	万安江钨稀土矿业有限公司	江西江钨万安稀土矿	C3600002010045120062146	1985 年	2022 年 7 月 12 日	江西省国土资源厅	
66	包头钢铁(集团)有限责任公司	包头钢铁(集团)有限责任公司白云鄂博铁矿西矿	C1000002009102120040147	2009 年	2013 年 9 月 19 日	国土资源部	综合利用稀土的铁矿采矿权
67	包头钢铁(集团)有限责任公司	包头钢铁(集团)有限责任公司白云鄂博铁矿	C1500002011042140115856	2001 年	2031 年 12 月 15 日	内蒙古自治区国土资源厅	综合利用稀土的铁矿采矿权

国土资源部关于设立第二批找矿突破战略行动整装勘查区的公告

2012 年第 22 号

根据找矿突破战略行动总体部署，国土资源部于 2011 年 3 月 2 日公告发布了首批 47 片找矿突破战略行动整装勘查区名单及范围。为加快推进找矿突破战略行动，国土资源部决定在全国设立第二批 31 片找矿突破战略行动整装勘查区，现将其名单及范围予以公告。

为保障整装勘查工作合理布局、有序推进，国土资源部正在组织相关省级国土资源行政主管部门编制整装勘查区实施方案（含勘查工作部署及矿业权设置方案）。自本公告发布之日起，暂停受理整装勘查区内矿业权空白区的新立探矿权采矿权申请（已设探矿权转采矿权仍可正常办理），待整装勘查区实施方案批准后，按方案要求整合和出让矿业权；在方案批准以前，对急需引入资金开展勘查等特殊情形，由省级国土资源主管部门向国土资源部说明理由，符合规划，经批准，允许新设探矿权。

附件：第二批找矿突破战略行动整装勘查区名单及范围。

国土资源部

2012 年 9 月 14 日

附表

第二批找矿突破战略行动整装勘查区名单及范围

序号	整装勘查区名称	经度	纬度	面积（km^2）
1	湖北鄂州莲花山－黄石铁山铁多金属矿整装勘查区	115°03′30″	30°12′43″	
		115°02′33″	30°19′04″	
		115°00′15″	30°23′02″	
		114°50′43″	30°25′15″	
		114°44′09″	30°17′26″	
		114°44′10″	30°14′36″	
		114°46′02″	30°11′23″	
		114°44′19″	30°09′32″	
		114°44′16″	30°04′00″	
		114°36′37″	30°03′17″	
		114°33′25″	30°00′56″	
		114°35′24″	29°59′00″	
		114°39′04″	29°58′02″	
		114°40′41″	29°56′57″	
		114°45′44″	29°57′04″	
		114°45′40″	29°58′59″	
		114°48′10″	29°59′02″	
		114°48′05″	30°03′12″	
		114°49′07″	30°03′59″	
		114°49′09″	30°06′31″	
		114°53′11″	30°06′30″	

续附表－1

序号	整装勘查区名称	经度	纬度	面积（km^2）
1	湖北鄂州莲花山－黄石铁山铁多金属矿整装勘查区	114°53′12″	30°07′59″	1046
		114°56′17″	30°10′55″	
		115°01′45″	30°10′06″	
2	云南镇康芦子园－云高井槽铁铅锌多金属矿整装勘查区	98°42′14″	23°50′31″	
		99°12′18″	24°06′05″	
		99°21′35″	23°57′11″	
		99°32′33″	23°49′56″	
		98°51′49″	23°29′10″	
		98°54′27″	23°37′21″	
		98°49′29″	23°47′28″	
3	西藏江达加多岭富铁矿整装勘查区	98°00′00″	32°01′00″	1405
		98°23′00″	32°01′00″	
		98°23′00″	31°40′00″	
		98°00′00″	31°40′00″	
4	内蒙古乌拉特后旗霍各乞铜多金属矿整装勘查区	106°25′30″	41°20′00″	1200
		106°25′30″	41°01′00″	
		106°38′00″	41°01′00″	
		106°38′00″	41°09′30″	
		107°00′00″	41°09′30″	
		107°00′00″	41°20′00″	

续附表－2

序号	整装勘查区名称	经度	纬度	面积(km²)
5	福建龙岩紫金山铜多金属矿整装勘查区	116°43′00″	25°08′00″	1478
		116°43′00″	25°06′00″	
		116°40′00″	25°06′00″	
		116°40′00″	25°02′30″	
		116°35′00″	25°02′30″	
		116°35′00″	25°04′15″	
		116°31′15″	25°04′15″	
		116°31′15″	25°10′45″	
		116°27′30″	25°10′45″	
		116°27′30″	25°08′00″	
		116°25′30″	25°08′00″	
		116°25′30″	25°05′45″	
		116°23′15″	25°05′45″	
		116°23′15″	25°03′45″	
		116°21′30″	25°03′45″	
		116°21′30″	24°55′30″	
		116°15′00″	24°55′30″	
		116°15′00″	25°02′15″	
		116°18′00″	25°02′15″	
		116°18′00″	25°12′15″	
		116°16′45″	25°12′15″	
		116°16′45″	25°16′45″	
		116°23′00″	25°16′45″	
		116°23′00″	25°21′15″	
		116°31′15″	25°21′15″	
		116°31′15″	25°20′00″	
		116°44′00″	25°20′00″	
		116°44′00″	25°15′30″	
		116°49′00″	25°15′30″	
		116°49′00″	25°14′00″	
		116°51′15″	25°14′00″	
		116°51′15″	25°08′00″	
6	湖北大冶－阳新铜金矿整装勘查区	114°58′05″	30°06′21″	
		115°01′41″	30°05′05″	
		115°04′54″	30°02′30″	
		114°58′05″	30°06′21″	

续附表－3

序号	整装勘查区名称	经度	纬度	面积(km²)
6	湖北大冶－阳新铜金矿整装勘查区	115°01′41″	30°05′05″	1212
		115°04′54″	30°02′30″	
		115°14′59″	30°02′38″	
		115°15′01″	30°00′37″	
		115°17′14″	30°00′39″	
		115°17′14″	30°00′17″	
		115°21′54″	30°00′19″	
		115°22′03″	29°56′03″	
		115°23′03″	29°55′28″	
		115°23′06″	29°53′00″	
		115°25′49″	29°51′03″	
		115°26′59″	29°51′03″	
		115°27′00″	29°50′38″	
		115°28′01″	29°50′26″	
		115°28′00″	29°50′17″	
		115°29′40″	29°50′12″	
		115°29′26″	29°49′59″	
		115°29′03″	29°49′21″	
		115°27′59″	29°48′47″	
		115°27′59″	29°48′03″	
		115°27′33″	29°47′42″	
		115°23′42″	29°47′10″	
		115°17′21″	29°52′56″	
		115°09′27″	29°52′57″	
		115°09′26″	29°53′24″	
		114°49′19″	29°53′21″	
		114°44′36″	29°55′01″	
		114°40′41″	29°56′57″	
		114°45′44″	29°57′04″	
		114°45′40″	29°58′59″	
		114°48′16″	29°58′58″	
		114°48′11″	30°03′11″	
		114°49′16″	30°03′55″	
		114°49′18″	30°06′15″	
		114°53′01″	30°06′19″	

续附表－4

序号	整装勘查区名称	经度	纬度	面积(km²)
7	广东阳春铜多金属矿整装勘查区	111°43′37″	22°01′05″	1060
		111°59′33″	22°20′00″	
		111°46′35″	22°20′00″	
		111°46′33″	22°12′35″	
		111°37′28″	22°12′35″	
		111°37′29″	22°20′00″	
		111°30′21″	22°20′00″	
		111°30′18″	22°01′08″	
8	西藏昂仁－谢通门朱诺铜矿整装勘查区	87°15′00″	29°30′00″	1287
		87°30′00″	29°30′00″	
		87°30′00″	29°34′00″	
		87°54′00″	29°34′00″	
		87°54′00″	29°43′30″	
		87°15′00″	29°43′30″	
9	青海治多多彩铜多金属矿整装勘查区	94°45′00″	34°00′00″	6919
		95°15′00″	34°00′00″	
		96°00′00″	33°50′00″	
		96°10′00″	33°40′00″	
		96°10′00″	33°07′00″	
		94°45′00″	33°47′00″	
10	新疆哈密卡拉塔格铜（锌）矿整装勘查区	91°30′00″	42°45′00″	2617
		92°05′00″	42°45′00″	
		92°05′00″	42°35′00″	
		92°40′00″	42°35′00″	
		92°40′00″	42°30′00″	
		93°35′00″	42°30′00″	
		93°35′00″	42°24′00″	
		92°30′00″	42°24′00″	
		92°30′00″	42°25′00″	
		92°05′00″	42°25′00″	
		92°05′00″	42°33′00″	
		91°55′00″	42°33′00″	
		91°55′00″	42°36′00″	
		91°30′00″	42°36′00″	

续附表－5

序号	整装勘查区名称	经度	纬度	面积(km²)
11	广东河台金多金属矿整装勘查区	112°09′00″	23°26′00″	1109
		112°28′00″	23°26′00″	
		112°28′00″	23°17′00″	
		112°21′00″	23°17′00″	
		112°14′00″	23°06′00″	
		112°02′00″	23°06′00″	
		112°02′00″	23°10′00″	
12	贵州贞丰－普安金矿整装勘查区	104°53′01″	25°23′46″	1002
		104°53′01″	25°20′44″	
		104°57′38″	25°20′45″	
		104°57′38″	25°22′01″	
		105°06′04″	25°22′01″	
		105°06′03″	25°16′59″	
		105°08′58″	25°16′59″	
		105°08′58″	25°10′42″	
		105°06′02″	25°10′42″	
		105°06′02″	25°11′17″	
		105°01′01″	25°11′17″	
		105°01′01″	25°13′42″	
		104°53′25″	25°13′42″	
		104°53′25″	25°12′15″	
		104°56′38″	25°12′15″	
		104°56′38″	25°10′16″	
		105°04′19″	25°10′16″	
		105°04′19″	25°08′45″	
		105°07′14″	25°08′45″	
		105°07′14″	25°07′15″	
		105°10′08″	25°07′15″	
		105°10′08″	25°06′09″	
		105°17′14″	25°06′09″	
		105°17′14″	25°07′31″	
		105°12′15″	25°07′31″	
		105°12′16″	25°13′40″	
		105°18′54″	25°13′39″	
		105°18′55″	25°23′45″	
		105°29′48″	25°23′43″	
		105°29′50″	25°29′00″	

续附表－6

序号	整装勘查区名称	经度	纬度	面积(km²)
12	贵州贞丰－普安金矿整装勘查区	105°32′44″	25°28′59″	984
		105°32′45″	25°30′55″	
		105°40′12″	25°30′54″	
		105°40′13″	25°33′00″	
		105°33′35″	25°33′02″	
		105°33′35″	25°34′02″	
		105°29′21″	25°34′03″	
		105°29′22″	25°34′48″	
		105°26′30″	25°34′48″	
		105°26′28″	25°24′56″	
		104°57′59″	25°24′59″	
		104°57′59″	25°23′46″	
13	云南鹤庆北衙金多金属矿整装勘查区	100°02′00″	26°01′20″	1002
		100°17′00″	26°01′20″	
		100°17′00″	26°23′00″	
		100°02′00″	26°23′00″	
14	青海都兰沟里金矿整装勘查区	98°00′00″	36°00′00″	4795
		98°29′22″	36°00′00″	
		98°29′22″	35°55′39″	
		99°11′28″	35°33′36″	
		99°08′19″	35°14′00″	
		98°32′48″	35°31′38″	
		98°00′00″	35°31′38″	
15	陕西石泉－旬阳金矿整装勘查区	108°12′00″	33°16′35″	
		108°26′09″	33°06′49″	
		108°30′40″	33°07′24″	
		108°47′55″	33°06′56″	
		108°47′59″	33°05′18″	
		109°00′25″	32°57′51″	
		109°09′19″	32°49′33″	
		109°17′59″	32°46′34″	
		109°28′26″	32°43′38″	
		109°28′29″	32°39′07″	
		109°18′57″	32°40′11″	
		109°05′03″	32°43′06″	
		108°52′59″	32°56′28″	

续附表－7

序号	整装勘查区名称	经度	纬度	面积(km²)
15	陕西石泉－旬阳金矿整装勘查区	108°48′00″	32°57′57″	1956
		108°33′11″	32°57′12″	
		108°15′27″	33°01′11″	
		108°06′43″	33°12′26″	
16	辽宁瓦房店金刚石矿整装勘查区	121°33′45″	39°35′00″	1648
		121°33′45″	39°39′15″	
		121°36′45″	39°39′15″	
		121°36′45″	39°46′16″	
		121°45′00″	39°46′16″	
		121°45′00″	39°54′00″	
		121°50′00″	39°54′00″	
		121°50′00″	39°58′00″	
		122°02′00″	39°58′00″	
		122°02′00″	39°44′00″	
		122°06′00″	39°44′00″	
		122°06′00″	39°38′20″	
		122°04′00″	39°38′20″	
		122°04′00″	39°36′00″	
		122°06′00″	39°36′00″	
		122°06′00″	39°33′00″	
		121°59′45″	39°33′00″	
		121°59′45″	39°28′00″	
		121°45′00″	39°28′00″	
		121°45′00″	39°35′00″	
17	安徽金寨沙坪沟钼铅锌多金属矿整装勘查区	115°25′15″	31°31′19″	1470
		115°25′14″	31°32′24″	
		115°26′42″	31°35′08″	
		115°28′20″	31°35′10″	
		115°39′16″	31°45′01″	
		115°49′25″	31°45′07″	
		115°55′04″	31°40′49″	
		116°03′56″	31°40′53″	
		116°09′25″	31°37′09″	
		116°09′28″	31°31′45″	
		115°59′19″	31°36′18″	
		115°59′25″	31°27′17″	
		115°43′56″	31°27′09″	
		115°29′57″	31°31′23″	

续附表 -8

序号	整装勘查区名称	经度	纬度	面积(km²)
18	西藏山南扎西康铅锌矿整装勘查区	91°48′00″	28°28′47″	1807
		92°07′00″	28°28′47″	
		92°07′00″	28°23′00″	
		92°20′46″	28°23′00″	
		92°20′46″	28°07′00″	
		91°53′30″	28°07′00″	
		91°53′30″	28°13′30″	
		91°48′00″	28°13′30″	
19	广东韶关凡口铅锌银多金属矿整装勘查区	113°21′30″	24°46′00″	1200
		113°31′00″	24°46′00″	
		113°31′00″	24°59′00″	
		113°34′30″	24°59′00″	
		113°34′30″	25°04′30″	
		113°49′45″	25°04′30″	
		113°49′45″	25°11′15″	
		113°21′30″	25°11′15″	
20	江西修水大湖塘钨(铜)多金属矿整装勘查区	114°55′04″	29°01′53″	812
		115°09′50″	29°02′13″	
		114°56′30″	28°48′40″	
		114°55′45″	28°48′40″	
		114°55′45″	28°48′00″	
		114°47′53″	28°40′00″	
		114°40′00″	28°40′00″	
		114°39′56″	28°44′02″	
		114°45′19″	28°44′07″	
		114°44′58″	28°55′30″	
		114°50′55″	28°55′30″	
21	湖南茶陵锡田锡铅锌多金属矿整装勘查区	113°34′10″	27°02′05″	
		113°34′00″	26°54′28″	
		113°40′02″	26°54′21″	
		113°39′46″	26°43′32″	
		113°51′00″	26°43′19″	
		113°49′40″	26°48′30″	
		113°52′50″	26°52′30″	
		113°53′00″	26°53′45″	
		113°54′00″	26°56′00″	

续表 -9

序号	整装勘查区名称	经度	纬度	面积(km²)
21	湖南茶陵锡田锡铅锌多金属矿整装勘查区	113°55′00″	26°57′00″	1116
		113°52′45″	26°58′15″	
		113°49′30″	27°02′15″	
		113°48′40″	27°02′00″	
		113°48′00″	27°02′45″	
		113°48′20″	27°03′15″	
		113°47′50″	27°05′45″	
		113°46′30″	27°05′00″	
		113°45′45″	27°06′00″	
		113°46′00″	27°08′50″	
		113°47′45″	27°10′01″	
		113°41′54″	27°10′01″	
		113°41′50″	27°07′33″	
		113°31′15″	27°07′43″	
		113°31′15″	27°02′08″	
22	新疆若羌北山镍(铜)矿整装勘查区	91°25′00″	40°50′00″	5585
		92°00′00″	41°00′00″	
		93°00′00″	41°00′00″	
		93°00′00″	40°57′00″	
		91°54′00″	40°50′00″	
		91°54′00″	40°35′00″	
		92°45′00″	40°50′00″	
		93°00′00″	40°50′00″	
		93°00′00″	40°43′00″	
		91°11′00″	40°16′00″	
23	湖北荆州江陵凹陷中南部深层富钾卤水整装勘查区	112°00′02″	30°28′58″	1358
		111°51′23″	30°25′37″	
		112°02′36″	30°01′17″	
		112°18′48″	30°07′28″	
		112°20′21″	30°16′34″	
24	青海柴达木盆地深层卤水钾盐资源整装勘查区	92°46′52″	38°59′27″	
		93°02′11″	38°59′25″	
		93°12′55″	38°49′05″	
		94°16′06″	38°19′36″	
		95°43′49″	37°08′36″	
		95°18′07″	36°50′38″	

续附表－10

序号	整装勘查区名称	经度	纬度	面积(km²)
24	青海柴达木盆地深层卤水钾盐资源整装勘查区	93°38′17″	38°03′02″	36392
		92°45′58″	37°50′14″	
		91°31′02″	37°47′17″	
		90°32′24″	38°00′17″	
		90°43′53″	38°18′56″	
		90°47′04″	38°30′40″	
		91°07′50″	38°39′10″	
		92°46′06″	38°42′00″	
25	广西天等龙原－德保那温锰矿整装勘查区	106°57′48″	23°26′34″	
		107°08′27″	23°26′26″	
		107°05′54″	23°24′59″	
		107°07′38″	23°23′28″	
		107°06′09″	23°22′36″	
		107°06′08″	23°20′42″	
		107°09′46″	23°21′10″	
		107°11′48″	23°26′23″	
		107°17′57″	23°26′18″	
		107°17′54″	23°23′35″	
		107°16′44″	23°23′37″	
		107°13′17″	23°20′52″	
		107°12′13″	23°18′48″	
		107°14′17″	23°17′17″	
		107°17′48″	23°17′14″	
		107°17′43″	23°12′46″	
		107°16′24″	23°12′47″	
		107°16′42″	23°14′36″	
		107°13′37″	23°15′47″	
		107°08′57″	23°14′06″	
		107°08′58″	23°14′44″	
		107°09′00″	23°16′46″	
		107°01′57″	23°15′25″	
		106°58′53″	23°18′29″	
		106°55′55″	23°17′53″	
		106°50′50″	23°13′07″	
		106°48′26″	23°13′09″	
		106°48′28″	23°15′27″	

续附表－11

序号	整装勘查区名称	经度	纬度	面积(km²)
25	广西天等龙原－德保那温锰矿整装勘查区	106°50′24″	23°17′34″	1077
		106°49′53″	23°18′21″	
		106°41′54″	23°15′52″	
		106°38′12″	23°14′58″	
		106°40′03″	23°17′59″	
		106°40′02″	23°18′39″	
		106°36′47″	23°18′41″	
		106°40′35″	23°22′20″	
		106°47′51″	23°26′43″	
26	重庆秀山锰矿整装勘查区	108°52′03″	28°22′22″	1071
		108°47′18″	28°19′06″	
		108°43′51″	28°16′01″	
		108°46′04″	28°13′27″	
		108°48′03″	28°15′14″	
		108°50′13″	28°15′16″	
		108°50′16″	28°13′19″	
		108°51′20″	28°13′20″	
		108°51′19″	28°13′51″	
		108°55′52″	28°13′55″	
		108°55′54″	28°12′02″	
		108°58′41″	28°10′37″	
		109°00′08″	28°10′38″	
		109°00′04″	28°13′41″	
		109°03′05″	28°13′44″	
		109°02′49″	28°29′39″	
		108°52′56″	28°22′58″	
		108°50′27″	28°27′16″	
		108°55′19″	28°40′15″	
		108°56′36″	28°48′54″	
		108°53′04″	28°48′48″	
		108°40′34″	28°30′23″	
		108°43′52″	28°30′26″	
		108°43′55″	28°28′35″	
		108°45′30″	28°28′37″	
		108°45′32″	28°27′13″	
		108°49′13″	28°27′17″	

续附表－12

序号	整装勘查区名称	经度	纬度	面积(km²)
27	贵州铜仁松桃锰矿整装勘查区	108°47′51″	28°02′46″	
		108°48′03″	27°54′20″	
		108°57′26″	27°54′30″	
		108°57′29″	27°52′07″	
		109°05′46″	27°52′15″	
		109°05′36″	28°00′33″	
		109°10′21″	28°00′38″	
		109°10′17″	28°06′20″	
		108°56′49″	28°06′10″	
		108°56′43″	28°10′55″	
		108°54′31″	28°10′53″	
		108°54′29″	28°12′39″	
		108°52′25″	28°12′38″	
		108°52′28″	28°12′10″	
		108°49′19″	28°12′07″	
		108°49′17″	28°13′21″	

续附表－13

序号	整装勘查区名称	经度	纬度	面积(km²)
27	贵州铜仁松桃锰矿整装勘查区	108°46′34″	28°13′19″	1090
		108°46′36″	28°11′19″	
		108°44′33″	28°11′18″	
		108°44′30″	28°13′06″	
		108°42′24″	28°13′05″	
		108°42′37″	28°02′41″	
28	内蒙古通辽铀矿整装勘查区	略	略	3260
29	江西崇仁相山铀矿整装勘查区	略	略	707
30	广东韶关诸广山岩体南部铀多金属矿整装勘查区	略	略	1171
31	四川若尔盖铀矿整装勘查区	略	略	1114

国土资源部关于加快推进整装勘查实现找矿重大突破的通知

国土资发〔2012〕140号

各省、自治区、直辖市及副省级城市国土资源主管部门，新疆生产建设兵团国土资源局，中国地质调查局，武警黄金指挥部，部其他有关直属单位，部机关各司局：

整装勘查是指在具有一定工作程度、资源潜力较大的地区，按照地质找矿新机制的要求，统筹中央、地方和企业各类勘查资金，集中力量开展勘查工作。整装勘查是快速实现找矿重大突破的重要组织方式，对于创新矿产资源管理、提高资源保障能力具有重要意义。为加快推进整装勘查，实现找矿重大突破，现就有关事项通知如下：

一、高度重视整装勘查工作

（一）整装勘查是实现找矿突破的重要途径。整装勘查区应具有一定的地质工作基础和发现大型规模矿床的资源潜力，矿产勘查工作已取得重要进展，具备以社会投资为主开展大规模商业性矿产勘查的条件。社会投资不明确、难以进入的，一般不列为整装勘查区。

整装勘查区的主攻矿种以国家紧缺和大宗支柱性矿产为主，整装勘查区内要大幅度增加勘查资金投入，加快勘查进程，3年内发现和评价至少1处大型规模矿产地，5年内形成至少1处可供开发的大型矿产地，为建立矿产勘查开发基地奠定基础。

各省（区、市）要重视整装勘查工作，把具备条件的勘查区纳入整装勘查区，并积极推进其他成矿有利地区的基础地质调查和前期勘查工作，为开展整装勘查提供更多备选工作区。

（二）充分发挥各方作用。省级国土资源主管部门要发挥地质找矿第一责任人的作用，组织开展整装勘查区的初选、申报和实施工作。整装勘查区初选前，省级国土资源主管部门应向社会公告，充分调动各方积极性，鼓励社会投资积极参与；对于拟设的整装勘查区，应组织相关企业、矿业权人、地质勘查单位和地方国土资源主管部门，提出调整和新设矿业权的初步方案，协调落实勘查工作部署、社会资金投入和外部环境保障。

二、统筹部署整装勘查工作

（三）科学设置整装勘查区。省级国土资源主管部门负责组织编制新设整装勘查区申报材料，组织专家初审后报国土资源部。国土资源部矿产勘查办公室（以下简称“部矿产勘查办公室”）要履行“组织协调、评估考核、督促检查”的职能，牵头组织整装勘查区论证工作，并将论证结果报国土资源部批准后，向社会公告新设整装勘查区名称及范围。整装勘查区的范围和面积可根据区内勘查工作进展进行动态调整，由省级国土资源主管部门报国土资源部审查批复后向社会公告。

（四）精心编制整装勘查实施方案。经批准设立的整装勘查区，由省级国土资源主管部门组织编制整装勘查实施方案（含勘查工作部署及矿业权设置方案），并组织初审后报国土资源部，由国土资源部组织审查和批复，作为整装勘查组织实施的重要依据。编制整装勘查实施方案要充分利用矿产资源潜力评价、储量利用现状调查和矿业权实地核查成果以及其他已有地质矿产信息等资料，做好勘查工作部署与矿业权设置的衔接（编制提纲见附件）。

（五）统筹勘查工作部署与矿业权设置。勘查工作部署要统筹好中央财政、地方财政和社会资金等出资开展的各类工作，突出重点，加强综合勘查和综合评价。省级国土资源主管部门要组织相关企业、矿业权人、地质勘查单位和地方国土资源主管部门，分解目标任务，落实资金投入和工作进度。

矿业权设置方案应密切结合勘查工作部署，以主攻矿种为主并兼顾重要的共伴生矿产，合理设置矿业权，明确矿业权年度投放计划和出让方式，并根据工作进展适时调整或修编。对布局不合理的已设矿业权，要提出整合或调整方案。非主攻矿种的拟设矿业权，原则上不得影响主攻矿种的整装勘查。

（六）落实年度工作安排。省级国土资源主管部门要根据整装勘查实施方案和勘查进展情况，提出整装勘查区年度工作安排建议。其中，涉及国家财政资金安排的工作，由中国地质调查局、中央地质勘查基金管理中心与省级国土资源主管部门进行协商对接，部矿产勘查办公室负责组织协调。

整装勘查区内探矿权人要根据整装勘查实施方案的部署要求，调整完善相关探矿权区块的勘查实施方案，进一步明确探矿权区块的总体工作进度、年度工作安排、主要实物工作量和勘查资金投入，报省级国土资源主管部门审查批准后实施。经批准后的探矿权勘查实施方案作为年度监督检查的主要依据。

三、加强整装勘查的监督与评估

（七）加强整装勘查的监督检查和进展跟踪。省级国土资源主管部门要组织专门技术力量，分区分片技术把关，跟踪整装勘查工作进展，对整装勘查区内地质勘查项目的实施情况进行监督检查。

整装勘查区内的探矿权人负责编写勘查进展半年报和年报，上报省级国土资源主管部门。省级国土资源主管部门负责审核、汇总综合后，报送部矿产勘查办公室。有重大发现和成果的，以专报形式及时上报。

（八）建立动态评估与退出机制。省级国土资源主管部门要在每年年底组织对本地区整装勘查年度工作进展进行自评，重点对主要实物工作量完成情况、企业投资到位情况、财政资金落实情况、矿业权设置方案实施情况、重要找矿进展和成果、找矿潜力等进行自评，并将自评结果报部矿产勘查办公室。部矿产勘查办公室组织中国地质调查局等相关单位进行评估，向全国通报评估结果，并督促重大问题的限期整改。对主要因工作推进不力而导致勘查进展不好的，要向省级人民政府通报情况并商请省级人民政府加强督导。对经勘查证实找矿潜力不大或因工作推进不力导致预期目标难以实现的，不再列为整装勘查区并予以公告，不再享受本通知规定的整装勘查区相关政策。

四、完善整装勘查区矿业权管理

（九）提供矿业权审批便捷服务。整装勘查实施方案中的矿业权设置方案经国土资源部审查批复后，授权省级国土资源主管部门按照部批准的探矿权年度投放计划，审批部审批权限内的探矿权项目（煤、钨、锑、稀土等国家调控矿种及放射性矿产除外）。

整装勘查区经国土资源部批准公告后，在矿业权设置方案编制审批期间，对于大规模引进社会资本开展商业性矿产勘查的，在保证勘查开发合理布局的前提下，允许省级国土资源主管部门审批新设的主攻矿种探矿权。

（十）优化主攻矿种矿业权配置。整装勘查区内现有主攻矿种矿业权的周边空白区，按照矿业权设置方案的新设探矿权，经专家论证符合整装勘查要求的，允许配置给具备整装勘查能力的毗邻矿业权人。其他拟新设探矿权，主要采用招标等竞争方式向社会公开出让。

招标出让矿业权，应遵循“三优先”原则，即投入大、勇于进行深部钻探验证的优先；国有地质勘查单位和社会资本联合成立企业，实行资本和找矿技术相结合的优先；勘查单位和矿山企业联合成立企业，实行探采一体化的优先。为调动参与整装勘查的勘查单位和矿业企业的找矿积极性，对在整装勘查区内探明大型规模以上主攻矿种矿产地并已转入开发的矿业权人，综合考虑其技术能力、勘查力量和投资能力，可为其配置高风险勘查空白区的探矿权。

（十一）积极推进矿业权整合。国土资源主管部门要积极搭建协调联动平台，鼓励和支持有实力、负责任的企业作为整合主体,推进布局不合理的已设矿业权的整合。整合主体应积极主动协调其他矿业权人,采用资产重组、兼并收购、股份制改造等经济手段整合其他矿业权。

暂不具备整合条件的,现有探矿权人应按照"统一工作部署、统一组织实施、统一工作进度、统一质量要求、统一成果验收"的"五统一"原则开展矿产勘查工作,确保勘查资金投入规模和工作进度。

积极参加整装勘查但面临资金困难的探矿权人,可采用与其他社会资金合资合作或申请地质勘查基金支持等方式进行合作勘查;对不按整装勘查方案和"五统一"要求推进整装勘查并且限期整改不到位的探矿权,参照《国务院办公厅转发国土资源部等部门对矿产资源开发进行整合意见的通知》(国办发〔2006〕108号)进行整合。

(十二)保护矿业权人的合法权益。探矿权人享有依法处置勘查成果的权利,包括优先申请采矿权、依法转让矿业权等。整装勘查实施过程中,发现矿产地且符合相关规划和矿业权设置方案要求的,可分区段申请采矿权,但矿业权人必须承诺其余部分仍然按照整装勘查的要求继续开展勘查。

五、加大对整装勘查的支持力度

(十三)加大基础性公益性项目支持。中央、地方财政应切实加强基础地质矿产调查和科研工作,加大投入力度,优先保证在整装勘查区的部署安排,加快提高基础地质工作程度。在整装勘查区开展工作、符合条件的勘查单位可优先承担相关项目。充分发挥地质科研工作的支撑作用,加强基础地质、成矿理论、勘查技术方法和资源评价等研究及其成果转化应用,破解找矿难题,促进找矿突破。对于按期保质完成区域地质矿产调查项目任务并取得重大找矿发现的勘查单位,可在项目工作区范围内以申请在先方式登记一定数量的探矿权。

(十四)加大地质勘查基金支持。中央和省级地质勘查基金要协调联动,切实发挥分担勘查风险作用,重点支持整装勘查区内有找矿潜力、且社会资金不愿独立承担风险的勘查项目。要按照"不与市场争权,不与企业争利"的原则,除特定矿种和地区外,凡是可以由企业投资且企业愿意承担风险的矿产勘查项目,优先由企业投资。对于重点项目,两级地质勘查基金可以采取联合投资的方式,协调资金投向,合力推进整装勘查工作。

(十五)加强技术指导。中国地质调查局要加强与省级国土资源主管部门沟通联系,全面构建任务到区、责任到人的技术指导体系,负责组织开展专家研讨、技术培训和现场交流等活动,协助解决勘查技术难题。

(十六)全面提供地质资料服务。省级国土资源主管部门要按照《关于深入推进地质资料信息服务集群化为找矿突破战略行动提供服务的通知》(国土资厅发〔2012(45)号)的要求,安排专门和必要经费,将本行政区内各整装勘查区的重要成果、原始、实物地质资料分别集成为资料包,向社会公布资料目录和获取方式,并向区内矿业权人和有关单位提供资料包服务。

六、加强整装勘查组织保障

(十七)加强组织领导。建立完善逐级负责制,确保责任和措施层层落到实处。国土资源部组建技术支撑机构,具体组织开展整装勘查区的进展跟踪、统计评估、监督检查等工作。集中连片整体引入大企业等开展整装勘查的,由国土资源部、省级人民政府和引入的企业签订三方协议,明确责任、权利和义务,加强服务和监管。

省级国土资源主管部门应组建相应管理机构和技术支撑机构,负责本地区整装勘查工作的组织实施。各整装勘查区要设立由省级国土资源主管部门、地方政府、整装勘查区内主要投资企业和勘查单位共同参加的整装勘查区管理办公室,明确行政负责人和技术负责人,负责整装勘查区内勘查工作的统一部署和项目实施。

(十八)改善外部工作环境。省级国土资源主管部门应与当地人民政府建立外部环境保障机制,优先保证整装勘查区内矿业用地需求,共同协调矿业权人、勘查单位、社区等各方关系和收益分配,营造良好外部工作环境。

本通知自发布之日起实行,以往规定与本通知不一致的,以本通知规定为准。

附件:整装勘查实施方案编写提纲

国土资源部

2012年9月16日

附件

整装勘查实施方案编写提纲

第一章 概述

一、工作区位置

二、自然地理及经济社会发展

三、总体目标任务

第二章 地质矿产工作现状

一、基础地质与科研

二、矿产勘查

三、矿业开发现状

第三章　区域地质背景与找矿潜力分析

一、区域地质背景及成矿地质条件

二、典型矿床特征与区域成矿规律

(一)典型矿床地质特征

(二)区域成矿规律分析

三、找矿潜力分析

第四章　勘查工作部署方案

一、总体部署思路和原则

二、总体工作布局

三、具体工作安排

(一)公益性地质调查工作安排

(二)矿产勘查工作安排

第五章　矿业权设置方案

一、矿业权设置现状分析

二、矿业权设置原则

三、矿业权区块划分及依据

四、矿业权设置结论及合理性论证

五、矿业权年度投放计划及出让方式

第六章　主要实物工作量及经费概算

一、主要实物工作量

二、经费概算

(一)概算编制依据

(二)概算编制要求

(三)经费概算结果及资金来源

第七章　预期成果及经济社会效益分析

一、预期成果

二、预期经济社会效益

第八章　保障措施

一、组织管理

二、矿业权管理

三、技术保障

四、资金保障

五、勘查环境保障

国土资源部关于煤炭资源合理开发利用“三率”指标要求(试行)的公告

为强化煤炭资源合理开发利用的监督管理,促进矿山企业节约与综合利用煤炭资源,依据《矿产资源法》等法律法规,特制定《煤炭资源合理开发利用“三率”指标要求(试行)》,现予以公告。

附件:煤炭资源合理开发利用“三率”指标要求(试行)

2012 年 9 月 20 日

附件

煤炭资源合理开发利用“三率”指标要求(试行)

煤炭资源合理开发利用“三率”是指煤矿采区回采率、原煤入选率、煤矸石与共伴生矿产资源综合利用率等三项指标,是评价煤炭企业开发利用煤炭资源效果的主要指标。经研究,确定其指标要求如下:

一、“三率”指标要求

(一)煤矿采区回采率。

1. 井工煤矿。

薄煤层(<1.3 米)不低于 85%;中厚煤层(1.3 ~ 3.5 米)不低于 80%;厚煤层(>3.5 米)不低于 75%;

对于采用水力采煤技术的井工煤矿,薄煤层、中厚煤层和厚煤层的采区回采率分别不低于 80%、75% 和 70%。

2. 露天煤矿。

薄煤层(<3.5 米)不低于 85%;中厚煤层(3.5 ~ 10.0 米)不低于 90%;厚煤层(>10.0 米)不低于 95%。

(二)原煤入选率。

煤炭矿山企业的原煤入选率原则上应达到 75% 以上。

(三)煤矸石与共伴生矿产资源综合利用率。

国家鼓励煤炭矿山企业合理开发与综合利用煤矸石以及与煤共伴生矿产资源。开采设计或开发利用方案也要对煤层气、黄铁矿、镁、铟、高岭土等矿产资源开发利用提出指标要求。其中:煤矸石和矿井水综合利用率均应达到 75% 以上。

二、监督管理

(一)本指标要求是国土资源主管部门监督管理煤炭矿山企业合理开发利用矿产资源的重要依据。

(二)本指标要求是编制和审查煤炭资源开发利用方案、矿山设计的依据,新建或改扩建的煤炭矿山企业的“三率”指标应达到本指标要求。

(三)生产矿山要在本指标要求发布之日后两年内达到本指标要求规定的要求。达不到本指标要求的,省级国土资源主管部门应组织督促其限期整改,整改后仍未达标的矿山企业,不予通过矿产资源开发利用年度检查。受地区煤层、技术等客观条件限制达不到本指标要求的,矿山企业应说明原因,并提交具备设计资质的单位出具的论证报告,提出改进措施。原采矿权登记管理机关要对矿山企业提交的论证报告予以审定。

(四)省级国土资源主管部门负责对辖区煤炭矿山企业执行本指标要求情况进行监督管理,不定期开展抽查和检查,定期公告符合本指标要求的煤炭矿山企业名单,实行社会监督,动态管理。

三、指标定义与计算方法

(一)煤矿采区回采率。

1. 定义。

煤矿采区回采率:是指采区实际采出煤量与采区动用资源储量的百分比。

采出煤量(矿井采区):是指采区内所有工作面采出煤量与掘进煤量之和。

采出煤量(露天矿采区):是指采区内实际采出的煤量。

采区动用资源储量:是指采区采出煤量与开采损失煤量之和。

2. 计算方法。

采区回采率(K)=采区采出煤量(百万吨)/采区动用资源储量(百万吨)×100%

(二)原煤入选率。

1. 定义。

原煤入选率:是指选煤厂年度入选原煤量与矿山年度生产原煤量的百分比。

入选原煤量:指从毛煤中拣出大块矸石后进入选煤厂供选煤设备分选的原煤。对于变质程度低,风化、泥化严重的褐煤(不包括老年褐煤)和质量较好的动力用煤(灰分低于12%、硫分低于1%、经简单加工处理就可以达到用户对产品质量要求),可以不入选,其煤炭加工量计入原煤入选量。

生产原煤量:指所有进入选煤厂与直接外销原煤数量的总和。

2. 计算方法。

原煤入选率(P)=入选原煤量(百万吨/年)/生产原煤量(百万吨/年)×100%

(三)煤矸石与共伴生矿产资源综合利用率。

1. 定义。

(1)煤矸石综合利用率:是指煤矿年度生产过程中,利用的煤矸石量与产生的煤矸石量的百分比。

(2)矿井水综合利用率:是指煤矿年度生产过程中,产生的矿井水减去排放的矿井水与产生的矿井水之间的百分比。

(3)共伴生矿产资源综合利用率:是指煤矿年度生产过程中,所有共伴生矿产的开发利用量与其开采动用的资源储量的百分比之平均值。

2. 计算方法。

(1)煤矸石综合利用率($R_{煤矸石}$)=年度利用的煤矸石量/年度产生的煤矸石量×100%

(2)矿井水综合利用率($R_{矿井水}$)=(年度产生的矿井水-年度排放的矿井水)/年度产生的矿井水×100%

(3)共伴生矿产资源综合利用率(R)$=\frac{1}{n}\sum_{i=1}^{n} ri$

r_i:第i个共伴生矿产利用率,是指第i个共伴生矿产年度利用量与该矿产年度开采动用资源储量的百分比。

n:与煤共伴生矿产个数。

四、附则

本指标要求自发布之日起试行,由国土资源部负责解释。

国土资源部关于表扬第二批全国矿产资源开发整合先进矿山的通报

国土资发〔2012〕144号

各省、自治区、直辖市国土资源主管部门:

《国务院办公厅转发国土资源部等部门对矿产资源开发进行整合意见的通知》(国办发〔2006〕108号)及国土资源部等12部门《关于进一步推进矿产资源开发整合工作的通知》(国土资发〔2009〕141号)下发以来,地方各级党委、政府高度重视,认真贯彻落实,积极推进整合,圆满完成了整合任务。各地涌现了一批整合成效明显、示范性强的先进典型。

为总结矿产资源开发整合典型经验,加强宣传引导,推动整合工作常态化管理和矿产资源开发结构持续调整优化,2011年7月,部通报表扬了第一批47个全国整合先进矿山。进一步推进整合工作任务完成后,各省(区、市)国土资源主管部门按照《国土资源部关于推荐全国矿产资源开发整合先进矿山的通知》(国土资发〔2010〕166号)要求,先后向部推荐第二批全国整合先进矿山。按照国土资发〔2010〕166号文件规定的程序，部组织开展实地抽查、专家评选，并进行社会公示，遴选出第二批全国矿产资源开发整合先进矿山。部决定对遴选出的河北恒辉矿业有限公司恒辉铁矿等31个矿山（名单附后）予以通报表扬。

这次通报表扬的矿山，是在两轮矿产资源开发整合中涌现的又一批先进典型，在推进整合中认真贯彻落实科学发展观，把握机遇，不断调整结构、优化布局，推动产业升级，增强了企业竞争力和可持续发展能力；落实节约优先战略，进一步提高矿产资源开发的规模化、集约化程度，促进了矿产资源高效开发利用；明显改善矿山生态环境，显著提高矿山安全生产条件，促进地方经济社会可持续发展，实现了矿区社会稳定。希望受通报表扬的矿山珍惜荣誉，再接再厉，在矿产资源开发中再创佳绩。同时，全国各类矿山企业要以两批整合先进矿山为榜样，统筹兼顾经济效益、资源效益、安全效益、环境效益和社会效益，进一步调整优化矿产开发结构，转变发展方式，促进矿业经济可持续健康发展。

各级国土资源主管部门要以此为契机，继续大力宣传推广整合先进矿山经验，贯彻落实矿产资源规划，全面实施矿业权设置方案制度，严格矿业权准入条件和退出机制，推动整合工作常态化管理，持续调整矿产开发结构，优化勘查开采布局，促进矿产资源集约高效利用，为不断提高矿产资源保障能力作出新的贡献。

附件：第二批全国矿产资源开发整合先进矿山名单

国土资源部

2012年9月24日

附件：

第二批全国矿产资源开发整合先进矿山名单

河北省（1个）

河北恒辉矿业有限公司恒辉铁矿

山西省（1个）

山西三元煤业股份有限公司南寨煤矿

内蒙古自治区（4个）

准格尔旗长滩阳圪楞煤炭有限责任公司长滩煤矿

鄂尔多斯市永顺煤炭有限责任公司煤矿

内蒙古满世煤炭集团四道柳煤炭有限责任公司煤矿

兴和县瑞盛石墨有限公司石墨矿

辽宁省（3个）

辽宁连山钼业（集团）元宝山采矿有限公司钼矿

辽宁万成镁业集团有限公司菱镁矿

海城市后英经贸集团有限公司菱镁矿

浙江省（1个）

长兴县虹东石子厂

安徽省（3个）

安徽省濉溪县刘楼铜铁（金）矿

安徽省池州市润州矿业有限公司方解石矿

池州市华庆实业有限公司白云石矿

江西省（2个）

武宁县大湖塘（北区、南区）钨矿

江西朝阳磷矿

山东省（2个）

山东昌邑灶户盐化有限公司盐矿

章丘官庄矿业有限公司官庄煤矿

河南省（1个）

灵宝黄金股份有限公司灵金一矿

湖北省（2个）

恩施州咸丰县小场坡煤矿有限责任公司小场坡煤矿

湖北省嘉鱼蛇屋山金矿有限责任公司湖北省嘉鱼蛇屋山金矿

湖南省（1个）

花垣县银海锰业有限责任公司银海锰矿

广西省（3）

柳州祥云建材有限公司太阳村镇灯草山采石场

广西桂华成有限责任公司珊瑚矿

广西东怀矿业有限责任公司东怀煤矿一号井

重庆市（1个）

大足县狮子山煤业有限公司煤矿

四川省（2个）

泸县红旗煤矿

马边南方矿业有限责任公司南方哈罗罗磷矿

甘肃省（1个）

甘肃玛曲格萨尔黄金实业股份有限公司大水金矿

青海省（1个）

青海山金矿业有限公司都兰县果洛龙洼金矿

宁夏回族自治区（1个）

固原市六盘山水泥有限责任公司石灰岩矿

新疆维吾尔自治区（1个）

新疆伽师县伽师铜矿

中华人民共和国国土资源部令

第55号

《矿产资源规划编制实施办法》已经2012年8月31日国土资源部第3次部务会议通过,现予以发布,自2012年12月1日起施行。

部长:徐绍史

2012年10月12日

矿产资源规划编制实施办法

(2012年8月31日国土资源部第3次部务会议通过)

第一章 总 则

第一条 为了加强和规范矿产资源规划管理,统筹安排地质勘查、矿产资源开发利用和保护,促进我国矿业科学发展,根据《中华人民共和国矿产资源法》等法律法规,制定本办法。

第二条 矿产资源规划的编制和实施适用本办法。

第三条 本办法所称矿产资源规划,是指根据矿产资源禀赋条件、勘查开发利用现状和一定时期内国民经济和社会发展对矿产资源的需求,对地质勘查、矿产资源开发利用和保护等作出的总量、结构、布局和时序安排。

第四条 矿产资源规划是落实国家矿产资源战略、加强和改善矿产资源宏观管理的重要手段,是依法审批和监督管理地质勘查、矿产资源开发利用和保护活动的重要依据。

第五条 矿产资源规划的编制和实施,应当遵循市场经济规律和地质工作规律,体现地质勘查和矿产资源开发的区域性、差异性等特点,鼓励和引导社会资本进入风险勘查领域,推动矿产资源勘查开发。

第六条 矿产资源规划是国家规划体系的重要组成部分,应当符合国民经济和社会发展规划,与国土规划、主体功能区规划相协调,与土地利用总体规划、环境保护规划等相互衔接。

涉及矿产资源开发活动的相关行业规划,应当与矿产资源规划做好衔接。

第七条 矿产资源规划包括矿产资源总体规划和矿产资源专项规划。

第八条 矿产资源总体规划包括国家级矿产资源总体规划、省级矿产资源总体规划、设区的市级矿产资源总体规划和县级矿产资源总体规划。

国家级矿产资源总体规划应当对全国地质勘查、矿产资源开发利用和保护进行战略性总体布局和统筹安排。省级矿产资源总体规划应当对国家级矿产资源总体规划的目标任务在本行政区域内进行细化和落实。设区的市级、县级矿产资源总体规划应当对依法审批管理和上级国土资源主管部门授权审批管理矿种的勘查、开发利用和保护活动作出具体安排。

下级矿产资源总体规划应当服从上级矿产资源总体规划。

第九条 国土资源部应当依据国家级矿产资源总体规划和一定时期国家关于矿产资源勘查开发的重大部署编制矿产资源专项规划。地方各级国土资源主管部门应当依据矿产资源总体规划和本办法的有关规定编制同级矿产资源专项规划。

矿产资源专项规划应当对地质勘查、矿产资源开发利用和保护、矿山地质环境保护与治理恢复、矿区土地复垦等特定领域,或者重要矿种、重点区域的地质勘查、矿产资源开发利用和保护及其相关活动作出具体安排。

国家规划矿区、对国民经济具有重要价值的矿区、大型规模以上矿产地和对国家或者本地区有重要价值的矿种,应当编制矿产资源专项规划。

第十条 国土资源部负责全国的矿产资源规划管理和监督工作。

地方各级国土资源主管部门负责本行政区域内的矿产资源规划管理和监督工作。

第十一条 省级国土资源主管部门应当建立矿产资源规划实施管理的领导责任制,将矿产资源规划实施情况纳入目标管理体系,作为对下级国土资源主管部门负责人业绩考核的重要依据。

第十二条 各级国土资源主管部门应当在矿产资源规划管理和监督中推广应用空间数据库等现代信息

技术和方法。

第十三条 各级国土资源主管部门应当将矿产资源规划管理和监督的经费纳入年度预算，保障矿产资源规划的编制和实施。

第二章 编 制

第十四条 国土资源部负责组织编制国家级矿产资源总体规划和矿产资源专项规划。

省级国土资源主管部门负责组织编制本行政区域的矿产资源总体规划和矿产资源专项规划。

设区的市级、县级国土资源主管部门根据省级人民政府的要求或者本行政区域内矿产资源管理需要，负责组织编制本行政区域的矿产资源总体规划和矿产资源专项规划。

第十五条 编制省级矿产资源专项规划，应当经国土资源部同意。编制设区的市级、县级矿产资源专项规划，应当经省级国土资源主管部门同意。

第十六条 承担矿产资源规划编制工作的单位，应当符合下列条件：

（一）具有法人资格；

（二）具备与编制矿产资源规划相应的工作业绩或者能力；

（三）具有完善的技术和质量管理制度；

（四）主要编制人员应当具备中级以上相关专业技术职称，经过矿产资源规划业务培训。

有关国土资源主管部门应当依法采用招标等方式择优选择矿产资源规划编制单位，加强对矿产资源规划编制单位的指导和监督管理。

第十七条 编制矿产资源总体规划，应当做好下列基础工作：

（一）对现行矿产资源总体规划实施情况和主要目标任务完成情况进行评估，对存在的问题提出对策建议；

（二）开展基础调查，对矿产资源勘查开发利用现状、矿业经济发展情况、资源赋存特点和分布规律、资源储量和潜力、矿山地质环境现状、矿区土地复垦潜力和适宜性等进行调查评价和研究；

（三）开展矿产资源形势分析、潜力评价和可供性分析，研究资源战略和宏观调控政策，对资源环境承载能力等重大问题和重点项目进行专题研究论证。

编制矿产资源专项规划，应当根据需要做好相应的调查评价和专题研究等基础工作。

第十八条 编制矿产资源规划应当依照国家、行业标准和规程。

国土资源部负责制定省级矿产资源规划编制规程和设区的市级、县级矿产资源规划编制指导意见。省级国土资源主管部门负责制定本行政区域内设区的市级、县级矿产资源规划编制技术要求。

第十九条 各级国土资源主管部门应当根据矿产资源规划编制规程和技术要求，集成矿产资源规划编制成果，组织建设并维护矿产资源规划数据库。

矿产资源规划数据库的建设标准由国土资源部另行制定。

第二十条 编制矿产资源规划，应当拟定矿产资源规划编制工作方案。

矿产资源规划编制工作方案应当包括下列内容：

（一）指导思想、基本思路和工作原则；

（二）主要工作任务和时间安排；

（三）重大专题设置；

（四）经费预算；

（五）组织保障。

第二十一条 编制矿产资源规划，应当遵循下列原则：

（一）贯彻节约资源和保护环境的基本国策，正确处理保障发展和保护资源的关系；

（二）符合法律法规和国家产业政策的规定；

（三）符合经济社会发展实际情况和矿产资源禀赋条件，切实可行；

（四）体现系统规划、合理布局、优化配置、整装勘查、集约开发、综合利用和发展绿色矿业的要求。

第二十二条 矿产资源总体规划的期限为五年至十年。

矿产资源专项规划的期限根据需要确定。

第二十三条 设区的市级以上国土资源主管部门对其组织编制的矿产资源规划，应当依据《规划环境影响评价条例》的有关规定，进行矿产资源规划环境影响评价。

第二十四条 矿产资源总体规划应当包括下列内容：

（一）背景与形势分析，矿产资源供需变化趋势预测；

（二）地质勘查、矿产资源开发利用和保护的主要目标与指标；

（三）地质勘查总体安排；

（四）矿产资源开发利用方向和总量调控；

（五）矿产资源勘查、开发、保护与储备的规划分区和结构调整；

（六）矿产资源节约与综合利用的目标、安排和措施；

（七）矿山地质环境保护与治理恢复、矿区土地复垦的总体安排；

（八）重大工程；

（九）政策措施。

矿产资源专项规划的内容根据需要确定。

第二十五条 对矿产资源规划编制中的重大问题，应当向社会公众征询意见。直接涉及单位或者个人合法权益的矿产资源规划内容，应当依据《国土资源听证规定》组织听证。

第二十六条 各级国土资源主管部门在编制矿产资源规划过程中，应当组织专家对主要目标与指标、重大工程、规划分区方案等进行论证，广泛征求相关部门、行业的意见。

第三章 实 施

第二十七条 下列矿产资源规划，由国土资源部批准：

（一）国家级矿产资源专项规划；

（二）省级矿产资源总体规划和矿产资源专项规划；

（三）依照法律法规或者国务院规定，应当由国土资源部批准的其他矿产资源规划。

省级矿产资源总体规划经省级人民政府审核后，由国土资源部会同有关部门按规定程序审批。

设区的市级、县级矿产资源规划的审批，按照各省、自治区、直辖市的有关规定办理。

第二十八条 矿产资源规划审查报批时，应当提交下列材料：

（一）规划文本及说明；

（二）规划图件；

（三）专题研究报告；

（四）规划成果数据库；

（五）其他材料，包括征求意见、论证听证情况等。

第二十九条 国土资源部或者省级国土资源主管部门应当依据本办法的有关规定对矿产资源规划进行审查，并组织专家进行论证。涉及同级人民政府有关部门的，应当征求同级人民政府有关部门的意见。发现存在重大问题的，应当退回原编制机关修改、补充和完善。对不符合法律法规规定和国家有关规程的，不得批准。

第三十条 矿产资源规划批准后，应当及时公布，但法律法规另有规定或者涉及国家秘密的内容除外。

第三十一条 矿产资源规划一经批准，必须严格执行。

地质勘查、矿产资源开发利用和保护、矿山地质环境保护与治理恢复、矿区土地复垦等活动，应当符合矿产资源规划。

矿业权设置方案是对一定区域内探矿权、采矿权空间布局的具体安排，应当依据矿产资源规划编制。

已设置的探矿权、采矿权，不符合矿产资源规划和矿业权设置方案要求的，应当依据矿产资源规划和矿业权设置方案，按照国家有关规定处置。

第三十二条 有关主管部门划分主体功能区，设置自然保护区、世界文化自然遗产、森林公园、风景名胜区等范围，征求国土资源主管部门意见时，有关国土资源主管部门应当依据矿产资源规划提出意见，做好衔接。

第三十三条 矿产资源总体规划批准后，有关国土资源主管部门应当建立矿产资源总体规划的年度实施制度，对下列事项作出年度实施安排：

（一）对实行总量控制的矿种，提出年度调控要求和计划安排；

（二）对优化矿产资源开发利用布局和结构，提出调整措施和年度指标；

（三）引导探矿权合理设置，对重要矿种的采矿权投放作出年度安排；

（四）对本级财政出资安排的地质勘查、矿产资源开发利用和保护、矿山地质环境保护与治理恢复、矿区土地复垦等工作，提出支持重点和年度指标。

有关国土资源主管部门在实施矿产资源总体规划过程中，可以根据形势变化和管理需要，对前款第（二）项、第（三）项、第（四）项的有关安排作出动态调整。

省级国土资源主管部门应当在每年 1 月 31 日前将上一年度矿产资源总体规划实施情况及本年度实施安排报送国土资源部。设区的市级、县级国土资源主管部门应当根据省级国土资源主管部门的规定，报送上一年度矿产资源总体规划实施情况及本年度实施安排。

第三十四条 有关国土资源主管部门应当依据矿产资源规划鼓励和引导探矿权投放，在审批登记探矿权时对下列内容进行审查：

（一）是否符合矿产资源规划确定的矿种调控方向；

（二）是否符合矿产资源规划分区要求，有利于促进整装勘查、综合勘查、综合评价。

有关国土资源主管部门在审批登记采矿权时，应当依据矿产资源规划对下列内容进行审查：

（一）是否符合矿产资源规划确定的矿种调控方向；

（二）是否符合矿产资源规划分区要求，有利于开采布局的优化调整；

（三）是否符合矿产资源规划确定的开采总量调控、最低开采规模、节约与综合利用、资源保护、环境保护等条件和要求。

不符合矿产资源规划要求的,有关国土资源主管部门不得审批、颁发勘查许可证和采矿许可证,不得办理用地手续。

没有法定依据,下级国土资源主管部门不得以不符合本级矿产资源规划为由干扰上级国土资源主管部门审批发证工作。

第三十五条 各级国土资源主管部门应当严格按照矿产资源规划审查本级财政出资安排的地质勘查、矿产资源开发利用和保护、矿山地质环境保护与治理恢复、矿区土地复垦等项目,不符合矿产资源规划确定的重点方向、重点区域和重大工程范围的,不得批准立项。

第三十六条 探矿权、采矿权申请人在申请探矿权、采矿权前,可以向有关国土资源主管部门查询拟申请项目是否符合矿产资源规划,有关国土资源主管部门应当提供便利条件。

探矿权、采矿权申请人向有关国土资源主管部门申请查询拟申请项目是否符合矿产资源规划时,应当提交拟申请勘查、开采的矿种、区域等基本资料。

第三十七条 各级国土资源主管部门应当组织对矿产资源规划实施情况进行评估,在矿产资源规划期届满时,向同级人民政府和上级国土资源主管部门报送评估报告。

承担矿产资源规划实施情况评估的单位,应当符合本办法第十六条规定的条件。

第三十八条 矿产资源规划期届满前,经国务院或者国土资源部、省级国土资源主管部门统一部署,有关国土资源主管部门应当对矿产资源规划进行修编,依据本办法有关规定报原批准机关批准。

第三十九条 有下列情形之一的,可以对矿产资源规划进行调整:

(一)地质勘查有重大发现的;

(二)因市场条件、技术条件等发生重大变化,需要对矿产资源勘查、开发利用结构和布局等规划内容进行局部调整的;

(三)新立矿产资源勘查、开发重大专项和工程的;

(四)国土资源部和省级国土资源主管部门规定的其他情形。

矿产资源规划调整涉及其他主管部门的,应当征求其他主管部门的意见。

第四十条 调整矿产资源规划,应当由原编制机关向原批准机关提交下列材料,经原批准机关同意后进行:

(一)调整矿产资源规划的理由及论证材料;

(二)调整矿产资源规划的方案、内容说明和相关图件;

(三)国土资源部和省级国土资源主管部门规定应当提交的其他材料。

上级矿产资源规划调整后,涉及调整下级矿产资源规划的,由上级国土资源主管部门通知下级国土资源主管部门作出相应调整,并逐级报原批准机关备案。

矿产资源总体规划调整后,涉及调整矿产资源专项规划的,有关国土资源主管部门应当及时作出相应调整。

第四章 法律责任

第四十一条 各级国土资源主管部门应当加强对矿产资源规划实施情况的监督检查,发现地质勘查、矿产资源开发利用和保护、矿山地质环境保护与治理恢复、矿区土地复垦等活动不符合矿产资源规划的,应当及时予以纠正。

第四十二条 依据本办法有关规定,应当编制矿产资源规划而未编制的,上级国土资源主管部门应当责令有关国土资源主管部门限期编制。

未按本办法规定程序编制、审批、调整矿产资源规划的,或者规划内容违反国家法律法规、标准规程和上级规划要求的,上级国土资源主管部门应当责令有关国土资源主管部门限期改正。

第四十三条 有关国土资源主管部门违反本办法规定擅自修编、调整矿产资源规划的,上级国土资源主管部门应当及时予以纠正,并追究有关人员的责任。

第四十四条 违反矿产资源规划颁发勘查许可证、采矿许可证的,颁发勘查许可证、采矿许可证的国土资源主管部门或者上级国土资源主管部门应当及时予以纠正,并追究有关人员的责任;给当事人的合法权益造成损害的,当事人有权依法申请赔偿。

第五章 附 则

第四十五条 本办法自 2012 年 12 月 1 日起施行。

国土资源部关于推广先进适用技术提高矿产资源节约与综合利用水平的通知

国土资发〔2012〕154号

各省、自治区、直辖市国土资源主管部门,中国地质调查局及部其他有关直属单位:

推广先进适用技术是提高矿产资源开采回采率、选矿回收率和综合利用率(以下简称"三率")的关键环节,是提高矿业科技水平、实现矿业大国向矿业强国转变的必然要求。为贯彻落实节约优先战略,加快转变矿业发展方式,根据矿产资源法律法规、《国民经济和社会发展第十二个五年规划纲要》和《找矿突破战略行动纲要(2011~2020年)》的有关要求,国土资源部决定加强矿产资源节约与综合利用先进适用技术的推广工作。现将有关事项通知如下:

一、突出重点,加大先进适用技术推广力度

(一)抓好重点领域先进适用技术推广工作。各省级国土资源主管部门要根据本地区资源禀赋特点和开发利用现状,结合矿产资源开发整合和淘汰落后技术、产能等工作,做好重点领域先进适用技术推广。重点推广高含水、低渗透、稠油等主要类型油田和页岩气、致密砂岩气等非常规能源的高效开发技术;薄煤层机械化开采、厚煤层一次采全高和充填开采、煤炭干选以及与煤共伴生资源的综合利用技术;金属矿产充填开采、矿石超细碎、大型浮选等高效采选及矿山废弃物综合利用等技术;非金属溶浸采矿、充填采矿等高效开采技术。

(二)建立健全先进适用技术推广目录发布制度。国土资源部根据经济社会发展需求和矿产资源节约与综合利用技术发展状况,分批发布《矿产资源节约与综合利用先进适用技术推广目录》,适时对目录进行修订,发挥导向和示范作用;地方各级国土资源主管部门可根据工作需要发布区域矿产资源节约与综合利用先进适用技术推广目录。

(三)加强推广先进适用技术工作的监督管理。指导督促矿山企业落实节约与综合利用矿产资源的主体责任,履行合理开发利用矿产资源的法定义务,加大投入和人才培养,采用先进适用的技术、工艺和装备。各级国土资源主管部门要将先进适用技术推广工作与矿产资源开发利用监管、"三率"考核、矿山地质环境保护等工作紧密结合,认真贯彻落实《矿产资源节约与综合利用鼓励、限制和淘汰技术目录》(国土资发2010〔146〕号),新建矿山的设计或开发利用方案要鼓励采用先进适用技术,对已采用限制或淘汰类技术的要督促矿山企业加大改造力度,逐步淘汰落后技术和产能;"三率"达不到规定标准的矿山企业要责令限期整改达标。

二、完善政策,充分发挥激励引导作用

(一)加大项目资金支持力度。对先进适用技术推广应用取得显著成效的矿山,国土资源部将授予先进适用技术推广应用示范矿山荣誉称号,并在示范基地建设和矿产资源保护项目中优先安排。各省(区、市)矿产资源补偿费保护项目补助经费及有关专项对使用先进适用技术的要优先安排。鼓励和支持矿山企业、科研院所申报国家973计划、国家支撑计划和公益性行业科研专项等有关科技项目,积极开展先进适用技术研发与推广应用。

(二)依法减免矿产资源补偿费。按照《矿产资源补偿费征收管理规定》(国务院令第150号)等有关要求,对采用先进适用技术从废石(矸石)中回收矿产品、经批准开采已关闭矿山非保安残留矿体的,可以免缴矿产资源补偿费;对从尾矿中回收矿产品,开采未达到工业品位或者未计算储量的低品位矿产资源,依法开采水体下、建筑物下、交通要道下矿产资源的,可以减缴矿产资源补偿费。

(三)加强相关政策支持。国土资源节约集约模范县(市)创建考核指标标准体系"矿产资源合理开发利用"考核项目中要将先进适用技术推广应用和取得成效列为考核内容。鼓励和支持骨干矿山企业主动加强同科研院所的交流合作,建立院士专家工作站,组建矿产资源节约与综合利用先进适用技术创新平台,提高研发能力,加快共性关键技术的攻关与推广。

三、加强组织协调,提升先进适用技术推广效能

(一)组建专家队伍,设立推广工作支撑机构。国土资源部组建推广应用专家委员会,为先进适用技术的优选、推广应用、咨询和研发指导提供服务。鼓励和支持地方各级国土资源管理部门成立先进适用技术推广应用指导中心,组建专家队伍。

(二)充分发挥行业协会作用。通过行业协会组织现场会、推介会、行业年会等多种形式,积极推广行业内先进适用技术,引导和帮助矿山企业提高矿产资源节约与综合利用水平。

(三)开展先进技术推广评估和宣传工作。建立先进适用技术推广应用跟踪评估制度,加强对应用先进适用技术矿山企业取得的经济、资源、环境及社会效

益的跟踪评估。采取多种形式,发布先进适用技术信息,广泛宣传推广应用先进适用技术的重大意义和成效,引导矿山企业通过采用先进适用技术不断提高矿产资源合理开发利用水平。

各省级国土资源主管部门要认真做好推广工作的部署、评估和宣传工作,推广过程中遇到的新情况、新问题及时报国土资源部。

本通知有效期8年。

国土资源部

2012年10月23日

附件1. 矿产资源节约与综合利用先进适用技术推广目录(第一批)

2. 矿产资源节约与综合利用先进适用技术汇编(第一批)

附表1　　矿产资源节约与综合利用先进适用技术推广目录(第一批)

序号	技术名称	适用范围	基本原理	技术指标	典型实例	
					典型用户	实施效益
油气类						
一、高效开采技术						
1	特超稠油藏有效开发动用技术	特超稠油油藏	采用高效油溶性复合降粘剂(D)和二氧化碳(C)辅助水平井(H)蒸汽(S))吞吐,简称HDCS,利用其滚动接替降粘、热动量传递及增能助排作用,降低注汽压力,扩大蒸汽波及范围,实现了特超稠油油藏的有效动用	实现了粘度大于10×10^4豪帕/秒、深度达到1900米的特超稠油高效开发,储量动用率由0提高到了65.5%	中石化胜利油田分公司、中原油田分公司	该技术应用前景广阔,预计可使全国2.8亿吨的特超稠油油藏储量得到有效动用
2	致密砂岩气藏冻胶阀欠平衡完井技术	致密砂岩气、欠平衡钻井完井	冻胶阀具有固体和液体的特性,在金属筒体中具备一定的抗压差能力,既能对油气起到封隔作用,同时也能被管柱穿透。冻胶阀技术正是利用这些特性来实现井下“阀”的功能	冻胶阀基液粘度:100~150mPa.s;成胶后强度:1~20×10^4mPa.s;成胶时间:1~120分;抗压差值:2~5兆帕/100米;液化后后粘度:小于100mPa·s	中国石油吐哈油田分公司141井	增加致密气产量2190万立方米
3	砾岩油藏提高采收率技术	新疆砾岩注水开发油藏	使用水溶性高分子聚合物作为添加剂,将其作为油田开发的注入剂,增加注入水的粘度,降低水相渗透率,大大地降低水油流度比,提高平面波及效率	注入聚合物2500万分子量的HJKY-2,用量840毫克/开·PV,注入速度:0.12PV/年,聚合物段塞:0.7PV,注聚时间:5.8年,预测提高采收率:试验区9%,中心井区12.1%	中国石油新疆油田分公司	提高采收率6.1个百分点,累计增产原油11.9万吨
4	特高含水油藏二元复合驱大幅度提高采收率技术	水驱后仍有丰富剩余油和较大开发潜力的需要进一步提高采收率的中高渗油藏	选择非离子型表面活性剂与石油磺酸盐复配,提高洗油效率;通过活性剂与聚合物协同作用形成高效二元复合驱油体系,达到聚表抑制分离和增大波及体积作用,提高驱油效率	二元驱油体系界面张力达10^{-3}毫牛/米,粘度大于20mPa.s,矿场实施可提高采收率10.2%以上	中石化胜利油田分公司孤东油田	二元复合驱可覆盖储量67.6亿吨,增加可采储量6.9亿吨;其中胜利油田可覆盖储量10.95亿吨,增加可采储量1.1亿吨

续附表 -1

序号	技术名称	适用范围	基本原理	技术指标	典型实例	
					典型用户	实施效益
5	稠油或堵塞油层层内自生热解堵技术	稠油油田、油层存在堵塞、常规解堵措施无效井	自生热解堵液高温熔化蜡、胶质、沥青等有机物，提高近井油层压力，提高返排能力，利用相似相溶原理，使油垢溶解并随有机相流动，溶蚀无机垢，参与热反应	反应放热能力:1 立方米反应液可使得 300m 油管及液体温度升高幅度达到 80 ~ 95℃；生热液性能:1 立方米反应液可使得 300 米油管及液体温度升高幅度达到 80 ~ 95℃；工作液综合清洗效率达到 80% 以上	中海石油(中国)有限公司天津分公司埕北油田	该技术应用于埕北油田油井供液能力增强，产液量对比措施前增加了 1.7 ~2.5 倍，动液面上升了近 700 米，为后续大泵提液增油提供了能量保障
6	深层低渗低品位储层改造开采技术	深层低渗、特低渗油气藏，薄油藏，边水油藏、非常规油气藏	改变渗流模式，改善地层渗流条件，降低渗流阻力，提高储层产能，实现低品位储层有效动用	单井单层压裂厚度:1 米；直井:分压 3 层；水平井:水平段最长 1200 米、分压 10 段;、最大井深:垂深 3806 米、斜深 4357 米；缝高控制:3 米隔层有效封隔	中石化中原油田分公司深层低渗、特低渗油气藏，薄油藏，边水油藏、非常规油气藏应用 103 口井:累计增油 1082.8 吨	
7	特低渗透油藏二氧化碳驱大幅度提高采收率技术	特低渗透油藏二次采油和低渗透油藏注水后三次采油	烟道气 CO_2 捕集纯化工艺采用以 MEA 为主体的复合胺吸收溶剂的化学吸收法；CO_2 驱采用混相驱机理；利用吸附剂对不同气体组分的吸附量随压力变化的特性，加压吸附部分组分，降压解吸这些组分，从而使不同气体得到分离	CO_2 驱提高采收率 15% 以上；管柱及井口寿命 ≥2 年；地面系统寿命 ≥5 年，道气捕集纯化 CO_2 纯度达到 99%；建成处理能力 800 ~ 900 标准立方米/天，处理后 CO_2 纯度 >95% 变压吸附产出气回收 CO_2 装置	中石化胜利油田分公司纯梁采油厂	试验区 5 年累计增油 1.56 万吨
8	底水油藏化学与机械联合堵水技术	底水油藏且采用砾石充填完井的油井中	通过下入带有封隔器的堵水管柱，在筛管内封隔上部未水淹层，在油套环空注入暂堵剂，在筛管外保护未水淹层，然后从油管向地层注入堵剂，在地层形成化学隔板，起到化学堵水作用，施工后堵水管柱脱手留在井下，起到机械堵水的作用	阻水增油有效期 4 个月，降水增油有效期一年	中海石油(中国)有限公司湛江分公司涠洲油田涠洲 11 - 4 油田 A15 井实施后累计增油 1233 立方米，累计减少污水处理量约 9 万立方米	

续附表－2

序号	技术名称	适用范围	基本原理	技术指标	典型实例	
					典型用户	实施效益
9	特低渗透油藏数字化集成技术	特低渗透油藏	以大井组、橇装站场、井站共建、多站合建为主要建设方式，通过井组单管不加热密闭集输、站点混输、井站串接等手段，实现从井场－联合站的全密闭油气混合输送工艺技术	百万吨产建节约土地1500亩以上，地面系统投资降低20%，地面建设速度提升30%，用工人数减少6人/万吨	中国石油长庆油田分公司姬塬油田罗1－黄57井区	节约土地资源450亩，伴生气回收率100%
二、综合利用技术						
10	油页岩综合利用集成技术	油页岩工业化开采矿区	首先采用低温干馏工艺对油页岩进行干馏炼油；油页岩放出页岩油后变成页岩半焦，与次煤混合后供电厂作燃料发电；干馏过程中产生的剩余瓦斯气经净化后供燃气发电机组发电；燃气发电机组排放的高温尾气经过余热锅炉产生蒸汽，供炼油装置生产及厂区生活用气	年处理油页岩120万吨；产油12万吨；半焦90万吨；剩余瓦斯发电5000万度	山东龙福油页岩综合利用有限公司	新增页岩油能源12万吨；新增页岩半焦90万吨，；新增上网发电量5000万度
煤炭类						
一、高效开采技术						
11	露井联合开采技术	露天矿区（如准格尔、伊敏河、霍林河等推广应用）	利用露天矿工业场地及露天矿采空区开采露天排土场及端帮压覆的煤炭资源	平朔矿区露天矿回收率在96%以上、井工采区回收率在85%以上	中煤平朔井工一矿	回收露天排土场下压煤4500万吨，井工工作面回采率达到88%以上，采区回采率在78%以上
12	露天煤矿抛掷爆破－吊斗铲无运输倒堆工艺	大型露天煤矿	采用多排孔微差抛掷爆破加预裂爆破控制技术进行高台阶抛掷爆破，使用吊斗铲将爆破后的煤层上部覆盖岩石倒堆剥离后直接排放至采空区	Bucyrus 8750－65型吊斗铲，斗容90立方米、作业半径100米、最大悬吊载荷289.4吨，系统剥离能力2610万立方米/年。采掘带宽度为80米，采煤工作线长度为2000米，吊斗铲工作线长度为2100米，倒堆台阶高度为45米，倒堆台阶坡面65°，煤台阶坡面角为75°	黑岱沟露天煤矿	该矿2009年至2011年共多回收资源239万吨，三年的煤炭资源回采率均保持在98%以上，比设计回采率96%高出2个百分点。盘活资源近3100万吨，可增加经济效益68.70亿元；降低生产剥采比，可节约剥离费用81.6亿元；并可提高生产效率，可节约2万吨标准煤

续附表-3

序号	技术名称	适用范围	基本原理	技术指标	典型实例	
					典型用户	实施效益
13	煤矸石井下充填置换煤成套技术	东部地区村庄、建筑物和河流湖泊较密集的矿区	在煤矿井下对煤矸石进行分选,并回填到采煤工作面采空区,控制了“三下”采煤引起的地表沉陷,减少矸石的排放	综采和普采矸石充填开采可以实现充填与采煤并行作业,实现无煤柱开采,矸石充填综采系统生产能力达2000吨/天,普采系统生产能力达600吨/天	山东省新汶煤业集团翟镇煤矿7403综采矸石充填工作面	新矿集团在14个矿井,81个工作面推广应用充填开采工艺,建成5个“井下洗选厂”,完成以矸换煤量1000万吨
14	水资源保护采煤技术	适用于我国西部和北部干旱、半干旱,具有浅部水资源的矿区	采用直流电法、钻孔法、弹性波测井法等综合探测手段探查地层隔水层的结构,查明受结构关键层控制的覆岩导水裂隙通道的高度及分布规律,确定具体的采煤方法、回采工艺和水资源保护措施		神华集团神东矿区	2005~2008年,神东矿区主要含水层地下水位明显恢复,采前采后水位差仅1~6米,保护矿区地下水资源39600万立方米,累计利用矿井水9900万立方米,保水开采技术扩大了煤炭开采区域,累计新增开采储量1.05亿吨
15	7米大采高综采工作面回采工艺	煤质比较坚硬(f=3~4)、厚6~7米的综采工作面	利用煤层比较坚硬、煤壁稳定性较好的特点选用大采高液压支架及配套设备增大回采高度,将6~7米厚煤层一次采出,有效提高回收率	煤机至机头机尾时利用4架距离将采高由6.8米过渡至6.0米,然后在机头机尾过渡架处将采高由6.0米垂直过渡至顺槽高度后与顺槽割透	神华集团上湾煤矿	神东煤炭集团上湾煤矿12206工作面宽318米,采用大采高综采后多采出原煤120万吨,产生经济效益42247万元;12105采用大采高综采开采年产达到1200万吨原煤生产水平
16	300米工作面综采技术	赋存稳定的近水平中厚、厚煤层	结合矿区煤层地质条件,将工作面加长至300米,以减少工作面之间的煤柱留设数量、回采巷道掘进量、搬家倒面次数,提高盘区资源回收率	采区回采率由84.8提高到86.2%	神华集团哈拉沟煤矿	神华集团四盘区工作面布置,按长度240米工作面可布置13.5个,按长度300米工作面可布置11个,相比减少工作面间3条保护煤柱;少掘进巷道17750米;综采工作面搬家倒面次数减少3次,共节省费用4143万元

续附表-4

序号	技术名称	适用范围	基本原理	技术指标	典型实例	
					典型用户	实施效益
17	建筑物下综合机械化充填采煤技术	顶板比较稳定的薄及中厚煤层	将矸石、粉煤灰等固体废弃物经投料系统、井下运输系统运至工作面，再通过充填开采输送机充填至生产采空区，达到解放建筑物下压煤并控制覆岩运动及地表沉陷	投料井井深350米；投料井高度300米；储料仓高度50米；储料仓直径4米	冀中能源股份有限公司邢台矿	邢台矿主采2号煤层，村庄及建筑物下压煤约3200万吨，其中村庄下压煤约1500万吨，邢台市区压煤（I勘探区）约1700万吨
18	薄煤层综合机械化高效开采技术	0.8～1.3米薄煤层长壁机械化开采，煤层倾角小于45°，地质条件较稳定，煤层构造简单或中等	采用薄煤层矮机身滚筒式采煤机破煤和装煤、刮板输送机运煤和掩护式液压支架支护工作面顶板，实现生产过程全部机械化	年产可达50～120万吨，工作面工效可达40～80吨/工	山东新汶矿业集团公司	应用薄煤层综合机械化开采技术.薄煤层综采工作面投产以来，最高班产达到1307吨，最高月产5.6万吨，平均产量3.6万吨/月，是高档普采的2倍以上
19	刨煤机薄煤层开采技术	0.7～1.7米厚的薄煤层	采用刨煤机对0.7～1.7米薄煤层进行的综合机械化采煤，集“采、装、运”功能于一身，配备自动化控制系统实现无人工作面全自动化采煤	要求工作面长度80～200米，走向长度400以上，煤层倾角小于45°	铁法煤业小青煤矿	刨煤机综采工作面煤厚平均1.3～1.4米，倾角5°～6°，工作面长150～195米，走向长750～900米，回采工作面原煤工效平均136吨/工
20	薄煤层顺槽控制综采自动化工作面技术	顶底板比较稳定的0.7～1.3米缓倾斜煤层	利用网络、自动控制、通信、计算机、设备工况检测、故障诊断、电液控制及视频技术，将采煤工作面设备信息的处理与采煤生产工艺过程控制有机结合	薄煤综采自动化，实现稳产、高产、安全、高效	峰峰集团薛村矿	盘活峰峰集团生产矿井薄煤层资源，产生经济效益7074万元
21	急倾斜中厚煤层综采技术	45°～60°急倾斜煤层开采	采用适应急倾斜开采工艺，解决设备防倒防滑、飞矸伤人、人员行走困难和端头可靠的安全出口问题，实现安全高效生产	工作面倾斜长120米，倾角45°～60°，煤厚1.8～2.5米，资源回收率提高了30%～50%。成套设备适应最小采高1.3米，最大采高3.5米	黑龙江龙煤集团双鸭山东保煤矿	3212工作面地质储量为84万吨，采用急倾斜煤层综合机械化开采按最低回采率95%计算，可生产原煤80万吨。利用掩护支架采煤，资源回收率最大为85%，可生产原煤71万吨。二者相比，急倾斜煤层综合机械化开采可多生产原煤9万吨

续附表－5

序号	技术名称	适用范围	基本原理	技术指标	典型实例	
					典型用户	实施效益
二、煤炭洗选技术						
22	易选煤复合式干法选煤技术与工艺	主要用于干旱缺水地区排矸脱硫	借助机械振动使分选物料在床面上做螺旋翻转运动，料层上部低密度矿粒逐次被剥离，形成精煤产品；利用入选原煤中所含细粒煤作为自生介质，与床面上升气流组成气－固两相混合悬浮体进行分选；利用高密度矸石颗粒相互挤压碰撞产生的浮力效应强化煤矸分离；利用析离和风力的综合作用进行分选；物料通过床面上设置的平行格条及沟槽分选	分选密度 $Sp=1.0\sim2.0$ 克/立方厘米；可能偏差 $Ep=0.13\sim0.2$；不完善度 $I=0.08\sim0.12$；数量效率 $\eta=90\%\sim96\%$	神华集团金锋公司韩家村选煤厂	建成年选煤700万吨的风选车间，重点处理50～0毫米的混煤，解决了风选室内布置粉尘污染与供暖问题
三、综合利用技术						
23	贫煤和贫瘦煤高炉喷吹技术	凡低硫、低灰贫煤和贫瘦煤均可应用	根据贫煤和贫瘦煤显微结构、喷吹、燃烧和安全性能，确定不同高炉炉型喷吹贫煤和贫瘦煤的喷煤指标及操作工艺，利用贫煤和贫瘦煤高炉喷吹安全监控系统、高炉喷吹贫煤和贫瘦煤的专用燃烧促进剂，解决高炉喷吹贫煤和贫瘦煤安全问题，实现贫煤和贫瘦煤的高炉高效喷吹燃烧，节约稀缺的炼焦煤资源	1. 煤粉粒度80～200目，煤铁比100～200千克/吨铁；2. 高炉喷吹贫煤和贫瘦煤在工艺优化条件下燃烧率达62%～79%；3. 高炉回旋燃烧区温度达2300℃～2400℃，CO平均浓度约30%；4. 贫煤和贫瘦燃烧促进剂提高燃烧率14%～21%	山西潞安煤业集团潞安矿区	山西潞安煤业集团年销售高炉喷吹煤约600万～800万吨，较销售贫瘦煤原煤增加经济效益15亿～20亿元
24	煤矿区煤层气地面钻井抽采技术	适用于中硬、中渗透率、高含气量煤层的煤层气开发	采用地面钻井进入煤层排采煤层解吸和游离态的煤层气	地面煤层气抽采具有生产条件好、安全性高、抽采浓度大、抽采周期长和便于应用大型机械化装备等特点，是煤层气抽采技术的发展方向	山西晋城无烟煤集团瓦斯抽采	累计施工煤层气井1536口，运行煤层气井900多口，形成6亿立方米/年的煤层气产能，煤层气日产量达到180万立方米。2006～2008年晋煤集团地面煤层气抽采产气量达6.6亿立方米，累计销售收入达到1.68亿元

续附表－6

序号	技术名称	适用范围	基本原理	技术指标	典型实例	
					典型用户	实施效益
25	煤矿矿井乏风能量利用技术	适用各类矿井	矿井总回风温度、湿度基本保持恒定，其中蕴藏大量低温热能，通过热泵技术回收总回风中的低温热能，满足工业广场地面建筑采暖、井筒防冻及洗浴热水的需求。回风热交换器换热的同时可降低主扇噪音，并使总回风流得到净化，实现煤矿不燃煤，取消燃煤锅炉，减少大气污染	矿井回风热交换器降低主扇噪音33分贝，同时使得扩散塔出口风流得到净化，增加的通风局部阻力38帕	河北金牛股份公司东庞矿	矿井回风中冬天可以提供的热量为2298千瓦，夏季可以吸收的热量为1777千瓦。采用矿井回风源热泵系统及配套技术能够有效提取这些热能，电力消费低于提取热量的20%。每采暖季可减少煤炭消耗2958吨，减少CO_2排放7690吨
26	矸石电厂及瓦斯发电余热热电冷联供技术	高瓦斯、高地温矿井	利用矸石电厂和瓦斯电站发电余热为动力，采用溴化锂吸收式制冷机、离心式电制冷机制出的低温冷水，由保温管输送至井下冷媒分配站，再由井下冷媒分配站将冷水分配到井下各采区采掘头面，经末端设备（空冷器）将冷水中冷量转换为冷风，以达到降温效果	降温总制冷21兆瓦，制冷机组用电负荷约为2000千瓦，用蒸汽量为19.2吨/时，其中利用瓦斯发电余热蒸汽量约为7.2吨/时，矸石发电厂蒸汽量为12吨/时	安徽淮南矿业潘一矿井南风井热电冷集中降温项目	瓦斯发电3912万千瓦时；年利用瓦斯1057万立方；节约标煤量0.756万吨；年供冷量44.2万千瓦时，年所得税后利润346万元
27	急倾斜近距离煤层群瓦斯抽采技术	急倾斜近距离煤层群的高瓦斯、煤与瓦斯突出矿井	在煤层底板较坚硬的岩层内布置专用瓦斯抽采巷道，在抽采巷道内每30～60米布置一个钻场。每钻场布置3～5个扇形钻孔。钻孔封孔后与井下抽采系统联结抽采煤层瓦斯	煤层倾角45°～90°，煤层间距1～20米，钻孔孔径φ75、φ90、φ108，钻孔深度100～150米，钻孔倾角－25°～90°，钻孔终孔间距10米，钻孔有效抽采半径5米	重庆中梁山煤电气有限公司矿业分公司南井、北井	杜绝了矿井瓦斯事故，安全效益明显，年增收入6000万元
金属类						
一、高效开采技术						
28	山西式沉积型似层状铝土矿薄矿体分级分层综合开采技术	山西式沉积型铝土矿及伴生资源开采	在分级分层开采理论指导下，依靠可视化三维开采环境数据平台技术，利用中、小型采掘设备分5层，逐序分级分层高效开采黏土矿、铝土矿（低、高、低A/S品位）和铁矿，提高矿产资源的"三率"指标	铝土矿的综合回采率由原设计的90%，提高到96%；伴生铁矿回收率由原来的0%，提高到86%；伴生黏土矿回采率由原来的0%，提高到86%	山西孝义铝矿西河底矿区	西河底矿区山西式铁矿储量为1865万吨，黏土矿1502.1万吨。黏土矿的回采率由原来的0，提高到86.03%；伴生铁矿矿回收率平均为86%；伴生黏土矿平均回采率为86%，年增加经济效益2000万～3000万元

续附表－7

序号	技术名称	适用范围	基本原理	技术指标	典型实例	
					典型用户	实施效益
29	金属矿山高浓度及膏体细尾砂充填技术	矿山开采，尾矿综合利用、回填与干堆等	将不同粒度和性质的尾砂分离开来，分别采取不同的脱水方式，选用不同的脱水设备，以提高整体的脱水效果和降低生产成本；深锥浓密机脱水工艺技术在传统的深锥浓密机基础上进行合理化改造，增加了底流浓度的稳定性和可靠性；充填料均匀搅拌设备及控制技术采用专用的高效和节能搅拌设备进行搅拌，通过软件模拟批量生产工艺过程进行控制，达到各种充填物料的高度均匀和连续制备的目的，减少了充填灰砂比	底流尾砂浓度为74%～80%；流量可达到50～200立方米/时。采用此工艺技术用于充填可使采矿回收率达到90%～97%左右	安徽铜陵有色集团冬瓜山铜矿	相对于矿山以前的空场法采矿相比，资源回收率提高8%以上，年经济效益4300万元
30	采场交替上升无房柱连续开采及宽进路充填采矿技术	矿体水平厚度大于25米的矿体，宽进路充填采矿法适用于矿体水平厚度小于25米的矿体	采场交替上升无房柱连续开采充填采矿法适用于矿体水平厚度大于25米的矿体，宽进路充填采矿法适用于矿体水平厚度小于25米的矿体	采场交替上升无房柱连续开采充填采矿法综合生产能力为450吨/日，损失率为4.97%，贫化率为6%。宽进路采场平均生产能力为60吨/日，损失率为6%，贫化率7%	山东黄金矿业（莱州）有限公司三山岛金矿	由于损失率降低，共能够多回收矿产资源60万吨，年创造直接经济效益1.5亿元
31	金矿充填开采技术	井工开采矿山	将掘进废石回填至采空区，减少主竖井提升废石量，实现矿山最大可能的扩产增效；减少地表废石排放压力，有利于环境保护，使矿山开采的经济效益、社会效益与生态环境效益达到协同增长	节省提升费用105万元/年；减少坑内废石运输费用287万元/年；减少充填费用515万元/年	山东黄金矿业股份有限公司新城金矿	年采掘总量可达180万吨，选厂日处理矿石量4500吨/天，掘进毛石量30万吨/年，年扩产增效达1.5亿元
32	低品位金矿高效利用技术	适用于金矿开采的各类采场	利用原有的开拓采准工程回收矿山上下盘及两翼赋存的低品位资源	回采率达到94%	山东黄金矿业（莱州）有限公司三山岛金矿	自2007年至2011年低品位矿产资源合计综合利用225万吨，金属量3010千克，实现经济效益6.3亿元

续附表－8

序号	技术名称	适用范围	基本原理	技术指标	典型实例	
					典型用户	实施效益
33	黄金矿山低品位资源动态评估与利用技术	构造破碎带蚀变岩型金矿床；规模较大的生产矿山	基于盈亏平衡原理，根据金属价格、企业生产条件调整品位指标，在三维矿床模型上展示其数量、质量、分布状况以及工程控制程度，因地制宜设计回采方案，实现低品位资源的动态评估与利用	采场生产能力≥60t/d；矿石损失率≤10%；矿石贫化率≤10%	山东黄金矿业股份有限公司新城金矿	回收低品位矿石68万吨，金平均品位1.42克/吨，金金属量964.2千克
二、高效选矿技术						
34	金属、非金属矿石超细碎技术	金属、非金属矿山矿石破碎	采用大型矿石超细碎设备代替破磨系统中能耗较高的部分破碎及球磨设备，实现“多碎少磨”选矿理论，在一定高度料柱的自重压力下，物料强制给入辊间，矿石被相向旋转的具有一定结构的压辊表面高强度耐磨材料及其间填充物料的粗糙表面钳住，并在辊子的转动下卷入不断压缩的空间，使物料间的空隙在高压下得到充分的压缩，从而实现对全粒级的破碎或在颗粒内部形成微裂纹	给矿粒度≤50毫米，产品粒度－4毫米≥95%，节能50%以上	四川安宁铁钛公司	可盘活低品位钒钛磁铁矿1.46亿吨，年综合利用低品位钒钛磁铁矿240万吨
35	金属、非金属粗颗粒原矿浆无外力管道输送技术	金属、非金属矿山原矿浆输送	利用自然高差，优化设计合理的管道坡度，控制管道中矿浆流速、矿浆浓度、粒度等相关工艺参数，使粗颗粒矿粒不致在管道中沉积而自流到山下选厂选别，从而大量节约矿石的运输能耗成本，减少扬尘	制备－200目粒度≥25%的矿浆，矿浆浓度为40%～60%，矿浆经坡度小于8°且不为零的输送管道顺势输送到目的地	四川安宁铁钛公司	年输送原矿600万吨，可盘活低品位钒钛磁铁矿1.46亿吨，年税后利润11082.15万元
36	铁矿山排岩系统高效回收磁铁矿资源技术	适用于大中型磁铁矿山的挖潜改造、矿石资源的回收利用	采用干式磁选工艺在线回收大型矿山排岩系统排弃的磁选矿石资源，对回收的矿石采用“阶段磨矿、粗粒抛尾、单一磁选—细筛再磨”工艺选别得到高品质铁精矿	围岩中含铁品位25%，精矿品位27.26%	辽宁鞍钢大孤山铁矿	自2006年9月至2008年12月大孤山皮带排岩系统矿石资源回收工程累计运行28个月，排岩2303吨，从中回收矿石167万吨

续附表-9

序号	技术名称	适用范围	基本原理	技术指标	典型实例	
					典型用户	实施效益
37	鞍山式含碳酸盐赤铁矿石高效浮选技术	主要处理含有菱铁矿等碳酸盐矿物的赤铁矿或磁铁矿矿石	在强酸性条件下可实现磁铁矿、赤铁矿与石英、菱铁矿和铁白云石的浮选分离;在强碱性条件下采用淀粉、$(NaPO_3)_6$ 和 $CaCl_2$ 组合可以实现石英与赤铁矿和磁铁矿的浮选分离	含碳酸盐赤铁矿石采用阶段磨矿-粗细分选-重选-磁选-分步浮选工艺,获得了总精矿铁品位为63.03%,回收率为63.77%的分选指标	辽宁东鞍山烧结厂选矿作业区	每年增加可处理矿石资源170万吨,使东鞍山地区约5亿吨含碳酸盐铁矿石可以得到高效利用,并减少了矿石堆存量,保护了有限的土地资源
38	黑色金属矿山高压辊磨机超细碎技术	适用于黑色金属矿山选矿细碎及超细碎	在固定设备机架上并排水平安装两组高压辊,每组高压辊配独立传动装置并使其逆向旋转(一组辊沿辊心固定旋转称为定辊,另一组除沿辊心旋转外还能沿水平方向滑动称为动辊)。矿石物料由高压辊自旋转带入高压辊磨机工作区,动辊在水平方向液压传动力作用下不断向矿石施加静载高压,由于辊磨的相向旋转与动辊的不断高压压缩,矿石矿物晶粒与晶粒之间、晶粒表面形成大量的微裂纹,矿石被破碎并最终达到矿石超细碎	入料矿石粒度≤20毫米,出料矿石粒度-6毫米在80%以上;柱钉辊面寿命≥10000时;球磨机处理能力提高20%~30%;磨机磨矿电单耗下降25%左右	重钢西昌矿业有限公司	单位粉碎能耗低20%~50%,经它粉碎的物料入磨可提高磨矿效率20%~40%,能耗降低10%~30%
39	低品位菱、褐铁矿回转窑磁化焙烧-磁选新技术	低品位菱、褐铁矿、低品位氧化锰矿等	利用新型大型磁化焙烧回转窑成套装置,将菱、褐铁矿加热到一定温度后在相应气氛中进行物理化学反应,经磁化焙烧后,铁矿物的磁性显著增强,脉石矿物磁性则变化不大。各种弱磁性铁矿石经磁化焙烧后再通过磁选便可进行有效的磁选分离,实现铁矿物的有效分选	焙烧矿比原矿品位提高了7.29个百分比,精矿品位平均达到了62.39%,在磁选管分析中铁的总收率达到90.17%	新疆克州亚星矿产资源集团有限公司	选矿厂建成达产后年处理200万吨低品位菱、褐铁矿,生产品位>61%的铁精矿110万吨,可高效利用已探明储量为7000余万吨,远景储量近亿吨的低品位菱褐铁矿资源

续附表 - 10

序号	技术名称	适用范围	基本原理	技术指标	典型实例	
					典型用户	实施效益
40	低品位及难选磁铁矿磁场筛选法分选工艺	低品位及难选磁铁矿	磁场筛选法分选原理是在低弱相对均匀磁场中，利用单体铁矿物与连生体矿物的磁性差异，使磁铁矿单体矿物实现有效团聚形成的磁链后增大了与连生体的尺寸差、比重差，再经过安装在磁场中的专用筛将呈分散状态存在的连生体筛除分离，品质较高磁铁矿单体在筛上回收，实现铁精矿品位显著提高	普遍提高铁精矿品位2~5个百分点，同时生产能力能提高5%~30%，每吨铁精矿耗水比同类设备节水50%以上	新疆金宝矿业有限公司铁矿选矿厂	该技改造内容实施后可使原矿区内品位低于15%的铁矿资源及高含石榴石的难选矿资源合计2000万吨得到充分合理利用，带动资源综合利用率提高了10%，选矿回收率达85%
41	铅锌银多金属硫化矿原生电位调控浮选工艺	多金属硫化矿	通过对矿浆中各矿物电化学过程的研究，有效控制矿浆电位，实现多矿物的有效分离	可得到含铅44.43%、锌6.02%、银1257.1克/吨的铅精矿	北京有色金属研究总院、北京矿冶研究总院、福建金东矿业股份有限公司	比原流程中铅品位提高8个百分点，锌、银回收率分别提高1个百分点和9个百分点；锌精矿品位比原流程条件下提高4个百分点，锌回收率提高4个百分点；硫回收率87.40%；铁精矿含铁62.66%，含硫0.77%
42	特低品位高含泥铜、钼多金属矿山废石高效浮选技术	特低品位铜矿山废石（含铜品位在0.15%~0.25%，钼0.010%，钴0.010%），露天采场固体废弃物	充分利用矿物的等可浮性，采用阶段磨矿，部分混合浮选，在弱碱性介质中采用中性油作捕收剂，先浮铜钼，再用丁黄药及丁铵黑药选钴，选钴尾矿用弱磁选机选铁，铜钼混合精矿再磨，采用硫化钠抑铜浮钼分离选，铜钴精矿再磨再选，最后得到钴精矿和铜精矿的流程	浮选指标：铜精矿品位21.581%，回收率86.75%；钼精矿品位43.366%，回收33.13%；铁精矿品位58.332%，回收率39.47%	四川会理县马鞍坪矿山废石综合利用有限公司	每年盘活铜资源量5000吨，铁资源15万吨

续附表－11

序号	技术名称	适用范围	基本原理	技术指标	典型实例	
					典型用户	实施效益
43	高氯咸水替代淡水高效选矿技术	适用于沿海地区坑内(井下)咸水或海水丰富、淡水资源匮乏的地区	在现有磨浮流程及设备不变的情况下，在磨矿作业和浮选作业全部利用坑内高氯咸水替代淡水进行磨矿和浮选，合理优化工艺作业条件及药剂条件，达到或超过淡水磨矿和浮选的生产经济技术指标	浮选精矿品位可以达到40克/吨以上，浮选尾矿品位≤0.12克/吨，浮选回收率达95%。降低起泡剂消耗20克/吨	山东黄金矿业(莱州)有限公司三山岛金矿	现选矿生产规模达到9000吨/日，年总处理矿量313.2万吨，吨矿消耗水量2.1立方米/吨，年总消耗水量为657万立方米，扣除尾矿库回水60%，年实际消耗水量263.088万立方米，利用井下海水选矿后年可节约淡水263万立方米
三、综合利用技术						
44	超贫钒钛磁铁矿尾矿磷钛资源回收利用技术	超贫磁铁矿、超贫钒钛磁铁矿的尾矿磷、钛回收	利用磁选机将矿物中的磁性铁选出，然后用浮选来选出磷精矿和钛精矿，浮选是利用矿物的表面亲疏水性来将不同矿物分离开，加入适当的药剂使有用矿物疏水，以便随气泡浮出	选矿回收率Tfe 36.33%，P_2O_5 42.42%、TiO_2 17.36%。铁精矿产率9.84%、磷精矿产率5.81%、钛精矿产率1.99%。铁精矿品位Tfe 58.80%，磷精矿品位P_2O_5 35.35%，钛精矿品位TiO_2 45.50%	河北承德市双滦建龙矿业有限公司	2011年铁磷钛实际回收率分别为36.33%、42.42%、17.36%，每年盘活尾矿资源140万吨
45	低品位钒钛磁铁矿预抛尾及综合利用技术	低品位钒钛磁铁矿	采用三段一闭路结合高压辊磨闭路破碎工艺流程原理。低品位钒钛磁铁矿石给入高压辊磨之前(粒度－20毫米)进行磁滑轮预先抛尾，抛尾后精矿进入高压辊磨闭路湿式筛分，筛下物进行湿式磁选，回收精矿石为回收入选矿石进入选矿磨矿流程，抛弃尾矿经破碎分级作为建筑石料，最大限度降低废渣排放，实现低品位钒钛磁铁矿的综合回收利用	合格钒钛磁铁原矿Tfe ＞22%，最终品位≥55.5%	重钢西昌矿业有限公司	年可生产TFe品位大于22%的合格钒钛磁铁原矿57万吨，建筑石料43万吨
46	铜钼矿尾矿膏体干堆排放技术	气候干旱、地势平坦、比较荒凉的地区	尾矿浓缩形成膏体，膏体管道输送多点排放，干式堆存。可以使选矿厂高效利用选矿废水，对高寒干旱缺水地区矿山生产节能减排意义深远	尾矿底流浓度66%～68%	中国黄金乌努格土山铜钼矿	盘活利用低品位铜矿体(品位铜0.24%、伴生钼0.017%)矿石量22811.68万吨

续附表 – 12

序号	技术名称	适用范围	基本原理	技术指标	典型实例	
					典型用户	实施效益
47	酸性水低浓度铜资源的硫化提取技术	处理低浓度金属资源废水	1. 低 pH 环境中复杂酸性废水中金属离子分离原理;2. 硫化沉淀机理;3. 硫化过程电位控制原理;4. 结晶成长、加速沉降机理;5. 硫化氢产生的控制与循环利用理论	矿山酸性废水中低浓度铜回收率达到了 95% 以上,铜精矿品位 35% 以上,吨铜回收成本为 2.0 万元,酸性废水中残留铜在 0.5mg/L 以下	江西铜业百泰公司德兴硫化铜厂	从酸性水中累计回收铜金属量达 3000 吨
48	炼铜废渣资源化综合回收利用技术	适用于处理各种铜冶炼工艺产生的炉渣	利用渣包缓冷技术,增加金属铜的结晶粒度;采用半自磨工艺,降低碎磨成本;采用浮选工艺回收铜及硫化铜矿物	炉渣品位 1% ~3% 之间,精矿品位 26% ~28%,尾渣品位 0.3%,回收率 70% ~91%	江西铜业贵溪冶炼厂	处理含铜 2.6% 的炉渣,铜金属回收率达到 88% 左右,渣尾矿含铜品位降至 0.30%,每年可回收 3.4 万吨铜金属量,尾渣直接销售到水泥厂,成为无尾矿选矿厂项目
49	铅锌多金属矿资源高效开发与综合利用关键技术	适用于铜、铅锌等有色金属矿的高效开发与其伴生元素的综合利用,并适用于矿山尾矿、废石、废水“三废”的资源化利用	用开发的盘区卸荷开采技术提高采矿回采率;用开发的分流分速高浓度分步调控浮选 + 酸渣伴生元素渣浸 + 浮选尾矿脉动高梯度磁选技术提高铅锌银回收率,实现硫铁金银锰铜有价伴生元素综合回收利用;用开发的固体废物短流程资源化利用技术实现尾矿和废石采场充填、多余尾矿脱水制砖做水泥;用开发的废水分质快速循环回用技术实现废水的循环利用	开采回采率提高 6%;铅锌多金属矿回收技术铅 90.4%、锌 91.9%;金 85.75%、银 86.77%、硫 96.94%、铁 88.18%、锰 65.0%、铜 66.08%;伴生元素综合利用率 81.45%	南京栖霞山铅锌矿铅锌硫银多金属矿整体改造项目	每年盘活单硫矿 320 万吨,铅锌金属量 72 万吨,伴生铜金属量 1.98 万吨,伴生锰金属量 26.4 万吨,伴生铁金属量 334.4 万吨,伴生硫元素量 366 万吨,伴生金金属量 8 吨,伴生银金属量 418 吨
50	低品位硫化铜矿生物提铜大规模产业化应用关键技术	次生硫化铜矿、低品位原生硫化铜矿	生物浸铜大多采用堆浸法,高效浸矿菌的选育与应用以及控制浸出过程生物、化学和物理等因素的合理匹配,保持各工艺环节的酸、铁、水、杂质平衡,维持浸矿过程优势菌的最佳活性	入堆最低铜品位 0.2%,铜浸出率达到 80%,铜回收率达 75% 以上,浸出周期 185 ~220 天	福建省上杭县紫金山铜矿	使紫金山铜矿铜金属储量由 63 万吨扩大为 191.6 万吨,在无需投巨资勘探的情况下,紫金山铜矿资源扩大 2 倍多

续附表 -13

序号	技术名称	适用范围	基本原理	技术指标	典型实例	
					典型用户	实施效益
51	钼钨金氧化矿综合利用新技术	大型硫化钼矿产的浅表氧化程度高的矿石	采用泥沙分离技术，粗、细物料分别加工，使粗、细物料都采用适合本身性质的加工方法，利用“彼德洛夫法”加温浮选氧化钼，湿法高压浸出钼钨	选矿：氧化钼钨精矿钼品位8%～15%、钨品位5%～12%，硫化钼精矿品位>45%，钼回收率>75%	内蒙古额济纳旗盛源矿业有限责任公司	冶金提取率：钼浸出率>98%，钨浸出率>95%，钼回收率>97%，钨回收率>94%。氰化提金：金浸出率>98%，回收率>97%
52	CotL's酸法从含硫氰酸盐、氰化物尾液中综合回收氰化物技术	从高浓度含氰、硫氰酸盐尾液中综合回收氰化物	CotL's酸在酸性介质和加温条件下优先与硫氰酸盐反应生成HCN，而且生成的HCN在氢氰酸抑制剂(2号)作用下，形成强性质子化作用而控制HCN与CotL's酸的反应而达到回收氰化物的目的	贫液中的氰化物回收率≥90%；硫氰酸盐的氧化率≥95%；从硫氰酸盐中再生氰化物的回收率≥80%	辽宁天利金业有限责任公司	贫液中的氰化物回收率为98.7%，硫氰酸盐中再生氰钠率为86.27%，并对贫液中的砷及残余的氰化物进行深度治理后砷和氰化物均达标外排，达到贫液的全循环工艺更加优化的目的
53	黄金矿山含氰尾液处理技术	对黄金矿山干堆尾矿库淋溶低浓度含氰、硫氰酸盐外排废液进行处理	臭氧在水中分解产生的强氧化性，OH自由基作为氧化的中间产物，引发自由基链式氧化反应，同时在水溶液中可释放出原子氧参加反应，表现出很强的氧化性，能彻底氧化游离状态的氰化物，利用臭氧氧化法转化硫氰酸盐为氰化物	外排贫液或矿浆中的氰化物含量低于国家污水综合排放标准；处理成本≤6元/立方米；臭氧利用率≥90%	中国黄金集团夹皮沟金矿尾矿	每年可为夹皮沟矿业有限公司减排总氰2.53吨、3.15吨
非金属类						
一、高效采矿类						
54	固体钾矿浸泡式溶解转化开采技术	零星分布的KCl≥0.5%的低品位盐湖固体钾矿（钾石盐、光卤石矿）	向含钾地层中注入钾不饱和溶剂，破坏原有的相平衡，使溶剂与盐层中的石盐、光卤石或钾石盐发生交换，使固体盐层中氯化钾、氯化镁最大限度地进入液相，形成新的溶液，达到新的平衡状态，而固体氯化钠骨架基本不溶解	固体钾矿溶解转化率≥80%，溶矿后卤水最低KCl≥0.50%	青海盐湖工业股份有限公司别勒滩矿区	自2007年至2010年，通过应用该技术溶解固体钾矿超过616万吨，使察尔汗盐湖固体钾矿开采工业品位由8%降低至2%，新增可采钾资源基础储量13731万吨

续附表－14

序号	技术名称	适用范围	基本原理	技术指标	典型实例	
					典型用户	实施效益
55	磷石膏充填无废高效开采技术	中厚缓倾斜－倾斜破碎矿体	通过磷石膏和粉煤灰的胶结活性、酸碱度的互补性，实现了磷石膏改性，作为充填骨料的合理配比及黄磷渣全部代替水泥配比。实现磷废料的大规模再利用与磷资源的安全高效低贫损连续开采方法结合，解决我国目前磷资源开采损失贫化大与磷石膏大量排放严重污染环境的问题	盘区尺寸由600～800米缩短为400米，矿石回收率从68.7%提高到92.03%矿石贫化率从4.89%降低至1.58%，相对盘区生产能力由756吨/年提高到1024吨/日，采切比由6.847米/千吨降低至5.782米/千吨	贵州开磷集团	该技术在用沙坝矿南端正常矿段已采出矿石量3.56万吨，回收率由68.7%上升至92.6%，由于提高资源回收率新增经济效益200.1万元；减少磷石膏排放36.4万吨，减排实现环保效益891.8万元
二、高效选矿类						
56	中低品位胶磷矿正反浮选工艺	中低品位混合型胶磷矿	采用浮游选矿方法，通过正浮选压硅酸盐矿物浮磷酸盐矿物、反浮选一只磷酸盐矿物的工艺流程，获得最终磷精矿	原矿 P_2O_5 含量21.7%，MgO含量4.1%，SiO_2 含量22.0%，通过正反浮选获得精矿 P_2O_5 含量29.26%，MgO含量≤0.9%，SiO_2 含量≤15.0%，产率≥63%，回收率≥83%	云磷集团海口磷矿分公司浮选厂浮选厂	盘活周边5000万吨低品位磷矿石，实现经济效益1290万元/年
57	盐湖卤水钾镁盐反浮选－冷结晶法生产氯化钾工艺	从氯化物型盐湖卤水钾镁盐矿中提取氯化钾	反浮选－冷结晶法工艺技术是利用			
55	磷石膏充填无废高效开采技术	中厚缓倾斜－倾斜破碎矿体	通过磷石膏和粉煤灰的胶结活性、酸碱度的互补性，实现了磷石膏改性，作为充填骨料的合理配比及黄磷渣全部代替水泥配比。实现磷废料的大规模再利用与磷资源的安全高效低贫损连续开采方法结合，解决我国目前磷资源开采损失贫化大与磷石膏大量排放严重污染环境的问题	盘区尺寸由600～800米缩短为400米，矿石回收率从68.7%提高到92.03%矿石贫化率从4.89%降低至1.58%，相对盘区生产能力由756吨/年提高到1024吨/日，采切比由6.847米/千吨降低至5.782米/千吨	贵州开磷集团	该技术在用沙坝矿南端正常矿段已采出矿石量3.56万吨，回收率由68.7%上升至92.6%，由于提高资源回收率新增经济效益200.1万元；减少磷石膏排放36.4万吨，减排实现环保效益891.8万元

续附表 – 15

序号	技术名称	适用范围	基本原理	技术指标	典型实例	
					典型用户	实施效益
二、高效选矿类						
56	中低品位胶磷矿正反浮选工艺	中低品位混合型胶磷矿	采用浮游选矿方法，通过正浮选压硅酸盐矿物浮磷酸盐矿物、反浮选一只磷酸盐矿物的工艺流程，获得最终磷精矿	原矿 P_2O_5 含量21.7%，MgO 含量 4.1%，SiO_2 含量22.0%，通过正反浮选获得精矿 P_2O_5 含量29.26%，MgO 含量≤0.9%，SiO_2 含量≤15.0%，产率≥63%，回收率≥83%	云磷集团海口磷矿分公司浮选厂浮选厂	盘活周边5000万吨低品位磷矿石，实现经济效益1290万元/年
57	盐湖卤水钾镁盐反浮选－冷结晶法生产氯化钾工艺	从氯化物型盐湖卤水钾镁盐矿中提取氯化钾	反浮选－冷结晶法工艺技术是利用光卤石、氯化钠在特殊捕收剂上的吸附能力不同使光卤石与氯化钠分离，使光卤石原料的纯度达到工艺所允许的范围（NaCl≤7.0%），然后加水分解光卤石，氯化镁进入液相，控制光卤石分解体系中氯化钾的过饱和度，达到在常温条件下使氯化钾颗粒长大的目的	氯化钾产品 KCl 含量≥95%，回收率≥55%，平均粒度为 0.2 毫米，产品达到国家标准（GB6549 – 1996）Ⅱ类一等品以上质量标准	青海盐湖钾肥分公司较传统冷分解浮选法工艺年均节约氯化钾资源9.4万吨	
58	难选硅线石“磁浮磁”选矿新技术	适用于各种类型难选硅线石矿石	硅线石矿石基本分两大类型，一是黑云硅线片岩，属易选矿石，二是石榴硅线片岩和石榴黑云硅线片岩，内含大量含铁矿物，属难选矿物，原浮－磁工艺流程很难选出合格产品，通过加强预先磁选脱除大量“可浮性相近”的含铁矿物，增加硅矿石矿物可浮性	预先脱除30%含铁矿物，吨精矿药剂成本降低20%左右	黑龙江鸡西天盛非金属矿业有限公司	开采回采率95%，选矿回收率80%，矿石贫化率4.8%以下，年选矿成本可结余100余万元
三、综合利用类						
59	磷矿伴生氟资源综合利用技术	适用于由含有氟的磷矿湿法制取磷酸的企业	以湿法磷酸生产过程中副产的氟硅酸为原料，脱砷后浓缩，浓氟硅酸与硫酸制得 HF；HF 进一步处理得到满足国标要求的无水 HF 产品；SiF_4 气体返回到接触器浓缩原料氟硅酸	产品纯度（HF）99.97%，质量满足工业无水氟化氢 GB7746—2011 优等品的指标	贵州瓮福无水氟化氢装置	矿中伴生氟含量在2.5%～3.5%，通过无水氟化氢装置及后续的利用含氟硅渣生产白炭黑和氟化铵项目可将磷矿中98%的氟资源回收利用。瓮福矿区现探明磷矿储量为22.1亿吨，可提供氟资源6497万吨

续附表 -16

序号	技术名称	适用范围	基本原理	技术指标	典型实例	
					典型用户	实施效益
60	磷矿伴生碘资源回收新技术	磷矿伴生碘资源、卤水中的碘、油气田水中的碘、其他含碘废水中碘的回收	采用强氧化性的 H_2O_2 作氧化剂，用 SO_2 来吸收从稀磷酸中吹出的碘，通过 SO_2 对吹出的碘进行循环吸收，使碘得到富集，从而达到碘回收的目的	碘萃取率 > 75%；碘还原率 > 95%，碘的总收率可达到70%以上。生产成本：12 万元/吨	贵州瓮福集团 50 吨/年碘回收项目	2011 年碘回收生产成本 12 万元/吨，售价 51 万元/吨，每吨碘的利润 39 万元，销售收入超过2000 万元，年均利润总额超过1200 万元
61	高岭土尾矿及其共伴生矿物资源高效综合利用技术	适用于高岭土行业尾矿的处理及综合利用，以及南方离子吸附型重稀土尾矿（主要成分为稀土、高岭土、石英砂）的处理及综合利用	根据尾矿中各组成矿物物理、化学性质的不同，以及矿物颗粒之间的表面界面作用力，利用分散药剂对矿物解离面的吸附、渗透和浸蚀作用，使矿物解离面产生电荷密集，在矿物解离面形成双电层从而使颗粒间产生斥力，使之不能结合成大颗粒而被剥离	高岭土尾矿中伴生资源实现综合利用，其中回收高岭土产品达到耐火材料和陶瓷行业的质量要求，主要指标 $Al_2O_3 \geq 24\%$；石英砂达到建材行业的应用要求，主要指标 $SiO_2 \geq 80\%$；硫化矿达到冶金行业的使用要求，主要指标硫精矿品位（S）≥40%；REO 稀土精矿回收率提高 15%	江西赣州稀土矿业有限公司	年处理稀土尾砂 20 万吨，年回收高岭土 5 万吨，年回收 REO 稀土产品 40 吨，年回收石英砂 11 万吨（其中生产新型建筑砌块消耗 4 万吨），年产新型建筑砌块 10 万立方米，可节约高岭土原矿 15 万吨
62	低品位鳞片石墨矿“大型湿法搅拌磨”综合利用技术	低品位石墨矿	通过强化磨矿过程管理，加强脉石与石墨矿的解离，达到既保护大鳞片又提高“三率”，从而提高低品位石墨矿的综合利用范围	开采回采率 95%，选矿回收率 85%，贫化率以下 5%，正目率达到 37.5%	黑龙江鸡西天盛非金属矿业有限公司	采用该技术后，开采回采率由 85% 提高到 95%，选矿回收率由 78% 提高到 85%，贫矿率降到 5% 以；精矿品位由原来的 75% ~90% 提高到目前的 85% ~95%，累计入选低品位矿石 120 余万吨，产出石墨精矿 3.5 余万吨

附件 2　　**矿产资源节约与综合利用先进适用技术汇编（第一批）**

第一篇　油气类

一、特超稠油藏有效开发动用技术

（一）技术类型

油气资源高效开采技术。

（二）适用范围

特超稠油油藏。

（三）技术内容

1. 基本原理

特超稠油藏有效开发动用技术采用高效油溶性复合降粘剂（D）和二氧化碳（C）、辅助水平井（H）、蒸汽（S）吞吐，简称 HDCS，该技术利用其滚动接替降黏、热动量传递及增能助排作用，降低注汽压力，扩大蒸汽波及范围。该技术不仅充分发挥了热、化学、气体和水平井的自身优势,还产生了“复合增效”作用,实现了特超稠油油藏的有效动用。

2. 关键技术

特超稠油非达西渗流机理、HDCS 复合作用机理与机制、HDCS 各要素配置的技术政策界限。

3. 工艺流程

在稠油油藏中钻水平井,首先向水平井内连续挤入油溶性复合降粘剂,再连续挤入液态二氧化碳,焖井一段时间后,向水平井内连续注入蒸汽,再焖井一段时间,然后下泵转为机械采油生产。与常规注蒸汽相比,该技术大幅降低特超稠油黏度,降低蒸汽注入压力,提高蒸汽热波及范围,提高了开发效果。

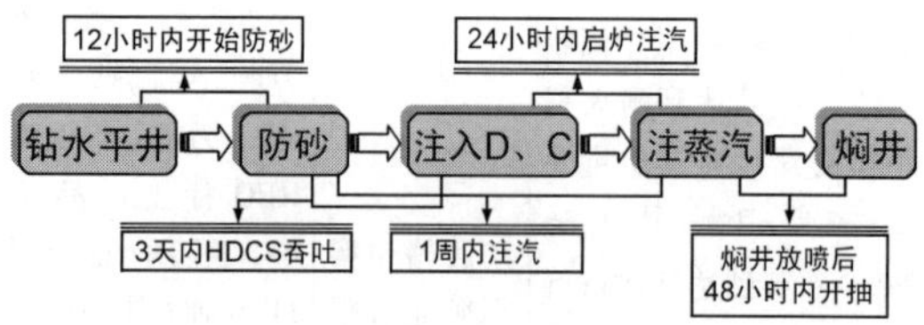

HDCS 工艺流程图

(四)主要技术指标

揭示了特超稠油非达西渗流机理;阐释了 HDCS 开采稠油作用机制;首创了 HDCS 开发特超稠油的技术方法;研制了注汽压力 26 兆帕的超临界锅炉;实现了黏度大于 10×10^4 豪帕・秒、深度达到 1900 米的特超稠油高效开发,储量动用率由 0 提高到了 65.5%。

(五)典型实例及成效

HDCS 技术已应用于中石化胜利油田分公司王庄油田郑 411 块、坨 826 块、单家寺油田单 113 块及中原油田分公司内蒙吉祥油田毛八块,共部署水平井 228 口。

截至 2011 年底,中石化胜利油田分公司、中原油田分公司已投产水平井 96 口,动用地质储量 892 万吨,初期平均单井日油能力 14.2 吨/日,已累积产油 44.9×104 吨,创产值 15.7 亿元,减排 CO_2 约 7 万吨,取得了较好的开发效果和社会、经济效益。

(六)推广前景

该技术应用前景广阔,可使全国 2.8 亿吨的特超稠油油藏储量得到有效动用。2012~2015 年在全国油田推广后,预计新增动用储量 1 亿吨,可增加产油量 105 万吨,按油价 80 美元/桶(3588 元/吨)计算,可创产值 37.7 亿元,可增加石油资源可采储量 940 万吨。同时,在资源综合利用方面,该技术可减排 CO_2 约 365 万吨(注入油层),减少了大气污染,具有较好的社会效益。

二、致密砂岩气藏冻胶阀欠平衡完井技术

(一)技术类型

油气资源高效开采技术。

(二)适用范围

致密砂岩气欠平衡钻井完井。

(三)技术内容

1. 基本原理

冻胶阀,一种在特定条件下实现特定功能的智能化学胶体,可用于在石油行业钻井过程中替代套管阀实现欠平衡完井。冻胶阀具有固体和液体的特性,在金属筒体中具备一定的抗压差能力,既能对油气起到封隔作用,同时也能被管柱穿透。冻胶阀技术正是利用这些特性来实现井下“阀”的功能。

2. 关键技术

(1)冻胶阀封隔井筒理论。

(2)冻胶阀欠平衡完井工艺技术。

(3)冻胶阀系列产品。

3. 工艺流程

(1)冻胶阀放置:通过地面设备将冻胶阀基液注入到油井中的设计位置,成胶后形成合格的冻胶。

(2)欠平衡完井:冻胶阀密封井筒油气后,实施下筛管、下生产管柱、更换井口等工序。

(3)冻胶阀解除:采用氮气或清水循环返排。

(四)主要技术指标

(1)冻胶阀基液黏度:100~150 毫帕・秒,流动性好,满足地面泵注要求。

(2)冻胶阀成胶后强度:1~20×10^4 毫帕・秒,冻胶自身具有强度具有一定固体特性。

(3)冻胶阀成胶时间:1~120 分,根据不同工艺要求,成胶时间可调。

(4)冻胶阀抗压差值:2~5 兆帕/100 米,对井筒油、气有密封性。

(5)冻胶阀液化后后黏度:小于 100 毫帕・秒,满足返排需求。

(五)典型实例及成效

冻胶阀欠平衡完井技术已经通过 9 口井的矿场试验,均一次性获得成功,在欠平衡状态下实现了安全完井,技术充分显示出成本低、安全性好、操作性强等优势。与进口套管阀相比,单井节约钻井投资 180 万元,共节省投资 1620 万元,经济社会效益十分显著,对推动石油钻井技术的发展起到了促进作用,同时为致密气藏经济有效开发提供了有效的技术手段。

中国石油土哈油田分公司准噶尔盆地陆梁隆起滴南凸起滴西 141 井常规天然气藏冻胶阀欠平衡完井,应用自主研发的冻胶阀技术替代进口套管阀技术实现欠平衡完井,完井作业时间 5 天,一次性获得成功,投资 35 万元,比进口套管阀降低了 180 万元。完井后日产天然气 12 万立方米,增加之谜砂岩气产量 2190 万立方米。

(六)推广前景和矿产资源节约与综合利用潜力

欠平衡钻井是提高致密砂岩气藏产量的重要手段,是中国石油天然气集团公司在"十二五"期间重点推广的钻井技术,2011 年应用达到 350 口,2012 年计划实施 500 井次。欠平衡钻井技术的规模应用为冻胶阀欠平衡技术应用提供了广阔的市场空间。

三、砾岩油藏提高采收率技术

(一)技术类型

油气资源高效开采技术。

(二)适用范围

新疆砾岩注水开发油藏。

(三)技术内容

1. 基本原理

聚合物驱是一种改善水驱的化学驱油方法,它使用水溶性高分子聚合物作为添加剂,将其作为油田开发的注入剂,增加注入水的黏度,降低水相渗透率,大大地降低水油流度比,提高平面波及效率。避免或减缓注入水沿高渗透层窜进,提高垂向波及效率,增加吸水厚度。聚合物溶液通过后仍可保持对水的残余阻力,从而达到提高采收率的目的。

2. 关键技术

(1)基于砾岩储层复模态结构的聚合物驱分级调剖技术;

(2)砾岩油藏方案优化及数值模拟技术;

(3)砾岩储层油藏精细描述技术;

(4)注入及采出液监测技术;

(5)基于砾岩储层物性和流体性质的产品性能及配方评价技术;

(6)砾岩油藏聚合物驱油机理研究技术;

(7)砾岩油藏配套注采工艺技术;

(8)配制、注入工艺技术;

(9)砾岩油藏跟踪调整及效果评价技术。

3. 工艺流程

试验区选择,地质研究,筛选评价合适的驱油用聚合物产品,通过方案优化确定试验方案,通过地面设备注入井筒进入地层,进行驱油试验。

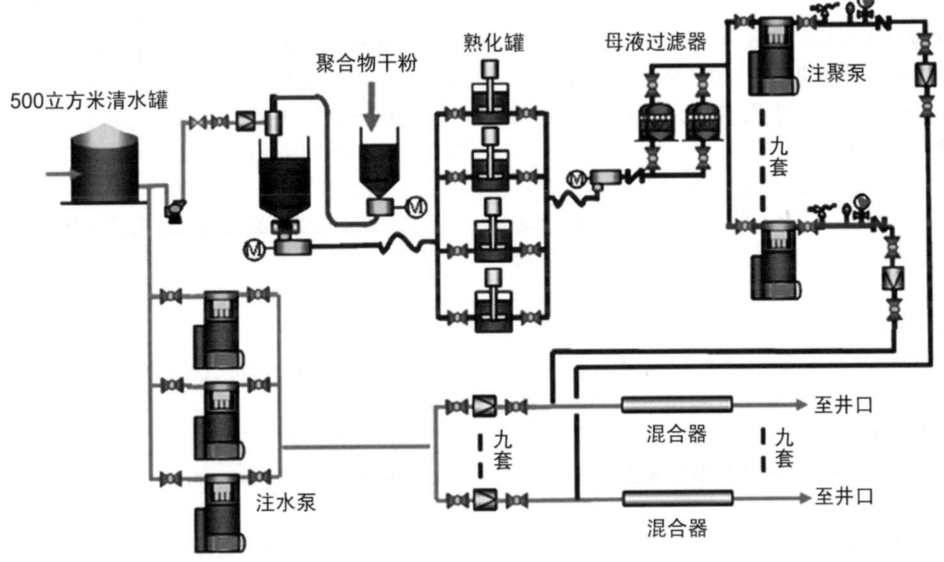

七东 1 注聚站工艺流程图

(四)主要技术指标

试验区提高采收率 9 个百分点,实验区中心区域提高采收率 12.1 个百分点。

(五)典型实例及成效

中国石油新疆油田分公司,石油地质储量 194 万吨,油水井 25 口。油藏综合含水 95.6%,地质储量采出程度 46.7%,油藏进入特高含水期,达到了砾岩油藏水驱开发的经济技术极限。在达到经济极限的条件下,开展注入聚合物溶液驱替试验,改善开发效果,提高油藏最终采收率。投资 11374 万元建设注聚站 1 座,日注入聚合物能力 900 立方米,提高采收率 6.1 个百分点,累计增产原油 11.9 万吨,建设期 2 年,投资回收期 2.52 年,财务内部收益率 32.98%,财务净现值 2066 万元。

(六)推广前景

新疆油田分公司可实施聚合物驱技术的油藏石油地质储量 4.28 亿吨,预计提高采收率 10 个百分点以上,增加可采储量 4280 万吨,经济效益和社会效益相当可观。

四、特高含水油藏二元复合驱大幅度提高采收率技术

(一)技术类型

油气资源高效开采技术。

（二）适用范围

水驱后仍有丰富剩余油和较大开发潜力的需要进一步提高采收率的中高渗油藏。

（三）技术内容

1. 基本原理

在无碱条件下，针对原油特点和色谱分离参数调控的要求，根据油剂结构相似、阴非加合增效的理论，选择非离子型表面活性剂与石油磺酸盐复配，提高洗油效率；通过活性剂与聚合物协同作用形成高效二元复合驱油体系，达到聚表抑制分离和增大波及体积作用，提高驱油效率。

2. 关键技术

驱油体系设计技术、驱油剂跟踪分析技术、二元复合驱数值模拟技术、开采动态评价技术。

3. 工艺流程

试验区筛选，油藏地质特征研究，水驱开发效果评价及剩余油分布研究，驱油用化学剂性能评价及驱油体系优化设计，方案优化设计，化学驱方案评价，方案实施要求。

（四）主要技术指标

二元驱油体系界面张力达 10^{-3} 毫牛/米，黏度大于 20 毫帕·秒，矿场实施可提高采收率 10.2% 以上。

（五）典型实例及成效

到 2012 年 6 月，中国石油化工股份有限公司胜利油田分公司已动用储量 16356 万吨，增加可采储量 1668 万吨，累计增油 466 万吨，实现产值 169 亿元，利税 113 亿元。

（六）推广前景

二元复合驱可覆盖储量 67.6 亿吨，增加可采储量 6.9 亿吨；其中胜利油田可覆盖储量 10.95 亿吨，增加可采储量 1.1 亿吨。

五、稠油或堵塞油层层内自生热解堵技术

（一）技术类型

油气资源高效开采技术。

（二）适用范围

稠油油田、油层存在堵塞、常规解堵措施无效井。

（三）技术内容

1. 基本原理

自生热解堵液高温熔化蜡、胶质、沥青等有机物，提高近井油层压力，提高返排能力，利用相似相溶原理，使油垢溶解并随有机相流动，溶蚀无机垢，参与热反应。

2. 关键技术

自生热解堵体系选择。

3. 工艺流程

采用不动目前生产管柱直接注酸、采用电泵排酸的实施方式，残酸注碱液中和后进入生产流程。

（四）主要技术指标

（1）反应放热能力，在不考虑热量通过环空扩散情形下，推算 1 立方米反应液可使得 300 米油管及液体温度升高幅度达到 80～95℃；

（2）生热液性能，在不考虑热量通过环空扩散情形下，推算 1 立方米反应液可使得 300 米油管及液体温度升高幅度达到 80～95℃；

（3）工作液综合性能，自生热解堵液在静态条件下能很好的清洗岩石颗粒表面的稠油和有机质，清洗效率可以达到 80% 以上。

（五）典型实例及成效

中海石油（中国）有限公司天津分公司埕北油田实施技术改造，对地层供液充足、存在堵塞的油井实施解堵，投资 80 万元。该技术应用于埕北油田油井解堵的生产实践表明，油井供液能力增强，产液量对比措施前增加了 1.7～2.5 倍，动液面上升了近 700 米，为后续大泵提液增油提供了能量保障。

（六）推广前景和矿产资源节约与综合利用潜力

稠油油藏的地质储量占整个渤海油田地质储量 80% 以上，原油中胶质沥青质等物质析出，对地层造成堵塞；自生热解堵技术可有效高温熔化蜡、胶质、沥青等有机物。该技术可以有效解堵，在稠油油田具有广泛的推广价值。

六、深层低渗低品位储层改造开采技术

（一）技术类型

油气资源高效开采技术。

（二）适用范围

深层低渗、特低渗油气藏，薄油藏，边水油藏、非常规油气藏。

（三）技术内容

1. 基本原理

改变渗流模式，改善地层渗流条件，降低渗流阻力，提高储层产能，实现低品位储层有效动用。

2. 关键技术

缝高控制技术、多段压裂技术。

3. 工艺流程

（1）储层地质特征、压裂技术难点分析，技术对策制定；

（2）压裂选井选层，压裂方式优选；

（3）分段工具、入井材料研制、优选；

（4）压裂优化设计；

（5）压裂施工及配套技术应用；

（6）应用效果评价分析；

（7）技术改进。

（四）主要技术指标

（1）单井单层压裂厚度：1 米

（2）直井：分压 3 层；水平井：水平段最长 1200 米、分压 10 段

（3）最大井深：垂深 3806 米、斜深 4357 米

（4）缝高控制：3 米隔层有效封隔

（五）典型实例及成效

《低品位储层改造技术》适应于中原油田非常规油气藏、低渗油藏，实现了未动用、动用程度低储量的有效动用。经过多年的攻关，形成了成熟配套的常规储层改造技术，基本满足勘探、开发需要。通过引进、集成和配套，水平井多段压裂技术取得突破，自行设计、自主施工 3 口井，最大垂深 3806 米、斜深 4357 米，最高施工压力 88.9 兆帕，水平段最长 1200 米、分压 10 段，初期日增油最高 42.3 立方米，实现了探明储量的有效动用，为资源向储量转化提供了手段，下步攻关重点是分段压裂工具国产化。

（六）推广前景

中原油田剩余资源主要赋存在低品位油气藏，储量分布广包括已探明未动用、动用效果差、新探明储量，油气藏类型丰富主要为常规低渗、特低渗边水，非常规致密砂岩油气藏。预计年均试验、推广应用 100 井次以上，实现资源向储量转化，探明未动用、动用效果差、新探明储量有效动用，具有广泛的推广应用前景和矿产资源节约与综合利用潜力。

七、特低渗透油藏二氧化碳驱大幅度提高采收率技术

（一）技术类型

油气资源高效开采技术。

（二）适用范围

特低渗透油藏二次采油和低渗透油藏注水后三次采油。

（三）技术内容

1. 基本原理

烟道气 CO_2 捕集纯化工艺采用以 MEA 为主体的复合胺吸收溶剂的化学吸收法；CO_2 驱采用混相驱机理（降低界面张力、减小残余油饱和度、有效降粘和膨胀地层原油）；产出气 CO_2 回收采用变压吸附法（利用吸附剂对不同气体组分的吸附量随压力变化的特性，加压吸附部分组分，降压解吸这些组分，从而使不同气体得到分离）

2. 关键技术

（1）CO_2 驱提高采收率油藏适应性评价技术；

（2）CO_2 驱室内系统评价技术；

（3）CO_2 驱油藏工程方案优化设计技术；

（4）CO_2 驱采油工程技术；

（5）CO_2 驱地面工程技术；

（6）电厂烟道气中 CO_2 捕集纯化技术。

3. 工艺流程

技术流程主要包括三部分：道气中 CO_2 捕集纯化工艺流程、低渗透油藏 CO_2 驱技术流程和采出气 CO_2 回收工艺流程。

CO_2 由胜利电厂通过 MSA 技术捕集、压缩、干燥和液化、储存后，通过罐车输送到注入站，先由站场的储罐储存，然后利用注入泵注入到地下进行驱油，随着开发的不断进行，部分 CO_2 会从地下采出进入集输系统，一旦产出，在利用地面的回收系统，将 CO_2 从天然气中分离出来，进行重新利用，已达到提高油藏采收率、CO_2 利用率和封存率的目标。

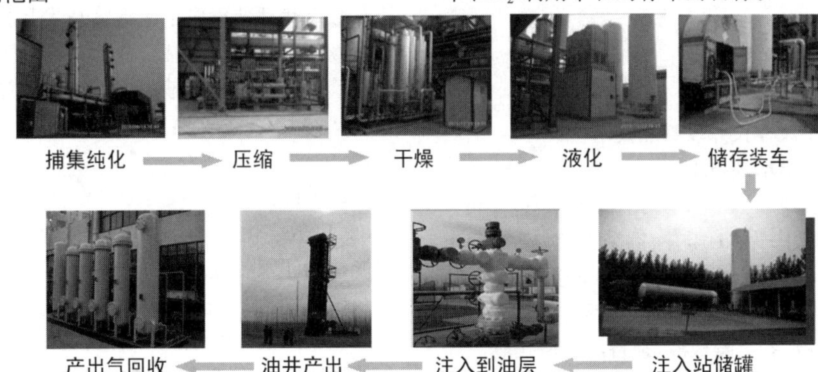

技术总流程图

（四）主要技术指标

①CO_2 驱提高采收率 15% 以上；②管柱及井口寿命 2 年以上；地面系统使用寿命≥5 年，腐蚀速率小于 0.076 毫米/年；③烟道气捕集纯化 CO_2 纯度达到 99%；④建成处理能力 20000 标准立方米/时的塔式 CO_2 捕集与纯化装置；⑤建成处理能力 800～900 标准立方米/天，处理后 CO_2 纯度 >95% 的变压吸附产出气回收 CO_2 装置。

（五）典型实例及成效

目前该技术在胜利油田和东北局腰英台油田得到

应用,成熟度较高,基本具备规模化推广的条件。存在的主要问题一是烟道气 CO_2 捕集纯化成本较高;二是 CO_2 突破后合理的剖面调整技术尚需深化研究。

(六)推广前景

根据初步筛选,在胜利油田,适合二氧化碳驱油的地质储量4.19亿吨(水驱的储量3.29亿吨,弹性驱储量0.9亿吨),其中,满足 CO_2 混相驱储量2.29亿吨,近混相驱储量1.9亿吨。胜利油区适合 CO_2 驱的低渗透区块全部实施后,预计新增可采储量5335万~7430万吨,其中,混相驱提高采收率按15%~20%计算,预计新增可采储量3435万~4580万吨;近混相驱提高采收率按10%~15%计算,预计新增可采储量1900万~2850万吨。

根据2006~2010年国家重大技术研究计划《温室气体提高采收率的资源化利用及地下埋存》项目分析和预测,全国约130亿吨的原油地质储量适合 CO_2 驱,可增加可采储量19.2亿吨,其中,难动用储量占60%以上;可埋存 CO_2 潜力50亿~60亿吨。

八、底水油藏化学与机械联合堵水技术

(一)技术类型

油气资源高效开采技术。

(二)适用范围

底水油藏且采用砾石充填完井的油井。

(三)技术内容

1.基本原理

通过下入带有封隔器的堵水管柱,在筛管内封隔上部未水淹层,在油套环空注入暂堵剂,在筛管外保护未水淹层,然后从油管向地层注入堵剂,在地层形成化学隔板,起到化学堵水作用,施工后堵水管柱脱手留在井下,起到机械堵水的作用。

2.关键技术

(1)环空暂堵技术

(2)筛管内小尺寸长井段封隔技术

(3)选择性化学堵剂技术

3.工艺流程

主要的施工程序为:①压井、拆采油树、安装BOP及起原井生产管柱。②刮管、洗井。③下堵水管柱、坐封封隔器、油管锚及剪切球座。④从环空注暂堵剂。⑤从油管注前置液、各类隔板液、顶替液及增孔液。⑥堵水管柱脱手。⑦下常规电泵生产管柱。

(四)主要技术指标

阻水增油有效期4个月,降水增油有效期1年。

(五)典型实例及成效

中海石油(中国)有限公司湛江分公司涠洲11-4油田,A15井实施后累计增油1233立方米,累计减少污水处理量约9万立方米,累计增油1096吨(1233立方米)。该井支出费用229.5万元,增油按2696元/吨计算,增收295.5万元,创经济效益66万元,投资回收期6个月。

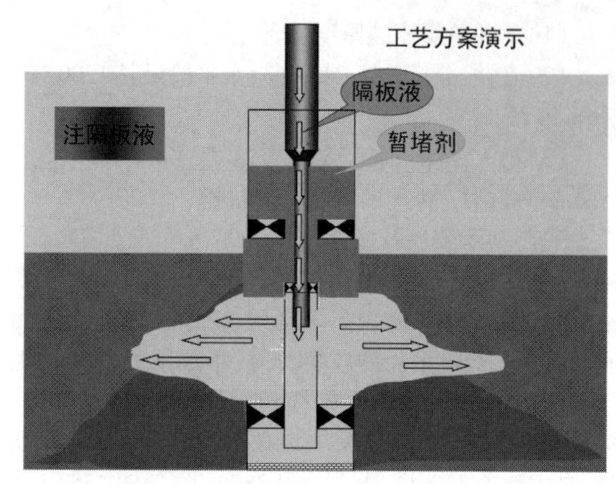

底水油藏化学与机械联合堵水技术工艺流程图

(六)推广前景

海上油田一般为大斜度井,防砂多采用筛管砾石充填完井技术,这种完井方式增加了管内分层控水的难度,是制约化学堵水或机械堵水成功的主要因素。在底水油藏且筛管外砾石充填完井的油井中堵水,将增加产量,减少污水处理,具有很好的经济效益和环保效益。

九、特低渗透油藏数字化集成技术

(一)技术类型

油气资源高效开采技术。

(二)适用范围

特低渗透油藏。

(三)技术内容

1.基本原理

数字化橇装集成密闭混输技术是指以大井组、橇装站场、井站共建、多站合建为主要建设方式,通过井组单管不加热密闭集输、站点混输、井站串接等手段,实现从井场-联合站的全密闭油气混合输送工艺技术。

2.关键技术

(1)数字化一体装置(数字化橇装增压集成装置、智能移动注水装置)

(2)井站合一布局(大井组、井站共建、多站合建)

(3)油气全密闭混输工艺(丛式井组采用单管不加热密闭集输工艺、站场密闭混输工艺、井站串接集输工艺)

3.工艺流程

大丛式井组采用单管不加热密闭集输工艺,增压点采用数字化橇装增压集成装置,采用井站合一布局、井站串管集油方式实现丛式井组-增压点-联合站泵到泵油气全密闭集输。

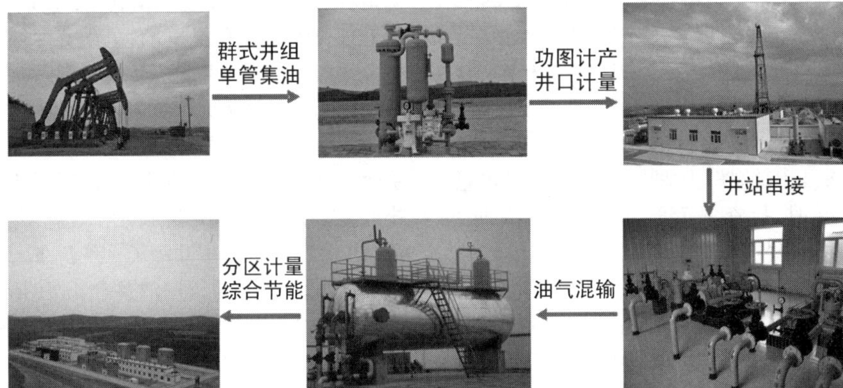

（四）主要技术指标

百万吨产建节约土地1500亩以上，地面系统投资降低20%，地面建设速度提升30%，用工人数减少6人/万吨。

（五）典型实例及成效

长庆姬塬油田罗1－黄57井区2011年部署30万吨产能，采油井427口，注水井142口。随着姬塬特低渗透油藏大规模滚动开发，已有的地面系统已经不能满足油田快速发展和效益开发需要，同时也不能满足节能环保的需求。实施常规站场转变为数字化橇装站场；丛式井组转变为数字化大井组；井站分别建设转变为井站合一；辐射状集油转变为树枝状串接集油。投资额3.45亿元，建设期1年，投资回收期5.3年，投产后节约土地资源450亩，伴生气回收率100%，万吨产建地面投资降低180万元以上，降幅超过15%。

（六）推广前景

本技术是在油田大发展的背景下，针对姬塬特低渗透油藏开发特点，集成的地面系统主体工艺技术，能够很好的适应油田地面建设低成本和集约化发展战略。该技术在节约土地资源、降低建设投资，提高系统效率，提高资源综合利用程度方面具有显著的优势。该技术的成功应用实现了姬塬特低渗透油藏的规模、快速和效益开发，并对我国同类油气藏的开发建设具有重要的示范、引领作用。

十、油页岩综合利用集成技术

（一）技术类型

油气资源综合利用技术。

（二）适用范围

油页岩工业化开采矿区。

（三）技术内容

1. 基本原理

该技术首先采用低温干馏工艺对油页岩进行干馏炼油；油页岩放出页岩油后变成页岩半焦，与次煤混合后供电厂作燃料发电；干馏过程中产生的剩余瓦斯气经净化后供燃气发电机组发电；燃气发电机组排放的高温尾气经过余热锅炉产生蒸汽，供炼油装置生产及厂区生活用汽。

2. 关键技术

（1）大颗粒油页岩炼油；（2）剩余瓦斯发电；（3）中颗粒油页岩炼油。

3. 工艺流程（下图）

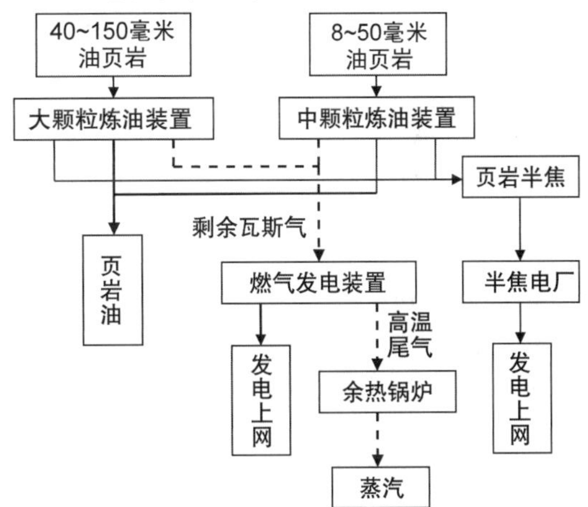

油页岩综合利用工艺流程图

（四）主要技术指标

（1）年处理油页岩120万吨

（2）产油12万吨

（3）半焦90万吨

（4）剩余瓦斯发电5000万千瓦时

（五）典型实例及成效

山东龙福油页岩综合利用有限公司大颗粒炼油项目，建设规模为年处理油页岩60万吨，年产页岩油6万吨；2007年起主要进行了单炉传动改造、放料装置改造、电动火板门改造，投资额2亿元，建设周期

2.5 年，投资回收期 4 年。中颗粒炼油项目：建设规模为年处理 60 万吨中颗粒油页岩，年产页岩油 6 万吨，投资额 1.6 亿元，建设周期 1 年，投资回收期 3 年。合计年生产页岩油 12 万吨，生产副产品页岩半焦 90 万吨。

瓦斯发电项目建设规模为 24×500 千瓦，供电量可达 5000 万千瓦时，投资额 7588 万元，建设周期 1 年，投资回收期 4 年。

（六）推广前景

近几年来国际上石油价格猛涨、居高不下，同时带动煤炭价格相应上扬，各种替代能源的研究和开发呈明显上升趋势，而页岩油和其他替代能源相比，具有原料丰富、加工利用工艺成熟等优势，因此，油页岩的深加工利用已逐渐受到了我国各级政府的重视。国务院在中长期科学和技术发展纲要（2006～2020 年）中明确地将"矿产资源高效开发利用，发展低品位与复杂难处理资源高效利用技术、矿产资源综合利用技术"列入重点攻关领域和优先发展主题。

该套集成技术为油页岩炼油行业内首次采用综合利用为核心理念的技术路线，使油页岩开发利用的经济效益倍增，同时可实现生产各环节无固体、液体废物排放，达到了良好的环境和社会效益，为如何有效提高油页岩资源的利用率开辟了一条新路。通过这种综合开发利用，进一步拉长了油页岩开发的产业链，极大地提高了油页岩开发利用的附加值，符合国家提倡发展循环经济的产业政策。既可局部缓解国内石油、电力短缺状况，又能充分发挥国内油页岩资源的潜力，符合国家可持续发展油气资源战略和节约能源的方针政策，其综合利用前景广阔，开发价值巨大。

第二篇　煤炭类

十一、露井联合开采技术

（一）技术类型

煤炭资源高效开采技术。

（二）适用范围

露天矿区（如准格尔、伊敏河、霍林河等推广应用）。

（三）技术内容

1. 基本原理

利用露天矿工业场地及露天矿采空区开采露天排土场及端帮压覆的煤炭资源。

2. 关键技术

井工与露天协调开采。

3. 工艺流程

由"露天开采"发展为"露井联采"。

（四）主要技术指标

露天矿回收率在 96% 以上，井工采区回收率不低于《规范》要求。

（五）典型实例及成效

中煤平朔公司井工一矿投资 5.5 亿，用时 16 个月形成井工矿的生产系统，开采露天排土场及端帮压覆的煤炭资源。产生的资源效益：回收排土场下压煤 4500 万吨，井工工作面回采率达到 88% 以上，采区回采率达到 78% 以上；经济效益：当年井工工作面单面产量达到 430 万吨，2006 年单面产量达到 930 万吨，2007、2008 年单面产量均达到 1000 万吨以上，2007、2008 年连续两年被评为全国特级安全高效生产矿井。

井工二矿投资 4.5 亿元，用时 17 个月形成井工矿的生产系统，开采露天排土场及端帮压覆的煤炭资源。产生的资源效益：回收露天排土场下压煤累计 9800 万吨；工作面回采率达 88% 以上，采区回采率 78% 以上。经济效益：井工二矿地面为安太堡、安家岭露天矿的排土场，利用该排土场，两露天矿缩短外排运距，节省运费 2.27 亿元。2005 年，实施露井联采的安家岭井工二矿原煤产量 15.0094 兆吨，实现利润 11 亿元，其中，井工生产原煤 344.65 万吨，实现利润 9.02 亿元。

（六）推广前景

单一露天矿开采势必会造成边帮及排土场下煤炭资源丢失，露井联采最大限度地发挥露天与井工开采的优点，用少量的投资和工程将露天生产压占的煤炭资源同时采出。通过分析露井开采之间的关系，确保两者均能安全、高效生产，在露天煤矿区的开采中有较好的推广前景。

十二、露天煤矿抛掷爆破－吊斗铲无运输倒堆工艺

（一）技术类型

煤炭资源高效开采技术。

（二）适用范围

大型露天煤矿。

（三）技术内容

1. 基本原理

采用多排孔微差抛掷爆破与预裂爆破控制技术进行高台阶抛掷爆破，用吊斗铲将爆破后煤层上部覆岩倒堆剥离后直接排放至采空区。

2. 关键技术

吊斗铲倒堆剥离工艺技术；高台阶抛掷爆破技术；与其他工艺衔接匹配技术；安全生产保障技术。

3. 工艺流程

高台阶采用多排孔微差抛掷爆破与预裂爆破控制技术抛掷爆破后，推土机与吊斗铲联合做扩展平台进行倒堆作业，倒堆剥离和采煤作业分别采用由中部向两端部错开一个采掘带反向交错进行的开采程序。

（四）主要技术指标

吊斗铲型号为 Bucyrus 8750 -65 型，斗容 90 立方米、作业半径 100 米、最大悬吊载荷 289.4 吨，系统剥离能力 2610 万立方米/年。采掘带宽度 80 米，采煤工作线长 2000 米，吊斗铲工作线长 2100 米，倒堆台阶高度 45 米，倒堆台阶坡面 65°，煤台阶坡面角 75°。

（五）典型实例及成效

黑岱沟露天煤矿对吊斗铲工艺进行引进、消化、吸收，攻克诸多技术难题，形成宽采掘带高台阶抛掷爆破 - 吊斗铲无运输倒堆工艺。采区间压覆煤柱量减少，提高帮坡角扩大露采深部境界，同时应用先进的爆破技术可减少煤顶板破坏损失。该矿 2009 年至 2011 年多回收资源 239 万吨，三年开采回采率均保持在 98% 以上，比设计高出 2 个百分点，盘活资源近 3100 万吨，可增加经济效益 68.70 亿元。降低生产剥采比，可节约剥离费用 81.6 亿元，可提高生产效率，节约 2 万吨标准煤。2009 年至 2011 年，该矿多回收资源增加经济效益近 5.30 亿元，节省剥离费用 9.23 亿元，节约运营成本 6.49 亿元。技术应用覆盖内蒙古、陕西、黑龙江、辽宁、山西等省市自治区。

（六）推广前景

该工艺创新了露天煤矿开采理论和技术，拓展了露天开采的适用范围，提升了我国露天煤矿开发水平，带动和促进了煤炭行业技术进步。其应用有利于提高煤炭资源回采率，大幅度降低露天开采成本，改善煤炭生产整体安全状况，实现露天煤矿安全、高效、低耗绿色开采，可推广至国内同类露天煤矿应用。

十三、煤矸石井下充填置换煤炭技术

（一）技术类型

煤炭资源高效开采技术。

（二）适用范围

东部地区村庄、建筑物和河流湖泊较密集的矿区。

（三）技术内容

1. 基本原理

井工开采通常会造成对应区域上方地表沉陷，使土地及地面建筑遭受不同程度的破坏，一般对建筑物下压煤的开采需留设保护煤柱或部分煤柱，采用条带开采技术或充填开采技术。同时，煤炭开采造成大量煤矸石在地面堆积，占用土地，污染环境。本技术在煤矿井下对煤矸石进行分选，并回填至采煤工作面采空区，既控制“三下”采煤引起的地表急剧沉陷，又减少工业废弃物——煤矸石的排放及占用土地。

2. 关键技术

（1）普采矸石充填；

（2）巷采矸石充填。

（四）主要技术指标

普采矸石充填开采可实现充填与采煤并行作业，并可实现无煤柱开采，普采系统生产能力达 600 吨/日，提高了矿井生产能力。

（五）典型实例及成效

该技术已在山东新汶矿业集团、河北金牛能源集团、山东淄博矿业集团、兖矿集团的 19 座煤矿进行了大规模推广应用。新矿集团经过 8 年的探索和实践，在 14 个矿井，81 个工作面推广应用充填开采工艺，建成 5 个“井下洗选厂”，完成以矸换煤量 1000 万吨。

（六）推广前景

近三年来，山东、河北等矿区应用此技术累计从“三下”呆滞煤柱资源中安全采出煤炭 549.48 万吨，减少向地面排矸 660.3 万吨，新增产值 30 多亿元，取得直接经济效益达 9.45 亿元，且保证了地面各类设施的安全，大大减轻固体废弃物的排放，社会效益和环境效益非常显著。

目前，我国各煤炭产区地面煤矸石堆放量巨大，占用大量土地资源，且因矸石山自燃等原因对矿区环境造成严重损害。此技术采用煤矸石充填的方法进行煤炭开采，解决了“三下”压煤开采和地面工业废弃物堆放问题，提高了资源回收率，保护了矿区环境，应用前景十分广阔。

十四、水资源保护采煤技术

（一）技术类型

煤炭资源高效开采技术。

（二）适用范围

适用于我国西部和北部干旱、半干旱，具有浅部水资源的矿区。

（三）技术内容

1. 基本原理

采用直流电法、钻孔法、弹性波测井法等综合探测手段探查地层隔水层的结构，结合煤炭开采引发的覆岩破坏与移动规律，查明受结构关键层控制的覆岩导水裂隙通道高度及分布规律，建立隔水关键层的判别条件及流程，确定隔水关键层及位置分布，选择相应的保水采煤类型，确定具体的采煤方法、回采工艺和水资源保护措施。可有效地预防和治理采动条件下顶板导水裂隙和通道的形成，防止矿区浅部水资源破坏，或者将被开采煤层上部岩层中水体转移到下部储水层中。

2. 关键技术

（1）水文地质结构分区与保水采煤技术分类。

(2)控制隔水关键层结构稳定及控制采动导水裂隙闭合局部区域充填支撑方法。

(3)利用采空区转移、存储顶板水技术。

(4)利用上下含水层压力差向下伏储水层转移顶板水技术。

(四)主要技术指标

(1)水文地质分区主要技术指标包括:弱含水区、泉域水源区、烧变岩富水区、无隔水层区及有隔水层区五类及相应的保水采煤技术对策。

(2)控制隔水关键层结构稳定,控制采动导水裂隙闭合局部区域充填支撑方法主要技术指标:隔水关键层结构与渗流稳定性判据、导水裂隙贯通高度及渗流规律。

(3)利用采空区转移存储顶板水技术主要技术指标:采空区面积;采空区空间;年用水量;水质是否达到工农业用水标准。

(五)典型实例及成效

该技术已在陕西及内蒙古的神东矿区、万利矿区和金峰矿区推广应用,矿区水资源状况和生态环境得到显著改善。2005~2008年,神东矿区主要含水层地下水位恢复明显,采前采后水位差仅1~6米,保护矿区地下水资源39600万立方米,累计利用矿井水9900万立方米,保水开采技术扩大了煤炭开采区域,累计新增开采储量1.05亿吨。同时,神东矿区应用隔水关键层保护技术,避免了采动裂隙通道沟通上覆强含水层,消除了矿井水害发生,改善了矿井安全条件。

(六)推广前景

我国西部地区煤炭资源开发与地区水资源、环境保护的矛盾突出,矿区生产、生活及生态环境保护都需要大量水资源,保护好矿区水资源是解决水资源短缺的重要途径。国家已规划在晋、陕、内蒙古地区再建一批千万吨级特大型矿井,远景规划产量将达到10亿t以上。保护矿区水资源势在必行,该技术推广应用前景广阔。

十五、7米大采高综采工作面回采工艺

(一)技术类型

煤炭资源高效开采技术。

(二)适用范围

煤质比较坚硬(f=3~4)、厚6~7米的综采工作面。

(三)技术内容

1. 基本原理

利用煤层比较坚硬、煤壁稳定性较好的特点选用大采高液压支架及配套设备增大回采高度,将6~7米厚煤层一次采出,有效提高回收率。

2. 关键技术

(1)7米大采高液压支架的稳定性、安全性和可靠性;

(2)大采高强力滚筒采煤机的可靠性;

(3)大采高工作面的设备配套,优化组合,实现世界最大采高的超重型综采工作面;

(4)大采高综采工作面机头、机尾垂直过渡,减少三角煤丢失。

3. 工艺流程

(1)割煤方式。

采用一次采全高综采工艺,机头和机尾顶板采用垂直过渡进行割煤和支护;工作面运顺超前20米范围采用四柱支撑掩护式液压支架和单体液压支柱超前支护;回顺超前20米范围采用支架组进行超前支护。

工作面液压支架操作采用电液控制,顶板采用自然垮落法管理。

(2)装煤方式。

采煤机割煤时利用滚筒上的螺旋叶片旋转将煤抛至刮板运输机内。

(3)运煤方式及技术要求。

①刮板输送机将煤运至机头后侧卸入桥式转载机,经破碎机破碎后运至转载机机头卸入可伸缩带式输送机机尾。

②刮板运输机最大水平弯曲角1°,采用成组方式推移,滞后采煤机后滚筒14~15架支架,弯曲段不得小于32.8米,机头机尾成组推移长度不小于8架支架所占长度。

(四)主要技术指标

7米大采高液压支架(带伸缩梁)主要技术参数:

支架高度3.2~7.0米,支架中心距2.05米,工作阻力16800千牛,初撑力/工作阻力为73.6%,支撑强度1.39~1.43兆帕,底座大脚前端对地比压2.77~5.15兆帕,运输尺寸为9335毫米×1950毫米×3200毫米,立柱缸径500毫米,立柱供液采用快速供液阀双阀芯供液、旁路回液方式。

(五)典型实例及成效

神东煤炭集团上湾煤矿12206工作面宽318米,采用大采高综采后多采出原煤120万吨,产生经济效益42247万元;12105采用大采高综采开采年产达到1200万吨原煤生产水平。

(六)推广前景

使用7米支架后,每工作面盘活煤量120万吨,实现经济效益4.2亿元;使用7米大采高设备后,上湾矿预期盘活煤量3600万吨,预期实现经济效益总额119亿元。采用厚煤层一次采全高技术开采,可大大提高资源回收率,延长矿井服务年限。该项目的研究已经为矿井及公司带来巨大的安全效益和经济效益,还将带来更大的安全效益和经济效益,同时对矿区可持续发展及国内同类矿井厚煤层开采具有重要的借鉴意义。

十六、300米工作面综采技术

(一)技术类型

煤炭资源高效开采技术。

(二)适用范围

赋存稳定的近水平中厚、厚煤层。

(三)技术内容

1. 基本原理

结合矿区煤层地质条件,将工作面加长至300米,以减少工作面之间的煤柱留设数量、回采巷道掘进量、搬家倒面次数,提高盘区资源回收率。

2. 关键技术

(1)优化综采面设备配置,选用Φ42毫米刮板链,3×1000千瓦的变频电机,保障工作面设备运行正常。

(2)选用大工作阻力的液压支架,保证加长工作面顶板安全。

3. 工艺流程

采用综采一次采全高工艺。

(四)主要技术指标

采区回采率由84.8%提高到86.2%,提高了煤炭资源回收率。

(五)典型实例及成效

神华集团四盘区工作面布置,按长度240米可布置工作面13.5个,按长度300米可布置工作面11个,相比减少工作面间3条保护煤柱,多回收煤炭101.1万吨。按照300元/吨利润计算,多创经济效益3亿元;少掘进巷道17750米,巷道按照3000/米元计算,节约费用5325万元;综采工作面搬家倒面减少3次,按1381万元/次计算,本盘区共节省费用4143万元。

(六)推广前景

我国目前回采工作面的长度一般在200多米,条件差的仅100多米,也有少数条件好的达到或超过300米。根据地质条件提高部分回采工作面的长度是有可能的。随着回采工作面长度的增加,就可减少工作面之间留设的煤柱数量,提高采区资源的回收率。

十七、建筑物下综合机械化充填采煤技术

(一)技术类型

煤炭资源高效开采技术。

(二)适用范围

顶板比较稳定的薄及中厚煤层。

(三)技术内容

1. 基本原理

建筑物下综合机械化充填采煤技术就是将矸石、粉煤灰等固体废弃物经投料系统、井下运输系统运至工作面,再通过充填开采输送机充填至生产采空区,达到解放建筑物下压煤并控制覆岩运动及地表沉陷。

2. 关键技术综合机械化充填开采有三个关键技术:

(1)推压密实充填装备;

(2)采－充平行作业的充填采煤工艺;

(3)充填区域注浆补强工艺。

3. 工艺流程

将矸石与粉煤灰以合适比例(例如1∶0.31)混合后,通过投料系统、井下运输系统运至工作面,再通过充填开采输送机充填到采空区,由推压密实充填液压支架进行夯实。利用煤壁、支架和充填体对直接顶的不间断接力支护限制直接顶变形,使直接顶转变为基本顶,改变矿山压力岩梁传递作用岩层,从而控制矿压显现,达到解放建筑物下压煤并控制覆岩运动及地表沉陷的目的。

(四)主要技术指标

(1)主要设备参数:

①矸石投料系统:投料深度350~400米,投料能力450吨/小时。

②全封闭式充填液压支架:支护高度2~4.5米,采充平行作业,配合采煤与运输设备年产能力达100万吨。

③矸石膏体充填系统:膏体浓度大于80%,初凝时间4h,系统充填能力150立方米/小时。

(2)技术效果参数:

采区回采率85%以上,采空区充实率达90%,地面沉降变形控制在建筑物承受范围内。

(五)典型实例及成效

冀中能源股份有限公司邢台矿、东庞矿、邢东矿等矿山企业,解放村庄建筑压煤,延长矿井服务年限。邢台矿主采2号煤层,村庄及建筑物下压煤约3200万吨,其中村庄下压煤约1500万吨,邢台市区压煤(Ⅰ勘探区)约1700万吨。充填采煤试验成功后,可实现不迁村开采。按照目前我矿原煤平均价格710元/吨,成本按352元/吨计算,投资费用服务于现充填区,其储量为799.6万吨,按厚煤层75%采出率计,可采出煤炭量599.7万吨,可获经济效益425787万元,利润214692.6万元。

(六)推广前景

建筑物下综合机械化充填采煤技术的成功应用,能够盘活矿井呆滞煤量,解决“三下”压煤问题,是一套先进的矿井采煤技术,具有可观的社会推广价值,为全国煤矿生产提供了新方法,其主要意义:

(1)解决矸石与粉煤灰的地面排放造成环境污染与破坏和占地的问题;

(2)大大减轻边角煤柱产生冲击地压的威胁、减轻地表沉陷带来的生态破坏等问题;

(3)为解决我国“三下”压煤问题提供一条新的技术途径。

充填开采不仅适用于建(构)筑物、村庄下、水体下压煤的开采,对承压水体上煤炭的安全开采也是一条重要的技术途径。

十八、薄煤层综合机械化高效开采技术

(一)技术类型

煤炭资源高效开采技术。

(二)适用范围

0.8~1.3米薄煤层长壁机械化开采,煤层倾角小于45°,地质条件较稳定,煤层构造简单或中等。

(三)技术内容

1.基本原理

采用薄煤层矮机身滚筒式采煤机破煤和装煤、刮板输送机运煤和掩护式液压支架支护工作面顶板,实现生产过程全部机械化。

2.关键技术

基于滚筒式采煤机的薄煤层综合机械化开采技术与成套装备。

3.工艺流程

滚筒采煤机沿工作面煤壁采煤、并将采落的煤装入刮板输送机→液压支架降低高度并向煤壁侧推移并再次支撑顶板→ 刮板输送机向煤壁推移 → 开始二次采煤。

4.关键设备

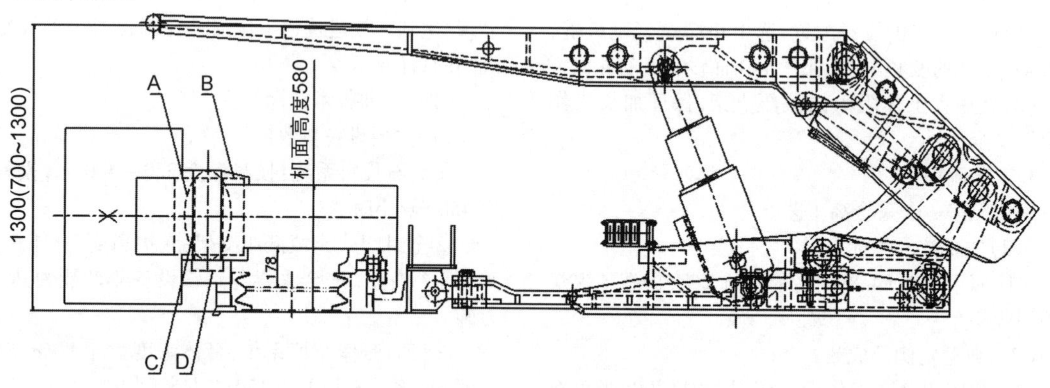

薄煤层滚筒采煤机综采成套技术设备

(四)主要技术指标

年产可达50万~120万吨,工作面工效可达40~80吨/工。

(五)典型实例及成效

薄煤层高效综采技术与成套装备已在西南、华东、东北、西北等全国18个矿务局采用,已回采0.8~1.3米薄煤层资源1亿多吨,产生直接经济效益300多亿元。四川华蓥山广能(集团)有限公司李子垭煤矿应用基于滚筒式采煤机的薄煤层开采技术开采1~1.3米薄煤层,月产达到6.58万吨。山东新汶矿业集团公司应用薄煤层综合机械化开采技术。薄煤层综采工作面投产以来,最高班产达到1307吨,最高月产5.6万吨,平均3.6万吨/月,是高档普采的2倍以上。

(六)推广前景

该技术解决了薄煤层开采的技术难题,实现了薄煤层综合机械化开采,对提高煤炭资源回收率具有重要意义。推广应用前景广阔,已推广至四川华蓥山煤业、大同煤业、兖州煤业、峰峰煤业、平顶山煤业、山东淄博煤业、阳泉煤业、贵州盘江煤业、沈阳煤业、四川攀枝花煤业、辽宁阜新煤业、晋城兰花煤业、枣庄煤业等矿区。

十九、刨煤机薄煤层开采技术

(一)技术类型

煤炭资源高效开采技术。

(二)适用范围

0.7~1.7米厚的薄煤层。

(三)技术内容

1.基本原理

采用刨煤机对0.7~1.7米薄煤层进行的综合机械化采煤,集“采、装、运”功能于一身,配备自动化控制系统实现无人工作面全自动化采煤。

2.关键技术

基于刨煤机的薄煤层开采成套技术装备。

3.工艺流程

刨煤机沿工作面煤壁采煤、并将采落的煤装入刮板输送机→液压支架降低高度并向煤壁侧推移并再次支撑顶板→ 刮板输送机向煤壁推移 → 开始下一个采煤循环。

(四)主要技术指标

要求工作面长度80~200米,走向长度400米以上,煤层倾角小于45°,年产可达50万~120万吨,工作面工效可达40~80吨/工。

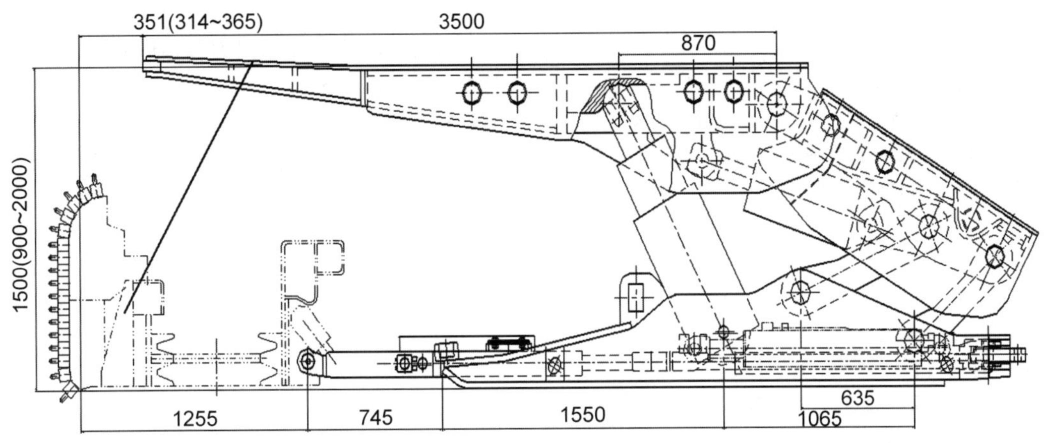

刨煤机综采机组配套图

(五)典型实例及成效

小青煤矿是铁法煤业(集团)公司主要生产矿井之一,刨煤机综采工作面煤厚平均1.3~1.4米,倾角5°~6°,工作面长150~195米,走向长750~900米,回采工作面原煤工效平均136吨/工。风凰山矿92034工作面采用刨煤机综采煤层厚度0.7~1.7米,平均1.49米,煤体硬度f=3~4,煤层倾角平均6°,工作面长214米,回采工作面原煤工效54.82吨/工。

(六)推广前景

该技术解决薄煤层开采的技术难题,实现薄煤层综合机械化开采,对提高煤炭资源回收率具有重要意义。

二十、薄煤层顺槽控制综采自动化工作面技术

(一)技术类型

煤炭资源高效开采技术。

(二)适用范围

顶底板比较稳定的0.7~1.3米缓倾斜煤层。

(三)技术内容

1.基本原理

利用网络、自动控制、通信、计算机、设备工况检测、故障诊断、电液控制及视频技术,将采煤工作面设备信息的处理与采煤生产工艺过程控制有机结合。

2.关键技术

采煤机记忆截割和自动调高技术;采煤机CAN总线通信技术;液压支架电液控制技术;全煤壁连续监视技术;综合监视、集中控制技术;风幕式主动防尘风罩技术;电缆自动收放技术。

3.工艺流程

(1)控制采煤机割一刀为示范刀;

(2)根据示范刀,进行记忆自动割煤;

(3)同时实现液压支架的自动移设和刮板输送机的自动推移;

(4)在记忆割煤基础上,根据工况监测对采煤机进行有线远程干预和控制。

(四)主要技术指标

煤层厚度0.7~1.3米。

(五)典型实例及成效

峰峰集团薛村矿用时9个月投资3700万元对ZY3300/07/13D型掩护式液压支架持续改造,引进薄煤层数字化工作面控制系统,采用MG160/360-BWD型电牵引采煤机及其他关键技术,实现顺槽控制的综采工作面自动化生产,盘活峰峰集团生产矿井薄煤层资源,产生经济效益7074万元。

大力公司矿业有限公司用时6个月投资2900万元,通过对掩护式液压支架的持续改造,引进薄煤层数字化工作面控制系统应用薄煤综采自动化生产工艺,通过对变频调速电牵引采煤机(MG160/360-BWD)型进行技术改造,增加记忆截割、自动调高等技术,实现顺槽控制的综采工作面自动化生产。盘活呆滞资源5000万吨以上,产生经济效益3360万元。

(六)推广前景

该技术提高了煤矿装备科技水平及煤炭资源的开采效率,降低工人劳动强度,为国内综采工作面自动化技术的应用和推广积累了成功经验,有广泛的应用和推广前景。

二十一、急倾斜中厚煤层综采技术

(一)技术类型

煤炭资源高效开采技术。

(二)适用范围

45°~60°急倾斜中厚煤层开采。

(三)技术内容

1.基本原理

采用适应急倾斜开采工艺,解决设备防倒防滑、飞矸伤人、人员行走困难和端头可靠的安全出口问题,实

现安全高效生产。

2. 关键技术

(1)设备防倒、防滑;

(2)防飞矸伤人;

(3)出口、行人安全控制;

(4)安全出口顶板管理。

3. 工艺流程

落煤→降架前挡矸装置→推溜→降架间挡矸装置→拉架

(四)主要技术指标

工作面倾斜长 120 米,煤层倾角 45° ~60°,煤厚 1.8 ~2.5 米,资源回收率提高了 30% ~50%。成套设备适应最小采高 1.3 米,最大采高 3.5 米,

(五)典型实例及成效

黑龙江龙煤集团双鸭山东保煤矿为 45° ~60°急倾斜煤层,主要加强了采煤机、输送机和液压支架的稳定性,解决了工作面设备的防倒防滑、上、下端头液压支架的合理使用和可靠性;以及煤层顶板因片帮空顶后发生大面积冒落等问题。

通过采用急倾斜中厚煤层综采技术产生资源效益:3212 工作面地质储量为 84.1 万吨,采用急倾斜煤层综合机械化开采按最低回采率 95% 计,可产原煤 79.9 万吨。利用柔性掩护支架采煤,资源回收率最大为 85%,可产原煤 71.5 万吨。二者相比,急倾斜煤层综合机械化开采可多生产原煤 8.4 万吨。产生经济效益:按多生产原煤 8.4 万吨计,可增加销售收入 5065.7 万元。

(六)推广前景

综合机械化采煤是提高采煤工作面煤炭资源回收率的有效途径,也是实现安全高效开采的有效途径。我国急倾斜煤层分布较广,储量较丰富,采用急倾斜综采技术,可使煤炭资源回收率提高 30% ~50%,推广前景广阔。

二十二、易选煤复合式干法选煤技术与工艺

(一)技术类型

煤炭资源高效洗选技术。

(二)适用范围

主要用于干旱缺水地区排矸脱硫。

(三)技术内容

1. 基本原理

借助机械振动使分选物料在床面上做螺旋翻转运动,料层上部低密度矿粒逐次被剥离,形成精煤产品;利用入选原煤中所含细粒煤作为自生介质,与床面上升气流组成气 - 固两相混合悬浮体进行分选;利用高密度矸石颗粒相互挤压碰撞产生的浮力效应强化煤矸分离;利用析离和风力的综合作用进行分选;物料通过床面上设置的平行格条及沟槽分选。

2. 关键技术

风力干选,利用上吹风力对梯形振动筛面上的物料按密度进行分选。

3. 工艺流程

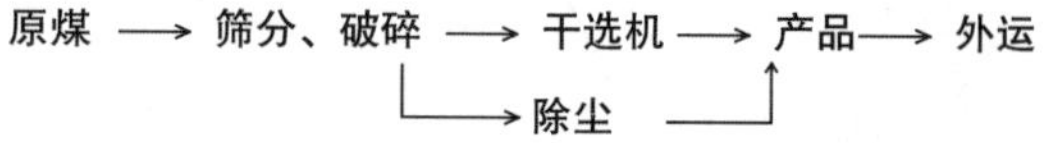

原煤 → 筛分、破碎 → 干选机 → 产品 → 外运

(筛分、破碎 → 除尘 → 产品)

复合式干法选煤工艺流程

(四)主要技术指标

(1)分选密度 Sp = 1.8 ~2.0 克/立方厘米;

(2)可能偏差 Ep = 0.13 ~0.2;

(3)不完善度 I = 0.08 ~0.12;

(4)数量效率 η = 90% ~96%。

(五)典型实例及成效

复合式干法选煤技术已在全国 26 个省、市、自治区推广,应用 885 台(套)各型号的复合式干法选煤设备,并向美国、俄罗斯、乌克兰、南非、土耳其、巴西、印尼、菲律宾、朝鲜、蒙古、越南等十几个国家出口设备。神华集团金锋公司韩家村选煤厂、开滦蔚州矿业单侯矿、朔州小峪煤矿等已采用该项技术,并取得显著成效。神华集团韩家村选厂建成年选煤 700 万吨的风选车间,重点处理 50 ~0 毫米的混煤,解决了风选室内布置粉尘污染与供暖问题。

(六)推广前景

我国陕北、内蒙、宁夏等地区煤炭资源丰富,水资源缺乏、自然环境干燥少雨、煤产量巨大,而且随着主要煤产地的西移,复合式干法选煤技术与工艺有广阔的应用前景。

二十三、贫煤和贫瘦煤高炉喷吹燃烧技术

(一)技术类型

煤炭资源高效洗选技术。

(二)适用范围

凡低硫、低灰贫煤和贫瘦煤均可应用。

(三)技术内容

1. 基本原理

根据贫煤和贫瘦煤显微结构、喷吹、燃烧和安全性能,确定不同高炉炉型喷吹贫煤和贫瘦煤的喷煤指标及操作工艺,利用贫煤和贫瘦煤高炉喷吹安全监控系统、高炉喷吹贫煤和贫瘦煤的专用燃烧促进剂,解决高炉喷吹贫煤和贫瘦煤安全问题,实现贫煤和贫瘦煤的高炉高效喷吹燃烧,节约稀缺的炼焦煤资源。

2. 关键技术

(1)贫煤、贫瘦煤煤粉高炉燃烧方式与参数;

(2)贫煤、贫瘦煤煤粉高炉喷吹燃烧工艺与流程控制技术;

(3)贫煤、贫瘦煤煤粉燃烧促进剂;

(4)贫煤、贫瘦煤煤粉燃烧安全防爆技术。

3. 工艺流程原煤球磨机粉碎→粗粉和细粉分离器分离→煤粉收集→煤粉分配器配送 喷枪喷入高炉风口→高炉炉内燃烧供热。

（四）主要技术指标

（1）煤粉粒度 80 ~ 200 目（0.074 ~ 0.175 毫米），煤铁比 100 ~ 200 千克煤/吨铁。

（2）高炉喷吹贫煤和贫瘦煤在工艺优化条件下燃烧率达 62% ~ 79%。

（3）高炉回旋燃烧区温度达 2300℃ ~ 2400℃，CO 平均浓度约 30%。

（4）贫煤和贫瘦燃烧促进剂提高燃烧率 14% ~ 21%，并可抑制爆燃危险发生。

（五）典型实例及成效

"十一五"以来，高炉喷吹贫煤和贫瘦煤技术已在武钢、鄂钢、唐钢等全国 20 余家钢铁公司推广应用。全国冶金行业年消耗贫瘦煤种的喷吹煤约 3500 ~ 4000 万吨，降低成本 350 亿 ~ 400 亿元。山西潞安煤业集团年销售高炉喷吹煤约 600 万 ~ 800 万吨，较销售贫瘦煤原煤增加经济效益 15 亿 ~ 20 亿元。

（六）推广前景

节约资源方面：每 1000 万吨喷吹煤可替代优质炼焦原煤 1333 万吨，可节约煤炭 333 万吨。环境保护方面：应用 1000 万吨喷吹煤可减少炼焦废气排放 13940 吨、煤粉尘排放 28800 吨、废水排放 1124 万吨，资源综合利用潜力巨大。

贫煤、贫瘦煤是介于烟煤与无烟煤之间的煤种，全国储藏量约 1468 亿吨，约占已探明煤炭资源的 15%。本技术经济和社会效益显著，推广应用前景广阔。

二十四、煤矿区煤层气地面钻井抽采技术

（一）技术类型

煤炭资源综合利用技术。

（二）适用范围

适用于中硬、中渗透率、高含气量煤层的煤层气开发。

（三）技术内容

1. 基本原理

采用地面钻井进入煤层排采煤层解吸和游离态的煤层气。

2. 关键技术

钻井工艺，水力压裂，煤层气排采工艺。

3. 工艺流程

钻井→固井→测井→ 完井→压裂→排采→集输。

（四）主要技术特点

根据矿区煤层赋存条件和地形地貌，地面钻井可选用垂直井、丛式井、水平井、水平羽状井等开采煤层气。钻井参数、井间距、井深等基本参数依据矿区具体条件设计。如晋城矿区采用直径 8 英寸（215.9 毫米），下 7 英寸半（190.5 毫米）套管，井间距选用 300 米 × 300 米。

（五）典型实例及成效

该技术已在晋城、韩城、阜新、阳泉、淮南、淮北等矿区应用。晋城无烟煤集团已形成直井为主的地面钻井规模化开采煤层气。2010 年地面井抽采煤层气 9.08 亿立方米。

（六）推广前景

煤矿区地面煤层气开采技术解决了煤层透气性低、解吸难度大的难题，形成了从钻井、完井、压裂抽采和集气输送的成套工艺，实现了商业化运营，可以在各煤层气富集矿区推广应用。

二十五、煤矿矿井乏风能量利用技术

（一）技术类型

煤炭资源综合利用技术。

（二）适用范围

适用各类矿井。

（三）技术内容

1. 基本原理

矿井总回风温度、湿度基本保持恒定，其中蕴藏大量低温热能，通过热泵技术回收总回风中的低温热能，满足工业广场地面建筑采暖、井筒防冻及洗浴热水的需求。回风热交换器换热的同时可降低主扇噪音，并使总回风流得到净化，实现煤矿不燃煤，取消燃煤锅炉，减少大气污染。

2. 关键技术

矿井乏风热能提取技术，热交换技术。

3. 工艺流程

矿井回风热交换器实现将矿井回风中所蕴含的大量低温热能通过喷淋换热方式转移到循环水里面，循环水作为热泵系统的低温热源。制热工况时，热泵系统提取循环水中的热量，循环水温度有所降低（一般 5℃）；制冷工况时，热泵系统向循环水中放热，循环水温度有所提高（一般 10℃）。经过热泵系统后的循环水再重新送入矿井回风热交换器进行热交换，循环往复。热泵系统制热工况时，制出热水（一般 50℃以上）作为供暖、井筒防冻、洗浴热水的热源。热泵系统制冷工况时，制出冷水（一般 7℃）作为夏季空调的冷源。

（四）主要技术指标

通风局部阻力、主扇噪音。

（五）典型实例及成效

河北金牛能源股份有限公司章村煤矿、葛泉煤矿、邢东煤矿，冀中能源邯郸矿业集团云驾岭煤矿、张煤集团康保煤矿，兖州矿业集团兴隆庄煤矿、赵楼煤矿，淄博矿业集团许厂煤矿，山西焦煤汾西集团曙光煤矿、新峪煤矿,肥城矿业集团杨营煤矿。

该技术成果首先在河北金牛股份公司东庞矿得到应用,按照《煤炭工业矿井设计规范》(国家标准GB50215-2005),煤矿风井供暖空调、井筒防冻已不准许采用燃煤锅炉。东庞矿井总回风中蕴藏大量低温热能,北风井风量100立方米/秒;温度冬季18℃,相对湿度为95%;夏季21℃,相对湿度为95%,矿井回风中冬天可以提供的热量为2298千瓦,夏季可以吸收热量1777千瓦。采用矿井回风源热泵系统及配套技术能够有效提取这些热能,电力消费低于提取热量的20%。

此技术的应用取得良好效果:

(1)实现工业广场建筑冬季供暖、夏季制冷,全年提供卫生热水功能,运行参数符合《煤炭工业矿井设计规范》(国家标准GB50215-2005)规定。每采暖季可减少煤炭消耗2958吨,减少CO_2排放7690吨。

(2)矿井回风热交换器降低主扇噪音33分贝,同时使得扩散塔出口风流得到净化,仅增加的通风局部阻力38帕。

(3)经过井筒防冻散热器后进风混合温度2℃以上;井筒防冻散热器噪音不超过50分贝。

(六)推广前景

按照2007全国煤炭年产量25.5亿吨计算,预计全国矿井总回风量222233立方米/秒,可利用热量10436334千瓦,约折合2485万吨标准煤/年。按回收50%热量计,相当于减少煤炭燃烧约1242.5万吨/年,减少CO_2排放3230万吨/年。此技术在煤矿中具有节能减排的突出效果,推广前景广泛。

二十六、矸石电厂及瓦斯发电余热热电冷联供技术

(一)技术类型

煤炭资源综合利用技术。

(二)适用范围

高瓦斯、高地温矿井。

(三)技术内容

1. 基本原理

利用矸石电厂和瓦斯电站发电余热为动力,采用溴化锂吸收式制冷机、离心式电制冷机制出的低温冷水,由保温管输送至井下冷媒分配站,再由井下冷媒分配站将冷水分配到井下各采区采掘头面,经末端设备(空冷器)将冷水中冷量转换为冷风,以达到降温效果。

2. 关键技术

溴化锂吸收式制冷技术;井下冷媒高低压交换、分配及控制技术等。

3. 工艺流程

地面集中制冷系统:冷媒回水→蒸汽型溴化锂制冷机→离心式电制冷机→冷媒水循环泵→冷媒供水。井下供冷系统:地面冷媒水供水→三腔冷媒分配器→输冷供水管→采区分配站→空冷器→输冷回水管→二次循环水泵→三腔冷媒分配器→地面冷媒水回水。

(四)主要技术指标

降温总制冷量21兆瓦,制冷机组用电负荷约为2000千瓦,用蒸汽量为19.2吨/时,其中利用瓦斯发电余热蒸汽量约为7.2吨/时,矸石发电厂蒸汽量为12吨/时。

(五)典型实例及成效

潘一矿井南风井热电冷集中降温项目选用溴化锂机组回收瓦斯发电机组余热,用于井下高温工作面制冷,设置余热锅炉,多余烟气进入余热锅炉制取蒸汽向潘一南风井工业广场供热。主要设备瓦斯发电机组、溴化锂制冷机组,螺杆压缩制冷机,离心制冷机,冷却及一、二级冷水循环泵,高低压热交换器,末端空冷器等。用时2年,投资21600万元,产生资源效益:瓦斯发电3912万千瓦时;年利用瓦斯1057万立方米;节约标煤量0.756万吨;年供冷量44.2万千瓦。经济效益:瓦斯发电年所得税后利润346万元。

丁集矿井热电冷集中降温项目选用溴化锂机组回收瓦斯发电机组余热用于井下高温工作面制冷,设置余热锅炉,多余烟气进入余热锅炉制取蒸汽向工业广场供热。瓦斯发电机组、溴化锂制冷机组,离心制冷机,冷却循环及一、二级冷水循环泵,高低压热交换器,末端空冷器等。用时一年,投资29128万元,产生资源效益:瓦斯发电2589万千瓦时;年利用瓦斯700万立方;节约标煤量0.5万吨;年供冷量126.44万千瓦。经济效益:瓦斯发电年所得税后利润269万元。

(六)推广前景

煤矿生产井中存有大量的瓦斯气源,合理、高效地利用这部分资源,减轻环境压力,并实现节能、减排、经济的目标具有重要意义。许多学者研究认为发展热电冷联供技术具有实现此目标的潜力。

热电冷联供系统,是一种建立在能源梯级利用概念基础上,将供热、制冷及发电过程一体化的能源综合利用系统,受到许多发达国家的重视并被称为"第二代能源系统"。

由于热电冷联供系统从原理上实现了对能源的梯级利用,因而,科学合理的联产系统配置与利用方式,相对传统的燃煤分产系统而言,将有较大的节能潜力。同时,系统能源利用效率的提高及瓦斯气清洁能源的应用,对降低二氧化碳及其他空气污染物(SO_x、NO_x和烟尘等)排放有着积极作用。

二十七、急倾斜近距离煤层群瓦斯抽采技术

（一）技术类型

煤炭资源综合利用技术。

（二）适用范围

急倾斜近距离煤层群的高瓦斯、煤与瓦斯突出矿井。

（三）技术内容

1. 基本原理

在煤层底板较坚硬的岩层内布置专用瓦斯抽采巷道，在抽采巷道内每30～60米布置一个钻场。每钻场布置3～5个扇形钻孔。钻孔封孔后与井下抽采系统联结抽采煤层瓦斯。

2. 关键技术

选择合理的钻孔布置方式和钻孔参数，保证抽采钻孔封孔的严密性，防止抽入空气。

3. 工艺流程

钻孔施工→ 封孔→ 与抽采管路系统联结→ 抽采瓦斯

（四）主要技术特点

根据矿井采掘布置及开采程序可以采用该技术进行预抽煤层瓦斯，也可以抽采保护层开采时的卸压瓦斯，也可以抽采围岩溶洞中的瓦斯。中梁山煤矿应用该抽采技术时，钻孔直径分为φ25毫米、φ90毫米、φ108毫米，钻孔深度100～150米，钻孔倾角－25°～90°，钻孔终孔间距10米，钻孔有效抽采半径5米。

（五）典型实例及成效

中梁山煤田系完整封闭背斜构造，无煤层露头，上覆围岩封闭性好，致使瓦斯在煤层中及采空区聚集，采用该技术在保证预抽煤层瓦斯的条件下，还进行了卸压抽采，采空区密闭、溶洞裂隙瓦斯抽采。近三年共抽采瓦斯15355万立方米，取得显著的安全、经济和环境效益。

（六）推广前景

中梁山煤田特殊的地质条件（煤田系完整封闭背斜构造，无煤层露头，上覆围岩封闭性较好，瓦斯不易逸散），致使瓦斯在煤体中及采空区大量积聚，南、北井属急倾斜近距离煤层群，煤层瓦斯含量丰富，采空区瓦斯富积量大，补给容易。通过对“急倾斜近距离煤层群瓦斯抽采技术”推广应用，在保证矿井基本的煤层瓦斯预抽技术实施条件下，进行卸压抽采，结合空区、密闭、溶洞裂隙、巷道抽采等综合抽采瓦斯，成本低，投入少，工艺简单，技术可行，效果明显，大大提高了矿井瓦斯抽采量，杜绝了矿井瓦斯事故，安全经济效益明显，对于类似赋存条件下的矿井具有推广价值。

第三篇　金属类

二十八、山西式沉积型似层状铝土矿薄矿体分级分层综合开采技术

（一）技术类型

金属矿山高效采矿技术。

（二）适用范围

山西式沉积型铝土矿及伴生资源开采。

（三）技术内容

1. 基本原理

山西沉积型铝土矿总体上呈层状、似层状、漏斗状分布，矿体平均厚度为5米，矿体依上到下分别为黏土矿、铝土矿（内部又分为普铝、高铝、普铝）、铁矿。矿山过去主要采用混采的方式，一次性回采铝土矿，清顶过程中，黏土矿作为废渣直接外排至排土场，底板铁矿作为氧化铝生产的配料，开采量很小，大部分直接遗弃在采场，由于矿山采用内排土方式，大量废渣堆无法进行开采。

该技术在分级分层开采理论指导下，依靠可视化三维开采环境数据平台技术，利用中、小型设备分5层，逐序分级分层高效开采黏土矿、铝土矿（低、高、低A/S品位）和铁矿，实现资源综合利用效益最大化。

2. 关键技术

（1）矿山三维开采环境数据平台建设与可视化模拟开采技术

针对沉积型铝土矿复杂成矿特征，研究构建沉积型铝土矿开采环境的三维数据平台的方法，为层状、似层状薄矿体开采的科学决策、设计和生产规划与管理提供支撑技术平台。针对矿山的地表地形和钻孔地质资料，研究建立沉积型露天矿山地表的DTM模型、地质钻孔数据库的方法；综合地质统计分析理论模型，遴选地质钻孔组合样本的最佳长度值，估算Al_2O_3、SiO_2、Fe_2O_3、A/S的品位分布规律，研究沉积型铝土矿床的三维块段模型的手段；探究层状、似层状矿体的层位分界方法，构建层面间界限模糊的沉积型铝土矿岩（矿）体层面模型。

（2）合理边际A/S品位动态分级控制和距离判别分层技术

基于沉积铝土矿的复杂成矿环境，探究支撑沉积铝土矿的分级分层开采理论模型，指导矿山规模化高效开采。应用微观经济学边际理论方法，构建沉积型铝土矿的动态边际品位分级控制理论模型，探寻不同约束条件下铝土矿石开采的分级规律；基于马氏距离判别法，综合分析影响损失率、贫化率、围岩混入率的各要素特征，研究多指标的分层判别函数关系，实证分析所建模型的优良性，探索沉积型铝土矿的规模化、高

效开采的支撑理论框架。

(3)露天条带式开采工艺流程优化技术

基于分级分层理论和三维数据平台技术,研究影响薄矿体分级分层开采的关键技术参数和工艺方法,指导沉积型铝土矿的规模化高效开采。研究沉积型铝土矿开采的合理工艺参数,明确夹石的剔除合理厚度、围岩清除标准,通过与普通混采工艺开采的技术经济对比,分析分级分层开采理论的适用性和工艺技术的可靠度,指导沉积型铝土矿山高强度开采。

(4)内排土条件下采场端帮边坡角优化技术

根据孝义铝矿生产的整体安全,建立了内排条件下铝土矿山三维临界边坡设计计算模型。在确保开采期间及闭坑后边坡安全的前提下,利用内排土,孝义铝矿的边坡角可以由原来设计的45°增加到48.3°,端帮最终边坡角提高7.5%以上;每米端帮边坡减少剥离量为5138.4立方米,占端帮剥离量的6.4%。

(5)“剥离—排土—采矿—复垦”一体化生态开采技术

基于三维开采环境数据平台,研究矿山生态复垦理论和技术,探寻沉积型矿山“剥离—采矿—排土—复垦”一体化生态开采技术。减少复垦工程成本和能耗,缩短土地占用周期;遴选培肥的优良植株,迅速恢复矿山区域生态环境,从源头上解决沉积型铝土矿山高效开采耗地量大的难题,实现矿山生态环境的和谐发展。

3.工艺流程

剥离主要为“铲运机-汽车”和“松土机-前装机-汽车”工艺;清顶主要采用“松土机-前装机-汽车”工艺结合“反铲-汽车”工艺进行;对于局部围岩坚硬地段辅助松土机、前装机、汽车作业。三角矿带的清顶主要以松土机、前装机、汽车为主,局部辅助反铲-汽车。

(四)主要技术指标

(1)铝土矿的综合回采率由原设计的90%,提高到96%;

(2)伴生铁矿回收率由原来的0%,提高到86%;

(3)伴生黏土矿回采率由原来的0%,提高到86%。

(五)典型实例及成效

孝义铝矿西河底矿区,建设规模50万吨/年,投资额2300万元,建立了沉积型铝土矿三维开采环境数据平台,实现可视化指导下的精细开采;优化改造生产工艺流程,增加分级分层开采控制工艺,实现资源利用效率最大化;利用部分采空区,改造为堆矿场及简易破碎场,减少征地面积;新建地磅及附属设施,建设周期2年,投资回收期0.5年。实施后投产后,黏土矿的回采率由0提高到86.03%;伴生铁矿矿回收率平均为86%;伴生黏土矿平均回采率为86%,年增加经济效益2000~3000万元。

(六)推广前景

该技术可以为孝义铝矿西河底伴生资源铁矿1865.2万吨,黏土矿1502.1万吨的开采提供技术支撑。同时,山西式沉积型铝土矿储量约占全国资源储量的21.76%,约10亿吨,该类铝土矿矿床普遍伴生有黏土、山西式铁矿,一般没有达到规模化开采技术标准,没有列入大型矿山的开采初步设计范围内。在当前市场条件下,开采此类伴生资源,经济效益显著。山西式沉积型铝土矿床为该技术的应用推广提供了广阔的空间。

二十九、金属矿山高浓度及膏体细尾砂充填技术

(一)技术类型

金属矿山高效采矿技术。

(二)适用范围

矿山开采,尾矿综合利用、回填与干堆等。

(三)技术内容

1.基本原理

将不同粒度和性质的尾砂分离开来,分别采取不同的脱水方式,选用不同的脱水设备,以提高整体的脱水效果和降低生产成本;深锥浓密机脱水工艺技术在传统的深锥浓密机基础上进行合理化改造,增加了底流浓度的稳定性和可靠性;充填料均匀搅拌设备及控制技术采用专用的高效和节能搅拌设备进行搅拌,通过软件模拟批量生产工艺过程进行控制,达到各种充填物料的高度均匀和连续制备的目的,减少了充填灰砂比。

2.关键技术

低成本细尾砂脱水及控压助流技术;尾砂分级脱水技术;深锥浓密机脱水工艺技术;充填料均匀搅拌设备及控制技术;充填料满管输送技术;充填采场工艺技术。

3.工艺流程

根据控压助流的技术原理,通过采用中国恩菲的专利脱水装置或采用分级脱水技术、深锥浓密机脱水工艺技术,将细粒级尾砂(-20微米全尾砂可占40%以上)直接低成本地制备成高浓度(74%以上)料浆或膏体从脱水装置底部排出,可以再适当添加水泥、粉煤灰、炉渣等搅拌混合均匀后,通过管道自流或泵送设备输送至井下采矿区或地表尾矿堆场,以达到提高采矿回收率和资源综合利用的目的。

(四)主要技术指标

对于极细粒级的全尾砂(-20微米全尾砂约占40%以上)直接制备成高浓度(74%以上)砂浆,解决

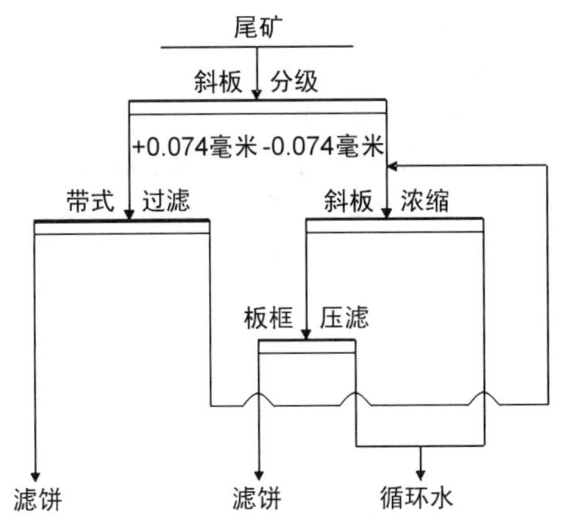

尾砂分级脱水示意图

了传统立式砂仓充填工艺存在的上述缺点。底流尾砂浓度为74%～80%；流量可达到50～200立方米/时。采用此工艺技术用于充填可使采矿回收率达到90%～97%左右。

(五)典型实例及成效

崇礼紫金矿业有限责任公司，采矿能力2500吨/天，充填站及输送系统总投资约2943.08万元，建设周期1年，投资回收期1年，使以前不能回采的残矿得以回收，矿山服务年限得以有效延长，采矿回收率提高约15%以上；减少地表尾矿排放量约60%，年增加经济效益超过2000万元。

冬瓜山铜矿充填系统，建设规模10000吨/天，占地面积1600平方米，总投资11600万元，运行费用约3800万元/年，综合利用效益4363万元/年，投资回收年限为4年，开采回采率提高8%以上。

(六)推广前景和节约与综合利用潜力

我国是一个矿产资源大国，矿业尾矿废料的积存量和年排放量都十分巨大。尤其是在提倡可持续性发展的当今社会，资源的合理有效利用显得尤为重要。目前，选矿以后产生的废料多储存于地表尾矿库中，这些尾矿不仅要侵占大量的土地资源，还要污染着矿区与周边地区的环境；而且，每年还需要投入大量的废料处理资金，尾矿的处理已成为矿山企业沉重的包袱。

随着近些年来矿业资源需求的增加，采用充填法采矿的矿山也越来越普遍。充填技术是充填采矿方法的核心所在。胶接充填技术的发展给采矿业的许多技术难题找到了解决问题的途径。胶接充填技术可以使大矿体矿柱回采率大幅提高，从而提高矿石回收利用率。对于深井大规模开采矿山，为有效地控制深井开采引起的地压灾害，缓解岩爆威胁，实现矿山大规模、安全、高效的开采，就必须对井下采空区及时进行回填。利用胶结充填技术既可提高矿山的资源利用率、保护远景资源、防止地表塌陷，又可减少固体废料向地表排放，是充分利用尾矿资源，发展节地、节能、节材、环保、废物利用的直接有效的途径，也是现代采矿工业中一项支撑矿业可持续发展的战略高新技术。

在应用胶结充填的相当长的一段时期内，多数矿山的实际生产中使用的充填浓度一般低于70%，在胶结充填中料浆充入采场脱水过程中，料浆离析带走胶结水泥和细粒级尾砂，污染采场作业环境，给井下排水排泥造成麻烦，水泥的流失也会影响充填体的强度。采用分级尾砂作为充填料，就要将细粒级尾砂输送至尾矿库，给堆坝增加了难度，提高了尾矿库的建设成本。传统设计的分级尾砂高浓度制备技术的尾砂脱水浓度达不到大规模充填的要求，井下排水工作量大；而现有国内外的全尾砂脱水工艺比较复杂，充填设备成本以及生产维护成本较高，这都使得许多矿山都望而止步。当前，找到工艺流程简单可靠，易于操纵控制，投资成本节省的适合的全尾砂或细尾砂浓缩脱水新工艺、新装置是世界范围内迫切需要解决的问题，也是一直困扰国内外广大矿山工程技术人员的难题。

本技术作为一种新型高效的充填方法或干堆技术，能最大限度的利用尾矿资源，以减少对环境的污染。目前，我国经济增长保持稳定，矿产资源需求旺盛，矿山充填/尾矿排放具有很好的市场前景和极大的推广价值，应用本充填新工艺和新装置经济效益和社会效益十分显著，行业需求十分迫切。

三十、采场交替上升无房柱连续开采及宽进路充填采矿技术

(一)技术类型

金属矿山高效采矿技术。

(二)适用范围

采场交替上升无房柱连续开采充填采矿法适用于矿体水平厚度大于25米的矿体，宽进路充填采矿法适用于矿体水平厚度小于25米的矿体。

(三)技术内容

1.基本原理

采场交替上升无房柱连续开采充填采矿法采用分段隔一采一的回采方案，分两步进行回采。先一步采后二步采，一步采超前二步采一个分段。同一个采场在不同分段进行回采时，有一步采和二步采之分，一步采和二步采是交替的，一步采与二步采在垂直空间上是交互进行的，每个分段的一步采在高度方向上是交互进行的。

2.关键技术

采场交替上升无房柱连续开采充填采矿法分段高度10米，矿房矿柱宽度均为10米，采场内不留底柱、间柱、点柱、上盘护顶矿柱，只留3米顶柱。宽进路采矿法回采进路宽度为 3 ~5 米,采用从两翼向中央依次回采作业方式。

3. 工艺流程

采场交替上升无房柱连续采矿新工艺技术的本质是:将矿体沿走向划分为间隔布置的采场,多个房柱采场构成一个盘区;采用脉外无轨采准系统,由斜坡道、脉外分段平巷和脉外集中出矿溜井构成;用机械化上巷分层充填采矿法开采;采一层,充填一层。盘区回采顺序是先采一步矿房,后采二步矿柱;所有一步矿房同时向上回采,一步矿房采完 1 个回采单元后,充填接顶,一步矿房临时性停采并改采二步矿柱;二步矿柱回采 1 个单元后转换为一步矿房单元,再向上回采 2 个单位后充填接顶,转为继续回采一步前期一步矿房,此时原一步矿房转换为二步矿柱;采场开采过程中没有固定的矿房或矿柱,矿房与矿柱在开采过程中不停转换;反复如此,直至矿块回采完毕。该采矿工艺具有提高回采安全性、实现连续开采,降低资源贫化率,减少支付成本,增加企业效益等显著特点。

(四)主要技术指标

原点柱采矿法损失率平均 24%,贫化率 8%;采场交替上升无房柱连续开采充填采矿法综合生产能力为 450 吨/天,损失率为 4.97%,贫化率为 6%。宽进路采场平均生产能力为 60 吨/天,损失率为 6%,贫化率为 7%。

(五)典型实例及成效

山东黄金矿业(莱州)有限公司三山岛金矿 2009 ~2011 年,投资 9000 万元进行技术改造,建设周期 2 年,多回收资源 60 万吨,年创造直接经济效益 1.5 亿元,投资回收期 7 个月。采场交替上升无房柱连续开采充填采矿法生产采场个数占采场总数的 20% 左右,宽进路采场占 80% 左右,两种采矿方法采矿工艺应用非常成熟,存在问题是采场交替上升无房柱连续开采二步采受两侧充填体强度影响较大,一般回采相对较危险,需要进行长锚索支护。宽进路采场充填接顶较困难,对下一步回采造成较大影响。

(六)推广前景

采场交替上升无房柱连续开采充填采矿法及宽进路充填采矿法在同类矿山具有广泛的应用前景,特别是采场交替上升无房柱连续开采充填采矿法,具有生产能力大,损失率贫化率较低,适用大型无轨机械化作业的优点。

三十一、金矿充填开采技术

(一)技术类型

金属矿山高效采矿技术。

(二)适用范围

适用于地下开采的矿山。

(三)技术内容

1. 基本原理

将掘进废石回填至采空区,减少主竖井提升废石量,实现矿山最大可能的扩产增效;减少地表废石排放压力,有利于环境保护,使矿山开采的经济效益、社会效益与生态环境效益达到协同增长。

2. 关键技术

(1)建立矿山生产动态管理系统,严密制定采掘生产作业计划。及时调整采充平衡,严格控制采掘节奏,确保采掘工程进度与提升运输及充填能力严格匹配。

(2)建立矿山生产智能调度与指挥系统,通过数字矿山平台实时管控生产流程,保证井下运输系统与采掘生产实现无缝对接,保证设备有效运转率趋于最大化。

(3)结合数字矿山管控平台,利用系统工程,运筹确立井下无轨运输设备最佳运行路线,提高设备有效运转率。

(4)优化采场回采参数,调整运输辅助工程工程参数,确保车辆高效存储废石。

3. 工艺流程

掘进废石→铲车将毛石装入坑内卡车→运至待充采场→充填

(四)主要技术指标

(1)扩产增效费用 1.58 亿元/年。

(2)节省提升费用 105 万元/年。

(3)减少坑内废石运输费用 287 万元/年。

(4)减少充填费用 515 万元/年。

(五)典型实例及成效

山东黄金矿业股份有限公司新城金矿采用主竖井、主斜井两套提升系统,年采掘总量可达 180 万吨,选厂日处理矿石量 4500 吨/天,掘进毛石量 30 万吨/年。在井下实行无废开采,减少废石的提升、运输,增加矿石的提升量,对矿山的发展意义重大。技改投资 200 万元,建设期 1 年,投资回收期 1 年。

(六)推广前景

随着矿山开采深度的增加,掘进废石运输、提升成本不断攀升,推广无废开采技术,不仅增加了矿石提升能力,为矿山的扩产增效创造条件,而且减少了地表废石排放压力,有利于环境保护,促进矿山节能减排工作的发展,使矿山开采的经济效益、社会效益与生态环境效益达到协同增长。

2012 年新城金矿预计掘进产生废石约 30 万吨,约 95% 的废石可运至采空区,因毛石回填而增加的矿石提升量为 28.5 万吨,经计算,扩产增效费用为:285000 吨 × (2.7 克/吨 × 0.933 × 330 元/克 − 333

元/吨) = 1.42 亿元/年;节省废石提升、运输费用:285000 吨 × 13.6 元/吨 = 388 万元/年;减少充填费用:285000 吨 ÷ 2.64 吨/立方米 × 1.2 × 35.2 元/立方米 = 456 万元/年。

三十二、低品位金矿高效利用技术

(一)技术类型

金属矿山高效采矿技术。

(二)适用范围

适用于金矿开采的各类采场。

(三)技术内容

1. 基本原理

三山岛金矿是典型的焦家式金矿床,蚀变带(矿化带)连续、矿体厚度大,是其典型的特点,矿体上下盘及两翼赋存有大量的低品位资源,随着近年黄金价格的不断增加,利用原有的开拓采准工程回收低品位资源,效益巨大。

2. 关键技术

将原边界品位2.0克/吨降至0.8克/吨,局部0.5克/吨。利用现有工程及坑内钻查明矿山低品位矿产资源状况,低品位矿产资源共有三种情况进行开发利用,第一类为与主矿体同时开采,无需增加太多切割工程便可回采的低品位资源,即顺采的低品位资源;第二类为需新增采场独立回采的低品位资源,即需投入采准切割工程及后续成本才能回采的低品位资源;第三类为采空区下盘的低品位资源,利用矿山已有的开拓系统、采准工程、辅助系统、现有设备,施工部分采准工程,回采矿体上下盘中的低品位矿产资源。

(四)主要技术指标

勘查网度:钻探工程间距为 20 × 20(走向 × 倾向);圈矿指标:边界品位 $\geq 0.8 \times 10^{-6}$;夹石剔除厚度 ≥2.00 米,局部地段边界品位 $\geq 0.5 \times 10^{-6}$,新增低品位资源矿石量 589 万吨,金属量 9909 千克。低品位矿产资源合计综合利用 225 万吨,金属量 3010 千克。

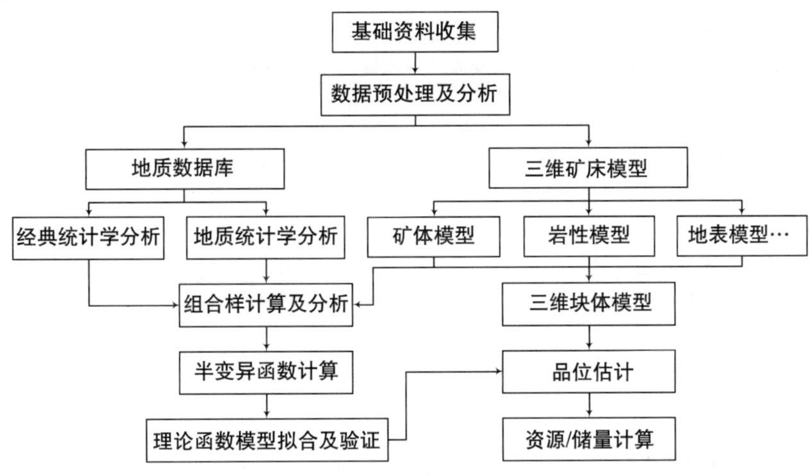

低品位金矿利用流程

(五)典型实例及成效

山东黄金矿业(莱州)有限公司三山岛金矿投资 200 万元,开展施工采联、切割巷、回风天井、泄水井、泄水巷技术改造,建设期 6 个月,投资回收期 6 个月。新增低品位资源矿石量 589 万吨,金属量 9909 千克。自 2007 年至 2011 年低品位矿产资源合计综合利用 225 万吨,金属量 3010 千克,实现经济效益 6.36 亿元。

(六)推广前景

随着金需求量的不断上升和价格的上涨,低品位金矿具有了经济上的开发利用价值,该技术对我国同类矿山低品位金矿的圈定及开发利用具有良好的示范效应,具有广泛的应用前景

三十三、黄金矿山低品位资源动态评估技术

(一)技术类型

金属矿山高效采矿技术。

(二)适用范围

构造破碎带蚀变岩型金矿床;规模较大的生产矿山。

(三)技术内容

1. 基本原理

随着金属价格的上扬、开采系统的形成以及矿山技术水平提高所带来的成本下降,使得不具备开采价值的低品位矿石,有了不同程度的利用价值。本技术基于盈亏平衡原理,根据金属价格、企业生产条件调整品位指标,在三维矿床模型上展示其数量、质量、分布状况以及工程控制程度,因地制宜设计回采方案,实现低品位资源的动态评估与利用。

2. 关键技术

(1)以级差边际品位优化为核心的黄金矿山低品

位资源动态评估技术；

（2）基于矿业软件的低品位矿体圈定及控制工程三维精细化建模技术；

（3）可视化的低品位矿体回采设计，以及低品位矿体合理开采顺序研究；

（4）低品位矿体高效回采技术。

3.工艺流程

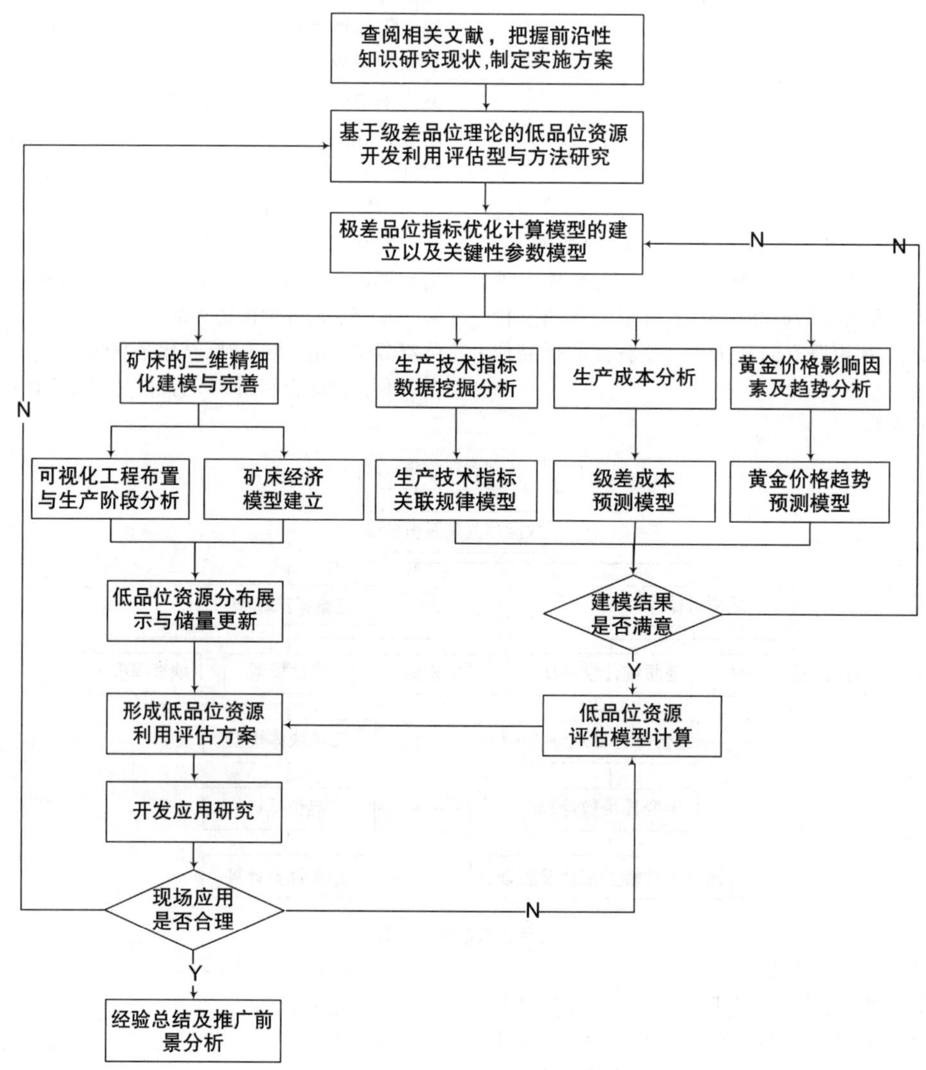

黄金矿山低品位资源动态评估技术路线图

（四）主要技术指标

采场生产能力≥60吨/天；矿石损失率≤10%；矿石贫化率≤10%。

（五）典型实例及成效

山东黄金矿业股份有限公司新城金矿大范围隐患区下低品位矿体开采初期在－245米分段展开。－245米分段利用169线切割巷道作为运输通道，－235米及以上区段由168线切割巷施工辅助斜坡道及分层联络巷，逐层通达矿体。回采时采场沿矿体走向布置，向两翼前进式回采。2010年10月~2010年12月，共回采矿石6000吨，产出金金属量8.4千克。2011年在－175吨、－205吨、－245吨、－280吨中（分）段全面展开，预计盘活低品位矿石136万吨，金金数量1900多千克。2011年以上区段产出矿石11.5万吨，平均品位1.42克/吨，金金属量152.36千克，产生经济效益5027.9万元。

（六）推广前景

随着金需求量和价格的不断上升，低品位资源具备了开采利用价值，低品位资源动态评估技术为合理开发利用低品位金资源提供了技术支撑，具有广泛推广价值。

三十四、金属、非金属矿石超细碎技术

(一)技术类型

金属矿山高效选矿技术。

(二)适用范围

适用于金属、非金属矿山矿石破碎。

(三)技术内容

1. 基本原理

采用大型矿石超细碎设备代替破磨系统中能耗较高的部分破碎及球磨设备,实现“多碎少磨”选矿理论,在一定高度料柱的自重压力下,物料强制给入辊间,矿石被相向旋转的具有一定结构的压辊表面高强度耐磨材料及其间填充物料的粗糙表面钳住,并在辊子的转动下卷入不断压缩的空间,使物料间的空隙在高压下得到充分的压缩,从而实现对全粒级的破碎或在颗粒内部形成微裂纹。

2. 关键技术

辊压磨技术、稳定给矿技术、辊磨机冷却技术。

3. 工艺流程

原矿→粗破→中破→细破→筛分→超细碎→筛分→湿式抛尾→球磨→选矿。

(四)主要技术指标

给矿粒度≤50 毫米,产品粒度 -4 毫米≥95% ,节能 50% 以上。

(五)技术现状与典型实例

安宁铁钛公司投资 3176 万元建设 240 万吨/年的超细碎湿抛系统,可盘活低品位钒钛磁铁矿 1.46 亿吨,年综合利用低品位钒钛磁铁矿 240 万吨,总电耗降低 40% 以上,年节约用电量 1410 万千瓦时,年节约电费 733 万元。总钢耗降低 40% 以上,年节约钢球 720 吨,年节约钢球费用 345 万元。加上节约的土地费用、管理费用等,每年节约 1200 万元,投资建设期 6 个月,投资回收期 3 年。

(六)推广前景

该项目减少了入选矿石的贫化,同时可以大量抛尾,改善选矿的作业条件,使其入选矿石更加稳定,降低选矿比,在同等条件下,降低了生产成本,也减少了尾矿的排放量。攀西钒钛磁铁矿品位普遍较低,且多为岩矿,矿石硬度大,为了满足后期选矿的需要,国内多采用三段破碎和两段磨矿工艺使矿石达到选矿所需粒度,但无法在破碎段达到抛废粒度要求,该技术在此领域具有广阔的推广应用价值。

三十五、金属、非金属矿山粗颗粒原矿浆无外力管道输送技术

(一)技术类型

金属矿山高效选矿技术。

(二)适用范围

适用于金属、非金属矿山原矿浆输送。

(三)技术内容

1. 基本原理

利用自然高差,优化设计合理的管道坡度,控制管道中矿浆流速、矿浆浓度、粒度等相关工艺参数,使粗颗粒矿粒不致在管道中沉积而自流到山下选厂选别,从而大量节约矿石的运输能耗成本,减少扬尘。

2. 关键技术

管道坡度、矿浆流速、矿浆流量、矿浆粒度、管道压力、管道防爆、管道消能、管道材质等核心技术。

3. 工艺流程

原矿→破碎→超细破→筛分→磨矿分级→浓缩→管道输送→接矿分配→二段选矿(精选)。

(四)主要技术指标

制备 -200 目粒度≥25% 的矿浆,矿浆浓度为 40% ~60% ,矿浆经坡度小于 8°且不为 0 的输送管道顺势输送到目的地,按 600 万吨/年原矿计,节约运矿能耗 9800 余吨标煤。

(五)典型实例及成效

固体物料长距离管道水力输送是 20 世纪 50 年代发展起来的一种新的运输方式。在国外金属矿山和煤矿得到了广泛的应用。我国自 20 世纪 80 年代初开始关注这一新的运输方式并规划了几条精矿和煤的长距离水力输送管线。但本技术最大区别在于无外力矿浆输送和粗颗粒原矿浆输送。安宁铁钛公司投资 8077 万元建设粗颗粒原矿浆无外力管道输送系统,年输送原矿 600 万吨,可盘活低品位钒钛磁铁矿 1.46 亿吨,年税后利润 11082.15 万元,建设期 22 个月。

(六)推广前景

本技术矿浆输送方法提高了矿石运输能力,极大改善了矿山公路沿线环境,雨季不再停产,有效降低了运矿成本,促进了矿山资源的可持续综合利用,为矿石的运输提供了一种新的选择,具有广阔的应用前景。

三十六、铁矿山排岩系统中高效回收磁铁矿技术

(一)技术类型

金属矿山高效选矿技术。

(二)适用范围

从大中型铁矿山排岩中回收利用磁铁矿石资源,适用于大中型磁铁矿山的挖潜改造、矿石资源的回收利用领域。

(三)技术内容

1. 基本原理

采用干式磁选工艺在线回收大型矿山排岩系统排弃的磁选矿石资源,对回收的矿石采用“阶段磨矿、粗粒抛尾、单一磁选—细筛再磨”工艺选别得到高品质铁精矿，解决了流失到排岩中的贫磁铁矿石回收及再利用的重大生产难题。

2. 关键技术

(1)首次将 CT1424 永磁大块矿石干式磁选机应用于矿山排岩生产系统 。

(2)采用资源在线回收、岩石干选、贫铁矿石提铁降硅等关键技术，实现从排岩中在线回收矿石资源。

(3)回收的贫磁铁矿石采用阶段磨矿、粗粒抛尾、磁选—细筛再磨流程进行细磨深选，得到高品位铁精矿产品，实现了资源的高效回收和利用。

3. 工艺流程

(1)大孤山铁矿排岩系统矿石资源回收工艺流程。对原皮带排岩生产系统进行工程改造，外移一部胶带机，增设两部胶带机、一台磁选机及附属设施；对原有的破碎站进行自动化改造，实现自动化无人操作。

(2)大孤山选矿分厂工艺流程。采用“三段一闭路破碎、阶段磨矿、粗粒抛尾、单一磁选—细筛再磨流程”的工艺流程。

(四)主要技术指标

自 2006 年 9 月至 2008 年 12 月在工业上应用，累计回收矿石 1668160 吨，产出品位 67.26% 以上的铁精矿 476315 吨，年均从 8355 万吨低品位围岩中在线回收品位 25% 左右的铁矿石 714925 吨，并经选别得到含铁 67.26% 以上的优质铁精矿 204135 吨，有效提高了资源利用率。

(五)典型实例及成效

大孤山选矿总投资 8550 万元，其中选矿分厂改造工程投资 8000 万元，排岩系统矿石资源回收技术改造工程投资 550 万元，在线岩石处理量 1300 万吨/年，2000 吨/小时，选矿工艺原矿处理量 130 万吨/年。建设期 10 个月，自 2006 年 9 月至 2008 年 12 月大孤山皮带排岩系统矿石资源回收工程累计运行 28 个月，排岩 2303.588 万吨，从中回收矿石 166.816 万吨，单位污染物削减量或单位回收(再生)产品量 0.0724 吨位/吨位，盘活资源储量 166.816 万吨，创造经济效益 2.17 亿元。

齐大山选厂投资 1200 万元，对原皮带排岩生产系统进行工程改造，外移一部胶带机，增设两部胶带机、一台磁选机及附属设施；对原有的破碎站进行自动化改造，设计在线岩石处理量 6000 吨/小时，预计年回收矿石年回收品位 24% 左右的矿石约 100 万吨。建设期 6 个月，投资回收期 6 个月，

(六)推广前景

根据矿体赋存条件，采用浅孔留矿事后充填采矿法，即采场放矿结束后，在保障安全的前提下，回收矿柱后，进行混凝土灌注或支护，从上一中段进行废渣充填。这样既回收了一部分矿柱，提高了回采率，根据矿区内矿体较薄，矿体与围岩界限清晰，顶底板较稳固，矿体倾角 65° ~ 72° 的地质条件，依据采矿实验结果，米克吨值≥3，厚度小于 0.60m 的矿体，采用削壁充填采矿方法，对薄矿体进行回收利用.

三十七、鞍山式含碳酸盐赤铁矿石高效浮选技术

(一)技术类型

金属矿山高效选矿技术。

(二)适用范围

此技术主要处理含有菱铁矿等碳酸盐矿物的赤铁矿或磁铁矿矿石。

(三)技术内容

1. 基本原理

(1)含碳酸盐赤铁矿石中主要铁矿物为假象赤铁矿，其次为菱铁矿、还有少量赤铁矿、半假象赤铁矿及极少量的磁铁矿，脉石矿物主要为石英，矿石中有用矿物的嵌布粒度较细且不均匀。XRD 结果显示的矿物组分为赤铁矿和石英。

(2)含碳酸盐赤铁矿石浮选分离基础

对赤铁矿和石英纯矿物及常规反浮选流程中的精矿和尾矿分别进行 SEM 和 EDS 分析。首次发现细粒菱铁矿在赤铁矿和石英表面形成吸附罩盖，是导致含碳酸盐赤铁矿石浮选分离困难的根本原因。由于菱铁矿的罩盖，使石英和赤铁矿的表面性质与菱铁矿相近，使这两种矿物呈现与菱铁矿相似的浮游性。而菱铁矿是一种难以浮游也较难抑制的中等可浮性矿物。这是含碳酸盐赤铁矿石难选的原因。

针对含碳酸盐铁矿石的矿物组成，制备了赤铁矿、磁铁矿、菱铁矿、石英、铁白云石纯矿物，系统研究了矿物的自然可浮性、金属离子、无机和有机抑制剂、组合抑制剂对各种矿物可浮性的影响。结果表明除了石英外，矿石中磁铁矿、菱铁矿、赤铁矿和铁白云石在油酸钠体系中一定的 pH 值范围内均具有较好的可浮性；在 PH 小于 4 时，磁铁矿和赤铁矿的可浮性较好，而石英、菱铁矿和铁白云石的可浮性较差，故在强酸性条件下可实现磁铁矿、赤铁矿与石英、菱铁矿和铁白云石的浮选分离。淀粉和 CaO 组合，当 CaO 用量在 60mg/L 时，可实现石英与磁铁矿、赤铁矿和部分菱铁矿和铁白云石的浮选分离，但不能完全分离石英与菱铁矿和铁白云石；$(NaPO_3)6$ 和 $CaCl_2$ 组合、$(NaPO_3)6$ 和 CaO 组合均不能实现矿物的选择性分离；在强碱性条件下采用淀粉、$(NaPO_3)6$ 和 $CaCl_2$ 组合可以实现石英与赤铁矿和磁铁矿的浮选分离，但仍难以完全与菱铁矿和铁白云石浮选分离；腐殖酸钠与 $CaCl_2$ 组合在 pH 为4 ~6的介质范围内，可实现铁白云石与赤铁矿和石英的浮选分离，但菱铁矿和磁铁矿仍无法彻底分离；腐

殖酸钠与 CaO 组合难以实现上述五种矿物的浮选分离。

基于上述基础研究，针对含碳酸盐赤铁矿石创新性地提出了"分步浮选"工艺，即第一步在中性条件下正浮选菱铁矿，第二步在强碱性条件下反浮选赤铁矿。

2. 关键技术

(1)首次发现细粒菱铁矿在赤铁矿和石英表面形成"吸附罩盖"是导致含碳酸盐赤铁矿石浮选分离困难的根本原因。

(2)首次提出"分步浮选"技术，即第一步在中性条件下采用正浮选分选菱铁矿，第二步在强碱性条件下采用反浮选工艺分选赤铁矿与石英，生产出合格铁精矿。

(3)首次研制出用于菱铁矿中性优先浮选组合药剂。

3. 工艺流程

针对含碳酸盐赤铁矿石创新性地提出了"分步浮选"工艺，即第一步在中性条件下正浮选菱铁矿，第二步在强碱性条件下反浮选赤铁矿。

工艺流程图：

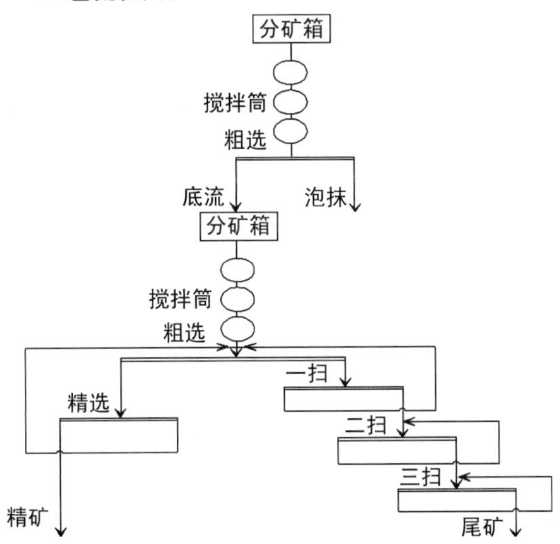

鞍山式含碳酸盐赤铁矿石分步浮选工艺流程图

(四)主要技术指标

按处理原矿量 5500 ~ 6000 吨/天计，混磁精产率 33%，即 76 ~ 83 吨/天，工业试验系统处理量按 65 吨/时计，正浮选精矿产率 15% 计，反浮选矿量 55 吨/时计，分步浮选正浮选和反浮选的药剂制度如下表所示。

含碳酸盐赤铁矿石采用阶段磨矿－粗细分选－重选－磁选－分步浮选工艺，获得了总精矿铁品位为 63.03%，回收率为 63.77% 的分选指标，综合总效益达 23396.88 万元/年，表明含碳酸盐赤铁矿石通过该分选工艺，能获得合格的精矿指标。

步浮选正浮选药剂制度

药剂种类	药剂浓度%	单耗克/吨混磁精	单系统加药量毫升/秒
DF	3	550	330
KS－III	6	100	30
NaOH	20	1200	92
DF	3	500	255
CaO	2	800	610
KS－III	6	粗选 542 精选 450	粗选 138 精选 115

(五)典型实例及成效

含碳酸盐赤铁矿石"分步浮选"工业试验从 2010 年 5 月 14 日开始在鞍钢集团公司东鞍山烧结厂全面进行，工业试验的第三天整个分选过程就已经稳定运行，后续考察了不同菱铁矿含量、不同类型含碳酸盐赤铁矿石、不同药剂制度等对"分步浮选"工艺分选效果的影响，工业试验至 2010 年 8 月 23 日结束，历时三个多月。取得平均精矿品位达 63.03%，回收率为 63.77% 分选指标，三个多月的试验结果表明，含碳酸盐赤铁矿石"分步浮选"工艺取得了历史性的突破，原来无法利用的含碳酸盐赤铁矿石均可以采用该工艺进行处理，"分步浮选"工艺的适应性强。应用分步浮选工艺的实践表明，该工艺运转平稳，药剂控制简单，分选效果较好。东鞍山烧结厂选矿作业区每年增加可处理矿石资源 170 万吨，使东鞍山地区约 5 亿吨含碳酸盐铁矿石可以得到高效利用。

(六)推广前景

含碳酸盐铁矿石一般是指赤铁矿或磁铁矿矿石中含有菱铁矿等含碳酸盐矿物，我国多个地区都含有此类型矿石，如太钢峨口铁矿、宝钢梅山铁矿、重钢綦江铁矿、酒泉钢铁公司、新疆切列克其铁矿等地，初步估计全国含碳酸盐铁矿石储量达 50 亿吨以上，鞍山地区含碳酸盐赤铁矿石主要分布在东鞍山、小孤山和黑石砬子，总储量约 10 亿吨，其中以东鞍山铁矿储量最大，约 5 亿吨，因此，针对此类矿石研发的"分步浮选"技术为复杂难处理资源高效利用提供了技术支撑，具有良好的推广前景。

三十八、黑色金属矿山高压辊磨机超细碎技术

(一)技术类型

金属矿山高效选矿技术。

(二)适用范围

适用于黑色金属矿山选矿细碎及超细碎。

（三）技术内容

1. 基本原理

该高压辊磨机沿用“静压破碎”原理，对矿石外部直接施加静载高压，使其内部矿物晶粒受到损伤而产生众多微裂纹从而达到超细碎目的。通过以下过程实现：在固定设备机架上并排水平安装两组高压辊，每组高压辊配独立传动装置并使其逆向旋转（一组辊沿辊心固定旋转称为定辊，另一组除沿辊心旋转外还能沿水平方向滑动称为动辊）。矿石物料由高压辊自旋转带入高压辊磨机工作区，动辊在水平方向液压传动力作用下不断向矿石施加静载高压，由于辊磨的相向旋转与动辊的不断高压压缩，矿石矿物晶粒与晶粒之间、晶粒表面形成大量的微裂纹，矿石被破碎并最终达到矿石超细碎。

2. 关键技术

（1）整机采用液压耦合传动、减速机无反力矩固定式机座。

（2）整机使用万向传动轴并且辊轴直接连接。

（3）镶嵌硬质合金柱钉辊面，耐磨性高，寿命长。

3. 工艺流程

矿石粗碎—中碎—细碎—高压辊磨机超细碎—打散—闭路筛分—球磨系统—磁选—浓缩—精矿。

（四）主要技术指标

入料矿石粒度≤20 毫米，出料矿石粒度 -6 毫米在 80% 以上；柱钉辊面寿命≥10000 小时；球磨机处理能力提高 20% -30%；磨机磨矿电单耗下降 25% 左右。

（五）典型实例及成效

高压辊磨机是国外近些年来按照高静压粉碎原理发展起来的先进破磨设备，是粉碎领域一项创新技术，本设备不但能代替选矿细碎、粗磨，而且能实现“多碎少磨”的技术理念。2000 年以来国内水泥行业率先引进国外高压辊磨设备并成功应用，同时程潮铁矿和南山铁矿分别引进国外的镶嵌合金柱辊面高压辊磨机将其成功应用于金属矿山，应用实际效果良好。高压辊磨机在金属矿山的成功引进和其显著的节能增效效果引起国内相关行业和部门的重视，均开始着手进行研究并研制高压辊磨设备。2008 年重钢西昌矿业公司与安徽天源科技股份公司合作研制中小型高压辊磨机于 2010 年成功应用于西昌矿业公司选矿厂，投资 1.1 亿元，进行了选矿工程粗碎筛分系统与磨矿系统间配置建设，经一年多的应用实践发现该高压辊磨机成功应用后钒钛矿磨矿单位能耗平均降低了 21%、球磨机磨矿处理能力平均提高了 28%，选矿其他系统不变情况下新增处理原矿石 200 万～300 万吨，新增销售收入 2.17 亿元，新增利润 5000 万元，投资回收期2 年。

（六）推广前景

（1）资源方面应用前景：我国目前铁矿石可利用工业储量为 122 亿吨，但绝大部份属“贫、细、杂”的贫矿，需要进行选矿加工提纯后方能送至高炉冶炼。采用具有先进技术和高可靠性的超细碎工艺与原有的选矿工程系统配合，不但可以根据高炉炉料结构改进精矿产品，而且能提高选矿行业整体效益和竞争力。

（2）“节能降耗”方面应用前景：我国钢铁工业是国民经济产业序列中的能耗“大户”，吨钢产量的能耗比西方发达国家高一倍以上。《钢铁产业发展政策》中对钢铁企业降低能耗提出了强制性要求，钢铁原料工业的节能降耗将是技术与装备发展的主要方向之一。在选矿工序，球磨机占整个选矿厂能耗 70% ～80%，采用超细碎工艺成套技术和设备，将使球磨能耗降低 1/3 左右。

（3）矿山设备装备水平提高方面应用前景：高压辊磨超细碎工艺将高效破碎设备与永磁选别设备集成在一起，通过工艺技术优化，降低矿石入磨粒度，降低设备占地面积与单位投资，提高设备作业率，从而大大提升了冶金矿山装备的整体技术水平，促进行业技术进步。

三十九、低品位菱、褐铁矿回转窑磁化焙烧 - 磁选新技术

（一）技术类型

金属矿山高效选矿技术。

（二）适用范围

低品位菱、褐铁矿、低品位氧化锰矿、低品位氧化铅锌矿等。

（三）技术内容

1. 基本原理

该项技术与装备利用长沙矿冶研究院有限责任公司开发的新型大型磁化焙烧回转窑成套装置，将菱、褐铁矿加热到一定温度后在相应气氛中进行物理化学反应，经磁化焙烧后，铁矿物的磁性显著增强，脉石矿物磁性则变化不大。各种弱磁性铁矿石经磁化焙烧后再通过磁选便可进行有效的磁选分离，实现铁矿物的有效分选。

2. 关键技术

（1）低品位菱、褐铁矿回转窑还原磁化焙烧 - 磁选选矿联合选矿工艺流程的确定；

（2）满足工艺要求、经济可行的回转窑磁化焙烧技术；

（3）大型工业回转窑内的中低温、弱还原气氛精确控制技术；

（4）符合工艺要求的还原磁化焙烧回转窑结构

设计；

(5)燃料与还原剂互补利用技术方案的确定；

(6)焙烧矿冷却及输送方式的选择。

(三)工艺流程

原矿、煤先由破碎系统处理，经筛分后将破碎合格的菱、褐铁矿和烟煤分别由配送系统送入回转窑内进行磁化焙烧。焙烧热源由燃烧天然气(或粉煤)和烟煤提供，焙烧合格的产品通过水冷后送入磁选车间进行磨矿磁选，生产出合格的铁精粉。

工艺流程如下图所示。

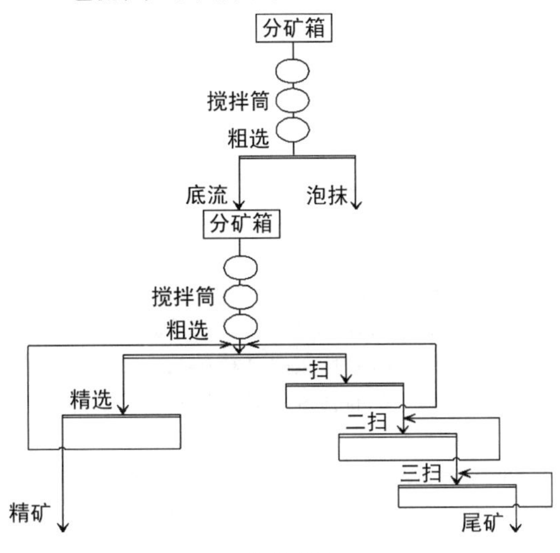

工艺流程图

(四)主要技术指标

以新疆克州亚星矿产资源集团项目为例，在项目试生产期间，焙烧矿品位平均比原矿提高了7.29个百分点，精矿品位平均达到了62.39%，在磁选管分析中铁的总收率达到了90.17%。回转窑平均处理能力大于50.00吨/台·小时，从工艺角度考察，回转窑磁化焙烧成套装置可进行连续、稳定的长期生产，各项指标处于国内领先水平。

(五)典型实例及成效

通过多年的技术开发和不断地完善，菱、褐铁矿回转窑磁化焙烧－磁选新技术和新型大型磁化焙烧回转窑成套装置目前已经成为成熟的技术和装备。新疆克州亚星矿产资源集团有限公司年处理200万吨菱、褐铁矿石的选矿厂已投产运行3年；云南万得利自然资源开发有限公司年处理30万吨低品位褐铁矿石的选矿厂已投产运行3.5年；正在建设凌源红山矿业有限公司一期工程年处理36万吨褐铁矿焙烧选矿工程；正在建设云南峨山矿冶集团有限责任公司年处理100万吨菱铁矿焙烧选矿工程；云南新山矿业集团有限公司菱铁矿，建设规模年处理200万吨，正处于选矿试验及可行性研究阶段。存在的问题：①由于该技术首次用于工业应用，无经验可借鉴，无现成的熟练产业工人，急需培养高素质、责任心强的熟练工人。②回转窑烟气中的余热正在考虑加以回收利用。

新疆克州亚星矿产资源集团有限公司投资4.3亿元新建年处理200万吨铁矿石的选矿厂，建设期12个月，建成达产后年处理200万吨低品位菱、褐铁矿，生产品位>61%的铁精矿110万吨，可高效利用已探明储量为7000余万吨，远景储量近亿吨的低品位菱褐铁矿资源，年平均利润总额14059.78万元，年销售税金及附加3673.19万元，投资回收期4.5年。

云南峨山万得利自然资源开发有限公司投资1.1亿元新建年处理30万吨贫褐铁矿磁化焙烧选矿厂，年处理贫褐铁矿30万吨，生产品位>60%的铁精矿18.73万吨.仅峨山县境内就可以盘活低品位铁矿达5000余万吨，年平均利润总额为1482.62万元，年销售税金及附加540.62万元，投资回收期6.5年。

(六)推广前景

褐铁矿、菱铁矿是储量很大的矿石类型，与磁、赤铁矿共生的占铁矿总储量的10%，在西部主要找矿靶区预测储量50多亿吨，仅在我国陕西、新疆、云南等地的单独储量就达近20亿吨，俄罗斯、中亚地区以及澳大利亚这一类型矿石的储量也很丰富，东欧、中亚地区已探明储量近30亿吨，潜在资源量占铁矿潜在资源总量的37%以上。由于褐铁矿、菱铁矿的比磁化系数等物理性能与主要脉石矿物石英非常接近，表面泥化严重，疏水性差。同时，矿石成因复杂，赋存状态多种多样，因此使用常规分选方法很难实现这类矿石的高效利用。

随着我国钢铁工业的快速发展，在国家政策指导下，投资开发难选铁矿石的企业日益增多。新疆契列克其铁矿、鲁能俄罗斯别列佐夫铁矿、武钢大冶铁矿等褐铁矿、菱铁矿储量大的矿山企业均拟建工业规模的选矿厂或进行技术改造。磁化焙烧工艺技术是处理贫弱磁性难选铁矿石的唯一有效方法，该技术可在有相关资源的地方迅速得到推广应用，使之前分选非常困难的矿石得以高效利用，产业化前景非常广阔。

四十、低品位及难选磁铁矿磁场筛选法分选工艺

(一)技术类型

金属矿山高效选矿技术。

(二)适用范围

低品位及难选磁铁矿。

(三)技术内容

1.基本原理

磁场筛选法分选原理是在低弱相对均匀磁场中，利用单体铁矿物与连生体矿物的磁性差异，使磁铁矿

单体矿物实现有效团聚形成的磁链后增大了与连生体的尺寸差、比重差，再经过安装在磁场中的专用筛将呈分散状态存在的连生体筛除分离，品质较高磁铁矿单体在筛上回收，实现铁精矿品位显著提高。

2. 关键技术

在低弱均匀磁场中放入比矿物粒度粗许多倍的筛子充分筛除夹杂的连生体矿粒，能保护性实现磁铁矿单体的及早回收，减少在磨矿筛分回路中的过磨，提高精矿品位同时提高了生产能力。

3. 工艺流程

在磁铁矿阶段磨选工艺流程中，磁场筛选机作为最终精选作业，能适当地放粗选厂筛分粒度，将磁筛中矿返回细磨，典型应用工艺流程如下所示：

（四）主要技术指标

磁场筛选法及设备分选原理先进科学，精选提质效果明显，能普遍提高铁精矿品位 2～5 个百分点，同时生产能力能提高 5%～30%，每吨铁精矿耗水比同类设备节水 50% 以上。

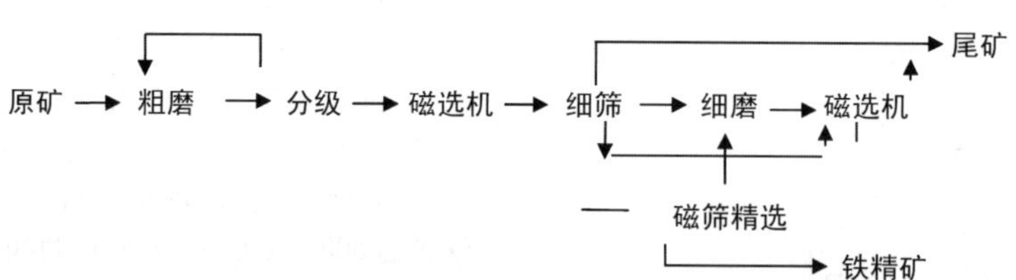

工艺流程图

（五）典型实例及成效

磁场筛选法专利技术和 CSX 系列设备自 2003 年定型以来在我国湖北、新疆、云南、山西等省区的 20 余家铁矿山应用了 60 多台，取得了明显的应用效果。

新疆金宝矿业有限公司铁矿选矿厂投资 4200 万元，建设年处理原矿 80 万吨（8 个月生产）生产系统，实现铁精矿粗细分级精选，生产出细粒级铁精矿品位达 69% 和粗粒级铁精矿品位达 66% 的两种品级精矿。2007～2010 年，分三期技改完成，使原矿区内品位低于 15% 的铁矿资源及高含石榴石的难选矿资源合计 2000 万吨得到充分合理利用，带动资源综合利用率提高了 10%，选矿回收率达 85%，年增经济效益 3500 万元，投资回收期 1.2 年。

武钢矿业公司大冶铁矿选矿厂投资 9934 万元，对老选厂年处理原矿 260 万吨，年产铁精矿 120 万吨生产系统进行技术改造，改造后选厂铁回收率由 75% 提高到了 80%，设备大型化和高效精选技术将使当地至少 1500 万吨难选低品位铁矿资源得到合理利用，年增经济效益 4148 万元，投资回收期 2.3 年。

（六）推广前景

目前我国铁矿资源储量虽占世界第 5 位，（其中黑矿占 71%，红矿占 29%），但平均品位低于世界 11 个百分点，要经过选矿方能冶炼的贫矿占到了 97%；在我国已探明的磁铁矿中，42.2% 的为难利用矿；已开采的生产的磁铁矿精矿平均含铁品位与国外矿相比低 3 个百分点，而我国自产的铁矿石只能维持需求量的一半，因此加大对国内现有铁矿资源的开发力度，使现有低品位、难利用的铁矿资源及早得到利用，或将已利用的铁矿精矿质量进一步优化，是国内钢铁行业的迫切要求。

按每年新增应用 CSX 型磁场筛选机的铁矿山精矿产量 2000 万吨预算，按提高精矿品位 2 个百分点，给矿山企业带来的直接经济效益达 6 亿元，按提高生产能力 5% 计算，年增经济效益 5 亿元，两项合计给矿山企业带来的直接经济效益总计达 11 亿元。再有提高了入炉原料铁品位，在冶炼中减少了废渣的排放，因此是符合国家低碳环保、节能减排的政策。

铁矿资源自给严重不足已制约了冶金行业的发展，新探明的储量中难选的和低品位矿合计有 100 亿吨以上，应用磁筛新技术可有效地盘活这一批呆滞资源，对建立资源节约型社会具有重要的意义。

四十一、铅锌银多金属硫化矿原生电位调控浮选工艺

（一）技术类型

金属矿山高效选矿技术。

（二）适用范围

适用于多金属硫化矿。

（三）技术内容

1. 基本原理

对硫化矿浮选而言，磨矿—浮选体系是一个相当复杂的体系，其中的氧化还原反应千差万别而且相互联系和制约，按混合电位理论，磨矿－浮选体系是一个没有外加电压的内部短路体系，在体系中存在着在空间上被隔离的阳极过程和阴极过程，其中有两种混合电位的情况，局部电池和迦伐尼电偶。在硫化矿磨矿—浮选体系中，硫化矿物与磨矿介质（通常是钢球）表面可能同时存在其自身氧化的局部电池及硫化矿物之间、硫化矿物与磨矿介质之间形成的迦伐尼电偶。

在硫化矿磨矿—浮选体系中，众多的氧化—还原反应预示着矿浆中存在各种各样的由单一氧化还原电对所形成的混合电位，可以认为，矿浆电位正是这些混合电位叠加在一起的宏观结果。如果磨矿—浮选体系并未采用外加电极或氧化还原药剂调控电位，此时则形成矿浆原生电位(Eop)。

矿浆原生电位与矿浆 pH 值之间存在的关系可表示为：

$$Eop = Eoop - 0.0591\ pH$$

以铅、锌、铁硫化矿浮选体系为例，电化学研究表明，高 pH、低 Eop 的矿浆化学环境有利于方铅矿的浮选，同时有利于闪锌矿和黄铁矿的自身氧化抑制，具体要求达到的 pH 值和 Eop 匹配关系为：pH12.5～12.8，Eop0.13～0.20 伏。

在原生电位优先浮选方铅矿时，捕收剂的选择主要考虑两个因素：捕收能力和选择性。捕收能力可以用在方铅矿表面形成金属盐的热力学稳定性加以衡量，即采用捕收剂金属盐被进一步氧化分解的电位 E 分解作为判据，E 分解越高，捕收能力越强；选择性可以用捕收剂二聚物在黄铁矿表面的热力学稳定性加以衡量，即采用捕收剂二聚物在黄铁矿表面发生脱附的电位 E 脱附作为判据，E 脱附越低，选择性越好。综合考虑捕收剂能力和选择性两个因素，则可以用二者之差值作为综合判据，ΔE = E 分解 - E 脱附，ΔE 值越大，表明捕收能力和选择性均占优势。

2. 关键技术

该技术将电位作为一个重要参数，和矿浆 pH 值、药剂浓度一起控制硫化矿浮选过程，利用硫化矿磨矿—浮选矿浆中固有的电化学行为（氧化还原反应）引起的电位变化，通过调节传统浮选操作因素达到电位调控并改善浮选过程的工艺。它有两个要点：一是主要调节和控制包括矿浆 pH 值、捕收剂种类、用量及用法、浮选时间以及浮选流程结构等在内的传统浮选操作参数，二是不采用外加电极、不使用氧化还原药剂调控电位。其主要科学内涵和技术关键在于：将传统浮选过程控制参数与矿浆原生电位结合起来，从浮选电化学的角度研究矿浆原生电位对浮选过程的影响并从中寻找各因素之间的最佳匹配方案，从而确立最佳浮选条件。OPF 技术具有高分选效率、低药剂用量的优点，极限条件下，还可以实现无捕收剂浮选。利用这种工艺可以生产高质量的高纯矿物原料，同时大幅度减少环境污染，它将成为本世纪硫化矿浮选的主要技术。

3. 工艺流程

优先浮选工艺流程，铅（银）、锌、硫逐步回收，生产出四种精矿产品。

磨矿细度为 -200 目 75%，提高 PH 值，铅回路采用腐植酸钠和氯化钙组合抑制磁黄铁矿，硫酸锌与亚硫酸钠组合抑制闪锌矿，铅锌浮选为一粗一扫三精。锌尾矿活化浮硫，硫尾矿弱磁选铁，铁粗精矿脱硫。

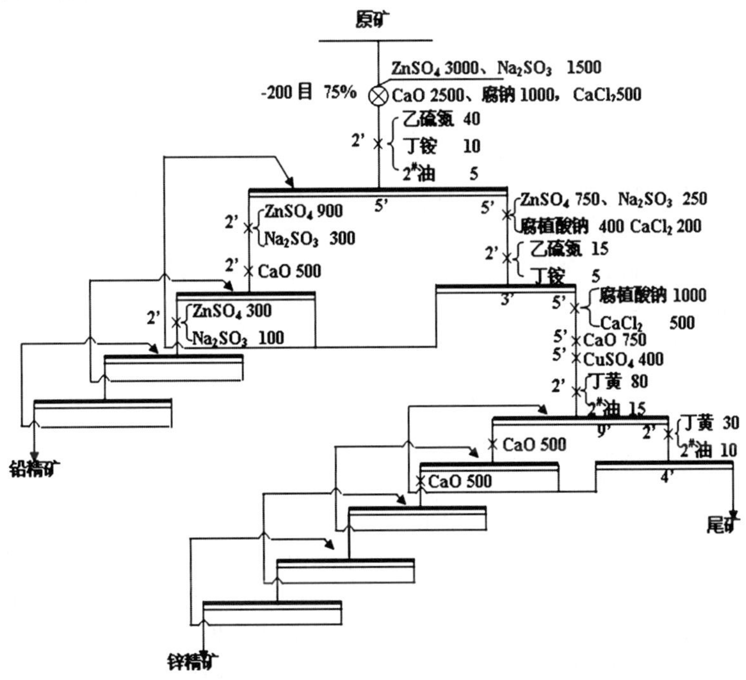

原生电位调控浮选技术综合回收铅锌银工艺流程

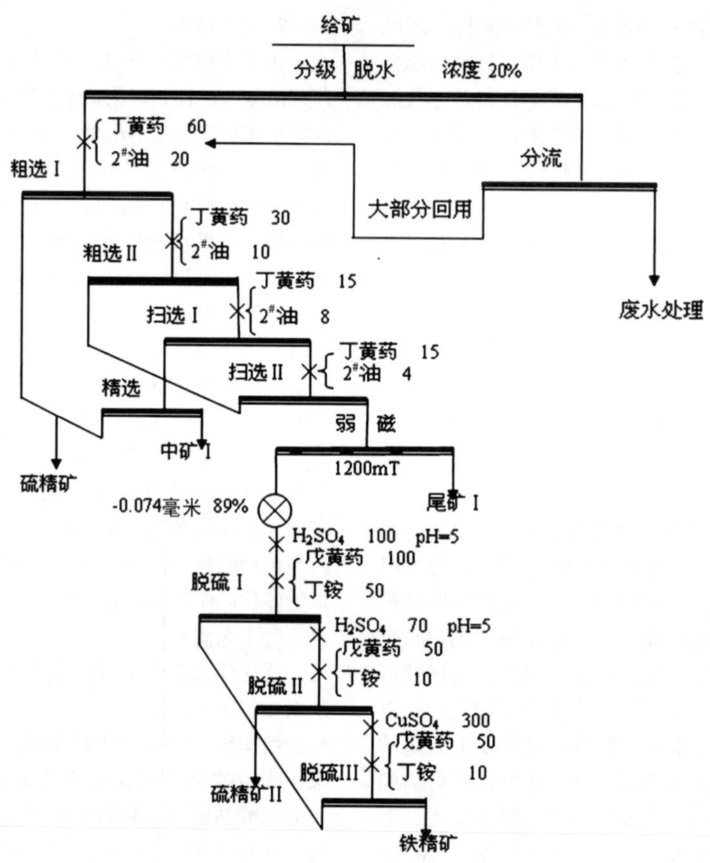

浮选铅锌银尾矿综合回收硫铁工艺流程

（四）主要技术指标

运用原生电位调控浮选技术可得到含铅44.43%，锌6.02%，银1257.1g/t的铅精矿，铅的回收率为84.96%，银的回收率为76.09%；比原有流程中铅品位提高8个百分点，铅回收率提高1个百分点，银品位提高260g/t，银回收率提高9个百分点。锌回路采用腐植酸钠和氯化钙组合抑制磁黄铁矿，经过一粗一扫四精，可以获得含铅0.41%，锌48.45%，银40.21g/t的锌精矿，锌回收率为91.92%，锌精矿锌品位比原有流程条件下提高4个百分点，锌回收率提高4个百分点。收硫铁的工艺流程，开路可得到混合硫精矿含硫31.90%，含铁55.45%，硫作业回收率为87.40%；铁精矿含铁62.66%，含硫0.77%。按每年处理15万吨原矿，新技术实施和应用后每年可增加产值3000万元。

（五）典型实例及成效

原生电位调控浮选技术及相应的综合回收选矿流程适用于处理各种复杂多金属难处理硫化矿，分别在青海西部矿业锡铁山铅锌矿、南京栖霞山铅锌矿得到了推广应用。

丁家山矿区根据现有较低品位多金属矿物的组成特点经大量实验室试验，并结合工业试验成果，确定了通过原生电位调控浮选技术综合提高铅锌银的回收率，同时通过流程改进对矿石中的硫化铁矿物和磁铁矿分别回收，并在此基础上对原梅仙选厂进行技术改造。改造完成后，通过调节原生电位、矿浆pH值、药剂的添加可有效的实现高硫难选铅锌银多金属矿中有价金属的综合回收，铅回收率由85%提高到87%、银的回收率由66%提高到76%、锌由原来的92%提高到94%、同时硫化铁矿物回收率达到87%、磁铁矿回收率为71%，选别指标理想。

（六）推广前景

在我国几十年经济高速发展的大背景下，矿产资源大规模开发，并逐步呈现贫、细、杂趋势，为有效保障国家发展所需的矿产资源量，开发新技术、工艺和设备来处理复杂矿石已刻不容缓。硫化矿作为一种重要资源类型，是有色金属冶炼的主要矿物来源，而该技术及其理论可指导复杂多金属难分离硫化矿矿山实际生产，特别是在含贵金属铜铅锌硫铁的各种类型矿山，该技术大幅度提高贵金属铜铅锌等主金属的回收率，同时应用相关技术活优化选矿工艺流程还可切实有效的回收硫铁矿物、磁性铁矿物以及其他无机矿物。

四十二、特低品位高含泥铜、钼多金属矿山废石高效浮选技术

(一)技术类型

金属矿山高效选矿技术。

(二)适用范围

特低品位铜矿山废石(含铜品位在0.15%~0.25%,钼0.010%,钴0.010%),露天采场固体废弃物。

(三)技术内容

1. 基本原理

充分利用矿物的等可浮性,采用阶段磨矿,部分混合浮选,在弱碱性介质中采用中性油作捕收剂,先浮铜钼,再用丁黄药及丁铵黑药选钴,选钴尾矿用弱磁选机选铁,铜钼混合精矿再磨,采用硫化钠抑铜浮钼分离选,铜钴精矿再磨再选,最后得到钴精矿和铜精矿的流程。

2. 关键技术

(1)磨矿选别流程为一段磨矿,磨矿细度为-0.074毫米60%,部分混合浮选,铜、钴、钼、铁各粗精矿分别再磨再选的工艺流程。分别得到铜、钴、钼、铁四种合格精矿。一段磨矿分级及浮选主流程、铜钼混合精矿再磨再选按两个系列配置,钴粗精矿再磨再选、钼粗精矿再磨再选、磁选及铁精矿再磨再选按一个系列配置,一段磨矿分级选用MQY3600×6000湿式溢流型球磨机2台与Φ710旋流器组闭路磨矿。

(2)优化钢球补加方法,提高磨矿细度。针对废石的特殊性,为避免一段磨矿过程中“过磨”造成矿物泥化,影响精矿品位,在生产现场,采用磨矿介质合理装球方案及补加方案,有效避免次生矿泥的增加,提高磨矿细度,提高精矿品位。

(3)与选矿药剂厂联合研发新型选矿药剂,提高选矿技术指标。应用新型药剂Y-68,WF-003起泡剂,提高Cu精矿品位和回收率,提高铜精矿中金银的含量。经过一系列新工艺,新药剂的运用,车间选矿生产技术经济指标稳定可靠,Cu精矿品位≥21%,铜回收率≥87%。同时针对特低品位钴资源回收一直未达到设计要求,2010年进行了选钴的工艺流程研究改造。降低石灰的用量,把铜精选尾矿并入钴精选,同时应用新药剂DK-1做调整剂,取得了钴精品位0.38%,回收率38%的指标。技术指标的稳定提高,极大限度提高了资源利用率;为企业创造了更好的效益。

同时该项目在金、银的回收上也取得了突破。2009年金在铜精矿中含量比2008年提高1.5克/吨,银提高3.5克/吨,全年增加黄金30公斤,银70千克。全年仅此一项即可增加收入614万元。这其中采取的创新是提高磨矿分级效率,选用新型药剂Y-68提高金银回收率,同时随着原矿品位的降低,选矿比从77升到99,利于金银在铜精矿中的富集。

(4)Φ710旋流器在一段磨矿中的应用与实践。为提高旋流器的分级效率,进一步提高磨机产能,提高各项金属选矿回收率,减少设备维修维修费用,公司投资80万资金,在全国范围内率先引进海王新型Φ710旋流器。项目完成后,磨矿细度从原来的55%提高到现在的58%,铜回收率提高了1.0%,同时铜精矿中金银含量较2009年也有所提高。

(5)选矿加工能源消耗上处于国内先进水平。该项目投产以来,能耗有所降低,采取的措施是在保证指标的前提下提高处理矿量,废石品位下降缩减局部流程,减少不需要的装机容量,同时根据实际情况合并再磨流程,减少磨机装机容量。

	单位	2008年	2009年	2010年	备注
电耗	千瓦小时/吨	25.77	20.17	22.99	处理吨原矿
水耗	立方米/吨	3.65	3.07	3.20	处理吨原矿

3. 工艺流程见下图

(四)主要技术指标

低品位矿物资源浮选工艺设计指标

产品名称	品位(%)				回收率(%)			
	铜	钼	钴	铁	铜	钼	钴	铁
原矿	0.300	0.016	0.016	14.00	100.0	100.0	100.0	100.0
铜精矿	20.000	–	–	–	80.000	–	–	–
钼精矿	–	45.000	–	–	–	50.000	–	–
钴精矿	–	–	0.450	–	–	–	40.000	–
铁精矿	–	–	–	60.000	–	–	–	32.000

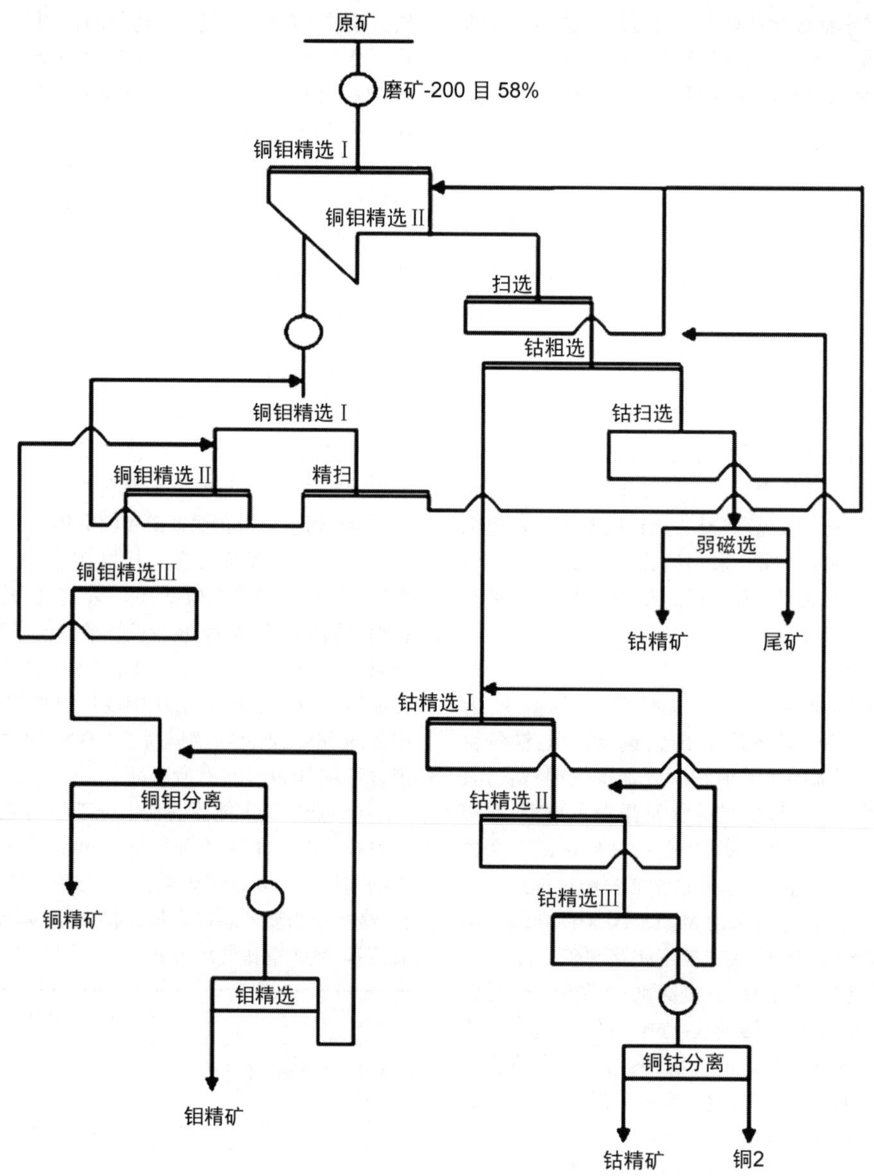

特低品位高含泥铜、钼多金属矿山废石高效浮选工艺流程

（五）典型实例及成效

该技术已成功运用于马鞍坪矿山废石综合利用有限公司，解决矿山固体废弃物的二次再利用问题，并有效解决环境污染、堆放场地等问题。该公司铜精矿、钼精矿、铁精矿、钴精矿产品均在有色金属行业产品质量标准以内。通过实际生产证明其品级一流，质量稳定，完全能满足冶炼行业的需求。

会理县马鞍坪矿山废石综合利用有限公司实施6000吨/日的废石回收工程，总投资3.1亿元，建设周期1年，年盘活铜资源储量5000吨、铁资源15万吨，平均每年可实现销售收入30888万元，增值税2000万元，销售税金附加100万元，利润总额7932万元，税后利润6742万，投资回收期4年。

（六）推广前景

我国是世界第一大铜消费国，同时又是贫铜国家，铜矿资源禀赋差，难以满足国民经济建设和社会发展对金属铜的需求，资源紧缺形势日益加重，每年需从国外进口大量铜产品。铜矿资源是不可再生资源，但现有开发中的矿山堆积了大量废石和尾矿，其中残存的可再利用有价资源未被有效再利用。开发利用废石资源是资源型企业可持续发展的重要途径，也是资源综合利用的必然方向，还是不可推卸的社会责任。

我国矿产资源的品种虽丰富，且多为禀赋差的共（伴）生矿床，矿产资源总回收率不足40%，而共（伴）

生资源的综合利用率低于20%。全国开展综合利用的国有矿山不到总数的10%,大量有用资源进入废石、尾矿中,形成应该但未被综合利用的二次矿产资源。

截至2005年,我国矿山尾矿、废石堆存数量已达约230亿吨,很多都未回收利用,大面积占用山林、荒地进行堆积,不仅造成环境污染、水土流失、地质次生灾害,甚至占用周边有限耕地。目前大多数矿山企业技术力量相对薄弱,科研条件较差,无能力从事废矿石回收利用工作。随着我国经济快速发展,可用矿产资源越来越少。同时全社会环保意识不断提高,资源和环境约束因素日益显现,对矿山废石的综合利用开始受到重视。本技术实现了低品位矿山废石的综合利用,可推广应用于同类矿山企业,对解决矿山固体废弃物的再利用,提高资源利用的综合技术水平,增加企业经济效益,有效减少环境污染,释放废石堆场占地具有重要的现实作用和长远意义。

四十三、高氯咸水替代淡水高效选矿技术

(一)技术类型

金属矿山高效选矿技术。

(二)适用范围

适用于沿海地区坑内(井下)咸水或海水丰富、淡水资源匮乏的地区。

(三)技术内容

1. 基本原理

在现有磨浮流程及设备不变的情况下,在磨矿作业和浮选作业全部利用坑内高氯咸水替代淡水进行磨矿和浮选,合理优化工艺作业条件及药剂条件,达到或超过淡水磨矿和浮选的生产经济技术指标。

2. 关键技术

由于采矿坑内高氯咸水的氯离子相当高,其他金属离子含量较高,海水比重大于淡水比重,因此在试验研究过程中,着重考虑和研究坑内高氯咸水与淡水比较对浮选回收率、精矿品位的影响,对浮选药剂使用情况的影响,及对工艺流程的影响等。

3. 工艺流程

磨浮采用两段磨矿两段分级工艺流程。磨矿分级流程分两系列,每系列采用一台MQG2.7×3.6米格子型磨机和一台FLGφ2.0米双螺旋分级机构成闭路磨矿。分级机溢流经∮710毫米旋流器分级,沉砂进入一台MQY2.7×3.6米溢流型磨机构成闭路磨矿,旋流器分级溢流进入粗选作业,粗选作业尾矿进入扫选作业,扫选尾矿经两台φ350毫米旋流器组分级后粗粒(-400目<15%)自流至充填搅拌站供井下充填;细粒泵送尾矿库。浮选精矿进入精选作业,经过两次精选,得出最终浮选金精矿。精选尾矿经过一次扫选后排入粗选。

(四)主要技术指标

浮选精矿品位可以达到40克/吨以上,浮选尾矿品位≤0.12克/吨,浮选回收率达95%,降低起泡剂消耗20克/吨。

(五)典型实例及成效

山东黄金矿业(莱州)有限公司三山岛金矿投资260万元,对设备及管路进行防腐处理或更换供水管路,建设期1年。现选矿生产规模达到9000吨/天,年总处理矿量313.2万吨,吨矿消耗水量2.1立方米/吨,年总消耗水量为657.72万立方米,扣除尾矿库回水60%,年实际消耗水量263.088万立方米,利用井下海水选矿后,年可节约淡水263.088万立方米,增加经济效益1184万元,投资回收期3个月,浮选精矿品位可以达到41.34克/吨以上,浮选尾矿品位≤0.12克/滚,浮选回收率达95.02%。

(六)推广前景

该技术的成功研究与应用将使坑内高氯咸水得到充分的利用,对于淡水资源缺乏的沿海地区矿藏开采和开发具有重大的借鉴意义和现实意义,对于国内其他矿山采用坑内高氯咸水(海水)选矿及进行海水选矿的研究提供了大量的技术依据和参考,避免了今后研究过程中所走的弯路,三山岛金矿的成功的研究与应用,今后可以在沿海地区各矿山得到推广,现实意义巨大。采用此项技术时要做好防腐蚀工作,选矿厂建筑物、构筑物、设备、电缆、电线等必须作防腐蚀的特殊处理,才能保证系统长期正常运行。

四十四、超贫钒钛磁铁矿尾矿磷钛资源回收利用技术

(一)技术类型

金属矿山综合利用技术。

(二)适用范围

超贫磁铁矿、超贫钒钛磁铁矿的尾矿磷、钛回收。

(三)技术内容

1. 基本原理

利用磁选机将矿物中的磁性铁选出,然后用浮选来选出磷精矿和钛精矿,浮选是利用矿物的表面亲疏水性来将不同矿物分离开,加入适当的药剂使有用矿物疏水,以便随气泡浮出。

2. 关键技术

提高一段磨矿细度,引进新型选磷浮选捕收剂,选磷浮选加温,提高选磷浮选浓度,采用新型MOH捕收剂,提高选钛技术指标,提高强磁机场强,选钛尾矿再磨再选。

3. 工艺流程

采矿目前采用露天开采,矿石通过汽车运送到选厂。选厂碎矿流程为三段一闭路流程。选别流程先选铁,后选钛选磷。选铁流程为阶段磨矿阶段选别流程(二段磨矿三段磁选流程),选铁尾矿经过二段强磁+磨矿+浮选流程选出钛精矿,强磁总尾矿通过磷浮选选出磷精矿。

(四)主要技术指标

采矿贫化率5%、采矿回收率95%以上。选矿回收率TFe36.33%。P_2O_5 42.42%、TiO_2 17.36%。铁精矿产率9.84%、磷精矿产率5.81%、钛精矿产率1.99%。铁精矿品位TFe58.80%,磷精矿品位P_2O_5 35.35%,钛精矿品位TiO_2 45.50%。

(五)典型实例及成效

近几年来,双滦建龙公司对选磷选钛工艺做了大量技术创新工作。磷钛的实际回收率逐年提高,2011年铁磷钛实际回收率分别为36.33%、42.42%、17.36%。通过综合回收利用铁、钛、磷等元素,减少了尾矿排放量,每年可盘活尾矿资源140万吨。

(六)推广前景

建龙矿业的生产工艺流程是先选铁,然后从铁尾矿中选钛、选磷,在前期生产铁精粉阶段成本核算时,已经把采矿、运输、破碎、磨矿等环节的成本摊销,因此,综合生产成本大大降低,因此大大增加了钛精粉和磷精粉的利润空间,经济效益十分可观。公司自投产后累计上缴利税1.6亿元,在扩建项目投产后,每年能上缴利税约2亿元左右。

本技术于2007年开始在承德市双滦建龙矿业有限公司开始应用,并日趋完善,磷钛综合回收率指标逐年提高。已在隆化县顺达矿业有限责任公司、隆化县新村矿业有限公司、承德宝通矿业有限公司等企业得到推广,对充分利用承德地区低品位钒钛磁铁矿具有重要意义。

四十五、低品位钒钛磁铁矿预抛尾综合利用技术

(一)技术类型

金属矿山综合利用技术。

(二)适用范围

适用于低品位钒钛磁铁矿的综合利用。

(三)技术内容

1. 基本原理

该预抛尾综合利用技术是采用三段一闭路结合高压辊磨闭路破碎工艺流程原理。低品位钒钛磁铁矿石给入高压辊磨之前(粒度-20mm)进行磁滑轮预先抛尾,抛尾后精矿进入高压辊磨闭路湿式筛分,筛下物进行湿式磁选,回收精矿石为回收入选矿石进入选矿磨矿流程,抛弃尾矿经破碎分级作为建筑石料,最大限度降低废渣排放,实现低品位钒钛磁铁矿的综合回收利用。

2. 关键技术

低品位钒钛磁铁矿预选抛尾技术;抛尾粗精矿脱磁技术

3. 工艺流程

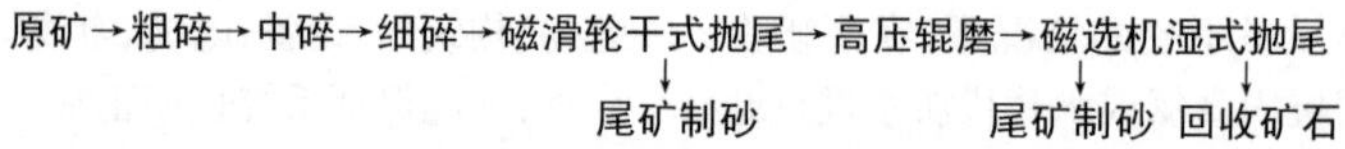

原矿→粗碎→中碎→细碎→磁滑轮干式抛尾→高压辊磨→磁选机湿式抛尾
磁滑轮干式抛尾↓尾矿制砂
磁选机湿式抛尾↓尾矿制砂 回收矿石

(四)主要技术指标

入选低品位钒钛磁铁矿TFe10%~20%;回收精矿即入选矿石Tfe>25%;铁回收率>55%(选矿系统铁总回收率提高3%以上)。

(五)典型实例及成效

2008年重钢西昌矿业公司自主进行“低品位钒钛磁铁矿回收工艺技术研究”获得了一种成功的预抛尾选别工艺,并于2009年底投资1200万元建设了一条年处理100万吨/年低品位表外矿预抛尾生产线。该生产线运行两年多来已回收合格精矿即入选矿石近70万吨(TFe平均26.8%),使该公司矿石回采率与损失率提高2个百分点,回采率达到96%,损失率降至5%以下,新增利润670万元,新增税收1500万元,建设期8个月,回收期2年。

(六)推广前景

国内绝大多数铁矿山为贫瘠矿,尤其是表外矿与低品位矿的资源储量占其矿山资源总储量的1/3以上。由于表外矿与低品位矿直接进入选矿厂进行选别将会极大增加选矿比,直接造成生产成本的增加,因此绝大部分矿山将表外矿与低品位矿作为废石废料抛弃,不但造成矿产资源的极大浪费,而且增大的弃土量占用了大量宝贵土地资源。将表外矿与低品位矿进行相应的技术处理后进行回收入选已成为绝大多数矿山矿产资源高效利用的发展趋势,该项技术不仅降低资源损失,提高资源利用效率,降低废弃土排放,节约宝贵土地资源,而且大量的表外矿或低品位矿石中赋存的其他金属在很大程度上得以综合利用,具有较好的推广应用前景。

四十六、铜钼尾矿膏体干堆排放技术

(一)技术类型

金属矿山综合利用技术。

(二)适用范围

尾矿膏体排放工艺除了多雨地区之外,都能够推广。最理想的地方是气候干旱、地势平坦、比较荒凉的地区。在这种地方，甚至可以不建尾矿坝。可以节省大量投资。我国内蒙古、新疆和西北许多地方都具备这种条件。

（三）技术内容

1. 基本原理

尾矿浓缩形成膏体，膏体管道输送多点排放，干式堆存。可以使选矿厂高效利用选矿废水，对高寒干旱缺水地区矿山生产节能减排意义深远。

2. 关键技术

技术关键是尾矿膏体要高效浓密，采用管道输送，并保证尾矿快速蒸发，主要适用于蒸发量大于降水量的干燥条件，并且尾砂细度足以形成可堆积的膏体而不需要使用太多的絮凝剂，堆积场地需要较大、较平，可借助阳光快速干燥。

3. 工艺流程

混合浮选尾矿经过管路给入到尾矿车间的 Φ40m 深锥浓密机内，加入絮凝剂进行尾矿絮凝沉降，深锥底流的膏体由喂料泵给入隔膜泵，再由隔膜泵泵入到尾矿坝进行膏体排放，深锥溢流水即选矿废水直接返回高位水池循环使用。

（四）主要技术指标

磨矿细度：-200 目 60-65%；浮选浓度 28±2%；调整剂石灰用量 1600 克/吨；捕收剂 PJ-053 用量 30 克/吨；起泡剂 2#油用量 20 克/吨；抑制剂水玻璃用量 150 克/吨；尾矿底流排放浓度 68±2%。絮凝剂用量 17 克/吨；尾矿成本 1.50 元/吨；回水吨矿用量 2.1496 立方米；中水（新水）吨矿用量 0.4136 立方米；选矿综合用水单耗：2.5655 立方米/吨。

（五）典型实例及成效

中国黄金集团内蒙古矿业有限公司乌山一期项目投资 28 亿元，选厂规模 30000 吨/日，通过沉降、矿浆流体力学分析，改进深锥浓密机结构及絮凝剂添加，提高尾矿沉降效果及废水利用率，盘活低品位铜矿体（品位铜 0.24%、伴生钼 0.017%）矿石量 22811.68 万吨。建设期 1.5 年，投资回收期 6.7 年，年利润 6.3 亿元。

（六）推广前景

膏体排放可以使选矿厂高效利用循环水，对干旱缺水地区矿山生产节能减排意义深远。同时膏体是一种不离析、均质的流体，将选矿厂的尾矿浓缩为膏体后堆存于尾矿库中可以减少尾矿库的沉降面积，节约土地，提高尾矿库的安全性，目前该项技术已经在许多矿山成功应用。随着尾矿安全越来越受到重视，土地资源越来越少，水资源的高效利用的需要，膏体技术对于今后矿山建设是一种非常可取的选择。

中国黄金集团内蒙古矿业有限公司通过运用尾矿膏体排放等先进技术及高端的选矿设备，优化选矿生产格局，开发低品位铜钼矿资源，提升市场竞争力，更好的综合利用现有的水利及土地资源，实现矿山环保科学发展的总体目标，该项技术对矿山建设有借鉴意义。

四十七、酸性水低浓度铜资源硫化提取技术

（一）技术类型

金属矿山综合利用技术。

（二）适用范围

（1）处理低浓度废水：原水中的铜金属离子浓度降到 30 毫克/升时，能够通过回收金属来维持工厂运行。

（2）处理复杂废水：当酸性水中含有多种杂质金属离子时，本技术凭借工艺优势，稳定运行，既回收金属，又处理废水。

（三）技术内容

1. 基本原理

（1）复杂酸性废水中金属离子分离原理：采用金属 pH 差异沉淀原理，预先分离废水中铁铝等金属离子，提纯铜离子。

（2）硫化沉淀机理：加入硫化试剂，通过控制硫化反应的 pH 优先沉淀铜，分离出高品位的铜精矿。

（3）电位控制原理：本技术添加硫试剂，由于自身的强还原性，易与废水中氧化物质反应，需调节电位控制氧化还原反应。

（4）结晶沉降机理：循环加入成熟的晶种，使反应物颗粒变大变粗，加快沉降。

（5）硫化氢循环利用：硫试剂在酸性的情况下，不可避免产生硫化氢气体，为此在末端设置一个碱式吸收装置，实现循环利用。

2. 关键技术

（1）复杂酸性废水中金属离子分离技术，去除矿山酸性水中铁铝等杂质，去除率 85% 以上，保证产品品位。

（2）硫化反应电位控制与低 pH 条件下的硫化物结晶技术，回收率可达 95%。

（3）硫化氢的循环利用技术，现场硫化氢浓度低于 1ppm。

3. 工艺流程

硫化工艺主要包括除铁工艺和金属回收工艺两部分。除铁工艺中，以酸性废水为原料，将电石渣乳添加到酸性废水中，酸性废水中大量三价铁离子以氢氧化铁沉淀的形式被除去；金属回收工艺中，不含铁的水和硫氢化钠在接触池中进行反应生成硫化铜。硫化金属在硫化物浓密池中被分离出来，硫化铜沉渣经过脱水以后便是金属硫化精矿。

（四）主要技术指标

化学硫化集成技术回收酸性废水中低浓度铜的方法具有耗能低、成本低、收益高、环境污染小等优点，从工业应用上将矿山酸性废水中低浓度铜资源进行了回收，铜回收率达到了95%以上，铜精矿品位35%以上，吨铜回收成本为2.0万元/吨，实现了废水中有价金属的回收利用，酸性废水中残留铜在0.5毫克/升以下，降低了后续处理成本。此外，该工艺生产过程实行全自动化控制，自动化程度高，工艺作业效率高，安全系数高，作业人员的劳动强度降低，工业化程度高，取得了明显的环境效益和经济效益。

（五）典型实例及成效

2008年德兴铜矿应用该技术兴建了硫化铜厂，每天利用酸性水24000立方米，酸性水平均含铜120毫克/升，截至2011年，共综合利用低浓度酸性废水2271万吨，回收铜金属量2875吨，实现销售收入11527万元，利润4419万元，节约下端水处理成本3000余万元，税金2289万元，取得了显著的经济效益和环境效益。2010年德兴铜矿建设了镍钴回收厂，采用离子交换和硫化集成技术收酸性水中低浓度（5毫克/升）镍钴，设计酸性水综合利用能力20000吨/天，年回收镍钴金属量近40吨。

（六）推广前景

矿山酸性废水是由于矿山大量含金属硫化物的废石、尾矿暴露在空气中，经过氧化被雨水、地下水等冲刷形成。该废水不仅广泛存在、排放量大，含有一定浓度的多种金属离子、pH值低，是矿山最主要的污染物。这些废水若得不到有效处理，将会严重污染矿区及其受纳水体的生态环境，并且影响人们的身体健康，甚至威胁人的生命。

常用的矿山酸性废水处理工艺是化学中和法，利用石灰、石灰石等药剂中和废水pH值，去除重金属离子。实践表明，化学中和法不仅药剂用量大、反应时间长，而且重金属离子的去除效果差，不能回收金属资源。

本技术能够有效回收矿山酸性水中低浓度铜、镍、钴、锌等金属资源，填补了国内矿山酸性水中低浓度金属资源回收的技术空白。不仅可有效回收酸性废水中的金属资源，大幅度降低处理成本，也为矿山企业开辟新的利润增长点，有良好的推广价值。

四十八、炼铜废渣资源化综合回收利用技术

（一）技术类型

金属矿山综合利用技术。

（二）适用范围

适用于处理各种铜冶炼工艺产生的炉渣（闪速炉渣、贫化电炉渣、转炉渣、澳斯麦特炉渣、反射炉渣、诺兰达炉渣、白银炉渣等）。

（三）技术内容

1. 基本原理

利用渣包缓冷技术，增加金属铜的结晶粒度；采用半自磨工艺，降低碎磨成本；采用浮选工艺回收铜及硫化铜矿物。

2. 关键技术

渣包缓冷，半自磨工艺，浮选工艺

3. 工艺流程

工艺流程图家下图

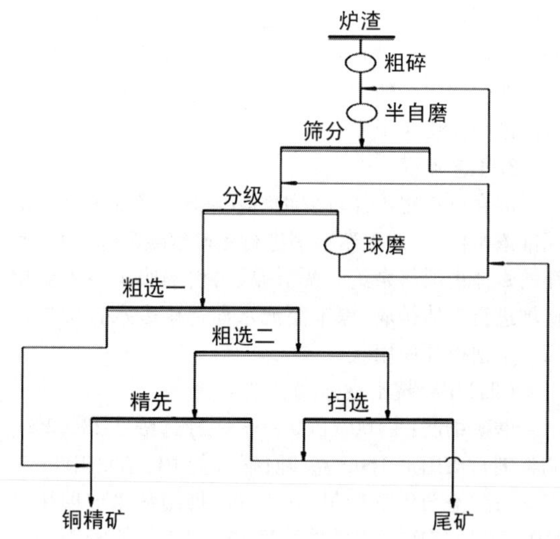

炼铜废渣资源化综合回收工艺流程

（四）主要技术指标

炉渣品位1%～3%之间，精矿品位26%～28%，尾渣品位0.3%，回收率70%～91%。钢球消耗0.9公斤/吨渣，电耗62千瓦时/吨渣，建设投资：280～320元/吨渣，生产加工成本80～90元/吨渣。

（五）典型实例及成效

江西铜业股份有限公司贵溪冶炼厂渣选厂是第一个采用本技术的工程项目，处理能力5000吨/日，是目前国内最大的混合炉渣（转炉渣、电炉渣和闪速炉渣）处理厂。在冶炼厂内平地建厂，包含原渣堆场、粗碎车间、磨浮车间、产品脱水车间等设施。主要设备有：颚式破碎机、半自磨机、球磨机、浮选机、浓密机、过滤机。项目分两期建设，其投资（23800+18420）42220万元，建设期5年。该工程二期于2008年竣工投产，并在同年就达到150万吨设计能力，处理含铜2.6%的炉渣，铜金属回收率达到88%左右，渣尾矿含铜品位降至0.30%，每年可回收3.4万吨铜金属量，尾渣直接销售到水泥厂，成为无尾矿选矿厂项目。采用本技术，与国内外同类型炉渣选矿厂相比，每吨炉渣可以多产铜0.5公斤，产值20元/吨，成本比采用其他炉渣选矿工艺还低。按处理 150 万吨含铜 2.6% 的炉渣计算,总收入多 3000 万元。

阳谷祥光铜业渣选厂,是本技术推广的第二炉渣选矿厂,处理单一闪速炉渣,处理能力 3600t/d。在冶炼厂内平地建厂,包含原渣堆场、粗碎车间、磨浮车间、产品脱水车间等设施。主要设备有:颚式破碎机、半自磨机、球磨机、浮选机、浓密机、过滤机。项目分两期建设,建设投资(19800 + 16200)36000 万元,建设期 4 年。该工程于 2008 年竣工投产,并在同年就达到设计能力,到 2010 年底总的处理能力达到 120 万吨,处理含铜 1.2% 的炉渣,铜金属回收率达到 73% 左右,渣尾矿含铜品位降至 0.32%,每年回收 1.05 万吨铜金属量,尾渣销售到水泥厂,成为无尾矿选厂项目。采用本技术,每吨炉渣可以多产铜 0.3 千克,产值 12 元/吨,成本还比其他炉渣选矿工艺低。按处理 120 万吨含铜 1.2% 的炉渣计算,总收入多 1440 万元。

(六)推广前景

随着国家经济的高速发展,铜资源的需求量越来越大,但同时铜矿资源日益贫乏,而我国已成为产铜大国,据估计到 2013 年,国内铜冶炼厂炼铜废渣产量将超过 1200 万吨/年,是贵溪冶炼厂现有炼铜废渣的 8 倍,如果炼铜废渣全部采用本技术,多产铜 6000 吨(相当于一个大型选矿厂年产铜金属量),多实现产值近 2.88 亿元,经济效益非常显著,因此本技术在全国范围内的铜冶炼厂推广应用,具有广阔的应用前景。

四十九、铅锌多金属矿资源高效开发与综合利用关键技术

(一)技术类型

金属矿山综合利用技术。

(二)适用范围

适用于铜、铅锌等有色金属矿的高效开发与其伴生元素的综合利用,并适用于矿山尾矿、废石、废水"三废"的资源化利用。

(三)技术内容

1. 基本原理

本技术以铅锌多金属矿产资源高效回收、全部废物资源化利用以及矿区生态环境有效保护为目标,结合铅锌矿共伴生铅、锌、金、银、硫、铁、锰、铜等多种有用矿物,创新研发与应用具有适用性强、资源综合回收率高、环境友好的全产品矿山生产流程及其关键支撑技术,用开发的盘区卸荷开采技术提高采矿回采率;用开发的分流分速高浓度分步调控浮选 + 酸渣伴生元素渣浸 + 浮选尾矿脉动高梯度磁选技术提高铅锌银回收率,实现硫铁金银锰铜有价伴生元素综合回收利用;用开发的固体废物短流程资源化利用技术实现尾矿和废石采场充填、多余尾矿脱水制砖做水泥;用开发的废水分质快速循环回用技术实现废水的循环利用。该综合技术不仅大幅度提高了采矿回采率、共伴生有价元素的选矿回收率,而且实现了选矿尾砂、废石与废水全部资源化利用,建成了高效利用多金属矿产资源和全部矿山废物,无尾矿、废石、废水排放和无地表破坏的示范矿山,彻底改变了传统的制造矿产品与排放废物的金属矿产资源开发方式,促进矿业可持续协调发展。

2. 关键技术

(1)铅锌多金属矿分流分速高浓度分步调控浮选技术

针对复杂多金属铅锌硫化矿普遍存在分离难度大、工艺复杂、有价伴生元素多、资源利用率低、并且必须 100% 应用回水的难题,根据铅、锌硫化矿和黄铁矿浮游特性与浮选动力学的差异,发明了铅锌硫化矿分流分速高浓度分步调控浮选新技术,并开发成功了高品位硫精矿烧渣浸金银——回收铁、浮选尾矿磁选回收锰等一整套综合回收金、银、硫、铁、锰、铜的新技术,显著提高了共伴生铅、锌、金、银、硫、铁、锰、铜等有价元素综合回收率,在铅锌多金属矿综合利用技术方面取得重大突破。

(2)金属矿山全部固体废物短流程利用技术

针对金属矿山固体废物资源化利用率低、工艺复杂、流程长、可靠性差的技术难题,研究成功全尾砂浓缩脱水、本仓贮存与流态化造浆一体化的制备工艺,结构流体自流输送至井下充填工艺技术;实现尾砂和全部采掘废石不出井直接用作充填骨料进行采场充填;充填剩余的尾矿制成水泥原料或制砖。实现了全部尾砂与废石资源化利用。

(3)选矿厂废水无排放快速分质循环利用技术

针对多金属矿选矿废水污染环境、回用对选矿指标影响大的难题,研发出:①铅锌硫等各自选别回路的废水快速分质循环回用技术;②剩余总尾水处理并与选矿工艺相匹配的循环利用技术,从而实现了全部废水无排放的资源化利用,既消除了环境污染,又改善了选矿指标,使废水中的药剂得到高效重复利用。

(4)盘区卸荷分层充填采矿工艺技术

针对分层充填采矿法水平暴露面积大和回采周期长,采场应力集中大、顶板易垮塌、破坏地表,为了解决安全开采和回采率低的问题,应用了盘区卸荷开采方法、梯层充填采矿工艺和集中落矿回采技术,通过采场局部弱化使应力集中部位向围岩深处转移,在开挖结构近表层形成低应力卸荷圈;通过集中回采缩短采场顶板暴露时间,将岩层移动控制在最小范围,有效提高了采矿回收率。

3. 工艺流程

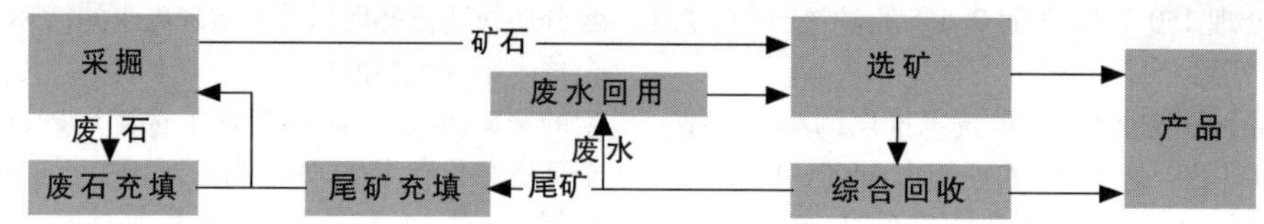

铅锌多金属矿高效开发流程总图

(1)改变采矿方法:采用盘区卸荷分层充填采矿工艺,提高采矿回采率,保护地表;

(2)建设尾矿胶结充填系统:建设全尾砂胶结充填系统,将尾矿加水泥高浓度进行采场充填。

(3)建设井下废石充填系统:建设与采掘废石相配套的井下废石充填系统,使废石不出井,直接用于采场充填。

(4)改造选矿工艺流程:改造铅锌硫选矿流程,改变药剂条件,增加快选铅、快选锌、快选硫,增加铅尾、锌尾浓缩,实现高浓度选铅、锌、硫,提高铅、锌、硫回收率;增加铜铅分离流程,实现伴生铜的综合回收;采用分流分速高浓度分步选高品位硫精矿工艺,并把锌尾中金银富集到硫精矿中,提高硫、铁选矿回收率,再对硫酸厂焙烧系统进行改造,满足高品位硫精矿焙烧需要,建设酸渣浸金银厂,实现硫、铁、金、银高效综合回收;增加脉动高梯度选锰流程,实现尾矿中锰的综合回收。

(5)建设尾矿浓缩过滤脱水系统,将充填多余尾矿过滤脱水用于尾矿制砖和做水泥,建废水处理回用系统,对废水进行分质快速回用。

(四)主要技术指标

(1)采矿回收率≥87.9%。

(2)铅锌多金属矿回收技术铅90.4%、锌91.9%;金85.75%、银86.77%、硫96.94%、铁88.18%、锰65.0%、铜66.08%;伴生元素综合利用率81.45%。

(3)尾砂利用率100%、废石利用率100%、选矿废水回用率100%,新鲜水节水率95%。

(4)全部共伴生有用元素综合回收,矿山废物全部资源化利用,无尾矿库、无废石场、无地表破坏。

(五)典型实例及成效

南京栖霞山铅锌矿共伴生铅锌金银硫铁锰铜等有价元素,属典型的多金属矿,地处南京市4A级栖霞山风景区和长江边,在项目技术应用前,矿山开发不仅存在资源利用率低、生态环境破坏严重的问题,而且随着环境要求的提高和市场竞争加剧,矿山面临停产,传统工艺技术已不能满足矿山正常生产。为此于上世纪末开始开展了本项目技术的系统研究,项目部分成果自1998年陆续投入应用,2008年1月本项目整体技术全面应用。整体技术成果应用后,将采矿回采率、铅、锌选矿回收率分别提高了6、4.5、4.9个百分点;共伴生金、银、硫、铁、锰、铜回收率分别提高了67.53、21.99、8.62、88.18、65.0、66.08个百分点,综合利用率提高了52.90个百分点;选矿电耗降低25%;磨浮厂房单位面积的矿石处理量提高50%;实现了选矿废水、尾矿和采掘废石的资源化利用,建成了首座资源高效利用、无地表破坏、无尾矿库、无废石场、无废水排放的多金属矿山,消除了矿山开发对环境的污染,杜绝了尾矿库溃坝及废石场泥石流等安全隐患;有效解决了矿山产量低和采选指标差的技术瓶颈。矿山应用该整体技术以来累计新增利税82381万元,经济和社会环境效益显著,使地下资源开发与矿区生态环境保护达到和谐统一。

(六)推广前景

我国现有铅锌矿800多座,铅锌选矿厂2000多个,铅锌行业集中度比较低,矿山生产规模都较小。2011年我国铅锌矿山生产铅金属量185万吨、锌金属量370万吨,前五名企业的铅锌产量分别仅占全国总产量的17.3%和26.8%。由于我国铅锌资源的缺乏,铅锌冶炼能力大,中国铅锌冶炼企业对国外精矿产品依存度较高,近几年一直处于净进口状态。2011年中国共进口铅精矿金属量130多万吨、进口锌精矿金属量290多万吨。同时,在我国铅锌资源中,共、伴生的有价元素非常丰富,如金、银、硫、铁、铜、锰等,这些元素也是我国国民经济非常紧缺的资源。目前,我国铅锌多金属矿资源开发与综合利用的水平还不是很高,许多中小型矿山的采矿回采率、共伴生元素的综合利用率还很低,因此,开展铅锌矿产资源节约与综合利用显得尤其重要。

按照中小型铅锌矿山占铅锌矿山60%的比例,每年开采的铅锌矿石量在4000万吨左右,铅+锌原矿品位在7%,如果回采率提高5个百分点,每年就可以节约铅锌矿石量200万吨,金属量14万吨左右;铅锌选矿回收率各提高4个百分点,每年就可以增加铅锌金属量11万吨左右。铅锌矿伴生元素金、银、硫、铁、锰、铜等综合利用率如平均提高20个百分点,每年增加的元素量更为显著,增加经济效益在上百亿元。同时,可以减少固体废物排放量2000万立方米/年、废水5000万吨/吨,部分矿山可以取消尾矿库,实现全部矿山尾矿、废水、废石的资源化利用,矿山无尾矿、废石和废水排放,彻底消除铜、铅、锌等重金属和选矿药剂对环境的污染,有效保护矿区生态与周边环境,而且还省去矿山尾矿库的土地占用和尾矿库维护费用,大幅度节省新鲜水消耗,有效提高我国紧缺矿产资源的可利用总量，实现生态环境保护，消除矿区灾害隐患，能够取得十分显著的资源、环境和安全效益。

该技术能有效解决我国铅锌多金属矿开发普遍存在的资源综合回收率低和矿区生态破坏、环境污染严重的问题，不仅适用于铅锌多金属矿，也适用于其他有色金属矿，尤其适合于土地、水资源紧缺和生态环境脆弱地区的矿业开发。该技术为铅锌多金属矿山的矿产资源节约与综合利用提供了很好技术支撑和示范，对促进我国金属矿山行业技术进步，建设资源节约型、环境友好型的现代化矿山具有重大推动作用，必将为我国矿业高效开发和综合利用做出更大的贡献。

五十、低品位硫化铜矿生物提铜大规模产业化应用关键技术

（一）技术类型

金属矿山综合利用技术。

（二）适用范围

次生硫化铜矿、低品位原生硫化铜矿。

（三）技术内容

1. 基本原理

生物浸铜大多采用堆浸法，高效浸矿菌的选育与应用以及控制浸出过程生物、化学和物理等因素的合理匹配，保持各工艺环节的酸、铁、水、杂质平衡，维持浸矿过程优势菌的最佳活性是生物堆浸提铜获得成功的关键。

2. 关键技术

（1）选育和应用高效专属浸矿菌－高效浸矿混合菌 TFRIII 和硫氧化细菌，形成样品采集－高效浸矿菌种选育－堆浸工业引种及调控方法。

（2）系统集成实时荧光定量 PCR 与基因克隆文库技术，建立了低成本、高效、快速的生物堆浸过程堆内微生物种群的实时定量分析方法，创新地应用于浸矿微生物种群演变的定量分析。

（3）浸矿优势菌群与工业堆场操作工艺、物理化学因素最佳匹配的调控方法。

（4）通过调控浸出体系氧化还原电位实现次生硫化铜矿选择性生物浸出。

（5）高 S/Cu 比（黄铁矿/硫化铜矿物）低品位硫化铜矿生物选择性浸出新工艺。

（6）萃取过程负载有机相洗涤除杂、电积过程酸雾抑制和电积贫液酸铁膜分离除杂等工程化技术。

3. 工艺流程

采用“破碎＋生物堆浸＋萃取＋电积”生产工艺流程，直接生产阴极铜。

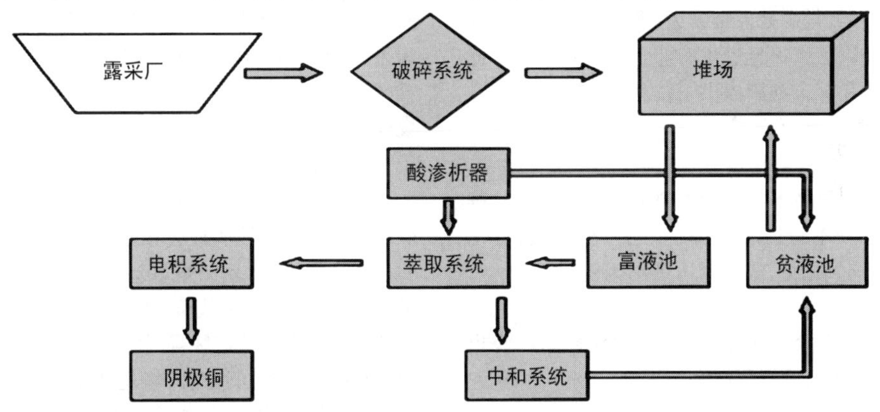

低品位硫化铜矿生物提铜工艺流程

（四）主要技术指标

入堆最低铜品位 0.2%，铜浸出率达到 80%，铜回收率达 75% 以上，浸出周期 185～220 天。与国外典型生物提铜矿山相比，铜浸出率相近，浸出周期缩短 1/3 以上，矿石铜品位低 2/3，吨矿现金成本降低 2/3。与浮选－闪速炼铜工艺相比，电耗降低 55%，CO_2 排放量减少 63%，SO_2 排放量减少 65%，节水 80%，成本降低 60%。其技术经济指标和环境效益优于传统的选矿－火法炼铜工艺，且技术工业化应用成熟度较高。

（五）典型实例及成效

该技术成果 2006 年已应用于紫金山大型低品位硫化铜矿，年处理低品位铜矿石 300 多万吨，年产高纯阴极铜 1 万吨，产品质量达到了高纯阴极铜质量标准，

福建省上杭县紫金山铜矿投资 1.67 亿元建设年产高纯阴极铜 1 万吨的采矿－生物堆浸－萃取－电积提铜的生产系统，建设期 2 年，投资回收期 4 年。该技术成果的成功应用，大大降低了紫金山铜矿体边界品位。经全国矿产储量委员会批准，按入堆品位 0.42% 重新圈矿体，使紫金山铜矿的铜金属储量由 63 万吨（铜品位 1.09%）扩大为 191.6 万吨，在无需投巨资勘探的情况下，紫金山铜矿资源扩大 2 倍多，显著扩大了资源利用范围，社会效益显著。此外，降低边界品位后，矿体连续厚度增大，剥采比可大幅度下降。2006～2008 年累计共

生产高纯阴极铜 24793.36 吨，平均直接加工成本 12812.00 元/吨 Cu 平均总成本 16339.84 元/吨 Cu，三年累计新增产值 12.56 亿元、新增利税 8.51 亿元。

（六）推广前景

该技术成果可直接推广应用于次生硫化铜矿开发利用、低品位原生硫化铜矿废石堆浸，也可应用于难处理金矿生物预处理、低品位镍钴矿和低品位硫化锌矿的生物浸出。与火法炼铜相比，其工艺和装备简易、对环境友好、产品附加值高，建厂规模可大可小。因此，不论矿产资源的储量是大是小、位置是否偏远、交通是否发达，均可以进行推广应用，推广应用的范围广阔，尤其适宜西部偏远交通不便地区的铜资源开发。利用该技术，预计潜在的可利用铜资源量达 3379 万吨，镍资源量 84 万吨，钴资源量 5.7 万吨。

五十一、钼钨金氧化矿综合利用新技术

（一）技术类型

金属矿山综合利用技术。

（二）适用范围

适用于我国内蒙古自治区中西部以氧化钼钨矿为主的矿石，以及我国陕西、河南、甘肃等大型硫化钼矿产的浅表氧化程度高的矿石。目前国内钼矿的开发多以硫化矿为主，氧化矿处理难度大，多作为废石剥离或者成为呆滞矿床。钼钨金氧化矿综合利用技术对于此类矿山的盘活和综合利用提供了技术基础。

（三）技术内容

1. 基本原理

采用泥沙分离技术，粗、细物料分别加工，使粗、细物料都采用适合本身性质的加工方法，利用“彼德洛夫法”加温浮选氧化钼，湿法高压浸出钼钨。

2. 关键技术

钼钨氧化矿混合浮选技术，钼钨氧化矿高压浸出技术；含金钼精矿高效氰化浸金技术。

3. 工艺流程

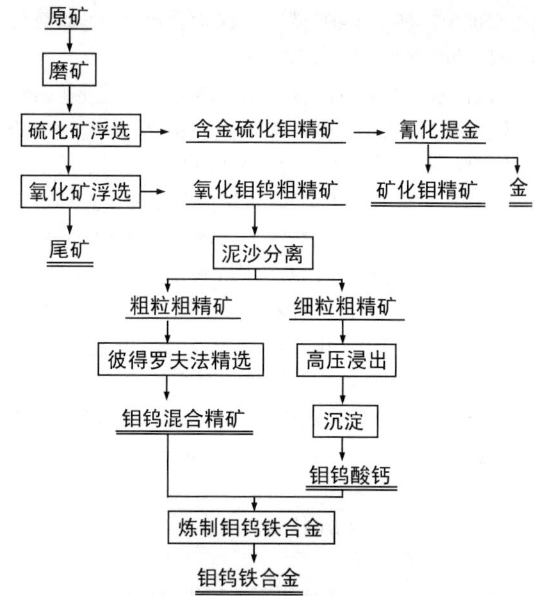

钼钨金氧化矿综合利用工艺流程图

（四）主要技术指标

粗粒级物料和混合物料加温浮选相比，回收率提高了 8% ~10%，药剂用量：水玻璃用量从 60 千克下降到 15.7 千克，烧碱从 10 千克降到 6.4 千克，硫化钠从 5 千克降到 3.3 千克。细粒级物料和混合物料湿法冶金提取相比，钼回收率提高了 5%，钨提高了 40%，成本降低了 60%；

选矿：氧化钼钨精矿钼品位 8% ~15%、钨品位 5% ~12%，硫化钼精矿品位 >45%，钼回收率 >75%。

冶金提取：钼浸出率 >98%，钨浸出率 >95%，钼回收率 >97%，钨回收率 >94%。

氰化提金：金浸出率 >98%，回收率 >97%。

（五）典型实例及成效

内蒙古额济纳旗流沙山钼矿，流沙山钼矿探明钼金属量为 2.81 万吨，按照企业一期工程和二期工程设计的采矿、选矿处理能力，矿山服务年限为 16 年，矿山露天采矿剥离工作已经完成，已形成 2500 吨/日的露天采矿能力和 1000 吨/日的地下采矿能力和 1500 吨/日的选矿生产能力，目前正在设计选矿厂 2000 吨/日规模的二期工程。

（六）推广前景

内蒙古额济纳旗小猢狸山钼矿、内蒙古西沙德盖矿区钼矿性质和该矿极为相近；另外，甘肃省山丹县探明一大型钨钼矿，钼储量 102 万吨、钨储量 50 万吨，储量亚洲第三，在矿区浅部，也存在氧化程度高的问题。该技术可以在这些矿区得到应用。另外，我国大部分的钼矿都存在有不同程度的氧化现象，目前，钼氧化矿多作为废石被剥离，无法综合利用。通过技术创新和进步，将该技术应用到这些钼矿区，可以为我国钼资源的高效节约与综合利用提供强有力的技术支持。该技术有极大地推广前景和矿产资源节约与综合利用潜力。

五十二、CotL's 酸法从含硫氰酸盐、氰化物尾液中综合回收氰化物技术

（一）技术类型

金属矿山综合利用技术。

（二）适用范围

从高浓度含氰、硫氰酸盐尾液中综合回收氰化物。

（三）技术内容

1. 基本原理

CotL's 酸在酸性介质和加温条件下优先与硫氰酸盐反应生成 HCN，而且生成的 HCN 在氢氰酸抑制剂(2号)作用下,形成强性质子化作用而控制 HCN 与 CotL's 酸的反应而达到回收氰化物的目的。

2. 关键技术

氧化剂、抑制剂和发生剂的混配技术。

3. 工艺流程

主要工艺过程包括:贫液中贵金属回收;贫液预处理;贫液中氰化物回收;硫氰酸盐中再生氰化钠;砷的处理;贫液深度处理(达标排放)等。

(四)主要技术指标

(1)贫液中的氰化物回收率≥90%;

(2)硫氰酸盐的氧化率≥95%;

(3)从硫氰酸盐中再生氰化物的回收率≥80%。

(五)典型实例及成效

辽宁天利金业有限责任公司重点进行氧化电位、酸化条件、吹脱条件、药剂的采用和用量以及加入方式等条件的试验、优化贫液预处理工艺和作业条件等,贫液中的氰化物回收率为98.7%,硫氰酸盐中再生氰化钠率为86.27%,对贫液中的砷及残余的氰化物进行深度治理后砷和氰化物均达标外排,达到贫液的全循环工艺更加优化的目的。金浸出率提高了0.87%,各项经济技术指标在国内外同类技术中均处于最好水平。该项目总投资为516.3万元,年产值可达到210万元,年成本为47万元,每年给企业增收163万元的利润。

(六)推广前景

该项技术在天利公司的成功实践证明,我国在黄金矿山环境保护技术领域已经取得突破性进展,与国外同类技术相比,在诸多技术环节上更加具有优越性和竞争力,为我国金矿氰化工艺中产生的贫液进行综合治理领域拓展了更为广阔的空间,为我国参与国际市场竞争提供了有力的技术保证,尤其是,国家即将对硫氰酸盐的总排放量施加限制之际,该技术是国内率先对环境有一定影响的硫氰酸盐废水进行综合治理的先进技术,它将为以后的我国黄金矿山废水重复利用技术和资源综合利用领域,实现环境效益、经济效益和社会效益的统筹兼顾提供更有力的技术支撑。

五十三、黄金矿山含氰尾液处理技术

(一)技术类型

金属矿山综合利用技术。

(二)适用范围

对黄金矿山干堆尾矿库淋溶低浓度含氰、硫氰酸盐外排废液进行处理。

(三)技术内容

1. 基本原理

臭氧是一种强氧化剂,在溶液中它可以和有机物以两种途径进行反应:①臭氧分子与有机物的直接反应;②部分臭氧分子分解后产生的自由基与有机物的间接反应。臭氧在水中分解产生的强氧化性·OH自由基作为氧化的中间产物,引发自由基链式氧化反应,同时在水溶液中可释放出原子氧参加反应,表现出很强的氧化性,能彻底氧化游离状态的氰化物。可以利用臭氧氧化法转化硫氰酸盐为氰化物。

2. 关键技术

稳定络合氰化物的处理技术。

3. 工艺流程

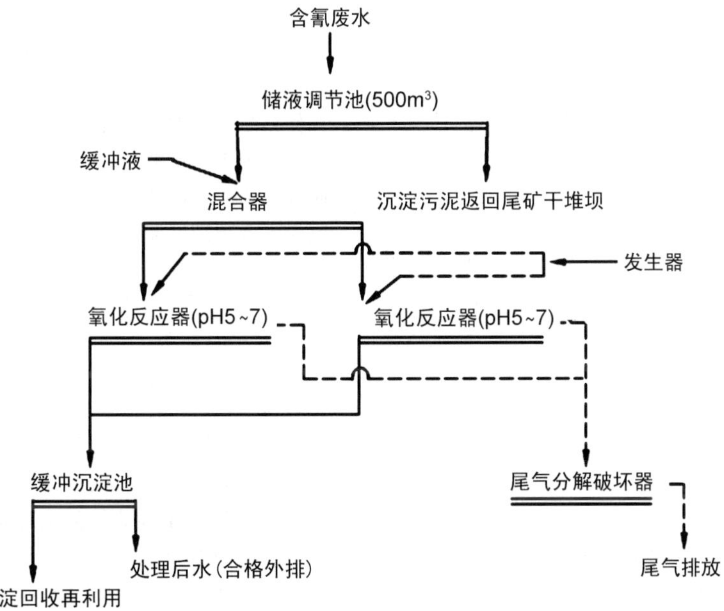

含氰尾液处理工艺流程

（四）主要技术指标

（1）外排贫液或矿浆中的氰化物含量低于国家污水综合排放标准；

（2）处理成本≤6 元/立方米；

（3）臭氧利用率≥90%。

（五）典型实例及成效

OOT 法深度处理含氰、硫氰酸盐废液体系时，对总氰、硫氰酸盐有很好的适应性，保证处理后外排废液总氰、COD 同时达标，而且废液总氰达到 0.2 毫克/升以下，满足一些流域污水排放标准要求。

中国黄金集团夹皮沟黄金矿业有限公司选矿工艺为全泥氰化炭浆法，浸出矿浆经过陶瓷过滤机过滤后贫液全部返回浸出工段继续使用，尾渣干堆于尾矿库。由于采用干式排放的尾渣滤饼中含有一定的水分，并残留一定数量的氰化物，在堆放的过程中受大气降水的浸溶，残留的氰化物会释出，在尾矿渗透坝内汇流而出，并对水环境产生二次污染。该技术通过采取改变和控制氧化工艺条件和参数，有效实现单一方法对各污染物质的深度氧化，研究开发了先进的气—液曝气和氧化反应分布装置，提高一次曝气率。总投资 600 万元，建设期 2 年。处理后废水中总氰含量小于 0.2 毫克/升、COD 含量小于 50 毫克/升，均低于国家和松花江流域的相关排放标准；硫氰酸盐（SCN－）几乎被全部分解；总铁含量小于 0.1 毫克/升；臭氧利用率达到 95% 以上；日稳定处理低浓度含氰、硫氰酸盐废液 512 立方米（低浓度系指含总氰、硫氰各 30 毫克/升以下）；设备运行时，除消耗人力和极少量的浓硫酸作为 pH 调节剂外，全负荷工作时处理废液共需消耗电力不到 6 千瓦时/立方米。新技术研究进入生产营运期后按额定设计运行，每年可为夹皮沟矿业有限公司减排总氰 2.53 吨、COD3.15 吨。直接生产成本在 4～6 元/立方米（废水）之间（理论计算为 4.11 元/立方米（废水））。相对于碱氯法的 20 元/立方米（废水），和焦亚硫酸钠－空气氧化法的 10.5 元/立方米（废水）的成本，节资效果明显。

（六）推广前景

该工艺方法生产营运成本低，实际消耗直接成本 4.11 元/立方米（废水）。在氧化处理游离氰的同时，对硫氰酸盐、铁氰络合物、亚铁氰络合物的去除，有其他方法无法比拟的优势。避免了以往方法为实现同一目的，而采用联合处理工艺所带来的高成本性。具有较高的推广应用价值。可独立应用于黄金矿山低浓度含氰、硫氰酸盐废液体系的深度处理，或应用于高浓度含氰、硫氰酸盐废液体系回收氰化物后的二次处理工段。还可应用于非黄金行业含氰废水（如电镀、炼焦等）的深度无害化处理工段，具有较好的市场应用前景。

第四篇　非金属类

五十四、固体钾矿浸泡式溶解转化开采技术

（一）技术类型

非金属矿山高效采矿技术。

（二）适用范围

零星分布的 KCl≥0.5% 的低品位盐湖固体钾矿（钾石盐、光卤石矿）。

（三）技术内容

1. 基本原理

向含钾地层中注入钾不饱和溶剂，破坏原有的相平衡，使溶剂与盐层中的石盐、光卤石或钾石盐发生交换，使固体盐层中氯化钾、氯化镁最大限度地进入液相，形成新的溶液，达到新的平衡状态，而固体氯化钠骨架基本不溶解。

2. 关键技术

（1）溶剂制取方法

（2）溶剂安全输送技术

（3）单元浸泡式溶解转化技术

（4）采卤工程技术

（四）主要技术指标

固体钾矿溶解转化率≥80%

溶矿后卤水最低 KCl≥0.50%

（五）典型实例及成效

自 2007 年至 2010 年，通过应用固体钾矿浸泡式溶解转化开采技术，已经溶解固体钾矿超过 616 万吨，并使察尔汗盐湖固体钾矿开采工业品位由 8% 降低至 2%，经国土部备案公司采矿权内新增可采钾资源基础储量 13731 万吨，启动了新增 100 万吨钾肥项目建设。成果在公司别勒滩矿区已经得到推广应用，完全成熟。

新增 100 万吨/年装置建成达产后，预计产品销售收入 217759 万元；税金 40461 万元；利润 112285 万元，经济效益显著。

（六）推广前景

该项技术在我国察尔汗盐湖钾镁盐矿具有较好的应用前景，近期将盘活固体钾矿 1.4 亿吨，远期将盘活固体钾矿资源近 3 亿吨，提高我国钾资源的供应能力。

五十五、磷石膏充填无废高效开采技术

（一）技术类型

非金属矿山高效采矿技术。

（二）适用范围

中厚缓倾斜－倾斜破碎矿体。

（三）技术内容

1. 基本原理

通过磷废料的改性与磷矿山开采方法的根本变革及相关配套工艺技术的研究，首次在国际上率先实现磷废料的大规模再利用与磷资源的安全高效低贫损连续开采方法完美结合，解决我国目前磷资源开采损失贫化大与磷石膏大量排放严重污染环境的问题。

2. 关键技术

（1）磷废料充填技术。

①磷废料作为充填骨料改性研究：通过对磷石膏物理化学特性、不同成份添加剂配比试验等研究，发现磷石膏和粉煤灰的胶结活性、酸碱度等具有互补性，实现了磷石膏改性，研究黄磷渣潜在胶凝活性与激活剂类型。

②磷废料胶结充填匹配试验研究：得出磷石膏作为充填骨料的合理配比及黄磷渣全部代替水泥的合理配比（已获专利）。

③长距离低高程泵送磷废料充填系统及料浆输送技术：针对磷矿山开采磷废料充填倍线小、距离长、料浆输送困难等问题，采用半理论计算与分析方法，得到无室内试验条件下的磷石膏充填输送阻力与内压，创建了国际上第一套长距离低高程磷废料充填系统（已申请专利），解决了超细磷废料输送计量难、酸性腐蚀，发明矿用尾废充填料大块筛分打散装置（已获专利），为磷化工固体废料的工业规模再利用提供了从地面制浆到井下充填全套技术。马路坪矿长距离低高程泵送磷废料充填系统及其配套技术自2007年通过验收并推广使用以来运转正常。

④嗣后充填快速脱水系统施工与设计：针对磷废料料浆粒级细、充填脱水慢、易跑浆漏浆、养护周期长、采场回采循环时间长、生产能力低的难题，提出了一种磷废料充填料浆快速脱水系统（已获专利），同时采用充填漏水器预脱水（已获专利）、特殊包扎脱水管等技术，成功实现了超细磷废料浆体充填脱水和固化。

（2）采矿方法与关键技术。

①中厚缓倾斜破碎矿体采矿方法研发：针对倾斜中厚破碎矿体充填法机械化开采脉外采准废石掘进量大，脉内采准采场个数少，充填法工序多，回采强度低，采场生产能力低的不足，研发了具有知识产权的脉内采准无间柱分段连续充填采矿法等5项中厚缓倾斜－倾斜破碎矿体的绿色采矿方法。

②开拓采准工程合理布置研究：针对磷矿床矿岩破碎特别是红页岩支护困难的难题，采用上盘无轨采准系统，将主要采准工程布在相对稳固的上盘白云岩和磷矿体内。

③采场支护参数与稳定性研究：对主要人员与设备出入的凿岩出矿平巷采用管缝式锚杆与金属网喷锚支护，对位于采场中央的切割槽采用长锚索＋锚杆＋金属网联合支护，人为形成悬吊梁，改变采场内顶板的应力分布，扩大采场稳定跨度，从而提高回采单元的矿量与生产能力。

④底板三角矿石回收方法研究：创新性地应用长臂式爬装机与井下大型无轨采掘设备结合，合理布控，解决了缓倾斜矿体开采贫化损失大，三角矿量无法回收等世界性难题。实现了中厚缓倾斜－倾斜破碎矿体的安全、高效、低贫损、低成本开采。

3. 工艺流程

（1）磷废料充填工艺技术流程。

马路坪充填系统料浆制备由以下几条工艺流程组成：

①磷石膏、粉煤灰供料线。磷石膏、粉煤灰用自卸汽车运到充填站的磷石膏库。充填时，将磷石膏、粉煤灰混合后用装载机上料卸至1#中间料仓，然后通过带破拱架的单台板振动放料机放料，由皮带输送机送入打散机，打散后的磷石膏经振动筛筛分剔除大块杂物后落入2#中间料仓，再通过带破拱架的单台板振动放料机放料，由皮带输送机输送，经皮带电子秤自动计量送入高浓度搅拌设备。磷石膏干料供料能力为45～64吨/小时，磷石膏湿料供料能力为60～86吨/小时，磷石膏采用皮带电子秤自动计量，并通过调节单台板振动放料机的变频调速器的频率实现磷石膏给料量的调节。

②水泥供料线。水泥供料线有2条（其中1条备用），每条线的供料能力为5～28吨/小时，当水泥的供料能力要求大于28吨/小时时，采用2条线同时供料。水泥采用水泥罐车送至充填站，经压气自动卸入100吨钢制料仓。充填时，水泥由双管螺旋喂料机放料，再经单螺旋电子秤计量后输送到搅拌机；并通过调节双管螺旋喂料机的变频调速器的频率来实现水泥给料量的调节。

③供水线。通过马路坪＋860米水泵把水输送到充填站500吨高位水池。充填时，水由高位水池通过水管供给，经电磁流量计计量，由电动调节阀和水阀调节给水量。正常供水流量为26～41立方米/小时，冲洗管道的最大用水流量为90立方米/小时左右。

④充填料浆制备线。磷石膏、水泥、水先经双轴搅拌机进行初步搅拌后，再经强力活化搅拌机进行活化搅拌，搅拌均匀的充填料浆采用泵送充填或自流充填。经充填天井、充填斜井、＋940米北副斜井、斜井联络道、＋820米（或＋750米）运输平巷、采场充填井输送到采场。

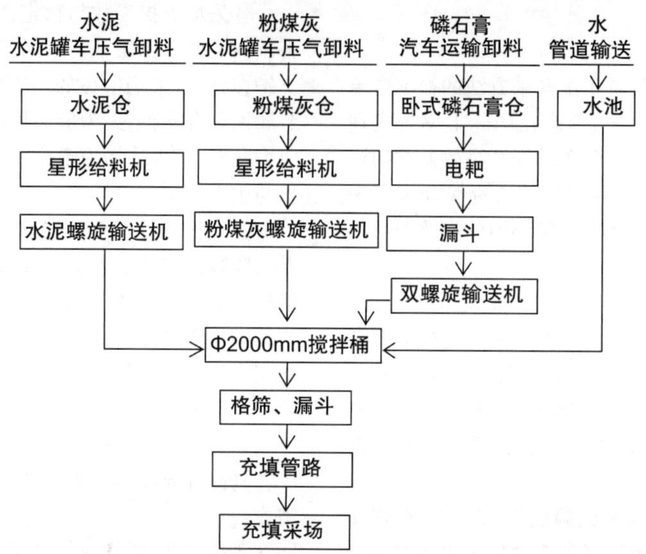

用沙坝矿磷废料充填系统及料浆输送技术工艺流程图

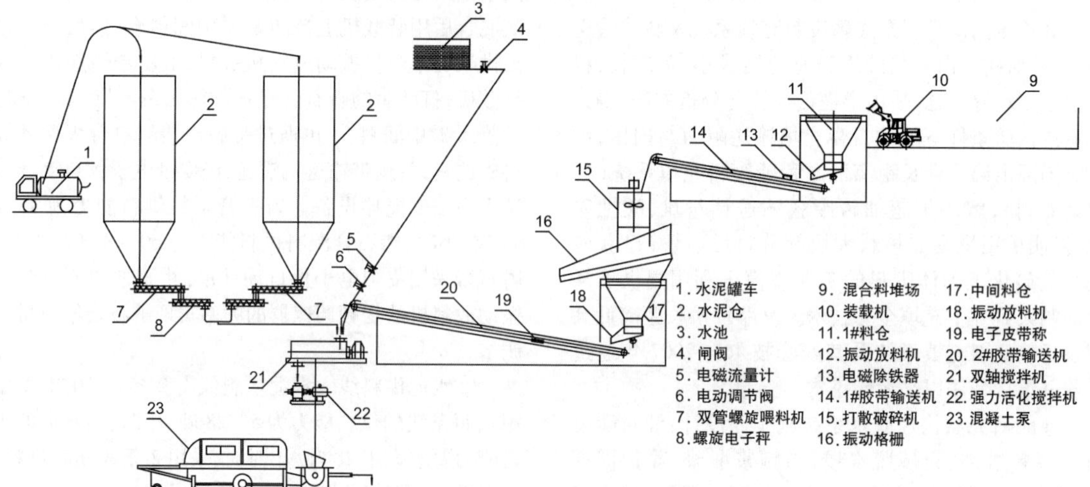

马路坪矿长距离低高程泵送磷石膏充填系统及料浆输送技术工艺流程图

(2)中厚倾斜破碎矿体开采方法工艺流程。

①用沙坝矿公路下磷矿山开采方法工艺流程。

②马路坪矿中厚倾斜破碎矿体开采方法工艺流程。

具体开采工艺流程如下：

①采场凿岩。采用 Sandvik DL330－5 电动液压中深孔凿岩台车打眼，在凿岩出矿巷中钻凿上向扇形中深孔，中深孔孔径 60～65 毫米，排距 2.0 米，孔底距 2.0～2.4 米。根据马路坪矿矿体赋存条件及凿岩参数，采用作图法分析知，采场单排布孔 8 个，总孔深 93.723 米，每米炮孔崩矿量 7.029 吨。

②采场爆破。采用装药器或中深孔药卷，以通风切割上山为自由面，沿采场全断面拉开，第一次进行切采爆破，形成沿全断面拉开的切割槽。采场全断面拉开后进行分次爆破，每次爆破 3～4 排，前进式回采，采场最后爆破矿体靠近充填体。爆破采用非电毫秒差导爆管，同排同段，分排分段加导爆索的并联网络起爆。非电毫秒导爆管药包位于距孔口 2.5～3 米处，各排导爆管脚线分别用胶布固定绑紧在传爆线上，再将传爆线并联到主传爆线上，用电雷管点火起爆。

③采场支护。采场支护地点为凿岩出矿巷道，视巷道顶板稳定情况采用锚杆加以支护。锚杆支护网度为 0.9 米 ×1.0 米，局部比较破碎地段采用锚杆与金属网联合支护或者长锚索加金属网联合支护，并喷射混凝土。切割上山：原则上采用锚网支护（1.8 米长开缝式锚杆和 2.0 米 ×2.0 米金属网），层理发育地段增加锚索进行加强支护，锚索支护网度为 2.0 米 ×2.0 米；对剪节理发育等破碎和松散岩层（或假顶层），采

取揭顶后，进行锚网（1.8 米长开缝式锚杆和 2.0 米×2.0 米金属网）和 5.3 米的长锚索联合支护。

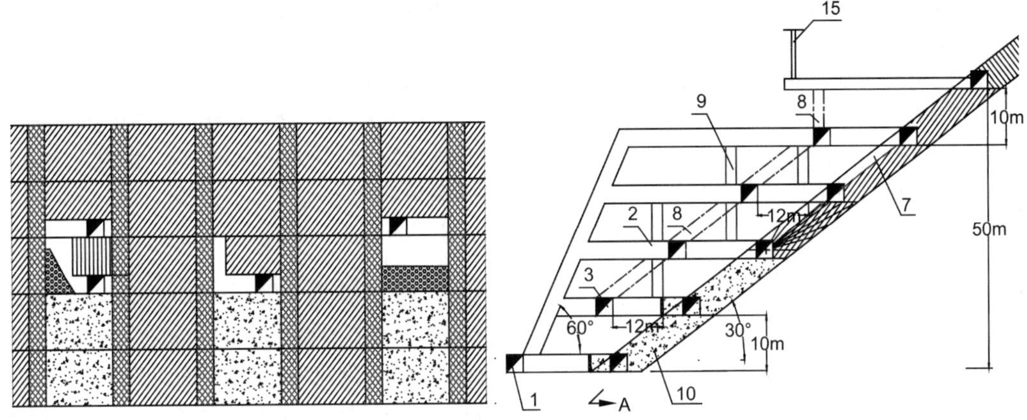

1. 中段运输平巷　2. 脉外出矿横巷　3. 脉外分段出矿巷　4. 出矿进路
5. 沿脉凿岩巷　6. 出矿溜井　7. 切割上山　8. 充填管道井
9. 废石充填井　10. 永久矿柱　11. 胶结充填体　12. 矿石
13. 隔离矿柱　14. 空区塌陷废石　15. 充填钻孔　16. 1170m脉内巷

用沙坝矿公路下磷矿山开采工艺流程图

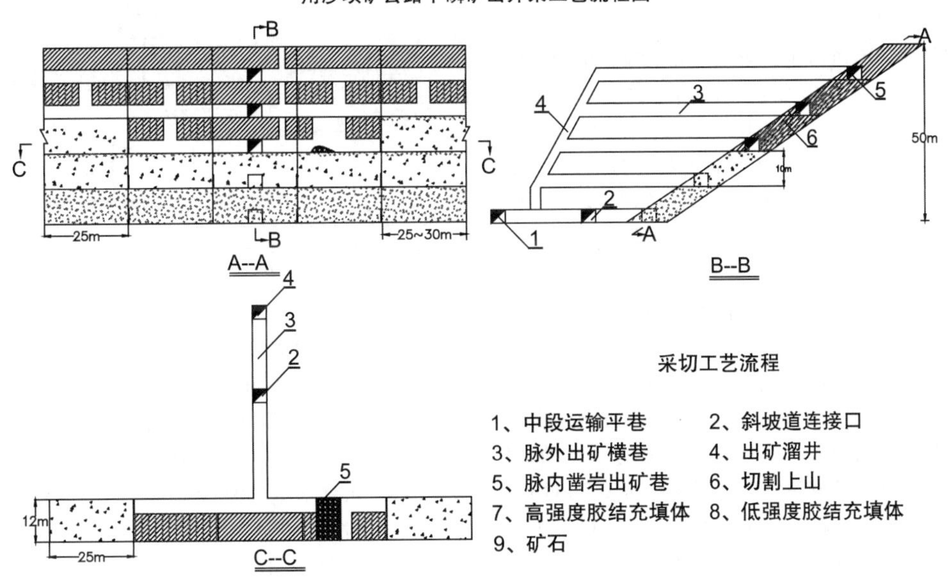

马路坪矿中厚倾斜破碎矿体开采工艺流程图

④采场出矿。采用 EST1020 电动铲运机或 ST1020 柴油铲运机出矿，经脉外出矿横巷，倒入出矿溜井。

⑤采场通风。新鲜风流由下中段平巷进入斜坡道，经分段联络巷至分段平巷，进入采场工作面。采场污风由通风切割上山排入上分段凿岩出矿平巷，从上分段凿岩出矿平巷进入上中段平巷，由矿山回风井排出地表。

（四）主要技术指标

（1）盘区尺寸由 600～800 米缩短为 400 米；

（2）相对盘区生产能力由 756 吨/年提高到 1024 吨/日；

（3）采切比由 6.847 米/千吨降低至 5.782 米/千吨；

（4）矿石回收率从 68.7% 提高到 92.03%；

（5）矿石贫化率从 4.89% 降低至 1.58%；

（6）磷石膏充填技术推广至开磷集团可延长服务年限 20.5 年以上

（五）典型实例及成效

开磷集团为了尽快稳妥地推广应用磷石膏充填采

矿技术，在用沙坝矿段南端进行了磷石膏充填采矿试验，采矿回收率达到92.6%，与目前使用的空场法相比（回收率68.7%），采矿损失率降低23.9%。至2007年12月，用沙坝矿段已开采保安矿柱矿石量71.3万吨，实现经济效益17784.4万元；该技术在用沙坝矿南端正常矿段已采出矿石量3.56万吨，回收率由68.7%上升至92.6%，由于提高资源回收率新增经济效益200.1万元；减少磷石膏排放36.4万吨，减排实现环保效益891.8万元。磷石膏充填采矿技术已累计在开磷集团矿业总公司获得直接经济效益18876.3万元。但是，磷矿无废害开采综合技术研究也存在一些问题，主要是：①采准比较高。由于采用了脉外采准系统，故脉外工程量大，从而采准比较普通脉内布置的采准系统要高。在推广应用时，建议根据矿岩稳定性合理布置脉内与脉外采准的比例，降低采切比。②用沙坝矿段公路下矿床开采留有部分永久矿柱，资源回收率只有79.6%，永久损失矿量偏大，对于提高磷矿石资源回收率仍有待于深化研究。

（六）推广前景

磷矿是一种不可再生的宝贵资源，2000年国土资源部已将磷矿列为2010年后不能满足国民经济发展需求的20个矿种之一。目前我国磷资源以缓倾斜矿体居多，一直沿用传统的空场法和崩落法开采，不但贫化损失率高，而且导致开采境界内的山体崩落、采空区塌陷等重大工程灾害。磷石膏是生产磷酸的工业废料，每生产1吨磷酸产生5吨磷石膏，目前我国每年排放磷石膏2000多万吨，并且以每年15%的速度增长，而国内对磷石膏的综合利用率仅为10%左右，磷石膏是一种强酸性物质，堆积地表，遇水成浆，严重污染环境，在全世界范围内已成为一大公害，大量堆积的磷石膏以成为制约我国磷肥工业可持续发展的瓶颈，如何有效地处理磷废渣已成为我国乃至世界的一个迫切需要解决的技术难题。磷石膏充填无废开采不仅可实现矿床资源回收率的提高，生产废料循环再利用，并且可以实现在保障经济发展的同时，确保生态环境受到保护，实现绿色发展目标。

本技术的推广，将彻底改变了我国磷废料大量堆置对地表环境产生危害的现状，实现磷化工矿山的无废害开采，提高资源回收率。在全国推广应用，预计每年多回收磷矿资源1000万吨以上，减少大量的磷废渣堆存占地与环境灾害，潜在经济效益每年将达到50亿元以上，推广应用前景广阔，对我国磷石膏的综合开发利用意义十分重大。

五十六、中低品位胶磷矿正反浮选工艺

（一）技术类型

非金属矿山高效选矿技术。

（二）适用范围

中低品位混合型胶磷矿选矿。

（三）技术内容

1. 基本原理

采用浮游选矿方法，通过正浮选压硅酸盐矿物浮磷酸盐矿物、反浮选一只磷酸盐矿物的工艺流程，获得最终磷精矿。

2. 关键技术

通过对云南中低品位胶磷矿正反浮选工艺流程进行优化，将原设计正反浮选工艺流程内部结构进行优化，使得工艺流程操作简单（由原设计的正浮选闭路流程优化为开路流程），增加了浮选时间（浮选总时间由原设计46分钟优化为60分钟），提高了“两率”即产率和回收率。同时降低了入选原矿品质（由原设计原矿 P_2O_5 含量24.8%降为21.7%，MgO含量3.0%升高到大于4.1%），扩大了资源利用率。

3. 工艺流程

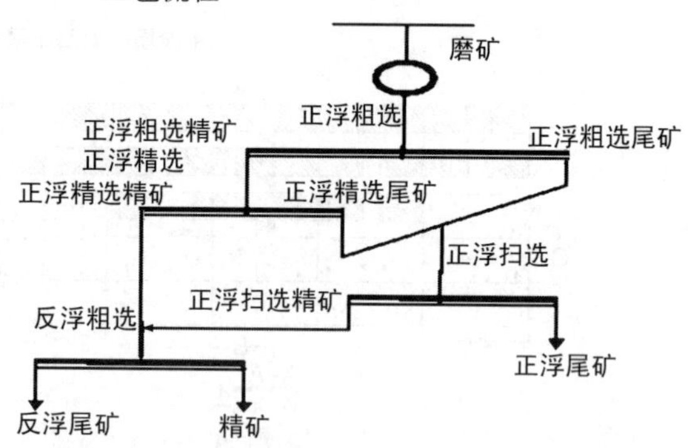

正反浮选优化试验工艺流程

（四）主要技术指标

原矿 P_2O_5 含量21.7%，MgO含量4.1%，SiO_2 含量22.0%，通过正反浮选获得精矿 P_2O_5 含量29.26%，MgO含量≤0.9%，SiO_2 含量≤15.0%，产率≥63%，回收率≥83%。

（五）典型实例及成效

云南磷化集团有限公司海口磷矿分公司浮选厂BⅠ投资1230万元建设100万吨/年浮选装置，盘活低品位磷矿石5000万吨，年实现经济效益1289万元，投资回收期1年。安宁矿业分公司浮选厂BⅡ投资200万元改造100万吨/年浮选装置，盘活低品位磷矿1200万吨，年实现经济效益800万元，投资回收期4个月。

（六）推广前景

中低品位胶磷矿正反浮选工艺的推广，将使云南、湖北等地数10亿吨低品位胶磷矿得以利用，对保证我国磷矿资源的需求和农业的可持续发展、促进磷化工和相关产业发展具有十分重要的意义。

五十七、盐湖卤水钾镁盐反浮选－冷结晶法生产氯钾工艺

(一)技术类型

非金属矿山高效选矿技术。

(二)适用范围

从氯化物型盐湖卤水钾镁盐矿中提取氯化钾。

(三)技术内容

1. 基本原理

反浮选—冷结晶法工艺技术是利用光卤石、氯化钠在特殊捕收剂上的吸附能力不同使光卤石与氯化钠分离,使光卤石原料的纯度达到工艺所允许的范围(NaCl≤7.0%),然后加水分解光卤石,氯化镁进入液相,控制光卤石分解体系中氯化钾的过饱和度,达到在常温条件下使氯化钾颗粒长大的目的。

2. 关键技术

(1)反浮选药剂技术:使光卤石矿与氯化钠分离,使盐田光卤石原料的纯度达到工艺所允许的范围(NaCl≤7.0%)。

(2)光卤石分解结晶器技术:控制光卤石分解体系,使光卤石分解,氯化镁进入液相,氯化钾结晶颗粒长大。

(3)成套装备设计制造技术:实现各工序有效衔接,保证钾肥生产规模化、大型化、高效化。

3. 工艺流程

盐田光卤石矿经水采船采收→浓密机→反浮选作业→低钠光卤石→冷结晶器→粗钾产品→洗涤→干燥→成品氯化钾。

(四)主要技术指标

氯化钾产品 KCl 含量≥95%,回收率≥55%,平均粒度为0.2毫米,产品达到国家标准(GB6549－1996)Ⅱ类一等品以上质量标准。

(五)典型实例及成效

青海盐湖钾肥分公司投资2.4亿元,对年产20万吨氯化钾冷分解浮选法装置进行40万吨规模反浮选冷结晶法扩能技术改造,较传统冷分解浮选法工艺年均节约氯化钾资源9.4万吨,近三年平均年销售收入超过100000万元,平均年利润超过30000万元,经济效益显著。

青海盐湖发展分公司投资25亿元新建年产100万吨氯化钾(钾肥)项目,较传统冷分解浮选法工艺年均节约氯化钾资源23.4万吨,近三年平均年销售收入超过260000万元,平均年利润超过120000万元,后评价报告测算内部收益率为26.83%,经济效益显著。

(六)推广前景

盐湖卤水钾镁盐反浮选－冷结晶法生产氯化钾工艺可替代传统钾盐热熔法技术,不仅可节约氯化钾资源,而且可对使用传统冷分解浮选法、兑卤盐法的中、小规模氯化钾(钾肥)生产装置进行反浮选－冷结晶法工艺改造和装置整合,促进技术升级、产品升级和选矿回收率的整体提升,从而实现我国盐湖钾矿利用水平的升级,从而促进我国钾肥生产技术水平实现新跨越,为国家节约紧缺钾资源、增加国产钾肥总量做出积极贡献,综合利用潜力巨大。

五十八、难选硅线石"磁浮磁"选矿新技术

(一)技术类型

非金属矿山高效选矿技术。

(二)适用范围

各种类型硅线石资源。

(三)技术内容

1. 基本原理

硅线石矿石基本分两大类型,一是黑云硅线片岩,属易选矿石,二是石榴硅线片岩和石榴黑云硅线片岩,内含大量含铁矿物,属难选矿物,原浮－磁工艺流程很难选出合格产品,通过加强预先磁选脱除大量"可浮性相近"的含铁矿物,增加硅矿石矿物可浮性。

2. 关键技术

采取高效节能的湿式强磁式永磁磁选机,对浮选前矿物预先磁选,抛除30%左右的含铁矿物,从而减少影响浮选作业的难选矿物含铁矿物杂质含量,提高了硅线石矿物的可浮性,使产品质量合格率由40%左右提高到95%以上,使原不可利用矿石变为可利用矿石。

3. 工艺流程

硅线石原矿—破碎—磨矿—脱泥—湿式强磁永磁磁选—浮选—脱水—烘干—干式强磁永磁磁选—硅线石精矿。

(四)主要技术指标

天盛公司原(国企)的"三率"指标分别为:开采回采率80%,选矿回收率56%,贫化率7.5%,民营后经过技改采用"磁浮磁"新技术后实际达到的"三率"指标为:开采回采率95%,选矿回收率80%,贫化率4.8%以下。

(五)典型实例及成效

鸡西天盛非金属矿业有限公司自2006年采用该技术后,打破了原设计的"浮磁"工艺,使选矿技术有了重大的突破,解决了精矿合格率低、回收率低等重大难题,此工艺适合各种类型硅线石矿,属国内首创。天盛公司自2006年改造后至今累计入选各种品位硅线石矿石25余万吨,产出硅线石精矿1.5余万吨。

(六)推广前景

该技术针对黑龙江鸡西地区硅线石特点采用磁－浮－磁选矿工艺流程,提高了精矿品位和回收率,在国内同类型硅线石矿床开采、选矿方面具有推广价值,对硅线石矿产资源节约与综合利用有重要意义。

五十九、磷矿伴生氟资源综合利用技术

(一)技术类型

非金属矿山综合利用技术。

(二)适用范围

适用于由含有氟的磷矿湿法制取磷酸的企业。

(三)技术内容

1. 基本原理

以湿法磷酸生产过程中副产的氟硅酸为原料,脱砷后浓缩,浓氟硅酸与硫酸制得HF,反应式:$H_2SiF_6+H_2SO_4=SiF_4+2HF+H_2SO_4$;HF进一步处理得到满足国标要求的无水HF产品;$SiF_4$气体返回到接触器浓缩原料氟硅酸,反应式:$5SiF_4+2H_2O=2H_2SiF_6\cdot SiF_4+SiO_2$。

2. 关键技术

氟硅酸脱砷技术、无水氟化氢防腐技术、精馏提纯技术、氟硅酸浓缩技术。

3. 工艺流程

在产业化实施过程中主要实施了以下内容的技改措施:①原料脱砷工艺;②无水氟化氢制备工艺优化;③设备材质研究;④设备结构优化;⑤砷渣提纯及含氟硅渣资源化利用探索研究。

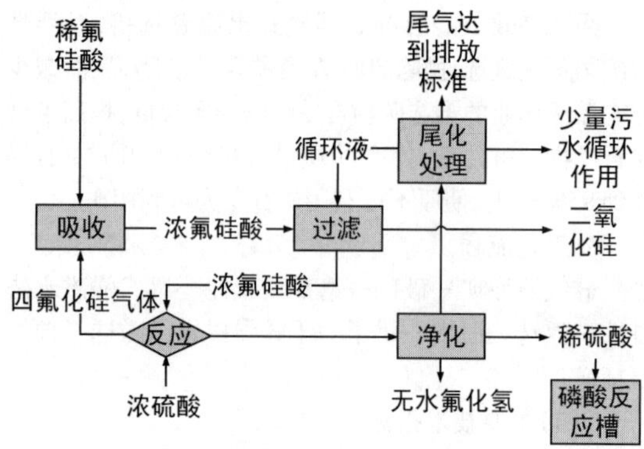

磷矿伴生氟资源综合利用

(四)主要技术指标

产品纯度(HF)99.97%、(H_2O)0.0175%、(H_2SiF_6)0.0025%、(SO_2)0.0014%、(H_2SO_4)0.0012%,质量满足工业无水氟化氢GB7746—2011优等品的指标。

(五)典型实例及成效

瓮福集团投资3亿元建设2万吨/年无水氟化氢装置,实施四氟化硅发生器顶盖改造、尾气洗涤装置改造、二氧化硅及浓氟硅酸管清洗技术、换热器改造、污水回收利用、过滤机废气回收改造、HF预净化塔填料改造等。磷矿中伴生氟含量在2.5%-3.5%,通过无水氟化氢装置及后续的利用含氟硅渣生产白炭黑和氟化铵项目可将磷矿中98%的氟资源回收利用,达产后年销售收入为11000万元;年均利润总额为3700万元,年均税后利润约2700万元,投资回收期7年。瓮福矿区现探明磷矿储量为22.1亿吨,可利用氟资源6497万吨。

(六)推广前景

磷矿伴生的氟含量达到了3%,总量占到氟资源总量的90%,在我国每年通过磷矿开采,加工而溢出的氟逾100万吨,大大超过了萤石法生产的氟总量。此前回收法没有工业化先例,通过本技术的研究,全球首次实现了回收法的产业化,为磷矿伴生氟加工无水氟化氢提供了陈工案例,因此在全球磷矿加工企业均可推广该项技术。

我国工业和信息化部在《磷肥行业情结生产技术推行方案》中明确提出,回收磷矿中的氟生产无水氢氟酸20万吨,节约萤石上百万吨。因此,磷化工副产氟硅酸生产无水氟化氢是最具有前景的方向,是磷、氟化工可持续发展的必由之路,因此,本技术具有广阔的应用前景。

六十、磷矿伴生碘资源回收新技术

(一)技术类型

非金属矿山综合利用技术。

(二)适用范围

磷矿伴生碘资源、卤水中的碘、油气田水中的碘、其他含碘废水中碘的回收。

(三)技术内容

1. 基本原理

稀磷酸中碘主要是由游离的碘分子与离子碘组成,在酸性溶液中具有较强的氧化性,本技术采用强氧化性的H_2O_2作氧化剂:$2HI+H_2O_2=I_2+2H_2O$。H_2O_2在酸性溶液中有很强的氧化性,可以将离子碘(I^-)氧化成分子碘(I_2)。而碘分子难溶于水,可用空气萃取法吹出。SO_2在水溶液中具有较强的还原性,从它们的标准电极电位:$I_2+2H^++2e=2HI, E_0=0.535V$;$SO_2+2H_2O-2e=H_2SO_4+2H^+, E_0=-0.17V$。可以看出:用$SO_2$来吸收从稀磷酸中吹出的碘,会发生比较完全的氧化还原反应:$I_2+SO_2+2H_2O\rightarrow H_2SO_4+2HI$。本技术通过$SO_2$对吹出的碘进行循环吸收,使碘得到富集,从而达到碘回收的目的。

2. 关键技术

开发催化氧化、两段吸收的改进吹出法工艺。工艺主要包括催化氧化萃取工序、两段还原吸收工序、净化工序、结晶和干燥工序。

3. 工艺流程

针对瓮福(集团)有限责任公司磷肥厂的生产实际,提出了催化氧化、两段吸收的改进吹出法工艺,对从极低含碘的稀磷酸(碘含量小于50毫克/升)中提碘的工艺技术进行了研究。该工艺主要包括催化氧化

萃取工序、两段还原吸收工序、净化工序、结晶和干燥工序。低含碘稀磷酸在送入贮槽途中截流至本项目碘回收生产装置的氧化槽，通过加入添加剂，将稀磷酸中的碘离子氧化成分子碘，并泵送至空气萃取塔内实现碘与稀磷酸的分离（碘氧化萃取工序）；提碘后的稀磷酸流出碘回收系统后返回磷酸厂贮槽生产磷铵系统；含碘空气经净化、分离杂质与水蒸气混合后进入还原吸收塔与含有 SO_2 碘吸收液反应，空气中的碘生成碘化物进入吸收液实现碘的富集；富集碘的吸收液，经过滤、净化、氧化结晶、离心分离、干燥后得到精碘产品（GB1622－79）。

（四）主要技术指标

碘萃取率 >75%；碘还原率 >95%。碘的总收率可达到70%以上。生产成本：12 万元/吨。

（五）典型实例及成效

瓮福集团投资 4000 万元，建设 2 套 50 万吨/年碘回收装置，2011 年碘回收生产成本 12 万元/吨，售价 51 万元/吨，每吨碘的利润 39 万元，销售收入超过 2000 万元，年均利润总额超过 1200 万元。项目建设期 2 年，投资回收期 2 年。

（六）推广前景

磷矿伴生极低品位碘资源工业化回收新工艺研究试验项目的工业化成功，开创了世界上以磷矿伴生极低品位碘资源作为碘工业原料的新纪元，不仅改变了世界碘工业原料资源格局，也为我国乃至世界的碘工业发展寻找到了新的原料来源，使过去被废弃磷矿伴生极低品位碘资源成为人类的财富。该技术的工业化应用使我国现有碘的产量翻了一番，同时也使贵州省从极度缺碘的碘缺乏病高危地区“一夜之间”变成了我国的碘资源大省，伴生碘资源价值就高达数百亿元。

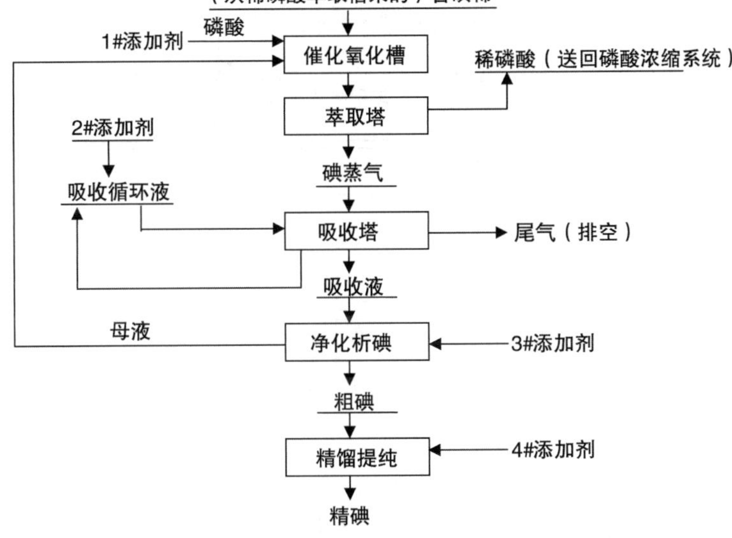

从稀磷酸中回收碘工艺流程

该技术是目前世界上唯一一种可用磷矿伴生极低品位碘资源工业化生产碘的经济有效的新技术、新工艺、新方法，技术含量高，属国内首创，达到国际领先水平，可以在磷化工行业进行推广。

六十一、高岭土尾矿及其共伴生矿物资源高效综合利用技术

（一）技术类型

非金属矿山综合利用技术。

（二）适用范围

适用于高岭土行业尾矿的处理及综合利用，以及南方离子吸附型重稀土尾矿（主要成分为稀土、高岭土、石英砂）的处理及综合利用。

（三）技术内容

1. 基本原理

（1）利用太阳能促进对矿物的自然风化作用，提高高岭土尾矿崩解效果，促进尾矿中各种矿物的分散。

（2）利用机械力作用原理，使高岭土尾矿和分散设备以及尾矿之间发生相互碰撞，从而起到减小粒度和提高尾矿中各种矿物的分散程度的作用。

（3）根据尾矿中各组成矿物物理、化学性质的不同，以及矿物颗粒之间的表面界面作用力，利用分散药剂对矿物解离面的吸附、渗透和浸蚀作用，使矿物解离面产生电荷密集，在矿物解离面形成双电层从而使颗粒间产生斥力，使之不能结合成大颗粒而被剥离。颗粒之间的相互排斥作用使带有负电荷密集的的颗粒在水中处于悬浮分散状态，从而加速尾矿中各组成矿物进一步解离分散。

（4）根据尾矿中各组成矿物颗粒大小以及重量的不同，利用重力选矿和离心力选矿的原理，对高岭土、

石英砂、多金属硫化矿进行分离提纯。

(5)根据尾矿中各组成矿物物理、化学性质的不同,利用化学选矿的原理,对稀土以及多金属硫化矿中各单一组分进行分离提纯。

2. 关键技术

(1)新型高效分散药剂的应用。通过对不同分散剂作用机理的研究,选择合适的组合配比及用量,研制和使用高效分散组合药剂。

(2)低能耗新型解离分散机的应用。通过改变解离分散机的结构,并采用可调速电机,根据矿物的组成和解离需要来调节分散机的转速,能改善尾矿解离分散效果,并降低能耗。

(3)高岭土尾矿分选装置的改进及分选参数的优化。通过改进摇床结构,改变冲程、进浆浓度等方式,优化了分选参数,提高分选效果。

(4)高岭土尾矿中共伴生低品位金属硫化矿物回收技术。通过对尾矿进行元素分析、物相分析、矿物组成分析,再采用特殊的流程和药剂制度,在不磨矿或者少磨矿的条件下,分别实现高岭土尾矿中铅、锌的回收。

(5)高岭土尾矿中离子吸附型稀土与高岭土同步回收技术。研究和优化了浸出作业的参数,提高各级产品的产率,降低生产运行成本,实现高岭土提纯与稀土回收同步进行,提高回收效率。

(6)高岭土尾矿高效综合利用成套工艺技术及生产线优化设计。将高岭土尾矿处理过程中的各项工艺重新优化组合,建成一条示范生产线,制定标准化工艺规范。

3. 工艺流程

工艺流程如下图所示。

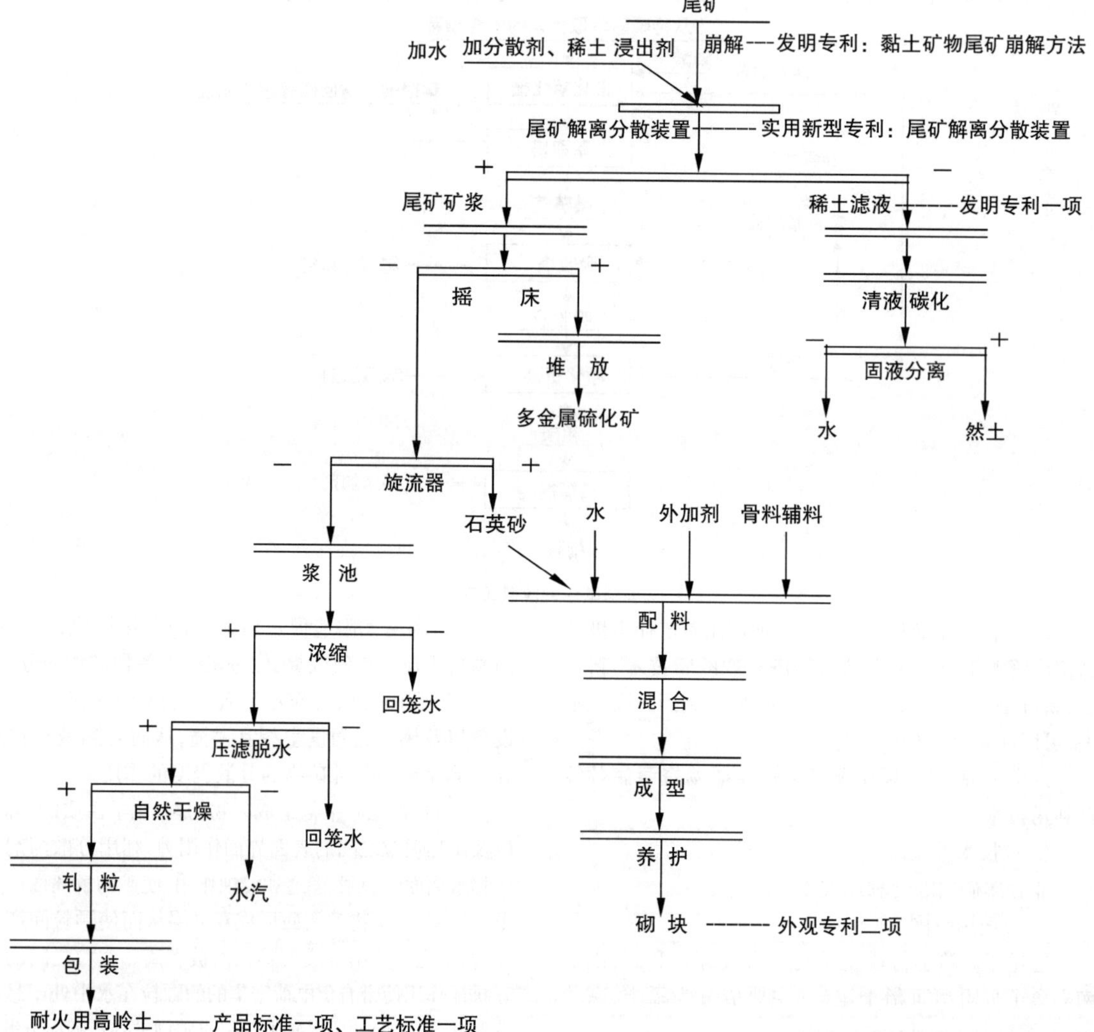

高岭土尾矿及其共伴生矿物资源高效综合利用工艺流程

（四）主要技术指标

高岭土产品指标：SiO_2 55.14%，Al_2O_3 26.94%，Fe_2O_3 2.01%，SO_3 4.12%；硫铁矿产品指标：SiO_2 5.39%，Al_2O_3 1.56%，Fe 40.50%，S 44.9%；石英砂产品指标：SiO_2 81.05%，Al_2O_3 10.72%，Fe_2O_3 0.98%，SO_3 3.18%。砌块中选矿废渣（石英砂）含量约30%。

（五）典型实例及成效

江西赣州稀土矿业有限公司通过技术成果产业化，目前已在赣州建成一条年处理稀土尾砂20万吨的示范生产线，年回收高岭土5万吨，年回收REO稀土产品40吨，年回收石英砂11万吨（其中生产新型建筑砌块消耗4万吨），年产新型建筑砌块10万立方的生产线。年新增销售收入3465万元，新增净利润约825万元，新增税收566万元。节约高岭土原矿15万吨，约值1200万元；原来用于运输堆放尾矿成本15元/吨，约为300万元，合计节支1500万元。同时每年可以少开采稀土原矿8万吨（稀土选出率万分之五），起到了节约资源和保护环境的作用。

（六）推广前景

该技术已在高岭土行业和南方离子吸附型重稀土尾矿中应用，建立了示范生产线，取得了很好的经济和社会效益，对我国南方离子吸附型中重稀土尾矿综合回收其中的高岭土、石英砂、硫铁矿等共伴生矿物利用具有良好推广前景。

六十二、低品位鳞状石墨矿"大型湿法搅拌磨"综合利用技术

（一）技术类型

非金属矿山综合利用技术。

（二）适用范围

低品位鳞状石墨矿。

（三）技术内容

1.基本原理

通过强化磨矿过程管理，加强脉石与石墨矿的解离，达到既保护大鳞片又提高"三率"，从而提高低品位石墨矿的综合利用范围。

2.关键技术

利用"大型湿法搅拌磨"具有强化磨矿和高度解离的特点，合理配置磨、浮工艺，达到既保护大鳞片又提高"三率"指标。

（四）主要技术指标

在采用"大型湿法搅拌磨"技术后，在同等的原矿品位（3%～5%）的情况下，精矿品位由原工艺的75%～90%达到了85%～95%；尾矿品位由原工艺的0.3%～0.4%降低到了0.2%～0.35%；精矿产率由原工艺的2.3%～3.1%提高到了2.8%～4.3%；实际达到的"三率"指标为：开采回采率95%，选矿回收率85%，正目率达到37.5%。

（五）典型实例及成效

鸡西天盛非金属矿业有限公司自2009年采用该技术后，开采回采率由85%提高到95%，选矿回收率由78%提高到85%，贫矿率降到5%以下。浮选工艺由原来的8磨9选改为目前的5磨9选，装机总功率降低120千瓦，精矿品位由原来的75%～90%提高到目前的85%～95%，累计入选低品位矿石120余万吨，产出石墨精矿3.5余万吨。通过采用"大型湿法搅拌磨"等新工艺和采用高效节能的其他新型节能设备，每年选矿成本可结余230余万元，由于产品质量提高，其售价每吨可增收近200元，每年可增收近1000万元，由于产能的提高，由过去的每年10000多吨产量达到目前的每年20000余吨，其销售收入增加了3000余万元，同时使难选矿物由不具备经济价值矿物变为经济矿物，实现了低品位石墨矿石的综合利用。

（六）推广前景

鸡西麻山地区、石磷地区及柳毛部分地区蕴含近1亿吨3%～5%的低品位石墨矿石，这些矿石以前不具备经济开采价值，采用该技术后，这些低品位石墨矿石成为可综合利用的矿产资源，达到节约与综合利用不可再生矿产资源的目的。

国土资源部关于表扬全国模范地勘单位的通报

国土资发〔2012〕155号

各省、自治区、直辖市及副省级城市国土资源主管部门，新疆生产建设兵团国土资源局，中国地质调查局，武警黄金指挥部，中央管理地勘行业单位，中国石油天然气集团公司、中国石油化工集团公司、中国海洋石油总公司、延长油矿管理局，各有关单位，部其他直属单位，部机关各司局：

地质工作是经济社会发展重要的先行性、基础性工作。"十一五"以来，全国地质勘查行业各单位和广大地质工作者，以科学发展观为统领，认真贯彻落实《国务院关于加强地质工作的决定》（国发〔2006〕4号）、《国务院关于加强地质灾害防治工作的决定》（国发〔2011〕20号）等重要文件精神，履行国家赋予的光荣使命，创先争优、扎实工作，地质找矿不断取得重大突破和新进展，提供了一大批矿产勘查开发基地；地质工作服务领域不断拓宽,服务经济社会发展取得明显成效;地勘单位改革不断深入,实力不断增强。

为表扬全国地勘行业单位和广大地质工作者为经济社会发展作出的重要贡献,大力弘扬"为国为民、艰苦奋斗、甘于奉献、勇于献身"的崇高精神和优秀品格,进一步激发广大地质工作者的积极性和创造性,促进地质勘查行业健康发展,国土资源部决定授予北京市地质调查研究院等176个单位"全国模范地勘单位"称号。

各级国土资源主管部门要认真贯彻执行党和国家关于地质工作的一系列重大方针政策,进一步加强地质勘查行业管理与服务工作,努力营造全社会重视、关心、支持地质工作的良好氛围,积极推进地勘单位改革发展。全国地质勘查行业各单位,要以"全国模范地勘单位"为榜样,传承与发扬"三光荣"优良传统,开拓进取,改革创新,深入推进找矿突破战略行动,积极奉献全面建设小康社会各项事业,开创地质找矿工作和地勘单位改革发展的新局面,努力实现地质找矿重大突破,不断增强服务经济社会发展的能力,为全面建设小康社会做出新的更大贡献。

2012年10月23日

全国模范地勘单位名单(176个)

北京市地质调查研究院
北京市地质工程勘察院
中矿资源勘探股份有限公司
派力工程有限公司
中色地科矿产勘查股份有限公司
天津市地质调查研究院
天津华北地质勘查总院
华北有色工程勘察院有限公司(华北地质勘查局五一七大队)
河北省煤田地质局物测地质队
河北省地质矿产勘查开发局第四地质大队
河北省地矿局秦皇岛矿产水文工程地质大队
河北省保定地质工程勘查院
河北省地质调查院
山西省煤炭地质物探测绘院
山西省地质勘查局二一七地质队
山西省地质调查院
山西省煤炭地质114勘查院
山西省第三地质工程勘察院
内蒙古自治区地质调查院
内蒙古自治区煤田地质局109勘探队
内蒙古自治区有色勘查局一〇八队
内蒙古地质勘查有限责任公司
内蒙古自治区第十地质矿产勘查开发院
辽宁省地质矿产调查院
辽宁省有色地质局一〇一队
东北煤田地质局一〇七勘探队
辽宁省冶金地质勘查局地质勘查研究院
吉林省地质调查院
吉林省第三地质调查所
吉林省有色金属地质勘查局六〇三队
吉林省煤田地质二〇三勘探公司
黑龙江省有色金属地质勘查七〇六队
黑龙江省第一地质勘察院
黑龙江省区域地质调查所
黑龙江省煤田地质二〇四勘探队
上海市地质调查研究院
上海申丰地质新技术应用研究所有限公司
上海市地矿工程勘察院
江苏省地质调查研究院
江苏省地质矿产局第一地质大队
江苏省华东有色投资控股有限公司
浙江省地质调查院
浙江有色地质矿产勘查院
浙江省第一地质大队
安徽省地质矿产勘查局313地质队
安徽省地质调查院
安徽省煤田地质局第三勘探队
安徽省煤田地质局物探测量队
华东冶金地质勘查局八一二地质队
华东冶金地质勘查研究院
福建省地质调查研究院
福建省闽西地质大队
福建省第八地质大队
福建省121地质大队
江西省地质调查研究院
江西有色地质矿产勘查开发院
江西省地质矿产勘查开发局九一二大队
江西省核工业地质局二六一大队
江西省煤田地质勘察研究院
山东省地质调查院
山东省第六地质矿产勘查院
山东省煤田地质局物探测量队
山东省地质科学实验研究院
山东省地矿工程勘察院
山东黄金地质矿产勘查有限公司
河南省有色金属地质矿产局第一地质大队
河南省地质调查院

河南省地质矿产勘查开发局第三地质调查队
河南省煤田地质局三队
河南省国土资源科学研究院
湖北省地质调查院
湖北省宜昌地质勘探大队
湖北省鄂东南地质大队
湖南省地质矿产勘查开发局四一八队
湖南省有色地质勘查局二一七队
湖南省核工业地质局三〇六大队
湖南省煤田地质局第六勘探队
湖南省湘南地质勘察院
广东省地质调查院
广东省佛山地质局
广东省核工业地质局二九三大队
广东省有色金属地质勘查局地质勘查研究院
广西壮族自治区二七四地质队
广西二一五地质队有限公司
广西壮族自治区第四地质队
海南省地质调查院
海南省资源环境调查院
重庆市地质矿产勘查开发局107 地质队
重庆市地质矿产勘查开发局205 地质队
重庆市地质矿产勘查开发局208 水文地质工程地质队
四川省地质矿产勘查开发局四〇三地质队
四川省地质调查院
四川省冶金地质勘查院
四川省煤田地质局一四一队
四川省核工业地质调查院
四川省化工地质勘查院
贵州省煤田地质局地质勘察研究院
贵州省地质矿产勘查开发局一〇三地质大队
贵州省有色金属和核工业地质勘查局三总队
贵州省地质矿产勘查开发局一〇六地质大队
云南省地质调查院
云南省地质矿产勘查院
云南省有色地质局三〇八队
云南铜业矿产资源勘查开发有限公司
云南黄金矿业集团股份有限公司
西藏自治区地质矿产勘查开发局第五地质大队
西藏自治区地质矿产勘查开发局第六地质大队
西藏自治区地质矿产勘查开发局区域地质调查大队
西藏自治区地质调查院
陕西省地质矿产勘查开发局西安地质矿产勘查开发院
西北有色地质勘查局七一七总队
陕西省煤田地质局一八五队
陕西省核工业地质局二二四大队
陕西省地质调查中心
甘肃煤田地质局一四六队
甘肃省地质调查院
甘肃煤炭地质勘查院
甘肃省有色金属地质勘查局张掖矿产勘查院
甘肃省地质矿产勘查开发局第三地质矿产勘查院
青海省第五地质矿产勘查院
青海省有色地质矿产勘查局地质矿产勘查院
青海省第一地质矿产勘查院
青海省有色地质矿产勘查局八队
青海省环境地质勘查局
宁夏煤炭勘察工程公司
宁夏回族自治区地质调查院
宁夏回族自治区水文地质工程地质环境地质勘察院
宁夏回族自治区国土资源调查监测院
新疆维吾尔自治区地质矿产勘查开发局第九地质大队
新疆维吾尔自治区地质矿产勘查开发局第三地质大队
新疆维吾尔自治区地质矿产勘查开发局第二地质大队
新疆维吾尔自治区煤田地质局一六一煤田地质勘探队
新疆维吾尔自治区有色地质勘查局七〇四队
西安地质调查中心矿产资源和能源地质处
广州海洋地质调查局海洋矿产地质调查所
中国国土资源航空物探遥感中心物探部
中国地质环境监测院地质灾害调查监测室
北京离子探针中心
中国地质科学院矿产综合利用研究所矿冶工程研究中心
中国冶金地质总局第二地质勘查院
中国冶金地质总局西北地质勘查院
中国冶金地质总局山东正元地质勘查院
中国冶金地质总局中南地质勘查院
有色金属矿产地质调查中心北京资源勘查技术中心
有色金属矿产地质调查中心新疆地质调查所
江苏长江地质勘查院
中煤地质工程总公司北京大地特勘分公司
中国煤炭地质总局一一九勘探队
中国人民武装警察部队黄金第二支队

中国人民武装警察部队黄金第五支队
中国人民武装警察部队黄金地质研究所
中国人民武装警察部队黄金第十二支队
中化地质矿山总局地质研究院
中化地质矿山总局贵州地质勘查院
中国石油化工集团公司胜利石油管理局地球物理勘探开发公司
中国石油化工股份有限公司西北油田分公司勘探开发院
中国石油化工股份有限公司勘探南方分公司勘探研究院
中国石油化工股份有限公司胜利油田分公司地质科学研究院
中国石油化工股份有限公司华东分公司石油勘探开发研究院
中国石油化工股份有限公司中原油田分公司勘探开发科学研究院白音查干勘探项目室
中国石油化工股份有限公司上海海洋油气分公司研究院
中国石化集团西南石油局第二物探大队
中国石油新疆油田分公司勘探开发研究院
大庆油田有限责任公司勘探事业部
中国石油辽河油田勘探开发研究院
中国石油天然气股份有限公司长庆油田分公司勘探部
中国石油青海油田勘探开发研究院
中国石油集团东方地球物理勘探有限责任公司长庆物探处
中石油集团川庆钻探工程有限公司地球物理勘探公司
中国石油天然气股份有限公司塔里木油田公司勘探开发研究院
中海石油(中国)有限公司天津分公司
延长油田股份有限公司勘探部
核工业二〇八大队
核工业二一六大队
中材地质工程勘查研究院
中国建筑材料工业地质勘查中心青海总队

国土资源部关于加强页岩气资源勘查开采和监督管理有关工作的通知

国土资发〔2012〕159号

各省、自治区、直辖市国土资源主管部门，新疆建设兵团国土资源局，中国地质调查局，武警黄金指挥部，各有关单位：

页岩气是一种清洁高效的能源资源。加强页岩气勘查、开采，对提高我国能源资源保障能力，优化能源结构，改善生态环境，促进经济社会可持续发展，具有重要的战略意义。当前，我国页岩气勘查、开采尚处于起步阶段，为了加快推进和规范管理页岩气勘查、开采，根据矿产资源法律法规及有关规定，现将有关事项通知如下：

一、积极稳妥推进页岩气勘查开采。充分发挥市场配置资源的基础性作用，坚持“开放市场、有序竞争，加强调查、科技引领，政策支持、规范管理，创新机制、协调联动”的原则，以机制创新为主线，以开放市场为核心，正确引导和充分调动社会各类投资主体、勘查单位和资源所在地的积极性，加快推进、规范管理页岩气勘查、开采活动，促进我国页岩气勘查开发快速、有序、健康发展。

二、全面开展页岩气资源调查评价。调查评价我国页岩气资源潜力，落实资源基础，优选页岩气远景区、有利目标区，提供勘查靶区，引导页岩气勘查、开采。建立页岩气调查评价、勘查、开采和储量估算等规范、标准体系，规范页岩气地质调查和勘查开采工作。

三、加强页岩气勘查开采科技攻关。加强基础理论研究，加大技术攻关力度，创建我国页岩气勘查、开采理论和技术体系。加强页岩气勘查、开采科学技术国际合作，搭建企业、科研机构和高等院校的合作平台，快速提高我国页岩气勘查、开采技术水平。

四、开展页岩气勘查开采示范。选择部分页岩气区块，充分发挥有关地方和企业的积极性，建设页岩气勘查、开采示范基地和示范工程，引导页岩气勘查开采，促进页岩气产能增长。

五、合理设置页岩气探矿权。国土资源部根据页岩气地质条件、资源潜力、赋存状况等情况，划定重点勘查开采区，统筹部署页岩气勘查、开采工作，综合考虑其他矿产资源勘查、开采，组织优选页岩气勘查区块并设置探矿权。

省级国土资源主管部门可向国土资源部提出页岩气探矿权设置的建议。

六、规范页岩气矿业权管理。国土资源部负责页岩气勘查、开采登记管理，主要通过招标等竞争性方式出让探矿权。

从事页岩气地质调查，应当依法向国土资源部申请办理地质调查证。任何单位或个人不得以地质调查名义开展商业性页岩气勘查、开采活动。

七、鼓励社会各类投资主体依法进入页岩气勘查开采领域。页岩气探矿权申请人应当是独立企业法人,具有相应资金能力、石油天然气或气体矿产勘查资质;申请人不具有石油天然气或气体矿产勘查资质的,可以与具有相应地质勘查资质的勘查单位合作开展页岩气勘查、开采。关于资金能力和勘查资质等的具体要求,在招标文件等竞争性出让文件中另行确定。

鼓励符合条件的民营企业投资勘查、开采页岩气。

鼓励拥有页岩气勘查、开采技术的外国企业以合资、合作形式参与我国页岩气勘查、开采。

八、鼓励开展石油天然气区块内的页岩气勘查开采。石油、天然气(含煤层气,下同)矿业权人可在其矿业权范围内勘查、开采页岩气,但须依法办理矿业权变更手续或增列勘查、开采矿种,并提交页岩气勘查实施方案或开发利用方案。

对具备页岩气资源潜力的石油、天然气勘查区块,其探矿权人不进行页岩气勘查的,由国土资源部组织论证,在妥善衔接石油、天然气、页岩气勘查施工的前提下,另行设置页岩气探矿权。

对石油、天然气勘查投入不足、勘查前景不明朗但具备页岩气资源潜力的区块,现石油、天然气探矿权人不开展页岩气勘查的,应当退出石油、天然气区块,由国土资源部依法设置页岩气探矿权。

已在石油、天然气矿业权区块内进行页岩气勘查、开采的矿业权人,应当在本《通知》发布之日起3个月内向国土资源部申请变更矿业权或增列勘查、开采矿种。

九、统筹协调页岩气与其他矿产资源勘查开采。国土资源部统筹协调页岩气与石油、天然气、煤层气以及其他矿产资源的矿业权布局。申请页岩气矿业权时,对申请区块内已设置的固体矿产探矿权范围,申请人应当做出不进入其勘查范围的承诺;确需进入的,应与固体矿产探矿权人签署协议,确保施工安全,并将协议报国土资源部备案,抄报省级国土资源主管部门。

有关省级国土资源主管部门依据相关规划和国土资源部的工作要求,负责具体协调页岩气与固体矿产的勘查、开采时空关系,并对协议执行情况进行监督检查。

十、实行页岩气勘查承诺制。探矿权申请人在申请页岩气探矿权(含变更和增列申请)时,应向国土资源部承诺勘查责任和义务,包括资金投入、实物工作量、勘查进度、综合勘查、区块退出、违约和失信责任追究等。

十一、鼓励矿业权人加快页岩气勘查开采。页岩气勘查取得突破的,可以申请扩大勘查面积,经国土资源部组织论证后,依法进行变更登记。页岩气勘查过程中可以申请试采或部分区块转入开采,但应当依法申请试采或办理采矿权登记手续。

十二、依法加强环境保护和安全生产。页岩气矿业权人在勘查、开采过程中,应当严格执行相关法律法规和国家标准,保护地下水、地表和大气环境,并确保安全施工。在勘查、开采工作结束后,必须按规定进行土地复垦。

十三、促进资源地经济社会发展。页岩气勘查转入开采阶段的,页岩气矿业权人应当采取在区块所在省(区、市)注册公司等方式,支持资源所在地经济社会发展。

十四、依法减免页岩气矿业权使用费和矿产资源补偿费。页岩气矿业权人可按国家有关规定申请减免探矿权使用费、采矿权使用费和矿产资源补偿费。

十五、保障页岩气勘查开采用地需求。地方各级国土资源主管部门应当积极支持页岩气勘查、开采,可以通过土地租赁试点等方式满足页岩气勘查、开采用地需求。

十六、加强页岩气勘查开采监督管理。省级以上国土资源主管部门依据法律法规和矿业权人的勘查实施方案、开发利用方案、承诺书等,对页岩气区块的勘查、开采活动进行监督管理,按照有关规定建立、完善页岩气监督管理体系,维护页岩气勘查、开采秩序,保护矿业权人合法权益。

国土资源部负责页岩气勘查开采年度检查和督察工作,省级国土资源主管部门承担本行政区域内页岩气勘查开采年度检查和督察实施具体工作。

十七、建立部省协调联动机制。通过部省合作等方式,共同推进页岩气调查评价、勘查开采示范等有关工作,并为页岩气勘查、开采创造良好的环境。

十八、页岩气资源管理其他事项,参照石油天然气的有关规定执行。

十九、本通知自下发之日起施行,有效期5年。

2012年10月26日

国土资源部关于金矿资源合理开发利用“三率”指标要求(试行)的公告

2012年第29号

为强化金矿资源合理开发利用的监督管理,促进矿山企业节约与综合利用金矿矿资源,依据《矿产资源法》

等法律法规，特制定《金矿资源合理开发利用“三率”指标要求（试行）》，现予以公告。

国土资源部

2012 年 12 月 28 日

金矿资源合理开发利用“三率”指标要求（试行）

金矿资源合理开发利用“三率”是指金矿开采回采率、选矿（冶）回收率和共伴生矿产资源综合利用率等三项指标，是评价黄金矿山企业开发利用矿产资源效果的主要指标。经研究，确定其指标要求如下：

一、“三率”指标要求

（一）开采回采率。

1. 露天开采。

露天黄金矿山企业的开采回采率要在矿石贫化率不超过10%的前提下达到90%以上。

2. 地下开采。

按照金矿不同的赋存条件，地下开采的矿山企业开采回采率要在设计矿石贫化率范围内达到以下指标要求（表1）。

表1　地下矿开采回采率指标要求

围岩稳固性①	矿体倾斜度②	矿体厚度③	回采率 %
稳固	缓倾斜与急倾斜矿体	薄矿体	92
		中厚矿体	90
		厚矿体	87
	倾斜矿体	薄矿体	90
		中厚矿体	87
		厚矿体	85
不稳固	缓倾斜与急倾斜矿体	薄矿体	87
		中厚矿体	85
		厚矿体	82
	倾斜矿体	薄矿体	85
		中厚矿体	82
		厚矿体	80
极不稳固	缓倾斜与急倾斜矿体	薄矿体	82
		中厚矿体	80
		厚矿体	77
	倾斜矿体	薄矿体	80
		中厚矿体	77
		厚矿体	75

①根据《工程岩体分级标准/GB50218－94》，将矿体围岩稳固性划分为稳固（Ⅰ级、Ⅱ级、Ⅲ级）、不稳固（Ⅳ级）和极不稳固（Ⅴ级）三类；

②根据《有色金属矿山地下开采生产技术规程》和黄金行业特点，将矿体倾斜度按倾角划分为缓倾斜矿体（$\alpha<30°$）、倾斜矿体（$30°\leqslant\alpha\leqslant55°$）和急倾斜矿体（$\alpha>55°$）三类；

③矿体厚度划分为薄矿体（$h\leqslant0.8$ 米）、中厚矿体（0.8 米$<h\leqslant4$ 米）和厚矿体（$h>4$ 米）三类。

（二）选矿（冶）回收率。

根据金矿加工处理的难易程度不同，黄金矿山企业的选（冶）回收率应达到以下指标要求（表2）。

表2　选矿（冶）回收率指标要求

类型①		选矿（冶）回收率② %	备注
易处理矿石		85(80)	
难处理矿石	易选难冶矿石	85(75)	
	难选难冶矿石	(70)	
低品位矿石		(60)	常规氰化工艺
		(50)	堆浸

①采用常规氰化工艺可获得较好回收率为易处理矿石；需采用焙烧、细菌氧化、热压氧化等预处理工艺为难处理矿石；低于矿山现行工业指标而圈定的矿化体为低品位矿石。矿石类型划分可参考矿山的选矿试验研究报告或设计报告；

②按照生产金精矿或合质金产品的不同，回收率可分别称为选矿回收率或选冶回收率，括号外为选矿回收率，括号内为选冶回收率。

（三）共伴生矿产资源综合利用率。

国家鼓励黄金矿山企业合理开发与综合利用银、硫、铜、铅、锌等共伴生矿产资源。当黄金与其他矿物共生时，综合利用率不低于60%；当黄金与其他矿物伴生时，综合利用率不低于40%。

二、监督管理

（一）本指标要求是国土资源主管部门监督管理黄金矿山企业合理开发利用矿产资源的重要依据。

（二）本指标要求是编制和审查黄金矿产资源开发利用方案、矿山设计的依据，新建或改扩建的黄金矿山企业的“三率”指标应达到本指标要求。

（三）生产矿山要在本指标要求发布之日后两年

内达到本指标要求规定的要求。达不到本指标要求的，省级国土资源主管部门应组织督促其限期整改，整改后仍未达标的矿山企业，不予通过矿产资源开发利用年度检查。受资源禀赋、矿石性质和技术等客观条件限制达不到本指标要求的，矿山企业应说明原因，并提交具备设计资质的单位出具的论证报告，提出改进措施。原采矿权登记管理机关要对矿山企业提交的论证报告予以审定。

（四）省级国土资源主管部门可根据本行政区域内金矿资源特点，制定不低于本标准的指标要求，并负责对辖区黄金矿山企业执行本指标要求情况进行监督管理，不定期开展抽查和检查，定期公告符合本指标要求的黄金矿山企业名单，实行社会监督，动态管理。

三、指标定义与计算方法

（一）开采回采率。

1. 定义。

开采回采率：在一定开采范围内，实际采出金矿量占动用资源储量的百分比。其中动用资源储量是指该开采范围内采出金矿与开采损失金矿量之和。

2. 计算方法。

开采回采率（K）= 采出金矿量/动用资源储量 ×100%

（二）选矿（冶）回收率。

1. 定义。

选矿（冶）回收率：选矿（冶）产品中所含被回收有用成分的质量占入选矿石中该有用成分质量的百分比。

2. 计算方法。

选（冶）矿回收率（ε）= 精矿（冶炼产品）中有用组分质量/入选矿石中有用组分质量 ×100%

（三）共伴生矿产资源综合利用率

1. 定义。

共伴生矿产资源综合利用率：采矿和选矿（冶）生产过程中回收的共伴生资源当量和占动用资源储量中共伴生当量和的百分比。

2. 计算方法。

综合考虑经济、技术因素，采取对共伴生矿种进行当量折合的计算方法。

$$\text{共伴生矿产资源综合利用率}(R)=\frac{\text{开采回采率}\times\text{选矿利用的共伴生有用组分当量和}}{\text{动用资源储量中共伴有用分当量和}}\times 100\%$$

经推导计算，最终得出：

$$\text{共伴生矿产资源综合利用率}(R)=\frac{\text{开采回采率}\times\sum_{i=1}^{n}\text{选矿回收率}_i\times\text{品味}_i\times\text{价格}_i}{\text{选矿回收率}_{\text{主}}\times\sum_{i=1}^{m}\text{品味}_i\times\text{价格}_i}\times 100\%$$

式中，i：除主元素以外的第 i 种有价元素（有用成分），$i=1,2,3\cdots n$；

n：矿山企业利用的除主元素以外的有价元素（有用成分）的数量；

m：矿床内除主元素以外的可利用有价元素（有用成分）的数量，$i=1,2,3\cdots m$；

选矿回收率$_{\text{主}}$：矿床内价值、品位、稳定性最高的元素的选矿（冶）回收率；

选矿回收率 i：矿床内除主元素以外的第 i 个元素（有用成分）的选矿（冶）回收率；

价格 i：矿床内除主元素以外的第 i 个元素（有用成分）的价格，一般按五年平均值计算。

品位 i：原矿中除主元素以外的第 i 个元素（有用成分）的含量。

国土资源部关于磷矿资源合理开发利用“三率”指标要求（试行）的公告

2012 年第 30 号

为强化磷矿资源合理开发利用的监督管理，促进矿山企业节约与综合利用磷矿资源，依据《矿产资源法》等法律法规，特制定《磷矿资源合理开发利用“三率”指标要求（试行）》，现予以公告。

国土资源部

2012 年 12 月 28 日

磷矿资源合理开发利用“三率”指标要求（试行）

磷矿资源合理开发利用“三率”是指磷矿开采回采率、选矿回收率和综合利用率等三项指标，是评价磷矿企业开发利用磷矿资源效果的主要指标。经研究，其指标要求如下。

一、“三率”指标要求

（一）开采回采率。

1. 地下开采。

地下开采的矿山企业不低于72%。

2. 露天开采。

露天开采的矿山企业不低于93%。

（二）选矿回收率。

1. 磷块岩矿不低于80%（入选矿石品位>20%）。

2. 磷灰石和磷灰岩矿不低于85%（入选矿石品位>10%）。

（三）综合利用率。

与磷矿共伴生矿产资源综合利用率不低于45%，尾矿综合利用率不低于25%。

二、监督管理

（一）本指标要求是国土资源主管部门监督管理磷矿企业合理开发利用矿产资源的重要依据。

（二）本指标要求是编制和审查磷矿资源开发利用方案、矿山设计的依据。新建或改扩建的磷矿企业的“三率”指标应达到本指标要求。

（三）现有生产矿山在本指标要求发布之日后两年内达到本指标规定要求。达不到本指标要求的，省级国土资源主管部门应组织督促其限期整改，整改后仍未达标的矿山企业，不予通过矿产资源开发利用年度检查。受地区磷矿矿床特征、矿石性质和技术等客观条件限制达不到本指标要求的，矿山企业应说明原因，并提交具备设计资质的单位出具的论证报告，提出改进措施，原采矿权登记管理机关要对矿山企业提交的论证报告予以审定。

（四）省级国土资源主管部门可根据本行政区域内磷矿资源特点，制定不低于本标准的指标要求，并负责对辖区磷矿企业执行指标要求情况进行监督管理，不定期开展抽查和检查，定期公告符合本指标要求的磷矿企业名单，实行社会监督，动态管理。

三、指标定义与计算方法

（一）开采回采率。

1. 定义。

开采回采率：是指矿块实际采出的磷矿量与矿块动用资源储量的百分比。其中矿块动用资源储量是指矿块采出磷矿石量、开采损失磷矿资源量的总和。

2. 计算方法。

开采回采率(K) = 矿块采出磷矿量/矿块动用资源储量 ×100%

（二）选矿回收率。

1. 定义。

磷矿选矿回收率：是指磷精矿中五氧化二磷(P_2O_5)的质量与入选磷矿石中五氧化二磷(P_2O_5)的质量的百分比。

(1)磷块岩矿（俗称胶磷矿）：是指矿石中磷酸盐矿物结构以隐晶质、显微晶质磷灰石为主的磷矿石。

(2)磷灰岩矿和磷灰石矿：是指矿石中磷酸盐矿物以显晶质磷灰石为主的磷矿石。

2. 计算方法。

磷矿选矿回收率(ε) = $\gamma \times \beta / \alpha \times 100\%$

式中，γ：磷精矿产率(%)，是指精矿产量与入选矿石量的质量百分比；

β：精矿中 P_2O_5 的品位(%)；

α：原矿中 P_2O_5 的品位(%)。

（三）综合利用率。

1. 定义。

(1)共伴生矿产资源综合利用率：是指磷矿生产过程中，所有共伴生矿产（如硫、铁等）的年度开发利用量与动用资源中经评审备案的共伴生资源储量的百分比之平均值。

(2)尾矿综合利用率：是指磷矿选矿过程中年度尾矿利用量与年度尾矿产生量的百分比。其中尾矿利用量包括矿山企业利用尾矿进行回填的量。

2. 计算方法。

①共伴生矿产资源综合利用率(R) = $\frac{1}{n}\sum_{i=1}^{n} r_i$

式中，r_i：第 i 个共伴生矿产综合利用率，是指第 i 个共伴生矿产年度利用量与该矿产年度开采动用资源储量的百分比；

n：已经评审备案其储量的共伴生矿种数。

②尾矿综合利用率($R_{尾矿}$) = 年度尾矿利用量/年度尾矿产生量 ×100%

国土资源部关于高岭土矿产资源合理开发利用“三率”指标要求（试行）的公告

2012 年第 28 号

为强化高岭土矿产资源合理开发利用的监督管理，促进矿山企业节约与综合利用高岭土矿产资源，依据《矿产资源法》等法律法规，特制定《高岭土矿产资源合理开发利用“三率”指标要求（试行）》，现予以公告。

国土资源部

2012年12月28日

高岭土矿产资源合理开发利用“三率”指标要求（试行）

高岭土矿产资源合理开发利用“三率”是高岭土矿开采回采率、选矿回收率和综合利用率等三项指标，是评价高岭土矿山企业开发利用高岭土矿产资源效果的主要指标。经研究，确定其指标要求如下。

一、“三率”指标要求

（一）开采回采率。

1. 地下开采。

地下开采的矿山企业不低于75%。

2. 露天开采。

露天开采的矿山企业不低于85%。

（二）选矿回收率。

高岭土矿选矿回收率不低于85%。

（三）综合利用率。

矿山企业开发利用高岭土矿时，鼓励综合利用尾矿及尾矿中的石英、长石、伊利石及黄铁矿等有用组分。尾矿综合利用率不低于98%。

二、监督管理

（一）本指标要求是国土资源主管部门监督管理高岭土企业合理开发利用矿产矿产资源的重要依据。

（二）本指标要求是编制和审查高岭土资源开发利用方案、矿山设计的依据。新建或改扩建的高岭土矿山企业的“三率”指标应达到本指标要求。

（三）现有生产矿山在本指标要求发布之日后两年内达到本指标规定要求。达不到本指标要求的，省级国土资源主管部门应组织督促其限期整改，整改后仍未达标的矿山企业，不予通过矿产资源开发利用年度检查。受地区高岭土矿床特征、矿石性质及技术等客观条件限制达不到本指标要求的，矿山企业应说明原因，并提交具备设计资质的单位出具的论证报告，提出改进措施，原采矿权登记管理机关要对矿山企业提交的论证报告予以审定。

（四）省级国土资源主管部门可根据本行政区域内高岭土矿资源特点，制定不低于本标准的指标要求，并负责对辖区高岭土矿山企业执行本指标要求情况进行监督管理，不定期开展抽查和检查，定期公告符合本指标要求的高岭土矿山企业名单，实行社会监督，动态管理。

三、指标定义和计算方法

（一）开采回采率。

1. 定义。

开采回采率：是指矿块实际采出的高岭土矿石量与矿块动用资源储量的百分比。

其中，地下开采矿块实际采出的高岭土矿石量是指矿块内所有工作面采出的高岭土矿石量之和；露天开采实际采出高岭土矿石量是指矿块内实际采出的高岭土矿石量。矿块动用的资源储量是指矿块采出的高岭土矿石量与开采损失的高岭土量之和。

2. 计算方法。

开采回采率（K）= 矿块采出的高岭土矿石量/矿块动用资源储量 ×100%

（二）选矿回收率。

1. 定义。

选矿回收率：是指选矿产品中回收的高岭石类矿物质量与入选矿石中高岭石类矿物质量的百分比。

选矿产品中回收的高岭石类矿物（以 Al_2O_3 表示）质量是指各种规格高岭土产品（如造纸类、陶瓷类等）中 Al_2O_3 含量乘以该产品质量相加之和。

入选原矿石中高岭石类矿物（以 Al_2O_3 表示）质量指入选矿石量乘以矿石中 Al_2O_3 的含量。

2. 计算方法。

$$选矿回收率(\varepsilon) = \frac{\sum_{i=1}^{n} 高岭土产品质量\ i \times Al_2O_3}{入选原矿质量 \times Al_2O_3\%\ 原} \times 100\%$$

式中：i：第 i 种高岭土产品；

n：第 n 种高岭土产品。

（三）综合利用率。

1. 定义。

尾矿综合利用率：高岭土矿山年度利用尾矿量及尾矿中的共伴生矿物质量之和与年度尾矿产生总量的百分比。其中尾矿利用量包括矿山企业利用尾矿进行回填的量。

2. 计算方法。

尾矿综合利用率（$R_{尾}$）= 年度利用尾矿量及尾矿中回收共伴生矿物质量之和/年度尾矿产生总量 ×100%

国土资源部关于四川攀西钒钛磁铁矿开发利用“三率”指标要求(试行)的公告

2012 年第 26 号

钒钛磁铁矿是我国重要的战略资源,四川攀西地区是我国重要的钒钛磁铁矿资源基地和钒钛产业基地,具有很强的代表性。为强化钒钛磁铁矿资源合理开发利用的监督管理,促进矿山企业节约与综合利用钒钛磁铁矿资源,依据《矿产资源法》等法律法规,特制定《四川攀西钒钛磁铁矿资源合理开发利用“三率”指标要求(试行)》,现予以公告。

国土资源部

2012 年 12 月 18 日

四川攀西钒钛磁铁矿开发利用“三率”指标要求(试行)

四川攀西地区是我国重要的钒钛磁铁矿资源基地和钒钛产业基地。为保护和合理利用该区钒钛磁铁矿资源,提高矿产资源综合利用水平,促进产业升级,经研究,制定攀西地区钒钛磁铁矿开采回采率、选矿回收率、综合利用率(简称“三率”)指标要求如下:

一、“三率”指标要求

(一)开采回采率。

1. 露天开采:开采回采率≥94%。

2. 地下开采:开采回采率≥82%。

(二)选矿回收率。

根据矿石全铁(矿石中铁元素的总含量,表示为TFe)入选品位和铁精矿品位的不同,铁选矿回收率应达到以下要求(表1)。

表1　铁选矿回收率指标要求

矿石入选品位	铁精矿品位	铁选矿回收率要求
TFe≥30%	≥54%	不低于 71%
25%≤TFe<30%		不低于 66%
20%≤TFe<25%		不低于 60%
TFe<20%		暂不要求

(三)综合利用率。

矿山企业开发利用钒钛磁铁矿时,要对伴生的钛、钒、铬及硫化物等有用组分进行综合利用,综合利用率要达到以下规定要求。

1. 钛的综合利用率(TiO_2 从原矿计算到钛精矿)。

根据入选矿石的铁钛比(TFe/TiO_2)和钛精矿品位的不同,钛的综合利用率应达到以下要求(表2)。

表2　钛的综合利用率指标要求

入选矿石铁钛比	钛精矿品位	钛综合利用率要求
$2.1 \leq TFe/TiO_2 < 2.6$	≥47%	不低于 20%
$2.6 \leq TFe/TiO_2 < 3.5$		不低于 16%
$TFe/TiO_2 \geq 3.5$		不低于 12%

当钛精矿 TiO_2 品位 <47% 时,钛综合利用率要相应提高。

2. 钒的综合利用率(V_2O_5 从原矿计算至铁精矿)。

根据铁选矿回收率的不同,钒的综合利用应达到以下要求(表3)。

表3　钒的综合利用率指标要求

铁选矿回收率	钒(V_2O_5)综合利用率要求
≥71%	不低于 75%
66%≤铁选矿回收率<71%	不低于 70%
60%≤铁选矿回收率<66%	不低于 64%

3. 铬的综合利用率(红格南矿区)(Cr_2O_3 从原矿计算至铁钒精矿)。

根据铁选矿回收率的不同,铬的综合利用率应达到以下要求(表4)。

表4　铬的综合利用率指标要求

铁选矿回收率	铬(Cr_2O_3)综合利用率要求
≥71%	不低于 75%
66%≤铁选矿回收率<71%	不低于 70%
60%≤铁选矿回收率<66%	不低于 64%

4. 硫化物的综合利用

矿山企业必须对硫化物进行综合利用。新建或改扩建矿山要在开发利用方案中明确硫化物综合利用的具体要求。

二、监督管理

(一)本指标要求是国土资源主管部门监督管理钒钛磁铁矿矿山企业合理开发利用矿产资源的重要依据。

(二)本指标要求是编制和审查钒钛磁铁矿资源开发利用方案、矿山设计的依据,新建或改建的钒钛磁铁矿矿山企业的"三率"指标应达到本指标要求

(三)生产矿山要在本指标要求发布之日后3年内达到规定要求。达不到本指标要求的,省级国土资源主管部门应组织督促其限期整改,整改后仍未达标的矿山企业,不予通过矿产资源开发利用年度检查。受矿石性质、技术等客观条件限制达不到本指标要求的,矿山企业应说明原因,并提交具备设计资质的单位出具的论证报告,提出改进措施。原采矿权登记管理机关要对矿山企业提交的论证报告予以审定。

(四)省级国土资源主管部门负责对辖区钒钛磁铁矿矿山企业执行本指标要求情况进行监督管理,不定期开展抽查和检查,定期公告符合和不符合本指标要求的矿山企业名单,实行社会监督,动态管理。

三、指标定义与计算方法

(一)开采回采率。

1. 定义。

矿石开采活动中一定时间内在矿床某开采范围内实际采出的主矿产的质量总和与在该开采范围内动用资源储量的百分比。

2. 计算方法。

计算公式是:$K = Q/S \times 100\%$

K:开采回采率;

Q:一定时间内某开采范围内实际开采得到的主矿产的质量总和;

S:该开采范围内动用的资源储量。

(二)选矿回收率。

1. 定义。

选矿产品(一般指精矿)中所含被回收有用成分的质量与相应入选矿石中该有用成分质量的百分比。

2. 计算方法。

计算公式是:$\varepsilon = d/D \times 100\%$

式中,ε:选矿回收率;

d:精矿(包括作为产品的中矿)中所含被回收有用成分的质量;

D:相应入选矿石中该有用成分质量。

(三)矿产综合利用率。

1. 定义。

指采选利用的共伴生有用组分的质量与所消耗原矿储量中相应的共伴生有用组分资源储量的百分比。

2. 计算方法。

计算公式是:$R_i = \frac{q_i}{Q_i} \times 100\%$

式中,R_i:表示某共伴生组分的综合利用率;

q_i:采选利用的某共伴生组分的质量;

Q_i:所消耗的原矿中相应共伴生组分资源储量。

国土资源部办公厅 国家发展和改革委员会办公厅 科学技术部办公厅 财政部办公厅关于成立找矿突破战略行动领导小组的通知

国土资厅发〔2012〕13号

各省、自治区、直辖市国土资源主管部门、发展改革委(局)、科技厅(委)、财政厅(局),新疆生产建设兵团国土资源局、发展改革委、科技局、财务局,武警黄金指挥部:

为贯彻落实国务院第176次常务会议精神,加快推进找矿突破战略行动,根据《国务院办公厅关于转发国土资源部等部门找矿突破战略行动纲要(2011~2020年)的通知》(国办发〔2011〕57号)要求,国土资源部、发展改革委、科技部和财政部共同组建找矿突破战略行动领导小组及其联络组。

一、领导小组及其职责

(一)人员组成

组　长:徐绍史　国土资源部党组书记、部长
国家土地总督察

副组长:汪　民　国土资源部党组成员、副部长
中国地质调查局局长

杜　鹰　发展改革委党组成员、副主任

王伟中　科技部党组成员、副部长

张少春　财政部党组成员、副部长
成　员：钟自然　国土资源部总工程师
范恒山　发展改革委地区经济司司长
马燕合　科技部社会发展科技司司长
李敬辉　财政部经济建设司司长
董祚继　国土资源部规划司司长
赖文生　国土资源部财务司司长
彭齐鸣　国土资源部地质勘查司司长
刘连和　国土资源部矿产开发管理司司长
许大纯　国土资源部矿产资源储量司副司长
关凤峻　国土资源部地质环境司司长
姜建军　国土资源部科技与国际合作司司长
张　陟　国土资源部人事司司长
王　研　中国地质调查局副局长
程利伟　国土资源部中央地质勘查基金管理中心主任
严光生　中国地质调查局发展研究中心主任

(二)主要职责

1. 统筹国家产业经济布局与地质找矿工作部署；

2. 研究解决找矿突破战略行动实施中遇到的政策措施和体制机制方面的重大问题；

3. 研究年度或阶段性地质找矿工作部署调整等重大事项。

二、联络组人员组成及其职责

领导小组下设联络组，负责组织开展找矿突破战略行动实施情况的监督检查，对实施过程中遇到的重大问题和拟提交领导小组会议讨论的内容进行预备性讨论和协商，筹备领导小组会议，起草领导小组会议纪要并落实议定事项。

组　长：钟自然　国土资源部总工程师
成　员：彭齐鸣　国土资源部地质勘查司司长
沈叙健　发展改革委地区经济司副巡视员
田保国　科技部社会发展科技司副司长
张学文　财政部经济建设司副司长

领导小组决定的相关事项，一般由联络组成员报分管部委领导签字同意后，由国土资源部或者国土资源部办公厅代章发文，需要部委联合发文的按照公文程序办理运转。

国土资源部办公厅
国家发展和改革委员会办公厅
科学技术部办公厅
财政部办公厅
2012 年 3 月 23 日

国土资源部办公厅关于做好中外合作开采石油资源补偿费征收工作的通知

国土资厅发〔2012〕14 号

为贯彻落实《国务院关于修改 < 中华人民共和国对外合作开采陆上石油资源条例 > 的决定》(国务院令第 606 号)、《国务院关于修改 < 中华人民共和国对外合作开采海洋石油资源条例 > 的决定》(国务院令第 607 号)和国土资源部《关于修改 < 关于矿产资源补偿费征收管理工作中若干问题的补充规定 > 的通知》(国土资发〔2011〕229 号)精神，做好中外合作开采石油资源补偿费征收工作，根据《中华人民共和国矿产资源法》和《矿产资源补偿费征收管理规定》(国务院 150 号令)，现将有关事项通知如下：

一、中外企业在中华人民共和国领域及管辖海域合作开采陆上、海上石油资源应依法缴纳矿产资源补偿费。本通知所指石油资源包括常规石油、天然气，以及煤层气等非常规油气资源。

二、中外合作开采陆上、海上石油资源补偿费实行属地化征收，由合作区块采矿权范围所在省(区、市)省级国土资源主管部门负责征收。陆上合作区块采矿权范围跨省级行政区域的由国土资源部授权的省级国土资源主管部门征收；海上合作区块按国务院批复的海域行政区域界线确定归属行政区域，由归属行政区域的省级国土资源主管部门征收，跨省级海域行政区域或者尚未确定海域行政区域界线的，由国土资源部授权的省级国土资源主管部门征收。

三、中外合作开采陆上、海上石油资源补偿费按 150 号令规定的计算公式和费率计征。开采回采率系数取 1，另有规定的从其规定。

四、中外合作开采陆上、海上石油资源补偿费由采矿权人缴纳，纳入矿产资源补偿费征收统计网络直报系统。

五、中外合作区块的采矿权人可按照 150 号令有关减免的规定申请减免。有关省(区、市)国土资源主管部门应规范减免具体条件和申报、审批要求。批准减免的,自批准之日起1个月内报国土资源部备案。

六、中外合作开采石油资源企业开发利用情况年检需提交缴纳补偿费的相关票据和合作开采石油资源合同文本等相关材料,由省级国土资源主管部门出具是否已按要求缴纳补偿费的证明文件。未有证明文件的,年检不予通过,不予办理其采矿权的延续、变更、转让等申请。

七、中外合作开采石油资源的中国企业和外国企业应积极履行法定义务,按要求及时缴纳补偿费。对于未在规定期限内足额缴纳矿产资源补偿费的,采取伪报、隐匿等手段不缴或少缴补偿费的以及未按申报要求提交相关资料的,由国土资源主管部门根据150号令相关规定进行相应处罚。

八、2011年11月1日前已依法订立的中外合作开采陆上、海上石油资源的合同,在已约定的合同有效期内,继续按照当时国家有关规定缴纳矿区使用费。

征收中外合作石油资源矿产资源补偿费是国土资源主管部门的一项重要法定职能,各有关省(区、市)国土资源主管部门要高度重视,采取有效措施,确保征收管理到位。

本通知自发布之日起实行,有效期8年。

国土资源部办公厅
2012年3月31日

国土资源部办公厅关于矿业权设置方案未编制入库的矿业权项目配号有关问题的函

国土资厅函〔2012〕229号

各省、自治区、直辖市国土资源主管部门:

为进一步贯彻落实《国土资源部关于进一步完善矿业权管理促进整装勘查的通知》(国土资发〔2011〕55号)相关要求,实施矿业权设置方案信息化管理,加强矿业权统一配号系统监管功能,从2012年1月1日起,矿业权统一配号系统已对矿业权设置方案全面实施监管。为妥善处理遗留问题,做好政策衔接,现对矿业权设置方案未编制入库的矿业权项目配号有关问题函告如下。

一、矿业权统一配号系统的监管范围

2012年1月1日起(含1月1日),低风险勘查、无风险矿种以及整装勘查区内高风险勘查矿业权设置方案未经批准或备案入库,以及不符合矿业权设置方案的,不得新设矿业权(含扩大勘查开采范围),矿业权统一配号系统不予配号。符合以下情形之一的除外:

(一)2012年1月1日前(不含1月1日,下同)发布公告或发文委托的招标拍卖挂牌出让项目。申请配号时,配号系统根据矿业权公示公开系统中项目公告日期自动配号。公示公开系统中信息不全的项目,在配号系统中补充招标拍卖挂牌的公告日期或委托日期后,配号系统予以配号。

(二)2012年1月1日前完成协议出让审批程序、确定出让主体的协议出让项目。申请配号时,在配号系统中补充协议出让矿业权的批准日期和批准文号后,配号系统予以配号。

(三)2012年1月1日前受理的扩大勘查范围的项目。申请配号时,配号系统根据项目受理日期自动配号。

(四)划定矿区范围的受理日期为2012年1月1日前的采矿权新立及扩大开采范围的项目。申请配号时,在配号系统中补充划定矿区范围的受理日期后,配号系统予以配号。

(五)按2012年1月1日前批准的整合实施方案实施整合,或按矿业权实地核查要求,需要扩大勘查开采范围的项目(2012年1月1日后,已有矿业权整合纳入矿业权设置方案)。申请配号时,在配号系统中补充整合方案批准日期及批准文号,或核查意见出具日期后,配号系统予以配号。

(六)为编制低风险勘查矿业权设置方案,由中央和省级财政全额出资开展的预查和必要普查项目。申请配号时,在配号系统中补充相关项目立项批准文号后,配号系统予以配号。

整装勘查区内,须整装勘查区矿业权设置方案审批入库后,符合上述6种情形的项目才予开通配号。其他地区,矿业权设置方案审批入库前,符合条件的项目即可开通配号。

二、补充信息方式

开发司委托部信息中心在矿业权统一配号系统的配号信息中增加相关内容填报项,由登记管理机关在申请配号时按要求如实填报。

三、其他

(一)各级登记管理机关要认真审核、严格把关,对补充信息的真实性负责。部将组织进行抽查,发现弄虚作假,将严肃追究责任。

（二）延续、变更（不含扩大勘查开采范围）、保留、注销申请项目的矿业权配号不受矿业权设置方案限定。

（三）非整装勘查区高风险勘查探矿权新立项目（含扩大勘查范围）的矿业权配号，不受矿业权设置方案限定。

联系人及电话：
部开发司吴峻 010－66558581
部信息中心曾建鹰 010－66558761

国土资源部办公厅
2012年3月22日

国土资源部办公厅关于批准甘肃张掖丹霞地质公园等19处国家地质公园资格的通知

国土资厅函〔2012〕380号

各省、自治区、直辖市国土资源主管部门，中国地质调查局及部其他直属单位，部机关各司局：

为有效保护、合理开发和永续利用地质遗迹资源，经国家地质遗迹保护（地质公园）评审委员会审议通过，国家地质遗迹保护（地质公园）领导小组研究决定，批准甘肃张掖丹霞地质公园等19处国家地质公园资格。

获得资格的地质公园要以科学发展观为指导，遵循“在保护中开发，在开发中保护”的原则，2年内按照《国家地质公园规划编制技术要求》完成国家地质公园规划的编制、报批和发布，3年内，按照《国家地质公园建设标准》完成地质公园的建设，按照相关程序申请正式命名。逾期不能完成国家地质公园的规划和建设的单位，将取消其国家地质公园建设资格。

各级国土资源行政主管部门要加强对地质公园的规范管理，指导地方政府和地质公园按期完成国家地质公园建设的各项工作，为促进地质遗迹资源保护、普及地学文化知识和地方社会经济发展做出贡献。

国土资源部办公厅
2012年4月23日

第六批国家地质公园资格名单（二）

（19处）

甘肃张掖丹霞地质公园
山东沂源鲁山地质公园
湖北五峰地质公园
贵州赤水丹霞地质公园
青海青海湖地质公园
河北承德丹霞地貌地质公园
吉林抚松地质公园
内蒙古巴彦淖尔地质公园
重庆酉阳地质公园
内蒙古鄂尔多斯地质公园
河南汝阳恐龙地质公园
四川青川地震遗迹地质公园
湖北咸宁九宫山－温泉地质公园
河南尧山地质公园
陕西耀州照金丹霞地质公园
四川绵竹清平—汉旺地质公园
青海玛沁阿尼玛卿山地质公园
湖南浏阳大围山地质公园
黑龙江凤凰山地质公园

国土资源部办公厅关于深入推进地质资料信息服务集群化为找矿突破战略行动提供服务的通知

国土资厅发〔2012〕45号

各省、自治区、直辖市国土资源主管部门，中国地质调查局，中国石油天然气集团公司，中国石油化工集团公司，中国海洋石油总公司，延长油矿管理局，中联煤层气有限责任公司，中国核工业集团公司：

地质资料信息对科学部署地质找矿、减少重复工作、避免资金浪费、促进找矿突破具有重要意义。为全面贯彻落实《国务院办公厅关于转发国土资源部等部门找矿突破战略行动纲要(2011～2020年)的通知》(国办发〔2011〕57号)精神,深入推进地质资料信息服务集群化工作,切实为实施找矿突破战略行动纲要做好服务,现就有关事项通知如下:

一、加强地质资料汇交网上监管,夯实服务基础

(一)开展地质资料汇交的网上排查和催交工作。按《国土资源部关于印发<地质资料汇交监管平台建设工作方案>的通知》(国土资发〔2011〕78号)的要求,自2012年4月1日起,全国统一使用地质资料汇交监管平台对地质资料汇交进行了网上监管。为充分发挥监管平台的作用,请各省(区、市)国土资源主管部门在2012年10月底前组织本省(区、市)地质资料馆藏机构完成以下两项工作:①将2002年7月1日起应当汇交的中央和地方财政出资的地质工作项目以及探矿权、采矿权项目形成的地质资料的形成单位、汇交人、资料名称、档案号等有关信息录入监管平台;②对照已导入监管平台的项目信息,逐一排查,发现未按时汇交地质资料的项目,按《地质资料管理条例实施办法》(国土资源部令第16号)第二十四条的规定,印发限期汇交地质资料通知书,责令汇交人依法汇交地质资料;无故逾期不汇交的,依照《地质资料管理条例》(国务院令第349号)第二十条的规定进行处罚。

(二)加强中央和地方财政出资形成的地质资料汇交工作。中央和地方财政出资安排的地质工作项目,工作期限5年以上,且开展工作已满3年的,项目承担单位应将经项目组织实施单位审查过的阶段性成果,作为原始地质资料向国土资源主管部门汇交。其中,中央财政出资形成的阶段性地质资料向国土资源部汇交;地方财政出资形成的阶段性地质资料向地质工作项目所在地的省级国土资源主管部门汇交。对中央和地方财政出资安排的地质工作项目已过原定的项目结题时间,但由于某些原因该项目未通过评审验收而无法按预定期限汇交最终成果地质资料的,汇交人应提交项目组织实施单位出具的无法按预定期限汇交最终成果地质资料的书面证明。不能出具书面证明的,按逾期未汇交地质资料进行催交或处罚。各省(区、市)国土资源主管部门应在2012年10月底前完成排查、催交资料工作,并将使用监管平台对地质资料进行网上监管的情况形成报告报部(纸质及电子版各1份)。全国地质资料馆(以下简称"全国馆")负责从监管平台上核查各省(区、市)国土资源主管部门催交资料情况,并于2012年12月底前,将全国使用监管平台对地质资料汇交进行网上监管的情况汇总形成报告报部(纸质及电子版各1份)。

二、加快推进整装勘查区和重点成矿区带地质资料信息服务集群化,积极主动为找矿突破战略行动提供服务

(三)加快推进整装勘查区和重点成矿区带地质资料数字化工作。请各省(区、市)国土资源主管部门在2013年3月底前,完成本行政区整装勘查区和重点成矿区带重要地质资料数字化工作。中央财政安排补助资金支持开展地质资料数字化的省(区、市),要围绕找矿突破战略行动确定的区域开展数字化工作,并积极向地方财政申请落实至少1:1比例的配套资金,按要求完成数字化任务,及时为找矿突破战略行动提供数字化资料服务。

(四)积极主动开发地质资料信息服务产品,并加强其宣传推广工作。请各省(区、市)国土资源主管部门根据国办发〔2011〕57号文件确定的整装勘查区、重点成矿区带内地质资料的特点和保存现状,安排专人和必要经费,在2013年3月底前将本行政区内各整装勘查区和重点成矿区带内的重要成果、原始地质资料等信息分别集成为资料包,并采取主动上门服务和召开产品推介会等方式向承担找矿突破战略行动任务的单位提供资料包服务,并根据整装勘查区的调整情况动态更新资料服务范围。部将于2012年12月底前,对有代表性和典型性的集群化服务产品和有关省(区、市)的先进经验进行宣传和推广。

(五)组织开展重要地质钻孔数据库建设,为找矿突破战略行动提供地质钻孔资料信息服务。请各省(区、市)国土资源主管部门按《国土资源部办公厅关于开展钻孔基本信息清查工作的通知》(国土资厅发〔2011〕31号)要求,在2012年8月底前完成本省(区、市)的"地质钻孔基本信息数据库"建设工作,并对整装勘查区、重点成矿区带内的地质钻孔基本信息进行分析集成,开发钻孔分布图、保存现状图等服务产品,为找矿突破战略行动提供钻孔基本信息服务。各省(区、市)国土资源主管部门要将重要地质钻孔数据库建设纳入找矿突破战略行动的统一部署中,落实经费和人员,确保能按《国土资源部关于印发<推进地质资料信息服务集群化产业化工作方案>的通知》(国土资发〔2010〕113号)的要求完成本省(区、市)的重要钻孔数据库建设工作。

(六)积极为找矿突破战略行动提供涉密地质资料服务。根据国土资源部和国家保密局联合印发的《关于印发<涉密地质资料管理细则>的通知》(国土资发〔2008〕69号)的规定,地(市)级(含)以上国家机关批准承担找矿突破战略行动任务的单位可借阅复制利用涉密地质资料。请全国馆、各省(区、市)国土资源主管部门的地质资料馆藏机构按国土资发〔2008〕69号的规定,积极主动为承担找矿突破战略行动任务

的单位提供地质资料服务。

(七)加强调研和完善地质资料服务机制,为找矿突破战略行动提供高效服务。全国地质资料馆要按部要求开展需求调研,调研勘查主体对资料信息服务需要,了解各省(区、市)整装勘查区或重点成矿区带的成果、原始和实物地质资料信息集群化服务产品开发情况,并于2012年11月底前向部提供政策建议。各级国土资源主管部门及其地质资料馆藏机构应建立地质资料为找矿突破战略行动无障碍服务的绿色通道和长效机制,每年结合部有关找矿突破战略行动的重点布局开展相关服务工作,充分发挥地质资料服务找矿突破战略行动的作用。

三、加强服务监督,不断提高服务能力和水平

(八)地质资料服务场所应主动公布地质资料服务监督电话,并依法处理投诉。全国馆、实物中心、各省(区、市)国土资源主管部门的地质资料馆藏机构、各受委托保管地质资料单位应于2012年8月底前,在各自地质资料服务场所公布服务监督电话:010-58584900。全国馆应在接到投诉电话3日内,向被投诉的地质资料馆藏机构的上级国土资源主管部门书面报送投诉信息。有关国土资源主管部门应当依法对有关投诉信息进行处理,并答复投诉人。

(九)部和省级国土资源主管部门要建立地质资料服务投诉机制。通过服务投诉机制发现问题,解决问题,形成主动服务的工作新机制。部将于2012年第4季度起,每季度第一个月的15日前,在部门户网站上公布上一季度各地质资料馆藏机构地质资料服务被投诉情况,并自2013年起在每年部印发全国的年度地质资料管理与服务情况通报中予以通报。

(十)部将于2012年9~11月份的适当时间组织对各省(区、市)国土资源主管部门贯彻落实《国土资源部关于加强地质资料汇交管理的通知》(国土资发〔2010〕32号)、国土资发〔2010〕113号、国土资发〔2011〕78号、《国土资源部办公厅关于印发<地质资料信息集群化共享服务平台建设方案>的通知》(国土资厅发〔2012〕26号)等文件以及本通知要求的情况进行检查、督导,并将有关情况予以通报,切实推进地质资料信息服务集群化为找矿突破战略行动提供服务。

(十一)本通知自发布之日起开始实施,有效期8年。实施中如有问题,请及时报部。

联系电话:010-66558282。邮箱:cls_zlc@mail.mlr.gov.cn。

国土资源部办公厅

2012年7月27日

国土资源部办公厅关于印发《地质资料信息集群化共享服务平台建设方案》的通知

国土资厅发〔2012〕26号

各省、自治区、直辖市国土资源主管部门,中国地质调查局,国土资源部信息中心:

为切实推进地质资料信息集群化共享服务平台建设,部组织制定了《地质资料信息集群化共享服务平台建设方案》,现印发你们,请遵照执行。

国土资源部办公厅

2012年5月14日

地质资料信息集群化共享服务平台建设方案

为建立共享服务平台和互联互通的网络服务体系,实现地质资料信息服务渠道和服务方式多元化,进一步提高服务水平,依据《国土资源部关于印发〈推进地质资料信息服务集群化产业化工作方案〉的通知》(国土资发〔2010〕113号),制定本方案。

一、目标任务

(一)总体目标

按照构建地质资料一张图服务体系的思路和“分布式保管,网络化服务”的总体要求,依托互联网,开发地质资料信息集群化共享服务平台和共享服务软件,形成以国土资源部门户网站为龙头的网络化服务体系,将保管于各级地质资料馆藏机构的非涉密地质资料信息发布于互联网上,提供地质资料目录查询、公开地质资料图文共享数据服务和依申请服务与产品数据服务等多层次服务;依托地质资料馆藏机构内部局域网,建立内网电子阅览服务系统,提供馆藏地质资料的查询、借阅、浏览、复制等服务。通过内外网地质资料服务系统的结合,形成全方位的地质资料服务格局,

不断拓展服务渠道，提高地质资料信息的开发利用水平和网络化服务能力。

（二）主要任务

地质资料信息集群化共享服务平台建设的主要任务包括标准规范建设、应用系统建设、数据整理加工、基础设施建设和系统安装使用五个部分。

1. 标准规范建设

包括地质资料共享数据整理与加工规范、地质资料共享服务流程规范和地质资料信息共享服务接口规范的编写工作。规范从地质资料共享服务数据加工整理、服务流程、服务接口等方面统一技术要求，保障各馆藏机构的地质资料数据能够按照统一数据格式、服务流程和服务接口进行发布，能够集成到全国地质资料信息集群化共享服务平台，形成逻辑统一的对外服务平台。

2. 应用系统建设

应用系统建设包括外网地质资料信息集群化共享服务平台开发和内网电子阅览服务系统开发两部分。外网地质资料信息集群化共享服务平台是分布式服务系统，包括一个挂接在国土资源部门户网站上的地质资料信息集群化共享服务平台总出口和3个分布式服务系统，从地质资料元数据、公开数据和依申请数据三个层次提供地质资料数据服务，用于满足政府部门、企事业单位和科研机构以及社会公众对地质资料的应用需求。

内网电子阅览服务系统部署在全国地质资料馆、国土资源实物地质资料中心、各省级资料馆的电子阅览室内网环境，提供地质资料数据的借阅、浏览、管理、复制等服务，满足用户不能在外网上提供服务的各类地质资料数据的应用需求。

3. 数据整理加工

数据整理加工是对地质资料数据进行整理、加工，确定数据的共享服务方式，按照地质资料共享数据整理与加工规范，对提供共享服务的地质资料数据进行提取、加工。整理加工的数据对象包括：地质资料目录数据、图文地质资料数据、涉密地质资料数据、地质资料产品数据和地质资料空间数据。

4. 基础设施建设

包括服务器、存储设备、操作系统、数据库软件、内外网网络环境、电子阅览室建设等。部信息中心、全国地质资料馆、国土资源实物地质资料中心、各省级地质资料馆藏机构负责各自节点系统部署的软硬件及网络环境准备。

5. 系统安装与维护

包括外网地质资料信息集群化共享服务系统和内网电子阅览服务系统在全国地质资料馆、国土资源实物地质资料中心、各省级资料馆的培训、安装、推广使用工作。

二、建设要求

（一）地质资料信息集群化共享服务平台由部组织统一开发，通过内外网服务系统相结合的方式提供多层次的地质资料信息服务。要提供按区域、成矿区带等方式查询、检索和下载利用地质资料等的功能，要做好与“地质资料管理信息系统”的数据衔接，统一标准，确保数据能互联互通。

（二）外网地质资料信息集群化共享服务系统是分布式服务系统。该系统部署在部信息中心和部、省两级地质资料馆藏机构。地质资料数据存储保管在各地质资料馆藏机构，由各地质资料馆藏机构负责管理、维护、更新、授权并发布到地质资料共享服务系统。通过集成部、省两级地质资料馆藏机构分布式地质资料共享服务系统提供的数据服务，在国土资源部门户网站上形成全国统一的一站式地质资料信息集群化共享平台服务窗口。

（三）在内网，对于存储在各地质资料馆藏机构的地质资料数据（包括不能在外网上直接公开服务的地质资料数据），在地质资料馆独立的内网环境中建立电子阅览服务系统，提供地质资料数据管理、借阅服务、数据输出等功能，满足地质资料数据内网电子阅览的服务需求。内网电子阅览服务系统与外网地质资料共享服务系统物理隔离，在单独的局域网环境内部署服务器和客户端。

（四）各级地质资料馆藏机构负责各节点的地质资料数据的整理和加工工作，要制定地质资料服务数据规划，明确提供服务的地质资料数据内容、服务方式、服务对象、服务授权、服务流程等。按照《地质资料档案著录细则》、《图文地质资料扫描数字化规范（试行）——SZ1999001—2000》、《成果地质资料电子文件汇交格式要求》等相关标准及《地质资料共享数据整理与加工规范》的要求，对地质资料目录、图文地质资料报告、地质资料数据库进行整理和加工，建立地质资料目录与图文地质资料报告的关联。确定依申请地质资料数据和产品地质资料数据的内容、服务授权、服务流程，对依申请和产品数据进行加工整理。对于已有的地质资料空间数据库或专业数据库，提供服务接口，实现与地质资料信息集群化共享服务平台的集成。

（五）内外网地质资料服务系统通过离线方式进行数据更新和交换。内网电子阅览服务系统提取可在外网服务的数据，以离线方式交换到外网地质资料共享服务系统，丰富和更新外网服务系统的数据内容。通过内、外网服务相结合，共同构成地质资料网络服务体系。

三、组织分工

（一）部储量司的主要任务

1. 组织研究制定推进地质资料信息集群化共享服务平台建设的相关制度、政策、标准和规范。

2. 组织开展地质资料信息集群化共享服务平台建设专题研究和试点工作。

3. 组织和指导全国开展地质资料信息集群化共享服务平台建设工作。

4. 组织对已有成果地质资料进行分类，非涉密地质资料要全部实现网络化服务，涉密地质资料要按相关规定处理后向社会提供网络服务。

5. 监督部、省两级地质资料馆藏机构社会化服务的质量。

（二）中国地质调查局的任务

1. 协助部组织和指导全国地质资料馆、国土资源实物地质资料中心开展地质资料信息集群化共享服务平台建设相关政策、关键技术、标准规范研究。

2. 全国地质资料馆、国土资源实物地质资料中心负责按统一的规范标准整理加工各自馆藏的地质资料，对馆藏已有地质资料进行分类，非涉密地质资料要全部实现网络化服务，涉密地质资料要按相关规定处理后向社会提供网络服务。

3. 全国地质资料馆会同部信息中心编写涉密资料安全使用规范，协助部信息中心编写地质资料共享数据整理与加工规范、地质资料共享服务接口和服务流程规范等。

4. 全国地质资料馆负责内网电子阅览服务系统的软件开发，在全国的培训与推广使用、运行维护与升级工作以及对省级馆藏机构提供技术支持；协助部指导试点省（区、市）的内网共享服务平台建设试点工作。

5. 全国地质资料馆配合部信息中心做好“地质资料信息集群化共享服务平台”与“地质资料管理信息系统”的数据衔接。

6. 全国地质资料馆设立专门的监督电话和邮箱，专人负责部、省两级地质资料馆藏机构服务相关信息的更新和服务投诉的处理。

（三）国土资源部信息中心的任务

1. 编写地质资料信息集群化共享服务平台总体设计。牵头提出共享服务平台软件开发整体方案。

2. 会同全国地质资料馆编写地质资料共享数据整理与加工规范、地质资料共享服务接口和服务流程规范，协助全国地质资料馆编写涉密资料安全使用规范等。

3. 协助部指导试点省（区、市）的外网共享服务平台建设试点工作。

4. 负责地质资料信息集群化共享服务平台外网软件开发，在全国地质资料馆及各省级地质资料馆藏机构分布式部署，在全国的培训与推广使用、运行维护与升级工作以及对省级馆藏机构提供技术支持。

5. 加强与全国地质资料馆沟通，做好“地质资料信息集群化共享服务平台”与“地质资料管理信息系统”的数据衔接。

（四）省级国土资源主管部门的任务

1. 完成本省（区、市）分节点地质资料信息集群化共享服务系统部署的软硬件和网络环境准备。包括外网地质资料信息集群化共享服务系统部署的软硬件环境和内网电子阅览服务系统部署的软硬件及网络环境。

2. 完成本省（区、市）省级馆藏地质资料数据整理、规划、数据加工、产品制作，提取可公开服务的地质资料目录、图文数据、产品数据和空间数据，规划地质资料数据的访问权限和共享服务方式，按照地质资料共享数据整理与加工规范进行加工制作并发布服务。

3. 完成本省（区、市）地质资料信息集群化共享服务系统的安装、调试、使用；完成地质资料信息集群化共享服务系统与平台的集成、应用。

4. 对馆藏已有成果地质资料进行分类，非涉密地质资料要全部实现网络化服务，涉密地质资料要按相关规定处理后向社会提供网络服务。

5. 完成本省（区、市）内网地质资料电子阅览服务系统的推广、使用。

6. 负责本省（区、市）地质资料服务数据的更新、发布和维护工作。

四、进度安排

地质资料信息集群化共享服务平台分二个阶段进行建设。具体工作时间安排如下：

（一）第一阶段：平台开发与推广使用阶段

1. 2012 年 5 月，部信息中心提交《地质资料共享数据整理工作指南（征求意见稿）》。

2. 2012 年 7 月至 9 月，部印发《地质资料共享数据整理工作指南》；部信息中心向部提交共享服务平台软件开发整体方案和通过测试的共享服务平台外网软件；全国地质资料馆向部提交通过测试的内网电子阅览服务系统软件。

3. 2012 年 10 月，内蒙古、辽宁、浙江、安徽、湖南、广西、海南、甘肃 8 省（区）国土资源主管部门完成共享服务平台外网软件试用，并向部提交试用报告；全国地质资料馆和河北、云南、西藏、陕西、青海、宁夏、新疆 7 省（区）完成内网电子阅览服务系统的软件试用，并向部提交试用报告。

4. 2012 年 11 月，完成地质资料信息集群化共享服务平台内外网软件完善和培训。部、省两级地质资料馆藏机构完成对馆藏已有成果地质资料进行分类，非涉密地质资料要全部实现网络化服务，涉密地质资料要按相关规定处理后向社会提供网络服务。

5. 2012 年年底，完成内外网软件系统在全国地质资料馆、国土资源实物地质资料中心和河北、内蒙古、辽宁、浙江、安徽、湖南、广西、海南、云南、西藏、陕西、甘肃、青海、宁夏、新疆等 15 个省级地质资料馆藏机构的部署、安装、调试和推广使用。2012 年年底前，上述单位向部函报地质资料信息集群化共享服务平台建设取得成效、存在问题及下一步工作建议的总结报告。

6. 2013 年 5 月底前，各省（区、市）均完成地质资料信息集群化共享服务平台内外网软件的部署、安装、调试和应用工作，基本实现在国土资源部门户网站上提供全国统一的地质资料信息集群化共享服务。

（二）第二阶段：平台完善和深化应用阶段

1. 2013 年 5 月至 2013 年 8 月，在推广应用的基础上，完善地质资料信息集群化共享服务平台内外网软件系统的功能；部、省两级地质资料馆藏机构继续开展地质资料共享服务数据的整理、加工、发布和产品制作工作，不断丰富地质资料服务数据内容；进一步完善地质资料信息共享服务平台相关技术标准规范。

2. 2013 年 8 月至 2015 年 12 月，进一步丰富地质资料服务数据内容，进一步完善地质资料信息共享服务系统和电子阅览系统的功能，提供更加灵活、丰富的地质资料共享服务形式和技术支撑。

为确保全国地质资料信息集群化共享服务平台能按时建成，各省（区、市）国土资源主管部门、中国地质调查局、国土资源部信息中心和全国地质资料馆要加强领导，安排专人负责此项工作，并落实共享服务平台建设和日常维护工作所需经费，确保各项工作能按要求完成。

国土资源部办公厅关于进一步加强原始地质资料管理的通知

国土资厅发〔2012〕57 号

各省、自治区、直辖市国土资源主管部门，中国地质调查局：

为全面贯彻落实《地质资料管理条例》（国务院令第 349 号）和《地质资料管理条例实施办法》（国土资源部令第 16 号），充分利用原始地质资料，降低地质工作风险，减少重复工作和投资，提高地质资料服务找矿突破战略行动和经济社会发展的能力及社会化服务水平，现就进一步加强原始地质资料管理的有关事项通知如下：

一、进一步加强汇交管理

（一）凡在中华人民共和国领域及管辖的其他海域，以及由国家财政出资在境外从事地质工作所形成的原始地质资料，均应依照国土资源部令第 16 号规定的《原始地质资料汇交细目》（附件 1）进行资料汇交，填写《原始地质资料汇交目录》（附件 2），并按规定的格式和要求提交相关资料，接受地质资料馆藏机构的审查，领取《地质资料汇交凭证》。凡不汇交原始地质资料的，不予颁发《地质资料汇交凭证》。

（二）中央财政出资形成的原始地质资料，汇交人直接向国土资源部汇交，由国土资源部向项目所在地的省（区、市）国土资源主管部门转送 1 份。其他资金项目形成的原始地质资料，汇交人直接向项目所在地的省（区、市）国土资源主管部门汇交，由接收地质资料的省（区、市）国土资源主管部门向国土资源部转送 1 份。

（三）国家财政出资的地质工作项目，工作期限长且开展工作已满 3 年的，项目承担单位应将经项目组织实施单位审查的阶段性成果，按有关要求进行汇交。

二、做好保管和服务工作

（四）国土资源主管部门所属的地质资料馆藏机构（以下简称“馆藏机构”）及受国土资源部委托保管原始和实物地质资料的单位（以下简称“受托单位”）应按国土资源部令第 16 号的规定验收原始地质资料，验收不合格或逾期拒不按要求修改补充的，视为不汇交地质资料。对于 2012 年以前仅汇交了纸质原始地质资料的，负责接收地质资料的馆藏机构和受托单位应及时对其数字化。

（五）国家财政出资地质工作项目的承担单位在汇交原始地质资料时，应附有项目组织实施单位出具的原始地质资料审查意见书。不依法汇交原始地质资料的，项目不得通过验收或结题。

（六）馆藏机构及受托单位应积极创造条件建设地质资料库房，依照相关规定对原始地质资料进行保管和提供服务。目前库房容量已无法满足接收和保管地质资料需求的,可采取临时租赁方式或委托符合条件的单位承担地质资料保管工作。

三、切实加强监督管理

(七)汇交人未按相关规定汇交原始地质资料、伪造原始地质资料或在原始地质资料汇交中弄虚作假的,国土资源主管部门应严格依照国务院令第349号和国土资源部令第16号的相关规定予以处罚。

(八)馆藏机构及受托单位应在地质资料服务场所公布地质资料服务投诉监督电话,并在接到投诉电话的3日内,向被投诉的地质资料馆藏机构的上级国土资源主管部门书面报送投诉信息。有关国土资源主管部门应当依法对有关投诉信息进行处理,并答复投诉人。

(九)各省(区、市)国土资源主管部门及有关单位要加强领导,严格贯彻执行本通知,并适时开展检查和督导工作,提高原始地质资料的管理和服务水平。

(十)本通知自2013年1月1日起开始实施,有效期5年。

附件1. 原始地质资料汇交细目

2. 原始地质资料汇交目录

国土资源部办公厅

2012年11月24日

原始地质资料汇交细目

一、区域地质调查资料:各种原始测试数据、鉴定结果、测量结果数据汇总表(含数据库),实际材料图,主干剖面实测和修测剖面图,物化探、重砂成果图。

二、矿产资料

(一)矿产勘查地质资料:工程布置图、钻孔柱状图,重要槽探、坑探、井探图,各种岩矿测试、分析数据汇总表(或数据库),各类测量结果数据汇总表,有关物探、化探原始地质资料。

(二)矿产开发地质资料:各中段采空区平面图、剖面图,探采对比资料,各类测量结果数据汇总表。

三、石油、天然气、煤层气地质资料:工程布置图、实际材料图,各类物探、化探原始数据体、成果数据体,参数井、区域探井、发现井、评价井的录井、测井、分析化验原始数据汇总表。

四、海洋地质资料:各类工程布置图,实际材料图和实测资料,各类野外原始记录,各类原始测试分析数据、各类测量结果数据汇总表,有关的物探、化探、遥感原始资料。

五、水文地质资料:各类工程布置平面图,所有钻孔柱状图,各类试验、测试、监测原始数据、测量结果数据汇总表,有关物探、化探原始资料。工程地质资料:软土地区钻进基岩钻孔柱状图、不良地质工点控制性钻孔柱状图、深度超过30米的钻孔柱状图,实际材料图,各类工程布置图。

六、环境地质、灾害地质资料:各类工程布置图、实际材料图、钻孔综合成果图,各种调查、测试、监测原始数据及测量结果数据汇总表。

七、物探、化探地质资料:各类测量、分析测试原始数据汇总表,实际材料图。

八、地质科研等其他地质资料:实际材料图、重要的原始测试、分析数据、样品位置的空间数据汇总表。

附件2

原始地质资料汇交目录

共　　页　　第　　页

<table>
<tr><td>汇交人</td><td colspan="4"></td></tr>
<tr><td rowspan="3">汇交人联系方式</td><td>联系人</td><td></td><td>联系电话</td><td></td></tr>
<tr><td></td><td colspan="3"></td></tr>
<tr><td>电子邮箱</td><td></td><td>邮政编码</td><td></td></tr>
<tr><td>项目名称</td><td colspan="4"></td></tr>
<tr><td>项目编号或探(采)矿权许可证号</td><td colspan="4"></td></tr>
<tr><td>成果地质资料文字报告名称</td><td colspan="4"></td></tr>
</table>

续表

<table>
<tr><td>项目来源</td><td>口中央财政　　口地方财政　　口其他资金</td></tr>
<tr><td>所在行政区名称</td><td>省(区、市)　　市(地)　　县(市)</td></tr>
<tr><td>原始地质资料
审查情况</td><td>是否审查：　□是　　□否
审查结论：　□通过　　□未通过
□ 其他：</td></tr>
<tr><td>汇交人印章

××××年××月××日</td><td>备注：</td></tr>
</table>

原始地质资料汇交目录(续表)

共　页　　第　页

序号	资料类型	每件电子、纸质资料名称	数量(件)	备注

说明：

1. 此单一式三份，项目组织验收单位一份，汇交人一份，负责接收地质资料的馆藏机构一份。
2. “资料类型”项根据报送资料的实际情况选填写“纸质”或“电子”。
3. 续表的每一页都应在表头加盖汇交人印章。
4. 除附件1中规定需汇交的重要原始地质资料之外，其他的原始地质资料和已作为成果地质资料附图、附表、附件的原始地质资料只填写文件名，但需在目录备注中注明“免交”。

2013 矿业权管理新进展综述

简政放权——为市场主体创造发展环境

2013 年，按照简政放权、转变职能的新要求，国土资源部在锑矿等重要优势矿产的矿业权管理上作出调整：取消锑矿矿业权暂停政策，实行钨矿和稀土矿矿业权差别化管理政策。

20 世纪 90 年代，钨、锡、锑、离子型稀土被列为国家保护性开采的特定矿种，管理部门实施了较为严格的保护制度。2013 年，结合实际情况，为减少对市场的干预，进一步简政放权、转变职能，加快优势矿种管理方式转变，同时防止产生投资过热、市场过度反应现象，国土资源部出台《关于下达 2013 年度稀土矿钨矿锑矿开采总量控制指标的通知》明确：取消锑矿矿业权暂停政策，"锑矿的勘查、开采登记不再暂停，可按规定程序和要求办理"，并同时规定"新立锑矿采矿权的，应符合开采总量控制的要求。"

对钨矿和稀土矿矿业权实行差别化管理：《通知》明确在产能控制、总量平衡前提下，新增资源枯竭矿山资源接续、扶贫开发、大型企业试点、省级政府要求支持项目等 4 种情况下允许投放矿业权。对工程建设项目回收稀土资源的管理予以放权，"实施工程建设项目发现稀土资源的，省级国土资源部门应组织回收利用或储备。"

信息公开——持续改善勘查开发环境

矿业权交易信息缺失曾给很多投资者带来困扰。为此，国土资源部近年来持续加大矿业权审批信息的公示公开力度，提高管理效率和透明度，实行矿业权出让转让交易"六公开"制度。国土资源部开通矿业权市场网，对全国非涉密探矿权采矿权登记信息进行公告，每一个获得配号的探矿权采矿权信息自动在部门户网站进行公告。截至 2013 年 10 月 31 日，共公示公开全国矿业权出让转让信息 4.22 万项次，发布矿业权各类登记公告 25.53 万个。

开展矿业权社会查询，为公众服务。探矿权采矿权登记信息查验系统是国土资源部在统一配号的基础上推出的一项社会查询服务功能。迄今，矿业权社会查询达 23.4 万次。

推进矿业权有形市场的建设。目前中国省、市两级矿业权有形市场全面建立，31 个省级矿业权交易机构如期建成并运行，265 个地级市州矿业权交易机构基本建成。试点探索了新的交易方式——矿业权网上交易，此项工作在湖南、江西等省得到有力推进。

加大地质资料公开力度。2013 年 8 月，中国地质调查局向社会公开中国中比例尺区域地质调查及编图成果公开版数据产品，包括 5 种数据库，即 1:20 万地质图及报告和 1:20 万水文地质图及报告，这是中国地质工作者从 20 世纪 60 年代到 80 年代经野外实测获得的基础地质调查成果，覆盖我国大部分基岩区、水系盆地；1:25 万地质图及报告，是中国地质工作者从 20 世纪 90 年代开始应用新技术新方法取得的包括青藏高原在内空白区的区域地质调查成果以及 1:50 万地质图、1:25 万建造构造图。这是近年来中国一次性开放中比例尺空间数据成果规模最大的一次。2013 年 10 月，国土资源部公告 6 种地质资料专题产品，向社会提供公开利用，服务找矿突破战略行动。

科学置权——促进矿业权合理布局

2013 年矿业权管理领域另一重要进展是矿业权设置方案制度的推进。

矿业权设置方案制度始于煤炭领域，2011 年全面推开。矿业权设置方案是在矿产资源规划的基础上对一定区域探矿权、采矿权空间布局的详细安排，是探矿权、采矿权新立和调整的重要依据。由于历史原因，一些布局不合理的矿业权，造成矛盾纠纷甚至安全生产事故。借鉴历史经验和教训，为避免出现新的矿业权布局不合理的问题，国土资源管理部门在矿产资源管理领域实施了矿业权设置方案制度。

截至 2013 年 10 月 30 日，全国 31 个省（区、市）编制、报批了 1034 个矿业权设置方案，对 6.9 万多个矿业权进行统筹布局，编制区涉及全国 1/3 的国土面积。

另一值得注意的变化是，通过持续的矿业秩序整顿、矿业企业兼并重组、矿业资本市场的发展以及矿业权的整合等，中国矿山企业结构中大中型矿山数量在增加，中国矿产资源开发呈现规模化、集约化发展态势。据最新的全国非油气矿山企业矿产资源开发利用情况通报：目前全国共有各类非油气持证矿山企业 103795 个，其中大型矿山企业 3913 个，中型矿山企业 5563 个。与 2012 年度比，全国非油气矿山数比上年减少 3935 个，其中大型增加 190 个，中型增加 222 个，小型减少 887 个，小矿减少 3460 个。

（摘自《国土资源部网站》）

统 计 资 料

2012 年全国省、市、县级国土资源管理机构数

表 1　　计量单位：个

	合　计	省　级	市(地)级	县(区)级
合计	**3293**	**32**	**442**	**2819**
北京	17	1	16	
天津	12	1	11	
河北	184	1	11	172
山西	144	1	11	132
内蒙古	129	1	14	114
辽宁	78	1	14	63
吉林	54	1	10	43
黑龙江	120	1	16	103
上海	17	1	16	
江苏	108	1	13	94
浙江	106	1	11	94
安徽	123	1	16	106
福建	86	1	10	75
江西	111	1	11	99
山东	173	1	17	155
河南	161	1	15	145
湖北	113	1	17	95
湖南	132	1	14	117
广东	150	1	21	128
广西	94	1	19	74
海南	19	1	2	16
重庆	39	1	38	
四川	204	1	21	182
贵州	109	1	9	99
云南	158	1	16	141
西藏	77	1	5	71
陕西	125	1	11	113
甘肃	100	1	15	84
青海	51	1	8	42
宁夏	23	1	5	17
新疆	276	2	29	245

注：新疆包含自治区和生产建设兵团。

2012年地质勘查投入和

表2

地区	地质勘查					
	合计	中央财政拨款	地方财政拨款	企事业		
				小计	国内企事业	港、澳、台商
全国	**12967540.64**	**884198.86**	**1283563.65**	**10799778.13**	**10516960.04**	**10479.91**
北京	99728.26	1722.00	12836.75	85169.51	83616.51	
天津	186003.52	1750.00	2279.00	181974.52	181676.30	
河北	492270.82	14353.29	109601.72	368315.81	360387.68	
山西	215240.91	5169.90	73754.17	136316.84	130322.54	
内蒙古	665736.71	53214.00	116361.00	496161.71	456479.71	70.00
辽宁	303434.92	9599.42	44274.05	249561.45	244643.93	
吉林	332859.83	8803.04	6140.75	317916.04	309319.86	
黑龙江	481414.98	18517.08	58183.73	404714.17	396770.95	
上海	105231.03	900.00	2831.03	101500.00	101500.00	
江苏	223733.93	9020.00	4528.15	210185.78	209598.74	
浙江	97115.11	6282.60	8027.92	82804.59	82133.79	
安徽	163900.57	8454.68	34625.61	120820.28	115089.03	
福建	67116.61	18201.89	7108.19	41806.53	39498.40	
江西	116650.46	16108.72	23434.78	77106.96	74407.22	81.00
山东	676953.01	6847.46	52759.43	617346.12	603592.03	220.28
河南	622842.75	9985.84	121700.65	491156.26	478597.48	
湖北	132817.02	13636.00	13461.31	105719.71	103876.81	
湖南	102565.64	18890.79	39803.58	43871.27	42195.21	40.00
广东	53052.45	8464.72	4533.87	40053.86	37684.18	
广西	90731.12	8950.08	20731.37	61049.67	48457.82	510.00
海南	92467.32	3488.76	1311.96	87666.60	81298.92	
重庆	44297.79	8288.00	28727.08	7282.71	5710.74	
四川	1041940.36	25479.56	55018.34	961442.46	956177.39	
贵州	157472.77	11599.00	28268.13	117605.64	97874.70	3879.54
云南	227389.64	24228.40	34906.49	168254.75	145141.68	35.00
西藏	91474.41	57144.60	5028.99	29300.82	25953.50	
陕西	1174661.95	12873.89	34390.94	1127397.12	1103632.82	3547.86
甘肃	400282.44	20653.50	99534.35	280094.59	262960.56	
青海	505607.63	83668.34	90257.23	331682.06	324135.25	
宁夏	41258.41	8826.00	12552.11	19880.30	19698.39	
新疆	2037589.77	69296.30	136590.97	1831702.50	1790610.40	2096.23
其他	1923698.50	319781.00		1603917.50	1603917.50	

新发现矿产地情况——按地区分列

经费（万元）		机械岩芯钻探工作量（万米）	坑探工作量（万米）	槽探（万立方米）	浅井（万米）	新发现矿产地（个）
资金						
外商	其他投入					
11577.69	**260760.49**	**3419.19**	**86.99**	**1975.65**	**13.78**	**251**
	1553.00	7.26			0.06	
	298.22	21.07				
2306.00	5622.13	125.55	2.16	12.48	0.01	27
	5994.30	102.01	0.29	7.97	0.39	19
	39612.00	370.22	7.64	198.10	2.24	8
	4917.52	90.75	0.48	26.08	0.01	9
195.50	8400.68	95.11	1.82	75.70	0.12	4
	7943.22	90.55	0.16	175.89	0.12	2
		1.47				
	587.04	37.21		1.09	0.01	2
110.00	560.80	27.37	1.03	6.98	0.02	3
	5731.25	151.83	2.77	10.49	0.09	3
	2308.13	47.46	2.41	12.26	0.19	7
	2618.74	65.25	5.05	34.81	0.25	5
	13533.81	211.62	1.81	6.69	0.08	18
1000.00	11558.78	149.79	2.40	18.62	0.19	23
	1842.90	32.91	0.58	9.32	0.01	9
389.03	1247.03	58.10	2.54	36.98	0.10	12
1014.68	1355.00	37.55	2.58	15.05	0.61	1
1198.00	10883.85	50.47	3.86	50.69	4.14	3
	6367.68	12.02	0.74	44.58	0.19	3
	1571.97	15.95	0.58	4.89	0.00	3
257.15	5007.92	92.71	4.79	40.07	0.16	11
885.00	14966.40	130.03	1.72	8.99	0.02	14
	23078.07	98.43	11.67	60.98	2.30	18
	3347.32	17.30	0.32	18.45	0.04	2
	20216.44	315.78	11.70	55.76	0.14	5
3361.83	13772.20	194.39	5.49	81.12	0.17	3
	7546.81	123.32	2.70	97.82	0.30	9
	181.91	23.51	0.01	4.66		3
860.50	38135.37	472.04	9.66	859.14	1.83	16
		150.16				9

2012年地质勘查投入和

表3

地区	地质勘查					
	合计	中央财政拨款	地方财政拨款	企事业		
				小计	国内企事业	港、澳、台商
总计	**12967540.64**	**884198.86**	**1283563.65**	**10799778.13**	**10516960.04**	**10479.91**
煤炭	1219089.96	34933.91	397675.54	786480.51	748547.89	7497.40
石油天然气	7804557.55			7804557.55	7804557.55	
煤层气	61566.68			61566.68	61566.68	
天然沥青	79.00			79.00	79.00	
油页岩	10926.22	40.00	3514.46	7371.76	7028.56	
石煤	32058.28	1549.00	15420.13	15089.15	4892.87	
地热	39872.33		12346.42	27525.91	19830.91	
铁矿	495408.64	32890.56	144074.93	318443.15	277564.73	
锰矿	40397.26	1728.00	13192.40	25476.86	20969.46	
铬矿	6443.15		619.33	5823.82	2113.82	
钛矿	11327.47		1323.83	10003.64	5499.18	
钒矿	12690.14	159.14	1697.52	10833.48	8874.52	
铜矿	558423.76	45850.44	76096.45	436476.87	390701.17	35.00
铝土矿	64589.41	5675.90	23620.29	35293.22	33122.48	
镁矿	1683.44		1547.39	136.05	136.05	
镍矿	23636.65	500.00	3527.48	19609.17	18548.14	81.43
钴矿	1153.82		558.10	595.72	595.72	
钨矿	45113.97	6652.56	8054.57	30406.84	25430.18	40.00
锡矿	24214.12	1347.00	4686.97	18180.15	15827.60	
铋矿	10.45			10.45		
钼矿	83566.32	2331.00	18343.87	62891.45	58968.45	
锑矿	11372.14	1361.89	2788.76	7221.49	6219.00	
汞矿	344.27			344.27	344.27	
铅锌矿	345391.05	15521.88	49815.56	280053.61	252107.72	
铂族金属	998.08			998.08	785.08	
金矿	646444.21	45775.86	91631.98	509036.37	460904.12	2235.08
银矿	66731.47	445.72	18633.59	47652.16	41568.53	

新发现矿产地情况——按矿种分列

经费（万元）		机械岩芯钻探工作量（万米）	坑探工作量（万米）	槽探（万立方米）	浅井（万米）	新发现矿产地（个）
资金						
外商	其他投入					
11577.69	**260760.49**	**3419.19**	**86.99**	**1975.65**	**13.78**	**251**
408.25	30026.97	965.94	6.21	24.69	0.42	51
		778.28				15
		2.66				
			0.08			
	343.20	6.56		0.98		
	10196.28	16.37	0.15	1.05		3
	7695.00	36.51				2
	40878.42	290.73	8.41	152.57	0.78	24
1198.00	3309.40	25.67	1.08	17.90	0.56	6
	3710.00	1.10	0.36	1.09		
	4504.46	3.56	0.20	2.77	0.47	1
	1958.96	6.94	1.06	8.52	0.04	9
110.00	45630.70	254.95	12.18	284.42	1.24	6
	2170.74	55.89	0.21	9.44	3.30	12
		0.96		1.96		5
659.40	320.20	13.95	0.14	8.02		
		0.28	0.02	0.63	0.08	
	4936.66	31.93	1.54	21.33	0.01	3
	2352.55	15.36	2.46	11.68	0.01	
	10.45	0.10		1.50		
	3923.00	68.23	2.31	49.26	0.04	5
	1002.49	4.92	0.76	4.53	0.03	
		0.17	0.15			
3681.26	24264.63	187.46	16.66	198.99	1.72	17
	213.00	0.15		0.64		
4834.36	41062.81	395.39	23.69	431.52	1.31	23
639.42	5444.21	42.45	4.10	33.85	0.04	1

2012 年地质勘查投入和

续表 3-1

地 区	地质勘查					
	合 计	中央财政拨款	地方财政拨款	企事业		
				小计	国内企事业	港、澳、台商
铌矿	7896.09		3407.39	4488.70	3966.21	
钽矿						
铍矿	3875.45		606.00	3269.45	3188.45	
锂矿	4443.87	500.00	2368.00	1575.87	1575.87	
锆矿	541.06		164.00	377.06	377.06	
锶矿	1366.00		841.00	525.00		
铷矿	4857.86		4270.00	587.86	587.86	
铯矿	164.99			164.99	164.99	
稀土矿	13833.85	2902.00	6885.45	4046.40	4046.40	
锗矿	800.00			800.00	800.00	
铼矿	25.73			25.73	25.73	
蓝晶石	928.35			928.35	928.35	
红柱石	637.87			637.87	623.40	
菱镁矿	91.29		29.04	62.25	62.25	
普通萤石	13690.30		1651.37	12038.93	10386.67	81.00
溶剂用灰岩	1728.99		408.66	1320.33	906.33	
冶金用白云岩	1051.43		345.90	705.53	582.90	
冶金用石英岩	1187.51		714.32	473.19	464.59	
冶金用脉石英	270.77			270.77	119.19	
耐火黏土	885.30		14.07	871.23	620.23	
溶剂用蛇纹岩	82.23		13.45	68.78	68.78	
硫矿	4814.57		1186.74	3627.83	2275.23	
钠硝石	1183.09			1183.09		
明矾石	23.27			23.27	23.27	
芒硝	769.09			769.09	617.09	
重晶石	2490.18		397.83	2092.35	1588.75	
天然碱	8304.75		1660.95	6643.80	4567.61	
灰岩	2318.82		1980.82	338.00	338.00	
化工用白云岩	534.67		246.00	288.67	190.80	
含钾岩石	417.40		125.31	292.09	292.09	
泥炭	1109.67		16.83	1092.84	1092.84	

新发现矿产地情况——按矿种分列

经费（万元）		机械岩芯钻探工作量（万米）	坑探工作量（万米）	槽探（万立方米）	浅井（万米）	新发现矿产地（个）
资金						
外商	其他投入					
	522.49	1.78	0.07	7.27	0.83	
						1
	81.00	2.85	0.26	1.37		
		1.98	0.42	1.61		
		0.44		0.04	0.05	
	525.00	1.11		0.12		
		1.93		2.20		
		0.06		0.10		
		9.32	0.01	3.08	1.28	2
		0.28	0.03	0.83	0.02	
	14.47	0.43		1.31		
		0.03		0.14		
	1571.26	10.33	0.88	5.28	0.02	5
	414.00	0.68		1.45		2
	122.63	0.42		2.44		3
	8.60	0.47		0.60	0.01	
47.00	104.58	0.11		0.50		
	251.00	0.97		0.13		1
				0.25		
	1352.60	5.26	0.35	1.50	0.05	1
	1183.09		0.09	0.11	0.29	
	152.00	0.20				
	503.60	1.91	0.19	2.49		1
	2076.19	0.37				
		1.10		2.58		
	97.87	0.16		0.77		
		0.22		0.39		1
		0.28		0.17		1

2012 年地质勘查投入和

续表 3-2

地 区	地质勘查					
	合 计	中央财政拨款	地方财政拨款	企事业		
					国内企事业	港、澳、台商
盐矿(包括地下卤水)	17381.65	1096.00	9804.81	6480.84	6123.18	
钾盐	12194.27	6160.00	4141.00	1893.27	462.20	
砷矿	132.00			132.00	132.00	
磷矿	42541.06	30.00	6999.80	35511.26	33563.26	
硼矿	259.14		149.14	110.00	110.00	
金刚石	2739.99	400.00	2284.63	55.36	55.36	
石墨	6575.86	150.00	1808.50	4617.36	4318.66	
水晶	10.00			10.00	10.00	
刚玉	56.60			56.60	56.60	
硅灰石	665.17		201.00	464.17	386.70	
滑石	595.64		445.07	150.57	13.29	
片云母	223.82		28.80	195.02	195.02	
长石	1579.77		270.58	1309.19	709.19	
电气石	217.00		217.00			
石榴子石	558.71		357.00	201.71	201.71	
叶蜡石	471.08		27.66	443.42	160.10	
沸石	110.21			110.21	110.21	
石膏	3865.01		945.29	2919.72	1345.05	
方解石	321.65			321.65	295.65	
光学萤石	37.00		23.00	14.00	11.00	
宝石	469.84		341.29	128.55	128.55	
玉石	1042.19	280.00	376.45	385.74	385.74	
玛瑙	155.64		155.64			
玻璃用灰岩	437.37		437.37			
灰岩	33416.89	35.00	6239.49	27142.40	25148.13	510.00
建筑用灰岩	474.69		93.43	381.26	101.76	
饰面用灰岩	153.00			153.00		
玻璃用白云岩	141.92			141.92	60.00	
建筑用白云岩	136.20		92.00	44.20	11.00	
水泥配料用砂岩	690.96		20.00	670.96	670.96	
砖瓦用页岩	101.32		21.50	79.82	55.32	
砖瓦用砂岩						
陶瓷用砂岩	17.00			17.00	17.00	
建筑用砂岩	42.70		2.20	40.50		
建筑用砂	57.80			57.80	6.00	

新发现矿产地情况——按矿种分列

经费（万元）		机械岩芯钻探工作量（万米）	坑探工作量（万米）	槽探（万立方米）	浅井（万米）	新发现矿产地（个）
投入资金						
外商	其他投入					
	357.66	7.41	0.01	0.39	0.01	3
	1431.07	2.16	0.03	0.83		
		0.06				
	1948.00	30.44	1.38	5.43	0.23	2
		0.37		0.11		
		1.65		0.31	0.02	
	298.70	4.06	0.12	611.86	0.01	3
				0.01		
				0.17	0.02	
	77.47	0.44		0.46		
	137.28	0.53		0.66		
		0.01		0.50		
	600.00	0.96	0.03	2.90	0.01	
		0.07		0.09		
		0.44		0.81	0.01	
	283.32	0.45	0.03	0.87		
		0.21	0.01	0.25		
	1574.67	3.86	0.04	0.50	0.01	
	26.00	0.21	0.01	0.68		
	3.00	0.03		0.11		
				1.72	0.03	
		0.24	0.03	1.83		
		0.05		0.22		
		0.20	0.01	0.10		
	1484.27	21.23		15.72	0.01	10
	279.50	0.11		0.06		6
	153.00	0.09		0.12		
	81.92		0.05			
	33.20	0.11		0.37		5
		0.49	0.14	0.54		
	24.50	0.05		0.16		
		0.02		0.75		1
	40.50			0.39	0.05	
	51.80	0.04		0.02		

2012 年地质勘查投入和

续表 3-3

地区	地质勘查					
	合计	中央财政拨款	地方财政拨款	企事业		
					国内企事业	港、澳、台商
砖瓦用砂	179.21		179.21			
水泥配料用脉石英	25.00			25.00		
石英	1924.57	150.00	694.90	1079.67	853.87	
硅藻土	600.33			600.33	445.33	
陶粒用页岩	236.30		220.00	16.30	16.30	
水泥配料用页岩	101.00		69.00	32.00		
建筑用页岩	51.48		51.48			
高岭土	4421.15		2358.50	2062.65	1820.50	
陶瓷土	2123.91		667.38	1456.53	1449.63	
海泡石黏土	65.00		65.00			
膨润土	1009.26		718.14	291.12	291.12	
砖瓦用黏土	7.00			7.00		
陶粒用黏土	325.20		185.20	140.00	140.00	
饰面用蛇纹岩	514.22			514.22		
铸石用玄武岩	39.00			39.00		
饰面用玄武岩	480.00		480.00			
建筑用玄武岩	51.00			51.00		
建筑用角闪岩	178.00			178.00	178.00	
饰面用辉长岩	48.64			48.64		
建筑用花岗岩	316.62		10.20	306.42	146.71	
饰面用花岗岩	2315.66		519.00	1796.66	1560.23	
珍珠岩	135.27		135.27			
玻璃用凝灰岩	58.13			58.13	34.93	
水泥用凝灰岩	204.88		58.38	146.50	146.50	
建筑用凝灰岩	23.20		2.20	21.00		
饰面用大理岩	858.88		109.54	749.34	400.30	
建筑用大理岩	1591.40		50.00	1541.40	741.40	
水泥用大理岩	444.76		177.86	266.90	266.90	
玻璃用大理岩	60.00		50.00	10.00		
饰面用板岩	18.88		18.88			
片麻岩	15.30			15.30	13.50	
矿泉水	1712.25		390.00	1322.25	1173.00	
地下水	18784.87	242.00	9959.39	8583.48	2828.50	
二氧化碳气	2625.00			2625.00	2625.00	
其他	1109707.83	675491.00	314408.77	119808.06	119720.06	

新发现矿产地情况——按矿种分列

经费（万元）		机械岩芯钻探工作量（万米）	坑探工作量（万米）	槽探（万立方米）	浅井（万米）	新发现矿产地（个）
投入资金						
外商	其他投入					
		0.07				1
	25.00					
	225.80	0.46		2.26	0.01	
	155.00	0.36		0.18		1
		0.11		0.27		
	32.00	0.07		0.07		
		0.02			0.00	
	242.15	2.48	0.05	1.88	0.08	3
	6.90	1.44	0.01	1.51	0.03	1
		0.08		0.30	0.02	
		1.00		1.56		4
	7.00					
		0.06		0.24		
	514.22			0.20		
	39.00	0.11		0.20		
		0.38				
	51.00	0.06	0.01	0.04		
		0.12		0.05		
	48.64	0.01	0.00	0.02		
	159.71	0.13	0.30	0.31	0.01	2
	236.43	0.71	0.02	6.16	0.12	3
		0.13		0.23		1
	23.20	0.02		0.05		
		0.05		0.20		
	21.00			0.02		1
	349.04	0.35	0.03	4.66	0.26	
	800.00	1.23	0.08	0.87	0.00	1
		0.69		0.25		
	10.00	0.02		0.34		
				0.51	0.02	1
	1.80	0.01				
	149.25	0.21		0.05		1
	5754.98	11.94	0.52		0.21	
		2.16				
	88.00	69.47				

2012 年地质勘查新查明矿产资源——按矿种分列

表 4

矿　种	计量单位	新查明资源储量（333 及以上）
煤炭	亿吨（原煤）	1320.12
石油	亿吨（原油）	2.70
天然气	亿立方米（气量）	5007.61
煤层气	亿立方米	646.06
油页岩	亿吨（矿石）	12.00
石煤	亿吨（矿石）	4.73
地热	电（热）兆瓦（能）	4.00
铁矿	亿吨（矿石）	53.95
锰矿	万吨（矿石）	11126.78
钒矿	万吨（V_2O_5）	143.65
钛矿	万吨（TiO_2）	103.71
铜矿	万吨（金属）	236.22
铅矿	万吨（金属）	205.30
锌矿	万吨（金属）	195.08
铝土矿	万吨（矿石）	70606.29
镁矿	万吨（矿石）	138384.00
镍矿	万吨（金属）	37.37
钨矿	万吨（WO_3）	20.49
锡矿	吨（金属）	9154.38
钼矿	万吨（金属）	154.74
锑矿	吨（金属）	25561.65
金矿	吨（金属）	604.00
银矿	吨（金属）	3950.05

2012 年地质勘查新查明矿产资源——按矿种分列

续表 4-1

矿 种	计量单位	新查明资源储量（333 及以上）
铌砂矿	吨（矿物）	16270.00
铌原生矿	万吨（Nb_2O_5）	4.00
铌矿	万吨（金属）	37.29
锶	万吨（$SrSO_4$）	137.00
铷	吨（Rb_2O）	46.83
稀土矿	万吨（TR_2O_3）	54.91
普通萤石	万吨（CaF_2）	221.56
熔剂用灰岩	亿吨（矿石）	0.21
冶金用石英岩	万吨（矿石）	68367.51
冶金用脉石英	万吨（矿石）	44.25
硫铁矿	万吨（矿石）	1560.00
磷矿	万吨（矿石）	156652.20
芒硝	万吨（Na_2SO_4）	593.00
重晶石	万吨（矿石）	85.95
盐矿（包括地下卤水）	亿吨（NaCl）	75.00
硅灰石	万吨（矿物）	11950.00
耐火黏土	万吨（矿石）	9.00
泥炭	万吨（矿石）	103.00
电气石	万吨（矿石）	1.00

2012 年地质勘查新查明矿产资源——按矿种分列

续表 4-2

矿 种	计量单位	新查明资源储量（333 及以上）
石墨（晶质）	万吨（矿物）	732.00
石膏	万吨（矿石）	20576.83
玻璃用灰岩	万吨（矿石）	1873.00
长石	万吨（矿物）	200.00
方解石	万吨（矿物）	455.00
玻璃用脉石英	万吨（矿石）	1548.00
水泥用灰岩	亿吨（矿石）	13.31
建筑用灰岩	万立方米（矿石）	1727.00
玻璃用白云岩	万吨（矿石）	2129.00
建筑用白云岩	万立方米（矿石）	29.00
玻璃用石英岩	万吨（矿石）	2766.00
水泥配料用砂岩	万吨（矿石）	3946.66
建筑用砂岩	万立方米（矿石）	191.00
建筑用砂	万立方米（矿石）	39.00
硅藻土	万吨（矿石）	932.00
水泥配料用页岩	万立方米（矿石）	63.51
高岭土	万吨（矿石）	1084.00
膨润土	万吨（矿石）	3267.00
建筑用花岗岩	万立方米（矿石）	158.00
饰面用花岗岩	万立方米（矿石）	616.91
建筑用凝灰岩	万立方米（矿石）	130.00
饰面用大理岩	万立方米（矿石）	2.98
水泥用大理岩	万吨（矿石）	2672.15
建筑用大理岩	万立方米（矿石）	1692.00
矿泉水	立方米 / 日	180.00
地下水	立方米 / 日	7560.00

2012 年地质勘查新查明矿产资源——按矿产地分列

表 5

矿种 / 矿产地 (项目名称)	矿床规模	计量单位	332 及以上	333
煤炭		**亿吨**	**178.39**	**254.03**
河北省张家口市张北县公会一带煤矿地质详查	大型	亿吨	0.32	0.98
河北省唐山市车轴山煤田新军屯勘查区深部煤炭详查	小型	亿吨	0.80	0.94
山西省武乡县蟠龙西煤详查	大型	亿吨	1.50	1.64
山西省山西省沁水煤田古县永乐南勘查区详查	大型	亿吨	3.03	3.02
山西省沁水煤田襄垣县榆林勘查区及扩区煤炭详查	大型	亿吨	3.25	6.44
山西省沁水煤田沁水县石堂勘探区煤炭详查	大型	亿吨	3.60	2.11
山西省沁水煤田浮山县寨圪塔勘查区详查	中型	亿吨	8.34	9.86
山西省平陆煤产地平陆县郭源勘查区煤炭详查	小型	亿吨		0.01
山西省长治市襄垣县榆林及扩区详查	大型	亿吨	3.25	6.44
内蒙古自治区鄂尔多斯市鄂托克旗羊路井地区煤炭资源详查	大型	亿吨	1.52	1.07
吉林省通化市二道江区浑江煤田头道沟外围详查	小型	亿吨	0.04	0.03
吉林省浑江煤田浑江南部区详查	小型	亿吨		0.16
吉林省白山市八道江区浑江煤田横道河子小井勘探	小型	亿吨	0.02	0.04
黑龙江省七台河市双兴矿区煤炭勘探	中型	亿吨	0.16	0.37
安徽省淮北市濉溪县孙疃煤矿深部煤炭勘探	大型	亿吨	0.85	1.58
山东省淄博市淄川区朱台地区煤田详查	中型	亿吨	0.04	0.10
山东省荷泽市郓城县高庄井田煤炭勘探	中型	亿吨	0.11	0.68
山东省荷泽市巨野县大李集地区煤田详查	大型	亿吨	0.27	2.03
河南省禹州煤田葡萄寺煤详查	中型	亿吨	0.72	1.65
河南省济源市郭沟煤矿勘探	中型	亿吨	0.16	0.18
贵州省毕节地区大方县理化勘查区煤矿详查	大型	亿吨	0.15	0.18
云南省新平县比里河煤矿及外围勘探报告	小型	亿吨	0.09	0.09
云南省文山壮族苗族自治州广南县西洋煤矿勘探	小型	亿吨	0.03	0.03
云南省师宗县永乐顺煤矿勘探	小型	亿吨	0.24	0.25
云南省曲靖市宣威市文兴乡大坡煤矿生产勘探	小型	亿吨	0.02	0.02
云南省富源县大河煤矿区下草坪矿段详查	小型	亿吨	0.22	0.28
甘肃省庆阳市正宁县罗川东部勘查区煤炭详查	中型	亿吨	0.83	1.77
甘肃省合水县西 – 宁县北部勘查区煤炭详查	大型	亿吨	10.24	17.37
甘肃省合水县东 – 宁县北部勘查区煤炭资源详查	大型	亿吨	7.62	10.99
新疆乌鲁木齐市塔拉德萨依煤炭详查	大型	亿吨	6.76	7.70
新疆温宿县泊尔孜煤矿详查	小型	亿吨	0.16	0.21
新疆托克逊县布尔碱煤矿详查（补充）	大型	亿吨	0.36	0.59
新疆吐鲁番市艾丁湖二区煤矿勘探	大型	亿吨	22.22	10.52

2012 年地质勘查新查明矿产资源——按矿产地分列

续表 5-1

矿种 / 矿产地（项目名称）	矿床规模	计量单位	332 及以上	333
新疆三塘湖煤田三塘湖勘查区普 - 详查	大型	亿吨	90.50	156.90
新疆尼勒克县尼勒克矿区七井田煤炭勘探	大型	亿吨	1.85	1.01
新疆尼勒克县尼勒克矿区六井田煤炭勘探	大型	亿吨	4.45	1.62
新疆轮台县阳霞矿区卫东冲沟煤矿详查	大型	亿吨	0.86	2.57
新疆和什托洛盖煤田和布克赛尔县骆驼包煤矿区勘探	大型	亿吨	1.07	1.41
新疆富蕴县喀姆斯特中区煤矿详查	大型	亿吨	2.50	1.01
新疆巴里坤哈萨克自治县黑眼泉煤矿北部勘探	小型	亿吨	0.25	0.19
石油		**万吨**	**18031.12**	**99477.29**
天津北大港港中油田	中型	万吨	231.50	1223.81
河北文安油田	中型	万吨	249.25	1214.94
辽宁边台油田	中型	万吨	532.92	2677.41
吉林大安油田	中型	万吨	904.18	4566.06
黑龙江杏树岗油田	中型	万吨	622.89	3114.36
黑龙江葡萄花油田	中型	万吨	366.77	2157.48
江苏张家垛油田	中型	万吨	154.38	1021.49
山东垦利油田	小型	万吨	77.96	519.71
山东五号桩油田	小型	万吨	100.23	501.19
山东渤南油田	中型	万吨	461.75	3781.10
山东正理庄油田	中型	万吨	160.31	1603.00
湖北钟市油田	小型	万吨	118.12	513.55
山东埕岛油田	小型	万吨	111.90	661.88
山东八面河油田	小型	万吨	94.62	602.68
山东胜坨油田	小型	万吨	147.39	673.15
海南花场油田	中型	万吨	343.18	1252.15
陕西子北油田	小型	万吨	100.29	668.62
陕西劳山油田	小型	万吨	86.58	577.08
河南张店油田	小型	万吨	78.39	513.18
陕西安塞油田	中型	万吨	436.38	2335.21
陕西子长油田	中型	万吨	183.85	1225.69
陕西丰富川油田	中型	万吨	168.50	1589.62
陕西姬塬油田	大型	万吨	4035.58	20177.90
陕西靖安油田	大型	万吨	2447.08	12231.10
甘肃红河油田	大型	万吨	1751.18	11674.48

2012年地质勘查新查明矿产资源——按矿产地分列

续表 5-2

矿种 / 矿产地（项目名称）	矿床规模	计量单位	332及以上	333
青海马北油田	小型	万吨	150.09	752.08
青海昆北油田	中型	万吨	802.92	4508.96
青海南翼山油田	中型	万吨	219.86	1465.69
新疆鲁克沁油田	中型	万吨	195.85	1379.56
新疆春风油田	中型	万吨	1078.32	3080.90
新疆塔河油田	中型	万吨	873.96	9551.38
新疆春光油田	小型	万吨	188.04	542.38
渤海渤中 34–1 油田	中型	万吨	556.90	1119.50
天然气		**亿立方米**	**2757.22**	**5417.23**
湖北建南气田	中型	亿立方米	30.92	62.59
四川成都气田	大型	亿立方米	745.66	1652.07
四川元坝气田	大型	亿立方米	268.00	597.66
四川新场气田	大型	亿立方米	163.24	408.09
陕西靖边气田	大型	亿立方米	1326.04	2210.09
陕西大牛地气田	大型	亿立方米	188.68	377.35
东海黄岩 2–2 气田	中型	亿立方米	17.34	54.69
东海黄岩 2–2 气田	中型	亿立方米	17.34	54.69
煤层气		**亿立方米**	**646.06**	**1273.52**
山西沁水煤层气田	大型	亿立方米	344.08	688.14
山西省延川南煤层气田	中型	亿立方米	54.30	106.47
山西柳林煤层气田	中型	亿立方米	85.93	164.68
山西古交煤层气田	中型	亿立方米	112.67	214.28
陕西鄂东煤层气田	中型	亿立方米	49.08	99.95
铁矿		**矿石亿吨**	**0.89**	**1.26**
河北省张家口市赤城县曾家沟铁矿地质详查	小型	矿石亿吨	0.01	0.03
河北省秦皇岛市青龙满族自治县三合店铁矿区扩界详查报告	小型	矿石亿吨		
内蒙古固阳县大南沟地区金铁多金属矿详查	小型	矿石亿吨	0.02	0.02
吉林省临江市小栗子北沟铁矿外围铁矿（水泥填料用）详查	小型	矿石亿吨	0.01	0.01
吉林省靖宇县双阳地区铁矿详查	小型	矿石亿吨	0.04	0.05
吉林省集安市大青沟一带铁铜铅锌矿金矿详查	小型	矿石亿吨	0.01	0.01
吉林省辉南县金川镇哈砬子铁矿详查	小型	矿石亿吨		0.03
吉林省桦甸市老牛沟铁矿区上抢子－楞场详查	小型	矿石亿吨		
吉林省白山市江源区岔四铁矿详查	小型	矿石亿吨	0.01	0.01
浙江省龙泉市查田镇东皇至大坑下一带铁矿详查	中型	矿石亿吨		0.16
安徽省霍邱县堰湾铁矿地质详查	中型	矿石亿吨	0.01	0.18
安徽省巢湖市庐江县下湾铁矿详查	中型	矿石亿吨	0.06	0.07
云南省禄丰县河西地区铁矿勘探	小型	矿石亿吨	0.02	0.01
云南省富民县煤山村铁矿详查	小型	矿石亿吨		
新疆塔什库尔干县扑克依拉铁矿详查	中型	矿石亿吨		0.29

2012 年地质勘查新查明矿产资源——按矿产地分列

续表 5-3

矿种 / 矿产地 (项目名称)	矿床规模	计量单位	332 及以上	333
新疆塔什库尔干县莫喀尔铁矿详查	中型	矿石亿吨		0.14
新疆塔什库尔干县阿依里西铁铅锌矿详查	中型	矿石亿吨	0.53	0.11
新疆和静县敦德一带铁锌矿详查	中型	矿石亿吨	0.16	0.10
新疆阿勒泰市阿巴宫东铁矿详查	小型	矿石亿吨		0.02
新疆阿克陶县孜洛依铁铜多金属矿详查	小型	矿石亿吨	0.02	0.01
锰矿		**矿石万吨**	**1216.69**	**1200.68**
广西武宣县黄茆乡狮子山锰矿详查	小型	矿石万吨	120.37	70.78
广西柳江县大泽锰矿详查	小型	矿石万吨	65.84	34.65
甘肃省阿克塞县安南坝沟一带锰矿详查	大型	矿石万吨	1030.48	1095.25
钒矿		**V_2O_5 万吨**	13.07	4693.86
广西崇左市兴旺钒矿详查	中型	V_2O_5 万吨	12.00	16.00
广西崇左市先洋钒矿详查	小型	V_2O_5 万吨	1.07	3.86
新疆哈密市大水西钒多金属矿详查	中型	V_2O_5 万吨		4674.00
铜矿		**金属吨**	**120199.26**	**55350.03**
内蒙古自治区喀喇沁旗富裕沟矿区铜多金属矿详查	小型	金属吨	9699.26	19850.03
吉林省吉林市舒兰市青松乡长安堡地区铜、多金属矿详查	小型	金属吨		27000.00
福建建瓯市徐坑矿区长坑垅矿段铜多金属矿详查及外围普查	中型	金属吨	106000.00	
云南省元谋县阿洒姑铜镍铂钯矿详查	小型	金属吨	4500.00	5500.00
云南省江城县曼见山铜矿详查	小型	金属吨		3000.00
铅矿		**金属吨**	**68605.41**	**66014.20**
内蒙古兴安盟科尔沁右翼前旗架子山Ⅱ区铅多金属矿详查	小型	金属吨		3028.13
河南省洛阳市汝阳县十八盘铅矿详查	小型	金属吨	4534.41	11572.77
河南省栾川县麦地沟－卢氏县铅矿详查	小型	金属吨	26050.00	30111.30
河南省栾川县白沙洞铅矿详查	小型	金属吨	921.00	7502.00
云南省镇沅县登高铅铜矿勘探	小型	金属吨	37100.00	6700.00
云南省文山壮族苗族自治州文山县乐诗冲铅锌矿地质详查	小型	金属吨		7100.00
锌矿		**金属吨**	**167285.48**	**321878.93**
内蒙古自治区赤峰市巴林左旗红光牧场铅锌多金属矿详查	中型	金属吨	95683.13	119960.83
广西南丹县大厂矿田铜坑矿深部锌多金属矿详查	中型	金属吨		106886.00
广西环江县桥外铅锌矿详查	中型	金属吨	65000.00	86000.00
陕西省旬阳县枫树坪铅锌矿详查	小型	金属吨	6602.35	9032.10

2012 年地质勘查新查明矿产资源——按矿产地分列

续表 5-4

矿种 / 矿产地 (项目名称)	矿床规模	计量单位	332 及以上	333
铝土矿		**矿石万吨**	**1575.52**	**886.23**
广西田东县思林镇陇练铝土矿详查	小型	矿石万吨	35.79	61.96
广西平果县龙律矿区铝土矿详查	小型	矿石万吨	150.79	51.79
广西平果县果化铝土矿区详查	小型	矿石万吨	289.77	111.48
广西龙州县科甲金矿勘探	中型	矿石万吨	1099.18	661.00
镍矿		**金属吨**		**67034.19**
新疆托里县苏叶克北镍矿详查	中型	金属吨		67034.19
钨矿		**WO_3 万吨**	**2.10**	**3.11**
广东省清远市英德市白水寨铁矿勘探	中型	WO_3 万吨	2.10	0.86
广东省连平县隆街镇牛栏长垠铅锌矿详查	中型	WO_3 万吨		2.25
钼矿		**金属吨**	**31403.96**	**65720.73**
河南省新县姚冲矿区钼矿详查	中型	金属吨	18988.20	32422.30
广东省饶平县溪西矿区钼多金属矿详查	中型	金属吨	5147.91	10728.00
海南省保亭县新村铜钼矿详查	中型	金属吨	1368.85	9074.43
四川省小金县小草坝钼矿详查	小型	金属吨		3.00
贵州省遵义市遵义县松林镍钼多金属矿详查	中型	金属吨	5899.00	13493.00
锑矿		**金属吨**		**50000.00**
陕西省商洛市丹凤县蔡凹锑矿外围详查	中型	金属吨		50000.00
铅锌矿		**金属吨**	**28478.69**	**12368.75**
海南省白沙县如翁矿区银铅锌矿详查	小型	金属吨	28478.69	12368.75
金矿		**金属吨**	**24.54**	**91.24**
安徽省凤阳县江山铅锌多金属矿勘探	大型	金属吨	10.03	12.44
福建省寿宁县大熟—判地矿区外楼—凤阳亭银金矿详查及外围银多金属矿普查	小型	金属吨	0.07	1.28
福建省建瓯市外厝矿区金矿详查	中型	金属吨	5.97	
山东省栖霞市西陡崖地区金矿详查	中型	金属吨		11.56
河南省三门峡市卢氏县庄根金矿详查	小型	金属吨	0.28	0.76
河南省洛阳市嵩　县孙园村金矿详查	小型	金属吨	0.32	0.66
湖南省怀化市会同县淘金冲金矿勘探	大型	金属吨		21.00
云南省保山市隆阳区黑牛凹金矿 2012 年地质详查	中型	金属吨	0.80	4.36
陕西省商洛市山阳县王家坪金矿详查	小型	金属吨		2.50
陕西省安康市汉阴县吴家湾金矿详查	小型	金属吨	1.12	3.35
新疆伊吾县苇子峡小金沟金矿详查	小型	金属吨	1.08	0.32
新疆伊吾县淖毛湖北山金矿详查	中型	金属吨	4.88	1.11
新疆富蕴县卡拉麦里 1 号金矿详查	大型	金属吨		31.90

2012年地质勘查新查明矿产资源——按矿产地分列

续表 5-5

矿种 / 矿产地 (项目名称)	矿床规模	计量单位	332及以上	333
银矿		**金属吨**	**580.27**	**67.37**
内蒙古自治区赤峰市克什克腾旗敖包东达旗多金属矿详查	小型	金属吨	34.75	67.37
福建省柘荣县英山矿区东矿段银矿详查	中型	金属吨	405.32	
福建省顺昌小王历多金属矿详查	小型	金属吨	140.20	
铌砂矿		**矿物吨**		**16269.80**
云南省红河哈尼族彝族自治州建水县普雄地区铌多金属矿详查	大型	矿物吨		16269.80
铍矿		**BeO 吨**	**320.64**	**281.84**
内蒙古自治区赤峰市克什克腾旗台莱花矿区铌钽铍矿详查	小型	BeO 吨	320.64	281.84
稀土矿		**TR_2O_3 万吨**	**20.33**	**0.65**
广东省平远县八尺稀土矿详查	大型	TR_2O_3 万吨	19.41	
广西壮族自治区贺州市富川瑶族自治县花山矿区稀土矿勘探	中型	TR_2O_3 万吨	0.92	0.65
普通萤石		**CaF_2 万吨**	**76.07**	**37.13**
浙江省湖州市安吉县杭垓镇桐坑村永和萤石矿区地质勘探	中型	CaF_2 万吨	54.14	20.18
安徽省宣城市旌德县西山一带银及多金属矿详查	中型	CaF_2 万吨	17.26	9.18
河南省信阳市陈庄锌矿 (萤石矿) 生产勘探	小型	CaF_2 万吨	4.67	7.77
熔剂用灰岩		**矿石亿吨**	**0.62**	**0.35**
湖北省黄石市阳新县牛角尖矿区化工用石灰岩矿普查 – 详查	中型	矿石亿吨		0.16
四川省攀枝花市西区烂坝石灰石矿勘探	大型	矿石亿吨	0.62	0.19
冶金用脉石英		**矿石万吨**	**39476.27**	**28437.93**
江西省宜春市铜鼓县白石角矿区脉石英矿详查	小型	矿石万吨	19.87	21.82
江西省铜鼓县白石角矿区脉石英矿详查	小型	矿石万吨	19.87	21.82
宁夏石嘴山市柳条沟硅石矿详查	大型	矿石万吨	39436.52	28394.29
钙芒硝		**Na_2S0_4 万吨**	**8381.01**	**6050.21**
四川省名山县南庙沟芒硝矿详查	中型	Na_2S0_4 万吨	1630.05	2908.43
四川省名山县红岩乡小河子芒硝矿详查	中型	Na_2S0_4 万吨	6750.96	3141.78

2012 年地质勘查新查明矿产资源——按矿产地分列

续表 5-6

矿种 / 矿产地（项目名称）	矿床规模	计量单位	332 及以上	333
高岭土		**矿石万吨**	**902.59**	**928.08**
江西省赣州市上犹县小寨背矿区高岭土矿详查地质报告	大型	矿石万吨	646.00	323.10
江西省抚州市临川区瓷土矿整合区二期详查	小型	矿石万吨	7.52	8.38
江西省东乡县瓷土矿整合区详查	小型	矿石万吨	5.55	9.30
海南省万宁市礼纪镇道流村矿区砂质高岭土矿详查	大型	矿石万吨	243.52	587.30
电石用灰岩		**矿石亿吨**	**1.73**	**5.37**
青海省德令哈市旺尕秀矿区 T-14 石灰岩矿详查	大型	矿石亿吨	0.48	1.71
青海省德令哈市旺尕秀矿区 T-13 石灰岩矿详查	大型	矿石亿吨	0.72	2.05
青海省德令哈市旺尕秀矿区 T-12 石灰岩矿详查	大型	矿石亿吨	0.31	1.47
青海省德令哈市旺尕秀矿区 T-01 石灰岩矿详查	中型	矿石亿吨	0.22	0.13
矿盐		**NaCl 亿吨**	**0.27**	**0.01**
新疆若羌县红石山盐湖石盐矿详查	小型	NaCl 亿吨	0.27	0.01
磷矿		**矿石万吨**	**23.48**	**12.25**
云南省曲靖市会泽县大坝子矿区北段磷矿详查地质报告	小型	矿石万吨	0.45	2.27
云南省昆明市禄劝彝族苗族自治县绿槐锅盖梁子磷矿勘探	小型	矿石万吨	23.03	9.97
长石		**矿物万吨**	**6.00**	**218.80**
河北省邢台市邢台县前山头长石矿地质勘查	中型	矿物万吨	6.00	18.80
吉林省通化县富江区钾长石矿详查	大型	矿物万吨		200.00
石墨		**矿物万吨（晶质）**	**6.19**	**5.54**
福建省寿宁县马斜矿区石墨矿详查	小型	矿物万吨（晶质）	6.19	5.54
水泥用灰岩		**矿石亿吨**	**3.69**	**4.40**
河北省邯郸市磁县水池村西水泥用石灰岩矿详查	大型	矿石亿吨	1.15	1.55
安徽省芜湖市繁昌县马田石灰岩矿详查	中型	矿石亿吨	0.04	0.14
福建省大田县金竹坑矿区上洋矿段铁多金属矿地质详查及外围普查	中型	矿石亿吨	0.43	0.28
山东省枣庄市峄城区桃花山地区水泥用石灰岩勘探	中型	矿石亿吨	0.45	0.11
湖北省咸宁市嘉鱼县梅山矿区水泥用灰岩矿详查	中型	矿石亿吨	0.18	0.20
湖南省永州市江华瑶族自治县高石山矿区水泥用石灰岩矿详查	大型	矿石亿吨	0.56	0.84
广东省韶关市曲江区背户山矿区水泥用石灰岩矿详查报告	大型	矿石亿吨	0.80	0.76
新疆乌鲁木齐市达坂城区托盖索洛石灰岩矿详查（保留）	中型	矿石亿吨		0.31
新疆托克逊县湖西包矿区石灰岩矿西段详查	小型	矿石亿吨		0.08
新疆木垒县东沟（水泥用）石灰岩矿详查	中型	矿石亿吨	0.09	0.12

2012年地质勘查新查明矿产资源——按矿产地分列

续表 5-7

矿种 / 矿产地 (项目名称)	矿床规模	计量单位	332 及以上	333
玻璃用白云岩		**矿石万吨**	**120.69**	**1299.97**
福建省尤溪县梅营桂坑矿区白云岩矿	小型	矿石万吨	114.62	70.82
江西省黎川县日峰镇十字村石英矿详查	小型	矿石万吨	6.07	20.56
广东省东源县蓝口镇礤下矿区脉石英矿详查	大型	矿石万吨		1208.59
水泥配料用砂岩		**矿石万吨**	**7376.36**	**4851.10**
浙江省建德市大同镇春林山矿区水泥配料用砂岩矿详查	大型	矿石万吨	2200.46	1300.10
湖南省常德市石门县青山峪矿区砂岩矿详查	大型	矿石万吨	4048.00	3115.00
广东省阳春市严丁山矿区水泥配料用砂页岩矿详查报告	中型	矿石万吨	1127.90	436.00
水泥配料用黏土		**矿石万吨**	**489.12**	**481.86**
海南省昌江县峨珈岭矿区水泥配料用黏土矿详查	中型	矿石万吨	489.12	481.86
水泥用大理岩		**矿石万吨**	**1200.00**	**1279.00**
吉林省伊通县张家屯大理岩矿详查	大型	矿石万吨	1200.00	1279.00
陶瓷用砂岩		**矿石万吨**	**174.11**	**137.91**
吉林省桦甸市西依汗瓷石矿详查	大型	矿石万吨	174.11	137.91
砖瓦用砂岩		**矿石万立方米**	**34.90**	**1020.39**
江西省吉安市永新县坳南九龙页岩矿详查	小型	矿石万立方米	12.45	17.56
江西省吉安市青原区富滩镇作埠盆坑页岩矿详查	小型	矿石万立方米	11.39	15.05
江西省吉安市青原区富滩镇古富城岭页岩矿详查	小型	矿石万立方米	11.06	22.96
海南省万宁市东岭农场青年队黏土岩（千枚岩）矿区详查	小型	矿石万立方米		431.60
海南省三亚市立才农场十三队黏土岩（石英千枚岩）矿区详查	中型	矿石万立方米		533.22
膨润土		**矿石万吨**	**640.70**	**1236.90**
内蒙古巴彦淖尔市乌拉特前旗三兴膨润土矿外围矿区补充详查	中型	矿石万吨	412.00	621.00
吉林省临江市六道沟铜钼矿及硅藻土矿详查	中型	矿石万吨	228.70	615.90
水泥用凝灰岩		**矿石万吨**		**968.10**
云南省怒江傈僳族自治州泸水县崇仁水泥用石灰岩详查	中型	矿石万吨		968.10
建筑用玄武岩		**矿石万立方米**		**838.60**
广东省龙川县上坪镇乌石坑矿区建筑用玄武岩地质详查	小型	矿石万立方米		838.60
饰面用大理岩		**矿石万立方米**	1200.00	
湖北省黄石市阳新县三溪镇狮子山矿区大理石矿勘探	大型	矿石万立方米	1200.00	
地下水		**方 / 日**		33665.42
黑龙江省庆安县庆安镇供水水文地质详查	中型	方 / 日		33665.42

2012 年地质勘查新发现矿产地情况——按矿产地分列

表 6

矿种 / 矿产地（项目名称）	矿床规模	计量单位	332 及以上	333	334
河南省滑县上官镇北煤预查	大型	亿吨			10.00
湖南省武冈市龙江矿区深部煤炭普查	中型	亿吨		0.20	0.40
湖南省桑石煤田龙阳湾矿区煤炭预查	小型	亿吨			0.15
湖南省醴陵市大障矿区东段煤炭预查	小型	亿吨			0.38
重庆市城口县明中乡九池村煤炭资源普查	小型	亿吨		0.01	0.05
重庆市石柱土家族自治县七曜山背斜煤炭资源普查	小型	亿吨		0.02	0.04
重庆市城口县明中乡云燕村范家湾煤炭资源普查	小型	亿吨		0.01	0.03
四川省泸州市叙永县古叙矿区海风矿段煤炭资源普查	大型	亿吨		1.46	3.42
四川省达州市开江县长岭井田煤炭资源勘查	小型	亿吨	0.16	0.16	
贵州省镇宁县安庄—炮筒湾勘查区煤炭预查	小型	亿吨			0.03
陕西省子长县涧峪岔地区煤炭普查	大型	亿吨		4.27	1.38
陕西省陕北侏罗纪煤田赵石畔—胡家沟勘查区煤炭资源普查	大型	亿吨		3.11	0.71
宁夏石嘴山市大武口区炭梁坡勘查区煤炭资源普查	中型	亿吨		0.97	1.96
新疆富蕴县巴斯他乌煤矿普查	中型	亿吨		0.50	
新疆阜康市晋泰实业有限公司一煤矿地质勘查	小型	亿吨		0.44	
新疆阜康市晋泰实业有限公司二煤矿地质勘查	中型	亿吨	0.49	0.37	
石油		**万吨**	**6603.31**	**40005.65**	
吉林苏家屯油田	中型	万吨	153.40	1022.66	
宁夏彭阳油田	中型	万吨	301.40	1088.07	
新疆昌吉油田	中型	万吨	1080.89	7205.86	
南海恩平 18–1 油田	中型	万吨	221.58	1000.40	
渤海蓬莱 13–2 油田	小型	万吨	200.89	646.50	
渤海蓬莱 9–1 油田	大型	万吨	3216.81	22247.33	
渤海垦利 9–1 油田	中型	万吨	686.26	3217.20	
渤海旅大 6–2 油田	中型	万吨	580.64	3049.63	
南海恩平 23–1 油田	小型	万吨	161.44	528.00	
天然气		**亿方**	**2095.11**	**3503.35**	
四川龙岗气田	大型	亿方	459.96	720.33	
宁夏柳杨堡气田	大型	亿方	274.83	549.65	
新疆克拉苏气田	大型	亿方	925.76	1542.93	
南海东方 13–2 气田	大型	亿方	346.66	530.91	
东海黄岩 1–1 气田	中型	亿方	53.07	82.89	
石煤		**万吨**		**4515.29**	**2133.12**
山东省金乡县司马地区煤炭调查	小型	万吨			1.20
湖北省沙洋县常家湾石膏矿普查	大型	万吨		4515.00	2131.00
四川省自贡市荣县威远背斜南东翼煤矿普查	大型	万吨		0.29	0.92

2012 年地质勘查新发现矿产地情况——按矿产地分列

续表 6-1

矿种 / 矿产地 (项目名称)	矿床规模	计量单位	332 及以上	333	334
地热		**电（热）能兆瓦**		**48.48**	
黑龙江省明水县地热资源普查	中型	电（热）能兆瓦		22.58	
安徽省阜阳市太和县地热普查	中型	电（热）能兆瓦		25.90	
铁矿		**矿石亿吨**	**0.10**	**6.63**	**27.57**
河北遵化—长凝一带铁矿调查评价	大型	矿石亿吨		1.10	5.50
河北省宽城满族自治县苇子沟乡小彭杖子—大西沟铁矿区普查	小型	矿石亿吨			
河北省昌黎县新集航磁异常查证	中型	矿石亿吨			0.33
山西省忻州市原平市下长乐铁矿普查	中型	矿石亿吨		0.24	
辽宁省本溪永安地区铁矿勘查	大型	矿石亿吨		1.33	17.70
吉林省磐石市董家双福铁矿普查	小型	矿石亿吨			
吉林省白山市三道沟镇大路铁及多金属矿普查	小型	矿石亿吨		0.01	
江西省宁都县青塘镇孙屋村矿区铁矿地质勘查	小型	矿石亿吨			
山东省临沂市苍山县下湖地区铁矿普查	小型	矿石亿吨			0.05
山东省临沂市苍山县大寨子地区铁矿普查	小型	矿石亿吨			
山东省东阿县单庄地区铁矿普查	中型	矿石亿吨		0.50	
山东省苍山县下湖地区铁矿普查	小型	矿石亿吨			0.05
河南省许昌市灵井铁矿普查	小型	矿石亿吨		0.02	0.06
河南省舞阳地区深部铁矿区整装勘查	大型	矿石亿吨		3.00	2.00
海南石碌铁矿区枫树下至鸡心坳区段（LE7 线～ E31 线）普查	中型	矿石亿吨	0.06	0.18	
四川省攀枝花市米易县黑谷田钒钛磁铁矿普查	中型	矿石亿吨		0.13	
云南省西双版纳傣族自治州景洪市大勐龙地区铁多金属矿整装勘查	大型	矿石亿吨			1.60
云南省腾冲县大硐厂铁铅锌矿普查	中型	矿石亿吨			0.21
云南省洱源县乌吊山铁矿普查	小型	矿石亿吨		0.01	
云南省西双版纳傣族自治州勐腊县曼洒铁多金属矿地质勘查	中型	矿石亿吨	0.04	0.06	
云南省洱源县罗坪山铁多金属矿普查	小型	矿石亿吨		0.01	
青海省都兰县三通沟铁金矿普查	小型	矿石亿吨		0.01	0.05
青海省都兰县金水口铁金矿普查	小型	矿石亿吨		0.02	0.02
新疆和静县敦德艾肯一带铁矿普查	小型	矿石亿吨		0.01	

2012 年地质勘查新发现矿产地情况——按矿产地分列

续表 6-2

矿种 / 矿产地（项目名称）	矿床规模	计量单位	332 及以上	333	334
锰矿		**矿石万吨**		**4308.14**	**9073.89**
湖南省永州市零陵区水埠头矿区锰矿普查	大型	矿石万吨		1551.70	986.10
四川省盐源县庄子沟铅锌矿普查	小型	矿石万吨			122.31
贵州省铜仁地区铜仁市松桃县普觉（整合）锰矿普查	中型	矿石万吨		563.31	741.05
贵州省铜仁地区铜仁市松桃县道坨钼镍多金属矿普查	大型	矿石万吨		1544.12	6890.12
贵州省铜仁地区铜仁市李家湾锰矿普查	中型	矿石万吨		637.81	322.01
陕西省西乡县双河锰矿普查	小型	矿石万吨		11.20	12.30
钛矿		**TiO_2 万吨**	**397.43**	**79.73**	
云南省文山壮族苗族自治州富宁县县牛场——定皇那年钛铁矿勘查	中型	TiO_2 万吨	397.43	79.73	
钒矿		**V_2O_5 万吨**		**17.79**	**146.85**
河南省南阳市淅川县田川矿区金锑矿预查	中型	V_2O_5 万吨			29.40
河南省煤窑沟钒矿资源远景调查	大型	V_2O_5 万吨			100.00
湖北省郧县大桑树钒矿普查	中型	V_2O_5 万吨		9.20	7.30
湖南省怀化市芷江侗族自治县牛牯坪矿区钒矿普查	小型	V_2O_5 万吨		3.00	2.10
贵州省黔东南苗族侗族自治州镇远县余家坡钒矿普查	小型	V_2O_5 万吨		1.90	5.24
贵州省黔东南苗族侗族自治州镇远县龙扒溪钒矿普查	小型	V_2O_5 万吨		3.30	2.81
新疆乌什县拜力布拉克钒矿普查	小型	V_2O_5 万吨		0.03	
新疆乌什县阿克布拉克南钒矿普查	小型	V_2O_5 万吨		0.23	
新疆乌什县阿克布拉克北钒矿普查	小型	V_2O_5 万吨		0.14	
铜矿		**金属吨**		**35716.67**	**184251.99**
山东省沂源县鲁村地区铜金矿普查	小型	金属吨		593.67	
河南省三门峡市陕县苇园沟铜矿预查	小型	金属吨			148.99
四川省会理县翟窝厂铜矿普查	小型	金属吨			5053.00
云南省兰坪县河西银铜多金属矿普查	小型	金属吨		32103.00	11050.00
青海省治多县查涌地区铜多金属矿预查	中型	金属吨			168000.00
新疆吉木乃县罕哲尕能金矿外围普查	小型	金属吨		3020.00	

2012年地质勘查新发现矿产地情况——按矿产地分列

续表6-3

矿种/矿产地(项目名称)	矿床规模	计量单位	332及以上	333	334
铅矿		**金属吨**	**208951.00**	**403109.99**	**806095.89**
湖南省湘乡市中沙地区铅锌矿预查	中型	金属吨			51672.00
四川省甘洛县马拉哈铅锌矿普查	小型	金属吨			21409.00
云南省怒江傈僳族自治州兰坪白族普米族自治县分江铅锌矿勘查	小型	金属吨	16792.00	54683.00	
云南省怒江傈僳族自治州兰坪白族普米族自治县分江－剑川金山桃地区铅锌矿普查	中型	金属吨	21000.00	102200.00	198100.00
云南省怒江傈僳族自治州兰坪白族普米族自治县菜子地－剑川象图地区铅锌矿整装勘查	中型	金属吨		136000.00	250000.00
云南维西楚格扎－白岩子地区铅锌多金属矿调查评价	中型	金属吨			116100.00
云南省红河哈尼族彝族自治州金平苗族瑶族傣族自治县老集寨铜金铅矿勘查	中型	金属吨	149759.00	84825.00	
云南省迪庆藏族自治州香格里拉县欠水铜铅锌多金属矿勘查	小型	金属吨			92.60
云南省迪庆藏族自治州香格里拉县光磨铜铅锌矿风险地质勘查	小型	金属吨			1208.06
云南省保山市施甸县新厂铅锌矿地质勘查	小型	金属吨	21400.00	6800.00	
西藏自治区昌都地区洛隆县纳多弄铅锌矿普查	小型	金属吨		20.00	30.00
青海沱沱河雀莫错铅锌矿普查	中型	金属吨			102900.00
青海省都兰县乌妥沟铅锌矿普查	小型	金属吨		9081.99	13167.23
新疆吐鲁番市亦格尔达坂铅锌矿普查	小型	金属吨		9500.00	
河南省三门峡市卢氏县铁板沟铅锌矿预查	小型	金属吨			51417.00
锌矿		**金属吨**		**21.00**	**1500000.00**
内蒙古自治区阿巴嘎旗高尔旗银铅锌矿普查	中型	金属吨		21.00	
湖南省花垣县清水塘矿区铅锌矿普查	大型	金属吨			1500000.00
铝土矿		**矿石万吨**		**3877.86**	**26765.67**
山西省昔阳县三都矿区铝土矿预查	中型	矿石万吨			820.01
河南新安石寺—北冶地区铝土矿调查评价	大型	矿石万吨			16461.00
河南省洛阳市偃师市偃龙煤田深部（洛阳部分）铝（黏）土矿预查	大型	矿石万吨			6241.00
贵州省遵义县梯子岩铝土矿普查	小型	矿石万吨		11.30	44.30
贵州省遵义县茅栗复兴铝土矿普查	小型	矿石万吨		9.80	0.84
贵州省遵义县六塘铝土矿普查	小型	矿石万吨		67.30	105.60
贵州省遵义县核桃窝铝土矿区地质普查	小型	矿石万吨		6.10	0.71
贵州省遵义县苟家坡铝土矿普查	小型	矿石万吨		24.80	
贵州省遵义市正安县马鬃岭铝土矿普查	大型	矿石万吨		1500.00	1400.00
贵州省遵义市正安县东山铝土矿普查	大型	矿石万吨		1100.00	1000.00
云南省文山县天山桥－砚山县阿猛地区铝土矿普查	中型	矿石万吨		1061.46	480.81
云南省广南县甲坝地区铝土矿普查	小型	矿石万吨		97.10	211.40

2012年地质勘查新发现矿产地情况——按矿产地分列

续表 6-4

矿种/矿产地(项目名称)	矿床规模	计量单位	332及以上	333	334
镁矿		**矿石万吨**		**74847.00**	**24119.00**
山西省盂县西潘乡郑家岭矿区冶镁白云岩矿普查	大型	矿石万吨		14677.00	5407.00
山西省盂县神泉矿区冶镁白云岩矿普查	大型	矿石万吨		10391.00	5055.00
山西省广灵县牛口峪矿区冶镁白云岩矿普查	大型	矿石万吨		36779.00	6657.00
河南省林州市小庄地区白云岩矿预查	大型	矿石万吨		10000.00	5000.00
河南省鹤壁市全寨地区白云岩矿普查	大型	矿石万吨		3000.00	2000.00
钨矿		**WO_3万吨**			**32.24**
湖南铜山岭—祥霖铺地区钨锡铜铅锌多金属矿评价	大型	WO_3万吨			20.00
湖南省衡东–丫江桥铅锌多金属矿矿产远景调查	大型	WO_3万吨			5.30
湖南省郴州市北湖区水源山矿区钨多金属矿普查	大型	WO_3万吨			6.94
钼矿		**金属吨**		**129097.10**	**44247.20**
河北省宣化县贾家营钼矿外围普查	小型	金属吨			540.00
山西省大同市灵丘古道沟钼矿普查	中型	金属吨		20909.00	
内蒙古自治区敖汉旗白土营子多金属矿普查	中型	金属吨		28188.10	33707.20
吉林省吉林市舒兰市长发堡地区铜、钼多金属矿预查	中型	金属吨		80000.00	
河南省卢氏三官庙钼多金属矿预查	中型	金属吨			10000.00
金矿		**金属吨**	**3.83**	**44.07**	**31.01**
河北省张家口市涿鹿县黄花口南山金矿地质普查	小型	金属吨		0.03	0.38
内蒙古自治区达尔罕茂明安联合旗恼楞金银矿普查	小型	金属吨			0.24
内蒙古额尔古纳市大梁地区金银多金属矿调查评价	小型	金属吨			0.65
内蒙古达茂旗哈力齐地区金矿普查	小型	金属吨			1.00
黑龙江省大兴安岭地区塔河县宝兴沟岩金普查	小型	金属吨		2.79	
山东省烟台市栖霞市胶东地区岩金预查	中型	金属吨			5.56
山东省烟台市牟平区中朱车地区金矿普查	小型	金属吨		0.44	1.54
山东省栖霞市虎斑石地区金矿普查	小型	金属吨			
山东烟台市百恒金矿有限公司所属矿区勘查	中型	金属吨	0.43	5.07	
湖南省平江县大洞矿区金矿普查	中型	金属吨	3.40	13.20	
四川省冕宁县南河乡张家坪子金矿普查	中型	金属吨		19.23	
云南省临沧市云　县新村地区铜多金属矿普查	小型	金属吨			1.08
西藏自治区那曲地区尼玛县商旭–达查地区金矿调查评价	小型	金属吨		1.15	0.95
甘肃省岷县立林—青林沟一带金矿普查	小型	金属吨			1.55

2012年地质勘查新发现矿产地情况——按矿产地分列

续表 6-5

矿种 / 矿产地 (项目名称)	矿床规模	计量单位	332 及以上	333	334
甘肃省两当县岔岔石—何家山一带金矿普查	小型	金属吨		0.06	0.56
甘肃省瓜州县东小泉金矿普查	小型	金属吨		0.98	1.17
青海海西蒙古族藏族自治州都兰县亚日何师地区金多金属矿普查	小型	金属吨		0.24	1.35
青海省海北藏族自治州门源回族自治县巴拉哈图金矿普查	小型	金属吨		0.46	0.91
青海省都兰县鑫拓金及多金属矿普查	小型	金属吨			1.35
青海省都兰县瓦勒尕金矿普查	中型	金属吨			11.85
新疆吉木乃县科克托别地区金铜矿普查	小型	金属吨		0.08	
新疆和布克赛尔蒙古自治县哈尔曼地区金矿普查	小型	金属吨		0.35	0.16
新疆乌什加嘎依提铜矿普查	小型	金属吨			0.69
银矿		**金属吨**		**285.85**	
广西南丹县大厂矿田巴力－龙头山矿区地表氧化矿评价	中型	金属吨		285.85	
钽原生矿		**Ta_2O_5 吨**			**30000.00**
内蒙古锡林浩特市石灰窑铷锂多金属矿普查	大型	Ta_2O_5 吨			30000.00
稀土矿		**TR_2O_3 万吨**		**12.70**	**6.55**
江西省安远县下瑶矿区铌钽（稀土）矿普查	中型	TR_2O_3 万吨		12.70	
四川省冕宁县银厂沟稀土矿及铅锌矿预查	中型	TR_2O_3 万吨			6.55
普通萤石		**CaF_2 万吨**	**79.92**	**192.27**	**6.52**
河北省宽城满族自治县塌山乡北大山萤石矿普查	小型	CaF_2 万吨			
浙江省天台县福溪街道蟹渚矿区萤石矿普查	小型	CaF_2 万吨	3.75	6.59	
浙江省龙游县灵山乡外高山矿区萤石矿普查	中型	CaF_2 万吨		15.26	6.52
浙江省湖州市安吉县鄣吴镇民乐矿区萤石矿地质普查	大型	CaF_2 万吨	32.12	142.12	
陕西省安康市平利县银洞湾－闹阳坪铅锌矿普查	中型	CaF_2 万吨	44.05	28.31	
溶剂用灰岩		**矿石亿吨**		**0.85**	**0.17**
辽宁省本溪市南芬区施家堡子石灰石矿普查	大型	矿石亿吨		0.75	0.17
湖北省黄石市阳新县黄颡口镇化工用灰岩普查	中型	矿石亿吨		0.10	
冶金用白云岩		**矿石亿吨**		**410.72**	**507.04**
河南省三门峡市卢氏县蔡家园白云岩矿预查	大型	矿石亿吨			1.46
湖北省咸宁市大屋邵张家铺冶金用白云岩矿普查	大型	矿石亿吨		0.52	0.08
湖北省恩施土家族苗族自治州宣恩县茅坡田矿区硅石矿普查	中型	矿石万吨		410.20	505.50
耐火黏土		**矿石万吨**			**1013.00**
河北省邢台市临城县西牟－胶泥沟一带耐火黏土矿地质调查	大型	矿石万吨			1013.00
硫铁矿		**矿石万吨**		**200.00**	
陕西省安康市紫阳县城关镇太平硫铁矿普查	中型	矿石万吨		200.00	
高岭土		**矿石万吨**	**47.85**	**771.85**	**571.36**
内蒙古自治区乌兰察布市兴和县郑沟高岭土矿普查	大型	矿石万吨		721.00	514.00
江西省宜春市奉新县坪头岭－宜丰县白石里铌钽矿普查	小型	矿石万吨			57.36
江西省乐安县罗陂乡云下村高岭土矿	小型	矿石万吨	47.85	50.85	

2012 年地质勘查新发现矿产地情况——按矿产地分列

续表 6-6

矿种 / 矿产地（项目名称）	矿床规模	计量单位	332 及以上	333	334
重晶石		**矿石万吨**	**5.11**	**50.50**	**153.94**
河南省登封市刘楼重晶石矿普查	中型	矿石万吨	5.11	50.50	153.94
含钾岩石		**矿石亿吨**		**0.31**	**0.46**
河南省林州市盘龙山含钾岩石矿普查	中型	矿石亿吨		0.31	0.46
泥炭		**矿石万吨**		**103.00**	**5.00**
辽宁省阜新市彰武县土城子—马连侵泥炭矿普查	中型	矿石万吨		103.00	5.00
矿盐		**NaCl 亿吨**	**4.00**	**28.00**	**27.00**
江苏省徐州市沛县河口盐矿	中型	NaCl 亿吨	4.00		
山东省鄄城县夏庄地区岩盐矿普查	大型	NaCl 亿吨		10.00	
河南省濮阳县文留地区岩盐碱普查	大型	NaCl 亿吨		18.00	27.00
磷矿		**矿石万吨**		**20516.00**	**29020.00**
四川省雷波县芦云寨子磷矿普查	大型	矿石万吨		7245.00	
贵州省福泉市大湾镍多金属矿普查	大型	矿石万吨		13271.00	29020.00
石墨（晶质）		**矿物万吨**		**502.00**	**27.60**
辽宁省锦州市北镇市杜屯地区石墨矿普查	大型	矿物万吨		498.00	
湖北省宜昌市夷陵区殷家坪矿区石墨矿产资源调查	中型	矿物万吨			26.60
湖北省宜昌市夷陵区谭家沟矿区石墨矿普查	小型	矿物万吨		4.00	1.00
水泥用灰岩		**矿石亿吨**	**0.98**	**6.12**	**112.37**
山西省广灵县曹窑水泥石灰岩矿地质普查	大型	矿石亿吨		2.26	
江苏省徐州市贾汪区大成山矿区黄龙山矿段水泥用灰岩矿地质普查	小型	矿石亿吨	0.07	0.07	
福建省大田县－沙县狮古洞矿区龙宫水泥用石灰岩矿普查	小型	矿石亿吨	0.04	0.07	
河南省禹州市关庙矿区水泥灰岩矿普查	大型	矿石亿吨		2.75	0.23
河南省淅川县西沟矿区水泥灰岩矿预查	大型	矿石亿吨			8.92
河南省淅川县金华山水泥灰岩预查	大型	矿石亿吨			100.00
湖南省娄底市冷水江市香炉山矿区水泥用石灰岩矿地质普查	中型	矿石亿吨		0.47	0.22
广西壮族自治区河池市都安瑶族自治县古岸山矿区水泥用石灰岩矿预查	大型	矿石亿吨			1.60
广西都安瑶族自治县古岸山矿区水泥用石灰岩预查	大型	矿石亿吨			1.40
新疆博乐市浑德伦切亥尔石灰岩矿普查	大型	矿石亿吨	0.87	0.49	
湖南省娄底市冷水江市香炉山矿区水泥用石灰岩矿地质普查	中型	矿石亿吨		0.47	0.22

2012 年地质勘查新发现矿产地情况——按矿产地分列

续表 6-7

矿种 / 矿产地（项目名称）	矿床规模	计量单位	332 及以上	333	334
建筑用灰岩		**矿石万立方米**	**1295.67**	**1121.72**	
河北省赞皇县牛山沟建筑石料用灰岩矿区地质普查	小型	矿石万立方米		200.70	
河北省井陉县东岩山建筑石料用石灰岩矿普查	小型	矿石万立方米		204.47	
河北省保定市唐县下庄建筑用灰岩（碎石）矿普查	小型	矿石万立方米		247.62	
河北省保定市唐县罗庄乡十八渡村建筑石料用灰岩(碎石)矿普查	小型	矿石万立方米		468.93	
湖北省黄石市阳新县黄颡口镇白洋塘建筑石料用石灰岩矿地质勘查报告	小型	矿石万立方米	592.27		
湖北省黄石市阳新县富池镇石家畈建筑石料用石灰岩矿地质勘查报告	小型	矿石万立方米	703.40		
建筑用白云岩		**矿石万立方米**		**2705.75**	
河北省唐县北店头庵里建筑用白云岩（碎石）矿普查	小型	矿石万立方米		243.27	
河北省保定市易县紫荆关镇枣各庄村建筑用白云岩(碎石)矿普查	小型	矿石万立方米		426.57	
河北省保定市易县陈驿村翁沟建筑用白云岩（碎石）矿普查	小型	矿石万立方米		734.16	
河北省保定市满城县吴庄馒头山石碴厂玉山建筑用白云岩（碎石）矿普查	小型	矿石万立方米		562.52	
河北省保定市满城县大册营镇上紫口村建筑用白云岩（碎石）矿普查	小型	矿石万立方米		739.23	
建筑用花岗岩		**矿石万立方米**		**429.52**	
河北省易县紫荆关镇小盘石村建筑用黑云母花岗闪长岩矿普查	小型	矿石万立方米		240.49	
河北省易县桥家河乡窑子沟建筑用花岗岩矿普查	小型	矿石万立方米		189.03	
砖瓦用砂岩		**矿石万立方米**		**106.07**	
海南省琼海市红色队黏土岩（千枚岩）矿区普查	小型	矿石万立方米		106.07	
砖瓦用砂		**矿石万立方米**		**343.58**	
海南省文昌市翁田镇田头村硅砂矿区普查	小型	矿石万立方米		343.58	

2012年地质勘查新发现矿产地情况——按矿产地分列

续表 6-8

矿种/矿产地(项目名称)	矿床规模	计量单位	332及以上	333	334
硅藻土		**矿石万吨**		87.74	
吉林省临江市双山子硅藻土矿外围普查	小型	矿石万吨		87.74	
陶瓷土		**矿石万吨**	**90.30**	**545.73**	
广东省潮安县赤凤羊逃坑－皇帝溜高岭土普查	大型	矿石万吨	90.30	545.73	
膨润土		**矿石万吨**	**373.58**	**3009.79**	
河北省隆化县韩麻营镇后沟一带膨润土矿地质普查	小型	矿石万吨	75.98	40.18	
辽宁省朝阳县古山子乡水泉膨润土矿普查	中型	矿石万吨	297.60	269.61	
辽宁省朝阳市双塔区喀左县双庙膨润土矿普查	中型	矿石万吨		700.00	
辽宁省朝阳市建平县沙海－小塘膨润土矿普查	中型	矿石万吨		2000.00	
饰面用花岗岩		**矿石万立方米**	**177.13**	**758.78**	**31.00**
河北省秦皇岛市青龙满族自治县青龙镇马杖子饰面用花岗岩石矿预查	小型	矿石万立方米			31.00
福建省龙岩市新罗区白沙下坑矿区建筑用石料矿普查	小型	矿石万立方米		319.00	
新疆青河县红柳沟花岗岩矿普查	小型	矿石万立方米	177.13	439.78	
珍珠岩		**矿石万吨**		**0.03**	
辽宁省喀左县西官大海珍珠岩矿普查	小型	矿石万吨		0.03	
建筑用凝灰岩		**矿石万立方米**		**21.90**	
江西省上饶市横峰县姚家乡王岗建筑用凝灰岩矿普查	小型	矿石万立方米		21.90	
大理岩		**矿石万立方米**		**120.18**	
福建省连城县罗坊矛衣寨矿区建筑用花岗岩石料矿普查	小型	矿石万立方米		120.18	
饰面用板岩		**矿石万立方米**		**3059.63**	
河北省邢台市临城县西台峪饰面用板岩矿普查	大型	矿石万立方米		3059.63	
矿泉水		**方/日**		**1312.00**	
福建省寿宁县大韩矿泉水普查	中型	方/日		1312.00	

2012 年勘查许可证发证及探矿权

表 7

经济类型	勘查许可证发证						
	许可证数			登记面积			探矿权使用费
	有效	新立	注销	有效	新立	注销	
合计	**33933**	**1055**	**643**	**4756199.40**	**105271.79**	**10173.54**	**24640.94**
国有企业	9717	564	202	315797.01	26867.10	3726.05	8901.20
集体企业	185	5	4	2487.77	97.37	9.65	96.56
股份合作企业	329	7	13	6191.47	144.06	222.63	247.32
联营企业	79	1	1	1250.23	4.96	0.83	45.20
有限责任公司	20099	426	329	4375613.29	77506.51	5185.08	13276.79
股份有限公司	1096	20	25	22680.07	136.54	398.64	893.17
私营企业	2076	23	60	24865.40	355.10	426.05	873.62
其他企业	148	6	4	2261.52	140.16	28.92	71.21
合资经营企业（港、澳、台资）	17			300.49			13.88
合作经营企业（港、澳、台资）	10			368.78			18.44
港、澳、台商独资经营企业	15	1		767.78	2.36		30.85
港、澳、台商投资股份有限公司	5	1		36.87	2.81		1.50
中外合资经营企业	38	1		777.43	14.82		36.71
中外合作经营企业	74		2	1340.37		15.37	62.64
外资企业	44		3	1451.12		160.32	71.72
外商投资股份有限公司	1			3.79			0.19

出让、转让情况——按企业经济类型分列

单位：宗、平方千米、万元

探矿权出让							探矿权转让	
合计		申请在先	协议出让		招、拍、挂出让		宗数	转让金额
宗数	价款金额	宗数	宗数	价款金额	宗数	价款金额		
1055	**118435.06**	**725**	**44**	**7442.72**	**286**	**110992.34**	**686**	**282721.59**
564	27064.11	541	6	2881.11	17	24183.00	59	96095.95
5	25.44	2	3	25.44			3	11.00
7	254.00	3			4	254.00	5	2304.70
1	103.00				1	103.00	3	80.00
424	83206.26	163	29	4273.35	234	78932.91	536	150506.05
20	2788.58	7	3	1.65	10	2786.93	25	31334.50
23	4569.50	5	1		17	4569.50	51	2304.39
6	303.17	3	2	261.17	1	42.00	2	
1	26.00				1	26.00		
1		1						
1	95.00				1	95.00	2	85.00

2012 年勘查许可证发证及探矿权

表 8

地区	勘查许可证发证						探矿权使用费
	许可证数			登记面积			
	有效	新立	注销	有效	新立	注销	
全 国	**33933**	**1055**	**643**	**4756199.40**	**105271.79**	**10173.54**	**24640.94**
国土资源部	2591	48	46	4152765.83	71832.39	230.43	3442.76
北 京	16			43.00			0.83
天 津	53	21	8	108.84	21.00	106.65	3.37
河 北	585	5	42	3189.26	20.02	290.53	138.96
山 西	124	11	1	1448.52	182.61	40.79	54.40
内蒙古	3549	40	25	89659.56	1578.99	825.43	3256.75
辽 宁	1072	98	6	15263.18	1900.65	26.53	405.68
吉 林	1024	18		15664.82	198.32		598.12
黑龙江	615	5	2	29945.66	166.40	5.27	1272.79
上 海							
江 苏	167	16	9	942.06	125.66	62.44	26.81
浙 江	436	20	13	5148.45	582.08	142.00	154.59
安 徽	1166	28		14506.97	948.95		490.91
福 建	446	24	28	4243.62	249.01	403.09	171.78
江 西	1745	24	77	17332.27	130.67	753.70	641.04
山 东	1196	57	63	13237.07	1596.56	977.13	518.35
河 南	881	23	36	8111.25	164.06	485.64	313.58
湖 北	330	22	8	2202.69	175.78	19.55	74.78
湖 南	585	59	14	6447.85	1440.20	71.04	196.88
广 东	377	43	27	4172.44	567.96	137.66	146.24
广 西	1617	23	50	35568.57	328.07	970.56	1298.87
海 南	415			7888.75			261.48
重 庆	171	15	3	3284.50	775.49	12.60	69.53
四 川	2071	77	21	40922.06	1552.62	362.38	1018.80
贵 州	720	29		12768.43	568.41		504.74
云 南	2965	96	17	62793.69	1895.20	262.13	2396.60
西 藏	642	3	65	24278.87	266.71	2380.72	1052.98
陕 西	847	24		21403.04	1559.09		857.45
甘 肃	897	1	65	15119.35	94.59	1149.23	712.41
青 海	635	95	7	20058.44	3919.31	203.29	598.38
宁 夏	55	1	10	1205.27	26.17	254.75	55.98
新 疆	5940	129		126469.09	12404.82		3905.13

出让、转让情况——按地区分列

单位：宗、平方千米、万元

探矿权出让							探矿权转让	
合计		申请在先	协议出让		招、拍、挂出让		宗数	转让金额
宗数	价款金额	宗数	宗数	价款金额	宗数	价款金额		
1055	**118435.06**	**725**	**44**	**7442.72**	**286**	**110992.34**	**686**	**282721.59**
48		46			2		44	11998.27
21	1795.10		21	1795.10				
5	16.00	1			4	16.00	20	2719.80
11	19296.00	7			4	19296.00	1	28478.62
40	2393.33	32	3	83.33	5	2310.00	90	2998.81
98	400.00	97			1	400.00	40	6278.00
18	2019.43	6	4	1793.43	8	226.00	17	48.63
5		5					6	1568.29
16		16					1	
20	981.00	18	1	381.00	1	600.00	9	41.00
28	10900.00	23	1	2500.00	4	8400.00	22	481.21
24	1280.00	16	4	40.00	4	1240.00	6	
24	3144.00				24	3144.00	46	248.00
57		57					30	
23	15604.00				23	15604.00	24	15234.00
22	99.92	20			2	99.92	9	561.67
59	6722.00	48			11	6722.00	3	3067.26
43	3239.00	17			26	3239.00	25	404.00
23	6573.00	5			18	6573.00	25	1017.74
15	1200.00	14			1	1200.00	1	
77	16254.31	43	4		30	16254.31	66	3978.00
29	2121.27	23			6	2121.27	21	39771.68
96	13312.00	11	2	342.00	83	12970.00	73	51899.90
3		3					19	104670.19
24	7582.50	10	1	10.00	13	7572.50	1	
1	118.00				1	118.00	17	320.00
95	606.42	89	2	492.42	4	114.00	29	1442.00
1	52.34				1	52.34	4	4620.50
129	2725.44	118	1	5.44	10	2720.00	39	874.02

2012 年勘查许可证发证及探矿权

表 9

矿种	勘查许可证发证						
	许可证数			登记面积			探矿权使用费
	有效	新立	注销	有效	新立	注销	
合计	**33933**	**1055**	**643**	**4756199.40**	**105271.79**	**10173.54**	**24640.94**
煤	2283	66	36	126284.61	12227.97	666.49	4996.49
石油天然气	943	20	33	4009346.00	69743.00		
煤层气	91	2	10	50671.00	133.40		
油页岩	63	6	2	3873.18	318.49	210.97	148.43
石煤	7			58.27			1.49
油砂	4			122.95			2.91
天然沥青	5	1		27.50	9.99		0.73
地热	541	93	28	9104.15	1068.76	377.16	227.01
铁矿	3635	133	94	48032.58	2681.56	907.88	1721.60
锰矿	708	23	15	10418.08	338.22	250.22	356.71
铬铁矿	59	2	2	1078.41	89.27	84.05	43.17
钛矿	85	6		1621.43	67.74		46.09
钒矿	193	7	1	3106.25	311.07	7.66	89.12
金红石	14			223.88			5.53
铜矿	6804	191	90	140541.78	5877.12	1702.42	4553.50
铅矿	3899	119	46	74261.88	3212.19	645.35	2566.34
锌矿	506	12	3	7586.58	239.99	39.47	281.91
铝土矿	314	23	15	10317.35	670.23	201.01	366.48
镁矿	10	2		46.91	9.30		1.41
镍矿	183	1	1	3729.74	17.30	2.51	140.86
钴矿	19		1	260.00		9.17	9.00
钨矿	110		1	1099.01		13.98	52.65
锡矿	176	1	3	2221.36	14.89	29.41	84.34
铋矿	7		1	135.02		106.83	5.62
钼矿	750	15	9	12019.75	459.51	105.34	421.58
汞矿	11		2	213.85		10.55	7.40
锑矿	131		1	1439.69		13.56	61.81
多金属	1769	32	18	46000.26	1000.99	527.73	1479.15
铂矿	30			604.95			28.64
砂金	24	1	2	427.74	10.70	53.89	14.89
金矿	7223	165	121	131178.33	4518.12	1860.46	4791.32
银矿	643	14	12	13436.50	238.38	127.99	471.50

出让、转让情况——按矿种分列

单位：宗、平方千米、万元、个

探矿权出让							探矿权转让	
合计		申请在先	协议出让		招、拍、挂出让		宗数	转让金额
宗数	价款金额	宗数	宗数	价款金额	宗数	价款金额		
1055	**118435.06**	**725**	**44**	**7442.72**	**286**	**110992.34**	**686**	**282721.59**
66		66					32	126556.34
20		18			2			
2		2						
6		6					4	2915.63
1	41.00				1	41.00		
93	5841.72	43	22	1811.04	28	4030.68	5	248.00
133	15901.86	78	13	2173.36	42	13728.50	89	7618.23
23	1474.00	16			7	1474.00	6	
2		2					2	167.00
6	86.82	5	1	86.82			3	
7	1010.00	6			1	1010.00	5	1672.26
							1	
191	12848.92	139			52	12848.92	111	105946.85
119	10633.00	74			45	10633.00	113	7863.62
12	333.00	10			2	333.00	9	814.62
23	18869.00	16			7	18869.00	5	432.00
2	2336.00				2	2336.00	1	240.00
1		1					9	297.02
							2	12395.00
1		1					4	2190.00
							1	
15	628.00	14			1	628.00	19	312.47
							3	165.00
32	2837.00	27			5	2837.00	23	961.28
							2	
1	611.00				1	611.00		
165	11081.50	138	3	480.50	24	10601.00	170	7858.56
14	1419.00	9			5	1419.00	18	630.10

2012 年勘查许可证发证及探矿权

续表 9-1

矿种	勘查许可证发证						探矿权使用费
	许可证数			登记面积			
	有效	新立	注销	有效	新立	注销	
铌钽矿	77	1	15	1525.31	17.81	724.34	48.29
铌矿	17			250.40			9.33
钽矿	10			111.44			4.12
铍矿	39			530.87			12.19
锂矿	35	2	1	1257.95	75.09	23.77	34.28
锆矿	7		1	132.28		18.11	4.38
锶矿（天青石）	9			99.48			4.29
铷矿	3	1		108.31	74.56		2.43
铯矿	2			30.60			0.78
重稀土矿	4			136.04			4.62
钇矿			1			93.19	
轻稀土矿	7			58.20			2.91
锗矿	4	1	1	57.43	3.59	6.12	1.73
铊矿	1			6.56			0.33
铼矿	8			91.68			1.56
钪矿	1			16.50			0.82
蓝晶石	5			54.69			2.73
矽线石	3			16.06			0.80
红柱石	8			93.99			2.82
菱镁矿	7	1		89.50	3.15		2.50
萤石（普通）	337	7	6	2809.99	108.84	33.34	93.06
熔剂用石灰岩	19	2	1	126.08	32.91	5.70	3.27
冶金用白云岩	24	1		96.13	6.04		2.62
冶金用石英岩	9			47.88			1.46
冶金用砂岩			1			5.26	
冶金用脉石英	2			6.87			0.19
耐火黏土	8		1	74.20		32.92	3.71
其他黏土	2			103.39			5.17
耐火用橄榄岩	3			10.43			0.52
熔剂用蛇纹岩	1			1.55			0.08
自然硫	4			22.70			1.05
硫铁矿	209	9	3	2790.09	106.31	16.21	85.08
钠硝石	129			6468.78			257.53

出让、转让情况——按矿种分列

单位：宗、平方千米、万元、个

探矿权出让							探矿权转让	
合计		申请在先	协议出让		招、拍、挂出让		宗数	转让金额
宗数	价款金额	宗数	宗数	价款金额	宗数	价款金额		
1		1					4	6.08
2		2						
1		1						
1	72.00				1	72.00		
1		1						
7	381.00	6	1	381.00			9	507.00
2		2						
1		1					1	
9	1428.10	2			7	1428.10	5	479.00

2012 年勘查许可证发证及探矿权

续表 9-2

矿种	勘查许可证发证						
	许可证数			登记面积			探矿权使用费
	有效	新立	注销	有效	新立	注销	
明矾石	2			2.12			0.11
芒硝(含钙芒硝)	70	1	1	3413.85	17.21	2.23	134.11
重晶石	50	1	2	840.16	16.03	16.45	30.59
天然碱 (Na_2CO_3)	3			193.71			5.85
电石用灰岩	10		1	61.05		2.56	1.69
制碱用灰岩	1			5.45			0.27
含钾岩石	10			98.97			4.79
化肥用橄榄岩	1			3.77			0.19
化肥用蛇纹岩	2			83.78			1.89
泥炭	10			244.14			8.65
矿盐	3			54.97			2.49
岩盐	56	2		1329.28	94.32		25.12
湖盐	5			129.64			3.26
镁盐	1		1	0.98		15.07	0.05
天然卤水	2			137.55			6.88
钾盐	70	5		6327.39	448.06		260.34
砷	1			3.12			0.16
磷矿	210	9	2	2856.05	122.79	5.37	103.11
金刚石	18	2	1	488.02	57.48	6.86	16.30
石墨	53	1	2	826.87	1.74	15.33	32.88
水晶	1			7.72			0.08
刚玉	2			38.61			1.93
硅灰石	35	3		351.28	15.76		11.04
滑石	19	1		74.05	0.15		3.45
石棉(温石棉)	1			18.06			0.36
云母	16			114.69			4.11
长石	58	2	2	354.77	30.26	2.06	13.52
电气石	6		1	67.75		8.39	3.30
石榴子石	9			70.63			2.23
叶蜡石	12		1	45.56		2.84	1.54
透辉石	2			44.74			1.05
蛭石	2			2.84			0.09
沸石	4			51.40			2.04

出让、转让情况——按矿种分列

单位：宗、平方千米、万元、个

探矿权出让							探矿权转让	
合计		申请在先	协议出让		招、拍、挂出让		宗数	转让金额
宗数	价款金额	宗数	宗数	价款金额	宗数	价款金额		
1		1						
1		1					1	
2	1200.00	1			1	1200.00		
							1	
5		5						
9	4881.01	4	1		4	4881.01	6	510.33
2		2						
1		1					2	
3	75.00	1			2	75.00	1	
1	53.00				1	53.00		
							1	
2	33.00		1		1	33.00	2	

2012 年勘查许可证发证及探矿权

续表 9-3

矿种	勘查许可证发证						
	许可证数			登记面积			探矿权使用费
	有效	新立	注销	有效	新立	注销	
石膏	74	1	6	725.95	3.51	91.81	30.00
方解石	37		1	212.27		11.63	5.70
光学萤石	4		2	99.98		4.88	3.27
宝石	6			84.98			2.39
玉石	20	1		245.38	3.54		9.01
玛瑙	3			92.73			1.25
石灰岩	67	3	3	707.79	19.11	17.26	22.45
玻璃用石灰岩	1			1.37			0.07
水泥用石灰岩	147	11	11	896.60	65.90	48.42	24.49
建筑石料用灰岩	1			5.91			0.06
制灰用石灰岩	1			22.26			0.22
含钾岩石	12			94.39			2.86
泥灰岩	2	1		25.48	3.43		1.14
白云岩	25			201.73			6.32
玻璃用白云岩	1			16.79			0.84
石英岩	24	2	1	260.27	14.74	9.14	7.91
冶金用石英岩	5		1	22.00		9.32	0.81
玻璃用石英岩	21	1		158.20	4.54		5.97
砂岩	6			27.64			1.29
玻璃用砂岩	4			29.15			0.46
水泥配料用砂岩	10	2		19.66	1.67		0.58
陶瓷用砂岩	5	1		30.61	1.91		0.66
天然石英砂	4			19.70			0.98
玻璃用砂	3			24.48			1.22
脉石英	20	3		134.17	19.42		2.59
玻璃用脉石英	6			37.54			0.94
粉石英	2			10.69			0.26
硅藻土	10	1		65.19	3.30		3.05
页岩	1			0.09			
陶粒页岩	6	1		13.34	2.33		0.23
砖瓦用页岩	3			7.69			0.38
高岭土	72	1	7	625.04	17.51	173.45	19.17
陶瓷土	25	3	2	142.60	29.75	6.66	3.61

出让、转让情况——按矿种分列

单位：宗、平方千米、万元、个

探矿权出让							探矿权转让	
合计		申请在先	协议出让		招、拍、挂出让		宗数	转让金额
宗数	价款金额	宗数	宗数	价款金额	宗数	价款金额		
1	7.00				1	7.00		
							1	
1	29.00				1	29.00		
3	2052.00				3	2052.00	1	
11	8839.00	3	2	2510.00	6	6329.00	4	527.20
1	601.00				1	601.00		
							1	1330.00
2	900.00				2	900.00	1	
1		1						
2	1900.00				2	1900.00		
1	11.00				1	11.00		
3	143.20				3	143.20		
1	66.00				1	66.00	1	
1		1						
1	273.00				1	273.00	2	11.00
3	83.34				3	83.34	1	

2012年勘查许可证发证及探矿权

续表 9-4

矿种	勘查许可证发证						
	许可证数			登记面积			探矿权使用费
	有效	新立	注销	有效	新立	注销	
凹凸棒石黏土	10		3	133.40		0.80	3.85
海泡石黏土	2			18.81			0.94
伊利石黏土	2			13.67			0.68
膨润土	34	6		525.72	128.13		9.76
陶粒用黏土	1			3.62			0.04
水泥配料用泥岩	1			0.86			0.04
橄榄岩	1			1.28			0.06
建筑用橄榄岩	1			5.10			0.25
蛇纹岩	9			54.98			1.72
玄武岩	3			64.01			1.49
铸石用玄武岩	1			5.05			0.05
辉绿岩	4			4.79			0.23
饰面用辉绿岩	2			8.45			0.34
闪长岩	1			5.88			0.12
建筑用闪长岩	1			7.80			0.39
花岗岩	19			94.54			1.76
建筑用花岗岩	3			14.80			0.37
饰面用花岗岩	47	5		339.44	110.56		7.34
珍珠岩	6	2		98.28	27.58		1.22
黑曜岩	1			25.74			0.26
霞石正长岩	2			11.03			0.48
凝灰岩	1			3.19			0.16
火山渣	2			6.87			0.34
大理岩	21	3		136.58	10.20		5.18
饰面用石料（大理石）	10			42.89			1.49
建筑用大理岩	1			13.89			0.69
水泥用大理石	13	1	1	65.93	4.68	4.81	1.92
饰面用板岩	1			2.12			0.08
角闪岩	1			28.62			0.57
硼矿	40	1	2	545.88	3.14	35.30	22.93
矿泉水	46	11	5	210.13	73.91	17.04	3.25
地下水	36	7	6	3527.32	232.64	752.80	154.08
二氧化碳气	3			59.72			2.88

出让、转让情况——按矿种分列

单位：宗、平方千米、万元、个

探矿权出让							探矿权转让	
合计		申请在先	协议出让		招、拍、挂出让		宗数	转让金额
宗数	价款金额	宗数	宗数	价款金额	宗数	价款金额		
6		6						
5	93.00	2			3	93.00	1	
2		2						
3	7406.00				3	7406.00	2	67.00
1		1						
1		1					1	
11	432.00				11	432.00		
7	1524.59	5			2	1524.59		

2012 年采矿许可证发证及采矿权

表 10

经济类型	采矿许可证发证						
	许可证数			登记面积			采矿权使用费
	有效	新立	注销	有效	新立	注销	
合计	**97623**	**1862**	**3170**	**223197.91**	**4553.56**	**498.80**	**13998.40**
国有企业	2548	20	72	11813.59	44.18	27.44	1121.10
集体企业	6907	12	452	2714.80	5.53	88.16	530.00
股份合作企业	953	10	45	815.34	24.72	13.57	117.80
联营企业	4564	1	109	545.12	2.98	8.31	255.60
有限责任公司	30232	1084	332	180179.99	4273.07	80.34	7059.45
股份有限公司	1980	26	62	13159.93	84.65	16.74	1378.95
私营企业	48053	691	1963	12859.90	110.68	260.25	3324.90
其他企业	1949	15	127	138.06	0.91	2.70	101.35
合资经营企业（港、澳、台资）	69			267.46			28.55
合作经营企业（港、澳、台资）	8			5.69			0.80
港、澳、台商独资经营企业	86	1	1	170.19	0.50	0.02	19.35
港、澳、台商投资股份有限公司	19			16.11			2.05
中外合资经营企业	127	2	4	204.10	6.30	0.60	23.80
中外合作经营企业	38			175.70			18.65
外资企业	65		3	67.67		0.64	8.80
外商投资股份有限公司	26			64.31			7.25

出让、转让情况——按企业经济类型分列

单位：宗、平方千米、万元、个

采矿权出让							采矿权转让	
合计		探矿权转采矿权	协议出让		招、拍、挂出让		宗数	转让金额
宗数	价款金额	宗数	宗数	价款金额	宗数	价款金额		
1862	**766903**	**281**	**131**	**456091**	**1450**	**310809**	**1752**	**1659047**
20	60417	8	6	59595	6	821	31	22998
12	1706		3	794	9	912	20	4081
10	4177	1	1	186	8	3991	6	422
1		1					71	5043
1084	605695	251	108	337327	725	268367	1019	843402
26	67260	8	3	55636	15	11623	49	171024
691	26283	10	8	2513	673	23770	533	604425
15	419		2	40	13	380	13	1477
							6	6090
							1	
1	945				1	945	1	40
2		2					2	45

2012 年采矿许可证发证及采矿权

表 11

地区	采矿许可证发证						
	许可证数			登记面积			采矿权使用费
	有效	新立	注销	有效	新立	注销	
全国	**97623**	**1862**	**3170**	**223197.91**	**4553.56**	**498.80**	**13998.35**
国土资源部	1387	31		144850.63	2899.46		2472.60
北京	154		1	183.55		0.15	22.70
天津	391	11	7	16.05		0.48	19.85
河北	3479	40	167	2352.83	44.06	38.65	352.65
山西	4652	69	35	8713.02	13.69	0.83	1049.00
内蒙古	4529	161	3	5181.01	141.73	0.42	673.20
辽宁	3276	28	38	1711.84	25.75	3.24	287.70
吉林	1772	46	471	660.74	9.69	17.71	139.40
黑龙江	2631	54	3	2280.46	3.65	0.08	329.00
上海	59			13.41			3.75
江苏	1334	27	97	517.82	2.70	3.82	111.15
浙江	1327	79	230	221.09	22.95	15.95	74.00
安徽	2807	11	159	1024.47	6.45	9.32	217.80
福建	1778	23	102	1448.13	3.81	3.68	207.25
江西	5787	83	40	2236.47	17.92	0.99	450.95
山东	3511	87	251	3233.43	19.71	9.83	462.20
河南	3266	66	90	5274.63	175.39	12.66	636.55
湖北	3273	45	128	1716.47	8.86	12.67	295.35
湖南	6255	174	162	2642.45	51.09	36.65	517.70
广东	1721	47	43	443.29	11.95	3.56	110.50
广西	4046	115	168	1568.59	108.20	23.47	324.25
海南	268	13	50	262.41	16.45	128.42	36.65
重庆	2729	33	142	2487.36	34.36	8.22	352.25
四川	7578	42	109	4618.40	63.58	6.16	767.35
贵州	8338	102	124	6601.11	51.52	2.52	988.00
云南	7984	164	162	4466.34	81.41	23.14	749.95
西藏	172	10		848.49	31.04		90.05
陕西	4954	82	125	5743.95	402.38	113.54	760.80
甘肃	3095	85	63	2525.85	118.49	3.60	378.65
青海	826	23	43	5900.03	15.94	0.54	621.75
宁夏	361	9	103	272.57	1.46	9.24	42.75
新疆	3883	102	54	3181.05	.83	9.21	452.60

出让、转让情况——按地区分列

单位：宗、平方千米、万元、个

采矿权出让							采矿权转让	
合计		探矿权转采矿权	协议出让		招、拍、挂出让		宗数	转让金额
宗数	价款金额	宗数	宗数	价款金额	宗数	价款金额		
1862	**766903**	**281**	**131**	**456091**	**1450**	**310809**	**1752**	**1659047**
31	291135	25	6	291135			3	4052
							3	805
11	321	7	4	321			3	
40	7342	17	4	3254	19	4088	81	26884
69	3859	7	1	1	61	3858	162	121541
161	27056	46	13	19968	102	7087	7	5481
28	4016	6	15	3338	7	678	87	30082
46	6811	15	3	2448	28	4363	30	28665
54	1019	2	1	14	51	1005	49	46597
27	15004	7			20	15004	4	17190
79	92978	7	17	12139	55	80838	23	55511
11	85987	3	2	55461	6	30526	38	32064
23	4359	2			21	4359	32	4097
83	7928	4			79	7928	84	26359
87	69876	4			83	69876	45	30725
66	5566	21	2	1253	43	4313	47	58691
45	2031	4			41	2031	73	29356
174	10716	8	1	1835	165	8881	46	29863
47	21539	6	3	901	38	20637	37	5894
115	5756	5			110	5756	39	19168
13	5183	2	2	11	9	5172		
33	11979	1	1	2	31	11977	30	6089
42	3156	8			34	3156	352	88339
102	4795	4	1	18	97	4777	77	61233
164	4527	22	2	698	140	3829	193	604503
10	8	7	1	1	2	7	1	850
82	58214	15	21	58028	46	186	9	2762
85	8658	11	14	2603	60	6055	78	209013
23	450	2	4	282	17	168	21	35025
9	530	1	5	382	3	148	8	45042
102	6103	12	8	1998	82	4106	90	33166

2012 年采矿许可证发证及采矿权

表 12

矿种	采矿许可证发证							
	许可证数			登记面积			生产规模[①]	
	有效	新立	注销	有效	新立	注销	有效	新立
合计	**97623**	**1862**	**3170**	**223197.94**	**4553.58**	**498.75**	**1420922.91**	**47985.86**
煤	12728	57	133	57761.90	1389.40	138.66	413352.65	8037.00
石油天然气	662	14		118950.00	1985.00			
煤层气	9			1354.00				
油页岩	18			61.26			739.00	
石煤	203	3		232.92	2.41		1353.71	18.50
油砂	1			1.94			14.40	
天然沥青	5			12.73			6.40	
地热	834	27	3	872.37	9.73	0.15	20453.33	676.05
铁矿	3761	109	33	5196.77	181.49	10.02	96814.22	3891.50
锰矿	440	7	2	612.06	9.72	0.75	2011.85	42.90
铬铁矿	25			19.61			47.60	
钛矿	96	1	5	115.21	4.72	0.73	5367.71	196.80
钒矿	101	5		305.73	16.15		2263.79	124.00
金红石	4			5.22			29.59	
铜矿	857	23	3	1183.66	60.00	0.53	18322.48	552.50
铅矿	1021	18	2	1567.05	78.49	0.51	6084.43	131.50
锌矿	424	8		669.09	16.79		3187.07	464.00
铝土矿	269	13	1	917.36	148.57	0.39	4305.90	346.00
镁矿	3			2.02			188.20	
镍矿	49			62.21			861.08	
钴矿	4		1	6.45		0.60	177.00	
钨矿	142			366.45			1868.03	
锡矿	144	2		306.31	7.16		1208.23	33.00
铋矿	4			0.92			11.50	
钼矿	186	6		393.03	14.32		9362.53	388.80
汞矿	36		1	55.13		0.74	69.72	
锑矿	71			132.64			274.50	

①生产规模单位：固体矿产按万吨/年，气体矿产按万立方米/年，地下水按立方米/日计。

出让、转让情况——按矿种分列

单位：宗、平方千米、万元、个

采矿权使用费	采矿权出让							采矿权转让	
	合计		探矿权转采矿权	协议出让		招、拍、挂出让		宗数	转让金额
	宗数	价款金额	宗数	宗数	价款金额	宗数	价款金额		
13998.40	**1862**	**766903**	**281**	**131**	**456091**	**1450**	**310809**	**1752**	**1659047**
6094.35	57	350179	19	37	349757	1	422	330	666615
	14		14						
6.60								1	1059
29.30	3	159		1	40	2	119	7	4460
0.20									
1.45									
118.20	27	693	17	5	322	5	371	9	2618
623.45	109	42308	86	9	30108	14	12200	158	125028
73.00	7	1300	4			3	1300	16	2450
2.75								1	
14.30	1		1						
32.80	5	261	2	1	1	2	260	1	4681
0.60									
140.55	23	1461	21	2	1461			36	24112
184.85	18	1357	12	4	791	2	566	27	10630
77.85	8	517	5	2	145	1	372	7	1968
99.00	13	18	12	1	18			17	1145
0.25									
7.65								1	3000
0.75								1	2400
39.65								2	8199
34.30	2		2					5	1796
0.20									
44.00	6		6					5	464
6.40									
15.20								1	1121

2012年采矿许可证发证及采矿权

续表 12-1

矿种	采矿许可证发证							
	许可证数			登记面积			生产规模	
	有效	新立	注销	有效	新立	注销	有效	新立
多金属	2		1	2.61		9.63	180.00	
铂矿	7	1		9.29	2.70		125.00	30.00
砂金	53	2		248.85	67.68		1387.10	6.93
金矿	1441	36	11	3010.02	122.33	3.90	11717.64	667.90
银矿	108	5		187.05	6.93		1120.93	45.00
铌钽矿	12			21.27			170.30	
铌矿	4			2.84			33.80	
钽矿	4			15.49			80.00	
铍矿	3			3.94			12.50	
锂矿	11	1		307.49	2.07		193.36	120.00
锆矿	27	1		91.71	0.31		11185.63	130.45
锶矿(天青石)	14			32.92			58.60	
重稀土矿	21			30.79			211.70	
轻稀土矿	90			69.47			693.22	
锗矿	3			7.49			129.00	
碲矿	3			2.05			2.40	
蓝晶石	8			4.03			30.00	
矽线石	4			18.58			25.00	
红柱石	12			11.86			288.00	
菱镁矿	121	3		42.92	5.73		1970.35	147.00
萤石(普通)	1179	10	14	867.25	12.26	5.33	1853.72	54.50
熔剂用石灰岩	174	2	3	77.92	0.45	0.07	6504.51	40.00
冶金用白云岩	171	1	7	36.83	0.27	1.33	2357.90	60.00
冶金用石英岩	205	5	3	78.88	1.08	1.74	754.60	15.10
冶金用砂岩	23			14.75			52.20	
铸型用砂岩	15			1.28			36.05	
铸型用砂	48	1		15.96	0.07		377.45	5.00
冶金用脉石英	130	2	8	141.89	14.39	6.94	326.00	12.00
耐火黏土	211	2	3	126.01	0.34	0.01	704.60	1.30
铁钒土	15		1	7.54		0.07	22.48	

出让、转让情况——按矿种分列

单位：宗、平方千米、万元、个

采矿权使用费	采矿权出让							采矿权转让	
	合计		探矿权转采矿权	协议出让		招、拍、挂出让		宗数	转让金额
	宗数	价款金额		宗数	价款金额	宗数	价款金额		
0.30									
1.15	1		1						
26.05	2	111		2	111				
338.45	36	3485	29	3	285	4	3200	57	14863
21.60	5		5					3	3810
2.55									
0.45									
1.65									
0.45									
31.00	1		1						
9.75	1	10		1	10				
3.75									
3.45									
9.55								2	420
0.85									
0.30									
0.65									
1.95									
1.40									
8.45	3	8		3	8			7	1265
119.45	10	246	3	2	21	5	225	26	9740
13.60	2	243				2	243	2	2325
10.05	1	382				1	382	1	120
15.10	5	554				5	554	11	617
2.25								2	5
0.80									
3.45	1	25				1	25		
18.15	2	544				2	544	7	747
19.10	2	331				2	331	6	464
1.35								1	

2012 年采矿许可证发证及采矿权

续表 12-2

矿种	采矿许可证发证							
	许可证数			登记面积			生产规模	
	有效	新立	注销	有效	新立	注销	有效	新立
其他黏土	55	1	16	187.75	0.10	1.14	225.02	15.00
铸型用黏土	1			2.26			3.00	
耐火用橄榄岩	2			2.09			30.00	
熔剂用蛇纹岩	3			0.54			75.00	
自然硫	1			10.16			3.80	
硫铁矿	264	1	5	348.38	0.23	0.85	2887.25	5.00
钠硝石	3			37.02			26.39	
明矾石	2			1.33			23.00	
芒硝(含钙芒硝)	72			357.04			3939.20	
重晶石	474	9	2	561.88	16.44	0.45	1189.78	78.24
毒重石	33			28.11			93.20	
天然碱 (Na_2CO_3)	14			58.26			353.70	
颜料黄土	1			0.35			0.50	
电石用灰岩	52			22.96			1407.30	
制碱用灰岩	26			6.38			587.70	
化肥用石灰岩	8			1.30			3040.20	
化肥用白云岩	6			0.71			29.70	
化肥用石英岩	9			4.05			50.50	
化肥用砂岩	21			7.08			174.50	
含钾岩石	8		1	5.88		0.10	66.50	
含钾砂页岩	1			0.03			3.00	
化肥用蛇纹岩	5			1.90			22.50	
泥炭	58	1	17	45.61	0.32	3.35	244.46	10.00
矿盐	13			100.57			358.80	
岩盐	103	4		228.96	10.36		6218.71	250.00
湖盐	35			567.51			1425.60	
镁盐	5	1		54.29	11.42		162.00	50.00
天然卤水	41		1	556.89		1.15	4210.76	
钾盐	19	1		9319.24	53.14		1333.70	528.00
溴	55			66.70			14.36	

出让、转让情况——按矿种分列

单位：宗、平方千米、万元、个

采矿权使用费	采矿权出让							采矿权转让	
	合计		探矿权转采矿权	协议出让		招、拍、挂出让		宗数	转让金额
	宗数	价款金额		宗数	价款金额	宗数	价款金额		
20.95	1	9				1	9	1	
0.25									
0.30									
0.15									
1.05									
42.20	1		1					10	8308
3.75								2	
0.20									
37.55								3	1750
69.55	9	1478				9	1478	4	321
3.65									
6.20									
0.05									
4.15								3	2304
1.70								3	122
0.45								1	610
0.25									
0.65									
1.45								3	176
1.10									
0.05									
0.35								1	136
6.25	1	81				1	81	1	20
10.35									
25.35	4	8855	1	1	935	2	7920	4	9595
57.50								2	7380
5.55	1	154		1	154				
56.70								1	
932.40	1		1					2	
8.70									

2012 年采矿许可证发证及采矿权

续表 12-3

主要矿种	采矿许可证发证							
	许可证数			登记面积			生产规模	
	有效	新立	注销	有效	新立	注销	有效	新立
砷	4			3.57			2.36	
磷矿	354	5	1	791.86	14.22	0.87	12428.64	211.00
金刚石	4			1.32				
石墨	164	7	1	144.35	14.19	0.01	1239.33	249.00
水晶	8			2.28			0.08	
工艺水晶	2			0.65			0.01	
硅灰石	184		4	65.27		0.26	505.00	
滑石	136	3	4	68.00	7.92	0.32	439.41	5.00
石棉(温石棉)	34		1	13.08		0.01	223.17	
云母	28	1		16.26	2.92		50.00	3.00
长石	388	12	6	189.21	5.69	0.39	1251.84	33.06
电气石	4			9.00			2.99	
石榴子石	22	1		7.37	0.02		78.77	13.32
叶蜡石	71	3		29.73	1.85		1260.04	15.80
透辉石	35		2	6.00		0.07	176.10	
蛭石	20			11.55			62.60	
沸石	55		4	12.49		0.24	169.85	
透闪石	9			1.52			62.62	
石膏	601	13	6	594.74	21.88	0.13	6653.16	104.00
方解石	755	24	27	211.44	3.62	2.65	2980.57	80.10
光学萤石	3			1.81			1.55	
宝石	6			7.20			10.38	
玉石	107	4		90.95	2.90		586.21	0.01
玛瑙	4			11.54			0.80	
石灰岩	5797	65	177	683.82	8.72	6.71	60104.66	1003.30
玻璃用石灰岩	3			0.32			4.50	
水泥用石灰岩	2261	43	60	973.16	26.92	5.76	136713.93	7182.00
建筑石料用灰岩	11969	211	455	1320.45	16.64	19.04	129034.51	4024.48
饰面用灰岩	115	12		38.22	7.31		546.29	83.74
制灰用石灰岩	413	6	25	65.43	0.30	1.47	5409.17	91.00

出让、转让情况——按矿种分列

单位：宗、平方千米、万元、个

	采矿权出让							采矿权转让	
采矿权使用费	合计		探矿权转采矿权	协议出让		招、拍、挂出让		宗数	转让金额
	宗数	价款金额		宗数	价款金额	宗数	价款金额		
0.45									
88.15	5	1205	2	1	589	2	616	6	15437
0.25									
18.90	7	5326		1	1826	6	3500	2	858
0.50									
0.10									
13.10								1	15
11.05	3	56		1	11	2	44	6	1186
2.55									
2.25	1	9				1	9	3	121
31.70	12	387	3			9	387	6	1272
1.00									
1.40	1	264				1	264	1	260
5.15	3	4	2			1	4		
1.95									
1.85								1	369
3.30								2	23
0.45								1	28
77.00	13	1023	1	2	339	10	684	13	3879
49.65	24	463	1	1	37	22	426	14	604
0.25									
0.90									
11.75	4	523		2	22	2	501	3	5353
1.25									
321.90	65	10017		2	76	63	9942	106	13948
0.15									
174.85	43	136751	13	3	55626	27	81125	68	68989
669.40	211	18615		1	151	210	18464	164	12667
7.75	12	1252				12	1252	2	10
24.00	6	350				6	350	10	391

2012 年采矿许可证发证及采矿权

续表 12-4

矿种	采矿许可证发证							
	许可证数			登记面积			生产规模	
	有效	新立	注销	有效	新立	注销	有效	新立
泥灰岩	48	2	3	6.26	0.02	0.23	209.75	4.80
白垩	4			2.08			29.00	
白云岩	528	5	10	133.41	8.52	0.40	4685.92	22.50
玻璃用白云岩	15			9.73			131.00	
建筑用白云岩	983	24	13	90.75	2.24	0.40	15106.43	410.00
石英岩	731	14	14	286.96	4.56	0.80	3568.65	80.10
冶金用石英岩	66		2	21.61		1.04	191.10	
玻璃用石英岩	198	2	1	61.84	0.56	0.24	3710.73	350.00
砂岩	1379	30	67	99.42	0.88	3.57	9885.10	87.50
玻璃用砂岩	86	1	1	15.50	0.09		1027.72	21.00
水泥配料用砂岩	236	10	11	85.17	2.60	2.96	3150.24	149.94
砖瓦用砂岩	285	17	5	14.68	0.25	0.23	1493.08	70.50
陶瓷用砂岩	72	2	3	24.42	0.18	0.09	369.76	21.66
建筑用砂岩	305	33	2	34.06	2.40	0.07	5369.15	1922.45
天然石英砂	155	7	4	127.19	0.36	0.19	1652.67	77.10
玻璃用砂	22	1	3	13.26	0.54	0.19	764.88	47.10
海砂	2			0.75			325.33	
建筑用砂	4666	171	464	1302.59	37.93	191.59	45269.51	2832.48
水泥配料用砂	21	1	2	3.74	0.03	0.10	268.52	12.80
水泥标准砂	3			0.30			6.80	
砖瓦用砂	37			3.77			103.08	
脉石英	221	5	10	95.78	0.76	0.64	478.24	5.33
玻璃用脉石英	74			31.24			248.45	
粉石英	19			8.15			68.20	
硅藻土	1			0.20			0.15	
页岩	33	2	3	26.51	1.06	0.47	212.30	16.00
陶粒用页岩	1566	29	54	85.39	1.87	1.89	10160.29	141.10
砖瓦用页岩	30	1		6.93	0.09		534.20	25.00
水泥配料用页岩	6287	185	139	499.66	17.66	2.45	27151.67	1155.02

出让、转让情况——按矿种分列

单位：宗、平方千米、万元、个

采矿权使用费	采矿权出让							采矿权转让	
	合计		探矿权转采矿权	协议出让		招、拍、挂出让		宗数	转让金额
	宗数	价款金额		宗数	价款金额	宗数	价款金额		
2.75	2	10				2	10		
0.30									
35.00	5	139		1	20	4	119	12	2126
1.65									
51.65	24	1180	1			23	1180	13	778
54.50	14	748		7	599	7	149	10	1191
4.65								3	115
13.20	2	30060				2	30060	5	282
72.40	30	209				30	209	28	789
4.85	1	120				1	120		
17.25	10	1728		1	2	9	1726	6	1610
14.55	17	198				17	198	5	270
5.05	2	143				2	143	2	50
16.50	33	4172		3	3239	30	933	8	470
18.35	7	316		5	158	2	158	3	11
2.25	1	812				1	812		
0.15									
325.50	171	13395		2	49	169	13345	51	2448
1.20	1	117				1	117		
0.15									
1.85									
16.70	5	18				5	18	4	270
5.40									
1.45								1	
0.05									
3.65	2	127	1			1	127	3	2597
81.20	29	589				29	589	31	2411
1.80	1	180				1	180	2	7
344.90	185	2776				185	2776	95	466769

2012年采矿许可证发证及采矿权

续表 12-5

矿种	采矿许可证发证							
	许可证数			登记面积			生产规模	
	有效	新立	注销	有效	新立	注销	有效	新立
高岭土	115	6	5	74.55	0.90	0.23	1535.48	49.30
陶瓷土	463	14	13	370.63	6.95	1.74	2841.32	61.15
凹凸棒石黏土	568	16	23	201.10	2.44	2.63	3031.60	82.49
海泡石黏土	24			22.86			205.35	
伊利石黏土	4			2.78			2.74	
累托石黏土	52	1		38.76	2.36		141.26	5.00
膨润土	1			0.63			5.00	
砖瓦用黏土	220	2	12	149.44	0.63	0.54	1194.47	8.00
陶粒用黏土	14662	110	556	1221.60	4.91	22.71	80014.62	348.53
水泥用黏土	68	2		207.24	0.94		222.61	13.60
水泥配料用红土	152	10	10	49.01	2.18	0.79	1895.23	137.23
水泥配料用黄土	16		13	4.76		0.52	81.16	
水泥配料用泥岩	6		1	0.43		0.02	221.58	
保温材料用黏土	7		1	3.46		0.18	35.96	
橄榄岩	8			28.09			90.08	
建筑用橄榄岩	4			1.68			15.58	
蛇纹岩	39		2	20.84		1.92	317.74	
饰面用蛇纹岩	14			4.23			24.42	
玄武岩	567	17	26	76.01	2.96	0.42	7053.70	145.00
铸石用玄武岩	8			0.63			114.10	
岩棉用玄武岩	1			0.02			7.00	
建筑用玄武岩	124	11	1	9.55	1.23	0.01	3216.43	341.64
辉绿岩	132	2	5	44.12	0.50	0.79	792.52	19.76
水泥用辉绿岩	3			0.59			35.80	
铸石用辉绿岩	2			0.05			8.00	
建筑用辉绿岩	186	5	1	40.95	0.07	0.10	1728.61	57.20
饰面用辉绿岩	71	3	1	14.47	0.83	0.21	305.89	1.27
安山岩	112	3	5	7.30	0.29	0.04	2076.31	68.90
饰面用安山岩	4			0.29			22.10	

出让、转让情况——按矿种分列

单位：宗、平方千米、万元、个

采矿权使用费	采矿权出让							采矿权转让	
	合计		探矿权转采矿权	协议出让		招、拍、挂出让		宗数	转让金额
	宗数	价款金额		宗数	价款金额	宗数	价款金额		
11.95	6	143				6	143	2	161
51.05	14	1822	2			12	1822	16	2046
40.50	16	627				16	627	13	2533
3.00									
0.35									
5.40	1	26				1	26	2	92
0.10									
22.20	2	26		1	1	1	25	3	300
787.15	110	598				110	598	56	104005
23.10	2	276				2	276	2	170
10.20	10	365				10	365	9	210
1.05									
0.30									
0.60									
3.05								1	500
0.30									
3.45									
0.85									
31.70	17	1446	1	2	12	14	1435	10	384
0.40								1	22
0.05									
6.40	11	728				11	728	1	10
9.35	2	193		1	26	1	166	5	160
0.15									
0.10									
11.10	5	266				5	266		
4.05	3	146				3	146	3	800
5.70	3	115				3	115		
0.20									

2012 年采矿许可证发证及采矿权

续表 12-6

矿种	采矿许可证发证							
	许可证数			登记面积			生产规模	
	有效	新立	注销	有效	新立	注销	有效	新立
建筑用安山岩	422	4	15	21.30	0.06	0.48	7929.77	67.60
闪长岩	85		2	19.49		0.07	2679.00	
建筑用闪长岩	271	5	18	18.01	0.25	0.34	3376.03	76.26
水泥混合材料用闪长玢岩	1			0.01			5.20	
花岗岩	790	21	50	236.20	4.90	1.87	6861.14	406.35
建筑用花岗岩	2849	71	120	489.34	3.01	3.74	60195.90	2299.18
饰面用花岗岩	1307	68	163	233.60	8.13	7.13	8618.58	587.89
麦饭石	9			10.02			18.63	
珍珠岩	59	2	1	14.59	0.72	1.18	301.05	8.00
黑曜岩	3			0.37			11.00	
浮石	17		1	2.22		1.20	32.02	
粗面岩	21			8.08			217.23	
铸石用粗面岩	1			0.11			19.00	
霞石正长岩	16	3	1	10.05	0.30	0.03	450.00	90.00
凝灰岩	88	7	3	14.53	0.58	0.08	1291.47	75.40
水泥用凝灰岩	14		2	1.61		0.09	159.32	
建筑用石料（凝灰岩）	1908	75	167	372.80	8.26	10.12	59466.50	4870.36
火山灰	2			0.20			15.00	
水泥用火山灰	3	1		0.18	0.07		9.50	5.00
火山渣	11	2		2.68	0.02		82.70	2.20
大理岩	302	8	7	114.52	2.29	0.54	3438.35	70.85
饰面用石料（大理石）	422	17	14	194.53	5.83	2.17	6468.99	83.16
建筑用大理岩	410	6	47	75.39	0.26	0.78	4268.64	118.04
水泥用大理石	98	5	2	26.51	1.16	0.01	4077.51	416.85
玻璃用大理石	3		1	0.53		0.01	15.12	
板岩	220	8	8	82.96	0.83	0.09	1687.92	78.64
饰面用板岩	74			33.38			254.96	
水泥配料用板岩	11			4.13			72.45	
片麻岩	349	8	4	34.92	0.56	0.13	5111.44	320.90
角闪岩	35			10.30			425.67	
硼矿	64	4		352.88	14.52		548.45	21.00
矿泉水	839	10	4	446.74	4.35	0.97	4248.02	73.77
地下水	12			28.34			1133.70	
二氧化碳气	1			28.74			8.00	
其他	3			1.76			8.06	

出让、转让情况——按矿种分列

单位：宗、平方千米、万元、个

采矿权使用费	采矿权出让							采矿权转让	
	合计		探矿权转采矿权	协议出让		招、拍、挂出让		宗数	转让金额
	宗数	价款金额		宗数	价款金额	宗数	价款金额		
21.30	4	119				4	119	7	966
5.50								1	
14.20	5	3831		1	113	4	3718	2	134
0.05									
55.30	21	2225	1			20	2225	17	1476
175.30	71	16355		2	1258	69	15097	35	3207
75.55	68	3984		1	12	67	3973	17	1261
1.35									
3.75	2	77				2	77	2	97
0.15									
0.85									
1.65									
0.05									
1.60	3	724				3	724		
5.00	7	188				7	188	1	6
0.70									
119.20	75	74541		12	7668	63	66873	10	788
0.10									
0.15	1	17				1	17		
0.65	2	17				2	17		
22.35	8	916	1			7	916	7	129
34.30	17	1621				17	1621	8	544
24.00	6	1186				6	1186	8	934
6.35	5	2522	2	1	14	2	2508	2	1339
0.15									
17.35	8	705				8	705	2	100
6.05								1	5
0.80									
18.70	8	2059				8	2059	3	
2.25								1	
37.25	4	191	1	2	76	1	113	6	106
69.15	10	797	6			4	796	14	1947
3.20									
2.90									
0.30									

2012 年矿产资源勘查、

表 13

案件类型	合计	国家机关			
			省级	市级	县级
2011 年未结案件	**679**				
2012 年立案	**6123**				
勘查	324				
无证勘查	82				
越界勘查	14				
非法转让探矿权	15				
其他	213				
开采	5786				
无证开采	3908				
越界开采	1248				
非法转让采矿权	41				
破坏性开采	13				
其他	576				
不按规定缴纳矿产资源补偿费	13				
非法批准					
违法发证					
勘查许可证					
采矿许可证					
其他					
2012 年结案	**6161**				
处理 2011 年未结案	265				
勘查	308				
无证勘查	70				
越界勘查	13				
非法转让探矿权	13				
其他	212				
开采	5575				
无证开采	3752				
越界开采	1206				
非法转让采矿权	41				
破坏性开采	13				
其他	563				
不按规定缴纳矿产资源补偿费	13				
非法批准					
违法发证					
勘查许可证					
采矿许可证					
其他					
2012 年未结案件	**641**				

开采违法案件查处情况

计量单位：件

企事业单位		集体		个人
	外商		乡村	
141		**3**		**535**
1787	**5**	**157**	**59**	**4179**
253		3	2	68
33		2	2	47
12				2
10		1		4
198				15
1529	5	154	57	4103
591		84	29	3233
684	5	53	19	511
15				26
6				7
233		17	9	326
5				8
1822	**4**	**128**	**38**	**4211**
69		2		194
244		3	2	61
27		2	2	41
12				1
8		1		4
197				15
1504	4	123	36	3948
579		74	26	3099
671	4	38	7	497
15				26
6				7
233		11	3	319
5				8
106	**1**	**32**	**21**	**503**

2012 年矿产资源勘查、

表 14

案件类型	合计	北京	天津	河北
2011 年未结案件	**679**			**33**
2012 年立案	**6123**	**13**	**29**	**250**
勘查	324		3	17
无证勘查	82		3	12
越界勘查	14			
非法转让探矿权	15			
其他	213			5
开采	5786	13	26	233
无证开采	3908	13	25	203
越界开采	1248			21
非法转让采矿权	41			1
破坏性开采	13			
其他	576		1	8
不按规定缴纳矿产资源补偿费	13			
非法批准				
违法发证				
勘查许可证				
采矿许可证				
其他				
2012 年结案	**6161**	**13**	**29**	**264**
处理 2011 年未结案	265			20
勘查	308		3	17
无证勘查	70		3	12
越界勘查	13			
非法转让探矿权	13			
其他	212			5
开采	5575	13	26	227
无证开采	3752	13	25	197
越界开采	1206			21
非法转让采矿权	41			1
破坏性开采	13			
其他	563		1	8
不按规定缴纳矿产资源补偿费	13			
非法批准				
违法发证				
勘查许可证				
采矿许可证				
其他				
2012 年未结案件	**641**			**19**

开采违法案件查处情况——按地区分列

计量单位：件

山西	内蒙古	辽宁	吉林
13	**10**	**285**	**6**
189	**225**	**396**	**196**
3	43	2	17
1	5	1	13
2	38	1	4
186	182	394	179
163	140	304	142
19	19	79	35
	3		
4	20	11	2
197	**220**	**462**	**199**
11	2	71	6
3	38	2	16
1		1	12
2	38	1	4
183	180	389	177
160	138	300	140
19	19	78	35
	3		
4	20	11	2
5	**15**	**219**	**3**

2012年矿产资源勘查、

续表 14-1

案件类型	黑龙江	上海	江苏	浙江
2011 年未结案件				**10**
2012 年立案	**276**		**24**	**300**
勘查	2			
无证勘查	1			
越界勘查	1			
非法转让探矿权				
其他				
开采	274		24	300
无证开采	112		19	248
越界开采	151		2	49
非法转让采矿权				1
破坏性开采				
其他	11		3	2
不按规定缴纳矿产资源补偿费				
非法批准				
违法发证				
勘查许可证				
采矿许可证				
其他				
2012 年结案	**276**		**24**	**309**
处理 2011 年未结案				10
勘查	2			
无证勘查	1			
越界勘查	1			
非法转让探矿权				
其他				
开采	274		24	299
无证开采	112		19	248
越界开采	151		2	48
非法转让采矿权				1
破坏性开采				
其他	11		3	2
不按规定缴纳矿产资源补偿费				
非法批准				
违法发证				
勘查许可证				
采矿许可证				
其他				
2012 年未结案件				**1**

开采违法案件查处情况——按地区分列

计量单位：件

安徽	福建	江西	山东
9	**44**	**19**	
97	**362**	**145**	**61**
2	9	3	1
	8	2	
		1	
2			
	1		1
95	353	142	60
33	317	96	47
59	11	33	4
3			
	2		
	23	13	9
91	**360**	**137**	**59**
1	8	19	
2	5	3	1
	4	2	
		1	
2			
	1		1
88	347	115	58
27	312	70	45
58	10	32	4
3			
	2		
	23	13	9
15	**46**	**27**	**2**

2012 年矿产资源勘查、

续表 14-2

案件类型	河南	湖北	湖南	广东
2011 年未结案件		**4**	**13**	**37**
2012 年立案	**107**	**85**	**498**	**350**
勘查	2	3	5	2
无证勘查	1	1	3	
越界勘查				
非法转让探矿权	1			
其他		2	2	2
开采	105	82	493	348
无证开采	83	64	182	306
越界开采	15	16	279	29
非法转让采矿权			2	
破坏性开采			3	
其他	7	2	27	13
不按规定缴纳矿产资源补偿费				
非法批准				
违法发证				
勘查许可证				
采矿许可证				
其他				
2012 年结案	**104**	**89**	**488**	**354**
处理 2011 年未结案	1	4	10	25
勘查	2	3	5	2
无证勘查	1	1	3	
越界勘查				
非法转让探矿权	1			
其他		2	2	2
开采	101	82	473	327
无证开采	79	64	175	289
越界开采	15	16	266	25
非法转让采矿权			2	
破坏性开采			3	
其他	7	2	27	13
不按规定缴纳矿产资源补偿费				
非法批准				
违法发证				
勘查许可证				
采矿许可证				
其他				
2012 年未结案件	**3**		**23**	**33**

开采违法案件查处情况——按地区分列

计量单位：件

广西	海南	重庆	四川
59	**21**		**42**
258	**88**	**109**	**86**
6		1	7
			3
1		1	1
5			3
252	88	105	79
153	63	61	39
25	25	42	32
		2	
74			8
		3	
266	**85**	**106**	**72**
25			2
6		1	5
			1
1		1	1
5			3
235	85	102	65
138	61	58	32
23	24	42	25
		2	
74			8
		3	
51	**24**	**3**	**56**

2012年矿产资源勘查、

续表 14-3

案件类型	贵州	云南	西藏	陕西
2011年未结案件	**35**	**18**		
2012年立案	**515**	**311**	**13**	**156**
勘查	36	27		10
无证勘查	16	2		1
越界勘查	1	5		
非法转让探矿权	12			
其他	7	20		9
开采	478	284	13	146
无证开采	160	180	13	123
越界开采	72	95		15
非法转让采矿权	31			1
破坏性开采				
其他	215	9		7
不按规定缴纳矿产资源补偿费	1			
非法批准				
违法发证				
勘查许可证				
采矿许可证				
其他				
2012年结案	**526**	**319**	**5**	**128**
处理2011年未结案	24	16		
勘查	33	26		10
无证勘查	16	2		1
越界勘查	1	4		
非法转让探矿权	10			
其他	6	20		9
开采	468	277	5	118
无证开采	158	175	5	102
越界开采	71	93		8
非法转让采矿权	31			1
破坏性开采				
其他	208	9		7
不按规定缴纳矿产资源补偿费	1			
非法批准				
违法发证				
勘查许可证				
采矿许可证				
其他				
2012年未结案件	**24**	**10**	**8**	**28**

开采违法案件查处情况——按地区分列

计量单位：件

甘肃	青海	宁夏	新疆
		4	**17**
21	**64**	**53**	**846**
2	2		119
			9
	2		1
2			109
19	62	53	718
14	19	44	542
5	33	7	76
			5
	10	2	95
			9
21	**56**	**57**	**845**
		4	6
2	2		119
			9
	2		1
2			109
19	54	53	711
14	17	44	535
5	33	7	76
			5
	4	2	95
			9
	8		**18**

2012年全国石油天然气

表15

地 区	油气田总数（个）				从业人数（人）	油产量（万吨）
		大型	中型	小型		
总 计	**920**	**104**	**224**	**592**	**665989**	**20683.76**
天 津	23	3	7	13	30088	478.52
河 北	62	1	17	44	50659	584.02
辽 宁	40	4	7	29	44466	1000.01
吉 林	42	4	12	26	27355	810.37
黑龙江	53	8	14	31	92137	4001.55
江 苏	57		4	53	7509	194.53
山 东	72	11	40	21	82098	2755.00
河 南	51	3	12	36	50411	510.55
湖 北	30	1	1	28	14588	96.90
浙 江	3			3	278	5.05
广 西	1			1	80	2.33
广 东	4			4	150	19.10
四 川	146	9	15	122	38433	17.52
甘 肃	7		3	4	12068	53.65
青 海	25	4	3	18	22150	205.00
陕 西	59	13	20	26	141493	3534.55
新 疆	90	17	27	46	46901	2574.18
渤 海	60	13	19	28	1445.00	2619.79
南 海	81	12	22	47	2323	1210.40
东 海	14	1	1	12	1357	10.74

注：1. 中国石油长庆、华北、大港和西南经济数据未按省分列，本汇总表将中国石油长庆全部计入陕西，中国石油华北全部计入河北，中国石油大港全部计入天津，中国石油西南全部计入四川。
2. 本表不包括煤层气。

开发利用情况——按地区分列

气产量（亿立方米）	工业总产值（万元）	工业增加值（万元）	销售收入（万元）	年利税总额（万元）	实缴补偿费（万元）
1070.84	**108107590**	**84694485**	**105383887**	**64865657**	**744356**
4.44	2137397	1731687	2055681	1293738	16344
7.67	2938194	2671388	3138339	1219656	27348
7.22	3890180	2641258	3591121	1259155	33332
23.12	3051493	2205023	2413501	1416879	20695
33.69	19711346	19705371	19916287	15886915	137000
0.57	915778	684370	1046818	152972	7186
5.00	12971326	10915700	13469289	7951861	100098
32.29	4986523	2576240	5002678	1641549	27236
1.70	841113	605797	778074	233200	3896
	24590	–4892	24219	–20224	210
	408500	4385	408500	43537	391
1.80	117641	91033	118166	54829	1156
241.55	2580284	1357255	3409451	199445	16834
0.17	1522822	417670	475100	294187	136
63.50	2490019	1621143	1768562	1148231	5587
293.65	16862770	13249369	16248542	9849822	145955
251.32	13449725	11449995	13803688	8925308	116812
21.43	11777202	10908162	11597087	10054735	84141
72.54	7235728	2075840	5948990	3254887	
9.18	194959	60895	169794	4975	

2012 年全国石油天然气

表 16

	油气田总数（个）				从业人数（人）	油产量（万吨）
		大型	中型	小型		
总　计	**920**	**104**	**224**	**592**	**665989**	**20683.76**
国有企业	21		10	11	70645	1258.90
国有联营企业	1			1	80.00	2.33
股份有限公司	898	104	214	580	595264	19422.53

开发利用情况——按经济类型分列

气产量（亿立方米）	工业总产值（万元）	工业增加值（万元）	销售收入（万元）	年利税总额（万元）	实缴补偿费（万元）
1070.84	**108107590**	**84694485**	**105383887**	**64865657**	**744356**
	3619961	1699741	3590666	1084994	26511
	408500	4385	408500	43537	391
1070.84	104079129	82990359	101384721	63737126	717455

2012年全国非油气矿产资源

表 17

地 区	矿山企业数（个）					从业人员（人）
		大型	中型	小型	小矿	
全 国	**103795**	**3913**	**5563**	**52543**	**41776**	**6711085**
北 京	222	22	52	134	14	24736
天 津	402	102	125	162	13	7658
河 北	4571	96	183	2355	1937	313325
山 西	5001	267	642	2464	1628	880207
内蒙古	4499	153	288	2100	1958	289100
辽 宁	3875	83	123	2465	1204	262728
吉 林	1913	141	271	889	612	132346
黑龙江	3585	580	306	1244	1455	326182
上 海	78	2	2	73	1	3655
江 苏	1425	157	251	1017		140598
浙 江	1548	812	170	519	47	50322
安 徽	3311	180	170	1075	1886	343919
福 建	2258	169	194	1456	439	86844
江 西	5936	35	166	2945	2790	224773
山 东	3834	196	433	3016	189	553375
河 南	3272	136	299	1618	1219	483535
湖 北	3850	38	110	1692	2010	143048
湖 南	7345	48	135	2364	4798	304209
广 东	2062	67	122	1654	219	55428
广 西	4324	44	70	1759	2451	112257
海 南	248	46	48	146	8	11604
重 庆	2941	48	89	2125	679	187540
四 川	7688	92	346	4437	2813	407488
贵 州	7415	65	210	4505	2635	293742
云 南	7971	47	142	4339	3443	343201
西 藏	87	7	15	46	19	6329
陕 西	5176	138	215	2098	2725	277948
甘 肃	3449	48	64	1256	2081	182650
青 海	918	31	43	309	535	47999
宁 夏	519	20	16	181	302	51850
新 疆	4072	43	263	2100	1666	162489

开发利用情况——按地区分列

年产矿量（原矿，万吨）	工业总产值（万元）	综合利用产值（万元）	矿产品销售收入（万元）	利润总额（万元）
872344.25	**193873090.06**	**12151041.32**	**160927621.27**	**30838149.37**
1481.32	495595.55	30155.00	426023.40	93235.71
4012.72	48990.44	2649.60	35569.09	411.75
46830.68	7865349.59	488788.65	7243486.60	1411940.01
86867.18	46941513.02	2987618.40	31687332.76	5489611.49
107489.80	23345334.31	938223.83	21164956.40	5428051.65
37471.08	6228914.08	111105.08	5324318.01	723037.81
14729.47	2604688.86	146034.19	2200605.42	329765.60
16521.77	4107152.01	48961.26	3755257.32	258753.14
162.53	121939.25	1701.69	113744.65	8760.11
22601.88	2660974.18	116981.19	2185697.55	412910.84
57877.57	1403675.24	86104.22	1227876.25	83736.70
55252.95	10929843.66	1180292.07	10187821.99	1168745.56
16935.32	1811981.77	328605.11	1728963.32	480801.59
25028.30	2828748.15	255589.93	2595145.01	320941.96
44220.14	14208807.91	699365.57	12408405.39	2525043.84
27218.68	10553608.41	599067.19	9547268.93	1224111.72
17441.11	2279409.32	101545.83	2021893.28	368821.60
26916.22	3359756.39	144221.38	2774928.84	403005.00
26082.85	1333492.51	153026.00	1096751.33	212030.64
23313.12	1410066.03	137179.62	1064818.01	239731.00
6537.11	374983.10	13502.80	331996.27	106284.61
17203.05	2232609.78	287541.82	1932156.26	178771.33
27060.14	3713793.84	171178.91	3261331.10	375455.92
31123.70	9178177.73	2329113.43	8404437.03	2078950.71
27612.73	6537458.05	438826.57	5245132.75	771870.22
531.59	275677.39	2163.30	158850.51	39215.57
43066.35	15285178.74	57818.29	11926746.03	3990902.86
12200.83	3383071.92	96356.39	3031461.95	319490.98
8333.40	2291768.82	105667.34	2121331.41	505663.19
8007.01	1862777.67	369.00	1643112.29	566424.22
32213.68	4197752.32	91287.67	4080202.10	721672.04

2012年全国非油气矿产资源

表18

	矿山企业数（个）					从业人员（人）
		大型	中型	小型	小矿	
总　计	**103795**	**3913**	**5563**	**52543**	**41776**	**6711085**
一、内资企业	**103238**	**3758**	**5471**	**52286**	**41723**	**6637516**
国有企业	3422	592	583	1760	487	1743047
集体企业	8751	96	297	4113	4245	402652
股份合作企业	1449	80	112	766	491	121094
联营企业	532	17	35	256	224	31426
有限责任公司	14014	1054	1585	7718	3657	1513624
股份有限公司	4337	409	527	2366	1035	926161
私营企业	66067	1425	2192	33415	29035	1826983
其他企业	4666	85	140	1892	2549	72529
二、港、澳、台商投资企业	**217**	**47**	**38**	**112**	**20**	**22237**
三、外商投资企业	**340**	**108**	**54**	**145**	**33**	**51332**

开发利用情况——按经济类型分列

年产矿量（原矿，万吨）	工业总产值（万元）	综合利用产值（万元）	矿产品销售收入（万元）	利润总额（万元）
872344.25	**193873090.06**	**12151041.32**	**160927621.27**	**30838149.37**
844839.42	**189014003.44**	**12071391.70**	**156655675.73**	**29686704.88**
185387.23	69204006.41	3333852.84	51921749.13	8915094.97
29956.18	3110709.02	271833.82	2906764.04	490592.14
13707.20	3220453.06	65408.67	2770654.56	435453.08
3778.29	990885.24	62371.00	916968.19	159312.45
212551.19	44592459.80	2722762.09	40210422.76	7521126.33
132655.91	39075365.67	2436960.57	34604967.50	7821838.78
250443.04	28271042.37	3148787.66	22816035.03	4252482.63
16360.38	549081.87	29415.05	508114.51	90804.49
8690.18	**1064875.30**	**21421.19**	**1063333.19**	**241306.10**
18814.65	**3794211.32**	**58 228.43**	**3208612.35**	**910138.39**

2012年全国非油气矿产资源

表19

矿种	矿山企业数（个）					从业人员（人）
		大型	中型	小型	小矿	
总计	**103795**	**3913**	**5563**	**52543**	**41776**	**6711085**
煤炭	13008	678	1329	7618	3383	3895653
油页岩	20		4	10	6	3477
油砂	2			2		2
石煤	226	1	1	46	178	3016
天然沥青	6			1	5	33
地下热水	974	223	214	468	69	38175
铁矿	4207	115	290	2417	1385	389783
锰矿	551	16	36	343	156	29283
铬矿	31		1	17	13	619
钛矿	120	9	5	70	36	2901
钒矿	114	9	19	62	24	5490
铜矿	874	26	60	510	278	122641
铅矿	904	3	29	477	395	43596
锌矿	798	9	46	466	277	70409
铝土矿	276	6	28	179	63	17538
镁矿	10		1	5	4	178
镍矿	66	4	13	32	17	13604
钴矿	4	1		3		55
钨矿	155	4	21	107	23	36053
锡矿	124	4	13	69	38	26190
铋矿	3			2	1	81
钼矿	210	16	30	109	55	35194
汞矿	41			21	20	1140
锑矿	98	3	4	51	40	13469
铂矿	5	1	1	3		74
金矿	1638	57	130	868	583	186665
银矿	94	6	5	53	30	11403

*：国家统计局数据。

开发利用情况——按矿种分列

年产矿量（原矿，万吨）	工业总产值（万元）	综合利用产值（万元）	矿产品销售收入（万元）	利润总额（万元）
872344.25	**193873090.06**	**12151041.32**	**160927621.27**	**30838149.37**
314455.38（365000.00*）	134169880.84	7327947.61	111972428.12	22064510.38
228.71	35669.77	365.00	32820.38	1581.27
245.67	12683.90	71.50	12153.00	2961.25
0.04	242.35		112.35	
11700.28	214452.17	400.00	169114.71	9799.73
72905.54（130963.70*）	15250374.03	676437.60	13661340.89	2245709.24
806.74	652476.44	55228.62	334617.94	15497.18
12.29	18948.23	42.00	16528.99	6807.96
617.05	36974.43	5777.71	33757.65	8389.60
70.52	30692.01	40.00	12027.96	720.84
14243.10	3489415.91	291020.90	2853687.51	637449.93
1056.06	983944.80	165450.52	1127397.39	222079.07
2649.08	1813828.07	256396.06	1546039.83	379957.22
2075.16	329983.43	41478.06	307218.46	15554.75
90.00	7876.00	7450.00	6745.00	1214.00
1337.47	1276442.19	32891.07	1096745.12	65472.03
1376.42	750213.14	39882.07	686557.45	178476.79
866.04	531301.47	41472.02	454293.77	118995.86
2.00	2240.00		2240.00	8.00
7353.51	1214620.00	70942.48	1047335.58	161263.02
45.33	35693.24	3384.00	34826.64	10562.70
120.16	154723.69	31107.99	120639.53	14266.13
3.06	566.10		566.10	38.00
12336.53	6453066.90	770434.31	5757689.94	1773633.75
494.97	339634.04	92325.32	303618.59	63052.29

2012 年全国非油气矿产资源

续表 19-1

矿种	矿山企业数（个）					从业人员（人）
		大型	中型	小型	小矿	
铌钽矿	12		2	5	5	974
铌矿	1				1	30
钽矿	6			5	1	602
铍矿	1				1	14
锂矿	16	2	1	7	6	2644
锆矿	25	21	3	1		777
锶矿	16	1		12	3	667
重稀土矿	22		1	20	1	518
轻稀土矿	89	1	6	41	41	1546
锗矿	2			2		253
碲矿	3				3	57
蓝晶石	6		1	4	1	211
矽线石	2	1		1		323
红柱石	11	3	3	5		750
菱镁矿	124	7	11	83	23	7060
普通萤石	1273	12	32	678	551	23426
熔剂用灰岩	299	21	24	136	118	16511
冶金用白云岩	356	9	13	210	124	6751
冶金用石英岩	592	2	12	338	240	7133
冶金用砂岩	39		1	34	4	398
铸型用砂岩	16			11	5	195
铸型用砂	77		4	56	17	2016
冶金用脉石英	320		1	183	136	2642
耐火黏土	257	1	4	145	107	5986
铁矾土	20			4	16	133
铸型用黏土	2			2		12
耐火用橄榄岩	6			6		143
熔剂用蛇纹岩	10	2	5	2	1	664
自然硫	2				2	21

开发利用情况——按矿种分列

年产矿量（原矿，万吨）	工业总产值（万元）	综合利用产值（万元）	矿产品销售收入（万元）	利润总额（万元）
124.30	24904.00	16400.00	24381.50	2212.00
22.24	7323.90	2406.01	3719.99	151.82
195.49	65142.68	60679.00	59813.65	150.00
2235.87	26944.51	10902.64	15331.32	2045.31
15.73	5257.60		5250.94	2312.40
388.57	47778.67		3825.51	489.81
295.01	120069.62	10343.00	66968.04	21403.75
9.20	9700.00	900.00	9700.00	630.00
2.01	2001.36	95.00	959.00	73.60
1.19	125.00		125.00	75.00
14.52	6516.10	979.00	6392.10	219.79
978.50	146539.86	2281.00	65139.21	5032.37
555.52	216001.10	19432.41	184331.32	23955.16
5916.29	391865.59	34743.98	309546.13	9707.78
2007.96	95250.29	8561.54	62469.75	4125.09
443.00	44022.76	3086.06	42302.43	1316.42
27.90	1131.80	51.20	986.95	178.55
107.02	1247.13	292.50	1173.53	339.99
171.44	23149.24	248.00	21567.39	848.77
64.96	4635.95	519.17	4291.26	470.20
150.73	26456.16	1078.03	21608.14	2152.25
2.13	1003.15		265.00	58.00
1.00	20.00	20.00	20.00	6.00
8.40	4161.00	2539.52	1562.50	11.20
103.90	2403.40	16.00	1805.60	167.72

2012 年全国非油气矿产资源

续表 19-2

矿种	矿山企业数（个）					从业人员（人）
		大型	中型	小型	小矿	
硫铁矿	281	9	7	160	105	19467
钠硝石	4			2	2	65
明矾石	6	2		4		1782
芒硝	78	19	19	31	9	10472
重晶石	502	13	10	287	192	7231
毒重石	37		1	29	7	979
天然碱	13	1	3	6	3	3770
电石用灰岩	88	3	4	43	38	1895
制碱用灰岩	56	3	3	33	17	1262
化肥用灰岩	18			15	3	424
化工用白云岩	24			16	8	278
化肥用石英岩	16			12	4	258
化肥用砂岩	12			11	1	110
含钾砂页岩	3			2	1	18
含钾岩石	34	1	6	21	6	311
化肥用橄榄岩	1			1		10
化肥用蛇纹岩	21		1	13	7	170
泥炭	50	1	1	11	37	692
盐矿	206	85	28	76	17	52899
镁盐	5		3	2		534
钾盐	17	5	7	4	1	8929
溴矿	56			56		2871
砷矿	6			4	2	89
硼矿	67	3	5	56	3	1095
磷矿	365	28	82	220	35	44984
金刚石	5		2	3		701
石墨	176	29	25	76	46	9157
压电水晶	3			3		5
熔炼水晶	4			1	3	13

开发利用情况——按矿种分列

年产矿量（原矿，万吨）	工业总产值（万元）	综合利用产值（万元）	矿产品销售收入（万元）	利润总额（万元）
886.48	353832.30	21137.21	227778.54	34122.03
3.30	6635.00	197.00	5798.00	-197.00
1754.59	256637.49	6371.50	206538.75	3113.64
297.83	63458.60	3571.96	50225.33	11217.06
28.90	7410.66	140.00	6952.66	735.70
273.01	258927.00	22890.00	188693.00	41607.00
592.94	14351.78	626.81	12670.80	2718.59
773.75	15690.69	312.90	15322.34	6411.33
29.50	376.20		290.50	7.50
35.30	1646.07	100.00	1472.17	178.84
15.67	1314.28		1314.28	106.07
3.30	247.89		247.89	46.00
0.83	142.70		142.70	37.46
12.30	916.53	58.60	776.33	50.00
3.50	171.95	10.00	151.95	18.00
11.79	1494.70	232.40	1404.90	328.50
7480.77	1500007.53	232352.81	1076842.09	80959.25
50.00	1960.00	1850.00	1780.10	626.94
3928.56	1168227.90	55648.04	1200060.38	482429.24
25.50	84925.89	22138.34	74321.48	8393.42
1.15	332.60		332.60	1.50
57.64	19124.05		8973.23	1704.77
6323.02	1785030.56	76717.91	1454386.76	287033.62
				-739.00
511.05	87545.31	460.00	73976.11	8029.00

2012 年全国非油气矿产资源

续表 19-3

矿种	矿山企业数（个）					从业人员（人）
		大型	中型	小型	小矿	
工艺水晶	3			2	1	35
硅灰石	239	3	5	122	109	2791
滑石	154	6	7	85	56	5720
石棉	38	10	4	22	2	4673
云母	32			20	12	339
长石	404	1	8	219	176	4069
电气石	4			2	2	27
石榴子石	22	1		9	12	252
叶蜡石	87	3	18	49	17	1592
透辉石	36		3	17	16	589
蛭石	22			20	2	352
沸石	70		1	38	31	884
透闪石	11	1		6	4	119
石膏	604	33	76	320	175	26739
方解石	760	4	30	309	417	7059
光学萤石	10			4	6	70
宝石	10		1	2	7	90
玉石	116	1		42	73	2157
玛瑙	4				4	135
玻璃用灰岩	7			3	4	32
水泥用灰岩	3366	296	326	1835	909	104047
建筑石料用灰岩	16260	141	273	7534	8312	204791
饰面用灰岩	160		4	71	85	2154
制灰用石灰岩	955	10	14	511	420	15564
泥灰岩	26			11	15	273
白垩	2			1	1	10
玻璃用白云岩	49	1		24	24	931
建筑用白云岩	1265	11	29	736	489	18088
玻璃用石英岩	514	16	28	309	161	6564

开发利用情况——按矿种分列

年产矿量（原矿，万吨）	工业总产值（万元）	综合利用产值（万元）	矿产品销售收入（万元）	利润总额（万元）
124.91	13770.88	520.00	11830.34	1475.38
228.21	45830.34	2519.98	24109.33	3830.73
601.56	38676.94	6178.00	25784.80	2044.00
5.92	1650.84		1650.84	90.00
291.61	27574.81	641.20	14014.86	3176.88
2.97	802.50	66.00	502.00	26.30
123.96	9443.36	1928.83	9269.02	1177.08
100.84	6285.33	730.00	6583.21	898.83
10.23	2837.10	30.00	2597.10	209.70
58.97	2039.47	258.00	1837.47	163.25
0.23	7.35		7.35	
1881.93	111752.05	13862.34	102188.41	7829.35
704.45	49907.87	3487.09	40778.78	4435.47
0.50	21.80		21.80	
9.44	1375.00	332.00	412.00	47.20
7.39	102211.74	15564.00	29866.23	2030.00
0.06	1662.00		352.00	200.00
17.75	400.00		400.00	81.50
103544.82	7783216.15	850143.18	5599062.07	781481.61
76534.47	1827664.60	165697.61	1271007.56	192668.15
419.16	12088.50	1092.50	9501.49	1742.33
5101.28	134685.77	6947.09	112691.85	18495.40
84.16	1328.42	24.20	1330.62	101.00
164.21	4345.45	27.08	2394.59	209.38
8157.57	203800.24	11614.20	174069.24	21512.67
939.33	51865.09	12658.82	44978.22	5663.10

2012 年全国非油气矿产资源

续表 19-4

矿 种	矿山企业数（个）					从业人员（人）
		大型	中型	小型	小矿	
玻璃用砂岩	123	6	37	54	26	2089
水泥配料用砂岩	295	7	33	171	84	6372
砖瓦用砂岩	261		10	141	110	4856
陶瓷用砂岩	80		7	58	15	845
建筑用砂岩	2168	58	97	1225	788	22344
玻璃用砂	63	8	13	30	12	2305
建筑用砂	4762	29	173	1752	2808	51056
水泥配料用砂	17	1	1	5	10	697
水泥标准砂	6			2	4	128
砖瓦用砂	123			20	103	1191
玻璃用脉石英	222	2	1	119	100	1799
水泥配料用脉石英	24		2	8	14	265
粉石英	47		3	29	15	750
天然油石	1				1	30
硅藻土	38		9	26	3	939
陶粒页岩	30	2	5	21	2	649
砖瓦用页岩	7012	14	463	4132	2403	160120
水泥配料用页岩	175	6	17	78	74	2157
建筑用页岩	868	1	33	492	342	15717
高岭土	524	17	31	322	154	10601
陶瓷土	609	10	26	440	133	6182
凹凸棒石黏土	33	4	4	21	4	779
海泡石黏土	6			3	3	62
伊利石黏土	41		3	32	6	790
累托石黏土	23			9	14	472
膨润土	280	6	15	197	62	4864
砖瓦用黏土	17047	5	395	6247	10400	585093
陶粒用黏土	262	2	6	156	98	5469
水泥配料用黏土	166	2	6	83	75	3249

开发利用情况——按矿种分列

年产矿量（原矿，万吨）	工业总产值（万元）	综合利用产值（万元）	矿产品销售收入（万元）	利润总额（万元）
426.57	30942.20	1232.60	29637.20	4266.38
1643.68	133718.35	1711.30	119105.40	13839.99
535.90	37342.39	1400.90	25400.08	2769.87
104.79	2725.99	423.32	2721.52	448.23
11125.60	222373.89	9638.88	204167.47	25321.67
466.34	26756.58	772.00	26721.62	2167.57
20106.59	407268.43	17426.04	371760.30	63185.75
255.07	5197.94		5115.10	137.24
8.60	1407.41		1397.41	184.35
71.52	13758.30	500.00	10686.50	894.83
143.17	7889.32	2475.00	7541.92	819.32
18.67	837.05		487.25	-62.00
33.70	3533.40	116.00	2485.40	441.00
17.68	28737.19	50.00	12987.96	-1661.50
30.82	1788.13	30.00	1788.03	95.30
14210.66	992213.43	100788.60	891751.43	101301.82
703.36	11990.99	472.13	11125.79	1515.83
1950.98	111618.35	11443.67	88728.64	19384.50
868.64	121471.62	11297.80	102549.69	16305.19
931.66	109801.74	8273.05	42822.66	5933.73
28.40	8230.40	10.00	7532.66	626.06
14.08	1174.05	1.00	661.35	43.39
1.53	149.50		149.50	20.20
318.15	82805.83	4343.76	71887.20	6923.14
34688.11	3351691.13	164724.26	1846068.09	216361.82
257.13	15768.70	1296.80	14423.30	1794.81
779.91	16384.48	2218.60	12560.84	1248.94

2012 年全国非油气矿产资源

续表 19-5

矿种	矿山企业数（个）					从业人员（人）
		大型	中型	小型	小矿	
水泥配料用红土	17			3	14	182
水泥配料用黄土	11		1	9	1	257
水泥配料用泥岩	27	2	1	13	11	473
保温材料用黏土	5			3	2	40
白云母黏土矿	5			2	3	82
建筑用橄榄岩	10		1	7	2	253
饰面用蛇纹岩	63			41	22	475
饰面用辉石岩	1			1		40
建筑用辉石岩	9			5	4	96
铸石用玄武岩	13	1	1	9	2	107
饰面用玄武岩	67	2	2	34	29	1142
水泥混合材玄武岩	11	1		7	3	61
建筑用玄武岩	699	136	65	361	137	10190
饰面用角闪岩	3			3		44
建筑用角闪岩	37		3	19	15	594
水泥用辉绿岩	3			3		45
铸石用辉绿岩	3			1	2	25
饰面用辉绿岩	196	5	1	90	100	1792
建筑用辉绿岩	282	16	21	159	86	3314
饰面用辉长岩	8			5	3	59
建筑用辉长岩	25	1	3	15	6	243
饰面用安山岩	2				2	4
建筑用安山岩	689	198	79	268	144	10783
建筑用闪长岩	324	61	18	137	108	5309
水泥混合材用闪长玢岩	45	1	1	27	16	490
饰面用二长岩	1		1			32
建筑用二长岩	3	1		1	1	99
饰面用正长岩	2			2		10
建筑用正长岩	9		1	8		85

开发利用情况——按矿种分列

年产矿量（原矿，万吨）	工业总产值（万元）	综合利用产值（万元）	矿产品销售收入（万元）	利润总额（万元）
23.91	719.63	200.00	716.15	57.40
65.50	351.80	73.20	351.80	44.00
322.18	44415.68	27.90	44399.67	8618.89
	0.30			
12.50	218.00		195.00	141.00
21.62	787.40		785.57	70.50
13.66	2953.23	130.00	2161.03	620.10
9.71	264.65		264.65	0.50
4.21	161.89		161.89	21.00
21.36	4343.81	167.00	4343.81	631.64
22.65	618.25		569.50	34.00
5793.21	106196.07	2828.04	90724.02	8696.03
2.26	205.00		187.00	55.00
135.84	2369.16	47.00	1846.56	-224.63
5.60	510.00		510.00	6.50
330.21	9365.27	721.00	8888.41	2761.36
521.35	14228.16	374.87	14108.10	1309.29
14.18	192.36	21.00	172.36	38.60
81.40	866.25		732.97	53.30
5689.08	110526.35	6497.43	105384.09	13812.92
1726.60	25255.54	316.30	23933.44	2242.52
34.79	3618.45	459.00	3270.45	533.90
2.40	420.00		420.00	51.40
631.00	8230.00	172.00	8224.00	450.13
0.32	6.72		6.72	
12.70	316.50	7.00	320.50	61.00

2012年全国非油气矿产资源

续表 19-6

矿种	矿山企业数（个）					从业人员（人）
		大型	中型	小型	小矿	
建筑用花岗岩	4042	411	305	2434	892	54121
饰面用花岗岩	1564	12	18	1034	500	26340
麦饭石	13			8	5	130
珍珠岩	59	1	4	40	14	1288
建筑用流纹岩	6			5	1	54
黑耀岩	2			1	1	6
浮石	19		1	13	5	251
水泥用粗面岩	2			1	1	
铸石用粗面岩	15			10	5	149
霞石正长岩	11	1	2	7	1	400
玻璃用凝灰岩	1			1		2
水泥用凝灰岩	24	4	1	10	9	309
建筑用凝灰岩	1444	705	40	473	226	29531
火山灰	9		1	6	2	48
火山渣	10			8	2	95
饰面用大理岩	519	33	14	207	265	7643
建筑用大理岩	505	22	11	345	127	4981
水泥用大理岩	195	46	38	87	24	4696
玻璃用大理岩	32	1		29	2	198
饰面用板岩	216	8	14	124	70	2550
水泥配料用板岩	25		1	13	11	242
片石	226		4	79	143	2460
片麻岩	368	4	19	212	133	3567
千枚岩	1			1		18
砚石	4			3	1	57
矿泉水	826	46	59	599	122	27254
地下水	4		1	3		27
其他矿产*	229		3	163	63	6676

*：其他矿产包括铀矿及未命名矿产。

开发利用情况——按矿种分列

年产矿量（原矿，万吨）	工业总产值（万元）	综合利用产值（万元）	矿产品销售收入（万元）	利润总额（万元）
29070.29	688116.09	39905.51	402483.95	45660.94
3868.89	309924.72	49923.25	239358.01	49071.12
2.42	136.40		101.40	8.20
59.47	11471.07	4604.00	9015.87	2523.83
8.20	255.80	176.00	99.00	15.00
11.49	474.14	30.00	426.66	89.90
32.33	548.10		528.10	210.18
62.44	769.55	276.05	739.55	138.00
42.01	1489.46	152.00	1469.46	232.77
38860.34	710457.53	52718.28	628036.84	44451.53
27.20	536.90	10.00	532.00	45.65
3.80	182.00		182.00	50.00
910.66	79551.46	4091.88	66538.11	17677.66
1676.19	23987.00	1753.50	21177.60	3530.39
2449.40	215859.12	5424.90	213551.08	54976.84
38.99	2043.20	1330.00	1604.31	287.00
194.96	6889.46	198.50	6168.86	943.71
89.45	1682.45	25.00	1627.45	341.79
669.54	15274.50	2815.00	14200.49	2210.96
961.77	14022.84	1851.00	12031.70	2540.37
1.87	150.00		75.00	
0.33	65.00	2.00	62.00	8.83
1188.21	514252.48	30.00	446315.21	-14811.23
4.00	27.20		27.00	6.00
5719.88	44961.05	7780.50	34594.36	8883.43

2012 年我国主要

表 20

矿产品名称	进口				
	国别（地区）	数量（吨）	占总量 (%)	金额（千美元）	占总值 (%)
煤炭	**合计**	**288567514**	**100.0**	**28720873**	**100.0**
	印度尼西亚	118465202	41.1	9374641	32.6
	澳大利亚	59458901	20.6	7726815	26.9
	蒙古	22128641	7.7	1701564	5.9
	俄罗斯	20192639	7.0	2398999	8.4
	越南	17410571	6.0	1329581	4.6
	南非	14282375	4.9	1567250	5.5
	朝鲜	11871747	4.1	1214528	4.2
	美国	9317868	3.2	1219823	4.2
	其他国家或地区	15439570	5.4	2187672	7.6
原油	**合计**	**271019328**	**100.0**	**220665915**	**100.0**
	沙特阿拉伯	53916188	19.9	44120418	20.0
	安哥拉	40152345	14.8	33345313	15.1
	俄罗斯	24329437	9.0	20485114	9.3
	伊朗	21922385	8.1	17792025	8.1
	阿曼	19566762	7.2	15818034	7.2
	伊拉克	15683601	5.8	12649778	5.7
	委内瑞拉	15290887	5.6	10480287	4.7
	哈萨克斯坦	10703672	3.9	8719229	4.0
	科威特	10489972	3.9	8413297	3.8
	阿联酋	8743839	3.2	7478071	3.4
	利比亚	7306473	2.7	6379308	2.9
	巴西	6087280	2.2	4648356	2.1
	刚果（布）	5365464	2.0	4265569	1.9
	澳大利亚	3714827	1.4	3266710	1.5
	也门	3584477	1.3	3078269	1.4
	哥伦比亚	2908690	1.1	2124382	1.0
	阿尔及利亚	2571945	0.9	2257792	1.0
	赤道几内亚	2001291	0.7	1689078	0.8
	其他国家或地区	16679793	6.2	13654885	6.2
铁矿砂及其精矿	**合计**	**743500588**	**100.0**	**95599877**	**100.0**
	澳大利亚	351464612	47.3	44905498	47.0
	巴西	164223200	22.1	22630656	23.7
	南非	40633061	5.5	5528326	5.8
	印度	33055624	4.4	3681447	3.9

注：一些矿产品的进口量或出口量由于数量较小，只列出了合计数，而未按国家分列。
资料来源：中国海关统计数据。

矿产品进出口情况

出 口				
国别(地区)	数量(吨)	占总量(%)	金额(千美元)	占总值(%)
合 计	**9278247**	**100.0**	**1587928**	**100.0**
日本	4050514	43.7	705941	44.5
韩国	3736357	40.3	649894	40.9
中国台湾	1270455	13.7	182239	11.5
朝鲜	172055	1.9	38814	2.4
缅甸	20549	0.2	3679	0.2
荷兰	11394	0.1	3265	0.2
越南	5456	0.1	782	
印度尼西亚	3156		677	
其他国家或地区	8310	0.1	2636	0.2
合 计	**2432137**	**100.0**	**2226025**	**100.0**
日本	1331925	54.8	1170011	52.6
朝鲜	523041	21.5	577896	26.0
美国	199194	8.2	172825	7.8
马来西亚	184087	7.6	143914	6.5
韩国	87117	3.6	73466	3.3
澳大利亚	55262	2.3	46276	2.1
泰国	35624	1.5	31488	1.4
新加坡	15887	0.7	10149	0.5
合 计	**32748**	**100.0**	**7874**	**100.0**
韩国	27656	84.5	5957	75.7
蒙古	3704	11.3	1246	15.8
伊拉克	600	1.8	550	7.0
日本	321	1.0	24	0.3

2012 年我国主要

续表 20-1

矿产品名称	进口				
	国别（地区）	数量（吨）	占总量 (%)	金额（千美元）	占总值 (%)
铁矿砂及其精矿	伊朗	17337515	2.3	1815048	1.9
	乌克兰	16247181	2.2	2382967	2.5
	加拿大	16090557	2.2	2402808	2.5
	俄罗斯	13256697	1.8	1773837	1.9
	印度尼西亚	10235005	1.4	795681	0.8
	秘鲁	9197602	1.2	1207445	1.3
	智利	8926946	1.2	1299005	1.4
	马来西亚	8072774	1.1	733514	0.8
	毛里塔尼亚	6778324	0.9	835167	0.9
	蒙古	6329597	0.9	614029	0.6
	哈萨克斯坦	6018275	0.8	753626	0.8
	其他国家或地区	35633618	4.8	4240823	4.4
锰矿砂及其精矿	**合 计**	**12366581**	**100.0**	**2185359**	**100.0**
	澳大利亚	4197695	33.9	881470	40.3
	南非	3324339	26.9	567409	26.0
	加纳	1187424	9.6	177146	8.1
	加蓬	1042827	8.4	213073	9.8
	马来西亚	893381	7.2	90899	4.2
	巴西	842303	6.8	143075	6.5
	缅甸	262493	2.1	23770	1.1
	纳米比亚	175717	1.4	24542	1.1
	其他国家或地区	440402	3.6	63975	2.9
铜矿砂及其精矿	**合 计**	**7827376**	**100.0**	**16908982**	**100.0**
	智利	1884281	24.1	4254088	25.2
	秘鲁	1489172	19.0	3404679	20.1
	澳大利亚	607686	7.8	1546690	9.1
	墨西哥	588245	7.5	1545704	9.1
	蒙古	535483	6.8	945271	5.6
	加拿大	366343	4.7	923368	5.5
	美国	355224	4.5	702206	4.2
	菲律宾	330541	4.2	541754	3.2
	毛里塔尼亚	217212	2.8	453620	2.7
	土耳其	206354	2.6	317548	1.9
	其他国家或地区	1246835	15.9	2274054	13.4

矿产品进出口情况

出口				
国别(地区)	数量(吨)	占总量(%)	金额(千美元)	占总值(%)
印度	190	0.6	50	0.6
泰国	177	0.5	29	0.4
缅甸	28	0.1	7	0.1
澳大利亚	21	0.1	3	
中国台湾	20	0.1	3	
秘鲁	16		2	
南非	11		2	
德国	3			
阿联酋	1		1	
加拿大				
西班牙				
合 计	**125082**	**100.0**	**23932**	**100.0**
印度	81219	64.9	14240	59.5
越南	38154	30.5	8468	35.4
意大利	2378	1.9	463	1.9
俄罗斯	1348	1.1	309	1.3
泰国	1069	0.9	207	0.9
朝鲜	365	0.3	78	0.3
韩国	260	0.2	34	0.1
日本	160	0.1	82	0.3
其他国家或地区	129	0.1	51	0.2
合 计	**524**	**100.0**	**657**	**100.0**
罗马尼亚	457	87.2	574	87.4
意大利	44	8.4	43	6.5
中国台湾	20	3.8	38	5.8
韩国	3	0.6	2	0.3

2012 年我国主要

续表 20-2

矿产品名称	进口				
	国别（地区）	数量（吨）	占总量(%)	金额（千美元）	占总值(%)
镍矿砂及其精矿	**合 计**	**62446304**	**100.0**	**5239970**	**100.0**
	印度尼西亚	33633671	53.9	2953738	56.4
	菲律宾	28162024	45.1	1644720	31.4
	澳大利亚	370623	0.6	525807	10.0
	新喀里多尼亚	148691	0.2	18367	0.4
	俄罗斯	66938	0.1	20676	0.4
	芬兰	35168	0.1	42843	0.8
	其他国家或地区	29189		33819	0.6
钴矿砂及其精矿	**合 计**	**176206**	**100.0**	**371038**	**100.0**
	刚果（金）	166733	94.6	342194	92.2
	古巴	4749	2.7	20512	5.5
	刚果（布）	2215	1.3	4155	1.1
	南非	1342	0.8	1895	0.5
	加拿大	344	0.2	411	0.1
	赞比亚	306	0.2	1017	0.3
	越南	236	0.1	318	0.1
	比利时	148	0.1	228	0.1
	其他国家或地区	133	0.1	308	0.1
氧化铝	**合 计**	**5018976**	**100.0**	**1816300**	**100.0**
	澳大利亚	4657417	92.8	1621167	89.3
	印度	121792	2.4	43610	2.4
	巴西	98206	2.0	33507	1.8
	牙买加	63976	1.3	23494	1.3
	美国	51633	1.0	32949	1.8
	日本	13045	0.3	26027	1.4
	法国	7171	0.1	9825	0.5
	其他国家或地区	5736	0.1	25721	1.4
铅矿砂及其精矿	**合 计**	**1815122**	**100.0**	**3166347**	**100.0**
	秘鲁	291275	16.0	848012	26.8
	美国	235562	13.0	370631	11.7
	俄罗斯	216380	11.9	322845	10.2
	澳大利亚	154623	8.5	283770	9.0
	墨西哥	100069	5.5	310481	9.8
	南非	77552	4.3	138089	4.4
	朝鲜	76775	4.2	34560	1.1
	德国	67409	3.7	60491	1.9
	哈萨克斯坦	63023	3.5	44349	1.4
	土耳其	61432	3.4	104570	3.3
	其他国家或地区	471022	25.9	648549	20.5

矿产品进出口情况

国别(地区)	数量(吨)	占总量(%)	金额(千美元)	占总值(%)
	出口			
合 计	**142**	**100.0**	**33**	**100.0**
韩国	100	70.4	6	18.2
南非	42	29.6	4	12.1
缅甸			23	69.7
合 计	**43291**	**100.0**	**39418**	**100.0**
朝鲜	18693	43.2	7691	19.5
韩国	7276	16.8	5034	12.8
越南	3006	6.9	1834	4.7
美国	2871	6.6	10878	27.6
日本	2454	5.7	2742	7.0
泰国	1337	3.1	807	2.0
蒙古	1277	2.9	123	0.3
其他国家或地区	6377	14.7	10309	26.2
合 计	**10076**	**100.0**	**54078**	**100.0**
澳大利亚	10076	100.0	54078	100.0

2012年我国主要

续表 20-3

矿产品名称	进口				
	国别（地区）	数量（吨）	占总量(%)	金额（千美元）	占总值(%)
锌矿砂及其精矿	**合计**	**1940753**	**100.0**	**1249333**	**100.0**
	澳大利亚	711308	36.7	517858	41.5
	秘鲁	197437	10.2	154890	12.4
	蒙古	128422	6.6	90887	7.3
	土耳其	122038	6.3	69028	5.5
	俄罗斯	114726	5.9	28590	2.3
	爱尔兰	63115	3.3	49551	4.0
	哈萨克斯坦	56471	2.9	28050	2.2
	缅甸	48617	2.5	19702	1.6
	伊朗	46963	2.4	30846	2.5
	其他国家或地区	451656	23.3	259931	20.8
锡矿砂及其精矿	**合计**	**32407**	**100.0**	**175907**	**100.0**
	缅甸	20327	62.7	64517	36.7
	玻利维亚	7191	22.2	68278	38.8
	刚果（金）	1620	5.0	17356	9.9
	坦桑尼亚	1607	5.0	16177	9.2
	老挝	946	2.9	4116	2.3
	其他国家或地区	716	2.2	5463	3.1
铬矿砂及其精矿	**合计**	**9293085**	**100.0**	**2033814**	**100.0**
	南非	4486517	48.3	880733	43.3
	土耳其	1836029	19.8	465867	22.9
	澳大利亚	500916	5.4	117260	5.8
	巴基斯坦	473689	5.1	116658	5.7
	伊朗	447540	4.8	109046	5.4
	阿曼	425043	4.6	59483	2.9
	印度	310611	3.3	109005	5.4
	其他国家或地区	812740	8.7	175762	8.6
钨矿砂及其精矿	**合计**	**9168**	**100.0**	**154004**	**100.0**
	俄罗斯	3159	34.5	53558	34.8
	加拿大	1790	19.5	44388	28.8
	卢旺达	1441	15.7	26650	17.3
	蒙古	591	6.4	6541	4.2
	美国	432	4.7	1899	1.2
	缅甸	391	4.3	1607	1.0
	其他国家或地区	1364	14.9	19361	12.6

矿产品进出口情况

出口				
国别(地区)	数量(吨)	占总量(%)	金额(千美元)	占总值(%)
合计	**17872**	**100.0**	**13887**	**100.0**
韩国	17872	100.0	13887	100.0
合计	**928**	**100.0**	**438**	**100.0**
中国台湾	364	39.2	146	33.3
日本	293	31.6	152	34.7
朝鲜	130	14.0	40	9.1
缅甸	99	10.7	92	21.0
韩国	40	4.3	7	1.6
马达加斯加	2	0.2	1	0.2
合计	**100**	**100.0**	**1765**	**100.0**
越南	100	100.0	1765	100.0

2012 年我国主要

续表 20-4

矿产品名称	进口				
	国别（地区）	数量（吨）	占总量(%)	金额（千美元）	占总值(%)
钼矿砂及其精矿	**合计**	**10148**	**100.0**	**164397**	**100.0**
	美国	3600	35.5	64800	39.4
	智利	3524	34.7	61027	37.1
	墨西哥	919	9.1	16142	9.8
	朝鲜	833	8.2	7881	4.8
	蒙古	455	4.5	4321	2.6
	比利时	444	4.4	7340	4.5
	越南	122	1.2	583	0.4
	其他国家或地区	251	2.5	2303	1.4
钛矿砂及其精矿	**合计**	**2905371**	**100.0**	**1003063**	**100.0**
	越南	1065478	36.7	341739	34.1
	澳大利亚	568600	19.6	270460	27.0
	印度	492922	17.0	176746	17.6
	韩国	121371	4.2	12185	1.2
	莫桑比克	118636	4.1	43572	4.3
	印度尼西亚	103413	3.6	13749	1.4
	其他国家或地区	434897	15.0	144612	14.4
铌钽钒矿砂及其精矿	**合计**	**9957**	**100.0**	**198190**	**100.0**
	马来西亚	4157	41.7	15089	7.6
	巴西	1798	18.1	25396	12.8
	尼日利亚	1309	13.1	35417	17.9
	卢旺达	801	8.0	44601	22.5
	泰国	576	5.8	4285	2.2
	美国	241	2.4	10189	5.1
	坦桑尼亚	196	2.0	9803	4.9
	其他国家或地区	879	8.8	53410	26.9
锑精矿	**合计**	**68932**	**100.0**	**220593**	**100.0**
	俄罗斯	18828	27.3	75768	34.3
	塔吉克斯坦	13865	20.1	32649	14.8
	缅甸	7876	11.4	9767	4.4
	澳大利亚	6968	10.1	50922	23.1
	加拿大	6807	9.9	32402	14.7
	其他国家或地区	14588	21.2	19085	8.7
稀土金属矿	**合计**	**54**	**100.0**	**439**	**100.0**
	马来西亚	46	85.2	415	94.5
	索马里	7	13.0	4	0.9
	中国台湾	1	1.9	19	4.3
	澳大利亚			1	0.2

矿产品进出口情况

出口				
国别（地区）	数量（吨）	占总量(%)	金额（千美元）	占总值(%)
合 计	**11498**	**100.0**	**205521**	**100.0**
韩国	6671	58.0	120007	58.4
荷兰	1446	12.6	26076	12.7
日本	1224	10.6	21525	10.5
印度	886	7.7	16000	7.8
中国台湾	698	6.1	12249	6.0
澳大利亚	160	1.4	2847	1.4
俄罗斯	160	1.4	3202	1.6
其他国家或地区	253	2.2	3615	1.8
合 计	**14546**	**100.0**	**36118**	**100.0**
泰国	5310	36.5	14082	39.0
印度尼西亚	1691	11.6	4512	12.5
印度	1394	9.6	3393	9.4
韩国	1320	9.1	3485	9.6
乌克兰	811	5.6	1680	4.7
日本	770	5.3	2075	5.7
其他国家或地区	3250	22.3	6891	19.1
合 计	**51**	**100.0**	**2321**	**100.0**
肯尼亚	41	80.4	1878	80.9
中国香港	10	19.6	441	19.0
加拿大			2	0.1

2012年我国主要

续表 20-5

矿产品名称	进口				
	国别（地区）	数量（吨）	占总量(%)	金额（千美元）	占总值(%)
稀土金属及其混合物	**合 计**	**24**	**100.0**	**1588**	**100.0**
	日本	21	87.5	1152	72.5
	中国台湾	2	8.3	85	5.4
	美国	1	4.2	42	2.6
	英国	0	0.0	305	19.2
稀土化合物及混合物	**合 计**	**1397**	**100.0**	**46637**	**100.0**
	日本	469	33.6	1705	3.7
	美国	327	23.4	11052	23.7
	爱沙尼亚	141	10.1	7911	17.0
	缅甸	130	9.3	3842	8.2
	中国	121	8.7	721	1.5
	印度	111	7.9	12655	27.1
	老挝	24	1.7	443	0.9
	泰国	20	1.4	960	2.1
	其他国家或地区	54	3.9	7348	15.8
磷 矿	**合 计**	**17**	**100.0**	**104**	**100.0**
	德国	14	82.4	80	76.9
	加拿大	1	5.9	8	7.7
	南非	1	5.9	9	8.7
	印度	1	5.9	1	1.0
	其他国家或地区			6	5.8
磷 肥	**合 计**	**711797**	**100.0**	**403689**	**100.0**
	俄罗斯	223584	31.4	111208	27.5
	美国	152235	21.4	71981	17.8
	挪威	99995	14.0	64431	16.0
	摩洛哥	73450	10.3	50204	12.4
	比利时	72577	10.2	43734	10.8
	突尼斯	46203	6.5	30230	7.5
	罗马尼亚	16739	2.4	10368	2.6
	芬兰	10150	1.4	5891	1.5
	其他国家或地区	16865	2.4	15642	3.9

矿产品进出口情况

出 口				
国别（地区）	数量（吨）	占总量（%）	金额（千美元）	占总值（%）
合 计	**2756**	**100.0**	**187026**	**100.0**
日本	2654	96.3	177014	94.6
英国	33	1.2	3742	2.0
中国澳门	20	0.7	900	0.5
荷兰	19	0.7	556	0.3
德国	11	0.4	2437	1.3
加拿大	7	0.3	908	0.5
美国	5	0.2	557	0.3
奥地利	3	0.1	241	0.1
其他国家或地区	4	0.1	671	0.4
合 计	**13509**	**100.0**	**718969**	**100.0**
日本	3952	29.3	202494	28.2
美国	3454	25.6	142934	19.9
法国	2642	19.6	126929	17.7
中国香港	559	4.1	84558	11.8
意大利	464	3.4	15329	2.1
越南	420	3.1	22384	3.1
中国澳门	339	2.5	16476	2.3
荷兰	332	2.5	24710	3.4
其他国家或地区	1347	10.0	83155	11.6
合 计	**489235**	**100.0**	**91631**	**100.0**
韩国	341365	69.8	64391	70.3
日本	115444	23.6	20942	22.9
新西兰	30000	6.1	5966	6.5
马来西亚	2406	0.5	328	0.4
澳大利亚	20	0.0	4	0.0
合 计	**6703576**	**100.0**	**3287111**	**100.0**
印度	3056911	45.6	1620168	49.3
印度尼西亚	741664	11.1	300785	9.2
巴西	587425	8.8	212621	6.5
越南	330062	4.9	182253	5.5
孟加拉国	229925	3.4	119856	3.6
泰国	226113	3.4	118443	3.6
巴基斯坦	205379	3.1	113054	3.4
日本	201356	3.0	93670	2.8
其他国家或地区	1124742	16.8	526262	16.0

2012 年我国主要

续表 20-6

矿产品名称	进口				
	国别（地区）	数量（吨）	占总量 (%)	金额（千美元）	占总值 (%)
钾肥	**合计**	**7043465**	**100.0**	**3296454**	**100.0**
	俄罗斯	3238471	46.0	1445244	43.8
	加拿大	1006556	14.3	478500	14.5
	白俄罗斯	829198	11.8	394523	12.0
	以色列	823411	11.7	391182	11.9
	约旦	459576	6.5	217159	6.6
	德国	317831	4.5	156812	4.8
	挪威	99995	1.4	64431	2.0
	智利	97925	1.4	54925	1.7
	比利时	72707	1.0	43813	1.3
	其他国家或地区	97796	1.4	49866	1.5
盐	**合计**	**5266626**	**100.0**	**257926**	**100.0**
	澳大利亚	2893919	54.9	144121	55.9
	墨西哥	961184	18.3	48747	18.9
	印度	761258	14.5	32227	12.5
	智利	599747	11.4	23904	9.3
	沙特阿拉伯	24216	0.5	936	0.4
	日本	16023	0.3	1390	0.5
	丹麦	3302	0.1	1090	0.4
	其他国家或地区	6977	0.1	5508	2.1
硫磺	**合计**	**11204400**	**100.0**	**2250083**	**100.0**
	沙特阿拉伯	1934669	17.3	405341	18.0
	哈萨克斯坦	1362023	12.2	232883	10.3
	加拿大	1228770	11.0	257039	11.4
	阿联酋	1054854	9.4	219585	9.8
	日本	1046785	9.3	213352	9.5
	卡塔尔	931447	8.3	196200	8.7
	韩国	929558	8.3	187180	8.3
	俄罗斯	866691	7.7	163415	7.3
	伊朗	639911	5.7	124940	5.6
	科威特	356098	3.2	75568	3.4
	其他国家或地区	853594	7.6	174580	7.8
天然石墨	**合计**	**34531**	**100.0**	**5568**	**100.0**
	朝鲜	33542	97.1	4159	74.7
	坦桑尼亚	500	1.4	96	1.7
	德国	135	0.4	401	7.2
	美国	128	0.4	300	5.4
	印度	46	0.1	68	1.2
	日本	31	0.1	262	4.7
	莫桑比克	28	0.1	57	1.0
	其他国家或地区	121	0.4	225	4.0

矿产品进出口情况

出 口				
国别（地区）	数量（吨）	占总量(%)	金额（千美元）	占总值(%)
合 计	**323937**	**100.0**	**163920**	**100.0**
日本	77974	24.1	40804	24.9
韩国	65260	20.1	32053	19.6
菲律宾	62899	19.4	30418	18.6
美国	60075	18.5	30044	18.3
泰国	16254	5.0	8159	5.0
越南	13759	4.2	6260	3.8
缅甸	12589	3.9	6761	4.1
马来西亚	9514	2.9	4465	2.7
老挝	1652	0.5	1885	1.2
其他国家或地区	3961	1.2	3072	1.9
合 计	**1317596**	**100.0**	**97431**	**100.0**
日本	523640	39.7	37656	38.6
韩国	397696	30.2	25747	26.4
菲律宾	56461	4.3	3699	3.8
马来西亚	49492	3.8	3722	3.8
越南	46563	3.5	3091	3.2
孟加拉国	44950	3.4	3060	3.1
中国香港	38708	2.9	3078	3.2
其他国家或地区	160086	12.1	17378	17.8
合 计	**2574**	**100.0**	**1072**	**100.0**
朝鲜	766	29.8	228	21.3
加拿大	293	11.4	170	15.9
印度尼西亚	273	10.6	110	10.3
越南	229	8.9	84	7.8
孟加拉国	180	7.0	107	10.0
马达加斯加	160	6.2	58	5.4
澳大利亚	103	4.0	52	4.9
泰国	100	3.9	74	6.9
韩国	95	3.7	40	3.7
菲律宾	75	2.9	28	2.6
其他国家或地区	300	11.7	121	11.3
合 计	**203911**	**100.0**	**153463**	**100.0**
日本	69766	34.2	49482	32.2
荷兰	19086	9.4	11435	7.5
韩国	15555	7.6	14927	9.7
美国	14348	7.0	16224	10.6
印度	12167	6.0	11010	7.2
中国台湾	9690	4.8	3424	2.2
菲律宾	9189	4.5	990	0.6
其他国家或地区	54110	26.5	45971	30.0

2012 年我国主要

续表 20-7

矿产品名称	进口				
	国别（地区）	数量（吨）	占总量 (%)	金额（千美元）	占总值 (%)
高岭土	**合 计**	**405946**	**100.0**	**120046**	**100.0**
	美国	261522	64.4	65242	54.3
	巴西	107639	26.5	28307	23.6
	英国	14152	3.5	3152	2.6
	日本	4307	1.1	17982	15.0
	德国	3142	0.8	877	0.7
	澳大利亚	2926	0.7	1484	1.2
	朝鲜	2760	0.7	122	0.1
	葡萄牙	2280	0.6	338	0.3
	中国台湾	2159	0.5	899	0.7
	法国	1684	0.4	532	0.4
	其他国家或地区	3375	0.8	1111	0.9
重晶石	**合 计**	**678**	**100.0**	**496**	**100.0**
	韩国	203	29.9	197	39.7
	德国	185	27.3	102	20.6
	泰国	67	9.9	42	8.5
	荷兰	56	8.3	32	6.5
	英国	50	7.4	28	5.6
	美国	37	5.5	25	5.0
	西班牙	36	5.3	13	2.6
	其他国家或地区	44	6.5	57	11.5
大理石	**合 计**	**8656769**	**100.0**	**1659916**	**100.0**
	土耳其	3563675	41.2	758822	45.7
	埃及	1863519	21.5	227767	13.7
	西班牙	676997	7.8	146319	8.8
	伊朗	576998	6.7	111146	6.7
	意大利	479018	5.5	133722	8.1
	巴基斯坦	356767	4.1	64364	3.9
	其他国家或地区	1139795	13.2	217776	13.1
花岗石	**合 计**	**4725157**	**100.0**	**949272**	**100.0**
	印度	2663086	56.4	458322	48.3
	巴西	822324	17.4	211455	22.3
	芬兰	335543	7.1	60725	6.4
	葡萄牙	209999	4.4	34520	3.6
	挪威	187205	4.0	50536	5.3
	安哥拉	100578	2.1	21135	2.2
	西班牙	94771	2.0	17243	1.8
	南非	63333	1.3	13415	1.4
	其他国家或地区	248318	5.3	81921	8.6

矿产品进出口情况

出口				
国别（地区）	数量（吨）	占总量(%)	金额（千美元）	占总值(%)
合计	**1281797**	**100.0**	**117063**	**100.0**
中国台湾	520120	40.6	21186	18.1
日本	127154	9.9	19612	16.8
中国香港	125532	9.8	6467	5.5
越南	107965	8.4	7151	6.1
韩国	77259	6.0	8126	6.9
马来西亚	52934	4.1	7310	6.2
泰国	49416	3.9	7549	6.4
菲律宾	45019	3.5	2886	2.5
印度尼西亚	31401	2.4	6233	5.3
印度	28084	2.2	3501	3.0
其他国家或地区	116913	9.1	27042	23.1
合计	**2944014**	**100.0**	**358075**	**100.0**
美国	1876636	63.7	213645	59.7
沙特阿拉伯	285188	9.7	29970	8.4
印度尼西亚	139887	4.8	13128	3.7
荷兰	130213	4.4	21978	6.1
日本	63655	2.2	11322	3.2
马来西亚	60895	2.1	7843	2.2
阿联酋	54351	1.8	6891	1.9
其他国家或地区	333189	11.3	53298	14.9
合计	**84001**	**100.0**	**9619**	**100.0**
中国台湾	61799	73.6	3649	37.9
中国香港	4787	5.7	699	7.3
泰国	4542	5.4	602	6.3
意大利	3725	4.4	895	9.3
印度	3418	4.1	770	8.0
印度尼西亚	1135	1.4	213	2.2
其他国家或地区	4595	5.5	2791	29.0
合计	**1346339**	**100.0**	**35236**	**100.0**
中国台湾	1098427	81.6	14326	40.7
德国	79985	5.9	3632	10.3
韩国	52147	3.9	5303	15.0
荷兰	30883	2.3	1956	5.6
土耳其	14612	1.1	1128	3.2
意大利	13175	1.0	741	2.1
泰国	12938	1.0	1546	4.4
挪威	8151	0.6	334	0.9
其他国家或地区	36021	2.7	6270	17.8

2012 年我国主要

续表 20-8

矿产品名称	进口				
	国别（地区）	数量（吨）	占总量(%)	金额（千美元）	占总值(%)
菱镁矿	**合计**	**150801**	**100.0**	**61300**	**100.0**
	朝鲜	138437	91.8	25098	40.9
	日本	8034	5.3	26147	42.7
	以色列	1664	1.1	5030	8.2
	美国	978	0.6	1723	2.8
	土耳其	509	0.3	387	0.6
	韩国	268	0.2	269	0.4
	法国	199	0.1	1171	1.9
	墨西哥	172	0.1	316	0.5
	其他国家或地区	540	0.4	1159	1.9
石膏	**合计**	**46817**	**100.0**	**13481**	**100.0**
	泰国	26271	56.1	3326	24.7
	西班牙	11099	23.7	3240	24.0
	德国	3945	8.4	1374	10.2
	美国	1943	4.2	1866	13.8
	日本	898	1.9	1918	14.2
	法国	849	1.8	250	1.9
	英国	710	1.5	880	6.5
	意大利	344	0.7	155	1.1
	其他国家或地区	758	1.6	472	3.5
石棉	**合计**	**180257**	**100.0**	**67233**	**100.0**
	俄罗斯	158360	87.9	60298	89.7
	哈萨克斯坦	16504	9.2	5143	7.6
	乌克兰	5355	3.0	1719	2.6
	南非	22		17	
	巴西	12		26	
	西班牙	4		9	
	其他国家或地区	0		21	
水泥	**合计**	**794514**	**100.0**	**44534**	**100.0**
	日本	489507	61.6	20688	46.5
	中国澳门	148658	18.7	10658	23.9
	中国台湾	79550	10.0	3627	8.1
	越南	61406	7.7	2673	6.0
	泰国	3717	0.5	508	1.1
	法国	2328	0.3	905	2.0
	荷兰	2289	0.3	1905	4.3
	美国	1562	0.2	1458	3.3
	其他国家或地区	5497	0.7	2112	4.7

矿产品进出口情况

出口				
国别(地区)	数量(吨)	占总量(%)	金额(千美元)	占总值(%)
合计	**2128468**	**100.0**	**611823**	**100.0**
日本	439703	20.7	120710	19.7
荷兰	407102	19.1	135468	22.1
美国	309096	14.5	105997	17.3
韩国	209341	9.8	48284	7.9
中国台湾	158155	7.4	24536	4.0
马来西亚	57972	2.7	7321	1.2
泰国	53566	2.5	8281	1.4
印度尼西亚	52888	2.5	9498	1.6
其他国家或地区	440645	20.7	151728	24.8
合计	**339212**	**100.0**	**19796**	**100.0**
越南	96796	28.5	1769	8.9
韩国	86907	25.6	4249	21.5
中国台湾	66061	19.5	1851	9.4
蒙古	29717	8.8	1338	6.8
日本	11844	3.5	1952	9.9
俄罗斯	8295	2.4	392	2.0
坦桑尼亚	7893	2.3	948	4.8
刚果(布)	5192	1.5	253	1.3
其他国家或地区	26507	7.8	7044	35.6
合计	**69424**	**100.0**	**30209**	**100.0**
印度尼西亚	28946	41.7	11683	38.7
印度	24275	35.0	11276	37.3
泰国	5325	7.7	1828	6.1
斯里兰卡	2845	4.1	1858	6.2
越南	1960	2.8	674	2.2
菲律宾	1400	2.0	661	2.2
其他国家或地区	4673	6.7	2229	7.4
合计	**11996809**	**100.0**	**683626**	**100.0**
安哥拉	2066742	17.2	119910	17.5
蒙古	1218891	10.2	69810	10.2
刚果(布)	941143	7.8	50170	7.3
孟加拉国	862503	7.2	32336	4.7
新加坡	805503	6.7	38040	5.6
肯尼亚	703238	5.9	26548	3.9
中国香港	682355	5.7	39722	5.8
澳大利亚	537919	4.5	29887	4.4
其他国家或地区	4178515	34.8	277203	40.5

2012 年我国主要

续表 20-9

矿产品名称	进口				
	国别（地区）	数量（吨）	占总量 (%)	金额（千美元）	占总值 (%)
滑石	**合 计**	**41579**	**100.0**	**21652**	**100.0**
	朝鲜	11469	27.6	1469	6.8
	埃及	7533	18.1	1081	5.0
	巴基斯坦	6071	14.6	1131	5.2
	中国	3475	8.4	4165	19.2
	美国	2751	6.6	2611	12.1
	韩国	2333	5.6	1033	4.8
	日本	2324	5.6	4758	22.0
	其他国家或地区	5623	13.5	5404	25.0
萤石	**合 计**	**124155**	**100.0**	**18723**	**100.0**
	蒙古	117976	95.0	17435	93.1
	朝鲜	5996	4.8	1082	5.8
	美国	95	0.1	97	0.5
	德国	41		34	0.2
	泰国	22		4	0.0
	瑞典	9		26	0.1
	意大利	5		10	0.1
	日本	4		17	0.1
	其他国家或地区	7		18	0.1
天然硼砂及精矿	**合 计**	**285310**	**100.0**	**111711**	**100.0**
	土耳其	253800	89.0	102037	91.3
	玻利维亚	26128	9.2	8122	7.3
	智利	2549	0.9	663	0.6
	澳大利亚	1829	0.6	404	0.4
	美国	806	0.3	369	0.3
	克罗地亚	90		24	
	其他国家或地区	108		92	0.1

矿产品进出口情况

出 口				
国别(地区)	数量(吨)	占总量(%)	金额(千美元)	占总值(%)
合 计	**753042**	**100.0**	**189493**	**100.0**
日本	207745	27.6	62229	32.8
泰国	110453	14.7	33017	17.4
韩国	104054	13.8	19607	10.3
美国	80535	10.7	19584	10.3
印度尼西亚	57887	7.7	10955	5.8
中国台湾	30439	4.0	4910	2.6
马来西亚	20383	2.7	4330	2.3
其他国家或地区	141546	18.8	34861	18.4
合 计	**427730**	**100.0**	**156743**	**100.0**
日本	84996	19.9	34636	22.1
印度	68067	15.9	23529	15.0
美国	67085	15.7	29090	18.6
韩国	58642	13.7	14705	9.4
荷兰	53165	12.4	20548	13.1
中国台湾	21897	5.1	5440	3.5
加拿大	20565	4.8	10115	6.5
中国香港	12147	2.8	5711	3.6
其他国家或地区	41166	9.6	12969	8.3
合 计	**1829**	**100.0**	**910**	**100.0**
韩国	620	33.9	225	24.7
日本	584	31.9	346	38.0
马来西亚	125	6.8	70	7.7
印度尼西亚	125	6.8	66	7.3
朝鲜	119	6.5	56	6.2
澳大利亚	104	5.7	50	5.5
其他国家或地区	152	8.3	97	10.7

2012年矿山

表21

地区	矿业开采累计占用、损坏土地面积		累计恢复治理的矿山数	
		本年新增占用、损坏土地面积		本年恢复治理的矿山数
全国	**2812734.90**	**144694.00**	**31349**	**6050**
北京	21950.00		52	4
天津	1646.00		20	
河北	70570.18	3118.09	2479	608
山西	125630.12	7267.88	502	30
内蒙古	496182.43	70336.94	1859	688
辽宁	127977.64	5640.99	749	129
吉林	20354.97	506.70	406	116
黑龙江	904046.75	2777.26	412	39
上海	31.00		6	1
江苏	25235.31	935.12	1146	127
浙江	13197.57	1423.63	2026	74
安徽	80299.44	3032.29	435	128
福建	5957.20	235.16	1529	588
江西	61985.72	1360.15	1677	247
山东	32427.54	4654.12	2230	290
河南	48686.95	650.00	525	10
湖北	34897.06	1956.17	1414	167
湖南	28313.11	4899.88	2990	458
广东	12744.49	738.30	1846	346
广西	59984.64	1365.96	434	69
海南	7668.95	697.85	372	119
重庆	11935.90	2500.00	31	3
四川	9959.54	696.73	535	66
贵州	14230.82	2103.97	1130	212
云南	100401.35	2004.13	1733	211
西藏	11923.94	2849.57	58	
陕西	54873.80	1460.47	1300	157
甘肃	50909.88	1729.61	1765	714
青海	244005.00	2.00	78	1
宁夏	79387.18	15487.18	159	3
新疆	55320.42	4263.85	1451	445

环境保护情况

单位：公顷、个、万元

累计恢复治理面积		本年投入矿山环境治理资金			
	本年恢复治理面积		中央财政	地方财政	企业投入
530569.22	**43607.69**	**1225542.20**	**468000.00**	**316707.24**	**417414.77**
1868.32	107.82	22430.00	20000.00	2430.00	
349.00					
16973.24	3860.30	66589.06	24000.00	10706.69	9382.37
27536.26	2213.85	87999.65	10000.00	3333.24	74666.41
123854.67	4587.93	54092.83	9000.00	22778.00	22314.83
52565.97	7900.67	66140.17	37000.00	16729.00	12411.17
2726.37	692.72	30949.52	23000.00	5038.00	2891.52
9590.89	303.91	20886.50	6000.00	14500.00	386.50
16.32	1.10	800.00			800.00
10639.31	805.30	90336.37	20000.00	56466.47	13869.90
4891.99	527.80	16643.40		10017.94	6625.46
13390.52	1359.34	54461.02	28000.00	16285.49	10175.53
5430.18	2199.37	25237.43	12000.00	2149.96	11087.47
9954.61	1681.14	30812.79	22000.00	5759.33	3053.46
39567.41	2234.86	189747.45	39000.00	80726.22	70021.23
8521.50	700.00	17000.00	17000.00		
3887.67	455.24	71883.19	54000.00	3110.00	14773.19
5075.39	308.06	96378.46	39000.00	25113.21	32265.25
6168.62	394.65	12805.00		5568.30	6386.70
4436.22	653.37	21271.10	14000.00	680.00	6591.10
5743.10	666.23	6097.95		477.10	5620.85
6018.40	700.00	23646.00	10000.00	13646.00	
7654.57	1098.11	21515.81	8000.00	2886.40	10579.41
2101.33	902.80	60972.44	9000.00	7135.79	44836.65
9935.42	1035.70	70883.68	32000.00	2693.38	36190.30
10180.42	324.24	18608.66	10000.00	800.00	7808.66
6955.24	1877.85	7620.03			7620.03
114735.40	728.40	10000.00	10000.00		
11216.57	4100.40	20000.00	15000.00	5000.00	
8584.31	1186.53	9733.67		2676.72	7056.78

2012 年矿山

续表 21-1

地区	累计投入矿山环境治理资金				矿山地质环境
		中央财政	地方财政	企业投入	保证金缴存数额
全 国	**6041062.86**	**2122992.29**	**1640740.57**	**2185336.64**	**1619457.48**
北 京	61206.91	52393.00	8230.91	583.00	6397.90
天 津	37642.00	16280.00		21362.00	1100.00
河 北	282381.46	146441.06	76844.12	56096.28	79382.86
山 西	478421.89	77044.00	262365.23	138572.66	3.50
内蒙古	234309.94	53917.35	98326.51	82066.08	18600.00
辽 宁	425854.87	182030.04	57490.59	125261.74	103730.83
吉 林	140859.41	84580.00	23368.10	25711.31	16595.36
黑龙江	167193.72	82367.00	75526.13	7297.40	16858.79
上 海	5440.00	1810.00	30.00	3600.00	118.33
江 苏	402415.05	58550.00	262445.02	80786.03	16122.07
浙 江	136193.29	11802.00	84874.65	39224.24	51246.67
安 徽	399886.31	98615.00	64546.56	236724.75	188914.21
福 建	135701.88	21005.00	6186.87	108510.01	52996.10
江 西	187826.67	92480.00	24839.11	70507.56	30940.82
山 东	627179.25	120920.00	208935.44	294094.89	130151.81
河 南	227793.84	94207.00	133586.84		113594.46
湖 北	251078.73	170603.00	26015.00	54372.73	22608.54
湖 南	452423.33	154280.00	87202.57	210940.76	47793.54
广 东	132755.22	13244.90	22585.10	96652.57	64491.58
广 西	116302.92	79610.00	14689.26	15603.55	19107.45
海 南	21746.00	3899.43	2160.86	14460.21	4001.98
重 庆	82718.36	39370.00	19454.00	23894.36	26000.00
四 川	86568.63	25578.87	19295.26	36370.81	68473.10
贵 州	160021.82	36844.00	10362.69	112815.13	390564.83
云 南	302331.40	85016.64	9284.43	208030.33	49918.55
西 藏	16558.00	14819.00		1739.00	2126.20
陕 西	119976.53	70960.00	7116.80	41899.73	
甘 肃	93012.73	67740.00	14029.00	11243.73	19790.12
青 海	82715.50	77870.00	4845.00		18900.00
宁 夏	94277.80	72560.00	6617.80	15100.00	23263.00
新 疆	78269.40	16155.00	9486.72	51815.78	35664.88

环境保护情况

单位：公顷、个、万元

治理恢复	取得资格的矿山公园			取得资格的矿山公园面积		
保证金返还数额		国家级	省级		国家级	省级
148629.40	**68**	**62**	**6**	**297297.55**	**267935.55**	**29362.00**
3434.00	3	3		1100.00	1100.00	
829.81	4	4		6987.60	6987.60	
	2	2		8692.00	8692.00	
	4	4		41358.00	41358.00	
1354.00	1	1		2500.00	2500.00	
491.24	2	2		12199.00	12199.00	
1.00	10	7	3	27997.00	341.00	27656.00
211.27	2	2		339.00	339.00	
1965.73	3	3		6181.00	6181.00	
42121.00	3	3		4273.00	4273.00	
578.51	2	2		23200.00	23200.00	
	3	3		4637.00	4637.00	
593.72	4	4		4779.00	4779.00	
738.30	5	3	2	2917.00	1961.00	956.00
1497.43	2	2		5000.00	5000.00	
3112.14	2	2		4280.00	4280.00	
3834.30	4	4		3064.00	3064.00	
15.05	2	2		2190.00	2190.00	
495.40						
862.40						
1511.36	3	2	1	54550.00	53800.00	750.00
84303.47	1	1		10500.00	10500.00	
107.07	2	2		27668.00	27668.00	
375.20	2	2		2095.95	2095.95	
	1	1		40000.00	40000.00	
186.00	1	1		790.00	790.00	
11.00						

2012 年地质遗迹

表 22

地区	保护区（个）				保护区（公顷）	
		其中：古生物化石	国家级	国家级其中：古生物化石		其中：古生物化石
全　国	**135**	**39**	**40**	**12**	**1751903.60**	**434696.09**
北　京	3	1			5737.00	
天　津	2		2		36813.00	
河　北	4	2	2	1	9250.26	6271.00
山　西						
内蒙古	17	9	1	1	218567.32	211112.82
辽　宁	6	4	2	1	100407.80	96487.00
吉　林	5		2		54363.00	
黑龙江	3	1			231244.00	3844.00
上　海						
江　苏	1	1			18.25	18.25
浙　江	3		1		4536.00	
安　徽	2	2			2270.00	2270.00
福　建	4		4		13184.00	
江　西						
山　东	4	2	1	1	892.00	150.00
河　南	7	2	2	1	146639.00	78065.00
湖　北	2				1041.40	
湖　南	3	1	3	1	358.00	58.00
广　东	8	3			41812.30	5696.00
广　西	7	2	3	2	2613.11	1732.00
海　南	3					
重　庆	7	1	7	1	13835.58	173.02
四　川						
贵　州	22	5	3	2	54299.00	22921.00
云　南	2	2			1858.00	1858.00
西　藏	3				560540.00	
陕　西	10		4		120024.00	
甘　肃						
青　海						
宁　夏	4	1	2	1	38200.60	4040.00
新　疆	3				93400.00	

自然保护区情况

面积		累计建设投资（万元）			
国家级			其中：古生物化石	本年投资	
	其中：古生物化石				其中：古生物化石
405209.77	**151309.32**	**241700.80**	**31025.12**	**37911.00**	**4890.50**
36813.00		1170.00		450.00	
2536.99	1015.00	8549.88	360.00	1260.00	
46410.00	46410.00	9987.00	7245.00	500.00	500.00
1396.30	46.30	20244.00	3120.00	15692.00	20.00
11764.80		5273.09		200.00	
		25111.00		800.00	
		3300.00	3300.00	340.00	340.00
275.00		10842.00		680.00	
		813.00	813.00	310.00	310.00
13184.00		35170.00		10.00	
120.00	120.00	1831.20	955.00	550.00	50.00
104615.00	78015.00	5409.00	40.00	440.00	10.00
41.40		5350.00		2050.00	
358.00	58.00	1740.00	940.00		
29200.00		17213.12	2003.12	220.00	160.00
1739.70	1732.00	866.00	224.00	73.00	70.00
		301.00			
13835.58	173.02	25342.00	630.50	1840.00	630.50
24600.00	19700.00	13295.00	7516.00	6097.00	800.00
		2378.50	2378.50	1400.00	1400.00
		160			
101320.00		43195		3699.00	
17000.00	4040.00	3430.00	1500.00	1200.00	600.00
		730.00		100.00	

2012 年地

表 23

地 区	地质公园（个）					
		世界级	国家级	取得国家级资格	省级	取得省级资格
全 国	**401**	**26**	**159**	**59**	**113**	**70**
北 京	6	1	3	2	1	
天 津	1		1			
河 北	16	1	7	4	2	3
山 西	14		6	2	6	
内蒙古	15	2	5	2		8
辽 宁	8		4		1	3
吉 林	8		3	1	4	
黑龙江	24	2	5	2	14	3
上 海	1		1			
江 苏	8		2	1	3	2
浙 江	8	1	4		2	2
安 徽	17	2	8	3	6	
福 建	14	2	10	2	2	
江 西	9	3	4		2	3
山 东	55	1	8	2	18	27
河 南	24	4	11	4	9	
湖 北	21		6	2	9	4
湖 南	23	1	6	4	7	6
广 东	11	2	7	1	1	2
广 西	16	1	7	2	7	
海 南	4	1	1			3
重 庆	7		5	2		
四 川	23	2	13	3	6	1
贵 州	12		9	1	2	
云 南	11	1	7	3	1	
西 藏	2		2			
陕 西	10	1	4	4	1	1
甘 肃	15		4	4	7	
青 海	7		4	3		
宁 夏	4		1	1	2	
新 疆	9		3	4		2

质公园建设情况

地质公园面积					
（公顷）	世界级	国家级	取得国家级资格	省级	取得省级资格
9302453	**1392483**	**5900073**	**695932**	**1383879**	**779131**
134990	49000	56350	27460	2180	
34200		34200			
157688	16016	91868	36245	9260	20315
171306		122496	17400	31410	
522420	197337	291488	50748		180184
293638		255321		1	14668
325272		150078	21735	153459	
52410	2020	4027		46101.45	2281
14500		14500			
20625		438	3800	10487	5900
71018	29460	44316		16168	10534
163496	28900	127727	11700	24069	
254345	102520	159528	18260	27307	
301359	165783	203163		70260	27936
420768	15860	239575	10661	107414	63118
848683	256825	377587		214271	
545808		182647	31200	308461	23501
402700	39800	140200	47700	110400	64600
103453	31000	96327		4280	2846
274758	80318	155233	15470	104055	
339885	10800	10800			329085
13836		1049	12787		
479035	16844	348880	29978	38577	20900
205157		101767	30701	64092	
1676212	350000	1667064	3868	4080	
540886		462480	78406		
169037		119805	26041	15928	7263
55470		54700	352	419	
334580		174900	159680		
38201		12960	4040	21201	
336717		198600	57700		6000

2012 年矿泉水

表 24

地区	矿泉			
	注册登记的矿泉水水源数		矿泉水源年检情况	
	（个）	国家级	参加年检数量（家）	年检合格数量（家）
全 国	**1401**	**184**	**831**	**814**
北 京	44		21	21
天 津	15		15	15
河 北	35	12	34	34
山 西	59	14	6	6
内蒙古	66	18	48	48
辽 宁	55	1	42	40
吉 林	395	14	54	54
黑龙江	76	76	62	62
上 海	13		13	13
江 苏	21	2	23	22
浙 江	42		42	41
安 徽	15	2	12	12
福 建	35		38	37
江 西	46	9		
山 东	122	9	120	119
河 南				
湖 北	12	3	7	7
湖 南	5	2	5	5
广 东	92	1	53	52
广 西	33	5	28	18
海 南	7		7	7
重 庆	11		11	11
四 川	46	1	91	91
贵 州	14		12	12
云 南	59	6	35	35
西 藏	14	2	12	12
陕 西	52		24	24
甘 肃	3	1	3	3
青 海	4	4	4	4
宁 夏	8	2	8	8
新 疆	2		1	1

及地热情况

水		地热			
可开采矿泉水资源量		可开采地热资源量		地热总开采量	
（万立方米）	本年矿泉水可开采总量	（万立方米）	本年新增地热资源量	（万立方米）	本年新增地热开采量
1466261.69	**63836.58**	**44066924.80**	**8884.20**	**153696.69**	**2371.40**
1137.56					
11300.00	2328.70	7606.60		3250.00	274.00
27330.16	310.57	18451798.60		4968.67	66.22
14.58		19500.00		1554.00	
3285.00	43.00	340.00	11.00	188.00	8.00
715033.01	134.74	5581648.77	2900.00	111735.31	928.00
21185.91	369.92	880.00		268.00	15.00
		127.75		120.45	
		14.00			
2922.46	54.59	10793.49	318.34	195.93	45.08
385.16	29.15	424.64	279.74	78.50	0.74
4036.70	17.24	419.31	260.44	388.33	48.00
213.45	213.45	1797.53	208.49	440.01	18.00
637.25	136.86	1443.34	259.00	558.67	16.00
1143.49	382.47	19447517.71	1456.70	4926.22	12.09
561025.68	5048.80	894.23		851.82	
791.00	2.53	2200.00		153.00	
1424.80	216.55	34576.51	137.00	3793.61	148.98
412.55	242.20	238.86		43.99	
271.52	22.02	2067.90	31.50		
6400.00	55.00	29670.00	3000.00	4470.00	150.00
11454.07	1286.26	10568.30		7916.80	
40592.59	14011.62	816.72		518.25	500.00
47515.06	37797.80	5204.77	1.00	837.11	68.90
610.64	600.00	20814.00		160.00	
6025.00	285.00	430000.00		5890.00	49.00
157.87	1.03	1280.99	20.99	154.99	23.39
693.00	228.00	941.00		182.00	
256.10	19.00	2802.47			
7.08	0.08	537.31		53.03	

2012年矿产资源勘查、开采违法案件查处结果

表25　　计量单位：个、万元

地　区	吊销勘查许可证	吊销采矿许可证	罚没款
全　国		**5**	**35794.61**
北　京			25.50
天　津			30.85
河　北			444.94
山　西			600.55
内蒙古			578.61
辽　宁		1	4913.30
吉　林		1	1354.13
黑龙江			1384.11
上　海			
江　苏			101.88
浙　江			9274.40
安　徽			487.89
福　建			792.05
江　西			543.72
山　东			112.33
河　南			202.12
湖　北			396.23
湖　南			1447.94
广　东			950.84
广　西			561.87
海　南			172.09
重　庆			835.57
四　川			190.01
贵　州		3	1366.95
云　南			471.24
西　藏			23.80
陕　西			2461.10
甘　肃			51.21
青　海			160.60
宁　夏			255.51
新　疆			5603.27

附　　录

2012年世界矿产资源勘查开发和矿产品供需形势

一、世界矿业发展状况

2012年世界经济复苏乏力，经济增长降至3.2%。发达国家经济形势错综复杂。美国在量化宽松政策的推动下，经济逐步回暖，复苏迹象明显，但失业率依然偏高。欧债危机持续发酵，欧元区经济陷入持续衰退，通货膨胀仍居高位，制造业和服务业难脱低迷，失业率屡攀新高，经济衰退正在向核心国家蔓延。尽管采取各种措施，极力稳定市场信心，但落实起来困难重重。日本经济内外交困，缺乏亮点，在经历震后短暂的较快增长后再陷衰退，短期内难以复苏。受外部环境影响，新兴经济体需求放缓，通胀压力增大，国际贸易活动持续低迷，经济增长明显放慢，但新兴经济体仍是全球经济增长的重要推动力。

尽管全球经济不景气，但矿业依然表现出经济发展的重要作用，成为世界各国非常重视的产业，特别是资源比较丰富的国家，围绕资源税费进行的利益博弈和争夺日趋激烈。非洲和中东政局动荡，诸多海上油气生产安全事故等不确定性因素、不可控性因素给全球矿业发展带来较大的影响。纽约投资机构达尔曼罗丝公司的最新调查显示，尽管全球经济增长乏力以及对欧洲和美国主权债务充满担忧，但2012年全球能源公司在油气勘探及开采领域的投资仍将维持强劲增长态势。受油气公司增加非常规页岩资源以及深水项目投资的刺激，2012年全球能源公司在油气勘探及开采领域的投资将达到5950亿美元，比2011年增长9.3%。2012年11月，加拿大金属经济集团（Metals Economics Group）公布了该公司第23个年度世界矿业公司勘查预算调查结果。经过对超过2500家矿业公司（勘查预算高于10万美元）的调查统计，总计预算为205.3亿美元。考虑到被调查公司勘查预算占全球勘查预算的95%，因此MEG估计2012年世界非燃料固体矿产勘查费用为215亿美元，较2011年的182亿美元增长18.1%，短期内矿产勘查投资没受到矿产品价格大幅波动的影响。

全球矿产品生产和消费随经济波动而变化，2012年矿产品价格总体呈现回落态势。全球粗钢总产量为15.5亿吨，同比增长1.2%，再创历史新高；世界铁矿石产量29.41亿吨，比2011年下降1.2%。这是自2001年以来全球铁矿石产量首次出现下滑。铁矿石平均价格129美元/吨，比上年下跌16%。伦敦金属交易所铜均价为7950美元/吨，较上年下跌9.9%。出于对全球经济的担忧，国际金价尽管延续了第11年的连续涨势，但是已经出现“下滑”态势；白银价格在经历2010年近84%的上涨后创下三年来首次年度下挫，跌幅达到10.44%；铂和钯走势同样低迷，尽管钯价在2010年创下高达96.6%的涨幅，但是近两年却持续下滑，铂价近两年也出现持续下滑，全球性经济增速放缓导致的工业需求疲软是影响矿产品市场的主要原因。

由于矿产品价格回落，全球矿业巨头利润下调。据普华永道统计，尽管全球前40家矿业公司2012年矿产品产量增长6%，但是由于矿产品价格疲软、成本上升和资产减值（450亿美元），公司收入与上年持平，而利润则只有680亿美元，下降49%。

全球经济增速普遍放缓，导致金属矿产消费超过两位数的增长将不再延续，特别是中国经济增速的回调与结构调整的加快，对矿产金属需求支撑弱化。全球金属行业未来将进入低速增长阶段，面临供大于求，效益下滑的局面。

2012年，全球矿业公司市值下跌幅度一般达30%～40%。其中，世界大型矿业公司净利润同比下滑40%～80%。

但在国际大型矿业巨头中，与必和必拓、淡水河谷、英美资源、力拓、斯特拉塔大型矿业公司相比，黄金公司受金价下跌影响较重。其中，巴里克黄金公司市值缩水最为严重，其市值从2012年年底的541.1亿美元下跌至2013年4月10日的250.5亿美元，市值下跌了53.7%。

从长期看，随着全球经济企稳和复苏，新一轮的矿产品供需矛盾将更加突出，将促使矿业勘查开发投资进一步增长。虽然追求低碳经济可能降低对化石燃料的需求,但随着印度、越南、印度尼西亚等国家以及非洲部分国家工业化时代的到来,将使得世界能源原材料需求量大幅增长,各国对资源的争夺更加激烈。国际局势动荡、地缘政治危机、恐怖袭击,自然灾害、环境污染,原材料和人力成本上升、矿工罢工,以及公司虚报储量丑闻等种种因素,对矿业本身的发展造成了一定的影响。矿业是经济发展的基础产业,而不是夕阳产业。在新的世纪里,经济全球化和技术进步继续对全球矿业产生着重大影响。

(一)全球矿业并购开始退热,但垄断世界矿业的局面进一步巩固

依托跨国公司,发达国家以资本和技术为手段,通过市场控制和政治联盟,在全球范围内进行资源争夺,以获取最佳的资源和最高的回报。主要表现为:矿业资金跨国流动,矿产资源跨国勘查、开发、生产和销售,矿业公司跨国并购和跨国上市,大型矿产勘查和开发项目多国、多家公司联合投资,以及矿业信息、知识、技术和管理经验的国际传播等。其结果是:矿产资源被全球矿业巨头瓜分,跨国公司进一步在全球范围内寻找勘查和开发目标;发达国家和跨国矿业公司对世界矿业和矿产资源控制程度仍占绝对优势;矿业公司间竞争更加激烈。

网络通信和现代化交通工具也为矿业全球化提供了极大的便利。在现代信息技术的催化作用下,矿业全球化继续向纵深发展。矿业资本、技术、人才等生产要素和矿产品的流动和配置,以越来越大的规模在全球范围内展开,各个国家的矿业如同经济一样被越来越深地融入统一的世界市场体系,国家与国家之间矿业和矿产品的依存关系达到了前所未有的广度和深度。

1. 以获取优良资产、实现规模经营和提高效益为目的的全球有色金属矿业并购加快,发达国家仍为主体,新兴经济体成为重要力量

20世纪80年代以来,以全球化、私有化、自由化和市场化为标志,以获取有竞争力矿权地(矿床和矿山)、企业兼并、引入低成本先进生产技术和加强效益成本控制管理为手段,以增强国际竞争能力为核心,以提高经济效益为目的的国际矿业(包括矿产勘查开发)自身调整不断向纵深发展,矿业格局在悄然发生一些积极的变化。不但在矿业巨头与中小公司之间发生兼并,越来越多的大型矿业公司之间的兼并事件也时有发生。但是,由于近年矿产品价格暴涨,使得矿业公司并购成本大幅增加,对低成本的大型矿产地的争夺更趋激烈,非传统矿产资源成为竞购的对象。

2012年,全球矿业并购交易数量为1803宗,较2011年的2605宗下滑超过30%;并购金额1100亿美元,较2011年的1490亿美元下滑超过26%。其中金属行业并购交易数量为507宗,低于2011年的531宗,但仍远高于信贷紧缩前的2007年的411宗。金属行业并购金额458亿美元,比上年增长20%。

2003~2012年,交易额在2500万美元以上的全球有色金属并购案合计达322件,交易额共计2661.97亿美元;黄金的并购案402个,交易额共计1477.04亿美元(表1)。在过去的10年中,平均每年并购额在413.9亿美元,其中有色金属占64.3%,金占35.7%。在322起有色金属并购事件中,203起为铜,占63%,58起为镍,占18%,61起为锌,占19%。同期金并购案402起,平均金额3.67亿美元。

表1　　有色金属和黄金矿业并购金额　　单位:亿美元

年份	有色金属并购		金并购		金和有色金属并购合计	
	案件(个)	金额	案件(个)	金额	案件(个)	金额
2003	6	23.51	30	49.62	36	73.13
2004	16	22.44	13	43.48	29	65.92
2005	27	263.35	29	164.68	56	428.03
2006	26	711.09	40	233.76	66	944.85
2007	42	431.78	43	119.76	85	551.54
2008	39	215.5	37	89.1	76	304.6
2009	31	72.2	43	72.64	74	144.84
2010	61	177.7	58	295.5	119	473.2
2011	50	316.9	54	270	104	586.9
2012	24	427.5	55	138.5	79	566.0
合计	322	2661.97	402	1477.04	724	4139.01

注:统计的个案交易值在2500万美元以上,2012年数据根据前9个月估计。

资料来源: Metal Economics Group Strategic Report, Vol. 1, 2012。

2012年黄金和有色金属并购案件79起,并购金额566.0亿美元,同比下降3.6%。其中有色金属购并案24起,并购金额427.5亿美元,同比增长34.9%。黄金并购案55起,并购金额138.5亿美元,同比下降24.0%。

2012 年全球最大黄金矿业并购案为加拿大埃尔多拉多黄金公司(Eldorado Gold Corp.)出资 23.48 亿美元收购欧洲金田公司(EourpeanGoldfieldsLtd),这项并购将创造一家价值 110 亿美元的黄金生产商。最大的有色金属并购案为全球原材料交易龙头企业瑞士嘉能可(Glencore)收购瑞士斯特拉塔公司(Xstrata),形成全球第四大矿业集团,合并后的公司销售额超过 2000 亿美元,市值约 900 亿美元。

近年来,虽然全球经济不景气,但是出于战略考虑,全球石油巨头和一些国家石油公司加大对油气领域的投资力度,同时通过收购一些有增长潜力的公司和非传统油气资产,以扩大产能、替换储备。据安永统计,2012 年全球石油行业的并购额为 4020 亿美元,比 2011 年的 3370 亿美元增长 19.3%。在 2012 年的并购交易中,超过了 10 亿美元的交易为 92 笔,比 2011 年多 21 笔;其中交易规模超过百亿美元的为 4 笔,2011 年为 2 笔。2013 年,受相对稳定的石油价格、不断复苏的银行业、强劲的订单、卖家退出、技术领域的新投资以及地缘扩张等一系列因素影响,石油行业的并购将进一步推进。

2012 年是全球油气并购市场极为特殊的年份,受多起大型交易推动,全年并购金额创历史最高水平。北美地区资产交易结构出现变化,东非、西非等新区交易活跃,预示着未来这些地区将继续成为市场热点。2012 年全球油气上游并购金额超过 2500 亿美元,同比增长83%,远超1998年1900亿美元的历史最高水平。从交易数量看,全年上游并购交易约 450 起,同比下降 25%(表 2),中东、北非等地区安全形势未能好转,以及北美非常规资产交易有所降温,是市场交易数量下滑的主要原因。北美和中亚俄罗斯地区是 2012 年全球上游资产并购最活跃的地区。其中北美地区主要受非常规资产交易推动,达成交易数量 263 起,约占全球总交易数量的 58%,发生交易金额近 1200 亿美元,约占全球总交易金额的 48%。亚太地区主要受澳大利亚 LNG 交易活动增加的影响,并购交易明显活跃,交易数量和交易金额分别达到 43 起和 182 亿美元,同比增长 30% 和 16%。此外,东非和西非交易活动也明显活跃。

表 2　　全球石油天然气行业上游并购交易

项目	2011 年	2012 年	同比变化/%
交易数量/起	603	450	25%
交易金额/亿美元	1371	2514	83%

资料来源:金焕东等,2012 年全球上游油气并购市场分析及展望,中外能源,2013,No.6。

2012 年全球上游油气并购呈现规模大的特点,单笔并购交易规模超过 50 亿美元的达到 8 起,远高于往年 3 ~ 4 起的水平,其中最大的是俄罗斯石油公司(Rosneft)收购 TNK - BP 公司的交易,涉及金额高达 599.82 亿美元(表 3)。

表 3　　世界石油公司间的重要工业并购事件

时间	并(收)购公司和新公司名称	交易额
2010 年		
4 月	美国阿帕奇石油公司(Apache)收购海洋能源公司(Mariner Energy)	46.85 亿美元
5 月	荷兰皇家壳牌公司收购东方资源公司(East Resources,KKR)	47.00 亿美元
8 月	印度韦丹塔(Vedanta)公司收购苏格兰石油勘探公司凯尔恩能源公司(Cairn Energy)	98.88 亿美元
9 月	巴西政府向巴西国家石油公司(Petrobras)转让石油资产	425.50 亿美元
11 月	布里达斯(Bridas)和中海油联合购买英国石油公司在拉丁美洲的资产	70.60 亿美元
2011 年		
2 月	英国石油公司(BP)收购信实能源公司(Reliance Industries)在亚太地区油气资产	72.00 亿美元
7 月	必和必拓公司收购美国霍克石油公司(Petrohawk Energy)	152.23 亿美元
10 月	金德摩根(Kinder Morgan)公司收购埃尔帕索公司(El Paso corporation)在美国油气资产	90.00 亿美元
	挪威国家石油公司(Statoil ASA)收购布里格姆勘探公司(Brigham Exploration)	48.22 亿美元
11 月	科尔伯格 - 克拉维斯(KKR)收购美国萨姆松投资公司(Samson Invest. Co.)	72.00 亿美元
2012 年		
9 月	Plains E&P 公司收购英国 BP 公司的美国资产	55.50 亿美元
10 月	英国 BP 公司收购俄罗斯石油公司(Rosneft)的股份	55.59 亿美元
	俄罗斯石油公司(Rosneft)收购 TNK - BP 公司(TNK - BP)50% 的股份	599.82 亿美元
11 月	印度石油天然气公司(ONGC)收购康菲石油公司(ConocoPhillips)在哈萨克斯坦的油田股份	50.00 亿美元
12 月	自由港麦克莫兰公司(Freeport - McMoRan)收购 Plains E&P 公司的股份	173.77 亿美元
	中海油收购加拿大尼克森公司	206.76 亿美元

资料来源:J. S. Herold《2013 Global Upstream M&A Review》。

2. 跨国矿业公司加强对重要矿山资产的争夺，谋求长期控制全球资源市场，其生产经营垄断局面短时间内难以打破

全球经济不景气，矿产品价格动荡，公司经营喜忧参半，但矿业巨头仍加紧对全球重要矿山资产的争夺。近些年，力拓控制了蒙古奥尤陶勒盖铜金矿、几内亚西芒杜铁矿等世界级矿床。淡水河谷不甘落后，不但获得了利比里亚的铁矿资源，而且控制了几内亚铁矿的重要出口通道——利比里亚铁路的运营权，同时也获得了西芒杜铁矿区的部分矿权。不但如此，两个矿业巨头还对南部非洲的炼焦煤资源展开了争夺，莫桑比克的优质煤炭资源基本上被这两个公司控制，其他矿业公司苦于实力和经验不足，只能眼看着这些资产被抢走。必和必拓、淡水河谷近些年加强了对全球钾盐项目的投资。

全球矿业企业的大规模联合和兼并，使得全球矿业的集中度进一步提高，跨国矿业公司对市场的控制力和影响力进一步扩大。经过多年并购扩张后，必和必拓、力拓和淡水河谷等三大矿业巨头基本上控制了全球铁矿市场，牢固掌握了铁矿价格话语权。发展中国家的矿业公司，也走向国际资本市场和资源配置，为国内不断发展的经济提供资源保障。在全球前10大油气公司和矿业公司中，不断出现俄罗斯、中国等发展中国家的身影。例如，原油产量前10位的公司中，8个公司属于发展中国家。

据统计，目前参与世界矿业经营活动的公司有8000家左右，但大部分矿山产量仅由少数几家公司控制。全球前50家矿业公司的产值几乎占全球矿业的一半，且基本上被英、美、加、澳和南非的矿业公司垄断，其产值占50家公司总产值的60%；另外几家公司是巴西的淡水河谷公司，智利国家铜业公司（Codelco），俄罗斯的诺里尔斯克，墨西哥的Grupo Mexico等。据瑞典原材料集团（RMG）估计，随着矿山产量逐渐向南半球转移，发展中国家矿业公司所占的比例有望增长。

根据瑞典原材料集团统计，从矿业公司对矿产品控制的集中程度看，2011年最大的矿业公司控制了世界16.3%的铁矿石产量、11.4%的铜矿产量、9.3%的金产量和18.4%的钾盐产量。前10家公司控制了世界47.7%的铁矿石，50.3%的铜矿产量，39.2%的金产量和62.8%的钾盐产量。前10大公司占世界矿业产值的比重为28.16%（表4）。随着跨国矿业公司的联合和规模的扩大，目前全球铁矿石生产和出口市场主要由淡水河谷、必和必拓和力拓三大公司操纵着，三大铁矿石公司产量占全球铁矿石生产的比例由1984年的14.6%上升到2011年的33.4%，淡水河谷控制着欧洲市场，后两个主宰着亚洲市场，合计占全球铁矿石贸易的份额已达到80%。

2012年，全球原油产量排名前10位的石油公司分别为沙特阿拉伯国家石油公司、伊朗国家石油公司、中国石油天然气集团公司、科威特国家石油公司、墨西哥国家石油公司、伊拉克国家石油公司、俄罗斯石油公司、埃克森美孚公司、巴西国家石油公司和BP公司，产量占全球的42.6%。其中前六位均为国家完全控股，产量合计13.02亿吨，占全球的31.6%（表4）。

表4　　全球10大矿业公司和石油公司

2011年10大矿业公司①		2012年10大石油公司②			
公司名称	矿业产值占全球比重/%	公司名称	国有比例/%	石油产量/万t	占全球比重/%
淡水河谷（CVRD，巴西）	7.34	沙特阿拉伯国家石油公司	100	51665	12.5
必和必拓（BHPB，澳大利亚/英国）	5.13	伊朗国家石油公司	100	21605	5.2
力拓（Rio Tinto，英国/澳大利亚）	4.71	中国石油天然气集团公司	100	14940	3.6
英美集团（Anglo American，英国）	2.35	科威特国家石油公司	100	14505	3.5
巴里克（Barrick Gold，加拿大）	1.76	墨西哥国家石油公司	100	14385	3.5
自由港－迈克默伦（Freeport－Mc. C&G，美国）	1.58	伊拉克国家石油公司	100	13065	3.2
智利国家铜公司（Codelco，智利）	1.57	俄罗斯石油公司	75.16	11900	2.9
斯特拉塔（Xstrata，瑞士）	1.36	埃克森美孚公司		11560	2.8
诺里尔斯克镍业公司（Norilsk Nickel，俄罗斯）	1.21	巴西国家石油公司	47	10850	2.6
纽蒙特矿业公司（Newmont Mining，美国）	1.15	BP公司		10785	2.6
合　计	28.16	合计		175260	42.6

资料来源：①RMG；②《国际石油经济》2013.1－2。

3.跨国矿业公司主导全球矿业融投资

必和必拓、力拓、淡水河谷等前10位跨国矿业公司市值占全球前100位矿业公司市值的比例超过六成，矿业巨头已经成为全球资本市场的主要融资者，其一举一动都会给资本市场带来巨大的影响。矿业巨头也是世界级矿业项目的主要投资者，据普华永道统计，2012年全球前40家矿业公司项目投资达到1100亿美元。

经济全球化的迅速发展使得矿业公司勘查开发活动的地域范围更加广阔，得以站在全球的视点上角逐世界矿业市场。在油气勘查开发方面，拥有雄厚资金的大型跨国石油公司一直立足于全球油气资源，如壳牌石油公司在全球90多个国家和地区从事石油勘探和生产活动，拥有最先进的技术，每天的油气产量超过320万桶，在35个国家拥有55个石油精炼厂的股权；埃克森美孚实行全球化经营策略，在21个国家有37个精炼厂，其上游的勘探和开采业务遍及40多个国家，在陆地和海洋石油开采业务方面具有世界主导地位；雪佛龙德士古公司涉足20多个国家的油气勘探开发。上世纪90年代以来，美国、加拿大和欧洲的一些中小石油公司积极向海外拓展，其中美国已经有1000多家中小型油气公司专门从事油气的勘探、开发以及信息和技术服务。

非燃料固体矿产勘查方面，美国公司大部分的勘查活动是在国外，目前仅在内华达、爱达荷和阿拉斯加等州有少量勘查活动，根据加拿大 Infomine 数据库统计，美国处于勘查活动的矿权地不到北美地区的20%。1991年加拿大矿业公司在59个国家活动，1996年增加到95个国家，1999年则在100多个国家的3000多个矿权地进行活动，目前则可能有5000个矿权地。澳大利亚、南非以及欧洲的老牌矿业国英国、法国等国的矿业公司向国外矿产勘查投资的数量和比重迅速增长。新兴工业化国家如韩国、马来西亚等和发展中国家如印度、巴西等，在国外的矿产勘查和开发项目也在增多。在矿产开发方面，近年每年全球的大型矿业开发项目中，矿业公司跨国开发的项目占2/3左右。

（二）科技推动全球勘查开发活动向更深、更高和更寒地区发展，但矿业人才缺乏仍然是矿业发展的制约因素

不断依靠技术进步，大幅度降低生产成本，提高资源保障能力，追求低碳经济，尽量减少环境污染，是21世纪矿业可持续发展的动力。几十年来，随着找矿难度的增加和可供开发的高品位、易开采、易选冶矿的减少，利用常规方法进行矿产勘查开发效果不断降低。为此，矿业界在科学技术研究和开发领域做出了不懈的努力，特别是发达国家的大型跨国公司把加大科技投入，通过技术创新掌握矿产勘查、开发核心技术作为其保持竞争优势的主要措施，这也是国外一些大矿业公司长期立于不败之地的重要原因。如埃克森公司运用新技术使其每年新增探明油气储量都超过了油气产量。

先进的科学技术对推进全球矿产资源勘查开发和利用效率发挥着越来越大的作用。技术进步在矿产勘查、开采、选冶和加工利用等各个环节发挥着巨大的功效。近年来，三维地震成像技术、水平井、斜井技术以及水下采油技术、计算机的广泛应用和人工智能等高新技术的应用在为石油业提高效率创造效益做出了巨大贡献的同时，开始被铜、金等固体矿产的勘探所吸收和再创新。

技术进步使矿产勘查开发的地域范围更广、更高、更深，成本更低。如在陆上，矿产勘查开发向寒冷的北极地区进发，特别是格陵兰、加拿大西北地区和北欧地区，近些年来铀、铁、铜、稀土、金等矿产勘查取得了重大进展，比如格陵兰的科瓦内湾（Kvanefjeld）稀土－铀矿的稀土资源量已超过1000万吨，雪铁龙湾（CITRONEN FJORD）铅锌矿也属世界级等。2000年以来，中国西藏连续发现的驱龙、甲玛等铜矿都处于5000米左右的高海拔地区。全球深海石油勘查开发进展迅速，2007年以来，巴西国家石油公司（Petrobras）在东南沿海桑托斯盆地及其他深海盆地已经获得多个重要油气发现，其中图皮油田储量可达80亿桶，巴西能源管理部门 ANP 预测，该国海上盐下石油储量可能高达800亿桶。巴西海上油田勘探取得的成果，一定程度上改变了南美甚至世界油气格局。依靠先进的钻探技术，美国发现了储量非常丰富的页岩油气和致密油气，其中天然气储量非常丰富，以致于在未来100年内可以摆脱对进口的依赖。页岩油气勘探开发技术发展迅速，一些油气资源短缺的国家非常看重此项技术突破，阿根廷很快掀起了页岩油气的勘探热潮，并取得了重要进展。南非德兰士瓦省兰德金矿山开发深度达到5000多米。除了深水油气田，水下钻石外，水下煤炭和金属矿产开采最近几年也取得了比较大的进展，特别是在巴布亚新几内亚的俾斯麦海域，加拿大初级勘探公司鹦鹉螺资源公司在深海1500米处，找到了品位丰富的硫化物矿床。德比尔斯和英美集团成立了一家专门从事海底矿产勘查开发的公司。

快速、实时、可视、准确和高效是现代矿产勘探技术发展的方向。正是依靠激发极化（IP）技术，艾芬豪发现了世界级的蒙古奥尤陶勒盖铜金矿和民主刚果卡莫阿铜矿。目前，这项技术进一步发展。传统激发极化技术一般应用在矿山，探测深度浅，但是，加拿大公司新研制的宙斯系统能够在区域规模使用，最大探测深度可达3500米，将极大地提高大规模区域地质调查的效率和效益，减少土地使用成本，提高成功率，宙斯的独特功能是能够转化、接受和分析形状规则、振幅高的电荷，用于准确分析信息丰富但强度弱的电信号，多为矿体和弱矿化围岩高强度激发极化后产生的。Gedex有限公司的深部石油、天然气和固体矿产探测技术能够精确绘制地下密度图像，性能较目前的系统有大的提高，使得以前的盲飞勘查变成能够“看见”矿床位置，无论是准确性还是速度都是前所未有的。澳大利亚Intellection公司的矿物处理技术—— Qemscant便携式商业应用模型已经在世界上多个地学实验室采用。此种产品使用无液氦探测仪，将提高样品准备、分析的速度，与以往的同种设备相比，至少增快5倍，从而加速勘查进程，同时也能使选矿厂实验室分析人员在不同的地点随时进行测试。

许多大石油公司都在施行“数字油田”战略，比如壳牌的“智能油田”，其目的就是要从现有油藏中获得更多的产量。在非常规能源矿产领域，壳牌加拿大公司油砂中沥青回收的增多泡沫处理技术（Enhanced froth treatment technology）通过提高石蜡泡沫处理工艺的温度，比其他传统工艺能够去除更多的沙粒、黏土细粒和其他杂质。同时设备规模更小、用水更少、耗能更低，有效降低温室效应，而总体回收效益能够提升10%。阿尔伯塔省的阿萨巴斯卡油砂项目将采用壳牌的此项技术。壳牌加拿大公司和其合作伙伴西部油砂公司以及雪佛龙德士古公司计划投资73亿加元扩建姆斯克格矿山（Muskeg）和沥青提取厂。

未来，随着矿产勘查开发的科技进步和社会发展，隐伏矿、低品位矿、难选冶矿和共伴生矿，以及开发条件差的矿产开发机会也将增多。技术进步使可利用矿产资源的品位显著降低。许多以前难以利用的低品位、难选冶矿变的具有经济意义，从而使许多矿产的储量得到增加，金、铜尤为突出。美国天然气实现自给完全得益于东部地区页岩气的开发，而页岩气开发依靠的是先进的钻探技术，这种技术可以击碎地底的页岩并进行水平钻探，开采储藏在页岩层的天然气，是过去10年里最重大的能源技术革新。红土型镍矿的利用，使得全球镍资源储量大幅增加。生物-氧化作用和生物浸出技术的进一步发展，已使金矿石开采品位降到0.7克/吨，最低达0.257克/吨。美国纽蒙特公司研制的适用于低品位的细粒金矿石生物浸出工艺，使金的回收率从20%提高到60%。20世纪50年代，美国、澳大利亚、加拿大和南非等国家金矿平均开采品位为10克/吨，目前仅为1.8克/吨。溶剂萃取电积法（Sx-Ew）炼铜技术进一步完善，铜矿石开采品位可降至0.2%～0.4%，最低达0.04%，用该法生产铜的产量迅速增大，在世界铜总产量中所占的比例由1991年的8.5%上升到2010年的19.4%。Xstrata公司在麦克阿瑟河（McArthur River）铅锌银矿山采用了MIM公司的Albion工艺，此种工艺将在未来10年中给锌矿等金属选冶带来一次新的革命。

新技术、新方法和替代产品的应用极大地提高了矿产资源的利用效率，延缓了矿产资源的耗竭速度。如在能源领域，日本、美国和欧盟等都把节能和提高能效纳入能源安全战略。近年来，节能技术、新能源和可再生能源技术取得突破性进展。过去几十年中，为缓解对石油、天然气和煤炭等不可再生能源的需求，改善环境，许多国家和政府都十分重视开发和利用新能源和可再生能源，如太阳能、风能、地热能、生物质能及潮汐能等。随着铁矿石和冶金辅助原料价格不断攀升，国际上正在谋求炼铁技术的革命性突破，比如力拓公司研制的Hismelt熔融还原炼铁技术，浦项研制的高铬不锈钢技术以及不使用焦炭的Finex式炼铁技术等，都将降低钢铁工业成本。

采矿环境技术进步使矿业对环境的污染逐步得到控制。目前，矿业界正尽最大努力以实现矿山固体、液体和气体污染物的近零排放。许多国家已经从粉煤灰中回收铀、镓等金属元素。如酸性废水排放是许多国家一个重大的矿山环境难题，最近在美国加利福尼亚州北部红山铜矿，用特殊的细菌microbe处理，显著降低了酸性废水的排放，可以使粉尘遏制和控制技术进步也使采矿更安全、对人体危害更小。澳大利亚矿物科学研究院，正在研制一种综合利用尾矿废渣废水的技术，可以大大降低废渣、水的排放量，从而使得尾矿大大减少，避免尾矿占用大量土地和减少污染。预计2020年，加拿大油砂工业排放的二氧化碳占当地从目前的5%增长到16%。加拿大联邦政府和阿尔伯塔省出资25亿美元正在开发二氧化碳收集和储藏技术。

矿产品价格上涨，矿产开发投资大幅增加，众多矿业项目的实施都需要大批专业技术人才来完成。但由于多年来矿业总体形势不景气，大量人才流失，高等院校矿业院校人才培养断档，澳大利亚和智利等资源丰富的国家都遇到人才不足的困难。澳大利亚不但缺少矿产资源勘查开发方面的工程师，同时也缺少矿产品贸易方面的人才。虽然澳大利亚矿业收入逐年增长，但未来10年人才缺乏将制约矿业部门的发展。政府采取了培训等多种办法，但收效甚微。同样在蒙古，虽然矿产资源丰富，但由于当地缺少矿业方面的技术人才和熟练的技术工人，限制了该国矿业的发展。在加拿大阿尔伯塔省，油砂工业成为该省乃至加拿大能源工业发展的重点，但油砂采矿需要充足的劳动力，而阿尔伯塔省熟练技工的缺口为7.5万～10万人，不得不从邻近的安大略省等省份，甚至全球吸引人才。

总之，矿业全球化和科技进步使21世纪的世界矿业进入一个新的时代，那就是土地和资本作为竞争优势的地位逐渐弱化，矿业企业今后的成功将更多地依赖于理念、管理、技术创新及其应用，即人才和技术。

二、世界矿产资源勘查和开发形势

(一)世界油气勘探开发投入平稳增长

据巴克莱投资银行(Barclays Capital)的统计资料，2012年勘探开发投资6040亿美元(图1)，同比增长18.62%，增幅大于前两年。2003~2008年期间，全球油气勘探开发投资呈增长态势，受2008年第4季度油价暴跌影响，2009年投资减少12.9%；自2010年投资重回上升趋势，2011年投资5092亿美元，超过2008年投资额。预计2013年，全球油气勘探开发投资为6440亿美元，同比增长6.6%，但增速下降一成多。

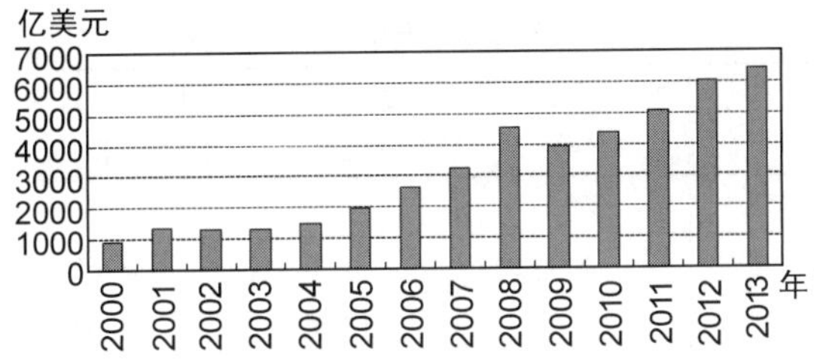

图1　2000~2013年世界油气勘探开发投资

注:2012年和2013年为预计数

巴克莱投资银行认为，油气勘探投资重点是液态资源丰富的地区，将加强深水勘查活动，北美之外国家油气勘探开发投资继续增长。驱动投资增长的因素一是持续的高油价，二是许多海上钻探项目延续。投资增幅比较高的地区依次是拉丁美洲、亚洲、澳洲和中东。2013年拉丁美洲勘查开发投资增长15%，主要投资公司是墨西哥国家石油公司(PEMEX)，委内瑞拉国家石油公司(PDVSA)，巴西国家石油公司(Petrobra)。亚洲和澳洲投资增长11%，中国加强陆上和近海油气开发，增加页岩气开发投资。中东投资增长11%，阿布扎比国家石油公司预计增长33%，沙特阿美石油公司钻井数量增加，伊拉克勘探开发投资增长最大。非洲投资增长4.5%，由于几个国家接连发生政治不稳，上游投资支出返回原来的水平。欧洲投资增长6%，主要是北海勘探增加和加强回采技术。俄罗斯投资增长6.9%，主要是卢克石油公司(Lukoil)持续增加勘探开发投资，预计增长31%，为129亿美元。北美国家油气勘探开发投资出现连续多年高增长，2010年投资增长27%，2011年增长31%，2012年增长4%，预计2013年投资将基本保持在2012年的水平。

超级石油集团公司仍是国际油气勘探开发领先者，2012年世界前20名公司投资额合计占总投资的57%，埃克森美孚依然是全球油气勘探开发投资第一名，雪佛龙第二，荷兰皇家壳牌公司第三，中国石油公司第四。

油气勘探开发投资增加与油价上涨呈正相关关系，若未来油价保持高位将持续，投资则会以两位数增长。油气价格是投资预算的关键性因素，北美投资预算基于原油(WTI)平均价格85美元/桶，天然气3.47美元/Mcf，如果油价没有下降到67美元/桶，北美投资预算不会调整。

表5　世界油气勘探开发投资(按地区分)　单位:亿美元

2012年	2013年	变化率%	比例%	
美国	1387.18	1396.34	0.7	23
加拿大	444.31	446.96	0.6	7
合计	1831.49	1843.3	0.6	30
国际:				
超级集团	938.44	1022.1	8.9%	16%
北美独立者	211.92	200.83	-5.2%	4%
拉丁美洲	632.63	728.19	15.1%	11%
印度、亚洲和澳洲	933.18	1036.2	11%	15%
中东	269.36	298.26	10.7%	4%
俄罗斯	471.09	503.46	6.9%	8%
欧洲	450.12	476.7	5.9%	7%
非洲	235.86	246.39	4.5%	4%
前苏联FSU/CIS	10.63	12.01	13%	1%
其他	57.15	72.13	26.2%	
合计	4210.38	4596.27	9.2%	70%
世界合计	6041.86	6439.57	6.6%	100%

资料来源: Barclays Capital，World Oil，2013.2。

世界油气勘探向近海深水区域扩展，如：巴西和西非；西非和东非地区近海钻探项目开始活跃，东南亚、伊拉克和哥伦比亚近海油气钻探项目显著增多，正在钻探的钻井骤增。2012年近海钻井3058口，预计2013年3315口，增长8.4%。

据《World oil》，美国之外全部油气勘探钻井2012年是57025口，预计到2013年增长2.8%，达58637口。加拿大2012年钻井数量减少，2013年钻井将增加到11510口，增长7.5%，主要是勘探页岩气、致密油和油砂，估计致密油资源超过油砂；预计到2035年，页岩气勘探开发将吸收投资达3860亿美元。拉丁美洲是油气勘探开发最活跃地区，墨西哥2012年钻井增加13%达1191口，预计2013年增长3.5%，达1233口，国家石油公司努力增加储量，重点在东南部，潜力最大的是墨西哥湾深水区。南美洲钻井数量增长7.1%，达3663口，巴西陆上和近海钻井增长超过30%，增幅最大，近海钻井锐增到278口，巴西政府将举办多次石油和天然气竞标，竞拍289个区块。委内瑞拉钻井减少9.5%为629口。哥伦比亚钻井数105口，比2012年117口减少12口。预计西欧油气钻井数量529口，英国原油产量2012年下降10%，预计2013年钻井增长11%为212口，90%的钻井在近海。挪威油气勘探开发在挪威大陆架及在巴伦支海的北极圈勘探区，2013年计划总投资250亿美元，钻井168口。东欧和前苏联地区2012年油气钻井数量增长4.1%为9164口，东欧国家钻井328口，俄罗斯之外的前苏联国家钻井1067口，俄罗斯钻井7769口，前5大油气集团公司钻井数量占85%，钻探工作量占82%，预计2013年钻井数量增长3.2%达9456口。非洲油气钻井2012年1551口，预计2013年增长3.8%，达1610口。中东地区2012年钻井数量创出历史记录，增加9.6%达3286口，阿曼钻井1220口，增长30%，居该地区首位。预计2013年中东地区钻井数量3291口，与2011年基本持平，阿曼钻井数量减少14%，为1045口。南亚印度和巴基斯坦陆上和近海油气资源远景较好，预计2013年油气钻井数量为499口，意大利Eni公司发布在巴基斯坦Badhra地区发现天然气资源。远东地区2012年油气钻井26405口，其中，中国钻井24800口，印度尼西亚陆上和近海油气钻井760口，马来西亚油气钻探在近海，钻井数量119口。预计2013年远东地区油气钻井数量微增至26509口，其中，中国24924口；印度尼西亚减少到705口，近海钻井减少11%为176口；马来西亚近海钻井数量增长7.6%为128口。南太平洋地区油气勘探开发及基础设施建设投资增长，澳大利亚油气钻井增长17.6%，达241口，其中近海钻井105口。预计2013年南太平洋地区钻井数量增长7.7%，达309口，澳大利亚249口，其中近海钻井112口。

美国2012年油气勘探钻井44732口，钻探量3.62亿英尺。预计2013年美国油气勘探钻井47053口，同比增长5.2%，钻探量3.85亿英尺，同比增长6.5%。

（二）世界非燃料固体矿产勘查投资连续三年增长

1. 全球固体矿产资源勘查投资总体呈上升趋势

矿产品价格指数与矿产勘查投资密切正相关，价格上涨是矿产勘查投资增长的最显著推动因素，勘查投资趋势的转变比金属价格指数趋势转变滞后大约1年。1989～1996年勘查投资平稳增加，金属经济集团(MEG)金属价格指数1996年达阶段峰值；1997～2001年勘查投资基本是平缓减少，年均减幅4.3%，2003～2008年年初金属价格指数上涨趋势，勘查投资持续增加，在2008年勘查投资达到阶段峰值；2009年勘查投资和金属价格指数同期跌至阶段谷底，此特例是2008年发生金融危机导致的。2010年世界经济恢复增长，金属价格大幅度上涨，矿产资源勘查投资重返上升轨道，2011年矿产勘查实际投资额高于预算投资，为172亿美元，同比增长61.7%。2012年MEG调查统计世界2556个公司，估计勘查投资预算为205.3亿美元，同比增长19.3%，由于该调查统计覆盖率95%，另有5%的公司未统计，加上这部分公司勘查投资预算，世界固体矿产勘查投资预算为215亿美元。此外，MEG从2011年开始统计铁矿勘查投资预算，2012年288个勘查公司铁矿勘查投资预算28.9亿美元。因为2012年金属价格指数下降，而公司勘查投资预算是基于年初的金属矿产品价格，判断2012年矿产勘查实际投资低于预算。

表6　全球部分固体矿产勘查投资与变化

年　份	矿产勘查投资/亿美元	比2011年变化/亿美元	比2011年变化率%
2004	27.5		
2005	38.1	10.6	38.55
2006	57.75	19.65	51.57
2007	85.2	27.45	47.53
2008	111.27	26.07	30.60
2009	73.73	-37.54	-33.74
2010	110.42	36.69	49.76
2011	172.16	61.74	55.91
2012②	205.31	33.15	19.26

注：表中勘查投资预算不包括铁矿、铝土矿、煤、石油和天然气。2012年投资额为预算。

2. 勘查投资前三位的依次是拉丁美洲、非洲和加拿大

近20年来，拉丁美洲一直是固体矿产资源勘查投资最高的目标区域。2012年在拉丁美洲的勘查投资占全球勘查投资的25%；非洲升至第二位，占17%；加拿大降至第三位，占16%，太平洋/东南亚地区勘查投资比例由4%上升到7%，前苏联、中东和中国等其他地区勘查投资所占比例由17%下降到15%（图2和图3）。拉丁美洲是大型矿业公司勘查投资首选地区，对该区域勘查投资比例2012年为30%；加拿大初级勘查公司对该区域的投资比例从2011年的27%到2012年下降到23%。2012年全球勘查投资的一半多在高风险和中度风险的地区，这些地区资源民族主义呈上升态势，初级勘查公司选择减少在高风险地区的勘查投资，勘查重点转向安全的采矿场和可供开发的勘探地区。

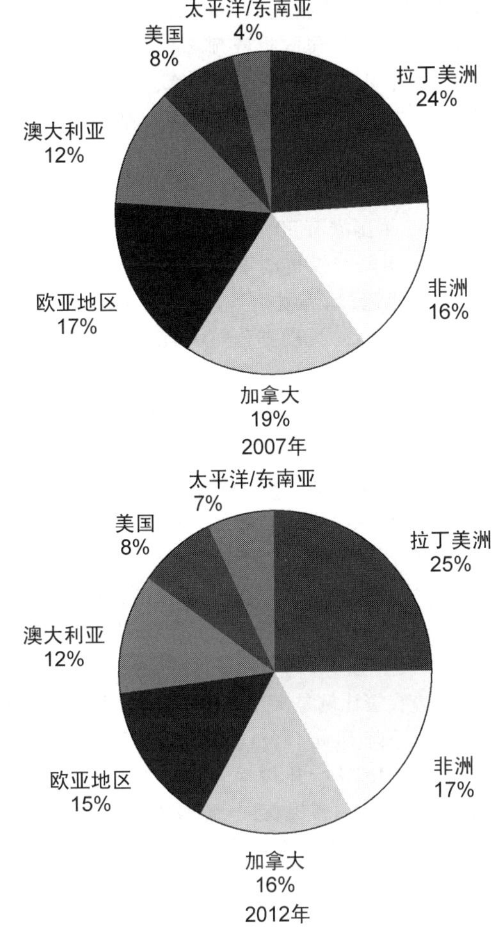

图 2　2012 与 2007 年固体矿产勘查投资对比

从勘查投资目标国家来看，2012 年，前 10 位国家的投资预算合计 131.975 亿美元，占总投资预算的 64.3%。加拿大、澳大利亚和美国固体矿产勘查投资预算位居前三位，墨西哥、智利和秘鲁分别列第四、第五和第六位（表 7）。中国矿产勘查投资排名从 2008 年的第 10 名，到 2010 年上升到第 7，并保持到 2012 年。

表 7　　2012 年勘查投资预算前 10 位国家

国　家	2012 年投资预算/亿美元	占总投资预算的比例%		
		2012 年	2011 年	2010 年
加拿大	32.448	15.80	18	19
澳大利亚	25.182	12.26	12	12
美国	16.744	8.15	8	8
墨西哥	11.947	5.82	6	6
智利	10.351	5.04	5	5
秘鲁	10.253	4.99	5	5
中国	7.204	3.51	4	4
俄罗斯	7.001	3.41	3	4
巴西	5.689	2.77	3	3
阿根廷	5.156	2.51	哥伦比亚 2	3

3. 金矿和铜矿勘查投资占 60% 以上

除了 2009 年之外，近 10 年金矿勘查投资占固体矿产勘查投资比例均在 40% 以上。由于美元持续贬值，金价持续上涨，金矿对勘查投资吸引力持续增加，2010 年金矿勘查投资比例达 51%，2011 年回落到 43%；2012 年初金价大幅度攀升，金矿勘查投资预算为 96.82 亿美元，比例回升到 47%，年末金价下降，估计金矿勘查实际投资小于投资预算。金矿勘查投资预算前三位是加拿大、澳大利亚和美国，其投资预算合计 35.7 亿美元，墨西哥、秘鲁、哥伦比亚和布基纳法索等 10 个国家金矿勘查投资预算合计 35.8 亿美元，其他 97 个国家金矿勘查投资预算合计 25.3 亿美元。金矿普查的投资比例降至 30%，勘探的投资比例升至 43%。

有色金属勘查投资主要投资勘查铜矿、铅锌矿和镍矿。近十年来，有色金属勘查投资所占比例 26% ~ 41%，2008 年最高为 40.8%，2011 年下降到 28%。2012 年投资预算 63.9 亿美元，比例回升到 31%。从地区看，在拉丁美洲的勘查投资预算比例上升到 28%，在非洲升至新高为 11.5%，在加拿大下降到 10.5%。从地质勘查阶段看，勘探阶段投资比例升至 38.5%，矿区勘探上升到 29%，普查下降到 32.5%。按矿种分，有 846 个公司勘查铜矿，合计投资预算 47 亿美元，占有色金属勘查投资的 74%；其中，大型矿业公司铜矿勘查投资预算占 57%，初级公司占 29%，其他公司占 14%；铜矿勘探阶段投资占 39.2%，普查投资 33.7%，矿区勘探投资占 27.1%，在拉丁美洲的铜勘查投资占 31%，在蒙古、中国和哈萨克斯坦的铜矿勘查投资占 17%，非洲占 13.6%，美国占 10%，印度尼西亚、菲律宾和巴布亚新几内亚等东南亚大洋洲地区占 9.2%，加拿大占 6.6%。有 204 个公司勘查镍矿，投资预算 8.244 亿美元，占有色金属勘查投资的 12.9%，为近 20 年来最低比例，在澳大利亚的镍矿勘查投资占 27.2%，加拿大占 25.5%，俄罗斯、芬兰和中国镍矿勘查投资占 16.7%。

金刚石勘查有 65 个公司，勘查投资预算合计 5.2 亿美元，占 2.5%，投资比例是 22 年来最低的。勘查投资预算最高的地区是在非洲，主要是安哥拉、博兹瓦纳和塞拉利昂，主要是普查和矿区勘探。在俄罗斯和印度的金刚石勘查投资主要投入到金刚石勘探阶段。

铀矿勘查有 208 个公司，勘查投资预算合计 8.73 亿美元，占 4.25%，比 2011 年 229 个公司投资预算 9.38 亿美元减少 0.65 亿美元。铀矿勘查目标地主要是加拿大和非洲。

铂族金属勘查，勘查投资预算合计 3.116 亿美元，占 1.5%。与 2011 年相比较，投资预算增长 30%，勘探阶段投资增加一倍。大型公司对铂族金属勘查投资连续2年增加。

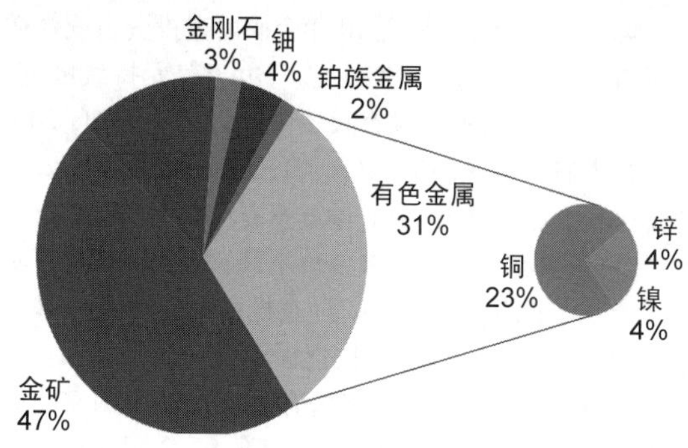

图3　2012年各类固体矿产勘查投资所占比例

稀土和钾盐等其他矿产勘查投资预算2753.5亿美元，占13%。钾盐和磷酸盐岩勘查有85个公司，投资预算合计7.55亿美元，比上年增长76%，其中淡水河谷集团投资2.39亿美元，占32%，投资主要用于加拿大萨克斯彻温的钾盐勘查和巴西的钾盐与磷酸盐岩勘查。必和必拓集团投资1.6亿美元于萨克斯彻温Jansen湖项目，开展可行性研究工作。锂和稀土勘查有166个公司，投资预算达3.78亿美元，比去年增长6.8%，其中Avalon稀土公司投资1950万美元于加拿大Thor湖稀土勘探项目，日本丰田通商公司投资1900万美元，Arafura资源公司投资1800万美元。97个公司开展钼矿勘查，投资预算1.49亿美元，在秘鲁的投资预算最多，其次是在中国，预计钼需求呈增长趋势。42个公司开展重矿砂勘查，投资预算1.29亿美元，主要是勘查锆矿、金红石和钛铁矿，预计氧化钛价格呈上涨趋势。53个公司开展钨矿勘查，投资预算6800万美元，新技术产业对钨需求增加，预计钨价格上涨。24个公司开展钴矿勘查，投资预算3400万美元，比2011年的1900万美元增长79%。37个公司开展锡矿勘查，24个公司开展钒矿勘查，48个公司开展锰矿勘查，24个公司开展铌钽矿勘查。2012年虽然锡等金属需求处于相对低水平区间，但国际锡研究院仍然预测2012年锡短缺达1万吨。

4. 大型矿业公司和初级勘查公司勘查投资预算占80%以上

2003～2012年10年期间，初级勘查公司勘查投资累计达450亿美元，大型矿业公司勘查投资累计380亿美元。在2005年之前，大型矿业公司勘查投资高于初级勘查公司，2001年其投资比例高达60%，在2007年下降到历史最低为30%。2005～2008年初级公司勘查投资高于大型矿业公司，最高达70亿美元，2009年投资减少到38亿美元，2011年回升到76亿美元，占总投资44%。2012年MEG统计，95个大型矿业公司的勘查投资预算合计达91亿美元，占45%，2213个初级勘查公司的投资预算合计达80亿美元，占39%，165个中型公司的投资预算合计为23亿美元，占11%，83个其他公司的投资预算合计为10.8亿美元，占5%。初级勘查公司有95%以上是加拿大的；大型矿业公司中，加拿大有20个，中国有11个，南非有8个，澳大利亚和美国各有7个，俄罗斯和英国各有6个，其他17个国家有30个。在1997～2008年期间，大型矿业公司勘查投资的重点从金矿转移到有色金属，从2009年起，趋势发生逆转，2012年金矿勘查投资比例达43%。初级勘查公司一直以来更多选择勘查金矿，但是金矿勘查投资比例从2004年的58%跌落到2008年的40%，从2009年这种态势发生逆转，2011年金矿勘查投资比例上升到54%，2012年为51.5%，有色金属勘查投资比例增加到23%。

5. 勘探阶段的投资比例呈上升趋势，普查阶段的投资比例呈下降态势

2012年不同阶段的矿产勘查投资预算均有不同幅度增加。勘探阶段投资比例持续提高，约占总预算的44%，普查投资预算占31%，矿场勘查预算占25%。2012年普查投资比例是1989年以来的最低点，比2003年的48.7%下降18个百分点；勘探阶段投资预算比例比2003年的31.2%上升12个百分点，矿场勘查投资比例比2003年的20.1%提高5个百分点。各类公司越来越倾向于投资矿区勘探和在已建矿山周边和深部的矿场勘探，对高风险的找矿普查投资比例呈持续下降趋势。估计未来可供勘探和开发的新发现矿产地将会减少，对全球矿产资源供给将发生的深远影响。

（三）矿产勘查探明各种矿产储量有不同幅度增长

1. 世界油气储量持续增长

近10年全球石油和天然气探明储量持续增长。2003～2012年10年期间，全球石油储量由12129亿桶增加到16379亿桶，增长35%，天然气由155.78万亿立方米增加到192.37万亿立方米，增长23.5%（表8）。2012年石油储量增长7.5%，并且增幅比2011年的3.65%扩大近4个百分点，同期天然气储量增长率只有0.7%。

表8　世界石油和天然气储量

年份	世界石油(10^8桶)	世界天然气(10^{12}立方米)
2012	16379	192.37
2011	15232	191.05
2010	14696	188.23
2005	12777	173.08
2003	12129	155.78
10年变化率	35%	23.5%

资料来源：《Oil and GasJournal》。

近年来美国石油和天然气储量连续增加，天然气储量增长4%，主要是非传统的页岩气储量增加。2011年美国勘查增加石油储量24亿桶，比2010年15亿桶增加58%，是2007~2011年5年来增幅最高的，同期独立公司和大型独立公司石油储量分别增长92%和37%，集团公司石油储量基本保持平稳水平。中国石油公司在国内八大盆地勘查取得重大进展，石油储量增加5亿吨，天然气储量增加3000亿立方米。地中海是能源资源宝地，2009年美国诺贝尔能源公司在该地区勘查油气资源，已发现塔玛尔巨型气田（Tamar）和储量更大的利维坦气田（Leviathan），利维坦气田可回采天然气储量4813.89亿立方米。据NSAI公司报告，按地质可靠性50%，估算Karish气田天然气资源量568.37亿立方米。

2. 固体矿产找矿勘查成果丰硕

依托地质矿产勘查投资增加和矿产勘查开发技术进步，近10年来固体矿产找矿勘查发现新矿产地，探明矿产储量大部分有不同幅度增加。

2012年的固体矿产储量与2007年的相比较，锡、锑、铬铁矿、铂族金属和石墨储量减少，铬铁矿减少幅度较大，其他矿产储量有不同幅度增加，其中，锂储量增加约2倍，铯储量增加一倍多（表9）。2012年的矿产储量与2011年的比较，煤炭、镍、铜、锆、碘、磷酸盐岩和菱镁矿有不同幅度减少，钛铁矿、锡矿、钼矿、铅矿、金矿和银矿储量有不同幅度增加，其他矿产储量基本上没有增减。

表9　　**主要矿产储量**

矿　产	单　位	储　量		矿　产	单　位	储　量	
		2007年	2012年			2007年	2012年
煤	亿吨	9091	8609	铯	万吨	7	16.3
石油	亿吨	1645	22434	稀土	万吨（REO）	8800	11000
天然气	万亿立方米	181.5	192.4	镉	万吨	49	50
铀[①]	万吨	264.3	21.5	钽	万吨	13	>15
铁矿石	亿吨	1500	1700	铌	万吨	270	>400
锰矿石	万吨	46000	63000	铼	吨	2500	2500
铬矿石	亿吨	43	>4.6	锂	万吨	410	1300
镍	万吨	6700	7500	锶	万吨	680	680
钴	万吨	700	750	铊	吨	380	380
钨	万吨	290	320	钍	万吨（ThO_2）	120	140
钼	万吨	860	1100	锆	万吨（ZrO_2）	3800	4800
钒	万吨	1300	1400	钇	万吨（Y_2O_3）	54	54
铜	万吨	49000	68000	碲	吨	22000	24000
铅	万吨	7900	8900	碘	万吨	1500	760
锌	万吨	18000	25000	硒	万吨	8.6	9.8
铝土矿	亿吨	250	280	磷酸盐岩	亿吨	180	670
菱镁矿	亿吨（Mg）	22	24	钾盐	亿吨（K_2O）	83	95
钛铁矿	万吨（TiO_2）	68000	70000	硼矿	万吨（B_2O_3）	17000	21000
锡	万吨	610	490	石墨	万吨	8600	7700
锑	万吨	210	180	萤石	万吨	24000	24000
汞	万吨（Hg）	4.6	9.4	重晶石	万吨	19000	24000
铋	万吨	32	32	硅藻土	亿吨	9.2	大
金	吨	42000	52000	珍珠岩	亿吨	7	大
银	万吨	27	54	天然碱	亿吨	240	240
铂族金属	吨	71000	66000	金刚石	亿克拉	5.8	6.0

注：表示每千克成本≤80美元。

资料来源：1. Mineral Commodity Summaries 2004，2013。

3.政府对矿产资源勘查开发导向作用成效显著

世界工业发达国家为了保障本国经济发展对矿产资源的需求，均制定了全球化的能源资源战略，制定了相应的保障措施，协助企业集团实施全球化勘查开发战略，构建全球化的资源供应链，例如：日本的企业集团与南非、越南、蒙古、哈萨克斯坦、智利等国家的公司采取多种方式合作合资勘查开发稀土、锂、锰、萤石和石墨等矿产资源，为电动汽车等高新技术产业发展构筑了资源保障。非洲和拉丁美洲国家政府为了发展经济，通过吸引外资勘查开发矿产资源，积极推进基础设施建设，近年来，非洲和南美是固体矿产勘查投资的热点地区，民主刚果是钴、铜和金等金属矿产勘查的热点地区。最近几年北极地区成为国际矿产资源勘查开发和竞争的新热点，俄罗斯、日本、法国、德国和印度等国，已经提出要在太平洋和印度洋等国际海域进行勘查，重点是块状硫化物矿床、富钴锰结壳、含镍结核、喷流沉积矿床等。

近年来全球矿产资源调查评价工作取得较大进步，一是加强非传统能源矿产勘查开发和环境影响评估，美国、欧盟、中国和日本开始加强对页岩气、页岩油和可燃冰等非常规能源的勘查开发。美国政府实施能源独立战略，提高国内石油和天然气产量，加强勘查开发页岩气和页岩油，能源自给率提高，2011 年达 89%，2016 年美国将变为液化天然气净出口国，出口量达 6 亿立方英尺/日，为了开采国内页岩气，保障环境安全，美国土地管理局发布关于水力压裂法开采油气的法规草案，在向全社会征求意见和建议。美国能源部组织多学科跨部门专家分析清洁能源产业所需 16 种关键材料的危机程度，采用二维分析法，确定短期和中期存在危机的材料，发布《关键材料战略》。

澳大利亚形成了从联邦政府到州政府，联合高等院校和企业，共同推进矿产勘查工作的良好局面，2012 年澳大利亚的矿业投资位居全球第一。其联邦科学与工业研究组织（CSIRO）通过实施“旗舰项目——地下矿产”，其目的：一是发现澳大利亚的矿产资源，研发新的技术，查明澳大利亚的资源基础；二是实现未来矿山的转型，通过创新采矿技术，降低成本、提高效率和安全；三是保障澳大利亚矿产储量未来供给安全；四是确保矿业持续发展。

加拿大发起的勘查技术项目（EXTECH）是一个由多学科、多部门组成的综合性的有色金属矿产地质调查项目，部门有地调机构、大学和企业，学科有地质学、矿床学、热水蚀变与热水沉积、地球化学、冰川学、水文学和生物地球化学。加拿大政府把其 15% 不可归还的勘查投资税贷（ITCE）政策延续延长，有效促进了矿产勘查投资，大不列颠哥伦比亚省、马尼托巴省、安大略省和萨斯喀彻温省等省级政府在联邦政府的 ITCE 框架内制定了相应的税贷政策，并可延长。加拿大地调局启动靶区地球科学计划（TGI），第四期计划 TGI－4 目标是提高矿区深部和周边的勘查效率，在基于地球科学的新技术的引领下，更有效的发现寻找深部矿床。加拿大地调局与省科学院和矿业企业的合作，充分利用地球科学知识，创新开发探测地球科学的先进技术，以利于更好模拟和探测加拿大的主要成矿带，更精准的靶区定位，降低勘查投资风险，减少勘查成本。

（四）固体矿产开发投资由强转弱

全球非燃料固体矿产开发投资并未受到金融危机影响，近五年矿业投资持续增加，2009 年矿业投资 4650 亿美元，比 2008 年的 4090 亿美元增长 32.8%，2010 年投资 5620 亿美元，同比增长 20.9%，2011 年投资增长 20.4%，2012 年投资增长 8.7%，但增速下降幅度达 12 个百分点，全球矿业开发总体上由强势增长开始转向弱势增长。但不同矿种开发投资强弱不同，铁矿石、金和金刚石开发投资以两位数强势增长，铜、镍、金和铅锌开发投资减少（表 10）。铜、铁、金和镍矿开发投资占总投资的 86%，比 2011 年上升 2 个百分点。2012 年建设一个铁矿项目平均投资 12.4 亿美元，铜矿项目平均投资 8.16 亿美元，镍矿项目平均投资 7.77 亿美元，金矿项目平均投资 3.04 亿美元。

表 10　全球主要矿种的新矿业项目开发投资

矿种	投资增减变化率%	2011		2012	
		投资（亿美元）	所占比例（%）	投资（亿美元）	所占比例（%）
铜	－6.98	2150	32	2000	27
铁矿石	36.87	1790	26	2450	34
金	12.61	1110	17	1250	17
镍	－6.25	640	9	600	8
铂族金属	0.00	160	2	160	2
铀	0.00	250	4	250	4
铅/锌	－5.56	180	3	170	2
金刚石	12.50	80	1	90	1
银				80	1
其他	－25.00	400	6	300	6
总计	8.73	6760	100	7350	100

资料来源：（据 E & MJ，Jan/Feb. 2013 年整理）。

拉丁美洲矿产开发项目投资 2100 亿美元，位居世界第一，占全球的投资比例 29%，但低于 2010 年的 32% 最高水平。北美矿产开发投资连续三年增加，从 2010 年的 15% 上升到 20%，投资额从 860 亿美元增加到1460亿美元。非洲矿业开发投资比例减少到占14%,但投资增加到1060亿美元。亚洲矿业开发投资750亿美元,投资比例从2009年的14%下降到10%。欧洲包括俄罗斯投资770亿美元,投资比例没有变化。大洋洲矿业投资1210亿美元,占17%。拉丁美洲矿业项目规模大于其他地区,一个矿业项目平均投资7.3亿美元,亚洲3.63亿美元,欧洲4.5亿美元,非洲5.41亿美元,北美6.81亿美元,大洋洲5.83亿美元。

2012年全球最具矿业投资魅力的前10位国家依投资递减顺序依次是:澳大利亚、加拿大、智利、巴西、俄罗斯、秘鲁、美国、南非、几内亚和菲律宾,其投资合计5460亿美元,占总投资的74%。在澳大利亚和加拿大的矿业项目投资额合计2000亿美元,项目数量达326个,澳大利亚投资前20个项目中有15个是铁矿项目,每个项目投资需10亿美元以上;加拿大投资前20个项目中,铁矿项目7个,金矿6个,铜矿2个,镍矿2个,金刚石和铌矿项目各一个。欧洲矿业项目重点是在北极地区,包括芬兰、瑞典和格陵兰,如金地公司(Gold Fields)已经恢复建设芬兰北部北极圈铂矿项目。非洲将迎来矿业大发展,非洲联盟决定建立非洲矿产开发中心,世界银行宣布投资10亿美元用于非洲金属和工业矿物勘查。位于刚果共和国的Zanaga铁矿项目使该国矿业投资额跃居世界第18位。

近年来矿业项目开发成本呈增长趋势。2012年矿产开发项目成本延续2011年继续增加,如金矿开发项目成本平均增加54%。促使矿产开发成本增加的因素包括矿体复杂、埋藏深、矿石品位低、运输距离增加、设备价格增加和矿山建设成本增加等。

预计2013年矿产开发项目投资增速有可能延续2012年年末放缓态势,但这并不代表长期趋势,矿业存在一定的周期性规律,基于诸多增长因素,推测世界矿业长期趋势会是稳健发展。

三、世界矿产品供需形势

2012年,世界经济继续在金融危机的阴影中徘徊,美国经济下行压力增大,日本巨量货币宽松政策带来的负面影响加重,欧洲受债务危机的影响加深导致经济继续恶化,尽管新兴国家经济仍引领世界,但经济增速普遍减慢,增长动力严重不足。世界经济增速减缓使大宗商品需求减弱,矿产品消费水平普遍下降。

进入2013年,世界经济复苏仍然乏力,世界经济和金融市场面临的风险和挑战仍然很多,世界经济总体增长减缓的态势没有改变,增长前景仍不明朗。

1. 受世界经济增长减速影响,全球能源产消增速明显变缓

2012年,随着全球经济的恢复乏力,全球能源消费增长呈现明显减缓势头,能源消费净增长全部来自新兴经济国家,其中中国和印度能源消费量的增长几乎占了全球净增长量的90%。受美国能源消费量大幅下降的影响,经合组织国家能源消费量五年来第四次下降。尽管能源消费增速变缓,但除了核能外主要能源的产量和消费量均达到了历史最高水平。化石燃料消费量的增长造成CO_2排放量继续增长,但排放量的增长速度与2011年相比进一步减缓。

2012年,世界能源价格有升有降,布伦特原油年平均价格达到历史最高水平。原油价格3月达到年内最高值,之后由于伊朗的出口量加大持续下跌,下半年由于美国、利比亚和其他石油输出国组织国家加大石油产量导致价格有所回落。美国是2012年世界石油产量增长最多的国家,同时也创造了美国年度石油产量增长最多的历史记录。2012年欧洲和亚洲天然气价格上涨,美洲由于美国天然气产量增加使得天然气价格下降。煤价在所有地区均下降。

2012年世界一次能源消费量增长1.8%,低于近10年2.6%的平均年增长率。经合组织国家一次能源消费量下降1.2%,主要由美国下降2.8%所致。非经合组织国家一次能源消费量增长4.2%,低于近10年5.3%的平均年增长率。2012年,所有地区能源消费量增长速度均有所减慢。石油仍然是世界主要燃料,占全球能源消费量的33.1%,但是石油市场在所有能源市场中所占份额连续第13年减少,而且为1965年以来所占份额最低。

从世界一次能源消费结构来看,石油、煤炭和天然气仍为主要消费能源。但从主要能源消费国来看,美国、日本、德国和英国的消费结构基本相似,均以石油为主,煤和天然气为辅,另外少部分核电补充;法国核电和石油同为主要消费支柱,天然气为辅助能源;俄罗斯则以天然气为主要消费能源,石油和煤炭为辅助能源。中国和印度的消费结构类似,煤炭为主要消费能源,其次为石油、水电(表11)。

表11　　2012年世界一次能源消费量居前10位的国家　　单位:百万吨石油当量

国　家	一次能源消费量	占一次能源消费量的比重(%)					
		石油	天然气	煤	核电	水电	可再生能源
世界总计	12476.63	33.1	23.9	29.9	4.5	6.7	1.9

续表 11

国 家	一次能源消费量	占一次能源消费量的比重(%)					
		石油	天然气	煤	核电	水电	可再生能源
中国	2735.16	17.7	4.7	68.5	0.8	7.1	1.2
美国	2208.83	37.1	29.6	19.8	8.3	2.9	2.3
俄罗斯	694.20	21.2	54.0	13.5	5.8	5.4	0.0
印度	563.49	30.5	8.7	52.9	1.3	4.6	1.9
日本	478.18	45.6	22.0	26.0	0.9	3.8	1.7
加拿大	328.84	31.7	27.6	6.7	6.6	26.2	1.3
德国	311.74	35.8	21.7	25.4	7.2	1.5	8.3
巴西	274.69	45.7	9.6	4.9	1.3	34.4	4.1
韩国	271.14	40.1	16.6	30.2	12.5	0.3	0.3
法国	245.44	33.0	15.6	4.6	39.2	5.4	2.2

资料来源:BP Statistical Review of World Energy June 2013。

2012 年,中国一次能源消费总量为 27.35 亿吨石油当量,比 2011 年增长 7.7%,占世界总量的 21.9%。中国是世界最大煤炭生产国和消费国,同时也是世界最大水电生产国。2012 年亚太地区一次能源消费总量为 49.92 亿吨石油当量,比上年增长了 5.0%,一次能源消费总量占世界总量的 40.0%。亚太地区,特别是中国仍然在全球能源市场中占主导地位。

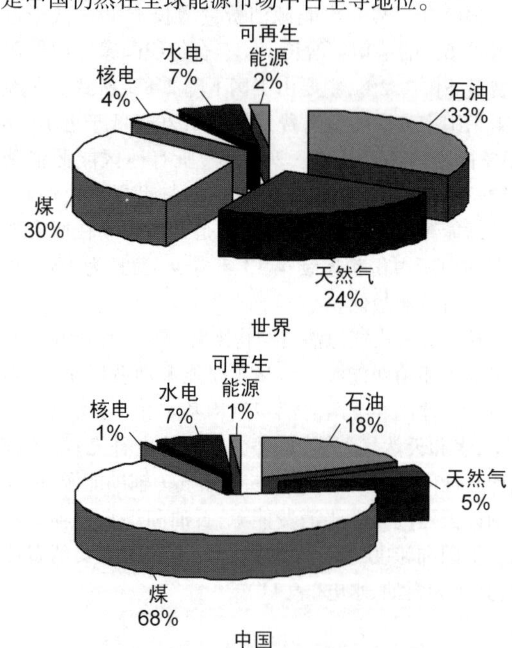

图 5　2012 年世界和中国能源消费结构

2012 年世界石油产量为 41.19 亿吨,比 2011 年增长 2.4%(表 12),即每日增产 190 万桶。石油输出国组织国家产量为 17.78 亿吨,比 2011 年增长 3.9%。非石油输出国组织国家的石油产量为 16.70 亿吨,同比增长 1.2%。在石油输出国组织国家中,增产最多的是沙特阿拉伯,增产 2108 万吨,平均每日增产 38.6 万桶,其他增产较多的还有伊拉克、科威特、卡塔尔和阿联酋四国,沙特阿拉伯、阿联酋和卡塔尔三国已经连续第二年产量突破本国历史记录,科威特和伊拉克两国也达到近 40 年来的产量高峰。2012 年,非石油输出国组织国家中,美国、加拿大、俄罗斯和中国等国石油产量的大幅增加弥补了苏丹/南苏丹、英国、挪威和叙利亚等国石油产量大幅减产带来的损失。美国石油产量连续第四年增产,全年增产 4924 万吨,平均日增产 103.7 万桶,也是本年世界石油生产国中石油产量增产最多的国家。在主要石油生产国中,沙特阿拉伯的石油产量为 5.47 亿吨,占当年世界产量的 13.3%,比 2011 年增长 3.7%。伊拉克的产量增幅 11.2%,净增产 1577.4 万吨。中国石油产量为 2.08 亿吨,比 2011 年增长 2.0%,占当年世界产量的 5.10%。伊朗为 2012 年石油产量下降最多的国家,减产高达 3331 万吨。非石油输出国国家产量占全球产量的 40.5%,比 2011 年所占份额减少了 0.5%。

由于石油精炼能力增加了 360 万桶/日,全球精炼生产能力利用率增长到 82.4%。生产能力的增加大部分集中在非经济合作与发展组织国家,而经济合作与发展组织国家精炼能力增加较少。美国精练生产能力继续增加,进一步巩固了其石油精炼产品净出口国的地位。

2012 年世界石油消费量为 41.31 亿吨,比 2011 年增长 1.2%(表 13),即日消费量 89774 万桶,连续第三年成为当年化石燃料中消费量增长率最低的能源。亚太地区消费量13.89亿吨,比2011年增长3.7%,占当年世界石油消费量的33.6%。美国为世界最大石油消费国,2012年石油消费量为8.20亿吨,连续第七年下降,较2011年下降2.3%,在世界石油消费中所占比重下降到19.8%,比整个欧洲的消费量还多。中国仍为石油消费量增长最快国家,石油消费量为4.84亿吨,比2011年增长5.0%,占世界石油消费量总量的11.7%,但低于近10年消费量的平均增长率。经济合作与发展组织国家消费量20.73亿吨,比2011年下降1.3%(日减少53万桶),为七年来的第六次下降,也是自1995年以来的最低消费水平。非经济合作与发展组织国家消费量为20.58亿吨,比2011年增长3.3%,平均日增加消费量142.5万桶。日本2012年消费量增长6.3%,为自1994年以来消费量增长幅度最大的一年。从主要消费地区来看,亚太地区、北美地区和欧洲地区仍是石油的主要消费区,在世界消费总量中所占比例分别为33.6%、24.6%和21.3%。但由于世界经济的不利影响,北美和欧洲石油消费量呈现小幅度下降。

表12　　**世界主要矿产品产量**

矿　产	单　位	2008年	2009年	2010年	2011年	2012年
石油	亿吨	39.92	38.91	39.78	40.19	41.19
天然气	万亿立方米	3.05	2.97	3.19	3.29	3.36
煤	亿吨	68.22	69.01	72.52	76.92	78.65
铀(矿山产量)	吨	43540	50480	53965	53760	59216
钢	亿吨	13.3	12.2	14.1	15.3	15.5
铁矿石	亿吨	22	23	25.7	29.78	29.41
锰矿石和精矿	万吨,锰	3882.37	3296.17	5138.59	5715.31	4805.7
铬矿石和精矿	万吨	2533.96	2023.76	2714.93	2651.05	2491.44
镍(矿山产量)	万吨	147.95	135.03	154.47	185.04	196.9
镍(精炼)	万吨	139.03	135.54	145.05	166.2	188.59
钴	吨	56618	62077	79270	82247	77189
钨(矿山产量)	吨	64770	76301	82874	90180	93536
钼(矿山产量)	万吨	22.33	22.37	24.53	26.91	26.47
钒(矿山产量)	吨	5.55	5.35	5.76	6.24	6.3
铜(矿山产量)	万吨	1570.06	1588.83	1614.75	1629.47	1708.5
铜(精炼)	万吨	1543.82	1857.77	1925.29	1980.65	2045.28
铅(矿山产量)	万吨	383.81	386.99	436.1	473.75	529.65
铅(精炼)	万吨	916.92	908.12	967.19	1032.9	1051.21
铅(再生)	万吨	482.08	495.99	537.13	557.03	558.14
锌(矿山产量)	万吨	1185.8	1155.35	1236.7	1238.76	1336.13
锌锭	万吨	1167.4	1127.63	1286.68	1305.53	1258.31
铝土矿	万吨	21741.16	19612.4	22213.57	24342.99	25841.18
氧化铝	万吨	5595.8	4994.6	5161.7	5312.4	5356.2
原铝	万吨	3995.97	3739.15	4161.83	4479.59	4628.88
再生铝	万吨	880.32	787.05	825.67	888.97	912.48
镁	万吨	735.8	594.2	751.4	961.5	801.1
钛(矿山产量)	万吨 TiO_2	506.21	447.65	492.76	484.8	504.47
海绵钛	万吨	16.44	14.18	15.24	20.91	22.59
金红石精矿	万吨	63.9	55	67	73	83
钛铁矿精矿	万吨	580	530	580	610	620
锡(矿山产量)	万吨	31.59	31.6	31.89	30.26	27.62
锡(精炼)	万吨	34.36	33.57	35.58	36.81	36.07
锑(矿山产量)	吨	119536	127 473	148 410	143 748	152 315
镉	吨	2191.73	2072.91	2320.43	2229.48	2261.56

续表 12

矿 产	单 位	2008 年	2009 年	2010 年	2011 年	2012 年
汞(矿山产量)	吨	1735. 1	1476. 8	1787. 5	1873. 8	1778
铋(矿山产量)	吨	4720. 5	4023. 7	3698. 1	3579. 9	3546. 2
金(矿山产量)	吨	228. 74	249. 15	258. 57	259. 38	259. 21
银(矿山产量)	吨	2146. 68	2224. 76	2420. 7	2419. 52	2465. 09
铂(矿山产量)	吨	182. 9	185. 1	186. 1	200	180. 3
稀土氧化物	吨	12. 4	13. 3	13. 3	11. 1	11
硒	吨	225. 5	217. 48	212. 03	210. 55	221. 61
碲	吨	283. 2	232. 9	208	217. 2	205. 1
硫	万吨	6960	6790	6810	7050	7000
磷酸盐岩	万吨	16100	16600	18100	19800	21000
钾(K_2O)	万吨	3500	2080	3370	3640	3400
硼	万吨,B_2O_3	435	351	408	455	460
纯碱(天然+合成)	万吨	4600	4400	4750	5130	5200
萤石	万吨	604	546	601	752	685
重晶石	万吨	805	613	785	837	840
石墨	万吨	112	110	92. 5	115	110
石膏	万吨	15900	14800	14700	14900	15000
石棉	万吨	209	207	201	203	200
膨润土	万吨	1170	966	1060	1030	1000
滑石和叶腊石	万吨	751	743	721	769	760
高岭土	万吨	3590	3300	3310	3390	3400
硅藻土	万吨	220	184	182	210	210

资料来源:1. Mineral Commodity Summaries,2011,2012,2013;2. World Metal Statistics, March 2012,2013;3. World Metal Statistics, Yearbook 2012,2013;4. Minerals Yearbook,2010,2011;5. Industrial Mineral,20011,2012;6. BP Statistical Review of World Energy, June 2013。

表 13 **世界部分矿产品消费量**

矿 产	单 位	2008 年	2009 年	2010 年	2011 年	2012 年
铜(精炼)	万吨	1812. 33	1814. 97	1933. 68	1956. 49	2041. 88
原铝	万吨	3727. 23	3492. 06	4058. 44	4291. 31	4573. 68
铅(精炼)	万吨	917. 61	907. 93	962. 81	1024. 95	1042. 78
锌锭	万吨	1142. 27	1109. 41	1248. 24	1252. 36	1232. 82
锡(精炼)	万吨	35. 34	32. 55	36. 83	38. 61	36. 09
镍(精炼)	万吨	133. 35	131. 45	144. 06	166. 03	175. 53
镉	吨	1678. 27	1584. 94	1638. 78	1607. 13	1600. 58
金(需求)	吨	4014	4379	4459	4486	4406
银(需求)	吨	33316	34868	37351		
石油	亿吨	39. 95	39. 22	40. 38	40. 81	41. 31
天然气	万亿 m^3	3. 01	2. 94	3. 18	3. 23	3. 31
煤	亿吨油当量	32. 56	32. 39	34. 64	36. 29	37. 3

资料来源:1. World Metal Statistics, Yearbook 2013;2. World Metal Statistics, March 2013;3. Minerals Yearbook,2010,2011;4. BP Statistical Review of World Energy, June 2013;5. 中国贵金属,2011 年,2012 年。

由于世界石油生产和消费存在极为严重的区域不平衡性,因此世界石油贸易量很大。2012 年世界石油贸易量为 27.29 亿吨,平均日贸易量 55.3 万桶,比上年增长了 1.6%。其中原油贸易量 19.27 亿吨,成品油贸易量 8.02 亿吨(表 14)。石油贸易量占世界石油消费量的 62%,而 10 年前这一比例仅为 58%;原油贸易量占世界石油产量的 64.2%。世界石油贸易一般分为原油贸易和成品油贸易,2012 年原油贸易量占全球石油贸易量的 69.8%。北美既是石油的主要生产区,又是石油的主要消费区,但由于石油消费增长迅速,本地供给远远满足不了不断增长的需求水平,因此北美地区也是世界最大的石油进口地区。2012 年美国的原油进口总量为 4.24 亿吨,较 2011 年下降了 4.7%,占世界原油进口总量的 19.1%;美国石油净进口量为 3.96 亿吨,比 2011 年下降了 3%,比 2005 年的高峰值低 36%。亚洲目前与美洲并列世界第一大石油消费区,2012 年原油进口量 9.20 亿吨,占世界总量的 47.7%。中国和日本分别是世界第二和第三大石油消费国。中国近年来石油年进口依赖程度不断上升,2012 年中国进口原油 2.71 亿吨,比 2011 年增长了 7.1%,原油进口量占当年原油消费量的 56.0%,居世界第二位。日本国内石油资源极少,几乎完全依赖于进口,2012 年原油进口总量 1.87 亿吨,占世界总进口量的 9.9%。欧洲是发达国家集中的地区,石油消费量很高,但只有俄罗斯、挪威和英国三个重要石油生产国,石油产量无法满足本地区的石油需求,因此每年都要从其他地区进口大量石油,石油进口主要来自中东地区。中东地区石油出口总量占世界出口总量的 45.7%;前苏联地区石油出口量占世界出口总量的 15.7%。加拿大和北部非洲石油净出口量的增加以及美国进口依赖度的下降部分补偿了墨西哥、前苏联和西部非洲石油出口量下降带来的损失。

表 14　　世界部分矿产品进出口量

矿　产	单　位	进　口			出　口		
		2010 年	2011 年	2012 年	2010 年	2011 年	2012 年
镍	万吨	66.87	68.95	64.07	58.2	70.2	68.6
铝土矿	万吨	5715.23	7509.25	6895.44	5246.11	7065.45	5974.44
氧化铝	万吨	2823.43	2469.49	2723.72	3670.24	3769.21	3658.91
铝	万吨	2048.6	2093.76	2075.01	2088.86	2214.15	2043.39
铜(精炼)	万吨	795.47	790.24	814.63	836.2	852.73	868.02
铁矿石	亿吨	10.43	11.06	11.53	10.74	11.3	11.69
铅(精炼)	万吨	164.81	174.16	173.27	157.36	175.38	173.99
锌锭	万吨	376.21	399.92	399.41	384.54	430.89	461.57
锡(精炼)	万吨	27.49	28.76	27.75	28.07	29	27.76
石油(原油)	亿吨	18.76	18.95	19.27	18.76	18.95	19.27
天然气	亿立方米	9752.2	1029.8	1033.4	9752.2	1029.8	1033.4

资料来源:1. World Metal Statistics, Yearbook 2013;2. BP Statistical Review of World Energy, June 2013。

2012 年国际油价总体呈现宽幅震荡走势,波动幅度超过 2011 年。布伦特平均油价再创历史新高,为 111.58 美元/桶,比上年略涨(表 15)。WTI 年平均价为 94.15 美元/桶,略低于 2011 年。

表 15　　世界主要市场原油价格　　单位:美元/桶

年份	WTI	布伦特	迪拜	米纳斯	塔皮斯	辛塔	大庆	欧佩克
2008	100.06	97.26	94.18	101.00	104.90	93.74	96.73	92.73
2009	61.92	61.67	61.91	64.95	65.07	60.63	59.96	61.06
2010	79.45	79.50	78.08	82.27	82.72	78.10	78.45	77.39
2011	95.04	111.26	106.18	114.74	117.10	110.58	110.34	107.36
2012	94.16	111.58	109.07	116.58	116.99	113.70	113.44	109.49

资料来源:国际石油经济,2013 年,第 3 期。

2012年世界天然气产量为33639亿立方米，比2011年增长1.9%。美国是世界天然气产量增长的主要驱动力，也是连续第六年占有最大增量。美国天然气产量增加4.7%，产量再创历史记录，继续为世界第一大天然气生产国，产量占世界总量的份额为20.4%。非传统资源的开发和大量钻探工作的投入是美国天然气产量增长的主要原因。其他产量增长较多的生产国还有挪威（增长12.6%），卡塔尔（增长7.8%）和沙特阿拉伯（11.1%），这些国家的大幅度增产大大弥补了俄罗斯产量下降（减产2.7%）带来的损失。中国和澳大利亚天然气产量增加抵消了印度和印度尼西亚天然气产量持续大幅减产的不利影响，亚太地区天然气产量比2011年增长了1.1%。挪威占有了世界天然气产量第二大增量（增产132亿立方米）。俄罗斯和英国为本年天然气产量下降最大的国家，分别比2011年减产147亿立方米和66亿立方米。

2012年世界天然气消费量33144亿立方米，比2011年增长了2.2%，即增长820亿立方米。除欧洲外，其他地区的消费量均呈现不同程度增长。美国天然气消费量增长最多，比2011年增长4.1%，即增加了316亿立方米。中国、日本和沙特阿拉伯天然气消费量也大幅度增长，分别增加了133亿立方米、112亿立方米和105亿立方米。受经济不景气，天然气价格高涨，暖冬和可再生能源发电量的持续增长等因素的影响，俄罗斯和欧盟国家的天然气消费量下降幅度较大，分别减少了143亿立方米和92亿立方米。从能源消费结构来看，天然气在一次能源消费量中所占份额为23.9%。

受天然气消费量增长速度普遍放缓的影响，2012年全球天然气贸易量仅增长0.1%，比2011年减少了近4个百分点。液化天然气发货量3279亿立方米，比2011年下降了0.9%，为有史以来的首次下降，主要是因为阿尔及利亚和印度尼西亚天然气发货量减少。液化天然气进口国中，日本、韩国、中国和英国进口量最多。液化天然气贸易量占世界天然气贸易量的31.7%。管道天然气发货量增长0.8%，主要是因为挪威荷兰和美国出口量增加。

2012年煤消费量比2011年增长2.5%，低于近10年的平均年增长率4.4%，但仍为本年度消费增长最快的化石燃料。目前煤消费量占世界一次能源消费量的29.9%。中国2012年煤消费量37.5亿吨，比2011年增长6.1%，占世界煤消费量的50.2%，几乎相当于当年世界煤消费量的增量。由于美国消费量下降较多（下降11.9%），导致北美国家消费量比2011年下降11.3%。世界其他地区消费量则均比2011年有所增长，但增长速度普遍变缓。受美国消费量下降影响，经合组织国家消费量比2011年下降4.2%。在中国消费量大幅增长的拉动下，非经合组织国家消费量比2011年增长5.4%，在世界煤消费量中所占份额增长到71.8%。全球煤产量增长2%，中国增长3.5%，达36.5亿吨，占世界煤产量的47.5%。亚太国家产量也增长较大，占世界产量的份额67.8%。美国煤产量下降7.5%，减产达7180万吨。从能源消费结构来看，煤在一次能源消费量中所占份额为29.9%，为1970年以来最高份额。

2012年世界核能产量下降6.9%，为有史以来的最大下降幅度。日本核能产量下降了89%，占世界核能产量下降量的82%。核能产量占世界能源消费总量的4.5%，为1984年以来的最低份额。2012年世界水电发电量增长了4.3%，发电量增量几乎全部来自中国。中国水电发电量比上年增长22.8%，占世界总量的23.4%。可再生能源的消费量继续增长，在全球能源消费构成中所占份额为2.4%，占全球发电量的4.7%。受有利的环境政策影响，中国风能发电能力大幅增加。

总的来看，受世界经济增长乏力的影响，世界能源产消增长速度普遍趋缓。天然气成为世界第二大能源，并在许多方面对石油形成有效替代，缓解对石油的需求和压力，并对石油价格长期走势产生影响。全球石油供应格局趋向东西均衡，但消费重心明显东移，亚太和中东地区占比快速上升，亚太地区将成为全球第一大消费区。天然气和煤炭在一次能源市场的比重上升，特别是相对而言价格低廉、供应充足、使用安全的煤炭，需求将快速增长，未来煤炭价格与油价的联动性将进一步增强。

2. 世界钢铁市场需求下降，铁合金金属矿产品产、消量增速进一步放缓

国际钢铁协会（world steel Association）的统计数据显示，2012年全球粗钢总产量为15.5亿吨，同比增长1.2%，再创历史新高。与2011年相比，全球粗钢产量增速减缓。

2012年，受欧元区债务危机、美国复苏趋势的不确定性以及中国和印度等新兴市场经济增速放缓等因素影响，全球钢铁行业需求疲软，钢铁产能过剩压力加大，由此导致世界钢铁产量增速明显变缓。据世界钢铁协会统计，2012年全球粗钢产量增长1.2%，至15.50亿吨，再创历史新高，但比2011年的增幅下降了近6个百分点。作为全球最大的钢铁生产国，2012年中国粗钢产量为7.17亿吨，同比增长3.1%，占全球粗钢总产量的比例为46.3%，2011年为45.4%。日本为第二产钢国，产量为1.07亿吨，同比下降0.3%，连续两年下降。第三产钢国为美国，产量为8860万

吨,同比增长 2.5%,连续三年增长。印度为第四产钢国,产量为 7670 万吨,同比增长 4.3%。

分地区来看,2012 年欧盟 27 国粗钢产量为 1.69 亿吨,同比下降 4.7%;独联体产量为 1.11 亿吨,同比下降 1.2%;北美产量为 1.22 亿吨,同比增长 2.5%;南美产量为 4690 万吨,同比下降 3%;非洲产量为 1570 万吨,同比增长 0.3%;中东产量为 2420 万吨,同比增长 5.3%;亚洲产量为 10.13 亿吨,同比增长 2.6%。

从 2000 年开始,“金砖四国”(中国、巴西、印度和俄罗斯)的钢产量占世界钢产量的比重迅速提高,从 2001 年的 31% 提高到 2012 年的 58.1%,在此期间中国粗钢产量的增量占世界粗钢产量增量的绝大部分,世界新增粗钢产量基本上来自中国。

据世界金属统计资料,2012 年世界铁矿石产量 29.41 亿吨,比上年下降 1.2%。这是自 2001 年以来全球铁矿石产量首次出现下滑。2012 年,全球最大的铁矿石生产国澳大利亚产量同比增长 8.9%,达到 5.20 亿吨,第二大生产国巴西铁矿石产量则大幅度下降 15.0% 至 3.91 亿吨。尽管全球铁矿石产量出现小幅下滑,但国际铁矿石贸易仍然达到新的历史水平,出口量连续第 11 年保持增长,达到 11.69 亿吨。推动全球铁矿石出口贸易增长的主要因素是需求增加,这主要来自中国,而其他国家尚未恢复至 2009 年前的进口峰值水平。中国 2012 年进口铁矿石 7.45 亿吨,比 2011 年增长 8.5%,占世界铁矿石进口量的 64.7%。2012 年三大矿商占全球海运市场的份额上升至 59.8%,基本重返 2009 年所达到的 60.0% 水平。淡水河谷公司所占份额提高至 25.0%,力拓为 17.9%,必和必拓为 16.9%。报告同时表示,全球铁矿石市场供应将至少在未来几年持续紧张,而随着新产量的增加,铁矿石价格将会出现下滑。

2012 年国际市场铁矿石平均价为 129 美元/吨,比上年下跌 16%。缓慢走低的铁矿石价格将在未来几年保持持续缓慢下跌趋势,很有可能突破 100 美元/吨的底线。中长期而言,中国铁矿石产量无法维持在当前水平,将会进一步减少,进而对进口铁矿石的依赖度将会进一步增加。

虽然中国拥有很大的铁矿石工业,但是其铁矿石产量难以满足国内日益增长的需求,目前很大比例需要通过进口铁矿石来解决,从而造成近年中国铁矿石进口量持续大幅度增长。中国是世界最大的铁矿石进口国,中国铁矿石的来源主要包括国产矿和进口原矿,国产矿来自钢铁企业的自有矿山和独立的矿山企业,进口矿主要来自澳大利亚、巴西和印度等国。尽管中国铁矿石产量近年来保持连续增长,由 2001 年的 2.2 亿吨增长至 2012 年的 13.1 亿吨。然而,中国铁矿石品位低于世界平均水平,所以中国铁矿石最终产品的数量要比原矿产量低许多,远不能满足中国钢铁生产需求。因此,进口铁矿石是中国铁矿石消费的重要来源。中国对进口铁矿石的依存度受近两年需求增速放缓的影响已经从 2009 年的近 70% 降至 2012 年的 58.7%。

2012 年世界不锈钢粗钢产量达到 3539 万 t,同比增长 5.1%,再创历史新高。中国不锈钢产量 1608.7 万吨,比上年增长 14.2%。中国不锈钢产量的增量超过了世界产量增量,因此是全球不锈钢产量创历史新高的主要推动因素。世界其他主要不锈钢生产地区不锈钢产量主要由于去库存而均出现不同程度的下滑。2012 年,亚洲地区(除中国)不锈钢产量同比微降 0.6% 至 870 万吨,包括中国在内的亚洲地区不锈钢产量占全球产量的高达 70%,中国不锈钢产量占全球产量的 45%。

2012 年世界铬铁矿产量 2491.44 万吨,比 2011 年下降 6.08%。南非为世界最大铬铁矿生产国,2012 年产量为 1100.99 万吨,同比增长 2.3%。中国目前为世界重要的不锈钢生产国,铬铁矿需求很大,中国拥有巨大的铬铁生产能力,但由于国内铬矿资源缺乏,矿石产量很少,加上矿石质量差,大部分资源地处边远地区,运输困难,运费高等原因,因此不得不进口大量的铬铁矿,从而使近年铬矿进口量保持持续增长态势。

由于国际市场受整体经济低迷影响,2012 年钒需求增长乏力。据估计,目前世界钒产品年总生产能力约 23.3 万吨。2012 年世界钒总产量估计为 13.7 万吨,同比增长 6%。南非及俄罗斯产量同比均有所下降。2012 年世界钒消费同比微幅增加。从全球来看,2012 年以来,欧美及日本等相对成熟的市场,钒需求总体保持平稳,并没有出现 2009 年那样的萎缩。新兴市场国家,如印度及俄罗斯消费增长虽有所放缓,但仍得以持续。2012 年国际市场钒价总体呈现振荡回落的态势。临近 2012 年底,受中国钒市场持续走高拉动,国际市场钒产品价格有小幅回升。

2012 年,世界钼矿山产量 26.5 万吨,比上年下降 1.6%,而同期中国的钼矿山产量却增长 14.3%,即从 2011 年的 10.6 万吨增至 2012 年的 12.1 万吨。中国钼产量位列全球第一,占当年全球产量的 45.6%。2012 年世界钼消费量估计为 22.5 万吨,市场供应略有过剩,由此导致钼价持续下跌,市场需求低迷。全年欧洲桶装氧化钼均价同比下滑 17.5% 至 12.68 美元/磅钼。同期,尽管中国钼产量和消费量分别出现了 5.5% 和 2.9% 的增长至 9.2 万吨钼和 7.2 万吨钼,但由于消费增速相对更慢,且当年出口量出现了 20% 以上的持续下降,市场供应过剩局面仍在加剧,全年钼铁均价同比下降20% 至11.16万元/吨。总之,金融危机后持续疲态的钼市场未能在2012年出现任何好转。

总的来看,2012年铁合金金属生产在世界钢铁生产增速变缓的影响下,市场需求普遍下降,部分矿产出现了不同程度的供应过剩,由此导致大部分铁合金金属矿产品价格下跌。

世界经济持续低迷,钢铁需求增速不高。尽管新兴国家一直保持着领先于发达国家的需求增速,但预计今后几年主要消费国需求增速可能进一步放缓。在各国回归制造业、促进基础工业投资的政策刺激下,全球钢铁产能不断攀升。全球铁矿石、焦炭、能源等原燃料价格持续处于高位的局面不会出现根本性改变,钢铁生产成本增加。预计今后几年全球铁矿石市场将会趋于供大于求。但由于供应高度垄断,矿企对生产供应有较强调节能力,加之澳大利亚、印度等主要矿石出口国的产业和贸易政策增加交易成本,因此铁矿石价格不会出现较大幅度下跌,相关铁合金矿产品的价格也将保持缓慢下跌趋势。

3. 有色金属市场供应充足,大多数矿产品价格下跌

2012年世界6种主要有色金属(铜、铝、铅、锌、锡、镍)总产量为9208万吨,比2011年增长2.7%,其中镍产量增长幅度最大,为13.5%,铜和铝产量次之,均为3.3%,铅增长1.8%,锌和锡均出现下降,分别下降了3.6%和2.0%。上述6种有色金属消费量合计9103万吨,比2011年增长4.3%,其中铝消费量增长幅度最大,为6.6%,镍和铜次之,分别增长了5.7%和4.4%,铅消费量增长了1.7%,而锡和锌消费量则分别下降了6.5%和1.6%。铝和锌供应较充足,镍、铅和铜供应略有盈余,锡存在很小的供应缺口(表16)。

2012年,尽管中国、俄罗斯、巴西、印度和南非等金砖国家的经济持续增长,但增速已经明显减慢,对有色金属的需求强度也相应减弱,尽管如此,金砖国家对世界有色金属工业发展有着重要拉动作用。

表16 **2012年世界主要有色金属供求状况** 单位:万吨

项目	铜	铝	铅	锌	锡	镍
世界产量	2045	4629	1051	1258	36.07	189
世界消费量	2042	4574	1043	1233	36.09	176
供求平衡	3.4	55.2	8.43	25.49	-0.02	13.06
库存量	106.11	736.07	62.85	192.92	3.27	16.16
年底库存消费比(周)	2.7	8.4	3.1	8.1	4.7	4.8
正常库存消费比(周)	5.5	5.5	4	5	5	5
产量与2011年相比增长%	3.3	3.3	1.8	-3.6	-2.0	13.5
消费量与2011年相比增长%	4.4	6.6	1.7	-1.6	-6.5	5.7

资料来源:根据《World Metal Statistics》Yearbook 2013资料计算。

2012年,随着世界经济的增长减缓,世界有色金属市场大多数有色金属矿产需求疲软,年平均价格普遍下跌(表17)。全年LME有色金属年均价格的总体水平低于上年,价格下跌幅度较为明显。在6种主要有色金属中,镍和锡为价格下跌幅度最大的矿产品,他们的年平均价分别比2011年下跌了23.4%和19.1%;铝和铅的年平均价分别比2011年下跌了14.8%和14.2%;银、锌和铜的年平均价格分别下跌了11.3%、11.2%和9.9%。只有金价上涨6.3%,但上涨幅度明显低于2011年。

表17 **LME主要金属现货价格(年平均价)** 单位:美元/吨

品种	2009年	2010年	2011年	2012年	2012年比2011年增长(%)
铜	5150	7535	8821	7950	-9.9
铝	1665	2173	2398	2044	-14.8
镍	14655	21809	22894	17536	-23.4
锡	13574	20406	26113	21114	-19.1
铅	1719	2149	2402	2062	-14.2
锌	1655	2161	2193	1948	-11.2
金(美元/盎司)	972.97	1225.46	1569.58	1668.50	6.3
银(美元/盎司)	14.65	20.16	35.11	31.15	-11.3

资料来源:《World Metal Statistics》Yearbook 2013。

2012 年世界精炼铜产量 2045. 28 万吨,比 2011 年增长 3. 3% ,消费量 2041. 88 万吨,同比增长 4. 4% ,市场供应略有过剩。在世界主要消费地区中,亚洲地区的铜消费量占世界铜消费量的 65. 1% 。中国仍是拉动世界铜消费增长的主要动力,2012 年中国消费量增长了 12. 2% ,净增消费量 95. 9 万吨,而同期世界消费量增加了 85. 4 万吨;美国由于建筑业和汽车制造业市场消费依然乏力,全年消费量略有下降。在美国经济继续恢复进程减慢、欧债危机漫延和新兴经济国家经济增长减速的共同影响下,市场需求乏力,国际市场铜价呈现波动缓慢下跌的态势。1 月 LME 三个月期铜平均价为 8058 美元/吨,现货平均价为 8043 美元/吨。此后随着全球经济形势的发展,铜价开始了波动下跌的历程。现货全年最高价为 2 月的 8658 美元/吨,最低为 6 月的 7252 美元/吨;年底 LME 三个月期铜平均价跌至 7989 美元/吨,现货平均价跌至 7963 美元/吨,分别比年初下跌了 0. 9% 和 1. 0% 。

2012 年世界原铝产量为 4628. 88 万吨,比 2011 年增长 3. 3% 。世界原铝消费量为 4573. 68 万吨,比上年增长了 6. 6% ,净增消费量 282. 37 万吨;而中国原铝消费量增加了 257. 28 万吨,汽车产量持续增长以及房地产产业的好转是中国铝消费量增长的主要原因。从世界范围来看,原铝的主要消费市场还是在亚洲,特别是中国。2012 年亚洲原铝消费量 2946. 75 万吨,占当年世界消费量的 64. 4% ,而中国所占比例高达 44. 3% 。由于西方主要工业国的实体经济从世界性经济危机中缓慢恢复,从而导致西方原铝需求增加,西方世界原铝消费量 2323. 69 万吨,比 2011 年增长 1. 2% ,所占世界消费量的份额达 50. 8% 。虽然需求增加,但市场供应量大大高于需求,由此导致市场供应过剩,世界铝商业库存开始增加,12 月底库存 736. 07 万吨,较 2011 年增加了 36 万吨。2012 年国际市场铝价也呈现波动性下滑的势头,波动范围和下跌幅度与铜相似。伦敦金属交易所三个月铝期货价格在 1 月为 2175. 12 美元/吨,在 2 月初达到全年的峰值 2245. 93 美元/ 吨。之后,随着全球需求的疲弱,铝价开始波动性下跌,并在 8 月达到 1872. 48 美元/吨的全年最低价位。从 9 月开始波动性反弹,到年底涨至 2098. 47 美元/吨。2012 年 LME 现货平均价和三月期货平均价分别为 2044. 47 美元/吨和 2050. 66 美元/吨,分别比 2011 年上涨 14. 8% 和 15. 3% 。

2012 年世界精铅产量为 1051. 21 万吨,较 2011 年增长 1. 8% ,消费量 1042. 78 万吨,同比增长 1. 7% ,市场供应过剩较多。中国是世界精铅生产和消费大国,2012 年精铅产量 464. 57 万吨,比 2011 年增长 0. 9% 。自 2003 年中国超过美国成为全球第一大精铅生产国后,产量逐年增长,而且占世界产量的比例也在不断增加,2012 年已经达到 44. 2% 。同年中国精铅消费量 467. 27 万吨, 占世界消费量的比例为 44. 8% 。2012 年中国精铅进口量 2. 49 万吨,仅占当年世界精铅进口量的 1. 4% ,进口量比 2011 年少了 1 万多吨。与铜铝价格相反,2012 年 LME 铅价呈现波动性上涨态势,LME 三月期铅从年初开始上涨,2 月涨至 2157. 48 美元/吨,此后开始一路下跌,至 6 月下跌至 1871. 24 美元/吨全年低点,从 7 月至年底,铅价一直呈现波动上涨趋势。年底达到全年价位高点 2288. 37 美元/吨。2012 年 LME 现货平均价为 2062. 34 美元/吨,比 2011 年下跌 14. 1% ;三月期货平均价为 2074. 31 美元/吨,同比下跌 13. 3% 。

2012 年,世界锌产量为 1258. 31 万吨,比 2011 年下降 3. 6% ,世界锌消费量为 1232. 82 万吨,同比下降 1. 6% 。中国仍为世界最大锌消费国, 2012 年锌消费量 539. 62 万吨,比上年下降 1. 2% ,尽管消费量下降,但在世界锌消费量中所占份额仍达 43. 8% 。2012 年国际锌市场供大于求,全年供应过剩 25 万吨左右,由此导致 LME 库存增加。2012 年 LME 锌现货平均价为 1948. 06 美元/吨,比 2011 年下跌了 11. 2% ;三个月期货锌年平均价为 1965. 15 美元/吨,同比下跌 11. 2% 。LME 期货平均价最高为 2 月的 2075. 55 美元/吨,最低为 8 月的 1832. 52 美元/吨。LME 现货平均价最高为 1 月的 2178. 50 美元/吨,最低为 8 月的 1759. 50 美元/吨。2012 年年底 LME 锌金属库存为 122. 07 万吨,比上年增加了 40 万吨。

2012 年,世界锡产量为 36. 07 万吨,比 2011 年下降 2. 0% ;世界锡消费量为 36. 09 万吨,同比下降 6. 5% 。2012 年国际锡市场供不应求状况略见好转,但仍有 200 吨的供应缺口。中国和巴西锡减产减少了市场供应,造成了市场供应轻微短缺。2012 年 LME 库存 3. 27 万吨,比 2011 年减少 2800 吨。造成库存下降的原因有二:一是印尼冶炼厂为提升锡价而执行出口禁令,二是中国在国内外价差较大的情况下,加大了精锡进口量。2012 年,伦敦金属交易所锡现货和三月期货年均价分别为 21087 美元/吨和 21100 美元/吨,同比各下降 18. 9% 和 18. 8% 。2012 年是国际锡价整体疲弱的一年。LME 现货锡价在年初经历了一个月的迅猛上涨后,进入下行通道。此后长时间维持弱势震荡态势,到 8 月底出现年度低点 18375. 00 美元/吨。9 月开始缓慢上涨,最终以 23660. 00 美元/吨结束 2012 年走势。

2012 年我国镍产量和消费量分别占世界总量的 33. 1% 和 47. 7% ,成为影响全球镍市场的重要砝码。同时我国大量从东南亚进口镍精矿,2012 年达到创纪录的6500吨。由于担心2014年印尼禁止原矿出口，2013年我国镍矿进口量仍将保持在高位。随着国内一批采用RKEF技术生产镍铁和镍铁不锈钢一体化的项目的投产，加之国外一批镍项目逐渐达产，尽管2013年国内外镍产量和消费量继续保持增长的势头，但是产量增量高于消费增量，LME和中国市场镍库存居高不下，全球镍市场仍保持供大于求的格局。欧美经济形势、印尼矿业政策、中国原生镍产量和成本仍是影响镍价的几个关键因素。

2012年世界精炼镍产量188.59万吨，比2011年增长13.5%，消费量为175.53万吨，同比增长5.7%，全年镍市场供应略有过剩。中国镍产量为62.33万吨，消费量为83.73万吨，供应缺口为21.40万吨。世界镍产量大幅增加的原因有二，一是随着世界不锈钢产量的增长，镍的需求大幅增加，许多前几年因各种因素减产或停产的企业陆续恢复生产，导致全球镍产量增加明显；二是中国镍铁产量的快速增加。根据中国海关统计数据显示，2012年中国进口镍矿总计6500吨，比上年增长35.2%。同时中国仍保持较大的精炼镍的进口量，全年进口精炼镍15.8万吨，占当年世界精炼镍进口贸易量的33.1%。2012年，LME镍现货年均价为17536.24美元/吨，比上年下跌23.4%。年初，镍价继续着2011年的上涨走势。2月现货价格最高达到21830.00美元/吨。之后至年底，价格一直在19000美元/吨至16000美元/吨之间波动，年底跌至17406.58美元/吨。

2012年，受中国、俄罗斯和卢旺达等国钨矿山产量大幅增长影响，世界钨矿山产量比上年增长了3.7%，增加产量3356吨，但主要增量仍然来自中国，当年中国钨产量增加1800吨，占世界钨矿产量增量的53.6%。2012年受欧债危机影响，欧洲市场对钨品的需求大幅减少，导致国际APT报价一路下跌，中国出口APT价格与国内市场报价一度倒挂。但从年均价来看，由于2013年初285美元/吨度的起点价格过低，因而均价将出现同比下降。2012年，受宏观经济走势影响，国内外钨市场需求疲软。全年钨出口2.1万吨，同比下降21%；国内钨消费3.2万吨，同比下降16%。同期国内产量保持小幅增长，市场整体供应过剩1.6万吨。受此影响，钨价基本处于下滑通道。钨精矿年平均价格为11.9万元/吨，同比下降14%；APT均价为18.2万元/吨，同比下降14%；欧洲APT均价为373美元/吨度，同比下降13%。

总之，2012年是全球经济疲弱的一年。欧债危机贯穿全年，希腊、西班牙、葡萄牙、意大利等国的债务问题，令欧洲经济不断面临考验。美国经济也显示出放缓步调，以中国为代表的新兴国家经济增速也开始减缓。在其影响下，有色金属市场需求乏力，主要有色金属的产量和消费量尽管仍呈增长趋势，但增速明显放慢。在需求减弱、库存减少等多种因素作用下，以铜为代表的有色金属价格纷纷出现下跌，全年大部分有色金属价格走势呈现“前高后低”走势。

4. 金银市场走弱，铂钯市场看好

2012年，对于贵金属市场来说是不平凡的一年，在这一年中战争、自然灾害、债务危机、政治变局以及经济增长放缓各种因素交织，使得无论是黄金还是白银，或是铂金、钯金等贵金属均走势跌宕，国际金价尽管延续了第11年的连续涨势，但是似乎已经出现“下滑”态势；白银价格在经历2010年近84%的上涨后创下三年来首次年度下挫，跌幅达到10.44%；铂金和钯金走势同样低迷，尽管钯金在2010年创下高达96.6%的涨幅，但是近两年却持续下滑，铂金近两年也出现持续下滑，经济增长放缓导致的工业需求下降是影响贵金属市场的主要原因。

据世界黄金协会统计，2012年世界黄金总供应量为4453吨，比2011年下降1.4%。其中矿产黄金量为2848吨、增幅0.4%，增长趋缓。造成供应量减少的主要原因是南非矿山工人罢工导致南非矿产金产量下降。中国2012年矿产金产量突破400吨大关，达到403吨，为连续第13年增长，比上年增长11.7%，仍为世界第一大黄金生产国，产量占世界的份额为9%。2012年全球再生金供应量1591吨，比2011年下降4.2%，占当年世界总供应量的36%。主要为发展中国家回收疲软所致。2012年官方净买入黄金535吨，同比上涨17%，创下60年代中期以来净买入的最高纪录。从需求方面来看，据世界黄金协会资料，尽管全球黄金需求在2012年第四季度有所上升，但2012年黄金需求总量为4406吨，与2011年相比下降了4%，而2010年、2011年则是分别增长了9%和5%。而且这还是由于机构投资者和央行需求的增加仅仅部分抵消了消费者需求的下滑。2012年，全年黄金供应与2011年水平相当。不过，按价值计算，2012年全球黄金需求再创历史新高，达2364亿美元。其中第四季度黄金需求价值同比上升6%，达到662亿美元，几近创纪录水平，仅次于2011年第三季度的667亿美元。尽管金饰和央行需求在2011年第四季度同比达到两位数增长，可是却受到了科技和投资需求萎缩的拖累。而以数量计算，第四季度全球黄金需求为1195.9公吨，居季度总量第二位，比2011年同期增长4%。

就中国而言，2012年，中国的黄金需求与2011年持平，反映了国内经济减速的影响。但2012年第四季度黄金需求比上一季度上升1%，达到202.5吨。其中，金饰需求为137.0吨，同比上升1%；投资需求为

65.5 吨,同比上升 2%。这些增长或许能反映国内经济减速的持续时间要比预期的短。中国和印度仍旧是世界黄金需求大国,领先于其他国家。尽管全年宏观经济动荡不安,以及中国和印度这两个全球最大的黄金市场受到地区不确定因素的影响,但全年黄金需求仍旧比过去 10 年间的年平均水平高出 30%。

2012 年全年平均价格为 1669 美元/盎司,比 2011 年的 1570 美元/盎司高出 6%。再创历史记录,这一增幅为 2006 年以来年度最大增幅。年初到 2 月初,国际市场金价延续 2011 年年底上涨趋势,2 月涨至全年 1788 美元/ 盎司。之后金价开始小幅波动下跌,至 5 月已经跌至 1538 美元/ 盎司的全年低点。从 6 月开始至 10 月,金价持续小幅上涨至 1790 美元/盎司的年内高点。总的来看,中国黄金需求增加和奥巴马成功连任是 2012 年国际市场黄金价格波动上涨的主要因素。

值得一提的是,自 2012 年底以来,国际金价开始走入下行通道。进入 2013 年以后,随着美、日经济形势较前好转,以及市场对宽松货币政策转向的预期不断增强等,高盛、瑞士信贷、摩根士丹利等国际投行纷纷下调贵金属价格,导致黄金市场人气不断低落,金价不断向下触底。2013 年 6 月,国际市场现货黄金价格已跌破 1200 美元/盎司,最低至 1176 美元/盎司,创 2010 年 8 月以来最低水平,已较 2011 年峰值时的 1900 美元/盎司下跌了 39%。有预测认为,金价跌破 1000 美元/盎司的开采成本价亦有可能。黄金价格的走势,不仅受到传统商品供给和需求因素的制约,还要受到货币政策、汇率走势和资本市场投机等金融因素的影响。黄金价格近期大幅走低,部分原因可视为价格的正常回归:在经历了长达 10 年的上涨周期后,金价下跌是对前期涨幅的部分回吐,但主要原因还是货币政策转向令国际投机资本大举抛售黄金所致。

根据世界白银协会公布数据显示,2012 年全球白银供应再创新高,在 3.3 万吨左右,同比增长 3%,其中矿产银及再生银较 2011 年增速均有明显提高。2012 年全球白银制造业总需求达到近 2.8 万吨,超过 2010 年的历史记录,同比 2011 年增长 2.5%。其中工业用银疲弱,需求下降至 1.4 万吨,同比 2011 年降幅 6%。这是由于全球经济,尤其是欧洲经济下滑所导致,但美国和中国需求的增长抵消了部分下降。制造业需求相对供应依然过剩,2012 年过剩量达到 4800 吨,与 2011 年几乎持平,过剩量主要靠投资需求吸收。

2012 年中国国内白银工业需求达到 6360 吨,同比增长 4.5%,其中电子工业用量同比增长 5%。首饰及银币银章类消费则受到了投资需求的推动,继续快速增长。金银珠宝首饰零售额达到 1837 亿元,同比增长 42.1%。

2012 年的银价走势基本跟随金价走势,走出过山车的行情,维持在 26 ~ 35 美元/盎司区间震荡。年初,伊朗遭西方制裁可能引发伊朗采取反制裁,封锁霍尔木兹海峡的原油进出通道,美联储低利率承诺及宽松预期:诸多消息激发金银的避险需求,推动银价走出一波上涨行情,创下年内高点。3 月份以后,因希腊、西班牙等国接连爆发社会动荡,加剧了投资者对欧债危机问题的担忧情绪,引发全球流动性出现再次紧缩局面,风险资产遭到抛售;加上美联储议息会议反复,QE 预期降温,银价走跌直至 5 月中旬。随后,银价在经历了近 3 个月的持续低迷后,于 8 月下旬再次反身向上,借助美联储祭出 QE3 的刺激,冲击 35 美元/盎司阻力位。四季度,美国经济数据向好,年底财政悬崖问题有惊无险的预期,及欧洲债务问题共同影响银价震荡下行。

2012 年白银 LBMA 定盘价开盘 28.78 美元/盎司,最高 37.23 美元/盎司,最低 26.67 美元/盎司,收盘 29.95 美元/盎司,年内震幅 39.3%;年均价 31.1 美元/盎司,同比 2011 国内银价跟随国际银价走势。2012 年上海华通现货银价年初 6155 元/千克,年底 6125 元/千克,收涨 70 元/千克,最高 7570 元/千克,最低 5725 元/千克。年均价 6445 元/千克,同比下降 14.8%。白银在上期所上市后,5 ~ 12 月,上期所白银主力合约开盘 6190 元/千克,最高 7438 元/千克,最低 5632 元/千克。年均价 6404 元/千克。

从近几年的国际银市场来看,白银价格的走势与市场供求状况不存在必然联系。当国际市场白银价格超过 6.0 美元/盎司时,直接左右市场的就不是供需关系,而是投机、汇率等因素。近几年的国际白银市场多次证明了这一点,目前的白银供需现状对市场产生的直接影响力很小。短期内经济形势、美元汇率变化、黄金市场价格的波动、投资活动的剧烈变化、国际石油价格等仍然是决定银价的主要因素。同时,由于白银主要为铜、铅、锌和黄金等矿产的伴生矿产,因此白银相关金属行情的好坏,也影响着白银的市场。

2012 年全球铂供应量为 181.6 吨,比 2011 年下降 10%。主要供应地区有南非、俄罗斯、北美及津巴布韦。南非为世界最大铂生产国,2012 年铂产量 132.2 吨,占世界产量的 72.8%。俄罗斯为世界第二大铂生产国,2012 年铂产量 24.6 吨,略低于 2011 年。2012 年世界铂总需求为 251.3 吨,略低于上年。需求量大而供应减少导致市场供应短缺约 12 吨。

钯是世界上最稀有的贵金属之一。世界上只有俄罗斯和南非等少数国家出产,每年总产量不到黄金的 5%。世界钯的主要出口国是俄罗斯和南非,其中俄罗斯为最大生产国，但根据 Johnson Matthey Plc 报道，2012 年内俄罗斯国家库存销售量将会较上年缩减 68%；此外，俄罗斯钯矿山产量可能也将减少 20.5 万盎司。总体说来，这将导致 2012 年世界钯供给量将减少约 11%，最终将可能造成钯市场 200 万盎司的短缺。第二大钯金生产国南非情况也不乐观，劳动纠纷和罢工使得产出受到严重的影响，产量急剧减少。2012 年钯金市场供应短缺 33.3 吨，造成短缺的主要原因是矿产钯和回收钯供应减少，而催化剂需求达创纪录高位以及投资需求大，致使钯市场从 2011 年的极度疲软转变为 2012 年的非常旺盛。

2012 年，国际市场现货铂价开于 1403.50 美元/盎司，收于 1540.00 美元/盎司，累计涨幅 9.7%，最高 1735.99 美元/盎司，最低 1379.05 美元/盎司。2012 年铂平均价为 1552 美元/盎司，比 2011 年低 169 美元/盎司。年初，受铂矿山罢工事件影响，铂价格一改上年颓势走升至年内高点，该事件平息后铂价格随经济形势恶化而下跌，至 7 月份触及年内低点；8 月之后，南非矿山罢工再起并升级为暴力冲突，引发铂价走高，直至 11 月事态缓和价格才有所回归。钯价开于 653.49 美元/盎司，收于 704.10 美元/盎司，累计涨幅 7.7%，最高 725.19 美元/盎司，最低 553.75 美元/盎司。

总之，2012 年，受世界经济形势恢复减缓、欧债危机漫延、日本巨量货币宽松政策和新兴工业国家经济发展速度减慢等因素的影响，世界主要矿产品市场供应和需求的增长进一步减慢，大多数矿产品年均价格呈先涨后跌趋势，而且下跌势头漫延到 2013 年年初。尽管中国、印度、巴西和俄罗斯等新兴国家经济增速放缓，矿产品需求增长幅度下降，但仍对世界矿产品市场的稳定增长有着巨大的拉动作用。

参考文献

1. British Petroleum Company. BP Statistical Review of World Energy, London, June 2013.

2. British Petroleum Company. BP Statistical Review of World Energy, London, June 2012.

3. Society for Mining, Metallurgy, and Exploration, Inc, Mining engineering May 2013, Vol. 64 No. 5.

4. Magnus Ericsson, 2012. E & MJ's annual survey of global mining investment. E & MJ, Jan/Feb. p24 ~29.

5. Pennwell Corporation. Oil & Gas Journal, 2011, 2012.

6. Marilyn Radler, 2011. Capital budgets to rise this year in North American and worldwide. Oil & Gas Journal, 109(10), p26 ~30.

7. Metals Economic Group, 2011. Corporate exploration strategies Volume I: a worldwide analysis.

8. Metals Economic Group, 2012. Corporate exploration strategies Volume I: a worldwide analysis.

9. Metals Economics Group. Base metals and gold acquisitions activity. Strategic Report, March/April 2012, p7 ~29.

10. Industrial Minerals Information Ltd. Industrial Minerals, 20110, 2012.

11. U.S. Geological Survey. Mineral Commodity Summaries, January 2012, 2013.

12. World Bureau of Metal Statistics. World Metal Statistics, Yearbook 2013.

13. World Bureau of Metal Statistics. World Metal Statistics, Yearbook 2012.

14. 中国有色金属工业协会金银分会 中国有色金属工业信息中心，贵金属，2011 年，2012 年。

15. 中国有色金属工业信息中心，中国铅锌锡锑，2011 年，2012 年。

16. 中国有色金属工业协会，中国金属通报，2011 年，2012 年。

17. 中国石油学会石油经济专业委员会，国际石油经济，2013 年，第 1 期，第 3 期。

18. 中国有色金属工业协会，2012 年中国有色金属工业发展报告，2013 年，北京。

（奚甡 尹丽文 崔荣国 郭娟）

国内外油气比较

据美国《Oil and GasJournal》(2012.12)报道，截至 2012 年底世界石油剩余可采储量 2243.86 亿吨(表 1，图 1)。我国石油剩余经济可采储量 25.21 亿吨，居世界第 14 位。2012 年世界石油产量 37.86 亿吨(表 1，图 2)。我国石油产量 2.07 亿吨，居世界第 4 位。

截至 2012 年底，世界天然气剩余可采储量 192.37 万亿立方米(表 2，图 3)。我国天然气剩余经济可采储量 3.12 万亿立方米，居世界第 12 位。

2012 年世界天然气产量为 3.31 万亿立方米(为估算)(表 2，图 4)。我国天然气产量 1070.84 亿立方米，居世界第 7 位。

表 1　2012 年世界石油储量和产量前 10 位的国家

单位:亿吨

国家	剩余可采储量	国家	产量
委内瑞拉	407.67	俄罗斯	5.23
沙特阿拉伯	363.61	沙特阿拉伯	4.98
加拿大	237.15	美国	3.17
伊朗	211.77	中医	2.04
伊拉克	193.65	加拿大	1.55
科威特	139.06	伊朗	1.53

续表 1

国家	剩余可采储量	国家	产量
阿联酋	133.99	伊拉克	1.44
俄罗斯	109.60	科威特	1.38
利比亚	65.77	阿联酋	1.33
尼日利亚	50.96	墨西哥	1.27

注:1. 据美国《Oil and Gas ournal》(2012.12);2. 本通报统计的截至 2012 年底中国石油剩余经济可采储量为 25.21 亿吨,石油产量 2.07 亿吨。

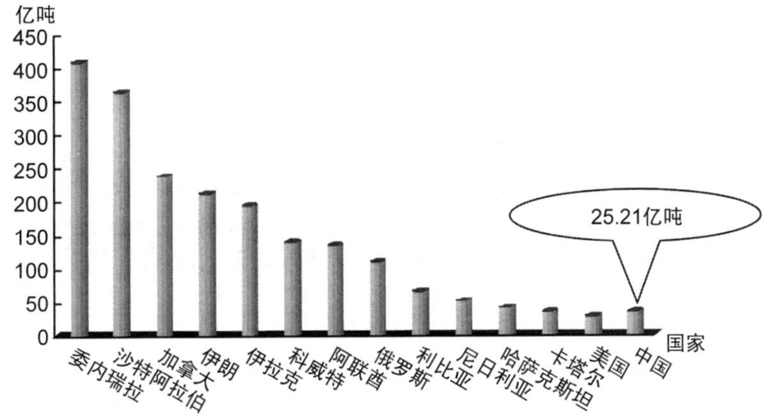

图 1　2012 年世界主要国家石油剩余可采储量

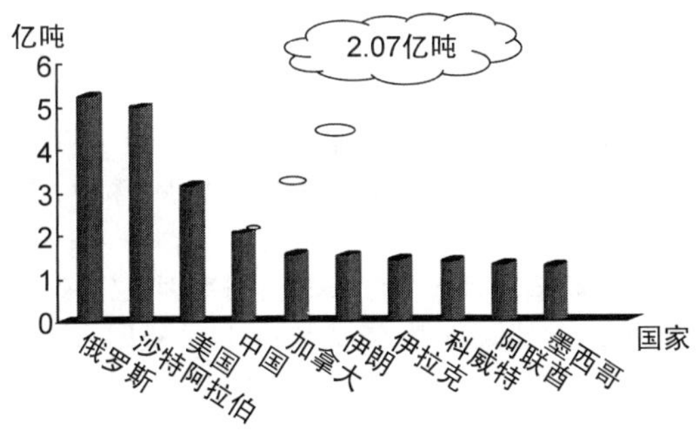

图 2　2012 年世界主要国家石油产量

表 2　2012 年世界天然气储量和产量前 10 位的国家

单位:亿立方米

国家	剩余可采储量	国家	产量
俄罗斯	478055.52	美国	7132.40
伊朗	336122.79	俄罗斯	6212.00

续表 2

国家	剩余可采储量	国家	产量
卡塔尔	252021.30	伊朗	1608.40
沙特阿拉伯	81508.79	加拿大	1386.60
美国	77166.37	卡塔尔	1198.80
土库曼斯坦	75040.05	挪威	1132.90
阿联酋	60891.46	中国	1075.80
委内瑞拉	55246.47	印度尼西亚	853.30
尼日利亚	51539.21	沙特阿拉伯	836.30
阿尔及利亚	45039.32	阿尔及利亚	768.30

注:1. 据美国《Oil and Gas Joumal》(2012.12);2. 本通报统计的截至 2012 年底中国天然气剩余经济可采储量为 31153.56 亿立方米,天然气产量为 1070.84 亿立方米。

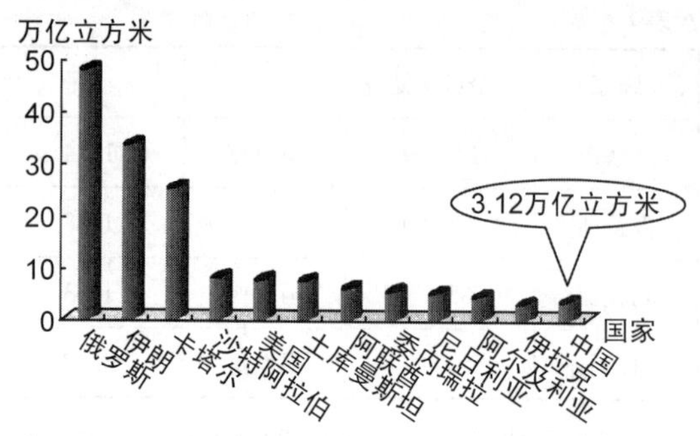

图3　2012年世界主要国家天然气剩余探明可采储量

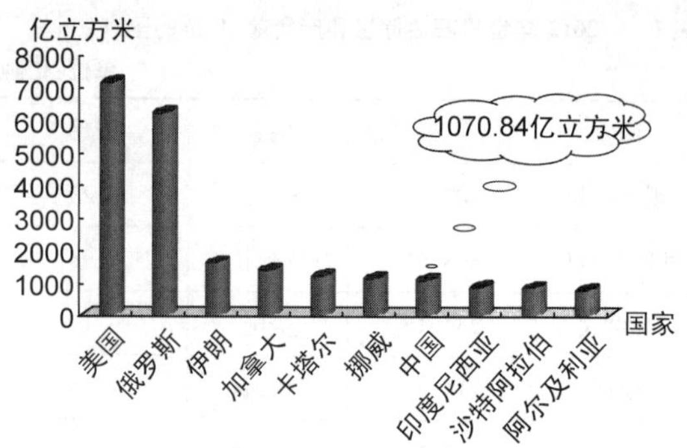

图4　2012年世界主要国家天然气产量

2012年矿山事故记事

1月3日　云南省曲靖市富源县十八连山镇平庆煤矿堆煤场在清理存煤时,发生煤堆滑落事故,造成9人死亡,2人受伤(无生命危险)。

1月6日　吉林省舒兰市天源煤矿+75掘进探巷发生瓦斯窒息事故,事故当班下井23人,安全升井18人,造成5人死亡。

1月7日　河北省衡水市深州市永平小区地热站发生一起爆炸事故,造成6人死亡,2人受伤。

2月3日　四川省宜宾市筠连县钓鱼台煤矿井下发生一起瓦斯爆炸事故,造成13人死亡,8人受伤,1人下落不明。

2月5日　山西省晋中市和顺隆华煤业有限公司井下采区轨道下山,3名工人在整修轨道过程中钢丝绳断裂,造成3人死亡。

2月11日　贵州省贵阳清镇市,贵州广铝铝业有限公司清镇80万吨氧化铝施工项目工地发生脚手架垮塌事故,造成3人死亡,1人受伤。

2月12日　湖北省恩施州来凤县五台发利煤矿+350水平东翼区段平巷发生一起冒顶事故,造成3人死亡,1人受伤。

2月14日　新疆昌吉州玛纳斯县兴达煤矿井下发生一起瓦斯爆炸事故,6人遇难。

2月16日　湖南省衡阳市耒阳市宏发煤矿发生一起运输跑车事故。事故发生时,该矿18名工人乘矿车下井,因连接矿车的钢丝绳卡断裂,发生跑车事故,造成15人遇难,3人受伤。

2月19日　山西省临汾市蒲县宏源集团北峪煤业有限公司102回风顺槽顶板发生冒顶,6人死亡,1人被困。

2月23日　江苏省南京市雨花台区的上海宝钢集团梅山钢铁公司煤气柜在检修过程中发生泄漏事故,造成7人死亡,7人受伤(其中1人伤势较重)。

2月23日　吉林省延边州汪清县龙腾矿业有限公司发生一起冒顶事故,造成3人死亡。

2月25日　广西柳州融水县晟蕴矿业公司(铜矿)3名矿工在该矿井下作业时因缺氧窒息,3人升井时1人已死亡,另外2人实施抢救无效亦死亡。

2月25日　湖南省邵阳市邵阳县邵阳煤矿发生一起煤与瓦斯突出事故,共造成4人死亡。

3月2日　甘肃省天水市李子金矿有限公司1720坑口发生一起炮烟中毒事故,经抢救无效,造成3人死亡。

3月3日　湖北省宜昌市宜都市松木坪镇双井寺村5组茶湾一非法矿点发生一起冒顶事故,造成2人死亡,1人被困。

3月15日　山东省临沂市苍山县鲁城镇济钢集团石门铁矿有限公司基建矿井,发生罐笼坠落事故,造成13人死亡。

3月21日　陕西省咸阳市泾阳县口镇吊庄村东曹破石场(个体)非法开采时发生山体坍塌事故,造成6人死亡。

3月22日　辽宁省辽阳市灯塔市西大窑镇大黄二矿发生瓦斯爆炸事故,5人死亡,17人被困。

3月27日　贵州省铜仁市松桃县寨英镇举贤村锰矿主井在建设过程中发生窒息事故,造成1人死亡。随后,有3人进入事发地点施救,又造成2名施救人员窒息死亡,1人受伤。事故共造成3人死亡,1人受伤。

3月28日　湖北省恩施州鹤峰县金竹园煤矿发生一起煤与瓦斯突出事故,造成1人死亡,2人下落不明。

3月29日　贵州省毕节市林东矿业发展有限责任公司阳河煤矿井下发生一氧化碳中毒事故,造成6人死亡,5人受伤(生命体征稳定)。

4月2日　贵州省毕节市纳雍县水城矿业(集团)公司幺公营煤矿602边切眼掘进工作面在打钻过程中发生煤与瓦斯突出事故,造成4人死亡。当班下井23

人,19 人安全升井。

4 月 6 日　吉林省蛟河市丰兴煤矿掘进工作面发生透水事故,当班下井 70 人作业,其中 58 人安全升井,造成 12 人死亡。

4 月 10 日　中煤集团大屯煤电公司孔庄煤矿(江苏省徐州市)7432 材料巷发生透水事故,约 60 米长巷道被淹没,造成 4 人遇难。

4 月 13 日　山西省长治市善福煤业有限公司发生透水事故,造成 11 人死亡。

4 月 14 日　河南省平顶山市裕隆源通煤业有限公司(河南省煤层气公司兼并重组煤矿)2010 采煤工作面运输巷发生透水事故,造成 9 人死亡,2 人获救。

4 月 15 日　江苏省徐州山市邢楼镇平台石膏矿发生坍塌事故,4 人被困。

4 月 23 日　内蒙古巴彦淖尔市乌拉特前旗兴亚煤矿发生一瓦斯爆炸事故,当班入井 26 人,17 人安全升井,9 人死亡,

4 月 26 日　贵州省铜仁市沿河县谯家镇新生煤矿发生透水事故,当班下井 23 人作业,其中 12 人安全升井,造成 11 人死亡。

4 月 26 日　河北普阳钢铁有限公司 4 号高炉发生泄漏事故,致使 8 人中毒,其中 3 人经医院抢救无效死亡,其他 5 人受伤。

5 月 2 日　湖南省邵东县砂石镇丛山煤矿立井发生罐笼坠罐事故,造成 6 人死亡。

5 月 2 日　黑龙江省鹤岗市峻源二矿井下采煤工作面发生透水事故,造成 13 人死亡。

5 月 2 日　黑龙江省鹤岗市峻源二矿发生透水事故,造成 13 人死亡。

5 月 5 日　安徽省六安市霍邱县金日盛矿业有限公司发生地面塌陷(塌陷面积约 2800 平方米),致使 2 栋民房倒塌,造成 3 人死亡,4 人受伤。

5 月 5 日　四川省峨眉山市八益煤业有限公司苗圃煤矿发生一起煤与瓦斯事故,当班下井 7 人,4 人安全升井,3 人死亡。

5 月 6 日　河南晋开化工投资控股集团有限责任公司百万吨氨醇项目施工工地发生塌方事故,造成 12 人被埋压。经救援,被埋人员中有 4 人死亡,8 人受伤。

5 月 6 日　内蒙古鄂尔多斯市乌审旗中天和创葫芦素煤矿发生一起运输事故,正在运行的罐笼被坠落的制动绳砸中,造成罐笼内 4 人死亡。

5 月 11 日　河北省石家庄市井陉矿区贾庄煤矿井下发生一起火灾事故,造成 5 人死亡。

5 月 12 日　广西区贺州市平桂区望高镇川岩村金竹冲发生山洪爆发,导致林氏矿业红水坑探矿点 6 间民工棚被冲走,造成 3 人死亡,1 人失踪。

5 月 12 日　山西煤炭进出口集团有限公司洪洞恒兴煤业在清理主立井井底撒煤过程中,又与撒煤漏斗突然溃泄,造成 4 人被困。

5 月 14 日　由中国五冶上海有限公司承建的广东韶关钢铁集团公司新建合金钢优质钢棒材轧机改建工程施工工地,在地面对新购进的桥式起重机箱体梁附属钢结构平台实施焊接时发生爆炸事故,造成 9 人死亡,6 人受伤。

5 月 15 日　位于新疆自治区塔城地区乌苏市的农七师新疆准南煤矿所属托力拜勒勘探区(平硐),在探巷施工过程中发生一起瓦斯爆炸事故,造成 6 人死亡。

5 月 15 日　云南省红河州个旧市老厂镇橙鑫矿业有限公司 –75 米中段东部 7 号溜矿井内发生一起冒顶片帮事故,造成 3 人死亡。

5 月 17 日　山西省吕梁市离石区枣林乡彩家庄恒源耐火材料厂发生煤气爆炸事故,造成 3 人死亡,1 人受伤。

5 月 17 日　湖南省邵阳市新邵县七四煤业有限公司在井下实施瓦斯抽放钻孔作业时发生煤与瓦斯突出事故,造成 6 人死亡。

5 月 18 日　甘肃省陇南市境内,甘肃筑金矿业有限责任公司西和县黑虎桥铜矿普查项目洛峪镇上铜村探矿点,派 2 人进入洞内实施排水作业时发生中毒事故,随后又派 3 人入硐搜救也中毒,该事故共造成 5 人死亡。

5 月 20 日　辽宁省沈阳市麒贺燃气工程有限公司在进行煤气管线对接过程中,因止气球突然爆裂导致煤气泄漏,造成 3 人因煤气中毒死亡。

5 月 20 日　辽宁省沈阳焦煤集团有限责任公司清水二井煤矿,南 207 掘进工作面发生冒顶事故,该起事故共造成 9 人死亡。

5 月 21 日　云南省红河州东源泸西公司红升一号井发生坍塌事故,有 7 人被困井下。

5 月 25 日　吉林省通化市通钢集团烧结厂 5 名工人(属辽宁石油化工建设股份公司)在拆除皮带走廊作业时,发生高处坠落事故,造成 3 人死亡,2 人受伤。

5 月 26 日　辽宁省丹东凤城市爱阳镇潘家刘长久煤矿井下发生透水事故,1 人成功获救,事故共造成 4 人死亡。

6 月 3 日　云南省曲靖市麒麟区莲花冲岔沟煤矿 1876 水平 905 运输巷掘进面发生一起煤与瓦斯突出事故,当班下井人数为 47 人,安全升井 42 人,事故共造成 5 人死亡。

6 月 4 日　新疆乌鲁木齐市鑫源煤炭有限公司工业广场地面突然塌陷,导致一辆拉煤车掉入塌陷坑内,造成车上 3 人死亡。

6 月 4 日　内蒙古包钢集团巴润矿业公司采矿区

（铁矿），一辆电动轮车与一辆皮卡车在会车时正面相撞，电动轮车从皮卡车上碾压，造成皮卡车内3人死亡，1人受伤。

6月6日 四川省攀枝花市辉达镁业有限公司精炼车间4号精炼炉发生喷爆并引发大火，造成3人死亡，1人重伤，4人轻伤。

6月6日 贵州遵义市遵义县野彪一号煤矿发生一起顶板事故，造成4人死亡。

6月8日 云南省昭通市威信云投粤扎西能源有限公司火电厂2号冷却塔发生一起脚手架垮塌事故，造成7人死亡，1人受伤。

6月12日 江西省乐平市钱广煤矿发生一起瓦斯爆炸事故，事故共造成5人死亡。

6月17日 福建省能源集团永安煤业有限公司上京分公司小华煤矿+535水平采煤工作面发生一起冒顶事故，造成3人死亡。

6月18日 广西区崇左市天等县广西沙钢锰业有限公司30万吨硅锰合金扩建工程工地（由中国十九冶集团有限公司第一施工队承建），在施工过程中发生坍塌，共造成3人死亡，5人受伤。

6月19日 山西阳煤集团新景煤业有限公司煤与瓦斯突出事故，此次事故共造成3人死亡。

6月25日 内蒙古锡林郭勒盟锡林浩特市内蒙古大唐国际锡林浩特矿业有限公司（东二号露天煤矿）发生一起运输事故。矿业公司外包剥离单位中国有色金属工业第十六冶金建设公司项目部一辆卡车因故障跑偏，与对面上坡的一辆卡车相撞，随后又与另一辆卡车相撞，造成三辆卡车上的3名司机死亡。

6月25日 辽宁省本溪市北台镇，本溪钢铁（集团）公司北营公司一在建高炉进行煤气管道焊接过程中，3名施工人员从高处坠落死亡。

7月2日 河南省登封市东华镇郑州市鹏翱冶金有限公司青石炉在浇注水泥施工过程中发生脚手架坍塌，造成6人死亡，5人受伤。

7月4日 湖南省衡阳市耒阳市三都镇茄莉冲新井煤矿发生透水事故，6人死亡，2人下落不明。

7月8日 湖南省涟源市湘中煤矿发生一起煤与瓦斯突出事故，造成7人死亡。

7月9日 湖北省襄阳市南漳县红星磷矿组织工人进行顶板排险时，顶板发生垮塌，造成3人死亡。

7月13日 云南省文山州文山市德厚镇湖海锰矿二片区2号井发生一起顶板坍塌事故，造成2人死亡，2人被埋。

7月15日 安徽省六安市霍山县旭东矿业（萤石矿）公司分拣场料斗墙发生倒塌，造成4死亡，6人受伤（其中2人重伤，无生命危险）。

7月17日 湖南省煤业集团嘉禾煤矿蒲溪井发生一起煤与瓦斯突出事故，造成3人死亡。

7月19日 云南省丽江市宁蒗县西川乡新农村菠萁河煤矿在组织村民下井维修水泵过程中，先后3次共5人下井，造成5人失踪。

7月19日 安徽省芜湖市繁昌县芦南石灰石矿架头发生坍塌，该事故共造成3人死亡。

7月20日 四川省雅安市天全县公家坪煤矿发生一起顶板事故，造成3人死亡。

7月26日 山西省阳泉盂县玉泉煤业有限公司，由于变压器两回路电源停电，1521机采工作面发生一起瓦斯燃烧事故，该事故共造成9人死亡。

7月27日 贵州省六盘水市水城县晋家冲煤矿1112回采工作面发生冒顶，造成4人死亡。

7月29日 辽宁省朝阳北票市北煤公司冠山煤矿-780米水平西四石门九层掘进工作面，在处理冒顶时发生瓦斯爆炸事故，造成3人死亡。

7月29日 湖南省株洲市湘东钨业有限公司409工区井下13中段发生一起中毒窒息事故，造成3人死亡。

8月1日 山西省临汾市洪洞陆合煤业有限公司基安达煤业1062掘进工作面发生透水事故，事故共造成8人死亡。

8月6日 辽宁省南票煤电公司三家子煤矿中央副井—150米水平车场永久密闭溃闭，闭内水涌出，发生水害事故，共造成2人死亡。

8月8日 甘肃省张掖市大河煤矿井下2678水平八号石门掘进工作面发生一起瓦斯中毒事故，造成3人死亡，1人受伤。

8月11日 安徽省铜陵市新建章山铁矿发生一起炮烟中毒事故，造成3人死亡。

8月12日 云南省丽江市华坪县楠木大村煤矿（该矿“六证”齐全）发生煤仓垮塌事故，造成4人死亡，3人受伤。

8月13日 吉林省白山市吉盛煤矿一井发生瓦斯事故，造成18人死亡，2人被困。

8月15日 山东省滨州市邹平县长丰钢铁有限公司发生一起煤气发生炉突然爆炸事故，事故共造成3人死亡。

8月16日 陕西省府谷县瑞丰煤矿发生一起冒顶事故，初步核实当班井下20人作业，2人安全出井，另有18人被困井下。

8月16日 西藏自治区山南地区曲松县邱多江乡岩金矿发生塌方事故，造成2名矿工死亡，1名矿工被困。

8月26日 福建省龙岩市武平县宁洋煤炭开发有限公司发生一起顶板事故，造成3人死亡。

8月27日　广东省清远市英德市龙山采石场发生炸药爆炸事故，造成10人死亡。

8月27日　重庆市奉节县青龙镇红合煤矿发生一起瓦斯窒息事故，造成4人死亡，5人轻伤。

8月28日　新疆昌吉市三屯河红星煤矿井下发生一起瓦斯爆炸事故（设计能力年产9万吨，六证齐全），造成6人死亡，6人受伤。

8月29日　四川省攀枝花市西区正金工贸公司肖家湾煤矿发生瓦斯爆炸事故，造成45人死亡，1人下落不明，54人受伤。

8月29日　辽宁省阜新市东梁青年煤矿井下发生电缆着火事故，造成5人死亡。

8月31日　安徽省淮北圣火矿业有限公司吉山煤矿6104初放采煤工作面下部发生冒顶事故，造成3人死亡。

9月2日　江西省萍乡市境内，江西煤业集团有限公司萍乡矿业集团高坑煤矿采煤工作面发生瓦斯爆炸事故，造成15人遇难，11人受伤。

9月2日　山东省莱州市富业兴社工贸有限公司铁矿井下在进行放炮作业时发生事故，造成6人死亡。

9月3日　河南省洛阳市宜阳县白杨镇弘源氧化钙采石场发生一起坍塌事故，造成4人死亡。

9月5日　云南省昭通市镇雄县山脚煤矿三水平南7伪斜至6伪斜二号开切眼维修时发生片帮事故，当班入井29人，安全升井26人，造成3人被埋，经全力救出后均已死亡。

9月6日　云南省昭通市永善县金沙矿业公司1001坑井西平巷发生垮塌事故，造成3人死亡。

9月6日　甘肃省张掖市宏能煤业公司花草滩煤矿立井井筒砌碹作业过程中，吊桶在提升时造成作业平台侧翻，事故造成10人遇难。

9月9日　四川省达州市万源市永盛煤矿+565M平硐发生一起煤与瓦斯突出事故，事故造成3人死亡，6人被困。

9月11日　贵州省福泉市龙昌镇谷坝煤矿发生一起透水事故，42人下井，34人成功升井，当班领导为安全副矿长下井带班（安全升井），仍有8人被困井下。

9月16日　内蒙古自治区乌兰察布市后旗土镇多蒙德冶金化工有限公司建筑施工工地，由于吊篮一侧钢丝绳断裂，吊篮中3名工人坠落致死。

9月16日　重庆市南川区国华矿山设备有限公司，5名员工到井下+200米水平南翼1号煤层上山掘进工作面探放上部采空区积水时发生透水事故，2人安全升井，3人死亡。

9月21日　湖南省郴州市瑶岗仙矿业有限公司西协办主采区15中段162采场发生一起炸药爆炸事故，造成2人死亡，3人下落不明。

9月22日　黑龙江省鸡西市鸡东县嘉艺煤矿发生一起水害事故，当班13人下井，7人安全升井，6人遇难。

9月22日　黑龙江省双鸭山市友谊县龙山镇煤矿发生火灾事故造成顶板冒落，事故造成11人被困。

9月23日　山东省淄博市淄川区山东东泰矿业有限公司一号煤矿（原岭子煤矿）施工755巷探掘进过程中发生冒顶事故，造成5人死亡。

9月24日　陕西省榆林市府谷县新民镇德丰煤矿1102备用工作面回风顺槽（未贯通）发生缺氧窒息事故，导致该巷道内包括矿长、副矿长、安检员5人被困。通过紧急救援，5人全部升井，但经救治无效5人全部死亡。

9月25日　甘肃省白银市平川区屈盛煤业有限公司煤矿副井筒人车提升过程中，发生一起钢丝绳断裂跑车事故，事故共造成20人死亡，3人重伤。

9月26日　云南省昭通市彝良县龙街乡长炉村营脚村民小组3名村民进入龙街乡尖山村瓜坪组罗家沟梁子一废弃煤洞寻找1名失踪村民，后全部失踪。接到报案后，市矿山救护队经全力搜救，4人已全部找到，均已遇难，4人为瓦斯窒息死亡。

9月26日　湖南省株洲市炎陵县河西邓家采石场区域外35米左右处，因前两天暴雨造成山体大面积塌方，塌方时泥石流直冲邓家采石场，造成4名员工被埋。

9月27日　潼关县兴隆公司（民营，营业执照、采矿许可证有效）属整合后在建矿井，在大猸峪600坑口治理安全隐患过程中，更换主巷道2800米处木架为钢支护时，由于电焊不慎引发火灾事故，因浓烟较大，致7人中毒被困井下。经搜救，造成5人死亡，2人重伤。

10月1日　福建省龙岩市永定县坎市镇永兴林场煤矿发生透水事故，当班6名旷工，事故发生后，有3人安全升井，3名矿工被困井下。

10月10日　安徽省淮北市梧南煤矿−400米水平1071工作面发生一起瓦斯事故，造成6人死亡。

10月10日　云南省文山州邱北县水米冲煤矿4号上山采煤工作面发生冒顶事故，造成4人死亡。

10月11日　重庆市巫溪县快活煤矿井下+609米水平西翼回风巷距掘进工作面400米发生一起顶板事故，造成正在进行维修作业的3人维修工当场死亡。

10月13日　山西省朔州市中煤集团平朔公司洗选中心煤泥堆发生坍塌，致使正在拉运煤泥作业的太原二电厂车队六辆大车受到冲击，造成4人死亡。

10月14日　广东省梅州市丰顺县丰顺银河铁矿井下发生冒顶片帮事故，造成3人死亡，1人受伤。

10月15日　湖南省永州市零陵区刚林矿业有限

公司4名员工对在建碳酸锰矿井进行检修时，因缺氧被困井下。另有4人下井救援也被困。经搜救，发现7人死亡，1人生还（无生命危险）。

10月27日 云南省大理州弥渡县庞威水泥有限责任公司装袋车间顶棚技改时发生垮塌，事故共造成4人死亡，7人受伤，1人被困。

10月30日 湖南省湘煤集团黄牛岭矿业公司发生一起煤与瓦斯突出事故，造成3人死亡。

11月1日 湖南省冷水江市铎山镇铎山煤矿和相邻的东升煤矿在－150米水平作业面抢夺资源，东升煤矿违规放炮致使铎山煤矿3人遇难。

11月3日 山东能源枣庄矿业集团有限责任公司蒋庄煤矿906运输巷，因绞车断绳发生跑车，造成5人死亡。

11月8日 重庆市重庆能投集团南桐矿业公司东林煤矿发生一起冒顶事故，造成3人死亡。

11月11日 内蒙古鄂尔多斯市境内，3名工人在神华蒙西煤化股份公司实施脱硫废液提盐环保科研实验时，因违章操作，造成3人窒息死亡。

11月13日 新疆维吾尔自治区塔城地区沙湾县恒力煤矿井下在串车提升矿车时发生跑车，造成2人死亡，1人重伤后经抢救无效死亡。

11月15日 陕西省榆林市神木县马家塔四门沟矿业有限公司在地面储煤仓建筑施工时，发生钢筋骨架及脚手架倒塌事故。现场作业人员28人，1人当场死亡，7人经医院抢救无效死亡，20人受伤并在医院救治。

11月16日 安徽省安庆市枞阳县钱铺矿业有限公司虎栈铜矿发生窒息事故，造成3人死亡。

11月17日 山东省枣庄市的山东省朝阳矿业有限公司3112综掘下材料道发生一起冒顶事故，事故共造成6人死亡。

11月20日 陕西省汉中市略阳大地矿业公司徐家湾铜矿，1名工人私自砸开矿井铁门门锁，取其本人半年前放下的衣物，由于巷道含有一氧化碳气体中毒。又有4名工人因搜寻该被困人员进入巷道先后中毒，此次事故共造成5人死亡。

11月21日 山西潞安集团黑龙关煤业公司地面圆筒仓在封顶浇筑过程中发生顶梁塌陷事故，造成2人死亡，3人受伤。

11月24日 贵州省六盘水市盘南煤炭开发有限公司响水矿掘进工作面发生煤与瓦斯突出事故，事故共造成23人死亡，5人受伤。

11月24日 中国一冶集团总承包的邯钢150兆瓦燃气—蒸汽联合发电工程，施工人员在进行“发电升压站”顶板浇筑施工时，发生脚手架坍塌事故，事故共造成5人死亡，1人受伤。

11月27日 四川省宜宾市筠连县维新镇永兴煤矿发生一起瓦斯事故，造成4人死亡，2人受伤。

11月29日 贵州省黔西南州普安县楼下镇能通煤矿1175掘进巷发生一起煤与瓦斯突出事故，造成5人死亡，2人受伤。

12月1日 云南省昆明市东川区汤丹冶金公司1218片区1320中段上盘开拓作业人员在开拓过程中遇到霉炮，发生安全事故，造成3人死亡，1人受伤。

12月1日 黑龙江省七台河市桃山区七台河市福瑞祥煤炭有限责任公司八井发生一起透水事故，事故造成8人遇难、2人被困。

12月3日 河南省三门峡市渑池县仰韶水泥有限公司发生一起一氧化碳中毒事故，经抢救无效4人死亡，另有3名中毒（已脱离危险）。

12月5日 云南省曲靖富源县上厂煤矿一号井发生一起煤与瓦斯突出事故，事故造成17人死亡，6人受伤（无生命危险）。

12月6日 云南省曲靖市宣威市田坝镇小红岩采石场，由于装载机驾驶员操作失误，导致装载机翻倒在网筛上，造成3人死亡。

12月11日 湖南省株洲市茶陵县潞水镇元王村铁矿3名工人在井下放炮作业后下井出渣过程中，发生中毒窒息，经抢救无效死亡。

12月12日 宁夏回族自治区石嘴山市白芨沟矿瓦斯泵站约200米处，一非法煤炭盗采点发生爆炸，造成4死亡。

12月17日 湖南省怀化市中方县泸阳镇牛栏处煤矿掘进工作面发生一起瓦斯爆炸事故，该工作面有9人作业，2人升井（其中1人重伤），造成7人死亡。

12月17日 江西省南昌市永胜铝型材有限公司发生一起安全事故，造成1人死亡，2人失踪，7人受伤（无生命危险）。

12月20日 广西壮族自治区玉林市陆川县恒安铁沙岗铁矿井下排险作业人员在排险过程中发生片邦事故，造成3人死亡，1人受伤。

12月20日 江西省新余市新钢公司第二炼钢厂1号转炉在砌炉过程中，施工吊篮突然垮塌，操作人员坠入炉底，造成3人死亡，5人受伤。

12月25日 山西省临汾市境内中铁隧道集团二处有限公司承建的山西中南部铁路通道南吕梁山隧道1号斜井，在装药过程中发生炸药爆炸，造成8人死亡，5人受伤。

12月27日 山西省长治市首钢长钢瑞达焦业有限公司脱硫液槽顶部进行焊接作业时产生火花引起脱硫液槽内氨气爆炸，造成4人死亡，2人受伤。

（中国矿业年鉴编辑部　宋菲　编辑）